Dictionnaire
Bordas

Citations
de la langue française

Jean Pruvost

Bordas

Dans la même collection en poche et en grand format

Ouvrages publiés sous la direction de Jean PRUVOST :

Dictionnaire des Synonymes, analogies et antonymes, Roger Boussinot, nouvelle édition, Bordas, 2007.

Dictionnaire des Rimes et sonorités, Pierre DESFEUILLES, Anne-Marie LILTI, nouvelle édition sous la dir. de Jean PRUVOST, Bordas, 2007.

Dictionnaire des Pièges et difficultés de la langue française, Jean GIRODET, nouvelle édition, Bordas, 2007.

Les éditions Bordas remercient tout particulièrement les éditeurs leur ayant accordé l'autorisation de reproduire les citations appartenant à leur fonds, soit les éditions Gallimard, Actes Sud, de l'Aube, Christian Bourgois, José Corti, De Fallois, Flammarion, Julliard, Michel Lafon, Minuit, Le Pré aux clercs, Les Presses de la cité, Raoul Breton, La Table Ronde, Téqui, du Rocher, Présence africaine et Rieder.

Elles remercient également les éditions Albin Michel, Denoël, Grasset, l'Institut Alain, les éditions Robert Laffont, Lattès, Mercure de France, PUF, Le Seuil, Plon et Le Cherche midi qui ont contribué à faciliter la reproduction d'extraits.

Nous exprimons aussi notre vive reconnaissance à Jean-Marie Gustave Le Clézio, au Comité Cocteau, à Jacques Dor et à Giovanni Dotoli qui nous ont permis de reproduire des extraits d'articles ou des citations tirées de leurs œuvres.

Responsable éditoriale : Claire HENNAUT
Stagiaire à l'édition : Anne SAULET
Maquettes (couverture et intérieur) : Catherine COMBIER et Alain PACCOUD
Composition : NORD COMPO

ISBN : 978-2-04-731289-6

Préface

Offrir notre patrimoine littéraire commun à travers le plus grand nombre de citations empruntées aux œuvres des écrivains de langue française, du Moyen Âge au XXIe siècle, tel est l'objectif premier d'un dictionnaire de citations. C'est un réflexe naturel que de vouloir étayer, enrichir, élargir une pensée que l'on a d'abord saisie à travers un mot, en consultant les réflexions que ce mot a suscité chez les écrivains.

Nous avons souhaité, pour notre part, mettre au service de la curiosité du lecteur un outil de consultation qui soit le plus complet possible. Aussi l'avons-nous enrichi en lui apportant des compléments inédits qui en feront un ouvrage original, qui incarne tout à la fois la référence et la culture la plus ouverte.

Il présente en effet les **mots et concepts essentiels** de notre langue, dans l'ordre alphabétique, mais **complétés de leur étymologie**. Sont ensuite développées **des citations d'écrivains**, classées chronologiquement, mais aussi **des citations données par des dictionnaires anciens** (voir bibliographie), qui recèlent des merveilles insoupçonnées, ainsi que **des pensées d'humoristes, d'essayistes, d'hommes politiques, etc.** ; enfin des renvois à d'autres mots permettent de circuler dans l'ouvrage et de compléter la recherche autour d'un thème.

Avant même de se reporter aux différentes citations que nous avons rassemblées sous le mot *citation*, une première question se pose à propos de la nature même de la *citation*. Il faut bien le reconnaître, entre les *citations*, les *pensées* ou les *réflexions*, la marge est pour le moins étroite et, même si l'analyse comparée reste intéressante, on a évité de se situer sur le terrain de la linguistique ou de la rhétorique pour établir de fines distinctions entre des genres si proches. Nous avons en effet simplement choisi de considérer que toute pensée forte, exprimée de manière pertinente, voire originale, en une phrase ou en deux, constituait ce que, dans le vocabulaire courant, nous pouvions appeler une citation.

À quoi sert un dictionnaire de citations ?

Nous avons été très attentifs aux types de consultation les plus fréquents de ce type de dictionnaire. Que va-t-on en effet chercher dans un dictionnaire de citations ? De manière assurée, un ami qui offre son aide sous des formes diverses, listées ici sans exhaustivité et sans hiérarchie. Par exemple :

– **une pensée inattendue**, surprenante ou même incongrue, en tout cas ouvrant le champ de la réflexion et pouvant faire bifurquer la pensée vers de nouveaux horizons ;

– **une formule percutante**, profonde, ayant du panache, ou encore, au contraire, un vers léger, une phrase remarquable de par son harmonie poétique, en résonance avec notre sensibilité;

– **une forme de morale** rassurante, à la manière d'un proverbe, d'un aphorisme, la citation devenant ici une idée forte partagée, ayant presque force de loi morale ;

– **un conseil, formulé indirectement** à travers la pensée précise et le point de vue d'un écrivain, d'une personnalité ;

– **une phrase, un vers célèbre qui fait partie de notre patrimoine culturel** : ce sont d'ailleurs ces « formules » qu'on retrouve citées – de Richelet à Littré –, quand il s'agit, par exemple, de vers de Corneille, de Racine ou de Molière ;

– **un témoignage surprenant extrait des dictionnaires anciens**, véritables trésors de pensées fortes ;

– **des points de vue variés, parfois contradictoires**, ou en évolution constante, du XVIe siècle au XXIe siècle, qui d'une certaine façon retracent les mouvements de pensée ;

Dans tous les cas, un réel plaisir de l'esprit, qui consiste à considérer que d'autres que nous ont pu penser et formuler avec plus de pertinence ce que l'on ressent confusément. C'est d'ailleurs pour cela que, pour l'amateur de citations, aucun dictionnaire n'en remplace un autre : ils sont tous complémentaires.

« La lune brillait au milieu d'un azur sans tache, et sa lumière gris de perle descendait sur la cime indéterminée des forêts. » Cette description de Chateaubriand fut l'objet de controverses violentes entre partisans et adversaires du Romantisme. En 1801, elle déchaîna de telles passions que des jeunes gens furent prêts à se battre en duel pour la condamner ou la défendre, comme en témoigne Stendhal dans sa *Correspondance*[1]. Elle ne mérite toutefois pas qu'on meure pour elle ! Ce sera donc notre dernier conseil : que nos lecteurs s'enthousiasment pour telle ou telle citation, oui, mais... sans duel !

Jean PRUVOST

---

1. « Je n'ai jamais pu lire vingt pages de M. de Chateaubriand ; j'ai failli avoir un duel parce que je me moquais de la cime indéterminée des forêts. » Stendhal, *Correspondance*, posth. 1855.

abaissement, abaisser

De *a* (du latin *ad*, vers) et *baisser*.

■ Les grands noms abaissent, au lieu d'élever, ceux qui ne savent pas les soutenir.

François DE LA ROCHEFOUCAULD, *Réflexions ou Sentences et Maximes morales*, 1664.

■ S'il se vante, je l'abaisse ; s'il s'abaisse, je le vante ; et le contredis toujours, jusqu'à ce qu'il comprenne qu'il est un monstre incompréhensible.

Blaise PASCAL, *Pensées*, 1669.

■ On peut, sans s'abaisser, respecter le pouvoir.

André CHÉNIER, *Charles IX*, 1789.

■ Nous nous refusons obstinément à la décadence, à l'abaissement, à l'humiliation, au dépècement de nous-mêmes.

Henri-Frédéric AMIEL, *Journal intime*, 1847-1883.

▶ VOIR pouvoir.

abandon, abandonner

De *à bandon*, à la disposition de, au pouvoir de, l'ancien français *bandon* désignant le pouvoir.

■ Ô Richard ! Ô mon Roi ! / L'univers t'abandonne / Sur la Terre il n'est que moi / Qui s'intéresse à ta personne.

Michel-Jean SEDAINE, *Richard Cœur-de-lion*, 1784.

■ Je m'étonne d'être si content de moi-même et des autres hommes avec lesquels je me suis trouvé aujourd'hui en rapport et en accord ; point de méfiance, beaucoup d'abandon et aussi d'indiscrétion et d'imprudence.

MAINE DE BIRAN, *Journal*, 1818.

■ Quand on s'abandonne, on ne souffre pas. Quand on s'abandonne même à la tristesse on ne souffre plus.

Antoine DE SAINT-EXUPÉRY, *Courrier Sud*, © Gallimard, 1928.

Et dans les dictionnaires anciens...

■ *Abandonner*. Quitter, laisser à l'abandon, laisser entièrement et aveuglément à la disposition d'une personne. [...] « Est-ce aimer sa maîtresse que l'abandonner à tout le monde ? » Ablancourt.

Pierre RICHELET, *Dictionnaire françois*, 1680.

■ Il ne faut *abandonner* que ce qu'on ne saurait retenir ; *abdiquer* que lorsqu'on n'est plus en état de gouverner ; *renoncer* que pour avoir quelque chose de meilleur.

Gabriel GIRARD, *Synonymes françois*, 1736.

▶ VOIR couteau, vice.

abattement

▶ VOIR affliction.

abattoir

Le sens correspondant à l'abattage des animaux n'est attesté que depuis 1806.

■ Entre Lariboisière [l'hôpital] et l'abattoir, ces deux *souffroirs*, je reste rêvant, à respirer un air chaud de viande. Des gémissements, de sourds mugissements viennent jusqu'à moi comme de lointaines musiques.

J. et E. DE GONCOURT, *Journal*, 1851-1896.

■ C'était une gentille fille après tout Lola, seulement, il y avait la guerre entre nous, cette foutue énorme rage qui pousse la moitié des humains, aimants ou non, à envoyer l'autre moitié vers l'abattoir.

Louis-Ferdinand CÉLINE, *Voyage au bout de la nuit*, © Gallimard, 1932.

Et dans les dictionnaires anciens...

■ Le mot *abattoir* s'emploie au figuré pour désigner la guillotine.

Maurice LACHÂTRE, *Nouveau Dictionnaire universel*, 1865.

abbé

De l'araméen *abba*, père, repris en latin ecclésiastique.

■ Savez-vous bien qu'abbé signifie père ? [...] Les anciens moines donnèrent ce nom au supérieur qu'ils élisaient. L'abbé était leur père spirituel. Que les mêmes noms signifient avec le temps des choses différentes ! L'abbé spirituel était un pauvre à la tête de plusieurs autres pauvres : mais les pauvres pères spirituels ont eu depuis deux cents, quatre cent mille livres de rente [...].

VOLTAIRE, *Dictionnaire philosophique*, 1764.

Et dans les dictionnaires anciens...

■ On appelle aussi Abbé, celuy qu'on élit en certaines Confréries & Communautés, particulièrement entre les Écoliers et les Garçons chirurgiens, pour commander aux autres pendant un certain temps.

Antoine FURETIÈRE, *Dictionnaire universel*, 1690.

abc, abécédaire

Du latin tardif *abecedarius*, relatif à l'*abc*, les premières lettres de l'alphabet.

■ Dans les *Idées d'un maître d'école*, j'admire votre esprit pédagogique, cher Maître ; il y a de bien jolies phrases d'abécédaire.

Gustave FLAUBERT, *Correspondance*, 1873.

Et les pensées de...

■ Devant la séquence abécédaire s'inclinent tous les esprits, ouverts ou fermés, dévergondés ou bien-pensants. Parfait d'emblée, l'alphabet restera pour l'éternité l'a b c des métiers, l'alpha et l'oméga des arts et des lettres.

Georges ELGOZY, *Le Fictionnaire*, © Denoël, 1973.

▶ VOIR bouche, débordé.

abdiquer

▶ VOIR peur, neutre.

abeille

De l'ancien provençal *abelha*, du latin *apicula*, diminutif d'*apis*, abeille.

■ L'abeille, pour boire des pleurs, /Sort de la ruche aimée, / Et va sucer l'âme des fleurs / Dont la plaine est semée ; / Puis de cet aliment du ciel, / Elle fait la cire et le miel.

SAINT-AMANT, *Ode*, 1629.

■ La meilleure abeille ed' not' jardin, ça n'est plus rien qu'un' mouche sitôt qu'elle a perdu sa ruche.

Roger MARTIN DU GARD, *La Gonfle*, © Gallimard, 1928.

Et les pensées de...

■ *Abeille.* Insecte hypocrite. On n'est trahi que par l'essaim.

Dictionnaire du Canard, © éd. Le Canard enchaîné, 1964.

▶ VOIR cigale, symbole.

aberration

Du latin *aberratio*, construit sur *aberrare*, errer loin, faire erreur.

■ Il y a de ces heures, non pas seulement d'aberration, comme vous dites, mais de souffrance réelle, intolérable, qui peuvent conduire à des folies et détruire toute une vie, voire deux.

Romain ROLLAND, *Jean-Christophe*, © Albin Michel, 1910.

abêtir

De *abestir*, au XIVe s., rendre semblable à la bête.

■ Il nous faut abêtir pour nous assagir, et nous éblouir pour nous guider.

Michel DE MONTAIGNE, *Essais*, 1580-1595.

■ Le malheur abêtit, je le sais bien.

Anatole FRANCE, *Le Crime de Sylvestre Bonnard*, 1881.

abhorrer

Du latin *abhorrere*, s'écarter avec horreur de.

■ Quel plaisir de baiser ces lèvres qui vous disent : « je t'abhorre ! », cela a plus de ragoût que cet éternel et fade : « je t'aime »...

Théophile GAUTIER, *Le Capitaine Fracasse*, 1863.

Et dans les dictionnaires anciens...

■ On *abhorre* ce qu'on ne peut souffrir, et tout ce qui est l'objet de l'antipathie. On *déteste* ce qu'on désapprouve, et ce que l'on condamne.

Gabriel GIRARD, *Synonymes françois*, 1736.

▶ VOIR baron, famille.

abîme

Du latin *abismus*, en passant par *abyssus*, profondeur de l'enfer, du grec *abussos*, sans fond.

■ Et du plus haut des monts un grand rocher roula. / Il bondit, il roula jusqu'au fond de l'abîme, / Et de ses pins, dans l'onde, il vint briser la cime.

Alfred DE VIGNY, *Poèmes antiques et modernes*, « Le Cor », 1822.

■ Et nous voyons maintenant que l'abîme de l'histoire est assez grand pour tout le monde. Nous sentons qu'une civilisation a la même fragilité qu'une vie.

Paul VALÉRY, *La Crise de l'Esprit*, © Gallimard, 1919.

■ Abîme : vie secrète des amibes.

Michel LEIRIS, *Glossaire, j'y serre mes gloses*, © Gallimard, 1924.

Et dans les dictionnaires anciens...

■ *Abîme*. Enfer. [...] Fond immense et infini. La raison humaine est un abîme où l'on se perd. Abl. [Ablancourt].

Pierre RICHELET, *Dictionnaire françois*, 1680.

abject, abjection

Du latin *abjicere*, mépriser, et *abjectio*, découragement, puis renoncement en latin chrétien.

■ Et tu sais revêtir d'une étrange beauté / Ces trois monstres abjects, effroi de l'art antique, / La Douleur, la Misère et la Caducité.

Théophile GAUTIER, *España*, 1845.

Et dans les dictionnaires anciens...

■ L'abjection se trouve dans l'obscurité où nous nous enveloppons de notre propre mouvement, dans le peu d'estime qu'on a pour nous, dans le rebut qu'on en fait, et dans les situations humiliantes où l'on nous réduit.

Gabriel GIRARD, *Synonymes françois*, 1736.

■ M. Littré pense que l'on ne doit pas faire sonner le c et qu'il faut prononcer abjè. Nous sommes d'un avis opposé. Autrefois, il est vrai, on ne prononçait pas le c. [Corneille, *Cinna*, IV, 4] « Et dans les plus bas rangs, les noms les plus abjets / Ont voulu s'ennoblir par de si hauts projets. »

Pierre LAROUSSE, *Grand dictionnaire universel du XIXe siècle*, 1864.

abnégation

Du latin chrétien *abnegatio*, action de refuser.

■ Le véritable amour se manifeste uniquement par l'abnégation absolue de soi et l'anéantissement dans l'objet aimé.

Joséphin PÉLADAN, *Le Vice suprême*, 1884.

■ Certainement, c'est dans la parfaite abnégation que l'individualisme triomphe, et le renoncement à soi est le sommet de l'affirmation. C'est par la préférence de soi tout au contraire, que le Malin nous embauche et nous asservit.

André GIDE, *Journal*, © Gallimard, 1916.

▶ VOIR amour, bonté, tact.

aboi, aboiement

Aboi est construit à partir d'*aboyer*, autrefois *abaier*, verbe issu de *baï*, *bau*, onomatopée.

■ J'aime le son du Cor, le soir, au fond des bois / Soit qu'il chante les pleurs de la biche aux abois / Ou l'adieu du chasseur que l'écho faible accueille [...].

Alfred DE VIGNY, *Poèmes antiques et modernes*, « Le Cor », 1826.

■ C'est le temps où, dans la campagne, nous interrogeons les aboiements des chiens au fond de la nuit ; le temps où les parachutes multicolores, chargés d'armes et de cigarettes tombent du ciel dans la lueur des feux des clairières ou des causses...

André MALRAUX, « Transfert des cendres de J. Moulin au Panthéon » *in Oraisons funèbres*, © Gallimard, 1964.

Et dans les dictionnaires anciens...

■ *Aboyer, japer*. L'Acad. avait dit d'abord que le 2e [japer] ne se dit que du cri des petits chiens. Dans la dernière édit. [1762] elle se contente de dire qu'il se dit de la sorte plus ordinairement. *Japer* ne s'emploie qu'au propre : on se sert d'*aboyer* au propre et au figuré.

Jean-François FÉRAUD, *Diction(n)aire critique de la langue française*, 1787.

abominable

Du latin *abominari*, construit sur *ab*, marquant l'éloignement, et *omen*, présage ; repousser un mauvais présage.

■ Il n'était ni plus ni moins abominable qu'eux ; il était seulement plus franc, et plus conséquent, et quelquefois plus profond dans sa dépravation.

Denis DIDEROT, *Le Neveu de Rameau*, 1774.

abomination

Du latin *abominatio*, horreur ressentie devant ce qui est impie.

■ — Que fais-tu là, mon ami, dans l'état horrible où je te vois ? [...] / — Quand nous travaillons aux sucreries et que la meule nous attrape le doigt, on nous coupe la main ; quand nous nous voulons nous enfuir, on nous coupe la jambe : je me suis trouvé dans ces deux cas [...]. / — Ô Pangloss ! s'écria Candide, tu n'avais pas deviné cette abomination ! C'en est fait, il faudra qu'à la fin je renonce à ton optimisme.

VOLTAIRE, *Candide*, 1759.

abondance

Du latin *abundatia*, richesse, construit sur *ab* et *undare*, déborder.

■ Regrettera qui veut le bon vieux temps / [...] / Il est bien doux pour mon cœur très immonde / De voir ici l'abondance à la ronde, / Mère des arts et des heureux travaux, / Nous apporter, de sa source féconde, / Et des besoins et des plaisirs nouveaux.

VOLTAIRE, *Le Mondain*, 1736.

■ La prodigalité des paroles et des pensées décèle un esprit fou. Ce n'est pas l'abondance, mais l'excellence qui est richesse.

Joseph JOUBERT, *Pensées, essais, maximes et correspondances*, posth., 1838.

■ La grandeur demande à la fois l'abondance et la pauvreté ; rien de grand ne se fait sans une certaine abondance, rien de grand ne se fait que par une certaine pauvreté.

Jacques MARITAIN, *Humanisme intégral*, © Aubier, 1936.

Et dans les dictionnaires anciens...

■ L'abondance des paroles ne vient pas toujours de la fécondité et de l'étendue de l'esprit. L'abondance des mots ne fait la richesse de la langue qu'autant qu'elle a pour origine la diversité et l'abondance des idées.

Gabriel GIRARD, *Synonymes françois*, 1736.

abonné, s'abonner

Abonner correspond à la déformation du mot *aborné*, issu de *borne*, délimitation.

■ Il faut réussir, comme Millaud, auprès de cet autre public, les abonnés.

Jules et Edmond DE GONCOURT, *Journal*, 1851-1896.

Et les pensées de...

■ Je n'ai jamais été très optimiste. À tel point que j'ai toujours hésité à m'abonner pour plus d'un an à un magazine.

Jacques DUTRONC, *Pensées et Répliques*, © Le Cherche midi, 2000.

abord

Du verbe *aborder*.

■ Le premier abord de la Vérité est rarement agréable.

Ernest RENAN, *Feuilles détachées*, 1892.

■ « Ça serait tout de même logique de se renseigner d'abord et de parler ensuite » se dit-il. Mais ce n'est pas comme ça que les choses se passent. D'abord, il faut parler, c'est urgent, ensuite, les événements vous donnent raison ou tort.

Simone DE BEAUVOIR, *Les Mandarins*, © Gallimard, 1954.

Et dans les dictionnaires anciens...

■ *Abord*. Se dit aussi d'une attaque d'ennemis, soit par mer, soit par terre. L'abord des François est à craindre, on ne peut soutenir leur premier abord.

Antoine FURETIÈRE, *Dictionnaire universel*, 1690.

aboutir, aboutissement

Construit à partir de *bout* au XIVe s.

■ Je me tourmente, je me gratte. Mon roman a du mal à se mettre en train. J'ai des abcès de style et la phrase me démange sans aboutir.

Gustave FLAUBERT, *Correspondance*, 1851.

■ Vous faites vingt fois le même chemin terrestre. / Pour aboutir vingt fois. / Et vingt fois vous aboutissez, / Vous parvenez, vous atteignez / Péniblement, laborieusement, difficilement, / Peineusement / Au même point de déception Terrestre.

Charles PÉGUY, *Le Porche du mystère de la deuxième vertu*, © Gallimard, 1911.

■ J'avais pour les vers une prédilection passionnée : je tenais la poésie pour la fleur et l'aboutissement de la vie.

André GIDE, *Si le grain ne meurt*, © Gallimard, 1924.

■ La connaissance est l'accès de l'inconnu. Le non-sens l'aboutissement de chaque sens possible.

Georges BATAILLE, *Expérience intérieure*, © Gallimard, 1943.

■ Même si nous n'avons qu'une faible chance d'aboutir, il faut la courir.

Simone DE BEAUVOIR, *Les Mandarins*, © Gallimard, 1954.

Et dans les dictionnaires anciens...

■ *Aboutissement*. Terme de couture. C'est une pièce d'étoffe que l'on coud avec une autre qui n'est pas assez longue pour aller jusqu'où on désire.

Antoine FURETIÈRE, *Dictionnaire universel*, 1690.

aboyer

Autrefois *abaier*, verbe issu de *baï*, *bau*, onomatopée.

■ J'ai besoin d'aboyer, de beugler, de hurler.

Gustave FLAUBERT, *La Tentation de saint Antoine*, 1846.

■ Un chien perdu grelotte en abois à la lune... / Oh ! pourquoi ce sanglot quand nul ne l'a battu ?

Jules LAFORGUE, *L'Imitation de Notre-Dame la Lune*, 1886.

■ Il oubliait son métier de chien jusqu'à oublier d'aboyer à tout venant.

René MARAN, *Batouala*, © Albin Michel, 1921.

Et dans les dictionnaires anciens...

■ *Aboier*. Aspirer avidement après quelque chose, l'attendre avec passion. Il y a des gens autour de luy qui aboient après sa succession.

Pierre RICHELET, *Dictionnaire françois*, 1680.

abracadabrant

Du grec cabalistique *abraxas*, amulette.

■ Je dois leur raconter tant d'histoires abracadabrantes pour les endormir tous les soirs. Et j'ai justement épuisé mon stock de contes de fées.

Jean ANOUILH,
La Répétition, © La Table Ronde, 1950.

Et dans les dictionnaires anciens...

■ *Abracadabra*. Terme barbare qui se trouve dans les Lettres de Voiture. C'étoit une inscription qui servoit de caractère pour guérir plusieurs maladies, & chasser les Démons.

Antoine FURETIÈRE, *Dictionnaire universel*, 1690.

abréger

Du latin *abbreviare*, construit à partir de *brevis*, bref.

■ Dans l'obligation d'abréger ce qu'il m'a confié, je mutile sans cesse, c'est-à-dire, je gâte.

Emmanuel DE LAS CASES,
Le Mémorial de Sainte-Hélène, 1823.

■ Je n'ai qu'un moyen d'abréger ma tâche, c'est d'y travailler sans relâche, et je vous assure que je n'épargne rien pour rapprocher le temps, encore si éloigné, où ceux que j'aime me seront rendus.

Jean-Jacques AMPÈRE, *Correspondance*, 1826.

Et dans les dictionnaires anciens...

■ *Abréger*. Accourcir. La débauche abrège les jours.

Pierre RICHELET, *Dictionnaire françois*, 1680.

► VOIR évangile, violence, vivre.

abreuver

Abevrer au XIIe s. Du latin *abbiberare*, faire boire.

■ Sais-tu, les yeux vers le ciel, / Ce que dit la pauvre veuve ? /– Un ange au fiel qui m'abreuve / Est venu mêler son miel.

Victor HUGO, *Les Chants du crépuscule*, 1835.

Et dans les dictionnaires anciens...

■ *Abreuver, Abruver*. Quelques-uns prononcent *abruver*, et principalement le petit peuple de Paris ; mais les personnes de la Cour, et les honnêtes gens de Paris prononcent et écrivent *abreuver*.

Pierre RICHELET, *Dictionnaire françois*, 1680.

abréviation

Du bas latin *abbreviatio*, construit à partir de *brevis*, bref.

■ Le beau d'un dessin japonais représentant un oiseau, c'est que ce dessin, avec ses abréviations et le rendu seulement de ce que l'oiseau offre de caractéristique, on pourrait dire que c'est la synthèse de l'oiseau.

J. et E. DE GONCOURT, *Journal*, 1851-1896.

■ [Il] pressait son débit, déblayait, usait d'abréviations pour paraître moins long.

Marcel PROUST, *Sodome et Gomorrhe*, 1922.

abri, abriter

Du bas latin *apricare*, chauffer par le soleil, d'où l'idée de s'en abriter.

■ Ces fragiles abris de la sagesse humaine, / Empires, lois, autels, dieux, législations, / Tentes que pour un jour dressent les nations, / Et que les nations qui viennent après elles / Foulent pour faire place à des tentes nouvelles.

Alphonse DE LAMARTINE, *Jocelyn*, 1836.

■ Est-il de retraite plus douce / Qu'un sein de mère, et quel abri / Recueille avec moins de secousse / Un cœur fragile endolori ?

SULLY PRUDHOMME,
« L'Amour maternel », *Les Vaines tendresses*, 1875.

■ Il fait le geste habituel de s'abriter derrière son coude. Mais, généreuse, elle l'embrasse devant tout le monde. Il ne comprend plus. Il pleure à pleins yeux.

Jules RENARD, *Poil de carotte*, 1894.

Et dans les dictionnaires anciens...

■ La solitude est un abri contre l'embarras du monde, la pauvreté volontaire est un abri contre les inquiétudes des richesses.

Dictionnaire de l'Académie françoise, 1694.

absence, absent

Emprunté au latin *absens*, à partir de *abesse*, être loin de.

■ Les absents sont assassinés à coups de langue.

Paul Scarron, *Le Roman comique*, 1652.

■ L'absence est aussi bien un remède à la haine / Qu'un appareil contre l'amour

Jean de La Fontaine, *Fables*, « Les Deux Perroquets, le Roi et son Fils », 1668-1694.

■ Présente, je vous fuis ; absente, je vous trouve ; / Dans le fond des forêts votre image me suit ; / La lumière du jour, les ombres de la nuit, / Tout retrace à mes yeux les charmes que j'évite.

Jean Racine, *Phèdre*, 1677.

■ On parle fort diversement / Des effets que produisent l'absence : / L'un dit qu'elle est contraire à la persévérance, / Et l'autre qu'elle fait aimer plus longuement. / Pour moi voici ce que j'en pense : / L'absence est à l'amour ce qu'est au feu le vent ; Il éteint le petit, il allume le grand.

Bussy-Rabutin, *Histoire amoureuse des Gaules*, « Maximes d'Amour », 1716.

■ Elle ne savait pas que l'Enfer, c'est l'absence.

Paul Verlaine, *Jadis et Naguère*, « Amoureuse du Diable », 1884.

■ Je te cherche par-delà l'attente / Par-delà moi-même / Et je ne sais plus tant je t'aime / Lequel de nous deux est absent.

P. Éluard, *L'Amour la poésie*, © Gallimard, 1929.

Et dans les dictionnaires anciens...

■ *Absent*. Qui n'est pas présent, qui est éloigné. Je me passe aisément des absents. Voi. [Voiture].

Pierre Richelet, *Dictionnaire françois*, 1680.

■ L'absence sépare les amis sans en désunir le cœur. Je n'oserais dire la même chose des amants ; et ce n'est qu'à l'égard de ceux-ci que le proverbe dit que les absents ont tort.

Gabriel Girard, *Synonymes françois*, 1736.

▶ VOIR accusation, dimanche, liberté, oubli, parler, répondre.

absolu

Du latin *absolutus*, achevé, parfait, construit à partir d'*absolvere*, s'acquitter de.

■ Je sentais tout ce qu'il y a de misérable dans nos intérêts relatifs et la nécessité, le besoin qu'a toute âme un peu élevée de se rattacher à quelque chose d'absolu qui ne change pas.

Maine de Biran, *Journal*, 1818.

abstenir

Du latin *s'astenir* au XIe s. à partir de *tenir*, du latin *abstinere*, (se) tenir éloigné de.

■ Le plus grand des biens est la volupté des sens ; l'art le plus nécessaire au bonheur est de savoir jouir, et de s'avoir s'abstenir pour jouir mieux et plus longtemps.

Gabriel Sénac de Meilhan, *L'Émigré*, 1797.

■ Je ne vais nulle part, ne vois personne et ne suis vu de personne. Le commissaire de police ignore mon existence ; je voudrais qu'elle le fût encore beaucoup plus. Comme dit le sage ancien : « Cache ta vie et abstiens-toi. »

Gustave Flaubert, *Correspondance*, 1841.

abstraction, abstrait

Du bas latin *abstractio*, dérivé d'*abstrahere*, retirer, éloigner, isoler par la pensée.

■ Plus une idée a de simplicité, plus elle a de généralité ; plus une idée est abstraite, plus elle a d'étendue. Nous débutons par le concret, et nous allons à l'abstrait, nous débutons par le déterminé et le particulier pour aller au simple et général.

Victor Cousin, *Histoire de la philosophie moderne*, 1829.

■ Combien de gens se font abstraits pour paraître profonds !

Joseph Joubert, *Pensées, essais, maximes et correspondances*, posth., 1838.

Et dans les dictionnaires anciens...

■ L'abstraction est le fruit de l'étude produit par une profonde application : ceux à qui elle est familière parlent quelquefois avec trop de subtilité des choses communes ; les sujets simples et naturels deviennent, dans leurs discours, très difficiles à comprendre par la manière dont ils les traitent.

Gabriel Girard, *Synonymes françois*, 1756.

Et les pensées de...

■ L'abstraction, comme le rire, est le propre de l'homme. [...] La maîtrise du pouvoir d'abstraction est sans doute le devoir le plus impératif de la raison humaine.

Jean HAMBURGER,
Dictionnaire promenade, © Le Seuil, 1989.

■ L'art abstrait a fait éclater la peinture : quand en musique on fait éclater les formes il ne reste que les percussions, au désavantage de l'harmonie.

Serge GAINSBOURG, *Pensées, provocs et autres volutes*, © Le Cherche midi, 2006.

▶ VOIR dieu, distraction, érudition, génération, intelligence, lettres, maxime, politique, positif, technique, week-end.

absurde

Du latin *absurdus*, discordant.

■ L'homme absurde est celui qui ne change jamais.

A. DE MUSSET, *Revue des Deux-Mondes*, sept 1832.

■ Un homme de génie est un homme absurde, c'est dire qu'il pousse un système à l'absolu, or l'absolu est l'idéal de la science.

Claude BERNARD, *Cahier de notes*, 1860.

■ Un degré plus bas et voici l'étrangeté : s'apercevoir que le monde est « épais », entrevoir à quel point une pierre y est étrangère, nous y est irréductible, avec quelle intensité la nature, un paysage peut nous nier. [...] Cette épaisseur et cette étrangeté du monde, c'est l'absurde.

Albert CAMUS,
Le Mythe de Sisyphe, © Gallimard, 1943.

abus

Du latin *abusus*, de *abuti*, user complètement de, mésuser.

■ Les hommes parlèrent, et tout aussitôt commencèrent à médire de l'autorité, qui ne le trouva pas bon, se prétendit outragée, avilie, fit des lois contre les abus de la parole ; la liberté de la parole fut suspendue.

Paul-Louis COURIER,
Pamphlets politiques, 1820.

■ Pour améliorer le sort de la masse, il ne suffit pas de déplacer les privilèges, il faut les anéantir ; il ne suffit pas de changer les abus, il faut les abolir.

Saint-SIMON, *Opinions littéraires, philosophiques et industrielles*, 1824.

▶ VOIR dissipation.

académie

De l'italien *accademia*, société d'érudits et d'artistes, issu du latin *academia* et du grec *akadêmia*, jardin d'Akadémos où Platon enseigna.

■ Il y a des places dans les académies pour le médecin, l'agronome, l'économiste : il n'y en a point pour l'homme d'affaires et l'avocat.

A.-A. COURNOT, *Essai sur les fondements de nos connaissances*, 1851.

■ Académie française : La dénigrer, mais tâcher d'en faire partie si on peut.

Gustave FLAUBERT,
Le Dictionnaire des idées reçues, posth., 1913.

■ En art, *académie*, c'est la nudité. En littérature, *Académie*, cela veut dire : jamais trop habillé.

Paul LÉAUTAUD, *Passe-Temps*,
© Mercure de France, 1987.

Et dans les dictionnaires anciens...

■ Article XXIV. La principale fonction de l'Académie sera de travailler avec tout le soin et toute la diligence possible à donner des règles certaines à notre langue et à la rendre pure, éloquente et capable de traiter les arts et les sciences. [...] Article XXVI. Il sera composé un dictionnaire, une grammaire, une rhétorique et une poétique sur les observations de l'Académie.

Statuts et règlements de l'Académie françoise, 22 février 1635.

■ *Académie*. Une assemblée de quelques personnes qui font profession des belles lettres, des sciences, ou des beaux arts. L'Académie Françoise, l'Académie de la Crusca, les Académies d'Italie.

Dictionnaire de l'Académie française, 1694.

■ Il nous reste, en finissant, quelques mots à dire du dictionnaire de l'Académie. Depuis les factums de Furetière et les boutades de Chamfort, il est devenu en quelque sorte à la mode, parmi nos grammatistes modernes, de débuter dans la carrière par une critique à l'adresse de cet ouvrage, et ces critiques sont d'une extrême vivacité, comme tout ce qui est produit par l'ardeur bouillante et l'inexpérience de la jeunesse.

Pierre LAROUSSE, *Nouveau Dictionnaire de la langue française (préface)*, 1856.

Et les pensées de...

■ L'Académie trouve que la langue est en danger ! Nous on a appelé la boucherie Bernard et apparemment la langue est bonne, elle est fraîche [...], elle est légèrement en hausse mais dans l'ensemble elle se maintient !

COLUCHE, *Et vous trouvez ça drôle ?*, © Le Cherche midi, 1998.

■ Les doléances et les plaisanteries que suscitent les lenteurs du Dictionnaire sont presque aussi anciennes que l'Académie elle-même. [...] Le Dictionnaire de l'Académie est celui de l'usage, simplement et suprêmement, le dictionnaire du bon usage, qui par là sert, ou devrait servir, de référence à tous les autres. Telle est l'ambition, mesurée mais persévérante, qui guide les académiciens français.

Maurice DRUON, *Dictionnaire de l'Académie* (préface), 1986.

■ Installée superbement quai de Conti, par la grâce de Napoléon Ier, membre de l'Institut, l'Académie française traduit par ses pompes et ses ors, mais aussi par la protection de l'État dont elle jouit, la nature particulière de la langue française : un idiome puissamment lié à l'État qui le protège, à la capitale qui le norme et le diffuse.

Bernard CERQUIGLINI, *Le Français dans tous ses états*, © Flammarion, 2000.

▶ VOIR balle, concret, dictionnaire, étranger, enseigner, exactitude, francophonie, français, musée, orthographe, relire.

acariâtre

Signifie *fou* au XVe s. Construit à partir du latin *acer* aigre, et du français *Achaire*, saint qui passait pour guérir la folie.

■ Il fallait savoir pardonner et ne pas demeurer dans une hostile et acariâtre attitude, qui blesse le voisin et empêche de jouir soi-même ; qu'il fallait reconnaître les faiblesses humaines et se plier à elles plutôt que de les combattre.

Emmanuel DE LAS CASES, *Le Mémorial de Sainte-Hélène*, 1823.

Et dans les dictionnaires anciens...

■ *Acariâtre.* Il dit plus que colère. Il annonce quelque chose de plus minutieux, de plus pointilleux, une humeur plus habituellement aigre et criarde.

Jean-François FÉRAUD, *Diction(n)aire critique de la langue française*, 1787.

accablant

Dérivé d'*accabler*, du latin populaire *catabola*, catapulte, puis du normand *cabler*, abattre.

■ Toute joie exaltée est nécessairement peu durable. [...] Une tristesse accablante suivra la joie immodérée ; l'action est convulsive...

Étienne DE SENANCOUR, *Rêveries*, 1799.

Et dans les dictionnaires anciens...

■ *Accablant.* Importun, incommode : c'est un homme bien accablant, c'est une femme bien accablante.

Dictionnaire de l'Académie française, 1694.

▶ VOIR sommeil, fatigue, homme (grand homme).

accéder

Du latin *accedere*, s'approcher de. Il a pris au XVIIIe s. le sens de donner son consentement.

■ Nous remontons du fond de l'abîme. En dépit de nos malheurs, d'immenses difficultés et de cruelles restrictions, nous avons trouvé le moyen d'accéder à la libération, puis à la victoire.

C. DE GAULLE, *Mémoires de Guerre*, © Plon, 1959.

accélérer

Emprunté au latin *accelerare*, hâter, se hâter, de *celer*, rapide, avec le préfixe *ad-*, vers, à.

■ J'accélère à fond, j'embraye, je braye, je débraye, je vire au frein, je bloque, je lâche tout et je passe de justesse.

Marcel AYMÉ, *Travelingue*, © Gallimard, 1941.

Et dans les dictionnaires anciens...

■ La succession eschue à ce jeune homme fera accélérer son mariage.

Antoine Furetière, *Dictionnaire universel*, 1690.

▶ VOIR violence.

accent

Du latin *accentus*, son, intonation.

■ L'accent du pays où l'on est né demeure dans l'esprit et dans le cœur, comme dans le langage.

François de La Rochefoucauld, *Réflexions ou Sentences et Maximes morales*, 1664.

■ L'accent est l'âme du discours.

Jean-Jacques Rousseau, *Émile ou De l'éducation*, 1762.

Et dans les dictionnaires anciens...

■ *Accent*. Un ton, une manière de parler ou de rire, qui est propre à chaque nation.

L'abbé Prévost, *Dictionnaire portatif des mots françois*, 1750.

accepter, s'accepter

Du latin *acceptare*, construit à partir de *accipere*, recevoir, accueillir.

■ On a beau accepter et prévoir les fatigues, les dégoûts du travail, les revers de la fortune, les trahisons de la vie ; on en demeure toujours surpris et accablé.

Maurice Blondel, *L'Action*, 1893.

■ Toute notre vie avec notre belle morale et notre chère liberté, cela consiste en fin de compte à nous accepter tels que nous sommes.

Jean Anouilh, *Le Voyageur sans bagage*, © La Table Ronde, 1937.

■ Que j'aimerais qu'on s'accepte tel qu'on est, qu'on serve les fatalités de sa nature avec intelligence : il n'y a pas d'autre génie.

Julien Gracq, *Un beau ténébreux*, © José Corti, 1945.

■ C'est combattre qui importe, même si on est battu chaque fois ; accepter, acquiescer, est affreux. Il faut qu'intérieurement quelque chose dise non, même si le corps dit oui.

Julien Green, *Journal*, © Gallimard, 1946.

Et dans les dictionnaires anciens...

■ *Accepter*. [...] Il faut remarquer que ce mot est moins étendu que Recevoir ou Agréer, et qu'il suppose quelque traité ou négociation.

Antoine Furetière, *Dictionnaire universel*, 1690.

accès

Du latin *accessus*, arrivée. Voir *accéder*.

■ Mais peut-être ma voix, la voix de l'innocence, /Trouvera dans les cœurs plus d'accès qu'on ne pense.

Charles Brifaut, *Ninus II*, 1813.

Et dans les dictionnaires anciens...

■ *Accès*, ou mieux, *accês*, s.m. *Akcê*, l'*ê* est fort ouvert ; il seroit bon de le marquer d'un acc. circ. Il est long.

Jean-François Féraud, *Diction(n)aire critique de la langue française*, 1787.

▶ VOIR fanatisme, corolle, courage.

accessoire

Du latin juridique médiéval *accessorius*, complémentaire, construit à partir de *accedere* dans le sens de s'ajouter à.

■ Les idées seules forment le fond du style, l'harmonie des paroles n'en est que l'accessoire.

Georges de Buffon, *Discours sur le style*, 1753.

Et dans les dictionnaires anciens...

■ Accessoire : [...] Il se prend quelquefois, pour le mauvais estat où l'on se trouve. Se voyant en cet accessoire, en un estrange accessoire. En ce sens il est vieux.

Dictionnaire de l'Académie françoise, 1694.

accident

Du latin *accidens*, issu de *accidere*, tomber sur, dans le sens d'élément non essentiel, d'événement fortuit.

■ Mais nous ne verrons point de pareils accidents / Lorsque Rome suivra des chefs moins imprudents.

Pierre CORNEILLE, *Cinna*, 1642.

■ La pensée humaine est un heureux petit accident des hasards de ses fécondations, un accident local, passager, imprévu, condamné à disparaître, avec la terre et à recommencer peut-être ici ou ailleurs, pareil ou différent [...]. Nous lui devons, à ce petit accident de l'intelligence, d'être très mal en ce monde qui n'est pas fait pour nous [...].

Guy DE MAUPASSANT, *L'Inutile Beauté*, 1890.

▶ VOIR bout, catégorie, chasse, événement, fourmi, mouton.

acclamer

Emprunté au latin *acclamare*, pousser des cris.

■ La rue crie, acclame, insulte, élève des barricades, fermente.

Alexandre ARNOUX, *Roi d'un jour*, 1956.

Et dans les dictionnaires anciens...

■ *Acclamer*. [...] Ce mot n'est pas un néologisme, puisque Saint-Simon l'emploie : dans tous les cas il est bon, et on ne doit pas se faire scrupule de l'employer.

Émile LITTRÉ, *Le Dictionnaire de la langue française*, 1863-1872.

accommodement, accommoder

Du latin *accomodare*, adapter.

■ Il me prend des tentations d'accommoder tout son visage à la compote.

MOLIÈRE, *Georges Dandin*, 1668.

■ Je puis vous dissiper ces craintes ridicules, / Madame, et je sais l'art de lever les scrupules / Le ciel défend, de vrai, certains contentements, / Mais on trouve avec lui des accommodements.

MOLIÈRE, *Le Tartuffe*, 1669.

Et dans les dictionnaires anciens...

■ *Accommodement*. On dit proverbialement, que le meilleur procès ne vaut pas le pire accommodement.

Antoine FURETIÈRE, *Dictionnaire universel*, 1690.

accompagner

Dérivé de l'ancien français, *compagnon*, *compain*, désignant celui avec qui on partage son pain.

■ Les vertus et les vices s'accompagnent en nos mœurs.

François DE MALHERBE, *Lettre de consolation à la Princesse de Conti*, 1614.

■ Il est triste que la bonté n'accompagne pas toujours la force.

Luc DE VAUVENARGUES, *Introduction à la connaissance de l'esprit humain*, 1746.

Et dans les dictionnaires anciens...

■ Ce Seigneur marche toujours *accompagné* de six Gentilshommes de deux carrosses...

A. FURETIÈRE, *Dictionnaire universel*, 1690.

accomplir

De l'ancien français *complir*, achever un acte, du latin *complere*, remplir.

■ Et l'empereur ne fait qu'accomplir à regret / Ce que toute la Cour demandait en secret.

Jean RACINE, *Britannicus*, 1669.

■ [...] Pour accomplir les plus grandes choses, rien ne manquerait à ce digne fils que les occasions.

Jacques-Bénigne BOSSUET, *Oraisons funèbres de Louis de Bourbon*, 1686.

▶ VOIR âge, capitalisme, parler, médecin.

accord

Vient d'*accorder*, du latin populaire *accordare*, à partir du latin classique *concordare*, se mettre d'accord.

■ Mon père est d'accord, et la chose vaut fait.

Pierre CORNEILLE, *Les Menteurs*, 1643.

■ Quand deux personnes qui pensent sont d'accord sans s'être donné le mot, il y a beaucoup à parier qu'elles ont raison.

VOLTAIRE, *Lettre à d'Alembert*, 1762.

Et dans les dictionnaires anciens…

■ *Accord* ou *Acord*, s. m. *Acor*, bref, le *d* ne se pron. pas.

Jean-François Féraud, *Diction(n)aire critique de la langue française*, 1787.

accordéon

Emprunté de l'allemand *akkordion*, mot forgé par l'inventeur à partir *d'akkord*, lui-même emprunté au français.

■ Musiques de la rue : accordéons / Qu'une chanson amoureuse commente, / Rythme indistinct auquel nous suppléons, / Qui du meilleur de nous rit et s'augmente.

Georges Rodenbach, *Le Règne du silence*, 1891.

Et les pensées de…

■ L'accordéon, c'est dégueulasse. Moi, j'y touche pas. C'est un instrument qu'a été malade, il est encore plein de boutons.

Coluche, *Ça roule, ma poule*, © Le Cherche midi, 2002.

accoucher, accoucheur

Au xiie s. *acouchier*, d'abord se coucher puis mettre au monde.

■ Le sort de ce sonnet a droit de vous toucher ; / Car c'est dans votre cour que j'en viens d'accoucher.

Molière, *Les Femmes savantes*, 1672.

■ La Bailleul, l'accoucheuse, est penchée vers le lit. Et tout à coup, dans la maison, il y a cette voix inconnue, cette plainte grêle et déjà vigoureuse ; « Il a bonne voix, dit la mère Bailleul. C'est un beau gars. »

Maurice Genevoix, *Raboliot*, © Grasset, 1925.

■ On écrit comme on accouche : on ne peut pas s'empêcher de faire l'effort suprême.

Simone Weil, *La Pesanteur et la Grâce*, © Plon, 1947.

Et dans les dictionnaires anciens…

■ *Accoucher*. […] Les chirurgiens savent mieux accoucher les femmes que les matrones.

Antoine Furetière, *Dictionnaire universel*, 1690.

■ *Accoucheur*. Confesseur naturel d'une femme.

Antoine-Fabio Sticoti, *Dictionnaire des gens du monde*, 1818.

accoutumer

Au xiie s. d'abord *acostumer*, dérivé de *coutume*.

■ Pratiquons-le [le fait de penser à la mort], accoutumons-le.

Michel de Montaigne, *Essais*, 1580-1595.

■ Il est bon de s'accoutumer à se recueillir de temps en temps et à s'élever au-dessus du tumulte présent des impressions sensibles : à sortir pour ainsi dire de la place où l'on est […]

Maine de Biran, *Journal*, 1816.

accrocher

Au xiie s. *acrocer*. Dérivé de *croc*.

■ Ces deux atomes crochus ne s'accrochent jamais, faute de se rencontrer.

Fénelon, *Traité de l'existence de Dieu*, 1713.

accroître

Du latin *accrescere*, aller en s'accroissant, s'ajouter à.

■ L'esprit de l'homme accroît ses forces à proportion des difficultés que lui oppose la nature.

Henri Bernardin de Saint-Pierre, *Harmonies de la nature*, 1814.

Et dans les dictionnaires anciens…

■ *Ac[c]roître*. […] Il faut boire la raillerie, de peur de l'ac[c]roître en la défendant. Abl. [Ablancourt].

Pierre Richelet, *Dictionnaire françois*, 1680.

accueil, accueillir

Emprunté du latin populaire *accolligere* venant de *colligere*, réunir, ramasser.

■ Le Roi lui a fait bon visage et à l'accueil et au congé.

François de Malherbe, *Lettres*, *Œuvres complètes*, posth., 1857.

■ À quel étrange office, amour, me réduis-tu ? De faire accueil au vice et chasser la vertu !

Jean DE ROTROU, *Venceslas*, 1647.

■ Sa chambre, béante sur la nuit sans lune, l'accueillit mal.

COLETTE, *Le Blé en herbe*, © Flammarion, 1923.

■ Mais la tension constante qui maintient l'homme en face du monde, le délire ordonné qui le pousse à tout accueillir, lui laissent une autre fièvre. Dans cet univers, l'œuvre est alors la chance unique de maintenir sa conscience et d'en fixer les aventures.

Albert CAMUS, *Le Mythe de Sisyphe*, © Gallimard, 1942.

Et dans les dictionnaires anciens...

■ *Accueillir*. On emploie autrefois ce mot en mauvaise part, mais aujourd'hui on ne s'en sert qu'en bonne, et même on ne s'en sert que rarement : en sa place on dit recevoir.

Pierre RICHELET, *Dictionnaire françois*, 1680.

■ L'orthographe de ce mot est restée celle de l'ancienne langue où notre son *eu* était exprimé par *ue* [...]. On remédierait à cet inconvénient en écrivant *acœuil* comme cœur, *acœil* comme *œil*.

Émile LITTRÉ, *Dictionnaire de la langue française*, 1863-1872.

accusation, accuser

Du latin *accusare*, mettre en cause, porter plainte, et incriminer.

■ [...] Les accusations publiques d'inconstance, de félonie envers sa dame étaient suivies d'arrêts quelquefois sanglants, publiées de la manière la plus solennelle, et exécutées dans toute leur rigueur.

Victor DE JOUY, *L'Hermite de la chaussée d'Antin*, 1813.

■ Tout citoyen romain doit librement user
Et du droit de défendre et du droit d'accuser.

Marie-Joseph CHÉNIER, *Tibère*, posth., 1844.

Et dans les dictionnaires anciens...

■ Se dit aussi des légères fautes dans les compliments ordinaires. L'accusation que vous me faites de n'avoir point songé à vous en votre absence, est mal fondée.

Antoine FURETIÈRE, *Dictionnaire universel*, 1690.

acharner (s')

Construit à partir de l'ancien français *charn*, chair.

■ L'ours s'acharne peu souvent / Sur un corps qui ne vit, ne meut ni ne respire.

Jean DE LA FONTAINE, *Fables*, « L'Ours et les Deux Compagnons », 1668-1694.

■ Nous allions les regarder avec ma mère, ces drôles de paysans s'acharner à fouiller avec du fer cette chose molle et grenue qu'est la terre, où on met à pourrir les morts et d'où vient le pain quand même.

Louis-Ferdinand CÉLINE, *Voyage au bout de la nuit*, © Gallimard, 1932.

Et dans les dictionnaires anciens...

■ *Acharner*. Donner aux bestes le goust, l'appétit de la chair. On acharne les chiens, les oyseaux de proye à la curée.

Antoine FURETIÈRE, *Dictionnaire universel*, 1690.

acheter

Issu du latin populaire *accaptare*, prendre.

■ On n'achète ni son amie, ni sa maîtresse.

J.-J. ROUSSEAU, *Émile ou De l'éducation*, 1762.

■ La pièce d'or luisait entre les doigts tremblants. / – Tu vois, petit ? ...Tu l'auras, dimanche pour t'acheter des fariboles.

Paul ADAM, *L'Enfant d'Austerlitz*, 1901.

Et dans les dictionnaires anciens...

■ *Acheter*. Avoir à prix d'argent, le peuple de Paris prononce *ajeter*, mais mal.

Pierre RICHELET, *Dictionnaire françois*, 1680.

▶ VOIR baccalauréat, badaud, bruissement, or, procès, vendre.

achever

Composé de *a*, à, et de *chief*, bout.

■ La vie s'achève que l'on a à peine ébauché son ouvrage.

Jean DE LA BRUYÈRE, *Les Caractères*, 1688-1696.

Et dans les dictionnaires anciens...

■ *Achever*. [...] Donner la dernière main à un ouvrage. La plupart des auteurs ne se donnent pas le temps leurs ouvrages.

Pierre RICHELET, *Dictionnaire françois*, 1680.

acier

Du bas latin *aciarium*, du latin classique *acies*, pointe, fer tranchant.

■ J'ai senti tout à coup un homicide acier / Que le traître, en mon sein a plongé tout entier.

Jean RACINE, *Athalie*, 1691.

■ C'est pour la paix que mon marteau travaille [...] ; je façonne l'acier qui sert pour la semaille et ne forge le fer que pour l'humanité.

Georges COURTELINE, *Boubouroche*, 1893.

Et dans les dictionnaires anciens...

■ *Acier*. [...] La Touche trouve que ce mot est beau en poésie pour signifier le coutelas, dont on a tranché la tête à quelqu'un.

Jean-François FÉRAUD, *Diction(n)aire critique de la langue française*, 1787.

▶ VOIR éclairage.

acquérir

Du latin classique *acquirere*, ajouter à.

■ La passion d'acquérir du bien pour soutenir une vaine dépense, corrompt les âmes les plus pures.

FÉNELON, *Les Aventures de Télémaque*, 1669.

■ Rien n'est jamais acquis à l'homme Ni sa force / Ni sa faiblesse ni son cœur [...].

Louis ARAGON, *La Diane française*, « Il n'y a pas d'amour heureux », © Seghers, 1946.

Et dans les dictionnaires anciens...

■ *Acquérir*. [...] Il n'est point de verbe, sur la conjugaison duquel les Auteurs varient davantage.

Jean-François FÉRAUD, *Diction(n)aire critique de la langue française*, 1787.

acquiescer

Emprunté au latin *aquiescere*, se reposer, puis consentir.

■ J'ai horreur de ne pas être de l'avis de celui avec qui je parle (étant donné que je ne parle qu'à des amis) et me fous de mes propres opinions. Je cède aussitôt ; j'acquiesce ; j'ai envie de demander pardon.

André GIDE, *Journal*, © Gallimard, 1937.

▶ VOIR combattre.

acquitter

Du latin classique *quietus*, tranquille, libéré de toute obligation.

■ Hélas ! de tant d'amour et de tant de bienfaits, / Mon père, quel moyen de m'acquitter jamais ?

Jean RACINE, *Athalie*, 1691.

■ Le ciel est à qui peut acquitter le loyer, / On y sera logé bien ou mal, mieux ou guère, / Selon qu'on sera riche ou pauvre sur la Terre ; / Arrière le haillon ! Place au riche manteau !

Victor HUGO, *La Légende des siècles*, « Les quatre jours d'Elciis », 1883.

Et dans les dictionnaires anciens...

■ On dit par raillerie d'un homme qui a acheté une charge à crédit qu'il s'acquitte bien de sa charge, quand il prend de l'argent pour rendre la justice.

Philibert-Joseph LE ROUX, *Dictionnaire comique, satyrique*, 1718.

acrimonie

Dérivé de *acer*, âcre.

■ Elle avait l'acrimonie facile des filles, mais aussi le manque absolu de toute rancune.

Georges COURTELINE, *Le Train de 8 h 47*, 1888.

acrobate

Issu du grec *akrobatos*, qui marche sur la pointe des pieds.

■ Certainement il se fait un échange entre l'acrobate et le public ; car d'un côté il met le spectateur en confiance, mais en retour ce jugement le porte ; il ne se tiendrait point au milieu d'une panique ; un cri le ferait tomber peut-être.

ALAIN, *Système des Beaux-Arts*, © Gallimard, 1920.

acte

Emprunté au latin *acta*, d'abord terme de droit, puis action et partie d'une représentation théâtrale.

■ Je prends acte, pour l'autre vie, de ma conduite en celle-ci.

Jean-Jacques ROUSSEAU, *Émile ou De l'éducation*, 1762.

■ Il [un ami millonnaire] s'est dit : une action gratuite ? comment faire ? [...] un acte qui n'est motivé par rien. Comprenez-vous ? intérêt, passion, rien. L'acte désintéressé ; né de soi ; l'acte aussi sans but ; donc sans maître ; l'acte libre ; l'acte autochtone ?

André GIDE, *Le Prométhée mal enchaîné*, © Gallimard, 1899.

acteur

Du latin *actor*, celui qui agit.

■ Thespis fut le premier qui, barbouillé de lie, / Promena par les bourgs cette heureuse folie, / Et d'acteurs mal ornés chargeant un tombereau, / Amusa les passants d'un spectacle nouveau [...].

Nicolas BOILEAU, *L'Art poétique*, 1677.

■ Il y a des endroits qu'il faudrait presque abandonner à l'acteur. C'est à lui de disposer de la scène écrite, à répéter certains mots, à revenir sur certaines idées, à en retrancher quelques-unes, et à en ajouter d'autres.

Denis DIDEROT, *Les Entretiens sur le Fils naturel*, 1757.

■ L'acteur habite un personnage, le comédien est habité par lui.

Pierre Jean JOUVE, *Sueur de sang* (préface), © Gallimard, 1933.

■ Le monarque du théâtre est l'acteur, ce porteur des paroles de l'auteur, c'est lui seul qui replace les paroles écrites en ce lieu où elles sont nées, c'est-à-dire la personne, l'âme, l'inconscient, le corps, qui les font renaître.

Georges PITOËFF, *Notre Théâtre*, © éd. Messages, 1949.

■ Or, j'avais constaté en lisant des pièces modernes, que cette intensité de vie, conférée aux personnages de théâtre par l'incarnation qu'en font les acteurs, pouvait presque être obtenue à la simple lecture, pour peu que le dialogue fût d'un naturel parfait...

Roger MARTIN DU GARD, *Souvenirs autobiographiques et littéraires*, © Gallimard, 1955.

Et dans les dictionnaires anciens...

■ *Acteur* est relatif aux personnages qui agissent dans une pièce, et par suite aux personnes qui les représentent. *Comédien* est relatif à la profession. Ainsi l'on dira : Quels sont les acteurs dans ce drame ? et : Que fait cet homme ? Il est comédien.

Émile LITTRÉ, *Dictionnaire de la langue française*, 1863-1872.

▶ VOIR comédien, émouvoir, passion.

actif

Du latin *activus*, qui agit.

■ Cruel dans l'indolence, actif en sa mollesse, / Sa vile ambition s'aigrit par la paresse.

Jean-François DUCIS, *Macbeth*, 1784.

■ L'esprit est actif toutes les fois qu'il pense ; il ne pense pas toujours, comme Locke l'a très bien vu ; mais toutes les fois qu'il pense, et il pense assurément dans l'acquisition des idées particulières, il est actif.

Victor COUSIN, *Histoire de la philosophie moderne*, 1829.

action

Du latin *actio*, acte, action en justice. Il prend au XVIIe s. son sens économique.

■ Nous aurions souvent honte de nos plus belles actions, si le monde voyait tous les motifs qui les produisent.

François DE LA ROCHEFOUCAULD, *Réflexions ou Sentences et Maximes morales*, 1664.

■ Il faut parler tant qu'on peut par les actions, et ne dire que ce qu'on ne saurait faire.

Jean-Jacques ROUSSEAU,
Émile ou De l'éducation, 1762.

■ Chaque action parfaite s'accompagne de volupté ! À cela tu reconnais que tu devais la faire.

André GIDE,
Les Nourritures terrestres, © Gallimard, 1897.

■ Jusqu'alors, se croyant éperonné par l'action, il ne s'était accordé que des accointances sensuelles qui laissaient la tête libre. Mais maintenant il lui fallait connaître les subtilités du cœur qui après tout aiguisent l'esprit.

Pierre DRIEU LA ROCHELLE,
Rêveuse Bourgeoisie, © Gallimard, 1939.

■ Serions-nous muets et cois comme des cailloux, notre passivité même serait une action [...].

Jean-Paul SARTRE,
Situations II, © Gallimard, 1948.

Et dans les dictionnaires anciens...

■ On fait une bonne *action* en cachant les défauts du prochain ; c'est l'*acte* de charité le plus rare parmi les hommes.

Gabriel GIRARD,
Synonymes françois, 1736.

▶ VOIR accablant, agir, contemplation, écrivain, exemple, fruit, garantie, maxime, ouvrier, noir, passion, philosophie, professeur, regarder, sensé, sinistre, songe, tragédie.

activité

Emprunté au latin *activitas*, pouvoir d'agir.

■ Pensez qu'il n'y a personne à qui cela vienne à l'idée, de ne rien faire ! c'est pourtant si simple ! mais il y a je ne sais quoi dans ce siècle-ci, un principe d'agitation, une contagion d'activité.

Jules et Edmond DE GONCOURT,
Journal, 1851-1896.

▶ VOIR barbare.

actualité, actuel

Du latin médiéval *actualitas*, exécution, force opérante ; et du bas latin *actualis*, actif, agissant.

■ Celui qui veut s'en tenir au présent, à l'actuel, ne comprendra pas l'actuel.

Jules MICHELET, *Le Peuple*, 1846.

■ Celui qui parle de l'avenir est un coquin, c'est l'actuel qui compte. Invoquer sa postérité, c'est faire un discours aux asticots.

Louis-Ferdinand CÉLINE,
Voyage au bout de la nuit, © Gallimard, 1932.

■ Il disait : « On ne badine pas avec l'amour, mais on badine avec l'actualité. » Saisir l'actualité est un art et il faut du temps pour l'acquérir.

Léon DAUDET, *Bréviaire du journaliste*, 1936.

■ Valéry, Proust, Suarès, Claudel et moi-même, si différents que nous fussions l'un de l'autre, si je cherche par quoi l'on nous reconnaîtra pourtant du même, et j'allais dire : de la même équipe, je crois que c'est le grand mépris où nous tenions l'actualité.

André GIDE, *Journal* (10 septembre 1941),
© Gallimard, 1939-42.

Et dans les dictionnaires anciens...

■ L'Académie, il le fallait bien, a eu aussi ses sévérités. Parmi les mots de formation récente, elle a exclu sans pitié ceux qui lui ont paru mal composés, contraires à l'analogie et au génie de la langue. [...] C'est le cas, l'Académie l'a cru du moins, de ce terme qu'un fréquent et déjà long usage n'a pu cependant lui faire adopter, celui d'*actualité*.

*Dictionnaire
de l'Académie française (préface)*, 1878.

adapter

Du latin *adaptare*, ajuster à.

■ On n'a pas de chemins tracés d'avance, dis-je. Le monde n'est plus le même, personne n'y peut rien ; il faut essayer de s'adapter.

Simone DE BEAUVOIR,
Les Mandarins, © Gallimard, 1954.

adepte

Issu du latin des alchimistes *adeptus*, celui qui a atteint les secrets, que l'on retrouve dans le mot anglais *adept*, initié.

■ L'art de la versification était le secret d'un petit nombre d'adeptes.

Jean LE ROND D'ALEMBERT, *Œuvre philosophique*, 1805.

Et dans les dictionnaires anciens...

■ *Adepte.* [...] On le dit dans le Mercure d'une débutante au théâtre. [...] Quelle fureur pour le néologisme !

Jean-François FÉRAUD, *Diction(n)aire critique de la langue française*, 1787.

adhérer

Emprunté au latin *adhaerere*, être attaché à.

■ N'adhérons au monde par aucun endroit.

J.-B. BOSSUET, *Méditation sur l'Évangile*, 1695.

■ Pour faire partie du « petit noyau », du « petit groupe », du « petit clan » des Verdurin, une condition était suffisante mais elle était nécessaire : il fallait adhérer tacitement à un credo.

Marcel PROUST, *Un amour de Swann*, 1930.

adieu

Apparaît au XIIe s. par abréviation de la formule *je vous recommande à Dieu*.

■ Adieu, chers compagnons, adieu, mes chers amis / Je m'en vais le premier vous préparer la place.

Pierre DE RONSARD, *Sonnets pour Hélène*, 1578.

■ Le lait tombe ; adieu veau, vache, cochon, couvée. / La dam de ces biens, quittant d'un œil marri / Sa fortune ainsi répandue, / Va s'excuser à son mari, / En grand danger d'être battue. Le récit en farce en fut fait ; On l'appela le Pot au lait.

Jean DE LA FONTAINE, *Fables*, « La Laitière et le pot au lait », 1678.

•

Et dans les dictionnaires anciens...

■ *Adieu.* Adieu la voiture, adieu vous dis, c'est fait de lui. Pour dire qu'un homme se meurt, qu'il est perdu.

Jean-François FÉRAUD, *Diction(n)aire critique de la langue française*, 1787.

adjectif

Du latin *adjectivum*, terme qui s'ajoute, correspondant au grec *epitheton* de même sens.

■ La grammaire... de l'adjectif avec le substantif, / Nous enseigne les lois.

MOLIÈRE, *Les Femmes savantes*, 1672.

■ C'était l'époque où les gens bien élevés observaient la règle d'être aimables et celle dite des trois adjectifs. Madame de Cambremer les combinait toutes les deux. Un adjectif louangeur ne lui suffisait pas, elle le faisait suivre (après un petit tiret) d'un second, puis (après un deuxième tiret) d'un troisième.

Marcel PROUST, *Sodome et Gomorrhe*, 1922.

■ En passant, faisons remarquer la puissance d'un adjectif, dès qu'on l'accole à la vie. La vie *maussade*, l'être *maussade* signe un univers.

Gaston BACHELARD, *La Poétique de l'espace*, © PUF, 1957.

adjoint

▶ VOIR inspecteur, provisoire.

admettre

Du latin *admittere*, laisser venir vers, permettre.

■ La solide vertu dont je fais vanité / N'admet point de faiblesse avec sa fermeté.

Pierre CORNEILLE, *Horace*, 1640.

■ Mon esprit n'admet point un pompeux solécisme, / Ni d'un vers ampoulé l'orgueilleux barbarisme.

Nicolas BOILEAU, *L'Art poétique*, 1677.

Et dans les dictionnaires anciens...

■ *Admettre.* Recevoir. C'est un homme de fort bonne compagnie car sans cela je ne l'aurais pas admis à ma table.

Pierre RICHELET, *Dictionnaire françois*, 1680.

administration

Du latin *administratio*, fait de s'occuper de quelqu'un politiquement mais aussi alimentairement, au Moyen Âge.

■ La constitution est le tempérament de l'État, l'administration en est le régime.

Louis DE BONALD, *Législation primitive*, 1802.

■ Vois-tu, dans la vie, Célestine, il faut de la conduite... Il faut ce que j'appelle de l'administration.

Octave MIRBEAU,
Le Journal d'une femme de chambre, 1900.

Et dans les dictionnaires anciens...

■ *Administration*. Gouvernement des affaires. Les Rois fainéants se reposoient de l'administration de leurs Estats sur leurs Ministres.

Antoine FURETIÈRE, *Dictionnaire universel*, 1690.

admirateur, admiration

Du latin *admirator*, dérivé de *admirari*, s'étonner, considérer avec stupeur ; et du latin *admiratio*, étonnement.

■ Pourquoi sommes-nous si grands admirateurs d'autrui ? [les poètes italiens]

Joachim DU BELLAY, *Défense et Illustration de la langue française*, 1549.

■ L'admiration est une subite surprise de l'âme.

René DESCARTES, *Les Passions de l'âme*, 1649.

■ On a pu me trouver jusqu'à présent un admirateur enthousiaste : bientôt peut-être je vais paraître un contempteur téméraire.

Antoine DESTUTT DE TRACY, *Idéologies*, 1805.

■ Y a-t-il en nous un penchant habituel à admirer comme à aimer ? L'admiration n'est, ce me semble, qu'un étonnement accidentel de notre intelligence à l'occasion d'une surprise agréable.

Henri BERNARDIN DE SAINT-PIERRE,
Harmonies de la nature, 1814.

Et les pensées de...

■ L'admiration, c'est la générosité de l'esprit. C'est aussi son élégance.

Jacques RIGAUD,
Miroir des mots, © Robert Laffont, 1991.

■ L'opposé de l'admiration n'est pas le mépris, mais l'indifférence. Mépriser, c'est encore considérer.

Maurice TOUDOIRE,
Impertinences, © Pierre Téqui, 1992.

■ Le plus souvent, l'admiration est une paresse de l'esprit, on admire pour ne pas comprendre.

Bernard FRANK, *Portraits et Aphorismes*, © Le Cherche midi, 2001.

admirer

Du latin *admirari*, voir *admirateur*.

■ On admire le monde à travers ce qu'on aime.

Alphonse DE LAMARTINE, *Jocelyn*, 1836.

■ Aimons ceux qui admirent, évitons les détracteurs, les insulteurs, les dépréciateurs de profession.

Henri-Frédéric AMIEL,
Journal intime, 1847-1883.

■ Il y a dans les hommes plus de choses à admirer que de choses à mépriser.

Albert CAMUS, *La Peste*, © Gallimard, 1947.

adolescence, adolescent

Du latin *adolescentia*, dérivé de *adolescens*, celui qui est en train de grandir.

■ Je demeurais un adolescent à travers ces troubles, c'est-à-dire un être encore incertain, inachevé, en qui s'ébauchaient les linéaments de son âme à venir.

Paul BOURGET, *Le Disciple*, 1889.

■ En ce temps-là j'étais en mon adolescence / J'avais à peine seize ans et je ne me souvenais déjà plus de mon enfance

Blaise CENDRARS,
La Prose du Transsibérien, © Denoël, 1913.

■ Pitié pour tous les adolescents du monde ! Je ne suis pas heureux. Tout, en moi, est discordance et combat. Mon cœur est d'un enfant, mais j'ai la voix d'un homme, les mains, les pieds, les muscles d'un homme.

Georges DUHAMEL, *Chronique des Pasquier*,
© Mercure de France, 1934.

Et dans les dictionnaires anciens...

■ *Adolécent*. Jeune, mais il ne se dit que par raillerie, d'un homme déjà vieux. Pourquoi ne ferait-il pas l'amour, ce n'est encore qu'un jeune adolécent ?

Pierre RICHELET, *Dictionnaire françois*, 1680.

■ Dans le langage scientifique adolescence et jeunesse sont synonymes et expriment l'âge compris entre l'enfance et l'état adulte. Mais dans le langage ordinaire il y a une nuance, et adolescence désigne de préférence la première partie de la jeunesse.

Émile LITTRÉ,
Dictionnaire de la langue française, 1863-1872.

▶ VOIR école, évolution.

adopter

Du verbe latin juridique *adoptare*, construit avec le préfixe *ad-*, l'intention, et le verbe *optare*, choisir.

■ Un homme en place doit aimer son prince, sa femme, ses enfants et après eux les gens d'esprit ; il les doit adopter.

Jean DE LA BRUYÈRE,
Les Caractères, 1688-1696.

■ Le jour où elle proposa à tante Aline d'adopter un enfant, celle-ci laissa son tricot, enleva vivement ses lunettes, et répondit sans hésitation : « Et pourquoi pas ? »

Elsa TRIOLET, *Le premier accroc coûte deux cents francs*, © Gallimard, 1945.

adorer

Du latin *adorare*, prier.

■ Et le peuple inégal à l'endroit des tyrans, / S'il les déteste morts, les adore vivants.

Pierre CORNEILLE, *Cinna*, 1642.

■ D'où vient, lui dit Alexandre, que tu ne m'adores pas ?

Charles-Louis DE MONTESQUIEU,
Lysimaque, 1751.

Et dans les dictionnaires anciens...

■ C'est par abus qu'on emploie adorer pour aimer beaucoup, quand il s'agit d'objets auxquels on ne peut supposer aucune sensibilité à notre adoration. Delille dit que *Voltaire adorait le café*. Un autre adore les huîtres. De telles expressions, dites sérieusement, corrompent la langue.

Émile LITTRÉ,
Dictionnaire de la langue française, 1863-1872.

adoucir

Construit sur *doux* à la fin du XIIe s. Du latin *dulcis*, de saveur douce.

■ J'adoucirai ta peine en écoutant ta plainte / Et mon cœur versera le baume dans ton cœur [...].

Alphonse DE LAMARTINE,
Nouvelles Méditations poétiques, 1823.

▶ VOIR doux.

adresse, adroit

À partir d'*adresser*, dérivé de *dresser*, du latin populaire *directiare*, de *directus*, droit.

■ Mon oisive jeunesse / Sur de vils ennemis a montré son adresse.

Jean RACINE, *Phèdre*, 1677.

■ L'adresse n'est autre chose qu'une juste dispensation des forces que l'on a.

Charles-Louis DE MONTESQUIEU, *Considérations sur les causes de la grandeur des Romains et de leur décadence*, 1734.

■ La friponne est adroite et sait bien son métier.

Philippe DESTOUCHES, *Le Dissipateur*, 1753.

Et dans les dictionnaires anciens...

■ *Adresse*. [...] Esprit, prudence, [...]. J'admire l'adresse de ma carogne de femme pour se donner toujours raison. Mol. [Molière].

Pierre RICHELET, *Dictionnaire françois*, 1680.

■ L'*adresse* emploie les moyens, elle demande de l'intelligence. La *souplesse* évite les obstacles, elle veut de la docilité. La *finesse* insinue d'une façon insensible, elle suppose de la pénétration. La *ruse* trompe, elle a besoin d'une imagination ingénieuse.

Gabriel GIRARD, *Synonymes françois*, 1736.

adulte

Du latin *adultus*, tiré du verbe *adolescere*, grandir, se développer.

■ Mais pourquoi écrirait-on des romans, si ce n'est pour montrer les adultes tels qu'ils sont (et tels que les voient les enfants), c'est-à-dire arbitraires et incompréhensibles ?

Henry DE MONTHERLANT,
Les Lépreuses, © Gallimard, 1939.

■ Qu'est-ce qu'un adulte ? Un enfant gonflé d'âge.

Simone DE BEAUVOIR,
La Femme rompue, © Gallimard, 1967.

Et dans les dictionnaires anciens...

■ Qui entre dans l'adolescence. Il n'a guère d'usage qu'en théologie, où on parle du baptême des adultes.

Antoine FURETIÈRE, *Dictionnaire universel*, 1690.

adultère

Du latin *adulter*, qui altère, corrompt et, en latin chrétien, qui viole la foi jurée.

■ J'ai cru que notre mariage n'était qu'un adultère déguisé.

MOLIÈRE, *Dom Juan*, 1665.

■ N'ayant peur de l'enfer ni honte, [Cléopâtre] elle avait fait / De son lit une auberge où s'en venait la terre / Se soûler à pleins brocs du vin de l'adultère.

C.-M. LECONTE DE LISLE, *Poèmes barbares*, 1878.

adversaire

Du latin *adversarius*, dérivé de *adversus*, tiré du verbe *advertere*, tourner vers ou contre.

■ Mes plus dangereux et mes plus grands adversaires, / Si tôt qu'ils sont vaincus, ne sont plus que mes frères.

Pierre CORNEILLE, *Pompée*, 1643.

▶ VOIR bois, docile, escrime, retirer.

adversité

Du latin *adversitas*, dérivé de *adversus*, voir adversaire.

■ Ma gloire me suivra dans l'adversité.

VOLTAIRE, *Œdipe*, 1718.

■ Nous supportons l'adversité, non d'après tel ou tel principe, mais selon notre éducation, nos goûts, notre caractère, et surtout notre génie.

François René DE CHATEAUBRIAND, *Essai sur les révolutions*, 1787.

Et dans les dictionnaires anciens...

■ L'adversité fait baisser l'esprit aux uns et le réveille aux autres.

Gabriel GIRARD, *Synonymes françois*, 1736.

▶ VOIR ami, conscience.

aérer

Dérivé savant du latin *aer, aeris*, air, lui-même emprunté au grec *aêr*.

■ Le meilleur serait de ne se tenir point du tout en maison qui fut mal aérée.

Jacques AMYOT, *Morales*, « De la curiosité », 1572.

Et dans les dictionnaires anciens...

■ *Airier*. Chasser le mauvais air de quelque endroit en y allumant du feu, & en bruslant des parfums. Airier une maison infestée de peste, airier des meubles.

Dictionnaire de l'Académie française, 1694.

▶ VOIR foule.

aérien

Du latin *aer*, air. Aérin en ancien français.

■ Ces chants aériens [ceux des oiseaux] sont mes concerts chéris.

Victor HUGO, *Odes et Ballades*, 1822-1828.

■ Ses ailes puissantes le portaient sur le fluide aérien presque sans battre, car c'est le propre des grands oiseaux de voler avec un calme majestueux, tandis que pour les soutenir dans l'air il faut aux insectes mille coups d'ailes par seconde.

J. VERNE, *Les Enfants du capitaine Grant*, 1868.

Et dans les dictionnaires anciens...

■ *Aérien*. Qui est d'air. Un corps aérien. Les démons aériens.

Dictionnaire de l'Académie française, 1694.

▶ VOIR aérer.

aéroplane

Construit avec *aéro-*, voir aéronaute, et *plane*.

■ Manifeste du futurisme. [...] 11. Nous chanterons [...] le vol glissant des aéroplanes, dont l'hélice a des claquements de drapeau et des applaudissements de foule enthousiaste.

Filippo Tommaso MARINETTI, *Manifeste du futurisme* (1909), © Séguier, 1912.

▶ VOIR avion.

aéroscaphe

Construit en 1859 à partir du grec *aéro*, air, et *scaphe*, barque.

■ L'aéroscaphe voit, comme en face de lui / Là-haut, Aldébaran par Céphée ébloui. / Persée, escarboucle des cimes, / Le chariot polaire aux flamboyants essieux, / Et, plus loin, la lueur lactée, ô sombres cieux, / La fourmilière des abîmes !

Victor HUGO, *La Légende des siècles*, 1859.

affable

Du latin *affabilis*, à qui l'on peut parler.

■ Lui, parmi ces transports, affable et sans orgueil, / À l'un tendait la main, flattait l'autre de l'œil.

Jean RACINE, *Athalie*, 1691.

Et dans les dictionnaires anciens...

■ *Afſable.* Ce mot est un peu vieux, il veut dire *civil, honnête.* Je ne puis souffrir ces afables donneurs d'embrassades frivoles. *Mol.* [Molière, Le Misanthrope]

Pierre RICHELET, *Dictionnaire françois*, 1680.

affaiblir

Dérivé de *faible*, du latin *flebilis*, déplorable.

■ La vieillesse languissante et ennemie viendra rider ton visage, courber ton corps, affaiblir tes membres, faire tarir dans ton cœur la source de la joie [...].

FÉNELON, *Les Aventures de Télémaque*, 1669.

affaire

Dérivé de *faire*, du latin *facere*.

■ Nous vidons l'affaire sur le pré sans témoins.

Pierre CORNEILLE, *Le Menteur*, 1644.

■ De l'amitié tant qu'il vous plaira ; mais de l'argent, point d'affaires.

MOLIÈRE, *L'Avare*, 1668.

■ Les affaires ? C'est bien simple, c'est l'argent des autres.

Alexandre DUMAS, *La Question d'argent*, 1857.

Et dans les dictionnaires anciens...

■ *Affaires.* Nécessités naturelles. Depuis n'aguère j'ai vu le Roi dans ses affaires. *Voi.* [Voiture]

Pierre RICHELET, *Dictionnaire françois*, 1680.

affection, affectueux

Du latin *affectio*, disposition de l'âme résultant d'une influence subie ; du bas latin *affectuosus*, qui montre de l'affection.

■ On peut avoir de l'affection pour une fleur, pour un oiseau, pour un cheval.

René DESCARTES, *Les Passions de l'âme*, 1649.

■ L'affection ou la haine change la justice de face.

Blaise PASCAL, *Pensées*, 1669.

■ Une même affection féminine peut-elle cumuler les caractères des diverses affections filiale, fraternelle, conjugale et maternelle ? Je le crois.

Henri-Frédéric AMIEL, *Journal intime*, 1847-1883.

Et dans les dictionnaires anciens...

■ Ce mot [affectueux] est fort bon, et se dit, surtout en matière de piété, pour marquer ce qui vient du cœur.

Émile LITTRÉ, *Dictionnaire de la langue française*, 1863-1872.

affiche

Dérivé de *fiche*, issu du latin classique *figere*, planter, fixer, transpercer.

■ Pour résister à la tyrannie des journalistes, Dauriat et Ladvocat, les premiers, inventèrent ces affiches par lesquelles ils captèrent l'attention de Paris, en y déployant les caractères de fantaisie, des coloriages bizarres, des vignettes, et plus tard des lithographies qui firent de l'affiche un poème pour les yeux et souvent une déception pour la bourse des amateurs.

Honoré DE BALZAC, *Illusions perdues*, 1837-1843.

Et dans les dictionnaires anciens...

■ *Affiche.* [...] Tous les murs de Paris sont couverts d'affiches.

Émile LITTRÉ, *Dictionnaire de la langue française*, 1863-1872.

Et les pensées de...

■ Lui qui se voyait déjà en haut de l'affiche, il se voit déjà en bas de la liste de ces chers disparus ! Il a envie de crier : « Un homme à la mer ! » Mais comme l'homme, c'est lui, et que lui, c'est un artiste et qu'il exerce le plus beau métier du monde, il crie : « Et le spectacle continue ! »

Raymond DEVOS, *À plus d'un titre*, « *L'artiste* », © Le Cherche midi, 1989.

affinité

Du latin *affinitas*, voisinage, parenté par alliance.

■ Goethe vient de faire paraître un roman intitulé : Les Affinités de choix.

MADAME DE STAËL, *De l'Allemagne*, 1810.

■ C'est la loi des affinités électives ; les manies se cherchent et s'attirent dans un perpétuel effort de se grouper.

Joséphin PÉLADAN, *Le Vice suprême*, 1884.

■ Il y a entre les mots bien d'autres affinités que le son ; il y a les filiations, les métaphores cachées, les liaisons confirmées déjà par les auteurs ou par le commun usage.

ALAIN, *Propos*, © Gallimard, 1935.

affirmation, affirmer

Du latin *affirmatio*, dérivé de *affirmatum*, tiré du verbe *affirmare*, affermir, donner comme sûr.

■ Qu'est-ce qu'une chose qui pense ? C'est une chose qui entend, qui conçoit, qui affirme, qui nie.

René DESCARTES, *Méditations métaphysiques*, 1641.

■ Tout est quelque chose. Rien n'est rien. L'homme vit d'affirmation plus encore que de pain. Voir et montrer, cela même ne suffit pas.

Victor HUGO, *Les Misérables*, 1862.

■ Au-delà des horizons de la science, il n'est pas plus sage de nier que d'affirmer.

Louis MÉNARD, *Rêveries d'un païen mystique*, 1876.

■ On ne voit pas que si l'affirmation est un acte complet de l'esprit, qui peut aboutir à constituer une idée, la négation n'est jamais que la moitié d'un acte intellectuel dont on sous-entend ou plutôt dont on remet à un avenir indéterminé l'autre moitié.

Henri BERGSON, *L'Évolution créatrice*, © PUF, 1907.

Et dans les dictionnaires anciens...

■ *Affirmer* tout ce qu'on dit, c'est le moyen d'insinuer aux autres qu'on ne mérite pas d'être cru sur sa parole. Le trop d'attention à vouloir tout *confirmer*, rend la conversation ennuyeuse et fatigante.

Gabriel GIRARD, *Synonymes françois*, 1736.

➤ VOIR agir, littérature, répondre.

affliction

Du bas latin *afflictio*, dérivé de *afflictum*, tiré du verbe *affligere*, frapper, abattre.

■ Le désespoir a des degrés remontants. De l'accablement on monte à l'abattement, de l'abattement à l'affliction, de l'affliction à la mélancolie.

Victor HUGO, *Les Travailleurs de la mer*, 1866.

■ Toute affliction du corps ou de l'âme est un mal d'exil, et la pitié déchirante, la compassion dévastatrice inclinée sur les tout petits cercueils est, sans doute, ce qui rappelle avec le plus d'énergie le bannissement célèbre [être chassé du paradis] dont l'humanité sans innocence n'a jamais pu se consoler.

Léon BLOY, *La Femme pauvre*, 1897.

affoler

Dérivé de *fol*, forme ancienne de fou. Du latin *follis*, soufflet pour le feu ; outre gonflée, ballon ; puis sot, idiot.

■ La rencontre d'une femme, aimée autrefois, l'exalte et le bouleverse jusqu'à l'affoler.

Paul BOURGET, *Nouveaux Essais psychologiques*, 1885.

➤ VOIR peur, scrupule.

affres

Du provençal *afre*, effroi, épouvante, provenant sans doute du gothique *aifrs*, amer, horrible.

■ Madame de Montespan était tellement tourmentée des affres de la mort, qu'elle payait plusieurs femmes dont l'emploi unique était de la veiller.

Louis DE SAINT-SIMON, *Mémoires* (1739-1749), posth., 1829-1830.

Et dans les dictionnaires anciens...

■ *Affre.* l'A est long. Grande peur [...]. Il [le mot] vieillit.

Dictionnaire de l'Académie française, 1694.

affreux

Construit à partir de *affres*.

■ Ses malheurs et les miens viennent d'une passion qui cause les désastres les plus affreux : c'est l'amour.

FÉNELON, *Les Aventures de Télémaque*, 1669.

Et dans les dictionnaires anciens...

■ *Affreux.* Qui fait peur, qui donne de l'effroy. L'Afrique a des monstres et des déserts affreux. Les mourants ont des regards affreux.

Antoine FURETIÈRE, *Dictionnaire universel*, 1690.

affront

Déverbal *d'affronter*, au sens ancien de couvrir de honte, donnant le sens de tromper, insulter.

■ Un affront vit toujours sur le front qui l'endure.

JOLYOT DE CRÉBILLON, *Triumvirat*, 1754.

■ Quand cesseras-tu de t'exposer à l'affront d'un refus ou d'un ridicule ?

Nicolas DE CHAMFORT, *Maximes et pensées, caractères et anecdotes*, 1795.

■ Pour qui fait son devoir, l'insulte est sans affront.

Lucien ARNAULT, *Pierre de Portugal*, 1820.

affronter

Dérivé de front, du latin *frons, frontis*, front, visage.

■ Courons donc le chercher ce pendard qui m'affronte [m'outrage].

MOLIÈRE, *Sganarelle ou le Cocu imaginaire*, 1660.

■ Il est bien décidé à tout affronter. Il prend une pose raide, serre ses jambes et s'enhardit, au mépris d'une gifle.

Jules RENARD, *Poil de carotte*, 1894.

africain, Afrique

Du latin *africanus*, africain.

■ Jadis Européen de droit divin, nous sentions depuis quelque temps notre dignité s'effriter sous les regards américains ou soviétiques [...]. Au moins espérions-nous retrouver un peu de notre grandeur dans les yeux domestiques des Africains. Mais il n'y a plus d'yeux domestiques : il y a les regards sauvages et libres qui jugent notre terre.

Jean-Paul SARTRE, *Situations III*, « Orphée noire », © Gallimard, 1948.

■ Je vois l'Afrique multiple et une / verticale dans la tumultueuse péripétie / avec ses bourrelets, ses nodules, / un peu à part, mais à portée / du siècle, comme un cœur de réserve.

Aimé CÉSAIRE, *Ferrements*, © Le Seuil, 1955.

Et dans les dictionnaires anciens...

■ *Afrique.* [...] Les côtes seules de l'Afrique sont à peu près connues ; l'intérieur est absolument ignoré.

Maurice LACHÂTRE, *Dictionnaire français illustré*, 1856.

▶ VOIR bibliothèque.

agacer

Deux verbes sont à l'origine d'*agacer* : l'un du nom de la pie, *agace*, du provençal *agassa* ou du germanique *agaza* ; l'autre de l'ancien français *aacier*, du latin populaire *adacidare*, rendre aigre, dérivé de *acidus*, acide, aigre.

■ La morale et le sérieux de la vie n'ont pas d'autres preuves que notre nature. Chercher au-delà et douter des bases de la nature humaine, c'est s'agacer à dessein, c'est s'irriter la fibre sensible pour le plaisir équivoque qu'on trouve à se gratter.

Ernest RENAN, *L'Avenir de la science*, 1890.

■ Et sa lèvre, aux sourires pervers, / S'agace aux barbes de la plume / Qu'il a pour écrire ces vers.

Paul VERLAINE, *Poèmes divers*, 1896.

Et dans les dictionnaires anciens...

■ *Agacer* signifie aussi, Endormir, assoupir la faculté de quelque chose, empescher son action. Les fruits verts & acres agacent les dents, c'est-à-dire qu'ils les rendent molles, & en état de ne mâcher qu'avec peine & dégoust.

Antoine FURETIÈRE,
Dictionnaire universel, 1690.

agape(s)

Du grec *agapê*, affection, amour divin. Repas pris en commun par les premiers chrétiens.

■ Jeune fille bohème [Esméralda], vous avouez votre participation aux agapes, sabbats et maléfices de l'enfer, avec les larves, les masques et les stryges ?

Victor HUGO,
Notre-Dame de Paris, 1832.

■ L'agape, ou repas du soir en commun, non distingué d'abord de la Cène, s'en séparait de plus en plus et dégénérait en abus.

Ernest RENAN, *Histoire des origines du Christianisme*, 1881.

âge

Dérivé de l'ancien français *aé*, *ée*, du latin *aetas*, *aetatis*, âge.

■ Le temps, qui change tout, change aussi nos humeurs : / Chaque âge a ses plaisirs, son esprit et ses mœurs.

Nicolas BOILEAU, *L'Art poétique*, 1677.

■ Quand on devient âgé, c'est l'ordinaire usage / De vouloir se cacher la moitié de son âge.

P. POISSON, *L'Impromptu de campagne*, 1733.

■ Si les vérités cruelles, les fâcheuses découvertes, les secrets de la société, qui composent la science d'un homme du monde parvenu à l'âge de quarante ans, avaient été connues de ce même homme à l'âge de vingt...

Nicolas DE CHAMFORT,
Maximes et pensées, caractères et anecdotes, 1794.

■ Ainsi, toujours poussés vers de nouveaux rivages, / Dans la nuit éternelle emportés sans retour, / Ne pourrons-nous jamais sur l'océan des âges / Jeter l'ancre un seul jour ?

Alphonse DE LAMARTINE,
Méditations poétiques, « Le Lac », 1820.

■ L'âge a ses glaçons ; ils se sentent sur les genoux, sur les coudes, sur tous nos nœuds.

Joseph JOUBERT, *Pensées, essais, maximes et correspondances*, (posth.) 1838.

■ Manifeste du futurisme. [...] Les plus âgés d'entre nous ont trente ans ; nous avons donc au moins dix ans pour accomplir notre tâche. Quand nous aurons quarante ans, que de plus jeunes et plus vaillants que nous veuillent bien nous jeter au panier comme des manuscrits inutiles !

Filippo Tommaso MARINETTI, *Manifeste du futurisme* (1909), © Séguier, 1912.

Et dans les dictionnaires anciens...

■ *Âge*. Ce mot parlant de la création fabuleuse du monde veut dire *un espace de temps* ; ainsi on dit le monde fut divisé en âge d'or, d'argent, d'airain et de fer.

Pierre RICHELET, *Dictionnaire françois*, 1680.

■ *Âge*. [...] Les physiologistes divisent la vie de l'homme en quatre âges : 1er l'enfance, jusqu'à 14 ans ; 2e l'adolescence ou jeunesse, jusqu'à 25 ans ; 3e l'âge viril, jusqu'à 55 ans ; 4e la vieillesse, qui se termine par la décrépitude et la mort.

Petit Larousse illustré, 1905.

Et les pensées de...

■ Cacher son âge, c'est supprimer ses souvenirs.

ARLETTY, *Les Mots d'Arletty*, © V & O, 1991.

■ Il y avait de l'orage dans l'air, maintenant, il y a simplement de l'horreur dans l'âge.

Serge GAINSBOURG, *Pensées, provocs et autres volutes*, © Le Cherche midi, 2006.

➤ VOIR automne, date, dent, désir, époux, front, grammaire, jeune, jour, maître, majorité, maman, pardonner, passion, pharmacien, planter, préjugé, regret, retraite, suffire, tempérer, veuf, vieillard, visage, vivre.

agenda

Du bas latin *agenda*, choses à accomplir, tiré du verbe *agere*, faire, agir.

■ Tenir un agenda ; écrire pour chaque jour ce que je devrai faire dans la semaine, c'est diriger sagement ses heures. [...] Dans mon agenda, je puise le sentiment du devoir.

André GIDE, *Paludes*, © Gallimard, 1895.

aggraver

Du latin *aggravare*, aggraver.

■ N'allume aucun enfer au tison d'aucun feu. / N'aggrave aucun fardeau [...].

Victor HUGO, *Les Rayons et les Ombres*, « Sagesse », 1840.

Et dans les dictionnaires anciens...

■ *Aggraver.* Rendre plus coupable. Le mariage, les vœux aggravent le péché de luxure.

Antoine FURETIÈRE, *Dictionnaire universel*, 1690.

agile

Du latin *agilis*, que l'on mène facilement, qui se meut facilement.

■ Légère et court vêtue, elle allait à grands pas, / Ayant mis ce jour-là pour être plus agile, / Cotillon simple et souliers plats [...].

Jean DE LA FONTAINE, *Fables*, « La laitière et le pot au lait », 1668-1694.

▶ VOIR immobilité.

agiotage

Dérivé d'*agioter*, lui-même tiré d'*agio*, du terme de banque italien *aggio*.

■ Ô siècle dégoûtant ! siècle d'agioteurs, / De marchands, d'usuriers, de vils calculateurs ! [...] Comme du temps de Law, le sale agiotage / Séduit à son appât des gens de tout étage.

Amédée POMMIER, *Colères*, 1844.

Et dans les dictionnaires anciens...

■ *L'agiotage*, bien qu'on le déguise sous le nom de spéculation, n'est que la déplorable alliance de l'usure, de l'accaparement, du monopole et de la friponnerie.

Maurice LACHÂTRE, *Le Dictionnaire français illustré*, 1856.

agir

Du latin *agere*, pousser devant soi, mener.

■ L'homme n'est point fait pour méditer, mais pour agir ; la vie laborieuse que Dieu nous impose n'a rien que de doux au cœur de l'homme de bien qui s'y livre en vue de remplir son devoir.

Jean-Jacques ROUSSEAU, *Lettre*, 1758.

■ Pour agir, il faut ou être borné ou se borner volontairement. L'action est une affirmation, l'affirmation une limitation.

Henri-Frédéric AMIEL, *Journal intime*, 1847-1883.

■ Le médecin est forcé d'agir.

Claude BERNARD, *Principes de médecine expérimentale*, 1878.

Et les pensées de...

■ Agir : Aimer Gérer l'Instant Réel.

Christophe BOUBAL, *Le Dictionnaire intraduisible*, © Schena editore, 2006.

▶ VOIR catégorie, délibérer, discours, doute, écriture, intelligence, parler, philosophe, sujet, trêve, vie.

agitation

Du latin *agitatio*, action de s'agiter.

■ Il voit dans les Enfers de tous côtés voltiger les ombres, plus nombreuses que les grains de sable qui couvrent les rivages de la mer ; et, dans l'agitation de cette multitude infinie, il est saisi d'une horreur divine, observant le profond silence de ces vastes lieux.

FÉNELON, *Les Aventures de Télémaque*, 1669.

■ [Il] disait : « Ze crois, Ze veux », comme si, à cause de l'agitation de sa tête, il n'avait plus le temps de toucher aux mots que du bout de la langue, de l'extrême pointe.

Jules RENARD, *La Lanterne sourde*, 1893.

agneau

Du latin *agnellus*, diminutif de *agnus*, agneau.

■ Mouflar, le bon Mouflar, de nos chiens le modèle / Si redouté des loups, si soumis au berger, / Mouflar vient, dit-on, de manger / Le petit agneau noir, puis la brebis sa mère.

Jean-Pierre DE FLORIAN, *Fables*, « Le Chien coupable », 1792.

Et dans les dictionnaires anciens...

■ Ménage dit : « Tous les Parisiens généralement prononcent *anneau*, au lieu d'*agneau* : un *quartier d'anneau*, qui est une prononciation très vicieuse à cause de l'équivoque... ». La prononciation véritable a repris le dessus sur celle que Paris avait au XVIIe siècle.

Jean-François FÉRAUD, *Diction(n)aire critique de la langue française*, 1787.

agonie

Du latin chrétien *agonia*, angoisse, angoisse de la mort, du grec *agônia*, lutte, jeux publics : angoisse avant la lutte.

■ Et cependant il est d'horribles agonies / Qu'on ne saura jamais ; des douleurs infinies / Que l'on n'aperçoit pas. Il est plus d'une croix au calvaire de l'âme.

Théophile GAUTIER, *La Comédie de la mort*, 1838.

■ L'agonie serait légère si elle était soutenue par l'espoir éternel.

Albert CAMUS, *L'Homme révolté*, © Gallimard, 1951.

Et dans les dictionnaires anciens...

■ *Agonie*. Combat de la chaleur naturelle avec la maladie.

Pierre RICHELET, *Dictionnaire françois*, 1680.

▶ VOIR gladiateur.

agrandir

Construit sur *grand*. Attesté au XIIIe s.

■ Il y a des passions qui resserrent l'âme, il y en a qui l'agrandissent.

Blaise PASCAL, *Pensées*, 1669.

■ La lecture agrandit l'âme.

VOLTAIRE, *L'Ingénu*, 1767.

Et dans les dictionnaires anciens...

■ Il n'est pas de plus incommode voisin que celui qui ne pense qu'à s'agrandir.

Gabriel GIRARD, *Synonymes françois*, 1736.

agréable

Vient d'*agréer*, dérivé de *gré*, du latin *gratus*, accueilli avec faveur, reconnaissant.

■ Tout destin avec vous me peut être agréable.

MOLIÈRE, *Les Femmes savantes*, 1672.

■ Dans l'esthétique, tout en distinguant sévèrement le beau de l'agréable, nous avons fait voir que l'agréable est l'accompagnement du beau.

Victor COUSIN, *Du vrai, du beau, du bien*, 1836.

agrément

Construit sur *agréer*. Avec le sens de charme au XVIe s. Voir *agréable*.

■ J'ai trouvé de l'agrément dans cette nouveauté bizarre.

MOLIÈRE, *Dom Juan*, 1665.

Et dans les dictionnaires anciens...

■ *Agréement*. Se dit aussi de quelques ornements qu'on met sur un habit, sur un visage. [...] Une mouche qui n'est pas mise par nécessité sur un visage, s'appelle un agréement.

Antoine FURETIÈRE, *Dictionnaire universel*, 1690.

▶ VOIR journal.

agression

Du bas latin *agressio*, attaque.

■ Il est odieux et inhumain que les nations aient des armées, des conseils de guerre, des canons et des gaz empoisonnés en vue de s'agrandir, de conquérir, d'envahir, mais il est légitime et même heureux que les nations aient des armées, des conseils de guerre, des canons et des gaz empoisonnés en vue de repousser l'agression ou l'insulte.

ALAIN, *Propos*, © Gallimard, 1928.

Et dans les dictionnaires anciens...

■ On dit que l'agression est une attaque inattendue, sans raison, sans provocation ; tandis que l'attaque ne surprend pas ; elle vient d'un ennemi connu dont on se défie.

Émile LITTRÉ, *Dictionnaire de la langue française*, 1863-1872.

agriculteur, agriculture

Du latin *agricultor*, composé de *ager*, champ, et d'un dérivé de *colere*, cultiver.

■ L'agriculture, qui est le fondement de la vie humaine, est la source de tous les vrais biens.

FÉNELON, *Les Aventures de Télémaque*, 1669.

■ Agriculture : Manque de bras.

Gustave FLAUBERT, *Le Dictionnaire des idées reçues*, posth., 1913.

■ L'agriculteur est une espèce de mineur, qui extrait lui aussi le charbon, sous forme de bois, d'amidon, de sucre, de nectar, de parfum ; seulement au lieu d'aller chercher le charbon et ses composés à cinq cents mètres sous la terre, il l'extrait de l'air par d'autres procédés, qui sont *culture, labour, ensemencement, arrosages*.

ALAIN, *Propos*, © Gallimard, 1922.

Et dans les dictionnaires anciens...

■ Des lexicographes ont attaqué *agriculteur* comme néologique et barbare. C'est un néologisme en effet ; car *agriculteur* n'a commencé à se dire que dans le XVIIe siècle, et Voltaire s'en est souvent servi. Mais ce n'est point un terme barbare...

Émile LITTRÉ, *Dictionnaire de la langue française*, 1863-1872.

▶ VOIR allégorie, cieux.

ahaner

Du bas latin *afannare*, se donner de la peine, dérivé de *afannae*, bagatelles, choses embrouillées.

■ De votre douce haleine / Éventez cette plaine, / Éventez ce séjour, / Cependant que j'ahane / À mon blé que je vanne / En la chaleur du jour.

Joachim DU BELLAY, *Divers jeux rustiques*, 1557.

Et dans les dictionnaires anciens...

■ *Ahan, Ahaner*. Ahan représente un grand effort qui ôte presque la faculté de respirer. C'est l'expression du bûcheron, des manœuvres pour reprendre leur souffle, et se donner la force nécessaire pour bien porter le coup.

Charles NODIER, *Dictionnaire des onomatopées (préface à la 2e éd.)*, 1828.

aide, aider

Du latin *adjutare*, fréquentatif, de *adjuvare*, aider.

■ Si votre cousin est aussi bon jardinier que bon harangueur, vous avez trouvé une bonne aide.

Honoré D'URFÉ, *L'Astrée*, 1607-1627.

■ Nous nous aidons l'un l'autre à porter nos malheurs.

Jean RACINE, *Britannicus*, 1669.

■ Moi pour aider le peuple à résoudre un problème, / Je me penche vers lui. Commencement : je l'aime.

Victor HUGO, *L'Année terrible*, 1872.

Et dans les dictionnaires anciens...

■ Il se dit quelquefois pour marquer tout le contraire d'un secours. *On dit qu'il est mort d'avoir fait une débauche, cela n'y a pas peu aidé.*

Dictionnaire de l'Académie françoise, 1694.

aïeul, aïeux

Du latin populaire *aviolus, aviola*, diminutif du latin *avius, avia*, grand-père, grand-mère.

■ Plus me plaît le séjour qu'ont bâti mes aïeux / Que des palais romains le front audacieux ; / Plus que le marbre dur me plaît l'ardoise fine [...].

Joachim DU BELLAY, *Les Regrets*, 1558.

■ Se pare qui voudra des noms de ses aïeux : / Moi, je ne veux porter que moi-même en tous lieux.

Pierre CORNEILLE, *Don Sanche d'Aragon*, 1650.

▶ VOIR choisir, naître.

aigle

De l'ancien provençal *aigla* ou du latin *aquila*.

■ J'ai parlé comme un moineau qui ne doit pas juger les aigles de son pays.

VOLTAIRE, *Lettre*, 11 mars 1771.

Et dans les dictionnaires anciens...

■ *Aigle*, en termes d'Armoiries & de devise est féminin. [...] Aigle, se dit poétiquement pour l'Empire.

Dictionnaire de l'Académie françoise, 1694.

aigrefin

▶ VOIR supérieur.

aigreur, aigrir

Dérivé de l'adjectif *aigre*, du latin populaire *acrus*, pointu, pénétrant, puis acide, aigre.

■ Gagnons, persuadons, n'aigrissons point les cœurs.

Marie-Joseph CHÉNIER, *Fénelon ou les Religieuses de Cambrai*, 1793.

■ Le passage d'une aisance considérable à une situation étroite et gênée, dispose souvent à l'aigreur.

Gabriel SÉNAC DE MEILHAN, *L'Émigré*, 1797.

Et dans les dictionnaires anciens...

■ On dit aussi, l'*aigreur* d'une peine, d'un tourment, d'une douleur. La Philosophie adoucit l'*aigreur* de tous les maux.

Antoine FURETIÈRE, *Dictionnaire universel*, 1690.

aigu

Du latin *aculus*, aigu, pointu, fin.

■ Ce qui rend les douleurs de la honte et de la jalousie si aiguës, c'est que la vanité ne peut servir à les supporter.

François DE LA ROCHEFOUCAULD, *Réflexions ou Sentences et Maximes morales*, 1664.

aiguille

Du bas latin *acucula*, aiguille de sapin, diminutif d'*acus*.

■ Je ne sais pourquoi, mais, perché tout là-haut [dans un arbre], je me sens tout autre. Les mille agacements, les mille vétilles dont nous souffrons beaucoup plus que d'une grande blessure, les voilà qui tombent, les voilà qui tapissent les sous-bois très au-dessous, comme les aiguilles brunes de sapin.

Hervé BAZIN, *Vipère au poing*, © Grasset, 1948.

Et les pensées de...

■ Il n'y a rien de plus facile que de trouver une aiguille dans une botte de foin : il suffit de brûler la botte. L'aiguille apparaîtra ensuite, mais flambée.

Pierre DAC, *Arrière-Pensées*, © Le Cherche midi, 1998.

aiguillon

Du latin populaire *aculeo*, *-onis*, dérivé du latin classique *aculeus*, aiguillon.

■ Veux-tu te venger, ô poète, des railleries de l'imbécillité et des insultes de la haine ? Grave-les dans ton cœur, n'y réponds jamais. Fais ton œuvre, poursuis comme sans entendre, et pourtant aie en toi l'aiguillon d'avoir entendu.

Charles DE SAINTE-BEUVE, *Pensées et Maximes*, 1869.

aile

Du latin *ala*, de même sens.

■ Sur les ailes du temps, la tristesse s'envole.

Jean DE LA FONTAINE, *Fables*, « La Jeune veuve », 1668-1694.

■ Tous les gens de quelque considération qui avaient eu des places dans le Conseil en tirèrent pied ou aile.

Louis DE SAINT-SIMON, *Mémoires* (1739-1749), posth., 1829-1830.

▶ VOIR dieu.

ailleurs

Sans doute du latin populaire *aliore* et d'une locution verbale *in aliore loco*, dans un autre lieu.

■ Je ne suis jamais bien nulle part, et je crois toujours que je serais mieux ailleurs que là où je suis.

Charles BAUDELAIRE, *Petits Poèmes en prose*, 1867.

■ Regardons ailleurs, ailleurs / Regardons toujours ailleurs [...]

Jules SUPERVIELLE, *Le Forçat innocent*, © Gallimard, 1930.

■ Il lui suffisait de se dire : je ne serai plus ici ; je serai ailleurs. Ailleurs : c'était un mot encore plus beau que les plus beaux noms.

Simone DE BEAUVOIR, *Les Mandarins*, © Gallimard, 1954.

■ D'où vient-il ? Peu importe ! Son visage, ses gestes, son sourire disent assez qu'il n'est pas d'ici. Ce n'est pas un touriste non plus. Il est venu d'ailleurs, de l'autre côté des montagnes, de l'autre côté des mers. [...] Il sourit et cherche parmi les voyageurs un regard, un signe.

Tahar BEN JELLOUN, *Les Amandiers sont morts de leurs blessures*, © Le Seuil, 1976.

■ Nous partons au souffle de l'ailleurs / Allongés au bord de l'éternité.

Giovanni DOTOLI, *Ésperance : poème*, © F. Lanore, 2006.

Et dans les dictionnaires anciens...

■ *Ailleurs.* Ménage dit que presque tous ceux de Paris prononcent *a-lieur*, et La Touche est surpris que Richelet ait fait cette faute dans son Dictionnaire.

Jean-François FÉRAUD, *Diction(n)aire critique de la langue française*, 1787.

Et les pensées de...

■ Le prix récompensait « Les Français venus d'ailleurs ». [...] Je faisais partie de ces Martiens sans le savoir ! [...] Au micro, j'ai dû dire quelque chose du genre, quand on n'aura plus besoin de cette cérémonie, on aura fait un grand pas sur le chemin de l'« intégration ».

Patrick FANDIO, *En français dans le monde*, © Jean-Claude Lattès, 2007.

aimable

Du latin *amabilis*, dérivé de *amare*, aimer. Prend la forme d'aimable d'après le modèle d'*aimer*.

■ Jamais leur passion n'y voit rien de blâmable, / Et dans l'objet aimé, tout leur devient aimable.

MOLIÈRE, *Le Misanthrope*, 1666.

■ Que faudra-t-il donc apprendre à mon fils ? disait-il. – À être aimable, répondit l'ami que l'on consultait ; et s'il sait les moyens de plaire, il saura tout.

VOLTAIRE, *Jeannot et Colin*, 1764.

■ – Alors, qu'est-ce qu'elle dit, ta mère ? – Qu'il y a beaucoup plus de gens aimables qu'on ne croit, et qu'il suffit souvent, pour mieux aimer, de mieux comprendre, et pour mieux comprendre, de mieux regarder.

André GIDE, *Geneviève*, © Gallimard, 1936.

aimé, aimer

Du latin *amare*. *Amer* jusqu'au XVe s. et refait en *aimer*.

■ Si on me presse de dire pourquoi je l'aimais, je sens que cela ne se peut exprimer qu'en répondant : « Parce que c'était lui, parce que c'était moi. »

Michel DE MONTAIGNE, *Essais*, 1580-1595.

■ Savez-vous bien [ce] que c'est qu'aimer ? C'est mourir en soi pour revivre en autrui, c'est ne se point aimer que d'autant que l'on est agréable à la chose aimée, et bref c'est une volonté de se transformer, s'il se peut, entièrement en elle.

Honoré D'URFÉ, *L'Astrée*, 1619.

■ Chose étrange d'aimer, et que pour ces traîtresses / Les hommes soient sujets à de telles faiblesses !

MOLIÈRE, *L'École des femmes*, 1663.

■ Ah ! Cruel, tu m'as trop entendue. / Je t'en ai dit assez pour te tirer d'erreur. / Hé bien ! Connais donc Phèdre et toute sa fureur. / J'aime.

Jean RACINE, *Phèdre*, 1677.

■ Et si l'on se dit encore qu'on s'aime, c'est bien moins parce qu'on le croit, que parce que c'est une façon plus polie de se demander réciproquement ce dont on sent qu'on a besoin.

CRÉBILLON FILS, *La Nuit et le moment*, 1755.

■ Mon ami, je vous aime comme il faut aimer, avec excès, avec folie, transport et désespoir.

Julie DE LESPINASSE, *Lettres de Julie de Lespinasse*, « Dernière Lettre », 1809.

■ Du moment qu'il aime, l'homme le plus sage ne voit plus aucun objet tel qu'il est. Il s'exagère en moins ses propres avantages, et en plus les moindres faveurs de l'objet aimé.

STENDHAL, *De l'Amour*, 1822.

■ Aimer, prier, chanter, voilà toute ma vie.

Alphonse DE LAMARTINE, *Nouvelles Méditations poétiques*, 1823.

■ Plongé dans ce bonheur suprême / De me dire encore et toujours, / En dépit des mornes retours, / Que je vous aime, que je t'aime !

Paul VERLAINE, *La Bonne Chanson*, 1870.

■ L'aimé c'est toujours *l'Autre*...

Tristan CORBIÈRE, *Les Amours jaunes*, 1873.

■ Si tu veux nous nous aimerons / Avec tes lèvres sans le dire [...].

Stéphane MALLARMÉ, *Poésies*, 1898.

■ Assurément nous attendons trop de ceux que nous aimons ; et sur le fond d'affection le moindre déplaisir fait tache d'encre.

ALAIN, *Sentiments, Passions et Signes*, © Gallimard, 1926.

■ Se laisser aimer, c'est aimer déjà.

Henry DE MONTHERLANT, *Les Jeunes Filles*, © Gallimard, 1936.

■ J'aime celui qui m'aime / Est-ce ma faute à moi / Si ce n'est pas le même / Qui m'aime à chaque fois / Je suis comme je suis / Je suis faite comme ça [...].

Jacques PRÉVERT, *Paroles*, © Gallimard, 1945.

■ Je t'aime pour toutes les femmes que je n'ai pas connues / Je t'aime pour tous les temps où je n'ai pas vécu [...].

Paul ÉLUARD, *Le Phénix*, © Gallimard, 1951.

■ Juliette aurait-elle aimé Roméo si Roméo avait eu quatre incisives manquantes, un grand trou noir au milieu ? Non ! Et pourtant il aurait eu exactement la même âme, les mêmes qualités morales.

Albert COHEN, *Belle du seigneur*, © Gallimard, 1968.

■ Aimer à perdre la raison / Aimer à n'en savoir que dire / À n'avoir que toi d'horizon / Et ne connaître de saisons / Que par la douleur du partir / Aimer à perdre la raison.

Louis ARAGON, *Le Fou d'Elsa*, « À en perdre la raison », © Gallimard, 1971.

Et dans les dictionnaires anciens...

■ *Aimer*. Désirer & vouloir qu'il arrive à quelqu'un tout ce qu'on croit lui devoir être avantageux, non point à cause de soi-même, mais à sa seule considération.

Pierre RICHELET, *Dictionnaire françois*, 1680.

Et les pensées de...

■ Tout est attente à qui sait aimer.

François MITTERRAND, *L'Abeille et l'Architecte*, © Fayard, 1978.

■ Quand elle m'a fait je t'aime, j'ai voulu prendre un ton blagueur mais j'avais l'air d'un type qu'on vient d'appeler chez le directeur..

Pierre PERRET, *Les Pensées*, © Le Cherche midi, 1979.

■ Je dis « Je t'aime moi non plus » parce que, par pudeur, je fais semblant de ne pas la croire.

Serge GAINSBOURG, *Pensées, provocs et autres volutes*, © Le Cherche midi, 2006.

➤ VOIR absence, admirateur, adorer, cicatrice, comprendre, défaut, dormir, moi-même, pigeon, rêver, unique.

aîné

Du latin populaire *inguinem*, qui remplace le latin classique *inguen, inguinis*.

■ Nous entrerons dans la carrière / Quand nos aînés n'y seront plus.

Claude ROUGET DE LISLE, *La Marseillaise*, 1792.

Et dans les dictionnaires anciens...

■ *Aînée*. La pré[e]mière née des filles d'une maison. L'aînée est la plus belle.

Pierre RICHELET, *Dictionnaire françois*, 1680.

air (de musique)

De l'italien, *aria*, manière puis mélodie.

■ Il est un air pour qui je donnerais / Tout Rossini, tout Mozart et tout Weber, / Un air très vieux, languissant et funèbre, / Qui pour moi seul a des charmes secrets.

Gérard DE NERVAL, *Fantaisie*, 1832.

air (atmosphérique)

Du latin *aer* et du grec *aeros*, vent.

■ Si l'air était plus épais, il n'aurait pas cette douceur qui fait une nourriture continuelle du dedans de l'homme ?

FÉNELON,
Traité de l'existence de Dieu, 1713.

Et dans les dictionnaires anciens...

■ *Air*. Un des quatre éléments. Toute cette masse liquide et transparente dans laquelle nous vivons ; qui est répandue de tous côtés autour du globe compose de la terre et de l'eau. Air pur, subtil, serein, grossier.

Pierre RICHELET, *Dictionnaire françois*, 1680.

Et les pensées de...

■ Air : Ressource vitale gravement menacée par la pollution industrielle et urbaine, il deviendra rare et cher.

Jacques ATTALI,
Dictionnaire du XXIe siècle, © Fayard, 1998.

aise(s)

Du latin populaire *adjace(n)s*, se trouvant à proximité, tiré du verbe *adjacere*, être situé auprès de, être voisin.

■ Vous en parlez, mon frère, bien à l'aise.

MOLIÈRE, *Les Femmes savantes*, 1672.

■ Le plus vrai renoncement, c'est le renoncement à ses aises, à ses habitudes, à ses défauts.

Henri-Frédéric AMIEL, *Journal intime*, 1847-1883.

ajouter

De l'ancien français *jouter*, *joster*, *jouxter* ; rassembler, réunir, toucher, du latin populaire *juxtare*, être attenant, toucher à, de *juxta*, près de.

■ Ce que j'ôte à mes nuits, je l'ajoute à mes jours.

Jean DE ROTROU, *Venceslas*, 1647.

■ Mais j'espère qu'enfin le ciel, las de tes crimes, / Ajoutera ta perte à tant d'autres victimes.

Jean RACINE, *Britannicus*, 1669.

■ Le poète ajoute à la vie ordinaire un je ne sais quoi qui est le secret des poètes, et tout à coup elle apparaît dans sa prodigieuse grandeur, dans sa soumission aux puissances inconnues, dans ses relations qui ne finissent pas, et dans sa misère solennelle.

Maurice MAETERLINCK,
Le Trésor des humbles, 1896.

Et dans les dictionnaires anciens...

■ On *ajoûte* une chôse à une autre : on *augmente* la même : c'est la différence du sens pour ces deux verbes. « Bien des gens ne se font pas scrupule, pour augmenter leur bien, d'y ajouter celui d'autrui. » Gir.[ard]. Syn.

Jean-François FÉRAUD, *Diction(n)aire critique de la langue française*, 1787.

▶ VOIR marin.

alambic

Emprunté en passant par l'espagnol de l'arabe *al-anbiq*, lui-même du grec *ambix*, *-ikhos*, coupe, vase à distiller.

■ Les raisonnements en étaient tellement tirés à l'alambic qu'ils l'impatientèrent.

Louis DE SAINT-SIMON,
Mémoires (1694-1752), posth., 1829-1830.

■ L'alambic, sourdement, sans une flamme, sans une gaieté dans les reflets éteints de ses cuivres, continuait, laissait couler sa sueur d'alcool, pareil à une source lente et entêtée, qui à la longue devait envahir la salle, se répandre sur les boulevards extérieurs, inonder le trou immense de Paris.

Émile ZOLA, *L'Assommoir*, 1877.

alarme

De l'italien *all'arme*, aux armes !, interjection devenue substantif.

■ Remettez-vous, Monsieur, d'une alarme si chaude.

MOLIÈRE, *Le Tartuffe*, 1664.

■ L'histoire démontre [...] que le mouvement, la guerre, les alarmes sont le vrai milieu où l'humanité se développe, que le génie ne végète puissamment que sous l'orage [...].

Ernest RENAN,
L'Avenir de la science, 1890.

alcool, alcoolique

Du latin *alkol*, *alkohol*, lui-même de l'arabe *al-kuhl*, antimoine pulvérisé.

■ Pour celui qui ne boit pas de vin tous les jours, qui sort énervé, affadi par l'atmosphère de l'atelier, qui ne boit, sous le nom de vin, qu'un misérable mélange alcoolique, l'ivresse est infaillible.

Jules MICHELET, *Le Peuple*, 1846.

■ Et tu bois cet alcool brûlant comme ta vie / Ta vie que tu bois comme une eau-de-vie [...].

Guillaume APOLLINAIRE, *Alcools*, « Zone », © Gallimard, 1913.

Et les pensées de...

■ Les alcooliques se réveillent, avant l'aube, avec d'immenses envies d'eau fraîche. Pas l'eau du robinet, elle a trop de goût et il est mauvais, non, une eau qui n'existe pas, l'eau la plus pure du monde.

Bernard FRANK, *Portraits et Aphorismes*, © Le Cherche midi, 2001.

▶ VOIR paresseux.

alcoolisme

Construit sur *alcool* et attesté en 1852.

■ Alcoolisme : Cause de toutes les maladies modernes.

Gustave FLAUBERT, *Le Dictionnaire des idées reçues*, posth., 1913.

■ Une grave question, la part de responsabilité chez un meurtrier atteint d'alcoolisme chronique.

Émile ZOLA, *Nana*, 1880.

■ Pauvre homme ! Dans un accès d'alcoolisme, il se mettrait sur la paille, lui et sa femme.

Jules RENARD, *Journal*, posth., 1925.

alcôve

De l'espagnol *alcoba*, lui-même de l'arabe *al-qubba*, petite chambre contiguë.

■ Quand le sang lui montait à la tête, parbleu ! Il était comme tous les hommes, il aurait crevé une cloison d'un coup d'épaule, pour entrer dans une alcôve. Il n'aimait pas à s'attarder aux bagatelles de la porte.

Émile ZOLA, *Son excellence Eugène Rougon*, 1876.

Et dans les dictionnaires anciens...

■ *Alcove*. Les Architectes le font masculin, mais dans l'usage ordinaire il est féminin.

Antoine FURETIÈRE, *Dictionnaire universel*, 1690.

aléa

Du latin *alea*, jeu de dés, hasard.

■ [Ma mère] m'expliquait diverses professions, leurs avantages, leurs aléas, découvrant à mon esprit des espaces un peu obscurs [...]

Jacques DE LACRETELLE, *Silbermann*, © Gallimard, 1922.

alerte

De l'italien *all'erta*, sur la hauteur.

■ La souris ne sort de son trou que pour chercher à vivre ; elle ne s'en écarte guère, y rentre à la première alerte.

Georges DE BUFFON, *Histoire naturelle*, « Souris », 1749-1789.

alexandrin

Vient du *Roman d'Alexandre* (XIIe s.) dans lequel ce type de vers était utilisé.

■ Le vers alexandrin n'est souvent qu'un cache-sottise.

STENDHAL, *Racine et Shakespeare*, 1823.

■ Une des puissances de notre alexandrin est qu'il résiste assez bien à ces récitants trop agités qui voudraient un geste et une inflexion pour chaque mot.

ALAIN, *Système des Beaux-Arts*, © Gallimard, 1920.

algèbre

Emprunté, en passant par le latin médiéval, à l'arabe *aldjabr*, contrainte, réparation.

■ Enfant ému du frisson poétique, / Pauvre oiseau qui heurtait du crâne mes barreaux, / On me livrait tout vif aux chiffres, noirs bourreaux ; / On me faisait de force ingurgiter l'algèbre.

Victor HUGO, *Les Contemplations*, 1856.

■ Et l'algèbre est déjà une sorte de machine à raisonner ; vous tournez la manivelle, et vous obtenez sans fatigue un résultat auquel la pensée n'arriverait qu'avec des peines infinies.

ALAIN, *Propos*, © Gallimard, 1927.

Et dans les dictionnaires anciens...

■ *Algèbre*. Espèce d'Arithmétique qui emploie quelquefois les lettres pour les nombres, et qui sert à faciliter les calculs et à résoudre des propositions mathématiques. L'Algèbre est pleine de difficultés.

Pierre RICHELET, *Dictionnaire françois*, 1680.

▶ VOIR arithmétique.

aliéner

Du latin *alienare*, rendre étranger, égarer l'esprit.

■ Un ordre de la nation ne peut pas plus que la nation elle-même aliéner sa liberté.

Honoré DE MIRABEAU, *Discours du 10 janvier 1789*, 1791-1792.

■ Rien ne doit aliéner de moi les autres hommes ; je ne suis le rival d'aucun d'eux.

Étienne DE SENANCOUR, *Oberman*, 1804.

aliment, alimentaire

Du latin *alimentum*, tiré de *alere*, nourrir.

■ Les poursuites de l'esprit humain sont sans terme ; son aliment est doute, ambigüité.

P. CHARRON, *Les Trois Livres de la sagesse*, 1601.

■ L'intempérance des hommes change en poisons mortels les aliments destinés à conserver la vie.

FÉNELON, *Les Aventures de Télémaque*, 1669.

■ Les deux choses alimentaires dont se soutiennent, s'alimentent, vivent les populations malaisées – les pommes de terre et le fromage.

Jules et Edmond DE GONCOURT, *Journal*, 1851-1896.

Et les pensées de...

■ — Vous faites de l'alimentaire ? — Catégorie caviar.

Serge GAINSBOURG, *Pensées, provocs et autres volutes*, © Le Cherche midi, 2006.

allant

Construit sur *aller*. Un *allant* a d'abord désigné un passant puis une personne entreprenante.

■ C'était une grande et grosse créature [Mme d'Harcourt], fort allante, couleur de soupe au lait.

Louis DE SAINT-SIMON, *Mémoires* (1694-1752), posth., 1829-1830.

▶ VOIR aller.

allée

Construit au XIIe s. sur le verbe *aller*, avec le sens de *voyage*, puis de *chemin*.

■ Monsieur Purgon m'a dit de me promener le matin, dans ma chambre, douze allées et douze venues.

MOLIÈRE, *Le Malade imaginaire*, 1673.

▶ VOIR aller.

allégorie

Emprunté, en passant par le latin, au grec *allêgoria*, du verbe *allêgorien*, parler autrement, avec des termes autres.

■ L'allégorie est parente de la théologie païenne ; l'agriculture n'est que la déesse des moissons.

ALAIN, *Système des Beaux-Arts*, © Gallimard, 1920.

aller

Du latin *ambulare*, aller et venir. Il a peut-être été simplifié sous l'influence d'une forme du commandement militaire, *ambulate*, contracté en *al(l)ate*.

■ Comme ces trois puissances [législative, judiciaire, exécutive] par le mouvement nécessaire des choses sont contraintes d'aller, elles seront forcées d'aller de concert.

Charles-Louis DE MONTESQUIEU, *De l'esprit des lois*, 1748.

■ J'allais selon ma coutume errer parmi les ruines.

François René DE CHATEAUBRIAND, *Itinéraire de Paris à Jérusalem*, 1811.

■ Il faut aller auprès du but et non au but.

Gustave FLAUBERT, *Correspondance*, 1853.

Et dans les dictionnaires anciens...

■ *Aller*. se transporter d'un lieu à un autre, soit par son propre mouvement, soit par le secours d'une voiture. Allons aux champs cueillir la violette.

Antoine FURETIÈRE, *Dictionnaire universel*, 1690.

Et les pensées de...

■ Au début, je chantais... *Ah ça ira ! Ça ira ! Ça ira !* Et puis, le doute venant, j'ai chanté Est-ce que ça ira ? Est-ce que ça ira ? Et puis à la fin, tout à fait convaincu, j'ai dit « Ça n'ira pas ! ». Une intuition !

Raymond DEVOS, *À plus d'un titre*, *« Le vent de la révolte »*, © Orban, 1989.

➤ VOIR foi.

alliance

Dérivé d'allier, du grec *alligare*, attacher à, lier à (moralement).

■ Entre Bacchus et le sacré vallon / Toujours on vit une étroite alliance.

Jean DE LA FONTAINE, *Poème du quinquina*, 1682.

■ Le noble altier [...] du faquin rechercha l'alliance.

Nicolas BOILEAU, *Satires*, 1660-1711.

■ De votre dieu l'implacable vengeance / Entre nos deux maisons rompit toute alliance [...].

Jean RACINE, *Athalie*, 1691.

allocution

Du latin *allocutio*, dérivé de *alloqui*, harangue.

■ Notre bon souverain Philippe le Grand [...] / Éprouvait de temps en temps / Le besoin de remonter le moral / De son peuple [...] / Par une allocution bien sentie.

Paul CLAUDEL, *Poèmes et Paroles durant la guerre de Trente Ans*, © Gallimard, 1943.

Et les pensées de...

■ Le but d'une bonne allocution est triple : séduire, ne pas oublier, dire le moins de choses possible.

Jacques MAILHOT, *La Politique d'en rire*, ©Carrère-Lafon, 1986.

allonger

Construit au XIIe s. à partir de *à* et *long*.

■ Vos deux lèvres s'allongent comme si vous faisiez la moue.

MOLIÈRE, *Le Bourgeois gentilhomme*, 1670.

Et dans les dictionnaires anciens...

■ *Allonger*. Rendre plus long. [...] Il *allongeoit* un grand coup de grue pour voir par-dessus les autres.

Antoine FURETIÈRE, *Dictionnaire universel*, 1690.

➤ VOIR long.

allumer

Du latin populaire *alluminare*, dérivé de *luminare*, éclairer.

■ J'ai prévu ce tumulte et n'en vois rien à craindre ; / Comme un moment l'allume, un moment va l'éteindre.

Pierre CORNEILLE, *Nicomède*, 1651.

■ Il serait plus aisé d'allumer de la glace que de vous donner de l'amour.

Jean GUEZ DE BALZAC, *Lettres*, 1654.

allumette

Attesté au XIIIe s avec le sens de *petite bûche* pour faire prendre le feu.

■ Me voyant comme une allumette / Et le corps fait comme un squelette.

Vincent VOITURE, *Lettres*, « Réponse à M. Arnaud », posth., 1650.

Et dans les dictionnaires anciens...

■ *Allumette*. [...] Une femme avare veut qu'on fasse servir les allumettes par les deux bouts.

Antoine FURETIÈRE, *Dictionnaire universel*, 1690.

➤ VOIR allumer.

allusion

Du bas latin *allusio*, de *allusum*, tiré de *alludere*, jouer, plaisanter de, faire allusion à.

■ Il est si fatigant d'avoir affaire aux gens crispés, vétilleux, soupçonneux, voyant des allusions malignes dans chaque phrase et se croyant toujours couchés en joue.

Henri-Frédéric AMIEL, *Journal intime*, 1866.

■ Elle était sèche comme un échalas, menait une vie d'ouvrière cloîtrée dans son train-train, n'avait pas vu le nez d'un homme chez elle depuis son veuvage, tout en montrant une préoccupation continuelle de l'ordure, une manie de mots à double entente et d'allusions polissonnes, d'une telle profondeur, qu'elle seule se comprenait.

Émile ZOLA, *L'Assommoir*, 1877.

■ Ce qu'elle adorait, c'étaient les manifestations délicates, les demi-confidences, les allusions discrètes, l'agenouillement moral.

Guy DE MAUPASSANT, *Notre cœur*, 1890.

■ La conversation britannique est un jeu comme le cricket ou la boxe : les allusions personnelles sont interdites comme les coups au-dessous de la ceinture.

André MAUROIS, *Les Silences du colonel Bramble*, © Grasset, 1918.

Et dans les dictionnaires anciens...

■ On distingue les allusions en *historiques*, quand elles rappellent un trait d'histoire ; *mythologiques*, si elles sont fondées sur un point de la fable ; *nominales*, si elles reposent sur un nom ; *verbales*, si elles consistent dans le mot seulement, c'est-à-dire dans une équivoque.

Émile LITTRÉ, *Dictionnaire de la langue française*, 1918-1872.

▶ VOIR pudeur.

alouette

Diminutif de l'ancien français *alœ*, du latin *alauda*, de même sens.

■ Entre prime et tierce se commença le jour à réchauffer et le soleil à luire et à monter, et les alouettes à chanter.

Jean FROISSART, *Chroniques*, 1400.

alphabet, alphabétique

Du bas latin *alphabetum*, construit avec *alpha* et *bêta*, les deux premières lettres de l'alphabet grec.

■ Lorsqu'une aventure en colère nous met, / Nous devons, avant tout, dire notre alphabet.

MOLIÈRE, *Les Femmes savantes*, 1672.

■ Les documents de la sagesse humaine étaient rangés par ordre alphabétique dans l'Encyclopédie.

François René DE CHATEAUBRIAND, *Le Génie du christianisme*, 1802.

■ Que sont ces éplucheurs, ces hommes importants / Qui vannent le langage et qui passent leur temps / À définir les mots par ordre alphabétique / Auprès de ce géant du monde poétique [Victor Hugo] ?

Amédée POMMIER, *Crâneries*, 1842.

■ Le droit à l'alphabet, c'est par là qu'il faut commencer.

Victor HUGO, *Les Misérables*, 1862.

Et dans les dictionnaires anciens...

■ *Ordre abécédaire*. L'ordre des lettres suivant l'alphabet françois ; on dit plus communément et mieux ordre alphabétique.

Claude-Marie GATTEL, *Dictionnaire universel de la langue française*, 1837.

■ Par anal. et fam. Faire une chose par ordre alphabétique. La faire avec poids et mesure, dans un ordre systématique.

Pierre LAROUSSE, *Grand Dictionnaire universel du XIXe siècle*, 1876.

Et les pensées de...

■ Connaîtrait-on ineptie plus gratuite que celle de renoncer aux commodités d'un système alphabétique, tombé depuis des millénaires dans le domaine public ?

G. ELGOZY, *Le Fictionnaire*, © Denoël, 1973.

▶ VOIR Dictionnaire.

alphabétisation

Dérivé d'*alphabétiser*, lui-même dérivé d'*alphabet*, voir *alphabet*.

■ *Alphabétisation.* Le plus grand défi, le premier droit, le plus coûteux des investissements.

Jacques ATTALI, *Dictionnaire du XXIe siècle,* © Fayard, 1998.

▶ VOIR encyclopédie.

altérer

Du bas latin *alterare*, changer, altérer.

■ Toute chose en vivant avec l'âge s'altère.

Mathurin RÉGNIER, *Satires,* 1608.

■ L'effroi n'altéra point son paisible visage, / Et ce fut pour le ciel un alarmant présage.

Alfred DE VIGNY, *Poèmes antiques et modernes,* « Éloa », 1837.

▶ VOIR hypocrisie, passé.

altesse

De l'italien *altezza*, hauteur, du bas latin *altitia*, de *altus*, haut, élevé.

■ Votre siècle, commence à trouver vos altesses / Lourdes d'iniquités et de scélératesses.

Victor HUGO, *La Légende des siècles,* 1859.

■ Paris était repu de Majestés et d'Altesses ; il avait acclamé l'empereur de Russie et l'empereur d'Autriche, le sultan et le vice-roi d'Égypte.

Émile ZOLA, *L'Argent,* 1891.

Et dans les dictionnaires anciens...

■ *Altesse.* [...] Un quaker disait un jour : Je me suis trouvé avec une excellence et une altesse. On ne saurait être plus bête que son excellence, et quant à son altesse, elle n'avait guère que quatre pieds huit pouces.

M. LACHÂTRE, *Dictionnaire français illustré,* 1856.

altitude

Du latin *altitudo*, de *altus*, haut.

■ Parvenu sur le trottoir de l'école polytechnique, j'hésitais toujours une seconde avant d'abandonner ma petite fortune d'altitude, avant de choir à la pauvreté des plaines.

G. DUHAMEL, *Chronique des Pasquier. Le Jardin des bêtes sauvages,* © Mercure de France, 1934.

amabilité

Du latin *amabilitas*, de *amabilis*, aimable.

■ Il y a dans l'amabilité une espèce de bonne amitié câline tout à fait séduisante.

J. et E. DE GONCOURT, *Journal,* 1851-1896.

Et dans les dictionnaires anciens...

■ Mde [Madame] de Sévigné a dit *aimabilité*, et il y avait dans ce mot plus d'analogie avec aimable, dont il est dérivé.

Jean-François FÉRAUD, *Diction(n)aire critique de la langue française,* 1787.

amadouer

D'*amadou(e)*, préparation jaunâtre dont les mendiants se recouvraient le corps pour paraître malades et susciter la pitié.

■ Glorieux de me voir si hautement loué, / Je devins aussi fier qu'un chat amadoué.

Mathurin RÉGNIER, *Satires,* 1608.

■ Pour se la faire ouvrir [la porte accédant aux honneurs], il faut pateliner, amadouer, tromper, aduler, câliner.

Amédée POMMIER, *Colères,* 1844.

Et dans les dictionnaires anciens...

■ *Amadouer.* [...] Il n'y a que les enfants & le peuple qui se laissent fortement amadouer.

Antoine FURETIÈRE, *Dictionnaire universel,* 1690.

▶ VOIR diplomate.

amalgame

Du latin médiéval *amalgama*, formé sur l'arabe *'amal al-djama'a*, œuvre d'union.

■ Amalgame est appelé par les alchimistes l'or, quand il est dissout, et entremêlé avec le vif-argent.

Bernard PALISSY, *Discours admirables,* 1580.

amant

Participe présent du verbe *amer*, la forme ancienne d'*aimer*, devenu nom.

■ La gloire et le plaisir, la honte et les tourments, / Tout doit être commun entre de vrais amants.

Pierre CORNEILLE, *Cinna,* 1642.

■ Il faut qu'un amant, pour être agréable, sache débiter les beaux sentiments, pousser le doux, le tendre et le passionné, et que sa recherche soit dans les formes.

MOLIÈRE, *Les Précieuses ridicules*, 1659.

■ C'est ainsi qu'un amant dont l'ardeur est extrême / Aime jusqu'aux défauts des personnes qu'il aime.

MOLIÈRE, *Le Misanthrope*, 1666.

■ La plus tendre tourterelle / Change d'amour en un an ; / Et le coq le plus fidèle / De cent poules est l'amant.

Guillaume DE CHAULIEU, *Apologie de l'inconstance*, 1700.

■ Les soins, les rivalités, les soupçons jaloux, les duels, le meurtre, le poison, fondent sur les malheureux amants comme sur les candidats politiques.

Louis LEMERCIER, *Pinto*, 1799.

■ La femme, au moment où elle est dans l'incertitude de savoir si elle prendra un amant ou restera fidèle à son mari, devient l'être le plus spirituel et le plus perspicace du monde. Elle a la ruse du renard, la prudence du serpent, l'intelligence des singes, la force des lions.

Honoré DE BALZAC, *Physiologie du mariage*, 1826.

■ Elle se répétait : « J'ai un amant ! Un amant ! » se délectant à cette idée comme à celle d'une autre puberté qui lui serait survenue. Elle allait donc posséder enfin ces joies de l'amour, cette fièvre du bonheur dont elle avait désespéré.

Gustave FLAUBERT, *Madame Bovary*, 1857.

■ Quand l'homme contemple la femme, / Quand l'amante adore l'amant, / Quand, vaincus, ils n'ont plus dans l'âme / Qu'un muet éblouissement, / Ce profond bonheur solitaire, / C'est le ciel que nous essayons [...].

Victor HUGO, *Chansons des rues et des bois*, « Trop heureux », 1865.

Et dans les dictionnaires anciens...

■ Un homme se fait *amant* d'une personne qui lui plaît, il devient le *galant* de celle à qui il plaît. Dans le premier cas, il peut n'avoir aucun retour, dans le second, il en a toujours.

Gabriel GIRARD, *Synonymes françois*, 1736.

▶ VOIR absence, berger, bijou, coupable, écho, écriture, époux, fer, fille, humanité, jaloux, lettre, profond, quitter, regard, sacrifice, séparer, traître, vélo.

amateur

Du latin *amator*, celui qui aime, d'*amatum*, tiré de *amare*, aimer.

■ L'amateur de la vie fait du monde sa famille, comme l'amateur du beau sexe compose sa famille de toutes les beautés trouvées, trouvables et introuvables ; comme l'amateur de tableaux vit dans une société enchantée de rêves peints sur toile.

Charles BAUDELAIRE, *Curiosités esthétiques*, 1867.

Et dans les dictionnaires anciens...

■ Il y a une différence entre aimer et être amateur. Aimer est un terme général [...]. Être amateur indique toujours une préférence particulière et devenue en quelque sorte, une étude.

Émile LITTRÉ, *Dictionnaire de la langue française*, 1863-1872.

amazone

Du grec *Amazôn*, d'origine inconnue. *Amasoine*, au XIIIe s.

■ Reine des Amazones, elle était, pareillement à ses sujettes, borgne d'un téton.

André GIDE, *Thésée*, © Gallimard, 1946.

Et dans les dictionnaires anciens...

■ *Amazones*. Femmes généreuses qui se brûloient la mamelle gauche pour mieux tirer, & dont la Reine vint voir Alexandre le Grand.

Pierre RICHELET, *Dictionnaire françois*, 1680.

ambassadeur

De l'italien *ambasciatore*. Du latin médiéval *ambactia*, fonction.

■ Les vrais ambassadeurs, interprètes des lois, / Sans se déshonorer savent servir leurs rois ; / De la foi des humains discrets dépositaires, / La paix seule est le fruit de leurs saints ministères ; / Des souverains du monde ils sont les nœuds sacrés, / Et partout bienfaisants, sont partout révérés.

VOLTAIRE, *Brutus*, 1730.

ambiguïté

Du latin *ambiguitas*, d'*ambiguus*, du verbe *ambigere*, être incertain.

■ À force de raffiner sur l'ambiguïté, nous oublions l'essentiel, qui est d'agir.

Raymond ABELLIO, *Heureux les pacifiques*, © Flammarion, 1946.

Et dans les dictionnaires anciens...

■ L'ambiguïté est peut-être plus souvent l'effet d'une confusion d'idée, que d'un dessein prémédité de ne point éclairer ceux qui écoutent ; on ne doit en faire usage que dans les occasions où il est dangereux de trop instruire.

Gabriel GIRARD, *Synonymes françois*, 1736.

ambitieux, ambition

Du latin *ambitio, -onis*, démarche pour se faire élire, du verbe *ambire*, aller autour, entourer quelqu'un pour le solliciter, faire la tournée des électeurs.

■ À qui porte un cœur vraiment ambitieux, / Au-dessus de sa tête, il ne faut que les dieux.

Thomas CORNEILLE, *Bérénice*, 1657.

■ Deux démons à leur gré partagent notre vie, / Et de son patrimoine ont chassé la raison ; / [...] / J'appelle l'un Amour, et l'autre Ambition.

Jean DE LA FONTAINE, *Fables*, « Le Berger et le roi », 1668-1694.

■ L'esclave n'a qu'un maître ; l'ambitieux en a autant qu'il y a de gens utiles à sa fortune.

Jean DE LA BRUYÈRE, *Les Caractères*, « De la Cour », 1688-1696.

■ On n'est point criminel pour être ambitieux.

JOLYOT DE CRÉBILLON, *Sémiramis*, 1717.

■ Funeste ambition, détestable manie, / Mère de l'injustice et de la tyrannie.

JOLYOT DE CRÉBILLON, *Pyrrhus*, 1726.

■ L'ambition prend aux petites âmes plus facilement qu'aux grandes, comme le feu prend plus aisément à la paille, aux chaumières qu'aux palais.

Nicolas DE CHAMFORT, *Maximes et pensées, caractères et anecdotes*, 1795.

■ L'ambition est impitoyable : tout mérite qui ne la sert pas, est méprisable à ses yeux.

Joseph JOUBERT, *Pensées, essais, maximes et correspondances*, posth., 1838.

■ Avoir de l'ambition, mon petit cœur, ce n'est pas donné à tout le monde. Demandez aux femmes quels hommes elles recherchent, les ambitieux. Les ambitieux ont les reins plus forts, le sang plus riche en fer, le cœur plus chaud que ceux des autres hommes.

Honoré DE BALZAC, *Le Père Goriot*, 1835.

■ La vérité, c'est que tes grands mots de science et d'humanité sont là pour orner d'une étiquette brillante ta misérable ambition.

François DE CUREL, *La Nouvelle Idole*, 1899.

Et dans les dictionnaires anciens...

■ Notre ambition *augmente* avec notre fortune ; nous ne sommes pas plutôt revêtus d'une dignité, que nous pensons à y en *ajouter* une autre. [...] L'ambition *croît* à mesure que les biens *augmentent*.

Gabriel GIRARD, *Synonymes françois*, 1736.

Et les pensées de...

■ C'est l'un des mots les plus ambivalents qui soient. Présentée couramment comme une qualité, l'ambition est parfois élevée jusqu'à la dignité d'une vertu. On ne saurait pourtant oublier qu'elle peut être une passion dévorante, une monstrueuse exacerbation du moi laminant sur son passage tout ce qui prétend lui résister.

Jacques RIGAUD, *Miroir des mots*, © Robert Laffont, 1991.

▶ VOIR actif, autre, chaîne, chute.

âme

Du latin *anima*, air, souffle.

■ Depuis le lombric ou ver de terre, tout nu, qui n'a pas l'industrie de se revêtir d'un fourreau, jusqu'à Newton qui forma un système du monde, nous distinguons cinq genres d'âmes : l'élémentaire, la végétale, l'animale, l'intelligente et la céleste. Les quatre premières appartiennent au plus petit insecte, et la cinquième à l'homme seul.

Henri BERNARDIN DE SAINT-PIERRE, *Harmonies de la nature*, 1814.

■ Notre âme a peur... Elle recule devant la mort et plus encore devant la vie. Elle redoute tout ce qui lui ôte l'espérance, tout ce qui la limite, l'emprisonne et l'étouffe, tout ce qui lui coupe les ailes.

Henri-Frédéric AMIEL, *Journal intime*, 1847-1883.

■ Mon âme est comme un son de cor venu des plaines et qui se fond en clair de lune sous les feuilles. Silence. Mon âme rêve.

Paul FORT, *Vers et Prose*, « Crépuscule sous bois », 1906.

■ Il y a quelque chose de pire que d'avoir une mauvaise âme et même de se faire une mauvaise âme. C'est d'avoir une âme toute faite.

Charles PÉGUY, *Note conjointe*, © Gallimard, 1914.

Et dans les dictionnaires anciens...

■ *Âme*. Substance qui pense. Esprit capable de penser à l'occasion d'un corps. Substance qui pense, que l'on connaît avant toute chose, et en qui on ne conçoit aucune étendue. Principe de vie. Âme raisonnable, âme sensitive, âme végétative.

Pierre RICHELET, *Dictionnaire françois*, 1680.

Et les pensées de...

■ Rendre l'âme ? D'accord, mais à qui ?

Serge GAINSBOURG, *Pensées, provocs et autres volutes*, © Le Cherche midi, 2006.

▶ VOIR conscience, critique (un), dureté, envoler, éteindre, goût, sale.

améliorer

Mot savant refait d'après le latin *melior*, meilleur et l'ancien français *ameillorer*, dérivé de *meillor*, la forme ancienne de meilleur.

■ Tout le monde n'est pas forcé de se contenter de la pelure que le ciel lui a donnée : quand on est délicat et difficile, on tâche de s'améliorer au physique et au moral...

Louis REYBAUD, *Jérôme Paturot*, 1848.

■ Je me raisonne, je me corrige ; sans fausse modestie, je m'améliore et si vous y mettez un peu du vôtre, nous vivrons en bonne intelligence.

Jules RENARD, *Poil de carotte*, 1894.

amende

Construit à partir d'*amender*, du latin *emendare*, corriger, améliorer, punir.

■ Je [Louis XI] sais bien que ma langue m'a porté grand dommage, aussi m'a [-t-] elle fait quelques fois du plaisir, beaucoup ; toutes fois c'est raison que se répare l'amende.

Philippe DE COMMYNES, *Mémoires*, 1498.

Et dans les dictionnaires anciens...

■ Amende *honorable* est une contre vérité, car elle est infamante. C'est être condamné à aller nu en chemise demander pardon à Dieu, au Roi et à la Justice.

J.-F. FÉRAUD, *Diction(n)aire critique de la langue française*, 1787.

amener

Construit sur mener au XIe s. Du latin *minare*, menacer. C'est en effet en les menaçant qu'on a d'abord pu conduire les animaux.

■ Une méchante vie amène une méchante mort.

MOLIÈRE, *Dom Juan*, 1665.

▶ VOIR mener.

amer, amertume

Du latin *amaritudo*, *-inis*, d'*amarus*, amer.

■ Et la mer et l'amour ont l'amer pour partage, / Et la mer est amère, et l'amour est amer, / L'on s'abyme en l'amour aussi bien qu'en la mer, / Car la mer et l'amour ne sont point sans orage.

Pierre DE MARBEUF, *Recueil de vers*, 1629.

■ Sa douleur sera grande à ce que je présume, / Mais j'en saurai sur l'heure adoucir l'amertume.

Pierre CORNEILLE, *Rodogune*, 1645.

■ Ce calice amer qu'on appelle la vie.

André CHÉNIER, *Élégies*, posth., 1819.

Et dans les dictionnaires anciens...

■ *Amer*. L'amer & le doux sont des qualités contraires. Il est bien amer à un Magistrat dépossédé de voir son ennemy remplir sa place.

Antoine FURETIÈRE, *Dictionnaire universel*, 1690.

■ *Amertume.* [...] L'amertume entre les saveurs est ce que la noirceur est entre les couleurs, parce que les parties qui remplissent les pores des nerfs de la langue ferment la porte à toutes les autres saveurs, qui ne se sentent point alors ; de même que la noirceur absorbe la lumière, empêche les autres couleurs de paraître.

Antoine FURETIÈRE, *Dictionnaire universel*, 1690.

ami

Du latin amicus. Il a pu désigner *amant* jusqu'au XVIIe s.

■ Que sont mes amis devenus / Que j'avais de si près tenus / Et tant aimés ?

RUTEBEUF, *La Complainte Rutebeuf*, 1261-1262.

■ Dans l'adversité de nos meilleurs amis, nous trouverons toujours quelque chose qui ne nous déplaît pas.

François DE LA ROCHEFOUCAULD, *Réflexions ou Sentences et Maximes morales*, 1664.

■ Moi, votre ami ? Rayez cela de vos papiers.

MOLIÈRE, *Le Misanthrope*, 1666.

■ Qu'un ami véritable est une douce chose ! / Il cherche vos besoins au fond de votre cœur. / Il vous épargne la pudeur / De les lui découvrir vous-même.

Jean DE LA FONTAINE, *Fables*, « Les Deux amis », 1668-1694.

■ Quand un ami se perd, il faut qu'on l'avertisse, / Il faut qu'on le retienne au bord du précipice.

VOLTAIRE, *Adélaïde Duguesclin*, 1734.

■ Dans le monde, disait M., vous avez trois sortes d'amis : vos amis qui vous aiment ; vos amis qui ne se soucient pas de vous, et vos amis qui vous haïssent.

Nicolas DE CHAMFORT, *Maximes et pensées, caractères et anecdotes*, 1795.

■ Quand mes amis sont borgnes, je les regarde de profil.

Joseph JOUBERT, *Pensées, essais, maximes et correspondances*, posth., 1838.

■ Quel était son but ? Acquérir un ami à toute épreuve, assez naïf pour obéir au moindre de ses commandements.

LAUTRÉAMONT, *Les Chants de Maldoror*, 1869.

■ On peut aimer une amie autant que sa femme, la passion n'a pas de loi.

Guy DE MAUPASSANT, *Contes et nouvelles*, 1881.

■ Il n'y a pas d'amis : il y a des moments d'amitié.

Jules RENARD, *Journal*, 1894.

Et dans les dictionnaires anciens...

■ On demanda si le mot d'ami supposait une amitié réciproque ; c'est-à-dire si un homme pouvait être appelé l'ami d'un autre qui n'aurait pas le même sentiment pour lui. Cette question qui est plus de morale que de grammaire, et que néanmoins on doit résoudre avant que de définir. Le mot occupa l'Académie assez longtemps.

Dictionnaire de l'Académie françoise (préfaceà la Ire éd.), 1694.

Et les pensées de...

■ Un ami authentique est celui qui rit encore à une histoire que vous lui avez racontée trois fois.

P. PERRET, *Les Pensées*, © Le Cherche midi, 1979.

■ Ces amis qui vous font peur parce qu'ils sont votre nudité, ils sont rudement utiles.

Bernard FRANK, *Portraits et Aphorismes*, © Le Cherche midi, 2001.

▶ VOIR absence, acheter, air de, chien, citer, considérable, cour, défaut, deuil, grand, ignorant, maître, mariage, paradoxe, partisan, perdre, quitter, xénophobie.

amitié

Du latin populaire *amicitas*, *-atis*, dérivé d'*amicitia*, amitié.

■ Le plus grand bien qui soit en amitié, / Après le don d'amoureux pitié, / Est de s'entr'écrire, ou se dire de bouche, / Soit bien, soit deuil [douleur], tout ce qui au cœur touche.

Clément MAROT, *Élégies*, 1533.

■ Au demeurant, ce que nous appelons ordinairement amis et amitiés, ce ne sont qu'accointances et familiarités nouées par quelque occasion ou commodité, par le moyen de laquelle nos âmes s'entretiennent.

Michel DE MONTAIGNE, *Essais*, 1580-1595.

■ Qu'aisément l'amitié jusqu'à l'amour nous mène ! / C'est un penchant si doux qu'on y tombe sans peine : / Mais quand il faut changer l'amour en amitié, / Que l'âme qui s'y force est digne de pitié !

Pierre CORNEILLE, *Héraclius*, 1646.

■ Ce que les hommes ont nommé amitié n'est qu'une société, qu'un ménagement réciproque d'intérêts, et qu'un échange de bons offices.

François DE LA ROCHEFOUCAULD,
Réflexions ou Sentences et Maximes morales, 1664.

■ L'amitié demande un peu plus de mystère, / Et c'est assurément en profaner le nom, / Que de vouloir le mettre à toute occasion.

MOLIÈRE, *Le Misanthrope*, 1666.

■ Il y a un goût dans la pure amitié où ne peuvent atteindre ceux qui sont nés médiocres.

Jean DE LA BRUYÈRE,
Les Caractères, « Du cœur », 1688-1696.

■ On partage avec plaisir l'amitié de ses amis pour des personnes auxquelles on s'intéresse peu soi-même.

Nicolas DE CHAMFORT,
Maximes, pensées, caractères et anecdotes, 1795.

■ Nous devons être modérés dans nos amitiés ; car l'expérience nous prouve qu'elles se changent quelquefois en inimitiés.

Henri BERNARDIN DE SAINT-PIERRE,
Harmonies de la nature, 1814.

Et les pensées de...

■ L'amitié a ses couches sédimentaires, des amies d'enfance aux plus récents. Elle a ses cercles : les amitiés professionnelles, les amitiés intellectuelles, familiales, étrangères ; celles qui sont nées d'un hasard, d'un voyage, parfois d'une correspondance.

Jacques RIGAUD,
Miroir des mots, © Robert Laffont, 1991.

■ L'amitié est plus rare que l'amour et nécessite une intégrité absolue.

Serge GAINSBOURG, *Pensées, provocs et autres volutes*, © Le Cherche midi, 2006.

▶ VOIR trafic, amour.

amnistie

Du grec *amnêstia*, de *amnêstios*, oublié.

■ Messieurs, dans la langue politique, l'amnistie s'appelle oubli.

Victor HUGO, *Actes et Paroles*, 1876.

amour

Du latin *amor*, de même sens.

■ Ci est le roman de la Rose / Où l'art d'amour est tout enclose ; / La matière en est bonne et neuve.

Guillaume DE LORRIS,
Le Roman de la Rose, vers 1280.

■ L'amour est un tyran qui n'épargne personne.

Pierre CORNEILLE, *Le Cid*, 1637.

■ Il le faut avouer, l'amour est un grand maître : / Ce qu'on ne fut jamais, il nous enseigne à l'être ; / Et souvent de nos mœurs l'absolu changement, / Devient, par ses leçons, l'ouvrage d'un moment.

MOLIÈRE, *L'École des femmes*, 1663.

■ L'amour n'est pas un feu qu'on renferme en une âme : / Tout nous trahit, la voix, le silence, les yeux ; / Et les feux mal couverts n'en éclatent que mieux.

Jean RACINE, *Andromaque*, 1667.

■ Amour, Amour, quand tu nous tiens, / On peut bien dire : « Adieu, prudence ! »

Jean DE LA FONTAINE, *Fables*,
« Le Lion amoureux », 1668-1694.

■ Ariane, ma sœur, de quel amour blessée / Vous mourûtes aux bords où vous fûtes laissée !

Jean RACINE, *Phèdre*, 1677.

■ Le temps, qui fortifie les amitiés, affaiblit l'amour.

Jean DE LA BRUYÈRE,
Les Caractères, « Du cœur », 1688-1696.

■ L'amour naît brusquement, sans autre réflexion, par tempérament ou par faiblesse : un trait de beauté nous fixe, nous détermine. L'amitié, au contraire, se forme peu à peu, avec le temps, par la pratique, par un long commerce.

Jean DE LA BRUYÈRE,
Les Caractères, « Du cœur », 1688-1696.

■ Que sert à mon esprit de percer les abîmes / Des mystères les plus sublimes, / Et de lire dans l'avenir ? / Sans amour, ma science est vaine. [...] / Si je n'aime, je ne suis rien.

Jean RACINE, *Cantiques spirituels*, 1694.

■ On a dit que l'amour, qui ôtait l'esprit à ceux qui en avaient, en donnait à ceux qui n'en avaient pas.

Denis DIDEROT, *Paradoxe sur le comédien*, 1770.

■ L'amour est comme les maladies épidémiques : plus on les craint, plus on y est exposé.

Nicolas DE CHAMFORT, *Maximes et pensées, caractères et anecdotes*, 1795.

■ L'amour est immense, il n'est pas infini.

Etienne DE SENANCOUR, *Obermann*, 1804.

■ L'amour n'est qu'un point lumineux, et néanmoins il semble s'emparer du temps. Il y a peu de jours il n'existait plus ; mais tant qu'il existe, il répand sa clarté sur l'époque qui l'a précédé, comme sur celle qui doit le suivre.

Benjamin CONSTANT, *Adolphe*, 1816.

■ Si tu veux être aimé, respecte ton amour.

Alfred DE MUSSET, *La Nuit d'octobre*, 1837.

■ Les quatre amours correspondant aux quatre âges de la vie humaine bien ordonnée, sont l'amour de tout, l'amour des femmes, l'amour de l'ordre, et l'amour de Dieu.

Joseph JOUBERT, *Pensées, essais, maximes et correspondances*, posth. 1838.

■ En amour, écrire est dangereux, sans compter que c'est inutile.

Alexandre DUMAS, *Le Demi-Monde*, 1855.

■ Qu'est-ce que l'amour ? Le besoin de sortir de soi.

Charles BAUDELAIRE, *Mon cœur mis à nu*, 1867.

■ Le véritable amour se manifeste uniquement par l'abnégation absolue de soi et l'anéantissement dans l'objet aimé.

Joséphin PÉLADAN, *Le Vice suprême*, 1884.

■ L'amour a toujours été pour moi la plus grande des affaires, ou plutôt la seule.

STENDHAL, *Vie d'Henry Brulard*, posth. 1890.

■ J'ai souvent réfléchi à ce qu'eût été notre vie l'un avec l'autre ; dès qu'il n'eût plus été parfait, je n'aurais plus pu supporter... notre amour.

André GIDE, *La Porte étroite*, © Gallimard, 1909.

■ J'accorde bien que l'amour est la vraie richesse vitale ; c'est un merveilleux mouvement pour sortir de soi, pour se jeter dans l'action, et s'y dépenser, et s'y perdre, sans petits calculs.

ALAIN, *Propos d'un normand*, © Gallimard, 1910.

■ Il se disait une fois de plus : « Il y a eu en moi trois espèces d'amour, et ils se sont détruits l'un l'autre. J'ai aimé la beauté du ciel, j'ai aimé la beauté des choses et c'est une espèce d'amour. J'ai aimé celle qui m'a porté en elle et par qui j'ai connu le jour, et c'est encore une espèce d'amour. J'ai aimé enfin une troisième fois : j'ai aimé un petit corps souple ; et pour cet amour-là j'ai trahi les deux autres. Alors ils m'ont quitté tous les trois à la fois. » [...] Mais une voix lui répondit : « Il n'y a qu'une espèce d'amour. »

Ch.-F. RAMUZ, *Aimé Pache, peintre vaudois*, © L'Âge d'homme, 1910.

■ Comme on dit en chirurgie, son amour n'était plus opérable.

Marcel PROUST, *Un amour de Swann*, 1913.

■ Rien n'absorbe plus que l'amour. On n'est pas paresseux, parce que, étant amoureux, on paresse. L'amour sent confusément que son seul dérivatif réel est le travail. Aussi le considère-t-il comme un rival.

Raymond RADIGUET, *Le Diable au corps*, 1923.

■ Mes transes me faisaient prendre notre amour pour un amour exceptionnel. Nous croyons être les premiers à ressentir certains troubles, ne sachant pas que l'amour est comme la poésie, et que tous les amants, même les plus médiocres, s'imaginent qu'ils innovent.

Raymond RADIGUET, *Le Diable au corps*, 1923.

■ Marceline : Mais l'amour, Jef, l'amour, c'est être inquiet de l'autre ; c'est se dire : « Où est-il ? » « Que fait-il ? » « Pourquoi était-il en retard au rendez-vous ? »

Marcel ACHARD, *Jean de la lune*, © La Table Ronde, 1929.

■ L'amour c'est l'infini à la portée des caniches.

Louis-Ferdinand CÉLINE, *Voyage au bout de la nuit,* © Gallimard, 1932.

■ Tout est possible à l'amour ; l'amour déjoue la logique des docteurs.

François MAURIAC, *Les Anges noirs,* © Grasset, 1936.

■ Toute petite, j'étais déjà pleine d'amour pour mes poupées ; et il y en avait toujours une que j'appelais l'Amant, et l'autre la Bien-Aimée.

Henry DE MONTHERLANT, *La Reine morte,* © Gallimard, 1942.

■ L'amour, il faut le vivre complètement avec son ennui et tout, il n'y a pas de vacances possibles à ça.

Marguerite DURAS, *Les Petits Chevaux de Tarquinia,* © Gallimard, 1953.

■ Tu es là, mon amour, et je n'ai lieu qu'en toi.

SAINT-JOHN PERSE, *Amers,* © Gallimard, 1957.

■ L'amour donne toujours du talent.

Paul LÉAUTAUD, *Journal littéraire,* © Mercure de France, 1966.

■ Le premier amour est toujours le dernier. Et le dernier est toujours rêvé. [...] L'intensité d'un amour se mesurerait à l'impatience ou l'extrême patience d'attendre. Dans ce qui arrive ou n'arrive pas, je sais que le plus beau c'est le temps de l'attente, un espace tendu comme un linge entre un arbre et un pilier chancelant et lointain qu'on aperçoit sans vraiment le cerner.

Tahar BEN JELLOUN, *Le premier amour est toujours le dernier,* © Le Seuil, 1995.

Et dans les dictionnaires anciens...

■ *Amour*. Mouvement de l'âme par le moyen duquel elle s'unit aux objets qui lui paraissent beau et bons. Passion amoureuse. Pente à aimer. [...] Qui se marie par amour a de bonnes nuits et de mauvais jours. Prov.

Pierre RICHELET, *Dictionnaire françois,* 1680.

■ L'*amour* est plus vif que la *galanterie* : il a pour objet la personne, fait qu'on cherche à lui plaire dans la vue de la posséder, et qu'on l'aime autant pour elle-même que pour soi : il s'empare brusquement du cœur, et doit sa naissance à un je ne sais quoi d'indéfinissable, qui entraîne les sentiments, et arrache l'estime avant tout examen et sans aucune information. [...] De toutes les passions, l'amour est celle qui se pique le plus d'être constante, et qui l'est le moins.

Gabriel GIRARD, *Synonymes françois,* 1756.

Et les pensées de...

■ L'amour est enfant de Bohême, / Il n'a jamais connu de loi ; / Si tu ne m'aimes pas je t'aime / Et si tu m'aimes prends garde à toi.

Henri METLHAC et Ludovic HALÉVY, *Carmen (livret de l'opéra de Georges Bizet),* 1875.

■ L'Amour ? On s'enlace.

Frédéric DARD, *Les Pensées de San Antonio,* © Le Cherche midi, 1996.

■ Amour : Premier sujet de conversation ; dernier objet de consommation. Première folie de l'homme ; ultime garde-fou de l'humanité.

Jacques ATTALI, *Dictionnaire du XXIe siècle,* © Fayard, 1998.

■ L'amour, c'est un sport. Surtout s'il y en a un des deux qui veut pas.

Jean YANNE, *Pensées, répliques, textes et anecdotes,* © Le Cherche midi, 1999.

■ Chut ! L'amour est un cristal qui se brise en silence.

Serge GAINSBOURG, *Pensées, provocs et autres volutes,* © Le Cherche midi, 2006.

▶ VOIR abnégation, absence, accueil, affreux, ambitieux, bachelier, bête, brûler, chaîne, changement, cœur, coffre-fort, délibérer, dévouement, difficulté, doute, échouer, effrayer, feu, galand, grand-père, grec, guerre, guitare, haine, indolence, infidèle, jalousie, lait, lampe, larme, légal, litote, maîtresse, mer, mie, œil, paternel, pigeon, plume, prendre garde, procès, rapprocher, rêve, rossignol, secret, sens, sœur, soleil, taciturne, tendresse, terre, tranquillité, ville, yeux.

amour-propre

Composé d'*amour* et de *propre*, qui est à une personne à l'exclusion d'une autre.

■ L'amour-propre est l'amour de soi-même et de toutes choses pour soi ; il rend les hommes idolâtres d'eux-mêmes, et les rendrait les tyrans des autres, si la fortune leur en donnait les moyens. [...] L'amour-propre est le plus grand de tous les flatteurs.

François DE LA ROCHEFOUCAULD, *Réflexions ou Sentences et Maximes morales*, 1664.

■ [...] Faites-vous de votre amour-propre une coquille de limaçon où vous puissiez vous enfermer ; raillez et exaltez, disputez et intriguez ; tout tombera un beau matin devant le faible, l'ignorant regard d'une jeune fille.

Alfred DE MUSSET, *Le Temps*, 1831.

■ L'amour-propre est dix fois plus vulnérable que l'orgueil, mais s'il est blessé plus souvent, il a la vie pourtant plus dure. Ainsi les revers qui abattent l'orgueil ulcèrent notre amour-propre.

Henri-Frédéric AMIEL, *Journal intime*, 1847-1883.

■ On fait l'amour par désir. On le fait par vice. On le fait aussi par amour-propre.

Paul LÉAUTAUD, *Journal littéraire*, © Mercure de France, 1966.

Et dans les dictionnaires anciens...

■ *Amour propre, Amour de soi-même* (synon.). Il ne faut pas les confondre : ce sont deux passions très différentes [...] *L'amour de soi-même* est un sentiment naturel, qui porte tout animal à veiller à sa propre conservation, et qui, dirigé dans l'homme par la raison, et modifié par la pitié, produit l'humanité et la vertu.

Jean-François FÉRAUD, *Diction(n)aire critique de la langue française*, 1787.

▶ VOIR charité, oublier.

amoureux

Du latin populaire *amorosus*, dérivé de *amor*, amour.

■ Un honnête homme [homme de bonne compagnie] peut être amoureux comme un fou, mais non pas comme un sot.

François DE LA ROCHEFOUCAULD, *Réflexions ou Sentences et Maximes morales*, 1664.

■ Un homme amoureux est un homme qui veut être plus aimable qu'il ne peut ; et voilà pourquoi presque tous les amoureux sont ridicules.

Nicolas DE CHAMFORT, *Maximes et pensées, Caractères et anecdotes*, 1795.

■ Un véritable amoureux ressemble à un eunuque, car il n'y a plus de femmes pour lui sur la Terre ! Il est mystérieux, il est comme le vrai chrétien, solitaire dans sa thébaïde.

Honoré DE BALZAC, *La Cousine Bette*, 1846.

■ On n'est jamais si amoureux qu'on croit l'être.

Paul LÉAUTAUD, *Journal littéraire*, © Mercure de France, 1986.

■ Les amoureux sont métaphysiciens ; ils ne peuvent porter la contradiction.

ALAIN, *Propos*, © Gallimard, 1926.

Et dans les dictionnaires anciens...

■ *Amoureux*. Celui qui aime, qui a de la pente à aimer. Qui a de la passion pour les Dames. C'est un amoureux à la mode. C'est un amoureux transi.

Pierre RICHELET, *Dictionnaire françois*, 1680.

■ On est souvent très *amoureux* sans oser paraître *amant*. Quelquefois on se déclare *amant* sans être *amoureux*.

Gabriel GIRARD, *Synonymes françois*, 1736.

▶ VOIR accordéon, amitié, baiser, bec, braise, buveur, caprice, chat, esprit, fervent, fleur, français, jeunesse, malade, mystique, regarder, rire, soupir, touriste, ver de terre, yeux.

amphitryon

Du nom d'un personnage de la comédie éponyme de Plaute.

■ Point, point d'Amphitryon où l'on ne dîne point.

Jean DE ROTROU, *Les Sosies*, 1637.

■ Le véritable Amphitryon / Est l'Amphitryon où l'on dîne.

MOLIÈRE, *Amphitryon*, 1668.

Et dans les dictionnaires anciens...

■ « Le véritable Amphitryon est [...] », paroles de Sosie quand Jupiter, sous les traits d'Amphitryon, invite les officiers du roi, qui hésitent entre les deux Amphitryon. Par allusion à ce vers : celui qui donne à dîner.

Adolphe HATZFELD et Arsène DARMESTETER, *Dictionnaire général de la langue française*, 1890.

▶ VOIR dîner.

amuser

Dérivé de *muser*, rester le museau en l'air, perdre son temps à des bagatelles.

■ Croit-il qu'en cet affront je m'amuse à me plaindre ?

Pierre CORNEILLE, *Médée*, 1635.

■ Ils amusent leur talent à des choses puériles.

Charles-Louis DE MONTESQUIEU, *Lettres persanes*, 1721.

an

Du latin *annus*, de même sens.

■ Approchez, je suis sourd, les ans en sont la cause.

Jean DE LA FONTAINE, *Fables*, « Le chat, la belette et le petit lapin », 1668-1694.

■ Dans la nuit du tombeau, les ans l'ont fait descendre.

VOLTAIRE, *Œdipe*, 1718.

analogie

Dérivé du grec *analogos*, proportionnel, et repris d'un ouvrage de César, *De analogia*, traduit en 1213.

■ Ce qui serait vraiment surprenant, c'est que le son ne pût pas suggérer la couleur, que les couleurs ne pussent pas donner l'idée d'une mélodie, et que le son et la couleur fussent impropres à traduire des idées : les choses s'étant toujours exprimées par une analogie réciproque, depuis le jour où Dieu a proféré le monde comme une complexe et indivisible totalité.

Charles BAUDELAIRE, *Richard Wagner et Tannhäuser à Paris*, 1861.

■ L'Analogie est un moyen de création – C'est une ressemblance de rapports : or de la nature de ces rapports dépend la force ou la faiblesse de l'image créée.

Pierre REVERDY, *Nord-Sud*, n° 14, © Gallimard, avril 1918.

Et dans les dictionnaires anciens...

■ *Analogique*. [...] Ici le *Grand Dictionnaire universel du XIXe siècle* a une confidence importante à faire à son lecteur. [...] Aujourd'hui (août 1864), ce livre n'existe pas [un dictionnaire analogique encyclopédique]. Ce Dictionnaire [...] formerait un supplément au Dictionnaire universel. [...] Nous allons donner dès aujourd'hui quatre groupes idéologiques, qui, imprimés à cette page par anticipation, nous assurent la propriété d'une idée neuve.

Pierre LAROUSSE, *Grand Dictionnaire universel du XIXe siècle*, 1864-1876.

analyse, analyste

Du grec *analusis*, d'*analuein*, dissoudre.

■ Voici le temps de lui apprendre à faire l'analyse d'un discours.

Jean-Jacques ROUSSEAU, *Émile ou De l'éducation*, 1762.

■ Aujourd'hui la science en est à l'analyse, à la minutieuse observation des détails ; c'est par là seulement que son œuvre peut commencer.

Jules MICHELET, *Introduction à l'Histoire universelle*, 1831.

■ L'analyse continuelle de soi-même est corrosive. Elle fait peut-être en somme plus de mal que de bien, et ôte plus de force qu'elle ne donne de lumière.

Henri-Frédéric AMIEL, *Journal intime*, 1847-1883.

■ C'est l'habitude acharnée de l'analyse qui empêche le sourd travail de l'inconscience dans notre cœur.

Paul BOURGET, *Essais de psychologie contemporaine*, 1883.

■ L'analyste est l'accoucheur de la liberté, en aidant le malade à former la pensée qui convient à son mal ; il dénoue sa conscience et lui rend sa fluidité.

Paul RICŒUR, *Philosophie de la volonté*, © Aubier, 1950.

ancêtre

Du latin *antecessor*, *-oris*, de *antecedere*. A le sens militaire d'avant-garde et, en bas latin, de prédécesseur.

■ Un grand seigneur est un homme qui voit le roi, qui parle aux ministres, qui a des ancêtres, des dettes et des pensions.

Charles-Louis DE MONTESQUIEU, *Lettres persanes*, 1721.

Et dans les dictionnaires anciens...

■ Ce mot, dit Th. Corneille, n'a pas de singulier ; il ne faut pas dire un tel est mon ancêtre, mais un tel est un de mes ancêtres. [...] Néanmoins, avec Malherbe, Voltaire, Montesquieu et Chateaubriand, on peut employer ancêtres au singulier.

Émile LITTRÉ,
Dictionnaire de la langue française, 1863-1872.

ancien

Du latin populaire *antianus*, dérivé de ante, avant.

■ Les Anciens, monsieur, sont les Anciens, et nous sommes les gens de maintenant.

MOLIÈRE, *Les Femmes savantes*, 1672.

■ Quelqu'un a dit que de prendre sur les Anciens, c'était pirater au-delà de la ligne ; mais que de piller les Modernes, c'était filouter au coin des rues.

Nicolas DE CHAMFORT,
Maximes et pensées, caractères et anecdotes, 1795.

ancre

Du grec *ankura* passé par le latin *ancora*.

■ Ne pourrons-nous jamais sur l'océan des âges, / Jeter l'ancre un seul jour ?

A. DE LAMARTINE, *Méditations poétiques*, 1820.

Et dans les dictionnaires anciens...

■ *Ancre* [...] Il est maintenant féminin, et comme on peut voir à l'historique, il a été fait, au XVIe siècle, masculin par quelques auteurs.

Émile LITTRÉ, *Dictionnaire*
de la langue française, 1863-1872.

âne, ânerie

Du latin *asinus*, âne.

■ Le plus âne des trois n'est pas celui qu'on pense.

Jean DE LA FONTAINE, *Fables*,
« Le Meunier, son fils et l'âne », 1668-1694.

■ L'âne brait, ce qui se fait par un grand cri, très long, très désagréable, et discordant par dissonances alternatives de l'aigu au grave, et du grave à l'aigu. Ordinairement, il ne crie que lorsqu'il est pressé d'amour ou d'appétit. L'ânesse a la voix plus aigre et plus perçante.

Georges DE BUFFON,
Histoire naturelle, t. IV, 1753.

Et dans les dictionnaires anciens...

■ *Âne sauvage*. Animal gris, ou marqueté de blanc et de noir. Il vit dans les déserts de l'Afrique. Il se nourrit d'herbes, et de choux. Sa moelle est si souveraine qu'on croit qu'elle guérit de la goutte.

Pierre RICHELET, *Dictionnaire françois*, 1680.

■ L'*ânerie* est un défaut qui vient de la nature du sujet, et l'*ignorance* est un défaut que la paresse entretient. Celle-ci est moins pardonnable, mais celle-là rend plus méprisable.

Gabriel GIRARD, *Synonymes françois*, 1736.

anéantissement

▶ VOIR retirer.

anecdote

Du grec *anekdota*, choses inédites.

■ Les anecdotes sont un champ resserré où l'on glane après la vaste moisson de l'histoire ; ce sont de petits détails longtemps cachés.

VOLTAIRE, *Le Siècle de Louis XIV*, 1739-1768.

Et les pensées de...

■ L'anecdote, c'est de l'histoire sans majuscule.

Maurice TOUDOIRE, *Impertinences :*
lexique fantaisiste, © Pierre Téqui, 1992.

▶ VOIR conter.

ange

Du grec *aggelos*, messager, passé par le latin chrétien *angelus*.

■ L'homme n'est ni ange ni bête, et le malheur veut que qui veut faire l'ange fait la bête.

Blaise PASCAL, *Pensées*, 1669.

■ Prenez garde que le bon ange ne se lasse, prenez garde que le mauvais ne se cramponne à vos pieds débiles [fragiles] : c'est à vous de décider lequel des deux vous aura.

George SAND, *Lélia*, 1839.

■ Ange : Fait bien en amour et en Littérature.

Gustave FLAUBERT,
Le Dictionnaire des idées reçues, posth. 1913.

■ Nous abritons un ange que nous choquons sans cesse. Nous devons être les gardiens de cet ange.

Jean COCTEAU,
Le Coq et l'Arlequin, © Gallimard, 1918.

anglais

Dérivé du nom ethnique les *Angles*, peuple germanique.

■ On dit toujours : les Anglais, les Français, les Américains, mais il suffit d'en rencontrer un seul pour qu'il vous interdise de les mettre au pluriel.

Pierre DANINOS,
Daninoscope, © Presses de la cité, 1963.

angoisse

Du latin *angustia*, resserrement, d'où étroitesse, gêne.

■ Je vous présente des poires de bon chrétien pour des poires d'angoisse que vos cruautés me font avaler tous les jours.

MOLIÈRE, *La Comtesse d'Escarbagnas*, 1771.

■ À quoi bon ces ivresses d'un moment, suivies d'angoisses qui durent de longs jours, de longues nuits, qui me serrent la gorge et m'inspirent pour tout au monde, occupations, obligations, devoirs, plaisirs, jouissances de l'esprit, distractions de l'intelligence, un dégoût que je ne puis vaincre, qui... oui, qui m'accable, qui m'oppresse et m'étouffe, et m'achève si lentement.

Joseph DE GOBINEAU, *Les Pléiades*, 1874.

Et dans les dictionnaires anciens...

■ *Poires d'angoisse* sont des poires de mauvais goût qui prennent à la gorge [...]. Est aussi une espèce de cadenas qui s'ouvre par un ressort, & qu'on met dans la bouche d'une personne pour l'empêcher de crier au secours, ou pour la forcer à donner son argent.

Antoine FURETIÈRE,
Dictionnaire universel, 1690.

animal

Du latin *animal*, *-alis*, dérivé de *anima*, souffle, air.

■ L'homme est, je vous l'avoue, un méchant animal.

MOLIÈRE, *Le Tartuffe*, 1664.

■ Tout animal est plus ou moins homme ; tout minéral est plus ou moins plante ; toute plante est plus ou moins animale. Il n'y a rien de précis en nature...

Denis DIDEROT, *Le Rêve de D'Alembert*, 1769.

■ Sorti des animaux, ma faculté affective est pour ainsi dire éteinte, et je crois bien, ma pitié aussi.

Paul LÉAUTAUD, *Journal littéraire*,
© Mercure de France, 1986.

Et dans les dictionnaires anciens...

■ *Animal.* [...] Les philosophes comprennent l'homme sous le genre d'animal & le définissent, Animal raisonnable. Ils y enferment aussi les oiseaux, les poissons & les insectes.

Antoine FURETIÈRE, *Dictionnaire universel*, 1690.

▶ VOIR bête, chat, chien, comédien, humanisme, nature, raisonnable.

année

Dérivé *d'an*, du latin *annus*, année.

■ Aux âmes bien nées / La valeur n'attend point le nombre des années.

Pierre CORNEILLE, *Le Cid*, 1637.

▶ VOIR consulter.

anonyme

Du grec *anônumos*, construit avec le préfixe privatif *an-* et *onoma*, nom, passé par le bas latin avec *anonymus*.

■ On est anonyme pour l'attaque, mais on signe très bien l'éloge.

Honoré DE BALZAC, *Illusions perdues*, 1843.

■ Aussi nourrissait-il une préférence secrète pour les anonymes, pour les bâtisseurs qui avaient eu le mérite de s'effacer devant leurs cathédrales...

Jean-Paul SARTRE, *Les Mots*, © Gallimard, 1964.

antipathie

Du latin *antipathia*, fondé sur le grec *antipatheia*, construit avec *anti-* et *pathos*, sentiment, passion.

■ Les panthères, les dragons, les serpents, tous, avec leurs antipathies à leurs pieds, y lancent des regards menaçants.

Pierre CORNEILLE,
La Conquête de la Toison d'or, 1661.

■ Il y a une antipathie naturelle entre les gens de cour et les gens de guerre.

Joseph DE MAISTRE, *Correspondance*, 1812.

Et dans les dictionnaires anciens...

■ Rien ne dépend moins de nous que l'antipathie : tout ce que nous pouvons faire, c'est de la dissimuler.

Gabriel GIRARD, *Synonymes françois*, 1736.

antique

➤ VOIR penser, nouveau.

antiquité

Du latin *antiquus*, *antiquitas*, d'autrefois, très ancien.

■ La belle Antiquité fut toujours vénérable, / Mais je ne crus jamais qu'elle fût adorable.

Charles PERRAULT,
Le Siècle de Louis le Grand, 1687.

■ Mon antiquité [âge] ne me permet plus d'entretenir la compagnie au-delà de neuf heures.

MADAME DE COULANGES,
Lettre à Madame de Grignan, 3 mars 1704.

Et dans les dictionnaires anciens...

■ Les croyances, les erreurs, les préjugés de l'Antiquité. Toute l'Antiquité était polythéiste et avait conséquemment les plus fausses idées sur la nature et sur Dieu.

Maurice LACHÂTRE,
Dictionnaire français illustré, 1856.

antisémite, antisémitisme

Dérivé de *sémite*, de *Sem*, l'un des fils de Noé.

■ Il ne suffit pas de condamner théoriquement l'antisémitisme, il faut savoir encore que le parti du droit et de la justice n'en peut tirer aucun profit, puisque c'est par définition, la négation des droits de la conscience, l'affirmation du privilège, de l'intolérance et de l'iniquité.

Georges CLEMENCEAU, *Iniquité*, 1899.

■ Il ne plaisait pas, le sentait, voyait là la preuve d'un antisémitisme contre lequel il faisait front.

Marcel PROUST,
A l'ombre des jeunes filles en fleurs, 1919.

■ Je finirai par croire qu'il y a parmi les intellectuels des anticommunistes organiques, comme il y a des antisémites pathologiques.

Elsa TRIOLET, *Le premier accroc coûte deux cents francs*, © Gallimard, 1945.

■ Si donc l'antisémite est, comme chacun l'a pu voir, imperméable aux raisons et à l'expérience, ce n'est pas que sa conviction soit forte ; mais plutôt sa conviction est forte parce qu'il a choisi d'abord d'être imperméable.

Jean-Paul SARTRE,
Réflexions sur la question juive, © Gallimard, 1946.

antithèse

Du grec *antithesis*, opposition.

■ Ceux qui font les antithèses en forçant les mots sont comme ceux qui font de fausses fenêtres pour la symétrie : leur règle n'est pas de parler juste, mais de faire des figures justes.

Blaise PASCAL, *Pensées*, 1669.

apaiser

Construit sur *paix* au XIIe s. avec d'abord le sens de *faire la paix*.

■ Je ne m'apaise pas, non, si facilement.

MOLIÈRE, *L'Étourdi*, 1655.

■ Peuples cruels / Qui n'apaisaient leurs dieux que du sang des mortels.

Jean RACINE, *Andromaque*, 1667.

aparté

Emprunté au XVIIe s. à l'italien *a parte*, à part.

■ Je fais un aparté, bouchez-vous les oreilles !

Pierre NIVELLE DE LA CHAUSSÉE, *Le Rapatriage*, 1748.

Et les pensées de...

■ Les apartistes sont des gens qui pratiquent l'aparté. Ils ne parlent qu'en aparté. J'ai été un apartiste. Eh oui ! Je ne m'en cache pas. Mais modéré.

Raymond DEVOS, *Un jour sans moi*, « Les Apartistes », © Denoël, 1996.

apéritif, apéro

Du bas latin *apéritivus*, dérivé de *aperire*, ouvrir.

■ Il enveloppe les couleuvres du dédain avec le mouchoir de la jalousie et jette le tout dans le fond de son cœur ulcéré ; puis il bombe la poitrine et finit son apéro.

R. QUENEAU, *Le Chiendent*, © Gallimard, 1933.

Et dans les dictionnaires anciens...

■ *Apéritif.* Qui fait uriner. Le citron est apéritif, la rave est apéritive.

Pierre RICHELET, *Dictionnaire françois*, 1680.

aphorisme

Du latin *aphorismus*, emprunté au grec *aphorismos*, aphorisme.

■ Prononcer vingt-cinq aphorismes par jour et ajouter à chacun d'eux : « Tout est là. »

Jules RENARD, *Journal*, posth., 1925.

Et dans les dictionnaires anciens...

■ *Aphorisme.* [...] Les aphorismes d'Hippocrate. [...] Ce mot, qui était borné d'abord à la médecine, s'est étendu, et l'on dit maintenant des aphorismes politiques.

Émile LITTRÉ, *Dictionnaire de la langue française*, 1863-72.

▶ VOIR sentence.

aplomb

Construit avec la préposition *à* et *plomb*. Voir *plomb*.

■ Parlez-moi du génie pour infuser de la confiance et inoculer de l'aplomb : c'est à cette pierre de touche qu'on le reconnaît.

Louis REYBAUD, *Jérôme Paturot à la recherche d'une position sociale*, 1843.

Et dans les dictionnaires anciens...

■ « Ta balance, ô justice, en son exacte aplomb, / Ne descendra pas plus vers l'or que vers le plomb » Mollevaut. [...] Les gens probes et honnêtes manquent généralement d'aplomb.

Maurice LACHÂTRE, *Dictionnaire français illustré*, 1856.

apologie

Du grec *apologia*, défense, en passant par le latin chrétien *apologia*.

■ Nul ne peut écrire la vie d'un homme que lui-même. Sa manière d'être intérieure, sa véritable vie n'est connue que de lui ; mais en l'écrivant il la déguise ; sous le nom de sa vie, il fait son apologie, il se montre comme il veut être vu, mais point du tout comme il est.

Jean-Jacques ROUSSEAU, *Ébauche des Confessions, Manuscrit de Neuchâtel*, 1764.

apostrophe

Emprunté au XVIᵉ s. au vocabulaire de la rhétorique. Du grec *apostrophê*, action de se détourner.

■ Ô puissance de l'apostrophe ! C'est, comme vous savez, une figure au moyen de laquelle on a trouvé le secret de parler aux gens qui ne sont pas là, de lier conversation avec toute la nature, interroger au loin les morts et les vivants.

Paul-Louis COURIER, *Pamphlets*, 1818-1820.

■ La nouvelle lune est une jolie apostrophe au clocher.

Jules RENARD, *Correspondance*, 1883-1910.

Et les pensées de...

■ Les mots commençant par *a* sont particulièrement redoutables. Azalée, apophtegme, apogée, asphodèle, arcane, apocope, alluvion, etc. : masculin ou féminin ? Dans cette liste, il y avait aussi « apostrophe ».

Que je n'employais jamais, de crainte, par ma faute, d'en faire un transsexuel.

Bernard PIVOT, *Le Métier de lire*, © Gallimard, 1990.

▶ VOIR vexer.

apparition

Du grec *epiphaneia*, action de se montrer, traduit en latin par *apparitio*.

■ Au plus haut point de sa gloire, sa joie est troublée par la triste apparition de la mort.

Jacques-Bénigne BOSSUET, *Oraisons funèbres (de Michel Le Tellier)*, 1686.

appartenir

Du bas latin *appertinere*, faire partie de, être la propriété de.

■ C'est un trait de vertu qui n'appartient qu'à vous.

Pierre CORNEILLE, *Polyeucte*, 1643.

■ Il appartient à une très honorable famille, comme tous les voleurs.

Jules RENARD, *Journal*, posth., 1925.

Et dans les dictionnaires anciens...

■ *Appartenir*. Se dit aussi des manières qui conviennent. [...] Il n'appartient qu'aux belles d'estre fières. [...] Il n'appartient qu'aux ignorants de vouloir toujours parler.

Antoine FURETIÈRE, *Dictionnaire universel*, 1690.

appeler

Du latin *appellare*, s'adresser à quelqu'un, aborder.

■ Il y a des lieux où il faut appeler Paris, Paris, et d'autres où il la faut appeler capitale du royaume.

Blaise PASCAL, *Pensées*, 1669.

■ Aux pieds de ses remparts quel intérêt m'appelle ?

Jean RACINE, *Iphigénie*, 1674.

▶ VOIR chat.

appétit

Du latin *appetitus*, désir, de *appetere*, chercher à atteindre.

■ Mon appétit de parler n'est pas encore ouvert.

Charles DUFRESNY, *Le Jaloux honteux de l'être*, 1708.

■ Qui a perdu l'appétit a perdu le goût de ce qu'il y a de meilleur au monde. Il reste de se coucher, d'attendre la fin.

François MAURIAC, *Génitrix*, © Grasset, 1923.

Et dans les dictionnaires anciens...

■ En philosophie on n'admet que deux appétits, le concupiscible, qui nous porte à souhaiter & à chercher le bien, & l'irascible, qui nous porte à craindre & à éviter le mal ; le Sage commande à ses appétits déréglés.

Antoine FURETIÈRE, *Dictionnaire universel*, 1690.

applaudir

Du latin *applaudere*, battre des mains, de *plaudere*, battre.

■ Tel vous semble applaudir, qui vous raille et vous joue.

Nicolas BOILEAU, *L'Art poétique*, 1672.

■ Le public a, pour applaudir la comédie, deux moyens, le rire et les battements de mains, il n'en a qu'un pour la tragédie, les mains, car il cache et réprime ses pleurs.

Alfred DE VIGNY, *Le Journal d'un poète*, 1832.

application

Dérivé d'*appliquer*, du latin *applicatio*.

■ Chien d'homme ! oh ! que je suis tenté d'étrange sorte, / De faire sur ce mufle une application [d'un soufflet].

MOLIÈRE, *Le Dépit amoureux*, 1656.

■ Cela ne peut se faire sans quelque application de mémoire.

Blaise PASCAL, *Lettres*, posth. 1779.

apporter

Du latin *apportare*, porter à quelqu'un.

■ Apportez-vous ici la haine ou l'amitié ?

Pierre CORNEILLE, *Polyeucte*, 1643.

■ Nicole, apportez-moi mes pantoufles.

MOLIÈRE, *Le Bourgeois gentilhomme*, 1670.

apprécier

Du bas latin *appretiare*, évaluer, dérivé de *pretium*, prix.

■ Ce n'est pas tout d'être aimé, il faut être apprécié, et on ne peut l'être que par ce qui nous ressemble. De là vient que l'amour n'existe pas, ou du moins ne dure pas, entre des êtres dont l'un est trop inférieur à l'autre.

Nicolas DE CHAMFORT,
Maximes et pensées, Caractères et anecdotes, 1795.

apprendre

Du latin populaire *apprendere*, appréhender, en bas latin saisir par l'esprit.

■ Enseigner c'est apprendre deux fois.

Joseph JOUBERT, *Pensées, essais, maximes et correspondances*, posth., 1838.

■ Je suppose que déjà sur les bancs de l'école on trouve des fanatiques, qui ont buté une fois, et qui sont offensés pour toujours ; ils ont juré d'apprendre sans comprendre.

ALAIN, *Propos*, © Gallimard, 1931.

Et dans les dictionnaires anciens...

■ Il semble qu'on *apprenne* d'un maître, en écoutant ses leçons ; et qu'on s'*instruise* par soi-même, en faisant des recherches. Il faut plus de docilité pour *apprendre* ; et il y a beaucoup plus de peine à s'*instruire*.

Gabriel GIRARD, *Synonymes françois*, 1736.

▶ VOIR aimable, analyse, badaud, cataclysme, clairvoyant, cochon, danser, disciple, école, écouter, écrire, enseigner, étude, gauche, grammaire, habitude, instituteur, lire, livre, musicien, nous, politesse, sagesse, savoir, soupe, suite, surprendre, taire.

approbation, approuver

Du latin *approbatio, -onis*, assentiment, de *approbare*, dérivé de *probare*, prouver.

■ Je me fierai assez à l'approbation du parterre.

MOLIÈRE, *La Critique de l'École des femmes*, 1663.

■ Nous n'approuvons les autres que par les rapports que nous sentons qu'ils ont avec nous-mêmes.

Jean DE LA BRUYÈRE,
Les Caractères, 1688-1696.

■ J'en suis au point de ne plus compter sur l'estime ni l'approbation de personne.

MAINE DE BIRAN,
Journal intime, (1820), posth., 1927.

■ L'approbation de ces quelques hommes vous dédommagerait amplement de la froideur des autres.

Alexandre DUMAS PÈRE, *Antony*, 1831.

appui

Déverbal d'*appuyer*, du latin populaire *appodiare* dérivé de podium, socle, support.

■ Je n'aurai aujourd'hui / Qu'à retirer la main qui seule est ton appui.

Pierre CORNEILLE,
Cinna ou la clémence d'Auguste, 1640.

■ Il n'y a pas de vices qui ne trouvent dans le grand monde des appuis complaisants.

Marcel PROUST, *Sodome et Gomorrhe*, 1922.

aptitude

Du bas latin *aptitudo*, de *aptus*, apte.

■ Nous sommes ce que nous font les circonstances ; qu'un enfant soit gai ou triste, silencieux ou bruyant, qu'il montre ou ne montre pas des aptitudes au travail, nul augure à en tirer.

François René DE CHATEAUBRIAND,
Mémoires d'outre-tombe, posth., 1850.

Et dans les dictionnaires anciens...

■ *Aptitude*. [...] Disposition naturelle à quelque chose. Le bois à plus d'aptitude à être consumé du feu, que la pierre.

Antoine FURETIÈRE, *Dictionnaire universel*, 1690.

araignée

De l'ancien français *araigne*, *aragne*, issu du latin *aranea*, toile d'araignée.

■ À l'ébranlement de sa toile, l'énorme araignée fit un mouvement brusque hors de sa cellule centrale, puis d'un bond elle se précipita sur la mouche, qu'elle plia en deux avec ses antennes de devant, tandis que sa trompe hideuse lui fouillait la tête.

Victor HUGO,
Notre-Dame de Paris, 1832.

■ L'araignée. Une petite main noire et poilue crispée sur des cheveux. Toute la nuit, au nom de la lune, elle appose ses scellés.

Jules RENARD, *Histoires naturelles*, 1896.

Et dans les dictionnaires anciens...

■ *Araignée*. Le peuple de Paris dit *arignée*, mais mal. Insecte qui a huit pieds, qui vit de mouches et d'autres animaux, et qui a une aversion naturelle pour les serpents et les lézards.

Pierre RICHELET, *Dictionnaire françois*, 1680.

➤ VOIR ortie.

arbitre

Du latin *arbiter*, avec d'abord le sens de témoin.

■ [...] Les produits de croisement en qui coexistent et grandissent, en se neutralisant, des exigences opposées, c'est parmi eux, je crois, que se recrutent les arbitres et les artistes.

André GIDE,
Si le grain ne meurt, © Gallimard, 1919.

Et dans les dictionnaires anciens...

■ *Arbitre*. Volonté. Libre-arbitre, Franc-arbitre, libéral-arbitre. Ces mots signifient la liberté de faire, ou de ne pas faire, mais le mot de libre-arbitre est le plus usité, franc-arbitre après, & pour libre-arbitre, il se dit presque plus, quoi qu'en dise l'autre des Observations sur la langue Françoise [Vaugelas].

Pierre RICHELET,
Diction(n)aire de la langue française, 1680.

arbre

Du latin *arbor*, *-oris*.

■ Mais bien je veux qu'un arbre / M'ombrage en lieu d'un marbre, / Arbre qui soit couvert / Toujours de vert.

Pierre DE RONSARD, *Odes*, 1550.

■ L'arbre le plus caduc porte à la fois la vieillesse dans son cœur et la jeunesse sur sa tête : l'une et l'autre se manifestent encore dans sa racine et dans son écorce.

Jacques BERNARDIN DE SAINT-PIERRE,
Harmonies de la nature, 1814.

■ Je pense qu'autrefois, avant la catastrophe de l'homme, – il y a fameusement de siècles – les arbres faisaient ce qu'ils voulaient, qu'ils se promenaient avec bonté dans le jardin [...], sous les yeux du couple innocent, pour lui épargner la fatigue de cheminer sous leurs frondaisons.

Léon BLOY, *Journal*, 1904.

■ L'arbre mort fait encore une bonne charpente.

Paul CLAUDEL, *L'Otage*, © Gallimard, 1909.

■ L'arbre est le frère non mobile des hommes. Dans son langage, les assassins s'appellent les bûcherons, les croque-morts les charbonniers, les puces les piverts.

Jean GIRAUDOUX, *Intermezzo*, © Grasset, 1933.

■ Est-ce que ce serait inconvenant de dire les prières des morts pour un arbre à l'agonie ? Moi, quand un de nos arbres meurt, j'ai envie de prendre le deuil.

Georges DUHAMEL, *Suzanne et les jeunes hommes. Chronique des Pasquier*,
© Mercure de France, 1941.

Et dans les dictionnaires anciens...

■ *Arbre*. Plante qui pousse de grosses racines, une grosse tige, et de grosses branches.

Pierre RICHELET, *Dictionnaire françois*, 1680.

➤ VOIR chêne, équilibre, feuillage, grandeur, pomme, pupitre.

arc

Du latin *arcus*, prononcé *ar* jusqu'au XVIe s.

■ Mon arc, mes javelots, mon char, tout m'importune.

Jean RACINE, *Phèdre*, 1677.

arc-en-ciel

Calque du latin *coelestis arcus*. XIIe s. : *arc del ciel*.

■ Dieu met, quand il lui plaît, sur l'orage et la haine, / Sur la foudre, forçat dont on entend la chaîne, / La sainte serrure des cieux, / Et laissant écumer leurs voix exténuées, / Ferme avec l'arc-en-ciel courbé dans les nuées / Ce cadenas mystérieux.

Victor HUGO,
La Légende des siècles, 1877.

■ Nous sommes l'Arc-en-terre / Signe plus pur que l'Arc-en-ciel / Signe de nos origines profondes / Étincelles / Ô nous les très belles couleurs [...].

Guillaume APOLLINAIRE, *Calligrammes*, © Gallimard, 1918.

Et dans les dictionnaires anciens...

■ C'est une bande ou escharpe diversement colorée, qui paroist dans une nuée pluvieuse. [...] On l'appelle autrement Iris.

Antoine FURETIÈRE, *Dictionnaire universel*, 1690.

Et les pensées de...

■ Sais-tu qu'un arc-en-ciel, si beau soit-il, qui dure au-delà d'un quart d'heure, on ne le regarde plus ?

P. PERRET, *Les Pensées*, © Le Cherche midi, 1979.

arche

Du latin *arca*, coffre, armoire. Vient sans doute du verbe *arcere*, contenir, maintenir.

■ Plus tard, je fus souvent malade, et pendant de longs jours, je dus rester aussi dans l' « arche ». Je compris alors que jamais Noé ne put si bien voir le monde que de l'arche, malgré qu'elle fût close et qu'il fît nuit sur la terre.

Marcel PROUST, *Les Plaisirs et les Jours*, 1896.

archéologie

Emprunté au composé grec *arkhaiologia*, histoire de l'Antiquité.

■ – [...] J'adore Rome et d'ailleurs j'ai toujours eu un goût marqué pour l'archéologie.
– Allons, encore une rencontre ou deux comme celle-là et je ne désespère pas de vous voir membre de l'Académie des inscriptions et belles-lettres.

A. DUMAS PÈRE, *Le Comte de Monte-Cristo*, 1846.

Et les pensées de...

■ L'archéologie, c'est un métier de feignants : on en a trouvé plusieurs avec les mains dans les fouilles.

COLUCHE, *Et vous trouvez ça drôle ?*, © Le Cherche midi, 1998.

archétype

Du latin *archetypos*, lui-même emprunté à *arkhetupon*, type primitif, modèle.

■ Comme les archétypes du feu, de l'eau et de la lumière, l'enfance qui est une eau, qui est un feu, qui devient une lumière détermine un grand foisonnement des archétypes fondamentaux.

Gaston BACHELARD, *La Poétique de la rêverie*, © PUF, 1960.

architecte

Du latin *architectus*, du grec *arkhitektôn*, construit avec *arkhi-*, archi, en chef, et *tektôn*, charpentier.

■ Si s'en suit que les architeteurs, c'est assavoir les disposeurs de l'œuvre, scavent les causes des besoignes.

Christine DE PISAN, *Charles V*, 1404.

■ Le temps est l'architecte, le peuple est le maçon.

Victor HUGO, *Notre-Dame de Paris*, 1831.

Et dans les dictionnaires anciens...

■ *Architecte.* [...] Beaucoup de Maçons s'érigent en Architectes pour les maisons bourgeoises ; mais ils n'oseraient entreprendre un édifice considérable.

Jean-François FÉRAUD, *Diction(n)aire critique de la langue française*, 1787.

archive

Du bas latin *archivum*, archives, du grec *arkheia*, lieu où l'on conserve les documents officiels.

■ Les curieux font de leur mémoire un[e] archive et registre fort malplaisant, et de fort mauvaise grâce.

Jacques AMYOT, *Œuvres morales*, « De la Curiosité », 1572.

■ Et ce n'est pas d'archive et de conservatoires / Que nous nous armerons le jour du jugement.

Charles PÉGUY, *Ève*, © Gallimard, 1913.

■ Scruteurs de toutes les archives à cause de ce secret qui peut-être y est enfermé.

Paul CLAUDEL, *Feuilles de Saints*, © Gallimard, 1915-1925.

argent

Du latin *argentum*, métal, l'argenterie.

■ Point d'argent, point de suisse ; et ma porte était close.

Jean RACINE, *Les Plaideurs*, 1668.

■ Je sais ce que je dis ; l'argent est l'argent, quelles que soient les mains où il se trouve. C'est la seule puissance qu'on ne discute jamais. On discute la vertu, la beauté, le courage, le génie ; on ne discute jamais l'argent.

Alexandre DUMAS FILS,
La Question d'argent, 1857.

■ Argent : Cause de tout le mal. – Dire : *Auri sacra fames*. [Soif maudite de l'or].

Gustave FLAUBERT,
Le Dictionnaire des idées reçues, posth., 1913.

■ L'argent passe toujours. L'argent n'a pas besoin de pont. Mercure a toujours eu les ailes aux talons.

Romain ROLLAND, *Liluli*, 1919.

■ La vieille : Il a un air emprunté. Il nous doit beaucoup d'argent.

Eugène IONESCO,
Les Chaises, © Gallimard, 1952.

Et les pensées de...

■ En France, l'argent est un vilain péché. C'est pourquoi de plus en plus de Français vont se confesser en Suisse.

Jacques MAILHOT,
La Politique d'en rire, © Carrère-Lafon, 1986.

■ À la télé, ils disent tous les jours : « Y'a trois millions de personnes qui veulent du travail. » C'est pas vrai : de l'argent leur suffirait.

COLUCHE, *Pensées et Anecdotes*,
© Le Cherche midi, 1995.

argot

Origines obscures. Au début du XVIIe s. : « communauté de gueux ».

■ La misère a inventé une langue de combat qui est l'argot.

Victor HUGO, *Les Misérables*, 1862.

Et dans les dictionnaires anciens...

■ Certain jargon des Gueux et des filous, qui n'est intelligible qu'entre eux.

M. LACHÂTRE, *Dictionnaire français illustré*, 1856.

■ L'argot est-il une langue ? C'est notre grand écrivain Victor Hugo qui va répondre à cette question. « Qu'on y consente ou non, l'argot a sa syntaxe et sa poésie. C'est une langue. »

Pierre LAROUSSE,
Grand Dictionnaire universel du XIXe siècle, 1876.

argument

Du latin *argumentum*, justification, preuve.

■ Tout ce que les uns ont pu dire pour montrer la grandeur [de l'homme] n'a servi que d'un argument aux autres pour conclure la misère.

Blaise PASCAL, *Pensées*, 1669.

Et les pensées de...

■ Le meilleur moyen de répondre à un mauvais argument, c'est de le laisser se développer jusqu'à la fin.

COLUCHE, *Et vous trouvez ça drôle ?*,
© Le Cherche midi, 1998.

aristocratie

■ La meilleure aristocratie est celle où la partie du peuple qui n'a point de part à la puissance est si petite et si pauvre, que la partie dominante n'a aucun intérêt à l'opprimer.

Charles-Louis DE MONTESQUIEU,
De l'esprit des lois, 1748.

Et dans les dictionnaires anciens...

■ En France, le mot *aristocratie* signifie aujourd'hui la tendance d'une fraction de la société à s'élever au-dessus des autres fractions, et particulièrement les fonctionnaires de l'État, la classe noble et privilégiée.

Maurice LACHÂTRE,
Dictionnaire français illustré, 1856.

arithmétique

Vient du grec *arithmêtikê* par le latin *arithmetica*, la technique des nombres.

■ Arithmétique ! algèbre ! géométrie ! trinité grandiose ! triangle lumineux ! Celui qui ne vous a pas connues est un insensé !

LAUTRÉAMONT, *Les Chants de Maldoror*, 1869.

arme(s)

Du latin *arma*. Sans doute d'*armus*, haut du bras, l'arme en étant le prolongement.

■ Tout le secret des armes ne consiste qu'en deux choses, à donner et à ne point recevoir.

MOLIÈRE, *Le Bourgeois gentilhomme*, 1670.

■ Un empire fondé par les armes a besoin de se soutenir par les armes.

Charles-Louis DE MONTESQUIEU, *Considérations sur les causes de la grandeur des Romains et de leur décadence*, 1734.

armée

Du participe passé d'*armer*. Voir *arme*.

■ L'armée est une nation dans la nation ; c'est un vice de nos temps.

A. DE VIGNY, *Servitude et Grandeur militaires*, 1835.

■ Ici l'armée et là le peuple ; c'est la France / Qui saigne ; et l'ignorance égorge l'ignorance.

Victor HUGO, *L'Année terrible*, 1872.

■ C'est avec une sombre fierté que nous apprenions ces actes de guerre individuellement accomplis, moyennant des risques immenses, contre l'armée de l'occupant.

Charles DE GAULLE, *Mémoires de Guerre*, © Plon, 1954.

▶ VOIR agression, blue-jean, bureau, faible.

armoire

Du latin *armarium*, dérivé d'*arma*. On y rangeait les armes.

■ Il y a une armoire à peine luisante / qui a entendu les voix de mes grands-tantes, / qui a entendu la voix de mon grand-père, / qui a entendu la voix de mon père. / À ces souvenirs l'armoire est fidèle. / On a tort de croire qu'elle ne sait que se taire, / Car je cause avec elle [...].

Francis JAMMES, *De l'Angelus de l'aube à l'Angelus du soir*, 1898.

Et dans les dictionnaires anciens...

■ Le genre de ce mot a été longtemps incertain, si bien que Ménage le tenait pour masculin et féminin. Aujourd'hui l'usage est fixé au féminin.

Émile LITTRÉ, *Dictionnaire de la langue française*, 1863-1872.

arrêter

Du latin populaire *arrestare*, du latin classique *restare*, demeurer, être immobile.

■ Quoi ! vous vous arrêtez aux songes d'une femme.

Pierre CORNEILLE, *Polyeucte*, 1643.

■ Rien ne peut arrêter le temps, qui entraîne après lui tout ce qui paraît le plus immobile.

FÉNELON, *Les Aventures de Télémaque*, 1669.

■ Celui qui met un frein à la fureur des flots / Sait aussi des méchants arrêter les complots.

Jean RACINE, *Athalie*, 1691.

arriver

Du latin populaire *arripare*, terme maritime : toucher la rive.

■ Tous les jours vont à la mort : le dernier y arrive.

Michel DE MONTAIGNE, *Essais*, 1580-1595.

■ Le mariage ne doit jamais arriver qu'après les autres aventures.

MOLIÈRE, *Les Précieuses ridicules*, 1659.

Et les pensées de...

■ Ils disent tous, lorsqu'il leur arrive quelque chose : « Ça n'arrive qu'à moi ! » De temps en temps, il y en a un à qui il n'arrive rien, qui ne dit pas comme tout le monde. Il dit « Ça n'arrive qu'aux autres ! »

Raymond DEVOS, *À plus d'un titre*, « Ça n'arrive qu'à moi », Orban, 1989.

arriviste

Construit sur *arriver*, au XIXe s.

■ — Qu'est-ce qu'un arriviste ? — Un futur arrivé.

Jules RENARD, *Journal*, 1900.

art

Du latin *ars*, *artis*, façon d'être, habileté.

■ Il n'est point de serpent, ni de monstre odieux, / Qui par l'art imité, ne puisse plaire aux yeux.

Nicolas BOILEAU, *L'Art poétique*, 1677.

■ L'art n'a pas de détours qu'un œil perçant n'éclaire.

Louis LEMERCIER, *Charlemagne*, 1816.

■ Il y a dans l'art beaucoup de beautés qui ne deviennent naturelles qu'à force d'art.

Joseph JOUBERT, *Pensées, essais, maximes et correspondances*, posth., 1838.

■ L'art de vivre comprend l'art d'administrer ses dons, d'exploiter son capital intellectuel, d'utiliser ses forces.

Henri-Frédéric AMIEL, *Journal intime*, 1847-1883.

■ Une œuvre d'art est un coin de la création, vu à travers un tempérament.

Émile ZOLA, *Mes haines*, 1866.

■ La géométrie est aux arts plastiques ce que la grammaire est à l'art de l'écrivain.

Guillaume APOLLINAIRE, *Sur la peinture*, © Gallimard, 1913.

■ Si l'art n'a pas de patrie, les artistes en ont une.

Camille SAINT-SAËNS, Citation revendiquée au commencement de la guerre de 1914.

■ La grandeur de l'art véritable [...], c'était de retrouver, de ressaisir, de nous faire connaître cette réalité loin de laquelle nous vivons, de laquelle nous nous écartons de plus en plus au fur et à mesure que prend plus d'épaisseur et d'imperméabilité la connaissance conventionnelle que nous lui substituons, cette réalité que nous risquerions fort de mourir sans avoir connue et qui est tout simplement notre vie.

Marcel PROUST, *Le Temps retrouvé*, 1927.

■ [...] La victoire de chaque artiste sur sa servitude rejoint, dans un immense déploiement, celle de l'art sur le destin de l'humanité. L'art est un anti-destin.

André MALRAUX, *Les Voix du silence*, © Gallimard, 1951.

■ Deux choses survivent au tumulte et à l'agitation : l'amour et l'art.

Paul LÉAUTAUD, *Journal littéraire*, © Mercure de France, 1986.

■ Le monde de l'art n'est pas celui de l'éternité, c'est celui de la métamorphose.

André MALRAUX, *Antimémoires*, © Gallimard, 1967.

Et les pensées de...

■ L'art est d'abord une tentative de fuite. L'insupportable réalité du monde invite à la re-création d'un univers, où les sons, les mots, les couleurs ou les formes ont davantage la griffe de l'homme.

Jean HAMBURGER, *Dictionnaire promenade*, © Le Seuil, 1989.

► VOIR baillon, bégayer, goût.

artichaut

Emprunté à l'italien *articioco*, qui remonte à l'arabe *harchufa* ou *al-kharshôf*.

■ Au kiosque, les journaux du matin pendent avachis et jaunes un peu déjà, formidable artichaut de nouvelles en train de rancir.

Louis-Ferdinand CÉLINE, *Voyage au bout de la nuit*, © Gallimard, 1932.

Et les pensées de...

■ Les artichauts, c'est un vrai plat de pauvres. C'est le seul plat que quand t'as fini de manger, t'en a plus dans ton assiette que quand tu l'as commencé.

COLUCHE, *Pensées et Anecdotes*, © Le Cherche midi, 1995.

article

Du bas latin *articulus*, diminutif de *artus*, *artuum*, articulation.

■ Quand vous voudrez faire une grande et belle œuvre, un livre enfin, vous pourrez y jeter vos pensées, votre âme, vous y attacher, le défendre ; mais des articles lus aujourd'hui, oubliés demain, ça ne vaut à mes yeux que ce qu'on les paye.

Honoré DE BALZAC, *Illusions perdues*, 1837-1843.

■ Les articles au jour le jour, écrits sur un coin de table, gâtent la main, dit-on ; et je suis d'avis, au contraire, que rien ne saurait l'exercer davantage.

Émile ZOLA, *Mélanges, Préfaces et Discours*, « Étude sur le journalisme », 1894.

artifice

Du latin *artificium*, art, métier, technique. Art de tromper, ruse.

■ Je ne puis m'adonner à la cajolerie ; / Selon les accidents, les humeurs ou les jours, / Changer comme d'habits tous les mois de discours. / Suivant mon naturel, je hais tout artifice.

Mathurin RÉGNIER, *Satires*, 1608.

■ D'un pinceau délicat l'artifice agréable / Du plus affreux objet fait un objet aimable [...].

Nicolas BOILEAU, *L'Art poétique*, 1677.

Et dans les dictionnaires anciens...

■ Se dit aussi des feux qui se font avec art, soir pour le divertissement, soit pour la guerre, etc. [...] On doit faire un beau feu d'artifice pour la prise de Namur.

Dictionnaire de l'Académie française, 1694.

artisan

Emprunté à l'italien *artigiano*, celui qui exerce un métier, de *arte*, métier.

■ Chacun est artisan de sa bonne fortune [chance].

Mathurin RÉGNIER, *Satires*, 1608.

■ C'est peut-être chez les artisans qu'il faut aller chercher les preuves les plus admirables de la sagacité de l'esprit, de sa patience et des ses ressources.

Jean LE ROND D'ALEMBERT, *Discours préliminaire à l'Encyclopédie*, 1751.

Et dans les dictionnaires anciens...

■ L'Académie ne donne pas le féminin *artisane*. Cependant des lexicographes réclament l'enregistrement de ce mot, qui en effet se dit ; une artisane, la femme d'un artisan ; la classe artisane, la classe des artisans.

Émile LITTRÉ, *Dictionnaire de la langue française*, 1863-1872.

artiste

Du latin médiéval *artista*, mot savant désignant les lettrés, dérivé de *art*, *artis*.

■ Un artiste est un homme, – il écrit pour des hommes. / Pour prêtresse du temple, il a la liberté ; / Pour trépied, l'univers ; pour élément, la vie ; / Pour encens la douleur, l'amour et l'harmonie ; / Pour victime, son cœur ; – pour dieu, la vérité.

Alfred DE MUSSET, *Premières poésies*, « La Coupe et les lèvres », 1832.

■ Les grands artistes n'ont pas de patrie.

Alfred DE MUSSET, *Lorenzaccio*, 1834.

■ Artistes : tous farceurs. – Vanter leur désintéressement (vieux). – S'étonner de ce qu'ils sont habillés comme tout le monde (vieux). – Gagnent des sommes folles, mais les jettent par les fenêtres. – Souvent invités à dîner en ville. – Femme artiste ne peut être qu'une catin.

Gustave FLAUBERT, *Le Dictionnaire des idées reçues*, posth., 1913.

■ Les grands artistes sont ceux qui imposent à l'humanité leur illusion particulière.

G. DE MAUPASSANT, *Pierre et Jean*, (préface) 1888.

■ L'artiste meurt de faim, ou devient millionnaire, sans autre raison que les caprices de la mode et de ceux qui spéculent sur elle.

Romain ROLLAND, *Jean-Christophe*, © Gallimard, 1904-1912.

■ Chaque artiste semble ainsi comme le citoyen d'une patrie inconnue, oubliée de lui-même, différente de celle d'où viendra, appareillant pour la terre, un autre grand artiste.

Marcel PROUST, *La Prisonnière*, 1923.

■ J'appelle artiste, celui qui crée des formes... et artisan celui qui les reproduit, quel que soit l'agrément ou l'imposture de son artisanat.

André MALRAUX, *Les Voix du silence*, © Gallimard, 1951.

■ L'artiste a besoin de ceux qui partagent sa passion, ne vit pleinement que parmi eux.

André MALRAUX, *Les Voix du silence*, © Gallimard, 1951.

Et les pensées de...

■ À part gangster ou homme politique, des choses qui se font sans qualification, y'a quasiment qu'artiste.

COLUCHE, *L'horreur est humaine*, © Le Cherche midi, 1992.

■ Artiste : celui qui parle de ses désirs et des ses inquiétudes un peu plus fort que les autres.

Jacques DOR, *Le Dico de ma langue à moi, 2e mille*, © Soir ailleurs, 2005.

▶ VOIR affiche, arbitre, armée, art, chef-d'œuvre, créer, gladiateur, littérature, misère, monde, musée, ouvrier, paix, portrait, psychanalyse, respect, rose, touriste.

ascétisme

Dérivé *d'ascète*, du latin chrétien *asceta*, qui se consacre à des exercices de pitié, pris au grec *askêtês*, personne qui exerce une activité.

■ En êtes-vous à croire encore que l'ascétisme est le signe d'un esprit facile et défaillant, quand il est au contraire la discipline d'une nature joyeuse, virile, martiale, héroïque ?

Paul CLAUDEL,
Correspondance avec Gide, © Gallimard, 1926.

aspect

Du latin *aspectus*, regard.

■ Je le vis, son aspect n'avait rien de farouche.

Jean RACINE, *Iphigénie*, 1674.

Et dans les dictionnaires anciens...

■ *Aspect* est purement objectif, et *vue* purement subjectif ; c'est-à-dire que dans la *vue*, ce qui domine c'est l'idée du sujet qui voit ; et dans l'*aspect*, ce qui domine c'est l'idée de l'objet qui est vu.

Émile LITTRÉ,
Dictionnaire de la langue française, 1863-72.

assassin, assassiner

Emprunté à l'italien *assassino* ou *assessino*, qui vient lui-même de l'arabe *hashishiyyin*, fumeur de haschich.

■ Soyons des ennemis et non des assassins.

Jean RACINE, *Andromaque*, 1667.

■ Ce qui me tourmente, les soupes populaires ne le guérissent point. Ce qui me tourmente, ce ne sont ni ces creux, ni ces bosses, ni cette laideur. C'est un peu dans chacun de ces hommes, Mozart assassiné.

Antoine DE SAINT-EXUPÉRY,
Terre des hommes, © Gallimard, 1939.

Et dans les dictionnaires anciens...

■ Autrefois et figurément, assassin, petite mouche noir que les femmes se mettaient au-dessous de l'œil.

Émile LITTRÉ,
Dictionnaire de la langue française, 1863-1872.

assemblée

Participe passé devenu substantif d'*assembler*, du latin populaire *assimulare*, mettre ensemble.

■ Il avait fait une assemblée de ses voisins et de ses paysans pour délivrer ses bois d'une grande quantité de loups.

Paul SCARRON, *Le Roman comique*, 1651-1657.

asseoir

Du latin populaire *assedere* ; altération du latin classique *assidere*, être assis.

■ Tous ceux qui bâtissent voudraient asseoir eux-mêmes chaque pierre qui entre dans leur bâtiment.

Vincent VOITURE, *Lettres*, posth., 1650.

■ Il n'est pas difficile d'être malheureux ou mécontent ; il suffit de s'asseoir, comme fait un prince qui attend qu'on l'amuse.

ALAIN, *Propos*, © Gallimard, 1923.

assez

Du latin populaire *adsatis*, renforcement du latin classique *satis*, en suffisance.

■ Sur vous l'on sait assez que je jette les yeux.

Jean-François RÉGNARD, *Le Joueur*, 1696.

■ Il faut être un peu trop bon pour l'être assez.

Pierre DE MARIVAUX,
Le Jeu de l'amour et du hasard, 1730.

assiette

Du latin *assedita*, manière d'être assis, puis situation d'un convive à table, plat servi au cours d'un repas.

■ Je vous trouve aujourd'hui l'âme tout inquiète, / et les morceaux entiers restent sur votre assiette.

Nicolas BOILEAU, *Satires*, 1668.

■ Qu'est-ce que c'est ? — Tout ce qu'il y a de plus original et de plus commun à la fois : crème renversée. Et il verse dans mon assiette une sorte de colle immangeable.

André GIDE, *Journal*, © Gallimard, 1939.

associer

Du latin *associare*, joindre, unir.

■ À mes tourments, je veux l'associer.

Jean RACINE, *Andromaque*, 1667.

■ Cruels, associez les pauvres à vos biens.

Marie-Joseph CHÉNIER, *Caïus Gracchus*, 1792.

Et dans les dictionnaires anciens...

■ Il ne faut pas qu'un jeune homme s'associe avec toutes sortes de gens, avec des joueurs de profession, des libertins, etc.

J.-F. FÉRAUD, *Diction(n)aire critique de la langue française*, 1787.

assommer

Dérivé de *somme* ; dérivé du latin *somnus*, sommeil

■ L'ordre était de le battre, et non de l'assommer.

MOLIÈRE, *L'École des femmes*, 1662.

■ Ce saint homme, / Qui m'assomme, / De latin, [...]

Victor HUGO, *Odes et Ballades*, 1828.

Et dans les dictionnaires anciens...

■ *Assommer*. Tuer cruellement.

Pierre RICHELET, *Dictionnaire françois*, 1680.

assoupir

Peut-être la réfection de *assevir*, assouvir d'après la forme latine *sopire*, assoupir.

■ [...] Pardonnez, déjà ma main chancelle, / Tout mon corps se roidit, je me sens assoupir, / J'expire et c'est pour vous qu'est mon dernier soupir.

Nicolas GILBERT, *La Marquise de Gange*, 1806.

■ Les arbres du chemin jasaient tout bas et tressaillaient au dernier vent du soir avant de s'assoupir.

Victor HUGO, *Le Rhin. Lettres à un ami*, 1842.

Et dans les dictionnaires anciens...

■ *Assoupir*. Donner une pente au sommeil. Le pavot assoupit.

Pierre RICHELET, *Dictionnaire françois*, 1680.

assurance

Dérivé d'*assurer*, du latin populaire *assecurare*, rendre sûr, mettre en sécurité.

■ Avez-vous cependant une pleine assurance / D'avoir assez de vie et de persévérance ?

Pierre CORNEILLE, *Polyeucte*, 1643.

■ Désabusez-vous de la pensée qu'après une longue vie la mort vous sera plus douce et plus facile ; ce ne sont pas les années, c'est une longue préparation qui vous donnera de l'assurance.

Jacques-Bénigne BOSSUET, *Oraisons funèbres (de Michel Le Tellier)*, 1686.

Et les pensées de...

■ L'assurance révèle en général des connaissances mal assurées : je n'ai jamais rencontré de vrai savant qui soit un cuistre.

Charles DANTZIG, *Dictionnaire égoïste de la littérature française*, © Grasset, 2005.

astre

Du latin *astrum*, lui-même emprunté au grec *astron*, corps céleste.

■ Sous quel astre, bon Dieu, faut-il que je sois né ?

MOLIÈRE, *Les Fâcheux*, 1661.

■ Le soir est près de l'aurore / L'astre à peine vient d'éclore / Qu'il va terminer son tour.

Alphonse DE LAMARTINE, *Harmonies poétiques et religieuses*, 1830.

Et dans les dictionnaires anciens...

■ *Astre*. Corps plein de lumière propre, ou empruntée, qui roule dans les cieux au-dessus de la région élémentaire.

Antoine FURETIÈRE, *Dictionnaire universel*, 1690.

astrologie

Du latin *astrologia*, lui-même du grec *astrologia*, étude des astres.

■ La physique dans sa naissance n'était que de la métaphysique ; l'astronomie a commencé par l'astrologie, et la chimie par l'alchimie. Il en est de même de la science de l'homme ; il faut se tromper longtemps, avant d'arriver au moment où les vérités vont croissant par les vérités.

Charles-Victor DE BONSTETTEN,
L'Homme du Midi et l'homme du Nord, 1824.

Et dans les dictionnaires anciens...

■ L'*astrologie* est à présent moins à la mode qu'autrefois ; soit parce que le commun des hommes est plus déniaisé ; soit parce que l'amour du vrai est plus du goût des habiles gens que l'envie d'éblouir et de duper le monde ; soit enfin parce que le brillant de la réputation ne dépend pas aujourd'hui du nombre des sots, mais du discernement des sages.

Gabriel GIRARD, *Synonymes françois*, 1736.

▶ VOIR astronomie, deviner.

astronome, astronomie

Du grec *astronomos*, construit avec *astron*, astre, et *-nomos*, qui répartit, ordonne.

■ Cependant, les prêtres astronomes, dans l'abondance et la paix de leurs temples, firent, de jour en jour, de nouveaux progrès dans les sciences ; et le système du monde s'étant développé graduellement à leurs yeux, ils élevèrent successivement diverses hypothèses de ses effets et de ses agents, qui devinrent autant de systèmes théologiques.

Constantin-François DE VOLNEY,
Les Ruines, 1791.

■ Astronomie : Belle science. N'est utile que pour la marine. Et à ce propos rire de l'Astrologie.

Gustave FLAUBERT,
Le Dictionnaire des idées reçues, posth., 1913.

Et dans les dictionnaires anciens...

■ Le désir de savoir fait qu'on s'applique à l'astronomie. L'inquiétude de l'avenir fait donner dans l'astrologie.

Gabriel GIRARD, *Synonymes françois*, 1736.

astucieux

Dérivé d'*astuce*, du bas latin *astutia*, ruse, finesse.

■ Le monde n'est point aux délicats, mais aux violents, et plutôt encore aux astucieux.

Henri-Frédéric AMIEL,
Journal intime, 1847-1883.

atchoum

Attesté sous cette forme à l'écrit à partir de 1875.

■ Atchoum ! subterfuge pour éviter de répondre à une question embarrassante, sous prétexte d'éternuement. Équivaut à la fausse poussière dans l'œil...

Jean TARDIEU,
Le Professeur Froeppel, © Gallimard, 1978.

athée

Du grec *atheos*, qui ne croit pas aux dieux, puis du latin chrétien *atheos*, qui ne croit pas en Dieu.

■ Athènes, la plus polie et la plus savante de toutes les villes grecques, prenait pour athées ceux qui parlaient des choses intellectuelles.

Jacques-Bénigne BOSSUET,
Discours sur l'Histoire universelle, 1681.

■ Les preuves de l'existence de Dieu ont fait beaucoup d'hommes athées. Tout plaidailleur rend chicaneur, et l'on passe presque toujours, du désir de contredire le docteur, au désir de contredire la doctrine.

Joseph JOUBERT, *Pensées, essais, maximes et correspondances*, posth., 1838.

▶ VOIR dévôt.

atmosphère

Composé savant à l'aide du grec *atmos*, vapeur humide, et *sphaira*, sphère céleste.

■ Les derrières de ces messieurs étaient agréablement assis, mais l'atmosphère semblait pesante.

Pierre Jean JOUVE,
La Scène capitale, © Mercure de France, 1935.

Et les pensées de...

■ — J'ai besoin de changer d'atmosphère, et mon atmosphère c'est toi. — C'est la première fois qu'on me traite d'atmosphère ! Si je suis une atmosphère, t'es un drôle de bled ! Oh là, là... les types qui sont du milieu sans en être et qui cognent à cause de ce qu'ils sont été, on devrait les vider ! atmosphère, atmosphère. Est-ce que j'ai une gueule d'atmosphère ?

Dialogues de Henri Jeanson pour *Hôtel du Nord, film* de Marcel Carné, 1938.

atome

Du grec *atomos*, qu'on ne peut diviser, en passant par le latin *athomus*.

■ Ô que tes cieux sont grands ! et que l'esprit de l'homme / Plie et tombe de haut, mon Dieu, quand il te nomme ! / Quand, descendant du dôme où s'égaraient ses yeux, / Atome, il se mesure à l'infini des cieux !

Alphonse DE LAMARTINE, *Harmonies poétiques et religieuses*, 1830.

Et dans les dictionnaires anciens...

■ *Atome.* Petit corps de toutes sortes de figures, qui entre en la composition de tous les autres corps. [...] Atome est aussi un nom qu'on a donné au plus petit de tous les animaux qu'on a découvert avec les plus excellents microscopes. [...] On lui a découvert plusieurs pieds, le dos blanc & plein d'escailles.

Antoine FURETIÈRE, *Dictionnaire universel*, 1690.

attaché de presse

Construit à partir d'*attacher*, de l'ancien français *estachier*, dérivé du nom ancien *estache*, pieu.

■ Les attachés de presse vantent le livre s'il est bon, l'écrivain s'il est connu.

Charles DANTZIG, *Dictionnaire égoïste de la littérature française*, © Grasset, 2005.

➤ VOIR femme.

attachement

Dérivé de *attacher* au XIIIe s. De *estache*, pieu.

■ De tels attachements, ô Ciel ! sont pour vous plaire.

MOLIÈRE, *Les Femmes savantes*, 1672.

■ Dans le grand monde, un attachement constaté gâte plus la réputation d'une femme que dix aventures secrètes, à plus forte raison deux attachements.

Honoré DE BALZAC, *Splendeurs et Misères des courtisanes*, 1846.

Et dans les dictionnaires anciens...

■ On dit de l'*attachement*, qu'il est sincère ; de l'*attache*, qu'elle est forte ; et du *dévouement*, qu'il est sans réserve. L'un nous unit à ce que nous estimons. L'autre nous lie à ce que nous aimons. Le troisième enfin nous soumet à la volonté de ceux qui nous désirons servir.

Gabriel GIRARD, *Synonymes françois*, 1736.

attaquer

Emprunt militaire à l'italien *attacare*, commencer (la bataille) puis assaillir.

■ J'attaque en téméraire un bras toujours vainqueur.

Pierre CORNEILLE, *Le Cid*, 1637.

Et dans les dictionnaires anciens...

■ En style épistolaire, at[t]aquer, c'est écrire le premier. [...] On a dit aussi, at[t]aquer quelqu'un de conversation ; lui adresser la parole pour l'engager à parler.

Jean-François FÉRAUD, *Diction(n)aire critique de la langue française*, 1787.

➤ VOIR escrime, poésie.

atteindre

Du latin populaire *attangere*, du latin classique *attingere*, toucher à, atteindre.

■ D'une belle ardeur ta jeunesse animée / Par cette grande épreuve atteint ma renommée.

Pierre CORNEILLE, *Le Cid*, 1637.

Et dans les dictionnaires anciens...

■ On doit dire *atteindre un certain âge*, parce qu'on atteint les années sans difficulté, sans effort. On doit dire *atteindre à la perfection*, parce que, pour parvenir à la perfection, il y a des difficultés à vaincre, des efforts à faire.

Émile LITTRÉ, *Dictionnaire de la langue française*, 1863-72.

attendre, attente

Du latin *attendere*, tendre son esprit vers, porter attention à.

■ J'ai failli attendre.

Attribué à l'impatient Louis XIV (1638-1715)

■ L'attente d'un retour ardemment désiré / Donne à tous les instants une longueur extrême, / Et l'absence de ce qu'on aime, / Quelque peu qu'elle dure a toujours trop duré.

MOLIÈRE, *Amphytrion*, 1666.

■ À dix-sept ans, on doit toujours attendre. / On ne sait pas ce qui peut arriver.

Augustin SCRIBE, *La Demoiselle à marier*, 1826.

■ Panisse. — Mais César, dans le fond, que tu attendes quelqu'un, ou que tu n'attendes personne, j'ai l'honneur de vous informer que je m'en fous complètement.

Marcel PAGNOL, *Fanny*, © De Fallois, 1932. marcel-pagnol.com

Et les pensées de...

■ Tout est attente à qui sait aimer.

François MITTERRAND, *L'Abeille et l'Architecte*, © Flammarion, 1978.

attentif, attention

Dérivé savant du latin *attentus*, participe passé de *attendere*, tendre son esprit vers.

■ L'attention, ce n'est pas une réaction des organes contre l'impression reçue ; ce n'est pas moins que la volonté elle-même ; car nul n'est attentif qui ne veut l'être ; et l'attention se résout finalement dans la volonté.

Victor COUSIN, *Histoire générale de la philosophie*, 1863.

Et dans les dictionnaires anciens...

■ Il faut de la présence d'esprit pour être *attentif*, de la mémoire pour être *exact*, et de l'action pour être *vigilant*.

Gabriel GIRARD, *Synonymes françois*, 1736.

▶ VOIR détail, distrait, douleur, fille, français, ministre.

attitude

De l'italien *attitudine*, du latin populaire *actutido*, formé d'après le bas latin *aptutido*.

■ Garder une attitude nette et fixe, croire que « c'est arrivé », mettre les mains à la pâte, se frotter aux hommes, disputer sa place, faire cette vilaine chose qu'exprime ce vilain mot, s'affirmer, introduire consciencieusement une unité rigide dans l'organisme d'une pensée ou la conduite d'une vie, fi ! la ridicule étroitesse et l'énorme grossièreté.

Maurice BLONDEL, *L'Action*, 1893.

attraper

Dérivé de trappe, qui vient du francique *trappa*.

■ Il ne faut pas se laisser attraper comme cela à ce que les amants disent dans leurs colères.

Vincent VOITURE, *Lettres*, posth., 1650.

Et dans les dictionnaires anciens...

■ Attraper. Prendre, essayer d'avoir finement. Il attrape toujours quelque chose du Roi. Il attrape tout ce qu'il peut.

Pierre RICHELET, *Dictionnaire françois*, 1680.

▶ VOIR éditeur, gloire.

audace

Du latin *audacia*, de *audax*, *-acis*, audacieux, du verbe *audere*, désirer, vouloir.

■ La crainte fit les dieux : l'audace a fait les rois.

JOLYOT DE CRÉBILLON, *Xerxès*, 1714.

■ Le cri : audace ! est un *Fiat lux* [que la lumière soit]. Il faut, pour la marche en avant du genre humain, qu'il y ait sur les sommets en permanence de fières leçons de courage.

Victor HUGO, *Les Misérables*, 1862.

■ Contre l'illusion des guerres / Parcourons les forêts de l'audace.

Giovanni DOTOLI, *Espérance : poème*, © F. Lanore, 2006.

Et dans les dictionnaires anciens...

■ *Audace*. Hardiesse mêlée d'insolence et de témérité. [...] Gance attachée à une agrafe pour empêcher que le bord du chapeau ne baisse. Mettre une audace à son chapeau.

Pierre RICHELET, *Dictionnaire françois*, 1680.

augmenter

Du bas latin *augmentare*, dérivé de *augmentum*, dérivé de *augere*, *(s')accroître*.

■ Les défauts de l'esprit augmentent en vieillissant, comme ceux du corps.

François DE LA ROCHEFOUCAULD, *Réflexions ou Sentences et Maximes morales*, 1664.

▶ VOIR dilater.

aujourd'hui

Renforcement de la forme de l'ancien français *hui*, du latin *hodie*, contraction de *à le jour d'hui*.

■ Le vierge, le vivace et le bel aujourd'hui / Va-t-il nous déchirer avec un coup d'aile ivre / Ce lac dur oublié que hante sous le givre / Le transparent glacier des vols qui n'ont pas fui !

Stéphane MALLARMÉ, *Poésies*, 1898.

Et dans les dictionnaires anciens...

■ Le jour d'aujourd'hui, pléonasme populaire et fort peu recommandable, mais qui pourtant n'a pas été mal employé dans ce vers-ci : L'Univers est à lui [Dieu], / Et nous n'avons à nous / Que le jour d'aujourd'hui. (Lamartine, *Méditations poétiques*.)

Émile LITTRÉ, *Dictionnaire de la langue française*, 1862-1873.

aurore

Du latin *aurora*.

■ L'aurore sur le front du jour / Sème l'azur, l'or et l'ivoire, / Et le Soleil lassé de boire, / Commence son oblique tour.

Théophile DE VIAU, *Œuvres poétiques*, 1621.

■ Salut à l'aurore nouvelle ! / Salut à ce grand jour qui ne doit pas finir !

Louis MÉNARD, *Poèmes*, « Prométhée délivré », 1863.

Et dans les dictionnaires anciens...

■ *Aurore*. Jeune déesse que les Poètes feignent avoir été femme de Titon & amante de Céphale. [...] Lumière qui paroit au Ciel avant que le Soleil éclaire l'Hémisphère. [...] Fille belle et jeune.

Pierre RICHELET, *Dictionnaire françois*, 1680.

autel

Altération de l'ancien français *alter*. Emprunté au latin chrétien *altare*, en latin classique *altaria*, lieu en hauteur dédié aux sacrifices.

■ Tout le pouvoir du trône est fondé sur l'autel.

Marie-Joseph CHÉNIER, *Charles IX*, 1790.

■ Ce n'étaient ni la religion ni la philosophie qui lui importaient dans l'existence d'un clergé tout à fait soumis à ses volontés ; mais, ayant entendu parler de l'alliance entre l'autel et le trône, il [Napoléon] commença par relever l'autel.

MADAME DE STAËL, *Considérations sur les principaux événements de la Révolution française*, 1817.

Et dans les dictionnaires anciens...

■ *Autel*. Espèce de table de pierre destinée pour les sacrifices. [dit le dictionnaire de l'Acad.] Pourquoi de pierre seulement ? n'y a-t-il pas des Autels de bois ?

Jean-François FÉRAUD, *Diction(n)aire critique de la langue française*, 1787.

▶ VOIR trône.

auteur

Du latin *auctor*, celui qui accroît, qui crée.

■ Le défaut des auteurs, dans leurs productions, / C'est d'en tyranniser les conversations, / D'être au palais, aux cours, aux ruelles, aux tables, / De leurs vers fatigants lecteurs infatigables.

MOLIÈRE, *Les Femmes savantes*, 1672.

■ Les auteurs se peignent dans leurs ouvrages.

René LESAGE, *Turcaret*, 1709.

■ Je veux un homme qui me fasse oublier qu'il est auteur, et qui se mette comme de plain-pied en conversation avec moi.

FÉNELON, *Lettre à l'Académie française*, 1714.

■ Créer des êtres, comme l'on fait Racine et Shakespeare, c'est créer des mondes dont l'exploration ne finira jamais. Un grand auteur dramatique est un poète qui fournit aux metteurs en scène et aux acteurs de tous les temps une possibilité indéfinie de création.

François MAURIAC, *Journal, II*, © Grasset, 1937.

Et les pensées de...

■ Un auteur est au service de quelque chose de plus grand que lui. Dès qu'il l'a publié, son livre se détache de lui et va s'agglomérer à ceux des autres écrivains afin de former, disons, la littérature.

Charles DANTZIG, *Dictionnaire égoïste de la littérature française*, © Grasset, 2005.

▶ VOIR odeur, baragouin, célèbre, clairement, concilier, critique (un), dictionnaire, écrivain, feuilleton, immortalité, instruire, lettres, livre, naturel, ouvrage, préface, réjouir, romantique, style, usage, volume.

authentique

Du bas latin *authenticus*, original, du grec *authentikos*, d'une autorité absolue.

■ C'est vrai, je ne suis pas authentique. Tout ce que je sens, avant même que de le sentir je sais que je le sens. Et je ne le sens plus qu'à moitié, alors, tout occupé à définir et à le penser.

Jean-Paul SARTRE, *Les Carnets de la drôle de guerre*, (28 nov. 1939), © Gallimard, 1983.

auto(mobile)

Abréviation d'*automobile*. Automobile : construit avec *auto*, soi-même, et *mobile*, du latin *mobilis*, qui peut bouger.

■ Sur de longs espaces glissants les autos coulaient, sans bruit avec à peine de légers éternuements.

Jean GIONO, *Eau vive*, © Gallimard, 1943.

Et dans les dictionnaires anciens...

■ « Rien de si ingénieux et de si facile à conduire que la voiture automobile à air comprimé que l'on voit fonctionner sur le tramway de l'Arc-de-Triomphe à Neuilly ». Henri de Parville, *Journal des Débats*, 30 mars 1876.

Émile LITTRÉ, *Dictionnaire de la langue française*, Article « automobile », 1878.

▶ VOIR bicyclette.

autocritique

Dérivé de critique avec le préfixe *auto-*, soi-même.

■ L'étude constante de soi-même, l'autocritique de ses impressions mobiles augmente cette sensitivité qui peut devenir maladive et dangereuse : maladive en ce qu'elle grossit les petites misères, dangereuses en ce qu'elle ôte le courage.

Henri-Frédéric AMIEL, *Journal intime*, 1847-1883.

automne

Du latin *automnus*, automne.

■ Une rose d'automne est plus qu'une autre.

Agrippa D'AUBIGNÉ, *Les Tragiques*, 1620.

■ Oui, dans ces jours d'automne où la nature expire, / À ses regards voilés je trouve plus d'attraits [...].

Alphonse DE LAMARTINE, *Nouvelles Méditations poétiques*, 1823.

■ Il semble que pour certaines productions de l'esprit, l'hiver du corps soit l'automne de l'âme.

Joseph JOUBERT, *Pensées, essais, maximes et correspondances*, posth., 1838.

■ Un caractère moral s'attache aux scènes de l'automne : ces feuilles qui tombent comme nos ans, ces fleurs qui se fanent comme nos heures, ces nuages qui fuient comme nos illusions, cette lumière qui s'affaiblit comme notre intelligence, ce soleil qui se refroidit comme nos amours, ces fleuves qui se glacent comme notre vie, ont des rapports secrets avec nos destinées.

François René DE CHATEAUBRIAND, *Mémoires d'outre-tombe*, posth., 1850.

■ Il me semble, bercé par ce choc monotone, / Qu'on cloue en grande hâte un cercueil quelque part... / Pour qui ? – C'était hier l'été ; voici l'automne ! / Ce bruit mystérieux sonne comme un départ.

Charles BAUDELAIRE, *Les Fleurs du mal*, 1857.

■ L'automne est mou, silencieux, atone, et comme feutré. [...] Il y a ce calme, ce penchant au sommeil, cette résignation à la pourriture !

ALAIN- FOURNIER, *Correspondance de Jacques Rivière avec Alain-Fournier,* (lettre à J. Rivière nov. 1906), © Gallimard, 1926-1928.

Et dans les dictionnaires anciens...

■ *Automne.* L'une des quatre saisons de l'année [...]. L'âge qui approche de la vieillesse. Maintenant que mon sang se glace, & que mon automne se passe, tout est perdu pour moi.

Pierre RICHELET, *Dictionnaire françois,* 1680.

autoriser

Du latin médiéval *auctorizare*, confirmer, dérivé de *auctor*, garant.

■ Ma bouche ne dit rien que mon cœur n'autorise.

Jean-François RÉGNARD, *Le Joueur,* 1696.

■ Heureux qui, méprisant l'opinion commune / Que notre vanité peut seule autoriser, / Croit, comme moi que c'est avoir fait fortune / Que d'avoir, comme moi, bien su la mépriser.

Guillaume AMFRYE DE CHAULIEU, *La Retraite,* 1774.

autorité

Du latin *auctoritas*, dérivé de *auctor*, garant, fondateur.

■ Rien ne menace tant d'une chute funeste qu'une autorité qu'on pousse trop loin : elle est semblable à un arc trop tendu, qui se rompt enfin tout à coup si on le relâche : mais qui est-ce qui osera le relâcher ?

FÉNELON, *Télémaque,* 1699.

■ Quand on a, soit en ses mains, soit dans son esprit, quelque autorité, il faut être non seulement juste ou équitable, mais justicier, c'est-à-dire punisseur ou récompenseur.

Joseph JOUBERT, *Pensées, essais, maximes et correspondances,* posth., 1838.

Et dans les dictionnaires anciens...

■ L'*autorité* laisse plus de liberté dans le choix. Le *pouvoir* paraît avoir plus de force. L'*empire* est plus absolu.

Gabriel GIRARD, *Synonymes françois,* 1736.

▶ VOIR abus, bizutage, luxe.

autre(s)

Du latin *alter*, autre.

■ On se persuade mieux, pour l'ordinaire, par les raisons qu'on a soi-même trouvées, que par celles qui sont venues dans l'esprit des autres.

Blaise PASCAL, *Pensées,* 1669.

■ Ce qu'un autre aurait aussi bien dit que toi, ne le dis pas, aussi bien écrit que toi, ne l'écris pas.

André GIDE, *Les Nourritures terrestres,* © Gallimard, 1897.

■ On ne s'afflige pas plus d'être devenu un autre, les années ayant passé et dans l'ordre de la succession des temps, qu'on ne s'afflige, à une même époque, d'être tour à tour les êtres contradictoires, le méchant, le sensible, le délicat, le mufle, le désintéressé, l'ambitieux qu'on est tour à tour à chaque journée.

Marcel PROUST, *Albertine disparue,* 1925.

■ Mais qui n'a pas eu un jour ce désir violent de changer de visage, d'avoir une autre mémoire et d'autres repères ? Seulement, lui c'était tout le temps qu'il avait envie d'être un autre. Son corps l'encombrait.

Tahar BEN JELLOUN, *Le premier amour est toujours le dernier,* © Le Seuil, 1995.

Et les pensées de...

■ Les autres. L'enfer ? Sûrement pas. L'enfer, ce serait précisément la solitude absolue, le tête-à-tête sans fin avec soi-même. Ce sont les autres qui m'aident à me supporter.

Jacques RIGAUD, *Miroir des mots,* © Robert Laffont, 1991.

autrefois

Voir *autre* et *fois*. D'abord autre *feice*, puis *autrefeiz* en ancien français.

■ Ses rides sur son front ont gravé ses exploits, / Et nous disent encore ce qu'il fut autrefois.

Pierre CORNEILLE, *Le Cid,* 1637.

autruche

Du grec *strouthos*, autruche ou oiseau ; en latin populaire *austruthio*, construit avec avis, oiseau, et *struthio*, autruche.

■ Il m'est si doux de ne rien prévoir, de ne rien vouloir et de m'abstraire absolument des nécessités de ma propre existence. Ruse de l'autruche, qui cache sa tête pour échapper à son ennemi.

Henri-Frédéric AMIEL, *Journal intime*, 1847-1883.

■ Obéissant à une pudeur d'autruche, elle cacha sa figure dans ses mains et cessa de se défendre.

Guy DE MAUPASSANT, *Contes et nouvelles, Histoire d'une fille de ferme*, 1881.

Et dans les dictionnaires anciens...

■ *Autruche*. Oiseau qui a quelque chose de l'oie, qui vit par les campagnes d'Afrique, qui est fort gros, ayant le bec long, et pointu, le cou et les jambes très longues. Sa queue et ses ailes ont de grandes plumes noires et blanches, et quelquefois grises dont elle se couvre.

Pierre RICHELET, *Dictionnaire françois*, 1680.

autrui

Ancienne déclinaison de *autre*. Correspond au latin *alterui*, réfection du latin *alteri*, datif d'*alter*, autre.

■ Mon opinion est qu'il faut se prêter à autrui et ne se donner qu'à soi-même.

Michel DE MONTAIGNE, *Essais*, 1580-1595.

■ — Mais de quoi sont composées les affaires du monde ? — Du bien d'autrui.

Béroalde DE VERVILLE, *Le Moyen de parvenir*, 1610.

■ Ne conseiller personne, ne rien révéler, indiquer à personne. Pourquoi hâter et favoriser le développement d'autrui ?

Paul LÉAUTAUD, *Journal littéraire*, © Mercure de France, 1986.

■ Autrui, pièce maîtresse de mon univers.

Michel TOURNIER, *Vendredi ou les Limbes du Pacifique*, © Gallimard, 1967.

Et dans les dictionnaires anciens...

■ Les *autres* est plus général que *autrui* ; les autres c'est tout le monde excepté nous ; *autrui*, c'est spécialement cet autre-ci, comme montre l'étymologie.

Émile LITTRÉ, *Dictionnaire de la langue française*, 1863-1872.

▶ VOIR admirateur, cruel, semblable.

avaler

Dérivé d'*aval*, composé de la préposition à et de *val*, aller vers le bas.

■ — Mon neveu, vous êtes une huître. — Mon Dieu, ma tante, il ne faut pas m'avaler pour cela.

Cité par LITTRÉ, *Gusman ne connaît pas*, Coignard frères, 1872.

■ Ma sœur, tout doucement avalez la pilule.

Jean-François RÉGNARD, *Le Joueur*, 1696.

avance

Construit à partir d'*avancer*, du latin populaire *abantiare*, dérivé du bas latin *abante*, avant.

■ Pour être à temps dans la vie il faut être en avance.

Henri-Frédéric AMIEL, *Journal intime*, 1847-1883.

avantage

Dérivé d'*avant*, du bas latin *abante*, renforcement du latin classique *ante*.

■ Vante-lui adroitement ma personne et les avantages de ma naissance.

MOLIÈRE, *La Princesse d'Élide*, 1664.

■ Je sais en lui des ans respecter l'avantage.

Jean RACINE, *Mithridate*, 1673.

▶ VOIR essentiel.

avant-dernier

Composé de *avant*, du bas latin *abante*, et de *dernier*, du latin populaire *deretranus*, dérivé de *deretro*, derrière.

■ M. avait, pour exprimer le mépris, une formule favorite : « C'est l'avant-dernier des hommes ! — Pourquoi l'avant-dernier ? lui demandait-on. — Pour ne décourager personne, car il y a presse. »

Nicolas DE CHAMFORT, *Maximes et pensées, caractères et anecdotes*, 1795.

avant-propos

Composé de *avant*, et de *propos*, du latin *proponere*, placer devant. Attesté au XVIe s.

■ Aussi bien cet avant-propos n'est-il fait que pour grossir le livre à la prière du libraire, qui a peur de ne retirer par les frais d'impression, sans cela il serait très inutile, aussi bien que beaucoup d'autres ; mais ce n'est pas d'aujourd'hui que l'on fait des sottises par complaisance, outre celles que l'on fait de son chef.

Paul SCARRON,
Épitre au lecteur, 1647.

avare, avarice

Du latin *avarus*, avide, avare, dérivé du verbe *avere*, désirer avidement.

■ L'avare, d'autre part, n'aime que la richesse ; / C'est son roi, sa faveur, sa cour et sa maîtresse ; / Nul objet ne lui plaît, sinon l'or et l'argent, / Et tant plus il en a, plus il est indigent.

Mathurin RÉGNIER,
Satires, 1608.

■ Voilà où les jeunes gens sont conduits par la maudite avarice des pères.

MOLIÈRE, *L'Avare*, 1668.

■ L'avarice est une passion vile, par [pour] la raison qu'elle se considère exclusivement et sacrifie tout à elle.

Jean-Baptiste SAY,
Traité d'économie politique, 1803.

Et dans les dictionnaires anciens...

■ *Avare.* [...] L'homme avare ne fait du bien qu'en mourant.

Antoine FURETIÈRE, *Dictionnaire universel*, 1690.

■ De toutes les passions, l'avarice est la plus difficile à vaincre ; parce qu'on ne trouve point de secours contre elle, ni dans l'âge, ni dans la faiblesse du tempérament, comme on en trouve dans les autres.

Gabriel GIRARD,
Synonymes françois, 1736.

► VOIR économe.

avenir

Issu de l'expression *temps advenir*, puis *temps à venir*, composé du verbe venir, du latin classique *venire*, se déplacer, parvenir à.

■ Ma foi sur l'avenir bien fou qui s'y fiera, / Tel qui rit vendredi, dimanche pleurera.

Jean RACINE, *Les Plaideurs*, 1668.

■ Non, l'avenir n'est à personne ! / Sire : l'avenir est à Dieu ! / À chaque fois que l'heure sonne, / Tout ici-bas nous dit adieu.

Victor HUGO, *Les Chants du crépuscule*, 1835.

■ L'avenir, fantôme aux mains vides, / Qui promet tout et qui n'a rien !

Victor HUGO, *Les Voix intérieures*, 1837.

■ Hélas ! hélas ! en vain comme des chassieux / Qui marchent à tâtons et clignent les deux yeux, / Nous nous efforçons tous, pilotes sans boussole, / De lire dans les feux de la grande coupole / Vers quel noble avenir vogue le genre humain.

Auguste BARBIER, *Satires*,
« Le Dernier Temple », 1865.

■ Certains hommes sont des collines / Qui s'élèvent d'entre les hommes / Et voient au loin tout l'avenir / Mieux que s'il était le présent / Plus net que s'il était passé

Guillaume APOLLINAIRE, *Calligrammes*,
« Les Collines », © Gallimard, 1918.

■ Pour mon compte, j'aime bien mieux ne pas penser à l'avenir, et ne prévoir que devant mes pieds.

ALAIN, *Propos sur le bonheur*, © Gallimard, 1922.

■ Nous vivons sur l'avenir : « demain », « plus tard », « quand tu auras une situation », « avec l'âge tu comprendras ». Ces inconséquences sont admirables, car enfin il s'agit de mourir.

Albert CAMUS,
Le Mythe de Sisyphe, © Gallimard, 1943.

Et les pensées de...

■ Que sera 1968 ? L'avenir n'appartient pas aux hommes...

Charles DE GAULLE,
Allocution radiotélévisée, 31 décembre 1967.

■ Parmi ces quatre mots, cherchez l'intrus : Métastase, Schwarzenberg, chimiothérapie, avenir.

Pierre DESPROGES, *Le Meilleur du pire*, © Pascal Petiot éd., 2005.

▶ VOIR actuel, amour, désirer, échec, élancer, espérer, femme, grenier, langue, mémoire, philosophe, présent, promettre, répondre, ténèbres, victoire.

aventure

Du latin populaire *adventura*, ce qui doit arriver, du verbe *advenire*, se produire.

■ Sur un rocher désert, l'effroi de la nature, / Dont l'aride sommet semble toucher les cieux, / Circé, pâle, interdite et la mort dans les yeux, / Pleurait sa funeste cruelle aventure.

Jean-Baptiste ROUSSEAU, *œuvres complètes*, 1795.

■ Et je vais par les champs m'égarer ou m'asseoir, / Sans guide, sans chemin, marchant à l'aventure, / Comme un livre au hasard feuilletant la nature.

Alphonse DE LAMARTINE, *Jocelyn*, 1836.

aversion

Du latin *aversio*, action de détourner.

■ Et l'odeur des roses peut avoir causé un grand mal de tête à un enfant lorsqu'il était encore au berceau, ou bien un chat le peut avoir fort épouvanté, sans que personne y ait pris garde ni qu'il en ait eu après aucune mémoire, bien que l'idée de l'aversion qu'il avait alors pour ces roses ou pour ce chat demeure imprimée en son cerveau jusques à la fin de sa vie.

René DESCARTES, *Les Passions de l'âme*, 1649.

avertir

Du latin populaire *advertire*, du latin classique *advertere*, tourner vers.

■ C'est pour vous avertir de ce qu'il vous faut craindre / Qu'à ce triste entretien j'ai voulu me contraindre.

Thomas CORNEILLE, *Le Comte d'Essex*, 1678.

■ Mes bœufs m'enseignent la constance, / Mes brebis la douceur, mes chiens la vigilance ; / Et si j'avais besoin d'avis / Pour aimer mes filles, mes fils, / La poule et ses poussins me serviraient d'exemple. / Ainsi dans l'univers tout ce que je contemple / M'avertit d'un devoir qu'il m'est doux de remplir.

Jean-Pierre DE FLORIAN, *Fables*, « Le Savant et le Fermier », 1792.

aveu

Construit à partir d'*avouer*, voir *avouer*.

■ Tes malheurs te prêtaient encore de nouveaux de charme. / J'ai langui, j'ai séché, dans les feux, dans les larmes. / Il suffit de tes yeux pour t'en persuader, / Si tes yeux un moment pouvaient me regarder. / Que dis-je ? Cet aveu que je viens de te faire, / Cet aveu si honteux, le crois-tu volontaire ?

Jean Racine, *Phèdre*, 1677.

■ Reviens, vagir parmi mes cheveux, mes cheveux / Tièdes, je t'y ferai des bracelets d'aveux !

Jules LAFORGUE, *Les Complaintes*, 1885.

Et dans les dictionnaires anciens…

■ Il vaut mieux faire un aveu sincère, que de s'excuser de mauvaise grâce.

Gabriel GIRARD, *Synonymes françois*, 1736.

aveugle, aveuglement

Du bas latin *ab oculis*, privé de ses yeux.

■ Je prévois que, de votre courtoisie [du fait que je vous courtise], je suis prédestiné à mourir aveugle. Oui, aveugle, car votre ambition ne se contenterait pas que je fusse simplement borgne. N'avez-vous pas fait deux alambics de mes deux yeux par où vous avez trouvé l'invention de distiller ma vie et de la convertir en eau toute claire ?

Cyrano DE BERGERAC, *Lettres d'amour*, 1654.

■ Que ne me laissiez-vous dans cet aveuglement tranquille dont jouissent tant de maris ?

MADAME DE LA FAYETTE, *La Princesse de Clèves*, 1678.

■ Ce qui nous manque nous attire. Personne n'aime le jour comme l'aveugle.

Victor HUGO, *Les Misérables*, 1862.

Et dans les dictionnaires anciens...

■ *Aveugle*. Qui a les organes de la vue corrompus et sans sentiment. Si un aveugle mène l'autre, ils tomberont tous les deux dans la fosse.

Antoine FURETIÈRE, *Dictionnaire universel*, 1690.

▶ VOIR cave.

aveuglément

Dérivé d'*aveuglé*, du verbe aveugler, dérivé d'*aveugle*.

■ Qu'importe à la critique [...] quand elle veut aveuglément condamner ? On saisit quelques phrases au hasard, on ferraille avec l'auteur.

François René DE CHATEAUBRIAND, *Les Martyrs*, 1810.

■ L'encre qui coule de ma plume sur le papier, pour tracer ces réflexions, obéit aveuglément à l'attraction centrale de la terre.

Henri BERNARDIN DE SAINT-PIERRE, *Harmonies de la nature*, 1814.

▶ VOIR discussion.

avide

Du latin *avidus*, de *avere*, désirer avec force.

■ N'admets les avides ni parmi tes amis, ni parmi tes disciples, car ils sont incapables de sagesse et de fidélité.

Joseph JOUBERT, *Pensées, essais, maximes et correspondances*, posth. 1838.

avion

Dérivé du latin *avis*, oiseau.

■ L'avion n'est pas un but : c'est un outil. Un outil comme la charrue.

Antoine DE SAINT-EXUPÉRY, *Terre des Hommes*, © Gallimard, 1919.

▶ VOIR aéroplane.

avis

Composé de la préposition *à* et de l'ancien français *vis*, du latin *visum*, du verbe *videre*, voir.

■ C'est une imprudence assez commune aux rois / D'écouter trop d'avis et se tromper au choix.

Pierre CORNEILLE, *Nicomède*, 1651.

■ Je remarque qu'on est toujours du même avis quand on a vu la même chose ensemble.

André GIDE, *Journal*, © Gallimard, 1937.

avocat

Du latin *advocatus*, celui qui assiste la personne en justice.

■ Avocat, ah ! passons au déluge.

Jean RACINE, *Les Plaideurs*, 1668.

■ Et combien un avocat bien payé par avance trouve-t-il plus juste la cause qu'il plaide !

Blaise PASCAL, *Pensées*, 1669.

■ Réduisez un avocat à la seule discussion du fait ; ôtez-lui ses citations, ses amplifications, ses exordes, ses péroraisons et vous verrez ce que deviendra l'éloquence du barreau.

Victor DE JOUY, *L'Hermite de la Chaussée-d'Antin*, 1814.

■ Avocat : Il y a trop d'avocats à la Chambre. Ont le jugement faussé à force de plaider le pour et le contre. Dire d'un avocat qui parle mal « Oui, mais il est fort en droit ! »

Gustave FLAUBERT, *Le Dictionnaire des idées reçues*, posth., 1913.

■ Dans les procès civils tout au moins, le magistrat jugerait aussi bien sur pièces ; l'éloquence des avocats n'est que pour le public et surtout pour les plaideurs.

ALAIN, *Système des Beaux-Arts,*
© Gallimard, 1920.

Et dans les dictionnaires anciens...

■ Les affaires les plus compliquées deviennent simples et faciles à entendre, dans la bouche ou dans les écrits d'un habile avocat.

Gabriel GIRARD, *Synonymes françois,* 1736.

avouer

Du latin *advocare*, convoquer, appeler auprès de soi, de *ad-*, à, et *vocare*, appeler, dérivé de *vox*, voix.

■ Les Dieux n'avoueront point un combat plein de crimes.

Pierre CORNEILLE, *Horace,* 1640.

■ Les méchants et les hypocrites, loin de s'avouer mutuellement leurs défauts, ne se les disent pas à eux-mêmes.

Étienne-Jean DELÉCLUZE, *Journal,* 1825.

Et dans les dictionnaires anciens...

■ C'est manquer d'esprit que d'avouer sa faute sans être assuré que l'aveu en sera la satisfaction ; et c'est une sottise d'en faire la confession sans espérance de pardon. Pourquoi se déclarer coupable à des gens qui ne respirent que la vengeance ?

Gabriel GIRARD, *Synonymes françois,* 1736.

axe

Du latin *axis*, essieu, puis axe de machine.

■ Paris, l'axe immortel, Paris, l'axe du monde, / Puise ses mouvements dans sa vigueur profonde, / Les communique à tous, les imprime à chacun, / Les impose de force, et n'en reçoit aucun.

Alfred DE VIGNY,
Poèmes antiques et modernes, 1937.

azur

De l'arabe *lazaward*, lapis-lazuli et couleur de cette pierre, en passant par le latin médiéval *azurium*.

■ Nous sommes les abeilles. Nous volons, dans l'azur éclos, / sur la bouche ouverte des roses.

Victor HUGO, *Les Châtiments,*
« Le Manteau impérial », 1853.

■ De l'éternel azur la sereine ironie / Accable, belle indolemment comme les fleurs, / Le poète impuissant qui maudit son génie / À travers un désert stérile de Douleurs. / [...] / Où fuir dans la révolte inutile et perverse ? / *Je suis hanté.* L'Azur ! l'Azur ! l'Azur ! l'Azur !

Stéphane MALLARMÉ,
Poésies, « L'Azur », 1898.

▶ VOIR bleu.

b

■ Je reconnais ce b qui, de mon temps, s'appelait *beth*, c'est-à-dire maison.

Anatole FRANCE,
Le Jardin d'Épicure, 1890.

▶ VOIR babil.

babil

Construit à partir de *babiller*, racine onomatopéique *bab-* du langage enfantin.

■ Le babil des enfants et le chant des oiseaux se découpaient sur un roucoulement continu de colombes et de tourterelles.

Victor HUGO, *Le Rhin*, 1842.

Et dans les dictionnaires anciens...

■ Le babil est la marque d'un petit esprit.

Pierre RICHELET,
Dictionnaire françois, 1680.

■ Les femmes et les vieillards ont toujours trop de babil [...].

Antoine FURETIÈRE, *Dictionnaire universel*, 1690.

■ Babil, babillard, babiller. De la lettre b qui résulte de la simple disjonction des lèvres, et qui est la première que les enfants combinent avec les sons vocaux. Aussi est-elle la première consonne de tous alphabets.

Charles NODIER,
Dictionnaire des onomatopées (préface), 1828.

babiole

De l'italien *babbola*, bêtise, sottise, enfantillage.

■ À force de jouer aux babioles, je suis devenu un vieil enfant.

Henri-Frédéric AMIEL,
Journal intime, 1847-1883.

bac, baccalauréat

Du latin médiéval *baccalaureatus*, dérivé de *baccalaureus*, altération de *baccaleare* qui a donné la forme *bachelier*. Un rapprochement a été fait avec *bacca laurea*, la baie de laurier, propre au lauréat.

■ Baccalauréat : Tonner contre !

Gustave FLAUBERT,
Le Dictionnaire des idées reçues, (posth.) 1913.

■ Sur mes seize ans je passai, à la diable, un affreux petit examen nommé baccalauréat.

Anatole FRANCE, *La Vie en fleur*, 1922.

Et les pensées de...

■ Le baccalauréat, c'est le permis de conduire, le véhicule des connaissances acquises à la station-service de l'intelligence, pour faire le plein de super ou d'ordinaire.

Pierre DAC, *Arrière-Pensées*,

■ On ne peut pas laisser nos enfants devenir des manœuvres mal nourries sous prétexte qu'on n'a pas les moyens d'acheter les sujets du bac quinze jours avant l'examen.

Jean YANNE,
Pensées, répliques, textes et anecdotes,
© Le Cherche midi, 1999.

bachelier

Du latin médiéval populaire *baccalaris*, variante de *baccalarius*.

■ Vallès crie : « Plus de bacheliers ! » J'estime qu'il est mieux de crier, même en vain : « Tout le monde bachelier. »

Jean RICHEPIN, *Gil Blas,* (article du) 1er juin 1881.

■ Il était bachelier. La belle avance ! C'est à présent que la difficulté commençait.

André GIDE,
Les Faux-Monnayeurs, © Gallimard, 1935.

Et dans les dictionnaires anciens...

■ Ce mot signifie aussi celui qui fait l'amour à une jeune fille. Amant de quelque jeune fille. Le mot de *bachelier* en ce sens est hors d'usage.

Pierre RICHELET, *Dictionnaire françois,* 1680.

badaud

De l'ancien provençal *badau*, niaiserie.

■ Quoi de plus difficile que d'apprendre à lire, et cependant les plus badauds savent lire.

STENDHAL, *Correspondance,* 1843.

■ Je n'ai pas manqué de l'acheter, parce que je suis badaud et museur de nature.

Anatole FRANCE, *Vie littéraire,* 1890.

badin

Du provençal *badin*, sot, niais, dérivé du provençal *badar*, bâiller.

■ Le style pathétique, élevé, harmonieux, et propre à l'éloquence de la tribune, était aussi facile à un Grec ou à un Romain que le style spirituel et poli, vif et court, badin et flatteur, est facile à un Français.

Joseph JOUBERT, *Pensées, essais, maximes et correspondances,* posth. 1838.

Et dans les dictionnaires anciens...

■ Sot, fat, benêt. Elle croit qu'un badin qui danse et saute vaut mieux qu'un honnête homme.

Pierre RICHELET, *Dictionnaire françois,* 1680.

badinage, badiner

Dérivé de *badin*. Voir *badin*.

■ Imitons de Marot l'élégant badinage, [en poésie] / Et laissons le burlesque aux plaisants du Pont-Neuf.

Nicolas BOILEAU, *L'Art poétique,* 1674.

■ Il crut pouvoir y réussir en badinant avec l'inconnue à la faveur de cette amabilité française, de cet esprit parfois léger, parfois sérieux, toujours chevaleresque, souvent moqueur.

Honoré DE BALZAC, *Les Chouans,* 1829.

■ Pour gloser, badiner et railler par derrière / De façon à charmer notre pays malin, / Il faut beaucoup de verve, un esprit juste et fin / Et surtout une voix légère.

Auguste BARBIER, *Satires,* 1865.

Et dans les dictionnaires anciens...

■ *Badiner*. Jouer, et folâtrer de la main. Il ne fait que badiner auprès des Dames.

Pierre RICHELET, *Dictionnaire françois,* 1680.

■ *Badinage*. Signifie aussi en matière de galanterie, de petits mystères, de petites façons et grimaces qui servent à divertir ou à cacher aux autres sa passion.

Antoine FURETIÈRE, *Dictionnaire universel,* 1690.

bagage

Dérivé de l'ancien français *bagues*, les effets emportés avec soi. Originaire peut-être de l'Italie, *baga*, ou de l'ancien provençal *baga*, sac.

■ L'humanité, ce voyageur pressé, choisit de plus en plus dans son bagage, et rejette ce qui lui serait trop embarrassant.

Charles SAINTE-BEUVE,
Les Causeries du lundi, 1852.

bagarre

Du provençal *bagarro*, rixe, du basque *batzarre*, rassemblement, confusion de personnes.

■ En quelques minutes, la bagarre devint générale et je reçus, moi, spectateur qui n'avait pas quitté sa place, une carafe réactionnaire lancée à toute volée, à angle aigu, comme par un service de tennis un peu raide et qui m'ouvrit proprement la jambe.

Léon-Paul FARGUE, *Le Piéton de Paris*, © Gallimard, 1939.

bague

Peut-être du moyen néerlandais *bagge*, *bage*.

■ Sur un des doigts osseux / Une opale larmoie au chaton d'une bague.

LECONTE DE LISLE, *Poèmes tragiques*, 1886.

■ La bague au doigt, fini, dame ! Fini, ma jolie, on ne garçaille plus !

Hervé BAZIN, *L'Huile sur le feu*, © Grasset, 1954.

Et les pensées de...

■ Tu vois, chérie, pour que cette bague ne perde rien de son éclat et reste brillante, il faut absolument la tremper au moins deux fois par jour dans l'eau de vaisselle.

Jean YANNE, *Pensées, répliques, textes et anecdotes*, © Le Cherche midi, 1999.

baigner (se)

Du latin populaire *baneare*, altération de *balneare*, se plonger dans l'eau.

■ Il avait fait peindre, au fond de son tube, des herbes, des feuilles mortes, des branches cassées, pour se donner l'illusion de se baigner « dans l'onde pure d'un ruisseau ».

Jules RENARD, *Journal*, posth. 1925.

■ Au plaisir de jadis qui était de voir en rentrant le ciel de pourpre encadrer le calvaire ou se baigner dans la Vivonne, succédait celui de partir à la nuit [...].

Marcel PROUST, *Le Temps retrouvé*, 1927.

bâiller

Du latin populaire *batac(u)lare*, dérivé de *batare*, tenir la bouche ouverte.

■ L'art de bâiller. Un chien qui bâille au coin du feu, cela avertit les chasseurs de renvoyer les soucis au lendemain. Cette force de vie qui s'étire sans façon et contre toute cérémonie est belle à voir et irrésistible en son exemple.

ALAIN, *Propos*, © Gallimard, 1923.

Et dans les dictionnaires anciens...

■ *Bâillement, bâiller*. De l'action d'ouvrir involontairement la bouche dans le sommeil ou dans l'ennui. Observez que la première syllabe de ce mot est longue, et qu'autrefois on disait baailler et baaillement, ce qui donnait plus d'expression à l'onomatopée.

Charles NODIER, *Dictionnaire des onomatopées* (préface), 2e éd., 1828.

▶ VOIR éléphant.

bâillon

Dérivé de *bâiller*. Voir *bâiller*.

■ L'art n'a que faire des lisières, des menottes, des bâillons.

Victor HUGO, *Les Orientales*, 1829.

■ Jeunes bouches, mordez le metteur de bâillons.

Victor HUGO, *Les Contemplations*, 1856.

■ Une dernière fois avant que nos bouches se ferment sous le bâillon de la terreur, nous crierons dans le désert.

Albert CAMUS, *L'État de siège*, © Gallimard, 1948.

bain

Du latin populaire *baneum*, lieu où on se baigne, ou fait de se baigner.

■ — Savez-vous, dit-il, ce que nous devrions faire pour l'amitié ? / — Ce que vous voulez, dit Rieux. / — Prendre un bain de mer. Même pour un futur saint, c'est un plaisir digne.

Albert CAMUS, *La Peste*, © Gallimard, 1947.

Et dans les dictionnaires anciens...

■ On sort plus *dispos* d'un bain froid.

Petit Larousse illustré, article « Dispos », 1906.

baise-main

Construit au XIVe s. à partir de *main* et du verbe *baiser*.

▶ VOIR trône.

baiser

Du latin *basiare*, donner un baiser.

■ Baise m'encor, rebaise moy et baise : / Donne m'en un de tes plus savoureux, / Donne m'en un de tes plus amoureux : / Je t'en rendray quatre plus chaux que braise.

Louise LABÉ, *Sonnets*, 1555.

■ Sais-tu d'où vient notre vraie puissance ? Du baiser, du seul baiser ! Quand nous savons tendre et abandonner nos lèvres, nous pouvons devenir des reines. Le baiser n'est qu'une préface, pourtant. Mais une préface charmante plus délicieuse que l'œuvre elle-même, une préface qu'on relit sans cesse, tandis qu'on ne peut pas toujours... relire le livre.

Guy DE MAUPASSANT, *Le Baiser*, 1882.

■ Ce baiser ne finira plus. Il semble qu'il ait sous la langue de Chrisis, non pas du miel et du lait comme il est dit dans l'Écriture, mais une eau vivante, mobile, enchantée.

Pierre LOUŸS, *Aphrodite*, 1896.

■ Un baiser, mais à tout prendre, qu'est-ce ? / Un serment fait d'un peu plus près, une promesse / Plus précise, un aveu qui veut se confirmer, / Un point rose qu'on met sur l'i du verbe aimer.

Edmond ROSTAND, *Cyrano de Bergerac*, 1898.

■ Les barques des baisers explorent l'univers.

Paul ÉLUARD, *Une leçon de morale*, « Tout est sauvé », © Gallimard, 1949.

Et dans les dictionnaires anciens...

■ *Baiser.* [...] Avoir la dernière faveur d'une Dame. « Si l'on ne baise aux enfers, n'espérez plus d'être baisée. » Le Maire. *Plaidoierie.*

Pierre RICHELET, *Dictionnaire françois*, 1680.

■ *Baiser.* [...] Il faut remarquer que les Latins faisoient différence entre sortes de baiser. Ils appelloient *osculum*, un *baiser* fait entre amis ; *basium*, un *baiser* fait par honnêteté, et *suavium*, un *baiser* impudique.

Antoine FURETIÈRE, *Dictionnaire universel*, 1690.

▶ VOIR abhorrer, boire, bouche, poète, tendre, whisky.

bal

Construit à partir du verbe *baller*, danser.

■ Elle aimait trop le bal, c'est ce qui l'a tuée.

Victor HUGO, *Les Orientales*, 1829.

■ Devant sa psyché, à l'effet de gracieuser sa bouche pour les bals du soir, elle se livrait à une véritable répétition tous les matins...

Jules et Edmond DE GONCOURT, *Journal*, 1851-1896.

▶ VOIR Paris.

balancer

Dérivé de balance, du latin populaire *bilancia*, du bas latin *bilanx*, balance à deux plateaux.

■ Tout à l'heure, je balançais entre deux avis : je m'interrogeais si nous étions vraiment devenus pires, ou seulement plus véridiques...

Paul VALÉRY, *Variété 4*, © Gallimard, 1938.

baleine

Du latin *balaena*, *ballena*, du grec *phallaina*, baleine, animal marin monstrueux.

■ Pourquoi celui qui a attaché à son char l'éléphant intelligent ne pourrait-il atteler à son canot la stupide baleine ? Est-il plus aisé de la percer, au milieu des glaces, avec un harpon, que de la captiver par des bienfaits comme les autres animaux domestiques ?

Henri BERNARDIN DE SAINT-PIERRE, *Harmonies de la nature*, 1814.

■ Il s'esclaffe comme une girafe / Il se tord comme une baleine [...].

Jacques PRÉVERT, *Paroles*, © Gallimard, 1946.

Et dans les dictionnaires anciens...

■ Les Baleines sont en si grande abondance au Nord de l'Islande & vers Spisberg, qu'en esté ces monstres nagent et s'ébattent en grosses troupes comme des carpes dans un vivier, ou du poisson blanc dans une rivière.

Antoine FURETIÈRE, *Dictionnaire universel*, 1690.

▶ VOIR cyclone, pieuvre, monumental.

baliser

Dérivé de *balise*, emprunté au portugais *baliza*, dispositif de signalisation.

■ Mon année était balisée par ces moments étincelants : chaque jour menait quelque part. Je plaignais les grandes personnes dont les semaines étales sont à peine colorées par la fadeur des dimanches.

Simone DE BEAUVOIR, *Mémoires d'une jeune fille rangée*, © Gallimard, 1958.

▶ VOIR opinion.

ballade

De l'ancien provençal *ballada*, chanson à danse.

■ La ballade, à mon goût est une chose fade ; / Ce n'en est plus la mode ; elle sent son vieux temps.

MOLIÈRE, *Les Femmes savantes*, 1672.

■ La ballade, asservie à ses vieilles maximes, / Souvent doit tout son lustre au caprice des rimes.

Nicolas BOILEAU, *L'Art poétique*, 1674.

■ En ferraillant je vais – hop ! – à l'improvisade, / Vous composer une ballade.

Edmond ROSTAND, *Cyrano de Bergerac*, 1898.

balle

De l'italien *balla*, d'origine germanique.

■ Ce grave souci n'empêchait pas les récréations, où Victor oubliait l'Académie française pour la balle élastique et pour le saute-mouton.

Madame Victor HUGO, *Hugo*, 1863.

ballon

De l'italien du Nord *ballone*, grosse balle, dérivé avec le suffixe augmentatif *-one* de *balla*.

■ C'est tout ce qui reste de notre bateau aérien, de notre ballon qui s'est échoué là-haut, au sommet de cet arbre !

Jules VERNE, *L'Île mystérieuse*, 1874.

■ Ballon : Avec les ballons on finira par aller dans la lune. – On n'est pas près de les diriger.

Gustave FLAUBERT, *Le Dictionnaire des idées reçues*, posth. 1913.

■ Ce jeu de ballon m'a plus amusé que je n'eusse cru qu'il était encore possible, amusé comme un enfant et comme un dieu [...]. Je ne me souviens pas avoir pris même dans ma jeunesse ou mon enfance, plaisir plus ardent, plus pur et plus complet.

André GIDE, *Journal*, © Gallimard, 1930.

Et dans les dictionnaires anciens...

■ *Bal[l]on*. Vessie enflée, & entourée de cuir dont les écoliers jouent dans les collèges. Jouer au balon, pousser et escafer le balon.
Escafer. Terme de colége de Paris. Donner des coups de pié au cu. [...] Donner des coups de pié au balon.

Pierre RICHELET, *Dictionnaire françois*, 1680.

▶ VOIR football, sport, voyage.

bambin

De l'italien *bambino*, petit enfant.

■ Ce bambin qui tournait autour d'elle la rassurait contre la mort.

Émile ZOLA, *La Fortune des Rougon*, 1871.

■ Une poigne rose de bambin vaut un étau.

Hervé BAZIN, *Vipère au poing*, © Grasset, 1948.

banal

Appartenant au *ban*, juridiction du suzerain, d'où le four *banal*, commun à tous.

■ Tous mes paradoxes forcés, ma haine du convenu, mon mépris du banal, ne m'empêchent pas de m'attendrir au premier jour de printemps.

Jules RENARD, *Journal*, posth. 1925.

■ J'aurais dû entrer plus avant dans le détail [de mon journal intime] de tout, même ce qui me paraissait banal car avec le temps, ce qui paraissait banal devient singulier.

Julien GREEN, *Journal*, © Gallimard, 1952.

Et dans les dictionnaires anciens...

■ *Banal.* Se dit des choses à l'usage desquelles le Seigneur de fief a droit d'assujettir ses vassaux en luy payant certains droits. *Four banal, moulin banal, pressoir banal, taureau banal.*

Dictionnaire de l'Académie française, 1694.

bandit

De l'italien *bandito*, banni, hors-la-loi.

■ Le héros romain, le fondateur de la cité, doit être d'abord un homme sans patrie et sans loi, un *outlaw*, un banni, un bandit, mots synonymes chez les peuples barbares.

Jules MICHELET, *Histoire romaine*, 1831.

■ Tout conservateur a pour ancêtre un bandit. Quand Hercule eut volé les bœufs de Cacus, il devint défenseur acharné de la propriété.

Joseph Ernest RENAN, *Le Prêtre de Némi*, 1885.

Et dans les dictionnaires anciens...

■ *Bandit.* Se dit de celuy qui ayant esté banni de son pays pour quelque crime, s'est fait voleur. Ce mot n'a guère d'usage qu'en parlant de quelques gens de cette sorte qui se trouvent au royaume de Naples, ou en d'autres endroits d'Italie.

Dictionnaire de l'Académie française, 1694.

banlieue

Construit avec *ban* et *lieue*, du bas latin *leuca*, lieue. Voir *banal*.

■ Jamais, Jamais, non Jamais, vous aurez beau faire, jamais ne saurez quelle misérable banlieue c'était que la Terre. Comme nous étions misérables et affamés de plus Grand.

Henri MICHAUX, *Plume*,
« Avenir », © Gallimard, 1938.

Et dans les dictionnaires anciens...

■ *Banlieuë.* L'estendue d'une lieue ou environ autour d'une ville. La banlieuë de Paris, de Rouen, Ce village est dans la banlieuë.

Dictionnaire de l'Académie française, 1694.

banque

De l'italien *banca*, banc, comptoir du changeur.

■ L'or souterrain dont les banques sont les cavernes / Et qui rêve, en leurs flancs, avant de s'en aller.

Émile VERHAEREN, *Multiple Splendeur*, 1906.

banquet

De l'italien *banchetto*, de *banco*, banc.

■ Banquet : La plus franche cordialité ne cesse d'y régner – on en emporte le meilleur souvenir, on ne se sépare jamais sans s'être donné rendez-vous l'année suivante.

Gustave FLAUBERT,
Le Dictionnaire des idées reçues, posth. 1913.

■ Le banquet ça sera demain, et d'abord, ça ne sera pas un banquet. Ça sera un « lonche ». C'est un mot anglais. Ça veut dire banquet d'ailleurs, mais c'est beaucoup plus distingué.

Marcel PAGNOL, *Fanny*, © De Fallois, 1932.
marcel-pagnol.com

Et dans les dictionnaires anciens...

■ *Banquet.* Ce mot signifie festin, mais il ne se dit qu'en parlant de choses sacrées, et des Sept Sages de Grèce.

Pierre RICHELET, *Dictionnaire françois*, 1680.

baptême

Du latin chrétien *baptisma*, *baptismus*, du grec chrétien *baptizma* ou *baptismus*.

■ Je me crois en enfer, donc j'y suis. C'est l'exécution du catéchisme. Je suis esclave de mon baptême.

Arthur RIMBAUD, *Une saison en enfer*, 1873.

■ Pour savoir si un baptême est valable et produira ses conséquences, c'est-à-dire la sanctification, il faut considérer qui le donne et non qui le reçoit.

Anatole FRANCE, *L'Île des pingouins*, 1908.

Et dans les dictionnaires anciens...

■ Le baptême du sang suffit pour acquérir la gloire éternelle.

Dictionnaire de l'Académie française, 7e éd., 1878.

bar

De l'américain *bar-room*, construit avec *bar*, la barre du comptoir, et *room*, pièce.

■ Marius : Fanny, veux-tu garder le bar quelques minutes ? / Fanny, *nerveuse* : Et s'il vient des clients ? / Marius : Tu les serviras. / Fanny : Je ne sais pas les prix. / Marius : Tu as un tarif... Tu t'arrangeras à peu près.

Marcel PAGNOL, *Marius*, © De Fallois, 1931.
marcel-pagnol.com

■ Le bar était-il plein comme un œuf, il s'arrangeait pour que l'habitué, l'ami ou l'inconnu qui arrivait tard, trouvât toujours une table, un coin, un renfoncement.

Léon-Paul FARGUE,
Le Piéton de Paris, © Gallimard, 1939.

baragouin

Sans doute du breton *bara*, pain, et *gwin*, vin.

■ En ce genre d'estude des histoires, il faut feuilleter sans distinction toutes sortes d'auteurs et vieils et nouveaux, et barragouins et françois.

Michel DE MONTAIGNE, *Essais*, 1580-1595.

■ De ce baragouin par moment incompréhensible, de cette parole rétive, qui sort comme d'éructations, s'échappent des observations, des pensées pleines de profondeur.

J. et E. DE GONCOURT, *Journal*, 1851-1896.

■ Baragouin. Manière de parler aux étrangers. Toujours rire de l'étranger qui parle mal français.

Gustave FLAUBERT,
Le Dictionnaire des idées reçues, posth. 1913.

barbare

Du latin *barbarus*, étranger ; inculte, grossier.

■ Dans notre langue, barbare a deux sens principaux : sauvage, non cultivé et cruel. Un peuple très barbare peut être fort doux et un peuple très civilisé très barbare.

Prosper MÉRIMÉE, *Lettres à Viollet-le-Duc*, 1870.

■ Nous sommes tous de jeunes barbares que nos jouets neufs émerveillent encore. Nos courses d'avions n'ont point d'autre sens.

Antoine DE SAINT-EXUPÉRY,
Terre des hommes, © Gallimard, 1939.

■ En refusant l'humanité à ceux qui apparaissent comme les plus « sauvages » ou « barbares » de ses représentants, on ne fait que leur emprunter leurs attitudes typiques. Le barbare, c'est d'abord l'homme qui croit à la barbarie.

Claude LÉVI-STRAUSS,
Race et Histoire, © Denoël, 1961.

Et dans les dictionnaires anciens...

■ *Barbare*. Sauvage, qui n'a ni loix ny politesse. C'est un peuple barbare, l'irruption des barbares. Les Tartares, les Iroquois sont de vrais barbares.

Dictionnaire de l'Académie française, 1694.

barbe

Du latin *barba*, barbe, de même sens.

■ Arnolphe. Votre sexe n'est là que pour la dépendance : du côté de la barbe est la toute-puissance.

MOLIÈRE, *L'École des femmes*, 1662.

■ Que de choses en effet au grand avantage de la face humaine disparaissent sous la barbe : les joues appauvries, le menton fuyant, les lèvres fanées, les narines mal ouvertes, la distance du nez à la bouche, la bouche qui n'a plus de dents, le sourire qui n'a pas d'esprit. À toutes ces laideurs, dont quelques-unes sont des misères et quelques autres des ridicules, substituez une végétation épaisse et superbe qui encadre et complète le visage en continuant la chevelure, et jugez l'effet !

Victor HUGO, *Correspondance*, 1845.

■ Barbe : Signe de force. Trop de barbe fait tomber les cheveux. Utile pour protéger les cravates.

Gustave FLAUBERT,
Le Dictionnaire des idées reçues, posth. 1913.

Et dans les dictionnaires anciens...

■ *Barbe*. Tout le poil qui est au-dessus des lèvres, aux joues et au menton. Une grande et vilaine barbe. Une barbe à triple étage. Une barbe à la Henri quatre. Une barbe à la Capucine. Une barbe in folio.

Pierre RICHELET, *Dictionnaire françois*, 1680.

Et les pensées de...

■ — Votre occupation favorite ?
— Écouter pousser ma barbe.

Serge GAINSBOURG, *Pensées, provocs et autres volutes*, © Le Cherche midi, 2006.

▶ VOIR beau, langue, parfum, roi.

barbelé

De l'ancien français *barbel*, pointe, du latin *barbelum*, dérivé de *barba*, barbe.

■ Le doute est en lui, tout barbelé comme un chardon.

Jean GIONO, *Colline*, © Gallimard, 1929.

■ La propriété est maintenant complètement enclose de barbelés. Devant quoi je me sens une âme de communiste. Je n'ai jamais eu celle d'un possesseur.

André GIDE, *Feuillets d'automne*, © Gallimard, 1949.

baron

Du francique *baro*, homme libre, guerrier.

■ Et nous songeons à vous, les rois et les barons, / Et nous vous exécrons et nous vous abhorrons !

Victor HUGO, *La Légende des siècles*, 1884.

Et dans les dictionnaires anciens...

■ *Baron*. [...] Il falloit autrefois pour estre Baron, avoir sous soy trois ou quatre chastelenies, & trois Maladeries. On appelle communément en Espagne Baron, un homme illustre, mâle ou vigoureux ; & quelquefois c'est un nom qu'on donne à un mari.

Antoine FURETIÈRE, *Dictionnaire universel*, 1690.

barque

De l'italien *barca*.

■ Je te conjure de prendre la conduite de notre barque.

MOLIÈRE, *Les Fourberies de Scapin*, 1671.

■ Il faut pourtant qu'il y en ait qui mènent la barque.

Jean ANOUILH, *Antigone*, © La Table Ronde, 1944.

barrage

Dérivé de *barre*, du latin populaire *barra*.

■ Un barrage d'obstination douce et tenace à l'inattendu, au soudain, à l'ailleurs.

Julien GRACQ, *Le Rivage des Syrtes*, © José Corti, 1951.

barreau

Dérivé de *barre*. Voir barrage.

■ Au premier abord, le barreau ne me déplut pas. J'aimais l'éloquence.

Anatole FRANCE, *La Vie en fleur*, 1922.

■ À l'idée de se voir enterré dans une étude, Benjamin se cabra : « Le barreau ! Peuh ! Textes de lois et mauvaises plaisanteries jusqu'à quarante ans et pour finir, si tout va bien, la goutte et le titre de baronet. »

André MAUROIS, *Disraëli*, © Gallimard, 1927.

Et dans les dictionnaires anciens...

■ Il y a bien des mensonges de préface qui passent pour des péchés véniels non seulement dans les barreaux [tribunaux] de la république des lettres, mais aussi dans les barreaux de l'Église.

Pierre BAYLE, *Dictionnaire historique et critique*, article « Arnaud », 1695-97.

▶ VOIR algèbre, avocat, pluie, télévision.

barricade

Dérivé de *barrique*, du gascon *barrica*.

■ Comment sont nées les barricades ? Pour lutter contre les cavaleries royales, le peuple n'ayant jamais de cavalerie.

André MALRAUX, *L'Espoir*, © Gallimard, 1937.

bas

Du latin *bassus*, gras, obèse, puis de petite taille.

■ J'irai, j'irai partout te rendre un même hommage, / Et d'un égal amour accomplissant ma loi, / Jusqu'aux bords du néant murmurer : gloire à toi ! / – Ni si haut, ni si bas ! Simple enfant de la terre, / Mon sort est un problème, et ma fin un mystère.

Alphonse DE LAMARTINE, *Méditations poétiques*, 1820.

■ Il parla très bas, d'une voix lointaine, qui semblait monter du passé.

Émile ZOLA, *Le Rêve*, 1888.

▶ VOIR haut.

base(s)

Du latin *basis*, transcription du grec *basis*, action de marcher, endroit sur lequel on marche.

■ Tout drame pêche essentiellement par la base s'il offre des joies sans mélange de chagrins.

François René DE CHATEAUBRIAND, *Le Génie du christianisme*, 1802.

■ Bases : *Id est* [c'est-à-dire] : la propriété, la famille, la religion – le respect des autorités. – En parler avec colère si on les attaque.

Gustave FLAUBERT, *Le Dictionnaire des idées reçues*, posth. 1913.

basse-cour

Construit avec le féminin de *bas* et *cour*. Voir *bas* et *cour*.

■ Comme une basse-cour se rue sur le poulet malade pour l'achever ou l'expulser, chaque groupe tend à rejeter ses membres les plus faibles.

Maurice BARRÈS, *Les Déracinés*, 1897.

■ Quelle pensée subsisterait dans des hommes réduits à l'état où nous réduisons les chiens, les chevaux, sans parler des bêtes de la basse-cour ?

Anatole FRANCE, *Le Petit Pierre*, 1918.

Et dans les dictionnaires anciens...

■ On apèle [appelle] proverbialement, nouvelles de basse-cour, des nouvelles fausses et mal fondées.

Jean-François FÉRAUD, *Diction(n)aire critique de la langue française*, 1787.

▶ VOIR chapon.

bassesse

Dérivé de *bas*, *bassesse* au XIIe s. Avait d'abord le sens de *partie basse*.

■ Il est dangereux de trop faire voir à l'homme combien il est égal aux bêtes, sans lui montrer sa grandeur. Il est encore plus dangereux de lui trop faire voir sa grandeur sans sa bassesse.

Blaise PASCAL, *Pensées*, 1669.

■ Bassesse d'adulation, on encense et on adore l'idole qu'on méprise ; bassesse de lâcheté, il faut savoir essuyer des dégoûts, dévorer des rebuts, et les recevoir presque comme des grâces ; bassesse de dissimulation, point de sentiments à soi, et ne penser que d'après les autres ; bassesses de dérèglement, devenir les complices et peut-être les ministres des passions de ceux de qui nous dépendons.

Paul-Louis COURIER, *Pamphlets politiques*, 1821.

Et dans les dictionnaires anciens...

■ Il faut tâcher de se tirer de la *bassesse* ; on n'en vient pas à bout sans travail et sans bonheur. Il faut prendre garde de ne pas tomber dans l'*abjection* ; le bon usage de sa fortune et de son crédit en est le plus sûr moyen.

Gabriel GIRARD, *Synonymes françois*, 1736.

▶ VOIR insensibilité, laid, malice, politesse.

Bastille

De l'ancien provençal *bastida*. La Bastille a été construite au Ve s. sous Charles V.

■ Ô sainte égalité ! Dissipe nos ténèbres, / Renverse les verrous, les bastilles funèbres.

André CHÉNIER, *Odes et Iambes*, 1874.

Et les pensées de...

■ À la Bastille / On l'aime bien / Nini-Peau-d'chien : / Elle est si bonne et si gentille ! / On l'aime bien / Qui ça ? Nini-Peau-d'chien, / Où ça ? à la Bastille [...].

Aristide BRUANT, *Nini-Peau-d'chien* (chanson), 1905.

bataille

Du bas latin *battalia*, altération de *battualia*, combat d'escrime, dérivé de *battuere*, battre.

■ Combien de gens font-ils des récits des batailles / Dont ils se sont tenus loin !

MOLIÈRE, *Amphitryon*, 1668.

■ Pour peindre une bataille, il faut de ces puissants peintres qui aient du chaos dans le pinceau.

Victor HUGO, *Les Misérables*, 1862.

■ Après une bataille gagnée, il ne faut jamais se reposer si l'on veut profiter des avantages que l'on remporte ; l'occasion perdue ne se retrouve jamais.

ERCKMANN-CHATRIAN, *Histoire d'un paysan*, 1870.

■ On était au soir d'une bataille victorieuse, dans laquelle le vainqueur a souvent perdu autant de monde que le vaincu.

Maréchal FOCH, *Mémoires*, 1929.

Et dans les dictionnaires anciens...

■ *Bataille.* [...] Combat, assaut. Ses charmes ont livré à mon cœur une horrible bataille. *Demarais. Visionnaires.*

Pierre RICHELET, *Dictionnaire françois*, 1680.

bateau

De l'anglo-normand *bat*, bateau.

■ Je songeai avec stupeur, avec horreur à ce que j'avais fait, me demandant d'où viennent ces tempêtes de l'âme où l'homme perd toute notion des choses, toute autorité sur lui-même, et agit dans une sorte d'ivresse affolée, sans savoir ce qu'il fait, sans savoir où il va, comme un bateau dans un ouragan.

Guy DE MAUPASSANT, *La Confession*, 1884.

■ La Normandie est le pays de tous les poncifs : l'architecture gothique, le port de mer, les bateaux, la ferme rustique avec de la mousse sur le toit.

Jules et Edmond DE GONCOURT, *Journal*, 1851-1896.

Et dans les dictionnaires anciens...

■ *Bateau.* Bâtiment dont on se sert pour voiturer par eau, pain, vin, blé, foin, aveine, et autre marchandise.

Pierre RICHELET, *Dictionnaire françois*, 1680.

▶ VOIR ballon, grand-père, printemps.

bâtiment

Dérivé de *bâtir*. Voir *bâtir*.

■ Un habile architecte [...] ne se contente pas de placer une colonne dans un bâtiment : il tire des effets de décoration de ses proportions, de sa lumière et de ses ombres, de son élévation dans l'air, et de ses reflets mêmes dans les eaux.

Henri BERNARDIN DE SAINT-PIERRE, *Harmonies de la nature*, 1814.

Et dans les dictionnaires anciens...

■ Étymologiquement, le bâtiment est ce qui porte, reçoit ; l'édifice est l'érection de ce que les latins appelaient *aedes*, une grande maison, un palais, un temple, etc. ; la construction est l'assemblage de matériaux avec la chaux et le mortier.

Émile LITTRÉ, *Dictionnaire de la langue française*, 1863-1872.

bâtir

Du francique *bastjan*, faufiler, tisser ; appliqué par analogie à la construction d'une clôture de pieux et de brindilles entrelacées.

■ Il faut avoir trente ans pour songer à sa fortune ; elle n'est pas faite à cinquante ; l'on bâtit dans sa vieillesse, et l'on meurt quand on en est aux peintres et aux vitriers.

Jean DE LA BRUYÈRE, *Les Caractères*, 1688.

■ Qu'il t'est facile de bâtir des palais et des villes avec ce petit compas et un peu d'encre ! Mais l'architecte, qui a dans son pupitre des milliers de plans admirables, ne peut soulever de terre le premier pavé de son édifice, quand il vient se mettre à l'ouvrage avec son dos voûté et ses idées obstinées.

Alfred DE MUSSET, *Lorenzaccio*, 1834.

Et dans les dictionnaires anciens...

■ Il coûte beaucoup à bâtir.

Dictionnaire de l'Académie française, 1835.

bâton

Du latin populaire *basto*, de *bastare*, porter.

■ Et, lorsque pour me voir ils font de doux efforts, / Dois-je prendre un bâton pour les mettre dehors ?

MOLIÈRE, *Le Misanthrope*, 1666.

■ Bâton. Plus redoutable que l'épée.

Gustave FLAUBERT, *Le Dictionnaire des idées reçues*, posth. 1913.

▶ VOIR charrue.

battre

Du latin populaire *battere*, de *battuere*, battre.

■ Battre un homme à jeu sûr n'est pas d'une belle âme.

MOLIÈRE, *Amphitryon*, 1668.

Et dans les dictionnaires anciens...

■ La loi du Prince défend de se battre dans bien des occasions où celle de l'honneur l'ordonne : quel embarras pour ceux qui se trouvent malheureusement dans ce cas !

Gabriel GIRARD, *Synonymes françois*, 1736.

▶ VOIR assommer.

baume

▶ VOIR adoucir.

bavard

Dérivé de *bave*, du latin populaire *baba*, exprimant le babil accompagné de salive des enfants.

■ Si je parle de moi, c'est que je me regarde diversement : toutes les contrariétés s'y trouvent selon quelque tour et en quelque façon : honteux, insolent, chaste, luxurieux, bavard, taciturne.

Michel DE MONTAIGNE, *Essais*, 1580-1595.

■ Il y a des jours où je donnerais toute la science des bavards passés, présents, futurs, toute la sotte érudition des éplucheurs, équarrisseurs, philosophes, romanciers, chimistes, épiciers, académiciens, pour deux vers de Lamartine ou de Victor Hugo.

Gustave FLAUBERT, *Correspondance*, 1837.

bavarder

Dérivé de *bavard*. Voir *bavard*.

■ Nous autres gens de cour, on nous croit têtes folles, / Médisants, curieux, indiscrets, brouillons ; mais / Nous bavardons toujours et ne parlons jamais.

Victor HUGO, *Marion Delorme*, 1831.

Et les pensées de...

■ Bavarder est reposant : ça évite de parler.

Frédéric DARD, *Les Pensées de San-Antonio*, © Le Cherche midi, 1996.

▶ VOIR cliché, discours, esprit.

bazar

Du persan *bazar*, marché public.

■ Et tous mes sens émus s'enivraient à la fois / De la splendeur du jour, des murmures de l'onde, / Des trésors étalés dans ce bazar du monde. [Venise]

Casimir DELAVIGNE, *Marino Faliero*, 1829.

Et les pensées de...

■ Tout se passe comme si Dieu avait existé une fois, juste une fois, juste le temps de créer tout le bazar, et puis était mort.

CAVANNA, *Lettre ouverte aux culs-bénits*, © Albin Michel, 1994.

beau, bel(le)

Du latin *bellus*, joli, gracieux, diminutif de *bonus*.

■ Rien de ce qui est beau n'est indispensable à la vie. – On supprimerait les fleurs ? Le monde n'en souffrirait pas matériellement. Qui voudrait cependant qu'il n'y eût plus de fleurs ?

Théophile GAUTIER, *Mademoiselle de Maupin* (préface), 1836.

■ Pour qu'une femme soit belle, disent les Espagnols, il faut qu'elle réunisse trente *si*, ou, si l'on veut, qu'on puisse la définir au moyen de dix adjectifs applicables chacun à trois parties de sa personne. Par exemple, elle doit avoir trois choses noires : les yeux, les paupières et les sourcils ; trois fines : les doigts, les lèvres, les cheveux, etc.

Prosper MÉRIMÉE, *Carmen*, 1845.

■ Elle était admirablement belle, et l'idée que tant d'autres le savaient aussi bien que moi ne fut pas longue à me saisir le cœur aigrement.

Eugène FROMENTIN, *Dominique*, 1862.

■ Il a des yeux de braise, un front de penseur, des mains de pianiste, une taille de guêpe, une barbe de sapeur, des lèvres de corail, un thorax de taureau. Ah ! Qu'il est beau ! Ah ! Qu'il est beau !

Raymond QUENEAU, *Pierrot mon ami*, © Gallimard, 1942.

Et les pensées de...

■ T'es largement assez beau par rapport à ce que t'es intelligent ! Ah ! T'as même de la marge.

COLUCHE, *Pensées et Anecdotes*, © Le Cherche midi, 1995.

■ Le beau d'hier fait rire.

Charles DANTZIG, *Dictionnaire égoïste de la littérature française*, © Grasset, 2005.

▶ VOIR beauté, vrai.

beaucoup

Construit avec *beau*, grand, et *coup*, partie coupée d'un tout.

■ C'était beaucoup pour moi, ce n'était rien pour vous.

Jean RACINE, *Britannicus*, 1669.

Et dans les dictionnaires anciens...

■ *Beaucoup*. [...] Les muses n'enrichissent pas beaucoup de gens.

Pierre RICHELET, *Dictionnaire françois*, 1690.

beauté

Dérivé de *beau*, *bel*. Voir *beau*, *bel*.

■ Pour moi, la beauté me ravit partout où je la trouve, et je cède facilement à cette douce violence dont elle nous entraîne.

MOLIÈRE, *Dom Juan ou le Festin de pierre*, 1665.

■ Belle, sans ornement, dans le simple appareil / D'une beauté qu'on vient d'arracher au sommeil.

Jean RACINE, *Britannicus*, 1669.

■ Comme on dit beauté poétique, on devrait dire aussi beauté géométrique, et beauté médicinale ; mais on ne le dit pas : et la raison en est qu'on sait bien quel est l'objet de la géométrie, et qu'il consiste en preuves, et quel est l'objet de la médecine, et qu'il consiste en la guérison ; mais on ne sait pas en quoi consiste l'agrément qui est l'objet de la poésie.

Blaise PASCAL, *Pensées*, 1669.

■ La beauté absolue et éternelle n'existe pas, ou plutôt elle n'est qu'une abstraction écrémée à la surface générale des beautés diverses.

Charles BAUDELAIRE, *Salon de 1846*, 1846.

■ Mon enfant, ma sœur, / Songe à la douceur / D'aller là-bas vivre ensemble ! / [...] Là, tout n'est qu'ordre et beauté / Luxe, calme et volupté.

Charles BAUDELAIRE, *Les Fleurs du mal*, « Spleen et Idéal » 1857.

■ Disséquer le corps humain, c'est détruire sa beauté ; et pourtant, par cette dissection, la science arrive à y reconnaître une beauté d'un ordre bien supérieur et que la vue superficielle n'aurait pas soupçonnée.

Ernest RENAN, *L'Avenir de la science*, 1890.

■ La beauté déteste les idées. Elle se suffit à elle-même.

Jean COCTEAU, *Poésie critique*, © Gallimard, 1959.

■ Ma beauté, c'est-à-dire une certaine longueur de viande, un certain poids de viande, et des osselets de bouche au complet, trente-deux [...].

Albert COHEN, *Belle du seigneur*, © Gallimard, 1968.

■ La beauté est une sorte de simplicité dans les traits : pas de complications, la laideur, c'est du superflu (nez trop long), ou de l'insuffisance (menton trop court).

Patrick CAUVIN, *Povchéri*, © Albin Michel, 1986.

Et les pensées de...

■ La beauté n'est pas dans la nature des choses. C'est une valeur ajoutée par l'homme. Aucun objet n'est beau, aucune œuvre n'est belle sans interlocuteur qui l'atteste.

Jean HAMBURGER, *Dictionnaire promenade*, © Le Seuil, 1989.

▶ VOIR abject, disgrâce, esclave, expression, faner, femme, fortune, grâce, grec, ivresse, jeune, journaliste, louer, malade, monument, mort, nature, nez, obéir, or, parisienne, perle, poésie, privilège, prix, serpent, sévérité, tableau, vitesse, vrai.

beaux-arts

Construit avec *beau* au masculin pluriel, et *art*. Voir *beau* et *art*.

■ Dans une ville telle que Paris, peuplée de plus de six cent mille personnes, je ne crois pas qu'il y en ait trois mille qui aient le goût des beaux-arts.

VOLTAIRE, *Dictionnaire philosophique*, 1764.

▶ VOIR fortune.

bébé

À partir d'une onomatopée attestée à la fin du XVIIIe s., puis francisation de *baby*.

■ Ils marchaient comme les bébés qui se plaisent, se tenant ferme à pleins doigts, ne parlant pas et se regardant de temps en temps [...].

Pierre LOTI, *Le Roman d'un enfant*, 1890.

bec

Du latin *beccus*, bec d'oiseau.

■ Monsieur, souffrez que je lui montre son bec jaune [sa naïveté], et le tire d'erreur.

MOLIÈRE, *Le Malade imaginaire*, 1673.

Et dans les dictionnaires anciens...

■ On se sert de ce mot en termes de caresse & en parlant à une maîtresse. Mon pauvre petit bec, tu le peux si tu veux. *Mol.* Qu'il est heureux de baiser ce bec amoureux, c'est-à-dire, cette fille ou femme jolie & amoureuse.

Pierre RICHELET, *Dictionnaire françois*, 1680.

▶ VOIR Paris.

bégayer

Construit à partir de l'ancien français *béguer*, bégayer, du néerlandais *beggen*, bavarder.

■ Je veux que chacun des arts parle le langage qui lui est propre, au lieu de bégayer dans une langue étrangère.

ALAIN, *Propos*, © Gallimard, 1921.

Et dans les dictionnaires anciens...

■ *Bégayer*. [...] Ceux qui ont la langue grasse bégayent toute leur vie. Quand un homme a bu beaucoup, il commence à bégayer.

Antoine FURETIÈRE, *Dictionnaire universel*, 1690.

bêler

Du bas latin *belare*, du latin classique *balare*.

■ L'oiseau chante, l'agneau bêle. / L'enfant gazouille au berceau ; / La voix de l'homme se mêle / Au bruit des vents et de l'eau.

Alphonse DE LAMARTINE, *Harmonies poétiques et religieuses*, 1830.

Et dans les dictionnaires anciens...

■ Le proverbe dit : « Brebis qui bêle, perd sa goulée. » À table il ne faut pas trop s'amuser à causer.

Dictionnaire de l'Académie française, 1694.

belette

Diminutif de *bel*. En appelant « petite belle » cette sorte de fouine, on espérait en adoucir les ravages dans les poulaillers.

■ La nation des belettes, / Non plus que celle des chats, / Ne veut aucun bien aux rats.

Jean DE LA FONTAINE, *Fables*, « La Belette et le Petit Lapin », 1668-1694.

Et dans les dictionnaires anciens...

■ On dit que la belette combat le serpent ayant auparavant mangé de la ruë. Elle fait mourir le basilic, selon Pline ; et elle recouvre la vue, comme le lézard, si par accident elle a un œil crevé ou poché.

Antoine FURETIÈRE, *Dictionnaire universel*, 1690.

belle-mère

Construit avec *belle*, voir *belle*, et *mère*. Voir *mère*.

■ Toute femme contient une belle-mère.

Jules RENARD, *Journal*, posth. 1925.

Et les pensées de...

■ — Je vous dérange ?
— On ne me dérange jamais quand je mange avec ma belle-mère.

Dialogues de Michel Audiard, *Est-ce bien raisonnable ?* (un film de G. LAUTNER), 1981.

■ C'était ma belle-mère... Elle me dit « Je sens que ma dernière heure est arrivée, je voudrais la passer chez vous ! » Moi, je me dis : « Une heure, c'est vite passé... »

Raymond DEVOS, *À plus d'un titre*, « Dernière heure », © Orban, 1989.

bénir

Du latin *benedicere*, louer quelqu'un ; en latin chrétien, louer Dieu.

■ Eh Parbleu ! Je dirai à celui qui éternue : Dieu vous bénisse, et : Va te coucher, à celui qui bâille.

Pierre Augustin DE BEAUMARCHAIS, *Le Barbier de Séville*, 1775.

Et dans les dictionnaires anciens...

■ Dieu vous bénisse, dit-on à celui qui éternue, ou à un pauvre à qui l'on ne veut rien donner.

J.-F. FÉRAUD, *Diction(n)aire critique de la langue française*, 1787.

berceau

Dérivé de l'ancien français *bers*, berceau.

■ Les enfants apprenaient, dès le berceau, à regarder la patrie comme une mère commune.

Jacques-Bénigne BOSSUET, *Discours sur l'histoire universelle*, 1681.

Et dans les dictionnaires anciens...

■ *Berceau*. Lit de jeune enfant qui est mobile & branslant, afin de l'endormir.

Antoine FURETIÈRE, *Dictionnaire universel*, 1690.

➤ VOIR aversion, bêler, famille, France, hasard, lune.

berceuse

Dérivé de *bercer*, de l'ancien français *bers*, berceau.

■ Oui, mon berceau me semble doux encore, / Et la berceuse a pourtant disparu.

Pierre-Jean DE BÉRANGER, *Chansons*, « Souvenir d'enfant » 1812-1830.

berger, bergère

Du latin populaire *berbicarius*, dérivé de *berbex*, brebis.

■ Tous les amants font toujours des chansons pour leur bergère... Et moi aussi j'en ai fait une pour elle.

André CHÉNIER, *Les Bucoliques*, 1794.

■ Qu'est-ce qu'une bergère ? Un gros morceau de chair qui a le visage roux, les mains rouges, les cheveux gras, qui sent le beurre et l'ail.

Jules JANIN, *L'Âne mort et la femme guillotinée*, 1829.

■ Elles me conteront le rustique mystère / Des noces de la lune avec le beau berger.

Anna DE NOAILLES, *Le Cœur innombrable*, « Les Nymphes », 1901.

■ Il est vrai que le berger pense beaucoup aux moutons et au bien des moutons ; les choses ne se gâtent qu'à l'égorgement ; mais c'est chose prompte, séparée, et qui ne change point les sentiments.

ALAIN, *Propos*, © Gallimard, 1923.

Et dans les dictionnaires anciens...

■ *Berger*. [...] Il se prend au sens figuré pour Amant & Amante. Il faut qu'une bergère soit fidèle à son berger.

Dictionnaire de l'Académie française, 1694.

➤ VOIR écho, siffler.

besogne

Du francique *bisunnia*, soin, souci.

■ Elle était joliment forte, quoique pas plus grosse qu'une mauviette ; elle vous troussait la besogne, fallait voir !

Émile ZOLA, *Une page d'amour*, 1878.

Et dans les dictionnaires anciens...

■ On dit aussi prov. Aimer besogne faite, en parlant d'un paresseux qui n'aime pas travailler.

Dictionnaire de l'Académie française, 1694.

besoin

Du francique *bisun(n)i*, soin, besoin.

■ Il faut, autant qu'on peut, obliger tout le monde : / On a souvent besoin d'un plus petit que soi.

Jean DE LA FONTAINE, *Fables*, « Le Lion et le Rat » 1668-1694.

➤ VOIR travail, bonheur, citation.

best-seller

Emprunt à l'anglo-américain, construit avec *best*, meilleur, et *seller*, qui se vend.

■ Quelles sont, en somme, les joies du best-seller ? L'une des plus appréciables, c'est de pouvoir faire exactement les mêmes choses qu'avant, mais sans complexe.

Pierre DANINOS, *Daninoscope*, © Presses de la cité, 1963.

Et les pensées de...

■ Un best-seller, c'est une bouche de métro un soir d'affluence.

Bernard FRANK, *Portraits et Aphorismes*, © Le Cherche midi, 2001.

bête, bêtise

Du latin *bestia*, animal (par opposition à l'homme).

■ On n'est point toujours une bête pour l'avoir été quelquefois.

Denis DIDEROT, *Les Bijoux indiscrets*, 1748.

■ Vous verrez plus bête et plus stupide que le fils du manant.

Jean-Jacques ROUSSEAU, *Émile ou De l'éducation*, 1762.

■ Boire sans soif et faire l'amour en tout temps, Madame, il n'y a que ça qui nous distingue des autres bêtes.

Pierre Augustin DE BEAUMARCHAIS, *Le Mariage de Figaro*, 1784.

■ Un air de béatitude faisait volontiers prendre sa simplicité pour bêtise.

Louis DE SAINT-SIMON, *Mémoires* (1739-1749), posth. 1829-1830.

■ Cette nuit, suis seul. Cinquante hectares autour de moi de petites bêtes parmi les herbes. Qui peut connaître leur nombre ?

Mohammed EL AMRAOUI, *De ce côté-ci et alentour*, © Le Dé bleu, 2006.

Et dans les dictionnaires anciens...

■ *Bête.* Animal irraisonnable. Bête brute. *Bêtes fauves.* Ce sont les cerfs, les chevreuils et les daims. *Les bêtes noires.* Ce sont les sangliers et les marcassins. *Bêtes de charge, de somme, de voiture.* Ce sont les bêtes qui portent, ou qui tirent.

Pierre RICHELET, *Dictionnaire françois*, 1680.

■ On est *bête* par défaut d'intelligence, *stupide* par défaut de sentiment, *idiot* par défaut de connaissance.

Gabriel GIRARD, *Synonymes françois*, 1736.

▶ VOIR ange, bassesse, esprit, insignifiance.

béton

De *betun*, mortier, au XIIe s., du latin *bitumen*, bitume.

■ Touiller le béton tout l'hiver comme l'été, ce n'était pas du tout, du tout sa tasse de thé.

Rémo FORLANI, *Un roi qu'a des malheurs*, © éd. Denoël, 1980.

Et dans les dictionnaires anciens...

■ Nom vulgaire, mais peu usité du lait trouble et épais contenu dans les mamelles au moment de l'accouchement.

Émile LITTRÉ, *Dictionnaire de la langue française*, 1863-1872.

beurre

Du latin populaire *butrum*, du grec *bouturon*, beurre, fromage de vache.

■ Le bouc en morceaux cuisait à gros bouillons dans le beurre rance des pasteurs.

Gustave FLAUBERT, *La Tentation de saint Antoine*, 1849.

Et dans les dictionnaires anciens...

■ On dit [...] qu'en Espagne le beurre n'y est en usage que pour les ulcères ; & que le meilleur opiate [dentifrice] pour avoir les dents belles, c'est de les frotter avec du beurre.

Antoine FURETIÈRE, *Dictionnaire universel*, 1690.

biais

De l'ancien provençal *biais*, direction oblique, détour, du latin *biaxius*, qui a deux axes.

■ Vous me défendez mieux que je ne saurais faire / Et du biais qu'il faut vous prenez cette affaire.

MOLIÈRE, *Sganarelle ou le Cocu imaginaire*, 1660.

■ Il est certains esprits qu'il faut prendre de biais, / Et que, heurtant de front, vous ne gagnez jamais.

J.-F. RÉGNARD, *Le Légataire universel*, 1708.

bible

Du grec *biblia*, livres saints.

■ « L'amour est fort comme la mort. » Qui dit cela ? C'est la Bible.

Jules MICHELET, *L'Insecte*, 1857.

■ Prends donc une bonne tranche de vieille Bible, bien saignante, chaque matin.

Romain ROLLAND,
Jean-Christophe, © Albin Michel, 1909.

Et dans les dictionnaires anciens...

■ On a dit aussi, la grand' Bible des Noëls vieux & nouveaux, pour dire, les livres où sont contenues les Chansons de Noël.

Antoine FURETIÈRE, *Dictionnaire universel*, 1690.

bibliothèque

Du latin *bibliotheca*, du grec *bibliothêkê*, construit avec *biblion*, livres, et *thêkê*, coffre, lieu de dépôt.

■ Une immense bibliothèque ressemble à la ville de Paris, dans laquelle il y a près de huit cent mille hommes : vous ne vivez pas avec tout ce chaos : vous y choisissez quelque société, et vous en changez.

VOLTAIRE, *Lettre à un premier commis*, 20 juin 1733, 1746.

■ J'aime à bouleverser une bibliothèque, / Fouiller un chroniqueur qu'on a laissé moisir, / Déchiffrer un Latin, quelque vieille ode grecque, / Essayer un rondeau, peindre un ange à loisir.

Pétrus BOREL, *Rhapsodies*, 1831.

■ Bibliothèque. Toujours en avoir une chez soi, principalement quand on habite à la campagne.

Gustave FLAUBERT,
Le Dictionnaire des idées reçues, posth. 1913.

■ C'est un homme d'une grande valeur, qui sait énormément, et cela ne l'a pas racorni, n'a pas fait de lui un rat de bibliothèque comme tant d'autres, qui sentent l'encre.

Marcel PROUST, *La Prisonnière*, 1922.

■ En Afrique, quand un vieillard meurt, c'est une bibliothèque qui brûle.

Amadou HAMPÂTÉ BÂ, *Conférence à l'Unesco*, 1960.

Et les pensées de...

■ La vraie ambition des livres est de chasser les hommes des bibliothèques et de leurs maisons et d'en occuper tout le territoire pour une grandiose et solitaire jouissance.

Bernard PIVOT,
Le Métier de lire, © Gallimard, 1990.

■ Bibliothèques de maisons de campagne : c'est la maison de retraite des livres, leur ultime séjour avant le cimetière.

Charles DANTZIG,
Dictionnaire égoïste de la littérature française, © Grasset, 2005.

▶ VOIR mémoire.

bicyclette

Diminutif de *bicycle*, construit d'après *tricycle*, avec *bi-* et *cycle*.

■ Les bicyclettes pouvant encore rouler sans péril, des milliers de piétons avaient triplé de vitesse en devenant cyclistes.

Jules ROMAINS,
Les Hommes de bonne volonté,
© Flammarion, 1932.

■ Ça a son charme la bicyclette. En un sens, c'est même mieux que l'auto. On allait moins vite ; mais les odeurs d'herbe, de bruyère, de sapin, la douceur ou la fraîcheur du vent vous pénétraient jusqu'aux os.

Simone DE BEAUVOIR,
Les Mandarins, © Gallimard, 1954.

Et dans les dictionnaires anciens...

■ *Bicyclette*. Vélocipède à deux roues. [...] La bicyclette sans chaîne est dite *acatène*.
Bicycliste. Personne qui fait usage du bicycle [vélocipède dont la roue avant est mise en mouvement par l'action des pieds sur deux pédales] ou de la bicyclette.

Petit Larousse illustré, 1905.

▶ VOIR dépaysement, distraction.

bien

De l'adverbe latin *bene*.

■ Le bien de la fortune est un bien périssable, / Quand on bâtit sur elle, on bâtit sur le sable.

RACAN, *Stances sur la retraite*, 1618.

■ Philosophes trompés qui criez : « Tout est bien » / Accourez, contemplez ces ruines affreuses, / Ces débris, ces lambeaux, ces cendres malheureuses, / Ces femmes, ces enfants l'un sur l'autre entassés.

VOLTAIRE, *Poème sur le désastre de Lisbonne*, 1755.

■ J'ai été étonné du plaisir qu'on éprouve en faisant le bien ; et je serais tenté de croire que ce que nous appelons les gens vertueux n'ont pas tant de mérite qu'on se plaît à nous le dire.

Pierre CHODERLOS DE LACLOS, *Les Liaisons dangereuses*, 1782.

■ Où l'on est bien, on se sent chez soi ; et où l'on se sent désiré, l'on est bien.

Henri-Frédéric AMIEL, *Journal intime*, 1847-1883.

■ Nasty : Écoute, j'ai besoin de sept ans. [...] / Gœtz : [...] Moi, je dis que le Bien est possible, tous les jours, à toute heure, en ce moment même : je serai celui qui fait le Bien tout de suite.

Jean-Paul SARTRE, *Le Diable et le Bon Dieu*, © Gallimard, 1951.

▶ VOIR bien-pensant, cuisine, dégénérer, ouvrage.

bienfait, bienfaiteur

Dérivé de l'ancien verbe *bienfaire*, construit d'après le latin *benefactum*.

■ Un bienfait reproché tient toujours lieu d'offense.

Jean RACINE, *Iphigénie*, 1674.

■ Des bienfaits découverts ne font jamais rougir.

Marie-Joseph CHÉNIER, *Nathan le Sage*, 1780.

■ À Paris la plupart des bienfaits sont des spéculations, comme la moitié des ingratitudes sont des vengeances !

Honoré DE BALZAC, *La Cousine Bette*, 1846.

■ Ai-je toujours volontiers reconnu les bienfaits reçus, et avoué mes bienfaiteurs ? Il déplaît à l'homme d'être inférieur, et toute obligation nous met dans cet état subalterne.

Henri-Frédéric AMIEL, *Journal intime*, 1847-1883.

Et dans les dictionnaires anciens...

■ Au XVIIe s., on écrivait *bienfacteur*.

Émile LITTRÉ, *Dictionnaire de la langue française*, 1863-72.

▶ VOIR machine.

bien-pensant

Première attestation en 1798.

■ Aucun compromis n'était possible : les « bien-pensants » voulaient l'anéantissement des « intellectuels », et réciproquement.

Simone DE BEAUVOIR, *Mémoires d'une jeune fille rangée*, © Gallimard, 1958.

Et les pensées de...

■ Malheur à qui pense seul ! [...] / Le bien est : bien-penser. / Avec le tiret. / Un bien-pensant ne pense pas, / Il bien-pense. / Un bien-pensant n'est pas seul, / Il est la foule.

CAVANNA, *Lettre ouverte aux culs-bénits*, © Albin Michel, 1994.

bienséance

De l'adverbe *bien* et du participe présent de *seoir*, au sens de *convenir*.

■ On peut rire des erreurs sans blesser la bienséance.

Blaise PASCAL, *Les Provinciales*, 1657.

Et dans les dictionnaires anciens...

■ Les bienséances obligent souvent ceux qui vivent dans le grand monde à des corvées qui ne sont point de leur goût.

Gabriel GIRARD, *Synonymes françois*, 1736.

bientôt

Au XIVe s., *bien tost*, en peu de temps.

■ Quoi ! vous changez bientôt [rapidement] d'humeur et de langage.

Pierre CORNEILLE, *Polyeucte*, 1643.

■ Tout ce que je connais est que je dois bientôt mourir.

Blaise PASCAL, *Pensées*, 1669.

■ Un jour, bientôt, demain, tout changera de forme.

Victor HUGO, *La Légende des siècles*, 1877.

bière

Du francique *bera*, civière.

■ Souvent, au bord d'une fosse dans laquelle on descendait une bière avec des cordes, j'ai entendu le râlement de ces cordes.

François René DE CHATEAUBRIAND, *Mémoires d'outre-tombe*, posth. 1850.

Et dans les dictionnaires anciens...

■ Pluche, qui aimait les doubles *r*, écrit *bierre* dans le second sens [boisson]. Le Traducteur de l'*Hist. d'Angl.* de M. Hume emploie aussi cette orthographe. Elle serait utile pour distinguer *bierre* (boisson) de *bière* (cercueil).

Jean-François FÉRAUD, *Diction(n)aire critique de la langue française*, 1787.

bigamie

Du latin médiéval *bigamia*, du grec *bi*, deux, et *gamos*, mariage.

■ Un Anglais fut absous du crime de bigamie parce qu'il avait épousé trois femmes, sous prétexte que la loi anglaise punit la bigamie mais reste muette sur la polygamie.

Benjamin CONSTANT, *Grand Dictionnaire universel du* XIXe siècle, cité par Pierre Larousse, 1864.

Et les pensées de...

■ De la bigamie, c'est quand on a deux femmes, quand on en n'a qu'une, c'est de la monotonie.

COLUCHE, *Ça roule, ma poule*, © Le Cherche midi, 2002.

bijou

Du breton *bizou*, anneau pour le doigt, dérivé de *biz*, doigt.

■ Elle était heureuse d'être la pensée constante de son amant. Elle acceptait les bijoux comme de simples souvenirs.

Émile ZOLA, *Madeleine Férat*, 1868.

Et dans les dictionnaires anciens...

■ Les riches parures, les bijoux coûteux et inutiles sont des hochets pour la vanité.

Dictionnaire de l'Académie française, 1798.

bile

Du latin *bilis*, liquide sécrété par le foie.

■ Par là corbleu ! Gardez d'échauffer trop ma bile.

MOLIÈRE, *Sganarelle ou le Cocu imaginaire*, 1660.

■ Il n'y a que la méchanceté orgueilleuse et hypocrite qui m'a quelquefois ému la bile.

VOLTAIRE, *Lettre*, 25 février 1765.

Et dans les dictionnaires anciens...

■ Humeur mobile, & active, chaude & sèche qui se trouve dans le corps. *Bile noire* : C'est la lie du sang.

Pierre RICHELET, *Dictionnaire françois*, 1680.

■ Il y a deux sortes de bile, la bile jaune, & la bile noire, qu'on nomme autrement mélancolie.

Antoine FURETIÈRE, *Dictionnaire universel*, 1690.

billet

De l'ancien français *billette*, lettre, sauf-conduit.

■ Oh ! Ces regards tout pleins de billets doux, ces pieds / Qui se cherchent tout bas, vainement épiés !

Théodore DE BANVILLE, *Les Cariatides*, 1842.

Et dans les dictionnaires anciens...

■ *Billet de banque* . C'est un morceau de papier roulé qu'on distribue à ceux qui mettent aux loteries. Il a eu un billet noir ; il a eu tous billets blancs.

Antoine FURETIÈRE, *Dictionnaire universel*, 1690.

▶ VOIR bruissement.

billevesée

▶ VOIR trône.

biographe

Construit avec *bio-*, du grec *bios*, manière de vivre, mode de vie humain, et *-graphe*, du grec *graphos*, qui écrit.

■ Alors succédaient les biographies d'art et les livres historiques, écrits un peu sous ma pression et la tendance naturelle de mon esprit vers la vérité du passé ou du présent.

Jules et Edmond DE GONCOURT, *Journal*, 1851-1896.

Et les pensées de...

■ Les biographes qui cherchent à savoir comment nos vies ont conditionné nos livres ne se demandent pas si un écrivain, à la longue, n'est pas modifié par ses livres.

Charles DANTZIG, *Dictionnaire égoïste de la littérature française*, © Grasset, 2005.

bizarre

De l'italien *bizzaro*, coléreux.

■ Ils recherchent l'effet, et leur crayon outré / Tombe dans le bizarre ou dans l'exagéré.

Auguste BARBIER, *Satires*, « Le Secret de bien des gens », 1865.

■ Le singulier me touche et l'étrange me charme ; / J'excuse le bizarre et me sens fort épris / Du rare.

Robert DE MONTESQUIOU-FÉZENSAC, *Les Hortensias bleus*, 1896.

Et dans les dictionnaires anciens...

■ L'orthographe *bigearre*, ordinaire au XVIe s. et au commencement du XVIIe, est encore autorisée par Vaugelas.

Adolphe HATZFELD ET Arsène DARMESTETER, *Dictionnaire général de la langue française*, 1900.

▶ VOIR singulier.

bizutage

Dérivé de *bizut*, d'origine obscure.

■ Le bizutage est à l'image de ceux qui l'imposent, il y a les tolérants et les imbéciles, et il semblerait que les tolérants soient minoritaires. [...] Si vous donnez une once d'autorité à un individu intelligent, il en use, si vous la donnez à un imbécile, il en abuse.

Jean AMADOU, *De quoi j'me mêle !*, © Robert Laffont, 1998.

blaguer

Dérivé de *blague*, du néerlandais *blag* ou *balg*, gaine, enveloppe.

■ Qu'est-ce que tu veux ? Je ne suis sincère que quand je blague.

André GIDE, *Les Faux-Monnayeurs*, © Gallimard, 1925.

blâme, blâmer

Du latin populaire *blastemare*, faire des reproches, altération de *blasphemare*, blasphémer.

■ Peu de gens sont assez sages pour préférer le blâme qui leur est utile à la louange qui les trahit.

François DE LA ROCHEFOUCAULD, *Réflexions ou Sentences et Maximes morales*, 1664.

■ Je blâme également et ceux qui prennent parti de louer l'homme et ceux qui le prennent de le blâmer.

Blaise PASCAL, *Pensées*, 1669.

■ Je lui dirais... que les sottises imprimées n'ont d'importance qu'aux lieux où l'on en gêne le cours ; que, sans la liberté de blâmer, il n'est point d'éloge flatteur, et qu'il n'y a que les petits hommes qui redoutent les petits écrits.

Pierre Augustin DE BEAUMARCHAIS, *Le Mariage de Figaro*, 1784.

Et dans les dictionnaires anciens...

■ Souvent ceux qui blasment les autres tombent dans les mêmes défauts. Il y bien des gens qu'on blasme à tort.

Antoine FURETIÈRE, *Dictionnaire universel*, 1690.

blanc

Du germanique *blank*, brillant, clair.

■ Après tout être blanc, / C'est une absence de pigmentation / Plutôt qu'une qualité spéciale, / Et on ne voit pas pourquoi / Des types qui ont inventé la poudre / Se prétendraient supérieurs à tout le monde.

Boris VIAN, *L'Herbe rouge*, © Christian Bourgois, 1952.

blé

Du francique *blad*, produit de la terre.

■ Par les soirs bleus d'été, j'irai dans les sentiers, / Picoté par les blés, fouler l'herbe menue.

Arthur RIMBAUD, *Poésies*, 1871.

■ Il ne reste que du blé pur dans le van, comme la perle dans la coquille.

Jules RENARD, *Journal*, posth. 1925.

■ Étoile de la mer voici la lourde nappe / Et la profonde houle et l'océan des blés / Et la mouvante écume et nos greniers comblés.

Charles PÉGUY, *La Tapisserie de Notre-Dame*, © Gallimard, 1913.

Et dans les dictionnaires anciens...

■ *Blé*. Plante qui produit un chaume noueux, qui a la feuille comme les roseaux, & qui porte dans des épis, une graine propre à faire du pain.

Pierre RICHELET, *Dictionnaire françois*, 1680.

blesser, blessure

Du gallo-romain *blettiare*, meurtrir, qui remonte au francique *blettjan*.

■ Il n'a devant lui que sa chère Troyenne ; / Tout autre objet le blesse.

Pierre CORNEILLE, *Andromède*, 1650.

■ Il est des blessures / Dont un cœur généreux peut rarement guérir : / La cicatrice en reste.

VOLTAIRE, *Tancrède*, 1760.

■ Personne mieux qu'elle n'a le pouvoir de me blesser par de petits moyens, sans recourir à aucune parole. Ensuite, impossible à moi de recouvrer mon Ciel, comme s'il était voilé, terni pour toujours.

Marcel JOUHANDEAU, *L'Éternel procès*, © Gallimard, 1959.

Et dans les dictionnaires anciens...

■ Un extravagant a l'esprit blessé, est blessé du cerveau.

Antoine FURETIÈRE, *Dictionnaire universel*, 1690.

▶ VOIR désastre.

bleu

En passant par le latin chrétien *blavus*, du francique *blao*.

■ Air bleu, eau bleue, azur qui vibre, / De tout ce jardin fabuleux.

Anna DE NOAILLES, *Les Éblouissements*, 1907.

■ Le bleu froid est entré dans ma chambre, traînant une très faible couleur carnée qui le trouble. Ruisselante, contractée, arrachée à la nuit, c'est l'aurore.

COLETTE, *Naissance du jour*, © Flammarion, 1928.

▶ VOIR coup.

blond, blonde

Sans doute d'origine germanique.

■ Blondes : Plus chaudes que les brunes. [...]

Gustave FLAUBERT, *Le Dictionnaire des idées reçues*, posth. 1913.

Et dans les dictionnaires anciens...

■ *Blonde*. Celle qui a les cheveux blonds. C'est une blonde fort jolie.

Pierre RICHELET, *Dictionnaire françois*, 1680.

▶ VOIR brun.

blottir

Peut-être du bas allemand *blotten*, écraser.

■ Dans nos maisons mêmes, ne trouvons-nous pas des réduits et des coins où nous aimons nous blottir ? Blottir appartient à la phénoménologie du verbe habiter. N'habite avec intensité que celui qui a su se blottir.

Gaston BACHELARD, *La Poétique de l'espace*, © PUF, 1957.

Et dans les dictionnaires anciens...

■ Se blot[t]ir. Ce mot se dit des perdrix, & signifie se cacher en se ramassant et s'abaissant.

Pierre RICHELET, *Dictionnaire françois*, 1680.

blouse

D'origine inconnue, probablement régionale.

■ Apprends un peu, bougre de greluchon, que la blouse est le plus beau vêtement, oui ! Le vêtement du travail !

Émile ZOLA, *L'Assommoir*, 1877.

blue-jean

De l'anglo-américain, construit avec *blue*, bleu, et *jeans*, pantalon de toile de coton.

■ Si la tenue réglementaire pour le pesage de Deauville avait été la chemise polo et le blue-jean, ces jeunes gens auraient mis chapeaux et cravates.

Pierre DANINOS, *Un certain monsieur Blot*, © Hachette, 1960.

Et les pensées de...

■ Au fait, sais-tu ce que ça veut dire en anglais, un blue-jean ? — Non. — Treillis bleu. Or le treillis, c'était l'étoffe dont l'armée française fabriquait les bourgerons.

ÉTIEMBLE,
Parlez-vous franglais ?, © Gallimard, 1964.

bluff

De l'anglo-américain *bluff*, coup de poker.

■ Le bluff peut aussi être mêlé à la sincérité, alterner avec elle, et que ce qui était un jeu hier devienne une réalité demain.

Marcel PROUST, *Albertine disparue*, 1922.

bœuf

Du latin *bos, bovis*.

■ Non loin, quelques bœufs blancs couchés parmi les herbes, / Bavent avec lenteur sur leurs fanons, épais, / Et suivent de leurs yeux languissants et superbes / Le songe intérieur qu'ils n'achèvent jamais.

LECONTE DE LISLE,
Poèmes antiques, « Midi », 1852.

Et les pensées de...

■ J'ai failli être en retard... parce que je suis venu en deux bœufs ! En deux bœufs... ! En France, on n'a pas de pétrole, mais on a des idées. Alors j'ai troqué ma deux chevaux contre une deux bœufs ! [...] une deux bœufs blancs tachés de roux !

Raymond DEVOS, *À plus d'un titre*,
« Ma deux bœufs », © Orban, 1989.

bohème

Du latin médiéval *Bohemus*, habitant de la Bohême.

■ Il enterrait cependant allègrement la bohême, prônait l'ordre, la vie bourgeoise, élégante, organisée.

Françoise SAGAN,
Bonjour tristesse, © Julliard, 1954.

boire

Du latin *bibere*, boire.

■ Mais ici maintenons que ce n'est pas rire, mais boire, qui est le propre de l'homme, je ne dis pas boire simplement et absolument, car les bêtes boivent aussi bien ; je dis boire du vin bon et frais.

François RABELAIS, *Le Cinquième Livre*, 1564.

■ Adieux, regrets, baisers... / Mon âme s'en troublait, mon oreille ravie / Buvait languissamment ces prémices de la vie.

Alphonse DE LAMARTINE, *Jocelyn*, 1836.

■ Je bois / Systématiquement / Pour oublier les amis de ma femme / Je bois / Systématiquement / Pour oublier tous mes emmerdements [...].

Boris VIAN, *Textes et chansons*,
« Je bois », © Julliard, 1955.

Et les pensées de...

■ Faut tout lire. Faut tout voir. Faut tout boire.

Jacques DUTRONC,
Pensées et Répliques, © *Le Cherche midi*, 2000.

▶ VOIR abeille, aurore, bégayer, bête, chaleur, cuisine, gourmet, lecture, mémoire, soif, souvenir, troubler, viande.

bois

Du bas latin *bosci*, terrain boisé, du francique *bosk*, buisson.

■ Bois, bien que perdiez tous les ans / En hiver vos cheveux mouvants, / L'an d'après qui se renouvelle / Renouvelle aussi votre chef.

Pierre DE RONSARD, *Odes*, 1550-1556.

■ Mon Dieu ! Que mes yeux sont contents / De voir ces bois, qui se trouvèrent / À la nativité du temps / Et que tous les siècles révèrent, / Être encore aussi beaux et verts / Qu'aux premiers jours de l'univers !

SAINT-AMANT, *Poésies*,
« La solitude », 1629-1658.

■ Salut, bois couronnés d'un reste de verdure, / Feuillage jaunissant sur les gazons épars !

Alphonse DE LAMARTINE,
Nouvelles Méditations poétiques, 1823.

■ Bois : Sont propres à composer des vers.

Gustave FLAUBERT,
Le Dictionnaire des idées reçues (1877), posth. 1913.

■ Le charme, le délice de ce pays fait de collines et de vallées si étroites que quelques-unes sont des ravins, c'est les bois, les bois profonds et envahisseurs, qui moutonnent et ondulent jusque là-bas, aussi loin qu'on peut voir. [...] Chers bois ! Je les connais tous ; je les ai battus si souvent.

COLETTE, *Claudine à l'école*, © Mercure de France, 1900.

▶ VOIR bûcheron.

boiteux

Dérivé de *boîte* dans son sens anatomique, cavité d'un organe, d'un os.

■ D'où vient qu'un boiteux ne nous irrite pas, et un esprit boiteux nous irrite ?

Blaise PASCAL, *Pensées*, 1669.

Et dans les dictionnaires anciens...

■ Il faut attendre le boiteux : Se dit en matière de nouvelle, pour dire qu'il en faut attendre la confirmation avant que de le croire.

Philibert Joseph LE ROUX, *Dictionnaire comique, satyrique, critique*, 1786.

bombe

De l'italien *bomba*, du latin *bombus*, bruit retentissant.

■ Les bourgeois à la première bombe se seraient rendus.

Charles-Louis DE MONTESQUIEU, *Lettres persanes*, 1721.

Et dans les dictionnaires anciens...

■ *Bombe.* Grosse boule de fer qu'on remplit de feux d'artifice et de clous, et qu'on jette dans les places assiégées pour les ruiner. *Bombe foudroyante.* C'est une bombe qui tue, fracasse, et brise tout.

Pierre RICHELET, *Dictionnaire françois*, 1680.

bon

Du latin *bonus*, convenable, estimable.

■ Je suis bonne sœur si vous n'êtes bon frère.

Pierre CORNEILLE, *Pompée*, 1643.

■ Quiconque est bon voit clair dans l'obscur carrefour ; / Quiconque est bon habite un coin du ciel.

Victor HUGO, *La Légende des siècles*, « Le Crapaud », 1859.

Et dans les dictionnaires anciens...

■ La diette est bonne pour la santé. Le lit est bon pour le rheume. Les artichaux sont bons à manger.

Antoine FURETIÈRE, *Dictionnaire universel*, 1690.

Bonaparte

■ Il n'y a pas un paysan qui ne dise que Bonaparte vit et qu'il reviendra ; c'est entre eux une espèce d'argot, de mot convenu pour narguer le gouvernement.

Paul-Louis COURIER, *Pamphlets politiques*, 1819-1820.

■ Le monde appartient à Bonaparte ; ce que le ravageur n'avait pu achever de conquérir, sa renommée l'usurpe ; vivant il a manqué le monde, mort il le possède.

François René DE CHATEAUBRIAND, *Mémoires d'outre-tombe*, posth. 1850.

▶ VOIR Napoléon.

bonheur

Construit avec *bon* et *heur*, du latin populaire *agurium*, altération du latin classique *augurium*, présage, chance.

■ Lorsqu'il [l'homme] peut compter chacun de ses jours par quelques douceurs, il a le droit de s'applaudir et de se dire : « C'est moi qui ai produit les biens qui m'environnent, c'est moi qui suis l'artisan de mon bonheur. »

François-Constantin DE VOLNEY, *Les Ruines*, 1791.

■ Que l'Europe apprenne que vous ne voulez plus un malheureux ni un oppresseur sur le territoire français ; que cet exemple fructifie sur la Terre ; qu'il s'y propose l'amour des vertus et le bonheur ! Le bonheur est une idée neuve en Europe.

SAINT-JUST, *Rapport sur le mode d'exécution du décret contre les ennemis de la Révolution*, 1794.

■ Il entre dans la composition de tout bonheur l'idée de l'avoir mérité.

Joseph JOUBERT, *Pensées, essais, maximes et correspondances*, posth. 1838.

■ Mon bonheur était vieux comme le premier printemps de ce monde.

Jules JANIN, *L'Âne mort*, 1829.

■ Mes petites misères sont éclipsées par mes bonnes chances, et je jouis, à tout prendre, des trois conditions grecques du bonheur : santé, aisance, intelligence.

Henri-Frédéric AMIEL, *Journal intime*, 1847-1883.

■ Mon bonheur est d'augmenter celui des autres. J'ai besoin du bonheur de tous pour être heureux.

André GIDE, *Les Nouvelles Nourritures terrestres*, © Gallimard, 1935.

■ Antigone : Vous me dégoutez tous avec votre bonheur ! Avec votre vie qu'il faut aimer coûte que coûte. On dirait des chiens qui lèchent tout ce qu'ils trouvent.

Jean ANOUILH, *Antigone*, © La Table Ronde, 1944.

■ *Vient le bonheur* / informe comme l'eau / et j'écoute la bête à mots / qui remue dans ma bouche [...].

Bernard NOËL, *La Peau des mots*, « Poème à déchanter », © Flammarion, 1972.

Et les pensées de...

■ Le bonheur n'est pas quelque chose que l'on vit, c'est plus quelque chose dont on se souvient.

Jacques DUTRONC, *Pensées et Répliques*, © Le Cherche midi, 2000.

■ L'idée du bonheur m'est étrangère, je ne le conçois pas donc je ne le cherche pas.

Serge GAINSBOURG, *Pensées, provocs et autres volutes*, © Le Cherche midi, 2006.

▶ VOIR cher, émotion, étrange, malheur.

bonhomie

Dérivé de *bonhomme*, construit à partir de bon homme.

■ C'est de cette retraite que je vous dis que votre procédé me désarme pour jamais, que bonhomie vaut mieux que raillerie.

VOLTAIRE, *Lettre*, 27 avril 1761.

■ La bonhomie est une perfection. Elle consiste à ne refuser son intérêt à rien de ce qui occupe l'attention, et son attention à rien de ce qui est innocent.

Joseph JOUBERT, *Pensées, essais, maximes et correspondances*, posth. 1838.

bonjour

Construit avec *bon* et *jour*.

■ Eh bonjour ! Monsieur du Corbeau.

Jean DE LA FONTAINE, *Fables*, « Le Corbeau et le Renard », 1668-1694.

■ On peut dire « bonjour » sans penser que c'est un souhait de beau temps, de bonne humeur, de bon succès. Le premier sens de ce mot, celui qui porte tous les autres, vient d'un air ouvert et bienveillant, confiant, hospitalier.

ALAIN, *Propos*, © Gallimard, 1930.

bonne

Terme d'affection né au XVIIIe s. désignant notamment une gouvernante d'enfants.

■ C'est un fait avéré, que Madame, fille du Roi, jouant avec une de ses bonnes, regarda à sa main, et, après avoir compté ses doigts : « Comment ! dit l'enfant avec surprise, vous avez cinq doigts aussi, comme moi ? » Et elle recompta pour s'en assurer.

Nicolas DE CHAMFORT, *Maximes et pensées, caractères et anecdotes*, 1795.

bonnet

D'origine obscure. Peut-être du latin médiéval *abonnis*, bandeau servant de coiffure.

■ Il opine du bonnet comme un moine en Sorbonne.

Blaise PASCAL, *Les Provinciales*, 1656-1657.

bon sens

▶ VOIR sens.

bonsoir

Construit avec *on* et *soir*. Attesté au XVIIIe s.

■ Quelques paysans qui nous rencontraient nous disaient avec un accent singulièrement doux et triste : bonsoir. Ce salut de l'homme, dans cette affreuse solitude et à l'approche de cet orage, avait quelque chose d'aimable et de solennel.

Jules MICHELET, *Journal*, 1835.

■ Et je vous dirai un bonsoir qui coupera court et pour jamais à nos relations. C'est mieux, puisque nous devons nous quitter pour toujours, que nous le fassions comme en musique, sur un accord parfait.

Marcel PROUST, *Le Côté de Guermantes*, 1920.

bonté

Du latin *bonitas*, *-atis*, dérivé de *bonus*, bon.

■ La bonté, cette charmante qualité, entraîne souvent à l'abnégation totale de soi-même, et c'est à vos amis à s'occuper de vous lorsque vous vous oubliez.

MADAME DE STAËL, *Lettres de jeunesse*, 1785.

■ Une partie de la bonté consiste peut-être à estimer et à aimer les gens plus qu'ils ne le méritent ; mais alors une partie de la prudence est de croire que les gens ne valent pas toujours ce qu'on les prise.

Joseph JOUBERT, *Pensées, essais, maximes et correspondances*, posth. 1838.

■ La bonté qui du monde éclaire le visage, / La bonté, ce regard du matin ingénu, / La bonté, pur rayon qui chauffe l'Inconnu, / Instinct qui dans la nuit et dans la souffrance aime, / Est le trait d'union ineffable et suprême / Qui joint, dans l'ombre, hélas ! Si lugubre souvent, / Le grand ignorant, l'âne, à Dieu le grand savant.

Victor HUGO, *La Légende des siècles*, « Le Crapaud », 1859.

▶ VOIR accompagner, critique, curé.

borne

Du latin populaire *bodina*, arbre frontière, poteau délimitant un territoire.

■ Qui donnera des bornes à ce torrent ?

FÉNELON, *Les Aventures de Télémaque*, 1669.

■ Est-ce ma faute, si je trouve partout des bornes, si ce qui est fini n'a pour moi aucune valeur ?

François René DE CHATEAUBRIAND, *René*, 1805.

Et dans les dictionnaires anciens...

■ *Borne*. Limite. Pierre ronde qui finit en pyramide, & qu'on met aux coins des rues & contre les murs dans les endroits passants de peur que les roues des Harnois ne ruinent les murailles.

Pierre RICHELET, *Dictionnaire françois*, 1680.

borner

Construit sur *borne*, attesté au XIIIe s.

■ Ne borne pas ta gloire à venger un affront.

Pierre CORNEILLE, *Le Cid*, 1637.

bossu

Dérivé de *bosse*, du latin populaire *bottia*, d'origine obscure.

■ Dans le temps des farces de la foire Saint-Laurent, il parut sur le théâtre un Polichinelle bossu par-devant et par-derrière. On lui demandait ce qu'il avait dans sa bosse de devant. « Des ordres, dit-il. — Et dans ta bosse de derrière ? — Des contre-ordres. »

Nicolas DE CHAMFORT, *Maximes et pensées, caractères et anecdotes*, 1795.

Et dans les dictionnaires anciens...

■ On a observé que les bossus montrent en général de la gaieté, et qu'ils sont habitués à rire, même à leurs dépens.

Maurice LACHÂTRE, *Dictionnaire français illustré*, 1856.

bouc

Sans doute du gaulois *bucco*.

■ Elle a ce cauchemar : l'obscénité des choses. / Des boucs, louchant de lubricité, brisent leurs cornes en des caresses furieuses.

Joséphin PÉLADAN, *Vice suprême*, 1884.

bouche

Du latin *bucca*, bouche.

■ Belle bouche d'ambre et de rose, / Ton entretien [discours] est déplaisant, / Si tu ne dis en me baisant, / Qu'aimer est une belle chose.

Théophile DE VIAU, *Œuvres poétiques*, 1624.

■ Oui, la rencontre des bouches est la plus parfaite, la plus divine sensation qui soit donnée aux humains, la dernière, la suprême limite du bonheur.

Guy DE MAUPASSANT, *Le Baiser*, 1882.

■ Bouche plus suave que le miel / Au creux des ruches amassé, / Bouche plus vive que les hauts pavots / Parmi la prée, / Accole, ô sa bouche, rebaise la bouche mienne, / Que tout forcené je devienne !

Jean MORÉAS, *Poèmes et Sylves*, 1896.

■ Un baiser, mais à tout prendre qu'est-ce ? / [...] C'est un secret qui prend la bouche pour oreille, / Un instant d'infini qui fait un bruit d'abeille.

Edmond ROSTAND, *Cyrano de Bergerac*, 1898.

■ « Avoir la bouche toujours pleine de sucre pour confire les paroles, car les ennemis mêmes y prennent goût », tel est l'ABC d'un art de plaire qui exalte le goût des hommes en avivant le ragoût des choses.

Vladimir JANKÉLÉVITCH, *Le Je-ne-sais-quoi et le presque rien*, © Le Seuil, 1957.

Et dans les dictionnaires anciens...

■ *Bouche*. Ce mot se dit proprement des personnes, et veut dire tout l'espace qui est depuis les lèvres jusques à la gorge, où sont contenus le palais, les dents, et les amygdales. Bouche vermeille, bouche riante, bouche d'œillet, bouche de rose.

Pierre RICHELET, *Dictionnaire françois*, 1680.

▶ VOIR angoisse, autoriser, baiser, baillon, comprendre, conscience, consonne, crétin, dent, exclamation, gorge, hypocrisie, langage, langue, mari, marseillais, menteur, mouche, noir, obéir, Paris, partir, plaire, relire, rossignol, son, vérité.

boucher

De l'ancien français *bousche*, poignée de paille ; obstruer au moyen d'une poignée de paille.

■ Bouchers : Sont terribles en temps de révolution.

Gustave FLAUBERT, *Le Dictionnaire des idées reçues*, (1877), posth. 1913.

▶ VOIR charcutier, chirurgien.

bouchon

De l'ancien français *bousche*, poignée de paille.

■ Plus léger qu'un bouchon j'ai dansé sur les flots / Qu'on appelle rouleurs éternels de victimes, / Dix nuits, sans regretter l'œil niais des falots !

Arthur RIMBAUD, *Poésies*, « Le Bateau ivre », 1871.

Et dans les dictionnaires anciens...

■ Bouchon de taverne, est un signe qu'on met à une maison pour montrer qu'on y vend du vin à pot. Il est fait de lierre, de houx de cyprès, et quelquefois d'un chou.

Antoine FURETIÈRE, *Dictionnaire universel*, 1690.

boucle

Du latin *buccula*, petite joue. Partie centrale, bosselée, du bouclier au XIIe s.

■ Je mettrai une boucle en leurs narines
Et dans leur bouche un mors.

Victor HUGO, *Les Châtiments*, « Lux », 1853.

bouder, boudeur

Tiré du radical *bod-*, qui exprime le gonflement des joues.

■ Adieu donc, chants du cuivre et soupirs de la flûte ! / Plaisirs ne tentez plus un cœur sombre et boudeur !

Charles BAUDELAIRE, *Les Fleurs du mal*, 1859.

■ Tout à l'heure, j'avais mille fois tort, c'est vrai, / D'ainsi bouder un cœur offert de bonne grâce, / Et c'est moi qui revient à vous, de guerre lasse.

Paul VERLAINE, *Jadis et Naguère*, 1884.

■ Je me disais que bouder devrait être un verbe pronominal : se bouder, c'est exactement ce que je fais dans mes pires moments.

Charles DU BOS, *Journal*, © Buchet Chastel, 1924.

Et dans les dictionnaires anciens...

■ Les esprits faibles & timides sont sujets à bouder.

Antoine FURETIÈRE, *Dictionnaire universel*, 1690.

Et les pensées de...

■ Le boudeur aime se mettre au coin mais déteste qu'on l'y mette.

Bernard FRANK, *Portraits et Aphorismes*, © Le Cherche midi, 2001.

boudin

Mot d'origine obscure, sans doute tiré du radical *bod*, exprimant un renflement.

■ Quand Noël au gai carillon / Fait pétiller les étincelles / [...] sur la braise qui se consume / Nous ferons griller du boudin.

Henri MURGER, *Les Nuits d'hiver*, 1861.

Et les pensées de...

■ J'adore le boudin, je déteste les boudins.

Jacques DUTRONC, *Pensées et Répliques*, © Le Cherche midi, 2000.

boue

Du gaulois *bawa*, saleté, fange.

■ Ils sont méprisés comme de la boue, pendant qu'ils sont pauvres ; quand ils sont riches, on les estime assez.

Charles-Louis DE MONTESQUIEU, *Lettres persanes*, 1721.

■ Tout l'engrais humain et animal que le monde perd, rendu à la terre au lieu d'être jeté à l'eau suffirait à nourrir le monde. Ces tas d'ordure du coin des bornes, ces tombereaux de boue cahotés la nuit dans les rues, ces affreux tonneaux de la voierie, ces fétides écoulements de fange souterraine que le pavé vous cache, savez-vous ce que c'est ? C'est de la prairie en fleur, de l'herbe verte.

Victor HUGO, *Les Misérables*, 1862.

Et dans les dictionnaires anciens...

■ On ne saurait marcher dans Paris, qu'on ne soit tout plein de boue.

Antoine FURETIÈRE, *Dictionnaire universel*, 1690.

▶ VOIR sale.

bouffon

De l'italien *buffone*, formé sur le radical *buff-* qui exprime le gonflement des joues.

■ Molière au hasard s'escrime, c'est un Bouffon qui se grime / Dante vieilli se périme, et Shakespeare nous opprime !

Théodore DE BANVILLE, *Odes funambulesques*, 1859.

Et dans les dictionnaires anciens...

■ On appelle Harlequins, Trivelins, les excellents bouffons. [...] C'est une qualité qui tient lieu de mérite en beaucoup d'endroits, de sçavoir faire le *bouffon* bien à propos.

Antoine FURETIÈRE, *Dictionnaire universel*, 1690.

bouger

Du latin populaire *bullicare*, fréquentatif de *bullire*, bouillonner, bouillir.

■ Et un peu de réconfort leur est venu, c'est que ladite dame, princesse de Castille et royne de Portugal, a été grosse d'un enfant bougeant.

Philippe DE COMMYNES, *Mémoires*, 1498.

■ Si tout autour de nous est semé de chausse-trapes, si le désir n'est qu'une amorce du Malin, pourquoi bouger ?

Henri-Frédéric AMIEL, *Journal intime*, 1847-1883.

bougie

De *Bougie*, en arabe *Bugaya*, ville d'Algérie d'où la cire était importée.

■ Un homme qui vit sans réflexion ne regarde le soleil qui l'éclaire pendant le jour, que comme la bougie qui l'éclaire pendant la nuit.

FÉNELON, *Traité de l'existence de Dieu*, posth. 1748.

■ Ce qu'il faudrait se garder à tout jamais de nommer, ce dont c'est à peine si l'on devrait parler par périphrases [...] : Bougie dont la flamme vacille dès qu'on la plante dans un bougeoir.

Michel LEIRIS, *La Règle du jeu*, © Gallimard, 1976.

bouillant

Participe présent de *bouillir*, du latin *bullire*, faire des bulles, bouillonner.

■ La jeunesse bouillante s'eschauffe si avant...

Michel DE MONTAIGNE, *Essais*, 1580-1595.

■ S'il est prompt et bouillant, le roi ne l'est pas moins.

Pierre CORNEILLE, *Nicomède*, 1651.

Et dans les dictionnaires anciens...

■ On faisait mourir autrefois les faux-monnoyeurs dans de l'huile bouillante.

Antoine FURETIÈRE, *Dictionnaire universel*, 1690.

boulanger

De l'ancien picard *boulenc*, du néerlandais *bolle*, pain rond.

■ À genoux, cinq petits, – misère – / Regardent le boulanger faire / Le lourd pain blond.

Arthur RIMBAUD, *Poésies*, « Les Effarés », 1871.

Et dans les dictionnaires anciens...

■ Sa fatigue [du garçon boulanger] est au-delà de tout ce qu'on saurait imaginer ; son travail est si rude, qu'il est obligé de crier à chaque mouvement qu'il fait pour remuer la pâte dans le pétrin.

Maurice LACHÂTRE, *Dictionnaire français illustré*, 1856.

boulet

Dérivé de *boule*, du latin *bulla*, bulle d'air.

■ Sire, les boulets sont brutaux.

Victor HUGO, *Les Châtiments*, 1853.

■ Tels que la haute mer contre les durs rivages, / À la grande tuerie ils se sont tous rués,
Ivres et haletants, / Par les boulets troués.

LECONTE DE LISLE, *Poèmes barbares*, 1878.

bouquet

Forme normanno-picarde, diminutif de *bos*, *bosc*, bois, forêt.

■ L'ajonc rit près du chemin ; / Tous les buissons des ravines / Ont leur bouquet à la main.

Victor HUGO, *Les Chansons des rues et des bois*, 1865.

■ Moi, je ne puis, chétif trouvère de Paris, / T'offrir que ce bouquet de strophes enfantines.

Paul VERLAINE, *Poèmes saturniens*, 1866.

bouquin

Du néerlandais *boekijn*, diminutif de *boec*, livre.

■ Je n'ai pas pu m'empêcher de dire à la marchande de journaux : — Il est de moi, ce petit bouquin-là. — Ah ! dit-elle, je n'en ai pas encore vendu.

Jules RENARD, *Journal*, posth. 1925.

bourgeois

Du bas latin *burgus*, ensemble d'habitations fortifiées.

■ Le bourgeois à Paris, madame, est un animal mixte, qui tient du grand seigneur et du peuple.

Pierre DE MARIVAUX, *Le Spectateur français*, 1728.

■ Ô vie heureuse des bourgeois ! Qu'avril bourgeonne / Ou que décembre gèle, ils sont fiers et contents. / Ce pigeon est aimé trois jours par sa pigeonne ; / Ça lui suffit : il sait que l'amour n'a qu'un temps. / Ce dindon a toujours béni sa destinée.

Jean RICHEPIN, *La Chanson des Gueux*, 1876.

■ Il semble que de toutes parts la civilisation bourgeoise se trouve plus inexorablement condamnée du fait de son manque absolu de justification poétique.

André BRETON, *Position politique du surréalisme*, 1935.

Et dans les dictionnaires anciens...

■ *Bourgeois, Bourgeoise.* Qui n'a pas l'air de Cour, qui n'est pas tout à fait poli, trop familier, qui n'est pas assez respectueux. Cela est un peu bourgeois.

Pierre RICHELET, *Dictionnaire françois*, 1680.

Et les pensées de...

■ Les bons bourgeois se révoltent volontiers contre les excentricités de Picasso, ils disent qu'il se f... du monde. Mais qui donc a fait la fortune de Picasso ? Les bons bourgeois d'abord.

Pierre DANINOS, *Daninoscope*, © Presses de la cité, 1963.

■ C'est par complexe d'être des bourgeois et par faiblesse de se croire des aristocrates que bien des écrivains des siècles ultérieurs ont attaqué la bourgeoisie.

Charles DANTZIG, *Dictionnaire égoïste de la littérature française*, © Grasset, 2005.

▶ VOIR bombe, catégorie, club, condition, cuisine, vilain.

bourgeon

Du latin populaire *burrio*, dérivé du bas latin *burra*, bourre.

■ Mais attends que l'hiver s'en aille, et tu vas voir / Une feuille percer ces nœuds si durs pour elle, / Et tu te demanderas comment un bourgeon frêle / Peut, si tendre et si vert, jaillir de ce bois noir.

Victor HUGO, *Les Feuilles d'automne*, 1831.

■ Elles allaient, cueillant les bourgeons des vieux chênes, / L'asphodèle, et le lierre aux ceps noirs enroulé.

LECONTE DE LISLE, *Poèmes antiques*, 1874.

▶ VOIR faune.

bourreau

Dérivé de *bourrer*, au sens ancien de maltraiter.

■ Les envieux sont eux-mêmes leurs bourreaux.

Claude FAVRE DE VAUGELAS, traduction de *Quinte-Curce*, (1585-1650).

Et dans les dictionnaires anciens...

■ Dans le langage légal d'aujourd'hui, on ne dit qu'*exécuteur des hautes œuvres*. *Bourreau* est le terme général pour tous les temps et tous les pays.

Émile LITTRÉ, *Dictionnaire de la langue française*, 1863-1872.

bourru

Dérivé de *bourre*, du bas latin *burra*, étoffe grossière à longs poils.

■ Dieu m'a créé bourru, bourru je dois vivre et mourir.

Paul-Louis COURIER, *Lettres particulières*, 1820.

Et dans les dictionnaires anciens...

■ Moine bourru, fantôme, revenant qui était un objet de superstition. Ce fantôme était ainsi dénommé, parce qu'on se le représentait vêtu de bourre ou bure.

Émile LITTRÉ, *Dictionnaire de la langue française*, 1863-1872.

bourse, boursier

Du bas latin *bursa*, cuir, sac en cuir ; référence à la place où se trouvait la bourse de Bruges.

■ La bourse de César fit plus que sa harangue.

Pierre CORNEILLE, *Pompée*, 1643.

■ Boursier : Tous voleurs.

Gustave FLAUBERT, *Le Dictionnaire des idées reçues*, posth. 1913.

Et dans les dictionnaires anciens...

■ Ce dans quoi on serre de l'argent, ou des jetons, & qui est fait de cuir, de velours, de cheveux, ou de quelque jolie étoffe.

Pierre RICHELET, *Dictionnaire françois*, 1680.

boussole

De l'italien *bussola*, petit récipient en bois, du latin populaire *buxula*.

■ L'insecte, dont le corps est revêtu d'écailles insensibles, a des antennes où réside l'organe du toucher, ou peut-être de l'odorat, qui dirige ses mouvements de progression. Ses antennes sont sa boussole.

Henri BERNARDIN DE SAINT-PIERRE, *Harmonies de la nature*, 1814.

■ La mer tient l'homme et l'isole, / Et l'égare loin du port ; / Par le doigt de la boussole / Il se fait montrer le nord

Victor HUGO, *Les Chansons des rues et des bois*, 1865.

bout

Dérivé de *bouter*, du francique *botan*, pousser, frapper.

■ Car j'ai négligé de m'assurer contre les accidents de chemin de fer / Car je ne sais pas aller jusqu'au bout [...]

Blaise CENDRARS, *La Prose du Transsibérien*, © Denoël, 1913.

bouteille

Du bas latin *but(t)icula*, sorte de petit récipient.

■ En vin est vérité cachée. La Dive Bouteille vous y envoie, soyez vous-mêmes interprètes de votre entreprise.

François RABELAIS, *Pantagruel*, 1546.

■ Sache où le bon vin se vend. / Fais rafraîchir la bouteille, / Cherche une feuilleuse treille / Et des fleurs pour me coucher.

Pierre DE RONSARD, *Odes*, 1550-1556.

■ Qu'on m'apporte une bouteille / Qui d'une liqueur vermeille / Soit tente jusqu'à l'ourlet, / Afin que sous cette treille / Ma soif la prenne au collet [...].

SAINT-AMANT, *Poésies*, « La Crevaille », 1629-68.

■ C'était le repas de fiançailles, que ne le disiez-vous ! Caviar, volailles, truffes, et des bouteilles extrêmement provocantes.

Henry DE MONTHERLANT, *Les Lépreuses*, © Gallimard, 1939.

▶ VOIR vin.

boxer

Dérivé de l'anglais *to box*, battre.

■ On me donna des espèces d'albums qu'on animait d'un simple coup de pouce : la petite fille figée sur des feuillets se mettait à sauter, le boxeur à boxer.

Simone DE BEAUVOIR, *Mémoires d'une jeune fille rangée*, © Gallimard, 1958.

Et dans les dictionnaires anciens...

■ Il est toujours prêt à boxer qui veut le contredire.

Émile LITTRÉ, *Dictionnaire de la langue française*, article « boxer », 1863-1872.

braise

Du latin populaire *brasa*, sans doute du germanique occidental *brasa*, feu, bûcher.

■ Je tombais par malheur de la poêle en la braise.

Mathurin RÉGNIER, *Satires*, 1608.

Et dans les dictionnaires anciens...

■ On dit par hyperbole en tâtant le pou[l]s de celui qui a une grosse fièvre, que son corps est tout de braise, qu'un amoureux se plaint qu'il a le cœur tout en braise.

Antoine FURETIÈRE, *Dictionnaire universel*, 1690.

branche

Du bas latin *branca*, patte d'un animal.

■ Voici des fruits, des fleurs, des feuilles et des banches, / Et puis voici mon cœur, qui ne bat que pour vous.

Paul VERLAINE, *Romances sans paroles*, 1874.

■ Ma mère me trouva en larmes dans le petit raidillon contigu à Tansonville, en train de dire adieu aux aubépines, entourant de mes bras les branches piquantes.

Marcel PROUST, *Un amour de Swann*, 1930.

Et dans les dictionnaires anciens...

■ On dit d'un homme dont la fortune se renverse, qu'il s'est attaché aux branches, quand il n'a fondé sa prétention que sur des gens qui ne le peuvent pas soutenir, au lieu de s'attacher au tronc.

Antoine FURETIÈRE, *Dictionnaire universel*, 1690.

bras

Du latin *brac(c)hium*, bras.

■ Pour gouverner la France, il faut un bras de fer.

Gustave FLAUBERT, *Le Dictionnaire des idées reçues*, posth. 1913.

▶ VOIR branche, calcul.

brasier

Construit sur *braise*, attesté au XIIe s.

■Des hommes ignorants conduiront au brasier un livre qu'ils n'auront pas lu.

VOLTAIRE, *Lettre à d'Argental*, 25 avril 1763.

▶ VOIR braise.

brave

En passant par l'italien, de l'espagnol *bravo*, du latin *barbarus*, barbare ; pour les animaux : sauvage, fier.

■ Faisons tant que nous voudrons les braves, la mort est la fin qui attend la plus belle vie du monde.

Blaise PASCAL, *Pensées*, 1669.

■ Il n'y a que les faux braves qui prétendent n'avoir jamais manqué de force et de cœur.

George SAND, *Lettres d'un voyageur*, 1837.

■ Les vrais braves sont conciliateurs et arrangeurs.

ALAIN, *Propos*, © Gallimard, 1934.

Et dans les dictionnaires anciens...

■ *Brave*. Celui qui a du courage. C'est un brave à trois poils. *Mol.* [Molière]

Pierre RICHELET, *Dictionnaire françois*, 1680.

bravo

Mot italien signifiant excellent.

■ J'arrive, on criait : bravo l'homme ; / Autre combat : taureau nouveau / D'un coup de corne dans l'oreille / Étend l'homme sur le carreau ; / Avec une fureur pareille / On cria : bravo le taureau.

Robert PONS DE VERDUN,
Contes et poésies, 1782.

■ « Bravo ! » Nous ne savons même pas le dire en français.

Jules RENARD, *Journal*, posth. 1925.

bravoure

De l'italien *bravura*, construit sur *bravo*, courageux, noble, excellent.

■ Le je m'en fous intellectuel de l'opinion de tout le monde, c'est la bravoure la plus rare que j'aie encore rencontrée.

J. et E. DE GONCOURT, *Journal*, 1851-1896.

Et dans les dictionnaires anciens...

■ *Bravoure*. [...] On attribue aux Héros des Romans des bravoures extraordinaires.

Antoine FURETIÈRE,
Dictionnaire universel, 1690.

brebis

Du latin populaire *berbicem*, du latin classique *berbex*.

■ Laisse aux pentes d'Algide, au vert pays albain, / La brebis qui promet une toison prochaine / Paître cytise et thym sous l'yeuse et le chêne.

LECONTE DE LISLE, *Poèmes antiques*, 1852.

Et dans les dictionnaires anciens...

■ Animal connu qui se nourrit d'herbes, de foin, de paille, qui hait les ours, l'aigle, le corbeau, le serpent, les chenilles et les abeilles, et qui vit neuf ou dix ans. La brebis bêle. *Qui se fait brebis le loup le mange*. Proverbe qui veut dire que plus on est bon, plus on donne prise sur soi aux méchants.

Pierre RICHELET, *Dictionnaire françois*, 1680.

➤ VOIR bêler.

breton

Du latin classique *brit(t)o, -onis* désignant un peuple celte établi d'abord en Angleterre.

■ Bretons : Tous braves gens mais entêtés.

Gustave FLAUBERT,
Le Dictionnaire des idées reçues, posth. 1913.

■ Lavoix disait à un breton qui était en train de se faire bâtir une maison en grès... : « Pourquoi ne faites-vous pas construire en briques ? C'est plus joli. — La brique ne dure que huit cents ans ! » répondit le propriétaire.

J. et E. DE GONCOURT, *Journal*, 1851-1896.

brièveté

Dérivé de *brief*, *briève*, forme ancienne de bref.

■ La brièveté sous laquelle gémit nécessairement une matière si féconde, me fera supprimer une infinité de passages.

Louis DE SAINT-SIMON,
Mémoires (1739-1749), posth. 1829-1830.

■ Les Anciens ont toujours senti que l'idée de la mort a sa volupté ; l'amour et les fêtes la rappellent, et l'émotion d'une joie vive semble s'accroître par l'idée même de la brièveté de la vie.

MADAME DE STAËL, *Corinne*, 1807.

brigand

▶ VOIR multitude.

briller

De l'italien *brillare*, jeter des éclats de lumière, briller.

■ La gloire est plus solide après la calomnie, / Et brille d'autant mieux qu'elle s'en vit ternie.

Pierre CORNEILLE, *Nicomède*, 1651.

■ L'envie de briller leur [les gens du monde] a fait abandonner par réflexion le vrai et le solide, pour courir sans cesse après les allusions et les jeux d'imagination les plus frivoles ; il semble qu'ils soient convenus de ne plus rien dire de suivi, et de ne saisir dans les choses que ce qu'elles ont de plaisant, et leur surface.

VAUVENARGUES, *Introduction à la connaissance de l'esprit humain*, 1746.

brioche

Dérivé de *brier*, forme normande de *broyer*, du francique *brekan*, casser, briser.

■ « S'ils n'ont pas de pain, qu'ils mangent de la brioche » fût un mot odieux. C'était peut-être, simplement, que Marie-Antoinette croyait que la brioche coûtait le même prix que le pain.

Henry DE MONTHERLANT, *Les Célibataires*, © Gallimard, 1934.

Et les pensées de...

■ Comment expliquer qu'à force de manger beaucoup de pain, on finisse par avoir de la brioche ?

Pierre DAC, *Arrière-Pensées*, © Le Cherche midi, 1998.

brique

Du néerlandais *bricke*, *brike*.

■ Auguste se vantait d'avoir trouvé Rome de brique et de la laisser de marbre.

FONTENELLE, *Éloge du Czar Pierre*, posth. 1758.

■ Il faut me fournir de paille, si on veut que je cuise des briques.

VOLTAIRE, *Lettre à d'Argental*, 1er novembre 1960.

Et dans les dictionnaires anciens...

■ L'huile de brique est une huile que font les chymistes, dont ont trouve la préparation dans les Éléments de Chymie de Beguin.

Antoine FURETIÈRE, *Dictionnaire universel*, 1690.

▶ VOIR breton.

bronze

De l'italien *bronzo*, alliage de cuivre et d'étain.

■ Ces affreux préjugés qu'ils appellent devoir / Ont sur ces cœurs de bronze un absolu pouvoir.

VOLTAIRE, *La Mort de César*, 1735.

■ Aux accents du bronze [les canons] qui tonne / La France s'éveille et s'étonne / Du fruit que la mort a porté.

Alphonse DE LAMARTINE, *Méditations poétiques*, 1820.

Et dans les dictionnaires anciens...

■ *Bronze*. Les ouvriers le font *fém.* et Voiture les a suivis en cela : « Elles ne peuvent non plus la comparer à elle que la bronze à l'or. » Mais les auteurs qui parlent et écrivent le mieux, le font *masc.* et l'*Acad.* lui a don[n]é ce genre.

Jean-François FÉRAUD, *Diction(n)aire critique de la langue française*, 1787.

brouillard

Dérivé de *brouiller*, rendre trouble.

■ Le brouillard fait le silence sur l'océan ; il assoupit la vague et étouffe le vent.

Victor HUGO, *Les Travailleurs de la mer*, 1866.

Et dans les dictionnaires anciens...

■ *Brouillard*. Vapeurs épaisses que le Soleil élève de la terre humide, & qu'il n'a pas la force de résoudre & de dissiper.

Antoine FURETIÈRE, *Dictionnaire universel*, 1690.

brouillon

Dérivé de *brouiller*, mélanger.

■ La rature n'est pas le moyen de s'épargner des ratures ; bien au contraire ; car on prend l'habitude d'écrire n'importe comment, par l'idée qu'on pourra changer. Le brouillon gâte la copie. Essayez de l'autre méthode ; sauvez vos fautes.

ALAIN, *Propos*, © Gallimard, 1931.

Et dans les dictionnaires anciens...

■ On dit *brouillard* en Provence et *brouillon* à Paris. Ce qu'on écrit d'abord et qu'on jèt[t]e sur le papier, pour le mettre ensuite au net.

Jean-François FÉRAUD, *Diction(n)aire critique de la langue française*, 1787.

broyer

Du francique *brekan*, casser, briser.

■ Croyez-vous qu'un grand peintre passe son temps à broyer des couleurs et à préparer ses pinceaux ?

FÉNELON, *Les Aventures de Télémaque*, 1669.

■ Je te laisse en pâture à la mélancolie, / Boire à ton gré du noir, – j'estime trop la vie / Pour la couvrir jamais d'un voile de langueur.

Auguste BARBIER, *Satires*, « Au bal de l'Opéra », 1865.

bruissement, bruit

Construit à partir de *bruire*, du latin populaire *brugere*.

■ Passant, ne fais ici de bruit, / Prends garde qu'aucun ne l'éveille ; / Car voici la première nuit / Que le pauvre Scarron sommeille.

Paul SCARRON, *Le Testament de monsieur Scarron, son épitaphe et son portrait en vers burlesques*, 1660.

■ N'entendez-vous pas le bruissement du papier de soie ? Le billet de mille francs est un « fafiot mâle », le billet de cinq cents un « fafiot femelle ».

Honoré DE BALZAC, *Splendeurs et Misères des courtisanes*, 1847.

■ La mer est insensible et, pourtant, sur ses flots / Roulent incessamment des bruissements vagues / Ou de sourdes rumeurs que se jettent les vagues / Et qui semblent des sanglots.

Jules RENARD, *Correspondance*, 1882.

■ Nous cheminions en silence dans les bois et j'étais malgré moi attentif au chant des oiseaux et au murmure des arbres, à tous ces bruits qui semblaient mesurer la vie.

Julien GREEN, *L'Autre Sommeil*, © Gallimard, 1931.

Et dans les dictionnaires anciens...

■ Ces mots *bruire* et *bruissement*, qu'on a si longtemps et si maladroitement négligés, je ne sais pourquoi, présentent une des plus belles onomatopées de la langue. Ils donnent l'idée d'un bruit vague, sourd et confus, comme celui qui s'élève d'une forêt ébranlée par des vents impétueux.

Charles NODIER, *Dictionnaire des onomatopées*, (2e éd.), 1828.

Et les pensées de...

■ Ne pourrait-on pas acheter du silence comme on achète du bruit ? Pourquoi ne pas envisager, notamment dans les villes, la création de maisons de silence, où le citoyen allergique au susurrement des transistors, aux vibrations des perforeuses, au vacarme des moteurs, aux détonations aériennes, pourrait s'offrir, suivant ses moyens et ses loisirs, un quart d'heure, une demi-heure ou deux heures de silence ?

Pierre DANINOS, *Daninoscope*, © Presses de la cité, 1963.

brûler

Sous l'influence de l'ancien français *bruir*, brûler, modification de l'ancien français *usler*, brûler, du latin *ustulare*, brûler.

■ Oui, mon cœur au mérite aime à rendre justice, / Et je brûle qu'un nœud d'amitié nous unisse.

MOLIÈRE, *Le Misanthrope*, 1666.

Et dans les dictionnaires anciens...

■ *Brûler.* [...] Donner de l'amour. Il faut qu'après avoir brûlé tant de Castillannes, il fasse fondre quelques Portugaises. *Voi.* [Voiture].

Pierre RICHELET, *Dictionnaire françois*, 1680.

brume

Du latin *bruma*, solstice d'hiver.

■ Le jour paraît, la brume est déchirée, et la forêt se voit pourpre et dorée.

Charles CROS, *Le Coffret de Santal*, 1873.

▶ VOIR danse, éveiller.

brun(e)

Du latin médiéval *brunus*, du germanique brun.

■ Brunes : Plus chaudes que les Blondes. [...]

Gustave FLAUBERT, *Le Dictionnaire des idées reçues*, posth. 1913.

brusque

De l'italien *brusco*, aigre, âpre.

■ Je suis un peu brusque, me disait-il, et la bonté de mon cœur ne rassure pas toujours sur la rudesse de mes manières.

Marie Sophie COTTIN, *Claire d'Albe*, 1799.

brut, brutaliser

Du latin *brutus*, lourd.

■ De tous les quadrupèdes, le cochon paraît être l'animal le plus brut.

Georges DE BUFFON, *Histoire naturelle générale et particulière*, 1749-1789.

■ Ce qui produit l'effet des monuments druidiques, c'est que leur état brut semble appartenir à l'aveugle et impitoyable nature, leur caractère symbolique à des êtres intelligents : l'idée d'intelligence séparée de celle de l'humanité.

Jules MICHELET, *Journal*, 1833.

■ Brutalisez votre style, me disait un ami ; il faudrait aussi brutaliser et viriliser mon âme. Je n'aime ni le tabac, ni les liqueurs, ni les jurements, ni la chronique scandaleuse, ni la haine, tous ces attributs de la force rugueuse qui affirme et se carre.

Henri-Frédéric AMIEL, *Journal intime*, 1847-1883.

Et dans les dictionnaires anciens...

■ *Brutes*. Les animaux. Les bêtes brutes. Les brutes ont plus de sens que lui.

Pierre RICHELET, *Dictionnaire françois*, 1680.

bûcheron

Réfection de l'ancien français *boscheron* en *bûcheron*, sous l'influence de *bûche*.

■ Écoute, bûcheron, arrête un peu le bras ! / Ce ne sont pas des bois que tu jettes à bas ; / Ne vois-tu pas le sang, lequel dégoutte à force, / Des nymphes qui vivaient dessous la dure écorce ?

Pierre DE RONSARD, *Odes*, « Élégie », 1584.

budget

De l'anglais *budget*, sac de cuir, emprunté à l'ancien français *bougette*, de même sens.

■ En effet, le budget n'est pas un coffre-fort, mais un arrosoir, plus il puise et répand l'eau, plus un pays prospère.

Honoré DE BALZAC, *Les Employés*, 1837.

■ Budget : Jamais en équilibre.

Gustave FLAUBERT, *Le Dictionnaire des idées reçues*, posth. 1913.

buée

Participe passé de *buer*, faire la lessive, laver.

■ Le ciel est d'or rouge, les collines d'améthyste ; la mer exhale une buée diaphane, qui adoucit chaque contour et irise chaque nuance.

Claude FARRÈRE, *L'homme qui assassina*, 1907.

▶ VOIR nu.

buffet

D'origine obscure.

■ Le buffet est ouvert, et verse dans son ombre / Comme un flot de vin vieux, des parfums engageants.

Arthur RIMBAUD, *Poésies*, « Le buffet », 1871.

bureau

Dérivé de *bure*, du latin populaire *burra*, étoffe grossière que l'on disposait notamment sur une table pour y écrire.

■ Les bureaux ont leur obéissance passive, comme l'armée à la sienne : système qui étouffe la conscience, annihile un homme et finit, avec le temps, par l'adapter comme une vis ou un écrou à la machine gouvernementale.

Honoré DE BALZAC, *Le Père Goriot*, 1835.

■ Six heures moins un quart. Il n'y a plus un chat dans les bureaux.

STENDHAL, *Lucien Leuwen*, 1836.

Et dans les dictionnaires anciens...

■ *Bureau.* Grosse estoffe faite de laine : c'est la même chose que la bure, sinon que c'est un drap plus fort. [...] Est aussi une espèce de petit pulpitre couvert de bure verte, que les Présidents ont devant eux pour y escrire ce qu'ils veulent remarquer d'un procès qu'on leur rapporte.

Antoine FURETIÈRE, *Dictionnaire universel*, 1690.

but

Peut-être de l'ancien francique *but*, bûche, billot de bois, ayant pu servir de cible pour le tir à l'arc.

■ Celui qui passe le but le manque comme celui qui n'y atteint pas.

Michel DE MONTAIGNE, *Essais*, 1580-1595.

■ Moi, je touche au but du premier coup, et je vous apprends que votre fille est muette.

MOLIÈRE, *Le Médecin malgré lui*, 1666.

▶ VOIR aller.

buveur

Dérivé du radical *buv-*, verbe *boire*. Voir *boire*.

■ Tous les méchants sont buveurs d'eau : / C'est bien prouvé par le déluge.

Philippe DE SÉGUR,
Contes, fables, chansons et vers, 1801.

■ Tout ce monde est paisible, courtois, buveur d'eau.

Maurice BARRÈS, *Mes cahiers*, 1929-1956.

Et dans les dictionnaires anciens...

■ *Buveur d'eau.* Celui qui ne boit d'ordinaire que de l'eau. Celui qui boit peu ou point de vin. Trente-six ivrognes comme vous ne valent pas en l'amoureuse affaire un buveur d'eau. *Voi.* [Voiture].

Pierre RICHELET, *Dictionnaire françois*, 1680.

c

■ […] et je vais, bras ballants, / Sans limite et sans but, ainsi qu'un fiacre à l'heure, / Pâle, à jeun, et trouvé trop c… par Gill qui pleure.

Paul VERLAINE, *Œuvres poétiques*, 1896.

Et dans les dictionnaires anciens...

■ Le C se prononce quelquefois comme un G, ainsi on prononce *segret*, et non pas *secret* ; *segond* et non pas *second*, *Glaude* et non pas *Claude*, quoy que dans l'Escriture on doive absolument retenir le C.

Dictionnaire de l'Académie française, 1694.

cabale

De l'hébreu *qabbala*, dérivé du verbe *qibbel*, recevoir par tradition.

■ Sitôt que d'Apollon un génie inspiré / Trouve loin du vulgaire un chemin ignoré, / En cent lieux contre lui les cabales s'amassent.

Nicolas BOILEAU, *Épître VII*, 1677.

■ La première chose qu'on organise […] ce sont les discordes, les jalousies, les intrigues, les cabales de toutes espèces.

Charles FOURIER, *Le Nouveau Monde industriel*, 1830.

▶ VOIR dissimuler.

cabaret

Du néerlandais *cabaret*, auberge, restaurant bon marché.

■ Adieu, bons vins et bons repas. / Je t'apprends qu'on ne trouve pas / Des cabarets en l'autre monde.

François MAYNARD, *Épigrammes*, 1646.

Et dans les dictionnaires anciens...

■ *Cabaret borgne*. C'est un méchant petit cabaret.

Pierre RICHELET, *Dictionnaire françois*, 1680.

cacher

Du latin populaire *coacticare*, comprimer, du latin *coactare*, contraindre.

■ Dans le fond des forêts, allait-il se cacher ?

Jean RACINE, *Phèdre*, 1677.

■ Il est bien des endroits où la pleine franchise / Deviendrait ridicule, et serait peu permise ; / Et parfois, n'en déplaise à votre austère honneur, / Il est bon de cacher ce qu'on a dans le cœur.

MOLIÈRE, *Le Misanthrope*, 1666.

cachot

▶ VOIR prison.

cadavre

Du latin *cadaver*, corps d'un homme mort.

■ Mérovée, rassasié de meurtres, contemplait, immobile, du haut de son char de victoire, les cadavres dont il avait jonché la plaine.

F. R. DE CHATEAUBRIAND, *Les Martyrs*, 1810.

■ Pareil au flux d'une mer inféconde, / Sur mon cadavre au sépulcre endormi / Je sens déjà monter l'oubli du monde / Qui tout vivant, m'a couvert à demi.

Louis BOUILHET, *Dernières Chansons*, 1869.

■ J'ai eu le courage de regarder en arrière / Les cadavres de mes jours / Marquent ma route et je les pleure

Guillaume APOLLINAIRE, *Alcools*, © Gallimard, 1913.

cadeau

De l'ancien provençal *capdel*, personnage placé en tête, capitaine.

■ J'aime le jeu, les visites, les assemblées, les cadeaux et les promenades, en un mot toutes les choses de plaisir.

MOLIÈRE, *Le Mariage forcé*, 1664.

Et dans les dictionnaires anciens...

■ *Cadeau*. [...] Trait de plume figuré que les maîtres à écrire font autour des exemples. [...] Chose spécieuse et inutile. Faire des cadeaux. [...] Grand repas.

Pierre RICHELET, *Dictionnaire françois*, 1680.

cadence

De l'italien *cadenza*, conclusion, puis rythme.

■ Accourez, troupe savante ; / Des sons que ma lyre enfante / Ces arbres sont réjouis ; / Marquez-en bien la cadence.

Nicolas BOILEAU, *Ode sur la prise de Namur*, 1693.

■ Bercé par la cadence des roues, Stéphane goûtait un délassement vague comme au sortir d'un long repos assainissant.

Edouard ESTAUNIÉ, *Un simple*, 1891.

cadran

Du latin classique *quadrans*, quart, désignant une mesure, réinterprétée par analogie avec un carré pour désigner le cadran solaire.

■ L'ombre seule marque en silence / Sur le cadran rempli les pas muets du temps.

Alphonse DE LAMARTINE, *Harmonies poétiques et religieuses*, 1830.

■ Contre la maie de merisier, l'horloge dans sa gaine hausse son cadran fleuri ; son balancier, derrière une vitre ronde, passe et repasse comme un soleil dans l'ombre.

Maurice GENEVOIX, *Raboliot*, © Grasset, 1925.

cadre

De l'italien *quadro*, carré.

■ Aux plus grossiers de ces dessins, je mets des cadres bien brillants.

Jean-Jacques ROUSSEAU, *Émile ou De l'éducation*, 1762.

■ La mer d'un côté, des forêts de l'autre formaient le cadre de ce grand tableau.

François René DE CHATEAUBRIAND, *Les Martyrs*, 1810.

cafard

De l'arabe *kaffir*, incroyant, converti à une autre religion.

■ Le cafard. Noir et collé comme un trou de serrure.

Jules RENARD, *Histoires naturelles*, 1896.

Et dans les dictionnaires anciens...

■ *Cafard*. Celui qui affecte extérieurement de paroitre dévot & religieux & qui intérieurement n'est rien moins que cela.

Pierre RICHELET, *Dictionnaire françois*, 1680.

café

En passant par l'italien *cavée*, *caffé*, du turc *qahve*, de l'arabe *qahwa*.

■ Le café est très en usage à Paris : il y a un grand nombre de maisons publiques où on les distribue. [...] Il y en a une où l'on apprête le café de telle manière qu'il donne de l'esprit à ceux qui en prennent.

Charles Louis DE MONTESQUIEU, *Lettres persanes*, 1721.

■ Un Café est une assemblée où, pendant une soirée entière, les invités boivent les vins exquis et les liqueurs dont regorgent les caves dans ce benoît pays, mangent des friandises, prennent du café noir, ou du café au lait frappé de glace.

Honoré DE BALZAC, *La Recherche de l'absolu*, 1834.

■ Café : Donne de l'esprit. N'est bon que venant du Havre. – Dans un grand dîner, doit se prendre debout. – L'avaler sans sucre – très chic, et donne l'air d'avoir vécu en Orient.

Gustave FLAUBERT,
Le Dictionnaire des idées reçues, posth. 1913.

■ Dans les cafés quand un garçon tarde à prendre la commande, Charles Schweitzer s'empourpre de colère patriotique.

Jean-Paul SARTRE, *Les Mots*,
© Gallimard, 1964.

Et dans les dictionnaires anciens...

■ Espèce de sève blanche qui vient d'Arabie, qu'on rôtit adroitement, qu'on réduit en poudre, & dont on fait un breuvage qu'on prétend être utile à la santé.

Pierre RICHELET, *Dictionnaire universel*, 1690.

cage

Du latin *cavea*, de *cavus*, creux.

■ Peindre d'abord une cage / Avec une porte ouverte / Peindre ensuite / Quelque chose de joli / Quelque chose de simple / Quelque chose de beau / Quelque chose d'utile... / Pour l'oiseau.

Jacques PRÉVERT, *Paroles*, © Gallimard, 1946.

cahier

Du latin *quaterni*, par quatre, chaque fois quatre.

■ Un cahier d'écriture pour le premier âge portant des bûches, des pointages, des *o*, des *a* et des *u*.

Georges GRISON,
Paris horrible et Paris original, 1882.

■ Cette préoccupation fut à l'origine du soin que je pris au début de l'été d'ouvrir un cahier où j'écrivais pour elle chaque année.

Joe BOUSQUET,
La Traduction du silence, © Gallimard, 1936.

caillou

Forme normanno-picarde, issu de *caljavò*, caillouteux, dérivé du gaulois *caljo*, pierre.

■ Il passe des heures sur le rivage à jeter des cailloux dans l'eau, et lorsque le caillou a fait cinq ou six ricochets, il paraît aussi satisfait que s'il avait gagné un autre Marengo.

A. DUMAS, *Le Comte de Monte-Cristo*, 1846.

➤ VOIR galet.

Caïn

Signifie *possession* en langue hébraïque, peut-être aussi *forgeur*.

■ Quand Caïn tuera et se vengera au sextuple, suivant la prophétie de Dieu, Caïn croira tuer et se venger justement.

Pierre LEROUX, *De l'humanité*, 1840.

■ Dans « Caïn », le tréma qui marque l'i correspond à une sorte de rictus, retroussis de babines découvrant deux canines pointues qui saillent sur les autres dents.

Michel LEIRIS,
La Règle du jeu, © Gallimard, 1948.

■ Avec Caïn, la première révolte coïncide avec le premier crime. L'histoire de la révolte, telle que nous la vivons aujourd'hui, est bien plus celle des enfants de Caïn que des disciples de Prométhée.

Albert CAMUS,
L'Homme révolté, © Gallimard, 1951.

calcul

Du bas latin *calculare*, compter, du latin *calculus*, caillou. On a tout d'abord compté avec des cailloux.

■ Si du moins la vie était un calcul qui se puisse recommencer [...] mais autant croire qu'on corrigera une soustraction fausse en faisant une addition juste.

Maurice BLONDEL, *L'Action*, 1893.

■ Le matin, il étudiait la grammaire, le calcul, l'histoire, mûrissant son intelligence, il travaillait de ses petits bras, l'après-midi.

Émile ZOLA, *Le Travail*, 1901.

➤ VOIR divinité.

calembour

Peut-être construit à partir de *calembourdaine*, variante de *calembredaine*.

■ Le calembour, enfant gâté / Du mauvais goût et de l'oisiveté, / Qui va guettant, dans des discours baroques, / De nos jargons nouveaux les termes équivoques.

Jacques DELILLE, *La Conversation*, 1812.

■ Le calembour est la fiente de l'esprit qui vole.

Victor HUGO, *Les Misérables*, 1862.

Et les pensées de...

■ Le calembour représente l'unique point de jonction entre un imbécile et un génie.

Frédéric DARD, *Les Penséesde San-Antonio*, © Le Cherche midi, 1996.

calme, calmer

En passant par le catalan, du grec *kauma*, chaleur brûlante, et donc absence de vent.

■ Le calme en son cœur ne trouve point de place.

Jean RACINE, *Esther*, 1689.

■ Le calme n'est qu'un armistice, un point d'arrêt pour prendre haleine.

Ernest RENAN, *L'Avenir de la science*, 1890.

■ Pierre. [...] Pour me calmer, j'ouvre un livre de vers. Je me crie des vers à tue-tête, et je me gonfle de lyrisme jusque-là, jusqu'aux yeux. / Marthe. Et cela vous calme ? / Pierre. Toujours.

Jules RENARD, *Le Pain de ménage*, 1897.

Et dans les dictionnaires anciens...

■ *Calme*. Temps serein & tranquille, où il ne fait aucun vent qui puisse faire avancer les navires.

Antoine FURETIÈRE, *Dictionnaire universel*, 1690.

▶ VOIR aérien, automne, beauté, décider, famille, fenêtre.

calomnie

Du latin *calumnia*, chicane, fausse accusation.

■ Rois, chassez la calomnie. / Ses criminels attentats / Des plus paisibles États / Troublent l'heureuse harmonie.

Jean RACINE, *Esther*, 1689.

■ La calomnie, monsieur ! Vous ne savez guère ce que vous dédaignez : j'ai vu les plus honnêtes gens près d'en être accablés. [...] D'abord, un bruit léger, rasant le sol comme hirondelle avant l'orage, pianissimo, murmure et file et sème en courant le trait empoisonné.

Pierre-Augustin DE BEAUMARCHAIS, *Le Barbier de Séville*, 1775.

calvitie

Du latin *calvities*, de *calvus*, chauve.

■ Calvitie : Toujours précoce – et causée par des excès de jeunesse, ou la conception de grandes pensées.

Gustave FLAUBERT, *Le Dictionnaire des idées reçues*, posth. 1913.

Et dans les dictionnaires anciens...

■ *Calvitie* ou *chauveté*. État d'une tête chauve. [...] Les médecins se servent ordinairement du Ier mot, qui est tout latin, ; le 2nd paraît plus français.

Jean-François FÉRAUD, *Diction(n)aire critique de la langue française*, 1787.

camarade

De l'espagnol *camarada*, chambrée.

■ Que le bon soit toujours camarade du beau, / Dès demain je chercherai femme.

Jean DE LA FONTAINE, *Fables*, « Le Mal Marié », 1668-94.

Et dans les dictionnaires anciens...

■ *Camarade*. Se dit quelquefois des supérieurs aux inférieurs, & particulièrement à la guerre, pour exciter les soldats à obéir, & à se faire suivre. Mes camarades, il faut donner dans ces retranchemen[t]s.

Antoine FURETIÈRE, *Dictionnaire universel*, 1690.

Et les pensées de...

■ Le mot « camarade », c'est sans doute celui qui a le plus souffert de la politique.

Jean-Marie GOURIO, *L'Intégrale des brèves de comptoir*, © Robert Laffont, 1992-1993.

caméra

Emprunté à l'anglais *camera*, lui-même emprunté au latin scientifique *camera obscura*, chambre noire.

■ Le film était des plus pénibles ; lors même que toutes les vues seraient honnêtement prises et ne nous présenteraient rien que d'authentique, cette possibilité qu'a la caméra de choisir et de ne présenter qu'une face de la réalité l'invite aux pires tromperies.

André GIDE, *Journal*, © Gallimard, 1941.

camp

Du latin *campus*. Attesté au XVe s.

■ Rome est dans notre camp, et notre camp dans Rome.

Pierre CORNEILLE, *Horace*, 1640.

campagne

Du bas latin *campania*. A pris la place de l'ancien français *champa(i)gne*.

■ Oui, Lamoignon, je fuis les chagrins [tracas] de la ville. / Et contre eux la campagne est mon unique asile.

Nicolas BOILEAU, *Épitre VI*, 1677.

■ La vie de la campagne tue beaucoup d'idées, mais elle affaiblit les vices et développe les vertus.

Honoré DE BALZAC, *Le Médecin de campagne*, 1833.

■ « Que la ville est brillante ! Que la campagne est triste et pauvre ! » Voilà ce que vous entendez dire aux paysans qui viennent voir la ville aux jours de fête. Ils ne savent pas que si la campagne est pauvre, la ville, avec tout son éclat, est peut-être misérable.

Jules MICHELET, *Le Peuple*, 1846.

■ Campagne : Les gens de la Campagne meilleurs que ceux des villes. Envier leur sort ! À la Campagne, tout est permis, habits, bas, farces, etc.

Gustave FLAUBERT, *Le Dictionnaire des idées reçues*, posth. 1913.

Et les pensées de...

■ Au sortir de la ville, nous fûmes surpris de ne pas trouver d'espace vert. — Pardon, demandai-je à ce que je croyais être un paysan, pouvez-vous me dire où se trouve la campagne ? / — Ah ! monsieur, elle n'est plus ici.

Raymond DEVOS, *Un jour sans moi*, « La campagne recule », © Denoël, 1996.

▶ VOIR bibliothèque.

canard

Sans doute tiré d'une onomatopée.

■ Canards : Viennent tous de Rouen.

Gustave FLAUBERT, *Le Dictionnaire des idées reçues*, posth. 1913.

■ Quand passent les canards sauvages à l'époque des migrations, ils provoquent de curieuses marées sur les territoires qu'ils dominent. Les canards domestiques, comme attirés par le grand vol triangulaire, amorcent un bond inhabile. L'appel sauvage a réveillé en eux je ne sais quel vestige sauvage.

Antoine DE SAINT-EXUPÉRY, *Terre des hommes*, © Gallimard, 1939.

Et dans les dictionnaires anciens...

■ On les appelle autrement *Oiseaux de rivière*. Les canards mangent des crapauds.

Antoine FURETIÈRE, *Dictionnaire universel*, 1690.

cancer

Du latin cancer, *cancri*, qui traduit le grec *karkinos*, crabe, chancre.

■ Quand il lève les yeux vers les astres, là-haut, / Le cancer resplendit, le scorpion flamboie, / Et dans l'immensité le chien sinistre aboie.

Victor HUGO, *Les Contemplations*, 1856.

■ J'ai le cancer. Oui, je l'ai... et maintenant, gardez cela pour vous, et merci.

J. et E. DE GONCOURT, *Journal*, 1851-1896.

■ Une lampe / survit au cancer de la nuit.

SAINT-JOHN PERSE, *Exil*, « Neiges », © Gallimard, 1942.

■ Il fait un monde de rien et soupçonne un cancer dans chaque cor au pied.

Albert CAMUS, *Cas intéressant*, © Gallimard, 1955.

Et dans les dictionnaires anciens...

■ *Cancer*. [...] En grec *karkinos*, qui signifie aussi écrevisse. Ce mal a grand rapport avec cette sorte de poisson, en ce que quand une fois il a pris pied dans un corps, il est presque impossible de l'en chasser, de même qu'il est difficile d'arracher des pinces de l'écrevisse ce qu'elle a une fois attrapé.

Antoine FURETIÈRE, *Dictionnaire universel*, 1690.

candidat

Du latin *candidatus*, d'un blanc éclatant.

■ Un candidat, un chef de candidats peut affronter l'armée, l'Église, la magistrature, braver la mort au besoin, mais il a pour premier principe de se soumettre à la foule, au lieu de tenter de la vaincre.

Georges CLEMENCEAU, *L'Iniquité*, 1899.

Et dans les dictionnaires anciens...

■ Chez les Romains, celui qui aspirait à une charge, à une dignité. Il prenait une robe blanche, en latin *candida*, d'où il était ap[p]elé *Candidatus*.

Jean-François FÉRAUD, *Diction(n)aire critique de la langue française*, 1787.

canon

De l'italien *cannone*, canal, conduit, augmentatif du latin *canna*, canne.

■ La voix suprême de notre temps, celle qui fait taire tout amour, tout génie, toute conscience, c'est l'horrible aboiement des canons.

Julien GREEN, *Journal*, © Gallimard, 1931.

canonnade

De l'italien *cannonata*, dérivé de *cannone*, canon.

■ Canonnade : Change le temps.

Gustave FLAUBERT, *Le Dictionnaire des idées reçues*, posth. 1913.

■ C'était la forêt bombardée, au travers de laquelle la canonnade avait tranché des existences séculaires...

Émile ZOLA, *La Débâcle*, 1892.

capable

Du bas latin *capabilis*, susceptible de.

■ Les plus grandes âmes sont capables des plus grands vices aussi bien que des plus grandes vertus.

René DESCARTES, *Discours de la Méthode*, 1637.

■ Capable d'une erreur, il ne l'est point d'un crime.

VOLTAIRE, *Alzire ou les Américains*, 1736.

capacité

Du latin *capacitas*, faculté de contenir, de *capax*, qui peut contenir.

■ Il ne faut pas juger de la capacité d'un homme par l'excellence d'un bon mot.

Blaise PASCAL, *De l'esprit géométrique*, 1655.

Et dans les dictionnaires anciens...

■ Qui a de la capacité est propre à entreprendre. Qui a de l'habileté est propre à réussir.

Gabriel GIRARD, *Synonymes françois*, 1736.

capital

Du latin *capitalis*, de la tête, dérivé de *caput*, tête.

■ Il est capital de n'offrir aux enfants que de bons modèles.

FÉNELON, *Traité de l'éducation des filles*, 1687.

capitalisme

Dérivé du substantif *capital*, influencé par l'italien *capitale*, partie principale d'une richesse.

■ Il ne suffit pas à la révolution socialiste d'abolir le capitalisme : il faut qu'elle crée le type nouveau selon lequel s'accomplira la production et se règleront les rapports de propriété.

Jean JAURÈS, *Études socialistes*, 1901.

caprice

De l'italien *capriccio*, frisson de peur ; désir soudain et bizarre.

■ Cette amoureuse ardeur qui dans les cœurs s'excite, / N'est point, comme l'on sait, un effet du mérite : / Le caprice y prend part ; et quand quelqu'un nous plaît, / Souvent nous avons peine à dire pourquoi c'est.

MOLIÈRE, *Les Femmes savantes*, 1672.

■ Et croyant qu'il n'y a pas de loi là où il ne voit point de juges, il fait révérer comme des arrêts du ciel, les caprices du hasard et de la fortune.

C.-L. DE MONTESQUIEU, *Lettres Persanes*, 1721.

■ Ce qui semble caprice aux yeux des gens sans âme, m'a toujours semblé la raison du cœur.

Honoré DE BALZAC, *Correspondance*, 1836.

captivité

Du latin *captivitas*, état de celui qui est prisonnier.

■ Elle se pense belle, et cette vanité / L'assure imprudemment de ma captivité.

Pierre CORNEILLE, *La Veuve*, 1632.

Et dans les dictionnaires anciens...

■ *Captivité*. Misérable, fascheuse, prisonnière ou emprisonnée, triste, langoureuse, serve ou servile, ennuieuse, forcée, chétive, turquesque, esclave...

Maurice DE LA PORTE, *Épithètes*, 1571.

caractère

Du latin *character*, du grec *kharaktêr*, signe gravé.

■ On a beau se cacher sous un dehors austère, / Un penchant malheureux porte son caractère : / Il paraît à travers le plus sombre détour. / On laisse apercevoir ce qu'on doit être un jour.

Pierre DE LA CHAUSSÉE, *Maximien*, 1738.

■ Un homme d'esprit est perdu s'il ne joint pas à l'esprit l'énergie de caractère. Quand on a la lanterne de Diogène, il faut avoir son bâton.

Nicolas DE CHAMFORT, *Maximes et pensées, caractères et anecdotes*, 1795.

■ La société du moins ne reconnaît, ne compte et n'admet que les forces. Le caractère est donc beaucoup plus important pour le succès que la capacité, et l'énergie animale que la délicatesse de l'esprit.

Henri-Frédéric AMIEL, *Journal intime*, 1847-1883.

caresser

De l'italien *carezzare*, chérir, dérivé de *carezza*, caresse.

■ Selon qu'il vous menace, ou bien qu'il vous caresse, / La cour autour de vous ou s'écarte, ou s'empresse.

Jean RACINE, *Britannicus*, 1669.

■ Cela se passera avec un peu de caresses que vous lui ferez.

MOLIÈRE, *George Dandin*, 1666.

Et dans les dictionnaires anciens...

■ *Caresse*. [...] La faiblesse de l'homme, c'est d'aimer qu'on le caresse.

Antoine FURETIÈRE, *Dictionnaire universel*, 1690.

caricature

De l'italien *caricatura*, charge, action de charger.

■ À mesure que nous vieillissons, les caricatures les plus chargées qu'on fait de nous deviennent ressemblantes.

François MAURIAC, *Le Nouveau Bloc-Notes*, ©Flammarion, 1961.

▶ VOIR condition.

carnage

Forme normanno-picarde de *charnage*, dérivé de l'ancien français *char*, chair.

■ Remplissons tous ces lieux de carnage et d'horreur. / (Une tempête survient) Mes menaces déjà font trembler tout le monde : / Le vent fuit d'épouvante, et le tonnerre en gronde.

Pierre CORNEILLE, *Clitandre*, 1632.

carrefour

Du bas latin *quadrifurcus*, qui a quatre fourches.

■ Sur les pavés poudreux d'un bruyant carrefour / Les poétiques fleurs n'ont jamais vu le jour.

André CHÉNIER, *Élégies*, posth. 1819.

Et dans les dictionnaires anciens...

■ J'ai lu dans des livres, *carfour*, Richelet les met tous deux [*carrefour* et *carfour*] : le 2nd ne vaut rien.

Jean-François FÉRAUD, *Diction(n)aire critique de la langue française*, 1787.

carrière

De l'ancien provençal *carriera*, rue, de l'italien *carriera*, chemin de chars.

■ J'avais franchi les mots qui bornent cet état / Et trottais comme un jeune rat / Qui cherche à se donner carrière.

Jean DE LA FONTAINE, *Fables*, « Le Cochet, le Chat et le Souriceau », 1668-1694.

■ Quiconque prolonge sa carrière sent se refroidir ses heures ; il ne retrouve plus le lendemain l'intérêt qu'il portait à la veille.

François-René DE CHATEAUBRIAND, *Mémoires d'outre-tombe*, posth., 1850.

Et dans les dictionnaires anciens...

■ *Carrière.* Obscure, pierreuse, noire, voutée, humide, relante, dangereuse, enfouïe, bas-ouverte, profonde, trouble, soubterraine, ombreuse...

Maurice DE LA PORTE, *Épithètes*, 1571.

carte (du tendre)

Du latin *charta*, feuille de papier.

■ Les trois fleuves de la Carte du Tendre sont Reconnaissance, Estime et Inclination. À Tendre-sur-Inclination on connaît le bonheur.

MLLE DE SCUDÉRY, *Clélie, histoire romaine*, 1654-1661.

▶ VOIR tendre.

cas

Du latin *casus*, chute, arrivée fortuite ; ce qui arrive.

■ Ce que de plus que vous on en [l'âge] pourrait avoir / N'est pas un si grand cas pour s'en tant prévaloir.

MOLIÈRE, *Le Misanthrope*, 1666.

■ Et de sa propre gloire, il fait trop peu de cas.

Pierre CORNEILLE, *Horace*, 1640.

■ Cas, signifie quelquefois, Ordure & obscénité. Cet enfant a fait son cas en cet endroit-là, il faut le nettoyer. Voiture a dit dans un Rondeau : Saboule & met la tripière par bas, / Jambes en l'air elle montre son cas, etc.

Antoine FURETIÈRE, *Dictionnaire universel*, 1690.

casque

De l'espagnol *casco*, casque, armure de tête.

■ Il tourne au moindre vent, il tombe au moindre choc, / Aujourd'hui dans un casque et demain dans un froc.

Nicolas BOILEAU, *Satires, VIII*, 1668.

■ Des rangs de casques faisaient, avec leurs crêtes comme un bataillon de serpents rouges.

Gustave FLAUBERT, *Trois Contes, Hérodias*, 1877.

Et dans les dictionnaires anciens...

■ Il en a dans le casque, pour dire, il a un peu la cervelle brouillée, soit de vin, soit de folie.

Antoine FURETIÈRE, *Dictionnaire universel*, 1690.

casser (les pieds)

Du bas latin *quassare*, agiter fortement ; endommager, briser.

■ C'est plein de souvenirs du temps de l'Empereur. C'est là [au musée de la Malmaison] qu'il a fourré sa Joséphine quand elle a commencé à lui casser les pieds.

Raymond QUENEAU, *Loin de Rueil*, © Gallimard, 1944.

Et les pensées de...

■ Ceux qui ont une tête d'homme de main n'ont aucune raison de casser les pieds à qui que ce soit.

Pierre DAC, *Arrière-Pensées*, © Le Cherche midi, 1998.

▶ VOIR pied.

cataclysme

Du latin *cataclysmus*, déluge, au figuré destruction. Vient du grec *kataklusmos*, inondation.

■ Tous ces êtres infimes dont le budget est de quelques sous, tant pour le lait, tant pour le pain, un budget si exact et si réduit, que deux sous de moins amènent des cataclysmes !

Émile ZOLA, *L'Argent*, 1891.

■ Mais le propre des temps de cataclysme est d'abolir l'écart de l'âge et d'enfoncer tous les hommes dans une égale expérience de la condition humaine : l'on apprend que la mort ne tient pas un compte d'échéances régulières.

Jean STAROBINSKI, revue *Lettres*, janv. 1943.

Et dans les dictionnaires anciens...

■ Bouleversement social en bien ou en mal. La révolution de 1789 a été un cataclysme vengeur.

Maurice LACHÂTRE, *Dictionnaire français illustré*, 1856.

catacombes

Du latin chrétien *catacumbae*, cimetière souterrain.

■ Il est impossible de trouver une suite de sons plus pittoresques, pour rendre le retentissement du cercueil, roulant de degrés en degrés, sur les angles aigus des pierres, et s'arrêtant tout à coup au milieu des tombes.

Charles NODIER, *Dictionnaire des onomatopées*, posth., 1828.

catastrophe

Du latin *catastropha*, du grec *katastrophê*, bouleversement, fin, dénouement.

■ Deux jambes qui se promènent dans un jardin sont une calamité pour une infinité d'hôtes minuscules du terreau : une suite de catastrophes comme l'on imagine que fut pour les hommes le Moyen Âge.

Francis PONGE (pseud. R. MARS), *L'Honneur des poètes*, © Minuit, 1943.

Et dans les dictionnaires anciens...

■ *Catastrophe*. Terme de Poésie. Dénouement de tragédie.

Pierre RICHELET, *Dictionnaire françois*, 1680.

catégorie

En passant par le bas latin, du grec *katêgoria*, accusation, qualité attribuée à un objet.

■ Les dix catégories sont la substance, la quantité, la qualité, la relation, le lieu, le temps, la situation, avoir, agir et pâtir, c'est-à-dire, comme le remarquent très bien MM. de Port-Royal, qu'il [Aristote] voulut réduire à dix classes tous les objets de nos pensées, en comprenant toutes les substances dans la première, tous les accidents dans les neuf autres.

Antoine DESTUTT DE TRACY, *Logique, Discours préliminaire*, 1805.

■ Aristote est le premier philosophe qui ait inventé des catégories où les idées viennent se ranger de force.

François René DE CHATEAUBRIAND, *Le Génie du Christianisme*, 1802.

Et dans les dictionnaires anciens...

■ Un bon bourgeois & un soldat ne sont pas de même catégorie.

Antoine FURETIÈRE, *Dictionnaire universel*, 1690.

cathédrale

Du latin chrétien *cathedralis*, dérivé de *cathedra*, siège.

■ Les cathédrales de Paris, de Saint-Denis, de Reims, en disent plus que de longs récits. La pierre s'anime et se spiritualise sous l'ardente et sévère main de l'artiste.

Jules MICHELET, *Histoire de France*, 1833-1868.

▶ VOIR anonyme.

catholicisme

Du latin chrétien *catholicus*, du grec ecclésiastique *katholikos*, général, universel.

■ Le catholicisme, qui jadis eut ma foi, doit toujours conserver ma vénération.

Auguste COMTE, *Catéchisme positiviste*, 1852.

■ Catholicisme : A eu une influence très favorable sur les Arts.

Gustave FLAUBERT, *Le Dictionnaire des idées reçues*, posth. 1913.

cause

Du latin classique *causa*, cause, procès.

■ Il n'est pas permis au plus équitable homme du monde d'être juge en sa cause.

Blaise PASCAL, *Pensées*, 1669.

■ Il est incontestable qu'une cause juste, si je m'y dévoue, sert mon orgueil. Mais je sers les autres. Par surcroît seulement.

Jean GIONO, *Le Hussard sur le toit*, © Gallimard, 1951.

Et dans les dictionnaires anciens...

■ Les *causes*, en termes de Philosophie, ont été distinguées par les Anciens en *cause efficiente*, c'est l'agent qui produit quelque chose ; *cause matérielle*, c'est le sujet sur lequel il travaille ; *cause formelle*, c'est le changement qui résulte de son action dans le sujet. La *cause finale*, c'est le motif qui le fait agir. La *cause physique* est celle qui produit un effet sensible et corporel : comme l'approche du Soleil est cause de la chaleur. La *cause morale* est celle qui produit un effet réel mais dans les choses spirituelles.

Antoine FURETIÈRE,
Dictionnaire universel, 1690.

cavalier

De l'italien *cavaliere*. Chevalier au XVe s.

■ Il y a trois sortes de gloire, la divine, celle du cavalier, et celle du barbier.

Agrippa D'AUBIGNÉ,
Les Aventures du baron de Fœneste, 1620.

■ Qu'il soit mongol, allemand ou sioux, le cavalier est, par essence, un taiseux, au mieux un chuchoteur. Il ne sait pas faire de beaux discours. Il préfère l'onomatopée à la rhétorique, la maxime à la tragédie.

Jérôme GARCIN,
Cavalier seul, © Gallimard, 2006.

cave

Du latin *cavus*, creux.

■ Un aveugle qui, pour se battre sans désavantage contre un qui voit, l'aurait fait venir dans le fond de quelque cave.

René DESCARTES, *Discours de la méthode*, 1637.

■ Les vins d'une cave de gourmand sont comme les livres d'une bibliothèque d'amateur ; on ne croit jamais les payer assez cher : la cave entière fut adjugée en un instant.

V. DE JOUY, *L'Hermite de la Chaussée d'Antin*, 1813.

■ Paris savait confusément qu'il avait sous lui une cave terrible. On en parlait comme de cette monstrueuse souille de Thèbes où fourmillaient des scolopendres de quinze pieds de long et qui eût pu servir de baignoire à Béhémoth.

Victor HUGO, *Les Misérables*, 1862.

caverne

Du latin *caverna*, cavité, ouverture.

■ Caverne : Habitation ordinaire des voleurs. Sont toujours remplies de serpents.

Gustave FLAUBERT,
Le Dictionnaire des idées reçues, posth. 1913.

Et dans les dictionnaires anciens…

■ *Caverne*. […] *Fig*. Rendez-vous de scélérats, par allusion à l'habitude qu'avaient les malfaiteurs de se retirer dans les cavernes.

Maurice LACHÂTRE,
Dictionnaire français illustré, 1856.

céder

Du latin *cedere*, s'en aller.

■ La commodité particulière doit céder à la commune.

Michel DE MONTAIGNE, *Essais*, 1580-1595.

■ Je sais ta passion et suis ravi de voir / Que tous ses mouvements cèdent à ton devoir

Pierre CORNEILLE, *Le Cid*, 1637.

Et dans les dictionnaires anciens…

■ Tout cède à un travail opiniâtre.

Émile LITTRÉ,
Dictionnaire de la langue française, 1873.

célèbre

Du latin *celeber*, *-bris*, nombreux, en grand nombre ; fêté, vanté.

■ On est toujours préparé à la venue d'un homme célèbre. Mais l'annonce d'un académicien que tout le monde ignore produit l'effet subit d'une découverte archéologique surprenante.

Guy DE MAUPASSANT, *Épaves*, 1881.

Et dans les dictionnaires anciens…

■ Il y a des auteurs célèbres qu'il n'est pas permis de blâmer, même dans ce qu'ils ont de blâmable, sans faire courir beaucoup de risque à sa propre réputation.

Gabriel GIRARD, *Synonymes françois*, 1736.

célébrité

Du latin *celebritas*, cérémonie solennelle.

■ La célébrité est le châtiment du mérite et la punition du talent.

Nicolas DE CHAMFORT,
Maximes et pensées, caractères et anecdotes, 1795.

■ Célébrité : Les célébrités ! S'inquiéter, s'enquérir du moindre détail de leur vie, afin de pouvoir les dénigrer.

Gustave FLAUBERT,
Le Dictionnaire des idées reçues, posth. 1913.

Et dans les dictionnaires anciens...

■ *Célébrité.* [...] Ce mot est vieux.

Antoine FURETIÈRE, *Dictionnaire universel*, 1690.

Et les pensées de...

■ La célébrité évite tout déploiement d'intelligence, dispense de la preuve, vilainement roturière.

Bernard FRANK, *Portraits et Aphorismes*, © Le Cherche midi, 2001.

■ La célébrité, ce n'est pas facile à assumer. Je ne vois rien de pire. Si, peut-être l'anonymat.

Guy BEDOS,
Le Meilleur du pire, © Pascal Petiot éd., 2005.

célibat, célibataire

Du latin *caelibatus*, dérivé de *caelebs*, célibataire.

■ Le mot le plus raisonnable et le plus mesuré qui ait été dit sur la question du célibat et du mariage est celui-ci : « Quelque parti que tu prennes, tu t'en repentiras. » Fontenelle se repentit, dans ses dernières années, de ne s'être pas marié.

Nicolas DE CHAMFORT,
Maximes et pensées, caractères et anecdotes, 1795.

■ Célibataires : Fous, égoïstes et débauchés. On devrait les imposer. Se préparent une triste vieillesse.

Gustave FLAUBERT,
Le Dictionnaire des idées reçues, posth. 1913.

▶ VOIR débauche.

Et les pensées de...

■ Célibataire : race très convoitée par le fisc qui voit en lui sa planche de salut.

Jacques MAILHOT,
La Politique d'en rire, © Carrère-Lafon, 1986.

cellule

Du latin *cellula*, diminutif de *cella*, petite chambre.

■ Rentre dans ta cellule et fermes-en la porte / Aux tumultes du monde, à sa vaine rumeur.

P. CORNEILLE, *L'Imitation de Jésus-Christ*, 1653.

▶ VOIR corps.

cendre

Du latin *cinis, cineris*, cendre.

■ Le feu qui semble éteint souvent dort sous la cendre.

Pierre CORNEILLE, *Rodogune, princesse des Parthes*, 1645.

■ Nous respectons les cendres de nos ancêtres, parce qu'une voix nous dit que tout n'est pas éteint en eux.

François René DE CHATEAUBRIAND,
Le Génie du Christianisme, 1802.

censeur, censure

Du latin *censor*, dérivé de *censere*, évaluer le rôle et la fortune de chacun ; *censura*, charge de censeur.

■ Pourvu que je ne parle ni de l'autorité, ni du culte, ni de la politique, ni de la morale, ni des gens en place, ni des corps en crédit, ni de l'opéra, ni des autres spectacles, ni des personnes qui tiennent à quelque chose, je puis tout imprimer librement, sous la direction, néanmoins, de deux ou trois censeurs.

Pierre-Augustin DE BEAUMARCHAIS,
Le Mariage de Figaro, 1784.

■ J'entends aboyer au seuil du drame auguste / La censure à l'haleine immonde, aux ongles noirs, / Cette chienne au front bas qui suit tous les pouvoirs.

Victor HUGO, *Les Chants du crépuscule*, 1835.

■ La censure, quelle qu'elle soit, me paraît une monstruosité, une chose pire que l'homicide ; l'attentat contre la pensée est un crime de lèse-âme.

Gustave FLAUBERT, *Correspondance*, 1852.

■ Censure : Utile ! on a beau dire.

Gustave FLAUBERT,
Le Dictionnaire des idées reçues, posth. 1913.

Et dans les dictionnaires anciens…

■ La censure a tour à tour été brisée et ressuscitée depuis la Révolution française, selon que la démocratie triomphe ou succombe.

Maurice LACHÂTRE,
Dictionnaire français illustré, 1856.

▶ VOIR proscription.

centre

Du latin *centrum*, pointe du compas ; centre d'un cercle.

■ On se croit naturellement bien plus capable d'arriver au centre des choses que d'en embrasser la circonférence.

Blaise PASCAL, *Pensées*, 1669.

■ Je vois que, dans toutes les affaires, il y a un centre, un point principal contre lequel toutes les chicanes doivent échouer.

VOLTAIRE, *Lettre à Delisle*, 25 mars 1775.

Et dans les dictionnaires anciens…

■ *Centre*. Signifie aussi le lieu où tendent tous ses plaisirs, ses commodités. Quand un yvrogne est au cabaret, quand un amant est avec sa maistresse, ils sont en leur centre.

Antoine FURETIÈRE, *Dictionnaire universel*, 1690.

cercle

Du latin *circulus*, dérivé de *circus*, cercle.

■ Les nymphes faisaient une espèce de demi-cercle pour écouter.

FÉNELON, *Les Aventures de Télémaque*, 1669.

■ Cercle : On doit toujours faire partie d'un cercle.

Gustave FLAUBERT,
Le Dictionnaire des idées reçues, posth. 1913.

Et dans les dictionnaires anciens…

■ Cercle, se dit aussi en Logique, du vice d'un argument qui suppose le principe qu'il doit prouver & qui prouve après le principe par la chose qu'il pense avoir prouvée. On le dit aussi des définitions de deux mots synonymes l'un par l'autre.

Antoine FURETIÈRE, *Dictionnaire universel*, 1690.

▶ VOIR voyager.

cercueil

Du grec *sarkophagos*, pierre qui mange la chair.

■ Son cercueil est fermé ; Dieu l'a jugé, silence !

Alphonse DE LAMARTINE,
Nouvelles Méditations poétiques, 1823.

■ Tandis qu'étalant aux yeux / Ses ornements précieux, / Retenus par vingt chaînettes / Dans la chambre des aïeux, / Mon cercueil, aux planches nettes, / Luira comme les planètes, / Tout semé de camaïeux.

Louis BOUILHET,
Dernières chansons, « Vers Paï-Lui-Chi », 1869.

Et dans les dictionnaires anciens…

■ On évalue qu'à Paris une personne est enterrée vivante dans son cercueil chaque mois, et que pour la France entière ce chiffre est quelque fois plus élevé ; ce qui appelle une prompte réforme dans le mode des enterrements.

Maurice LACHÂTRE,
Dictionnaire français illustré, 1856.

▶ VOIR affliction, automne, catacombe, chemin de fer, corps, faute, patrie.

cérémonial, cérémonie

Du bas latin, *caeremonialis*, relatif à la célébration du culte.

■ Hé ! mon Dieu, n'entrons point dans ce vain compliment ; / Rien ne me fâche tant que ces cérémonies ; / Et si l'on m'en croyait, elles seraient bannies.

MOLIÈRE, *L'École des femmes*, 1662.

■ Car je sais trop que le cérémonial s'abâtardit dans l'ordinaire en ennui et routine.

Antoine DE SAINT-EXUPÉRY,
Citadelle, © Gallimard, 1944.

Et dans les dictionnaires anciens…

■ C'est une cérémonie de donner le pas, le haut du pavé, le haut de la table à quelqu'un […], se couvrir qu'après luy.

Antoine FURETIÈRE, *Dictionnaire universel*, 1690.

■ Dans les mémoires, on voit combien était ridicule le cérémonial de la cour de France au dernier siècle ; par exemple, quelle affaire c'était pour un roi que de passer une chemise...

Maurice LACHÂTRE, *Dictionnaire français illustré*, 1856.

cerf

Du latin classique *cervus*, de même sens.

■ Dans ce val solitaire et sombre, / Le cerf, qui brame au bruit de l'eau, / Penchant ses yeux dans un ruisseau, / S'amuse à regarder son ombre.

Théophile DE VIAU, *Œuvres*, « La Solitude », 1621.

Et dans les dictionnaires anciens...

■ Le cerf vit fort longtemps. On dit qu'il n'a point de fiel, & qu'on trouve des os dans son cœur. Il aime le francolin, & il hait l'aigle, le vautour, le serpent, le bélier, les chiens & les tigres.

Pierre RICHELET, *Dictionnaire françois*, 1680.

cerise

Du latin populaire *ceresia*, du grec *kerasion*, dérivé de *kerasos*, cerisier.

■ Mais il est bien court, le temps des cerises / Où l'on s'en va deux, cueillir en rêvant / Des pendants d'oreilles / Cerises d'amour aux robes pareilles [...].

Jean-Baptiste CLÉMENT, *Le Temps des cerises* (chanson), 1867.

certain

Du latin populaire *certanus*, du latin classique *certus*, sûr, fixé.

■ Qu'est-ce donc qui pourra être estimé véritable ? Peut-être rien autre chose [rien d'autre], sinon qu'il n'y a rien au monde de certain.

René DESCARTES, *Méditations métaphysiques*, 1647.

■ Et le meilleur remède à son infirmité [celle de l'homme], / C'est de choisir toujours un but certain à suivre.

Pierre CORNEILLE, *L'Imitation de Jésus-Christ*, 1653.

certificat (d'études)

Du latin médiéval *certificatum*, participe passé de *certificare*, confirmer quelqu'un, l'assurer.

■ Certificat : Garantie pour les familles et pour les parents. Est toujours favorable.

Gustave FLAUBERT, *Le Dictionnaire des idées reçues*, posth. 1913.

■ Dis donc, gamin, cria Auguste, tu vas être alors le grand homme de la famille ? Faut pas tant crâner, nous l'avons eu aussi, nous autres, ton certificat d'études.

Émile ZOLA, *Vérité*, posth. 1903.

certitude

Du bas latin *certitudo*, caractère de ce qui est sûr.

■ Il est bien connu que ce qui fixe notre esprit à une certitude est indéfinissable.

Paul VALÉRY, *Variété 5*, © Gallimard, 1944.

Et dans les dictionnaires anciens...

■ *Certitude.* [...] Les vrayes démonstrations concluent avec une pleine certitude.

Antoine FURETIÈRE, *Dictionnaire universel*, 1690.

cerveau

Du latin *cerebellum*, cervelle, diminutif de *cerebrum*, cerveau.

■ Toujours casser la glace qui se reforme dans le cerveau. L'empêcher de geler.

Jules RENARD, *Journal*, posth. 1925.

Et les pensées de...

■ C'est dur, hein, d'avoir un cerveau...

Jean YANNE, *Pensées, répliques, textes et anecdotes*, © Le Cherche midi, 1999.

■ Le cerveau humain est une monstruosité qui s'est logée sous notre crâne pour créer des phénomènes somptueusement inutiles, et peut-être même périlleux.

Jean HAMBURGER, *Dictionnaire promenade*, © Le Seuil, 1989.

▶ VOIR éternuement.

chacun

Du latin populaire *cascunum*, croisement de *quisque*, chaque, et de *catúnum*, un à un.

■ À voir chacun se joindre à sa chacune ici, / J'ai des démangeaisons de mariage aussi.

MOLIÈRE, *L'Étourdi*, 1655.

chagrin

Construit à partir de *chagriner*, dérivé de *grigner*, grincer des dents, faire la grimace.

■ Un cœur que le chagrin nuit et jour empoisonne, / Sait-il lui-même, hélas ! s'il sera généreux.

Jean-François MARMONTEL, *Numitor*, 1752.

■ Quel chagrin pèse donc sur sa tête abattue ? / À quel puits de douleur tes yeux puisent-ils l'eau ?

Théophile GAUTIER, *Poésies*, 1872.

Et dans les dictionnaires anciens...

■ Le *chagrin* vient du mécontentement et des tracasseries de la vie ; l'humeur s'en ressent. La *tristesse* est ordinairement causée par les grandes afflictions, le goût des plaisirs en est émoussé. [...] L'esprit devient inquiet dans le chagrin, lorsqu'il n'a pas assez de force et de sagesse pour le surmonter.

Gabriel GIRARD, *Synonymes françois*, 1756.

Et les pensées de...

■ La nuit, tous les chagrins se grisent.

Serge GAINSBOURG, *Pensées, provocs et autres volutes*, © Le Cherche midi, 2006.

chaîne

Du latin *catena*, chaîne.

■ L'ambition, l'amour, l'avarice, la haine, / Tiennent comme un forçat son esprit à la chaîne.

Nicolas BOILEAU, *Satires*, 1668.

Et dans les dictionnaires anciens...

■ On appelle chaîne de forçat celle à laquelle sont attachés les malheureux que l'on conduit au bagne. Trop d'innocents, trop d'hommes purs, victimes des erreurs de la justice humaine, ont traîné cette chaîne !

Maurice LACHÂTRE, *Dictionnaire français illustré*, 1856.

chair

▶ VOIR acharner, berger, chapon, charcutier, chat, déshonoré, livres, maladie, maman, négritude, vue, parfum, trépas.

chaise

Du latin *cathedra*, chaise à dossier.

■ Et pour prix de sa peine au grand vent dispersée / Vont ses papiers servir à la chaise percée.

Mathurin RÉGNIER, *Satires*, 1608.

■ La chaise [à porteurs] est un retranchement merveilleux contre les insultes de la boue et du mauvais temps.

MOLIÈRE, *Les Précieuses ridicules*, 1659.

■ Chacun était assis sur un fauteuil, une chaise, un banc, un tabouret, selon son rang ou sa dignité.

ERCKMANN-CHATRIAN, *Histoire d'un paysan*, 1870.

Et dans les dictionnaires anciens...

■ Une chaise de commodité, c'est une chaise dont le dossier se hausse & s'abaisse par le moyen d'une crémaillère, & sur laquelle on peut dormir commodément.

Antoine FURETIÈRE, *Dictionnaire universel*, 1690.

Et les pensées de...

■ La conversation est animée... — Nous les chaises, dit l'une d'entre elles, nous avons quatre pieds mais nous ne sommes pas capables d'en mettre un devant l'autre. — La table aussi a quatre pieds, dit l'autre, elle ne marche pas non plus. — Elle pourtant elle tourne, dit celle qui était assise entre les deux chaises.

Raymond DEVOS, *Un jour sans moi*, « Les chaises savantes », © Denoël, 1996.

chaleur

Du latin *calorem*, de *calor*, chaleur.

■ Chaleur : Toujours insupportable ! Ne pas boire quand il fait chaud.

Gustave FLAUBERT, *Le Dictionnaire des idées reçues*, posth. 1913.

Et dans les dictionnaires anciens...

■ *Chaleur naturelle.* [...] Cette chaleur dure toute notre vie. Elle est dans le sang qui a son centre dans le cœur.

Pierre RICHELET, *Dictionnaire françois*, 1680.

▶ VOIR agonie, ahaner, confiance, froid, mort, relâchement, voyage.

chambre

Du latin *camera*, plafond voûté, en bas latin pièce, vient du grec *kamara*, voûte.

■ Les chambres, qu'on croirait d'inanimés décors, / – Apparat de silence aux étoffes inertes –, / Ont cependant une âme, une vie aussi certes, / Une voix close aux influences du dehors.

Georges RODENBACH, *Le Règne du silence*, 1891.

■ Chambre à coucher dans un vieux château : Henri IV y a toujours passé une nuit.

Gustave FLAUBERT, *Le Dictionnaire des idées reçues*, posth. 1913.

Et dans les dictionnaires anciens...

■ On dit un valet de chambre, et non pas un homme de chambre ; mais on dit une femme de chambre, et non pas fille de chambre, et quand une Dame en a plusieurs, elle dit mes femmes, sans ajouter de chambre.

Jean-François FÉRAUD, *Diction(n)aire critique de la langue française*, 1787.

chameau, chamelle

Du latin *camels*, du grec *kamêlos*, emprunté à une langue sémitique occidentale.

■ Chamelles douces sous la tonte, cousues de mauves cicatrices, que les collines s'acheminent sous les données du ciel agraire – qu'elles cheminent en silence sur les incandescences pâles de la plaine, et s'agenouillent à la fin, dans les fumées des songes, là où les peuples s'abolissent aux poudres mortes de la terre.

SAINT-JOHN PERSE, *Anabase*, © Gallimard, 1924.

Et dans les dictionnaires anciens...

■ *Chameau.* Animal domestique fort doux [...]. Quand il est en amour, il se retire à part avec la femelle et la couvre tout le jour.

Pierre RICHELET, *Dictionnaire françois*, 1680.

champ

Du latin *campus*, plaine, champ.

■ Il est temps que je m'ébatte / Et que j'aille aux champs jouer. / Bons Dieux ! qui voudrait louer / Ceux qui, collés sur un livre, / N'ont jamais souci de vivre !

Pierre DE RONSARD, *Quatre Premiers Livres des Odes*, 1550.

■ Le champ de la nature ne peut s'épuiser, et l'on y trouve toujours des moissons nouvelles.

François René DE CHATEAUBRIAND, *Le Génie du Christianisme*, 1802.

champagne

Elliptique du *vin de Champagne*.

■ Champagne : Caractérise le dîner de cérémonie. Faire semblant de le détester, en disant « ce n'est pas un vin ». – Provoque l'enthousiasme chez les petites gens. « La Russie en consomme plus que la France ! » C'est par lui que les idées françaises se sont répandues en Europe. – Sous la Régence, on ne faisait pas autre chose que d'en boire. Mais on ne le boit pas, on le « sable ».

Gustave FLAUBERT, *Le Dictionnaire des idées reçues*, posth. 1913.

■ Pierrette dit d'un petit air canaille : / — J'espérais qu'il y aurait du champagne.

Raymond QUENEAU, *Loin de Rueil*, © Gallimard, 1944.

champignon

Du latin populaire *campaniolus*, produit de la campagne.

■ L'herbe sent tressaillir les monstres cryptogrammes, / L'informe champignon chante un chant inconnu.

V. HUGO, *Théâtre en liberté, Forêt mouillée*, 1885.

Et dans les dictionnaires anciens...

■ Manière de petit potiron qui vient dans les champs sans être semé, & dont on se sert dans les ragoûts.

Antoine FURETIÈRE, *Dictionnaire universel*, 1690.

Et les pensées de...

■ Ils cultivent le champignon de Paris dans des souterrains, ce qui lui donne son air de prisonnier politique...

Jean-Marie GOURIO, *L'Intégrale des brèves de comptoir*, © Robert Laffont, 1992-1993.

champion

Du germanique *kampjo*, dérivé de *kamp*, champ de bataille.

■ Il suffisait qu'une pensée fût extraordinaire, qu'elle choquât le sens commun, pour que je m'en fisse aussitôt le champion, au risque d'avancer les sentiments les plus blâmables.

Alfred DE MUSSET,
La Confession d'un enfant du siècle, 1836.

Et les pensées de...

■ Les cyclistes et les boxeurs sont les gens les plus courageux du monde. Ils peuvent endurer le martyre, dégueuler sur eux, prendre tous les coups, des fringales terribles sans se plaindre. C'est la générosité même. Un cœur de champion, c'est aussi beau qu'un cerveau de savant.

Gérard DEPARDIEU,
Lettres volées, © Jean-Claude Lattès, 1988.

chance

Du latin populaire *cadentia*, de *cadere*, tomber, terme utilisé pour les jeux de dés ou d'osselets.

■ J'abandonne à leur chance et mes sens et mon âme ; / Qu'ils aillent où Dieu sait, chacun de leur côté.

Alphonse DE LAMARTINE,
Harmonies poétiques et religieuses, 1830.

Et les pensées de...

■ Quand un mec me dit que c'est gentil de l'aider parce qu'il a jamais eu de chance, je l'aide pas. Parce qu'il faut avoir de la chance pour qu'on vous aide. Un mec qu'a pas de bol, on peut rien pour lui.

COLUCHE, *Ça roule, ma poule*,
© Le Cherche midi, 2002.

changement, changer

Du bas latin *cambiaire*, échanger.

■ Avec mon amour naît l'amour de changer ; / J'en aime une au matin ; l'autre au soir me possède.

Nicolas DES YVETAUX, *Recueil de vers*, 1606.

■ Un changement d'avis, quand la raison en presse, / N'est pas une action contraire à la sagesse.

Jean DE ROTROU, *Antigone*, 1638.

■ La Thénardier remplaça bien vite sa mine bourrue [à l'écoute de propositions financières] par sa grimace aimable, changement à vue propre aux aubergistes.

Victor HUGO, *Les Misérables*, 1862.

■ Plus l'être est faible, plus il répugne à l'étrange, au changement ; car la plus légère idée nouvelle, la plus petite modification de régime nécessite de lui une vertu, un effort d'adaptation qu'il ne va peut-être pas pouvoir fournir.

André GIDE, « À propos des Déracinés »,
décembre 1897.

➤ VOIR absurde, cour, toujours.

chanson

Du latin *cantus* et *cantionis*, chant d'un humain ou d'un instrument.

■ Je crois avoir fait voir qu'il n'y a ni mesure ni mélodie dans la musique française, parce que la langue n'en est pas susceptible ; que le chant français n'est qu'un aboiement continuel, insupportable à toute oreille non prévenue.

Jean-Jacques ROUSSEAU,
Lettres sur la musique française, 1753.

■ Ah ! coquin, dit le premier violon, nous t'apprendrons si l'*ennuyeux et lamentable chant français ressemble aux cris de la colique*, comme tu l'écris.

VOLTAIRE, *Lettres à M. Jean-Jacques Rousseau sur* la Nouvelle Héloïse, 1781.

■ Un homme d'esprit me disait un jour que le Gouvernement de France est une monarchie absolue tempérée par des chansons.

Nicolas DE CHAMFORT,
Maximes et pensées, caractères et anecdotes, 1795.

■ Écoutez la chanson bien douce / Qui ne pleure que pour vous plaire. / Elle est discrète, elle est légère : / Un frisson d'eau sur de la mousse !

Paul VERLAINE, *Sagesse*, 1881.

■ Ce qu'il faut de malheur pour la moindre chanson / Ce qu'il faut de regrets pour payer un frisson / Ce qu'il faut de sanglots pour un air de guitare / Il n'y a pas d'amour heureux.

Louis ARAGON, *La Diane française*,
« Il n'y a pas d'amour heureux », © Seghers, 1946.

Et dans les dictionnaires anciens...

■ On appelle *chansons spirituelles*, celles qui se font sur des matières pieuses. *Chansons à boire*, ou *Chansons bachiques*, celles qui se font pour se réjouir à la table, & provoquer à boire.

Antoine FURETIÈRE, *Dictionnaire universel*, 1690.

▶ VOIR bible, conte, écho, lune, poète, saule.

chanter

Du latin classique *cantare*, chanter.

■ Vous chantiez ? j'en suis fort aise : / Eh bien, dansez maintenant.

Jean DE LA FONTAINE, *Fables*, « La Cigale et la Fourmi », 1668-1694.

■ Aujourd'hui, ce qui ne vaut pas la peine d'être dit, on le chante.

P.-A. DE BEAUMARCHAIS, *Le Barbier de Séville*, 1775.

■ Chanter, c'est ma façon de me battre et de croire / et si de tous les chants mon chant est le plus fier, / C'est que je chante clair afin qu'il fasse clair !

Edmond ROSTAND, *Chantecler*, 1910.

Et dans les dictionnaires anciens...

■ *Chanter*. Ce mot se dit des hommes, des oiseaux & des cigales terrestres. [...] Les François chantent mieux que les Italiens. Le rossignol chante mieux que tous les oiseaux.

Pierre RICHELET, *Dictionnaire françois*, 1680.

▶ VOIR bêler, cygne.

chantier

Du latin *cantherius*, cheval de charge ; support, chevron.

■ Manifeste du futurisme. [...] 11. Nous chanterons [...] la vibration nocturne des arsenaux et des chantiers sous leurs violentes lunes électriques.

Filippo Tommaso MARINETTI, *Manifeste du futurisme* (1909), © Séguier, 1912.

▶ VOIR dictionnaire.

chapeau

Du bas latin *cappellus*, dérivé de *cappa*, coiffe.

■ Il y a une indéfinissable façon de porter un chapeau : mettez le chapeau un peu trop en arrière, vous avez l'air effronté mettez-le trop en avant, vous avez l'air sournois.

Honoré DE BALZAC, *Illusions perdues*, 1843.

■ Chapeau : Protester contre la forme des chapeaux.

Gustave FLAUBERT, *Le Dictionnaire des idées reçues*, posth. 1913.

Et dans les dictionnaires anciens...

■ *Chapeau*. [...] Il est fait de poil foulé ou de feutre selon la figure de la teste, & il a de grands bords pour garantir le haut du corps de la pluye.

Antoine FURETIÈRE, *Dictionnaire universel*, 1690.

chapon

Du latin populaire *capponem*, en latin classique, *capo*.

■ Croyez-vous que le chapon à qui l'on jette du grain dans la basse-cour soit plus heureux que le ramier qui le matin ne sait pas où il trouvera sa pâture de la journée ?

Félicité DE LAMENNAIS, *Paroles d'un croyant*, 1834.

■ Parmi tant de vie, d'amour et de joie, le chapon erre seul. Émasculé, chargé de chairs succulentes qui le font tuer de bonne heure, honni par les coqs, mépris des poules, il paraît ressentir l'amertume de son destin de bête à part, bonne seulement pour l'engrais.

Joseph DE PESQUIDOUX, *Chez nous*, © Bartillat, 1921.

Et les pensées de...

■ Peut-on donner du plaisir alors qu'on vous a coupé les couilles ? Oui, à condition d'être un chapon, et surtout un chapon de Bresse. Choisi, châtré, rôti ; être un chapon, c'est un destin.

J.-P. COFFE, *Le Bon vivre*, © Le Pré aux clercs, 1989.

charbon

Du latin classique, *carbo*, *carbonis*, charbon de bois, ce qui résulte de la combustion.

■ Son désespoir eût arraché des sanglots à un seau de charbon de terre.

Georges COURTELINE, *Le Train de 8 h 47*, 1888.

■ Il faut réchauffer la Terre, et je la réchaufferai. Dieu m'a donné mandat d'éblouir et j'éblouirai, je saignerai de la lumière. Je suis un charbon ardent, le souffle de Dieu m'attise, je brûle vif.

Jean-Paul SARTRE,
Le Diable et le Bon Dieu, © Gallimard, 1951.

charcutier

Dérivé de *chair cuite*.

■ Charcutier : Anecdote des pâtés fait avec de la chair humaine. Toutes les charcutières sont jolies.

Gustave FLAUBERT,
Le Dictionnaire des idées reçues, posth. 1913.

Et dans les dictionnaires anciens...

■ On devroit écrire *chaircutier*, ainsi que l'écrit l'Auteur des Origines Françoises, mais l'usage y est contraire.

Antoine FURETIÈRE, *Dictionnaire universel*, 1690.

chardon

Du bas latin *cardonem*, de *cardo*, en latin classique *charduus*, chardon

■ La solitude garde, enclot et défend ce que l'homme lui a une fois abandonné. Elle dispose et hérisse soigneusement sur le seuil les broussailles les plus féroces, les plantes les plus méchantes et les mieux armées, le houx, l'ortie, le chardon...

Victor HUGO, *Le Rhin*, 1842.

■ Le bon paysan ne gémit pas sur les chardons ; il les coupe.

ALAIN, *Suite à Mars*,
Échec de la force, © Gallimard, 1939.

Et dans les dictionnaires anciens...

■ *Chardon*. Hérissé, pointu, dur, espineus, testu, picquant, inutile, aspre, poignant, champéstre, sauvage, mordant. Il y a du chardon à carder que l'on prend grand peine à cultiver, pource que de la tête d'icelui on peigne les draps. Quant au sauvage il croît quasi partout sans semer, et est inutile.

Maurice DE LA PORTE, *Épithètes*, 1571.

charge

Construit à partir de *charger*, du bas latin *carricare*, charger, dérivé de *carrus*, chariot.

■ Son fardeau n'a rien qui vous fasse hésiter, / Pourtant, milord, la charge est pour vous un peu forte ; / Je vois la main qui prend et non le bras qui porte.

Victor HUGO, *Cromwell*, 1827.

Et dans les dictionnaires anciens...

■ La charge est ce qu'on doit ou ce qu'on peut porter ; de là l'expression proverbiale qui dit, que la charge d'un baudet n'est pas celle d'un éléphant.

Gabriel GIRARD, *Synonymes françois*, 1736.

charité

Francisation du latin *caritas*, amour du prochain, dérivé de l'adjectif *carus*, cher.

■ Qu'est-ce qu'une charité qui n'a point de pudeur avec le misérable, et qui, avant que de le soulager, commence par écraser son amour-propre ?

MARIVAUX, *La Vie de Marianne*, 1731-1741.

■ La justice, c'est la vie, et la charité, c'est encore la vie, et une plus douce et plus abondante vie.

Félicité DE LAMENNAIS,
Paroles d'un croyant, 1834.

▶ VOIR action, chef d'Etat.

charlatan

De l'italien *ciarlatano*, dérivé du verbe *ciarlare*, bavarder, jaser.

■ Quand on veut éviter d'être charlatan, il faut fuir les tréteaux ; car, si l'on y monte, on est bien forcé d'être charlatan, sans quoi l'assemblée vous jette des pierres.

Nicolas DE CHAMFORT,
Maximes et pensées, caractères et anecdotes, 1795.

Et dans les dictionnaires anciens...

■ *Charlatan*. Celui qui vend publiquement des drogues & dit mille mensonges de leurs vertus pour les mieux débiter.

Pierre RICHELET, *Dictionnaire françois*, 1680.

charmer

Du bas latin *carminare*, dérivé de *carmen*, formula magique, incantation.

■ Il est mille façons d'aimer ; / Et ce qui prouve mon système, / C'est que la bergère que j'aime / En a mille de me charmer.

Jean DE BOUFFLERS, *Les Cœurs, Poèmes érotiques*, 1763.

■ À quoi bon charger sa mémoire de ce qui ne sert pas à nourrir, à charmer ou à consoler le cœur ?

Alphonse DE LAMARTINE, *Les Confidences*, 1849.

charrue

Du latin *carruca*, dérivé de carus, char.

■ La charrue écorche la plaine, / Le bouvier qui suit les sillons / Presse de voix et d'aiguillons / Le couple de bœufs qui l'entraîne.

Théophile DE VIAU, *Œuvres poétiques*, 1621.

■ Par quelles séries de suggestions, d'efforts et de perfectionnements le bâton pointu qui sert à enfoncer la semence dans le sol s'est-il transformé en la branche noueuse armée d'un soc qui fut la charrue, nous l'ignorerons toujours.

Paul VIDAL DE LA BLACHE, *Principe de géographie humaine*, 1921.

Et dans les dictionnaires anciens...

■ La dernière inventée en France est la charrue Grangé (1833), qui offre ces gros grands avantages : diminuer la peine de l'homme, diminuer la force du tirage, et n'exiger aucune intelligence dans son conducteur.

Maurice LACHÂTRE, *Dictionnaire français illustré*, 1856.

chasse

Construit à partir de *chasser*, du latin populaire *captiare*, altération de *captare*, chercher à saisir.

■ Les flatteurs des princes ont dit que la chasse était une image de la guerre.

Nicolas DE CHAMFORT, *Maximes et pensées, caractères et anecdotes*, 1795.

■ Nous aimons ces changements, ces triomphes de l'animalité au retour de la chasse, ces coups de fouet de fatigue, cette griserie des fonctions physiques, où le boire, le manger, le dormir deviennent comme des félicités divines de bêtes.

J. et E. DE GONCOURT, *Journal*, 1851-1896.

Et les pensées de...

■ — C'est un accident de chasse ! / Je lui dis : — Quoi c'est en tirant ? / Il me dit : — Oui (pleurant)... c'est en tirant la chasse d'eau, le réservoir m'est tombé dessus !

Raymond DEVOS, *Ça n'a pas de sens*, © Denoël, 1993.

chassieux

Dérivé de *chassie*, du latin populaire *caccita*, humeur sécrétée sur le bord de la paupière.

■ Ce qui plaît à l'œil sain offense un chassieux.

Mathurin RÉGNIER, *Satires*, 1608.

▶ VOIR avenir.

chat

Du bas latin *cattus*, chat.

■ Arnolphe. – Quelle nouvelle ? / Agnès. – Le petit chat est mort. / Arnolphe. – C'est dommage ; mais quoi ! / Nous sommes tous mortels, et chacun est pour soi.

MOLIÈRE, *L'École des femmes*, 1662.

■ Les amoureux fervents et les savants austères / Aiment également dans leur mûre saison, / Les chats puissants et doux, orgueil de la maison, / Qui comme eux sont frileux et comme eux sédentaires.

Charles BAUDELAIRE, *Les Fleurs du mal*, 1857.

■ Chat : Les appeler « tigres de salon » (chic). Leur couper la queue pour empêcher le vertigo [maladie du cheval].

Gustave FLAUBERT, *Le Dictionnaire des idées reçues*, posth. 1913.

■ Le chat, c'est la vie des meubles.

Jules RENARD, *Journal*, posth. 1925.

Et dans les dictionnaires anciens...

■ *Chat*. Animal très connu, qui ordinairement gris, ou noir, gris et blanc, ou noir et blanc, qui a les yeux étincelants, qui est fin, qui vit de souris, et de toute sorte de chair ; qui hait les rats, les souris, les chiens, les aigles, les serpents et l'herbe qu'on appelle la ruë. Sa cervelle trouble l'esprit.

Pierre RICHELET, *Dictionnaire françois*, 1680.

Et les pensées de...

■ Chat : Animal surnaturel qui vous regarde fixement, et avec une grande compassion ; car seul le chat sait où vous entraîne votre destin minuscule. Tigre d'appartement.

Jacques DOR, *Le Dico de ma langue à moi*, 2e mille, © Soir ailleurs, 2005.

▶ VOIR belette, éveiller, souris, Styx, yeux.

château

Du latin *castellum*, place forte, forteresse ; en latin médiéval, ville fortifiée.

■ Que j'aime à voir la décadence / De ces vieux châteaux ruinés / Contre qui les ans mutinés / Ont déployé leur insolence !

SAINT-AMANT, *Poésies*, « La solitude », 1629-1658.

■ Quel esprit ne bat la campagne ? / Qui ne fait châteaux en Espagne ?

Jean DE LA FONTAINE, *Fables*, « La Laitière et le Pot au lait », 1668-1694.

■ En un mot, voyez le château du dehors, il aspire vers le ciel, si solide, si bien ordonnée, clair et poli comme l'acier. À y grimper la pensée même glisse...

Gérard DE NERVAL, *Le Second Faust*, 1840.

châtier, châtiment

Du latin *castigare*, corriger.

■ On châtie aux enfants des erreurs innocentes.

Michel DE MONTAIGNE, *Essais*, 1580-1595.

■ On devrait châtier sans pitié / Ce commerce honteux de semblant d'amitié.

MOLIÈRE, *Le Misanthrope*, 1666.

■ L'âme sait que le châtiment répare l'ordre du monde blessé par l'injustice.

J.-B. BOSSUET, *Traité de la Connaissance de Dieu et de soi-même*, 1722.

■ Dans les contes, l'enfer est toujours visible. Pas de faute qui n'ait son châtiment, parfois même exagéré.

Victor HUGO, *Le Rhin*, 1842.

Et dans les dictionnaires anciens...

■ On *châtie* celui qui a fait une faute, afin de l'empêcher d'y retomber ; on veut le rendre meilleur. On *punit* celui qui a fait un crime, pour le lui faire expier ; on veut qu'il serve d'exemple.

Gabriel GIRARD, *Synonymes français*, 1736.

▶ VOIR crime.

chaud

Du latin *cal(i)dus*, chaud, dérivé de *calere*, être chaud.

■ Les peuples des pays chauds sont timides comme les vieillards le sont ; ceux des pays froids sont courageux comme le sont les jeunes gens. [...] Dans les pays froids on aura peu de sensibilité pour les plaisirs ; elle sera plus grande dans les pays tempérés ; dans les pays chauds, elle sera extrême.

Charles-Louis DE MONTESQUIEU, *De l'esprit des lois*, 1748.

chauve

Du latin *calvus*.

■ Un jour, deux chauves dans un coin / Virent briller certain morceau d'ivoire. / Chacun d'eux veut l'avoir ; dispute et coups de poing. / Le vainqueur y perdit, comme vous pouvez croire, / Le peu de cheveux gris qui lui restaient encor. / Un peigne était le beau trésor / Qu'il eut pour prix de sa victoire.

FLORIAN, *Fables*, « Les Deux Chauves », 1792.

Et les pensées de...

■ Moi je dis que les femmes seront vraiment les égales de l'homme le jour où elles accepteront d'être chauves et de trouver ça distingué.

COLUCHE, *L'horreur est humaine*, © éditions n°1, 1992.

▶ VOIR calvitie.

chauvinisme

De Nicolas Chauvin, symbole du patriotisme naïf. Ce personnage, soldat naïf et enthousiaste de l'Empire, fut mis en scène par Cogniard dans *La Cocarde tricolore* (1843).

■ Je suis toujours un bêta de Français, et mon vieux chauvinisme me démange sous ma septième peau comme une gale rentrée.

Victor HUGO, *Correspondance*, 1853.

chef

Du latin classique *caput*, tête.

■ Ils n'attendent qu'un chef contre la tyrannie.

Jean RACINE, *Mithridate*, 1673.

■ L'horloge sonne une heure et demie / Et le chef de famille et de bureau / Met son couvre-chef sur son chef / Et s'en va / Traverse la place de chef-lieu de canton / Et rend le salut à son sous-chef

Jacques PRÉVERT, *Paroles*, © Gallimard, 1946.

Et les pensées de...

■ Un chef, c'est un type qui a une mentalité d'employé mais qui ne veut pas le rester.

COLUCHE, *Pensées et Anecdotes*, © Le Cherche midi, 1995.

▶ VOIR accident.

chef d'état

Du latin classique *caput*, tête, voir *état*.

■ Aux chefs d'États on demande volontiers d'avoir de la charité. Il faudrait aussi en avoir un peu pour eux. Lorsqu'on songe aux tentations du pouvoir absolu, y résister, cela demande le respect.

Henry DE MONTHERLANT, *La Reine morte*, © Gallimard, 1942.

chef-d'œuvre

D'abord, depuis le XIIIe s, œuvre de talent d'un compagnon pour obtenir la maîtrise dans sa corporation, puis sens figuré au XVIe s.

■ Chacun des chefs-d'œuvre est une purification du monde, mais leur leçon commune est celle de leur existence, et la victoire de chaque artiste sur sa servitude rejoint, dans un immense déploiement, celle de l'art sur le destin de l'humanité. L'art est un anti-destin.

André MALRAUX, *Les Voix du Silence*, © Gallimard, 1951.

Et dans les dictionnaires anciens...

■ *Chef-d'œuvre*. Ouvrage exquis & extraordinaire de quelque art ou science. [...] Les amants appellent aussi leur maistresse un chef-d'œuvre des cieux.

Antoine FURETIÈRE, *Dictionnaire universel*, 1690.

chemin

Du latin populaire *camminus*, d'origine celtique.

■ Et je vais par les champs m'égarer ou m'asseoir, / Sans guide, sans chemin, marchant à l'aventure, / Comme un livre au hasard feuilletant la nature.

Alphonse DE LAMARTINE, *Jocelyn*, 1836.

■ Tous les chemins silencieux du monde sont ouverts. Nous avons écrasé de ces plantes à l'huile. Le fleuve est plein de bulles, et le soir est plein d'ailes, le ciel couleur d'une racine rose d'ipomée.

SAINT-JOHN PERSE, *Amitié du Prince*, © Gallimard, 1924.

■ Petits problèmes et travaux pratiques. L'espace. [...] Quel est le plus long chemin d'un point à un autre ?

Jean TARDIEU, *Œuvres posthumes du professeur Froeppel*, © Gallimard, 1978.

Et les pensées de...

■ Je prends les chemins vicinaux. Je n'irais jamais sur les routes nationales. On n'y rencontre que des platanes.

Serge GAINSBOURG, *Pensées, provocs et autres volutes*, © Le Cherche midi, 2006.

chemin de fer

Calque de l'anglais *railway*, avec *chemin* et *fer*.

■ Chemins de fer : Si Napoléon les avait eus à sa disposition, il aurait été invincible ! S'extasier sur l'invention et dire : « Moi, Monsieur, qui vous parle, j'étais ce matin à X, je suis parti par le train de X là-bas, j'ai fait mes affaires, etc., et à X heures j'étais revenu. »

Gustave FLAUBERT, *Le Dictionnaire des idées reçues*, posth. 1913.

■ Où il travaille le mieux, c'est en chemin de fer, et même en fiacre. Le mouvement agite son cerveau comme un panier d'idées.

Jules RENARD, *Journal*, posth. 1925.

Et dans les dictionnaires anciens...

■ Le chemin de fer dessert déjà les solitudes sibériennes.

Petit Larousse illustré, article « Desservir », 1905.

▶ VOIR bout, locomotive.

cheminée

Du bas latin *caminata*, chambre munie d'une cheminée.

■ Cheminée : Fume toujours. Sujet de discussion, à propos du chauffage.

Gustave FLAUBERT,
Le Dictionnaires des idées reçues, posth. 1913.

Et dans les dictionnaires anciens...

■ Les meilleures cheminées donnent 6 à 8 % du calorique qu'elles consomment ; beaucoup ne donnent que 2 ou même 1 % ; il serait urgent de remédier à un état de choses si préjudiciable aux intérêts de la société.

Maurice LACHÂTRE,
Dictionnaire français illustré, 1856.

chêne

Du gaulois *cassanus*, ou *casnus*.

■ Ce vieux chêne a des marques saintes ; / Sans doute qui le couperait, / Le sang chaud en découlerait / Et l'arbre pousserait des plaintes.

Tristan L'HERMITE,
Le Promenoir des deux amants, « Amours », 1638.

■ Le Chêne un jour dit au Roseau : / Vous avez bien sujet d'accuser la nature ; / Un roitelet pour vous est un pesant fardeau.

Jean DE LA FONTAINE, *Fables*,
« Le Chêne et le Roseau », 1668-1694.

▶ VOIR bourgeon.

chèque

De l'anglais *to check*, contrôler, et du français *échec*, dans le but de faire échec aux malversations financières.

■ Celui qui signe un chèque ne sent aucune résistance. Mille francs ou un million c'est la même chose au bout de la plume.

ALAIN, *Propos*, © Gallimard, 1933.

Et les pensées de...

■ Un petit croquis en dit plus long qu'un grand discours, mais beaucoup moins qu'un gros chèque.

Pierre DAC, *Arrière-Pensées*,
© Le Cherche midi, 1998.

■ Nous organisons un grand concours de chèques à mon nom. Le plus gros a gagné.

COLUCHE, *Et vous trouvez ça drôle ?*,
© Le Cherche midi, 1998.

■ De Funès payait toujours ses taxis par chèque. Il avait remarqué que les chauffeurs, au lieu de les mettre à la banque, préféraient se pavaner avec : « T'as vu, là, t'as vu ? Un chèque signé de Funès ! » Résultat : il faisait des économies.

Pierre RICHARD, *Le Meilleur du pire*,
© Pascal Petiot éd., 2006.

cher

Du latin classique *carus*, cher.

■ Fais-lui payer bien cher un bonheur qu'il ignore.

Jean RACINE, *Britannicus*, 1669.

■ L'art n'était pas de vendre beaucoup mais de vendre cher.

Émile ZOLA, *Au bonheur des dames*, 1883.

Et dans les dictionnaires anciens...

■ Il fait *cher* vivre à Paris, tout y est cher.

Dictionnaire de l'Académie française, 1694.

chercheur

Dérivé de *chercher*, du bas latin *circare*, parcourir pour examiner ; fouiller, scruter.

■ Les chercheurs, à qui il faut l'équipement spécial nécessaire à leurs travaux, et l'art de ne point cloisonner les pensées et les résultats.

Charles DE GAULLE,
Discours, © Plon, 14 février 1959.

■ Un chercheur c'est celui qui invente une manière de chercher.

Michel FIELD,
Petits Dialogues entre amis, © M. Field, 1997.

Et les pensées de...

■ Un chercheur du CNRS peut, sur l'étude d'une molécule qui est censée accélérer la pousse du maïs, trouver qu'elle augmente finalement l'efficacité d'une crème de beauté.

Jean AMADOU,
De quoi j'me mêle !, ©Robert Laffont, 1998.

chéri

Participe passé de *chérir*, dérivé de *cher*. Voir *cher*.

■ Le juste semblera plus avantagé, si on pèse son mérite ; et le pécheur plus chéri, si l'on considère son indignité.

Jacques-Bénigne BOSSUET, *Oraison funèbre de Marie-Thérèse d'Autriche, reine de France*, 1689.

■ Il est aimé des grands, il est chéri des belles.

Nicolas BOILEAU, *Satires*, 1660-1711.

cheval

Du latin *caballus*, rosse.

■ Je ne conçois qu'une manière de voyager plus agréable que celle d'aller à cheval, c'est d'aller à pied.

J.J. ROUSSEAU, *Émile ou De l'éducation*, 1762.

■ Un des chapitres les plus remarquables de l'immortel ouvrage de M. de Buffon est celui du cheval. Cet éloquent écrivain le représente comme la plus belle conquête que l'homme ait faite sur la nature ; et personne, après avoir lu sa brillante description des mœurs de ce noble animal, ne s'étonne du rang que son historien lui assigne.

V. DE JOUY, *L'Hermite de la Chaussée d'Antin*, 1813.

■ Pourtant, monter à cheval est peut-être la seule chose au monde dont je m'acquitte bien.

STENDHAL, *Lucien Leuwen*, 1836.

■ Smarh. – Est-ce que je ne suis pas supérieur au cheval, et le cheval à la fourmi, et la fourmi au caillou ? / Satan. – Oui, puisque tu es sur le cheval et que tu l'accables, et que le cheval écrase la fourmi, et que la fourmi creuse la terre.

Gustave FLAUBERT, *Smarh*, 1839.

■ Cheval : S'il connaissait sa force ne se laisserait pas conduire. – Viande de cheval. Beau sujet de brochure pour un homme qui désire se poser en homme sérieux. – Cheval de course. Le mépriser ! à quoi sert-il ?

Gustave FLAUBERT, *Le Dictionnaire des idées reçues*, posth. 1913.

■ J'aime le cheval parce que si parfois il m'avantage, jamais il ne me flatte. Il force à l'humilité, il ne me passe rien et, s'il accepte un jour de me récompenser de mes efforts, sans doute l'ai-je alors mérité. C'est un grand donneur de leçons.

Jérôme GARCIN, *Cavalier seul*, © Gallimard, 2006.

Et dans les dictionnaires anciens...

■ *Cheval.* [...] Un cheval, pour estre bon, doit avoir trois parties correspondantes à trois de la femme, la poitrine, le fessier, & les crins, c'est-à-dire, poitrine large, croupe remplie, & les crins longs ; trois du lion, le maintien, la hardiesse, & la fureur ; trois du bœuf, l'œil, la narine, la jointure ; trois du mulet, la force, la constance au travail, & le pied...

Antoine FURETIÈRE, *Dictionnaire universel*, 1690.

▸ VOIR affection, antithèse, baigner, chien, courage, équestre, étalon, gaieté, instruction, mort, musique, repos, seul, vieillir.

cheveu, chevelure

Du bas latin *capillatura*, arrangement des cheveux ; du latin *capillus*, chevelure.

■ Ces cheveux d'or sont les liens, Madame, / Dont fut premier ma liberté surprise.

Joachim DU BELLAY, *L'Olive*, 1549.

■ Mon Dieu ! que tes cheveux me plaisent ! / Ils s'ébattent dessus ton front, / Et, les voyant beaux comme ils sont, / Je suis jaloux quand ils te baisent.

Théophile DE VIAU, *Œuvres*, « La solitude », 1621.

■ Elle fait ruisseler, en sortant de l'alcôve, / Cette ample chevelure à l'or sanglant et fauve...

Théodore DE BANVILLE, *Les Stalactites*, « Le démêloir », 1846.

■ Ô boucles ! Ô parfum chargé de nonchaloir ! / Extase ! Pour peupler ce soir l'alcôve obscure / Des souvenirs dormant dans cette chevelure, / Je la veux agiter dans l'air comme un mouchoir !

Charles BAUDELAIRE, *Les Fleurs du Mal*, « La chevelure », 1859.

■ Tandis que, moutonnant à ses tempes brûlées, / Les cheveux, du zéphyr pour toujours oubliés, / Rappelaient, à les voir, la toison des béliers.

Léon BOUILHET, *Dernières Chansons*, 1869.

■ Non, non, non ; je n'ai jamais vu de cheveux comme les tiens, Mélisande !... Vois, vois ; ils viennent de si haut et m'inondent jusqu'au cœur... Ils sont tièdes et doux comme s'ils tombaient du ciel !

Maurice MAETERLINCK, *Pelléas et Mélisande*, © Slatkine, 1892.

Et dans les dictionnaires anciens...

■ Les cheveux longs ont été si odieux en un temps, qu'il se trouve un Canon de l'an 1096, portant que ceux qui auront de longs cheveux, seront exclus de l'entrée de l'Église pendant leur vie, & qu'on ne priera point Dieu pour eux après leur mort.

Antoine FURETIÈRE, *Dictionnaire universel*, 1690.

▶ VOIR diane.

chevroter

▶ VOIR bredouiller.

chic

Du langage poissard, *chic*, aisance, de l'allemand du sud, *schick*, habileté, savoir-faire. D'abord en usage dans le vocabulaire des peintres.

■ J'ai attrapé le chic de nos gandins ; je boulevarde, je baloche avec bonheur et succès.

Paul AVENEL, *Les Calicots*, 1866.

■ Mme Swann appri[t] d'un ami qu'elle vénérait le mot « tocard » – lequel lui avait ouvert de nouveaux horizons, parce qu'il désignait précisément les choses que quelques années auparavant elle avait trouvées « chic ».

Marcel PROUST, *À l'ombre des jeunes filles en fleurs*, 1919.

chien

Du latin *canem*, de *canis*, chien, au propre comme au figuré.

■ M. de la Popelinière se déchaussait un soir devant ses complaisants, et se chauffait les pieds ; un petit chien les lui léchait. Pendant ce temps-là la société parlait d'amitié, d'amis : « Un ami, dit M. de la Popelinière, montrant son chien, le voilà. »

Nicolas DE CHAMFORT, *Maximes et pensées, caractères et anecdotes*, 1795.

■ Ici, le véritable animal de trait n'est pas le cheval ; je n'ai pas encore vu d'âne : c'est le chien, le chien courageux et docile qu'on attelle à de petites voitures et qui les traîne au grand trot, en tirant la langue et en baissant la queue.

Maxime DU CAMP, *En Hollande*, 1859.

■ Chien : Spécialement créé pour sauver la vie à son maître.

Gustave FLAUBERT, *Le Dictionnaire des idées reçues*, posth. 1913.

■ Chien, au prix de ton repos, qui doit t'être cher, tu es venu à moi quand j'étais terrassé et consterné. [l'auteur étant tombé] Tu n'as pas ri, comme aurait fait à ta place tout jeune individu de mon espèce. [...] Par ta gravité naïve, tu fais le compagnon le plus sûr qu'on puisse avoir.

Anatole FRANCE, *L'Anneau d'améthyste*, 1899.

■ Pendant la guerre, un homme se résigne à manger son chien, regarde les os qu'il laisse et dit : — Pauvre Médor ! Comme il se serait régalé !

Jules RENARD, *Journal*, posth. 1925.

Et dans les dictionnaires anciens...

■ *Chien*. Animal fort connu qui est fidèle, reconnaissant, docile, propre à diverses choses ; qui est en amour environ 14 jours, qui naît aveugle, qui vit 10 ou 12 ans et qui a de l'aversion pour les crocodiles et pour les loups.

Pierre RICHELET, *Dictionnaire françois*, 1680.

▶ VOIR aboi, agneau, bailler, cri, oreille, pissenlit, prostituée, race, tombé.

chimère

Du latin *chimaera*, du grec *khimaira*, créature mythologique fabuleuse.

■ Ainsi, versant de l'œil des fontaines amères, / Dedans mon cerveau creux je peignois des chimères.

Pierre DE RONSARD, *Le Bocage*, 1554.

■ Quelle chimère est-ce donc que l'homme ? Quelle nouveauté, quel monstre, quel chaos, quel sujet de contradiction, quel prodige !

Blaise PASCAL, *Pensées*, 1669.

Et dans les dictionnaires anciens...

■ Monstre fabuleux que les Poètes ont feint avoir la tête d'un lion, le ventre d'une chèvre & la queue d'un serpent. [...] Se dit figurément des vaines imaginations. [...] Les hommes sont sujets à se remplir l'esprit de chimères.

Antoine FURETIÈRE, *Dictionnaire universel*, 1690.

chirurgien

Dérivé de *chirurgie*, de *chirurgicus*, du grec *kheirourgia*, de *kheir*, main, et *ergon*, activité.

■ Avouez que je n'avais pas tort, à Beaujon, de vous répéter : « Soyez chirurgien. » C'est si beau, cet art, appuyé sur la science ! Et quelles émotions d'intelligence quand le bistouri en main, les plus minutieux détails anatomiques nous revenant, nous greffons littéralement notre action sur celle de la vie !

Paul BOURGET, *Le Sens de la mort*, 1915.

■ Chirurgien : Ont le cœur dur, les appeler bouchers.

Gustave FLAUBERT,
Le Dictionnaire des idées reçues, posth. 1913.

Et dans les dictionnaires anciens...

■ Ceux qui parlent mal disent *chirugien*, mais ceux qui voient le monde disent Chirurgien.

Pierre RICHELET, *Dictionnaire françois*, 1680.

chocolat

De l'espagnol *chocolate*, attesté sous la forme *chocolatl*, d'un mot nahuatl, du Mexique.

■ D'abord deux filles jolies et proprement mises servirent du chocolat, qu'elles firent très bien mousser.

VOLTAIRE, *Candide*, 1759.

■ Vous, templiers terribles, qui armâtes vos bras pour l'extermination des Sarrasins, vous ne connûtes pas les douceurs du chocolat qui restaure ou de la fève arabique qui fait penser.

A. BRILLAT-SAVARIN, *Physiologie du goût*, 1825.

choir

Du latin *cadere*, tomber.

■ Mais plus dans un haut rang la faveur vous a mis, / Plus la crainte de choir vous doit rendre soumis.

Thomas CORNEILLE, *Le Comte d'Essex*, 1678.

Et les pensées de...

■ Les gens ne savent plus choir ! Ils savent s'asseoir... mais ils ne savent plus choir ! Ils s'imaginent que choir c'est déchoir... Choir n'est pas déchoir... Un homme qui a chu n'est pas déchu... à condition qu'il choie bien ! Comme disait mon père : « Où que tu chois, chois bien ! »

Raymond DEVOS, *À plus d'un titre*,
« Les avoir choir », © Orban, 1989.

choisir, choix

Du gothique *kausjan*, goûter, examinerr.

■ Choisir ! c'est l'éclair de l'intelligence.

Honoré DE BALZAC, *L'Illustre Gaudissart*, 1833.

■ Choisir a toujours été pour moi un supplice, parce que je n'ai jamais pu croire que la partie exclue ne valût pas à peu près la partie choisie.

Henri-Frédéric AMIEL, *Journal intime*, 1847-1883.

■ Si j'avais le choix des aïeux, j'aimerais mieux avoir pour ancêtre un savetier laborieux qu'un roi fainéant.

Victor HUGO, *Correspondances*, 1867.

■ L'enfant a cette ambition d'être un homme ; il ne faut point le tromper ; encore moins lui donner à choisir dans ce qu'il ignore.

ALAIN, *Propos*, © Gallimard, 1925.

Et dans les dictionnaires anciens...

■ On ne choisit pas toujours ce qu'on préfère, mais on préfère toujours ce qu'on choisit.

Gabriel GIRARD, *Synonymes françois*, 1736.

▶ VOIR deviner, exister, imprudence, langage, loterie, lune, oppression, photographie, révolte, vérité.

choléra

Du latin *cholera*, du grec *kholera*. Voir colère.

■ Choléra : [...] On s'en guérit, en prenant beaucoup de thé avec du rhum.

Gustave FLAUBERT, *Le Dictionnaire des idées reçues*, posth. 1913.

▶ VOIR melon, passé.

chose

Du latin *causa*, cause ; a empiété sur le sens de *res*, chose.

■ Mais elle était du monde, où les plus belles choses / Ont le pire destin.

François DE MALHERBE, *Consolation à M. du Périer*, 1598-1599.

▶ VOIR définir.

christianisme

Du latin chrétien *christianismus*, du grec *khristianismos*.

■ Que fût devenu le monde, si la grande arche du christianisme n'eût sauvé les restes du genre humain de ce nouveau déluge ?

François René DE CHATEAUBRIAND, *Le Génie du Christianisme*, 1802.

chute

De l'ancien français *cheoite*, d'une forme populaire de *cadere*, tomber.

■ Insensible à sa chute et grand dans ses misères

VOLTAIRE, *Zaïre*, 1732.

■ J'avais prévu ma chute en montant sur le faîte, / Je m'y suis trop complu ; mais qui n'a dans la tête / Un petit grain d'ambition ?

Jean DE LA FONTAINE, *Fables*, « Le Berger et le Roi », 1668-1694.

cicatrice

Du latin *cicatrix*, *-icis*, de même sens.

■ Quiconque aima jamais porte une cicatrice ; / Chacun l'a dans le sein, toujours prête à s'ouvrir ; / Chacun la garde en soi, cher et secret supplice.

Alfred DE MUSSET, *La Nuit d'août*, 1836.

cidre

Du latin populaire *cisera*, altération de *sicera*, de l'hébreu *chekar*, boisson fermentée à base de miel et de cerise.

■ Au cidre ! au cidre ! il fait chaud. J'm'emplis la tir'lire.

Jean RICHEPIN, *La Chanson des gueux*, 1876.

■ Cidre : gâte les dents.

Gustave FLAUBERT, *Le Dictionnaire des idées reçues*, posth. 1913.

■ Nous avions bu beaucoup de cidre adorable, piquant et sucré, frais et grisant, qu'il préférait à tous les liquides.

Guy DE MAUPASSANT, *Un Normand*, 1882.

Et dans les dictionnaires anciens...

■ Cette malplaisante boisson, signamment à ceux qui sont nourris des vignobles, sert plustot à apaiser l'altération qu'à contenter nature en manière de vivre.

Maurice DE LA PORTE, *Épithètes*, 1571.

ciel, cieux

Du latin *caelum*, voûte céleste.

■ Souvent le Ciel, par des ordres suprêmes, / Sans nous en consulter, dispose de nous-mêmes.

Pierre CORNEILLE, *Tite et Bérénice*, 1670.

■ Le Ciel de nos raisons ne sait point s'informer.

Jean RACINE, *Phèdre*, 1677.

■ Tel est l'ordre du ciel, dont la fureur se lasse ; / Comme il veut, aux mortels il fait justice ou grâce.

VOLTAIRE, *Œdipe*, 1718.

■ Or l'agriculture, pour être exercée, exigea l'observation et la connaissance des cieux. Il fallut connaître le retour périodique des mêmes opérations de la nature, des mêmes phénomènes de la voûte des cieux.

François-Constantin DE VOLNEY, *Les Ruines*, 1791.

Et dans les dictionnaires anciens...

■ *Ciel*. [...] Les philosophes disputent sur le nombre des cieux, les uns en admettent onze, & les autres moins.

Pierre RICHELET, *Dictionnaire françois*, 1680.

▶ VOIR amante, bon, choix, divorce, emploi, enthousiasme, été, hallucination, horizon, lasser, locomotive, mal, midi, mort, mourir, négritude, nuage, océan, parer, pluie, profond, puanteur, pureté, récompense, rossignol, toit.

cigale

Du provençal *cigala*, issu du latin *cicada*.

■ Puis comme elle avait fait la veille, / Au joug du labeur se mettant, / Cigale en même temps qu'abeille, / Elle travaillait en chantant.

Henri MURGER, *Les Nuits d'hiver*, 1861.

Et dans les dictionnaires anciens...

■ La cigale est une espèce de mouche grosse comme Sauterelle, mais elle se branche sur les arbres, et chante nuit et jour, vivant de la rosée (comme aucuns estiment) qui tombent du ciel.

Maurice DE LA PORTE, *Épithètes*, 1571.

cigarette

De l'espagnol *cigarro* issu du maya *zicar*, fumer, ou de *cigarra*, cigale, par analogie de forme.

■ En attendant le caoua, on roule la cigarette, on bourre la pipe.

Henri BARBUSSE, *Le Feu*, 1916.

cimetière

Du latin chrétien *coemeterium*, emprunté au grec *koimêtêrion*, dortoir, lieu où reposent les morts.

■ Je suis un cimetière abhorré de la lune, / Où, comme des remords, se traînent de longs vers / Qui s'acharnent toujours sur mes morts les plus chers.

Charles BAUDELAIRE, *Les Fleurs du mal*, 1857.

Et dans les dictionnaires anciens...

■ On dit figurément, que l'Italie est le cimetière des François, parce qu'il y en est mort grande quantité pendant les guerres qu'on a faites en ce pays-là.

Antoine FURETIÈRE, *Dictionnaire universel*, 1690.

▶ VOIR bibliothèque, cyprès, musée, saule.

cinéma

Abréviation de *cinématographe*. Du grec *kinêma*, mouvement, et de *graphein*, écrire.

■ Enfin, le cinéma est né. Et à cette heure, une femme hindoue qui regarde Anna Karénine pleure peut-être en voyant exprimer, par une actrice suédoise et un metteur en scène américain, l'idée que le Russe Tolstoï se faisait de l'amour...

André MALRAUX, *Les Conquérants* (postface), © Grasset, 1949.

■ Je suis la bonne. J'ai passé une après-midi très agréable. J'ai été au cinéma avec un homme et j'ai vu un film avec des femmes.

Eugène IONESCO, *La Cantatrice chauve*, © Gallimard, 1952.

Et les pensées de...

■ Presque tout le cinéma se trouve déjà dans la littérature.

Charles DANTZIG, *Dictionnaire égoïste de la littérature française*, © Grasset, 2005.

■ Mon invention sera exploitée pendant un certain temps comme une curiosité scientifique, mais à part cela, elle n'a aucune valeur commerciale quelle qu'elle soit.

Louis LUMIÈRE, cité dans *Comment ils voyaient l'an 2000*, éd. Ecila Conseil, 1999.

circonspect

Du latin *circumspectus*, prudent, participe passé de *circumspicere*, regarder autour, examiner avec soin.

■ L'homme trop circonspect manque sa destinée.

Henri-Frédéric AMIEL, *Journal intime*, 1847-1883.

circonstance

Du latin *circumstantia*, action d'entourer, de *circumstare*, se tenir autour.

▶ VOIR aptitude.

citation

Du bas latin *citatio*, proclamation, action de citer en justice, assignation.

■ Les nombreuses citations [d'un dictionnaire], par lesquelles toutes les acceptions de chaque mot sont justifiées, offrent un genre de récréation pour l'esprit dont je ne puis jamais me lasser.

Étienne-Jean DELÉCLUZE, *Journal*, 1826.

■ Je trouve en arrivant à Paris, un article de Louis Enault dans le *Constitutionnel* : fait son article avec mon livre même, en s'abstenant de guillemeter les citations, bien entendu.

Jules et Edmond DE GONCOURT, *Journal*, 1851-1896.

■ On racontait qu'il traduisait Horace en secret ; les petits vers de l'Anthologie grecque l'enthousiasmaient également, et il lui échappait des citations scabreuses, qu'il goûtait avec une naïveté de lettré insensible aux pudeurs du vulgaire.

Émile ZOLA, *La Conquête de Plassans*, 1874.

■ Je prépare longuement le discours où j'intercale à propos quelques citations latines.

Jules RENARD, *Poil de carotte*, 1894.

■ Je prépare une petite élucubration pas trop sotte, émaillée de citations variées, pour montrer qu'on connaît un peu son Molière.

COLETTE, *Claudine à l'école*, © Flammarion, 1900.

■ Son stock de citations latines était assez pauvre, suffisant d'ailleurs pour émerveiller ses élèves.

Marcel PROUST, *Sodome et Gomorrhe*, 1922.

■ Il relut son article d'un bout à l'autre. À le voir ainsi imprimé, avec les nombreux alinéas et les citations en italique, il lui parut bien meilleur que la nuit précédente.

Maurice DRUON, *Les Grandes familles*, © Plon, 1948.

Et dans les dictionnaires anciens...

■ Avoir la *manie* des citations.

Petit Larousse illustré, article « Manie », 1905.

Et les pensées de...

■ Dès le XVIIe siècle, l'on voit apparaître dans les dictionnaires français, les fragments observés de discours appelés citations. Ceci, à l'intérieur du système puriste et prescriptif de l'époque classique, ces énoncés étant retenus non dans l'intention de décrire, mais dans celle de montrer des modèles.

Alain REY, *Le Lexique : images et modèles*, © Armand Colin, 1977.

■ Sauf quand elles sont à l'ordre de l'armée, les citations n'ont pas besoin d'être exactes.

Pierre DAC, *Arrière-Pensées*, © Le Cherche midi, 1998.

■ Ma plus grande joie dans l'existence a longtemps été de faire des citations fausses, de dire par exemple : « Comme disait Nietzsche... », de coller après une citation à moi et de m'entendre répondre : « Oui, mais vous n'êtes pas Nietzsche. »

Jean YANNE, *Pensées, répliques, textes et anecdotes*, © Le Cherche midi, 1999.

■ Les citations peuvent venir à l'appui de ce qu'on dit, comme chez Montaigne, ou servir à révéler l'auteur qu'on cite, comme dans ce dictionnaire.

Charles DANTZIG; *Dictionnaire égoïste de la littérature française*, © Grasset, 2005.

▶ VOIR citer.

cité

Du latin *civitas*, ensemble des citoyens constituant une ville, une cité, un État.

■ L'église devient une grange, le palais devient une ferme, la tour devient un pigeonnier, la maison devient une baraque, la boutique devient une échoppe, le bassin devient un étang, le citadin devient un paysan ; la cité est morte.

Victor HUGO, *Le Rhin*, 1842.

Et dans les dictionnaires anciens...

■ *Cité*. [...] Nom que l'on donne à des constructions toutes modernes, dont l'idée et la création sont dues aux inspirations socialistes, et qui ont pour but d'améliorer la vie des ouvriers par la vie en commun.

Maurice LACHÂTRE, *Dictionnaire français illustré*, 1856.

▶ VOIR empire.

citer

Du latin *citare*, mettre en mouvement ; convoquer en justice.

■ Au rang de ces grands noms nous pouvons être admis ; Soyons cités comme eux au rang des vrais amis.

Marie-Joseph CHÉNIER, *Charles IX*, 1790.

Et dans les dictionnaires anciens...

■ Il [le Dictionnaire] a été commencé et achevé dans le siècle le plus florissant de la langue française ; et c'est pour cela qu'il ne cite point parce que plusieurs de nos plus célèbres orateurs et de nos plus grands poètes y ont travaillé, et qu'on a cru s'en devoir tenir à leurs sentiments.

Dictionnaire de l'Académie française (Préface), 1694.

Et les pensées de...

■ Je préfère me dispenser de citer les livres que j'ai lus et qui ne m'ont rien appris.

Jean-Pierre COFFE, *Le Bon Vivre*, © Le Pré aux clercs, 1989.

citoyen

■ Je suis un bon citoyen ; mais, dans quelque pays que je fusse né, je l'aurais été tout de même.

Charles-Louis DE MONTESQUIEU, *Cahiers*, posth. 1899.

Et dans les dictionnaires anciens...

■ Dans les États républicains, rien n'est au-dessus de la qualité de citoyen.

Gabriel GIRARD, *Synonymes françois*, 1736.

▶ VOIR cité.

civilisation

Dérivé de *civiliser* et *civil*, du latin *civilis*, qui concerne le citoyen ; affable, bienveillant.

■ Nous autres civilisations, nous savons maintenant que nous sommes mortelles. Nous avions entendu parler de mondes disparus tout entiers, avec leurs grammaires, leurs dictionnaires, leurs classiques [...].

Paul VALÉRY, *La Crise de l'Esprit*, © Gallimard, 1919.

Et les pensées de...

■ Les civilisations résisteront d'autant mieux qu'elles sauront accueillir et assimiler des valeurs venues d'ailleurs.

Jacques ATTALI, *Dictionnaire du XXIe siècle*, © Fayard, 1998.

clairement

Dérivé de *clair*, du latin *clarus*, clair, brillant, intelligible.

■ Un auteur qui s'énonce très clairement pour lui-même est quelquefois obscur pour son lecteur.

Nicolas DE CHAMFORT, *Maximes et pensées, caractères et anecdotes*, 1795.

clairvoyant

Construit avec *clair*, voir *clair*, et *voyant*, participe présent de *voir*. Consulter *voir*.

■ Que nous apprendrez-vous, bon vieillard, qui sans yeux / Lisez si clairement dans le secret des cieux.

Jean DE ROTROU, *Antigone*, 1638.

Et dans les dictionnaires anciens...

■ L'homme *éclairé* ne se trompe pas, il sait. Le *clairvoyant* ne se laisse pas tromper, il distingue. L'étude rend *éclairé*. L'esprit rend *clairvoyant*.

Gabriel GIRARD, *Synonymes françois*, 1736.

clameur

Du latin *clamor*, cri, plainte.

■ On étouffe les clameurs, mais comment se venger du silence ?

Alfred DE VIGNY, *Cinq-Mars*, 1829.

clarté

Du latin *claritatem*, de *claritas*, clarté, éclat.

■ Cette obscure clarté qui tombe des étoiles.

Pierre CORNEILLE, *Le Cid*, 1637.

■ La clarté est la bonne foi des philosophes.

Luc DE VAUVENARGUES, *Réflexions et Maximes*, 1746.

Et les pensées de...

■ La clarté est la forme la plus difficile du courage.

F. MITTERRAND, *Pensées, répliques et anecdotes*, © Le Cherche midi, 1997.

classe

Du latin *classis*, division du peuple romain, classe de citoyen.

■ La nation est réduite à trois classes de citoyens : la classe productive, la classe des propriétaires et la classe stérile.

François QUESNAY, *Tableau économique*, 1758.

■ La société est composée de deux grandes classes : ceux qui ont plus de dîners que d'appétit, et ceux qui ont plus d'appétit que de dîners.

Nicolas DE CHAMFORT, *Maximes et pensées, caractères et anecdotes*, 1795.

classicisme

Dérivé du mot *classique*. Attesté en 1917.

■ Le classicisme, au contraire [du romanticisme], leur présente la littérature qui donnait le plus grand plaisir possible à leurs arrière-grands-pères.

STENDHAL, *Racine et Shakespeare*, 1823.

■ Le classicisme – et par là j'entends : le classicisme français – tend tout entier vers la litote. C'est l'art d'exprimer le plus en disant le moins. C'est un art de pudeur et de modestie.

André GIDE, *Incidences*, © Gallimard, 1924.

▶ VOIR romanticisme.

classifier

Du latin *classis*, voir *classe*, et *facere*, faire.

■ La manie de classifier peut être bonne à l'endoctrinement, mais elle est inutile à la science. Elle aide l'élève à répondre, et le docteur à enseigner.

Joseph JOUBERT, *Pensées, essais, maximes et correspondances*, posth. 1838.

classique

Du latin *classicus*, citoyen de la première classe.

■ Salut, jeunes champions d'une cause un peu vieille, / Classiques bien rasés, à la face vermeille, / Romantiques barbus aux visages blêmis !... / Racine, rencontrant Shakespeare sur ma table / S'endort près de Boileau qui leur a pardonné.

A. DE MUSSET, *Les Secrètes Pensées de Rafaël*, 1830.

■ Cet esprit nouveau introduit dans la critique [l'éclectisme], est destiné à concilier le romantique et le classique.

Théodore JOUFFROY, *Nouveaux Mélanges philosophiques*, 1842.

■ Le classique, dans son caractère le plus général et dans sa plus large définition, comprend les littératures à l'état de santé et de fleur heureuse, les littératures en plein accord et en harmonie avec leur époque, avec leur cadre social, avec les principes et les pouvoirs dirigeants de la société...

SAINTE-BEUVE, *Causeries du lundi*, 12 avril 1858.

■ Classiques (Les) : On est censé les connaître.

Gustave FLAUBERT, *Le Dictionnaire des idées reçues*, posth. 1913.

▶ VOIR romantique.

clémence

Du latin *clementia*, indulgence.

■ La clémence est la plus belle marque / Qui fasse à l'univers connaître un vrai monarque.

Pierre CORNEILLE, *Cinna*, 1642.

■ Cette clémence dont on fait une vertu, se pratique tantôt par vanité, quelquefois par paresse, souvent par crainte, et presque toujours par tous les trois ensemble.

François DE LA ROCHEFOUCAULD, *Réflexions ou Sentences et Maximes morales*, 1664.

▶ VOIR prince.

clerc

Du latin chrétien *clericus*, membre du clergé.

■ Pardieu ! les plus grands clercs ne sont pas les plus fins !

Mathurin RÉGNIER, *Satires III*, « À Monsieur le Marquis de Cœuvres », 1608.

cliché

Participe passé de *clicher*, d'origine incertaine, peut-être onomatopéique.

■ Oh ! la niaiserie des femmes distinguées de province ! Leur bavardage continu, appliqué et prétentieux ! Chaque phrase est un cliché, et c'est dit doucement, du bout des lèvres, de l'air résigné d'une femme qui sait le fond des choses.

Jules RENARD, *Journal*, posth. 1925.

■ *Par* la main emmène-moi hors des lieux communs / Et ôte-moi de l'idée / Que tu ne peux t'exprimer / Que par des clichés.

Serge GAINSBOURG, *Pensées, provocs et autres volutes*, © Le Cherche midi, 2006.

climat

Du latin *clima, climatis*, inclinaison de la calotte céleste, du grec *klima*, inclinaison.

■ Les climats font souvent les diverses humeurs.

Nicolas BOILEAU, *L'Art poétique*, 1674.

■ On trouve dans le monde beaucoup d'injustices, mais il en est une dont on ne parle jamais, qui est celle du climat. De cette injustice-là, j'ai été longtemps, sans le savoir, un des profiteurs.

Albert CAMUS, *L'Envers et l'Endroit*, © Gallimard, 1937.

Et dans les dictionnaires anciens...

■ *Climat*. Terme de Géographie, qui signifie Une estendue du globe de la terre comprise entre deux parallèles. [...] On le prend quelque fois indéterminément pour Une région.

Antoine FURETIÈRE, *Dictionnaire universel*, 1690.

cloche, clocher

Du bas latin *clocca*, d'origine incertaine.

■ Bienheureuse la cloche au gosier vigoureux / Qui, malgré sa vieillesse, alerte et bien portante, / Jette fidèlement son cri religieux, / Ainsi qu'un vieux soldat qui veille sous la tente !

Charles BAUDELAIRE, *Les Fleurs du mal*, 1857.

■ Clocher : Fait battre les cœurs.

Gustave FLAUBERT, *Le Dictionnaire des idées reçues*, posth. 1913.

■ Les Cloches... Si loin qu'il se souvienne – dans les lointains du temps, à quelque heure de sa vie que ce soit, – toujours leurs voix profondes et familières chantent... [...] Des siècles de souvenirs vibrent dans cette musique. Tant de deuils, tant de fêtes.

Romain ROLLAND, *Jean-Christophe*, © Albin Michel, 1904.

▶ VOIR airain.

clown

De l'anglais *clown*, paysan, rustre.

■ Clown : A été disloqué dès l'enfance.

Gustave FLAUBERT, *Le Dictionnaire des idées reçues*, posth. 1913.

Et les pensées de...

■ Je suis un clown triste. [...] Une seule fois j'ai fait rire. En dix ans, une seule fois. Un trapèze qui m'est tombé sur la tête. Douze points de suture, vingt et un jours d'hôpital. Je peux pas me payer un trapèze à chaque représentation.

Guy BEDOS, *Petites Drôleries et Autres Méchancetés sans importance*, © Le Cherche midi, 1989.

club

De l'anglais *club*, gros bâton, extrémité noueuse. C'est sans doute de ce dernier sens, en tant qu'agrégat, qu'est née l'idée de réunion.

■ Ces clubs du désespoir augmentaient d'une manière effrayante, et beaucoup de bourgeois s'y rendaient quotidiennement, par bravade, par mode.

Gustave FLAUBERT, *L'Éducation sentimentale*, 1869.

■ Club : Sujet d'exaspération pour les conservateurs. Embarras et discussion sur la prononciation du mot.

Gustave FLAUBERT, *Le Dictionnaire des idées reçues*, posth. 1913.

Et dans les dictionnaires anciens...

■ Les anglais prononcent *kloub*. Quelques individus excentriques suivent chez nous, cette prononciation. L'usage, qui est souverain en pareille matière, est de dire *club*, de prononcer comme on écrit.

Maurice LACHÂTRE, *Nouveau Dictionnaire universel*, 1865.

▶ VOIR conservation, conserver.

coccinelle

Du latin scientifique *coccinella*, de l'adjectif *coccinus*, écarlate.

■ À partir d'aujourd'hui, dans cette maison, ce ne seront plus les coccinelles mais les punaises qui porteront le nom de bêtes à bon Dieu.

Jacques PRÉVERT, *Paroles*, © Gallimard, 1946.

Et les pensées de...

■ Sur la coccinelle, c'est les points qui sont jolis, sinon c'est rien qu'un insecte horrible !

J.-M. GOURIO, *L'Intégrale des brèves de comptoir*, © Robert Laffont, 1992-1993.

cochon

Peut-être une onomatopée exprimant le grognement de l'animal.

■ Cochon : L'intérieur de son corps étant « tout pareil à celui d'un homme », on devrait s'en servir dans les hôpitaux pour apprendre l'anatomie.

Gustave FLAUBERT, *Le Dictionnaire des idées reçues*, posth. 1913.

Et dans les dictionnaires anciens...

■ *Cochon*. Animal domestique. [...] Il hait le loup, la salamandre, l'éléphant, les belettes, & les Scorpions.

Pierre RICHELET, *Dictionnaire françois*, 1680.

cœur

Du latin *cor, cordis*, organe central de la circulation sanguine.

■ On a beau dire, mais le cœur parle au cœur, la langue ne parle qu'aux oreilles.

François DE SALES, *Lettre à Monseigneur Frémyot*, 1604.

■ Rodrigue, as-tu du cœur ?

Pierre CORNEILLE, *Le Cid*, 1637.

■ Mais après tant d'exploits, ce timide vainqueur / Craint qu'il ne soit encor bien loin de votre cœur, / Que lui sert de courir de contrée en contrée, / S'il faut que de ce cœur vous lui fermiez l'entrée ?

Jean RACINE, *Alexandre le Grand*, 1665.

■ Je sais que sur les vœux on n'a point de puissance, / Que l'amour veut partout naître sans dépendance, / Que jamais par la force on n'entra dans un cœur, / Et que toute âme est libre à nommer son vainqueur.

MOLIÈRE, *Le Misanthrope*, 1666.

■ Tous reçurent un cœur ; aucun ne s'en tint là. / C'est peu d'avoir chacun le nôtre, / Nous en cherchons partout un autre.

Jean DE BOUFFLERS, *Les Cœurs, poèmes érotiques*, 1700.

■ Eh ! délibère-t-on quand on donne son cœur ? / Il se donne lui-même et nous fait violence.

Philippe DESTOUCHES, *Le Philosophe marié*, 1727.

■ Et où retrouver ce cœur quand il est sans cesse partagé chez la plupart entre deux vastes pensées qui remplissent souvent la vie d'un homme : faire sa fortune et vivre pour soi, c'est-à-dire rétrécir son cœur entre sa boutique et sa digestion.

Gustave FLAUBERT, *Correspondance*, 1837.

■ Oui, quel est le plus profond, le plus impénétrable des deux : l'océan ou le cœur humain ?

LAUTRÉAMONT, *Les Chants de Maldoror*, 1869.

■ Cœur qui a tant battu, / D'amour, d'espoir, / Ô cœur trouveras-tu / La paix du soir.

Charles PÉGUY, *Quatrains*, © Gallimard, 1941.

■ Le cœur a tant d'espace qu'il défie les astres / Il est comme une vague qui n'a pas de fin

Paul ÉLUARD, *Une leçon de morale*, « Tout est sauvé », © Gallimard, 1949.

Et dans les dictionnaires anciens...

■ En amour, c'est le cœur qui goûte principalement le plaisir, l'esprit l'y sert en esclave sans se regarder lui-même ; et la satisfaction des sens y contribue moins à la douceur de la jouissance, qu'un certain contentement dans l'intérieur de l'âme, que produit la douce idée d'être en possession de ce qu'on aime, et d'avoir les plus sensibles preuves d'un tendre amour.

Gabriel GIRARD, *Synonymes françois*, 1736.

➤ VOIR branche, deux, drapeau, dupe, erreur, innocent, sociable, pur, yeux.

coffre-fort

Construit avec coffre, du latin *cophinus*, et *fort*. Voir *fort*.

■ J'aime un amour fondé sur bon coffre-fort.

Jean-François Régnard, *Le Joueur*, 1696.

■ Un ami sensé lui indique le bon moyen de se faire soigner et respecter : c'est de s'en venir chez lui, de s'y faire apporter, au su et vu de tous, un coffre-fort bien lourd.

Sainte-Beuve, *Causeries du lundi*, 1852.

coiffeur

Dérivé de *coiffer*, dérivé de *coiffe*, du bas latin *cofia*, coiffe.

■ Ici, le coiffeur, monté sur une échelle double, avait l'air de palissader une charmille.

Victor de Jouy, *L'Hermite de la Chaussée d'Antin*, 1813.

Et les pensées de...

■ Coiffeur : psychanalyste papoteur qui a choisi de s'installer dans un salon plutôt que dans un cabinet.

Jacques Dor, *Le Dico de ma langue à moi, 1er mille*, © Soir ailleurs, 2000.

colère

Du latin *cholera*, choléra, maladie bilieuse.

■ Que sert la colère où manque le pouvoir ?

Pierre Corneille, *Sertorius*, 1662.

■ Un seul mot quelquefois désarme la colère.

Voltaire, *L'Orphelin de la Chine*, 1755.

■ Je veux dire que la plus redoutable colère vient de l'impatience, comme si quelque mauvais génie les eût subitement soufflées dans nos cœurs.

Alain, *Sentiments, passions et signes*, © Gallimard, 1926.

Et dans les dictionnaires anciens...

■ Le cœur est véritablement piqué dans la colère et il a peine à pardonner, si l'on ne s'adresse pas directement à lui ; mais il revient dès qu'on sait le prendre.

Gabriel Girard, *Synonymes françois*, 1736.

collaborateur, collaboratrice

Dérivé de *collaborer*, du bas latin *collaborare*, travailler avec quelqu'un.

■ Et pour ceux qui, comme moi, croient que la littérature est la dernière expression de la vie, si la maladie vous a aidé à écrire ce livre-là, ils penseront que vous avez dû accueillir sans colère la collaboratrice inspirée.

Marcel Proust, *Correspondance*, « À L. de Robert, 1911 », 1930-1936.

collectivisme

Dérivé de *collectif*, du latin *collectivus*, ce qui rassemble.

■ Nous voulons le collectivisme pour le château d'en face, pas pour notre petite maison de campagne.

Jules Renard, *Journal*, posth. 1925.

collège

Du latin *collegium*, ensemble, corps (de magistrats, de prêtres).

■ Les inimitiés de collège [universités] sont les plus durables et les plus envenimées. Richelieu, devenu cardinal et ministre, fit brûler vif, comme sorcier, Urbain Grandier, pour lui avoir disputé une thèse dans sa licence de Sorbonne.

Henri Bernardin de Saint-Pierre, *Harmonies de la nature*, 1814.

Et dans les dictionnaires anciens...

■ *Colége*. Lieu établi pour enseigner aux jeunes gens la Piété, le Grec & le Latin, & le plus souvent même quelque science, comme la Philosophie. Un bon colége. Un colége borgne.

Pierre Richelet, *Dictionnaire françois*, 1680.

colonie

Du latin *colonia*, propriété rurale, de *colere*, habiter, cultiver.

■ Colonies (nos) : S'attrister quand on en parle.

Gustave Flaubert, *Le Dictionnaire des idées reçues*, posth. 1913.

■ Les colonies sont faites pour être perdues.

Henry DE MONTHERLANT, *Le Maître de Santiago*, © Gallimard, 1947.

Et dans les dictionnaires anciens...

■ Transport de peuple en un lieu désert & éloigné, ou dont on a chassé les habitants, afin de l'habiter, de le défricher & le cultiver.

Pierre RICHELET, *Dictionnaire françois*, 1680.

combat, combattre

Du latin populaire *combattere*, combattre

■ Et le combat cessa faute de combattants.

Pierre CORNEILLE, *Le Cid*, 1637.

■ Cette vie est un combat perpétuel, et la philosophie est le seul emplâtre qu'on puisse mettre sur les blessures qu'on reçoit de tous côtés.

VOLTAIRE, *Lettre à Mme du Deffand*, 3 octobre 1764.

■ C'est combattre qui importe, même si on est battu chaque fois ; accepter, acquiescer est affreux.

Julien GREEN, *Journal*, © Gallimard, 1946.

comédie

Du latin *comoedia*, pièce de théâtre, et antérieurement du grec *kômôdos*, chanteur dans une fête.

■ La tragédie, sans doute, est quelque chose de beau quand elle est bien touchée ; mais la comédie a ses charmes, et je tiens que l'une n'est pas moins difficile que l'autre.

MOLIÈRE, *Critique de l'École des Femmes*, 1662.

Et les pensées de...

■ Pas de bonne littérature sans comédie. J'entends par là la moquerie des gravités.

Charles DANTZIG, *Dictionnaire égoïste de la littérature française*, © Grasset, 2005.

▶ VOIR acteur, applaudir, comique, farce, heure, joueur, rôle, tragédie.

comédien

Du grec *Kômôdos*, chanteur dans une fête.

■ Ah ! les étranges animaux à conduire que des comédiens !

MOLIÈRE, *L'Impromptu de Versailles*, 1663.

■ Nous autres, pauvres comédiens, ombres de la vie humaine et fantômes des personnages de toute condition, à défaut de l'être, nous avons au moins, le paraître qui lui ressemble comme le reflet ressemble à la chose.

Théophile GAUTIER, *Le Capitaine Fracasse*, 1863.

Et les pensées de...

■ Il faut, dès l'abord, établir une distinction professionnelle entre acteur et comédien, termes que l'on emploie indifféremment dans le langage courant. L'acteur ne peut jouer que certains rôles : il déforme les autres selon sa personnalité. Le comédien, lui, peut jouer tous les rôles.

Louis JOUVET, « Réflexions du comédien », *La Nouvelle Revue Critique*, 1938.

▶ VOIR comédie.

comète

Du latin *cometa*, du grec *komêtes*, astre chevelu, dérivé de *komê*, chevelure.

■ Comètes : Rire des gens qui en ont peur.

Gustave FLAUBERT, *Le Dictionnaire des idées reçues*, posth. 1913.

Et dans les dictionnaires anciens...

■ On a cru longtemps que les comètes présageaient des événements fâcheux. Il parut une comète à la mort de César. On ne manqua pas de la regarder comme l'annonce de ce grand événement. On est détrompé aujourd'hui de cette erreur.

Jean-François FÉRAUD, *Diction(n)aire critique de la langue française*, 1787.

comique

Du latin *comicus*, relatif au théâtre.

■ Que la nature [humaine] donc soit votre étude unique, / Auteurs qui prétendez aux honneurs du comique.

Nicolas BOILEAU, *L'Art poétique*, « Épitre VII », 1677.

■ Le comique chargé, assez bon chez un homme, est détestable chez une femme.

STENDHAL, *Correspondance*, 1800-1842.

■ L'homme d'esprit sourit naturellement en même temps qu'il fait sourire ; mais le comique ne rit point, mettant toute son attention, tout son mouvement et toutes ses forces à tenir debout son décor et ses personnages.

ALAIN, *Système des Beaux-Arts*, © Gallimard, 1920.

Et dans les dictionnaires anciens...

■ *Comique*. Qui appartient à la comédie. [...] Molière jouait mieux le comique que le sérieux.

Antoine FURETIÈRE, *Dictionnaire universel*, 1690.

commandement, commander

Du latin populaire *commandare*, d'après *mandare*, confier, et *commendare*, recommander, confier, donner un ordre.

■ Dans les choses de peu si tu ne te commandes, / Dis, quand te pourras-tu surmonter dans les grandes ?

Pierre CORNEILLE, *L'Imitation de Jésus-Christ*, 1653.

■ Aucun homme n'a reçu de la nature le droit de commander aux autres.

DIDEROT ET D'ALEMBERT, *L'Encyclopédie*, 1751.

■ Un chef de sauvages aux ordres de M. De Montcalm, ayant avec lui un entretien dans lequel le général se fâcha, lui dit d'un grand sang-froid : « Tu commandes, et tu te fâches ? »

Nicolas DE CHAMFORT, *Maximes et pensées, caractères et anecdotes*, 1795.

Et dans les dictionnaires anciens...

■ Le commandement rude fait haïr le supérieur, et ne rend pas l'obéissance plus prompte ni plus soumise.

Gabriel GIRARD, *Synonymes françois*, 1756.

commencer

Du latin populaire *cuminitiare*, construit avec *cum* et *initiare*, initier.

■ Ciel que lui vais-je dire et par où commencer ?

Jean RACINE, *Phèdre*, 1677.

■ Et puis commencer, le commencement de quelque chose, voilà le difficile. Quelle corvée, les premières phrases.

P. LÉAUTAUD, *Journal littéraire* (6 mai 1903), © Mercure de France, 1986.

➤ VOIR analyser, débuter, dos, finir, gagner, nouveau, physique.

comment

Dérivé de *comme*, du latin *quomodo*, de quelle manière, avec le suffixe adverbial *-ment*.

■ Le comment intéresse ces savants davantage que le pourquoi.

Albert BÉGUIN, *L'Âme romantique et le rêve*, © Slatkine, 1993.

Et dans les dictionnaires anciens...

■ Le comment et le pourquoi, en langage philosophique, désignent le premier les conditions qui font que les choses sont comme elles sont, le second l'enquête téléologique de l'origine des choses. L'esprit humain est apte, dans une certaine limite à trouver le comment des choses ; le pourquoi lui est interdit.

Émile LITTRÉ, *Dictionnaire de la langue française*, 1873.

commerçant, commerce

Du latin *commercium*, négoce et lieu de l'échange d'où aussi le *commerce* désignant les rapports humains.

■ M. Vanderk Père : [...] au-dessus du commerçant (en supposant qu'il y ait des différences entre ceux qui font le mieux qu'ils peuvent dans le rang où le ciel les a placés) je ne connais que deux états : le magistrat, qui fait parler les lois, et le guerrier, qui défend la patrie.

Michel-Jean SEDAINE, *Le Philosophe sans le savoir*, 1765.

■ Tous ont cru que le commerce consistait essentiellement dans l'échange, tandis qu'il consiste essentiellement à placer un produit à la portée des consommateurs.

Jean-Baptiste SAY, *Cours complet d'économie politique*, 1828.

■ Discuter pour savoir lequel est le plus noble du commerce ou de l'industrie.

Gustave FLAUBERT, *Le Dictionnaire des idées reçues*, posth. 1913.

Et dans les dictionnaires anciens...

■ *Commerce*. Trafic de marchandises. Le commerce ne va plus. Le commerce n'est plus bon.

Pierre RICHELET, *Dictionnaire françois*, 1680.

Et les pensées de...

■ S'il faut toujours dire la vérité à la clientèle, il n'y a pas de commerce possible.

Marcel PAGNOL, *César*, (dialogue du film) © De Fallois, 1936. marcel-pagnol.com

commun

Du latin *communis*, qui appartient à plusieurs.

■ Nos ennemis communs devraient nous réunir.

Jean RACINE, *Andromaque*, 1667.

■ Au premier temps du monde où tout était commun, / Deux frères, comme vous, avaient deux champs en un ; / Comme l'un prenait moins et l'autre davantage, / Ils vinrent un matin borner leur héritage.

Alphonse DE LAMARTINE, *Jocelyn*, 1836.

communauté

Réfection, sous l'influence de l'adjectif *communal*, de l'ancien français *communité*, participation en commun, du latin *communitas*, communauté.

■ Les malheurs de la communauté humaine naissent, en partie, de l'angle étroit sous lequel chacun voit le monde.

Jean HAMBURGER, *Dictionnaire promenade*, © Le Seuil, 1989.

communication

Du latin *communicatio*, mise en commun.

■ Ce n'est jamais sans émotion que j'entre en communication, j'ai presque dit en communion, avec ces grandes choses de la nature [en l'occurrence, un fleuve] qui sont aussi de grandes choses de l'histoire.

Victor HUGO, *Le Rhin*, 1842.

communion

Du latin chrétien *communio*, communauté de ceux qui partagent la même foi.

▶ VOIR communication.

compagnie

Dérivé du latin populaire *compania*, compagne, ou de *compain*, compagnon.

■ Dans la solitude, il [un perroquet] est compagnie : dans la conversation, il est interlocuteur.

Georges DE BUFFON, *Histoire naturelle*, 1749-89.

Et dans les dictionnaires anciens...

■ La *bonne société* c'est la société composée des personnes qui occupent un haut rang dans une ville, dans le monde. À ce sens, *bonne compagnie*, ajoute une idée d'élégance, idée qui n'est pas nécessairement comprise dans *bonne société*.

Émile LITTRÉ, *Dictionnaire de la langue française*, 1873.

comparaître

Réfection, sous l'influence de *paraître*, de l'ancien français *comparoir*, du latin juridique médiéval *comparere*, comparaître.

■ Ô mon cher ! mourir n'est rien ; mais songes-tu que je vais comparaître devant Dieu ? Tu sais comme j'ai vécu. Avant que tu reçoives ce billet, les portes de l'Éternité seront peut-être ouvertes pour moi.

Jean DE LA FONTAINE, *À Monsieur de Maucroix*, 10 février 1695.

comparer

Du latin *comparare*, comparer, de *compar*, égal, pareil.

■ Il [l'homme] porte en lui, pour ainsi dire, un exemplaire mystérieux du monde antérieur et ultérieur, du monde parfait, auquel il compare sans cesse et comme malgré lui le monde imparfait, et lui-même, et ses infirmités et ses appétits, et ses passions et ses actions.

Victor HUGO, *Napoléon le Petit*, 1852.

Et dans les dictionnaires anciens...

■ *Comparer.* [...] Quand on compare une mouche à un éléphant, on y voit une grande différence. Les amants, les Poètes comparent leurs maitresses au Soleil, leurs yeux à des astres brillants, etc.

Antoine FURETIÈRE, *Dictionnaire universel,* 1690.

▶ VOIR abstrait.

complaisant

Participe présent de *complaire*, du latin *complacere*, plaire, se plaire à.

■ Et vos ris [rires] complaisants / Tirent de son esprit tous ces traits médisants.

MOLIÈRE, *Le Misanthrope,* 1666.

■ Je suis trop flexible, trop complaisant, trop mobile, pour rester d'accord avec moi-même. Comment braver les courants d'opinion si l'on n'est pas rocher ?

Henri-Frédéric AMIEL, *Journal intime,* 1847-1883.

complication

Du bas latin *complicatio*, action de rouler, plier ; au figuré : embarras, confusion.

■ Il demeurait inquiet devant l'infinie complication de la maladie et du remède, selon le malade.

Émile ZOLA, *Le Docteur Pascal,* 1893.

complice

Du bas latin *complex, complicis*, de *complecti*, enlacer étroitement.

▶ VOIR oppression.

compliment, complimenter

De l'italien *complimento*, expression d'hommage.

■ Ces compliments, protocole des sots, / Où l'on se gêne, où le bon sens expire / Dans le travail de parler sans rien dire.

VOLTAIRE, *L'Enfant prodigue,* 1738.

■ Ah ! pour recevoir le compliment, je suis encore d'une jeunesse...

Jules RENARD, *Journal,* posth. 1925.

■ Elle était comme presque toutes les femmes, lesquelles s'imaginent qu'un compliment qu'on leur fait est la stricte expression de la vérité, et que c'est un jugement qu'on porte impartialement, irrésistiblement...

Marcel PROUST, *Sodome et Gomorrhe,* 1922.

Et dans les dictionnaires anciens...

■ Il est importun de faire des compliments à chaque porte pour sçavoir qui passera le premier, ce seroit une grande commodité de bannir les compliments, de vivre sans compliments.

Antoine FURETIÈRE, *Dictionnaire universel,* 1690.

Et les pensées de...

■ Les gens qui ne vous complimentent pas le font parce qu'ils savent que de se sentir aimé donne de la force.

Charles DANTZIG, *Dictionnaire égoïste de la littérature française,* © Grasset, 2005.

▶ VOIR emphase, vanité.

compliqué

Participe passé de *compliquer*, du latin *complicare*, plier en roulant, embarrasser.

■ Tout réside tellement [...] dans la spéculation effrénée sur la faim qu'a l'homme d'inventer, de croire, de bâtir le compliqué, le pervers, le ténébreux.

Julien GRACQ, *Un beau ténébreux,* © José Corti, 1945.

▶ VOIR simple.

comprendre

Du latin populaire *comprendere*, contraction du latin classique *comprehendere*, saisir ensemble.

■ La vie, je la comprends de moins en moins, et je l'aime de plus en plus.

Jules RENARD, *Journal,* posth. 1925.

■ Qu'il se haïssait d'avoir interrogé Thérèse ! C'était perdre tout le bénéfice du mépris dont il avait accablé cette folle : elle relevait la tête, parbleu ! Pourquoi avoir cédé à ce brusque désir de comprendre ?

François MAURIAC, *Thérèse Desqueyroux,* © Grasset, 1927.

■ Vous n'avez que ce mot-là dans la bouche, tous, depuis que je suis toute petite. Il fallait comprendre qu'on ne peut pas toucher à l'eau, [...] qu'on ne doit pas manger tout à la fois. [...] Comprendre. Toujours comprendre. Moi, je ne veux pas comprendre.

Jean ANOUILH, *Antigone*,
© La Table ronde, 1944.

Et dans les dictionnaires anciens...

■ Il faut parler clairement à ceux qui n'*entendent* pas à demi-mot, ne s'entretenir que des choses communes et sensibles avec ceux qui n'en peuvent pas *comprendre* de sublimes, et mettre, autant que la conversation le permet, de l'ordre dans son discours, afin d'aider l'idée des autres à *concevoir* la nôtre.

Gabriel GIRARD, *Synonymes françois*, 1736.

Et les pensées de...

■ Ce n'est pas ce qu'on dit qui est important, c'est ce que les autres comprennent qui est important.

COLUCHE, *Et vous trouvez ça drôle ?*,
© Le Cherche midi, 1998.

■ On saisit bien mieux quand on ne comprend rien.

Pierre DAC,
Arrière-Pensées, © Le Cherche midi, 1998.

▶ VOIR entendre.

compter

Du latin *computare*, compter, calculer.

■ Il nous est fort permis de compter pour rien les suffrages d'une infinité de gens crédules et superstitieux, et d'acquiescer plutôt aux raisons d'un petit nombre de philosophes.

Pierre BAYLE, *Pensée écrite à un docteur de Sorbonne à l'occasion de la comète qui parut au mois de déc. 1680*, 1681.

Et dans les dictionnaires anciens...

■ Les voix se devroient plutôt peser que compter dans les assemblées où il y a des ignorants.

Antoine FURETIÈRE,
Dictionnaire universel, 1690.

con

Du latin *cunnus*, sexe de la femme.

■ Et encore je dis : le con profiteur, le con couillonné, le con pauvre con, ça passe et je passe avec. Mais le con méchant, le vrai con tout cru, je vous le jure, Mère de Dieu, ça lasse. Et ça prolifère. Ça se répand.

François BILLETDOUX,
Comment va le monde, Môssieur, Il tourne, Môssieur, © Actes sud, 1964.

Et les pensées de...

■ Le con ne perd jamais son temps. Il perd celui des autres.

Frédéric DARD, *Les Pensées de San-Antonio*, © Le Cherche midi, 1996.

■ C'est là où le drame est épouvantable : quand les cons ont raison. C'est le pire qui puisse arriver.

Bernard BLIER,
Pensées et Répliques, © Le Cherche midi, 2001.

■ Au fond, je suis très proche des gros cons dont je parle. Au partage, j'ai seulement eu un petit peu plus d'humour. [...] L'air con me fait la vie facile.

COLUCHE,
Ça roule, ma poule, © Le Cherche midi, 2002.

conception

Du latin *conceptio*, action de contenir ; en latin chrétien, fait de comprendre, idée.

■ Nous avons beau enfler nos conceptions au-delà des espaces imaginables, nous n'enfantons que des atomes au prix de la réalité des choses.

Blaise PASCAL, *Pensées*, 1669.

Et dans les dictionnaires anciens...

■ C'est un esprit pesant & tardif, qui a la conception dure.

Antoine FURETIÈRE, *Dictionnaire universel*, 1690.

concert

▶ VOIR aérien, médiocrité.

concevoir

Du latin *concipere*, contenir entièrement ; prendre, saisir.

■ Ce que l'on conçoit bien s'énonce clairement, / Et les mots pour le dire arrivent aisément.

Nicolas BOILEAU, *L'Art poétique*, 1674.

■ J'ai conçu pour mon crime une juste terreur.

Jean RACINE, *Phèdre*, 1677.

concilier

Du latin *conciliare*, assembler, réunir.

■ Il ne faut jamais abandonner les vérités une fois connues, quelque difficulté qui survienne quand on veut les concilier.

J.-B. BOSSUET, *Libre Arbitre*, posth. 1866.

Et dans les dictionnaires anciens...

■ La connaissance exacte de la valeur de chaque mot, dans toutes les différentes circonstances où il peut être employé, sert beaucoup à concilier les Auteurs.

Gabriel GIRARD, *Synonymes françois*, 1736.

conclure, conclusion

Du latin *concludere*, fermer, enfermer ; du latin *conclusio*, fin.

■ Conclure, c'est brusquer, c'est trancher, c'est renoncer.

Henri-Frédéric AMIEL, *Journal intime*, 1847-1883.

■ 1er mars 1951. C'est en retardant ses conclusions, même lorsqu'elles lui paraissent évidentes, qu'un penseur progresse.

Albert CAMUS, *Carnets*, © Gallimard, 1942-1951.

Et dans les dictionnaires anciens...

■ On dit, familièrement, qu'un homme est énemi [ennemi] de la conclusion, pour dire qu'il est mal aisé de conclure, de finir une affaire avec lui.

Antoine FURETIÈRE, *Dictionnaire universel*, 1690.

► VOIR discours, existence, moderne, poème.

concret

Du latin *concretus*, épais, compact, participe passé de *concrescere*, croître par agglomération.

■ Les simples sont en général ceux qui divisent peu la pensée, qui n'étant pas armés des machines d'analyse et d'abstraction, voient chaque chose, une, entière, concrète, comme la vie présente.

Jules MICHELET, *Le Peuple*, 1846.

Et dans les dictionnaires anciens...

■ L'Académie écrit *concrète* avec un seul t et *muet* avec deux t, ce qui n'est pas conséquent.

É. LITTRÉ, *Dictionnaire de la langue française*, 1873.

concurrence

Dérivé de concurrent, du latin *concurrens*, *-entis*, du verbe *concurrere*, concourir.

■ La concurrence est mauvaise en son principe : il est mauvais que les hommes travaillent les uns contre les autres ; les hommes doivent travailler les uns avec les autres ; ils doivent travailler à faire de leur mieux leur travail, et non pas à se servir de leur travail pour vaincre d'autres travailleurs.

Charles PÉGUY,
De la Cité socialiste, © Gallimard, 1897.

condamnation, condamner

Du latin classique *condemnatio*, sentence, blâme ; du latin *condemnare*, déclarer coupable, de *damnum*, tort, dommage.

■ On doit se regarder soi-même un fort long temps, / Avant que de songer à condamner les gens.

MOLIÈRE, *Le Misanthrope*, 1666.

■ Libération n'est pas délivrance. On sort du bagne, mais non de la condamnation.

Victor HUGO, *Les Misérables*, 1862.

■ Si vous marquez un galérien, vous lui donnez une sorte de droit sauvage. Au fond de tous les vices, il y a sans doute quelque condamnation à laquelle on croit.

ALAIN, *Propos*, © Gallimard, 1961.

Et dans les dictionnaires anciens...

■ *Condamner*. [...] Porter une accusation, accuser. L'erreur trop longtemps dure, / Et c'est trop condamner ma bouche d'imposture (Molière). [...] Que serait la puissance des rois s'ils se condamnaient à en jouir tout seuls ?

M. LACHÂTRE, *Dictionnaire français illustré*, 1856.

condition

Du latin *condicio*, engagement, clause, arrangement, de *condicere*, fixer par accord.

■ Il ne s'agit plus de s'évader hors de la classe bourgeoise : il faut sauter hors de la condition humaine. Ce que veulent dilapider ces fils de famille, ce n'est pas le patrimoine familial : c'est le monde.

Jean-Paul SARTRE, *Situations II*, © Gallimard, 1948.

Et les pensées de...

■ C'est en acceptant sa condition, sa caricature qu'on a quelque chance de la dépasser.

Bernard FRANK, *Portraits et Aphorismes*, © Le Cherche midi, 2001.

conduire

Du latin *conducere*, mener avec, ensemble.

■ On va d'un pas plus ferme à suivre qu'à conduire. / L'avis est plus facile à prendre qu'à donner.

P. CORNEILLE, *L'Imitation de Jésus-Christ*, 1653.

Et les pensées de...

■ Conduire dans Paris, c'est une question de vocabulaire.

Michel AUDIARD, extrait de *Mannequins de Paris*, d'André Hunnebelle (1996).

▶ VOIR administration, barque, ordre, passion, prudent

confesser, confession

De l'ancien français *cunfes*, issu du latin *confessus*, qui avoue ; du latin chrétien *confessio*, aveu de ses péchés.

■ Tous deux étaient dans les mêmes secrets : si le prêtre recevait la confession de ces dames, le docteur, depuis trente ans, accouchait les mères et soignait les filles.

Émile ZOLA, *Pot-Bouille*, 1882.

■ Ne soyez pas surprise. J'aime me confesser aux femmes. C'est un penchant que j'ai.

Henry DE MONTHERLANT, *La Reine morte*, © Gallimard, 1942.

■ Le curé. Approchez et que chacun confesse en public ce qu'il a fait de pire.

Albert CAMUS, *L'État de siège*, © Gallimard, 1948.

Et dans les dictionnaires anciens...

■ On *avoue* ce qu'on a eu envie de cacher. On *confesse* ce qu'on a eu tort de faire. La question fait *avouer* le crime, la repentance le fait *confesser*.

Gabriel GIRARD, *Synonymes françois*, 1736.

Et les pensées de...

■ Les confessions plaisent aux lecteurs sérieux, car ils se voient élevés au rang de prêtres.

Charles DANTZIG, *Dictionnaire égoïste de la littérature française*, © Grasset, 2005.

confiance, confier

Du latin *confidentia*, confiance, dérivé de *confidere*, avoir confiance.

■ On confie aisément des malheurs qu'on surmonte.

VOLTAIRE, *Brutus*, 1730.

■ Le succès, Timophane, est dans la confiance.

Marie-Joseph CHÉNIER, *Timoléon*, 1794.

■ Pour une femme, le bonheur d'être aimée, adorée, d'avoir un ami à qui elle puisse confier ses désirs, ses fantaisies, ses chagrins, ses joies ; se montrer dans la nudité de son âme, avec ses jolis défauts et ses belles qualités, sans craindre d'être trahie...

Honoré DE BALZAC, *Le Père Goriot*, 1835.

■ Je n'ai aucune confiance en moi. Il faudrait que j'aie la force de ne rien lire, de croire en moi, et en moi seul, comme si seul j'écrivais.

Paul LÉAUTAUD, *Journal littéraire*, © Mercure de France, 1986.

■ Faire confiance aux hommes c'est déjà se faire tuer un peu.

Louis-Ferdinand CÉLINE, *Voyage au bout de la nuit*, © Gallimard, 1932.

■ Il y a des mots qui font vivre / Et ce sont des mots innocents / Le mot chaleur le mot confiance

Paul ÉLUARD, *Au rendez-vous allemand*, © Minuit, 1944.

■ L'oiseau construirait-il son nid s'il n'avait son instinct de confiance au monde ?

Gaston BACHELARD, *La Poétique de l'espace*, © PUF, 1957.

Et les pensées de...

■ À force de confiance, on peut contraindre l'autre à ne pas décevoir. À force de défiance, on peut saper son bon vouloir.

Jean HAMBURGER, *Dictionnaire promenade*, © Le Seuil, 1989.

conflit

Du latin *conflictus*, lutte, combat, au propre comme au figuré, de *confligere*, (se) heurter.

■ Celui qui, piqué et outré jusques au vif d'une offense, s'armerait des armes de la raison contre ce furieux appétit de vengeance, et, après un grand conflit, s'en rendrait enfin maître, ferait sans doute beaucoup plus.

Michel DE MONTAIGNE, *Essais*, 1580-1595.

confort

Construit à partir de *conforter*, du latin chrétien *confortare*, renforcer, consoler.

■ Honnis soient ceux qui cherchent avant tout dans la vie le confort.

André GIDE, *Journal*, © Gallimard, 1935.

Et dans les dictionnaires anciens...

■ *Confort*. 1. Secours, assistance [...]. 2. Tout ce qui constitue le bien être matériel. [...] Les Anglais ont un grand amour pour le confort. Ce sens a été donné en Angleterre au mot français *confort*, et c'est de là qu'ainsi transformé, il nous est venu.

Petit Larousse illustré, 1905.

confus

Du latin *confusus*, participe passé de *confundere*, confondre.

■ Le corbeau, honteux et confus, / Jura, mais un peu tard, qu'on ne l'y reprendrait plus.

Jean DE LA FONTAINE, *Fables*, « Le Corbeau et le Renard », 1668-1694.

connaissance

Dérivé du participe présent de *connaître* ; voir *connaître*.

■ La plus utile et la moins avancée de toutes les connaissances humaines me paraît être celle de l'homme ; et j'ose dire que la seule inscription du temple de Delphes [« Connais-toi toi-même. »] contenait un précepte plus important et plus difficile que tous les gros livres des moralistes.

Jean-Jacques ROUSSEAU, *Discours sur l'origine et les fondements de l'inégalité parmi les hommes* (préface), 1754.

■ C'est un devoir de la société que d'offrir à tous les moyens d'acquérir les connaissances auxquelles la force de leur intelligence et le temps qu'ils peuvent employer à s'instruire leur permettent d'atteindre.

Nicolas de CONDORCET, *Premier Mémoire sur l'instruction publique*, 1792.

Et dans les dictionnaires anciens...

■ *Connaissance*. [...] Les connaissances honnêtes. C'est-à-dire les belles lettres & autres choses qui embellissent l'esprit.

Pierre RICHELET, *Dictionnaire françois*, 1680.

connaisseur

■ Un ouvrage a beau être approuvé d'un petit nombre de connaisseurs : s'il n'est plein d'un certain agrément et d'un certain sel propre à piquer le goût général des hommes, il ne passera jamais pour un bon ouvrage.

Nicolas BOILEAU, *L'Art poétique*, 1677.

■ Il y a pour le connaisseur des pensées remarquables partout, même dans la conversation des sots et dans les écrits les plus médiocres.

Joseph JOUBERT, *Pensées, essais, maximes et correspondances*, posth. 1838.

▶ VOIR connaître.

connaître, connu

Du latin *cognoscere*, apprendre, prendre connaissance de. *connu* : de *connaître* ; attesté au XIIIe s.

■ Vous êtes-vous connus [découvert] dans le monde habité ? / L'on ne le peut qu'aux lieux pleins de tranquillité : Cherchez ailleurs ce bien est une erreur extrême. / Troublez l'eau : vous y voyez-vous ?

Jean DE LA FONTAINE, *Fables*, XII, 1668-1694.

■ Ces messieurs voudront-ils bien me pardonner si je leur adresse la parole sans être connu ?

STENDHAL, *Lucien Leuwen*, 1835.

Et les pensées de...

■ C'est l'ennui de ne pas être connu, il faudrait toujours montrer qu'on a du talent.

Bernard FRANK, *Portraits et Aphorismes*, © Le Cherche midi, 2001.

▶ VOIR art, bête, ciel, clémence, désir, discordant, facile.

conquérir

Du latin *conquaerere*, réfection de *conquirere*, rechercher de tous côtés, sous l'influence de *quarere*, chercher.

■ S'il avait pu conquérir le monde entier, il en aurait cherché un nouveau pour satisfaire l'avidité de ses désirs.

Charles ROLLIN, *Histoire romaine*, 1738-1741.

■ Conquérir des terres plaît à certains. Mais les terres sont de sable, où s'effacent les pas. Les plus heureux des conquérants, que sont-ils en définitive, sinon des anecdotes ? Ce qui demeure, plus qu'Alexandre, César ou Napoléon même, c'est Platon, c'est Virgile, c'est Racine.

Max-Pol FOUCHET, revue *Fontaine*, n° 10, juin 1940.

conscience

Du latin *conscientia*, connaissance en commun.

■ La conscience est libre : on ne peut rien sur elle ; / Quand la bouche obéit, l'âme est encore rebelle.

Marie-Joseph CHÉNIER, *Philippe II*, 1844.

■ Sa conscience aguerrie à tous les assauts possibles de l'adversité, pouvait sembler à jamais imprenable.

Victor HUGO, *Les Misérables*, 1862.

■ La seule limite, quand on se sent un homme, c'est la conscience.

Roger MARTIN DU GARD, *Les Thibault*, © Gallimard, 1928.

Et dans les dictionnaires anciens...

■ Une conscience pure est un bon *oreiller*.

Petit Larousse illustré, article « Oreiller », 1905.

▶ VOIR science.

conseil

Du latin *consilium*, avis, conseil, endroit où l'on délibère.

■ Un généreux conseil est un puissant secours.

P. CORNEILLE, *Héraclius, empereur d'Orient*, 1646.

■ Qui ne peut se résoudre aux conseils s'abandonne.

VOLTAIRE, *Mérope*, 1743.

Et dans les dictionnaires anciens...

■ La sagesse rend extrêmement réservé à donner conseil : il faut toujours attendre qu'on nous le demande, et quelquefois même s'en dispenser malgré les sollicitations ; parce qu'un salutaire conseil peut déplaire...

Gabriel GIRARD, *Synonymes françois*, 1736.

conservation, conserver

Du latin *conservare*, garder, conserver.

■ Le premier sentiment de l'homme fut celui de son existence ; son premier soin celui de sa conservation.

J.-J. ROUSSEAU, *Discours sur l'origine et les fondements de l'inégalité parmi les hommes*, 1754.

■ On était là pour conserver, pour réprimer, pour arrêter ; mais ce sont les fonctions d'un gouvernement, et non pas celles d'un club.

MME DE STAËL, *Considérations sur les principaux événements de la Révolution française*, 1817.

■ Chacun a le droit de conserver ce qu'il a, sans quoi personne ne posséderait rien.

Félicité DE LAMENNAIS, *Les Paroles d'un croyant*, 1834.

■ On peut songer à conserver ce qui est encore vivant, on ne conserve pas ce qui est mort.

Pierre DRIEU LA ROCHELLE, *Les Derniers Jours*, (Cahier n° 1), 1927.

considérable

Dérivé de *considérer*, du latin *considerare* examiner attentivement, réfléchir à.

■ Ils avaient beaucoup d'amis et d'amis considérables.

SAINT-SIMON, *Mémoires*, (1739-1749), posth. 1829-1830.

Et dans les dictionnaires anciens...

■ Le plus tôt arrivé se place *avant* les autres. Le plus considérable se met *devant* eux.

Gabriel GIRARD, *Synonymes françois*, 1736.

consoler

Du latin *consolari*, réconforter, consoler.

■ Je ne me suis pas consolé / Bien que mon cœur s'en soit allé, / Bien que mon cœur, bien que mon âme / Eussent fui loin de cette femme.

Paul VERLAINE, *Romances sans paroles*, 1874.

consonne

Du latin consona *littera*, qui sonne avec la voyelle, issu de *consonare*, construit avec *cum*, avec, et *sonus*, son.

■ Et les consonnes par qui la bouche donne passage de ses trois portes, la langue, les lèvres et les dents !

Paul CLAUDEL, *Le Repos du septième jour*, © Gallimard, 1901.

conspirateur

Du latin *conspirare*, être d'accord, de *spirare*, souffler.

■ Le fer des assassins, le glaive de la loi, / À des conspirateurs n'inspire point d'effroi.

Marie-Joseph CHÉNIER, *Timoléon*, 1794.

Et dans les dictionnaires anciens...

■ L'Académie ne donne pas le féminin *conspiratrice* ; mais plusieurs dictionnaires le donnent et il n'y a pas de raison pour ne pas l'employer.

Émile LITTRÉ, *Dictionnaire de la langue française*, 1863-1872.

▶ VOIR conspirer.

conspirer

Du latin *conspirare*, s'accorder, s'entendre contre.

■ Tout m'afflige et me nuit, et conspire à me nuire.

Jean RACINE, *Phèdre*, 1677.

■ Qui sait conspirer, sait se taire et mourir.

VOLTAIRE, *Brutus*, 1730.

constance

Du latin *constantia*, fermeté de caractère, de *constans*, *-antis*, ferme, de *constare*, s'arrêter, se tenir.

■ Toute constance en amour est une inconstance perpétuelle, qui fait que notre cœur s'attache successivement à toutes les qualités de la personne que nous aimons, donnant tantôt la préférence à l'une tantôt à l'autre : de sorte que cette constance n'est qu'une inconstance arrêtée et renfermée dans un sujet.

François DE LA ROCHEFOUCAULD, *Réflexions ou Sentences et Maximes morales*, 1664.

■ Non, non ; la constance n'est bonne que pour des ridicules ; toutes les belles on droit de nous charmer, et l'avantage d'être rencontrée la première ne doit point dérober aux autres les justes prétentions qu'elles ont toutes sur nos cœurs.

MOLIÈRE, *Dom Juan*, 1665.

constipation

Du latin *constipatio*, action de resserrer.

■ Constipation : Influe sur les convictions politiques.

Gustave FLAUBERT, *Le Dictionnaire des idées reçues*, posth. 1913.

construire

Du latin *construere*, entasser par couches ; empiler, édifier.

■ Jubal, père de ceux qui passent dans les bourgs / Soufflant dans des clairons et frappant des tambours, / Cria : « Je saurai bien construire une barrière. » / Il fit un mur de bronze et mi Caïn derrière.

Victor HUGO, *La Légende des siècles*, 1859.

consulter

Du latin *consultare*, délibérer, prendre conseil.

■ Vous-même, consultez vos premières années.

Jean RACINE, *Britannicus*, 1669.

Et dans les dictionnaires anciens...

■ *Consulter*. [...] Il est allé consulter les Casuistes de Sorbonne sur un scrupule de conscience. Il a longtemps consulté, conféré avec ses amies s'il se devoit marier.

Antoine FURETIÈRE, *Dictionnaire universel*, 1690.

▶ VOIR ciel, dictionnaire, idéal, sensé.

conte

Construit à partir de *conter*, voir *conter*.

■ J'ai une démangeaison naturelle à faire part des contes que je sais.

MOLIÈRE, *Les Fourberies de Scapin*, 1671.

■ C'est à qui trouvera les meilleures chansons, à qui fera les meilleurs contes.

Jean-Jacques ROUSSEAU, *La Nouvelle Héloïse*, 1761.

Et dans les dictionnaires anciens...

■ *Conte*. Fable. Récit fabuleux [...] Folie, phantaisie, imaginations grotesques, sottises, vision chimérique & burlesque. Conte jaune, bleu, violet, borgne.

Pierre RICHELET, *Dictionnaire françois*, 1680.

▶ VOIR abracadabrant, fantastique, moral.

contemplation, contempler

Du latin *contemplari*, considérer attentivement.

■ La vigueur de la jeunesse ne vous a pas été donnée pour la perdre à d'oisives contemplations.

Jean-Jacques ROUSSEAU, *Lettre*, 1758.

■ Alors le pauvre poète s'abîma dans une contemplation obstinée. Il s'isola dans cette pensée unique autour de laquelle vint se grouper l'essaim de ses espérances, – et il fut heureux.

Henri MURGER, *Les Nuits d'hiver*, « Les amours d'un grillon et d'une étincelle », 1861.

■ Il faut passer de la contemplation qui nous annule à l'action qui nous concentre. [...] Contempler, c'est s'évanouir dans les choses ; agir, c'est se reprendre.

Henri-Frédéric AMIEL, *Journal intime*, 1847-1883.

contemporain

Du bas latin *contemporaneus*, construit avec *cum*, avec, et *tempus*, temps.

■ Ainsi d'un peuple entier je feuilletais l'histoire... / Et je sentais frémir mon luth contemporain / Chaque fois que passait un grand nom.

Victor HUGO, *Odes et Ballades*, 1822-1828.

content, contentement

Du latin *contentus*, qui se satisfait de.

■ Il faut, pour être heureux, être content de soi.

Louis-Claude CHÉRON, *Tartufe des mœurs*, 1805.

■ Qui vit content de rien possède toute chose.

Nicolas BOILEAU, *Épîtres*, 1669-1695.

■ Le vrai contentement n'est ni gai ni folâtre.

Jean-Jacques ROUSSEAU, *Émile ou De l'éducation*, 1762.

Et dans les dictionnaires anciens...

■ On est *satisfait* quand on a obtenu ce qu'on souhaitait. On est *content* lorsqu'on ne souhaite plus. [...] Le *contentement* regarde proprement l'intérieur du cœur ; c'est un sentiment qui rend l'âme tranquille. La *joie* regarde particulièrement la démonstration extérieure ; c'est une expression du cœur qui agite quelquefois l'esprit.

Gabriel GIRARD, *Synonymes françois*, 1736.

conter

Se confond à l'origine avec *compter*, du latin classique *computare*, compter.

■ En ces sortes de feintes [la fable], il faut instruire et plaire / Et conter pour conter me semble peu d'affaire.

Jean DE LA FONTAINE, *Fables*, I, 1668.

■ Au pied du saule assise, et douce, et sans murmure, / Elle contait aux vents sa peine et son injure [sa blessure].

Jean-François DUCIS, *Othello*, 1792.

■ Quelle diable d'anecdote viens-tu me conter là ! Si tu crois que je te crois !

Victor HUGO, *Les Travailleurs de la mer*, 1886.

▶ VOIR morale (d'une fable).

contradiction

Du latin *contradictio*, action de contredire, action de parler contre.

■ Quelle chimère est-ce donc que l'homme ? [...] quel sujet de contradiction, quel prodige ! Juge de toutes choses, imbécile [faible] ver de terre ; dépositaire du vrai, cloaque d'incertitude et d'erreur ; gloire et rebut de l'univers.

Blaise PASCAL, *Les Pensées*, 1669.

■ L'homme de bonne foi supporte la contradiction parce qu'elle seule fait naître l'évidence.

François-Constantin DE VOLNEY, *Les Ruines*, 1791.

■ En France, tout le monde paraît avoir de l'esprit, et la raison en est simple : comme tout y est une suite de contradictions, la plus légère attention possible suffit pour les faire remarquer et rapprocher deux choses contradictoires.

Nicolas DE CHAMFORT, *Maximes et pensées, caractères et anecdotes*, 1795.

contrainte

Du participe passé de *contraindre*, du latin *constringere*, enchaîner, réprimer.

■ Et ma flamme a grossi par l'effort des contraintes.

Philippe QUINAULT, *Bellérophon*, 1670.

Et dans les dictionnaires anciens...

■ Il faut quelquefois user de contraintes à l'égard des enfants, de force à l'égard du peuple, et de violence à l'égard des libertins.

Gabriel GIRARD, *Synonymes françois*, 1736.

contraire

Du latin *contrarius*, en face de, opposé.

■ Il faudrait pouvoir unir les contraires, l'amour de la vertu avec l'indifférence pour l'opinion publique, le goût du travail avec l'indifférence pour la gloire, et le soin de sa santé avec l'indifférence pour la vie.

Nicolas DE CHAMFORT, *Maximes et pensées, caractères et anecdotes*, 1795.

■ N'étant jamais définitivement modelé, l'homme est receleur de son contraire. Ses cycles dessinent des orbes différents selon qu'il est en butte à telle sollicitation ou non.

René CHAR, *Fureur et Mystère*, © Gallimard, 1948.

contredire

Du latin *contradicere*, parler contre, s'opposer à.

■ Et ne faut-il pas bien que monsieur contredise ?

MOLIÈRE, *Le Misanthrope*, 1666.

■ Quand vous leur donnez des préceptes qui se contredisent, quels fruits espérez-vous de vos soins ?

Jean-Jacques ROUSSEAU, *Émile ou De l'éducation*, 1762.

■ Nous n'aimons point contredire quand nous aimons, ni approuver quand nous haïssons.

ALAIN, *Esquisses de l'homme*, © Gallimard, 1927.

Et dans les dictionnaires anciens...

■ *Contredire*. [...] C'est le Roi notre sire, il ne faut pas le contredire.

Pierre RICHELET, *Dictionnaire françois*, 1680.

contrôle

De *contrerole*, du latin *contrarotulus*, construit avec *contra*, contre, et *rotulus*, rôle, rouleau.

■ C'est du soir au matin un éternel contrôle.

Jean-François REGNARD, *Le Distrait*, 1697.

Et dans les dictionnaires anciens...

■ *Contrôle.* [...] Surveillance active et malveillante, censure. Il exerce son contrôle sur tout, il déprécie les hommes et les choses.

Maurice LACHÂTRE, *Dictionnaire français illustré*, 1856.

convaincre

Du latin *convicere*, convaincre, dénoncer.

■ On peut convaincre les autres par ses propres raisons ; mais on ne les persuade que par les leurs.

Joseph JOUBERT, *Pensées, essais, maximes et correspondances*, posth. 1838.

conversation

Du latin *conversatio*, commerce, fréquentation, intimité.

■ Ce qui fait que si peu de personnes sont agréables dans la conversation, c'est que chacun songe plus à ce qu'il veut dire qu'à ce que les autres disent.

François LA ROCHEFOUCAULD, *Réflexions ou Sentences et Maximes morales*, 1664.

■ L'esprit de la conversation consiste bien moins à en montrer beaucoup qu'à en faire trouver aux autres : celui qui sort de votre entretien content de soi et de son esprit l'est de vous parfaitement.

Jean DE LA BRUYÈRE, *Les Caractères*, 1688.

■ On se forme l'esprit et le sentiment par les conversations. On se gâte l'esprit et le sentiment par les conversations. Ainsi les bonnes ou les mauvaises le forment ou le gâtent.

Blaise PASCAL, *Pensées*, 1669.

■ On ne doit mettre dans un livre que la dose d'esprit qu'il faut ; mais on peut en avoir, dans la conversation, plus qu'il ne faut.

Joseph JOUBERT, *Pensées, essais, maximes et correspondances*, posth. 1838.

■ La conversation qui éteint la pensée et la générosité est jugée. On a le droit de la fuir, comme un air méphitique et asphyxiant.

Henri-Frédéric AMIEL, *Journal intime*, 1847-1883.

■ Conversation : La politique et la religion doivent en être exclues.

Gustave FLAUBERT, *Le Dictionnaire des idées reçues*, posth. 1913.

■ La conversation est un jeu de sécateur, où chacun taille la voix de son voisin aussitôt qu'elle pousse.

Jules RENARD, *Journal*, (29 janvier 1893), posth. 1925.

Et dans les dictionnaires anciens...

■ Quand tous les autres [plaisirs] nous manquent, ou que l'âge fait que nous leur manquons, celui de la conversation reste pour fournir un amusement à nos vieux jours : il devient même alors plus vif et plus satisfaisant ; car comme on ne veut rien perdre, le discours s'empare de ce que l'exécution ne peut plus saisir.

Gabriel GIRARD, *Synonymes françois*, 1736.

■ Une conversation n'est possible que si l'un emploie les mots dans le sens de l'autre.

Michel FIELD, *Petits Dialogues entre amis*, © Michel Field, 1997.

▶ VOIR amour, allusion, auteur, discuter, routier, rythme.

conviction

Du latin chrétien *convictio*, fait d'être convaincu.

■ Il y a bien loin, chez eux, de la profession à la croyance, de la croyance à la conviction, de la conviction à la pratique.

Charles-Louis DE MONTESQUIEU, *Lettres Persanes*, 1721.

coq

Du bas latin onomatopéique *coccus*, et *coco* en latin impérial. Ce mot s'est substitué à l'ancien français *jal*.

■ Deux coqs vivaient en paix ; une poule survint ; / Et voilà la guerre allumée.

Jean DE LA FONTAINE, *Fables*, « Les Deux Coqs », 1668-1694.

Et dans les dictionnaires anciens...

■ *Coq.* [...] Il sert d'horloge, & on dit qu'il est craint du Lion.

Pierre RICHELET, *Dictionnaire françois*, 1680.

▶ VOIR poule.

coquet

Diminutif de *coq*, par analogie au comportement supposé du *coq*, fier et séducteur.

■ Coquette avec coquet ne trouve pas son compte, / Et coquet de coquette a toujours de la honte.

Paul SCARRON, *Don Japhet d'Arménie*, 1653.

Et dans les dictionnaires anciens...

■ Une femme coquette n'est *attentive* qu'à son miroir, *exacte* qu'à sa toilette, et *vigilante* que sur sa parure.

Gabriel GIRARD, *Synonymes françois*, 1736.

coquetterie

Dérivé de *coquet*, voir *coq*.

■ Tout bien considéré, franche coquetterie / Est un vice moins grand que fausse pruderie.

Charles DUFRESNY, *Le Mariage fait et rompu*, posth. 1810.

■ Nous mettrons toute notre coquetterie à bien mourir.

Jules RENARD, *Journal*, posth. 1925.

Et dans les dictionnaires anciens...

■ On soupçonne aisément les femmes qui ont de la coquetterie, d'être peu fidèles à leur mari.

Antoine FURETIÈRE, *Dictionnaire universel*, 1690.

coquille

Du latin *conchylium* issu du grec *konkhulion* ; coquillage, diminutif de *konkhê*, conque.

■ Tu passeras ta vie à crever ta coquille.

Jules RENARD, *Journal*, posth. 1925.

cor

Du latin *cornu*, corne ; objet de corne ; instrument à vent.

■ J'aime le son du cor, le soir, au fond des bois, [...] Dieu ! Que le son du corps est triste au fond des bois !

Alfred DE VIGNY, *Poèmes antiques et modernes*, « Le cor », 1822-1829.

corail

Du bas latin *corallum*, altération du classique *corallium*.

■ Le soleil sous la mer, mystérieuse aurore, / Éclaire la forêt des coraux abyssins / Qui mêle aux profondeurs de ses tièdes bassins, / La bête épanouie et la vivante flore.

José Maria DE HEREDIA, *Les Trophées*, 1893.

corbeau

Du latin populaire *corbellus*, diminutif de *corbus*.

■ Comme le Cygne allait nageant / Sur le lac au miroir d'argent, / Plein de fraîcheur et de silence, / Les Corbeaux noirs d'un ton guerrier, / Se mirent à l'injurier / En volant avec turbulence.

Stéphane MALLARMÉ, *Les Exilés*, 1867.

Et dans les dictionnaires anciens...

■ Quand on veut escrire fort menu, on se sert de plumes de corbeau. On dit qu'on fait des corbeaux blancs, en les exposant à la fumée du soufre, lorsqu'on les a pris jeunes & dans le nid.

Antoine FURETIÈRE, *Dictionnaire universel*, 1690.

corbillard

C'est par ressemblance avec le coche d'eau naviguant de Corbeil à Paris que l'on donna ce nom à un carrosse, puis à la voiture funéraire. S'y ajoute peut-être l'influence du *corbillat*, petit corbeau.

■ – Et de longs corbillards, sans tambours ni musique, / Défilent lentement dans mon âme ; l'Espoir, / Vaincu, pleure et l'Angoisse atroce, despotique, / Sur mon crâne incliné plante son drapeau noir.

Charles BAUDELAIRE, *Les Fleurs du mal*, 1857.

corolle

Du latin *corolla*, diminutif de *corona*, couronne.

■ Les pauvres fleurs, dans l'eau vaine [du vase], qui sont phtisiques, / Répandant, comme en de brusques accès de toux, / Leurs corolles sur les tapis mélancoliques.

Georges RODENBACH, *Le Règne du silence*, 1891.

corps

Du latin *corpus*, organisme vivant, mais aussi cadavre.

■ Nous sentons les infirmités du corps, nous nous laissons souvent abattre par les moindres souffrances ; nous ne sentons pas de même les infirmités ou les maladies de l'esprit...

MAINE DE BIRAN, *Journal*, 1818.

■ Corps : Si nous savions comment notre corps est fait nous n'oserions pas faire un mouvement.

Gustave FLAUBERT, *Le Dictionnaire des idées reçues*, posth. 1913.

■ La sagesse antique ne séparait point la pensée de la vie et leur doctrine la plus constante visait à gouverner le corps afin de régler les passions.

ALAIN, *Système des Beaux-arts*, © Gallimard, 1920.

■ J'ai vu des garçons et des jeunes filles comprendre la victoire de leur corps comme un moyen de se redonner confiance, de balancer quelque impuissance ou quelque échec de leur vie quotidienne : timidité, déboires, humiliation sociale.

Henry DE MONTHERLANT, *Les Olympiques*, © Gallimard, 1924.

Et les pensées de...

■ Le corps humain est un domaine féodal, habité par quelque cinquante milliards de cellules vivantes, elles-mêmes groupées en une centaine de tissus et organes, lesquels sont les vassaux d'un seigneur unique, le cerveau.

Jean HAMBURGER, *Dictionnaire promenade*, © Le Seuil, 1989.

➤ VOIR automne, autre, distribution, état, grâce, hystérie, inégalité, légume, lit, mensonge, mode, mouche, ombre, plaie, sport.

correction, corriger

Du latin classique *correctio*, action de redresser quelqu'un.

■ Et c'est une folie à nulle autre seconde De vouloir se mêler de corriger le monde.

MOLIÈRE, *Le Misanthrope*, 1666.

■ On sent les abus anciens, on en voit la correction ; mais on voit encore les abus de la correction même.

Charles-Louis DE MONTESQUIEU, *De l'esprit des lois*, 1748.

Et dans les dictionnaires anciens...

■ Peu de gens savent *corriger*, beaucoup se mêlent de *reprendre* ; quelques-uns s'avisent de *réprimander* sans autorité.

Gabriel GIRARD, *Synonymes françois*, 1736.

cosmopolite

Du grec *kosmopolitês*, cosmopolite.

■ Le véritable sage est le cosmopolite.

Charles PALISSOT, *Les Philosophes*, 1760.

■ Un jour, on disait devant eux que l'amour du genre humain éteignait l'amour de la patrie. « Pour moi, dit-elle, [...] je suis très bonne Française et je ne m'intéresse pas moins au bonheur de tous les peuples. – Oui, je vous entends, dit Rousseau, vous êtes Française par votre buste et cosmopolite du reste de votre personne. »

Nicolas DE CHAMFORT, *Maximes et pensées, caractères et anecdotes*, 1795.

côte

Du latin classique *costa*, côte, puis flanc, rivage.

■ L'homme consent au beau, – s'il est utile. Il a le goût du médiocre et s'arrête à mi-côte.

Victor HUGO, *L'Âne*, 1880.

Et les pensées de...

■ On reste confondu quand on pense qu'un homme qui gravit une côte n'aurait qu'à se retourner pour la descendre.

Pierre DAC, *Arrière-Pensées*, © Le Cherche midi, 1998.

côté (mettre de)

Du latin populaire *costatum*, dérivé de *costa*, côte.

■ Quand on n'avait pas su mettre un sou de côté, on faisait comme les camarades, on se serrait le ventre.

Émile ZOLA, *L'Assommoir*, 1877.

Et les pensées de...

■ En mettre de côté pour en avoir devant soi demeure le principe directeur de tous ceux qui ont compris qu'il faut prendre les devants quand on veut assurer ses arrières.

Pierre DAC, *Arrière-Pensées*, © Le Cherche midi, 1998.

coucher

Du latin *collocare*, placer dans une position horizontale.

■ Je fuis, pâle, défait, hanté par mon linceul, / Ayant peur de mourir lorsque je couche seul.

Stéphane MALLARMÉ, *Poésies*, « Angoisse », 1899.

Et dans les dictionnaires anciens...

■ *Coucher*. [...] Ce cheval est vicieux, il se couche dans l'eau.

Antoine FURETIÈRE, *Dictionnaire universel*, 1690.

coucher (se)

Du latin *collocare*, placer dans une position horizontale.

■ Enfin, en quatrième lieu, ayant donc fait le point, il ne me reste plus que la latitude d'aller me coucher sur la longitude de mon pieu, ce que nous allons faire non sans plaisir.

Raymond QUENEAU, *Le Vol d'Icare*, © Gallimard, 1968.

couleur

Du latin *color*, couleur, teint de la peau.

■ Je n'ai aucune peine à reconnaître mon frère humain sous ces variétés de couleur.

ALAIN, *Propos*, © Gallimard, 1921.

■ Devant les confiseries de la rue Vavin, je me pétrifiais [...] : je convoitais les couleurs elles-mêmes autant que le plaisir qu'elles me promettaient.

Simone DE BEAUVOIR, *Mémoires d'une jeune fille rangée*, © Gallimard, 1958.

▶ VOIR amer, analogie, arc-en-ciel, bleu, chemin, décor, définir, dimanche, femme, hirondelle, noir, nuance, parfum, parole, reflet, rose, style, voyelle.

coup (de maître, d'épée, etc.)

Du latin populaire *colpus*, issu du latin classique *colaphus*, coup de poing, taloche.

■ Mes pareils à deux fois ne se font point connaître, / Et pour leurs coups d'essai veulent des coups de maître.

Pierre CORNEILLE, *Le Cid*, 1637.

■ J'enrage quand je vois sa piquante froideur, / Et quelques coups de poing satisferaient mon cœur.

MOLIÈRE, *L'École des femmes*, 1663.

■ Un coup de foudre est tout ce que je veux.

Jean RACINE, *La Thébaïde*, 1664.

■ C'est un de ces braves de profession, de ces gens qui sont tout coups d'épée, qui ne parlent que d'échiner.

MOLIÈRE, *Les Fourberies de Scapin*, 1671.

Et les pensées de...

■ Il est des coups de foudre qui font des bleus au cœur.

Pierre PERRET, *Les Pensées*, © Le Cherche midi, 1979.

▶ VOIR étouffer, essai.

coupable

Du latin chrétien *culpabilis*, dérivé de *culpa*, faute.

■ Une coupable aimée est bientôt innocente ; / Tout le mal qu'on lui veut se dissipe aisément, / Et l'on sait ce que c'est qu'un courroux d'un amant.

MOLIÈRE, *Le Misanthrope*, 1666.

■ Le duel entre le coupable et le juge est donc d'autant plus terrible que la justice a pour auxiliaire le silence des murailles et l'incorruptible indifférence de ses agents.

Honoré DE BALZAC, *Splendeurs et Misères des courtisanes*, 1846.

Et dans les dictionnaires anciens...

■ L'exercice d'un pouvoir acquis par la violence est souverainement coupable.

Maurice LACHÂTRE, *Dictionnaire français illustré*, 1856.

couple

Du latin *copula*, lien, chaîne ; groupe de deux personnes.

■ La barque errante / Berça sur l'onde transparente / Deux couples par l'amour conduits.

Alphonse DE LAMARTINE, *Méditations poétiques*, 1820.

cour

Du bas latin *curtis*, enclos, maison et jardin.

■ Seigneur, je ne saurais regarder d'un bon œil / Ces vieux Singes de Cour, qui ne savent rien faire, / Sinon en leur marcher les Princes contrefaire, / Et se vêtir, comme eux, d'un pompeux appareil.

Joachim DU BELLAY, *Les Regrets*, 1558.

■ Que je vous plains, esprit, qui au vice contraires, / Endurez de ces cours les séjours nécessaires !

Agrippa D'AUBIGNÉ, *Les Tragiques*, 1616.

■ Les mystères de cour sont souvent si cachés, / Que les plus clairvoyants y sont bien empêchés.

Pierre CORNEILLE, *Nicomède*, 1651.

■ N'espérez plus de candeur, de franchise, d'équité, de bons offices, de services, de bienveillance de générosité, de fermeté dans un homme qui s'est depuis quelque temps livré à la Cour, et qui secrètement veut sa fortune.

LA BRUYÈRE, *Les Caractères*, 1688.

■ Mais souvent à la Cour tout change en un moment.

VOLTAIRE, *Sémiramis*, 1748.

■ Souvent à la Cour un ami cache un traître.

Marie-Joseph CHÉNIER, *Philippe II*, 1844.

Et dans les dictionnaires anciens...

■ Rien n'est si propre à délivrer l'esprit de sa pesanteur naturelle que le commerce des Dames et de la Cour.

Gabriel GIRARD, *Synonymes français*, 1736.

■ La Cour est un pays où l'on ne dit pas ce qu'on pense, où l'on ne pense pas ce qu'on dit, où l'on ne fait pas ce qu'on veut.

Maurice LACHÂTRE, *Dictionnaire français illustré*, 1856.

➤ VOIR antipathie, courtisan, culte, feindre, flatterie, grâce, hypocrite, jugement, loisir, marbre, misérable, modèle, sûr.

courage, courageux

Dérivé de *cœur*. Au XIe s. *courage* désigne le cœur, siège des sentiments.

■ C'est dans les grands dangers qu'on voit un grand courage.

Jean-François RÉGNARD, *Le Légataire universel*, 1708.

■ Le courage s'épuise et manque à la vieillesse.

VOLTAIRE, *Oreste*, 1750.

■ Elle a du courage, une aiguille, / Elle travaille, et peut gagner dans son réduit, / En travaillant le jour, en travaillant la nuit, / Un peu de pain, un gîte, une jupe de toile.

Victor HUGO, *Les Contemplations*, « Melancholia », 1856.

■ Le courage de l'Italien est un accès de colère, de l'Allemand un moment d'ivresse, le courage de l'Espagnol un trait d'orgueil.

STENDHAL, *De l'amour*, 1822.

■ L'homme le plus courageux a connu, je pense, de ces déroutes intimes qui dégoûteraient de vivre, et qui font espérer l'action périlleuse comme remède et délivrance.

ALAIN, *Propos*, © Gallimard, 1921.

Et dans les dictionnaires anciens...

■ Le *courage* fait avancer. La *valeur* fait exécuter. La *bravoure* fait qu'on s'expose. L'*intrépidité* fait qu'on se sacrifie. [...] Le vrai courage n'est jamais fanfaron, il augmente à la vue du péril.

Gabriel GIRARD, *Synonymes françois*, 1736.

Et les pensées de...

■ Il n'y a pas d'homme plus courageux au monde que celui qui réussit à s'arrêter après la première cacahuète !

Michel GALABRU, *Pensées, répliques et anecdotes*, © Le Cherche midi, 2006.

▶ VOIR autocritique, brave, cadavre, chaud, clarté, épreuve, femme, futile, genre, hâter, journaliste, lâche, liberté, moment, mort, orgueil, outrager, peur, résistance, signature, vigoureux, violent.

courir

Du latin *currere*, se mouvoir rapidement à toutes jambes.

■ Rien ne sert de courir ; il faut partir à point.

Jean DE LA FONTAINE, *Fables*, « Le Lièvre et la Tortue », 1668-94.

■ Ah ! de peur de tomber, ne courons pas si fort.

MOLIÈRE, *L'Étourdi*, 1655.

Et les pensées de...

■ « Qu'est-ce qui fait courir tous ces fous ? » Il me dit « Tout ! Tout ! Il y en a qui courent au plus pressé. D'autres qui courent après les honneurs... Celui-ci court pour la gloire... Celui-là court à sa perte ! »

Raymond DEVOS, *À plus d'un titre*, « Où courent-ils », © Orban, 1989.

courriériste

Dérivé de courrier, de l'italien *corriere*, porteur, dérivé de *correre*, courir.

■ Comme le mot l'indique, [les courriéristes] courent la ville pour alimenter une rubrique, ils questionnent, fouinent, recueillent des informations, des échos, des potins, font des interviews, parfois des enquêtes. [...] Le courriériste est un reporter culturel.

Bernard PIVOT, *Le Métier de lire*, © Gallimard, 1990.

courroux

Construit à partir de l'ancien français *corocier*, du latin populaire *corruptiare*, de *corrumpere*, irriter.

■ Je ne condamne plus un courroux légitime.

Jean RACINE, *Andromaque*, 1667.

Et dans les dictionnaires anciens...

■ Souvent le courroux n'a d'autre mobile que la vanité, qui exige simplement une satisfaction ; et parce qu'il agit alors plus par jugement que par sentiment, il en est plus difficile à apaiser.

Gabriel GIRARD, *Synonymes françois*, 1736.

▶ VOIR amant, coupable, cours, déclaration, dissimuler, pardonner, rouge.

cours

Du latin classique *cursus*, action de courir.

■ Eh quoi ! votre courroux n'a-t-il pas eu son cours.

Jean RACINE, *Andromaque*, 1667.

■ J'observe comme vous cent choses tous les jours, / Qui pourraient mieux aller prenant un autre cours.

MOLIÈRE, *Le Misanthrope*, 1666.

Et dans les dictionnaires anciens...

■ *Cours*. ce mot se dit de la vie, des maladies, de la bonne ou mauvaise fortune & signifie durée. Le cours de la vie est borné.

Pierre RICHELET, *Dictionnaire françois*, 1680.

court

Du latin classique *curtus*, écourté, tronqué, insuffisant.

■ Mes révérends Pères, mes Lettres n'avaient pas accoutumé de se suivre de si près, ni d'être si étendues. Le peu de temps que j'ai eu, a été cause de l'un et de l'autre. Je n'ai fait celle-ci plus longue que parce que je n'ai pas eu le loisir de la faire plus courte.

Blaise PASCAL, *Lettres*, posth. 1679.

courtisan

De l'italien *cortigiano*, de *corte*, cour.

■ On voit partout que l'art des courtisans / Ne tend qu'à profiter des faiblesses des grands, / À nourrir leurs erreurs, et jamais dans leur âme, / Ne porter les avis des choses qu'on y blâme.

MOLIÈRE, *Dom Garcie de Navarre*, 1661.

■ Malheur des courtisans, ne point connaître le peuple, qui est la source de tout bon sens. Ils ne voient en leur vie que des grands et des laquais ; leur être se compose de manières et de bassesses.

Paul-Louis COURIER, *Pamphlets politiques*, 1821.

■ Courtisans, par intérêt soumis, / Amis de la grandeur, mais des lois ennemis, / Et qui, toujours du prince étudiant les vices, / Lui vendent des forfaits qu'ils nomment leurs services.

Marie-Joseph CHÉNIER, *Tibère*, posth. 1844.

■ À la Cour tout est courtisan : le prince du sang, le chapelain de semaine, le chirurgien de quartier, l'apothicaire.

Nicolas DE CHAMFORT, *Maximes et pensées, caractères et anecdotes*, 1795.

Et dans les dictionnaires anciens...

■ Pour être bon courtisan, il faut savoir composer son *air* selon les différentes occurrences, et si bien étudier ses *manières* qu'elles ne découvrent rien des véritables sentiments.

Gabriel GIRARD, *Synonymes françois*, 1736.

courtisane

De l'italien *cortigiana*, dame de la cour.

■ Courtisane [prostituée] : Est un mal nécessaire. – Sauvegarde de nos filles et de nos sœurs.

Gustave FLAUBERT, *Le Dictionnaire des idées reçues*, posth. 1913.

courtoisie

Dérivé de *courtois*, de l'ancien français *court*, résidence d'un souverain.

■ Le malheur des relations humaines fait que les brutaux prennent toujours la courtoisie pour de la faiblesse.

Jules DE LA VARENDE, *Le Maréchal de Tourville et son temps*, 1943.

Et les pensées de...

■ Le propre de la courtoisie est de n'être jamais nécessaire, ou obligée, mais d'apparaître comme désintéressée, sans calcul, n'attendant pas d'être payée de retour.

Jacques RIGAUD, *Le Miroir des mots*, © Robert Laffont, 1991.

couteau

Du latin classique *cultellus*, diminutif de *culter*, coutre.

■ L'abandonnerez-vous à l'infâme couteau / Qui fait choir les méchants sous la main du bourreau ?

Pierre CORNEILLE, *Horace*, 1640.

Et dans les dictionnaires anciens...

■ Les couteaux pointus qu'on nomme baïonnettes sont défendus. En Italie on ne se sert que de couteaux arrondis.

Antoine FURETIÈRE, *Dictionnaire universel*, 1690.

coûter

Du latin classique *constare*, se tenir ferme.

■ Les larmes ne coûtaient rien à cette femme artificieuse.

FÉNELON, *Les Aventures de Télémaque*, 1669.

■ Les lettres qui me coustent le plus sont celles qui valent le moins.

Michel DE MONTAIGNE, *Essais*, 1580-1595.

Et dans les dictionnaires anciens...

■ Il n'a aucune facilité pour écrire, tout lui coûte.

Dictionnaire de l'Académie française, 1835.

coutume

Du latin classique *consuetudo*, habitude, de *consuescere*, accoutumer.

■ Les coutumes d'un peuple esclave sont une partie de sa servitude ; celles d'un peuple libre sont une partie de sa liberté.

Charles-Louis DE MONTESQUIEU, *De l'esprit des lois*, 1748.

Et dans les dictionnaires anciens...

■ *Coutume* est objectif, c'est-à-dire indique une manière d'être générale à laquelle nous nous conformons. Au contraire, *habitude* est subjectif, c'est-à-dire indique une manière d'être qui nous est personnelle et qui détermine nos actions.

Émile LITTRÉ,
Dictionnaire de la langue française, 1863-1872.

couverture

Dérivé de couvrir, du latin *cooperire*, couvrir entièrement.

■ L'un des stratagèmes les plus employés par les livres pour occuper le terrain consiste à se présenter plusieurs fois, sous des couvertures différentes ou avec des variantes.

Bernard PIVOT,
Le Métier de lire, © Gallimard, 1990.

craindre

Du latin classique *tremere*, trembler, craindre, devenue *cremere* sous l'influence d'un radical celtique.

■ Qui peut tout doit tout craindre.

Pierre CORNEILLE, *Cinna*, 1642.

■ Mentor qui craignait les mots avant qu'ils arrivassent, ne savait plus ce que c'était que de les craindre dès qu'ils étaient arrivés.

FÉNELON, *Les Aventures de Télémaque*, 1669.

Et dans les dictionnaires anciens...

■ Le défaut de courage fait *craindre*. L'incertitude du succès fait *appréhender*. La défiance des forces fait *redouter*.

Gabriel GIRARD,
Synonymes françois, 1736.

▶ VOIR audace, avertir, crime, devoir, ennemi, espérance, histoire, mort, perdre, petit.

crâne

Du latin médiéval *cranium*, du grec *kranion*, boîte crânienne.

■ Nous pouvons dévorer nos ennemis vivants, / Et nous désaltérer dans leurs crânes sanglants...

Claude DE LA TOUCHE,
Iphigénie en Tauride, 1758.

■ Avoir sous le crâne le tonneau des Danaïdes, c'est le malheur de toute une race de savants qu'on peut appeler les stériles.

Victor HUGO, *L'Homme qui rit*, 1869.

▶ VOIR excès.

crapaud

Peut-être du germanique *krappa*, crochet, par allusion aux pattes de crapaud.

■ Crapaud : Habite l'intérieur des pierres.

Gustave FLAUBERT,
Le Dictionnaire des idées reçues, posth. 1913.

Et dans les dictionnaires anciens...

■ *Crapaud*. Insecte venimeux qui naît tant sur la terre que dans les marais, dont la figure approche de la grenouille. [...] Il jette son venin par son urine, sa bave et vomissements sur les herbes, & particulièrement sur les fraises & les champignons dont il est fort friand.

Antoine FURETIÈRE,
Dictionnaire universel, 1690.

cravate

Nom des mercenaires croates qui portaient une bande de tissu nouée autour de leur cou.

■ Les hommes portaient alors des cravates de dentelle, qu'on arrangeait avec assez de peine.

VOLTAIRE, *Le Siècle de Louis XIV*, 1739-68.

Et dans les dictionnaires anciens...

■ *Cravatte* est aussi une espèce de tour de cou que les femmes portent autour de leur robe, qui fait le tour de leur sein & de leurs espaules.

Antoine FURETIÈRE, *Dictionnaire universel*, 1690.

créateur

Du latin *creator*, fondateur, père, Dieu. En latin chrétien, de *creare*, créer.

■ Oui, homme créateur, reçois mon hommage ! Tu as mesuré l'étendue des cieux, calculé la masse des astres, saisi l'éclair dans les nuages, dompté la mer et les orages, asservi tous les éléments.

François-Constantin DE VOLNEY,
Les Ruines, 1791.

■ Créateurs et amateurs, tous ceux pour qui l'art existe, tous ceux qui peuvent être aussi sensibles aux formes créées par lui qu'aux plus émouvants des formes mortelles, ont en commun leur foi en une puissance particulière de l'homme.

André MALRAUX,
Les Voix du silence, © Gallimard, 1951.

■ En outre, chaque rêveur, le temps de son rêve, secrète un univers. De la sorte, l'homme est tout ensemble créature et créateur.

Roger CAILLOIS, *Rencontres*, © PUF, 1978.

Et les pensées de...

■ Dans tout germe vivant, il y a une idée créatrice qui se développe et se manifeste par l'organisation. Pendant toute sa durée, l'être vivant reste sous l'influence de cette force vitale créatrice, et la mort arrive lorsqu'elle ne peut plus se réaliser.

Claude BERNARD,
Introduction à la médecine expérimentale, 1865.

création

Du latin *creatio*, d'abord création puis procréation, enfin en latin chrétien, création du monde.

■ Le mariage, dans son type élevé, est une création : la création d'une oasis au milieu du désert, d'un asile où l'on retrouve la fraîcheur, la tendresse, la pureté, la paix, après les aridités et les fatigues du jour.

Henri-Frédéric AMIEL,
Journal intime, 1847-1883.

■ La création est aventure, elle est jeunesse et liberté.

Simone DE BEAUVOIR,
La Force des choses, © Gallimard, 1963.

■ Rien n'éclaire mieux les sentiers de la création que de traduire d'une langue dans l'autre.

Elsa TRIOLET, *La Mise en mots*, © Skira, 1969.

▶ VOIR auteur, entier.

créature

Du latin *creatura*, acte de la création ; homme.

▶ VOIR créateur.

crédulité

Du latin *credulitas*, de *credulus*, qui croit trop facilement.

■ La crédulité est l'indice d'un bon naturel.

Joseph JOUBERT, *Pensées, essais, maximes et correspondances*, posth. 1838.

Et les pensées de...

■ La crédulité est comme une mauvaise herbe, elle est si bien enracinée que, si on l'arrache ici, elle repousse ailleurs.

Jean HAMBURGER,
Dictionnaire promenade, © Le Seuil, 1989.

créer

Du latin classique *creare*, créer, produire, engendrer.

■ Créer, c'est vivre deux fois. La recherche tâtonnante et anxieuse d'un Proust, sa méticuleuse collection de fleurs, de tapisseries et d'angoisses ne signifient rien d'autre.

Albert CAMUS,
Le Mythe de Sisyphe, © Gallimard, 1942.

■ Créer, c'est pour Dieu, tirer quelque chose du néant ; pour le poète, pour l'artiste, c'est ajouter quelque chose au monde par une opération, on aimerait presque dire, par une manipulation appropriée, portant sur les sons, les couleurs, les formes ou les mots.

Roger CAILLOIS, *Rencontres*, © PUF, 1978.

Et les pensées de...

■ Créer, c'est affirmer qu'on existe ; c'est anéantir le néant.

Jean HAMBURGER,
Dictionnaire promenade, © Le Seuil, 1989.

crétin

Du valaisan *crestin*, du latin *christianus*, chrétien, au sens de malheureux, par euphémisme.

■ Qu'est-ce que vous disiez ? Que j'étais un idiot... un crétin... une brute... Mais nous passons notre journée à nous dire de ces petits mots-là... dans le dos !

Jules et Edmond DE GONCOURT,
Charles Demailly, 1860.

■ On sait que le propre du génie est de fournir des idées aux crétins une vingtaine d'années plus tard.

Louis ARAGON, *Traité du style*, © Gallimard, 1928.

Et dans les dictionnaires anciens...

■ *Crétin*. Individu affecté d'un idiotisme complet et d'une grande difformité physique, caractérisé par une taille courte, une tête petite et aplatie aux tempes, un nez épaté, des yeux rouges et chassieux, une bouche béante d'où découle constamment la salive, et des goitres plus ou moins volumineux le long du cou. Il a la peau jaune et flétrie et les sens peu développés, excepté celui de la vue ; il est apathique et d'une malpropreté repoussante.

Pierre LAROUSSE, *Nouveau Dictionnaire de la langue française* (notes), 1856.

cri

Construit à partir de *crier*. Voir *crier*.

■ Quelques chiens aboyaient à la lune ; la chouette poussait son cri funèbre, et les crocodiles vagissaient entre les roseaux du fleuve, imitant le cri d'une enfant en détresse.

Théophile GAUTIER, *Le Roman de la momie*, 1858.

Et dans les dictionnaires anciens...

■ Les cris des hibous[x], des orfrayes, sont de mauvais augure. [...] Un bon Prince ne doit pas fermer l'oreille aux cris, aux plaintes de son peuple.

Antoine FURETIÈRE, *Dictionnaire universel*, 1690.

crier

Du latin populaire *critare*, du latin classique *quiritare*, crier au secours, qui repose sur une onomatopée.

■ Du haut de nos remparts j'ai vu descendre en larmes / Le peuple qui courait et qui criait aux armes.

Jean RACINE, *La Thébaïde*, 1664.

Et dans les dictionnaires anciens...

■ Les écoliers crient *vivat*, quand on leur procure un congé.

Antoine FURETIÈRE, *Dictionnaire universel*, 1690.

crime

Du latin classique *crimen*, *-inis*, accusation, crime.

■ Car selon l'intérêt, le crédit ou l'appui / Le crime se condamne et s'absout aujourd'hui.

Mathurin RÉGNIER, *Satires*, 1613.

■ Quelques crimes toujours précèdent les grands crimes. / Quiconque a pu franchir les bornes légitimes, / Peut violer enfin les droits les plus sacrés. / Ainsi que la vertu, le crime a ses degrés. / Et jamais on n'a vu la timide innocence / Passer subitement à l'extrême licence.

Jean RACINE, *Phèdre*, 1677.

■ Le crime fait la honte et non pas l'échafaud.

Thomas CORNEILLE, *Le Comte d'Essex*, 1678.

■ Le crime quelquefois suit de près l'innocence.

VOLTAIRE, *Mahomet le prophète*, 1741.

■ La crainte suit le crime et c'est son châtiment.

VOLTAIRE, *Sémiramis*, 1748.

■ Le crime est un torrent dont la course est rapide.

Marie-Joseph CHÉNIER, *Timoléon*, 1794.

■ On a vu mille fois le crime couronné.

Jean-François MARMONTEL, *Numitor*, 1822-1826.

■ Un crime est avant tout manque de raisonnement.

Honoré DE BALZAC, *La Cousine Bette*, 1848.

■ Devant le crime, comment se définit en effet notre civilisation ? La réponse est simple : depuis trente ans, les crimes d'État l'emportent de loin sur les crimes des individus.

Albert CAMUS, ARTHUR KOESTLER, *Réflexions sur la peine capitale*, © Calmann-Lévy, 1957.

Et dans les dictionnaires anciens...

■ Il est dangereux de se trouver impliqué, même innocemment, dans les crimes des Grands ; on en est toujours la dupe ; ils sacrifient à leurs intérêts leurs meilleurs serviteurs.

Gabriel GIRARD, *Synonymes françois*, 1756.

▶ VOIR capable, début, déicide, Europe, faute, innocence, présent (cadeau).

criminel

Du bas latin *criminalis*.

■ On n'est pas criminel toujours pour le paraître.

Thomas CORNEILLE, *Le Comte d'Essex*, 1678.

■ Car qui médite un crime est déjà criminel.

Alfred DE VIGNY, *Journal d'un poète*, 1852.

crise

Du latin médiéval *crisis*, crise.

■ C'est dans les crises mortelles qu'on redoute la solitude et qu'on veut être surtout entouré. En face du danger, l'affection forme un faisceau de tout ce qui se soutient dans la vie.

Henri-Frédéric AMIEL, *Journal intime*, 1847-1883.

Et dans les dictionnaires anciens...

■ Les crises viennent d'ordinaire le 7e, le 14e ou le 20e jour. Les maladies fort aiguës se jugent la plus-part dans le septième jour.

Antoine FURETIÈRE, *Dictionnaire universel*, 1690.

cristallisation

Dérivé de *cristalliser*, du latin *crystallus*, cristal de roche ; objet en cristal.

■ Aux mines de sel de Salzbourg, on jette, dans les profondeurs abandonnées de la mine, un rameau d'arbre effeuillé par l'hiver ; deux ou trois mois après on le retire couvert de cristallisations brillantes. [...] Ce que j'appelle cristallisation, c'est l'opération de l'esprit qui tire de tout ce qui se présente la découverte que l'objet aimé a de nouvelles perfections.

STENDHAL, *De l'amour*, 1822.

critique

Du bas latin médiéval *criticus*, qui marque une crise, issu du grec *kritikos*, de *krinein*, juger, estimer

■ Le plaisir de la critique nous ôte celui d'être vivement touché de très belles choses.

Jean DE LA BRUYÈRE, *Les Caractères*, 1688.

■ Quelque aménité doit se trouver même dans la critique. Si elle en manque absolument, elle n'est plus littéraire. La critique sans bonté trouble le goût et empoisonne les saveurs. La critique est un exercice méthodique du discernement.

Joseph JOUBERT, *Pensées, essais, maximes et correspondances*, posth. 1838.

■ La critique doit contempler les œuvres sous tous leurs aspects.

Honoré DE BALZAC, *Illusions perdues*, 1837-1843.

■ Un être purement critique n'est qu'un demi-homme, et même n'est-il pas la meilleure moitié.

Henri-Frédéric AMIEL, *Journal intime*, 1847-1883.

■ La critique est pour moi une métamorphose : je tâche de disparaître dans le personnage que je reproduis.

SAINTE-BEUVE, *Mes Poisons*, posth., 1926.

Et dans les dictionnaires anciens...

■ *Critique*. Qui trouve à redire à tout. [...] Ce sont des gens trop critiques, on ne sçauroit vivre avec eux.

Dictionnaire de l'Académie françoise, 1694.

Et les pensées de...

■ La critique, c'est comme de l'engrais, ça se jette, ça pourrit et à la fin c'est toujours productif à un endroit ou à un autre.

Jean YANNE, *Pensées, répliques, textes et anecdotes*, © Le Cherche midi, 1999.

■ Il faut choisir entre la critique qui se lit comme un livre et le livre qui pourrait se passer de toute la critique.

Bernard FRANK, *Portraits et Aphorismes*, © Le Cherche midi, 2001.

▶ VOIR mordre.

critique (le)

Du latin *criticus*, du grec *kritikos*, de *krinein*, juger, estimer.

■ Le poète trouve la région où son génie peut vivre et se déployer désormais ; le critique trouve l'instinct et la loi de ce génie.

SAINTE-BEUVE,
Critiques et Portraits littéraires, 1839.

■ Le bon critique est celui qui raconte les aventures de son âme au milieu des chefs-d'œuvre.

Anatole FRANCE, *La Vie littéraire*, 1888.

■ Critique : Est censé tout connaître, tout savoir, avoir tout lu, tout vu. Quand il vous déplaît l'appeler un : Aristarque ou eunuque.

Gustave FLAUBERT,
Le Dictionnaire des idées reçues, posth. 1913.

■ Le lecteur, le critique, à expérience limitée, est exactement dans le cas d'un villageois qui n'aurait jamais vu de très grandes villes, et à qui Nantes ou Lille sembleraient des métropoles imposantes.

Valery LARBAUD, *Journal*, © Gallimard, 1934.

Et les pensées de...

■ Cette aisance du critique à mettre en difficulté l'auteur avec lui-même n'a d'égale que la facilité de l'écrivain à justifier la continuité de son œuvre.

Bernard FRANK, *Portraits et Aphorismes*, © Le Cherche midi, 2001.

■ Au fond, c'est un secret de polichinelle : les bons critiques, comme les bons éditeurs, sont tous des écrivains rentrés, des auteurs par procuration.

Bernard PIVOT,
Le Métier de lire, © Gallimard, 1990.

■ C'est parce que j'ai une très exigeante idée du métier de critique que je ne me suis jamais considéré comme tel. Un critique littéraire, c'est une mémoire livresque considérable plus une culture tous azimuts plus l'esprit de découverte plus un fort pouvoir d'analyse plus un vrai talent d'écrivain. [...] J'estime posséder en revanche les qualités d'une variété de journalistes, [...] qu'on appelait autrefois les courriéristes.

Bernard PIVOT,
Le Métier de lire, © Gallimard, 1990.

▶ VOIR mordre, aveuglément.

croire

Du latin *credere*, confier en prêt, croire, mettre sa confiance en quelqu'un.

■ Chimène. – Rodrigue, qui l'eût cru ? / Don Rodrigue. – Qui l'eût dit ? / Chimène. – Que notre heur [bonheur] fut si proche et sitôt se perdît ? / Don Rodrigue. – Et que si près du port, contre toute apparence, / Un orage si prompt brisât notre espérance ?

Pierre CORNEILLE, *Le Cid*, 1637.

■ Le plus grand dérèglement de l'esprit, c'est de croire les choses parce qu'on veut qu'elles soient, et non parce qu'on a vu qu'elles sont en effet.

Jacques-Bénigne BOSSUET,
Traité de la connaissance de Dieu et de soi-même, (1722), 1741.

■ Croire sans évidence, sans démonstration, est un acte d'ignorance et de sottise : le crédule se perd dans un dédale d'inconséquences.

François-Constantin DE VOLNEY,
Les Ruines, 1791.

■ On répète encore longtemps, par habitude, ce que l'on ne croit plus.

Joseph JOUBERT, *Pensées, essais, maximes et correspondances*, posth. 1838.

■ J'étais moi-même debout dans la foule, près du second pilier à l'entrée du chœur à droite du côté de la sacristie. Et c'est alors que se produisit l'événement qui domine toute ma vie. En un instant mon cœur fut touché et je crus.

Paul CLAUDEL, *Ma conversion, Contacts et circonstances*, © Gallimard, 1913.

■ Les plus grands esprits sont toujours des esprits sceptiques. Ils croient cependant à quelque chose : ils croient à tout ce qui peut les rendre plus grand.

Paul VALÉRY, *Variété III*, © Gallimard, 1936.

■ Il y a les mots que l'on dit et les actes que l'on fait, sans y croire.

Henry DE MONTHERLANT,
La Reine morte, © Gallimard, 1942.

▶ VOIR cul-bénit, doute, émotion, image, lieu, nier, penser, publicité, règle, romantique, unanime.

croisade

Réfection de *croisée*, sous l'influence de l'ancien provençal *crozata*.

■ Croisades : Ont été bienfaisantes, utiles, seulement pour le commerce de Venise.

Gustave FLAUBERT,
Le Dictionnaire des idées reçues, posth. 1913.

Et dans les dictionnaires anciens...

■ On appelle ainsi, dans l'histoire, ces grands pèlerinages militaires, ces excursions fanatiques qui portèrent vers l'Orient les peuples occidentaux, dans le but de chasser les musulmans du sol de la Palestine et de conquérir un sépulcre imaginaire.

Maurice LACHÂTRE,
Dictionnaire français illustré, 1856.

croix

Du latin classique *crudelitas*, cruauté.

■ C'est un homme qui sait la médecine à fond, comme je sais ma croix de par Dieu.

MOLIÈRE, *Monsieur de Pourceaugnac*, 1669.

■ Ô voleur sur la croix misérable expirant, / Tu vas entrer aux cieux, et tu seras plus grand / Qu'un empereur.

Victor HUGO, *La Fin de Satan*, 1886.

Et dans les dictionnaires anciens...

■ Croix de par Dieu, croix de par Jésus, alphabet où l'on apprenait à lire aux enfants, ainsi dit parce que le titre est orné d'une croix, qui se nommait croix de par Dieu.

Émile LITTRÉ, *Dictionnaire de la langue française*, 1873.

cruauté

Du latin classique *crudelitas*, cruauté.

■ Insensé qui ne voit pas que sa cruauté, à laquelle il se confie, le fera périr.

FÉNELON, *Les Aventures de Télémaque*, 1669.

■ Et moi j'y ajoute, d'après mon expérience et mes études, que la cruauté, bien loin d'être un vice, est le premier sentiment qu'imprime en nous la nature.

SADE, *La Philosophie dans le boudoir*, 1795.

Et dans les dictionnaires anciens...

■ *Cruauté*. [...] Se dit aussi de l'indifférence, des rigueurs d'une maîtresse.

Maurice LACHÂTRE,
Dictionnaire français illustré, 1856.

▶ VOIR nature.

cruel

Du latin classique *crudelis*, cruel.

■ Quels reproches cruels ne nous ferons-nous pas ?

Pierre CORNEILLE, *Sertorius*, 1662.

■ Loin de ces lieux cruels précipitez vos pas.

Jean RACINE, *Iphigénie* , 1674.

Et dans les dictionnaires anciens...

■ Les poltrons sont plus cruels que les généreux.

Antoine FURETIÈRE, *Dictionnaire universel*, 1690.

Et les pensées de...

■ Je ne sais pas s'il faut être deux ou trois pour être cruel, ni si la cruauté a sa cause dans la haine d'autrui ou dans celle d'un sentiment.

Michel FIELD,
Petits Dialogues entre amis, © M. Field, 1997.

cueillir

Du latin *colligere*, recueillir, rassembler.

■ C'est du poison que j'ai cueilli sur tes lèvres

J.-J. ROUSSEAU, *La Nouvelle Héloïse*, 1761.

■ Je savais que la jeunesse de celles que j'avais connues n'existait plus que dans mon souvenir brûlant, et que ce n'est pas elles, si désireux que je fusse de les atteindre quand me les représentait ma mémoire, que je devais cueillir, si je voulais vraiment moissonner la jeunesse et la fleur de l'année.

Marcel PROUST, *La Fugitive*, 1922.

Et dans les dictionnaires anciens...

■ Il ne faut pas cueillir des roses quand on ne veut pas se mettre au hasard de se piquer.

Antoine FURETIÈRE, *Dictionnaire universel*, 1690.

cuisine, cuisinier

Du bas latin *cocina*, de *coquina*, lieu où l'on cuisine, art culinaire.

■ Tu viens ici mettre ton nez, / Impudent flaireur de cuisine.

MOLIÈRE, *Amphitryon*, 1668.

■ Un jour le cuisinier, ayant trop bu d'un coup, / Prit pour oison le cygne, et, le tenant au cou, / Il allait l'égorger, puis le mettre en potage.

Jean DE LA FONTAINE, *Fables*, « Le Cygne et le Cuisinier », 1668-1694.

■ Si c'est sur mon bien seul qu'il fonde sa cuisine, / Je t'assure déjà qu'il mourra de famine / Et qu'il n'aura pas lieu de rire à mes dépens.

Jean-François RÉGNARD, *Le Légataire universel*, 1708.

■ Cuisine : – de restaurant : toujours échauffante. – bourgeoise : toujours saine. – midi : trop épicée ou toute à l'huile. Midi (cuisine du) : Toujours à l'ail. Tonner contre.

Gustave FLAUBERT, *Le Dictionnaire des idées reçues*, posth. 1913.

Et dans les dictionnaires anciens...

■ Les bourgeois ont des servantes de cuisine. Les Grands ont des Escuyers de cuisine pour leur préparer à manger.

Antoine FURETIÈRE, *Dictionnaire universel*, 1690.

cul

Du latin classique *culus*, cul, derrière.

■ Si le mot cul est dans une phrase, le public, fût-elle sublime, n'entendra que ce mot.

Jules RENARD, *Journal*, posth. 1925.

Et dans les dictionnaires anciens...

■ *Cu[l]* : La partie de derrière sur laquelle on s'assied. Les deux fesses. Les Déesses montrèrent le cu[l] à Paris pour une pomme.

Pierre RICHELET, *Dictionnaire françois*, 1680.

Et les pensées de...

■ Mon cœur est français, mon cul est international [dit au Comité d'épuration].

ARLETTY, *Les Mots d'Arletty*, © V & O, 1991.

➤ VOIR supérieur, maître.

cul-bénit

Construit avec *cul*, voir *cul* et *bénir* au participe passé pluriel, voir *bénir*.

■ Je flétris du nom de « cul-bénit » (avec un t comme eau bénite) quiconque croit en quelqu'un ou en quelque chose, Quiconque conjugue le verbe « croire » à la première personne du singulier et au temps présent du mode indicatif.

CAVANNA, *Lettre ouverte aux culs-bénits*, © Albin Michel, 1994.

cul de basse-fosse

Construit avec *cul*, voir *cul*, *basse*, voir *bas*, et *fosse*, du latin *fossa*, excavation, trou, de *fodere*, creuser.

➤ VOIR prison.

culot

La notion d'*aplomb* vient de la base d'un objet, le *cul*, le *culot*, lui donnant son équilibre.

■ J'ai beaucoup de culot dès qu'il y a beaucoup de monde, mais vous seriez étonné de voir le pauvre type que je suis quand je suis tout seul.

Michel GALABRU, *Pensées, répliques et anecdotes*, © Le Cherche midi, 2006.

culte

Du latin classique *cultus*, action de cultiver, de soigner, d'honorer.

■ Moins un culte est raisonnable, plus on cherche à l'établir par la force.

Jean-Jacques ROUSSEAU, « Lettre à l'archevêque de Paris », 1762

■ C'était moins une cour qu'elle voulait qu'un culte.

SAINT-SIMON, *Mémoires*, (1739-1749), posth. 1829-1830.

cultivateur

Dérivé de *cultiver*, du latin populaire *cultivus*, de *cultus*, participe passé de *colere*, cultiver.

■ La nature fait comme un cultivateur qui laboure sa terre dans des sens opposés : elle met dessus ce qui était dessous, dessous ce qui était dessus, au nord les fossiles du midi, au midi ceux du nord. ; l'océan est son soc.

Henri BERNARDIN DE SAINT-PIERRE, *Harmonies de la nature*, 1814.

■ Nouveau cultivateur, armé d'un aiguillon, / L'Amour guide le soc et trace le sillon ; il presse sous le joug les taureaux qu'il enchaîne ; / Son bras porte le grain qu'il sème dans la plaine.

André CHÉNIER, *Élégies*, 1819.

Et dans les dictionnaires anciens...

■ Cultivateur n'est, dans le *Dictionnaire de l'Académie*, qu'à partir de l'édition de 1762. Mais c'était un mot tombé en désuétude ; car il est dans les plus anciens textes de la langue.

Émile LITTRÉ, *Dictionnaire de la langue française*, 1863-72.

cultivé

Participe passé de *cultiver*, associé au latin *cultura*, agriculture et culture de l'esprit.

■ Un bon esprit cultivé est, pour ainsi dire, composé de tous les esprits des siècles précédents.

FONTENELLE, *Digression sur les Anciens et les Modernes*, 1688.

■ Je ne puis m'empêcher de concevoir quelque humeur contre notre société si profondément divisée en hommes cultivés et en barbares [...].

Ernest RENAN, *L'Avenir de la science*, 1890.

culture

Du latin classique *cultura*, agriculture, culture de l'esprit, dérivé de *colere*, cultiver.

■ Le propre de l'extrême culture est d'effacer de plus en plus les images au profit des idées.

Hyppolite TAINE, *Philosophie de l'art*, 1865.

■ Plus une culture est ancienne, plus elle est difficile à manier. Elle n'a pas atteint sans malaise le point de sa maturité et de sa délicatesse. Dès lors un double danger la menace : se corrompre dans la foule, ou s'énerver [au sens ancien, s'affaiblir] au sein d'une élite.

Jacques COPEAU, « Le Métier au théâtre », *La Nouvelle Revue Française*, 1er mai 1909.

■ Je ne veux point les dernières découvertes ; cela ne cultive point ; cela n'est pas mûr pour la méditation humaine. La culture générale refuse les primeurs et les nouveautés.

ALAIN, *Propos*, © Gallimard, 1921.

■ À chaque instant, des franges de culture (psychologique, morale, métaphysique, etc.) viennent s'ajouter aux choses, leur donnant un aspect moins étranger, plus compréhensible, plus rassurant.

Alain ROBBE-GRILLET, *Pour un Nouveau Roman*, © Minuit, 1963.

■ La culture ne sauve rien ni personne, elle ne justifie pas. Mais c'est un produit de l'homme : il s'y projette, s'y reconnaît ; seul, ce miroir critique lui offre son image.

Jean-Paul SARTRE, *Les Mots*, © Gallimard, 1964.

■ Il faut des années de lecture attentive et intelligente pour goûter la prose et la poésie qui ont fait la gloire de nos civilisations. La culture ne s'improvise pas.

Julien GREEN, *La Bouteille à la mer*, © Gallimard, 1975.

Et dans les dictionnaires anciens...

■ La culture de l'âme, de l'esprit doit être l'objet de nos constants efforts.

Maurice LACHÂTRE, *Dictionnaire français illustré*, 1856.

Et les pensées de...

■ Ma culture n'est pas vaste, mais au moins elle est agréable.

ARLETTY, *Les Mots d'Arletty*, © V & O, 1991.

■ La culture, c'est connaître cent mots de plus que les autres.

Frédéric DARD, *Les Pensées de San-Antonio*, © Le Cherche midi, 1996.

▶ VOIR critique, échange, écrivain, enfance, famille, littérature, nature, préjugé, ubiquité.

curé

Dérivé de *cure*, du latin classique *cura*, soin, traitement d'une maladie, en latin médiéval, direction spirituelle, direction d'une paroisse.

■ Mon bon ami, je ne trouve rien de si beau que d'être curé ; un bon curé est un ministre de bonté, comme un bon magistrat est un ministre de justice.

Jean-Jacques ROUSSEAU, *Émile ou De l'éducation*, 1762.

curieux

Du latin *curiosus*, s'inquiète de, avide de savoir.

■ Il semble souvent que nous soyons plus curieux de montrer que nous savons beaucoup de choses, que de faire voir que nous savons bien celles que nous traitons.

Etienne DE CONDILLAC, *Cours d'études*, « Art d'écrire », 1775.

■ On n'est curieux qu'à proportion qu'on est instruit.

Jean-Jacques ROUSSEAU, *Émile ou De l'éducation*, 1762.

Et dans les dictionnaires anciens...

■ On appelle les sciences curieuses, celles qui sont connues de peu de personnes, qui ont des secrets particuliers, comme la chymie, une partie de l'Optique, qui fait voir des choses extraordinaires avec des miroirs & des lunettes, & plusieurs vaines sciences où l'on pense voir l'advenir, comme l'Astrologie judiciaire.

Antoine FURETIÈRE, *Dictionnaire universel*, 1690.

curiosité

Du latin *curiositas*, soin, désir de savoir.

■ La curiosité souvent dans quelques âmes, / Produit le même effet que produiraient les flammes.

Pierre CORNEILLE, *Le Menteur*, 1644.

■ La curiosité des enfants est un penchant de la nature qui va comme audevant de l'instruction ; ne manquez pas d'en profiter.

FÉNELON, *Traité de l'éducation des filles*, 1687.

■ La curiosité ! c'est la source du monde, elle le crée continuellement ; par elle naissent la science et l'amour... J'ai vu avec chagrin un petit livre pour les enfants où la curiosité était blâmée.

Maurice BARRÈS, *Le Jardin de Bérénice*, 1891.

cyclone

De l'anglais *cyclone*, du grec *kukloun*, rassembler en tournant. Ce mot, inventé par l'anglais H. Piddington, a été emprunté en 1860.

■ La houle de l'émotion soulevait sa poitrine, comme un cyclone giratoire soulève une famille de baleines.

LAUTRÉAMONT, *Les Chants de Maldoror*, 1869.

Et dans les dictionnaires anciens...

■ La *cyclone* [le plus souvent féminin au XIXe s.] est une tempête qui balaye en tournoyant ; le *tourbillon* y ressemble, mais il n'est pas le caractère propre d'un orage, il n'en est que l'effet accidentel. La *trombe* n'est point accompagnée de tempête, c'est une colonne qui se promène et ravage en se promenant ; on dit que des coups de canon ont fait évanouir certaines *trombes* ; ils ne pourraient rien contre une [un] cyclone.

Émile LITTRÉ, *Dictionnaire de la langue française*, 1863-872.

cygne

Du bas latin *cicinus*, du latin classique *cycnus*, tiré du grec *kuknos*.

■ Le cygne règne sur les eaux à tous les titres qui fondent un empire de paix, la grandeur, la majesté, la douceur ; avec des puissances, des forces, du courage et la volonté de n'en pas abuser et de ne les employer que pour la défense, il sait combattre et vaincre sans jamais attaquer.

Georges DE BUFFON, *Histoire naturelle*, 1749-89.

■ Cygne : – Avec son aile peut casser la cuisse d'un homme. Le cygne de Cambrai n'était pas un oiseau mais un évêque. Le cygne de Mantoue, c'est Virgile. Le cygne de Pesaro, c'est Rossini.

Gustave FLAUBERT, *Le Dictionnaire des idées reçues*, posth. 1913.

Et dans les dictionnaires anciens...

■ On dit que les cygnes ne chantent que quand ils sont prêts de mourir, & qu'alors ils chantent fort mélodieusement.

Antoine FURETIÈRE, *Dictionnaire universel*, 1690.

▶ VOIR corbeau.

cynique

Du latin *cynicus*, de la secte des cyniques, du grec *kunikos*, qui concerne le chien, de *kuôn*, chien.

■ Je me fis cynique et caustique par honte, j'affectai de mépriser la politesse que je ne savais pas pratiquer.

Jean-Jacques ROUSSEAU, *Les Confessions*, 1781-1788.

Et dans les dictionnaires anciens...

■ *Cynique.* Ancien Philosophe d'une Secte qui méprisoit toutes choses [...]. On a ainsi nommé ces Philosophes, à cause que comme des chiens ils étoient mordants & satyriques, et parce qu'ils faisoient leur ordures en public comme des chiens.

Antoine FURETIÈRE, *Dictionnaire universel*, 1690.

Et les pensées de...

■ Les cyniques détruisent au napalm de leurs formules le faux mystère, qui est le plus fréquent, mais, lorsqu'ils s'approchent du vrai mystère, ce sont eux qui se fendillent comme des personnages de dessin animé et tombent en morceaux.

Charles DANTZIG, *Dictionnaire égoïste de la littérature française*, © Grasset, 2005.

cyprès

Du latin classique *cypressus*, de *cupressus*, du grec *kuparrissos*.

■ Cyprès : Ne pousse que dans les cimetières.

Gustave FLAUBERT, *Le Dictionnaire des idées reçues*, posth. 1913.

Et dans les dictionnaires anciens...

■ Ces arbres, comme quelques autres de la même famille, ont un aspect imposant et lugubre. Leur présence réveille et inspire des idées sombres et mélancoliques. C'est par cette raison, sans doute, que les anciens les plaçaient autour des tombeaux et en faisaient les témoins muets de leur douleur.

Maurice LACHÂTRE, *Dictionnaire français illustré*, 1856.

dada

Onomatopée enfantine désignant le cheval. Tristan Tzara en a retenu le côté dérisoire pour le mouvement qu'il a créé en 1916, le mot ayant été repéré au hasard d'un coupe-papier glissé dans les pages d'un Larousse.

■ Tout produit du dégoût susceptible de devenir une négation de la famille, est dada ; protestation aux poings de tout son être en action destructive : dada [...].

Tristan TZARA, *Manifeste Dada*, © Flammarion, 1918.

dame

Du latin classique *domina*, maîtresse de maison, épouse, souveraine.

■ Les ennemis de nos Dames disent qu'elles n'apprennent pas pour savoir, ou pour bien faire, mais seulement pour se faire admirer et pour ravir les compagnies par la langue aussi bien que par leurs attraits. [...] Ils ajoutent qu'il vaudrait mieux qu'elles fussent chastes et ignorantes, que d'être savantes et impudiques. Voilà une impertinente conséquence, de croire que les sciences fassent les impudiques ; au contraire je dis que c'est l'ignorance, et non pas le savoir qui fait les coquettes.

Jacquette GUILLAUME, *Les Dames illustres*, 1665.

■ Voyez toutes nos dames : elles ont l'esprit plus agréable que les hommes ; leurs lettres sont écrites avec cent fois plus de grâce ; elles n'ont sur nous cette supériorité que parce qu'elles ne savent pas le latin [usé avec pédantisme].

VOLTAIRE, *Jeannot et Colin*, 1764.

Et dans les dictionnaires anciens...

■ La belle éducation fait qu'on n'*aborde* jamais les Dames qu'avec un air de respect, et qu'on en *approche* toujours avec une sorte de hardiesse assaisonnée d'égards.

Gabriel GIRARD, *Synonymes françois*, 1736.

Et les pensées de...

■ — Tu es devenue une dame. Les clovisses, tu les ouvres plus, tu les manges.

Marcel PAGNOL, *César*, © De Fallois, 1936.
marcel-pagnol.com

dandysme

Dérivé de *dandy*, mot anglais désignant probablement d'abord les jeunes gens fréquentant l'église dans une tenue excentrique au nord de l'Angleterre.

■ Les représentants les plus avertis du dandysme du second Empire zozotaient dans les salons.

Léon-Paul FARGUE,
Le Piéton de Paris, © Gallimard, 1939.

Et les pensées de...

■ Le dandysme est un comportement au bord du suicide. C'est le choix d'une attitude, un jeu constant pour échapper à la réalité.

Serge GAINSBOURG, *Pensées, provocs et autres volutes,* © Le Cherche midi, 2006.

danger

Du bas latin *domniarum*, pouvoir. *Estre en danger* : être au pouvoir, à la merci de quelqu'un.

■ Il y a un certain plaisir dans l'émotion qui naît de la connaissance d'un danger ou d'une peine que l'on surmonte.

Maine DE BIRAN, *Journal,* 1816.

■ Ce sentiment du danger, si bizarre parce qu'il est à la fois si vague et si fort, cette crainte s'atténue et s'apaise en la présence de certaines personnes qu'on aime.

Julien GREEN,
Journal, © Le Seuil, 1958.

Et dans les dictionnaires anciens...

■ Ceux qui ont dit que *danger* impliquait l'idée de *dommage* se sont fondés sur une fausse étymologie ; le fait est que le sens primitif en est *pouvoir, autorité*. Aussi en a-t-il conservé quelque chose et c'est même par là surtout qu'il se distingue de péril.

Émile LITTRÉ, *Dictionnaire de la langue française,* 1863-1872.

▶ VOIR courage.

danse, danser

Peut-être du francique *dintjan*, se mouvoir de ci, de là.

■ Enfin, après avoir examiné le fort et le faible des sciences, il fut décidé que M. le marquis apprendrait à danser.

VOLTAIRE,
Jeannot et Colin, 1764.

■ Ici, vous n'apprendrez que des pas qui ne se dansent plus, le menuet, la gavotte. [...] Et se rengorgeant : « Je suis professeur de danses mortes. »

Anatole FRANCE,
Vie littéraire, 1892.

■ Aux bois, peut-être, y trouveriez les Muses, / Toutes ensemble à cette heure confuses, / Toutes ensemble à cette heure confuses, / L'une chantant, l'autre disant des vers, / Et l'autre danse, et c'est la plus heureuse !

Paul VALÉRY,
Cantate du Narcisse, © Gallimard, 1938.

■ Et on ne voit pas pourquoi / Des types qui ont inventé la poudre / Se prétendraient supérieurs à tout le monde / Et devraient être autorisés à troubler / Les activités autrement intéressantes / De la danse et de la musique !

Boris VIAN,
L'Herbe rouge, © Christian Bourgois, 1952.

■ Danser sa vie, ne serait-ce pas d'abord prendre conscience que non seulement la vie, mais l'univers est une danse, et se sentir pénétré et fécondé par ce flot du mouvement, du rythme et du tout ?

Roger GARAUDY, *Danser sa vie,* © Le Seuil, 1973.

Et les pensées de...

■ Il n'y a pas de danses nationales, il n'y a qu'une danse populaire unique qui ne s'arrête à aucune frontière.

Serge LIFAR,
La Danse, © Denoël, 1938.

■ Aller vers la lumière. Sortir de ma chambre. Sortir de la nuit. Sortir de la forêt. IL FAUT QUE JE DANSE.

Maurice BÉJART, *L'Autre Chant de la danse,* « L'Ours », © Flammarion, 1974.

■ Avez-vous déjà dansé dans la brume ? [...] La danse dans la brume, c'est la danse anonyme, la danse incognito qui permet à ceux qui ne savent pas danser de danser en ayant l'air de savoir.

Pierre DAC, *Y'a du mou dans la corde à nœuds,* © Julliard, 1995.

■ Et si chez Nietzsche la danse est un modèle ou un idéal du philosophe, c'est qu'il est aussi difficile au corps de s'émanciper des contraintes et de quitter la cage qu'il l'est pour la pensée...

Michel FIELD,
Petits Dialogues entre amis, © M. Field, 1997.

➤ VOIR badin, chanter, musique, orfraie, parole.

date

Du latin médiéval *data (littera)*, *lettre donnée*, qui constituaient les premiers mots indiquant la date de rédaction d'un document.

■ Quelquefois seulement le passant arrêté, / Lisant l'âge et la date en écartant les herbes, / Et sentant dans ses yeux quelques larmes courir, / Dit : Elle avait seize ans, c'est bien tôt pour mourir.

Alphonse DE LAMARTINE,
Harmonies poétiques et religieuses, 1830.

débauche

Construit à partir de *débaucher*, dégrossir du bois pour en faire des poutres, dérivé de *bauch*, forme ancienne de *bau*, poutre ; séparer, détourner de.

■ Débauche : Cause de toutes les maladies des célibataires.

Gustave FLAUBERT,
Le Dictionnaire des idées reçues, posth. 1913.

Et dans les dictionnaires anciens...

■ Ce jeune homme s'est jeté dans la vilaine desbauche, il est toujours avec des yvrognes, des garces, des berlandiers, des filous & bretteurs.

Antoine FURETIÈRE,
Dictionnaire universel, 1690.

➤ VOIR abréger, aider, dos, énerver,faner, moment, spectacle.

débordé

Participe passé de *déborder*, dérivé de *bord*, du francique *bord*, bord de vaisseau.

■ Je suis le démagogue horrible et débordé, / Et le dévastateur du vieil ABCD.

Victor HUGO,
Les Contemplations, 1856.

Et les pensées de...

■ On ne sait pas la jouissance que l'on a à multiplier les entreprises, à ne plus voir son existence que comme une usine admirablement outillée, à s'imaginer débordé de travail.

Bernard FRANK,
Portraits et Aphorismes, © Le Cherche midi, 2001.

debout

Agglutination de *bout* et *de*, voir *bout*. Au XVIe s., c'est à partir du concept être sur l'un des bouts, en l'occurrence sur ses pieds et hors du lit, que le premier sens, tout de suite, a été évincé.

■ Debout ou assis, on peut donner un mauvais jugement.

MOLIÈRE,
La Critique de l'École des femmes, 1663.

Et dans les dictionnaires anciens...

■ On est plus couché que debout. Pour dire que la vie est bien plus courte que l'éternité.

Philibert JOSEPH LE ROUX,
Dictionnaire comique, satyrique, critique, burlesque, libre et proverbial, 1718.

débrouillard

Construit à partir du préfixe *dé-* et *brouiller*, issu du germanique *brod*, bouillon : se sortir du bouillon...

■ Il s'était donné pour ce qu'il n'était pas, pour ce qu'il pensait sincèrement devenir : un homme « libre », dans le sens « libre Amérique ». Cela signifiait pour lui un individu d'une énergie farouche, pratique jusqu'à être intéressé, entreprenant, débrouillard, infatigablement actif.

Roger MARTIN DU GARD,
Devenir, © Gallimard, 1909.

Et dans les dictionnaires anciens...

■ Le troupier français est débrouillard.

Petit Larousse illustré,
article « Débrouillard », 1905.

début, débuter

Construit avec le préfixe *dé* et *but*. Premier coup pour savoir qui commence un jeu.

■ Dans le crime, il suffit qu'une fois on débute ; / Une chute toujours entraîne une autre chute.

Nicolas BOILEAU, *Satires*, 1660-1711.

■ Que le début soit simple et n'ait rien d'affecté.

Nicolas BOILEAU, *L'Art poétique*, 1674.

■ Nous inoculons nos goûts, nos vices peut-être à la femme qui nous aime ; tandis qu'au début de la vie, celle que nous aimons nous impose ses vertus, ses délicatesses.

Honoré DE BALZAC, *Le Lys dans la vallée*, 1836.

Et dans les dictionnaires anciens...

■ *Débuter*. Ce mot est un terme de jeu de boule. Il signifie pousser une boule de dessus le but, ou d'auprès du but. [...] Commencer quelque discours. Commencer quelques propos. Il importe en toutes choses de débuter avec esprit. *Abl.* [d'Ablancourt]

Pierre RICHELET, *Dictionnaire françois*, 1680.

décadence

Du latin médiéval *decadentia*, de *cadere*, tomber.

■ Que j'aime à voir la décadence / De ces vieux châteaux ruinés / Contre qui les ans mutinés / Ont déployé leur insolence !

SAINT-AMANT, *Poésies*, « La solitude », 1629-1658.

déception, décevoir

Du bas latin *deceptio*, action de tromper, d'être trompé ; de *decipere*, tromper, duper, causer une déconvenue.

■ Notre raison est toujours déçue par l'inconstance des apparences.

Blaise PASCAL, *Pensées*, 1669.

■ On n'arrive pas à être heureux mais on fait des remarques sur les raisons qui empêchent de l'être et qui nous fussent restées invisibles sans ces brusques percées de la déception.

Marcel PROUST, *La Prisonnière*, 1923.

Et dans les dictionnaires anciens...

■ Le mot de *décevoir* est dans la plupart des bons auteurs, mais il est moins usité que *tromper*.

Pierre RICHELET, *Dictionnaire françois*, 1680.

décider, décision

Du latin *decidere*, trancher, au figuré trancher moralement et *decisio*, action de trancher une question.

■ Le temps pourra donner quelque décision / Si la pensée est belle ou si c'est vision.

Pierre CORNEILLE, *Nicomède*, 1651.

■ Aller à l'oracle, c'est chercher une raison de décider quand on n'en voit pas. Celui qui décide par instinct se livre en quelque sorte à la nature, et tente de s'accorder avec elle.

ALAIN, *Esquisses de l'homme*, © Gallimard, 1927.

Et dans les dictionnaires anciens...

■ La *décision* est un acte de l'esprit, et suppose l'examen. La *résolution* est un acte de la volonté, et suppose la délibération. La première attaque le doute, et fait qu'on se déclare. La seconde attaque l'incertitude, et fait qu'on se détermine.

Gabriel GIRARD, *Synonymes françois*, 1736.

Et les pensées de...

■ Solitude de la décision. Si entouré que l'on soit, on décide seul.

Jacques RIGAUD, *Miroir des mots*, © Robert Laffont, 1991.

■ Les décisions n'apportent pas toujours ce calme qu'on veut bien leur prêter.

Bernard FRANK, *Portraits et Aphorismes*, © Le Cherche midi, 2001.

déclaration, déclarer

Du latin *declarare*, de *de* et *clarare*, clarifier, faire voir clairement, proclamer. D'où *declaratio*, démonstration, manifestation.

■ Le jour de la déclaration arrive, qui se doit faire ordinairement dans une allée de quelque jardin, tandis que la compagnie s'est un peu éloignée ; et cette déclaration est suivie d'un prompt courroux, qui paraît à notre rougeur, et qui, pour un temps, bannit l'amant de notre présence.

MOLIÈRE, *Les Précieuses ridicules*, 1659.

■ Je suis au désespoir, madame, que toutes les déclarations d'amour se ressemblent, et qu'il y ait tant de différence entre les sentiments. Je sens bien que je vous aime plus que tout le monde n'a coutume d'aimer, et je ne saurais vous le dire que comme tout le monde le dit.

BUSSY-RABUTIN, *Histoire amoureuse des Gaules*, « Ardélise », 1665.

■ Je le vois, je lui parle ; et mon cœur... Je m'égare, / Seigneur, ma folle ardeur malgré moi se déclare.

Jean RACINE, *Phèdre*, 1677.

■ Je lui fis une vraie déclaration, longue, douce, en lui pressant et lui baisant les doigts.

Guy DE MAUPASSANT, *Ce cochon de Morin*, 1882.

■ Le Président : Cela ne signifie rien votre mot « se déclarer » ! / Le Mendiant : Il ne signifie rien mon mot se déclarer ? Qu'est-ce que vous comprenez, alors dans la vie ? [...] Et ils ne se déclarent pas, les juges comme vous, le jour de leur première condamnation à mort, au moment où le condamné sort, la tête distraite, quand ils sentent passer le goût du sang sur leurs lèvres. Tout se déclare, dans la nature.

Jean GIRAUDOUX, *Électre*, © Grasset, 1937.

Et dans les dictionnaires anciens...

■ La Déclaration des droits de l'homme, a dit E. Quinet, est une profession de foi canonique, manifestée à l'univers entier au nom de la France.

Maurice LACHÂTRE, *Dictionnaire français illustré*, 1856.

déclin

Construit à partir de *décliner*, du latin *declinare*, incliner.

■ Les dieux tout-puissants gardaient à mon déclin / Les ténèbres, l'exil, l'indigence et la faim.

André CHÉNIER, *Odes et Iambes*, posth. 1874.

Et dans les dictionnaires anciens...

■ Le déclin de la monarchie est frappant depuis Louis XV.

Maurice LACHÂTRE, *Dictionnaire français illustré*, 1856.

▶ VOIR sagesse.

décor

Construit à partir de *décorer*, du latin *decorare*, orner, parer.

■ Décor de théâtre : N'est pas de la peinture. Il suffit de jeter à vrac sur la toile un seau de couleurs, puis on l'étend avec un balai, et l'éloignement et la lumière font l'illusion.

Gustave FLAUBERT, *Le Dictionnaire des idées reçues*, posth. 1913.

■ Il arrive que les décors s'écroulent. Lever, tramway, quatre heures de bureau ou d'usine, repas, tramway, quatre heures de travail, repas, sommeil et lundi mardi mercredi jeudi vendredi et samedi sur le même rythme, cette route se suit aisément la plupart du temps. Un jour seulement, le « pourquoi » s'élève et tout commence dans cette lassitude teintée d'étonnement.

Albert CAMUS, *Le Mythe de Sisyphe*, © Gallimard, 1942.

■ Dans un décor épuré, l'acteur supportant le texte devient roi. Il rejette le décor à son rôle de décor : écran placé derrière l'acteur, pour le faire valoir, et à travers lui, faire valoir le mot.

Georges PITOËFF, *Notre Théâtre*, © éd. Messages, 1949.

découverte, découvrir

Du bas latin *discooperire*, mettre à découvert.

■ La nature féconde en bizarres portraits, dans chaque âme est marquée à de différents traits ; / Un geste la découvre, un rien la fait paraître.

Nicolas BOILEAU, *L'Art poétique*, 1674.

■ Prétendons-nous avoir découvert toutes choses, ou les avoir mises à un point qu'on n'y puisse ajouter ? Eh ! de grâce, consentons qu'il y ait encore quelque chose à faire pour les siècles à venir. ?

Bernard DE FONTENELLE, *Entretiens sur la pluralité des mondes*, 1696.

■ Lorsqu'une pensée s'offre à nous comme une profonde découverte, et que nous prenons la peine de la développer, nous trouvons souvent que c'est une vérité qui court les rues.

Paul ÉLUARD, *Donner*, © Gallimard, 1939.

Et dans les dictionnaires anciens...

■ Sans l'invention des lunettes [télescopiques] on n'auroit jamais parvenu à la descouverte des satellites de Jupiter & de Saturne.

Antoine FURETIÈRE, *Dictionnaire universel*, 1690.

Et les pensées de...

■ Pour découvrir, il faut savoir beaucoup, mais quelquefois n'en savoir pas trop, sous peine de voir l'excès d'idées reçues étouffer l'audace du pas qu'on va franchir.

Jean HAMBURGER, *Dictionnaire promenade*, © Le Seuil, 1989.

▶ VOIR âge, célèbre, cristallisation, critique, culture, divinité, erreur, fragilité, poète, science, supposition.

dédain

Dérivé de *dédaigner*, de *daigner*, issu du latin populaire *dignare*, juger bon.

■ Ce dédain fastueux qui, chez un peuple comme dans un particulier, marque ordinairement peu de lumière.

G.-T. RAYNAL, *Histoire philosophique et politique des deux Indes*, © La Découverte, 1981.

Et dans les dictionnaires anciens...

■ Il y a une sorte de gens vains qui se font du dédain une décoration personnelle, qu'ils produisent comme une étiquette pour annoncer le mérite qu'ils prétendent avoir, et où l'on ne manque pas de lire le contraire de ce qu'ils croient écrit.

Gabriel GIRARD, *Synonymes françois*, 1736.

défaite

Participe passé de *défaire* devenu nom, *défaire* dérivé de *faire*, du latin *facere*.

■ Défaite : S'essuie – et est tellement complète qu'il ne reste personne pour en porter la nouvelle.

Gustave FLAUBERT, *Le Dictionnaire des idées reçues*, posth. 1913.

défaut

Dérivé de *défaillir*, dérivé de *faillir*. Voir *faillir*.

■ Nous n'avouons de petits défauts que pour persuader que nous n'en avons pas de grands.

François DE LA ROCHEFOUCAULD, *Réflexions ou Sentences et Maximes morales*, 1664.

■ Et faisons un peu de grâce à la nature humaine ; / Ne l'examinons point dans la grande rigueur, / Et voyons ses défauts avec quelque douceur.

MOLIÈRE, *Le Misanthrope*, 1666.

■ C'est sans doute un mal que d'être plein de défauts ; mais c'est encore un plus grand mal que d'en être plein et de ne les vouloir pas reconnaître, puisque c'est y ajouter encore celui d'une illusion volontaire.

Blaise PASCAL, *Pensées*, 1669.

■ Il faut aimer les hommes et leur faire du bien malgré leurs défauts. Il ne faut rien attendre d'eux que de l'ingratitude, et les servir sans intérêt.

FÉNELON, *Dialogue des morts*, 1692.

■ Un cœur qui n'est point faux, / Doit aimer ses amis avec tous leurs défauts.

Jean-François REGNARD, *Le Distrait*, 1697.

■ Souvent même il arrive qu'on nous aime plus pour nos défauts que pour nos qualités.

Joseph JOUBERT, *Pensées, essais, maximes et correspondances*, posth. 1838.

■ Pas de défauts, mais toutes les qualités me font défaut.

Jules RENARD, *Journal*, posth. 1925.

■ *Défaut.* [...] Il se dit des person[n]es et des choses. [...] Rien n'est parfait dans la nature.
Les diamants ont leurs défauts ; / Et quelque tache défigure / Toujours les objets les plus beaux.
Le proverbe dit qu'il faut aimer ses amis avec leurs défauts.

Maurice LACHÂTRE,
Dictionnaire français illustré, 1856.

▶ VOIR action, amant, expression, génie, haine, honnête, ignorance, impertinent, indifférence, journalisme, langage, louer, maxime, pénétrer, philosophie, prêteur, qualité, résignation, ressource, ridicule, rouge, saison, semblable, snob, sonnet, statistiques, vanter, visage.

défendre

▶ VOIR accuser, biais, femme, humain, misère, patrie, valeur, vêtement.

défiance

Dérive de *défier*, dérivé de fier, du latin *fidere*, avoir confiance.

■ [...] la défiance / Est toujours d'un grand cœur la dernière science.

Jean RACINE, *Britannicus*, 1669.

■ Excusez ma sombre défiance / Ce fruit amer de l'âge et de l'expérience.

Marie-Joseph CHÉNIER, *Charles IX*, 1789.

■ J'oscille entre deux tendances contraires : la bienveillance humaine qui abonde en sympathie ; la défiance qui se retire à l'écart.

Henri-Frédéric AMIEL,
Journal intime, 1847-1883.

Et dans les dictionnaires anciens...

■ Les gens sont malheureux, qui sont toujours dans la défiance.

Antoine FURETIÈRE,
Dictionnaire universel, 1690.

définir, définition

Du latin *definire*, déterminer, fixer, délimiter ; du bas latin *definitio*, action de déterminer.

■ Les définitions scientifiques sont en général beaucoup plus étroites et, par cela seul, beaucoup moins vraies au fond que le sens populaire des termes.

François GUIZOT,
Histoire de la civilisation en Europe, 1828.

■ Et qu'est-ce que bien définir ? C'est représenter nettement l'idée que tous les esprits se font, en eux-mêmes et malgré eux, de l'objet dont on veut parler, quand ils y pensent au hasard.

Joseph JOUBERT, *Pensées, essais, maximes et correspondances*, posth. 1838.

■ Une chose qui d'ailleurs rentre dans mon métier, c'est de définir. Or définir avec les éléments que possèdent les esprits novices, est un exercice fructueux, analogue à la nécessité de peindre avec les quatre couleurs classiques, exercice de sobriété et de souplesse pour le définisseur consciencieux.

Henri-Frédéric AMIEL,
Journal intime, 1847-1883.

■ Je défie bien le plus ingénieux de nos philosophes politiques de formuler une définition même médiocre d'un mot qui, si peu qu'on y réfléchisse, n'offre qu'un sens absurde.

Maurice BARRÈS, *Mes cahiers*, 1929-1956.

■ Les définitions, qui font la science, se succèdent comme des commandements froids et clairs. « Les principes doivent être modérés, les lois implacables, les principes sans retour. » C'est le style guillotine.

Albert CAMUS,
L'Homme révolté, © Gallimard, 1951.

■ Le souci exclusif, sectaire, de la forme n'est qu'un des aspects de ce mal de la technicité et de son avidité des définitions limitatives, qui, de nos jours, fait sans cesse obstacle à une conception large de la culture.

René HUYGHE, *Dialogue avec le visible*, © Flammarion, 1955.

Et dans les dictionnaires anciens...

■ Car il est bien plus aisé, par exemple, de définir le mot *Télescope*, qui est une lumière à voir de loin, que de définir le mot *Voir*. Et l'on éprouve même en définissant ces termes des Arts et des Sciences, que la définition est toujours plus claire que la chose définie ; au lieu qu'en définissant les termes communs, la chose définie est toujours plus claire que la définition.

Dictionnaire de l'Académie française (préface), 1694.

▶ VOIR authentique, dissimulation, exagérer, gouvernement.

dégénérer

Du latin *degenerare*, construit avec *de* et *generare*, générer, perdre les qualités de sa race (*genus*) ; altérer.

■ Tout est bien sortant des mains de l'Auteur des choses, tout dégénère entre les mains de l'homme.

Jean-Jacques ROUSSEAU, *Émile ou De l'éducation*, 1762.

Et dans les dictionnaires anciens...

■ Le monde dégénère & va de mal en pis, selon l'opinion commune.

Antoine FURETIÈRE, *Dictionnaire universel*, 1690.

▶ VOIR hymen.

dégringoler

Du néerlandais *crinkelen*, friser, boucler ; tourner.

■ Si deux ou trois personnes ne soutenaient pas le bon goût dans Paris, nous dégringolerions dans la barbarie.

VOLTAIRE, *Dictionnaire philosophique*, 1764.

Et dans les dictionnaires anciens...

■ *Dégringoler*. Terme bas qui est pris du bruit d'un corps qui roule d'une certaine hauteur.

Charles NODIER, *Dictionnaire des onomatopées* (2e éd.), posth. 1828.

déguiser

Dérivé de *guise*, du germanique *wisa*, manière, façon.

■ Les faux honnêtes gens sont ceux qui déguisent leurs défauts aux autres et à eux-mêmes ; les vrais honnêtes gens sont ceux qui les connaissent parfaitement et les confessent.

François DE LA ROCHEFOUCAULD, *Réflexions ou Sentences et Maximes morales*, 1664.

Et dans les dictionnaires anciens...

■ Vous êtes tout déguisé avec cette perruque blonde. [...] Un avocat déguise souvent les faits.

Antoine FURETIÈRE, *Dictionnaire universel*, 1690.

▶ VOIR dissimuler.

déicide

Du latin chrétien *deicida*, meurtrier de Dieu, de *deus*, dieu, et *caedere*, tuer.

■ Déicide : S'indigner contre, bien que le crime ne soit pas fréquent.

Gustave FLAUBERT, *Le Dictionnaire des idées reçues*, posth. 1913.

déjà

Composé de *dès* et de *jà*, du latin *jam*, maintenant, déjà.

■ Il parla quatre jours, toute la Cour songea, / Et quand il eut fini l'Empereur dit : Déjà !

Victor HUGO, *La Légende des siècles*, 1859.

déjeuner

Du latin *disjunare*, composé de *dis*-, marquant la séparation, et *jejunare*, jeûner.

▶ VOIR repas.

délibérer

Du latin *deliberare*, réfléchir mûrement, prendre une décision.

■ L'amour n'est plus le maître alors qu'on délibère.

Pierre CORNEILLE, *Pulchérie*, 1672.

■ Les oiseaux de mer ont des lieux de rendez-vous, où ils semblent délibérer en commun des affaires de leur république.

François-René DE CHATEAUBRIAND, *Le Génie du Christianisme*, 1803.

Et dans les dictionnaires anciens...

■ Un esprit incertain & timide délibère toujours & ne résout, ne conclut jamais rien. Quand il est temps d'agir, il n'est plus temps de délibérer.

Antoine FURETIÈRE, *Dictionnaire universel*, 1690.

➤ VOIR exécuter.

délicat

Du latin *delicatus*, délicat.

■ D'un pinceau délicat l'artifice, agréable / Du plus affreux objet fait un objet aimable.

Nicolas BOILEAU, *L'Art poétique*, 1674.

Et dans les dictionnaires anciens...

■ Qui ne sent pas le délicat du premier coup, ne le sentira jamais.

Gabriel GIRARD, *Synonymes françois*, 1736.

➤ VOIR allusion, améliorer, astucieux, autre, esprit, synonyme.

délicatesse

Dérivé de *délicat*, sous l'influence de l'italien *delicatezza*.

■ La délicatesse et la finesse sont seules les véritables indices du talent. Tout s'imite, la force, la gravité, la véhémence, la légèreté même ; mais la finesse et la délicatesse ne peuvent être longtemps contrefaites.

Joseph JOUBERT, *Pensées, essais, maximes et correspondances*, posth. 1838.

■ Comme il existe une fausse délicatesse, il existe une fausse vulgarité.

François MAURIAC, *Journal II*, « Défense de Carmen », © Grasset, 1937.

demain

Du bas latin de *mane*, au matin, à partir du matin du jour suivant.

■ Oh ! Demain, c'est la grande chose ! / De quoi demain sera-t-il fait ?

Victor HUGO, *Les Chants du crépuscule*, 1835.

■ Les atermoyeurs, procrastinateurs et lambins de mon acabit sont justement de ceux qui ne finissent rien et même ne commencent pas davantage. À demain, à demain ! nous chante la paresse, habile avec demain à bercer aujourd'hui !

Henri-Frédéric AMIEL, *Journal intime*, 1847-1883.

■ Âgé de cent mille ans, j'aurai encor la force / De t'attendre, ô demain pressenti par l'espoir.

Robert DESNOS, *État de veille*, © Gallimard, 1943.

■ Voici demain qui règne aujourd'hui sur la Terre / Au jour de la durée l'homme est indispensable / Et voici que le monde est un objet utile [...].

Paul ÉLUARD, *Une leçon de morale*, « Tout est sauvé », © Gallimard, 1949.

Et dans les dictionnaires anciens...

■ *Demain*. Rendez-vous obligé qui, un jour nous oublie.

Jacques DOR, *Le Dico de ma langue à moi* (1er mille), © Soir ailleurs, 2000.

demande

Construit à partir de *demander*, du latin *demandare*, charger quelqu'un de quelque chose ; demander, ordonner.

■ Ils causaient avec elle, faisant les demandes et les réponses, riant pour elle et pour eux.

Émile ZOLA, *Thérèse Raquin*, 1867.

➤ VOIR pardon.

déménager

Dérivé de *ménage*, voir *ménage*.

■ En vérité, c'est une chose étrange, que de partir et de se déménager comme nous faisons ; on se fait pitié à soi-même, on n'a plus rien.

MADAME DE SÉVIGNÉ, *Lettre à Mme de Grignan*, 10 mai 1694.

Et dans les dictionnaires anciens...

■ On n'est jamais plus riche que quand on déménage, on trouve toujours quelque chose qu'on ne pensoit pas avoir.

Antoine FURETIÈRE, *Dictionnaire universel*, 1690.

démettre

Du latin *demittere*, jeter en bas ; sous l'influence de *dimittere*, congédier.

■ Je leur rends ce pouvoir dont je me suis démis.

Pierre CORNEILLE, *Rodogune*, 1645.

Et dans les dictionnaires anciens...

■ Il faut [...] se *démettre* que quand il n'est plus permis de remplir ses devoirs avec honneur ; et se *désister* que lorsque ses poursuites sont injustes, ou inutiles, ou plus fatigantes qu'avantageuses.

Gabriel GIRARD, *Synonymes françois*, 1736.

demeurer

Du latin populaire *demorare*, du classique *demorari*, demeurer.

■ J'ai peine, je l'avoue, à demeurer en place.

MOLIÈRE, *L'École des femmes*, 1662.

■ J'irai par la forêt, j'irai par la montagne. / Je ne puis demeurer loin de toi plus longtemps.

Victor HUGO, *Les Contemplations*, « Demain, dès l'aube », 1856.

Et dans les dictionnaires anciens...

■ *Demeurer*. [...] Ce mot se dit entre joueurs de boule. N'aller pas jusques au but. Boule qui demeure.

Pierre RICHELET, *Dictionnaire françois*, 1680.

démocratie

Du grec *dêmokratia*, composé de *dêmos*, territoire puis peuple, et *kratos*, puissance, de *kratein*, commander.

■ Lorsque dans la république, le peuple en corps a la souveraine puissance, c'est une Démocratie. Lorsque la souveraine puissance est entre les mains d'une partie du peuple cela s'appelle une Aristocratie.

Charles-Louis DE MONTESQUIEU, *De l'esprit des lois*, 1748.

■ On n'écrit pas pour des esclaves. L'art de la prose est solidaire du seul régime où la prose garde un sens : la démocratie. Quand l'une est menacée, l'autre l'est aussi.

Jean-Paul SARTRE, *Qu'est-ce que la Littérature ?*, © Gallimard, 1948.

Et dans les dictionnaires anciens...

■ *Démocratie*. L'avenir appartient tout entier à la démocratie. « Une grande révolution démocratique s'opère parmi nous ; tous la voient, mais tous ne la jugent point de la même manière. [...] Vouloir arrêter la démocratie serait vouloir lutter contre Dieu même. » Tocqueville. La démocratie gouvernera le monde.

Maurice LACHÂTRE, *Dictionnaire français illustré*, 1856.

▶ VOIR censure, égalité, soldat.

démontrer

Du latin *demonstrare*, démontrer.

■ N'allume aucun enfer au tison d'aucun feu. / N'aggrave aucun fardeau. Démontre l'âme et Dieu, / L'impérissable esprit, la tombe irrévocable.

Victor HUGO, *Les Rayons et les Ombres*, « Sagesse », 1840.

Et dans les dictionnaires anciens...

■ Le visage du Sage démonstre la tranquillité de son âme. [...] Les traits du visage & de la main sont des signes qui demonstrent le naturel & les adventures des hommes, à ce que disent les Physionomistes & les Chiromanciens.

Antoine FURETIÈRE, *Dictionnaire universel*, 1690.

dénigrer

Du latin *denigrare*, noircir, teindre en noir, de *niger*,noir.

■ M. de R. était autrefois moins dur et moins dénigrant qu'aujourd'hui ; il a usé toute son indulgence, et le peu qui lui en reste, il le garde pour lui.

Nicolas DE CHAMFORT, *Maximes et pensées, caractères et anecdotes*, 1794.

■ Cet empoisonnement mutuel de la vie de chacun par chacun est une des choses qui me répugnent le plus dans notre société. Et ceux qui devraient donner l'exemple de la réserve et de la charité, sont souvent encore plus dénigrants que tous les autres. [...] On suspecte, incrimine, noircit les actes et les intentions avec une mauvaise joie que pour ma part je trouve hideuse.

Henri-Frédéric AMIEL,
Journal intime, 1847-1883.

Et dans les dictionnaires anciens...

■ *Dénigrer*. Terme vieux & bas qui est encore dans la bouche du petit peuple de Paris. Il signifie mépriser.

Pierre RICHELET, *Dictionnaire françois*, 1680.

dent

Du latin *dens, dentis*, dent.

■ Dent : Sont gâtées par : le cidre, le tabac, les dragées, la glace, et dormir la bouche ouverte, et boire de suite après le potage.

Gustave FLAUBERT,
Le Dictionnaire des idées reçues, posth. 1913.

■ *De Poil de carotte à M. Lepic* : Mon cher Papa, Je t'annonce avec plaisir qu'il vient de me pousser une dent. Bien que je n'aie pas l'âge, je crois que c'est une dent de sagesse précoce. J'ose espérer qu'elle ne sera point la seule et que je te satisferai toujours par ma bonne conduite et mon application. Ton fils affectionné.
Réponse de M. Lepic : Mon cher Poil de carotte, juste comme ta dent poussait, une des miennes se mettait à branler. [...] C'est pourquoi il n'y a rien de changé et le nombre de dents de la famille reste le même. Ton père qui t'aime.

Jules RENARD, *Poil de carotte*, 1894.

Et dans les dictionnaires anciens...

■ *Arracheur de dents*. C'est celui qui arrache, et nettoie les dents, et qui en remet d'autres à ceux qui en ont perdu quelques-unes. Les instruments de l'arracheur de dents sont de petits fers emmanchés ordinairement d'ivoire.

Pierre RICHELET,
Dictionnaire françois, 1680.

▶ VOIR beurre, cidre, consonne.

dénuement

Au XIVe s., le fait d'être mis à nu.

■ D'où vient le mal dans l'ordre matériel ? Est-ce de l'aisance des uns ? Non, mais du dénuement des autres ; de ce que, en vertu des lois faites par le riche pour l'exclusivité du riche, il profite presque seul du travail du pauvre, de plus en plus stérile pour lui.

Félicité ROBERT DE LAMENNAIS,
Le Livre du peuple, 1838.

Et dans les dictionnaires anciens...

■ *Dénûment*. Détresse, privation absolue des choses nécessaires à la vie. Combien de travailleurs sont dans le dénûment ! Soulageons-les.

Maurice LACHÂTRE,
Dictionnaire français, 1856.

départ

Construit à partir de *départir*, s'en aller en ancien français.

■ Dans l'ombre de la nuit cache bien ton départ.

Pierre CORNEILLE, *Le Cid*, 1637.

■ La naissance et la mort sont deux coups de sonnette, / L'un à l'entrée, et l'autre au départ du pantin, / Je ris avec le vieux machiniste Destin.

Victor HUGO,
La Légende des siècles, 1883.

dépasser

Dérivé de *passer*. Voir *passer*.

■ Mon Dieu ! Les désirs de l'homme dépassent toujours les dons que vous lui faites.

MADAME DE STAËL,
Delphine, 1802.

Et dans les dictionnaires anciens...

■ Oster une chose d'un lieu où elle était passée. Il ne se dit guères que des habits, des rubans, des cordes. Dépassez votre bras hors de votre robe.

Antoine FURETIÈRE,
Dictionnaire universel, 1690.

dépaysement

Dérivé de *dépayser*, dérivé de *pays*. Voir *pays*.

■ — Nous allons nous balader à bicyclette cet été. — Comme dépaysement, ça ne va pas loin !

Simone DE BEAUVOIR, *Les Mandarins*, © Gallimard, 1954.

dépendre de

Du bas latin *dependere*, être suspendu à, dépendre de.

■ Souviens-toi [...] / Que tes jours me sont chers ; que les miens en dépendent.

Pierre CORNEILLE, *Cinna*, 1642.

Et dans les dictionnaires anciens...

■ *Dépendre*. [...] La conservation de tous les êtres dépend de la Providence. [...] Il dépend de nous de faire le bien et le mal à cause de notre franc-arbitre.

Antoine FURETIÈRE, *Dictionnaire universel*, 1690.

▶ VOIR soumettre.

dépense

Du latin *dispensa*, de *dispendere*, partager, distribuer.

■ Votre Majesté a quatre sortes de dépense à faire : la première et la plus importante de toutes à présent est la guerre de mer ; la seconde, les affaires étrangères ; la troisième, la guerre de terre ; la quatrième, les dépenses du dedans du royaume, les plaisirs et les divertissements de votre Majesté. Je suis persuadé, Sire, que les deux premières doivent, sans difficulté marcher d'un pas égal, à l'exclusion des deux autres, qui ne doivent subsister que des restes pour ainsi dire des deux premières.

J.-B. COLBERT, *Mémoire au Roi*, 22 juillet 1666.

Et dans les dictionnaires anciens...

■ *Despense*. employ de son bien. On ne doit faire despense. [...] C'est à la femme à faire la despense de la maison. Cet homme fait une despense sourde, qui ne paroist point.

Antoine FURETIÈRE, *Dictionnaire universel*, 1690.

dépenser

Dérivé de *dépense*, voir *dépense*.

■ Il ne faut point de bourse à qui veut dépenser.

Jean-François REGNARD, *Vendanges*, 1694.

■ Jeunesse aux jours dorés, je t'ai donc dépensée.

Victor HUGO, *Les Feuilles d'automne*, 1831.

dépiter

Du latin *despectare*, mépriser.

■ Ce qui dépite d'abord une femme, c'est de n'être pas devinée ni comprise ; ce dépit pourra bien se tourner en mépris et en colère.

Henri-Frédéric AMIEL, *Journal intime*, 1847-1883.

Et dans les dictionnaires anciens...

■ Cet écolier est dépité, & a renoncé à l'étude. Les mauvais traitements de son Régent l'on dépité.

Antoine FURETIÈRE, *Dictionnaire universel*, 1690.

déplaire

Du latin populaire *displacere*, croisement, de *placere*, plaire, et de *displicere*, déplaire.

■ Il vous aurait déplu s'il pouvait vous déplaire.

Jean RACINE, *Andromaque*, 1667.

Et dans les dictionnaires anciens...

■ *Se déplaire*. Se chagriner, s'attrister, se dégoûter de quelque chose. Il se déplaît dans la servitude & il a raison.

Pierre RICHELET, *Dictionnaire françois*, 1680.

député

Du bas latin *deputatus*, représentant de l'autorité, de *deputare*, évaluer, estimer.

■ Député : L'être comblé de gloire ! Tonner contre la Chambre des députés. Trop de bavards à la Chambre. – Ne font rien.

Gustave FLAUBERT, *Le Dictionnaire des idées reçues*, posth. 1913.

dernier

Contraction de *derrenier*, du latin populaire *deretranus*, dérivé de *deretro*, derrière.

■ Inutile d'ajouter que j'étais un des derniers de la classe. Je le répète : je dormais encore ; j'étais pareil à ce qui n'est pas encore né.

André GIDE,
Si le grain ne meurt, © Gallimard, 1924.

désagréable

Dérivé d'*agréable*. Voir *agréable*.

▶ VOIR distraire, épine, tranquillité.

désastre

De l'italien *disastro*, mauvaise étoile, événement funeste.

■ La vie avait repris son cours, fermant les blessures, réparant les désastres, amortissant les regrets, ou les apaisant sous des regrets plus récents.

Eugène FROMENTIN,
Dominique, 1863.

Et dans les dictionnaires anciens...

■ L'étymologie indique ici, comme cela arrive souvent, la nuance fondamentale : la *calamité* est, d'origine, un fléau qui ravage les moissons, de là un fléau naturel. Le *désastre* est l'influence d'un astre qui cesse d'être favorable, c'est un revers, un malheur infligé par la fortune. La *catastrophe* est un renversement sens dessus dessous.

Émile LITTRÉ, *Dictionnaire de la langue française,* 1863-1872.

description

Du latin *descriptio*, copie, action de décrire

■ Pour rendre les descriptions moins sèches, y mêler quelques faits, quelques comparaisons, quelques réflexions sur les usages des différentes parties ; en un mot, faire en sorte qu'on puisse vous lire sans ennui aussi bien que sans contention.

GEORGES DE BUFFON, *Histoire naturelle générale et particulière,* 1749.

■ Je prétends qu'une description qui dépasse dix mots n'est plus visible.

Jules RENARD, *Journal,* posth. 1925.

▶ VOIR cheval, exactitude, fesse, invention.

désert

Pour l'adjectif, du latin *desertus*, désert ; pour le nom, du latin *desertum*, désert, solitude ; tous deux du verbe *deserere*, abandonner, se séparer de.

■ Lorsque la guerre, la famine et la peste ont moissonné les habitants, si la terre est restée déserte, est-ce Dieu qui l'a dépeuplée ?

Constantin DE VOLNEY,
Les Ruines, 1791.

■ Désert : Produit des dattes.

Gustave FLAUBERT,
Le Dictionnaire des idées reçues, posth. 1913.

■ Ce désert-là ! indescriptible. Qui se déroute. Qui se dérobe. Qui se déplace. Qui feinte toute hypothèse, toute stratégie, tout stratagème de l'homme. [...] Déploiement circulaire de l'horizon aveuglé de quelque lueur et rescapé du néant, entre l'orange et le jaune.

Rachid BOUDJEDRA,
Cinq Fragments du désert, © L'Aube, 2001.

Et dans les dictionnaires anciens...

■ Quand toute la Terre sera habitée dans ses régions cultivables, sa population pourra atteindre, sans aucun danger pour les subsistances, le grand complet de 6 milliards ; aujourd'hui, avec ses 800 millions d'habitants, elle n'est, à vrai dire, qu'un vaste désert.

Maurice LACHÂTRE,
Dictionnaire français illustré, 1856.

déserteur

Dérivé de déserter, selon le latin *desertor*, celui qui abandonne.

■ Je veux le faire saisir où je le trouverai, comme déserteur de la médecine.

MOLIÈRE,
Monsieur de Pourceaugnac, 1669.

Et dans les dictionnaires anciens...

■ Celui, celle qui abandonne un parti, une cause. Rien n'est plus méprisable qu'un déserteur.

Maurice LACHÂTRE,
Dictionnaire français illustré, 1856.

désespéré, désespoir

Construit sur *espoir*, du latin *sperare*, espérer.

■ Tout est-il donc désespéré en nous ?

BOSSUET, *Oraisons funèbres*, « Oraison de la duchesse d'Orléans », 1656-1691.

■ Le désespoir lui-même, pour peu qu'il se prolonge, devient une sorte d'asile dans lequel on peut s'asseoir et reposer.

SAINTE-BEUVE, *Vie, Poésies et Pensées de Joseph Delorme*, 1829.

■ Les plus désespérés sont les chants les plus beaux, / Et j'en sais d'immortels qui sont de purs sanglots.

Alfred DE MUSSET, *La Nuit d'octobre*, 1840.

■ La mélancolie et la tristesse sont déjà le commencement du désespoir ; le désespoir est le commencement cruel des différents degrés de la méchanceté.

LAUTRÉAMONT, *Poésies*, 1870.

▶ VOIR affliction, charbon, club, incinérer, ironie, mensonge, mort, place, travailler, vieillesse, vivre.

déshonneur

Dérivé de *honneur*. Attesté au XIIe s.

■ Mourant sans déshonneur, je mourrai sans regret.

Pierre CORNEILLE, *Le Cid*, 1637.

Et dans les dictionnaires anciens...

■ Un Noble qui se mésallie, qui espouse une Courtisane [femme légère], fait déshonneur à sa race.

Antoine FURETIÈRE, *Dictionnaire universel*, 1690.

déshonoré

Dérivé d'*honorer*, du latin *honorare*, rendre hommage.

■ J'ai suivi tes conseils, je meurs déshonorée.

Jean RACINE, *Phèdre*, 1677.

■ Ma chair a plus d'affront qu'un chemin n'a de fange, / Et mon corps par le mal est tout déshonoré.

Victor HUGO, *La Légende des siècles*, 1859.

désir, désirer

Du latin *desidare*, regretter l'absence de, chercher à obtenir, désirer.

■ La vie est courte et ennuyeuse [chagrinante] : elle se passe toute à désirer ; l'on remet à l'avenir son repos et ses joies, à cet âge souvent où les meilleurs biens sont déjà disparus, la santé et la jeunesse.

Jean DE LA BRUYÈRE, *Les Caractères*, 1688.

■ Désir de fille est un feu qui dévore ; / Désir de nonne est cent fois pis encore.

Jean-Baptiste GRESSET, *Vert-Vert*, 1733.

■ On ne peut désirer ce qu'on ne connaît pas.

VOLTAIRE, *Zaïre*, 1738.

■ J'ai toujours commencé par le désir, le sentiment n'est venu qu'après.

Paul LÉAUTAUD, *Passe-Temps*, © Mercure de France, 1987.

Et les pensées de...

■ Désir : Instrument du dépassement et du malheur, de la découverte et de la souffrance.

Jacques ATTALI, *Dictionnaire du XXIe siècle*, © Fayard, 1998.

désobéissance

Construit à partir de *désobéir*, dérivé d'*obéir*, voir *obéir*.

■ Rien d'audacieux n'existe sans la désobéissance à des règles.

Jean COCTEAU, *Poésie critique II*, © Gallimard, 1960.

désœuvrement

Dérivé de *désœuvré*, dérivé *d'œuvre*. Voir *œuvre*.

■ Supposez qu'il soit dans une île enchantée, pourvue de tout ce qui est agréable à la vie, peut-être le désœuvrement lui eût-il rendu l'existence insupportable.

Nicolas DE CHAMFORT, *Maximes et pensées, caractères et anecdotes*, 1794.

désordre

Dérivé d'*ordre*, voir *ordre*.

■ Dans l'instant où Dieu créa le monde, le mouvement du chaos dut faire trouver le chaos plus désordonné que lorsqu'il reposait dans un désordre paisible. C'est ainsi que chez nous l'embarras d'une société qui se réorganise doit paraître l'excès du désordre.

Nicolas DE CHAMFORT, *Maximes et pensées, caractères et anecdotes*, 1794.

Et dans les dictionnaires anciens...

■ *Désordre*. [...] Se prend en bonne part en parlant des ouvrages de poésie, et signifie ce défaut de symétrie qui résulte de l'enthousiasme poétique. Dans l'ode, un beau désordre est un effet de l'art.

Maurice LACHÂTRE, *Dictionnaire français illustré*, 1856.

despotisme

Dérivé de *despote*, du grec *despotês*, chef de la famille, maître absolu.

■ On n'a jamais ouï dire que les rois n'aimassent pas la monarchie, et que les despotes haïssent le despotisme.

Charles-Louis DE MONTESQUIEU, *De l'esprit des lois*, 1748.

dessert

Construit à partir de *desservir* , dernier service du repas dès le XVIe s.

■ Dessert : Les gens vertueux le méprisent : « Non ! Non ! Pas de pâtisserie, jamais de dessert ! »

Gustave FLAUBERT, *Le Dictionnaire des idées reçues*, posth. 1913.

Et dans les dictionnaires anciens...

■ *Dessert*. Dernière partie du dîner, composée d'aliments légers. Un dessert bien ordonné doit charmer les yeux autant que le goût des convives. Soignez donc l'arrangement des assiettes et l'harmonie générale des pièces.

Alexandre DUMAS, *Le Grand Dictionnaire de cuisine*, 1871-1873.

dessiner

Croisement de *désigner*, de l'italien *disegnare*, dessiner, et de *dessin*.

■ Ceux qui ont coutume de dessiner voient quelquefois des têtes d'hommes sur des murailles où il y a plusieurs taches irrégulières.

Nicolas DE MALEBRANCHE, *De la recherche de la vérité*, 1674-1712.

■ — [...] Dessine-moi un mouton. / Comme je n'avais jamais dessiné un mouton je refis, pour lui, l'un des deux seuls dessins dont j'étais capable. Celui du boa fermé.

Antoine DE SAINT-EXUPÉRY, *Le Petit Prince*, © Gallimard, 1943.

destin, destinée

Construit à partir de *destiner*, du latin *destinare*, attacher, affecter à.

■ Puisque après tant d'efforts ma résistance est vaine, / Je me livre en aveugle au destin qui m'entraîne.

Jean RACINE, *Andromaque*, 1667.

■ Les arrêts du destin trompent souvent notre âme ; / Il conduit les mortels, il dirige leurs pas / Par des chemins secrets qu'ils ne connaissent pas. / Il plonge dans l'abîme, et bientôt en retire ; / Il accable de fers, il élève à l'empire.

VOLTAIRE, *Oreste*, 1750.

■ L'énigme de la destinée humaine n'est de rien pour la plupart des hommes ; le poète l'a toujours présente à l'imagination. [...] Ce que l'homme a fait de plus grand, il le doit au sentiment douloureux de l'incomplet de sa destinée.

MADAME DE STAËL, *De l'Allemagne*, 1810.

■ Elle [une plante] aussi ne s'inquiète pas de sa destinée, parce qu'elle est inintelligente.

Théodore JOUFFROY, *Nouveaux Mélanges philosophiques*, 1842.

Et dans les dictionnaires anciens...

■ *Destin*. [...] C'est la destinée des Poètes, d'être gueux, d'être mauvais messagers.

Antoine FURETIÈRE, *Dictionnaire universel*, 1690.

➤ VOIR agréable, art, chapon, chat, chef-d'œuvre, chose, circonspect, départ, fermeté, grandeur, hasard, livré, muse, naturel, orfraie, peuple, poésie, politique, présomptueux, ridicule, rose, secret, vie.

détacher, détacher (se)

Dérivé de l'ancien français *estache*, pieu.

■ Ni crainte ni regret ne m'en peut détacher, / De mes bras tout sanglants il faudra l'arracher.

Jean RACINE, *Iphigénie*, 1674.

■ Or se détacher du devoir, abdiquer ses charges, se démettre de la vie, c'est en effet déserter, rechercher ses aises, se rechercher soi-même.

Henri-Frédéric AMIEL,
Journal intime, 1847-1883.

détail

Construit à partir de *détailler*, dérivé de *tailler*, du bas latin *taliare* élaguer, couper.

■ Presque toujours l'objet fournit trop ; les détails égarent l'attention.

ALAIN, *Système des beaux-arts*, © Gallimard, 1920.

détester

Du latin *detestari*, détourner avec des imprécations en prenant les dieux à témoin, exécrer.

■ Article premier. – Le peuple français reconnaît l'existence de l'être suprême et l'immortalité de l'âme. [...]
Article 3. – Il met au premier rang de ces devoirs de détester la mauvaise foi et la tyrannie, de punir les tyrans et les traîtres, de secourir les malheureux, de respecter les faibles, de défendre les opprimés, de faire aux autres tout le bien qu'on peut, et de n'être injuste envers personne.

Texte de la fête de l'Être suprême, 1794.

■ Ces prologues congratulateurs qui précédaient toutes conversations entre savants et qui ne les empêchaient pas de se détester le plus cordialement du monde.

Victor HUGO,
Notre-Dame de Paris, 1832.

Et dans les dictionnaires anciens...

■ On ne saurait trop détester et punir les empoisonneurs.

Antoine FURETIÈRE,
Dictionnaire universel, 1690.

▶ VOIR adorer.

détruire

Du latin populaire *destrugere*, du classique *destruere*, démolir une construction, abattre, anéantir.

■ Notre âme a peur. [...] Or la vie détruit tous ses rêves et la mort lui fait regretter la vie.

Henri-Frédéric AMIEL,
Journal intime, 1847-1883.

■ Peut-être par exemple, que l'instinct de détruire, le besoin périodique de foutre par terre ce que nous avons péniblement édifié est une de ces lois essentielles qui limitent les possibilités constructives de notre nature ?

Roger Martin DU GARD,
Les Thibault, © Gallimard, 1940.

dette

Du bas latin *debita*, de *debitum*, ce qui est dû, de *debere*, devoir.

▶ VOIR ancêtre.

deuil

Du bas latin *dolus*, douleur. Le *dueil* désignait en ancien français le cortège funèbre.

■ Salut ! derniers beaux jours ; le deuil de la nature / Convient à la douleur, et plaît à mes regards.

Alphonse DE LAMARTINE,
Méditations poétiques, 1820.

■ Un jour, ô deuil ! irréparable perte ! / Le doux être s'en est allé !

Victor HUGO,
Les Contemplations, 1856.

Et dans les dictionnaires anciens…

■ Après le deuil de la femme et des enfants vient [en importance] le deuil des vieux amis.

Émile Littré, *Dictionnaire de la langue française* (préface au t. III), 1863-1872.

▶ VOIR mort.

deux

Du latin *duos*, deux.

■ Deux étions et n'avions qu'un cœur ; / S'il est mort, force que je dévie [sorte de la vie], / Voir, ou que je vive sans vie, / Comme les images, par cœur, / Mort !

François Villon, *Le Grand Testament et le Petit Lai*, 1489.

devenir

Du latin *devenire*, venir de, abouter à.

■ Sous ses heureuses mains [celles du joueur], le cuivre devient or.

Jean-François Regnard, *Le Joueur*, 1696.

■ Faut-il qu'on devienne odieux en devenant trop parfait ?

Ernest Renan, *Drames philosophiques*, 1885.

deviner

Du latin *devinare*, deviner, de *divinus*, divin, devin, de *divus*, dieu.

■ Devine si tu peux, et choisis si tu l'oses.

Pierre Corneille, *Héraclius*, 1646.

Et dans les dictionnaires anciens…

■ C'est un hasard, quand un Astrologue devine le temps qu'il doit faire.

Antoine Furetière, *Dictionnaire universel*, 1690.

dévisager

Dérivé d'*envisager*, regarder le visage d'une personne.

■ Julia dévisagea sa sœur, puis la dépoitrina et enfin la déjamba.

Raymond Queneau, *Le Dimanche de la vie*, © Gallimard, 1952.

Et dans les dictionnaires anciens…

■ Dévisager une personne, c'est-à-dire lui égratigner le visage, se jeter sur son visage & le défigurer avec ses ongles.

Pierre Richelet, *Dictionnaire françois*, 1680.

devise

Du bas latin *devisare*, *divisare*, du verbe classique *devidere*, partager, répartir. À d'abord eu le sens de *division*, puis de marque distinctive d'un emblème, avec donc la sentence l'accompagnant. Voir *diviser*.

■ À toute confrérie il faut une devise. Ghéridanisol, qui avait son idée, proposa : « L'homme fort ne tient pas à la vie. » La devise fut adoptée, et attribuée à Cicéron.

André Gide, *Les Faux-Monnayeurs*, © Gallimard, 1925.

■ Diversité, c'est ma devise.

Jean de La Fontaine, *Nouveaux Contes*, « Pâté d'anguille », 1674.

devoir

Substantivation du verbe *devoir*, du latin *debere*, avoir quelque chose en le tenant de quelqu'un.

■ Quand je fais mon devoir, je ne saurais rien craindre.

Jean-François de La Harpe, *Philoctète*, 1783.

■ Faisons notre devoir, les Dieux feront le reste.

Voltaire, *Rome sauvée*, 1752.

■ Sans le devoir, la vie est molle et désossée ; elle ne peut plus se tenir.

Joseph Joubert, *Pensées, essais, maximes et correspondances*, posth. 1838.

■ Issue d'une austère bourgeoisie qui croyait fermement en Dieu, au travail, au devoir, au mérite, elle exigeait qu'un écolier remplît parfaitement ses tâches d'écolier : chaque année Georges remportait au collège Stanislas le prix d'excellence.

Simone de Beauvoir, *Mémoires d'une jeune fille rangée*, © Gallimard, 1958.

Et dans les dictionnaires anciens…

■ Les Casuistes appellent *devoir conjugal*, celui que les conjoints sont obligés réciproquement de rendre. [...] Les Rabbins ont réduit en taxe le devoir conjugal, & ont prétendu qu'un paysan s'en acquittoit en donnant une nuit par semaine à sa femme ; le Voiturier & le Marchand une nuit par mois ; le Matelot deux nuits par an.

Antoine FURETIÈRE, *Dictionnaire universel*, 1690.

▶ VOIR bronze, détacher, époux, fidèle, généreux, héros, honneur, inclination, médecin, ministre, opposition, pardonner, penseur, prétention, punir, sage, vexer.

dévorer

Du latin *devorare*, engloutir, avaler sans goûter.

▶ VOIR multitude.

dévot

Du latin *devotus*, soumis à Dieu, de *devorere*, vouer, dédier.

■ Ah ! Pour être dévot, je n'en suis pas moins homme.

MOLIÈRE, *Le Tartuffe*, 1669.

■ Un dévot est celui qui sous un roi athée serait athée.

Jean DE LA BRUYÈRE, *Les Caractères*, 1688.

■ Qui veut régner en paix veut un peuple dévot.

Marie-Joseph CHÉNIER, *Nathan le Sage*, 1844.

■ On doit revenir d'un pèlerinage moins dévot qu'on n'était parti.

Gustave FLAUBERT, *Correspondance*, 1850.

Et dans les dictionnaires anciens...

■ Une de mes plus grandes craintes serait d'être dévote, ce serait un signe funeste d'affaiblissement de mes facultés.

Maurice LACHÂTRE, *Dictionnaire français illustré*, article « Dévot », 1856.

dévouement

Dérivé de *dévouer*, dérivé de *vouer*, sous l'influence de *devorere*, vouer, dédier.

■ Le jour où il n'y aura plus parmi les hommes ni enthousiasme, ni amour, ni adoration, ni dévouement, creusons la terre jusqu'à son centre, mettons-y cinq cents milliards de barils de poudre, et qu'elle éclate en pièces comme une bombe au milieu du firmament.

Alfred DE VIGNY, *Le Journal d'un poète*, 1834.

■ Y aurait-il un dévouement sans envie de se faire plaisir à soi-même ?

Jean GIONO, *Le Hussard sur le toit*, © Gallimard, 1951.

diable

Du latin chrétien *diabolus*, esprit du mal, démon, du grec *diabolos*, de même sens ; en grec classique, qui désunit.

■ La faim, l'occasion, l'herbe tendre, et, je pense, / Quelque diable aussi me poussant.

Jean DE LA FONTAINE, *Fables*, « Les Animaux malades de la peste », 1668-1694.

■ Et je ne vis de ma vie / Un dieu plus diable que toi.

MOLIÈRE, *Amphitryon*, 1666.

■ — [...] Que penses-tu diable ? — Le diable ? C'est les défauts de Dieu.

Jean COCTEAU, *Le Potomak*, © Comité Jean Cocteau, 1940.

Et dans les dictionnaires anciens...

■ La *malice* est l'apanage du Diable, la *fureur* est celui du Démon.

Gabriel GIRARD, *Synonymes françois*, 1736.

diamant

Du bas latin *diamas*, *diamantis*, de *adimas*, *-antis*, aimant, altération de *adamas*, *-antis*, fer très dur, diamant.

■ Les vrais et faux diamants ont les mêmes facettes, la même transparence ; mais il y a, dans la lumière des premiers, une liberté, une joie qui ne se trouvent pas dans la lumière des seconds : le vrai y manque.

Joseph JOUBERT, *Pensées, essais, maximes et correspondances*, posth. 1838.

Et dans les dictionnaires anciens...

■ C'est une erreur populaire de croire que le diamant s'amollisse avec du sang de bouc tout chaud, comme aussi de croire, ainsi qu'on fait les Anciens, qu'il résiste au marteau.

Antoine FURETIÈRE, *Dictionnaire universel*, 1690.

dictée

De dicter, du latin *dictare*, dicter.

■ Tel, qui ne fait pas de fautes d'orthographe dans une dictée, ne met que des mots barbares dans sa rédaction.

Jules RENARD, *Journal*, posth. 1925.

Et dans les dictionnaires anciens...

■ C'est ainsi que les écoliers appellent une leçon que leurs Maistres leur font écrire sous eux.

Antoine FURETIÈRE, *Dictionnaire universel*, 1690.

▶ VOIR orthographe.

dictionnaire

Du latin médiéval *dictionarium*, de *dictio, -onis*, action de dire. En latin médiéval, le mot a d'abord désigné les ouvrages multilingues, en concurrence avec le *thesaurus*, généralement monolingue. C'est avec Robert Estienne et son *Dictionaire françois-latin* (1539) qu'il s'est installé en langue française, d'abord avec un seul *n*...

■ Chaque auteur a son dictionnaire [lexique] et à sa manière. Il s'affectionne à des mots d'un certain son, d'une certaine couleur, d'une certaine forme, et à des tournures de style, à des coupes de phrase où l'on reconnaît sa main, et dont il s'est fait une habitude. Il a en quelque sorte, sa grammaire particulière, sa prononciation, son genre, ses tics et ses manies.

Joseph JOUBERT, *Pensées, essais, maximes et correspondances*, posth. 1838.

■ Je fis souffler un vent révolutionnaire. / Je mis un bonnet rouge au vieux dictionnaire.

Victor HUGO, *Les Contemplations*, 1856.

■ Dictionnaire : En rire – n'est fait que pour les ignorants.
Dictionnaire de rimes : S'en servir ? Honteux !

Gustave FLAUBERT, *Le Dictionnaire des idées reçues*, posth. 1913.

■ La seule foi qui me reste, et encore ! C'est la foi dans les dictionnaires.

Paul LÉAUTAUD, *Journal littéraire*, © Mercure de France, 1986.

■ Il faut que mon livre [*Le Parti pris des choses*] remplace : 1) le dictionnaire encyclopédique ; 2) le dictionnaire étymologique ; 3) le dictionnaire analogique (il n'existe pas) ; 4) le dictionnaire de rimes (de rimes intérieures aussi bien) ; 5) le dictionnaire des synonymes, etc. ; 6) toute poésie lyrique à partir de la Nature des objets, etc.

Francis PONGE, *Grand Recueil*, © Gallimard, 1961.

Et dans les dictionnaires anciens...

■ Un homme seul ne saurait tout voir. Un dictionnaire est l'ouvrage de tout le monde. Il ne se peut même faire que peu à peu, et qu'avec bien du temps.

Pierre RICHELET, *Dictionnaire françois* (Avertissement), 1680.

■ Un diction(n)aire est un de ces livres qui peuvent être améliorés à l'infini.

Pierre BAYLE, *Dictionnaire universel d'A. Furetière* (préface), 1690.

■ Un dictionnaire ne doit pas ainsi, en dépit des variations et des progrès d'une langue, faire violence à toutes les idées reçues, en imposant des acceptions vieillies depuis longtemps. Il ne doit ni suivre de trop loin, ni ouvrir la marche : c'est un laquais qui porte les bagages de son maître [la langue] en le suivant par derrière.

Pierre LAROUSSE, *Nouveau Dictionnaire de la langue française* (préface), 1856.

Et les pensées de...

■ Le dictionnaire de l'Académie est celui de l'usage, simplement et suprêmement, le dictionnaire du bon usage, qui par là sert, ou devrait servir, de référence à tous les autres.

Maurice DRUON, *Dictionnaire de l'Académie française* (préface), 1986.

■ Quelques règles que j'avais adoptées pour mon confort de lecture pendant le marathon hebdomadaire d'Apostrophes. [...] – Faire l'effort de consulter un dictionnaire quand il y a doute ou ignorance.

Bernard PIVOT, *Le Métier de lire*, © Gallimard, 1990.

■ C'est le bordel dans le dictionnaire, tu as « casting », et tout de suite après tu trouves « castor » ! C'est quand même pas pareil ! [...] Chaise est dans le dictionnaire, comme si on savait pas ce que c'est !

Jean-Marie GOURIO, *L'Intégrale des brèves de comptoir*, © Robert Laffont, 1992-1993.

■ En cherchant autre chose dans le grand dictionnaire – vous savez comment sont les dictionnaires, ils vous happent par-devant par-derrière –, je tombe sur « Agathe (sainte) ».

François CAVANNA, *Lettre ouverte aux culs-bénits*, © Albin Michel, 1994.

■ Le dictionnaire est un chantier toujours ouvert. D'autant qu'il y a peu d'œuvres qu'il soit aussi facile de retoucher et d'augmenter qu'un dictionnaire.

Béatrice DIDIER, *Alphabet et Raison*, © PUF, 1996.

■ Ouvrage emblématique, instrument de politique de la langue exécuté à la demande et avec le soutien de l'État, le *Dictionnaire de l'Académie française* est un monument qui fait exception dans le paysage lexicographique mondial. Révisé et mis à jour dans neuf éditions échelonnées sur trois siècles, il est le seul à avoir codifié pendant une telle durée, et selon des principes identiques, l'image officielle de la langue et de ses valeurs.

Bernard QUEMADA, *Les Préfaces du Dictionnaire de l'Académie française*, © Honoré Champion, 1997.

■ Le dictionnaire est certainement l'une des plus grandes inventions intellectuelles de l'humanité.

Jean-Claude BOULANGER, *Les Inventeurs de dictionnaires*, © Presses de l'Université d'Ottawa, 2003.

■ Nous en avons la religion en France. « C'est dans le dictionnaire. »

Charles DANTZIG, *Dictionnaire égoïste de la littérature française*, © Grasset, 2005.

▶ VOIR citation, civilisation, encyclopédie, exemple, étranger.

dieu

Du latin *deus*, dieu, divinité.

■ Ce Dieu, maître absolu de la Terre et des Cieux, / [...] Juge de tous les mortels avec d'égales lois, / Et du haut de son trône interroge les rois.

Jean RACINE, *Esther*, 1689.

■ Si Dieu n'existait pas, il faudrait l'inventer.

VOLTAIRE, *Épitres*, 1716.

■ On ne peut tromper l'œil vigilant des dieux : / Des plus obscurs complots il perce les abîmes.

VOLTAIRE, *Sémiramis*, 1748.

■ On dit que Dieu est toujours pour les gros bataillons.

VOLTAIRE, *Correspondance*, 1770.

■ Faites-nous comprendre ce que sont ces êtres abstraits et métaphysiques que vous appelez Dieu et âme, substances sans matières, existence sans corps, vies sans organes ni sensations.

Constantin DE VOLNEY, *Les Ruines*, 1791.

■ Plus nous ouvrons les yeux, plus la nuit est profonde ; / Dieu n'est qu'un mot rêvé pour expliquer le monde.

Alphonse DE LAMARTINE, *Harmonies poétiques et religieuses*, 1823.

■ Nous croyons toujours que Dieu est semblable à nous-mêmes : les indulgents l'annoncent indulgent ; les haineux le prêchent terrible.

Joseph JOUBERT, *Pensées, essais, maximes et correspondances*, posth. 1838.

■ Dieu est le seul être qui, pour régner, n'ait même pas besoin d'exister.

Charles BAUDELAIRE, *Journaux intimes*, posth. 1887.

■ Un malin, Dieu, qui nous a ouvert l'espace sans nous donner des ailes.

Jules RENARD, *Journal*, posth. 1925.

■ Dieu – ce pseudonyme de la Beauté – ne demande qu'à céder à nos violences, car de même que l'ambition de l'homme consiste à se diviniser, celle de Dieu consiste à s'humaniser [...].

SAINT-POL ROUX, *Les Féeries intérieures*, © Rougerie, 1907.

■ Je ne m'élève vraiment à Dieu que du moment où je pense, où je veux de toutes mes forces qu'une infinité d'autres êtres comptent aussi pour lui.

Gabriel MARCEL,
Journal métaphysique, © Gallimard, 1928.

■ Dieu dans mon langage, c'est le mystère de ma naissance, c'est l'incroyable trou noir de ma mort, c'est mon angoisse devant la peine des hommes, c'est ma pitié pour les vivants.

Armand SALACROU,
Boulevard Durand, © Gallimard, 1961.

■ Je suis sorti à cinq heures du matin ; j'ai vu Dieu dans tous ses arbres ; / Il était heureux, il se frottait les branches / Dans le vent de juin demi-tiède à cette heure, et presque heureux / Il était heureux, il était heureux d'être Dieu / Et j'étais heureux de le voir heureux.

Armand ROBIN,
Le Monde d'une voix, © Gallimard, 1968.

Et les pensées de...

■ Dieu est un névrosé narcissique : il a créé les hommes tout spécialement pour se faire adorer.

François CAVANNA, *Lettre ouverte aux culs-bénits,* © Albin Michel, 1994.

■ Si Dieu existe, vous lui ferez mes compliments !

COLUCHE, *Et vous trouvez ça drôle ?,* © Le Cherche midi, 1998.

■ — Croyez-vous en Dieu ?
— Je préférerais que ce soit lui qui croit en moi.

Jacques DUTRONC, *Pensées et Répliques,* © Le Cherche midi, 2000.

■ Quand les hommes cesseront de croire en Dieu, ils croiront en n'importe quoi.

COLUCHE, *Ça roule, ma poule,* © Le Cherche midi, 2002.

■ L'homme a créé les dieux. L'inverse reste à prouver.

Serge GAINSBOURG, *Pensées, provocs et autres volutes,* © Le Cherche midi, 2006.

▶ VOIR ambitieux, bazar, charbon, cheveu, comparaître, créer, désert, désordre, devoir, diable, enthousiasme, escadron, image, inventer, marbre, pari pascalien, planète, poisson, pomme, ramper, rater, religion, sel, serment, soleil, sujet, vin, Zoïle.

différend

Attesté au XIVe s. au sens de désaccord, variante de différent.

■ Noyons dans l'oubli ces petits différends.

Pierre CORNEILLE, *Horace,* 1640.

Et dans les dictionnaires anciens...

■ L'envie et l'avidité font qu'on a quelquefois de gros différends pour des bagatelles.

Gabriel GIRARD, *Synonymes françois,* 1736.

difficile

Du latin *difficilis*, malaisé, pénible, composé du préfixe privatif *dis* et *facilis*, facile.

■ Mais l'homme n'aime guère ce qui n'est pas difficile.

ALAIN, *Propos sur le bonheur,* © Gallimard, 1922.

Et dans les dictionnaires anciens...

■ Les Princes sont difficiles à gouverner.

Antoine FURETIÈRE, *Dictionnaire universel,* 1690.

difficulté

Du latin *difficultas, -atis*, embarras, caractère insupportable.

■ Le second [précepte était de], diviser chacune des difficultés que j'examinerais en autant de parcelles qu'il se pourrait et qu'il serait requis pour les mieux résoudre.

René DESCARTES, *Le Discours de la méthode,* 1637.

■ L'éclaircissement d'une difficulté dépend souvent de la solution d'une autre, et celle-ci d'une précédente.

Henri BERNARDIN DE SAINT-PIERRE,
La Chaumière indienne, 1790.

Et dans les dictionnaires anciens...

■ Il semble que l'amour se plaise dans les difficultés, bien loin que les obstacles l'affaiblissent, ils ne servent d'ordinaire qu'à l'augmenter, on en fait toujours une de ses plus sérieuses occupations.

Gabriel GIRARD, *Synonymes françois,* 1736.

digestion

Du latin *digestio*, classement, et dans le domaine médical, répartition de la nourriture dans le corps.

■ Cliton n'a jamais eu toute sa vie que deux affaires, qui sont de dîner le matin et souper le soir ; il ne semble né que pour la digestion

Jean DE LA BRUYÈRE, *Les Caractères*, 1688-1696.

■ Pour moi, je sais qu'il m'est arrivé souvent de ne pouvoir discerner si le sentiment pénible que j'éprouvais était l'effet des circonstances tristes dans lesquelles j'étais, ou du dérangement actuel de ma digestion.

Antoine DE DESTUTT DE TRACY, *Éléments d'idéologie*, 1801-1815.

Et dans les dictionnaires anciens...

■ Les noix, les amandes, les écrevisses sont de dure digestion. Les viandes bouillies sont de facile digestion.

Antoine FURETIÈRE, *Dictionnaire universel*, 1690.

dignité

Du latin *dignitas*, *-atis*, estime, mérite.

■ Toute notre dignité consiste donc en la pensée. C'est de là qu'il faut nous relever et non de l'espace et de la durée, que nous ne saurions remplir. Travaillons donc à bien penser : voilà le principe de la morale.

Blaise PASCAL, *Pensées*, 1669.

■ Je n'ai jamais vu la dignité de l'homme dans la sincérité des passions.

Pierre DRIEU LA ROCHELLE, *L'Homme à cheval*, © Gallimard, 1943.

■ Vous parlez de la dignité de l'homme ? Tâchons au moins de sauver la face. La dignité n'est que son dos.

Eugène IONESCO, *Les Chaises*, © Gallimard, 1952.

dilater

Du latin classique *dilatare*, élargir.

■ Chaque chose, y compris le mal et la négation, tend à se dilater, à augmenter son être. [...] Ainsi la froideur devient éloignement, l'éloignement antipathie, l'antipathie aversion. Une étincelle devient incendie. Une égratignure devient une plaie, une négligence devient une ruine, la mauvaise humeur peut arriver à l'exaspération.

Henri-Frédéric AMIEL, *Journal intime*, 1847-1883.

dilettante

De l'italien *dilettante*, celui qui trouve plaisir à quelque chose.

■ Dilettante : Homme riche, abonné à l'Opéra.

Gustave FLAUBERT, *Le Dictionnaire des idées reçues*, posth. 1913.

diligent

Du latin *diligens*, *-entis*, attentif, scrupuleux.

■ Le coq chante, veilleur exact et diligent.

Paul VERLAINE, *Jadis et naguère*, 1884.

Et dans les dictionnaires anciens...

■ Il faut être *diligent* dans les soins qu'on doit prendre, *expéditif* dans les affaires qu'on doit terminer, et *prompt* dans les ordres qu'on doit exécuter.

Gabriel GIRARD, *Synonymes françois*, 1736.

dimanche

Du latin chrétien dies *dominicus*, jour du Seigneur.

■ Tel qui rit vendredi dimanche pleurera.

Jean RACINE, *Les Plaideurs*, 1668.

Et les pensées de...

■ Le dimanche, la moitié de la France regarde l'autre.

Pierre DANINOS, *Daninoscope*, © Presses de la cité, 1963.

■ Dimanche : jour qui ressemble à une absence, à un jardin suspendu, à une mariée les yeux cernés, à une couleur fanée, mais aussi et surtout à un jour tranquille où il fait bon écrire.

Jacques DOR, *Le Dico de ma langue à moi* (2e mille), © Soir ailleurs, 2005.

▶ VOIR baliser.

dîner

Verbe *dîner* utilisé comme nom, du bas latin *disjejunare*, rompre le jeûne.

■ Le véritable amphitryon / Est l'amphitryon où l'on dîne.

MOLIÈRE, *Amphitryon*, (reprise du vers de Rotrou), 1666.

■ Rien ne doit déranger l'honnête homme qui dîne.

Joseph BERCHOUX, *La Gastronomie, ou l'Homme des champs à table*, 1801.

Et dans les dictionnaires anciens...

■ *Dîner*. [...] C'est le repas qu'on fait sur le midi, & où l'on mange du bouilli.

Pierre RICHELET, *Dictionnaire françois*, 1680.

■ Repas principal qu'on fait à notre époque de cinq heures à six heures et demie du soir.

Maurice LACHÂTRE, *Dictionnaire français illustré*, 1856.

▶ VOIR amphitryon, classe, digestion, diplomatie, faire, infamie, invitation, poème, sans.

diplomate

Dérivé de *diplomatique*, du latin *diplomaticus*, relatif aux documents officiels.

■ Ménager, caresser, amadouer, capter les amours-propres, les intéresser et les gagner à sa cause, c'est tout l'art du courtisan et les trois quarts de l'art du diplomate.

Henri-Frédéric AMIEL, *Journal intime*, 1847-1883.

diplomatie

Dérivé de *diplomatique*. Voir *diplomate*.

■ L'ambassadeur avait été habitué autrefois dans la diplomatie à considérer les dîners en ville comme faisant partie de ses fonctions, et à y déployer une grâce invétérée.

Marcel PROUST, *À l'ombre des jeunes filles en fleurs*, 1918.

Et les pensées de...

■ Entre la diplomatie et le diplodocus, il n'y a que la différence des deux dernières syllabes.

Pierre DAC, *Arrière-Pensées*, © Le Cherche midi, 1998.

diplôme

Du latin *diploma, -atis*, pièce officielle authentique, du grec *diplôma*, tablette, papier plié en deux.

■ Diplôme : Signe de science. Ne prouve rien.

Gustave FLAUBERT, *Le Dictionnaire des idées reçues*, posth. 1913.

Et dans les dictionnaires anciens...

■ Diplôme est 1° une charte anciène [ancienne]. Diplôme de Charlemagne. 2° Dans certains États, Lettres Patentes du Souverain. Ce mot est surtout usité en Allemagne et dans les État du Nord.

Maurice LACHÂTRE, *Diction(n)aire critique de la langue française*, 1690.

dire

Du latin *dicere*, dire.

■ Toutes les choses qui sont aisées à bien dire ont été parfaitement dites ; le reste est notre affaire ou notre tâche : tâche pénible !

Joseph JOUBERT, *Pensées, essais, maximes et correspondances*, posth. 1838.

■ Quand il dit : « Cuic ! », le moineau croit tout dire.

Jules RENARD, *Journal*, posth. 1925.

■ Le tout est de tout dire et je manque de mots / Et je manque de temps et je manque d'audace.

Paul ÉLUARD, *Pouvoir tout dire*, © Gallimard, 1951.

Et les pensées de...

■ Ce qui est dit est dit. Ce qui n'est pas fait ni à faire doit être fait. Qui peut plus peut le moins et qui paie moins peut payer plus !

Pierre DAC, *L'Os à moelle*, © Julliard, 1965.

▶ VOIR chanter, comprendre, cour, écrire, fat, formulation, humanisme, instruction.

direction

Du latin *directio, -onis*, ligne droite, en bas latin, action de diriger vers un but.

■ Je lui donnerai une direction en province.

Alain René LESAGE, *Turcaret*, 1708.

discernement

Dérivé de *discerner*, du latin *discernere*, séparer, distinguer.

■ Après l'esprit de discernement, ce qu'il y a au monde de plus rare, ce sont les diamants et les perles.

Jean DE LA BRUYÈRE, *Les Caractères*, 1688-1696.

Et dans les dictionnaires anciens...

■ On peut dire du discernement qu'il est éclairé, qu'il rend les idées justes, et empêche qu'on ne se trompe en donnant dans le faux ou dans le mauvais [...]. Qui n'a point de *discernement* est une bête. Qui manque tout à fait de *jugement* est un étourdi.

Gabriel GIRARD, *Synonymes françois*, 1736.

disciple

Du latin chrétien *discipulus*, élève, disciple de Jésus.

■ Un si vaillant disciple aura bien le courage / D'en mettre jusqu'au bout les leçons en usage.

Pierre CORNEILLE, *Nicomède*, 1651.

■ Cette ardeur, et cette rigueur de méthode passe du maître [jeune] aux élèves ; et c'est alors, et seulement alors, que le maître a des disciples. Plus tard il ne trouve plus que des auditeurs.

Théodore JOUFFROY, *Nouveaux Mélanges philosophiques*, 1842.

Et dans les dictionnaires anciens...

■ *Disciple*. Escolier, celuy qui apprend quelque chose sous un Maistre. Il ne se dit que des sciences & des arts libéraux. À l'égard des méchaniques, on l'appelle Apprenti.

Antoine FURETIÈRE, *Dictionnaire universel*, 1690.

disciplinable

Dérivé de *discipliner* ou du bas latin *disciplinabilis*.

■ Tel peuple est disciplinable en naissant, tel autre ne l'est pas au bout de dix siècles.

Jean-Jacques ROUSSEAU, *Du contrat social*, 1762.

discordant

De l'ancien français *descordant*, participe présent de *descorder*, diviser.

■ De ce que vous êtes d'accord sur ce que vous connaissez avec certitude, il s'en suit que vous n'êtes discordants que sur ce que vous ne connaissez pas bien.

Constantin-François DE VOLNEY, *Les Ruines*, 1791.

discours

Du latin *discursus*, action de parcourir en tous sens, en bas latin, entretien.

■ Le véritable orateur n'orne son discours que de vérités lumineuses, que de sentiments nobles, que d'expressions fortes et proportionnées à ce qu'il tâche d'inspirer. Il pense, il sent, et la parole suit.

FÉNELON, *Lettre sur les occupations de l'Académie*, 1714.

■ En affaire, aussi bien qu'en amours, / Agir quand il le faut, vaut mieux que les discours.

Louis DE BOISSY, *Le Babillard*, 1725.

■ Bien que les œuvres [actions] des hommes ne ressemblent guère à leurs discours, je vois qu'on ne les peint que par leurs discours.

Jean-Jacques ROUSSEAU, *Julie ou la Nouvelle Héloïse*, 1761.

■ Le plus beau des discours ne vaut pas une aumône ; / Et quand un malheureux vient vous tendre la main, / Laissez-là vos écrits et donnez lui du pain.

Charles-Guillaume ÉTIENNE, *Les Deux Gendres*, 1810.

■ Des discours, des discours, des discours : l'éternel bavardage français.

Romain ROLLAND, *Jean-Christophe*, © Albin Michel, 1908.

Et dans les dictionnaires anciens...

■ Le *discours* s'adresse directement à l'esprit ; il se propose d'expliquer et d'instruire ; sa beauté est d'être clair, juste et élégant. [...] La longueur de la *harangue* ralentit quelquefois le feu de l'action. Les fleurs du *discours* en diminuent souvent les grâces.

Gabriel GIRARD, *Synonymes françois*, 1736.

Et les pensées de...

■ Un bon discours ne doit être basé sur rien, tout en donnant l'impression d'être basé sur tout.

Pierre DAC, *Y'a du mou dans la corde à nœuds !*, « Le mou », © Julliard, 1995.

■ L'intelligence d'un discours dépend surtout de celui qui écoute.

COLUCHE, *Et vous trouvez ça drôle ?*, © Le Cherche midi, 1998.

■ La recette d'un bon discours, c'est une très bonne introduction, une très bonne conclusion, et les deux les plus rapprochées possible.

Michel GALABRU, *Pensées, répliques et anecdotes*, © Le Cherche midi, 2006.

▶ VOIR accent, analyse, citation, conversation, éviter, grands, lasser, prudence, raison, vulgaire, zappeur.

discuter

Du latin *discutere*, fendre en frappant, détacher ; éclaircir ; discuter.

■ Et remarquez-le bien, là où un nigaud discute, souvent un vieux routier change la conversation.

ALAIN, *Propos d'un normand*, © Gallimard, 1913.

disgrâce

De l'italien *disgrazia*, malheur, méchanceté.

■ Rien n'est si voisin de la faveur que la disgrâce.

MADAME DE MAINTENON, *Lettres*, posth. 1752.

■ S'il faut en croire un proverbe d'Espagne, lorsque dans la jeunesse on a rencontré la beauté, elle vous laisse de quoi vous défendre du temps : la disgrâce des années tardives a moins de prise sur vous.

François-René DE CHATEAUBRIAND, *Congrès de Vérone*, 1838.

Et dans les dictionnaires anciens...

■ Les plus infortunés trouvent toujours quelque ressource dans leurs disgrâces.

Gabriel GIRARD, *Synonymes françois*, 1736.

disparaître

Composé du préfixe privatif *dis-* et de *paraître*. Se substitue au XIIIe s. à *disparoir*.

■ J'entre dans la vie pour sortir bientôt ; je viens me montrer comme les autres ; après, il faudra disparaître.

Jacques Bénigne BOSSUET, *Sermons*, « Sur la mort », 1643-1702.

■ Deux grands problèmes pendent sur le monde : la guerre doit disparaître et la conquête doit continuer.

Victor HUGO, *Napoléon le Petit*, 1852.

Et dans les dictionnaires anciens...

■ On a souvent des visions nocturnes, des phantosmes [fantômes] qui disparaissent, quand on s'éveille, quand on se frotte les yeux.

Antoine FURETIÈRE, *Dictionnaire universel*, 1690.

disposition

Du latin classique *dispositio*, manière de disposer.

■ D'adresse et de disposition, je n'en ai point eu ; et si [pourtant] suis fils d'un père très dispos et d'une allégresse qui lui dura jusques à son extrême vieillesse.

Michel DE MONTAIGNE, *Essais*, 1580-1595.

dispute

Construit à partir de *disputer*, du latin *disputare*, examiner, discuter.

■ Le plaisir des disputes, c'est de faire la paix.

Alfred DE MUSSET, *On ne badine pas avec l'amour*, 1834.

Et dans les dictionnaires anciens...

■ L'entêtement, joint au défaut d'attention à la juste valeur des termes, est ce qui prolonge ordinairement les disputes.

Gabriel GIRARD, *Synonymes françois*, 1736.

dissimulation

Du latin *dissimulatio*, dissimulation.

■ La dissimulation n'est pas aisée à bien définir […], c'est un certain art de composer ses paroles et ses actions pour une mauvaise fin.

Jean de La Bruyère, *Les Caractères*, 1688-1696.

■ Il y a de la dissimulation en tout caractère, et toujours une teinte de tristesse.

Alain, *Esquisses de l'homme*, © Gallimard, 1927.

dissimuler

Du latin *dissimulare*, cacher.

■ Dissimulez, Seigneur, cet aveugle courroux.

Jean Racine, *Esther*, 1689.

■ On peut bien dissimuler un peu pour rendre service à ses amis.

Madame de Maintenon, *Lettres*, posth. 1752.

Et dans les dictionnaires anciens…

■ Il y a du soin et de l'attention à *cacher*, de l'art et de l'habileté à *dissimuler*, du travail et de la ruse à *déguiser*.

Gabriel Girard, *Synonymes françois*, 1736.

distinguer

Du latin *distinguere*, séparer, différencier.

■ Que l'on a bien fait de distinguer les hommes par l'extérieur plutôt que par les qualités intérieures ! Qui passera de nous deux ? Qui cédera la place à l'autre ? […] Il a quatre laquais, je n'en ai qu'un, cela est visible, il n'y a qu'à compter, c'est à moi de céder.

Blaise Pascal, *Pensées*, 1669.

Et dans les dictionnaires anciens…

■ Vouloir trop se *distinguer* des personnes avec qui nous devons vivre, c'est leur donner occasion de se *séparer* de nous.

Gabriel Girard, *Synonymes françois*, 1736.

distraction

Du latin *distractio, -onis*, séparation.

■ Dans la distraction, l'attention ne se détourne que parce qu'elle est attirée par une sensation ou une idée étrangère qui la sollicite plus fortement que celle qui l'occupait.

Théodore Jouffroy, *Nouveaux Mélanges philosophiques*, 1842.

■ Le baron Maurice de Rothschild avait promis aux instituteurs des bicyclettes, et aux curés des chasubles. Il a eu une distraction. Il a envoyé aux instituteurs les chasubles, et aux curés les bicyclettes.

Maurice Barrès, *Mes cahiers*, 1929-1956.

Et dans les dictionnaires anciens…

■ La rêverie produit des *abstractions*, et la curiosité cause des *distractions*.

Gabriel Girard, *Synonymes françois*, 1736.

▶ VOIR mémoire.

distraire

Sur le modèle de *traire*, du latin *distrahere*, séparer, détacher de.

■ Tout ce qui me distrayait d'elle ne pouvait que m'être désagréable.

Jean-Jacques Rousseau, *Les Confessions*, posth. 1782-1789.

■ De son image en vain, j'ai voulu me distraire.

Jean Racine, *Britannicus*, 1669.

Et dans les dictionnaires anciens…

■ Un homme qui compose de génie ne veut point être distrait, qu'on le distraye, qu'on le destourne.

Antoine Furetière, *Dictionnaire universel*, 1690.

Et les pensées de…

■ Le plus pénible dans la vie, ce n'est pas de s'ennuyer. C'est d'être contraint de faire semblant de se distraire.

Pierre Daninos, *Daninoscope*, © Presses de la cité, 1963.

distrait

Du latin *distributio, -onis*, distribution.

■ On peut être, à mon sens, homme sage et distrait.

Jean-François Regnard, *Le Distrait*, 1697.

■ Je suis plus ou moins distrait, c'est-à-dire que je donne plus ou moins mon attention à chaque chose suivant mes dispositions organiques bonnes ou mauvaises, et j'ai des souvenirs nets ou confus en proportion.

MAINE DE BIRAN, *Journal*, 1817.

distribution

Du latin *distributio*, *-onis*, distribution.

■ Le jour de la distribution des prix [...], l'affluence des parents, l'estrade ornée de drapeaux, tout cela m'inspirait l'émotion.

Anatole FRANCE, *Livre ami*, 1885.

Et dans les dictionnaires anciens...

■ La distribution de l'aliment dans toutes les parties du corps est une des plus grandes merveilles de la nature.

Antoine FURETIÈRE,
Dictionnaire universel, 1690.

divertissement

De divertir, du bas latin *divertere*, se séparer de.

■ Les divertissements ont tiré leur nom de la diversion qu'ils font faire des objets fâcheux et tristes sur les choses plaisantes et agréables.

Charles DE SAINT-ÉVREMONT,
Lettre à Monsieur le Comte d'Olomne, 1656.

■ La seule chose qui nous console de nos misères est le divertissement, et cependant c'est la plus grande de nos misères. Car c'est cela qui nous empêche principalement de penser à nous, et qui nous fait perdre insensiblement.

Blaise PASCAL, *Pensées*, 1669.

divinité

Du latin classique *divinitas*, *-atis*, nature divine ; excellence ; en latin chrétien, Dieu.

■ La découverte du calcul infinitésimal, que Newton a faite, a donné lieu de dire au savant Halley qu'il n'est pas permis à un mortel d'atteindre de plus près à la divinité.

VOLTAIRE, *Le Siècle de Louis XIV*, 1739-1768.

Et dans les dictionnaires anciens...

■ *Divinité*. [...] Une dame d'une charmante beauté. Une jeune divinité m'a charmé & je l'adore.

Pierre RICHELET,
Dictionnaire françois, 1680.

diviser

Croisement du latin *dividere*, partager, et de l'ancien français *deviser*, diviser.

■ Cette prompte ruse / Divise adroitement trois frères qu'elle abuse.

Pierre CORNEILLE, *Horace*, 1640.

■ La nature divise les êtres vivants en arrivants et en partants. Les partants sont tournés vers l'ombre, les arrivants vers la lumière.

Victor HUGO, *Les Misérables*, 1862.

divorce

Du latin *divortium*, divorce, de *divortere*, variante de *divertere*, divertir.

■ Divorce : Si Napoléon n'avait pas divorcé, il serait encore sur le trône.

Gustave FLAUBERT,
Le Dictionnaire des idées reçues, posth. 1913.

Et dans les dictionnaires anciens...

■ Le divorce est une des institutions les plus anciennes du monde. [...] Aucune disposition de la loi civile ne défendait expressément l'exercice de ce droit, lorsque éclata la révolution de 1789, quoi qu'il eût cessé d'être pratiqué. À cette époque, on se rappela que Diderot avait dit, avec beaucoup de raison, qu'un serment éternel ne pouvait se prêter sous un ciel qui change.

Maurice LACHÂTRE,
Dictionnaire français illustré, 1856.

docile

Du latin *docilis*, disposé à s'instruire.

■ Toute personne simple aux leçons est docile.

MOLIÈRE, *L'École des femmes*, 1662.

Et les pensées de…

■ Mieux vaut maintenir en place un adversaire docile qu'installer un ami indocile.

François MITTERRAND, *Pensées, répliques et anecdotes*, © Le Cherche midi, 1997.

▶ VOIR État.

docte

Du latin *doctus*, savant, du verbe *docere*, enseigner.

■ L'homme docte sert moins que l'homme pacifique.

Pierre CORNEILLE, *L'Imitation de Jésus-Christ*, 1653.

Et dans les dictionnaires anciens…

■ Nous devenons *habiles* par l'expérience, *savants* par la méditation, *doctes* par la lecture.

Gabriel GIRARD, *Synonymes françois*, 1736.

docteur

Du latin classique *doctor*, celui qui enseigne, du verbe *docere*, enseigner.

■ Laissez nous la paix ! finit par gronder le docteur. Quand on vous dit que c'est une merveille, jamais un petit homme n'est venu si bellement.

Émile ZOLA, *Le Travail*, 1901.

■ Chaque docteur est un type délicieux, depuis le docteur correct, à l'anglaise, en cravate blanche, jusqu'au docteur sceptique, spirituel et malin, qui raconte aux amis ses procédés et ses trucs […], le docteur paternel et bon enfant, le docteur scientifique, le docteur brutal, le docteur à femmes, le docteur à longs cheveux, le docteur élégant et bien d'autres. Chaque variété de médecin trouve infailliblement sa variété de malades […].

Guy DE MAUPASSANT, *Malades et Médecins*, 1884.

▶ VOIR amour, confesser, dupe, médecin.

doctrine

Du latin classique *doctrina*, enseignement, formation théorique ; en latin chrétien, enseignement religieux.

■ Toute doctrine se transforme rapidement dans l'esprit des adeptes, et d'autant plus que les adeptes sont ou deviennent plus forts que le maître.

George SAND, *Histoire de ma vie*, 1855.

Et dans les dictionnaires anciens…

■ La doctrine que nous devons professer en politique et en religion est naturellement révélée par notre conscience.

Maurice LACHÂTRE, *Dictionnaire universel*, 1856.

dôme

De l'ancien provençal *doma*, toit en coupole.

■ Dôme : Tour de force architectural. S'étonner de ce que cela puisse tenir tout seul. En citer deux, celui des Invalides et celui de Saint-Pierre de Rome.

Gustave FLAUBERT, *Le Dictionnaire des idées reçues*, posth. 1913.

domesticité

Du bas latin *domesticitas*, *-atis*, relations, vie commune.

■ Toute domesticité est supportée, dès qu'elle a pouvoir sur son propre travail et certitude de durée.

ALAIN, *Propos sur le bonheur*, © Gallimard, 1922.

Et dans les dictionnaires anciens…

■ *Domesticité*. […] À l'esclavage a succédé le servage, et, au servage, la domesticité.

Maurice LACHÂTRE, *Dictionnaire français illustré*, 1856.

dominer

Du latin *dominari*, être maître, régner.

■ Les hommes veulent être esclaves quelque part et puiser là de quoi dominer ailleurs.

Jean DE LA BRUYÈRE, *Les Caractères*, 1688-1696.

dompteur

Du latin *domitare*, dompter, de *domare*, apprivoiser, soumettre.

■ Dompteurs de bêtes féroces : Emploient des pratiques obscènes.

Gustave FLAUBERT, *Le Dictionnaire des idées reçues*, posth. 1913.

■ Il faut toujours qu'il y ait un dompteur et un dompté.

Guy DE MAUPASSANT, *Contes et Nouvelles*, 1882.

donc

Du latin populaire *dunc*, croisement de *dum*, donc, et *tum*, *tunc*, alors.

■ Le mot le plus haïssable me paraît être le mot *donc*, avec tout ce qu'il entraîne de vanité et de délectation morose [...].

André BRETON,
La Clé des champs, © J.-J. Pauvert, 1947.

Et dans les dictionnaires anciens...

■ *Donques* est une forme ancienne, encore employée par Molière, et que la poésie pourrait se permettre. « Donques, si le pouvoir de parler m'est ôté, pour moi, j'aime autant perdre aussi l'humanité. » Molière.

Émile LITTRÉ,
Dictionnaire de la langue française, 1863-1872.

donner

Du latin *donare*, faire don.

■ Tel donne à pleines mains qui n'oblige personne : / La façon de donner vaut mieux que ce qu'on donne.

Pierre CORNEILLE, *Les Menteurs*, 1643.

■ Tout individu qui n'a rien à nous donner et qui ne veut rien recevoir de nous, nous paralyse par sa société. C'est un absorbant qui nous soutire gaieté, esprit, force vitale, et nous laisse plus pauvres, sans s'être enrichi lui-même.

Henri-Frédéric AMIEL,
Journal intime, 1847-1883.

Et dans les dictionnaires anciens...

■ On *donne* à une personne, afin qu'elle reçoive. On lui *présente*, afin qu'elle agrée. On lui *offre* afin qu'elle accepte. [...] Nous ne pouvons *donner* que ce qui est à nous, *offrir* que ce qui est en notre pouvoir ; mais nous *présentons* quelquefois ce qui n'est ni à nous ni en notre puissance.

Gabriel GIRARD, *Synonymes françois*, 1736.

dormir

Du latin *dormire*, dormir.

■ Dors : On t'aimera bien.

Tristan CORBIÈRE, *Les Amours jaunes*, 1873.

■ Dormir (trop) : Épaissit le sang.

Gustave FLAUBERT,
Le Dictionnaire des idées reçues, posth. 1913.

■ Essayez d'ajourner le dormir ou le manger, ils vous assiègeront.

ALAIN, *Propos*, 1931.

■ Étendant les mains hors du lit, Plume fut étonné de ne pas rencontrer le mur. « Tiens, pensa-t-il, les fourmis l'auront mangé... » et il se rendormit.

Henri MICHAUX, *Plume*, © Gallimard, 1938.

Et dans les dictionnaires anciens...

■ Il y a un certain milieu entre le dormir & la veille, qui est tout à fait agréable.

Antoine FURETIÈRE, *Dictionnaire universel*, 1690.

➤ VOIR chaise, chasse, dent, galet, lecture, oubli, partout, rue, saule.

dos

Du latin *dossum*, dérivé de *dorsum*, dos.

■ Dos : Une tape dans le dos peut rendre poitrinaire.

Gustave FLAUBERT,
Le Dictionnaire des idées reçues, posth. 1913.

■ De temps à autre, le cœur battant, je faisais un brusque demi-tour : qu'est-ce qui se passait dans mon dos ? Peut-être ça commencerait derrière moi, et, quand je me retournerais, tout d'un coup, ce serait trop tard.

Jean-Paul SARTRE,
La Nausée, © Gallimard, 1938.

Et dans les dictionnaires anciens...

■ On dit des gens débauchés, Le dos au feu [de la cheminée], le ventre à table.

Dictionnaire de l'Académie française, 1694.

dossier

Dérivé de *dos*, partie du corps et *dos* d'un livre.

■ Je mets aujourd'hui la main dans un dossier, j'en tire au hasard une affaire, et du tout épars dans trente rapports, notes officielles, procès-verbaux, interrogatoires, j'extrais l'aventure suivante.

A. DUMAS, *Le Comte de Monte-Cristo*, 1846.

Et les pensées de...

■ Au lieu de quoi, je me suis rendu au siège de la Sécurité sociale [...]. Naturellement, on m'a répondu que mon dossier s'était égaré... Je dois dire que j'en fus presque soulagé. Enfin, une chose qui se déroulait normalement, comme prévu !

Raymond DEVOS, *Matière à rire*, « Le possédé du percepteur », © Plon, 1993.

douane

Du l'ancien italien *do(v)ana*, édifice où sont payés les droits d'entrée et de sortie des marchandise, de l'arabe *diwan*, registre, salle de réunion.

■ Douane : On doit se révolter contre – et la frauder.

Gustave FLAUBERT, *Le Dictionnaire des idées reçues*, posth. 1913.

■ Boileau est pédagogue. Il croit aux douanes linguistiques, aux mots nobles et pas nobles, aux métaphores permises ou interdites.

Léon DAUDET, *Idées esthétiques*, 1939.

douceur

Du bas latin *dulcor*, douceur, sur le modèle de doux.

■ Plus fait douceur que violence.

Jean DE LA FONTAINE, *Fables*, « Phébus et Borée », 1668-1694.

■ On gagne les esprits par beaucoup de douceur.

MOLIÈRE, *L'École des maris*, 1661.

■ La modeste douceur / Donne un prix aux vertus et sied à la valeur.

VOLTAIRE, *Tancrède*, 1760.

Et dans les dictionnaires anciens...

■ *Douceur*. Plaisir, commodité, aises. Le feu, l'hiver, est une des douceurs de la vie. Chercher les douceurs de la vie.

Pierre RICHELET, *Dictionnaire françois*, 1680.

▶ VOIR air, bonheur, défaut, écriture, empire, femme, français, lèvre, personne, raillerie, sein, sœur, tyran, vie, vieillesse, violence.

douleur

Du latin *dolor*, *-oris*, souffrance physique ou morale, du verbe *dolere*, souffrir.

■ La douleur qui se tait n'en est que plus funeste.

Jean RACINE, *Andromaque*, 1667.

■ La douleur est comme cette tige de fer que les sculpteurs mettent au sein de leur glaise, elle soutient, c'est une force !

Honoré DE BALZAC, *Béatrix*, 1839.

■ L'homme est un apprenti, la douleur est son maître.

Alfred DE MUSSET, *Nuits d'octobre*, 1837.

■ Sois sage, ô ma Douleur, et tiens-toi tranquille. / Tu réclamais le Soir, il descend ; le voici ; / Une atmosphère obscure enveloppe la ville, / Aux uns portant la paix, aux autres le souci.

Charles BAUDELAIRE, *Les Fleurs du mal*, 1857.

■ On peut [...] aller jusqu'à dire que beaucoup de douleurs seraient adoucies et peut-être effacées, si l'attention portait ailleurs.

ALAIN, *Esquisses de l'homme*, © Gallimard, 1927.

Et dans les dictionnaires anciens...

■ *Douleur*. Sentiment triste & fâcheux qui blesse quelque partie du corps, & est ennemi de la nature : ce qui arrive par l'altération subite de la partie, ou par solution de continuité. Le péché de la femme a été puni par les douleurs de l'enfantement.

Antoine FURETIÈRE, *Dictionnaire universel*, 1690.

■ La *douleur* est souvent regardée comme l'effet du *mal*, jamais comme la cause. On dit de celle-là qu'elle est aiguë, de l'autre qu'il est violent. On dit aussi, par sentence philosophique, que la mort n'est pas un *mal*, mais que la *douleur* en est un.

Gabriel GIRARD, *Synonymes françois*, 1736.

▶ VOIR amer, chagrin, deuil, extrême, féroce, gémir, hasard, infamie, invulnérable, jour, mélancolie, plaie, poète, pourpre, rêve, rossignol, trembler, tristesse, vie, vivant.

doute, douter

Du latin *dubitare*, être indécis, dérivé de *dubius*, hésitant ; douter ; craindre.

■ Le doute ressemble à ces mouches importunes qu'on chasse et qui reviennent toujours.

Joseph DE MAISTRE, *Les Soirées de Saint-Pétersbourg*, 1821.

■ Doutez, si vous voulez, de l'être qui vous aime, / D'une femme ou d'un chien, mais non de l'amour même.

Alfred DE MUSSET, *Premières Poésies*, « La Coupe et les Lèvres », 1835.

■ Pour que la société ne croule pas, il lui faut un principe de cohésion. [...] En mettant tout en question, on compromet tout. Le doute est le complice de la tyrannie.

Henri-Frédéric AMIEL, *Journal intime*, 1847-1883.

■ Doute : Pire que la négation.

Gustave FLAUBERT, *Le Dictionnaire des idées reçues*, posth. 1913.

■ La liberté intellectuelle, ou sagesse, c'est le doute. [...] Douter, c'est examiner, c'est démonter et remonter les idées comme des rouages, sans prévention et sans précipitation contre la puissance de croire qui est formidable en chacun de nous.

ALAIN, *Propos*, © Gallimard, 1912.

■ Être assez frais assez fort / Assez inquiet pour ne plus douter / Croire assez pour douter toujours

Max-Pol FOUCHET, « Les Limites de l'amour », *Fontaine* (revue), 1942.

■ Qui sait à la fois douter et croire, douter et agir, douter et vouloir est sauvé.

André MAUROIS, *Alain*, © Gallimard, 1949.

Et dans les dictionnaires anciens...

■ *Douter*. [...] Ne pas douter de. Avoir la conviction qu'une chose arrivera. Aucun catholique, en l'an 1000, ne doutait de la fin prochaine du monde.

Maurice LACHÂTRE, *Dictionnaire français illustré*, 1856.

Et les pensées de...

■ Évidemment que je ne dis pas que je vois planer un doute parce qu'aussitôt, les questions : — Comment ça plane un doute ? » — Comme ça ! — Comment vous pouvez identifier un doute avec certitude ? À son ombre ! Si le doute fait de l'ombre, c'est que le doute existe [...].

Raymond DEVOS, *À plus d'un titre*, « Un ange passe », © Orban, 1989.

▶ VOIR accepter.

dramatique

Du bas latin *dramaticus*, qui concerne le théâtre, du grec *dramatikos*, théâtral.

■ Le génie dramatique se compose de l'esprit public, de l'histoire, du gouvernement, des mœurs, enfin de tout ce qui s'introduit chaque jour dans la pensée.

MADAME DE STAËL, *Corinne*, 1807.

■ J'ai de la peine à m'habituer à ne voir dans l'art dramatique qu'un métier comme un autre. Ce n'est pourtant qu'un métier. Il ne s'agit pas de savoir si M. Berr est un homme de talent, mais si sa pièce est bien fabriquée.

Jules RENARD, *Journal*, posth. 1925.

Et dans les dictionnaires anciens...

■ Notre siècle a excellé en Ouvrages Dramatiques, tant en vers, qu'en prose. Le Dramatique est le genre de Poésie le plus agréable. Corneille est le premier des Poètes dramatiques.

Antoine FURETIÈRE, *Dictionnaire universel*, 1690.

drame

Du bas latin *drama*, action théâtrale, du grec *drama*, action, action scénique.

■ — Vous injuriez toujours notre pauvre siècle.
— Pardon de [prendre] la liberté ; qu'a-t-il produit pour qu'on le loue ? Sottises de toute espèce, la liberté de penser, l'attraction, l'électricité, le tolérantisme, l'inoculation, le quinquina, l'*Encyclopédie* et les drames.

BEAUMARCHAIS, *Le Barbier de Séville*, 1775.

■ Le drame est un miroir où se réfléchit la nature.

Victor HUGO, *Cromwell* (préface), 1827.

drapeau

Dérivé de *drap*, du bas latin *drappus*, chiffon, morceau d'étoffe, peut-être d'origine gauloise.

■ Drapeau : Sa vue fait battre le cœur.

Gustave FLAUBERT, *Le Dictionnaire des idées reçues*, posth. 1913.

■ Non, je ne m'incline pas devant le drapeau. Il me fait peur, je le hais et je l'accuse. Non, il n'est pas de la beauté, il n'est pas l'emblème du coin de terre natale dont il trouble le tableau avec sa tache sauvage et bariolée. Il est l'enseigne criarde de la gloire des coups, du militarisme et de la guerre.

Henry BARBUSSE, *Clarté*, 1920.

drogue

Sans doute du néerlandais *droge vate*, tonneau contenant des produits secs.

■ On farcissait ses viandes de drogues [ingrédients] odoriférantes.

Michel DE MONTAIGNE, *Essais*, 1580-1595.

■ Ah ! Oui, je sais, le haschich, l'opium, la confiture verte, les paradis artificiels. J'ai lu Baudelaire ; et j'ai même goûté la fameuse drogue, qui m'a rendu fort malade.

Guy DE MAUPASSANT, *Rêves*, 1882.

Et les pensées de...

■ Toujours l'air un peu dans le cirage. Mais je ne pratique aucune drogue, sauf la rêverie.

Serge GAINSBOURG, *Pensées, provocs et autres volutes*, © Le Cherche midi, 2006.

droit, bon droit

Du latin *directus*, qui est en ligne droite, direct, droit. Voir *bon*.

■ Droit (Le) : On ne sait pas ce que c'est.

Gustave FLAUBERT, *Le Dictionnaire des idées reçues*, posth. 1913.

Et les pensées de...

■ Les droits de l'homme ne sont pas des droits, ce sont de somptueuses conquêtes.

Jean HAMBURGER, *Dictionnaire promenade*, © Le Seuil, 1989.

■ On peut parfaitement recevoir un mauvais gauche tout en étant dans son bon droit.

Pierre DAC, *Arrière-Pensées*, © Le Cherche midi, 1998.

▶ VOIR antisémitisme, femme, jeunesse, juste, liberté, loterie, malheureux, mathématicien, mérite, musique, orthographe, pardonner, peuple, place, règle, travail.

duel

Du latin *duellum*, forme ancienne de *bellum*, guerre ; combat singulier, combat entre deux hommes.

■ Il y eut des duels de plume et des duels d'épée. Les combattants s'exaspérèrent par le combat, la moutarde leur monta au nez, et une année durant, comme dit Piron, ils éternuèrent des épigrammes.

Victor HUGO, *Correspondance*, 1845.

■ Duel : Tonner contre. N'est pas une preuve de courage. Prestige de l'homme qui a eu un duel.

Gustave FLAUBERT, *Le Dictionnaire des idées reçues*, posth. 1913.

Et dans les dictionnaires anciens...

■ Les duels étoient autrefois permis pour défendre ou accuser en Justice dans les cas dont on ne pouvoit avoir preuve. Ce duel étoit un moyen si ordinaire pour vuider les différents des Nobles, qu'on n'en dispensoit pas même les Ecclésiastiques, les Prestres & les Moines. Et afin qu'ils ne se souillassent pas de sang, on les obligeait de donner des gens pour se battre à leur place.

Antoine FURETIÈRE, *Dictionnaire universel*, 1690.

▶ VOIR mort, amant.

dupe, duper, dupeur

Variante de *huppe*, mot onomatopéique qui désigne un oiseau que l'on dit stupide.

■ Et si les médecins n'avaient des soutanes et des mules, et que les docteurs n'eussent des bonnets carrés et des robes trop amples de quatre parties, jamais ils n'auraient dupé le monde qui ne peut résister à cette montre [démonstration] si authentique.

Blaise PASCAL,
Pensées, 1669.

■ Vous le croyez votre dupe : s'il feint de l'être, qui est plus dupe de lui ou de vous ?

Jean DE LA BRUYÈRE, *Les Caractères*, 1688.

■ La nation se compose de dupeurs et de dupés.

Jean-Baptiste SAY,
Économie politique, 1832.

■ Dupe : Mieux vaut être fripon que dupe.

Gustave FLAUBERT,
Le Dictionnaire des idées reçues, posth. 1913.

Et dans les dictionnaires anciens...

■ L'esprit est souvent la dupe du cœur.

Pierre RICHELET,
Dictionnaire françois, 1680.

■ L'art des Grands est de leurrer les petits par des promesses magnifiques ; et l'art des petits est de duper les Grands dans les choses que ceux-ci commettent à leurs soins.

Gabriel GIRARD,
Synonymes françois, 1736.

Et dans les dictionnaires anciens...

■ Un *dupeur d'oreilles*, lecteur [à voix haute] qui est assez habile pour faire trouver bons, quand il les récite, des vers, un morceau, médiocres par la pensée ou par l'expression. On a dit que Delille était un grand dupeur d'oreilles à cause de son talent pour réciter ses vers.

Émile LITTRÉ,
Dictionnaire de la langue française, 1863-1872.

dur

Du latin *durus*, dur au toucher et dur moralement.

■ Comme tous les durs, il n'a pas de fond. C'est le principe de la noix. Vous appuyez dessus, et cela se casse. Essayez donc de casser du miel.

Fred VARGAS,
Dans les bois éternels, © Viviane Hamy, 2006.

dureté

Dérivé de *dur*. Voir *dur*.

■ Un peu de dureté sied bien aux grandes âmes.

Pierre CORNEILLE, *Suréna*, 1674.

■ L'esprit dur est un marteau qui ne sait que briser. La dureté d'esprit n'est pas quelquefois moins funeste et moins odieuse que la dureté de cœur.

Joseph JOUBERT, *Pensées, essais, maximes et correspondances*, posth. 1838.

E e

eau

Du latin *aqua*, devenu *egua* au XIe s., puis *ewe*, et eau au XIIe s.

■ Ne crains pas, mon cher enfant, que l'abondance de l'eau affaiblisse ou refroidisse ton estomac.

Alain René LESAGE,
Histoire de Gil Blas de Santillane, 1715-1735.

■ Et que l'eau, palpitant sous le chant qui l'effleure, / Baise avec un sanglot le beau saule qui pleure.

Victor HUGO, *Les Contemplations*,
« En écoutant les oiseaux », 1856.

Et dans les dictionnaires anciens...

■ *Eau*. C'est le troisième des quatre anciens Éléments, qui est froid et humide par sa nature. Ce nom se donne à tous les corps clairs et liquides qui coulent sur la Terre : comme Eau de mer, de rivière, de fontaine, d'étang, de sources, de citernes, de puits.

Antoine FURETIÈRE,
Dictionnaire universel, 1690.

éblouir

Du bas latin *exblaudire*, du francique *blaudi*, faible. On est passé de la vue troublée par la faiblesse au fait d'être ébloui.

■ Promets, donne, conjure, intimide, éblouis.

VOLTAIRE, *Mérope*, 1743.

Et dans les dictionnaires anciens...

■ Bossuet a dit se laisser éblouir par des sons : « Ne nous laissons pas éblouir par un son confus de paroles. »

Émile LITTRÉ,
Dictionnaire de la langue française, 1863-1872.

échafaud

Croisement de l'ancien français *chafaud*, échafaudage, et d'*échelle* ou d'*échasse*.

■ Jette au peuple un hennissement, / À l'échafaud une ruade ; / Fais une brèche au firmament / Pour que l'esprit humain s'évade.

Victor HUGO, *Les Chansons des rues et des bois*, « Au cheval », 1865.

■ S'arranger quand on y monte, pour prononcer quelques mots / paroles / éloquents avant de mourir.

Gustave FLAUBERT,
Le Dictionnaire des idées reçues, posth. 1913.

▶ VOIR exécution.

échange

Construit à partir d'*échanger*, dérivé de *changer*, voir *changer*.

■ La société des amis est toujours une société idéale. Elle est un échange continu.

Jean GUÉHENNO, *Journal d'un homme de quarante ans*, © *Grasset*, 1934.

Et les pensées de...

■ Seule la culture donne sa profondeur et sa richesse à l'échange.

Dominique DE VILLEPIN,
Le Requin et la Mouette, © Albin Michel, 2004.

échapper

Du latin *excappare*, sortir de sa chape, de son manteau, c'est-à-dire le laisser aux poursuivants.

■ Ulysse, Ulysse, m'avez-vous échappé pour jamais ?

FÉNELON, *Les Aventures de Télémaque*, 1669.

Et dans les dictionnaires anciens...

■ Quand un valet est insolent envers son Maistre, la patience eschappe aux plus modérés.

Antoine FURETIÈRE, *Dictionnaire universel*, 1690.

échec

Voir étymologie d'échecs (jeu).

■ Longtemps des camps rivaux le succès est égal : / Enfin l'heureux vainqueur donne l'échec fatal, / Se lève, et du vaincu proclame la défaite.

Jacques DELILLE, *Homme des champs*, 1800.

Et les pensées de...

■ La pire erreur n'est pas dans l'échec mais dans l'incapacité de dominer l'échec.

François MITTERRAND,
Ma part de vérité, © Fayard, 1969.

■ Un échec, c'est reposant, ça n'a pas d'avenir, c'est rond, limité, bouclé.

Bernard FRANK, *Portraits et Aphorismes*, © Le Cherche midi, 2001.

▶ VOIR Échecs.

échecs (jeu)

Altération de *eschac*, interjection d'un joueur signifiant à l'autre que son roi était menacé, du persan *shah mat*, le roi est mort.

■ Échecs (Jeu des) : Image de la tactique militaire. Tous les grands capitaines y étaient forts. Trop sérieux pour un jeu, trop futile pour une Science.

Gustave FLAUBERT,
Le Dictionnaire des idées reçues, posth. 1913.

■ Imagine-toi que j'ai trouvé dans le dictionnaire qu'*échec et mat* signifie en persan : le Roi est mort ! Le Roi, c'est-à-dire la pièce maîtresse. [...] Quel étonnant psychologue, d'ailleurs, que ce Palamède, fils de Nauplius, Roi d'Eubée, s'il est vraiment l'inventeur des Échecs ! Il a placé le Fou à côté du Roi, signifiant par là que les possesseurs de l'autorité sont toujours entourés des conseillers les moins raisonnables.

Paul BOURGET, *Nos actes nous suivent*, 1923.

Et les pensées de...

■ Je rappelle qu'aux échecs, si la victoire est brillante, l'échec est mat.

COLUCHE, *Et vous trouvez ça drôle ?*, © Le Cherche midi, 1998.

écho

Du latin *echo*, son répercuté, du grec *êkhô*, bruit répercuté, rumeur.

■ L'écho se plaît à redire les chansons des bergers et à exprimer le son rustique de leurs musettes dans le creux de quelque rocher.

Nicolas D'ABLANCOURT,
Lucien, louange d'une maison, 1654.

■ Les uns, sacrifiant leur vie à leur mémoire, / Adorent un écho, qu'ils appellent la gloire. / [...] D'autres, accumulant pour enfouir encor, / Recueillent dans la fange une poussière d'or.

Alphonse DE LAMARTINE,
Harmonies poétiques et religieuses, 1830.

Et dans les dictionnaires anciens...

■ Les amants maltraités vont faire leurs plaintes aux échos, il n'y a que l'écho qui réponde à leur voix.

Antoine FURETIÈRE,
Dictionnaire universel, 1690.

échouer

Mot du nord de la Picardie et de Normandie, d'origine obscure.

■ Nous allons échouer tous au même rivage.

Alphonse DE LAMARTINE, *Méditations poétiques*, 1820.

■ Les rêves ne sont pas réalisables, nous le savons ; nous n'en formerions peut-être pas sans le désir, et il est utile d'en former pour les voir échouer et que leur échec instruise.

Marcel PROUST, *La Prisonnière*, 1922.

Et dans les dictionnaires anciens...

■ *Eschouer*. [...] L'amour est un écueil contre lequel la vertu des plus grands hommes eschoue ordinairement.

Antoine FURETIÈRE, *Dictionnaire universel*, 1690.

éclair

Construit à partir d'*éclairer*, du latin *exclarare*, composé de *ex-* et de *clarare*, de *clarus*, clair.

■ Hélas ! Sans frissonner, quel cœur audacieux / Soutiendrait les éclairs qui partaient de vos yeux [...]

RACINE, *Esther*, 1689.

■ Pas de prunelle abjecte et vile que ne touche / L'éclair d'en haut, parfois tendre et parfois farouche.

Victor HUGO, *La Légende des siècles*, 1859.

éclairé

Participe passé d'*éclairer*, voir *éclair*.

■ Si les siècles éclairés ne sont pas moins corrompus que les autres, c'est que la lumière y est trop inégalement répandue : qu'elle est resserrée et concentrée dans un trop petit nombre d'esprits.

Jean D'ALEMBERT, *Lettre à Jean-Jacques Rousseau*, 1759.

éclat

Construit à partir d'*éclater*, faire voler en *éclat*, se séparer de, du francique *slaitan*, fendre, briser.

■ L'essieu crie et se rompt, l'intrépide Hippolyte / Voit voler en éclats tout son char fracassé.

Jean RACINE, *Phèdre*, 1677.

Et dans les dictionnaires anciens...

■ Éclat, brillant, lustre (*synon.)*. Il y a une gradation entre ces trois mots. L'éclat enchérit sur le brillant.

Jean-François FÉRAUD, *Diction(n)aire critique de la langue française*, 1787.

école, écolier

Du latin *schola*, études, lieu d'enseignement, du grec *skholê*, arrêt, corporation, école.

■ Hé ! Dieu, si j'eusse étudié / Au temps de ma jeunesse folle, [...] Mais quoi ? Je fuyais l'école, / Comme fait le mauvais enfant. / En écrivant cette parole, / À peu que le cœur ne me fend.

François VILLON, *Le Grand Testament et le Petit*, 1489.

■ Et l'école du monde, en l'air dont il faut vivre, / Instruit mieux, à mon gré, que ne fait aucun livre.

MOLIÈRE, *L'École des maris*, 1661.

■ Il existe une lutte continuelle entre les maîtres et les écoliers, lutte sans trêve, à laquelle rien n'est comparable dans la société, si ce n'est le combat de l'Opposition contre le Ministère dans un gouvernement représentatif.

Honoré DE BALZAC, *Louis Lambert*, 1832.

■ L'égalité a un organe : l'instruction gratuite et obligatoire. [...] De l'école identique sort la société égale.

Victor HUGO, *Les Misérables*, 1862.

■ L'école est un lieu admirable. J'aime que les bruits extérieurs n'y entrent point.

ALAIN, *Propos sur l'éducation*, © PUF, 1932.

■ L'homme ne veut pas de l'école parce qu'elle lui impose, pour vivre – c'est-à-dire pour être libre, pour se nourrir, pour s'habiller – de passer désormais par ses bancs ; l'école ne veut pas davantage de l'homme parce qu'il lui impose pour survivre – c'est-à-dire pour s'étendre et prendre racine où sa nécessité l'a débarquée – de compter avec lui.

Cheikh Hamidou KANE, *L'Aventure ambiguë*, © Julliard, 1961.

■ Toutes les écoles sont moches, d'ailleurs. Je ne sais pas pourquoi. C'est pour nous punir même avant d'y entrer.

Patrick CAUVIN,
Povchéri, © Albin Michel, 1986.

Et dans les dictionnaires anciens...

■ *Escafer*. Terme de colége de Paris. Coup de pied au cu. Escafer un petit écolier. Il a été bien escafé. Les grands écoliers escafent les petits.

Pierre RICHELET,
Dictionnaire françois, 1680.

Et les pensées de...

■ Je rêve d'une école [...] où, jusqu'à l'adolescence, on ne se préoccuperait que de former des esprits pensant juste, munis d'un bagage solide de connaissances générales, sans se soucier de spécialisation, remettant l'orientation vers le métier à l'après-scolarité obligatoire.

François CAVANNA, *Lettre ouverte aux culs-bénits*, © Albin Michel, 1994.

■ Mon père voulait que j'aille à l'école. Bon, j'y vais. J'arrive, je vois « Ralentir École ». Ils ne croyaient tout de même pas qu'on allait y aller en courant.

COLUCHE, *Pensées et Anecdotes*, © Le Cherche midi, 1995.

▶ VOIR abc, altitude, crier, dépiter, disciple, excuse, fouet, fraternité, hallucination, journal, latin, maître d'école, poisson, urgent, zézayer.

école (littéraire)

Du latin *schola*, études, lieu d'enseignement, du grec *skholê*, arrêt, corporation, école.

■ Une école littéraire est une bande de jeunes gens qui se liguent contre les vieux raseurs établis et renversent leurs fauteuils pour prendre leur place et devenir de jeunes raseurs établis.

Charles DANTZIG, *Dictionnaire égoïste de la littérature française*, © Grasset, 2005.

écoles (grandes)

■ Écoles : – Polytechnique : rêve de toutes les mères (vieux). – Fureur du bourgeois dans les émeutes quand il apprend que l'école polytechnique sympathise avec les ouvriers (vieux). Dire simplement, « l'école » fait accroire qu'on y a été.
À Saint-Cyr, jeunes gens nobles. À l'école de médecine, tous exaltés. À l'école de droit, jeunes gens de bonne famille.

Gustave FLAUBERT,
Le Dictionnaire des idées reçues, posth. 1913.

▶ VOIR école.

économe

Du bas latin *œconomus*, administrateur des biens d'une église, du grec *oikonomos*, administrateur d'une maison.

■ Le plus riche des hommes, c'est l'économe ; le plus pauvre, c'est l'avare.

Nicolas DE CHAMFORT, *Maximes et Pensées, caractères et anecdotes*, 1794.

économie(s)

Du latin *œconomia*, organisation, disposition, du grec *oikonomia*, administration d'une maison.

■ Économies : Citer l'anecdote de Lafitte ramassant une épingle dans la cour du banquier Perregaux.

Gustave FLAUBERT,
Le Dictionnaire des idées reçues, posth. 1913.

■ Économie politique : Science sans entrailles.

Gustave FLAUBERT,
Le Dictionnaire des idées reçues, posth. 1913.

Et dans les dictionnaires anciens...

■ C'est le travail qui chasse la misère et non l'économie. [...] L'économie devient souvent accaparement et préjudice à la société.

M. LACHÂTRE, *Dictionnaire français illustré*, 1856.

économiser

Dérivé d'*économie*. Voir *économie*.

■ On économise son temps, son crédit, sa santé, aussi bien que ses richesses.

Jean-Baptiste SAY, *Cours*, 1840.

Et les pensées de...

■ J'économise ! J'économise sur tout ! J'économise ma salive... je ne dis plus qu'un mot sur deux. Exemple : Quand on me demande comme ça va, au lieu de répondre « très bien », je réponds « très » et le bien qui me reste, je cours le déposer à la banque !

Raymond DEVOS, *À plus d'un titre*, « Les ombres d'antan », © Orban, 1989.

écouter

Du bas latin *ascultare*, du latin classique *auscultare*, écouter avec attention.

■ Tu parles, mon cœur écoute ; / Je soupire, tu m'entends.

Alphonse DE LAMARTINE, *Harmonies poétiques et religieuses*, 1830.

■ Pourquoi ne pas laisser les corps écouter en silence le langage mystérieux des intelligences ?

Victor HUGO, *Han d'Islande*, 1823.

Et dans les dictionnaires anciens...

■ Qui sait écouter sait apprendre.

Gabriel GIRARD, *Synonymes françois*, 1736.

▶ VOIR avis, barbe, cercle, discours, entendre, habile, imprudence, interrogation, ministre, société.

écran

Du néerlandais *scherm*, paravent, écran.

■ Dès qu'assis devant l'écran plus besoin de s'occuper d'eux.

Louis-Ferdinand CÉLINE, *Voyage au bout de la nuit*, © Gallimard, 1932.

écrire

Du latin *scribere*, tracer des caractères, écrire.

■ Oui, j'écris rarement et me plais de le faire ; / Non pas que la paresse en moi soit ordinaire, / Mais sitôt que je prends la plume à ce dessein, / Je crois prendre en galère une rame en la main.

Mathurin RÉGNIER, *Satires*, 1608.

■ J'approuve que chacun écrive à sa façon.

Théophile DE VIAU, *Élégie à une dame*, 1620.

■ Il est dans tout autre art des degrés différents, / On peut avec honneur remplir les seconds rangs ; / Mais dans l'art dangereux de rimer et d'écrire, / Il n'est point de degrés du médiocre au pire.

Nicolas BOILEAU, *L'Art poétique*, 1677.

■ La gloire ou le mérite de certains hommes est de bien écrire ; et de quelques autres, c'est de n'écrire point.

Jean DE LA BRUYÈRE, *Les Caractères*, 1688-1696.

■ Quand j'ai vu ce que tant de grands hommes, en France, en Angleterre et en Allemagne, ont écrit avant moi, j'ai été dans l'admiration, mais je n'ai point perdu le courage : « Et moi aussi, je suis peintre », ai-je dit avec Le Corrège.

Charles-Louis DE MONTESQUIEU, *De l'esprit des lois*, 1748.

■ Je leur dirais que les sottises imprimées n'ont d'importance qu'aux lieux où on en gêne le cours ; que sans la liberté d'écrire, il n'est pas d'éloge flatteur, et qu'il n'y a que les petits hommes qui redoutent les petits écrits.

Pierre-Augustin DE BEAUMARCHAIS, *Le Mariage de Figaro*, 1784.

■ La première condition pour écrire, c'est une manière de sentir vive et forte.

MADAME DE STAËL, *De l'Allemagne*, 1813.

■ Ce que j'écris n'est pas pour les petites filles.

Théophile GAUTIER, *Albertus ou l'Âme et le Péché*, 1833.

■ Pour écrire littérairement, il faut se figurer pour public une ou deux femmes cultivées, l'une plus prompte d'esprit et l'autre plus douillette de goût.

Henri-Frédéric AMIEL, *Journal intime*, 1847-1883.

■ Chaque progrès dans l'art d'écrire ne s'achète que par l'abandon d'une complaisance.

André GIDE, *Journal*, © Gallimard, 1920.

■ L'acte d'écrire demande toujours un certain « sacrifice de l'intellect ». On sait bien, par exemple, que les conditions de la lecture littéraire sont incompatibles avec une précision excessive du langage.

Paul VALÉRY,
La Soirée avec Monsieur Teste (préface), 1926.

■ Tu es pressé d'écrire, / Comme si tu étais en retard sur la vie.

René CHAR,
Le Marteau sans maître, © Gallimard, 1934.

■ Je ne sais ce que ça donnera : j'ai résolu d'écrire au hasard. Entreprise difficile : la plume (c'est un stylo) reste en retard sur la pensée. Or il importe de ne pas prévoir ce que l'on va dire.

André GIDE, *Ainsi soit-il ou les jeux sont faits*, © Gallimard, 1952.

Et dans les dictionnaires anciens...

■ Une mère de famille qui désire faire apprendre à lire et à écrire à un enfant doit écrire ou faire écrire soit une fable de La Fontaine, soit une chanson de Béranger, soit un article quelconque, le faire copier et réciter par cœur à l'enfant une fois par jour, et chaque jour par parties, puis en totalité.

Maurice LACHÂTRE,
Dictionnaire français illustré, 1856.

Et les pensées de...

■ Plus on écrit, moins on fait attention à ce que vous dites. [...] Écrire pouvait être le plus parfait moyen d'éviter les services militaires de l'existence.

Bernard FRANK, *Portraits et Aphorismes*, © Le Cherche midi, 2001.

■ Écrire comprend une part de senti *qu'on ne dit pas*. C'est si délicat, si frêle, si précieux ! Nos grosses voix le casseraient.

Charles DANTZIG, *Dictionnaire égoïste de la littérature française*, © Grasset, 2005.

■ Plus d'accents, ni grave, ni aigu, ni circonflexe ; plus d'apostrophe, de barre de t, de points sur les i ; un jour j'ai changé ma façon d'écrire par défi esthétique, en supprimant tout ce qui obligeait ma main à revenir en arrière.

Serge GAINSBOURG, *Pensées, provocs et autres volutes*, © Le Cherche midi, 2006.

▶ VOIR accoucher, agenda, apologie, aube, corbeau, coûter, dimanche, écrivain, émotion, femme, impuissance, instituteur, journal, langue, lire, médiocre, naturel, pensée, préface, rire, scandale, son, sueur, supposition, usage.

écrit

Participe passé d'*écrire*. Voir *écrire*.

■ C'est un vrai tourment, une anxiété singulière que je me donne pour le moindre écrit littéraire, philosophique ou politique que j'entreprenne. Si j'étais sage j'y renoncerais pour conserver la santé, le repos intérieur, la liberté d'esprit qui sont les seuls biens.

MAINE DE BIRAN, *Journal*, 1819.

■ Déesse de nos mœurs, la guerre vagabonde / Régnait sur nos aïeux. Aujourd'hui, c'est l'ÉCRIT.

A. DE VIGNY, *Les Destinées*, « L'esprit pur », 1863.

écriture

Du latin classique *scriptura*, écriture, art d'écrire.

■ L'écriture est un art bien utile aux amants : / Petits soins, rendez-vous, doux raccommodements, / Promesse d'épouser, plainte, douceur, rupture, / Tout cela se trafique avec l'écriture.

Jean-François REGNARD, *Le Distrait*, 1697.

■ Écriture : Une belle écriture mène à tout. Indéchiffrable : signe de science, exemple : les ordonnances de médecins.

Gustave FLAUBERT,
Le Dictionnaire des idées reçues, posth. 1913.

■ Quelqu'un, un jour, a inventé l'écriture. Il ne l'a pas fait pour représenter le monde, ni pour comprendre. Il l'a fait pour agir. Depuis ce temps, l'homme qui écrit regarde devant lui, et il ne voit pas les questions.

Jean-Marie LE CLEZIO,
« Le sismographe », *La Nouvelle Revue française, n° 214*, © J.-M. G. Le Clezio, 1970.

■ L'écriture est donc essentiellement la morale de la forme, c'est le choix de l'aire sociale au sein de laquelle l'écrivain décide de situer la nature de son langage.

Roland BARTHES,
Le Degré zéro de l'écriture, © Le Seuil, 1971.

▶ VOIR silence.

écrivain

Du latin populaire *scribanem*, de *scriba*, greffier, scribe.

■ Soyez plutôt maçon, si c'est votre talent, / Ouvrier estimé dans un art nécessaire, / Qu'écrivain du commun et poète vulgaire.

Nicolas BOILEAU, *L'Art poétique*, 1674.

■ L'économie en littérature annonce le grand écrivain.

Joseph JOUBERT, *Pensées, essais, maximes et correspondances*, posth. 1838.

■ Il y a, dans la lecture des grands écrivains, un suc invisible et caché ; c'est je ne sais quel fluide inassignable, un sel, un principe subtil plus nourricier que tout le reste.

Joseph JOUBERT, *Pensées, essais, maximes et correspondances*, posth. 1838.

■ Car, croyez-moi, l'écrivain à la mode est plus insolent, plus dur envers les nouveaux venus que ne l'est le plus brutal libraire. Où le libraire ne voit qu'une perte, l'auteur redoute un rival : l'un vous éconduit, l'autre vous écrase.

Honoré DE BALZAC, *Illusions perdues*, 1843.

■ Un « écrivain », en France, est autre chose qu'un homme qui écrit et publie. Un auteur, même du plus grand talent, connût-il le plus grand succès, n'est pas nécessairement un « écrivain ». Tout l'esprit, toute la culture possible, ne lui font pas un « style ».

Paul VALÉRY, *Regards sur le monde actuel*, © Gallimard, 1931.

■ L'écrivain « engagé » sait que la parole est action : il sait que dévoiler c'est changer et qu'on ne peut dévoiler qu'en projetant de changer.

Jean-Paul SARTRE, *Qu'est-ce que la littérature ?*, © Gallimard, 1947.

■ L'écrivain est en situation dans son époque : chaque parole a des retentissements. Chaque silence aussi. Je tiens Flaubert et Goncourt pour responsables de la répression qui suivit la Commune parce qu'ils n'ont pas écrit une ligne pour l'empêcher.

Jean-Paul SARTRE, *Situation II*, © Gallimard, 1948.

■ L'écrivain a tout de même la chance d'échapper à la pétrification dans les instants où il écrit. À chaque nouveau livre, je débute.

Simone DE BEAUVOIR, *La Force des choses*, © Gallimard, 1963.

Et les pensées de...

■ Un bon écrivain est généralement, quoiqu'il s'en défende, un monsieur très recommandable, presque bon, mais vous n'êtes pour lui que des mots.

Bernard FRANK, *Portraits et Aphorismes*, © Le Cherche midi, 2001.

■ On reconnaît le bon écrivain à ce qu'il nous intéresse à ce qui ne nous intéresse pas. [...] Un autre critère du bon écrivain est qu'il donne envie d'écrire.

Charles DANTZIG, *Dictionnaire égoïste de la littérature française*, © Grasset, 2005.

▶ VOIR attaché de presse, critique, éditeur, franglais, intelligence, journal, journalisme, langue, littérature, mot, obsession, personnalité, précieux, roman, style, sueur, (se) taire, unanime, vocabulaire.

édifice

Du latin *aedificium*, bâtiment, de *aedificare*, construire, édifier.

■ Les grands édifices, comme les grandes montagnes, sont l'ouvrage des siècles.

Victor HUGO, *Notre-Dame de Paris*, 1831.

éditeur

Du latin *editor*, celui qui produit ; auteur.

■ Longue lettre d'un éditeur me démontrant qu'il n'a rien à se reprocher. Je le savais. Tous les éditeurs sont sans reproches. C'est un privilège qu'ils ont en commun avec les femmes et les domestiques.

Léon BLOY, *Journal*, 1898.

Et les pensées de...

■ C'est ça, un éditeur, non pas tant d'avoir été le premier dans la découverte, mais d'avoir pu en définitive attraper encore vivant, encore chaud, l'écrivain qui fera le chapitre du manuel (scolaire).

Bernard FRANK, *Portraits et Aphorismes*, © Le Cherche midi, 2001.

éducation

Du latin *educatio*, action d'élever des animaux, des plantes ; formation de l'esprit.

■ D'ailleurs rien ne remplace les premiers fondements d'une éducation mal dirigée.

Madame DE GRAFFIGNY, *Lettres péruviennes*, 1747.

■ L'éducation consiste à nous donner des idées et la bonne éducation à les mettre en proportion.

Charles-Louis DE MONTESQUIEU, *Essai sur les causes qui peuvent affecter les esprits et les caractères*, 1748.

■ L'éducation doit porter sur deux bases, la morale et la prudence : la morale, pour appuyer la vertu ; la prudence, pour vous défendre contre les vices d'autrui.

Nicolas DE CHAMFORT, *Maximes et pensées, caractères et anecdotes*, 1794.

■ L'éducation ne consiste pas seulement à orner la mémoire et à éclairer l'entendement.

Joseph JOUBERT, *Pensées, essais, maximes et correspondances*, posth. 1838.

■ Quelle est la première partie de la politique ? L'éducation. La seconde ? L'éducation. Et la troisième ? L'éducation.

Jules MICHELET, *Le Peuple*, 1840.

Et dans les dictionnaires anciens...

■ L'éducation ne finit réellement qu'avec la vie.

Maurice LACHÂTRE, *Dictionnaire français illustré*, 1973.

effacer

Dérivé de *face*, voir *face*.

■ Qu'est-ce que cent ans ? Qu'est-ce que mille ans, puisqu'un seul moment les efface ?

Jacques-Bénigne BOSSUET, *Le Sermon sur la mort*, 1662.

■ Ajoutez quelquefois, et souvent effacez.

Nicolas BOILEAU, *L'Art poétique*, 1674.

effort

Construit à partir de *(s') efforcer*, dérivé de *forcer*, du latin populaire *fortiare*, forcer.

■ Il faut faire tous ses efforts pour repousser la mort.

FÉNELON, *Les Aventures de Télémaque*, 1669.

■ L'effort fait plus que le mérite.

Mathurin RÉGNIER, *Stances contre un amoureux transi*, 1613.

Et dans les dictionnaires anciens...

■ *Effort*. Emploi de toutes ses forces. Quand on fait de trop grands efforts à lever des fardeaux, on se met en danger de quelque rupture ou descente. Ce cheval a fait un effort, il est ruiné.

Antoine FURETIÈRE, *Dictionnaire universel*, 1690.

effrayer, effroi

Du latin populaire *exfridare*, faire sortir de la tranquillité, du francique *fridu*, paix.

■ Enfin d'un chaste amour pourquoi vous effrayer ?

Jean RACINE, *Phèdre*, 1677.

■ Tout ce qui m'est cher, / D'une aile d'effroi / Mon amour le couve au ras des flots. Pourquoi, pourquoi ?

Paul VERLAINE, *Sagesse*, 1881.

Et dans les dictionnaires anciens...

■ *Effroyer*. Quelques-uns prononcent effrayer. [...] Un vray philosophe ne s'effroye de quelque chose que ce soit. Il y en a qui s'effroyent, quand on les veut saigner.

Antoine FURETIÈRE, *Dictionnaire universel*, 1690.

effronté

Dérivé de *front* avec le privatif *é-*, proprement « sans front », et donc sans une partie du visage sujette à rougir.

■ Ce n'est pas que je crois en ces temps effrontés [...].

Mathurin RÉGNIER, *Satires*, 1608.

Et dans les dictionnaires anciens...

■ Une personne effrontée parle d'un air insolent : son peu d'éducation fait qu'elle n'observe ni les usages de la politesse, ni les devoirs de l'honnêteté, ni les règles de la bienséance. [...] Un effronté n'est bon qu'à faire rougir ceux qui l'emploient.

Gabriel GIRARD, *Synonymes français*, 1736.

égal, égalité

Croisement du latin *aequalis*, égal, et de l'ancien français *igal*, déjà issu d'*æqualis*.

■ Le principe de la démocratie se corrompt, non seulement lorsqu'on perd l'esprit d'égalité, mais encore quand on prend l'esprit d'égalité extrême, et que chacun veut être égal à ceux qu'il choisit pour commander.

Charles-Louis DE MONTESQUIEU, *De l'esprit des lois*, 1748.

■ Dans l'état de nature, les hommes naissent bien dans l'égalité, mais ils n'y sauraient rester ; la société la leur fait perdre, et ils ne redeviennent égaux que par les lois.

Denis DIDEROT et Jean D'ALEMBERT, *L'Encyclopédie*, 1755.

■ Dans une dispute que les représentants de Genève eurent avec le chevalier de Bouteville, l'un deux s'échauffant, le chevalier lui dit : « Savez-vous, lui dit le Genevois, que je suis le représentant de mes égaux ? »

Nicolas DE CHAMFORT, *Maximes et pensées, caractères et anecdotes*, 1794.

■ L'égalité parfaite, absolue, non des droits (celle-ci constitue l'ordre même), mais des positions et des avantages annexés à chaque position, n'est point dans les lois de la nature, qui a distribué inégalement ses dons entre les hommes, les forces du corps et celles de l'esprit.

Félicité DE LAMENNAIS, *Le Livre du peuple*, 1838.

■ Les hommes naissent égaux. Dès le lendemain, ils ne le sont plus.

Jules RENARD, *Journal*, posth. 1925.

Et dans les dictionnaires anciens...

■ Le grand principe d'égalité pénètre de plus en plus toutes les institutions, non l'égalité absolue, qui n'est point dans la nature, mais l'égalité relative qui est contenue dans cet axiome communiste : « De chacun selon ses forces, chacun suivant ses besoins. »

Maurice LACHÂTRE, *Dictionnaire français illustré*, 1856.

▶ VOIR Bastille, école, inégalité, justice, politesse, sexe.

égard

Construit à partir de l'ancien français *esguarder*, regarder, veiller sur, dérivé de garder.

■ Tous les égards sont dus à ceux avec qui nous vivons, et nous ne devons rien aux autres que la vérité.

LA MOTTE-HOUDARD, *Réflexions sur la critique*, 1715.

▶ VOIR vivant.

église

Du latin populaire *ecclesia*, du grec *ekklêsia*, assemblée des citoyens, des fidèles.

■ Et l'on mariait dans l'église, / Sous le myrte et le haricot, / Un œillet nommé Cydalise / Avec un chou nommé Jacquot.

Victor HUGO, *Chansons des rues et des bois*, 1865.

■ L'Église est la plus douce de toutes les dominations, la moins coûteuse.

Jules ROMAINS, *Les Hommes de bonne volonté*, © Flammarion, 1937.

égoïsme

Dérivé du latin *ego*, moi.

■ Égoïsme : Se plaindre de celui des autres et ne pas s'apercevoir du sien.

Gustave FLAUBERT, *Le Dictionnaire des idées reçues*, posth. 1913.

Et les pensées de...

■ L'égoïsme, comme le volcan, n'a d'éruption qu'intermittentes. Il reste normalement tapi sous la couche des générosités de toutes sortes, puis soudain se réveille et crache sa lave.

Jean HAMBURGER, *Dictionnaire promenade*, © Le Seuil, 1989.

élancer (s')

Dérivé de *lancer*, voir *lancer*.

■ La crainte, le désir, l'espérance nous élancent vers l'avenir.

Michel DE MONTAIGNE, *Essais*, 1580-1595.

■ Derrière les ennuis et les vastes chagrins / Qui chargent de leur poids l'existence brumeuse, / Heureux celui qui peut, d'une aile vigoureuse, / S'élancer vers les champs lumineux et sereins !

Charles BAUDELAIRE,
Les Fleurs du mal, « Élévation », 1840-1857.

élection

Du latin classique, *electio*, *-ionis*, choix, de *electum*, du verbe *eligere*, élire.

■ Tu as fait malheureuse élection d'amis aussi bien que d'ennemis.

Jacques AMYOT,
Pyrrhus, œuvre de Plutraque, posth. 1805.

■ Moi, chère madame, le jour de mon élection, j'étais comme un fou, dit l'historien qui s'empiffrait de gâteaux secs.

Maurice DRUON,
Les Grandes Familles, © Plon, 1948.

élégance

Du latin *elegantia*, goût, délicatesse.

■ Notre langue fait consister la plupart de ses élégances dans les suppressions ; il ne faut pas tout mettre et tout exprimer ; il faut laisser agir l'esprit.

Charles DE VAUGELAS,
Nouvelles Remarques et observations sur la langue française, posth. 1690.

■ L'élégance, la maîtrise de soi assortie d'un certain culte du dérisoire.

Fred VARGAS,
Dans les bois éternels, © Viviane Hamy, 2006.

Et dans les dictionnaires anciens...

■ Je crois que l'*élégance* consiste à donner à la pensée un tour noble et poli, et à la rendre par des expressions châtiées, coulantes, et gracieuses à l'oreille : ce qui fait que l'*éloquence* est un tour vif et persuasif, rendu par des expressions hardies, brillantes, et figurées sans cesser d'être justes et naturelles.

Gabriel GIRARD, *Synonymes françois*, 1736.

Et les pensées de...

■ Rien de plus antinomique avec l'idée d'élégance que de s'en reconnaître soi-même.

Jacques RIGAUD,
Miroir des mots, © Robert Laffont, 1991.

■ Entre une femme qu'un rien habille et une autre que rien n'habille, il y a tout l'éventail de l'élégance.

Maurice TOUDOIRE,
Impertinences, © Téqui, 1992.

éléphant

Du latin *elephantus*, éléphant.

■ Car, dès les temps anciens, les marchands de l'Afrique / Venaient des profondeurs du désert calciné ; / Ils apportaient des dents d'éléphant, du séné [...].

Victor HUGO, *La Fin de Satan*,
« Le gibet de Jésus-Christ », 1885.

■ Un éléphant coriace et plissé dressa sa trompe bicentenaire, comme s'il allait barrir, et simplement bâilla.

Maurice DRUON,
Les Grandes Familles, © Plon, 1948.

Et dans les dictionnaires anciens...

■ Les auteurs en content plusieurs merveilles, la plus-part fabuleuses, jusques là qu'on dit que si on luy commande de faire peur à quelques-uns, il court vers luy en fureur comme s'il le vouloit mettre en pièces ; & lorsqu'il en est proche, il s'arrête tout court sans lui faire du mal.

Antoine FURETIÈRE, *Dictionnaire universel*, 1690.

▶ VOIR baleine, charge, cochon, rhinocéros, structure.

élève

Construit à partir d'*élever*, dérivé de *lever*, voir *lever*.

■ Les élèves, chantant en chœur : C'est nous les petits oiseaux / Cui cui cui cui cui cui / Les maths le latin la philo / Et les parents et leur bachot / On s'en tape sur le jabot / Cui cui cui cui cui !

Marcel AYMÉ,
Les Oiseaux de lune, © Gallimard, 1955.

Et dans les dictionnaires anciens...

■ Il ne faut pas s'étonner si ce Seigneur est sçavant & honnête homme, c'est un élève de Port-Royal.

Antoine FURETIÈRE, *Dictionnaire universel*, 1690.

▶ VOIR citation, classifier, disciple, instituteur, proverbe, zéro.

élever, s'élever

Dérivé de *lever*, voir *lever*.

■ Il y a des hommes qui ont besoin de primer, de s'élever au-dessus des autres, à quelque prix que ce puisse être. Tout leur est égal, pourvu qu'ils soient en évidence sur des tréteaux de charlatan ; sur un théâtre, un trône, un échafaud, ils seront toujours bien, s'ils attirent les yeux.

Nicolas DE CHAMFORT, *Maximes et pensées, caractères et anecdotes*, 1794.

Et les pensées de...

■ Je n'ai pas été élevée, je me suis élevée.

ARLETTY, *Les Mots d'Arletty*, © V & O éditions, 1991.

■ À chaque fois que je cherche à m'élever, y a jamais d'ascenseur !

Bertrand BLIER, *Pensées et Répliques*, © Le Cherche midi, 2001.

élite

Du participe passé d'*élire*, *eslit*, dérivé en nom. *Élire* est issu du latin populaire *exlegere*, choisir.

■ Une société qui laisse périr son élite, ou qui la rémunère d'une façon extravagante, est un monstre : elle doit être détruite.

Romain ROLLAND, *Jean-Christophe*, © Albin Michel, 1904-1912.

■ Si la distance s'est faite plus grande entre le peuple et les confrères de Proust et de Valéry, n'en concluez pas que c'est le peuple qui s'est éloigné ! C'est vous, messieurs de l'élite et si fiers de vous y compter. Rapprochez-vous, si vous voulez qu'on vous entende !

Romain ROLLAND, « Du rôle de l'écrivain dans la société », *Commune*, mai 1935.

Et les pensées de...

■ Un tireur de faisans tire sur des faisans, un tireur de lions sur des lions mais un tireur d'élite doit s'abstenir de tirer sur l'élite.

Maurice TOUDOIRE, *Impertinences*, © Téqui, 1992.

éloge

Du latin classique *elogium*, épitaphe, inscription, du grec *elegeion*, distique élégiaque.

■ Ce n'est plus un grand honneur que de se voir loué ; / D'éloges on regorge, à la tête on les jette, / Et mon valet de chambre est mis dans la gazette.

MOLIÈRE, *Le Misanthrope*, 1666.

■ On place ses éloges comme on place de l'argent, pour qu'ils nous soient rendus avec les intérêts.

Jules RENARD, *Journal*, posth. 1925.

éloquence

Du latin *eloquentia*, facilité d'expression.

■ L'éloquence est une peinture de la pensée ; et ainsi, ceux qui, après avoir peint, ajoutent encore, font un tableau au lieu d'un portrait.

Blaise PASCAL, *Pensées*, 1669.

■ Toute éloquence doit venir d'émotion, et toute émotion donne naturellement de l'éloquence.

Joseph JOUBERT, *Pensées, essais, maximes et correspondances*, posth. 1838.

■ Prend l'éloquence et tords-lui son cou ! / Tu feras bien, en train d'énergie, / De rendre un peu la rime assagie. / Si l'on n'y veille, elle ira jusqu'où ?

Paul VERLAINE, *Jadis et Naguère*, « Art poétique », 1885.

Et dans les dictionnaires anciens...

■ *Éloquence.* La science de la parole. [...] La véritable éloquence consiste à dire tout ce qu'il faut, & à ne dire que ce qu'il faut.

Antoine FURETIÈRE, *Dictionnaire universel*, 1690.

▶ VOIR avocat, barreau, élégance, échafaud, Français, imbécile, indifférence, langage, mot.

embarras

Construit à partir d'*embarrasser*, de l'espagnol *embarazar*, causer de la gêne.

■ D'un carrosse, en tournant, il accroche une roue, / Et du choc le renverse en un grand tas de boue, / Quand un autre [à l'instant s'efforçant de passer], / Dans le même embarras se vient embarrasser.

Nicolas BOILEAU, *Satires*, 1660-1711.

Et dans les dictionnaires anciens...

■ Embarras des rues de Paris. Obstacle de chariot & de carrosses qui embarrassent les rues.

Antoine FURETIÈRE, *Dictionnaire universel*, 1690.

embellir

■ L'âme enthousiaste, grande, belle, embellit, agrandit, divinise tout ce qu'elle touche.

Henri-Frédéric AMIEL, *Journal intime*, 1847-1883.

▶ VOIR beau, bel.

embompoint

De l'expression *en bon point*, en bonne condition, en bonne santé.

■ Ce monde-là prospère. Il prospère vous dis-je ! Embonpoint de la honte ! Époque callipyge !

Victor HUGO, *Crimes et Châtiments*, 1853.

■ Embonpoint : Signe de richesse et de fainéantise.

Gustave FLAUBERT, *Le Dictionnaire des idées reçues*, posth. 1913.

embrasser

Du latin populaire *imbrachiare*, construit avec *in-*, dans, et *brachium*, bras. Le geste de prendre dans ses bras était d'emblée accompagné du fait de donner un baiser.

■ Nous embrassons tout, mais nous n'étreignons que du vent.

Michel DE MONTAIGNE, *Essais*, 1580-1595.

■ J'embrasse mon rival, mais c'est pour l'étouffer.

Jean RACINE, *Britannicus*, 1669.

Et dans les dictionnaires anciens...

■ *Embrassement.* Amoureux, estroit, mol, serré, doux, mutuel, redoublé, favorable, caressant, joyeux, pressé, amiable, lascif, baiseur, souspirant, voluptueux.

Maurice DE LA PORTE, *Épithètes*, 1571.

émotion, émouvoir

Du latin populaire *exmovere*, du classique *emovere*, remuer, ébranler.

■ L'esprit n'est pas ému de ce qu'il ne croit pas.

Nicolas BOILEAU, *L'Art poétique*, 1674.

■ Mais ce qui émeut toujours [chez un acteur], ce sont des cris, des mots inarticulés, des voix rompues, quelques monosyllabes qui s'échappent par intervalles, je ne sais quel murmure dans la gorge, entre les dents.

Denis DIDEROT, *Les Entretiens sur le Fils naturel*, 1757.

■ Sans doute, il faut, pour bien écrire, une émotion vraie, mais il ne faut pas qu'elle soit déchirante. Le bonheur est nécessaire à tout [...].

MADAME DE STAËL, *Corinne ou l'Italie*, 1807.

■ Le travail par lequel une émotion s'élabore en nous et finit par se résoudre dans une idée reste si obscur que cette idée est parfois précisément le contraire de ce que le raisonnement simple aurait prévu.

Paul BOURGET, *Le Disciple*, 1889.

empereur

Du latin *imperatorem*, d'*imperator*, chef d'armée, empereur, d'*imperare*, commander en maître.

■ Vous êtes empereur, Seigneur, et vous pleurez !

Jean RACINE, *Bérénice*, 1670.

Et dans les dictionnaires anciens...

■ Aujourd'hui, on compte en Europe plusieurs empereurs. Ce titre continue, comme chez les Romains, à indiquer la prédominance de l'élément militaire sur l'élément civil.

Maurice LACHÂTRE, *Dictionnaire français illustré*, 1856.

▶ VOIR accomplir, altesse, autorité, casser

(les pieds), croix, déjà, enthousiasme, inspecteur, Napoléon.

emphase

Du latin et du grec *emphasis*, apparence.

■ Au premier qui me ramène et qui me demande la vérité nue et crue, je quitte soudain mon essor, et la lui donne sans exagération, sans emphase et remplissage.

Michel DE MONTAIGNE, *Essais*, 1580-1595.

■ Il s'exprimait avec une emphase qui tenait lieu d'esprit, et trouvait le moyen de servir à chacun un compliment amphigourique.

André GIDE, *Les Faux-Monnayeurs*, © Gallimard, 1925.

empire

Du latin *imperium*, pouvoir souverain, de *imperare*, commander en maître.

■ Ce sceptre, cet empire, / Et ces profonds respects que la terreur inspire, / À leurs pompeux éclats mêlent peu de douceur, / Et fatiguent souvent leur triste possesseur.

Jean RACINE, *Esther*, 1689.

■ Et une cité ayant subjugué une cité, elle se l'asservit, et en composa une province ; et deux provinces s'étant englouties, il s'en forma un royaume : enfin, deux royaumes s'étant conquis, l'on vit naître des empires d'une étendue gigantesque ; et dans cette agglomération, loin que la force interne des états s'accrût en raison de leur masse, il arriva, au contraire, qu'elle fut diminuée.

Constantin DE VOLNEY, *Les Ruines*, 1791.

emploi

Construit à partir d'*employer*, du latin *implicare*, plier dans, entortiller, s'engager dans.

■ Le ciel, dont nous voyons que l'ordre est tout puissant, / Pour différents emplois nous fabrique en naissant.

MOLIÈRE, *Les Femmes savantes*, 1672.

■ Il n'est pas toujours bon d'avoir un haut emploi [...].

Jean DE LA FONTAINE, *Fables*, « Les Deux Mulets », 1668-1694.

empoisonner

Dérivé de poison, du latin *potio*, *-onis*, action de boire.

■ Quand les passions sont maîtresses, elles sont vices ; et alors elles donnent à l'âme de leur aliment et l'âme s'en nourrit et s'en empoisonne.

Blaise PASCAL, *Pensées*, 1669.

Et dans les dictionnaires anciens...

■ *Empoisonner*. Donner un tour malin à ce que les autres disent, ou font. Gâter, corrompre. Les médisants empoisonnent tout. Ils empoisonnent jusques aux actions les plus innocentes.

Pierre RICHELET, *Dictionnaire françois*, 1680.

➤ VOIR dénigrer, détester.

énarque

Construit à partir de l'abréviation *ENA* (École nationale d'administration) et du suffixe *-arque*, sur le modèle de *monarque*.

■ L'Énarque se reconnaît très facilement à un signe qui ne trompe pas sur ses origines : il parle un langage qui lui est propre.

Jacques MAILHOT, *La Politique d'en rire*, © Michel Lafon, 1986.

■ Pour se détendre, l'énarque ne lit ni Euripide ni Cicéron, et même pas Régine Deforges. Il lit *La Synthèse factorielle de l'investissement économique* ou *L'Action communautaire du droit fiscal appliqué au régime juridique des filiales communes*.

Jean AMADOU, *De quoi j'me mêle*, © Robert Laffont, 1998.

encens

Du latin *incensum*, encens, de *incendere*, brûler, l'encens étant une matière brûlée dans le cadre d'un sacrifice.

■ Qu'il est doux de voir sa pensée, / Avant de chercher ses accents, / En mètres divins cadencée, / Monter soudain comme l'encens !

Alphonse DE LAMARTINE, *Harmonies poétiques et religieuses*, 1830.

➤ VOIR louange.

enchaîner

Dérivé de *chaîne*. Voir *chaîne*.

■ L'homme en ses passions toujours errant, sans guide, / A besoin qu'on lui mette et le frein et la bride ; / Son pouvoir malheureux ne sert qu'à le gêner ; / Et, pour le rendre libre, il le faut enchaîner.

Nicolas BOILEAU, *Satires*, 1660-1711.

■ Amie entends-tu / Le vol noir des corbeaux / Sur nos plaines ? / Ami, entends-tu / Les Cris sourds du pays / Qu'on enchaîne ?

Maurice DRUON et Joseph KESSEL, « Le chant des partisans », *Cahiers de Libération*, © Raoul Breton, 1943.

enclume

Du latin populaire *incudo*, *-inis*, enclume, de verbe *cudere*, forger.

■ La déesse rentra dans la forge du dieu, / Elle le vit, de loin, qui, selon sa coutume, domptait les durs métaux, penché sur son enclume.

Louis BOUILHET, *Dernières Chansons*, 1869.

Et dans les dictionnaires anciens...

■ *Enclume*. Dure, ferrée, mareschale, forgeuse, noire, serrurière, massive, rude, pesante, martelée, vulcanienne, bigornue, ouvrière.

Maurice DE LA PORTE, *Épithètes*, 1571.

encore

Du latin populaire *hinc ad horam*, ici, jusqu'à l'heure.

■ Le moment où l'on dit d'une femme : elle est encore bien jolie ! Cet *encore* gâte bien l'éloge.

MADAME DE GENLIS, *Adèle et Théodore*, 1782.

■ De la musique encore et toujours ! / Que ton vers soit la chose envolée.

Paul VERLAINE, *Jadis et Naguère*, 1884.

■ Pour la commodité des vers, il est permis aux poètes de supprimer l'e final. « J'aime à voir ta taille élégante ; / Ton doux souris, ta blanche main ; / J'aime encor ta voix caressante / Qui bien souvent m'a dit : Demain » Parny.

Maurice LACHÂTRE, *Dictionnaire français illustré*, 1856.

encourager

Attesté au XIIe s. Voir *courage*.

■ Et pratiquez mieux l'art de les encourager.

Pierre CORNEILLE, *La Toison d'or*, 1661.

encrier

Construit sur *encre*, du bas latin *encau(s)tum*, encre de pourpre, rouge, réservée à l'empereur.

■ Encrier : Se donne en cadeau à un médecin.

Gustave FLAUBERT, *Le Dictionnaire des idées reçues*, posth. 1913.

encyclopédie, encyclopédiste

Du latin de la Renaissance *encyclopædia*, du grec *enkuklios paideia* avec le sens d'« instruction circulaire ».

■ L'ouvrage que nous commençons (et que nous désirons de finir) a deux objets : comme *Encyclopédie*, il doit exposer autant qu'il est possible l'ordre et l'enchaînement des connaissances humaines ; comme *Dictionnaire raisonné des sciences* et sur chaque art, soit libéral, soit mécanique, des principes généraux qui en sont la base, et les détails les plus essentiels qui en font le corps et la substance.

Jean D'ALEMBERT, *Encyclopédie ou Dictionnaire raisonné des sciences, des arts et des métiers*, « Discours préliminaire », 1751.

■ Chaque auteur bénit son destin, de l'avoir fait naître dans le beau siècle des Diderot et des d'Alembert, dans ce siècle où toute la sagesse humaine étoit rangée par ordre alphabétique dans l'*Encyclopédie*, cette Babel des sciences et de la raison.

François René DE CHATEAUBRIAND, *Le Génie du Christianisme*, 1802.

■ Les encyclopédistes, Diderot en tête, les physiocrates, Turgot en tête, les philosophes, Voltaire en tête, les utopistes, Rousseau en tête, ce sont là quatre légions sacrées. L'immense avance de l'humanité vers la lumière leur est due. Ce sont les quatre avant-gardes du genre humain allant aux quatre points cardinaux du progrès, Diderot vers le beau, Turgot vers l'utile, Voltaire vers le vrai, Rousseau vers le juste.

Victor HUGO, *Les Misérables*, 1862.

■ *L'Encyclopédie* fut bien plus qu'un livre. Ce fut une faction. À travers les persécutions, elle alla grossissant. L'Europe entière s'y mit.

Jules MICHELET, *Histoire de France*, 1833-1867.

Et dans les dictionnaires anciens...

■ *Encyclopédie*. Science universelle, recueil ou enchaisnement de toutes les sciences ensemble. C'est une témérité à un homme de vouloir posséder l'Encyclopédie.

Antoine FURETIÈRE, *Dictionnaire universel*, 1690.

▶ VOIR alphabet, dictionnaire, drame.

endormir

Du latin *indormire*, dormir sur, en bas latin s'engourdir (pour un membre).

■ Allez de vos sermons endormir l'auditeur.

Nicolas BOILEAU, *Satires*, 1660-1711.

Et dans les dictionnaires anciens...

■ *Endormir*. Ôter le sentiment d'un membre par le moyen de frictions ou d'autres façons de l'engourdir, afin que le malade sente moins de douleur quand on le doit couper.

Antoine FURETIÈRE, *Dictionnaire universel*, 1690.

endurcir

Dérivé de *durcir*, dérivé de *dur*. Voir *dur*.

■ Le monde endurcit le cœur à la plupart des hommes ; mais ceux qui sont moins susceptibles d'endurcissement sont obligés de se créer une sorte d'insensibilité factice pour n'être dupes ni des hommes, ni des femmes.

Nicolas DE CHAMFORT, *Maximes et pensées, caractères et anecdotes*, 1794.

endurer

Du latin *indurare*, endurcir son corps, son cœur.

■ Qu'il fait bon avoir enduré ! / Que le plaisir se goûte au sortir des supplices !

Pierre CORNEILLE, *La Veuve*, 1631.

Et dans les dictionnaires anciens...

■ *Endurer*. Souffrir, supporter. Les ouvriers endurent la faim, la soif.

Maurice LACHÂTRE, *Dictionnaire français illustré*, 1856.

énergie

Du bas latin *energia*, force, énergie, du grec *energeia*, force en action.

■ Il faut que l'enfant se fasse lui-même, il faut le laisser se faire au milieu du vaste monde, si l'on veut qu'il soit plus tard un homme, une énergie agissante.

Émile ZOLA, *Le Travail*, 1901.

Et dans les dictionnaires anciens...

■ Énergie, au sens de force d'âme, ne vint en usage que dans le cours du XVIIIe siècle. [...] Mme Du Deffand, *Lettres* [...] : « Je me souviens que l'abbé me tourna en ridicule une fois que, par hasard, je prononçai ce mot énergie ; eh bien ! Qu'il sache qu'aujourd'hui il est devenu à la mode, et qu'on n'écrit plus rien qu'on ne le place. »

Émile LITTRÉ, *Dictionnaire de la langue française*, 1863-1872.

▶ VOIR philosophie.

énerver

Du latin *enervare*, couper les nerfs. *Énervé* a désigné jusqu'au XIXe s. le fait d'être sans nerf, affaibli.

■ Ô Dieu ! Rendez la force à mes bras énervés [sens ancien : affaiblis].

VOLTAIRE, *Mérope*, 1743.

■ Qu'est-ce qui ne devrait pas exister ? fit Antoine, qui s'énervait. « La mort. »

Roger MARTIN DU GARD, *Les Thibault*, © Gallimard, 1929.

Et dans les dictionnaires anciens...

■ *Enerver.* Faire perdre aux nerfs leur force, leur usage, leur fonction, soit en les coupant, ou en les affoiblissant par les débauches, ou par quelque autre violence. [...] La jeunesse s'énerve par la débauche des femmes. Le vin énerve, affoiblit les nerfs.

Antoine FURETIÈRE, *Dictionnaire universel,* 1690.

■ *Énerver.* [...] Détruire l'énergie physique ou morale. *Abusiv.* Agacer en irritant le système nerveux.

Petit Larousse illustré, 1905.

enfance, enfant

Du latin *infans, -antis,* qui ne parle pas, construit avec le privatif *in-* et le participe présent du verbe latin *fari,* parler.

■ Cette recrue continuelle du genre humain, je veux dire les enfants qui naissent, à mesure qu'ils croissent et qu'ils s'avancent, semblent nous pousser de l'épaule et nous dire : Retirez-vous, c'est maintenant notre tour.

J.-B. BOSSUET, *Sermon sur la mort,* 1662.

■ Les enfants sont hautains, dédaigneux, colères, envieux, curieux, intéressés, paresseux, volages, timides, intempérants, menteurs, dissimulés [...] ; ils ne veulent point souffrir de mal, et aiment à en faire : ils sont déjà des hommes.

Jean DE LA BRUYÈRE, *Les Caractères,* 1688.

■ La nature veut que les enfants soient enfants avant que d'être hommes. Si nous voulons pervertir cet ordre, nous produirons des fruits précoces qui n'auront ni maturité, ni saveur et ne tarderont pas à se corrompre.

Jean-Jacques ROUSSEAU, *Émile ou De l'éducation,* 1762.

■ Il paraît qu'il y a dans le cerveau des femmes une case de moins, et, dans leur cœur, une fibre de plus que chez les hommes. Il fallait une organisation particulière pour les rendre capables de supporter, soigner, caresser des enfants.

Nicolas DE CHAMFORT, *Maximes et pensées, caractères et anecdotes,* 1794.

■ Lorsque l'enfant paraît, le cercle de famille / Applaudit à grands cris.

Victor HUGO, *Les Feuilles d'automne,* 1831.

■ Où vont tous ces enfants dont pas un seul ne rit ? / Ces doux êtres pensifs que la fièvre amaigrit ? / Ces filles de huit ans qu'on voit cheminer seules ? / Ils s'en vont travailler quinze heures sous des meules.

Victor HUGO, *Les Contemplations,* « Mélancholia », 1856.

■ On n'évite pas, surtout dans l'enfance, les courants généraux qui passent dans l'air, et qui soufflent le sec ou l'humide, la fièvre ou la santé ; et il est de tels courants pour les âmes.

SAINTE-BEUVE, *Causeries du lundi,* 12 avril 1858.

■ Enfants : Affecter pour eux une tendresse lyrique – quand il y a du monde.

Gustave FLAUBERT, *Le Dictionnaire des idées reçues,* posth. 1913.

■ Je voudrais que tout enfant fut appelé à cette communion intellectuelle, à cette culture complète qui, certes, ne fait pas des hommes propres à ceci ou à cela, mais qui fait des esprits ouverts à tout.

Jean RICHEPIN, *article du Gil Blas,* 1er juin 1881.

■ Pas d'enfant, pas de fil à la patte. On s'amusait ensemble, et bonjour, bonsoir, on n'encombrait pas sa vie.

Émile ZOLA, *Le Travail,* 1901.

■ Les enfants ne sont pas comme les hommes. / Pour les enfants jouer, travailler, se reposer, s'arrêter, courir, c'est tout un. / Ensemble.

Charles PÉGUY, *Le Porche du Mystère de la Deuxième Vertu,* © Gallimard, 1911.

■ L'enfance sait ce qu'elle veut. Elle veut sortir de l'enfance.

Jean COCTEAU, *La Difficulté d'être,* © éditions du Rocher, 1947.

Et les pensées de...

■ J'aime beaucoup les enfants. D'ailleurs j'en ai fait un peu partout.

Guy BEDOS, *Petites drôleries et autres méchancetés sans importance,* © Le Seuil, 1989.

■ C'est dans le doute, le refus qu'une enfance se crée.

Bernard FRANK, *Portraits et Aphorismes,* © Le Cherche midi, 2001.

▶ VOIR adopter, aversion, babiole, curiosité, énergie, fourmi, gentil, grammaire, gymnastique, heureux, incroyable, institution, jumeau, maman, matin, mère, naissance, parents, parfum, poisson, science, tendresse, vérité, vers.

enfer

Du latin chrétien *infernum*, de *infernus*, du bas, d'un lieu inférieur, de *infer*, qui est au-dessous.

■ Descendons, les Enfers n'ont rien qui m'épouvante ; / Suivons le noir sentier que le sort me présente.

Jolyot de Crébillon, *Électre*, 1709.

■ J'aime encore mieux l'enfer que le néant. L'enfer c'est la vie qui dure.

Georges Duhamel, « Les Maîtres », *Chronique des Pasquier*, © Mercure de France, 1937.

■ Alors, c'est ça l'enfer. Je n'aurais jamais cru... Vous vous rappelez : le soufre, le bûcher, le gril... Ah ! Quelle plaisanterie. Pas besoin de gril : l'enfer, c'est les autres.

Jean-Paul Sartre, *Huis-Clos*, © Gallimard, 1944.

Et dans les dictionnaires anciens...

■ Quand on est en mauvais ménage avec sa femme, c'est un vrai enfer.

Antoine Furetière, *Dictionnaire universel*, 1690.

▶ VOIR abîme, absence, baptême, châtier, démontrer, froid, immensité, progrès, sans, Satan, trêve.

enfermer

Dérivé de *fermer*, du latin *firmare*, rendre solide, puis clore.

■ Dans la nuit du tombeau j'enfermerai ma honte.

Jean Racine, *Iphigénie*, 1674.

Et dans les dictionnaires anciens...

■ La loy veut que les femmes adultères soient enfermées entre quatre murailles.

Antoine Furetière, *Dictionnaire universel*, 1690.

enfin

Formé de *en* et de *fin*, voir fin.

■ Enfin, Malherbe vint, et, le premier en France, / Fit sentir dans les vers une juste cadence, / D'un mot mis à sa place enseigna le pouvoir / Et réduisit la muse aux règles du devoir.

Nicolas Boileau, *L'Art poétique*, 1674.

enfoiré

Participe passé d'*enfoirer*, salir, souiller.

■ J'ai réussi à dépénaliser le mot *enfoiré*.

Coluche, *Ça roule, ma poule*, © Le Cherche midi, 2002.

engager

Dérivé de *gage*, du francique *waddi*, gage.

■ Si vous voulez ma main, n'engagez pas la vôtre.

Pierre Corneille, *Sertorius*, 1662.

engouement

Dérivé d'*engouer*, forme dialectale de l'Ouest, avaler gloutonnement.

■ Toutes les fois que je vois de l'engouement dans une femme, ou même dans un homme, je commence à me défier de sa sensibilité.

Nicolas de Chamfort, *Maximes et pensées, caractères et anecdotes*, 1794.

Et dans les dictionnaires anciens...

■ *Engouement* et *engouer*, se disent au propre, de ce qui empêche le passage du gosier. Au figuré, où ils sont plus usités, surtout depuis quelques temps ; ils expriment l'action de se préoccuper avantageusement d'une personne, d'un ouvrage.

Jean-François Féraud, *Diction(n)aire critique*, 1787.

énigme

Du latin *ænigma*, *-atis*, du grec *ainigma*, parole obscure.

■ Si ce monde est affligeant comme énigme, il est encore assez divertissant comme spectacle.

Joseph Lemaître, *Les Contemporains*, 1885.

enivrer

Dérivé d'*ivre*. Voir *ivre*.

■ Mon âme enivrée / Se remplit du bonheur de s'en voir adorée.

VOLTAIRE, *Zaïre*, 1738.

■ L'on peut s'enivrer pour oublier qu'on s'est enivré.

ALAIN, *Propos*, © Gallimard, 1909.

ennemi

Du latin *inimicus*, ennemi privé.

■ Il est doux de périr après ses ennemis.

Pierre CORNEILLE, *Rodogune*, 1645.

■ Il est bien doux de plaindre / Le sort d'un ennemi quand il n'est plus à craindre.

Pierre CORNEILLE, *La Mort de Pompée*, 1646.

■ Qu'on hait un ennemi quand il est près de nous !

Jean RACINE, *La Thébaïde*, 1664.

■ On nous réconcilia ; nous nous embrassâmes, et depuis ce temps-là nous sommes ennemis mortels.

Alain René LESAGE, *Le Diable boiteux*, 1707.

■ Qui dit voisins dit ennemis. Voyez le champ qui touche au mien. C'est celui de l'homme que je hais le plus au monde. Après lui mes pires ennemis sont les gens du village qui grimpe sur l'autre versant de la vallée [...].

Anatole FRANCE, *L'Île des pingouins*, 1908.

Et les pensées de...

■ J'aime bien les ennemis : on est sûr, avec eux, de ne pouvoir se brouiller. Les vrais ennuis viennent le plus souvent des amis.

Pierre DANINOS, *Daninoscope*, © Presses de la cité, 1963.

▶ VOIR assassin, crâne, élection, environnement, fuir, littéraire, partisan, rhinocéros.

ennoblir

Dérivé de *noble*, voir *noble*.

■ La prétention de tout ennoblir, d'éloigner les contrastes en ramenant tous les objets à des formes de convention, commence à se faire remarquer jusque dans les arts et dans les lettres. On craint de dégrader son burin, sa plume ou son pinceau, en descendant à la peinture des scènes populaires, et abusant du principe que les arts ne doivent se proposer que l'imitation d'une nature choisie, on s'expose à retomber dans l'afféterie et dans le maniéré.

Victor DE JOUY, *L'Hermite de la Chaussée d'Antin*, 1813.

ennui, ennuis

Construit à partir d'*ennuyer*. Voir *ennuyer*.

■ Dureront-ils toujours ces ennuis si funestes ? / N'épuiseront-ils par les vengeances célestes.

Jean RACINE, *La Thébaïde*, 1664.

■ Supprimer l'ennui de son existence, quelle magnifique économie ! Pour cela, dans bien des cas, il faut savoir rester seul. Mais savoir se mettre à l'écart, sans offenser les amours-propres, est un art bien malaisé.

Henri-Frédéric AMIEL, *Journal intime*, 1847-1883.

Et dans les dictionnaires anciens...

■ Dans le style relevé, *ennui* est un mot d'une grande force et qui s'applique à toutes sortes de souffrances de l'âme : les ennuis du trône ; des ennuis cuisants.

Émile LITTRÉ, *Dictionnaire de la langue française*, 1863-1872.

▶ VOIR travail.

ennuyer

Du bas latin *inodiare*, être odieux.

■ Nous pardonnons souvent à ceux qui nous ennuient ; mais nous ne pouvons pardonner à ceux que nous ennuyons.

François DE LA ROCHEFOUCAULD, *Réflexions ou Sentences et Maximes morales*, 1664.

■ On s'ennuie de tout mon Ange, c'est une loi de la nature ; ce n'est pas ma faute.

Pierre Choderlos DE LACLOS, *Les Liaisons dangereuses*, 1782.

▶ VOIR bonsoir, distraire, ensemble, instruire.

énorme

Du latin *enormis*, qui est hors des proportions, hors normes.

■ Ce portrait de moi en gentleman revenu des erreurs de la jeunesse et qui a écrit un roman par désillusion, pour chasser l'ennui : « Hénaurme ! Quinze mille fois Hénaurme, avec trente milliards d'H ! »

Gustave FLAUBERT, *Correspondance*, « À J. Duplan », posth. 1887-1893.

■ Que faire avec des gars qui n'ont pas encore trente ans et qui ne désirent pas quelque chose d'énorme, d'étonnant, d'extraordinaire ?

Georges DUHAMEL, *Chronique des Pasquier*, © Mercure de France, 1937.

▶ VOIR monumental.

enrichir

Dérivé de *riche*, voir *riche*.

■ Tout ce qui l'environne est le livre dans lequel, sans y songer, il enrichit continuellement sa mémoire, en attendant que son jugement puisse en profiter.

Jean-Jacques ROUSSEAU, *Émile ou De l'éducation*, 1762.

■ J'ai l'honneur de vous annoncer que pour enrichir le royaume je fais faire périr tous les nobles et prendre leurs biens.

Alfred JARRY, *Ubu roi*, 1895.

Et dans les dictionnaires anciens...

■ *Enrichir*. [...] Donner du bien & des richesses. Les muses n'enrichissent guère de gens.

Pierre RICHELET, *Dictionnaire françois*, 1680.

enseigner

Du latin populaire *insignare*, indiquer, du classique *insignire*, désigner, distinguer.

■ Enseigner aux enfants la vertu par la théorie de la morale, c'est leur enseigner à parler par la grammaire, et à marcher par les lois de l'équilibre : sur tous ces points, leurs mères nourrice leur feraient faire plus de progrès que tous les professeurs des académies.

Jacques BERNARDIN DE SAINT-PIERRE, *Harmonies de la nature*, 1814.

■ Ce méchant bouquin, dont se servit ma mère pour m'enseigner l'art si difficile de la lecture, ce livre qu'elle-même possédait déjà, du temps qu'elle était écolière, me fait donc songer qu'elle a été une petite fille.

François COPPÉE, *La Bonne Souffrance*, 1898.

Et dans les dictionnaires anciens...

■ Il faut savoir à fond pour être en état d'*enseigner*, il faut de la méthode et de la clarté pour *apprendre* aux autres, de l'expérience et de l'habileté pour bien *instruire*, de la prudence et de la sincérité pour informer à propos et au vrai, des soins de l'exactitude pour *faire savoir* ce qui mérite de n'être pas ignoré. [...] Bien des gens se mêlent d'*enseigner* ce qu'ils devraient encore étudier.

Gabriel GIRARD, *Synonymes françois*, 1736.

▶ VOIR apprendre, classifier, collège, heureux, prêtre.

ensemble

Du latin *insimul*, à la fois, en même temps.

■ Il faudra que le Sort à la fin nous rassemble / Et nous aurons le bien d'être à jamais ensemble.

Tristan L'HERMITE, *La Lyre*, 1641.

■ Ce qui fait que les amants et les maîtresses ne s'ennuient point d'être ensemble, c'est qu'ils parlent toujours d'eux-mêmes.

François DE LA ROCHEFOUCAULD, *Réflexions ou Sentences et Maximes morales*, 1664.

entendement

Dérivé d'*entendre*. Voir *entendre*.

■ Notre imagination ni nos sens ne nous sauraient jamais assurer d'aucune chose si notre entendement n'y intervient.

René DESCARTES, *Discours de la méthode*, 1637.

■ L'entendement ne s'occupe de ses perceptions que de trois façons, selon ses trois facultés principales : la Mémoire, la Raison, l'Imagination [...].

Jean D'ALEMBERT, *Encyclopédie ou Dictionnaire raisonné des sciences, des arts et des métiers*, « Discours préliminaire », 1751.

entendre

Du latin *intendere*, tendre vers, porter son attention vers, entendre, comprendre.

■ Vous n'aurez point pour moi de langages secrets ; / J'entendrai des regards que vous croirez muets.

Jean RACINE, *Britannicus*, 1669.

■ Si sans trop vous déplaire, [...] j'osais vous faire entendre une timide voix.

Jean RACINE, *Bajazet*, 1672.

Et dans les dictionnaires anciens...

■ *Entendre*, c'est être frappé de sons. *Écouter*, c'est prêter l'oreille pour les *entendre*. Quelquefois on n'*entend* pas quoiqu'on *écoute*, et souvent on *entend* sans *écouter*. La facilité d'*entendre* désigne un esprit fin, celle de *comprendre* désigne un esprit pénétrant, celle de *concevoir* désigne un esprit net et méthodique.

Gabriel GIRARD, *Synonymes françois*, 1736.

enterrement

Dérivé d'*enterrer*, dérivé de *terre*, du latin *terra*, élément, lieu où l'on habite.

■ Enterrement : À propos du défunt : « Et dire que je dînais avec lui il y a 8 jours. »

Gustave FLAUBERT, *Le Dictionnaire des idées reçues*, posth. 1913.

▶ VOIR cercueil, héritier.

enthousiasme

Du grec *enthousiasmos*, transport divin, du verbe *enthousiazein*, être inspiré par la divinité.

■ L'enthousiasme est l'encens de la terre vers le ciel ; il les réunit l'un à l'autre.

MADAME DE STAËL, *De l'Allemagne*, 1814.

■ Le pur enthousiasme est craint des faibles âmes / Qui ne sauraient porter son ardeur et son poids.

Alfred DE VIGNY, *Les Destinées*, « La maison du berger », 1844.

■ Enthousiasme : Ne peut être provoqué que par le retour des cendres de l'Empereur.

Gustave FLAUBERT, *Le Dictionnaire des idées reçues*, posth. 1913.

■ Qu'est-ce qu'un enthousiasme qui demeure une fantaisie individuelle ? Qu'est-ce qu'un ordre qu'aucun enthousiasme ne vient plus animer ?

Maurice BARRÈS, *La Colline inspirée*, 1913.

Et les pensées de...

■ Dans la vie, il faut essayer d'aménager les cycles qui vont de la lassitude à l'enthousiasme.

François MITTERRAND, *Pensées, répliques et anecdotes*, 1997.

■ Par ses racines étymologiques, l'enthousiasme signifie qu'un dieu (theos) entre en nous. C'est un grand bienfait que l'homme soit doué de la faculté d'enthousiasme.

Jean HAMBURGER, *Dictionnaire promenade*, © Le Seuil, 1989.

entier

Du latin *integrum*, de *integer*, non touché, non entamé.

■ C'était un de ces jours printaniers où mai se dépense tout entier ; la création semble n'avoir d'autre but que de se donner une fête.

Victor HUGO, *Les Travailleurs de la mer*, 1866.

Et dans les dictionnaires anciens...

■ Une chose est entière lorsqu'elle n'est ni mutilée, ni brisée, ni partagée, et que toutes ses parties sont jointes et assemblées de la façon dont elles doivent l'être : elle est complète lorsqu'il ne manque rien, et qu'elle a tout ce qui lui convient.

Gabriel GIRARD, *Synonymes françois*, 1736.

entracte

Mot construit au XVIIe s. à partir d'*entre* et *acte*.

■ Entracte : Toujours trop long !

Gustave FLAUBERT, *Le Dictionnaire des idées reçues*, posth. 1913.

Et dans les dictionnaires anciens...

■ *Entracte*. Ballet, musique, ou autre divertissement que l'on donne entre les Actes d'une Comédie pour réjouir les spectateurs par la diversité, ou donner le loisir aux Acteurs de changer d'habits, ou de décorations.

Antoine FURETIÈRE, *Dictionnaire universel*, 1690.

entraîner

Dérivé de *traîner*, du latin populaire *traginare*.

■ Et sans cesse veiller à retenir mes pas / Que vers vous à toute heure entraînent vos appas.

Jean RACINE, *Bérénice*, 1670.

Et dans les dictionnaires anciens...

■ Une forte purgation entraîne toute les humeurs du corps.

Antoine FURETIÈRE, *Dictionnaire universel*, 1690.

entreprise

Participe passé d'*entreprendre* devenu nom, de l'ancien français *emprendre*, mettre en œuvre.

■ Je me plais à tenter des entreprises hasardeuses.

MOLIÈRE, *Les Fourberies de Scapin*, 1671.

entrer

Du latin classique *intrare*, entrer dans.

■ J'entre en une humeur noire, en un chagrin profond, / Quand je vois vivre entre eux les hommes comme ils font.

MOLIÈRE, *Le Misanthrope*, 1666.

entrevue

Dérivé d'*entrevoir*. Il a donné le mot *interview* en anglais.

■ L'entrevue aisément se transforme en querelle.

Pierre CORNEILLE, *Polyeucte*, 1643.

envie, envieux

Du latin *invidia*, malveillance, jalousie, et *invidiosus*, qui envie.

■ La jalousie est en quelque manière juste et raisonnable, puisqu'elle ne tend qu'à conserver un bien qui nous appartient ; au lieu que l'envie est une fureur qui ne peut souffrir le bien des autres.

François DE LA ROCHEFOUCAULD, *Réflexions ou Sentences et Maximes morales*, 1664.

■ L'Envie aux doigts crochus, au teint pâle et livide.

P.-A. DE BEAUMARCHAIS, *Le Barbier de Séville*, 1775.

■ Communément l'envieux se dit que l'autre a de la chance et que lui-même n'en a point.

ALAIN, *Propos*, © Gallimard, 1935.

Et dans les dictionnaires anciens...

■ Un riche méchant est plus digne de pitié que d'envie.

Antoine FURETIÈRE, *Dictionnaire universel*, 1690.

environnement

Dérivé d'*environner*, dérivé d'*environ*, composé de *en* et de *viron*, de *virer*, tourner.

■ Si l'on réfléchit à tout ce qu'implique ce mot de milieu ou « d'environnement » suivant l'expression anglaise, à tous les fils insoupçonnés dont est tissée la trame qui nous enlace, quel organisme vivant pourrait s'y soustraire ?

Paul VIDAL DE LA BLACHE, *Principes de géographie humaine*, 1921.

Et les pensées de...

■ Environnement : Première richesse de l'homme depuis toujours. Depuis toujours son pire ennemi et sa victime.

J. ATTALI, *Dictionnaire du XXIe siècle*, © Fayard, 1998.

envoler

De *en* et *voler*, voir *voler*. Attesté au XIIIe s.

■ Sa lumière s'éteint et son âme s'envole.

Pierre CORNEILLE, *Rodogune*, 1645.

■ La nuit vient. Le hibou s'envole. C'est l'instant / Où l'on songe aux récits des aïeules naïves.

Paul VERLAINE, *Poèmes saturniens*, 1866.

Et dans les dictionnaires anciens...

■ On dit aussi, que l'âme s'envole au ciel, quand l'âme d'un juste est séparée du corps. Malherbe a dit agréablement : La mort assiégea ses prunelles, / Et son âme étendant les ailes / Fut toute prête à s'envoler.

Antoine FURETIÈRE, *Dictionnaire universel*, 1690.

épargner

Du francique *sparanjan*, traiter avec indulgence, du germanique *sparôn*, ne pas tuer.

■ Rentre en toi-même Octave, et cesse de te plaindre. / Quoi ! Tu veux qu'on t'épargne et n'as rien épargné !

Pierre CORNEILLE, *Cinna*, 1642.

■ Que ne puis-je prendre pour moi le triple et le centuple de ces peines pour t'en épargner la centième partie !

Victor HUGO, *Lettres à la fiancée*, 1822.

Et les pensées de...

■ — L'artiste (allumant une bougie) : Les plombs ont sauté ! — Le pianiste : Mais non ! C'est par économie ! — L'artiste (se promenant la bougie allumée à la main) : C'est par économie ! C'est par économie ! Épargnons ! Épargnons ! C'est le mot d'ordre du ministre des Finances ! Épargnez ! Épargnez ! Et je vous épargnerai !

Raymond DEVOS, *À plus d'un titre*, « Les ombres d'antan », © Orban, 1989.

➤ VOIR fromage.

éparpiller

Du latin populaire *disparpaliare*, de *dispare palare*, répartir inégalement, ou de *expælare*, disperser comme la paille.

■ Il faut s'appliquer bien à une chose et ne pas s'éparpiller sur plusieurs. Recueillez-vous-y, au lieu de vous y éparpiller.

MADAME DE MAINTENON, *Lettres*, posth. 1752.

■ De quelle ingéniosité fait preuve chaque plante pour éparpiller le plus loin possible d'elle sa descendance !

André GIDE, *Journal*, © Gallimard, 1910.

Et les pensées de...

■ Non mais t'as déjà vu ça, en pleine paix, y chante et pis craque un bourrepif ! [...] Mais moi, les dingues, j'les soigne, j'm'en vais lui faire une ordonnance, et une sévère. J'vais lui montrer qui c'est Raoul. Aux quatre coins de Paris, qu'on va le retrouver éparpillé par petits bouts, façon puzzle. Moi, quand on m'en fait trop, je correctionne plus, je dynamite... j'disperse..., j'ventile !

Michel AUDIARD, *Les Tontons flingueurs*, (film de G. Lautner), 1963.

épée

Du latin *spatha*, du grec *spathê*, battoir, spatule, épée.

■ Le respect qu'on a pour toi, / La longueur de mon épée / En est la mesure, ô roi !

Victor HUGO, *La Légende des siècles*, 1877.

■ Épée : Regretter le temps où en portait.

Gustave FLAUBERT, *Le Dictionnaire des idées reçues*, posth. 1913.

■ Ce qu'il faudrait se garder à tout jamais de nommer, ce dont c'est à peine si l'on devrait parler par périphrases [...] : Épée qui tranche un nœud gordien indéfiniment reformé.

Michel LEIRIS, *La Règle du jeu*, © Gallimard, 1976.

épine

Du latin *spina*, épine.

■ Il y a des gens qui ont la spécialité du mot déplaisant, de l'observation désagréable, de l'insinuation désobligeante, de la grossièreté gratuite : ce sont des planteurs d'épines.

Henri-Frédéric AMIEL, *Journal intime*, 1847-1883.

épistolaire

Du bas latin *epistolaris*, relatif à la correspondance.

■ Le vrai caractère du style épistolaire est l'enjouement et l'urbanité.

Joseph JOUBERT, *Pensées, essais, maximes et correspondances*, posth. 1838.

épitaphe

Du bas latin *epitaphium*, du grec *epitaphios*, relatif au tombeau.

■ C'était un gros type... peuh... pas bien intéressant. Il buvait et il battait sa femme. — Alors, pourquoi lui as-tu mis

« bon père, bon époux » sur son épitaphe ? — Parce que ça se met quand les gens sont mariés.

COLETTE, *La Maison de Claudine*, © Flammarion, 1922.

Et les pensées de...

■ J'ai trouvé mon épitaphe : « Circulez y a rien à voir ! »

COLUCHE, *Et vous trouvez ça drôle ?*, © Le Cherche midi, 1998.

■ Épitaphe de Maximilien Robespierre : « Passant, ne pleure pas sur ma mort : Si je vivais, tu serais mort. »

Le Meilleur du pire, © Pascal Petiot éd., 2005.

épithète

Du grec *epitheton*, de *epithtos*, ajouté.

■ L'épithète est un jugement, et le plus insinuant de tous, car il se glisse avec le mot.

Joseph JOUBERT, *Pensées, essais, maximes et correspondances*, posth. 1838.

Et dans les dictionnaires anciens...

■ Il me souvient qu'ayant entre mes mains, les doctes œuvres de monsieur Ronsard, prince de tous les poètes François, je fus tellement amorcé de sa douce-grave poétique science, que jamais ne les abandonnai que premièrement je n'en eusse extrait les Épithètes, lesquels je vois par lui si proprement accommodés.

Maurice DE LA PORTE, *Épithètes* (préface), 1571.

époque

Du grec *epokhê*, point d'arrêt, période de temps.

■ Époque, la nôtre : Tonner contre elle. Se plaindre de ce qu'elle n'est pas poétique. L'appeler époque de transition, de décadence.

Gustave FLAUBERT, *Le Dictionnaire des idées reçues*, posth. 1913.

Et les pensées de...

■ Toute la personnalité du monde n'empêche pas que nous soyons l'extrait d'une époque.

Charles DANTZIG, *Dictionnaire égoïste de la littérature française*, © Grasset, 2005.

épouser

Du bas latin *sponsare*, fiancer, du classique *spondere*, promettre solennellement.

■ L'hymen détruit la tendresse : / Il rend l'amour sans attraits ; / Voulez-vous aimer sans cesse, / Amants, n'épousez jamais.

Philippe QUINAULT, *Alceste*, 1674.

Et les pensées de...

■ Je l'ai épousée pour le meilleur et pour le pire... et chaque fois que je la perds pour le pire, je la retrouve pour le meilleur... !

Raymond DEVOS, *Matière à rire*, « Une de perdue », © Plon, 1993.

▶ VOIR séduire.

épouvanter

Du latin populaire *expaventare*, de *expavere*, craindre, redouter.

■ Qu'on loge un philosophe dans une cage de menu filets de fer clairsemés, qui soit suspendue au haut de Notre-Dame de Paris ; il verra par raison évidente qu'il est impossible qu'il en tombe ; et si [pourtant] ne saurait regarder [...] que la vue de cette hauteur extrême ne l'épouvante et ne le transisse.

Michel DE MONTAIGNE, *Essais*, 1580-1595.

▶ VOIR étonner.

époux

Du latin *sponsus*, du verbe *spondere*, promettre solennellement.

■ Chez les amants, tout plaît, tout est parfait ; / Chez les époux, tout ennuie et tout lasse. / Le devoir nuit : chacun est ainsi fait.

Jean DE LA FONTAINE, *Fables*, « Belphégor », 1668-1694.

■ Souvent pour deux époux / L'art d'être heureux, c'est l'indulgence.

Barthélémi IMBERT, *Jaloux sans amour*, 1781.

■ J'aurais pourtant bien aimé voir avec toi l'âge venir. Voir ton dos se voûter, vérifier s'il est vrai que les vieux époux prennent le même visage, connaître avec toi les plaisirs de l'âtre, du souvenir, mourir presque semblable à toi.

Jean GIRAUDOUX, *Amphitryon*, © Grasset, 1929.

Et les pensées de...

■ Concrètement, le bonheur des époux est souvent le résultat d'un long rodage, tenu à l'abri des rôdeurs.

Maurice TOUDOIRE, *Impertinences*, © Téqui, 1992.

épreuve

Construit à partir d'*éprouver*, dérivé de *prouver*, du latin *probare*, de *probus*, approuver.

■ J'ai fait de mon courage une épreuve dernière.

Jean RACINE, *Bérénice*, 1670.

Et dans les dictionnaires anciens...

■ *Épreuve judiciaire.* Dans ces siècles de barbarie superstitieuse, les deux parties, l'une pour prouver l'accusation, l'autre son innocence, se soumettaient à des épreuves périlleuses dont la plus commune était l'épreuve du feu.

Maurice LACHÂTRE, *Dictionnaire français illustré*, 1856.

équestre

Du latin *equester*, équestre.

■ Comme l'écriture mandarinale, l'art équestre, lorsqu'il est exécuté avec justesse, n'admet ni hésitation ni repentir, et conduit à la verticalité. [...] Dans les deux techniques, rien n'est obtenu sans un long, austère et patient travail, mais seule la grâce, à l'instant de l'exécution, doit être visible.

Jérôme GARCIN, *Cavalier seul*, © Gallimard, 2006.

équilibre

Du latin *æquilibrium*, exactitude des balances.

■ Tenez l'équilibre entre les uns et les autres.

FÉNELON, *Les Aventures de Télémaque*, 1669.

■ Elle ordonne aux roseaux de saluer, joyeux / Et satisfaits, l'arbre superbe ; / Car l'équilibre, c'est le bas aimant le haut.

Victor HUGO, *La Légende des siècles*, 1859-1863.

équivoque

Du bas latin *æquivocus*, double sens, de *aequi-*, égal, et *vocus*, de *vox*, voix.

■ La belle chose de faire entrer, aux conversations du Louvre, de vieilles équivoques ramassées parmi les boues des halles et de la place Maubert.

MOLIÈRE, *La Critique de « L'École des femmes »*, 1663.

Et dans les dictionnaires anciens...

■ Il est bas et indigne d'un honnête homme d'user d'équivoque, il n'y a que la subtilité d'une éducation scolastique qui puisse persuader qu'elle soit un moyen de sauver du naufrage sa sincérité.

Gabriel GIRARD, *Synonymes françois*, 1736.

érection

Du latin *erectio*, action d'ériger.

■ Érection. – Ne se dit qu'en parlant des monuments.

Gustave FLAUBERT, *Le Dictionnaire des idées reçues*, posth. 1913.

éros, érotisme

Du grec *Erôs*, nom du dieu de l'amour à l'origine du grec *erôtikos*, qui concerne l'amour.

■ Sur son beau sein de neige Éros maître du monde / Repose, et les anneaux de sa crinière blonde / Brillent, et cependant qu'un doux zéphyr ami / Caresse la guerrière et son fils endormi, / Près d'eux gisent parmi l'herbe verte et la menthe / Les traits souillés de sang et la torche fumante.

Théodore DE BANVILLE, *Les Cariatides*, « Vénus couché », 1842.

■ L'érotisme porte un élan et un mystère qui l'ont toujours associé dans de troubles combinaisons aux formes mal dégrossies du sentiment religieux.

Emmanuel MOUNIER, *Traité du caractère*, © Le Seuil, 1946.

■ De l'érotisme, il est possible de dire qu'il est l'approbation de la vie jusque dans la mort.

Georges BATAILLE,
L'Érotisme (Introduction), © Minuit, 1957.

errare humanum est

Formule latine signifiant : l'erreur est humaine.

■ *Errare humanum est*, d'accord ! Mais j'ajouterai *Errare humanum ouest*, parce qu'il n'y a aucune raison de favoriser un point cardinal plutôt qu'un autre.

Pierre DAC, *Arrière-Pensées*,
© Le Cherche midi, 1998.

erreur

Du latin *error*, action d'errer çà et là ; incertitude, erreur.

■ Les plus courtes erreurs sont toujours les meilleures.

MOLIÈRE, *L'Étourdi*, 1653.

■ À d'étranges erreurs le cœur peut se livrer.

VOLTAIRE, *Mahomet le Prophète*, 1741.

■ Il reste une hydre à vaincre, et cette hydre est l'erreur ; / Osez la terrasser.

Jean-François MARMONTEL, *Les Héraclides*, 1752.

■ Il y a souvent plus d'esprit et de perspicacité dans une erreur que dans une découverte. L'erreur agit ; la vérité repose.

Joseph JOUBERT, *Pensées, essais, maximes et correspondances*, posth. 1838.

■ Fureur répond à fureur, et cruauté à cruauté. On peut dire que, dans l'ordre humain, les plus grandes erreurs produisent aussitôt leur propre justification.

ALAIN,
Esquisses de l'homme, © Gallimard, 1927.

■ Il y a les erreurs que l'on commet, sachant qu'elles sont des erreurs.

Henry DE MONTHERLANT,
La Reine morte, © Gallimard, 1942.

■ L'erreur est humaine ; elle ne peut être supprimée. Mais elle peut être surmontée. Toute vérité naquit d'une erreur.

André MAUROIS, *Alain*, © Gallimard, 1963.

Et dans les dictionnaires anciens...

■ Erreur, en effet, a été masculin au XVIe siècle.

Émile LITTRÉ,
Dictionnaire de la langue française, 1863-1872.

■ Erreur fol, téméraire, fourvoyant, douteux, insensé, fantastique, mauvais, furieux, faux, turbulent, variable, obstiné [...].

Maurice DE LA PORTE, *Épithètes*, 1571.

▶ VOIR comète, contradiction, diamant, échec, opinion, orgueil, paternel, politique, populaire, principe, progrès, supposition, système, terre.

érudition

Du latin *eruditio*, connaissance, de *erudire*, savoir.

■ Érudition : La mépriser comme étant la marque d'un esprit étroit.

Gustave FLAUBERT,
Le Dictionnaire des idées reçues, posth. 1913.

■ Mon érudition, qui s'éveillait à chaque pas, m'encombrait, empêchant ma joie. Je ne pouvais voir un théâtre grec, un temple, sans aussitôt le reconstruire abstraitement.

André GIDE,
L'Immoraliste, © Mercure de France, 1902.

escadron

De l'italien *squadrone*, troupe armée, disposée à l'origine en carré.

■ Dieu est d'ordinaire pour les gros escadrons contre les petits.

Roger DE BUSSY-RABUTIN, *Correspondance*,
« À Madame de Sévigné », 23 mai 1667.

escargot

Du provençal *escaragol*, sans doute influencé par le latin *sacarabeus*.

■ L'escargot. Casanier dans la saison des rhumes, son cou de girafe rentré, l'escargot bout comme un nez plein. Il se promène dès les beaux jours, mais il ne sait marcher que sur sa langue.

Jules RENARD, *Histoires naturelles*, 1896.

esclavage

Attesté en 1599. Dérivé de *esclave* (voir ce mot).

■ Une liberté honnête élève l'esprit, et l'esclavage le fait ramper.

VOLTAIRE, *Lettre à un premier commis,* 20 juin 1733, publiée en 1746.

■ Gouverner les peuples contre leur volonté, c'est se rendre très misérable pour avoir le faux honneur de les tenir dans l'esclavage.

FÉNELON, *Les Aventures de Télémaque,* 1669.

■ N'acceptez aucun esclavage, ni chaîne dorée, ni chaîne fleurie. Seulement, mes amis, soyez rois en vous-mêmes.

ALAIN, *Propos,* © Gallimard 1910.

Et dans les dictionnaires anciens...

■ Toute nation qui maintient l'esclavage dans ses institutions est déshonorée et doit être mise au ban des autres peuples.

Maurice LACHÂTRE, *Dictionnaire français illustré,* 1856.

esclave

Du latin médiéval *sclavus*, esclave, de *slavus*, slave, un grand nombre de Slaves ayant été réduit en esclavage au cours du haut Moyen Âge.

■ Une aventure me fit voir la charmante Élise ; cette vue me rendit esclave de ses beautés.

MOLIÈRE, *L'Avare,* 1668.

■ L'esclave fugitif qui aura été en fuite pendant un mois à compter du jour que son maître l'aura dénoncé en Justice, aura les oreilles coupées, et sera marqué d'une fleur de lys sur une épaule.

Code noir, article XXXVIII, 1685.

■ Aristote veut prouver qu'il y a des esclaves par nature ; ce qu'il dit ne le prouve guère.

Charles-Louis DE MONTESQUIEU, *De l'esprit des lois,* 1748.

▶ VOIR ambitieux, baptême, cœur, démocratie, dominer, noblesse, profession, prolétaire, république, rime, spirituel.

escrime

De l'italien *scrima*, art de manier l'épée.

■ Il choqua donc si roidement sur eux, sans dire gare, qu'il les renversait comme porcs, frappant à tort et à travers, à la vieille escrime.

François RABELAIS, *Gargantua,* 1534.

■ Dans les combats d'esprit savant maître d'escrime, / Enseigne-moi, Molière, où tu trouves la rime.

Nicolas BOILEAU, *Satires II,* 1666.

■ Il faut comme à l'escrime, attaquer sans se découvrir, ou parer sans cesser de menacer l'adversaire.

Maréchal Ferdinand FOCH, *Principes de la guerre,* 1903.

▶ VOIR bouffon.

escroc

De l'italien *scrocco*, écornifleur, pique-assiette.

■ Si je suis trop peureux ou trop timide pour faire l'escroc, ce n'est pas vertu.

ALAIN, *Propos,* © Gallimard 1935.

espace

Du latin *spatium*, champ de courses, arène ; étendue, durée.

■ L'espace est au lieu ce que l'éternité est au temps.

Joseph JOUBERT, *Pensées, essais, maximes et correspondances,* posth. 1838.

■ Pas de ligne blanche / Dans l'espace où le flot des ténèbres s'épanche.

Victor HUGO, *La Légende des siècles,* 1859.

espérance

Voir *espérer*.

■ L'espérance de l'endemain / Ce sont mes fêtes.

RUTEBEUF, *Mariage Rutebeuf,* XIIIe s.

■ De toutes les passions, la plus charmante, c'est l'espérance. C'est elle qui nous entretient et qui nous nourrit, qui adoucit toutes les amertumes de la vie ; et souvent nous quitterions des biens effectifs, plutôt que de renoncer à nos espérances.

Jacques-Bénigne BOSSUET, *Panégyrique de saint Bernard*, 1653.

■ L'espérance et la crainte sont inséparables. L'amour, aussi bien que le feu, ne peut subsister sans un mouvement continuel, et il cesse de vivre dès qu'il cesse d'espérer ou de craindre.

François DE LA ROCHEFOUCAULD, *Lettre à la marquise de Sablé*, 10 décembre 1663.

■ Un jour tout sera bien, voilà notre espérance : / Tout est bien aujourd'hui, voilà l'illusion.

VOLTAIRE, *Poème sur le Désastre de Lisbonne*, 1756.

■ L'illusion féconde habite dans mon sein. / D'une prison sur moi les murs pèsent en vain, / J'ai les ailes de l'espérance.

André CHÉNIER, *Odes*, posth. 1819.

■ Comme la vie est lente / Et comme l'Espérance est violente.

Guillaume APOLLINAIRE, *Alcools*, © Gallimard, 1923.

Et les pensées de...

■ À Auschwitz, quelle tristesse, quel dégoût et malgré tout, quelle espérance humaine [...].

Charles DE GAULLE, *Livre d'or d'Auschwitz*, 9 septembre 1967.

▶ VOIR espérer, croire.

espérer

Du latin *sperare*, considérer quelque chose comme devant se réaliser.

■ Moins on mérite un bien, moins on l'ose espérer.

MOLIÈRE, *Le Tartuffe*, 1669.

■ Il n'y a guère de personnes à qui il n'en coûte cher pour avoir trop espéré.

FÉNELON, *Traité de l'éducation des filles*, 1689.

■ Il ne me reste plus rien à espérer ni à craindre en ce monde, et m'y voilà tranquille au fond de l'abîme, pauvre mortel, infortuné, mais impassible, comme Dieu même.

Jean-Jacques ROUSSEAU, *Les Rêveries du promeneur solitaire*, 1782.

■ Comprendre le passé sans le regretter ; tolérer le présent en l'améliorant ; espérer l'avenir en le préparant, voilà la loi des hommes sages et des institutions bienfaisantes.

Alphonse DE LAMARTINE, *Voyage en Orient*, 1835.

espoir

Espeir au XIIe s. et construit à partir d'*espérer*.

■ Et l'espoir, malgré moi, s'est glissé dans mon cœur.

Jean RACINE, *Phèdre*, 1677.

■ Nous sommes de ceux qui lui sautent dessus quand ils le rencontrent, votre espoir, votre cher espoir, votre sale espoir !

Jean ANOUILH, *Antigone*, © La Table ronde, 1944.

Et les pensées de...

■ L'espoir est un breuvage de vie, le désespoir est un poison. L'esprit humain a besoin d'espérer comme le corps de respirer. Détruire l'espoir d'un homme, c'est le poignarder.

Jean HAMBURGER, *Dictionnaire promenade*, © Le Seuil, 1989.

▶ VOIR opprobre.

esprit

Du latin *spiritus*, souffle, aspiration, esprit.

■ L'esprit est toujours la dupe du cœur.

François DE LA ROCHEFOUCAULD, *Réflexions ou Sentences et Maximes morales*, 1664.

■ Qu'une fille a d'esprit quand elle est amoureuse !

Edme BOURSAULT, *Ésope à la ville*, 1690.

■ Un peu de passion augmente l'esprit, beaucoup l'éteint.

STENDHAL, *Vie de Henry Brulard*, 1836.

■ Je ne sais si l'imagination peut aller plus loin ; mais l'esprit poursuit quand elle s'arrête [...].

Joseph JOUBERT, *Pensées, essais, maximes et correspondances*, posth. 1838.

■ Ton règne est arrivé, PUR ESPRIT, roi du monde !

Alfred DE VIGNY, *Les Destinées*, « L'Esprit pur », posth. 1864.

■ Il est des lieux où souffle l'Esprit. Il est des lieux qui tirent l'âme de sa léthargie, des lieux enveloppés, baignés de mystère.

Maurice BARRÈS, *La Colline inspirée*, 1913.

■ L'esprit nouveau [mouvement poétique] est avant tout ennemi de l'esthétisme des formules et de tout snobisme.

Guillaume APOLLINAIRE, *L'Esprit nouveau et les poètes*, © Gallimard, posth. 1918.

■ Un esprit est grand parce qu'il se gouverne plutôt que parce qu'il s'étend.

ALAIN, *Esquisses de l'homme*, © Gallimard, 1924.

■ Un trait d'esprit annonce toujours la mort d'une idée.

ALAIN, *Sentiments, passions et signes*, © Gallimard, 1926.

■ Si la nature, cette imbécile, a dû nous inventer un peu d'esprit, c'est qu'elle n'a pas su donner au corps de quoi se tirer tout seul d'affaire en toute conjecture, sans bavardage intime et sans réflexion.

Paul VALÉRY, *Mon Faust*, © Gallimard, 1946.

■ Il est difficile d'avoir de l'esprit avec des gens bêtes.

Paul LÉAUTAUD, *Journal littéraire*, © Mercure de France, 1986.

Et dans les dictionnaires anciens...

■ L'esprit est fin et délicat, mais il n'est pas absolument incompatible avec un peu de folie ou d'étourderie ; ses productions sont brillantes ; vives, et ornées ; son propre est de donner du tour à ce qu'il dit et de la grâce à ce qu'il fait.

Gabriel GIRARD, *Synonymes françois*, 1736.

➤ VOIR amour, boiteux, calembour, caractère, contradiction, croire, cultivé, dupe, erreur, érudition, esclavage, finesse, fortune, fureur, mur, parler, parole, sot, vieillard.

essai

➤ VOIR coup.

essayer

Du latin populaire *exagiare*, peser.

■ Essayons l'artifice où la rigueur est vaine.

Jean DE ROTROU, *Venceslas*, 1647.

■ L'humanité suppose, ébauche, essaye, approche ; / Elle façonne un marbre, elle taille une roche, / Et fait une statue.

Victor HUGO, *La Légende des siècles*, 1859.

essentiel

Du bas latin *essentialis*, qui a trait à l'essence.

■ Jacques : Stipulons 1° qu'attendu qu'il est écrit là-haut que je vous suis essentiel, et que je sens, que je sais que vous ne pouvez pas vous passer de moi, j'abuserai de ces avantages toutes et quantes fois que l'occasion s'en présentera.

Denis DIDEROT, *Jacques le Fataliste*, 1796.

■ Vivre est l'essentiel.

Victor HUGO, *Les Contemplations*, 1856.

Et dans les dictionnaires anciens...

■ *Essentiel.* [...] Venons à l'essentiel ; il faut reconquérir la liberté.

Maurice LACHÂTRE, *Dictionnaire français illustré*, 1856.

estime, estimer

Du latin *æstimare*, évaluer le prix d'une chose.

■ Il est difficile d'aimer ceux que nous n'estimons point ; mais il ne l'est pas moins d'aimer ceux que nous estimons beaucoup plus que nous.

François DE LA ROCHEFOUCAULD, *Réflexions ou Sentences et Maximes morales*, 1664.

■ Nous avons une si grande idée de l'âme de l'homme, que nous ne pouvons souffrir d'en être méprisés, et de n'être pas dans l'estime d'une âme ; et toute la félicité des hommes consiste dans cette estime.

Blaise PASCAL, *Les Pensées*, 1689.

■ Si l'on ne voyait que les gens qu'on estime, on ne verrait personne.

CRÉBILLON, *Les Égarements du cœur et de l'esprit*, 1738.

■ Il y a autant de vices qui viennent de ce qu'on ne s'estime pas assez, que de ce qu'on s'estime trop.

Charles-Louis DE MONTESQUIEU, *Mes Pensées*, 1899.

■ La seule estime qui vaille est l'estime d'un ennemi. Et l'estime des amis ne vaut que s'ils dominent leur reconnaissance et leurs remerciements.

Antoine DE SAINT-EXUPÉRY, *Citadelle*, © Gallimard, 1944.

Et dans les dictionnaires anciens...

■ Les Japonais estiment plus le corail que les pierres précieuses. [...] Il n'y a personne qui n'estime qu'il a de l'esprit, qui n'ait bonne estime, bonne opinion de lui-même.

Antoine FURETIÈRE, *Dictionnaire universel*, 1690.

étalon

Du francique *stallo*, cheval gardé à l'écurie.

■ Le dieu soumet au joug quatre étalons de neige, / Qui rebelles au frein, mais au timon liés, / Hérissés, écumants, sur leurs jarrets ployés, / Hennissent vers les cieux, de leurs naseaux splendides.

LECONTE DE LISLE, *Poèmes antiques*, 1852.

■ Étalon : Pour les petites filles cheval plus gros qu'un autre.

Gustave FLAUBERT, *Le Dictionnaire des idées reçues*, posth. 1913.

état (gouvernement)

Du latin *status*, action de se tenir, situation.

■ Il n'y a rien de plus dangereux pour l'État que ceux qui veulent gouverner les Royaumes par les maximes, qu'ils tirent de leurs livres. Ils les ruinent souvent toutefois [à chaque fois] par ce moyen parce que le passé ne se rapporte pas au présent et que la Constitution des temps des lieux et des personnes est différente.

Cardinal DE RICHELIEU, *Testament politique*, 1641.

■ L'État est comme le corps humain. Toutes les fonctions ne sont pas nobles.

Anatole FRANCE, *Les Opinions de M. Jérôme Coignard sur les affaires de ce temps*, 1893.

Et dans les dictionnaires anciens...

■ Pour qu'un État se soutienne, il faut que ceux qui gouvernent soient modérés, que ceux qui doivent obéir soient dociles, et que de plus les lois y soient judicieuses.

Gabriel GIRARD, *Synonymes françois*, 1736.

Et les pensées de...

■ Nul n'est contraint de faire carrière au service de l'État. Mais pour ceux qui s'y consacrent, ce service est une noble et stricte obligation.

Charles DE GAULLE, allocution radiodiffusée, 8 mai 1967.

■ L'État est nécessaire, mais chaque fois qu'on peut s'en passer, moi, je préfère.

François MITTERRAND, 28 avril 1985.

▶ VOIR administration, calomnie, crime, finance, gouvernement, gouverner, guerre, impôt, lire, ministre, monarque, présomptueux, raison d'État, secret, soldat, système, table.

été

Du latin *æstas*, été, se rattachant à une racine indoeuropéenne désignant le fait de brûler.

■ Été : Toujours exceptionnel.

Gustave FLAUBERT, *Le Dictionnaire des idées reçues*, posth. 1913.

■ L'Été plus vaste que l'Empire suspend aux tables de l'espace plusieurs étages de climats.

SAINT-JOHN PERSE, *Anabase*, © Gallimard, 1924.

Et les pensées de...

■ Été : fantaisie d'herbes chaudes, de ciel outremer, de mer outreciel et de coccinelles aux seins nus.

Jacques DOR, *Le Dico de ma langue à moi* (1er mille), © Soir ailleurs, 2000.

éteindre

Du latin populaire *extingere*, du classique *exstinguere*, faire cesser de brûler.

■ Phèdre mourait, seigneur, et sa main meurtrière / Éteignait des ses yeux l'innocente lumière.

Jean RACINE, *Phèdre*, 1677.

■ N'y a-t-il pas dans toute âme humaine [...] un élément divin, incorruptible dans ce monde, immortel dans l'autre, que le bien peut développer, attiser, allumer, enflammer et faire rayonner splendidement, et que le mal ne peut jamais entièrement éteindre ?

Victor HUGO, *Les Misérables*, 1862.

▶ VOIR querelle.

éternellement, éternité

Du latin chrétien *æternalis*, hors du temps, sans commencement ni fin ; *æternitas*, éternité.

■ Tous vous savent louer, mais non également : / Les ouvrages communs vivent quelques années : / Ce que Malherbe écrit dure éternellement.

François DE MALHERBE, *Poésies*, 1607.

■ Qu'y a-t-il de plus incompréhensible que l'éternité et qu'y a-t-il en même temps de plus certain ?

Antoine ARNAULD et Pierre NICOLE, *Logique ou Art de penser*, 1662.

■ Éternité, néant, passé, sombres abîmes, / Que faites-vous des jours que vous engloutissez ? / Parlez : nous rendrez-vous ces extases sublimes / Que vous nous ravissez ?

Alphonse DE LAMARTINE, *Méditations poétiques*, « Le Lac », 1820.

Et les pensées de...

■ Pour donner une petite chance à l'éternité, puisque nous ne pouvons pas prédire l'avenir, il nous reste à l'inventer.

Jacques ATTALI, *Dictionnaire du XXIe siècle* (introduction), © Fayard, 1998.

▶ VOIR abc, ailleurs, foi, espace, exil, grossir, lieu, métaphore, monde, rose.

éternuement

Dérivé d'éternuer, du latin *sternutare*, de *sternuere*, éternuer.

■ L'Athénien croit aux présages ; un éternuement ou un tintement des oreilles l'arrête dans une entreprise.

Denis FUSTEL DE COULANGES, *Cité antique*, 1864.

■ Après qu'on a dit « Dieu vous bénisse », engager une discussion sur l'origine historique de cet usage.

Gustave FLAUBERT, *Le Dictionnaire des idées reçues*, posth. 1913.

Et dans les dictionnaires anciens...

■ Convulsion du cerveau par laquelle il se dégage de quelque ventosités ou humidités qui l'incommodent, lesquelles sortent par le nez avec effort & altération du visage.

Antoine FURETIÈRE, *Dictionnaire universel*, 1690.

étinceler

Dérivé d'*étincelle*, du latin populaire *scintilla*, du classique *scintilla*, étincelle.

■ Il est bon, il est beau que les pensées rayonnent ; mais il ne faut pas qu'elles étincellent, si ce n'est que fort rarement.

Joseph JOUBERT, *Pensées, essais, maximes et correspondances*, posth. 1838.

étoile

Du latin populaire *stela*, du classique *stella*, étoile.

■ Déjà la nuit en son parc amassait / Un grand troupeau d'étoiles vagabondes, / Et pour entrer aux cavernes profondes, / Fuyant le jour, ses noirs chevaux chassait.

Joachim DU BELLAY, *L'Olive*, 1549.

■ Aux étoiles j'ai dit un soir : / « Vous ne paraissez pas heureuses ; / [...] Vous, les étoiles, les aïeules / Des créatures et des dieux, / Vous avez des pleurs dans les yeux... » / Elles m'ont dit : « Nous sommes seules... / Chacune de nous est très loin / Des sœurs dont tu la crois voisine ».

SULLY PRUDHOMME, *Les Solitudes*, 1869.

Et les pensées de...

■ Les étoiles répandent un parfum léger d'éternité : c'est ce qui nous oblige à penser à autre chose qu'aux fins de mois et aux prochaines vacances.

Maurice TOUDOIRE, *Impertinences*, © Téqui, 1992.

étonner

Du latin populaire *extonare*, du classique *adtonare*, frapper de la foudre, foudroyer.

■ Si on ne goûte point ces Caractères [son ouvrage ainsi intitulé], je m'en étonne ; et si on les goûte, je m'en étonne de même.

Jean DE LA BRUYÈRE, *Les Caractères*, 1688.

Et dans les dictionnaires anciens...

■ *Étonner*. Épouvanter, surprendre d'une certaine manière qui touche.

Pierre RICHELET, *Dictionnaire françois*, 1680.

étouffer

De l'ancien français *estoper*, obstruer, influencé par *estofer*, rembourrer, mot germanique.

■ On étouffe aisément qui se laisse presser.

Jean DE ROTROU, *Antigone*, 1638.

■ Tants de coups imprévus m'accablent à la fois / Qu'ils m'ôtent la parole et m'étouffent la voix.

Jean RACINE, *Phèdre*, 1677.

▶ VOIR embrasser.

étrange

Du latin *extraneus*, du dehors, extérieur, dérivé de *extra*, dehors, hors de.

■ Parmi tant de malheurs, mon bonheur est étrange.

Pierre CORNEILLE, *Héraclius*, 1646.

■ Il n'est pas étrange de penser beaucoup et peu juste.

VAUVENARGUES, *Introduction à la connaissance de l'esprit humain*, 1746.

étranger

Dérivé d'*étrange*, attesté au XIVe s. Voir *étrange*.

■ Étranger : Engouement pour tout ce qui vient de l'étranger, preuve d'esprit libéral. Dénigrement de tout ce qui n'est pas français, preuve de patriotisme.

Gustave FLAUBERT, *Le Dictionnaire des idées reçues*, posth. 1913.

■ Étranges étrangers / Vous êtes de la ville / vous êtes de sa vie / même si mal en vivez / même si vous en mourez.

Jacques PRÉVERT, *La Pluie et le Beau Temps*, © Gallimard, 1955.

Et dans les dictionnaires anciens...

■ Le Dictionnaire de l'Académie ne sera pas moins utile tant à l'égard des Étrangers qui aiment notre langue, qu'à l'égard des Français mêmes qui sont quelquefois en peine de la véritable signification des mots, ou qui n'en connaissent pas le bel usage, et qui seront bien aises d'y trouver des éclaircissements à leurs doutes.

Dictionnaire de l'Académie française (préface), 1694.

▶ VOIR absurde, baragouin, culture, fable, montagne, peuple, plume, touriste, xénophobe, yankee.

être

Du latin populaire *essere*, du latin classique *esse*, se trouver.

■ Il vint auprès d'elle. Leurs lèvres s'unirent dans une joie divine, – oublieuse – immortelle ! Et ils s'aperçurent alors, qu'ils n'étaient, réellement, qu'un seul être.

VILLIERS DE L'ISLE-ADAM, *Contes cruels*, « Vera », 1883.

■ En fin de compte, tout s'arrange sauf la difficulté d'être, qui ne s'arrange pas.

Jean COCTEAU, *La Difficulté d'être*, © éditions du Rocher, 1947.

étroitesse

Dérivé d'*étroit*, du latin *strictus*, serré, concis, de *stringere*, serrer.

▶ VOIR attitude.

étude, étudier, étudiant

Du latin *studium*, application, zèle, dérivé de *studere*, s'appliquer à. Le mot *étudiant*, attesté au XIIIe s. s'est progressivement substitué à *écolier*, qui fut alors réservé aux enfants.

■ Hé ! Dieu, si j'eusse étudié / Au temps de ma jeunesse folle, / Et à bonne mœurs dédié, / J'eusse maison et couche molle.

François VILLON, *Le Grand Testament et le Petit*, 1489.

■ Tout le monde est plein de gens savants, de précepteurs très doctes, de librairies très amples, et m'est avis que ni au temps de Platon, ni de Cicéron, ni de Papinien n'était telle commodité d'étude qu'on y voit maintenant.

François RABELAIS, *Pantagruel*, 1532.

■ Les deux seuls biens que je demande, l'étude et le repos.

Benjamin CONSTANT, *Journaux intimes*, 1804.

■ Ces choses-là sont rudes, / Il faut pour les comprendre avoir fait ses études.

Victor HUGO, *Les Chansons des Rues et des Bois*, 1865.

■ Je répugne à cajoler, à piquer, à amorcer l'étudiant ; je ne m'occupe jamais de lui plaire, mais seulement de l'instruire.

Henri-Frédéric AMIEL, *Journal intime*, 1847-1883.

Et dans les dictionnaires anciens...

■ *Étude*. [...] L'étude de l'Histoire demande une grande lecture. L'étude de la Philosophie a besoin d'une grande méditation. L'étude de la Géométrie doit tendre à l'invention de quelque nouveau problème.

Antoine FURETIÈRE, *Dictionnaire universel*, 1690.

■ C'est avoir bien étudié que d'avoir appris à douter. Il y a certaines choses qu'on apprend sans les *étudier*, il y en a d'autres qu'on étudie sans les *apprendre*.

Gabriel GIRARD, *Synonymes françois*, 1736.

étymologie

Du latin classique *etymologia*, du grec *etumologia*, de *etumos*, vrai, et *-logia*, recherche.

■ Étymologie : Rien de plus facile à trouver avec le latin et un peu de réflexion.

Gustave FLAUBERT, *Le Dictionnaire des idées reçues*, posth. 1913.

■ Chaque fois qu'une étymologie m'intéresse, me retient, m'amuse, les spécialistes entrent en transe et me démontrent aussitôt que cette étymologie est fantaisiste.

Georges DUHAMEL, *Manuel du protestataire*, © Mercure de France, 1952.

▶ VOIR mot.

euphémisme

Du bas latin *euphemismus*, du grec *euphêmismos*, emploi d'un mot favorable.

▶ VOIR litote.

Europe

Emprunté du grec *Eurôpê*, nom d'une princesse enlevée par Zeus, alors déguisé en taureau.

■ Si je savais quelque chose utile à ma patrie, et qui fût préjudiciable à l'Europe, ou bien qui fût utile à l'Europe et préjudiciable au genre humain, je la regarderais comme un crime.

Charles-Louis DE MONTESQUIEU, *Cahiers*, posth. 1899.

■ Ces temps ne sont plus où l'Europe avilie / Craignait les vains décrets des prêtres d'Italie.

Marie-Joseph CHÉNIER, *Charles IX*, 1789.

■ Il y a aujourd'hui une nationalité européenne, comme il y avait au temps d'Eschyle, de Sophocle et d'Euripide, une nationalité grecque.

Victor HUGO, *Les Burgraves* (préface), 1843.

■ L'Europe moderne est un organisme très complexe, dont l'unité, dont l'âme et la vie n'est pas dans telle ou telle partie prépondérante, mais dans leur agencement mutuel, dans leur profond engrènement, dans leur intime harmonie.

Jules MICHELET, *Introduction à l'Histoire universelle*, 1831.

■ Les Français ont fait peur à l'Europe, mais surtout en Allemagne, par leur habileté dans l'art de saisir et de montrer le ridicule : il y avait je ne sais quelle puissance magique dans le mot d'élégance et de grâce qui irritait singulièrement l'amour propre.

MADAME DE STAËL, *De l'Allemagne*, 1810.

■ Vous mériteriez bien de toute l'Europe studieuse en apprenant l'albanais, dont on ne sait rien du tout.

Prosper MÉRIMÉE, *Lettre aux Grasset*, 1870.

■ L'Europe deviendra-t-elle ce qu'elle est en réalité, c'est-à-dire : un petit cap du continent asiatique ? Ou bien l'Europe restera-t-elle ce qu'elle paraît, c'est-à-dire : la partie précieuse de l'univers terrestre, la perle de la sphère, le cerveau d'un vaste corps ?

Paul VALÉRY,
L'Européen, © Gallimard, 1922.

Et dans les dictionnaires anciens...

■ L'union de tous les États de l'Europe dans un seul corps de République, pour le gouvernement général ou la discussion des intérêts, sans rien changer néanmoins dans le gouvernement intérieur et particulier de chacun d'eux, était un projet digne de Henri IV plus noble, mais peut-être plus difficile à exécuter que le dessein de la Monarchie universelle, dont l'Espagne était alors occupée

Gabriel GIRARD,
Synonymes françois, 1736.

▶ VOIR africain, bonheur, empereur, encyclopédie, forêt, fouter, infamie, meilleur, monarchie, monde, redouter, révolution.

évader

Du latin *evadere*, sortir de.

■ Je vois notre maison, et ma frayeur s'évade.

MOLIÈRE, *Amphitryon*, 1668.

évangile

Du latin chrétien *evangelium*, bonne nouvelle, du grec *euaggelion*, récompense, sacrifice offert pour une bonne nouvelle.

■ Certes, ces puissantes rêveries ont leur utilité morale, et par ces routes ardues on s'approche de la perfection idéale. Lui, il prenait le sentier qui abrège : l'Évangile.

Victor HUGO, *Les Misérables*, 1862.

éveiller

Du latin *evigilare*, s'éveiller, de vigil, bien éveillé.

■ Les souris et les rats / Semblent pour m'éveiller, s'entendre avec les chats.

Nicolas BOILEAU, *Satires*, 1660-1711.

■ À l'heure où le soleil s'élève, / [...] La brume écarte son rideau. / Partout la nature s'éveille.

Victor HUGO, *Feuilles d'automne*, 1831.

Et dans les dictionnaires anciens...

■ *Éveiller*. [...] Donner l'éveil à l'arrogance du ministre éveilla l'attention des représentants du peuple.

Maurice LACHÂTRE,
Dictionnaire français illustré, 1856.

événement

Du latin *evenire*, se produire, sur le modèle d'avènement.

■ Les choses du dehors qu'on appelle événements sont quelquefois plus fortes que la raison et que la nature.

Jean DE LA BRUYÈRE, *Les Caractères*, 1688-1696.

Et dans les dictionnaires anciens...

■ La vie est pleine d'*événements* que la prudence ne peut prévoir. La plupart des *accidents* n'arrive que par défaut d'attention.

Gabriel GIRARD, *Synonymes françois*, 1736.

évident

Du latin *evidens*, clair, de *videre*, voir.

■ Il est plus évident qu'une religion doit adoucir les mœurs des hommes, qu'il ne l'est qu'une religion soit vraie,

Charles-Louis DE MONTESQUIEU,
De l'esprit des lois, 1748.

éviter

Du latin *evitare*, éviter, de *vitare*, se garder de.

■ La vertu la plus ferme évite les hasards.

Pierre CORNEILLE, *Polyeucte*, 1643.

Et dans les dictionnaires anciens...

■ Il faut éviter dans un discours, les pointes, les allusions, les cacophonies.

Antoine FURETIÈRE, *Dictionnaire universel*, 1690.

évolution

Du latin *evolutio*, action de dérouler, de *evolvere*, dérouler.

■ Donnons-nous [...] l'enfance, l'adolescence, la maturité et la vieillesse comme des parties intégrantes de l'évolution.

Henri BERGSON,
L'Évolution créatrice, © PUF, 1907.

■ Il est indispensable que concurremment à la formation scientifique et technique, la pensée pure, la philosophie qui l'exprime, les lettres qui la font valoir, les arts qui l'illustrent et aussi la morale qui procède de la conscience et de la raison inspirent et orientent cet immense effort d'évolution.

Charles DE GAULLE,
Discours à l'université de Toulouse, 1959.

exactitude

Dérivé d'*exact*, du latin *exactus*, déterminé avec précision, pesé, exact.

■ Rien de si rare que de trouver de l'exactitude dans des descriptions, des nouveautés dans les faits, de la finesse dans les observations.

Georges DE BUFFON,
Histoire naturelle générale et particulière, 1749.

Et dans les dictionnaires anciens...

■ On a appelé l'Académie françoise, l'Académie de l'exactitude.

Antoine FURETIÈRE, *Dictionnaire universel*, 1690.

exagérer

Du latin *exaggerare*, entasser des terres, exagérer, grossir.

■ En exagérant tout, on ne définit rien.

Pierre NIVELLE DE LA CHAUSSÉE,
La Gouvernante, 1747.

▶ VOIR dilater.

examen

Du latin *examen*, aiguille d'une balance ; contrôle.

■ D'un sévère examen je ne crains pas la suite.

Marie-Joseph CHÉNIER, *Œdipe roi*, 1844.

examiner

Du latin *examinare*, examiner, de *examen*, voir examen.

■ Plus je rentre en moi-même, et plus je m'examine, / Moins j'y puis de mon mal rencontrer l'origine.

Jean DE ROTROU,
Bélisaire, 1644.

■ Il faut tout examiner, tout remuer sans exception et sans ménagement.

Denis DIDEROT et Jean D'ALEMBERT,
L'Encyclopédie, 1755.

exaspérer

Du latin *exasperare*, rendre rude, irriter, dérivé de *asper*, rude, rocailleux

■ Il arrive une époque où la banalité vous horripile, et où la bêtise vous exaspère. C'est alors qu'on se rejette, avec égoïsme, sur les rares personnes qui en sont exemptes.

Gustave FLAUBERT,
Correspondance, 1867.

Et dans les dictionnaires anciens...

■ *Exaspérer*. Irriter, révolter. L'injustice a exaspéré les esprits.

Maurice LACHÂTRE,
Dictionnaire français illustré, 1856.

exception

Du latin *exceptio*, restriction.

■ Laisser les exceptions s'indiquer, se prouver, se confirmer longtemps avant d'adopter pour elles des méthodes particulières.

Jean-Jacques ROUSSEAU,
Émile ou De l'éducation, 1762.

excès

Du latin *excessus*, sortie ; digression, écart.

■ Deux excès. Exclure la raison, n'admettre que la raison.

Blaise PASCAL, *Pensées*, 1669.

■ Les excès physiques ou moraux de nos passions et de notre intempérance prouvent sensiblement ce besoin d'énergie intérieure et de mouvement corporel, ce principe actif qui est la vie même.

Étienne DE SENANCOUR, *Rêverie*, 1799.

■ C'est dans cette dépravation du sens de l'infini que gît, selon moi, la raison de tous les excès coupables.

Charles BAUDELAIRE, *Les Paradis artificiels*, 1860.

Et dans les dictionnaires anciens...

■ Les excès déplument le crâne.

Petit Larousse illustré, article « Déplumer », 1905.

exclamation

Du latin *exclamatio*, exclamation, de *exclamarare*, s'écrier.

■ Tant de bouches ne parlent que par exclamations !

Charles-Louis DE MONTESQUIEU, *Lettres Persanes*, 1721.

Et dans les dictionnaires anciens...

■ Cette femme crut voir un phantosme, elle fit une grande exclamation.

Antoine FURETIÈRE, *Dictionnaire universel*, 1690.

exclure

Du latin *excludere*, ne pas laisser entrer.

■ Penser qu'une chose a été, c'est définir un temps futur qui doit l'exclure.

Paul VALÉRY, *Variété IV*, © Gallimard, 1938.

excuse

Construit à partir d'*excuser*, du latin *excusare*, mettre hors de cause.

■ Toute excuse est honteuse aux esprits généreux [de race noble].

Pierre CORNEILLE, *Le Cid*, 1637.

Et dans les dictionnaires anciens...

■ Cet escolier a apporté une excuse à son Régent, ou un certificat de ses parents [parce] qu'il n'a point frippé sa leçon. [...] On dit proverbialement [...] qu'un escolier frippe ses classes, pour dire qu'il se dérobe de la classe.

Antoine FURETIÈRE, *Dictionnaire universel*, 1690.

exécuter

De *exsequi*, suivre jusqu'au bout.

■ Ne faut-il que délibérer ? / La cour en conseillers foisonne : / Est-il besoin d'exécuter ? / L'on ne rencontre plus personne.

Jean DE LA FONTAINE, *Fables*, « Conseil tenu par les Rats », 1668-1694.

▶ VOIR exécution.

exécution

Du latin *exsecutio*, accomplissement, poursuite judiciaire.

■ L'exemple du sang répandu sur les échafauds n'a pas peu contribué à barbariser les cœurs et à avilir le peuple, témoin impassible de ces longues exécutions.

Louis-Sébastien MERCIER, *Néologie*, 1801.

■ Exécution capitale : Se plaindre des femmes qui vont les voir.

Gustave FLAUBERT, *Le Dictionnaire des idées reçues*, posth. 1913.

exemple

Du latin *exemplum*, exemple.

■ L'exemple souvent n'est qu'un miroir trompeur.

Pierre CORNEILLE, *Cinna*, 1642.

■ Il faut éviter de parler longtemps de soi-même, et de se donner souvent pour exemple.

François DE LA ROCHEFOUCAULD, *Réflexions ou Sentences et Maximes morales*, 1664.

■ Je préférais toujours l'action aux paroles et l'exemple aux théories.

Alfred DE VIGNY, *Journal d'un poète*, 1828.

■ Tenter, braver, persister, persévérer, être fidèle à soi-même, prendre corps à corps le destin, étonner la catastrophe par le peu de peur qu'elle nous fait, tantôt affronter la puissance injuste, tantôt insulter la victoire ivre, tenir bon, tenir tête, voilà l'exemple dont les peuples ont besoin, et la lumière qui les électrise.

Victor HUGO, *Les Misérables*, 1862.

Et dans les dictionnaires anciens...

■ Un dictionnaire sans exemple est un squelette.

Pierre LAROUSSE, *Nouveau Dictionnaire de la langue française* (épigraphe), 1856.

exercice

Du latin *exercitium*, exercice pratique. Attesté au XIIIe s.

■ Exercice : Préserve de toutes les maladies. Toujours conseiller d'en faire.

Gustave FLAUBERT, *Le Dictionnaire des idées reçues*, posth. 1913.

exiger

Du latin *exigere*, faire sortir, exiger.

■ Quand on n'est pas pressé d'instruire, on n'est point pressé d'exiger, et l'on prend son temps pour ne rien exiger qu'à-propos.

Jean-Jacques ROUSSEAU, *Émile ou De l'éducation*, 1762.

exil

Du latin *exsilium*, exil.

■ J'accepte l'âpre exil, n'eût-il ni fin ni terme ; / Sans chercher à savoir et sans considérer / Si quelqu'un a plié qu'on aurait cru plus ferme, / Et si plusieurs s'en vont qui devraient demeurer [...]. / S'il en demeure dix, je serai le dixième ; / Et s'il n'en reste qu'un, je serai celui-là !

Victor HUGO, *Les Châtiments*, 1853.

■ Les tambours de l'exil éveillent aux frontières / l'éternité qui bâille sur les sables.

SAINT-JOHN PERSE, *Anabase*, © Gallimard, 1924.

Et dans les dictionnaires anciens...

■ On appelle figurément un honnête exil, un emploi qu'on donne à quelqu'un, qui oblige a résidence dans des lieux éloignés ou peu agréables, où il y a peu de profit à faire, peu de satisfaction à y espérer.

Antoine FURETIÈRE, *Dictionnaire universel*, 1690.

existence, exister

Du bas latin *existentia*, existence ; du latin *exsistere*, sortir de, se manifester.

■ De sorte qu'après y avoir bien pensé et avoir soigneusement examiné toutes choses, enfin il faut conclure, et tenir pour constant que cette proposition : je suis, j'existe, est nécessairement vraie, toutes les fois que je la prononce ou que je la conçois en mon esprit.

René DESCARTES, *Méditations métaphysiques* (1641), 1647.

■ Qu'est ce que mon existence éphémère, en comparaison de celle de ce rocher qui s'affaisse, de ce vallon qui se creuse, de cette forêt qui chancelle, de ces masses suspendues au-dessus de ma tête et qui s'ébranlent.

Denis DIDEROT, *Salon*, 1707.

■ Je n'ai pas l'intention d'en parler de mon existence mais probable qu'il va falloir. C'est d'un inintérêt, d'un plat. À se demander si c'est vrai. À croire qu'on ne choisit pas.

Robert PINGET, *Quelqu'un*, © Minuit, 1965.

▶ VOIR conservation.

expérience

Du latin *experientia*, de *experiri*, faire l'essai de.

■ Toute science ne s'acquiert que par l'expérience.

Jacques BERNARDIN DE SAINT-PIERRE, *Harmonies de la nature*, 1814.

■ La conclusion de tout ceci est qu'il faut effacer son opinion aussi bien que celle des autres devant les décisions de l'expérience.

Claude BERNARD, *Introduction à l'étude de la médecine expérimentale*, 1865.

Et dans les dictionnaires anciens...

■ L'*expérience* confirme nos opinions ; elle est la mère de la science. L'*essai* conduit notre goût ; il est la voie de la satisfaction.

Gabriel GIRARD, *Synonymes françois*, 1736.

Et les pensées de...

■ Ne me parlez pas de l'expérience, cette sottise, j'en sais assez sur elle pour savoir qu'on en a toujours trop.

Bernard FRANK, *Portraits et Aphorismes*, © Le Cherche midi, 2001.

expérimenté

Participe passé d'*expérimenter*, du latin *experimentum*, essai, expérience.

■ Plus on est expérimenté, moins on est susceptible d'étonnement ; parce que les choses réelles donnent l'idée des possibles.

Gabriel GIRARD, *Synonymes françois*, 1736.

expirer

Du latin *exspirare*, laisser échapper en soufflant, exhaler.

■ Dès que ma flamme expire, un mot la fait renaître.

Pierre CORNEILLE, *Tite et Bérénice*, 1670.

Et les pensées de...

■ Si je respire, j'expire. Si je ne respire pas, j'expire aussi. Il n'est pas étonnant que, soumis à un tel régime, les hommes soient mortels.

Maurice TOUDOIRE, *Impertinences*, © Téqui, 1992.

expliquer

Du latin *explicare*, dérouler, déployer, contraire *(ex-)* de *plicare*, plier.

■ Vous entendez cela, et vous savez le latin sans doute. — Oui, mais faites comme si je ne le savais pas : expliquez-moi, ce que cela veut dire.

MOLIÈRE, *Le Bourgeois gentilhomme*, 1670.

explorateur

Du latin *explorator*, observateur, espion.

■ Paris est un véritable océan. [...] Quelque nombreux et intéressés que soient les explorateurs de cette mer, il s'y rencontrera toujours un lieu vierge, un antre inconnu.

Honoré DE BALZAC, *Le Père Goriot*, 1835.

Et dans les dictionnaires anciens...

■ Beaucoup d'explorateurs ne reviennent pas.

Petit Larousse illustré, article « Beaucoup », 1905.

exposition

Du latin *expositio*, présentation ; abandon d'un enfant.

■ Expositions : Sujet de délire du XIXe siècle.

Gustave FLAUBERT, *Le Dictionnaire des idées reçues*, posth. 1913.

expression

Du bas latin *expressio*, action de faire sortir en pressant ; expression de la pensée.

■ Selon que notre idée est plus ou moins obscure, / L'expression la suit, ou moins nette, ou plus pure.

Nicolas BOILEAU, *L'Art poétique*, 1674.

■ Entre toutes les différentes expressions qui peuvent rendre une seule de nos pensées, il n'y en a qu'une qui soit la bonne. On ne la rencontre pas toujours en parlant ou en écrivant ; il est vrai néanmoins qu'elle existe, que tout ce qui ne l'est point est faible, et ne satisfait point un homme d'esprit qui veut se faire entendre.

Jean DE LA BRUYÈRE, *Les Caractères*, 1688.

■ Il y a une foule d'expressions qui sont défauts chez les uns, et beautés chez les autres. [...] Les expressions brillantes sont le naturel de ceux qui ont la mémoire ornée, le cœur ému, l'esprit éclairé et l'œil perçant

Joseph JOUBERT, *Pensées, essais, maximes et correspondances*, posth. 1838.

Et les pensées de...

■ Découvrir que les exigences du texte débrouillent et ordonnent l'effervescence de la pensée, c'est apercevoir que, par un étonnant retour, l'expression verbale, née de l'esprit, est capable à son tour de lui venir en aide.

Jean HAMBURGER, *Dictionnaire promenade*, © Le Seuil, 1989.

► VOIR universellement.

exprimer

Du latin *exprimere*, faire sortir en pressant, exprimer.

■ Que ne puis-je t'exprimer ce que je sens si bien ! Et comment sens-je si bien ce que je ne puis t'exprimer ?

Charles-Louis DE MONTESQUIEU,
Lettres persanes, 1721.

■ Quelle que soit la chose qu'on veut dire, il n'y a qu'un mot pour l'exprimer, qu'un verbe pour l'animer et qu'un adjectif pour la qualifier.

Guy DE MAUPASSANT,
Pierre et Jean (préface), 1888.

extrait

Participe passé d'extraire, *extrahere*, tirer de.

■ Combien de lectures inutiles dont nous serions dispensés par de bons extraits !

Jean D'ALEMBERT,
Discours préliminaire de l'Encyclopédie, 1751.

extraordinaire

Du latin *extraordinarius*, exceptionnel, supplémentaire.

■ Le goût de l'extraordinaire est le caractère de la médiocrité.

Denis DIDEROT,
Les Salons, « Salon de 1765 », 1759-1781.

Et dans les dictionnaires anciens...

■ *Extraordinaire*. Voiez extrordinaire.
Extrordinaire : [...] Feuille de nouvelles étrangères qu'on donne avec la gazette. Lire l'extrordinaire & la gazette.

Pierre RICHELET,
Dictionnaire françois, 1680.

extrême

Du latin *extremus*, extrême, de *exter*, le plus à l'extérieur.

■ Je supputais le juste milieu – sans comprendre que les extrêmes se touchent, que qui se couche très tard rencontre qui se lève très tôt.

André GIDE, *Le Prométhée mal enchaîné*,
© Gallimard, 1899.

■ Il semble que tu connaisses les deux rives. / L'extrême joie et l'extrême douleur. / Là-bas, parmi ces roseaux gris dans la lumière, / Il semble que tu puises de l'éternel.

Yves BONNEFOY, *Hier régnant désert*,
© Mercure de France, 1958.

Et dans les dictionnaires anciens...

■ On doit porter une extrême affection à sa femme, à son prochain.

Antoine FURETIÈRE, *Dictionnaire universel*, 1690.

▶ VOIR égal, femme, gourmet, justice, néologisme, noir, obéir, souhaiter, spontané, stade, téléphone, vie.

f

Dans le style familier, f est l'abréviation d'un mot grossier qu'on évite d'écrire.

■ Les b, les f voltigeaient sur son bec, / Et les nonnains crurent qu'il parlait grec. (Gresset)

Maurice LACHÂTRE,
Dictionnaire français illustré, 1856.

fable

Du latin *fabula*, récit fictif, propos, construit sur le verbe latin *fari*, parler.

■ La Fable offre à l'esprit, mille agréments divers.

Nicolas BOILEAU, *L'Art poétique*, 1674.

■ Les fables que l'on prétendait absurdes, deviennent les allégories de la vérité, et l'erreur audacieuse n'insulte plus à la sagesse.

Étienne DE SENANCOUR, *Rêveries*, 1799.

Et dans les dictionnaires anciens...

■ *Fable.* [...] Sujet de scandale, de risée publique. Cette nouvelle politique nous rend la fable des étrangers.

M. LACHÂTRE, *Dictionnaire français illustré*, 1856.

fabrique

Du latin classique *fabrica*, métier d'artisan, œuvre d'art ; en latin médiéval, construction, entretien d'une église.

■ Fabrique : Voisinage dangereux.

Gustave FLAUBERT,
Le Dictionnaire des idées reçues, posth. 1913.

face

Du latin populaire *facia*, portrait, du latin classique *facies*, forme, aspect général.

■ D'un secret tout à coup la vérité connue / Change tout, donne à tout une face imprévue.

Nicolas BOILEAU, *L'Art poétique*, 1674.

■ Trop souvent le même homme a différentes faces.

Marie-Joseph CHÉNIER,
Nathan le Sage, 1844.

▶ VOIR barbe, dignité, fervent, fesse, langage.

facile

Du latin *facilis*, faisable facilement.

■ Qu'y a-t-il de plus difficile ? De se connaître ; de plus facile ? De donner des avis.

Jean-Jacques BARTHÉLÉMY,
Voyage du jeune Anarcharsis en Grèce, 1788.

▶ VOIR juste.

facteur

Du latin *factor*, fabricant, de *facere*, faire.

■ Le facteur est le bienvenu partout ; on aime à voir son képi et sa boîte de cuir s'arrêter aux portes.

ALAIN, *Propos*, © Gallimard, 1908.

facture

Du radical de *facteur*, dans le sens d'agent commercial.

■ Facture : Toujours trop élevée.

Gustave FLAUBERT,
Le Dictionnaire des idées reçues, posth. 1913.

faculté

Du latin *facultas*, capacité, en latin médiéval, groupe de disciplines.

■ Pour tout l'or du monde, il ne voudrait pas avoir guéri une personne avec d'autres remèdes que ceux que la faculté permet.

MOLIÈRE, *Monsieur de Pourceaugnac*, 1669.

Et les pensées de...

■ Sur les bancs de la faculté, il faut bien que jeunesse se tasse.

Pierre DAC, *Arrière-Pensées*,
© Le Cherche midi, 1998.

faible, faiblesse

Du latin classique *flebilis*, affligeant, à pleurer, de *flere*, pleurer.

■ Et que penses-tu faire avec tant de faiblesse ?

Pierre CORNEILLE, *Ésope à la ville*, 1637.

■ Il faut que le plus faible ait dans son infortune, / Pour fléchir le plus fort, trente raisons contre une.

Edme BOURSAULT,
Ésope à la ville, 1690.

■ Les gens faibles sont les troupes légères de l'armée des méchants. [...] Malheur à l'homme qui, même dans l'amitié la plus intime, laisse découvrir son faible et sa prise !

Nicolas DE CHAMFORT,
Maximes et pensées, caractères et anecdotes, 1795.

■ Quel homme est sans erreur et quel roi sans faiblesse !

VOLTAIRE, *Brutus*, 1730.

Et dans les dictionnaires anciens...

■ *Faiblesse*. [...] manque de force. La force des femmes est dans leur faiblesse.

Maurice LACHÂTRE,
Dictionnaire française illustré, 1856.

▶ VOIR acquérir, basse-cour, bouder, caresser, changement, courtisan, enthousiasme, loup, misanthrope, oisif, roseau, silence, songe.

faim

Du latin *fames*, faim.

■ Avide faim d'honneurs, fatal poisons des cœurs, Maudite ambition !

Jean DE ROTROU, *Bélisaire*, 1644.

■ Laisse un peu d'or rouler de son palais sur ceux / Que le noir janvier glace et que la faim harcèle.

Victor HUGO, *Les Contemplations*, 1856.

Et dans les dictionnaires anciens...

■ *Faim*. Besoin de manger. Avoir faim. Le peuple est terrible quand il a faim ! On n'arrête pas le murmure / Du peuple quand il dit : J'ai faim, / Car c'est le cri de la nature : / Il faut du pain. (P. Dupont).

Maurice LACHÂTRE,
Dictionnaire français illustré, 1856.

faire

Du latin *facere*, faire.

■ Je le ferai encore si j'avais à le faire.

Pierre CORNEILLE, *Le Cid*, 1637.

■ Le pénible fardeau de n'avoir rien à faire.

Nicolas BOILEAU,
Épîtres XI, « À mon jardinier », 1669.

■ Je ne chercherais plus rien à faire, s'il m'était dit, s'il m'était prouvé que j'ai tout le temps pour le faire.

André GIDE,
Les Nourritures terrestres, © Gallimard, 1897.

■ Ce qu'on voulait faire, c'est en le faisant qu'on le découvre.

ALAIN, *Avec Balzac*, © Gallimard, 1935-1937.

faisan

Du latin *phasianus*, du grec *phasianos ornis*, oiseau d'un fleuve de Colchide, le *Phase*.

■ Faisan : Très chic dans un dîner.

Gustave FLAUBERT,
Le Dictionnaire des idées reçues, posth. 1913.

Et dans les dictionnaires anciens...

■ *Faisande, faisanne, faisante.* [...] Les hommes savants en la langue disent *faisande* ou *femelle de faisand*, les Dames, *faisanne*, les oiseliers & les rôtisseurs *faisante*.

Pierre RICHELET, *Dictionnaire françois*, 1680.

faîte

Du latin *fastigium*, toit à deux pentes, de l'ancien français *fest*, du francique *first*.

■ Et, monté sur le faîte, il aspire à descendre.

Pierre CORNEILLE, *Cinna*, 1640.

familial, famille

Du latin *famillia*, esclaves attachés à la maison du maître, ceux qui vivent dans la même maison, famille.

■ Tout se trouve dans les rêveries enchantées où nous plonge le bruit de la cloche natale : religion, famille, patrie, et le berceau et la tombe et l'avenir.

François René DE CHATEAUBRIAND,
Le Génie du christianisme, 1802.

■ J'abolis la famille et romps le mariage ; / Voilà ! Quant aux enfants, en feront qui pourront. / Ceux qui voudront trouver leurs pères chercheront.

Alfred DE MUSSET, *Dupont et Durand*, 1838.

■ Ce qui unit les membres de la famille antique, c'est quelque chose de plus puissant que la naissance, que le sentiment, que la force physique : c'est la religion du foyer et des ancêtres.

FUSTEL DE COULANGES, *La Cité antique*, 1864.

■ Je veux expliquer comment une famille, un petit groupe d'êtres, se comporte dans une société, en s'épanouissant pour donner naissance à dix, à vingt individus qui paraissent au premier coup d'œil, profondément dissemblables, mais que l'analyse montre intimement liés les uns aux autres.

Émile ZOLA, *La Fortune des Rougon*, 1871.

■ Pour leur calme outrageant, j'abhorre les familles.

Paul VERLAINE, *Œuvres posthumes*
(vers de jeunesse), 1896.

■ Familles, je vous hais ! Foyers clos ; portes refermées ; possessions jalouses du bonheur.

André GIDE, *Les Nourritures terrestres*, © Gallimard, 1897.

■ La joie familiale ressemble à la paix du jeune marsupial qui se blottit dans la poche maternelle.

ALAIN, *Sentiments,*
passions et signes, © Gallimard, 1926.

■ Est-ce donc ça, une famille ? Des duperies, des trahisons, des querelles, des chantages et des mensonges ! Cela vaut-il vraiment tant d'amour, tant de peines, tant de travail, tant d'angoisses ?

Georges DUHAMEL, *Le Jardin*
des bêtes sauvages, © Mercure de France, 1934.

Et les pensées de...

■ Telle qu'elle est aujourd'hui, la famille ne remplit plus le rôle social qui la légitimait : transmettre une culture et un nom à des enfants. Au nord, l'adolescent passe beaucoup plus de temps devant les écrans qu'en compagnie de son père. Au sud, la plupart des nomades urbains vivent seuls depuis leur première enfance.

Jacques ATTALI,
Dictionnaire du XXIe siècle, © Fayard, 1998.

▶ VOIR amateur, appartenir, bases, certificat, chef, dada, dent, école, écrire, femme, frère, inceste, lampe, orthographe, patrie, père, singe, stade, victime, vieillir, vote.

famine

Du latin *fames*, faim. Attesté au XIIe s.

■ Caligula. — Demain, il y aura famine. / L'intendant. — Mais le peuple va gronder. / Caligula. — [...] Je dis qu'il y aura famine demain. Tout le monde connaît la famine, c'est un fléau. Demain, il y aura fléau... et j'arrêterai le fléau quand il me plaira. [...]

Après tout, je n'ai pas tellement de façons de prouver que je suis libre.

Albert CAMUS, *Caligula*, © Gallimard, 1945.

fanatique, fanatisme

Du latin *fanaticus*, serviteur du temple ; celui qui manifeste de l'enthousiasme.

■ Le fanatisme est un état de crise qui ne peut durer. Il a ses accès plus ou moins longs, plus ou moins fréquents et aussi ses relâches pendant lesquelles on est de sang-froid.

MAINE DE BIRAN, *Journal*, 1816.

■ Le fanatique, lui, est incorruptible : si pour une idée il tue, il peut tout aussi bien se faire tuer pour elle ; dans les deux cas, tyran ou martyr, c'est un monstre.

E. M. CIORAN, *Précis de décomposition*, 1949.

Et dans les dictionnaires anciens...

■ *Fanatique.* [...] Il y a des fanatiques dans toutes les religions, dans toutes les sectes.

Maurice LACHÂTRE, *Dictionnaire français illustré*, 1856.

faner

Dérivé de *fein*, forme ancienne de foin.

■ Les débauchés passent en un moment de l'enfance à la vieillesse, et se fanent en leur fleur.

Nicolas D'ABLANCOURT, *Lucien* (cité par Littré, 1872).

Et dans les dictionnaires anciens...

■ La beauté, comme la fleur, se *fane* par la longueur du temps, et peut se *flétrir* promptement par accident.

Gabriel GIRARD, *Synonymes françois*, 1736.

fantastique

Du bas latin *fantasticus*, du grec *phantastikos*, capable de former des représentations. Attesté au XIVe siècle.

■ Pour intéresser dans le conte fantastique, il faut d'abord se faire croire, et une condition indispensable pour se faire croire, c'est de croire. Cette condition une fois donnée, on peut aller hardiment et dire tout ce que l'on veut.

Charles NODIER, *La Fée aux miettes* (préface), 1822.

▶ VOIR tourment.

fantôme

D'une forme méridionale, *fantauma*, du grec *fanstama*, fantôme.

■ Voici plus de mille ans que la triste Ophélie / Passe, fantôme blanc, sur le long fleuve noir, / Voici plus de mille ans que sa douce folie / Murmure sa romance à la bise du soir.

Arthur RIMBAUD, *Poésies*, 1871.

Et dans les dictionnaires anciens...

■ *Fantosme.* [...] évanouissant, ombreux, imaginaire, difforme, sifflant, affreux, intouchable, hideus, nud, volant, effroiable...

Maurice DE LA PORTE, *Épithètes*, 1571.

▶ VOIR exclamation.

farce

Du latin *farsus*, du verbe *farcire*, engraisser, farcir.

■ Le récit en farce fut fait ; / On l'appela le pot au lait.

Jean DE LA FONTAINE, *Fables*, « La Laitière et le pot au lait », 1668-1694.

Et dans les dictionnaires anciens...

■ La comédie suppose une action et une peinture de caractère que la farce n'exige pas ; M. de Pourceaugnac est une comédie bouffonne ; les scènes plaisantes que jouent les bateleurs pour attirer le public, ne sont que des farces.

Émile LITTRÉ, *Dictionnaire de la langue française*, 1863-1872.

faste

Du latin impérial *fastus*, orgueil.

■ Le goût du faste ne s'associe guère dans les mêmes âmes avec celui de l'honnête.

Jean-Jacques ROUSSEAU, *Discours sur les sciences et les arts*, 1750.

fat

De l'ancien provençal *fat*, sot, du latin *fatuus*, qui n'a pas de goût.

■ Tout le monde dit d'un fat qu'il est un fat ; personne n'ose le lui dire à lui-même : il meurt sans le savoir, et sans que personne se soit vengé.

Jean DE LA BRUYÈRE, *Les Caractères*, 1688.

fatalisme, fataliste

Dérivé de *fatal*, du latin *fatalis*, du destin, funeste, du latin *fatum*, destin.

■ Le fatalisme nous console de ce qui est arrivé ; mais ne doit pas diminuer notre prudence.

ALAIN, *Les Arts et les Dieux*, © Gallimard, 1961.

Et les pensées de...

■ — Oh, t'as pas toujours été aussi fatalitaire... — Fataliste. — Si tu veux... Le résultat est le même...

Dialogues de Henri JEANSON, dans *Hôtel du Nord* (film de Marcel Carné, 1938).

fatigué

Construit à partir de *fatiguer*, du latin *fatigare*, harasser, épuiser.

■ Ce n'était point de la fatigue ordinaire qui dépense la force pour la renouveler, c'était le reste des mouvements possibles ; c'était la vie épuisée qui s'égoutte dans des efforts accablants qu'on ne recommencera pas.

Victor HUGO, *Les Misérables*, 1862.

■ Moi je suis le mec vachement fatigué, Vierge Marie, vachement fatigué. Un bon roupillon jusqu'au-dessus de la tête, je m'en contenterais.

F. BILLETDOUX, *Comment va le monde, Môssieu ? Il tourne, Môssieu*, © Actes Sud, 1964.

Et dans les dictionnaires anciens...

■ Être *las* c'est ne pouvoir plus agir. Être *fatigué*, c'est avoir trop agi.

Gabriel GIRARD, *Synonymes françois*, 1736.

faubourg

Construit avec *fors*, hors de, et *bourg*. Le fors-bourg représentait le quartier situé hors de l'enceinte de la ville.

■ Faubourgs : Terribles dans les Révolutions.

Gustave FLAUBERT, *Le Dictionnaire des idées reçues*, posth. 1913.

faune (un)

Du latin *fauna*, faune, du latin *Faunuus*, dieu de la fécondité, des champs et troupeaux.

■ Dans les noirs taillis ton œil visionnaire / Voyait distinctement, par l'ombre recouverts, / Le faune aux doigts palmés, le sylvain aux yeux verts.

Victor HUGO, *Les Voix intérieures*, 1837.

■ Frappant sur la mousse des bois la corne de leurs pieds, les faunes à bouche fendue suivent le vieux Pan des pasteurs, qui claque dans ses mains au milieu de son troupeau ; ils ricanent, ils sont velus ; leur front rugueux est couvert de boutons roses comme les bourgeons de tilleuls à la saison du printemps.

Gustave FLAUBERT, *La Tentation de saint Antoine*, 1849.

faute

Du latin populaire *faillita*, action de faillir, manque, de *falsus*, de *fallere*, tromper, faillir.

■ Nous oublions aisément nos fautes lorsqu'elles ne sont sues que de nous.

François DE LA ROCHEFOUCAULD, *Réflexions ou Sentences et Maximes morales*, 1664.

■ Une faute impunie en fait connaître deux.

Edme BOURSAULT, *Ésope à la Cour*, 1701.

■ Ne te reproche rien : tu n'as rien fait de bas. / La faute ne peut être où le dessein n'est pas.

François PONSARD, *L'Honneur et l'Argent*, 1843.

■ Ô vous tous, je serai bien vite dévoré / Si dans l'obscurité du cercueil solitaire /

Chaque faute de l'homme engendre un ver de terre.

Victor HUGO, *La Légende des siècles*, « L'an neuf de l'hégire », 1859.

■ Mon article est émaillé de fautes d'impression, dont quelques-unes de l'espèce absurdifiante. Rien n'écœure un auteur comme cela.

Henri-Frédéric AMIEL, *Journal intime*, 1847-1883.

Et dans les dictionnaires anciens...

■ La *faute* tient de la faiblesse humaine ; elle va contre les règles du devoir. Le *crime* part de la malice du cœur ; il est contre les lois de la nature. [...] Il faut pardonner la *faute*, punir le *crime*.

Gabriel GIRARD, *Synonymes françois*, 1736.

faux

Du latin *falsus*, de *fallere*, tromper, faillir.

■ Le gros des hommes peut bien, durant quelque temps, prendre le faux pour le vrai, et admirer de méchantes choses ; mais il n'est pas possible qu'à la longue une bonne chose ne lui plaise.

Nicolas BOILEAU, *L'Art poétique* (préface), 1701.

Et les pensées de...

■ Faux : sorte de vérité au service du mensonge.

Jacques DOR, *Le Dico de ma langue à moi, 1er mille*, © Soir ailleurs, 2000.

■ Tout ce qu'on écrit sur moi ne me dérange pas. Tant que c'est faux.

Michel GALABRU, *Pensées, répliques et anecdotes*, © Le Cherche midi, 2006.

faux-monnayeur

Composé de *faux*, voir *faux*, et de *monnayeur*, dérivé de *monnayer*, dérivé de *monnaie*, du latin *moneta*, de *Junon Moneta* : on fabriquait la monnaie dans son temple.

■ Faux-monnayeurs : Travaillent toujours dans les souterrains.

Gustave FLAUBERT, *Le Dictionnaire des idées reçues*, posth. 1913.

fée

Du latin *Fata*, déesse des destinées.

■ Je l'admirais. C'était ma fée, / Et le doux astre de mes yeux !

Victor HUGO, *Les Contemplations*, 1856.

Et dans les dictionnaires anciens...

■ *Fée*. C'étoit autrefois, selon l'opinion du peuple, une espèce de Nymphe enchanteresse, qui avoit le don de prédire l'avenir, & de faire beaucoup de choses au-dessus de la nature.

Dictionnaire de l'Académie française, 1694.

▶ VOIR abracadabran.

feindre

Du latin *fingere*, façonner, imaginer, inventer.

■ Absente de la cour je n'ai pas dû penser, / Seigneur, qu'en l'art de feindre, il fallût m'exercer.

Jean RACINE, *Britannicus*, 1669.

féminisme

Du latin *femina*, femme. C'est en 1837 qu'est attesté le mot, en tant que doctrine visant au développement du rôle des femmes.

■ Le féminisme, c'est de ne pas compter sur le Prince Charmant.

Jules RENARD, *Journal*, posth. 1925.

femme

Du latin *femina*, femme.

■ Étant le temps venu, Mademoiselle, que les sévères lois des hommes n'empêchent plus les femmes de s'appliquer aux sciences et disciplines, [...] et si quelqu'une parvient en tel degré, que de pouvoir mettre ses conceptions par écrit, le faire soigneusement et non dédaigner la gloire, et s'en parer plutôt que de chaînes, anneaux et somptueux habits.

Louise LABÉ, *Œuvres*, « À Mlle Clémence de Bourge », 1555.

■ Les femmes sont extrêmes : elles sont meilleures ou pires que les hommes.

Jean DE LA BRUYÈRE, *Les Caractères*, 1688.

■ Le sexe supérieur en beauté comme en courage, dans les souffrances maternelles, reconnaît et déclare, en présence et sous les auspices de l'Être suprême, les droits suivants de la femme et de la citoyenne. / Article Premier. La femme naît libre et demeure égale en droits.

Olympe DE GOUGES, *Préambule et Déclaration des droits de la femme et de la citoyenne*, 1791.

■ Soyez aussi aimable, aussi honnête qu'il est possible, aimez la femme la plus parfaite qui se puisse imaginer, vous n'en serez pas moins dans le cas de lui pardonner ou votre prédécesseur, ou votre successeur.

Nicolas DE CHAMFORT, *Maximes et pensées, caractères et anecdotes*, 1795.

■ Il serait politique d'embellir les grandes familles, en forçant leurs héritiers à n'épouser que de belles femmes.

Joseph JOUBERT, *Pensées, essais, maximes et correspondances, posth.*, 1838.

■ Le sauveur de la France [Jeanne d'Arc] devait être une femme. La France était femme elle-même. Elle en avait la mobilité, mais aussi l'aimable douceur, la pitié facile et charmante, l'excellence au moins du premier mouvement.

Jules MICHELET, *Jeanne d'Arc*, 1853.

■ Les femmes sont courageuses dans les événements de famille, devant la souffrance, la mort. Dans nos troubles civils, elles plantent des drapeaux sur les barricades ; – elles portent vaillamment leur tête à l'échafaud.

Gérard DE NERVAL, *Les Filles du feu*, 1854.

■ Il n'y a point de vieille femme. Toute, à tout âge, si elle aime et si elle est bonne, donne à l'homme le moment de l'infini.

Jules MICHELET, *L'Amour*, 1859.

■ Il faudrait raisonner un peu : croit-on pouvoir faire la révolution sans les femmes ? Voilà quatre-vingts ans qu'on l'essaie et qu'on n'en vient pas à bout. La première révolution leur décerna bien le titre de citoyenne, mais non les droits. Elle les laissa exclues de la liberté et de l'égalité.

André LÉO, *La Sociale*, 8 mai 1871.

■ Une femme peut aimer à la folie, elle garde toujours du sens pratique.

Paul LÉAUTAUD, *Passe-Temps*, © Mercure de France, 1987.

■ Si nous avions entendu depuis que le monde est monde toutes les jolies femmes nous appeler à coups de trompe et nous saluer de barrissements, nous aurions pour l'éternité associé l'idée de barrissement à l'idée de jolie femme.

Antonin ARTAUD, *Le Théâtre et son double*, © Gallimard, 1938.

■ Femme nue, femme noire / Vêtue de la couleur qui est vie, de ta forme qui est beauté ! / J'ai grandi à ton ombre, la douceur de tes mains bandait mes yeux.

Léopold Sédar SENGHOR, *Chants d'ombre*, © Le Seuil, 1945.

■ C'est par le travail que la femme a en grande partie franchi la distance qui la séparait du mâle ; c'est le travail qui peut seul lui garantir une liberté concrète.

Simone DE BEAUVOIR, *Le Deuxième Sexe*, © Gallimard, 1949.

■ Il n'y a même plus moyen de trouver de femmes de ménage : elles écrivent toutes.

Paul LÉAUTAUD, *Théâtre de Maurice Boissard*, © Gallimard, 1958.

■ L'avenir de l'homme est la femme / Elle est la couleur de son âme / Elle est sa rumeur et son bruit / Et sans elle il n'est qu'un blasphème

Louis ARAGON, *Le Fou d'Elsa*, © Gallimard, 1963.

■ J'aime la femme. Je n'aime pas les femmes.

Paul LÉAUTAUD, *Passe-temps*, © Mercure de France, 1987.

Et dans les dictionnaires anciens...

■ Le cœur de l'homme n'est guère ferme contre les *attraits* d'une jolie femme, il a bien de la peine à se défendre des *appas* d'une coquette, et il lui est impossible de résister aux *charmes* d'une beauté bienfaisante.

Gabriel GIRARD, *Synonymes français*, 1736.

■ La colère marque beaucoup d'humeur et de sensibilité ; celle de la femme est la plus dangereuse.

Gabriel GIRARD, *Synonymes français*, 1736.

Et les pensées de...

■ Jusqu'ici, j'avais toujours juré que si une femme se faisait agresser, je ferais semblant d'être infirme.

Patrice LECONTE, *Ma femme s'appelle Reviens,* (dialogue), 1982.

■ Une femme qui sait rire, qui a de l'esprit, c'est une femme indépendante.

Gérard DEPARDIEU, *Lettres volées,* © Jean-Claude Lattès, 1988.

■ Je ne comprends pas les femmes de vouloir être les égales de l'homme, alors qu'elles lui sont tellement supérieures ! C'est de la modestie au fond.

Frédéric DARD, *Les Pensées de San-Antonio,* © Le Cherche midi, 1996.

■ À chaque fois que je vois une femme qui me plaît, soit c'est elle qui est mariée, soit c'est moi !

COLUCHE, *Et vous trouvez ça drôle ?,* © Le Cherche midi, 1998.

■ On devient rugueux quand on ne voit plus de femmes.

Bernard FRANK, *Portraits et Aphorismes,* © Le Cherche midi, 2001.

■ En général, on épouse une femme, on vit avec une autre et on n'aime que soi.

COLUCHE, *Ça roule, ma poule,* © Le Cherche midi, 2002.

■ Pour un écrivain, il n'y a pas meilleure attachée de presse que sa femme.

Charles DANTZIG, *Dictionnaire égoïste de la littérature française,* © Grasset, 2005.

■ J'ai entendu les femmes se faire appeler les poules, les pintades, les perdrix, les gazelles, les gonzesses, les régulières, et maintenant les meufs.

Michel GALABRU, *Pensées, répliques et anecdotes,* © Le Cherche midi, 2006.

■ Je pratique la politique de la femme brûlée. Je brûle toutes celles que j'ai adorées.

Serge GAINSBOURG, *Pensées, provocs et autres volutes,* © Le Cherche midi, 2006.

▶ VOIR adapter, aimer, amant, babil, beau, bec, belle-mère, bigamie, camarade, chauve, cheval, cinéma, cliché, comique, confesser, confiance, coûter, dame, début, dépense, dépiter, écrire, encore, enfant, exécution, extrême, faiblesse, fureur, habitation, hésiter, hymen, inimitié, inspiration, instruction, jeunesse, lâcher, lait, madame, maîtresse, mari, mariage, mentir, moitié, naissance, nez, orner, Paris, père, police, prévoyant, prochain, prostituée, quitter, reine, rendre, ressembler, rêver, savant, sens, serpent, sévérité, secret, sirène, souvent, style, succès, tact, tempérament, temps, têtu, timidité, truffe, vache, vêtement, veuvage, visage, voix, vouloir, vulgaire.

fenêtre

Attesté au XIIe s. Du latin *fenestra*, fenêtre.

■ Il n'est pas d'objet plus profond, plus mystérieux, plus fécond, plus ténébreux, plus éblouissant qu'une fenêtre éclairée d'une chandelle.

Charles BAUDELAIRE, *Les Fleurs du mal,* 1857.

■ J'ai trois fenêtres à ma chambre : / L'amour, la mer, la mort, / Sang vif, vert calme, violet.

Charles CROS, *Le Collier de Griffes,* « Hiéroglyphe », posth. 1908.

fer(s)

Du latin *ferrum*, fer, objet en fer.

■ Et d'aller, trop content de mes fers, / Soupirer avec vous au bout de l'univers.

Jean RACINE, *Bérénice,* 1670.

■ Le fer est la raison des rois.

Jean-François DE LA HARPE, *Warwick,* 1763.

Et dans les dictionnaires anciens...

■ Il signifie figurément esclavage, & se dit particulièrement en matière d'amour. Cet amant bénit ses fers, aime ses fers, il a brisé ses fers.

Antoine FURETIÈRE, *Dictionnaire universel,* 1690.

fermeté

Du latin *firmitas*, solidité.

■ La vaillance c'est la fermeté, non pas des jambes et des bras, mais du courage et de l'âme.

Michel DE MONTAIGNE, *Essais,* 1580-1595.

■ La fermeté dans le malheur n'est pas une vertu rare ; l'âme ramasse alors toutes ses forces ; elle se mesure avec ses destins.

VOLTAIRE,
Panégyrique de saint Louis, 1748.

féroce, férocité

Du latin *ferox*, impétueux, orgueilleux, en latin chrétien cruel ; du latin *ferocitas*, fougue, arrogance.

■ Il faut des saisies de terre, et des enlèvements de meubles, des prisons et des supplices, je l'avoue ; mais justice, lois, et besoins à part, ce m'est une chose toujours nouvelle de contempler avec quelle férocité les hommes traitent d'autres hommes.

Jean DE LA BRUYÈRE,
Les Caractères, 1688.

■ C'était un fort bon homme que la nature avait doué, sans doute par plaisanterie, de tous les signes extérieurs de la férocité.

Théophile GAUTIER,
Le Capitaine Fracasse, 1863.

■ Dans le *Petit Larousse*, je trouve au mot « souffre-douleur » cet exemple : le mousse était autrefois le souffre-douleur de l'équipage. Cela en dit long... Osons reconnaître que le mousse eut toujours le pouvoir mystérieux de déchaîner la férocité des hommes, leur goût de torturer, de corrompre et de salir.

François MAURIAC,
Journal, © Flammarion, 1937.

▶ VOIR boute-en-train.

fervent

Du latin *fervens*, bouillonnant, de *fervere*, bouillir.

■ Les croyants, les amoureux, les disciples n'aperçoivent qu'une face de leurs déités, de leurs idoles, de leurs maîtres. Le fervent demeure inéluctablement naïf.

Emil Michel CIORAN,
Précis de décomposition, © Gallimard, 1949.

fesse

Du latin populaire *fissa*, anus et fesses, du latin classique *fissum*, fente.

■ Le malheureux se trouva le pommeau entre les fesses, où nous le laisserons comme sur un pivot pour nous reposer un peu ; car, sur mon honneur, cette description m'a plus coûté que tout le reste du livre et encore n'en suis-je pas trop bien satisfait.

Paul SCARRON,
Le Roman comique, 1657.

■ La-Pâleur-de-Vivre la regarda s'éloigner. Elle était aussi bien de fesse que de face.

Raymond QUENEAU,
Les Enfants du limon, © Gallimard, 1938.

Et dans les dictionnaires anciens...

■ *Fesse*. Partie du corps sur laquelle on s'assied. Fesse dure et blanche.

Pierre RICHELET,
Dictionnaire françois, 1680.

fête

Du latin *festa*, fête, de *festus*, en fête.

■ Quand la fête devient obligatoire, la solitude, supportable le reste du temps, prend les proportions d'un cauchemar, se fait maladie intolérable. Tout le monde doit être content, satisfait, heureux. C'est un ordre.

Tahar BEN JELLOUN, *Le premier amour est toujours le dernier*, © Le Seuil, 1995.

feu

Du latin *focus*, foyer.

■ L'amour n'est pas un feu qu'on renferme en une âme : / Tout nous trahit, la voix, le silence, les yeux, / Et les feux mal couverts n'en éclatent que mieux.

Jean RACINE, *Andromaque*, 1667.

■ À peine je vous vois, que mes frayeurs cessées / Laissent évanouir l'image du trépas, / Et que je sens couler dans mes veines glacées / Un je ne sais quel feu que je ne connais pas.

Pierre CORNEILLE, *Psyché*, 1671.

■ Feu : Purifie tout. Quand on entend crier « au feu », on doit commencer par perdre la tête !

Gustave FLAUBERT,
Le Dictionnaire des idées reçues, posth., 1913.

■ Le feu ne chauffe que si on le nourrit.

ALAIN, *Propos d'économique*, © Gallimard, 1934.

Et dans les dictionnaires anciens...

■ *Feu.* Élément chaud et sec, qui entre en la composition de tous les corps naturels, et surtout de ceux qui sont animés. Les Anciens ont cru qu'il y avait un feu élémentaire dans le concave de la lune : ce qui est pure vision établie sans fondement : le feu n'est autre chose qu'une manière fort subtile et violemment agitée.

Antoine FURETIÈRE,
Dictionnaire universel, 1690.

▶ VOIR affoler, amour, archétype, artifice, cendre, démontrer, douceur, désir, épreuve, espérance, flamme, froid, haine, larme, mélancolie, midi, neige, papillon, perdre, périr, presse, rayon, religion, toi, vierge, vieux, vieille.

feuillage, feuille

Dérivé de *feuille*, du latin *folium*, feuille d'arbre.

■ Voilà les feuilles sans sève / Qui tombent sur le gazon. / Voilà le vent qui s'élève / Et gémit dans le vallon.

Alphonse DE LAMARTINE,
Harmonies poétiques et religieuses, 1830.

■ Frère sombre et pensif des arbres frissonnants, / Tu laisses choir tes ans ainsi qu'eux leur feuillage.

Victor HUGO, *Les Contemplations*, 1856.

Et dans les dictionnaires anciens...

■ La peau des feuilles n'est autre chose que la même peau de la branche qui s'estend, comme l'or battu se réduit en feuilles.

Antoine FURETIÈRE,
Dictionnaire universel, 1690.

feuilleton

Dérivé de *feuillet*, diminutif de *feuille*, du latin *folium*, feuille d'arbre.

■ Feuilletons : Cause de démoralisation. Se disputer sur le dénouement portable. Écrire à l'auteur pour lui fournir des idées.

Gustave FLAUBERT,
Le Dictionnaire des idées reçues, posth. 1913.

fiction

Du latin *fictio*, action de façonner, création.

■ Toute fiction est un vol de la réalité et il lui arrive d'y retourner, de s'y confondre.

Tahar BEN JELLOUN, *Le premier amour est toujours le dernier*, © Le Seuil, 1995.

fidèle, fidélité

Du latin *fidelis*, sûr, loyal, de *fides*, foi, confiance, en latin médiéval digne de foi.

■ La fidélité qui paraît en la plupart des hommes n'est qu'une invention de l'amour-propre pour attirer la confiance.

François DE LA ROCHEFOUCAULD, *Réflexions ou Sentences et Maximes morales*, 1664.

■ Efforcez-vous de paraître fidèle,
Et je m'efforcerai, moi, de vous croire telle.

MOLIÈRE, *Le Misanthrope*, 1666.

■ J'ai cru que tôt ou tard, à ton devoir rendu, / Tu me rapporterais un cœur qui m'était dû. / Je t'aimais inconstant ; qu'aurais-je fait fidèle ?

Jean RACINE, *Andromaque*, 1667.

■ Le fidèle toujours militant dans la vie, toujours aux prises avec l'ennemi, est traité par la religion dans sa défaite, comme ces généraux vaincus, que le Sénat romain recevait en triomphe par la seul raison qu'ils n'avaient pas désespéré du salut final.

François René DE CHATEAUBRIAND,
Le Génie du Christianisme, 1802.

Et les pensées de...

■ La fidélité ? Il ne faut pas oublier que le mariage a été institué à une époque où l'espérance de vie ne dépassait pas trente ans.

Jacques DUTRONC, *Pensées et Répliques*, © Le Cherche midi, 2000.

▶ VOIR coquetterie.

fierté

Du latin *feritas*, cruauté, mœurs sauvages.

■ La fierté souvent égare une grande âme, / Soutien de l'héroïsme, elle en devient l'écueil.

Jean-François DE LA HARPE, *Coriolan*, 1784.

Et les pensées de...

■ Nous allons ainsi, tous ensemble, bouleversés et fraternels, sentant la joie, la fierté, l'espérance nationales remonter du fond des abîmes.

Charles DE GAULLE, *Mémoires de guerre*, © Plon, 1956.

fièvre

Du latin *febris*, fièvre.

■ Fièvre : Preuve de la force du sang. Est causée par les prunes.

Gustave FLAUBERT, *Le Dictionnaire des idées reçues*, posth. 1913.

fil (télégraphique)

Du latin *filum*, fil [et de *télégraphique*, dérivé de *télégraphe*, appareil inventé en 1792].

■ La rouille ronge en leurs spleens kilométriques / Les fils télégraphiques des grandes routes ou nul ne passe.

Jules LAFORGUE, *Derniers Vers*, 1890.

fille

Du latin *filia*, fille.

■ Des amants les mieux faits et les plus vertueux, / Une fille à seize ans souffre à peine les vœux ; / Son orgueil en rebute autant qu'il s'en présente, / Et tout lui paraît bon quand elle en a quarante.

Edme BOURSAULT, *Ésope à la Cour*, 1701.

■ On a de tous les temps négligé l'éducation des filles : l'on n'a d'attention que pour les hommes, et comme si les femmes étaient une espèce à part, on les abandonne à elles-mêmes sans secours, sans penser qu'elles composent la moitié du monde.

MADAME DE LAMBERT, *Avis d'une mère à sa fille*, 1728.

■ Ismène. — Antigone ! Je t'en supplie ! C'est bon pour les hommes de croire aux idées et de mourir pour elles. Toi tu es une fille. / Antigone, *les dents serrées.* — Une fille, oui. Ai-je assez pleuré d'être une fille.

J. ANOUILH, *Antigone*, © La Table Ronde, 1944.

▶ VOIR aîné, bec, but, chocolat, confession, courtisane, écrire, enseigner, esprit, financier, France, garçon, gueule, lettres, main, mari, modestie, parler, pissenlit, réparer, rose, séduire, stade, timidité, victime.

fils

Du latin *filius*, fils.

■ J'avais un jour un valet de Gascogne, / Gourmand, ivrogne, et assuré menteur, / Pipeur, larron, jureur, blasphémateur, / Sentant la hart de cent pas à la ronde, / Au demeurant le meilleur fils du monde [...].

Clément MAROT, *Épître au roi*, 1532.

■ Que ne peut point un fils sur le cœur d'une mère !

Pierre CORNEILLE, *Rodogune*, 1645.

■ Des sottises d'un père, un fils n'est pas garant.

Alexis PIRON, *La Métromanie*, 1738.

■ Le fils sa mère fait du tricot son père des affaires lui la guerre / Il fera des affaires avec son père [...].

Jacques PRÉVERT, *Paroles*, © Gallimard, 1945.

■ — Quand je pense que j'ai eu l'idée malheureuse de désirer un fils et non pas un coquelicot ! (*À la mère.*) C'est ta faute ! / — Hélas ! Mon époux ! J'ai cru bien faire. Je suis complètement et à moitié désespérée.

Eugène IONESCO, *Jacques ou la Soumission*, © Gallimard, 1963.

Et dans les dictionnaires anciens...

■ *Fils*. [...] Terme de caresse, qui veut dire mignon, enfant joli & qu'on aime. Venez çà mon fils, que je vous embrasse.

Pierre RICHELET, *Dictionnaire françois*, 1680.

fin

Du latin *finis*, limite, terme, degré suprême.

■ Belle fin qui meurt en bien aimant.

Pierre DE RONSARD, *Les Amours*, 1552-1553.

■ Le fin est d'être à côté des riches. Il y a des miettes sous la table !

Honoré DE BALZAC, *Les Paysans*, 1845.

■ Je vois enfin la fin de mon infinissable chapitre.

Gustave FLAUBERT, *Correspondance*, 1860.

■ La fin de l'histoire ? Mais il n'y avait pas de fin. On n'avait pas inventé de fin. Finir, c'est une invention, un progrès !

Charles CROS, *Autrefois*, 1878.

■ On espère toujours une fin paisible pour ceux que nous aimons.

Julien GREEN, *Journal*, © Gallimard, 1941.

Et dans les dictionnaires anciens...

■ On dit aussi les quatre Fins de l'homme, la Mort, le Jugement, le Paradis & l'Enfer.

Antoine FURETIÈRE, *Dictionnaire universel*, 1690.

finance, financier

De l'ancien verbe *finer*, mener à sa fin une transaction, payer.

■ On a toujours dit que les finances sont les nerfs de l'État et il est vrai que c'est le point d'Archimède, qui, étant fermement établi, donne moyen de mouvoir tout le monde.

RICHELIEU, *Testament politique*, 1641.

■ Si le financier manque son coup, les courtisans disent de lui : « C'est un bourgeois, un homme de rien, un malotru » ; s'il réussit, ils lui demandent sa fille.

Jean DE LA BRUYÈRE, *Les Caractères*, 1688.

■ Dans la trappe, les financiers !

Alfred JARRY, *Ubu roi*, 1895.

■ Père Ubu. Je viens donc te dire, t'ordonner et te signifier que tu aies à produire et exhiber promptement ta finance, sinon tu seras massacré. Allons, messeigneurs les salopins de finance, voiturez ici le voiturin à phynances.

Alfred JARRY, *Ubu roi*, 1896.

finesse

Dérivé de l'adjectif *fin*. Voir *fin*.

■ Il y a deux sortes d'esprit, l'un géométrique, et l'autre qu'on peut appeler de finesse.

Blaise PASCAL, *Pensées*, 1669.

finir

Du latin *finire*, achever.

■ Ils croyaient que le monde finissait où finissait leur île.

Henri BERNARDIN DE SAINT-PIERRE, *Paul et Virginie*, 1788.

Et dans les dictionnaires anciens...

■ La maxime qui dit qu'il ne faut rien commencer qu'on ne puisse finir, est bonne : celle qui défend de cesser un ouvrage pour en commencer un autre sans nécessité, me paraît encore meilleure.

Gabriel GIRARD, *Synonymes françois*, 1736.

flacon

Du bas latin *flasco*, bouteille pour le vin.

▶ VOIR ivresse.

flamme

Du latin *flamma*, flamme.

■ Et je l'ai surpris là, qui faisait à madame / L'injurieux aveu d'une coupable flamme.

MOLIÈRE, *Le Tartuffe*, 1664.

Et dans les dictionnaires anciens...

■ *Flamme.* [...] Feu tout à fait dégagé des corps terrestres qui ont encore quelque sorte de liaison.

Pierre RICHELET, *Dictionnaire françois*, 1680.

flatter, flatterie

Du francique *flatjan*, passer le plat de la main.

■ La flatterie est une fausse monnaie qui n'a de cours que par notre vanité.

François DE LA ROCHEFOUCAULD, *Réflexions ou Sentences et Maximes morales*, 1664.

■ Plus on aime quelqu'un, moins il faut qu'on le flatte ; / À ne rien pardonner le pur amour éclate.

MOLIÈRE, *Le Misanthrope*, 1666.

■ Il y a toujours quelque intérêt à se faire aimer des hommes. Ainsi la vie humaine n'est qu'une illusion perpétuelle ; on ne fait que s'entre-tromper et s'entre-flatter.

Blaise PASCAL, *Pensées*, 1669.

■ Amusez les rois par des songes, / Flattez-les, payez-les d'agréables mensonges : / Quelque indignation dont leur cœur soit rempli, / Ils goberont l'appât ; vous serez leur ami.

Jean DE LA FONTAINE, *Fables*, « Les obsèques de la Lionne », 1668-1694.

Et dans les dictionnaires anciens...

■ La flatterie donne de la majesté aux souverains indignes ; elle bénit les dominations injustes, et fait des vœux pour la prospérité des méchants.

Maurice LACHÂTRE, *Dictionnaire français illustré*, 1856.

Et les pensées de...

■ — Êtes-vous bien sûr que c'est une flatterie ça ? — J'avais pensé à autre chose, mais j'ose pas ! — Allez, osez, osez... — Monseigneur est beau — Est-ce que vous pensez vraiment ce que vous dites ? — Ben, je flatte !

Dialogues du film *La Folie des grandeurs*, de G. Oury, 1971.

flatteur

Attesté au XIIIe s. Voir *flatter*.

■ Apprenez que tout flatteur / Vit au dépens de celui qui l'écoute : / Cette leçon vaut bien un fromage, sans doute.

Jean DE LA FONTAINE, *Fables*, « Le Corbeau et le Renard », 1668-1694.

■ Ainsi de leurs flatteurs les rois sont les victimes, / Vous avancez leur perte en approuvant leurs crimes. / De la chute des rois vous êtes les auteurs ; / Mais les rois en tombant entraînent leurs flatteurs.

Jean RACINE, *La Thébaïde*, 1664.

flétri, flétrissure

Participe passé et dérivé de *flétrir*, de l'ancien adjectif *flaistre*, du latin *flaccidus*, flasque, mou.

■ Don Diego, sur la table abondamment servie, / Songe, accoudé, muet, le front contre le poing, / Pleurant sa flétrissure et l'honneur de sa vie.

LECONTE DE LISLE, *Poèmes barbares*, « La Tête du Comte », 1862.

■ Quoi seul, et flétri, fané, presque fini, voilà qu'il fallait vivre jusqu'au bout avant de faire la culbute.

Léon CLADEL, *Ompdrailles*, 1879.

fleur

Du latin *flor*, *floris*, fleur.

■ J'aime le flot de l'eau qui gazouille au rivage. Là, devisant sur l'herbe avec un mien ami, / Je me suis par les fleurs bien souvent endormi / À l'ombrage d'un saule [...].

Pierre DE RONSARD, *Réponse aux injures et calomnies de je ne sais quels prédicantereaux et ministreaux de Genève*, 1563.

■ Voici venir le temps où vibrant sur sa tige / Chaque fleur s'évapore ainsi qu'un encensoir, / Les sons et les parfums tournent dans l'air du soir, / Valse mélancolique et langoureux vertige !

Charles BAUDELAIRE, *Les Fleurs du mal*, 1857.

■ J'ai passé cette fin de journée à m'aigrir / Par le spectacle vain et la psychologie / Douloureuse des fleurs pâles qui vont mourir. / Triste vase : hôpital, froide alcôve de verre...

Georges RODENBACH, *Le Règne du silence*, 1891.

■ La fleur est courte, mais la joie qu'elle a donnée une minute / N'est pas de ces choses qui ont commencement ou fin.

Paul CLAUDEL, *L'Annonce faite à Marie*, © Gallimard, 1912.

Et dans les dictionnaires anciens...

■ *Fleur.* Printanière, odorante ou odoriférante, trésor des cieux, amoureuse, belle, apollinée, ou apollinaire, jardinière, vermeille, argentée, vive, pourprine ou pourprée [...].

Maurice DE LA PORTE, *Épithètes*, 1571.

Et les pensées de...

■ Plus vite je serai mort, plus vite on m'amènera des fleurs !

Jean-Marie GOURIO, *L'Intégrale des brèves de comptoir*, © Robert Laffont, 1992-1993.

▶ VOIR abeille, beau, carrefour, créer, faner, joli, lentement, modestie, mouche, papillon, pleurer, poète, rose, source, souvenir, tombeau.

fleuve

Du latin *fluvius*, fleuve, de *fluere*, couler.

■ Eh ! Qui n'a passé des heures entières assis, sur le rivage d'un fleuve, à voir s'écouler les ondes !

François René DE CHATEAUBRIAND, *Le Génie du christianisme*, 1802.

Et les pensées de...

■ Regarder un fleuve, c'est à la fois être ici et ailleurs, car le fleuve ne laisse jamais oublier d'où il vient et où il va.

Jacques RIGAUD, *Miroir des mots*, © Robert Laffont, 1991.

flexible

Du latin *flexibil.is*, flexible, de *flectere*, fléchir.

▶ VOIR complaisant.

flirter

De l'anglais *to flirt*, flirter. On l'a longtemps rattaché à tort au français « conter fleurette ».

■ Oh ! Flirter, ce mot-là m'énerve. Flirt ! Flirt ! C'est crispant comme une automobile sous pression. Laissez donc aux Anglais leurs petits bouts de mots. Qu'ils aient au moins ça en Angleterre.

Jules RENARD, *Journal*, posth. 1925.

foi

Du latin *fides*, foi, loyauté.

■ Vous voulez aller à la foi et vous n'en savez pas le chemin.

Blaise PASCAL, *Pensées*, 1669.

■ La foi qui n'agit point, est-ce une foi sincère ?

Jean RACINE, *Athalie*, 1691.

■ Pour aller jusqu'aux cieux il vous fallait des ailes ; / Vous aviez le désir, la foi vous a manqué.

Alfred DE MUSSET, *Poésies nouvelles*, « L'espoir en Dieu », 1833-1852.

■ Avoir foi ne suffit pas pour être tranquille. La foi a on ne sait quel bizarre besoin de forme. De là les religions. Rien n'est accablant comme une croyance sans contour.

Victor HUGO, *Les Travailleurs de la mer*, 1866.

■ Celui-là est sans foi, qui n'est capable de rien d'éternel.

Paul CLAUDEL, *L'Otage*, © Gallimard, 1911.

Et dans les dictionnaires anciens...

■ *Foi.* [...] Fidélité. Garder sa foi. Il y a peu de foi dans le monde.

Pierre RICHELET, *Dictionnaire françois*, 1680.

folie

Dérivé de *fol*, du latin *follis*, soufflet pour le feu ; outre gonflée, ballon ; sot, idiot

■ Qui vit sans folie n'est pas si sage qu'il croit.

François DE LA ROCHEFOUCAULD, *Réflexions ou Sentences et Maximes morales*, 1664.

Et dans les dictionnaires anciens...

■ *Folie.* Faible et imparfaite action de la puissance de raisonner, causée par la conformation irrégulière du cerveau, ou de quelque humeur froide ou pituïteuse, qui l'accable.

Pierre RICHELET, *Dictionnaire françois,* 1680.

▶ VOIR fantôme.

football

Mot anglais construit avec *foot*, pied, et *ball*, ballon.

■ Football : Instrument de promotion sociale en usage partout, ne requérant aucun moyen, pour tous les garçons du monde nourrissant l'espoir de devenir un jour une étoile du ballon rond.

Jacques ATTALI, *Dictionnaire du XXIe siècle,* © Fayard, 1998.

fonctionnaire

Dérivé de *fonction*, du latin *functio*, accomplissement.

■ Fonctionnaire : Inspire le respect, quelle que soit la fonction qu'il remplisse.

Gustave FLAUBERT, *Le Dictionnaire des idées reçues,* posth. 1913.

Et dans les dictionnaires anciens...

■ Fonctionnaires à qui leurs occupations permettent des vacances.

Petit Larousse illustré, article « Permettre », 1905.

fondement

Du latin *fundamentum*, fondation, de *fundere*, fonder.

■ Fondement : Toutes les nouvelles en manquent.

Gustave FLAUBERT, *Le Dictionnaire des idées reçues,* posth. 1913.

fontaine

Du bas latin *fontana*, fontaine, de l'adjectif *fontanus*, de source, de *fons*, *fontis*, source.

■ Pour laisser arriver le soir, / Je te prie, allons nous asseoir / Sur le bord de cette fontaine.

Tristan L'HERMITE, *Le Promenoir des deux amants,* « Amours », 1648.

■ Ses yeux étaient devenus deux fontaines de larmes.

FÉNELON, *Les Aventures de Télémaque,* 1669.

Et dans les dictionnaires anciens...

■ Étymologiquement : la fontaine est l'eau de source (aqua fontana) ; et la source est ce qui sourd, ce qui jaillit, ce qui fournit la fontaine.

Pierre RICHELET, *Dictionnaire françois,* 1680.

forçat

De l'italien *forzato*, galérien, de *forzare*, forcer, condamner.

■ Nous le noir genre humain farouche, nous la plèbe, / Nous, les forçats du sol, les captifs de la glèbe, / Nous qui, de lassitude expirants, n'avons droit / Qu'à la faim, à la soif, à l'indigence, au froid, / Qui, tués de travail, agonisons pour vivre.

Victor HUGO, *La Légende des siècles,* 1883.

■ Forçats : Ont toujours une figure patibulaire. Tous très adroits de leurs mains. Au bagne, il y a des hommes de génie.

Gustave FLAUBERT, *Le Dictionnaire des idées reçues,* posth. 1913.

force

Du latin *fortia*, actes de force ou de courage, de *fortis*, fort, courageux.

■ La force la plus forte, c'et un cœur innocent.

Victor HUGO, *Les Feuilles d'automne,* 1831.

■ Depuis l'apparition des premiers linéaments dans le fœtus jusqu'à son développement, tous les phénomènes témoignent de l'existence d'une force.

Théodore JOUFFROY, *Nouveaux Mélanges philosophiques,* 1842.

▶ VOIR accompagner, acquérir, adresse, analyse, bonté, brute, compliment, contrainte, culte, créateur, défiance, douleur, effort, égal, empire, énerver, faiblesse, fatigué, inégalité, instruction, justice, langue, larme, loup, nature, nuit, objet, passion, patience, plaisir, poésie, puissant, repentir, révolution, royaume, souffrance, valse, vérité, vie, vipère.

forêt

Du bas latin *(silva) forestis*, forêt relevant de la cour de justice du roi, *forestis* dérivé de forum, tribunal.

■ Je me plains aux rochers, et demande conseil / À ces vieilles forêts, dont l'épaisse verdure / Fait de si belles nuits en dépit du soleil.

François MAYNARD,
Odes, « La belle vieille », 1646.

■ Que j'aime ces forêts ! Que j'y vis doucement ! / Qu'en un siècle troublé j'y dors en assurance ! / Qu'au déclin de mes ans j'y rêve heureusement, / Et que j'y fais des vers qui plairont à la France !

François MAYNARD, *Sonnets*, 1646.

■ Les forêts ont été les premiers temples de la Divinité, et les hommes ont pris dans les forêts la première idée de l'architecture.

François René DE CHATEAUBRIAND,
Le Génie du christianisme, 1802.

Et dans les dictionnaires anciens...

■ La forêt Hercinie contenait autrefois presque toute l'Europe. La forêt d'Orléans est presque toute réduite en taillis.

Antoine FURETIÈRE, *Dictionnaire universel*, 1690.

▶ VOIR absence, audace, brume, cacher, canonnade, demeurer, existence, jeunesse, lune, manquer, nature, nuit, regret, roseau, rouge, vieillesse.

formalité(s)

Du latin *formalis*, qui a telle forme.

■ En chose où le péril paraît de tous côtés, / On peut fort bien passer sur les formalités.

Paul SCARRON,
Don Japhet d'Arménie, 1653.

forme

Du latin *forma*, forme, objet moulé.

■ — Et le procès ? .. dit le général... / — Vous le gagnerez à la Cour de cassation, par la procédure. Selon moi, les Gravelot ont raison, mais il ne suffit pas d'être fondé en Droit et en Fait, il faut s'être mis en règle par la Forme, et ils ont négligé la Forme qui toujours l'emporte sur le Fond.

Honoré DE BALZAC, *Les Paysans*, 1844.

■ Je sais que je suis le siège d'une puissance aussi mystérieuse que l'électricité ou le génie, la *forme*, qui vient, s'en va, revient, sans raison et en dehors de toute règle connue.

Henry DE MONTHERLANT, *Les Olympiques*, 1926.

formidable

Du latin *formidabilis*, qui inspire la crainte, de *formidare*, craindre, redouter, de *formido*, *-inis*, épouvantail.

■ Coupant tous les fatals nœuds, / L'homme marche formidable, Tranquille et vertigineux.

Victor HUGO, *Chanson des rues et des bois*, 1865.

formulation

Dérivé de *formuler*, dérivé de *formule*, du latin *formula*, cadre, système, dérivé de *forma*, forme.

■ Quand on ne trouve pas de bonne formulation, c'est généralement que la chose n'est pas bonne à dire.

Charles DANTZIG,
Dictionnaire égoïste de la littérature française,
© Grasset, 2005.

fort

Du latin *fortis*, fort, courageux.

■ La raison du plus fort est toujours la meilleure.

Jean DE LA FONTAINE, *Fables*,
« Le loup et l'agneau », 1668-1694.

■ Vous êtes, mon cher ami, de la race des forts, c'est-à-dire des orgueilleux. Je sais combien il est malaisé de la tenir courbée dans le bon sens, cette force d'orgueil.

Roger MARTIN DU GARD, *Le Pénitencier. Les Thibault*, © Gallimard, 1922.

▶ VOIR loup.

fortune

Du latin *fortuna*, divinité qui symbolise le sort ; sort, hasard ; bonne ou mauvaise chance.

■ Je sais que la beauté quand elle est peu commune, / Peut soumettre à ses pieds la plus haute fortune.

Paul SCARRON, *Dom Japhet d'Arménie*, 1653.

■ Les changements subits de fortune ont un grand inconvénient : les enrichis n'ont pas appris à être riches, et les ruinés à être pauvres.

Joseph JOUBERT, *Pensées, essais, maximes et correspondances*, posth. 1838.

■ Fortune : Quand on vous parle d'une grande fortune ne pas manquer de dire – « Oui. Mais est-elle bien sûre ? »

Gustave FLAUBERT, *Le Dictionnaire des idées reçues*, posth. 1913.

Et dans les dictionnaires anciens...

■ La fortune donne ordinairement de la fierté aux gens d'un petit esprit ou d'une forte éducation.

Gabriel GIRARD, *Synonymes français*, 1736.

▶ VOIR souvenir.

fossile

Du latin *fossilis*, tiré de la terre.

■ Nous voyons beaucoup de gens qui se survivent à eux-mêmes et se trouvent au milieu de la nouvelle France comme des hommes fossiles, débris d'un vieux monde impossible à reconstruire.

Honoré DE BALZAC, *Œuvres diverses*, 1842.

■ Fossiles : Preuve du déluge. Plaisanterie de bon goût en parlant d'un académicien.

Gustave FLAUBERT, *Le Dictionnaire des idées reçues*, posth. 1913.

■ Toute forme garde une vie. Le fossile n'est plus simplement un être qui a vécu, c'est un être qui vit encore, endormi dans sa forme.

Gaston BACHELARD, *Poétique de l'espace*, © PUF, 1957.

fou

Du latin *follis*, soufflet pour le feu ; outre gonflée, ballon ; sot, idiot

■ Tous les hommes sont fous, et malgré tous leurs soins, / Ne diffèrent entre eux que du plus ou du moins.

Nicolas BOILEAU, *Satires*, 1660-1711.

■ Combien de gens, dans la ville, / Se conduisent en fous, et qui parlent raison !

Bathélémy IMBERT, *Le Jaloux sans amour*, 1781.

Et dans les dictionnaires anciens...

■ *Fou*. [...] Qui n'a point de conduite. Les foux [s] font les fêtes & les sages en ont le plaisir.

Pierre RICHELET, *Dictionnaire françois*, 1680.

▶ VOIR folie.

foudre

Issu du latin populaire *fulgura*, dérivé de *fulgere*, briller. La foudre était assimilée, sous l'Antiquité, à la colère divine.

■ Mais des traits enflammés ont sillonné la nue, / Et la foudre en grondant roule dans l'étendue : / Elle redouble, vole, éclate dans les airs.

Jean-François DE SAINT LAMBERT, *Les Saisons*, « L'orage », 1764.

Et dans les dictionnaires anciens...

■ *Foudre*. Exhalaison grasse & sulphurée qui s'enflamme par le choc des nues, & et qui en sortant avec violence fait un grand bruit, & des effets extraordinaires sur la Terre.

Antoine FURETIÈRE, *Dictionnaire universel*, 1690.

fouet

Diminutif de l'ancien français *fou*, de *fagus*, hêtre.

■ Un laquais manque-t-il à rendre un verre net, / Condamnez-le à l'amende, et, s'il le casse, au fouet.

Jean RACINE, *Les Plaideurs*, 1668.

Et dans les dictionnaires anciens...

■ Un écolier mérite le fouet quand il a frippé [s'est dérobé à] sa leçon.

Antoine FURETIÈRE, *Dictionnaire universel*, 1690.

foule

Dérivé de *fouler*, du latin populaire *fullare*, fouler une étoffe, de *fullo*, dégraisseur d'étoffes.

■ Enfin, l'heure sonna : la foule impatiente / Inonda les gradins et les couloirs obscurs, / S'élevant par degrés le long des vastes murs, / Ainsi qu'un vin fumeux dans la coupe écumante [...].

Louis BOUILHET, *Melaenis*, 1857.

■ Manifeste du futurisme. [...] 11. Nous chanterons les grandes foules agitées par le travail, le plaisir ou la révolte.

Filippo Tommaso MARINETTI, *Manifeste du futurisme*, © Séguier, 1912.

■ Foule : A toujours de bons instincts.

Gustave FLAUBERT, *Le Dictionnaire des idées reçues*, posth. 1913.

■ C'est parce que la foule est une masse inerte et incompréhensive et passive qu'il la faut frapper de temps en temps pour qu'on connaisse à ses grognements d'ours où elle est – et où elle en est.

Alfred JARRY, « Questions de théâtre », *La Revue blanche*, 1er janvier 1957.

fourbe

Construit à partir de *fourbir*, au sens de voler.

■ Il faut avec un fourbe être fourbe et demi.

Philippe DESTOUCHES, *Le Dissipateur*, 1753.

fourmi

Du latin *formica*, fourmi.

■ La fourmi est franchement fortement républicaine.

Jules MICHELET, *Insecte*, 1857.

■ Ils leur serinèrent les premières fables de La Fontaine. Les enfants approuvaient la fourmi qui thésaurise, le loup qui mange l'agneau, le lion qui prend toutes les parts.

Gustave FLAUBERT, *Bouvard et Pécuchet*, 1880.

■ Fourmis : [...] Ont donné l'idée des caisses d'épargne.

Gustave FLAUBERT, *Le Dictionnaire des idées reçues*, posth. 1913.

■ Pensons donc à une fourmi que traverserait une lueur de réflexion et qui jugerait alors qu'elle a bien tort de travailler sans relâche pour les autres.

Henry BERGSON, *Deux Sources*, © PUF, 1932.

■ Une fourmi parlant français, / Parlant latin et javanais, / Ça n'existe pas. / Eh ! pourquoi pas ?

Robert DESNOS, *Chantefables et Chantefleurs*, © Gallimard, 1952.

Et les pensées de...

■ Quand tu observes une fourmilière, toutes les fourmis qui courent dans tous les sens, eh ben on constate qu'y'a pas beaucoup d'accidents.

J.-M. GOURIO, *L'Intégrale des brèves de comptoir*, © Robert Laffont, 1992-1993.

fourrure

Dérivé de *fourrer*, de l'ancien français *fuerre*, fourreau, mettre dans le fourreau.

■ Fourrure : Signe de richesse.

Gustave FLAUBERT, *Le Dictionnaire des idées reçues*, posth. 1913.

■ Les marchands de fourrure ont l'air d'être faits en fourrures : sourcils de vison, cheveux d'astrakan, regard de loutre.

Paul MORAND, *Londres*, © Plon, 1933.

foutu

Participe passé de *foutre*, du latin *futuere*, avoir des rapports avec une femme.

■ Tout est foutu. Tout ? Tout un monde, toutes les vieilles civilisations – celles d'Europe en même temps que celles d'Asie. Tout le passé qui a été magnifique s'en va à l'eau, corps et âme.

Pierre Drieu La Rochelle, *Les Derniers Jours*, « Cahier n° 1 », © Gallimard, 1927.

■ Louis XII / Louis XIII / Louis XIV / Louis XV / Louis XVI / Louis XVIII / Et plus personne plus rien... / Qu'est-ce que c'est que ces gens-là / Qui ne sont pas foutus / De compter jusqu'à vingt ?

Jacques Prévert, *Paroles*, © Gallimard, 1946.

fragile, fragilité

Du latin *fragilis*, cassant, frêle, de *frangere*, briser.

■ Sur quel roseau fragile a-t-il mis son appui ?

Jean Racine, *Esther*, 1689.

■ Pour moi, il ya deux grands moments dans la jeunesse. 1. La découverte de la mort, le jour où l'on se dit, pour la première fois, et avec une conviction absolue, profonde : « Moi aussi, je mourrai. » 2. La découverte de la fragilité de tout.

Julien Green, *Journal*, © Gallimard, 1934.

Et dans les dictionnaires anciens...

■ *Fragile, frêle.* Ces deux mots sont à l'origine, identiquement les mêmes. [...] Mais l'usage a mis une différence entre les deux : *fragile* est ce qui se brise facilement ; *frêle* est ce qui se soutient à peine. Le verre est fragile, un roseau est frêle.

Émile Littré, *Dictionnaire de la langue française*, 1863-1872.

frais

Du francique *frisk*, frais.

■ Laissez reposer quelque temps votre ouvrage ; vous le reverrez ensuite avec des yeux frais, et vous en serez meilleur juge que personne.

Voltaire, *Lettre à Chabanon*, 13 janvier 1766.

■ Un frais parfum sortait des touffes d'asphodèle ; / Les souffles de la nuit flottaient sur Galgala.

Victor Hugo, *La Légende des siècles*, « Booz endormi », 1859.

franc

Du bas latin *Francus*, du francique *Frank*, nom ethnique, puis homme libre.

■ Être franc et sincère est mon plus grand talent ; / Je ne sais point jouer les hommes en parlant.

Molière, *Le Misanthrope*, 1666.

Et dans les dictionnaires anciens...

■ Un homme *sincère* ne veut point tromper. Un homme *franc* ne saurait dissimuler.

Gabriel Girard, *Synonymes françois*, 1736.

français (nationalité)

Dérivé de *France*, voir *France*.

■ Si je savais une chose utile à ma nation qui fût ruineuse à une autre, je ne la proposerais pas à mon prince, parce que je suis homme avant d'être Français ou bien parce que je suis nécessairement homme, et que je ne suis Français que par hasard.

Charles-Louis de Montesquieu, *Cahiers*, posth. 1899.

■ Le mérite des Allemands c'est de bien remplir le temps ; le talent des Français, c'est de le faire oublier.

Madame de Staël, *De l'Allemagne*, 1813.

■ Le style pathétique, élevé, harmonieux, et propre à l'éloquence de la tribune, était aussi facile à un Grec ou à un Romain, que le style spirituel et poli, vif et court, badin et flatteur, est facile à un Français.

Joseph Joubert, *Pensées, essais, maximes et correspondances*, posth. 1838.

■ Je tiens de ma patrie un cœur qui la déborde, / Et plus je suis Français, plus je me sens humain.

Sully Prudhomme, *Les Vaines Tendresses*, 1875.

■ Français : Le premier peuple de l'univers.

Gustave Flaubert, *Le Dictionnaire des idées reçues*, posth. 1913.

■ C'est embêtant, dit Dieu. Quand il n'y aura plus ces Français, / Il y a des choses que je fais, il n'y aura plus personne pour les comprendre. / Peuple, les peuples de la Terre te disent léger / Parce que tu es un peuple prompt. [...] Mais moi je t'ai pesé, dit Dieu, et je ne t'ai point trouvé léger.

C. PÉGUY, *Le Mystère des Saints Innocents*, 1912.

Et les pensées de...

■ J'aime qu'un Russe soit Russe, / Et qu'un Anglais soit Anglais. / Si l'on est Prussien en Prusse, / En France soyons Français.

Pierre-Jean DE BÉRANGER, *Le Bon Français*, 1814.

▶ VOIR anglais, badinage, champagne, chanson, chanter, chauvinisme, classicisme, confort, cosmopolite, cul, débrouillard, détester, discours, étranger, Europe, gaieté, grave, légèreté, main, mode, noblesse, pensée, poisson, prendre garde, propagande, provisoire, revanche, révolution, soldat, théâtre, tragédie, Waterloo.

français (langue)

Dérivé de *France*, voir *France*.

■ Ce qui n'est pas clair n'est pas français.

Antoine DE RIVAROL, *De l'universalité de la langue française*, 1784.

■ Le fédéralisme et la superstition parlent bas-breton, l'émigration et la haine de la république parlent allemand, la contre-révolution parle italien et le fanatisme parle basque. [...] Le français deviendra la langue universelle, étant la langue des peuples.

Bertrand BARÈRE, *Discours à la tribune de la Convention montagnarde*, 27 janvier 1794.

■ Vous êtes de la Cour, et parlez comme vous voulez, avec pleine licence et liberté entière. Nous, gens de village, sommes tenus de parler français, pour n'être point repris [...].

Paul-Louis COURIER, *Pamphlets politiques*, 1823.

■ Ce médecin osait encore parler français. J'ignore le nom de l'actuel tire-tête [instrument de chirurgie, en dentisterie], mais je suis sûr que ce nom commence par *céphalo*.

Rémy DE GOURMONT, *Esthétique de la langue française*, 1899.

■ La haute société de New York parle français couramment, surtout les femmes, comme l'aristocratie russe d'avant-guerre : parler français est élégant.

Paul MORAND, *New York*, © Gallimard, 1930.

Et dans les dictionnaires anciens...

■ Chers lecteurs, Notre langue française a été acceptée depuis longtemps comme langue diplomatique dans les congrès des rois, il est donc naturel qu'elle sera également choisie dans l'avenir, par les peuples, lorsque la sainte alliance des nations aura été proclamée.

Maurice LACHÂTRE, *Lettre de l'auteur aux abonnés du Dictionnaire français illustré*, 1856.

Et les pensées de...

■ Revendiquer le français comme une langue riche, moderne et efficace, telle est la clé d'une action en faveur de son rayonnement dans le monde de demain. Tel est, aussi, le moyen de témoigner en faveur de toutes les autres langues.

Claude HAGÈGE, *Le Français, histoire d'un combat*, © Éditions M. Hagège, 1996.

■ La langue française, l'une des plus difficiles qui soient, avec ses pièges, son verbe « aller » qui devient « je vais » au présent et « j'irai » au futur.

Jean AMADOU, *Vous n'êtes pas obligés de me croire*, © Robert Laffont, 1999.

■ On peut s'amuser à écrire une phrase en italien moderne qui soit aussi une phrase de latin ; c'est impensable en français.

Bernard CERQUIGLINI, *Le Français dans tous ses états*, © Flammarion, 2000.

■ Un caractère très français, peut-être spécifiquement français, est l'attention amoureuse que nous avons pour notre langue.

Charles DANTZIG, *Dictionnaire égoïste de la littérature française*, © Grasset, 2005.

■ La langue française se situe sur l'axe de la douceur et de la profondeur, de la culture et de la création ininterrompue.

Giovanni DOTOLI, *Le Dictionnaire intraduisible de Christophe Boubal* (Introduction), © Schena editore, 2006.

■ L'évolution du français dans le monde est en pleine mutation : il s'agit d'une nouvelle aventure qui doit être plus évoquée en termes de métamorphoses et de changements que de défense.

Axel MAUGEY,
Le Privilège du français, Humanitas, 2007.

▶ VOIR académie, baragouin, bravo, bras, fourmi, francophonie, franglais, fureur, insecte, langue, mot, orthographe, parler, ponctuation, refus, utile.

France

Du bas latin *Francia*, pays des Francs.

■ Je suis né et ai été nourri jeune au jardin de France, c'est Touraine.

François RABELAIS,
Pantagruel, 1532-1564.

■ France, mère des arts, des armes et des lois, / Tu m'as nourri longtemps du lait de ta mamelle : / Ores [maintenant], comme un agneau que sa nourrice appelle, / Je remplis de ton nom les antres et les bois.

Joachim DU BELLAY, *Les Regrets*, 1558.

■ Je veux peindre la France une mère affligée / Qui est entre ses bras de deux enfants chargée. / Le plus fort, orgueilleux, empoigne les deux bouts / Des tétins nourriciers, puis, à force de coups / D'ongles, de poings, de pieds, il brise le partage / Dont nature donna à son besson l'usage.

Agrippa D'AUBIGNÉ,
Les Tragiques, « Misères », 1616.

■ Il faut être en France enclume ou marteau : j'étais enclume.

VOLTAIRE, *Mémoires pour servir à la vie de M. Voltaire, écrits par lui-même*, 1784.

■ La France est une nation qui s'ennuie.

Alphonse DE LAMARTINE, *Discours à la Chambre des députés*, 10 janv. 1839.

■ La France a fait la France, et l'élément fatal de race m'y semble secondaire. Elle est fille de sa liberté.

Jules MICHELET,
Histoire de France (Préface), 1869.

■ En France tout le monde est un peu de Tarascon.

Alphonse DAUDET,
Tartarin de Tarascon (épigraphe), 1872.

■ Je vous salue ma France où le peuple est habile / À ces travaux qui font les jours émerveillés [...].

Louis ARAGON, *Le Musée Grévin*, « Août-Septembre 1943 », © Minuit, 1943.

Et les pensées de...

■ Adieu, charmant pays de France, / Que je dois tant chérir ! / Berceau de mon heureuse enfance / Adieu ! te quitter, c'est mourir.

Pierre-Jean DE BÉRANGER, *Chansons*, « Les Adieux de Marie Stuart », 1812-1830.

■ La France, c'est tout à la fois, c'est tous les Français. C'est pas la gauche, la France ! C'est pas la droite, la France ! Naturellement, les Français comme de tout temps, ressentent en eux des courants.... C'est avec tout cela qu'on fait la France.

Charles DE GAULLE,
Entretien radiotélévisé, 15 décembre 1965.

■ Avant moi, la France était coupée en deux. Avec moi, elle sera pliée en quatre !

COLUCHE, slogan de campagne électorale, 1980.

▶ VOIR déclaration, demander, femme, gendarme, gêner, grâce, provisoire.

francophonie

Dérivé de *francophone*, construit avec *franco-* et *-phone*, du grec *phônê*, voix, langage.

■ Faudra-t-il créer une Académie francophone ? Accepter la diversité des parlures françaises, et relativiser la norme ? Sans doute, mais ce sera mettre en cause une tradition constitutive et séculaire. Si la francophonie est un défi, c'est bien celui-là.

Bernard CERQUIGLINI, *Le Français dans tous ses états*, © Flammarion, 2000.

■ La France et la francophonie continueront à jouer un rôle important à condition d'être inventives, généreuses et de traduire en les respectant les aspirations des nombreux peuples de notre planète.

Axel MAUGEY, *Désirs francophones, Désirs francophiles*, © Les Lettres du monde, 2004.

franglais

Croisement de *français*, voir *français*, et *anglais*, voir *anglais*. Le mot, né en 1959, a été répandu par Étiemble (1964) qui le choisit pour titre du livre où il dénonçait l'abus des emprunts à la langue anglaise.

■ Chaque fois que je lis et que j'entends les mots passés dans le langage ordinaire des professionnels de la télévision : talk-show, prime-time et best of, je pense à Étiemble, auteur de *Parlez-vous franglais* ? [...] Des écrivains comme Étiemble ou Yves Berger, qui ont une maîtrise parfaite de l'anglais, emploient un français impeccable que ne pollue aucun de ces mots importés pour faire chic.

Bernard PIVOT,
Le Métier de lire, © Gallimard, 1990.

frapper

Du francique *hrapan*, arracher, ou peut-être onomatopéique.

■ Je connais votre cœur : vous devez vous attendre / Que je vais le frapper par l'endroit le plus tendre.

Jean RACINE, *Bérénice*, 1670.

■ Comment frapper un roi de gardes entourés ?

VOLTAIRE, *Oreste*, 1750.

Et dans les dictionnaires anciens...

■ On n'est jamais *battu* qu'on ne soit *frappé*, mais on peut être *frappé* sans être *battu*.

Gabriel GIRARD,
Synonymes françois, 1736.

fraternité

Du latin *fraternitas*, relations entre frères, entre peuples.

■ La loi du progrès, c'est que les monstres disparaissent devant les anges, et que la Fatalité s'évanouisse devant la fraternité.

Victor HUGO, *Les Misérables*, 1862.

■ La musique étant une sorte de vague langue universelle est l'organe de la fraternité universelle, non de la domination d'une race.

Camille SAINT-SAËNS,
Harmonie et mélodie, 1885.

Et dans les dictionnaires anciens...

■ *Fraternité*. [...] Salut et fraternité ! ou simplement fraternité ! Formule de salut adoptée par l'école démocratique.

M. LACHÂTRE, *Dictionnaire français illustré*, 1856.

fraude

Du latin *fraus, fraudis*, tromperie.

■ La fraude adroite et subtile / Sème de fleurs son chemin [...].

Jean RACINE, *Esther*, 1689.

Et les pensées de...

■ — Ça sent la fraude fiscale. — À quoi tu sens ça ? — À l'épaisseur de la moquette.

Dialogues du film *Tenue de soirée*
de Bertrand BLIER, 1986.

frayeur

Du latin *fragorem*, de *fragor*, bruit éclatant, vacarme, influencé par effrayer.

■ Que ne peut la frayeur sur l'esprit des mortels ?

Jean RACINE, *Athalie*, 1691.

frère

Du latin *frater*, frère.

■ Si ce n'est toi, c'est donc ton frère.

Jean DE LA FONTAINE, *Fables*,
« Le Loup et l'Agneau », 1668-1694.

■ Tout le genre humain n'est qu'une famille dispersée sur la face de toute la Terre. Tous les peuples sont frères et doivent s'aimer comme tels.

FÉNELON, *Les Aventures de Télémaque*, 1669.

■ L'amitié entre les frères a je ne sais quoi de brusque et de rude, d'emporté, d'incivil ; il entre quelquefois dans celle des sœurs de la faiblesse, de la politique et même de la jalousie ; mais l'amitié entre le frère et la sœur est une consonance mutuelle de faiblesse et de protection, de grâce et de vigueur, de confiance et de franchise.

Henri BERNARDIN DE SAINT-PIERRE, *Harmonies de la nature*, 1814.

■ Frères ! Non seulement le même sang, mais les mêmes racines depuis le commencement des âges, exactement le même jet de sève, le même élan !

Roger MARTIN DU GARD, *Le Pénitencier. Les Thibault*, © Mercure de France, 1922.

Et dans les dictionnaires anciens...

■ C'est un bon frère. C'est-à-dire, c'est un gaillard qui aime à se divertir, à faire bonne chère & à se réjouir.

Pierre RICHELET, *Dictionnaire françois*, 1680.

▶ VOIR adversaire, arbre, bon, connu, couleur, fraternité.

frivolité

Dérivé de *frivole*, du latin *frivolus*, frivole.

■ La frivolité, sous quelque forme qu'elle se présente, ôte à l'attention sa force, à la pensée son originalité, au sentiment sa profondeur.

MADAME DE STAËL, *Corinne ou l'Italie*, 1807.

■ La dissipation et la frivolité ne sont pas de si grandes sottises.

Nicolas DE CHAMFORT, *Maximes et pensées, caractères et anecdotes*, 1795.

froid

Du latin *frigidus*, froid.

■ Froid : Plus sain que la chaleur.

Gustave FLAUBERT, *Le Dictionnaire des idées reçues, posth.* 1913.

■ On parle toujours du feu de l'enfer, mais personne ne l'a vu, mes amis. L'enfer, c'est le froid.

Georges BERNANOS, *Monsieur Ouine*, © Gallimard, 1943.

Et dans les dictionnaires anciens...

■ Les Philosophes modernes prétendent que le froid n'est qu'un terme négatif, & que ce n'est qu'une privation ou diminution de chaleur.

Antoine FURETIÈRE, *Dictionnaire universel*, 1690.

fromage

Du bas latin *formaticus*, fait dans une forme, du latin classique *forma*, forme. D'où en ancien français, le *formage* qui, mal prononcé, est ensuite devenu le *fromage*.

■ Un dessert sans fromage est une belle à qui il manque un œil.

A. BRILLAT-SAVARIN, *Physiologie du Goût*, 1825.

■ Fromage : Citer l'aphorisme de Brillat-Savarin « Un dîner sans fromage est une belle à qui il manque un œil. »

Gustave FLAUBERT, *Le Dictionnaire des idées reçues*, posth. 1913.

■ La soupe à l'oignon, Dieu Merci ! / Ne m'a jamais porté dommage. / Ainsi, la mère, encore un coup, / Insistez, faites en beaucoup, / Et n'épargnez pas le fromage.

Raoul PONCHON, *La Muse au cabaret*, (1920), © Grasset, 1998.

■ Regarde, il y a là des fromages de vache, de chèvre et de brebis. Les uns sont diffluents, larmoyants, pressés de se répandre. D'autres sont ambrés, translucides, réduits déjà par une sévère consomption. [...] Les microbes ! Des milliards d'êtres vivants qui ont tous une certaine façon de vivre, des habitudes et de l'imagination, à leur manière. Eh ! Eh ! Les gens qui ne comprennent rien au fromage parlent de délicatesse... Ce n'est pas de leur côté qu'est la délicatesse, mais du mien.

Georges DUHAMEL, *Cécile parmi nous*, © Mercure de France, 1938.

Et les pensées de...

■ Pour une broutille, une futilité, on pétitionne, on manifeste, on se met en grève. Or la qualité du camembert baisse dangereusement, et rien ne se passe. [...] NB Le camembert est un fromage de vache. Exclusivement. Il se fait des camemberts de chèvre. On n'est à l'abri de rien.

J.-P. COFFE, *Le Bon vivre*, © Le Pré aux Clercs, 1989.

▶ VOIR goût.

front

Du latin *frons, frontis*, front.

■ Front : Large et chauve, signe de génie.

Gustave FLAUBERT,
Le Dictionnaire des idées reçues, posth. 1913.

■ Son front chauve est haché de rides, son œil vague / Regarde sans rien voir.

LECONTE DE LISLE,
Poèmes tragiques, 1886.

Et dans les dictionnaires anciens...

■ L'âge découronne le front.

Petit Larousse illustré,
article « Découronner », 1906.

fruit

Du latin *fructus*, revenu, produit de la terre, des arbres, d'un animal ; en latin médiéval, enfant.

■ Souvent on tire plus de fruits de ses fautes que de ses belles actions.

FÉNELON,
Les Aventures de Télémaque, 1669.

■ Voici des fruits, des fleurs, des feuilles et des branches / Et puis voici mon cœur, qui ne bat que pour vous. Ne le déchirez pas avec vos deux mains blanches / Et qu'à vos yeux si beaux l'humble présent sot doux.

Paul VERLAINE,
Romances sans paroles, « Green », 1874.

Et dans les dictionnaires anciens...

■ *Fruit.* Ce que portent les arbres, les plantes & la terre pour la nourriture ou pour le plaisir de l'homme principalement.

Pierre RICHELET, *Dictionnaire françois*, 1680.

fuir, fuite

Du latin *fugere*, fuir, être exilé ; et modification de l'ancien *fuie*, fuite, sur le modèle de suite.

■ Fuyez un ennemi qui sait votre défaut.

Pierre CORNEILLE,
Polyeucte, 1643.

■ La fuite est permise à qui fuit ses tyrans.

Jean RACINE, *Phèdre*, 1677.

■ Fuyons ensemble au fond des forêts ; il vaut encore mieux se fier aux tigres qu'aux hommes.

Henri BERNARDIN DE SAINT-PIERRE,
La Chaumière indienne, 1791.

▶ VOIR art, azur, charlatan, conversation, lapin, livre, méchant, mode, nuage, philosophie.

fumer

Du latin *fumare*, dégager de la fumée, de *fumus*, fumée.

■ Fumer des cigarettes qui m'empoisonnent et achèvent de m'abrutir.

André GIDE, *Journal*, © Gallimard, 1928.

Et les pensées de...

■ Moi, j'arrête de fumer toutes les cinq minutes, voilà. Il n'y a pas de plus grand plaisir.

Serge GAINSBOURG, *Pensées, provocs et autres volutes*, © Le Cherche midi, 2006.

fureur(s)

Du latin *furor*, folie, délire, égarement, de *furere*, être hors de soi, être fou.

■ Œnone. — Aimez-vous ? / Phèdre. — De l'amour j'ai toutes les fureurs. [...] Je le vis, je rougis, je pâlis à sa vue ; / Un trouble s'éleva dans mon âme éperdue ; / Mes yeux ne voyaient plus, je ne pouvais parler.

Jean RACINE, *Phèdre*, 1677.

■ La fureur de la plupart des français, c'est d'avoir de l'esprit.

Charles-Louis DE MONTESQUIEU,
Lettres persanes, 1721.

Et dans les dictionnaires anciens...

■ *Fureur.* [...] Il fait dangereux d'être l'objet de la fureur d'un conquérant, d'un soldat qui coure au pillage. Une femme en fureur est fort dangereuse.

Antoine FURETIÈRE,
Dictionnaire universel, 1690.

fusiller

Dérivé de *fusil*, du latin populaire *focilis*, qui produit de feu, de *focus*, feu.

■ Fusillez ! fusillez ! fusillez ! tous les hommes sont des faquins qui valent tout au plus la cartouche qui les envoie dans l'autre monde.

Prosper MÉRIMÉE,
Le Théâtre de Clara Gazul, 1825.

■ Fusiller : Plus noble que guillotiner – joie de l'individu auquel on a accorde cette faveur.

Gustave FLAUBERT,
Le Dictionnaire des idées reçues, posth. 1913.

futile

Du latin *futilis*, qui laisse échapper ce qu'il contient ; qui manque de fond, de sérieux.

■ Non, il n'est pas possible que des esprits dégradés par une multitude de soins futiles s'élèvent jamais à rien de grand ; et, quand ils en auraient la force, le courage leur manquerait.

Jean-Jacques ROUSSEAU,
Discours sur les sciences et les arts, 1750.

■ Il n'y rien de futile en ce monde, tout est dans tout, les petits ruisseaux font les grandes rivières, les petites syllabes font des alexandrins, et les montagnes sont faites de grains de sable.

Henri MURGER,
Scènes de la vie de bohème, 1848.

Et les pensées de...

■ L'homme est un animal futile. Un rien l'amuse. Un rien le peine. Il a besoin de futilité comme l'enfant a besoin de récréation après la classe.

Jean HAMBURGER,
Dictionnaire promenade, © Le Seuil, 1989.

futur

Du latin *futurus*, à venir, avenir, participe futur de *esse*, être.

■ Rien n'est détruit tout est sauvé nous le voulons / Nous sommes au futur nous sommes la promesse / Voici demain qui règne aujourd'hui sur la Terre [...].

Paul ÉLUARD, *Une Leçon de morale*,
« Tout est sauvé », © Gallimard, 1949.

Et dans les dictionnaires anciens...

■ Le futur est ce qui sera ; l'avenir est ce qui deviendra. Ces deux sens se confondent dans l'usage presque toujours. Les siècles à venir ou les siècles futurs ne présentent pas d'autres nuances que celle qui est dans la notion même d'être ou de venir.

Émile LITTRÉ,
Dictionnaire de la langue française, 1863-72.

Et les pensées de...

■ Il faut à la fois régler les problèmes du jour et inventer le lendemain. Or, ce ne sont pas les mêmes qui peuvent faire les deux besognes. Il faut obligatoirement que certains soient à la barre pour maintenir le cap, pendant que d'autres imaginent les voyages futurs.

Jean AMADOU, *De quoi j'me mêle !*,
© Robert Laffont, 1999.

gagner

Tiré du francique *waidhanjan*, probablement chercher de la nourriture.

■ Le vrai moyen de gagner beaucoup est de ne vouloir jamais trop gagner et de savoir perdre à propos.

François DE LA MOTHE FÉNELON, *Les Aventures de Télémaque*, 1669.

Et les pensées de...

■ Tout se ramène à ceci : gagner ou perdre. On ne reste jamais stationnaire. Car ne pas bouger, c'est commencer à perdre.

François MITTERRAND, *Pensées, répliques et anecdotes*, © Le Cherche midi, 1997.

gaieté

Dérivé de l'ancien provençal *gai*, du latin *gaius*, impétueux, vif.

■ Je n'appelle pas gaieté ce qui excite le rire ; mais un certain charme, un air agréable qu'on peut donner à toutes sortes de sujets, même les plus sérieux.

Jean DE LA FONTAINE, *Fables* (préface), 1668-1694.

■ À mon sens la gaieté vaut presque la sagesse.

Bathélémy IMBERT, *Le Jaloux sans amour*, 1781.

■ Les hommes mêmes n'ont pas en Perse la gaieté qu'ont les Français.

Charles-Louis DE MONTESQUIEU, *Lettres persanes*, 1721.

■ Son cheval eut un accès de gaieté.

STENDHAL, *Lucien Leuwen*, 1835.

Et dans les dictionnaires anciens...

■ *Gaîté.* [...] Parole ou action folâtre des jeunes gens. On dit, pour les excuser : Ce n'est qu'une gaîté, ce sont de petites gaîtés.

Maurice LACHÂTRE, *Dictionnaire français illustré*, 1856.

gain

Attesté au XIIe s. Voir *gagner*.

■ Et par l'espoir du gain votre muse animée / Vendrait au poids de l'or une once de fumée.

Nicolas BOILEAU, *Satires*, 1660-1711.

galant, galanterie

Participe présent de *galer*, s'amuser, lui-même issu du latin *walare*, prendre du bon temps.

■ La plupart des mères s'imaginent qu'il suffit de ne parler jamais de galanterie devant les jeunes personnes pour les en éloigner.

MADAME DE LA FAYETTE, *La Princesse de Clèves*, 1678.

■ Ah ! qu'en termes galants ces choses-là sont mises !

MOLIÈRE, *Le Misanthrope*, 1866.

Et dans les dictionnaires anciens...

■ *Baler*. Danser. « Pour être un vrai galant, il faut toujours babiller, danser, baler. » Sarazin, Prose.

Pierre RICHELET,
Dictionnaire françois, 1680.

■ La *galanterie* est une passion plus voluptueuse que l'*amour* : elle a pour objet le sexe, fait qu'on noue des intrigues dans le dessein de jouir, et qu'on aime plus pour sa propre satisfaction que pour celle de sa maîtresse : elle attaque moins le cœur que les sens [...].

Gabriel GIRARD, *Synonymes françois*, 1736.

galère

Du catalan *galera*, du grec *galea*.

■ Vogue la galère, dit Panurge, tout va bien.

François RABELAIS, *Pantagruel*, 1532-1564.

■ Géronte. — Que diable allait-il faire dans cette galère ? / Scapin. — Vous avez raison, mais hâtez-vous. / Géronte. — N'y avait-il point d'autre promenade ? / Scapin. — Cela est vrai ; mais faites promptement. / Géronte. — Ah ! Maudite galère !

MOLIÈRE, *Les Fourberies de Scapin*, 1671.

Et dans les dictionnaires anciens...

■ *Condamner aux galères*. Par extension, on le dit d'autres châtiments où les condamnés sont mis à la chaîne, et employés aux travaux publics. On ne fusille plus les déserteurs, on les condamne aux galères de terre.

Jean-François FÉRAUD,
Diction(n)aire critique, 1787.

galet

Du gaulois *gallos*, pierre.

■ La brise molle de la mer lointaine s'engouffrait dans sa chemise enflée sur sa poitrine ; il marchait dans les galets pieds nus, léger et gai comme un lézard.

Alphonse DE LAMARTINE,
Cours familier de littérature, 1856.

■ Elle était toute jeune, pâle et sans rides comme un beau galet, avec cette rondeur dure et pleine de porphyres usés par l'eau.

Jean GIONO,
Le Chant du monde, © Gallimard, 1934.

■ Il y a un cordon littoral formé de galets. Des milliards de galets de mer. Et ce cordon est extraordinaire parce qu'on l'entend chanter la nuit, quand on est en train de dormir à trois kilomètres de là, c'est-à-dire dans le bourg où je suis né.

Per-Jakez HELIAS,
La Sagesse de la terre, © Payot, 1978.

gamin

Origine indéterminée. Employé au XVIIIe s. pour désigner un jeune aide verrier.

■ Il y a beaucoup de variété dans le genre gamin. Le gamin notaire s'appelle saute-ruisseau, le gamin cuisinier s'appelle marmiton, le gamin boulanger s'appelle mitron, le gamin marin s'appelle mousse, le gamin soldat s'appelle tapin, le gamin peintre s'appelle rapin, le gamin négociant s'appelle trottin [...].

Victor HUGO, *Les Misérables*, 1862.

garantie

Participe passé de *garant*, participe présent du francique *warjan*, garantir comme vrai.

■ Ils appelaient des lois odieuses en garantie des actions les plus lâches.

Charles-Louis DE MONTESQUIEU,
Lettres Persanes, 1721.

■ À entendre Ursule Creton, le tricot était le soutien des ménages, [...] une garantie de tranquillité pour les maris.

CHAMPFLEURY,
Les Bourgeois de Molinchart, 1854.

garçon

Cas régime (sujet) de *gars*, du francique *wrakjo*, mercenaire, vagabond.

■ Il n'est pas jusqu'au fat qui lui serve de garçon / Qui ne se mêle aussi de nous faire la leçon.

MOLIÈRE, Le *Tartuffe*, 1664.

■ Quand il verra qu'il faut nourrir avec les nôtres / Cette petite fille et ce petit garçon, / Le bon Dieu nous fera prendre plus de poisson.

Victor HUGO, *La Légende des siècles*, 1859.

gare

De *garer*, lui-même de *varer à*, se défendre contre quelqu'un, de l'ancien nordique *varask*, être sur ses gardes.

■ Gare de chemin de fer : S'extasier devant et les donner comme modèle d'architecture.

Gustave FLAUBERT,
Le Dictionnaire des idées reçues, posth. 1913.

■ Manifeste du futurisme. [...] 11. Nous chanterons [...] les gares gloutonnes avaleuses de serpents qui fument.

Filippo Tommaso MARINETTI,
Manifeste du futurisme, © Séguier, 1912.

Et dans les dictionnaires anciens...

■ *Gare*. Bassin naturel ou artificiel, qui fait les fonctions de port auprès de certaines rivières.

Maurice LACHÂTRE,
Dictionnaire français illustré, 1856.

gaspiller

Du provençal *gaspilha*, et probablement du gaulois *waspa*, nourriture du bétail.

■ Il faut une certaine habitude pour gaspiller l'argent.

Georges DUHAMEL, *Chronique des Pasquier*
« Le Combat contre les ombres »,
© Mercure de France, 1939.

Et les pensées de...

■ Les gens qui donnent beaucoup n'aiment pas qu'on gaspille. Quand on gaspille, on ne sait plus qui on est, ce qu'on a.

Gérard DEPARDIEU,
Lettres volées, © Jean-Claude Lattès, 1988.

gauche

De *gauchir*, probablement de l'ancien français *ganchir*, *guenchir*, vaciller.

■ — Il y a des patrons de gauche, je tiens à vous l'apprendre. — Il y a aussi des poissons volants, mais ils ne constituent pas la majorité du genre.

Michel AUDIARD, *Le Président*
(film de H. Verneuil), 1960.

■ En ce moment, on a d'un côté la gauche plurielle et de l'autre la droite qui s'accorde avec le complément d'objet direct à condition qu'il soit placé avant, sauf s'il est du féminin singulier à la troisième personne du premier groupe à moins qu'il soit irrégulier.

Laurent RUQUIER,
Je ne vais pas me gêner, © Plon, 2000.

gaucher

■ Gauchers : Terribles à l'escrime. Plus adroits que ceux qui se servent de la main droite.

Gustave FLAUBERT,
Le Dictionnaire des idées reçues, posth. 1913.

Et les pensées de...

■ — L'artiste : Je suis gaucher ! — Le pianiste : Et alors ? — L'artiste : Alors, je suis adroit de la main gauche et je suis gauche de la main droite !

Raymond DEVOS,
À plus d'un titre, © Denoël, 1989.

▶ VOIR gauche.

géant

Du latin populaire *gagas*, du grec *Gigas*, personnage mythologique.

■ Atlas porte le monde, et l'on entend le pôle / Craquer quand le géant lassé change d'épaule.

Victor HUGO,
La Légende des siècles, 1877.

Et dans les dictionnaires anciens...

■ *Géant*. Audacieux, terre-nez, meschants, ossus, qui ont gros ossements, typheans, foudroiés, impiteux, outrecuidés, monstrueux, grands, lourds [...]. Les anciens ont cru que les Géants ont esté hommes de fort grande hauteur, aïant les pieds de dragon [...].

Maurice DE LA PORTE, *Épithètes*, 1571.

gémir

Du latin *gemere*, geindre.

■ J'ai fait taire les lois et gémir l'innocence.

Jean RACINE, *Esther*, 1689.

Et dans les dictionnaires anciens...

■ *Gémir.* Se plaindre tristement & languissamment des douleurs qu'on ressent dans l'âme. [...] On dit aussi des tourterelles, qu'elles gémissent, quand elles ont perdu leur compagnie.

Antoine FURETIÈRE, *Dictionnaire universel*, 1690.

gendarme

Agglutination de *gent d'armes*, soldat à cheval.

■ Le gendarme a différents noms en argot : quand il poursuit le voleur, c'est un marchand de lacets ; quand il l'escorte, c'est une hirondelle de la grève ; quand il le mène à l'échafaud, c'est le hussard de la guillotine.

Honoré DE BALZAC,
Splendeurs et Misères des courtisanes, 1839-1847.

Et dans les dictionnaires anciens...

■ *Gendarme.* Ce mot se dit en parlant de certaines femmes qui sont hardies et qui ont un air qui n'est pas des personnes de leur sexe ; mais il ne se dit proprement qu'en riant, et ce mot en cette signification ne peut entrer que dans la conversation, on dans le style le plus bas.

Pierre RICHELET, *Dictionnaire françois*, 1680.

gêner

De *gêne*, du latin ecclésiastique *gehenna*, géhenne, torture.

■ Ne vous obstinez point à gêner une vie, / Que de tant de malheurs vous voyez poursuivie.

Pierre CORNEILLE,
La Conquête de la toison d'or, 1661.

■ Les femmes n'aiment pas qu'on les gêne ; et c'est beaucoup risquer que de leur montrer des soupçons, et de les tenir renfermées.

MOLIÈRE, *Le Sicilien*, 1667.

Et dans les dictionnaires anciens...

■ *Gesner.* Donner la gesne, la question [torture]. On a eu beau gesner ce criminel, il n'a jamais voulu nommer ses complices.

Antoine FURETIÈRE,
Dictionnaire universel, 1690.

génération

Du latin *generatio*. Entré dans la langue française au XIIIe siècle.

■ Il fallut que des essais répétés et lents apprissent à l'homme brut l'usage de ses organes ; que l'expérience accumulée de générations successives eût inventé et perfectionné les moyens de la vie, et que l'esprit, dégagé de l'entrave des premiers besoins, s'élevât à l'art compliqué de comparer des idées, d'asseoir des raisonnements, et de saisir des rapports abstraits.

Constantin DE VOLNEY, *Les Ruines*, 1791.

généreux

Du latin *generosus*, de bonne race.

■ Protéger hautement les vertus malheureuses, / C'est le moindre devoir des âmes généreuses.

Pierre CORNEILLE, *Sertorius*, 1662.

■ Souvent ces gens qui ont l'âme si noble, ne sont pas les meilleurs cœurs du monde ; ils s'entêtent trop de la gloire et du plaisir d'être généreux et négligent par là bien des petits devoirs.

Pierre DE MARIVAUX,
La Vie de Marianne, 1731-1742.

Et dans les dictionnaires anciens...

■ *Généreux.* Se dit aussi de quelques animaux belliqueux [guerrier, qui est plein de valeur], ou qui vivent de proye : comme un cheval, un lion, un aigle, & ce sont des animaux généreux [courageux].

Pierre RICHELET, *Dictionnaire françois*, 1680.

➤ VOIR chagrin, faillir.

générosité

Du latin *generositas*, de bonne race.

■ Ce qui paraît générosité n'est souvent qu'une ambition déguisée, qui méprise de petits intérêts, pour aller à de plus grands.

François DE LA ROCHEFOUCAULD, *Réflexions ou Sentences et Maximes morales*, 1664.

génie

Du latin *genius*, désignant le dieu qui veillait sur chaque homme dès sa naissance.

■ Ni l'ignorance n'est défaut d'esprit, ni le savoir n'est preuve de génie.

VAUVENARGUES, *Maximes et Réflexions*, 1746.

■ Si cet ouvrage a du succès, je le devrais beaucoup à la majesté de mon sujet ; cependant, je ne crois pas avoir totalement manqué de génie.

Charles-Louis DE MONTESQUIEU, *De l'esprit des lois*, 1748.

■ L'homme de génie est celui-là seulement qui trouve une si douce jouissance à exercer son art, qu'il travaille malgré tous les obstacles.

STENDHAL, *Vies de Haydn, Mozart et Métastase*, 1817.

■ L'intelligence et le génie naturel ont été répartis par la nature avec une telle économie et une si grande providence, que l'organisme social n'a jamais à redouter ni surabondance ni disette de talents spéciaux.

Pierre Joseph PROUDHON, *La Propriété*, 1840.

■ Génie (Le) : Inutile de l'admirer c'est « une Névrose » !

Gustave FLAUBERT, *Le Dictionnaire des idées reçues*, posth. 1913.

■ Dispensateur du progrès, le génie s'épanouit au choc des acquisitions passées avec les hypothèses futures sur la place de la Vie.

SAINT-POL ROUX, *Les Féeries intérieures*, 1907.

Et dans les dictionnaires anciens...

■ Le génie est heureux et fécond ; c'est plus un don de la nature qu'un ouvrage de l'éducation ; quand on a soin de le cultiver, on est toujours récompensé par le succès, il met du caractère et du goût dans tout ce qui part de lui.

Gabriel GIRARD, *Synonymes françois*, 1736.

Et les pensées de...

■ Il y a du génie, mais il n'y a pas de génies. On n'est pas « un génie », mais on a des moments de génie, comme on a des moments d'amour, d'intelligence, de tout [...].

Charles DANTZIG, *Dictionnaire égoïste de la littérature française*, Grasset, 2005.

▶ VOIR accepter, alarme, cabale, calembour, crétin, critique (un), distraire, forçat, front, mort, néologie, orthographe, passer.

genre

Du latin *genus, generis*, naissance, race, espèce.

■ Encore une fois / Tous les genres sont bons, hors le genre ennuyeux.

VOLTAIRE, *L'Enfant prodigue* (préface), 1738.

■ L'idée de genre [ensemble de même origine] correspond surtout à une réalité objective dans le domaine de la vie, où elle traduit un fait incontestable, l'hérédité.

Henri BERGSON, *L'Évolution créatrice*, © PUF, 1907.

▶ VOIR volage.

genre (humain)

Du latin *gens*, race, peuple. Ancien pluriel de *gent*.

■ Aimer le genre humain, secourir la misère, / C'est la religion, c'est la loi tout entière.

Marie-Joseph CHÉNIER, *Jean Calas*, 1793.

■ Après d'innombrables dynasties de créatures gigantesques, après des races de poissons et des clans de mollusques, arrive enfin le genre humain, produit dégénéré d'un type grandiose, brisé peut-être par le créateur.

Honoré DE BALZAC, *La Peau de chagrin*, 1831.

■ Il faut, pour la marche en avant du genre humain, qu'il y ait sur les sommets en permanence de fières leçons de courage.

Victor HUGO, *Les Misérables*, 1862.

▶ VOIR humain, industrialisme, encyclopédiste.

gens

Pluriel de gent. Du latin *gentis*, race, peuple.

■ Ma langue est impuissante, et je voudrais avoir / Celle de tous les gens du plus exquis savoir.

MOLIÈRE, *L'Étourdi*, 1655.

■ De bonnes gens, qui ne vivent que pour le plaisir et pour la joie, qui ne haïssent rien que ce qu'on leur fait haïr, ne sont que ce qu'on veut qu'ils soient.

Pierre DE MARIVAUX, *Le Paysan parvenu*, 1734-1735.

Et les pensées de...

■ Pour critiquer les gens, il faut les connaître et pour les connaître il faut les aimer.

COLUCHE, *Pensées et Anecdotes*, © Le Cherche midi, 1995.

gentil

Du latin classique *gentilis*, d'une famille, d'un peuple.

■ L'enfant dort comme un chérubin. Qu'il est gentil les yeux fermés !

Honoré DE BALZAC, *Eugénie Grandet*, 1834.

Et dans les dictionnaires anciens...

■ Le mot de *gentil* est burlesque, & en place lors qu'on parle sérieusement on dit joli. Un gentil enfant.

Pierre RICHELET, *Dictionnaire françois*, 1680.

gentilhomme

Mot composé de gentil (voir gentil) et homme. Au XVIIe s. a le sens de noble.

■ Monsieur Jourdain. — Avant que de vous rendre une réponse, Monsieur, je vous prie de me dire si vous êtes gentilhomme. / Cléonte. — Monsieur, la plupart des gens sur cette question n'hésitent pas beaucoup. On tranche le mot aisément. Ce nom ne fait aucun scrupule à prendre, et l'usage aujourd'hui semble en autoriser le vol.

MOLIÈRE, *Le Bourgeois gentilhomme*, 1670.

■ La nécessité d'être gentilhomme, pour être capitaine de vaisseau, est tout aussi raisonnable que celle d'être secrétaire du roi pour être matelot ou mousse.

Nicolas DE CHAMFORT, *Maximes et pensées, caractères et anecdotes*, 1795.

▶ VOIR parer.

géographie

Du grec *geôgraphia*, description de la Terre (*geo*).

■ En retraçant les voies par lesquelles la géographie est arrivée à éclairer son but et à affermir ses méthodes, on reconnaît qu'elle a été guidée par le désir d'observer de plus en plus directement, de plus en plus attentivement, les réalités naturelles. Cette méthode a porté ses fruits ; l'essentiel est de s'y tenir.

Paul VIDAL DE LA BLACHE, *Annales géographiques*, 1913.

■ Petits problèmes et travaux pratiques. La géographie. 1. Où la Seine se jetterait-elle si elle prenait sa source dans les Pyrénées ?

Jean TARDIEU, *Œuvres posthumes du professeur Froeppel*, © Gallimard, 1978.

Et les pensées de...

■ Il y a deux géographies ; celle que notre esprit forge, et celle que la réalité lui impose. Jamais la première ne coïncide avec la deuxième, jamais la première ne survit à la deuxième.

Pierre DANINOS, *Daninoscope*, © Presses de la cité, 1963.

▶ VOIR climat, histoire.

geste

Du latin *gestus*, attitude du corps.

■ Le geste est un autre langage, universel celui-là et pour lequel le travail du comédien consiste à acquérir autant de justesse que pour l'intonation.

Louis JOUVET, « Réflexions du comédien », *La Nouvelle Revue critique*, 1938.

gifle

Du francique *kiffel*, mâchoire, devenu gifle sous l'influence de souffler. Désigne la joue jusqu'au XVIIe s.

■ Entre une gifle et une indélicatesse, on supporte toujours mieux la gifle.

Emil Michel CIORAN, *Écartèlement*, © Gallimard 1979.

gîte

Ancien participe passé de *gésir*, être couché.

■ Advienne que pourra ! C'est chose délectable, / Qu'un bon gîte la nuit et qu'une fille aimable !

Louis BOUILHET, *Melaenis*, 1857.

Et dans les dictionnaires anciens...

■ On dit d'un homme qui est venu mourir en son pays, qu'il est comme le lièvre, qu'il est venu mourir au gîte.

Jean-François FÉRAUD, *Diction(n)aire critique de la langue française*, 1787.

glace

Du latin populaire *glacia*, du latin classique *glacies*.

■ Salut ! brillants sommets, champs de neige et de glace, / Vous qui d'aucun mortel n'avez gardé la trace, / Vous que le regard même aborde avec effroi.

Alphonse DE LAMARTINE, *Méditations poétiques*, 1820.

■ Quand il se regardait dans une glace, il était toujours tenté de l'essuyer.

Jules RENARD, *Journal*, posth. 1925.

■ Glaces : Il est dangereux d'en prendre.

Gustave FLAUBERT, *Le Dictionnaire des idées reçues*, posth. 1913.

gladiateur

Du latin *gladiator*, qui combat avec le glaive, de *gladius*, épée, glaive.

■ Les bourgeois ne se doutent guère que nous leur servons notre cœur. La race des gladiateurs n'est pas morte, tout artiste en est un. Il amuse le public avec ses agonies.

Gustave FLAUBERT, *Correspondance*, 1859.

Et dans les dictionnaires anciens...

■ On appelle en France gladiateurs, ceux qui sont prompts à tirer l'espée en toutes sortes de querelles & d'occasions, & qui provoquent de gaieté de cœur les autres au combat.

Antoine FURETIÈRE, *Dictionnaire universel*, 1690.

glaneur, euse

De *glaner*, du bas latin *glenare* qui vient du gaulois.

■ Quand il voyait passer quelque pauvre glaneuse « Laissez tomber exprès des épis », disait-il.

Victor HUGO, *La Légende des siècles*, 1859.

gloire

Du latin *gloria*, renommée, bonne réputation.

■ Pensent-ils des plus vieux offensant la mémoire, / Par le mépris d'autrui s'acquérir de la gloire [...] ?

Mathurin RÉGNIER, *Satires*, 1608.

■ Je m'accuse, enfin, non seulement d'avoir couru après la gloire, mais d'avoir cru l'attraper.

Victor DE JOUY, *L'Hermite de la Chaussée d'Antin*, 1814.

■ Ô bienheureux celui qui peut de sa mémoire / Effacer pour jamais ce vain espoir de gloire.

Honorat DE RACAN, *Stances à Tirsis sur la retraite*, 1618.

Et dans les dictionnaires anciens...

■ La *gloire* dit quelque chose de plus que l'*honneur* ; c'est une célébrité plus étendue et plus éclatante.

Émile LITTRÉ, *Dictionnaire de la langue française*, 1863-1872.

▶ VOIR adversité, amant, apparition, baptême, borner, courir, drapeau, ri, grandeur, histoire, ministre, monument, roi, succès, tome, vaincre.

gorge

Du latin populaire *gorga*, du latin classique *gurges*, gouffre, abîme.

■ Il me tient le scélérat, le poignard sur la gorge.

MOLIÈRE, *L'Avare*, 1668.

Et dans les dictionnaires anciens...

■ Les médecins comprennent sous le nom de gorge, toute cette capacité creuse que l'on voit quand la bouche est ouverte. Ils l'appellent isthme, parce qu'elle est fort estroite, & ressemble à ces détroits de terre qui sont entre deux mers.

Antoine FURETIÈRE, *Dictionnaire universel*, 1690.

gourmandise

▶ VOIR lexicographe.

gourmet

De l'ancien français *grommes*, valet.

■ Figurez-vous un gourmet qui ne ferait qu'humecter ses lèvres sans boire, que tremper son doigt dans les sauces, sans manger, que regarder les tables bien servies sans s'y asseoir. Celui-là garderait une grande délicatesse de goût et une extrême acuité d'impression.

Joséphin PÉLADAN, *Le Vice suprême*, 1884.

■ Le gourmet est celui qui discernera le mélange de deux vins, qui sentira ce qui domine dans un mets, tandis que les autres convives n'auront qu'un sentiment confus et égaré.

VOLTAIRE, *Dictionnaire philosophique*, 1764.

goût

Du latin *gustus*, action de goûter, saveur.

■ Le bon goût vient plus du jugement que de l'esprit.

François DE LA ROCHEFOUCAULD, *Réflexions ou Sentences et Maximes morales*, 1664.

■ Il y a dans l'art un point de perfection, comme de bonté ou de maturité dans la nature ; celui qui le sent et qui l'aime a le goût parfait ; celui qui ne le sent pas et qui aime en deçà ou au-delà, a le goût défectueux.

Jean DE LA BRUYÈRE, *Les Caractères*, 1688.

■ Le goût est une aptitude à bien juger des choses de sentiment. Il faut donc avoir de l'âme pour avoir du goût.

VAUVENARGUES, *Introduction à la Connaissance de l'esprit humain*, 1746.

■ Il faut la capitale d'un grand royaume pour y établir la demeure du goût ; encore n'est-il le partage que du très petit nombre [...].

VOLTAIRE, *Dictionnaire philosophique*, 1764.

■ J'ai aimé les mets au haut goût : le pâté de macaroni fait par un bon cuisiner napolitain, l'ogliopotrida des Espagnols, la morue de Terre-Neuve bien gluante, le gibier au fumet qui confine et les fromages dont la perfection se manifeste quand les petits êtres qui s'y forment commencent à devenir visibles.

Giacomo CASANOVA, *Mémoires* (préface), (1787), posth. 1826.

■ Je ne réponds pas d'avoir du goût, mais j'ai le dégoût très sûr.

Jules RENARD, *Journal*, posth. 1925.

▶ VOIR adversité, alcool, amitié, angoisse, appétit, archéologie, astrologie, ballade, beaux-arts, bienséance, bouche, calembour, chagrin, connaisseur, contraire, côte, critique, déclaration, dégringoler, dessert, écrire, expérience, extraordinaire, faste, fat, féroce, fossile, génie, gourmet, hiérarchie, homme, jugement, litote, madeleine, plaire, plaisir, province, puéril, résolution, ridicule, roman, sage, savoir, sirène, travail, vanité, vie, volage, whisky.

gouvernement

Attesté au XIIe s. Dérivé de gouverner, du latin *gubernare*, piloter un bateau.

■ Le Gouvernement des Royaumes requiert une vertu mâle et une fermeté inébranlable, contraire à la mollesse, qui expose ceux en qui elle se trouve aux entreprises de leurs Ennemis.

RICHELIEU, *Testament politique*, 1641.

■ Il y a trois espèces de gouvernement : le Républicain, le Monarchique et le Despotique. […] Le gouvernement républicain est celui où le peuple en corps, ou seulement une partie du peuple a la souveraine puissance ; le monarchique, celui où un seul gouverne, mais par des lois fixes et établies ; au lieu que, dans le despotique, un seul, sans loi et sans règle, entraîne tout par sa volonté et par ses caprices.

Charles-Louis DE MONTESQUIEU, *De l'esprit des lois*, 1748.

■ Aristote, recueillant les définitions diverses du gouvernement, le distinguait suivant ses formes : patriarchies, démocraties, oligarchies, aristocraties, monarchies absolues, monarchies constitutionnelles, théocraties, républiques fédératives, etc.

Pierre Joseph PROUDHON, *Œuvres complètes*, 1870.

Et dans les dictionnaires anciens...

■ Pour former un gouvernement avantageux à l'État, il faut de l'*habileté* dans le prince ou dans ses ministres ; de l'*adresse* dans ceux à qui l'on confie la manœuvre du détail, et de la *dextérité* dans ceux à qui l'on commet l'exécution des ordres.

Gabriel GIRARD, *Synonymes françois*, 1736.

Et les pensées de...

■ Tout gouvernement qui s'installe a, pendant un an environ, une excuse toute trouvée pour calmer l'impatient appétit de ceux qui l'ont élu, c'est le HDGP, c'est-à-dire l'Héritage désastreux du gouvernement précédent.

Jean AMADOU, *De quoi j'me mêle !*, © Robert Laffont, 1999.

▶ VOIR administration, Bonaparte, chanson, conversation, dramatique, école, état, Europe, loi, luxe, malheur, prendre garde, union, vice.

gouverner

Du latin *gubernare*, du grec *kubernân*, piloter, « gouverner » un navire.

■ Ils s'étaient faits tour-à-tour astrologues, tireurs d'horoscopes, devins, magiciens, nécromanciens, charlatans, médecins, courtisans, confesseurs de princes, toujours tendant au but de gouverner pour leur propre avantage.

Constantin-François DE VOLNEY, *Les Ruines*, 1791.

■ La pureté, c'est une idée de fakir et de moine. Vous autres, les intellectuels, les anarchistes bourgeois, vous en tirer prétexte pour ne rien faire. […] Moi j'ai les mains sales. Jusqu'aux coudes. Je les ai plongées dans la merde et dans le sang. Et puis après ? Est-ce que tu t'imagines qu'on peut gouverner innocemment ?

Jean-Paul SARTRE, *Les Mains sales*, © Gallimard, 1948.

Et dans les dictionnaires anciens...

■ Afin qu'un État soit bien gouverné, il faut, à mon sens, beaucoup de subalternes pour l'exécution, peu de chefs pour le commandement, plusieurs ministres pour le détail, et un seul prince pour le général.

Gabriel GIRARD, *Synonymes françois*, 1736.

Et les pensées de...

■ Gouverner, ce n'est pas plaire.

François MITTERRAND, *France Inter*, 22 octobre 1991.

■ On gouverne un pays par le souffle, pas seulement par le raisonnement.

François MITTERRAND, cité dans Éric Dupin, *L'Après-Mitterrand*, © Calmann-Lévy, 1991.

grâce

Du latin *gratia*, faveur, aide, agrément, charme.

■ Je ne trouve qu'en vous je ne sais quelle grâce / Qui me charme toujours et jamais ne me lasse.

Jean RACINE, *Esther*, 1689.

■ La grâce est dans les vêtements, les mouvements ou les manières ; la beauté dans le nu et dans les formes. Cela est vrai quand il s'agit des corps, mais il s'agit des sentiments, la beauté est dans leur spiritualité, et la grâce dans leur modération.

Joseph JOUBERT, *Pensées, essais, maximes et correspondances*, posth. 1838.

grâce (indulgence)

Voir *grâce*.

■ Les grâces à la Cour pleuvent soir et matin ; et une fois admis, il faudrait être bien brouillé avec le sort, avoir bien peu de souplesse, ou une femme bien sotte, pour ne rien attraper, lorsqu'on est alerte, à l'épreuve des dégoûts, et qu'on ne se rebute pas.

Paul-Louis COURIER, *Pamphlets politiques*, 1920.

graffiti

De l'italien *graffiti*, pluriel de *graffito*, dérivé de *grafio*, stylet.

■ Il y a dans la rage des graffitis à exprimer des idées sur les murs comme une vengeance de manuscrits refusés.

Charles DANTZIG, *Dictionnaire égoïste de la littérature française*, © Grasset, 2005.

grain

Du latin *granum*, de même sens.

■ Et toujours du côté des pauvres ruisselant, / Ses sacs de grains semblaient des fontaines publiques.

Victor HUGO, *La Légende des siècles*, 1859.

■ Que savons-nous si des créations de mondes ne sont point déterminées par des chutes de grains de sable ?

Victor HUGO, *Les Misérables*, 1862.

Et dans les dictionnaires anciens...

■ *Grain*. Petit corps ou parcelle d'un corps pulvérisé. Le Royaume des Cieux est comparé à un grain de moutarde. Dieu sait le nombre des grains de sable de la mer.

Antoine FURETIÈRE, *Dictionnaire universel*, 1690.

grammaire

Du latin *grammatica*, du grec *grammatikè*, art de lire et d'écrire les lettres.

■ La grammaire qui sait régenter jusqu'aux rois.

MOLIÈRE, *Les Femmes savantes*, 1672.

■ Grammaire : L'apprendre aux enfants dès le plus bas âge comme étant une chose claire et facile.

Gustave FLAUBERT, *Le Dictionnaire des idées reçues*, (1877) posth. 1913.

■ Tant qu'elle a martyrisé le dictionnaire et supplicié la grammaire, je l'ai chérie.

Guy DE MAUPASSANT, *Découverte*, 1884.

Et les pensées de...

■ Cours de grammaire : un jour, des journaux.

COLUCHE, *Ça roule, ma poule*, © Le Cherche midi, 2002.

■ À l'âge plus tardif où on nous l'enseigne [la grammaire], j'eus la sensation que ses notions obscurcissaient des choses que je pratiquais naturellement. Toute définition éloigne, car elle ôte.

Charles DANTZIG, *Dictionnaire égoïste de la littérature française*, © Grasset, 2005.

▶ VOIR Académie, adjectif, art, dictionnaire, enseigner, verbe.

grand(s) (les)

Du latin *grandis*. Attesté en ce sens depuis le XVIe s.

■ Que la faveur des grands a peu de fermeté !

Jean DE SCHÉLANDRE, *Tyr et Sidon*, 1608.

■ Tous les discours sont des sottises, / Partant d'un homme sans éclat ; / Ce serait paroles exquises / Si c'était un grand qui parlât.

MOLIÈRE, *Amphitryon*, 1666.

■ Je connais trop les grands : dans le malheur ami, / Ingrats dans la fortune, et bientôt ennemis.

VOLTAIRE, *Brutus*, 1730.

■ Les grands hommes souvent furent de grands fléaux.

Marie-Joseph CHÉNIER, *Nathan le Sage*, 1789.

■ Or, on est ami des grands que dans trois cas : quand ils ont besoin de nous, quand on sert leurs plaisirs, ou lorsqu'on les fait trembler.

Honoré DE BALZAC, *Annette et le criminel*, 1824.

Et dans les dictionnaires anciens...

■ Qui joint à la hardiesse un esprit souple et flatteur, peut approcher les Grands avec plus de succès qu'un autre.

Gabriel GIRARD, *Synonymes françois*, 1736.

grandeur

Voir *grand*. Attesté depuis le XIIe s.

■ La grandeur de l'homme est grande en ce qu'il se connaît misérable. Un arbre ne se connaît pas misérable.

Blaise PASCAL, *Pensées*, 1669.

■ Borné dans sa nature, infini dans ses vœux, / L'homme est un dieu tombé qui se souvient des cieux ; / Soit que déshérité de son antique gloire, / De ses destins perdus il garde la mémoire ; / Soit que de ses désirs l'immense profondeur / Lui présage de loin sa future grandeur.

Alphonse DE LAMARTINE,
Méditations poétiques, « L'homme », 1820.

Et dans les dictionnaires anciens...

■ Les airs de grandeur que nous nous donnons mal à propos ne servent qu'à faire remarquer notre petitesse, dont on ne s'apercevrait peut-être pas sans cela.

Gabriel GIRARD, *Synonymes françois*, 1736.

▶ VOIR bassesse, misérable.

grand-mère

De *grand* et *mère*. Attesté dès le XIIIe s.

■ La grand-mère se plaignait, rêvait, soupirait tout haut : le petit garçon prêtait l'oreille, ouvrait les yeux, saisissait les demi-mots, les arrière-pensées [...].

Pierre DRIEU LA ROCHELLE,
Rêveuse bourgeoisie, 1939.

■ Je l'adorais : puisque c'était ma grand-mère.

Jean-Paul SARTRE, *Les Mots*,
© Gallimard, 1964.

grand-père

De *grand* et *père*. Attesté dès le XIIe s.

■ Et maintenant tu vas comprendre pourquoi grand-père avait un tel amour pour moi et pourquoi quand je lui ai demandé un bateau comme jouet il m'a acheté un vrai bateau pour mon anniversaire. C'est que grand-père m'a toujours traité en homme.

Blaise CENDRARS, *Bourlinguer*, © Denoël, 1948.

▶ VOIR armoire.

grave

Du latin *gravis*, lourd, important.

■ Il en est des manières et de la façon de vivre comme des modes : les Français changent de mœurs selon l'âge de leurs rois ; le monarque pourrait même parvenir à rendre la nation grave s'il l'avait entrepris.

Charles-Louis DE MONTESQUIEU,
Lettres persanes, 1721.

Et dans les dictionnaires anciens...

■ Les Princes, les Prélats, les Magistrats doivent être graves. Les Espagnols sont graves dès leur jeunesse.

Antoine FURETIÈRE, *Dictionnaire universel*, 1690.

grec

Du latin *Græcus*, du grec *Graikos*.

■ Ah ! permettez, de grâce, / Que pour l'amour du grec, monsieur, on vous embrasse.

MOLIÈRE, *Les Femmes savantes*, 1672.

■ Or voici qu'à côté du miracle juif venait se placer pour moi le miracle grec, une chose qui n'a existé qu'une fois [...] mais dont l'effet durera éternellement, je veux dire un type de beauté éternelle, sans nulle tache locale ou nationale.

Ernest RENAN, *Souvenirs d'enfance*, 1883.

grenier

Du latin *granarium*, lieu on l'on stocke le grain.

■ Grenier : On y est bien à vingt ans !

Gustave FLAUBERT,
Le Dictionnaire des idées reçues, posth. 1913.

■ Bravant le monde et les sots et les sages, / Sans avenir, riche de mon printemps, / Leste et joyeux, je montais six étages. / Dans un grenier qu'on est bien à vingt ans !

Pierre Jean DE BÉRANGER, *Le Grenier*, 1813.

grenouille

Forme altérée de l'ancien français *renouille*. Du bas latin *ranucula*, petite grenouille, du latin classique *ranunculus*.

■ N'entends-tu pas dans ce marais / Mille grenouilles croassantes / Qui par des cris affreux insultent à mes chants ? [dit par le rossignol]

Jean-Pierre DE FLORIAN, *Fables*, « Le Berger et le Rossignol », 1792.

grève

Du latin *grava*, gravier. La grève longeant le bord de la Seine, près de l'Hôtel de ville de Paris, correspondait au lieu de rassemblement des ouvriers que l'on embauchait, mais il devint aussi un lieu de protestation et de refus de travailler.

■ J'ai toujours interprété la grève générale non comme un moyen de violence, mais comme un des plus vastes mécanismes de pression légale que, pour des objets définis et grands, pouvait manier le prolétariat éduqué et organisé.

Jean JAURÈS, *Études socialistes*, 1901.

griffe

De *griffer*, probablement du haut allemand *grifan*, saisir.

■ Ils ont... Grands cheveux, belles dents, et des propos fort ; / Mais, comme je vous dis, la griffe est là-dessous.

MOLIÈRE, *L'École des femmes*, 1662.

Et dans les dictionnaires anciens...

■ *Griffe*. Croche ou crochue, lionne, pillarde, [...] ravissante, cruelle, harpienne, mordante, prompte, empiétée, accrochante, larronnesse, pattue...

Maurice DE LA PORTE, *Épithètes*, 1571.

grimace

De l'ancien français *grimuche*, figure risible, grotesque, probablement du francique *grima*, masque.

■ Tout le secret ne gît qu'en un peu de grimace.

Pierre CORNEILLE, *Le Menteur*, 1644.

■ La saturnale, cette grimace de la beauté antique, arrive, de grossissement en grossissement, au mardi gras.

Victor HUGO, *Les Misérables*, 1862.

Et les pensées de...

■ À force de faire des grimaces, il arrive ce qu'on appelle un relâchement des zygomatiques, c'est-à-dire... Crac ! Un claquage musculaire ! Obligé de tout remonter à la main ! Ça donne une expression arbitraire, comme ça [...].

Raymond DEVOS, *À plus d'un titre*, « Le grimacier », © Orban, 1989.

grippe

De *gripper*, altération de *griffer*, probablement du francique *gripan*, attraper. La locution *prendre en grippe* est issue de *grippe* au sens de *caprice, querelle*.

■ Oui, madame, j'ai pris en grippe l'amitié comme la médecine.

Paul-Louis COURIER, *Lettres de France et d'Italie*, 1828.

Et les pensées de...

■ Une bonne grippe ne vaut guère mieux qu'une mauvaise, et réciproquement.

Pierre DAC, *Arrière-Pensées*, © Le Cherche midi, 1998.

gris

Du francique *grîs*, de même sens.

■ Il me sied bien, ma foi, de porter tête grise, / Et d'être encor si prompt à faire une sottise.

MOLIÈRE, *L'Étourdi*, 1655.

▶ VOIR temps.

grison

De *gris*. Attesté au XVe s.

■ Pensez-y, belle Marquise, / Quoiqu'un grison fasse effroi, / Il vaut bien qu'on le courtise / Quand il est fait comme moi.

Pierre CORNEILLE, *Stances à Marquise*, 1660.

Et dans les dictionnaires anciens...

■ *Grison.* Celuy dont les cheveux commencent à blanchir. Il y a des gens qui sont grisons dès 25 ans.

Antoine FURETIÈRE, *Dictionnaire universel*, 1690.

gros

Du bas latin *grossus*, à partir de *crassus*, gras.

■ Elle, qui n'était pas grosse en tout comme un œuf, / Envieuse, s'étend, et s'enfle et se travaille, / Pour égaler l'animal en grosseur [...].

Jean DE LA FONTAINE, *Fables*, « La Grenouille qui se veut faire aussi grosse que le Bœuf », 1668-1694.

■ On croit d'abord à une caricature, mais il est impossible de caricaturer certains types humains, car plus le trait est gros, plus il est vrai ; or dans bien des cas, on ne rejoint le vrai que par l'excès.

Julien GREEN, *Journal*, © Gallimard, 1955-1958.

Et dans les dictionnaires anciens...

■ Un homme gros & gras souvent mange moins qu'un maigre.

Antoine FURETIÈRE, *Dictionnaire universel*, 1690.

Et les pensées de...

■ Pourquoi je suis devenu gros ? Parce que je ne me trouvais jamais assez bronzé, j'ai voulu augmenter la surface. Et il me reste des réserves, je peux encore devenir chauve.

COLUCHE, *Et vous trouvez ça drôle ?*, © Le Cherche midi, 1998.

■ Je ne suis pas trop gros. Je suis juste un peu trop petit par rapport à mon poids.

Michel GALABRU, *Pensées, répliques et anecdotes*, © Le Cherche midi, 2006.

grossir

Dérivé de *gros*. Attesté au XIVe s.

■ Par imagination je grossis ces incommodités de la moitié.

Michel DE MONTAIGNE, *Essais*, 1580-1595.

■ Notre imagination nous grossit si fort le temps présent, à force d'y faire des réflexions continuelles et amoindrit tellement l'éternité, manque d'y faire réflexion, que nous faisons de l'éternité un néant, et du néant une éternité.

Blaise PASCAL, *Pensées*, 1669.

Et dans les dictionnaires anciens...

■ Ce livre grossit tous jours par les additions qu'on y fait.

Antoine FURETIÈRE, *Dictionnaire universel*, 1690.

guère

Du francique *waigaro*, beaucoup. Il faut passer par la formule négative *ne... guère* pour saisir le sens étymologique.

■ Le mari de Mme Verdeuil qui était prisonnier est mort. Pap[a] a dit que maintenant elle était veuve de *guère*. C'est vrai que c'était pas grand-chose le père Verdeuil, petit et maigrichon avec plus de cheveux sur le dessus.

Patrick CAUVIN, *Povchéri*, © Albin Michel, 1986.

Et dans les dictionnaires anciens...

■ *Guère.* Peu. Il n'y a guère de gens qui n'aiment mieux leur profit que celui d'autruy.

Antoine FURETIÈRE, *Dictionnaire universel*, 1690.

guérir

Du francique *warjan*, protéger.

■ Knock. — ...Vous avez envie de guérir, ou vous n'avez pas envie ? / La Dame. — J'ai envie. / Knock. — J'aime mieux vous prévenir tout de suite que ce sera très long et très coûteux.

Jules ROMAINS, *Knock*, © Gallimard, 1923.

guérison

De *guérir*. Attesté au XIe siècle.

■ Le désir de revenir à la santé pour reprendre un travail vital favorise la guérison dans une mesure étonnante.

Emmanuel MOUNIER, *Traité du caractère*, © Le Seuil, 1946.

Et dans les dictionnaires anciens...

■ C'est souvent plus à la force du tempérament qu'à l'effet des remèdes qu'on doit sa guérison.

Gabriel GIRARD, *Synonymes français*, 1736.

guerre

Du francique *werra*, désordre.

■ La guerre est quelquefois nécessaire, il est vrai ; mais c'est la honte du genre humain qu'elle soit inévitable en certaines occasions.

FÉNELON, *Les Aventures de Télémaque*, 1699.

■ Il est vrai, mon fils, que la guerre est une des nécessités de la nature humaine, et qu'on ne peut s'imaginer des peuples qui ne se battent point, c'est-à-dire qui ne soient ni homicides, ni pillards, ni incendiaires.

Anatole FRANCE, *Les Opinions de M. Jérôme Coignard*, 1893.

■ Robineau. — ...Toi qui aimais le printemps, la musique, la joie, la paix, qu'as-tu fait ? / Zelten. — La guerre ! [...] Et toi [...] mon ami le plus cher, depuis douze ans, qu'as-tu fait ? / Robineau. — La guerre contre toi... / Zelten. — Heureusement nous sommes maladroits, Robineau, nous nous sommes manqués.

Jean GIRAUDOUX, *Siefgried et le Limousin*, © Gallimard, 1922.

■ Un esprit ne peut supporter un autre esprit, son égal, son semblable, qui ne pense pas comme lui. Ce travers, où il y a de l'estime, et même de l'amour trompé, a fait les bûchers d'autrefois, et les grands bûchers d'aujourd'hui, qui sont les guerres.

ALAIN, *Propos sur des philosophes*, © PUF, 1933.

■ Nous n'avons pas les guerres pour lesquelles nous payons, et je ne suis pas content. [...] Qu'on me croie : le jour où personne ne reviendra d'une guerre, c'est qu'elle aura enfin été bien faite.

Boris VIAN, *Lettre à sa Magnificence le Baron Jean Mollet, Vice-Curateur du Collège de Pataphysique, sur les Truqueurs de la guerre*, © J.-J. Pauvert, 1962.

■ Libérons les hautbois d'amour / Ouvrons les forteresses du soleil / Contre l'illusion des guerres [...].

Giovanni DOTOLI, *Espérance : poème*, © F. Lanore, 2006.

Et dans les dictionnaires anciens...

■ Le métier de la guerre n'exclut pas l'humanité, et si l'on examinait bien la façon de penser de chaque état, on trouverait que le soldat les armes au poing est plus humain que le partisan la plume à la main.

Gabriel GIRARD, *Synonymes françois*, 1736.

■ Il y aura toujours des guerres entre les hommes, parce qu'ils sont ambitieux, que l'intérêt les gouverne, et que d'ailleurs le zèle de la Religion, les rend cruels.

Gabriel GIRARD, *Synonymes françois*, 1736.

Et les pensées de...

■ Non, la guerre n'est pas le fait de l'homme : telle fut l'évidence énorme qui nous écrasa. Le contact avec l'ennemi, en se prolongeant, nous convainquit bientôt qu'il souffrait comme nous, qu'il se sentait aussi peu fait pour le rôle de soldat, tel qu'il est.

Jean NORTON CRU, *Du témoignage*, © Gallimard, 1930.

■ D'ailleurs, pour mon père, la guerre, c'était une belle sonnerie... Il les a toutes faites ! Il a sonné toutes les attaques de la guerre 14-18, et toutes les retraites de la guerre 39-45 ! Et il est mort à la retraite d'une attaque dans son lit !

Raymond DEVOS, *À plus d'un titre*, « Le clairon », © Orban, 1989.

■ La guerre, faut pas s'y fier. Tu vois le jeu de mots. Faut pacifier !

COLUCHE, *Pensées et Anecdotes*, © Le Cherche midi, 1995.

▶ VOIR abattoir, agression, alarme, antipathie, armée, artifice, audace, bouder, camarade, chasse, chien, coq, dépense, désert, disparaître, drapeau, écrit, fils, français, hussard, inaugurer, inaugurer, marchand, mère, moucheron, pays, paysan, père, poursuivre, révolution, roi, société, vélo.

gueule

Du latin *gula*, gosier.

■ Garder toujours un homme et l'entendre crier ? / Quelle gueule ! pour moi, je crois qu'il est sorcier.

Jean RACINE, *Les Plaideurs*, 1668.

■ Vous êtes, ma mie, une fille suivante, / Un peu trop forte en gueule et fort impertinente.

MOLIÈRE, *Le Tartuffe*, 1664.

Et les pensées de...

■ J'avais vraiment une sale gueule. À quarante ans, ça a commencé à s'arranger. À cinquante, c'est bon. Quand on n'a pas ce qu'on aime, il faut aimer ce qu'on a.

Serge GAINSBOURG, *Pensées, provocs et autres volutes*, © Le Cherche midi, 2006.

gueux

Du moyen néerlandais *guit*, coquin, fourbe.

■ Ô Gueux, mes sujets, mes sujettes, / Je serai votre maître queux. / Tu vivras, monde qui végète ! / Le poète est le Roi des Gueux.

Jean RICHEPIN, *La Chanson des Gueux*, 1876.

Et dans les dictionnaires anciens...

■ *Gueus*. Qui demande l'aumône. On a fait un hôpital général pour y enfermer tous les gueus mendiants, les gueus de profession.

Antoine FURETIÈRE, *Dictionnaire universel*, 1690.

guide

De l'ancien provençal ou de l'italien *guida*. Probablement aussi du francique *wîtan*, indiquer une direction.

■ Consulte ta raison, prends sa clarté pour guide.

MOLIÈRE, *Dom Garcie de Navarre*, 1661.

■ L'audace et le mépris sont d'infidèles guides.

Jean RACINE, *Alexandre le Grand*, 1665.

guitare

De l'espagnol *guitarra*, issu du latin *cithara*, du grec *kithara*, cithare.

■ Gitan de la nomade horde, / Qui n'a nul pays pour le tien, / Tu penches ton front d'indien / Sur ta guitare aux rudes cordes.

Anna DE NOAILLES, *Forces éternelles*, 1920.

■ Ce qu'il faut de sanglots pour un air de guitare / Il n'y a pas d'amour heureux

Louis ARAGON, *La Diane française*, « Il n'y a pas d'amour heureux », © Seghers, 1946.

▶ VOIR sensibilité.

gymnastique, gym

Du latin *gymnasticus*, du grec *gumnastikos*, relatif aux exercices du corps. Du grec *gumnos*, nu.

■ Gymnastique : On ne saurait trop en faire. Exténuez-y les enfants.

Gustave FLAUBERT, *Le Dictionnaire des idées reçues*, posth. 1913.

Et les pensées de...

■ Eh ben on n'a qu'à la supprimer la gym, comme ça y aura plus que des avortons avec des têtes de citrouilles et des squelettes, comme vous !

Didier DOLNA, *P.R.O.F.S.* (dialogues du film), 1985.

▶ VOIR professeur.

H

habile, habileté

Du latin *habilis*, apte à.

■ Le plus habile homme du monde doit souvent écouter les avis de ceux qu'il pense même être moins habiles que lui.

RICHELIEU, *Testament politique*, 1641.

■ L'habile homme est celui qui fait un grand usage de ce qu'il sait ; le capable peut, et l'habile exécute.

VOLTAIRE, *Dictionnaire philosophique*, article « Habile », 1764.

■ C'est une grande habileté que de savoir cacher son habileté.

François DE LA ROCHEFOUCAULD, *Réflexions ou Sentences et Maximes morales*, 1664.

Et dans les dictionnaires anciens...

■ Habile se dit aussi de ceux qui font beaucoup de travail, de besogne en peu de temps. [...] Ce cour[r]ier est si habile, qu'il est venu de Lyon à Paris en 36 heures.

Antoine FURETIÈRE, *Dictionnaire universel*, 1690.

▶ VOIR capacité, dissimuler, enseigner, Europe, gouvernement, mérite, mort.

habit

Du latin *habitus*, maintien. Au XIIe s., il ne s'agit encore que de l'habit religieux.

■ Vous savez que l'habit ne fait pas la science.

Jean-François RÉGNARD, *Les Folies amoureuses*, 1704.

■ C'est un chef-d'œuvre que d'avoir inventé un habit sérieux qui ne fût pas noir.

MOLIÈRE, *Le Bourgeois gentilhomme*, 1670.

■ Habit noir : En province est le dernier terme de la cérémonie et du dérangement.

Gustave FLAUBERT, *Le Dictionnaire des idées reçues*, posth. 1913.

habitation

Du latin *habitatio*, demeure.

■ S'il [l'être humain] a attiré et fixé dans son habitation les animaux herbivores par des herbes bienfaisantes, il éloigne d'elle les animaux carnassiers.

Henri BERNARDIN DE SAINT-PIERRE, *Harmonies de la nature*, 1814.

Et dans les dictionnaires anciens...

■ On dit, Avoir habitation avec une femme, pour dire, En avoir la compagnie charnelle.

Dictionnaire de l'Académie française, 1694.

habitude

Du latin populaire *habitudo*, manière d'être.

■ L'habitude ne fait point passion.

VOLTAIRE, *Dictionnaire philosophique*, article « Rare », 1764.

■ Cependant je sens que j'aime la monotonie des sentiments de la vie, et si j'avais encore la folie de croire au bonheur, je le chercherais dans l'habitude.

François René DE CHATEAUBRIAND, *René*, 1805.

■ On s'acagnarde dans ses propres habitudes, et l'on désapprend le libre jeu de sa propre vie. Pour maintenir sa souplesse, il faut l'exercer ; pour dépendre moins des choses, il faut modifier souvent son milieu, et désarticuler son calendrier.

Henri-Frédéric AMIEL, *Journal intime*, 1847-188.

Et dans les dictionnaires anciens...

■ *Habitude*. Accessible, privée, fréquente, ordinaire, domestique, sociable, acoustumée, familière...

Maurice DE LA PORTE, *Épithètes*, 1571.

habitué

Du latin médiéval *habituare*.

■ Il y a quelque chose de pire que d'avoir une âme même perverse. C'est d'avoir une âme habituée.

Charles PÉGUY, *Note conjointe*, 1914.

haine, haïr

Du francique *hatjan*, détester.

■ Chimène. — Va, je ne te hais point. / Don Rodrigue. — Tu le dois. / Chimène. / — Je ne puis.

Pierre CORNEILLE, *Le Cid*, 1637.

■ On a peine à haïr ce qu'on a bien aimé, / Et le feu mal éteint est bientôt rallumé.

Pierre CORNEILLE, *Sertorius*, 1662.

■ Si on juge de l'amour par la plupart de ses effets, il ressemble plus à la haine qu'à l'amitié.

François DE LA ROCHEFOUCAULD, *Réflexions ou Sentences et Maximes morales*, 1664.

■ Ah ! je l'ai trop aimé, pour ne le point haïr !

Jean RACINE, *Andromaque*, 1673.

■ La haine est franche, elle vaut un trésor ; / Nous devons lui prêter l'oreille. / Un ami par pitié faiblement nous conseille ; / Notre ennemi connaît tous nos défauts.

Charles-Simon FAVART, *Les Trois Sultanes*, 1761.

■ Que de gens par la haine et l'orgueil séparés, / Vivraient fort bons amis s'ils s'étaient rencontrés.

Marie-Joseph CHÉNIER, *Nathan le Sage*, 1844.

■ Comme on dit « faire l'amour », il faudrait pouvoir dire « faire la haine ». C'est bon de faire la haine, ça repose, ça détend.

François MAURIAC, *Le Sagouin*, © Gallimard, 1951.

Et dans les dictionnaires anciens...

■ La haine fait tout blâmer dans les personnes qu'on hait, et y noircit jusqu'aux vertus. [...] Il y a moins loin, comme l'a dit un homme d'esprit, de la haine à l'amour que de la haine à l'indifférence.

Gabriel GIRARD, *Synonymes françois*, 1736.

▶ VOIR absence, affection, aiguillon, apporter, arc-en-ciel, banal, brut, chaîne, cruel, Dieu, français, hussard, image, inaugurer, inhumain, jour, malice, moi, mot, pardon, poli, querelle, race, réconciliation, son, vipère, xénophobie.

halles

Du francique *hall*, désignant un grand emplacement couvert.

■ Maintenant il entendait le long roulement qui partait des Halles. Paris mâchait les bouchées à ses deux millions d'habitants. C'était comme un grand organe central battant furieusement, jetant le sang de la vie dans toutes les veines.

Émile ZOLA, *Le Ventre de Paris*, 1873.

Et dans les dictionnaires anciens...

■ On appelle *fig.*[urément] Langage des halles, le langage du bas peuple de Paris.

Dictionnaire de l'Académie française, 1694.

hallucination

Du latin médiéval *hallucinatio*, méprise, hallucination.

■ Je m'habituais à l'hallucination simple : je voyais très franchement une mosquée à la place d'une usine, une école de tambours faite par des anges, des calèches sur les routes du ciel. [...] Puis j'expliquais mes sophismes magiques avec l'hallucination des mots.

Arthur RIMBAUD,
Une saison en enfer, « Délires », 1873.

Et dans les dictionnaires anciens...

■ *Hallucination*. [...] Perceptions illusoires, fausses. Le jeûne, une tension d'esprit trop prolongée amènent des hallucinations.

Maurice LACHÂTRE,
Dictionnaire français illustré, 1856.

hamac

De l'espagnol *hamaca*, emprunté au taïno (ancienne langue de l'île d'Hispaniola, aux Antilles) *hamacu*.

■ Je descendis à ma cabine : je me couchai, balancé dans mon hamac au bruit de la lame qui caressait le flanc du vaisseau.

François René DE CHATEAUBRIAND,
Mémoires d'outre-tombe, posth. 1850.

■ Hamac. Propre aux créoles. Indispensable dans un jardin. – Se persuader qu'on y est mieux que dans un lit.

Gustave FLAUBERT,
Le Dictionnaire des idées reçues, posth. 1913.

hameçon

De l'ancien français *ain*, *hain*, du latin *hamus*, crochet.

■ Quel imprudent, surpris au piège inattendu, / À l'hameçon fatal demeure suspendu ? / Est-ce la truite ou la carpe dorée ?

Jacques DELILLE, *L'Homme des champs*, 1800.

hardi, hardiesse

Participe passé de l'ancien verbe français *hardir*, rendre courageux, dur, issu du francique *hardjan*, devenir dur.

■ Souvent dans son orgueil un subtil ignorant / Blâme des plus beaux vers la noble hardiesse.

Nicolas BOILEAU, *L'Art poétique*, 1674.

■ La dissemblance entre la naissance de l'amour chez les deux sexes doit provenir de la nature de l'espérance qui n'est pas la même. L'un attaque et l'autre défend ; l'un demande et l'autre refuse ; l'un est hardi, l'autre très timide.

STENDHAL, *De l'amour*, 1822.

■ Toutes les conquêtes sublimes sont plus ou moins des prix de hardiesse.

Victor HUGO, *Les Misérables*, 1862.

Et dans les dictionnaires anciens...

■ La hardiesse est de mise auprès des grands ; les gens timides passent chez eux pour des sots. [...] On n'est guère propre aux grands emplois si l'on n'est un peu hardi.

Gabriel GIRARD, *Synonymes françois*, 1736.

▶ VOIR audace, cheval, dame, élégance, fantastique, gendarme, grand(s) (les), hésiter, histoire, langue, oser, présomption, pudeur, refrain, rire, substantifique.

harmonie

Du grec *harmonia*, assemblage de sons.

■ Apprenez à tous ces bergers les charmes de l'harmonie.

FÉNELON, *Les Aventures de Télémaque*, 1669.

■ J'ai connu plus d'un Anglais et plus d'un Allemand qui ne trouvaient d'harmonie que dans leur langue.

VOLTAIRE, *Dictionnaire philosophique*,
article « Langues », 1764.

■ Toutefois l'harmonie essentielle au plan général du monde souffre certains écarts, admet certaines exceptions, et parfois même détermine ou présuppose certaines discordances partielles.

Antoine Augustin COURNOT, *Essai sur les fondements de nos connaissances*, 1851.

▶ VOIR mélodie.

hasard

De l'espagnol *azar*, issu de l'arabe *az-zahr*, chance.

■ — J'ai été haï de mon père depuis le berceau ; c'était un de mes grands malheurs ; mais je ne me plaindrai plus du hasard, j'ai retrouvé un père en vous, monsieur. / — C'est bon, c'est bon, dit l'abbé embarrassé ; puis rencontrant fort à propos un mot du directeur de séminaire : il ne faut jamais dire le hasard, mon enfant, dites toujours la providence.

STENDHAL, *Le Rouge et le Noir*, 1830.

■ Santé, indépendance, réputation, tout ce que nous aimons est à la merci des cruautés d'un hasard inconnu, qui se joue de nos précautions, et se rit de nos douleurs.

Henri-Frédéric AMIEL,
Journal intime, 1847-1883.

Et dans les dictionnaires anciens...

■ Le hasard ne forme ni ordre ni dessein ; on ne lui attribue ni connaissance ni volonté ; et ses événements sont toujours très incertains. [...] Le hasard fait. La fortune veut. Le sort décide. Le destin ordonne.

Gabriel GIRARD,
Synonymes françois, 1736.

Et les pensées de...

■ Hasard : il est un des grands dirigeants du monde : bienfaiteur ou cruel selon l'humeur.

Jacques DOR, *Le Dico de ma langue à moi, 1er mille*, © Soir ailleurs, 2000.

▶ VOIR accident, amitié, aventure, aveuglément, bouffon, caprice, chemin, cueillir, définir, deviner, dossier, écrire, énergie, entreprise, éviter, français, lettre, livre, mémoire, naître, péril, religion, ubiquité, vers.

hâter

De *hâte*, tiré du francique *haist*, violence, vivacité.

■ Hâtez-vous lentement, et, sans perdre courage, / Vingt fois sur le métier remettez votre ouvrage : / Polissez-le sans cesse et le repolissez.

Nicolas BOILEAU, *L'Art poétique*, 1674.

Et dans les dictionnaires anciens...

■ *Haster* se dit aussi des soins que l'on prend pour faire avancer quelque chose. Hastez le souper, afin qu'on se promène après. [...] Si on ne haste les ouvriers, ils font bien peu de besogne.

Antoine FURETIÈRE,
Dictionnaire universel, 1690.

haut, hauteur

Du latin *altus*, participe passé du verbe *alere*, faire grandir.

■ La hauteur [le mépris] est partout odieuse importune.

Philippe DESTOUCHES, *Le Glorieux*, 1732.

■ Il n'y a point d'ancienne fable, de vieille absurdité que quelque imbécile ne renouvelle, et même avec une hauteur de maître, pour peu que ces rêveries antiques aient été autorisées par quelque auteur ou classique ou théologique.

VOLTAIRE, *Dictionnaire philosophique*,
article « Fonte », 1764.

■ Le peuple, orphelin, pauvre, intelligent, et aspirant très haut [...].

Victo HUGO, *Ruy Blas*, 1838.

Et dans les dictionnaires anciens...

■ *Haut*. C'est un terme relatif qui se dit d'un corps considéré selon sa troisième dimension, ou son élévation au-dessus de l'horizon ou du rez-de-chaussée.

Antoine FURETIÈRE,
Dictionnaire universel, 1690.

hélas

Construit à partir de l'ancien français *las*, malheureux, précédé de l'interjection *hé*.

■ Que cet hélas a de peine à sortir !

Pierre CORNEILLE, *Polyeucte*, 1643.

■ Plus je sonde l'abyme, hélas ! plus je m'y perds.

Alphonse DE LAMARTINE,
Méditations poétiques, 1820.

Et dans les dictionnaires anciens...

■ Hélas, qu'un pauvre goutteux est à plaindre, qu'il souffre.

Antoine FURETIÈRE,
Dictionnaire universel, 1690.

herbe

Du latin *herba*, *erbe* en ancien français ; le *h* a été ajouté essentiellement pour embellir la graphie du mot.

■ Vous voyez qu'elle est grande ; mais mauvaise herbe croît toujours.

MOLIÈRE, *L'Avare*, 1668.

■ Par les soirs bleus d'été, j'irai dans les sentiers, / Picoté par les blés, fouler l'herbe menue : / Rêveur, j'en sentirai la fraîcheur à mes pieds. / Je laisserai le vent baigner ma tête nue.

Arthur RIMBAUD, *Poésies*, 1871.

▶ VOIR âne, baigner (se), bête, bicyclette, blé, boue, brebis, champignon, chat, crapaud, crédulité, date, diable, Eros, été, fleur, habitation, hirondelle, laitue, lentement, modeste, nature, puanteur, venimeux, zéphir.

héritier(tière), héritage

Du latin *héreditas*, de *heres*, héritier.

■ L'habit qu'il eut sur lui fut son seul héritage.

Nicolas BOILEAU, *Satires*, 1660-1711.

■ Vous n'avez pas la vie ainsi qu'un héritage.

Pierre CORNEILLE, *Polyeucte*, 1643.

■ J'adore voir passer les enterrements [...]. Regarde la grande idiote de fille. [...] Derrière elle, c'est ce que j'appelle les gueules d'héritiers. Oh ! Ces figures ! Il y a des jours où je me félicite de ne pas vous laisser un sou.

COLETTE, *La Maison de Claudine*, © Flammarion, 1922.

Et dans les dictionnaires anciens...

■ *Héritage*. Paternel, immobile, fructueux, successif, temporel, caduque, litigieux, transitoire, subjectif, ruineux...

Maurice DE LA PORTE, *Épithètes*, 1571.

■ *Héritier*. Celui qui hérite d'une personne. Héritier qui n'est pas fort affligé.

Pierre RICHELET, *Dictionnaire françois*, 1680.

Et les pensées de...

■ Il faut beaucoup d'humilité pour assumer un héritage [intellectuel] et renoncer à tout réinventer d'abord.

Jacques RIGAUD, *Miroir des mots*, © Robert Laffont, 1991.

héros

Du latin *heros*, du grec *hèrôs*, demi-dieu, chef de guerre.

■ Le vulgaire est content s'il remplit son devoir : / Il faut plus au héros, il faut que sa vaillance / Aille au-delà du terme et de notre espérance.

VOLTAIRE, *Tancrède*, 1760.

Et les pensées de...

■ En quinze ans et demi, combien de fois ai-je employé l'expression « héros de votre roman » ? Variante : « le personnage principal de votre roman... ». Mais héros est plus mystérieux, plus cascadeur, bref plus romanesque.

Bernard PIVOT, *Le Métier de lire*, © Gallimard, 1990.

▶ VOIR bandit, bravoure, patrie, près, race, reproche, révolte, tragédie, vanter, venir.

hésiter

Du latin *hæsitare*, être gêné.

■ Elle flotte, elle hésite ; en un mot, elle est femme.

Jean RACINE, *Athalie*, 1691.

Et dans les dictionnaires anciens...

■ *Hésiter*. Ne lire, ne parler pas hardiment, balancer, chanceler pour voir si on fera, ou entreprendra quelque chose. Quelques-uns aspirent l'h du verbe hésiter, mais la plupart la font muette parce qu'il est plus doux d'en user ainsi.

Pierre RICHELET, *Dictionnaire françois*, 1680.

heure

Du latin *hora*, désignant un point dans le temps ou une durée, du grec *hôra*.

■ Il y a une heure que je vous écoute ; est-ce que nous jouons ici une comédie ?

MOLIÈRE, *Monsieur de Pourceaugnac*, 1669.

■ Vienne la nuit sonne l'heure / Les jours s'en vont je demeure

Guillaume APOLLINAIRE, *Alcools*, © Gallimard, 1913.

Et dans les dictionnaires anciens...

■ *Heure.* Occasion. Trouver l'heure du berger. Ces mots d'heure du berger signifient l'occasion, & le moment favorable pour obtenir d'une belle, ou de quelque maîtresse une faveur particulière.

Pierre RICHELET, *Dictionnaire françois*, 1680.

heureux

De *heur*, issu du latin *augurium*, présage.

■ Tous les hommes recherchent d'être heureux. Cela est sans exception, quelques différents moyens qu'ils y emploient. Ils tendent tous à ce but.

Blaise PASCAL, *Pensées*, 1669.

■ Il y a une espèce de honte d'être heureux à la vue de certaines misères.

Jean DE LA BRUYÈRE, *Les Caractères*, 1688-1696.

■ On devrait bien enseigner aux enfants l'art d'être heureux. Non pas l'art d'être heureux quand le malheur vous tombe sur la tête ; je laisse cela aux stoïciens ; mais l'art d'être heureux quand les circonstances sont passables et que toute l'amertume de la vie se réduit à de petits ennuis et à de petits malaises.

ALAIN, *Propos sur le bonheur*, © Gallimard, 1922.

■ Il aime trop de choses votre bébé Madame il risque d'être heureux plus tard c'est affreux, il faut lui donner des fessées.

Christiane ROCHEFORT, *Encore heureux qu'on va vers l'été*, © Grasset, 1975.

Et dans les dictionnaires anciens...

■ Les gens heureux sont rares.

Petit Larousse illustré, article « Heureux », 1905.

▶ VOIR âge, content.

hier

Du latin *heri*, hier, et en bas latin, naguère.

■ Il semble que nous soyons sortis avant-hier du chaos, et hier de la barbarie.

VOLTAIRE, *La Princesse de Babylone*, 1768.

■ C'est du parfait oubli d'hier que je crée la nouvelleté de chaque heure.

André GIDE, *L'Immoraliste*, © Mercure de France, 1902.

hiérarchie

Construit à partir du grec *hieros*, sacré, et *arkhia*, commandement, pour désigner les membres importants du clergé.

■ Deux expressions qui conviennent à la même chose ne conviennent pas au même ordre de choses ; et c'est à travers cette hiérarchie des styles que le bon goût sait marcher.

Antoine DE RIVAROL, *Discours sur l'universalité de la langue française*, 1784.

■ Les duretés de la carrière militaire lui avaient appris la hiérarchie sociale et l'obéissance au sort.

Honoré DE BALZAC, *Un début dans la vie*, 1845.

■ La médiocrité chérit la règle ; moi je la hais, je sens contre elle et contre toute restriction, corporation, caste, hiérarchie, niveau, troupeau, une exécration qui m'emplit l'âme.

Gustave FLAUBERT, *Correspondance*, 1853.

hirondelle

De l'ancien provençal *irondela*, du latin *hirundo*.

■ Les hirondelles, revenues de leur pèlerinage d'Orient, emplissaient l'air de leur vol ; l'aubépine blanchissait les buissons ; la violette embaumait l'herbe des bois, où l'on voyait déjà tous les oiseaux sortir de leurs nids avec un cahier de romances sous leurs ailes.

Henri MURGER, *Scènes de la vie de bohème*, 1851.

Et dans les dictionnaires anciens...

■ L'hirondelle est un oiseau de couleur noirâtre avec un tache blanche sous la gorge, qui fait sont nid dans les cheminées & qui a si bonne vue qu'elle voit une mouche d'un demi quart de lieue.

Pierre RICHELET, *Dictionnaire françois*, 1680.

Hiroshima

Hiroshima, au Japon, est la ville la plus importante de la région de Chugoku.

■ J'ai vu la patience, l'innocence, la douceur apparente avec lesquelles les survivants provisoires de Hiroshima s'accommodaient d'un sort tellement injuste que l'imagination d'habitude pourtant si féconde devant eux, se ferme.

M. Duras, *Hiroshima mon amour*, (synopsis du film d'A. Resnais), © Gallimard, 1960.

hisser (se)

De l'imprétif *inse*, emprunté au bas allemand *hissen*, élever au moyen d'une corde.

■ La vie n'offre pas tant d'occasion de se hisser. Le plus souvent, elle s'incline avec le jour, et se contente de peu.

J. Garcin, *Théâtre intime*, © Gallimard, 2002.

histoire, historien

Du grec *historia*, recherche.

■ J'aime mieux, n'en déplaise à la gloire, / Vivre au monde deux jours, que mille ans dans l'histoire.

Molière, *La Princesse d'Élide*, 1664.

■ Le bon historien n'est d'aucun temps ni d'aucun pays : quoiqu'il aime sa patrie, il ne la flatte jamais en rien.

Fénelon, *Lettre sur les occupations de l'Académie*, 1714.

■ Lucie. — Mais l'histoire et la géographie, par exemple, je n'en sais pas un mot. / Dorine. — Vous savez les titres de beaucoup de livres, voilà tout ce qu'il faut pour le monde ; dites hardiment que vous les avez tous lus.

Madame de Genlis, *L'Enfant gâté*, 1779.

■ Doucement, messieurs les morts, procédons par ordre, s'il vous plaît. Tous vous avez droit sur l'histoire.

Jules Michelet, *Histoire de France*, (préface), 1833.

■ Les historiens sont des raconteurs du passé, les romanciers des raconteurs du présent.

J.et E. de Goncourt, *Journal*, 1851-1896.

■ L'historien a pour spéciale mission d'expliquer ce qui paraît miracle, de l'entourer des précédents, des circonstances qui l'amènent, de le ramener à la nature.

Jules Michelet, *Histoire de France*, « À propos de Jeanne d'Arc », 1853.

■ Citoyens, le XIXe siècle est grand, mais le XXe siècle sera heureux. Alors plus rien de semblable à la vieille histoire : on n'aura plus à craindre, comme aujourd'hui, une conquête, une invasion, une usurpation, une rivalité de nations à main armées, une interruption de civilisation [...].

Victor Hugo, *Les Misérables*, 1862.

■ L'Histoire justifie ce que l'on veut. Elle n'enseigne rigoureusement rien, car elle contient tout et donne des exemples de tout.

Paul Valéry et Gabriel Hanotaux, *À propos de l'Histoire*, 1933.

■ Il y a l'Histoire et il y a autre chose, le simple bonheur, la passion des êtres, la beauté naturelle.

Albert Camus, *Actuelles I*, © Gallimard, 1950.

Et dans les dictionnaires anciens...

■ *Historien* : [...] Il doit être exact, fidèle, éloquent, judicieux & d'un esprit grand, vaste & solide.

Pierre Richelet, *Dictionnaire françois*, 1680.

Et les pensées de...

■ L'Histoire commence ou recommence par la rencontre d'un homme et d'un événement.

François Mitterrand, *Ici et Maintenant*, © Fayard, 1981.

■ L'histoire se répète, c'est dommage que ce soit nous qui payons les répétitions.

Coluche, *Et vous trouvez ça drôle ?*, © Le Cherche midi, 1998.

▶ VOIR anecdote, baragouin, Caïn, communication, contemporain, croisade, étude, impuissance, inventer, littérature, misère, orthographe, raconter, relire, roi, roman, rossignol, si, témérité, témoin.

histoire, historiette

Voir *histoire*, page précédente.

■ Je ne crois que les histoires dont les témoins se feraient égorger.

Blaise PASCAL, *Pensées*, 1669.

■ Sans les circonstances, les faits demeurent comme décharnés : ce n'est que le squelette d'une histoire.

FÉNELON, *Lettre à l'Académie*, 1714.

■ Voici l'histoire de sa vie / Qui fut longue de moitié ; / Il fut trente ans digne d'envie / et trente ans digne de pitié.

Alexis PIRON, *Épitaphe de J.-B. Rousseau*, 1741.

▶ VOIR abracadabrant, ami, méchanceté, mémoire, mots (gros), sexe, télévision, voyager.

hiver

Du latin *hibernum*, forme abrégée de *hibernum tempus*, saison d'hiver.

■ L'on a dit de la vieillesse qu'elle est l'hiver de la vie ; renversez la métaphore et vous la trouverez également juste, en disant que l'hiver est la vieillesse de l'année.

Nicolas DE CHAMFORT, *Maximes et pensées, caractères et anecdotes*, 1794.

■ Pendant l'hiver, semblable à un vieux renard dans sa tanière, à un ours dans sa caverne, [...] la moitié de moi-même s'en va je ne sais où et ne revient qu'au printemps.

Jean DE CRÈVECŒUR, *Voyage*, 1801.

▶ VOIR automne, béton, bois, bourgeon, cristallisation, douceur, jour, lampe, loup, mode, nuit, périr, printemps, tombe, vent, vieillard.

homme (être humain)

Du latin *hominem*, accusatif de *homo*.

■ L'homme n'est ni ange ni bête, et le malheur veut que qui veut faire l'ange fait la bête.

Blaise PASCAL, *Pensées*, 1669.

■ Car enfin qu'est-ce que l'homme dans la nature ? Un néant à l'égard de l'infini, un tout à l'égard du néant, un milieu entre rien et tout.

Blaise PASCAL, *Pensées*, 1669.

■ Il n'y a de bon, dans l'homme, que ses jeunes sentiments et ses vieilles pensées.

Joseph JOUBERT, *Pensées, essais, maximes et correspondances*, posth. 1838.

■ L'homme est composé de matière et d'esprit ; l'animalité vient aboutir en lui, et l'ange commence à lui.

Honoré DE BALZAC, *Le Lys dans la vallée*, 1836.

■ Être homme, c'est précisément être responsable. C'est connaître la honte en face d'une misère qui ne semble pas dépendre de soi. C'est être fier d'une victoire que les camarades ont remportée. C'est sentir, en posant sa pierre, que l'on contribue à bâtir le monde.

Antoine DE SAINT-EXUPÉRY, *Terre des hommes*, © Gallimard, 1919.

■ Je crois en l'homme, cette ordure. / Je crois en l'homme, ce fumier, / Ce sable mouvant, cette eau morte. / Je crois en l'homme, ce tordu, / Cette vessie de vanité.

Lucien JACQUES, *Florilège poétique*, © Les Cahiers de l'Artisan, 1954.

■ Je garde, et de plus en plus, mon opinion : ne vaut que l'homme qui se fait soi-même, et qui se fait en conformité de sa nature, de son esprit et de ses goûts.

Paul LÉAUTAUD, *Journal littéraire*, ©Mercure de France, 1986.

■ Homme : un improbable qui rêve d'un impossible.

Salah STÉTIÉ, *Carnets du méditant*, © Albin Michel, 2003.

Et dans les dictionnaires anciens...

■ *Homme*. Mortel, caduque, fragile, girouette, inconstant, songe, fumée, terrestre, feuille des bois, misérable, risible, menteur, docile, jonc d'étang, belliqueux, membru, robuste, jouet de bise...

Maurice DE LA PORTE, *Épithètes*, 1571.

▶ VOIR animal, artiste, contradiction, femme, grandeur, guerre, histoire/historien, humanisme, illusion, imaginer, libre, maladie, mer, modifier, mur, mystère, nécessaire, noble, parole, peindre, perdre, pouvoir, poésie, rater, réponse, rire, roseau, Satan, seul, téléphone.

homme (jeune homme)

■ Un jeune homme, toujours bouillant dans ses caprices, / Est prompt à recevoir l'impression des vices ; Est vain dans ses discours, volage en ses désirs, / Rétif à la censure et fou dans les plaisirs.

Nicolas BOILEAU, *L'Art poétique*, 1674.

■ Jeune homme : Toujours farceur. Il doit l'être ! s'étonner quand il ne l'est pas !

Gustave FLAUBERT, *Le Dictionnaire des idées reçues*, posth. 1913.

homosexuel

Mot composé du mot grec *homo-* (même) et *sexuel* ; attesté en 1891, probablement emprunté à l'allemand *homosexual* (1869).

■ Il n'y avait pas d'anormaux quand l'homosexualité était la norme, pas d'antichrétiens avant le Christ, [...] l'opprobre seul fait le crime.

Marcel PROUST, *Sodome et Gomorrhe*, 1922.

honnête

Du latin *honestus*, noble, honorable.

■ Il faut qu'on n'en puisse [dire] ni : « Il est mathématicien », ni « prédicateur », ni « éloquent », mais « il est honnête homme ». Cette qualité universelle me plaît seule.

Blaise PASCAL, *Pensées*, 1669.

■ Les faux honnêtes gens sont ceux qui déguisent leurs défauts aux autres et à eux-mêmes ; les vrais honnêtes gens sont ceux qui les connaissent parfaitement et les confessent.

François DE LA ROCHEFOUCAULD, *Réflexions ou Sentences et Maximes morales*, 1664.

■ Lui. — Mais à votre compte, il faudrait donc être d'honnêtes gens ? / Moi. — Pour être heureux ? Assurément. / Lui. — Cependant, je vois une infinité d'honnêtes gens qui ne sont pas heureux ; et une infinité de gens qui sont heureux sans être honnêtes.

Denis DIDEROT, *Le Neveu de Rameau*, 1761-1776.

■ Nous sommes du peuple qui a inventé l'honnête homme, au sens que nous devons garder à ce mot ; nous devons, autant que nous le pouvons, garder en présence, en face des politiciens, une situation d'honnêtes gens.

Charles PÉGUY, *La Déclaration aux droits de l'homme*, © Gallimard, 1905.

Et les pensées de...

■ Ne soyez pas honnête : les malveillants se serviront de ce que vous avez dit contre vous.

Charles DANTZIG, *Dictionnaire égoïste de la littérature française*, © Grasset, 2005.

honneur(s)

Du latin *honos*, *honor*, dignité rendue aux dieux.

■ Nous n'avons qu'un honneur, il est tant de maîtresses ! / L'amour n'est qu'un plaisir, l'honneur est un devoir.

Pierre CORNEILLE, *Le Cid*, 1637.

■ Mieux vaut honneur que honteuse richesse.

Eustache DESCHAMPS, *Poèmes*, (1346-1407), posth. 1878.

■ On a perdu bien peu quand on garde l'honneur.

VOLTAIRE, *Adélaïde du Guesclin*, 1734.

Et dans les dictionnaires anciens...

■ L'homme peut être indifférent pour la gloire, mais il ne lui est pas permis de l'être pour l'honneur.

Gabriel GIRARD, *Synonymes françois*, 1736.

Et les pensées de...

■ Il y a quelque chose d'instinctif, d'enfantin si l'on veut, dans le refus des honneurs, un rien obstiné qui ne peut pas se diluer dans des explications. Un orgueil monstre : « Moi seul, je peux me juger, me condamner. »

Bernard FRANK, *Portraits et Aphorismes*, © Le Cherche midi, 2001.

▶ VOIR orgueil.

honte

Du francique *haunita*, dédain, moquerie.

■ Se plaindre est une honte et soupirer un crime.

Pierre CORNEILLE, *Polyeucte*, 1643.

■ La sagesse n'a point de honte de paraître enjouée.

FÉNELON, *Les Aventures de Télémaque*, 1669.

Et dans les dictionnaires anciens...

■ Les reproches de la conscience causent de la honte. Les sentiments de modestie produisent la pudeur. Elles font quelquefois l'une et l'autre, monter le rouge au visage, mais alors on rougit de honte et l'on devient rouge par pudeur.

Gabriel GIRARD, cité par ÉMILE LITTRÉ, *Dictionnaire de la langue française*, 1863-72.

▶ VOIR action, adultère, aigu, amant, bavard, châtier, confus, coquet, crime, cynique, dictionnaire, embonpoint, enfermer, excuse, guerre, heureux, homme, honneur, mort, naissance, réputation, Rome, supérieur, tempérament, trépas, vendre.

hôpital

Du latin *hospitalis*, maison d'accueil.

■ Un interne disait que dans les hôpitaux, pour les malades misérables, le bain, la chemise blanche, les draps propres, le seul passage de la saleté à la propreté amenait une amélioration médicalement constatée.

J. et E. DE GONCOURT, *Journal*, 1851-1896.

Et dans les dictionnaires anciens...

■ L'hospital général est celuy où on reçoit tous les mendiants. L'Hostel Dieu est l'hospital de tous les malades. Les Petites Maisons c'est l'hospital des fous.

Antoine FURETIÈRE, *Dictionnaire universel*, 1690.

■ Dans les villes assiégées, on place un drapeau noir sur les hôpitaux.

Dictionnaire de l'Académie française, article « Drapeau », 1835.

horizon

Du latin *horizon*, du grec *horizôn*, *horizein*, limiter, borner.

■ La tache de sang [le soleil] dépoint à l'horizon de ci. / La goutte de lait [la lune] point à l'horizon de là.

SAINT-POL ROUX, *Les Reposoirs de la procession*, « De la Colombe au corbeau par le paon », © Rougerie, 1904.

■ Horizons : Trouver beaux ceux de la nature, et sombres ceux de la politique.

Gustave FLAUBERT, *Le Dictionnaire des idées reçues*, posth. 1913.

■ Il n'y a point d'horizon. Cette ligne coupante entre le ciel et l'eau, jamais le marin ne la trouve, ni ne la trouvera.

ALAIN, *Propos*, © Gallimard, 1933.

Et dans les dictionnaires anciens...

■ *Horizon*. L'endroit où se termine notre vue, où le ciel & la terre semblent se joindre. On l'appelle autrement l'horizon sensible. [...] Un des grands cercles de la sphère, qui coupe le ciel & la terre en deux parties égales, ou en deux hémisphères, alors on l'appelle Horizon rationnel.

Antoine FURETIÈRE, *Dictionnaire universel*, 1690.

humain, humanité

Du latin *humanus*, propre à l'homme, du latin *humanitas*, nature humaine.

■ Je veux qu'on me distingue, et, pour le trancher net, / L'ami du genre humain n'est point du tout mon fait.

MOLIÈRE, *Le Misanthrope*, 1666.

■ Ne cache pas tes pleurs, cesse de t'en défendre, / C'est de l'humanité la marque la plus tendre.

VOLTAIRE, *Alzire*, 1736.

■ Faut-il toujours combattre ou tromper les humains ?

VOLTAIRE, *Le Fanatisme*, 1741.

■ L'homme n'existe pas indépendamment de l'humanité. / Perfectionner l'homme, c'est perfectionner l'humanité. / Perfectionner l'humanité, c'est se perfectionner soi-même.

Pierre LEROUX, *De l'humanité*, 1840.

■ Fais une brèche au firmament / pour que l'esprit humain s'évade.

Victor HUGO, *Les Chansons des rues et des bois*, « Au cheval », 1865.

■ Je n'ai qu'une passion, celle de la lumière, au nom de l'humanité qui a tant souffert et qui a droit au bonheur.

Émile ZOLA, « J'accuse », *L'Aurore*, 13 janvier 1898.

■ S'il n'y avait pas d'œil humain pour contempler cet horizon, ni d'oreilles pour entendre la mer assoupie, son murmure ne serait pas un hymne à la joie ; les apparences ne contiennent d'humain que ce que nous y avons mis.

François MAURIAC, *Journal*, © Grasset, 1937.

Et dans les dictionnaires anciens...

■ Cette dame commence à avoir de l'humanité, quelque tendresse pour son amant.

Antoine FURETIÈRE, *Dictionnaire universel*, 1690.

▶ VOIR acier, affliction, alarme, ambitieux, amour, amour-propre, art, artiste, bagage, barbare, brut, chef-d'œuvre, donc, encyclopédie, essayer, guerre, idéal, inaugurer, liberté, livre, logique, malheur, médecin, mensonge, moral, plaisir, raison, superstition, terreur, union.

humanisme

Construit à partir du mot *humanité* au XVIIIe s. avec le sens d'« amour de l'humanité », il a aussi désigné ensuite au XIXe s. le mouvement intellectuel européen des XVe et XVIe s. préconisant le retour aux sources antiques.

■ L'humanisme, ce n'est pas dire : « Ce que j'ai fait, aucun animal ne l'aurait fait », c'est dire : « Nous avons refusé ce que voulait en nous la bête, et nous voulons retrouver l'être, et nous voulons retrouver l'homme partout où nous avons trouvé ce qui l'écrase. »

André MALRAUX, *Les Voix du Silence*, © Gallimard, 1961.

humeur (bonne, mauvaise)

Du latin *humor*, liquide. Les anciens distinguaient quatre humeurs régissant nos émotions : la bile, l'atrabile, le flegme et le sang.

■ Il y a très peu de distance entre la pire humeur et la meilleure. Il suffit quelquefois de changer l'attitude, de retenir un geste ou une parole, pour colorer autrement une journée.

ALAIN, *Vigiles de l'esprit*, © Gallimard, 1921.

■ Je ne me rappelle pas m'être levé un seul jour de bonne humeur, content de la vie, des autres et de moi-même.

Paul LÉAUTAUD, *Passe-Temps*, © Mercure de France, 1987.

Et les pensées de...

■ La bonne humeur est la fille aînée de la puissance tranquille.

Pierre DAC, *Arrière-pensées*, © Le Cherche midi, 1998.

■ La mauvaise humeur, c'est comme un carburant. On se réveille le matin en se demandant après quoi on va s'énerver.

Bertrand BLIER, *Pensées et Répliques*, © Le Cherche midi, 2001.

humour, humoriste

Du latin *humor*, emprunté à l'anglais *humour*, lui-même issu du français *humeur*.

■ Plus un humoriste est intelligent, moins il a besoin de déformer la réalité pour la rendre signifiante.

André GIDE, *Journal*, © Gallimard, 1910.

■ Humour : pudeur, jeu d'esprit. C'est la propreté morale et quotidienne de l'esprit.

Jules RENARD, *Journal*, posth. 1925.

■ L'humour est la revanche de l'individu en butte aux traquenards de ses limites.

Tristan TZARA, *Grains et Issues*, « Des réalités diurnes et nocturnes », © Flammarion, 1936.

Et les pensées de...

■ J'ai toujours considéré que le premier irrespect qu'on doit à la culture, surtout à la télévision, c'est l'humour – lequel a d'ailleurs fait de beaux enfants à la culture.

Bernard PIVOT, *Le Métier de lire*, © Gallimard, 1990.

hussard

De l'allemand *Husar*, emprunté au hongrois *huszar*, cavalier de l'armée hongroise.

■ Nos jeunes maîtres étaient beaux comme des hussards noirs. Sveltes ; sévères ; sanglés. Sérieux, et un peu tremblants de leur précoce, de leur soudaine omnipotence.

Charles PÉGUY, *L'Argent*, © Gallimard, 1913.

Et les pensées de...

■ Parlez-moi des hussards noirs de la république ! Mon Éducation nationale a été une guerre avec la plupart de mes professeurs à cause de haineux pareils. Celle-ci était une communiste qui haïssait en moi la bourgeoisie dont j'étais le fils. Coupable de la faute de mes pères !

Charles DANTZIG, *Dictionnaire égoïste de la littérature française*, © Grasset, 2005.

hygiène

Du grec *hygieinon*, dérivé de *hugiés*, bien portant.

■ Encore l'hygiène est-elle moins une science qu'une vertu.

Jean-Jacques ROUSSEAU, *Émile ou De l'éducation*, 1762.

hymen

Mot latin, du grec *Humên*, dieu du mariage.

■ L'hymen est trop souvent un écueil pour l'amour.

Jean-François REGNARD, *Le Distrait*, 1697.

■ À mon avis, l'hymen et ses liens / Sont les plus grands, ou des maux, ou des biens.

VOLTAIRE, *L'Enfant prodigue*, 1738.

■ L'ennui est un dissolvant de l'hymen, dissolvant redoutablement actif. Jusqu'ici l'idée de passer mon existence entière avec une même femme, m'a toujours fait plus peur qu'envie.

Henri-Frédéric AMIEL, *Journal intime*, 1847-1883.

hypocrisie, hypocrite

Du latin *hypocrisis*, du grec *hupokrisis*, fait de jouer un rôle, du latin *hypocrita*, du grec *hypokritès*, acteur, celui qui donne la réplique au théâtre.

■ L'hypocrisie est un hommage que le vice rend à la vertu.

François DE LA ROCHEFOUCAULD, *Réflexions ou Sentences et Maximes morales*, 1664.

■ Tous les autres vices des hommes sont exposés à la censure, et chacun a la liberté de les attaquer hautement ; mais l'hypocrisie est un vice privilégié, qui, de sa main, ferme la bouche à tout le monde, et jouit en repos d'une impunité souveraine.

MOLIÈRE, *Dom Juan*, 1682.

■ Deux sortes de gens fleurissent dans les cours, et y dominent dans divers temps, les libertins et les hypocrites : ceux-là gaiement, ouvertement, sans art et sans dissimulation ; ceux-ci finement, par des artifices, par la cabale.

Jean DE LA BRUYÈRE, *Les Caractères*, 1688-1696.

■ Je cède surtout par une sorte de paresse d'esprit et pour ne pas disputer. J'abonde extérieurement dans un sens que je désapprouve au fonds. Je me donne un air hypocrite. Ce n'est pas ainsi qu'on se rend considérable.

MAINE DE BIRAN, *Journal*, 1818.

Et dans les dictionnaires anciens...

■ Malheur à vous hypocrites. Il fait l'homme de bien, mais c'est un hypocrite.

Dictionnaire de l'Académie françoise, 1694.

▶ VOIR légitime, opinion, regard.

hypothèse

Du latin *hypothesis*, du grec *hupothesis*, base d'un raisonnement. *Hypo* : en dessous.

■ Pour ébranler une hypothèse, il faut quelque fois la pousser aussi loin qu'elle peut aller.

Denis DIDEROT, *Pensées sur l'interprétation de la nature*, 1754.

hystérie

Du bas latin *hystéricus*, du grec *husterikos*, relatif à l'utérus, le comportement des malades étant associé jadis à un excès d'érotisme morbide chez la femme.

■ Son corps [...] / Toujours affamé de plaisir, / Et qui reptile humain, se tordait dans l'alcôve, / Bouillant d'une hystérie irrésistible et fauve / Pour éterniser mon désir.

Maurice ROLLINAT, *Les Névroses*, 1883.

iceberg

Mot anglais, du scandinave *ysbergh*, montagne de glace.

■ Icebergs, Icebergs, dos du Nord-Atlantique, augustes Bouddhas gelés sur des mers incontemplées, Phares scintillants de la Mort sans issue, le cri éperdu du silence dure des siècles.

Henri MICHAUX,
La nuit remue, © Gallimard, 1931.

Et dans les dictionnaires anciens...

■ *Iceberg*. Montagne de glace. « M. Francisque Michel adresse une note sur un appareil destiné à signaler automatiquement la présence autour des navires de blocs de glace flottants ou icebergs. » H. de Parville.

Émile LITTRÉ,
Dictionnaire de la langue française, 1863-72.

ici

Du latin populaire *ecce hic*, voici ici, réduit à *eici*, puis *ici*.

■ Elle crut voir au-dessus de cette auberge le mystérieux ICI de la Providence.

Victor HUGO, *Les Misérables*, 1862.

■ Le temps d'invention ne fait qu'un ici avec l'invention même. C'est le progrès d'une pensée qui change au fur et à mesure qu'elle prend corps.

Henri BERGSON,
L'Évolution créatrice, © PUF, 1907.

■ Je suis dans une durée, loin d'ici et d'ailleurs. Considérée ainsi, elle est exil, *certainement*, mais une fois dedans, installé, tu vois, j'en oublie l'origine et l'aboutissement. Elle est ce qu'elle est. Un ici loin d'ici.

Mohammed EL AMRAOUI,
De ce côté-ci et alentour, © Le dé bleu, 2006.

idéal

Du latin *idealis*, issu du latin classique *idea*. Voir *Idée*.

■ Il me fallait trouver, non pas en dehors, mais au-dessus des conceptions passagères de l'humanité, au-dessus de moi-même, un idéal de force, de vérité, un type de perfection immuable à embrasser, à contempler, à consulter et à implorer sans cesse.

George SAND, *Histoire de ma vie*, 1855.

■ Idéal – Tout à fait inutile [...].

Gustave FLAUBERT,
Le Dictionnaire des idées reçues, posth. 1913.

■ Non, mon ami, l'idéal n'est pas incompatible avec la nature humaine. Non, ce n'est pas seulement une chimère enfantée à travers quelque rêve de poète ! L'idéal pour moi (c'est difficile à expliquer) mais, pour moi, c'est mêler du grand aux plus humbles choses terrestres [...].

Roger MARTIN DU GARD,
Les Thibault, © Mercure de France, 1922.

Et dans les dictionnaires anciens...

■ « Gardons-nous de confondre l'idéal et la chimère ; la chimère est une fantaisie, une imagination sans raison, une conception contre nature. [...] L'idéal [...], c'est proprement une chose existante prise dans sa perfection ; sans doute cette perfection n'est pas actuellement réalisée, mais la réalisation y tend, c'est sa destinée, sa règle... » E. Bersont, *Journal des Débats* du 22 oct. 1864.

Émile LITTRÉ, *Dictionnaire de la langue française*, 1863-72.

idée(s)

Du latin classique *idea*, du grec *idea*, forme, aspect extérieur, lui-même issu du verbe *eiden*, voir de ses yeux.

■ Les grandes idées couvent longtemps dans les esprits avant de s'y préciser.

Théodore JOUFFROY, *Nouveaux Mélanges philosophiques*, 1842.

■ Nos idées morales ne sont pas le produit de la réflexion, mais la suite de l'usage. Comme à l'adoption de ces idées sont attachées des notes d'honneur et à leur répudiation des notes d'infamie, personne n'ose les remuer ouvertement.

Anatole FRANCE, *Le Mannequin d'osier*, 1897.

■ C'est bon pour les hommes de croire aux idées et de mourir pour elles.

Jean ANOUILH, *Antigone*, © La Table Ronde, 1944.

■ Il nourrissait des idées grises, des idées noires, que sais-je ? Des pressentiments.

André GIDE, *Les Caves du Vatican*, © Gallimard, 1949.

■ Une idée ne devient fausse qu'au moment où l'on s'en contente.

André MAUROIS, *Alain*, © Gallimard, 1949.

Et dans les dictionnaires anciens...

■ On a *dans l'idée* ce qu'on pense, on le croit. On a *dans la tête* ce qu'on veut, on y travaille.

Gabriel GIRARD, *Synonymes françois*, 1736.

Et les pensées de...

■ Des idées, tout le monde en a. Souvent les mêmes. Ce qu'il faut, c'est savoir s'en servir.

COLUCHE, *Pensées et Anecdotes*, © Le Cherche midi, 1995.

■ Ainsi donc, lorsque tout le monde aura son idée fixe, lorsque chaque élément de la collectivité en sera nanti, nous pourrons alors envisager l'avenir avec confiance et sérénité ; l'incertitude, le souci du lendemain seront à jamais abolis ; on saura enfin où on va.

Pierre DAC, *Y'a du mou dans la corde à nœuds*, © Julliard, 1995.

■ Nous ferions bien d'avoir un peu moins d'idées, et un peu plus de pensée. L'idée n'est pas du domaine de la réflexion, mais de l'illumination.

Charles DANTZIG, *Dictionnaire égoïste de la littérature française*, © Grasset, 2005.

idéologie

Construit à partir de *idéo-*, idée et *-logie*, du grec *logos*, discours, science.

■ L'étendard de l'idéologie ne couvre en réalité que des ambitions. Et, je crois bien qu'il en est ainsi depuis que le monde est né.

Charles DE GAULLE, conférence de presse du 23 juillet 1963.

idiot

Du latin *idiota*, profane, inculte, du grec *idôtès* (le mot grec n'a pas de connotation négative).

■ J'accepte / L'enseignement duquel on sortirait inepte, / Ignare, aveugle, sourd, buse, idiot ; mais bon.

Victor HUGO, *L'Âne*, 1880.

■ Il y a des gens qui ne passent une bonne soirée au théâtre que s'ils peuvent dire : « C'est idiot. »

Jules RENARD, *Journal*, posth. 1925.

Et dans les dictionnaires anciens...

■ Les idiots sont quelque fois frappés des traits d'esprit ; mais à leur manière, par une espèce d'éblouissement et de surprise, qu'ils témoignent d'une façon singulière, capable de réjouir ceux qui savent se faire des plaisirs de tout.

Gabriel GIRARD, *Synonymes françois*, 1736.

idole

Du latin *idolum*, du grec *eidôlon*, *eidos*, image, apparence.

■ Il y a longtemps que les hommes toujours vains, font leur idole de la gloire.

Jean-Baptiste MASSILLON, *Petit Carême*, 1718.

Et les pensées de...

■ Ex-fan des sixties / Petite Baby Doll / Comme tu dansais bien le rock'n'roll / Ex-fan des sixties / Où sont tes années folles / Que sont devenues tes idoles.

Serge GAINSBOURG, *Pensées, provocs et autres volutes*, © Le Cherche midi, 2006.

ignorance, ignorant

Du latin *ignorantia*. À partir de *in*, négatif et *noscere*, connaître, du latin *ignorans*.

■ L'ignorance vaut mieux qu'un savoir affecté.

Nicolas BOILEAU, *Épîtres*, 1669.

■ Rien n'est si dangereux qu'un ignorant ami : / Mieux vaudrait un sage ennemi.

Jean DE LA FONTAINE, *Fables*, « L'Ours et l'Amateur des jardins », 1668-1694.

Et dans les dictionnaires anciens...

■ On est *âne* par disposition d'esprit, et *ignorant* par défaut d'instruction. Le premier ne sait pas, parce qu'il ne peut apprendre ; et le second, parce qu'il n'a point appris.

Gabriel GIRARD, *Synonymes françois*, 1736.

Et les pensées de...

■ L'ignorant qui répond à côté des questions est comme celui qui marcherait sur les mains pour dissimuler qu'il est boiteux.

Maurice TOUDOIRE, *Impertinences*, © Téqui, 1992.

▶ VOIR appartenir, brasier, compter, dame, dictionnaire, hardi, nuit, parole, pensée, profession, sot.

illettré

Du latin *illiteratus*, forgé avec *il-*, négatif, et *littera*, lettre.

■ À la vérité, les gens illettrés haïssent moins violemment, mais les lettrés savent mieux aimer.

Henri BERNARDIN DE SAINT-PIERRE, *Harmonies de la nature*, 1814.

Et dans les dictionnaires anciens...

■ Le nombre des illettrés diminue tous les jours.

Petit Larousse illustré, article « Illettré », 1905.

illuminé

De *illuminer*, issu du latin *illuminare*, éclairer.

■ J'ai aimé ceux qui étaient si forts et si illuminés qu'ils paraissaient autour d'eux créer comme un monde inconnu.

ALAIN-FOURNIER, *Lettres d'Alain-Fournier au petit B (7 mai 1908)*, © Gallimard, 1930.

illusion

Du latin *illusio*, ironie, forger sur le verbe *ludere*, se jouer de, se moquer.

■ L'honnête homme, détrompé de toutes les illusions, est l'homme par excellence.

Nicolas DE CHAMFORT, *Maximes et pensées, caractères et anecdotes*, 1795.

■ Illusions : Affecter d'en avoir eu beaucoup. Se plaindre de ce qu'on les a perdues.

Gustave FLAUBERT, *Le Dictionnaire des idées reçues*, posth. 1913.

Et dans les dictionnaires anciens...

■ Les plaisirs mondains sont des illusions, ce sont de vrais songes, de vaines illusions. Les hommes se repaissent de chimères, de visions, d'illusions.

Antoine FURETIÈRE, *Dictionnaire universel*, 1690.

▶ VOIR espérance.

image

Du latin *imaginem*, *imago*, représentation, imitation, portrait.

■ Ce qui est grand ce n'est pas l'image – mais l'émotion qu'elle provoque ; si cette dernière est grande on estimera l'image à sa mesure.

Pierre REVERDY, *Nord-Sud*, n° 13, mars 1918.

■ La banalité de sa pensée se cachait sous un flot d'images.

André GIDE,
Les Faux-Monnayeurs, © Gallimard, 1925.

■ Il ne s'agit pas de faire une image, il faut qu'elle arrive sur ses propres ailes.

Pierre REVERDY, *Le Gant de crin*,
© éd. Plon, 1927.

Et les pensées de...

■ Nous croyons que, lorsque nous nous parlons, nous nous entendons, mais c'est une illusion : chacun a son image en tête. Elle ne correspond pas nécessairement à celle de l'autre. C'est ce qui engendre les procès, les haines, les crimes passionnels ; mais aussi la joie, le plaisir, la vie.

Charles DANTZIG, *Dictionnaire égoïste de la littérature française*, © Grasset, 2005.

imaginaire, imagination

Du latin *imaginatio*. Attesté au XIIe siècle, du latin *imaginarius*. Attesté à la fin du XVe siècle.

■ L'imagination est la folle du logis.

Nicolas DE MALEBRANCHE,
De la recherche de la vérité, 1674.

■ L'imagination est l'œil de l'âme. J'appelle imagination la faculté de rendre sensible ce qui est intellectuel, d'incorporer ce qui est esprit, en un mot, de mettre au jour, sans le dénaturer, ce qui est de soi-même invisible. [...] Sans l'imagination, la sensibilité est réduite au moment où l'on existe ; les sensations sont plus vives, plus courtes, et n'ont point d'harmonie dans leur succession.

Joseph JOUBERT, *Pensées, essais, maximes et correspondances*, posth. 1838.

■ Imagination : S'en défier – et la dénigrer, chez les autres.

Gustave FLAUBERT,
Le Dictionnaire des idées reçues, posth. 1913.

■ Ce n'est pas la crainte de la folie qui nous forcera à laisser en berne le drapeau de l'imagination.

André BRETON,
Manifeste du surréalisme, © Gallimard, 1924.

■ Dans le domaine des sentiments, le réel ne se distingue pas de l'imaginaire.

André GIDE,
Les Faux-Monnayeurs, © Gallimard, 1925.

Et dans les dictionnaires anciens...

■ Une forte imagination, c'est ce qui sert à trouver de belles inventions, des choses difficiles à concevoir, une belle imagination, celle qui en conçoit d'agréables.

Antoine FURETIÈRE, *Dictionnaire universel*, 1690.

Et les pensées de...

■ On s'imagine que l'imaginaire, c'est léger... ; c'est futile ! Alors que c'est primordial ! Seulement, il faut faire attention ! Lorsqu'on a la prétention comme moi, d'entraîner les gens dans l'imaginaire, il faut pouvoir les ramener dans le réel, ensuite... ; et sans dommage ! C'est une responsabilité !

Raymond DEVOS, *À plus d'un titre*,
« Supporter l'imaginaire », © Orban, 1989.

imaginer

Du latin *imaginari*.

■ Savoir n'est rien, imaginer est tout. Rien n'existe que ce qu'on imagine.

A. FRANCE, *Le Crime de Sylvestre Bonnard*, 1881.

■ L'analyse psychologique a perdu pour moi tout intérêt du jour où je me suis avisé que l'homme éprouve ce qu'il s'imagine éprouver. De là à penser qu'il s'imagine éprouver ce qu'il éprouve [...].

André GIDE,
Les Faux-Monnayeurs, © Gallimard, 1925.

■ Si tu t'imagines / si tu t'imagines / fillette fillette / si tu t'imagines / xa va xa va xa / va durer toujours / la saison des za / la saison des za / saison des amours / ce que tu te goures / fillette fillette / ce que tu te goures [...]

Raymond QUENEAU,
L'Instant fatal, © Gallimard, 1989.

imbécile, imbécillité

Du latin *imbecillus*, faible (de corps et d'esprit). Le sens moderne n'apparaît qu'à partir du XVIe s.

■ Que sont l'éloquence et la raison à l'imbécillité suffisante, et au parti pris de l'orgueil ?

François René DE CHATEAUBRIAND, *Mémoires d'Outre-tombe*, posth. 1850.

■ Imbéciles : Ceux qui ne pensent pas comme vous.

Gustave FLAUBERT, *Le Dictionnaire des idées reçues*, posth. 1913.

Et dans les dictionnaires anciens...

■ L'*insensé* manque par l'esprit, et marche sans lumière. L'*imbécile* manque par les organes, et va par le mouvement d'autrui sans aucun discernement.

Gabriel GIRARD, *Synonymes françois*, 1736.

Et les pensées de...

■ Il m'a apporté les preuves de son imbécillité avec tellement d'intelligence et de subtilité que je me demande s'il ne m'a pas pris pour un imbécile !

Raymond DEVOS, *Matière à rire*, « Je suis un imbécile », ©Plon, 1993.

imiter

Du latin *imitari*, reproduire, copier.

■ Si l'on devait s'imiter constamment les uns les autres, à quoi bon une âme et un esprit pour chacun ?

MADAME DE STAËL, *Corinne ou l'Italie*, 1807.

Et dans les dictionnaires anciens...

■ On dit proverbialement que l'art imite la nature.

Antoine FURETIÈRE, *Dictionnaire universel*, 1690.

immensité

Du latin *immensitas*, construit sur *immensus*, immense, infini.

■ Aux regards de Celui qui fit l'immensité, / L'insecte vaut un monde ; ils ont autant coûté.

Alphonse DE LAMARTINE, *Méditations poétiques*, 1820.

■ Songez à cet enfer : l'immensité des larmes.

Victor HUGO, *La Fin de Satan*, 1885.

immobilité

Du latin impérial *immobilitas*, construit à partir de *im-*, préfixe de négation, et *mobilitas*, mobilité.

■ Quand la maladie, le plâtre de la cheville et de la jambe vous condamnent à la chambre, à cette immobilité qui rend la cervelle si agile, si farfouilleuse, si vagabonde.

Alexandre ARNOUX, *Zulma l'Infidèle*, © Albin Michel, 1960.

immoral

De *moral*. Attesté au XVIIe s.

■ Nous ne pouvons que chasser l'immoral et l'illogique, mais non l'empêcher de venir.

Jules RENARD, *Journal*, posth. 1925.

▶ VOIR minuit.

immortalité

Du latin *immortalitas*, immortel.

■ Ô âme remplie de crimes, tu crains avec raison l'immortalité qui rendrait ta mort éternelle.

Jacques-Bénigne BOSSUET, *Sermon sur la mort*, 1662.

■ Car l'immortalité, l'âme de ceux qu'on aime, / C'est l'essence du bien, du beau, du vrai, Dieu même, / Et ceux-là seuls sont morts qui n'ont rien laissé d'eux.

SULLY-PRUDHOMME, *Le Zénith*, 1876.

■ Immoralité : Ce mot bien prononcé rehausse celui qui l'emploie.

Gustave FLAUBERT, *Le Dictionnaire des idées reçues*, posth., 1913.

Et dans les dictionnaires anciens...

■ Il n'y a si petit Auteur qui ne croie travailler pour l'immortalité, point de Poète qui ne promette l'immortalité à celui qui la voudra payer.

Antoine FURETIÈRE, *Dictionnaire universel*, 1690.

impertinent

Du bas latin *impertinens*, sans rapport avec.

■ Il y a de certains impertinents au monde qui viennent prendre les gens pour ce qu'ils ne sont pas.

MOLIÈRE, *Le Médecin malgré lui*, 1666.

Et dans les dictionnaires anciens...

■ L'*insolence* est plus grave que l'*impertinence*, et n'est pas d'ailleurs un défaut du caractère : un homme très poli peut se croire autorisé à commettre quelquefois une insolence. L'impertinent choque par ses manières qui témoignent qu'il ne fait pas grand compte d'autrui.

Émile LITTRÉ,
Dictionnaire de la langue française, 1863-72.

impoli

De *poli* ; au XVIe s., peu orné, peu poli, donc rude, grossier.

■ Il serait bien à désirer que nos jeunes gens, impolis et grossiers, revinssent à Galantiser comme leurs bons aïeux.

Louis-Sébastien MERCIER,
Néologie ou Vocabulaire de mots nouveaux, 1801.

Et dans les dictionnaires anciens...

■ L'*impoli* manque de belles manières ; il ne plaît pas. Le *grossier* en a de désagréables, il déplaît. Le *rustique* en a de choquantes, il rebute. [...] On souffre l'*impoli* dans le commerce du monde ; on évite le *grossier* ; on ne se lie point du tout avec le *rustique*.

Gabriel GIRARD,
Synonymes françois, 1736.

important

De l'italien *importante*. Emprunt du XVIe s.

■ J'ai remarqué que tout ce qui arrive d'important à n'importe qui était imprévu et imprévisible.

ALAIN, *Propos sur le bonheur*, © Gallimard, 1922.

➤ VOIR alphabet, analogie, caractère, comprendre, connaissance, dépense, francophonie, lécher, liberté, pari, pensée, science, sens (les), sentiment, son, vin.

importun

Du latin classique *importunus*, fâcheux, désagréable.

■ C'est le rôle d'un sot d'être importun : un homme habile sent s'il convient ou s'il ennuie ; il sait disparaître le moment qui précède celui où il serait de trop quelque part.

Jean DE LA BRUYÈRE,
Les Caractères, 1688-1696.

Et dans les dictionnaires anciens...

■ Les longs compliments sont importuns. Le bruit des carrosses est fort importun à ceux qui estudient, & qui sont malades. Les mouches, les cousins sont fort importuns tant aux hommes qu'aux bestiaux.

Antoine FURETIÈRE,
Dictionnaire universel, 1690.

imposant

De *imposer*, issu du latin *imponere*, poser sur, signifiant également « en imposer à quelqu'un », « abuser ».

■ Ah ! Suzon, qu'elle est noble et belle, mais qu'elle est imposante !

Pierre DE BEAUMARCHAIS,
Le Mariage de Figaro, 1784.

impossible

Du latin *impossibilis*, qui ne peut pas se faire.

■ À qui sait bien aimer, il n'est rien d'impossible.

CORNEILLE, *Médée*, 1635.

■ Bien des choses ne sont impossibles que parce qu'on s'est accoutumé à les regarder comme telles.

Charles PINOT DUCLOS,
Considérations sur les mœurs de ce siècle, 1751.

imposture

Du bas latin *impostura*, forgé sur le verbe *imponere*, donner le change, abuser.

■ Un mortel généreux connaît mal l'imposture : / Aisément dans un autre il croit voir sa droiture.

Jean-François DUCIS, *Macbeth*, 1784.

■ Si tout était encore une imposture ? Une absurdité dont, une fois de plus, je serais victime ? Si rien ne signifiait rien [...].

Henri-Daniel ROPS, *Mort, où est ta victoire ?*, © Plon, 1934.

impôt

Du latin *impos(i)tum*, participe passé de *imponere*, pris au sens de « imposer quelque chose à quelqu'un ».

■ Je trouve les impôts très justes, quoique très lourds, parce que dans tout pays, excepté dans celui des chimères, un État ne peut payer ses dettes qu'avec de l'argent.

VOLTAIRE, *Lettre à M. Dupont*, 16 août 1763.

Et dans les dictionnaires anciens...

■ *Impôt*. Imposition. Charger le peuple de gros impôts. Accabler le peuple d'impôts. Mettre des impôts sur le peuple.

Pierre RICHELET, *Dictionnaire françois*, 1680.

imprimerie

De *imprimer*, issu du latin *imprimere*, presser sur.

■ Imprimerie : Découverte merveilleuse. – A fait plus de mal que de bien.

Gustave FLAUBERT, *Le Dictionnaire des idées reçues*, posth. 1913.

Et dans les dictionnaires anciens...

■ *Imprimerie*. Sœur des muses, noble, ingénieuse, admirable, germanique, utile, divine, laborieuse, mémorable, industrieuse, fille de mémoire. [...] Par icelle incontinent les lettres comme ensevelies ressuscitent, et furent publiées à toutes nations.

Maurice DE LA PORTE, *Epithètes*, 1571.

impromptu

De la locution latine *in promptu*, en évidence, sous la main.

■ L'impromptu est justement la pierre de touche de l'esprit.

MOLIÈRE, *Les Précieuses ridicules*, 1659.

improviser

De l'italien *improvvisare*, de *improvviso*, qui arrive de manière imprévue.

■ Plus un acteur est admirable, plus il semble improviser, moins il semble fournir d'efforts.

Jean COCTEAU, *Le Foyer des artistes*, © Plon, 1947.

Et les pensées de...

■ Vous savez ce n'est pas du tout improvisé ce que je fais. Ça a l'air improvisé... C'est ça qui est fort !... Mais non, tout est écrit. Et même quand je dis : « Tout est écrit », c'est écrit.

Guy BEDOS, *Petites drôleries et autres méchancetés sans importance*, © Le Seuil, 1989.

imprudence

Du latin *imprudentia*, ignorance, manque de sagesse.

■ Mais c'est une imprudence assez commune aux rois / D'écouter trop d'avis et se tromper au choix.

Pierre CORNEILLE, *Pyrrhus*, 1690.

■ L'imprudence n'est pas dans la témérité, / Elle est dans un projet faux et mal concerté.

CRÉBILLON, *Catilina*, 1748.

impuissance

Construit avec le préfixe négatif *im-* et *puissance* ; manque de moyens au XIVe s.

■ S'il fallait écrire la seule histoire significative de la pensée humaine, il faudrait faire celle de ses repentirs successifs et de ses impuissances.

Albert CAMUS, *Le Mythe de Sisyphe*, © Gallimard, 1942.

impur

Du latin impurus, *corrompu*.

Du moindre sens impur la liberté l'outrage, / si la pudeur des mots n'en adoucit l'image.

Nicolas BOILEAU, *L'Art poétique*, 1674.

inaccessible

Du bas latin *inaccessibilis* ; attesté au XIVe s.

Il oppose à l'amour un cœur inaccessible.

Jean RACINE, *Phèdre*, 1677.

inattendu

Dérivé de *attendre*, attesté au XVIe s.

La fortune, arrivant à pas inattendus, / Frappe et jette en vos mains mille dons imprévus.

André CHÉNIER, *Œuvres complètes*, posth. 1819.

inaugurer

Du latin *inaugurare*, prendre les augures, *augures* désignant, à l'époque de César, les seize prêtres spécialisés dans l'interprétation des signes, par l'observation du vol des oiseaux.

Peut-être faut-il que l'humanité passe encore par cette étape de haine et de violence [la guerre], avant d'inaugurer l'ère de la fraternité.

Roger MARTIN DU GARD, *Les Thibault*, 1936.

incendiaire

Du latin impérial *incendiarus* ; attesté au XIIIe s.

On écoutait avec une indulgence amusée ces propos incendiaires, qui eussent fait jeter à la porte un homme moins correct, moins bien habillé, moins soumis pour tout le reste au code des bienséances mondaines.

Eugène Melchior DE VOGÜÉ, *Les Morts qui parlent*, 1899.

▶ VOIR jeune.

inceste

Du latin *incestum*, sacrilège.

J'ai blâmé, avec toute l'énergie dont j'étais capable, la séduction, l'adultère, l'inceste, le stupre, le viol, la prostitution, tous les crimes et délits contre le mariage et la famille.

Pierre Joseph PROUDHON, *La Pornocratie*, 1865.

Et dans les dictionnaires anciens...

Inceste. Crime qui se commet en se souillant avec une parente, ou une personne religieuse.

Pierre RICHELET, *Dictionnaire françois*, 1680.

incinérer

Du bas latin *incinerare*, construit sur *cinis*, cendre.

Mme Bulteau s'est fait incinérer [...]. Mais lui ne se fera pas brûler, et il dit avec désespoir : — Je serai étendu près d'elle, mais nous n'aurons plus la même forme.

Maurice BARRÈS, *Mes cahiers*, 1929-1956.

Et les pensées de...

Se faire incinérer, c'est choisir un coin fumeur.

Michel GALABRU, *Pensées, répliques et anecdotes*, © Le Cherche midi, 2006.

inclination, incliner

Du latin *inclinatio*, action de pencher, tendance, du latin *inclinare*, pencher.

Je donnai par devoir à son affection / Tout ce que l'autre avait par inclination.

Pierre CORNEILLE, *Polyeucte*, 1643.

Habituellement, les hommes d'étude inclinent la tête.

Honoré DE BALZAC, *Théorie de la démarche*, 1833.

Et dans les dictionnaires anciens...

Le choix des compagnies est essentiel pour les jeunes gens ; parce qu'à cet âge on prend aisément les inclinations de ceux qu'on fréquente.

Gabriel GIRARD, *Synonymes françois*, 1736.

▶ VOIR carte (du tendre), méchanceté, pissenlit.

incompréhensible

Du latin impérial *incomprehensibilis*, qui ne peut être saisi.

■ Tout ce qui est incompréhensible ne laisse pas d'être.

Blaise PASCAL, *Pensées*, 1669.

Et dans les dictionnaires anciens...

■ « Ce qui est inintelligible, l'est par un vice qui est dans la chose, ce qui est incompréhensible l'est par une faiblesse de notre esprit qui ne peut pas y atteindre. » Volt. *Facéties de la Prière universelle.*

Cité par Émile LITTRÉ, *Dictionnaire de la langue française*, 1863-1872.

inconnu

De *connu*, du latin *incognitus* ; *incongnu* au XVIe s.

■ Seul l'inconnu épouvante les hommes. Mais, pour quiconque l'affronte, il n'est déjà plus l'inconnu.

Antoine DE SAINT-EXUPÉRY, *Terre des hommes*, © Gallimard, 1939.

incroyable

De *croyable*, issu de *credable*, qui peut être cru.

■ Jamais au spectateur n'offrez rien d'incroyable : / Le vrai peut quelquefois n'être pas vraisemblable. / Une merveille absurde est pour moi sans appas : / L'esprit n'est point ému de ce qu'il ne croit pas.

Nicolas BOILEAU, *L'Art poétique*, 1677.

Et dans les dictionnaires anciens...

■ Les peuples et les enfants ne trouvent rien d'incroyable lorsque c'est leurs maîtres qui parlent.

Gabriel GIRARD, *Synonymes françois*, 1736.

inculte

Du latin *incultus*, en friche ; prend aussi le sens d'ignorant au XIVe s.

■ Ce champ est cultivable, d'où vient qu'il est inculte ?

Victor HUGO, *Les Travailleurs de la mer*, 1866.

Et les pensées de...

■ Il n'y a pas de grand talent inculte.

Charles DANTZIG, *Dictionnaire égoïste de la littérature française*, © Grasset, 2005.

indécis

Du latin juridique et médiéval *indecisus*, non tranché.

■ Celui qui entrevoit simultanément tous les aspects d'un être ou d'une chose reste à jamais indécis entre l'élan et la stupeur.

Emil Michel CIORAN, *Précis de décomposition*, © Gallimard, 1949.

indifférence

Du latin impérial *indifferentia*.

■ Malgré ma mine tranquille, j'ai toujours préféré la folie des passions à la sagesse de l'indifférence.

Anatole FRANCE, *Le Crime de Sylvestre Bonnard*, 1881.

■ La main repliée à demi et au repos près de la joue est comme une position de sommeil ; c'est un geste qu'on ne voit point dans l'éloquence, mais c'est plutôt le geste de l'auditeur et du juge, surtout lorsqu'il arrive à un certain degré d'indifférence.

ALAIN, *Sentiments, passions et signes*, © Gallimard, 1926.

Et les pensées de...

■ J'ai un trait de caractère qui n'est jamais relevé, malgré tout ce qu'on a dit de moi, et je le souligne d'autant plus que c'est sans doute un défaut : je suis d'une colossale indifférence.

François MITTERRAND, *L'Événement du jeudi*, 16 juillet 1987.

indignation

Du latin *indignatio* ; attesté dans la langue française dès le XIIe siècle.

■ L'imprudence brutale donne de l'indignation.

FÉNELON,
Les Aventures de Télémaque, 1669.

Et dans les dictionnaires anciens...

■ La prospérité des méchants donne de l'indignation.

Maurice LACHÂTRE,
Dictionnaire français illustré, 1856.

➤ VOIR flatter, injustice.

individu

Du latin *individuum*, forme neutre et substantivée du latin classique *individuus*, indivisible.

■ Quand on compare l'homme avec l'homme, on voit que la nature a mis entre les individus, des différences analogues et correspondantes en quelque sorte, à celles qui se remarquent entre les espèces.

Pierre CABANIS, *Rapports du physique et du moral de l'homme*, 1795-1796.

■ On a appelé espèce, toute collection d'individus semblables qui furent produits par d'autres individus pareils à eux. Cette définition est exacte ; car tout individu jouissant de la vie, ressemble toujours, à très peu près, à celui ou à ceux dont il provient.

Jean-Baptiste LAMARCK,
Philosophie zoologique, 1809.

Et les pensées de...

■ Une espèce nouvelle d'individu est née : l'individu-caddie, poussant devant lui un chariot comme un énorme ventre supplémentaire et avide qu'il remplit avec application [...].

Christine PEYRÉ, *Le Monde*, « L'hypermarché ou la fête obligatoire », 14 févr. 1970.

➤ VOIR instituer.

indolent

Du bas latin *indolens*, qui ne ressent pas la douleur.

■ Quand je te vois passer, ô ma chère indolente, / Au chant des instruments qui se brise au plafond / Suspendant ton allure harmonieuse et lente, / Et promenant l'ennui de ton regard profond.

Charles BAUDELAIRE, *Les Fleurs du mal*, 1860.

Et dans les dictionnaires anciens...

■ Rien ne pique l'indolent ; il vit dans la tranquillité et hors des atteintes que donnent les fortes passions. [...] Je crois que l'amour est de toutes les passions la plus propre à vaincre l'indolence.

Gabriel GIRARD, *Synonymes françois*, 1736.

indulgence

Du latin *indulgentia*, bienveillance. Il prit au XIIe s. le sens religieux de *pardon*.

■ Le ciel n'est pas toujours aux méchants si propice ; / Après tant d'indulgence il a de la justice.

Pierre CORNEILLE, *Attila*, 1667.

■ Croyez que tout mortel a besoin d'indulgence.

Marie-Joseph CHÉNIER, *Fénelon*, 1793.

■ Il y a un genre d'indulgence pour ses ennemis, qui paraît une sottise plutôt que de la bonté ou de la grandeur d'âme. M. de C. me paraît ridicule par la sienne. Il me paraît ressembler à Arlequin, qui dit : « Tu me donnes un soufflet ; eh bien ! je ne suis point encore fâché. » Il faut avoir l'esprit de haïr ses ennemis.

Nicolas DE CHAMFORT, *Maximes et pensées, caractères et anecdotes*, 1795.

➤ VOIR époux.

industrialisme

De *industriel*, *industrie*, issu du latin *industria*, activité, application.

■ Longtemps il avait été entendu qu'industrialisme et machinisme feraient le bonheur du genre humain. Aujourd'hui l'on mettrait volontiers sur leur compte les maux dont nous souffrons.

Henri BERGSON, *Les Deux Sources de la morale et de la religion*, © PUF, 1932.

inégalité

Du latin *inæqualitas*, inégalité entre plusieurs choses ou plusieurs personnes, variété.

■ Je conçois dans l'espèce humaine deux sortes d'inégalité : l'une que j'appelle naturelle ou physique, parce qu'elle est établie par la nature, et qui consiste dans la différence des âges, de la santé, des forces du corps et des qualités de l'esprit ou de l'âme ; l'autre qu'on peut appeler inégalité morale ou politique, parce qu'elle dépend d'une sorte de convention et qu'elle est établie ou du moins autorisée par le consentement des hommes.

Jean-Jacques ROUSSEAU, *Discours sur l'origine et les fondements de l'inégalité parmi les hommes*, (préambule), 1755.

■ Par l'égalité des conditions elle [l'égalité politique] met en saillie l'inégalité des intelligences.

Victor HUGO, *Le Rhin*, 1842.

■ Si l'inégalité vous plaît, gare que demain elle ne se retourne contre vous !

Romain ROLLAND, *Jean-Christophe*, © Albin Michel, 1904-1912.

Et dans les dictionnaires anciens...

■ L'inégalité des conditions est une des plus grandes plaies sociales, il faut travailler sans cesse à la faire disparaître de nos institutions.

Maurice LACHÂTRE, *Dictionnaire française illustré*, 1856.

inexorable

Du latin *inexorabilis*, qu'on ne peut fléchir.

■ Quoi ! Madame, toujours un front inexorable !

Pierre CORNEILLE, *Nicomède*, 1651.

■ Chaque minute est une ensevelisseuse inexorable.

Victor HUGO, *Les Misérables*, 1862.

infamie

Du latin *infamia*, mauvaise renommée.

■ Si les fières aristocraties de toutes les capitales de l'Europe refusent d'admettre dans leurs rangs un millionnaire infâme, Paris lui tend les bras, court à ses fêtes, mange ses dîners et trinque avec son infamie.

Honoré DE BALZAC, *Le Père Goriot*, 1835.

■ Père Ubu. Vous aurez les amendes que vous prononcerez et les biens des condamnés à mort. / Un magistrat. Horreur. / Deuxième. Infamie. / Troisième. Scandale. / Quatrième. Indignité.

Alfred JARRY, *Ubu roi*, 1895.

Et dans les dictionnaires anciens...

■ Le commun des hommes craint la mort au-dessus de tout ; les Épicuriens craignent davantage la douleur ; mais les gens d'honneur pensent que l'infamie est ce qu'il y a de plus à craindre.

Gabriel GIRARD, *Synonymes françois*, 1736.

infidèle

Du latin *infidelis*, peu sûr, inconstant.

■ Angélique. Alidor a mon cœur et l'aura tout entier ; / En aimer deux, c'est être à tous deux infidèle.

Pierre CORNEILLE, *La Place Royale*, 1633-1634.

Et dans les dictionnaires anciens...

■ Les infidèles en amour sont nombreux.

Maurice LACHÂTRE, *Dictionnaire française illustré*, 1856.

▶ VOIR guide, mer, réprimer, traduction.

infini

Du latin *infinitus*, sans fin, sans limites, formé de *mi-* et de *finitus*, participe passé de *finire*, finir.

■ Quel moyen de comprendre que le plus petit grain de matière soit divisible à l'infini, et que l'on puisse jamais arriver à une partie si petite, que non seulement elle n'en enferme plusieurs autres, mais qu'elle n'en enferme une infinité.

Arnauld NICOLE, *La Logique ou l'Art de penser*, 1662.

■ Petits problèmes et travaux pratiques. L'espace. 4. Quand vous parlez de l'Infini, jusqu'à combien de kilomètres pouvez-vous aller sans vous fatiguer ?

Jean TARDIEU, *Œuvres posthumes du professeur Froeppel*, © Gallimard, 1978.

influence

Du latin médiéval *influentia*, action des astres sur le destin des hommes.

■ Ceux qui craignent les influences et s'y dérobent font le tacite aveu de la pauvreté de leur âme.

André GIDE, *De l'influence en littérature*, conférence du 29 mars 1900, © Gallimard, 1992.

Et dans les dictionnaires anciens...

■ L'homme sage vaincra toutes les influences des astres.

Antoine FURETIÈRE, *Dictionnaire universel*, 1690.

ingénieur

De *engin*, issu du latin *ingenium*, intelligence, talent.

■ Ingénieur : La première des carrières pour un jeune homme. Connaît toutes les sciences.

Gustave FLAUBERT, *Le Dictionnaire des idées reçues*, posth. 1913.

ingrat

Du latin *ingratus*, désagréable.

■ Plus on sert des ingrats, plus on s'en fait haïr.

Pierre CORNEILLE, *Suréna*, 1674.

▶ VOIR bienfait, défaut, grand(s) (les), injustice, multitude, parents, taciturne.

inimitié

De *ennemi* sur le modèle de *amitié* ; attesté dans la langue en 1300.

■ Les inimitiés ne sont durables qu'entre les gens qui ont les mêmes vices : les avares, les ambitieux, les libertins, détestent leurs rivaux ; mais le vieux estime naturellement ceux qui ont les qualités et les vertus qui lui manquent : les intolérants, les patients ; les intempérants, les sobres ; les avares, les prodigues.

Henri BERNARDIN DE SAINT-PIERRE, *Harmonies de la nature*, 1814.

■ Entre la femme et le désordre il y a une essentielle inimitié.

Paul CLAUDEL, *Feuilles de saints*, © Gallimard, 1915-1925.

■ L'attribution des tableaux d'honneur et des prix d'excellence créait des inimitiés sans merci.

Marcel AYMÉ, *Uranus*, © Gallimard, 1948.

Et dans les dictionnaires anciens...

■ *Inimitié*. [...] C'est un grand malheur quand l'inimitié se met entre les frères. [...] Il y a une inimitié naturelle entre les chats et les souris.

Antoine FURETIÈRE, *Dictionnaire universel*, 1690.

▶ VOIR collège.

injure

Du latin *injuria*, injustice, construit à partir de *in*, marquant la négation, et *jus*, droit.

■ Sosie : Pour des injures, / Dis-m'en tant que tu voudras ; / Ce sont légères blessures / Et je ne m'en fâche pas.

MOLIÈRE, *Amphitryon*, 1668.

■ Toujours quand on a tort on en vient aux injures.

Charles PALISSOT, *Les Philosophes*, 1760.

■ Quelquefois à l'injure opposons des bienfaits.

Jean-Pons VIENNET, *Clovis*, 1820.

inhumain

Du latin *inhumanus*, barbare, cruel ; au XIIIe s. existait aussi *deshumain*, d'emploi rare.

■ Mais voici de retour cette aimable inhumaine.

Pierre CORNEILLE, *Cinna*, 1642.

■ J'ai de l'amour encore pour la belle inhumaine, / Et ma raison voudrait que j'eusse de la haine.

MOLIÈRE, *Les Fâcheux*, 1661.

▶ VOIR agression, mer, patrie, poulpe.

injustice

Du latin *injustitia*, injustice, rigueur injuste.

■ Homme de désir, ne laisse donc plus ébranler ta confiance par les injustices de tes semblables.

Louis DE SAINT-MARTIN, *L'Homme de désir*, 1790.

■ Si l'on me donne ce monde avec ses injustices, ce n'est pas pour que je contemple celles-ci avec froideur, mais pour que je les anime de mon indignation et que je les dévoile et les crée avec leur nature d'injustices, c'est-à-dire d'abus-devant-être-supprimés.

Jean-Paul SARTRE, *Qu'est-ce que la littérature ?*, © Gallimard, 1948.

Et dans les dictionnaires anciens...

■ De tout temps, les Poètes se sont plaints de l'injustice, de l'ingratitude de leur siècle.

Antoine FURETIÈRE, *Dictionnaire universel*, 1690.

innocence, innocent

Du latin *innocentia*, construit à partir de *in*, marquant la négation, et *nocere*, nuire ; du latin *innocens*.

■ Je me défendrai mal : l'innocence étonnée / Ne peut s'imaginer qu'elle soit soupçonnée.

Pierre CORNEILLE, *Rodogune*, 1644.

■ L'innocence à rougir n'est point accoutumée.

MOLIÈRE, *Dom Garcie de Navarre*, 1661.

■ Je ne sais de tout temps quelle injuste puissance / Laisse le crime en paix et poursuit l'innocence.

Jean RACINE, *Andromaque*, 1667.

■ Un coupable puni est un exemple pour la canaille ; un innocent condamné est l'affaire de tous les honnêtes gens.

Jean DE LA BRUYÈRE, *Les Caractères*, 1688-1696.

■ Un cœur trop innocent est aisément épris.

Philippe DESTOUCHES, *L'Ambitieux*, 1737.

■ Le crime quelquefois suit de près l'innocence.

VOLTAIRE, *Mahomet*, 1741.

■ Innocence : L'impassibilité la prouve.

Gustave FLAUBERT, *Le Dictionnaire des idées reçues*, posth. 1913.

Et dans les dictionnaires anciens...

■ Donner les innocents à quelqu'un, c'est-à-dire lui donner sur les fesses le jour des Innocents, & cela pour rire seulement.

Pierre RICHELET, *Dictionnaire françois*, 1680.

innovation

Du bas latin *innovatio*, changement, renouvellement.

■ Innovation : Toujours dangereuse.

Gustave FLAUBERT, *Le Dictionnaire des idées reçues*, posth. 1913.

inquiétude

Du bas latin *inquietudo*, agitation, anxiété.

■ Comme je n'apercevais sur Terre aucune place qui me convînt, j'envisageai joyeusement de ne jamais m'arrêter nulle part. Je me vouai à l'Inquiétude.

Simone DE BEAUVOIR, *Mémoires d'une jeune fille rangée*, © Gallimard, 1958.

insecte

Du latin *insecta*, construit sur *secare*, couper, et calqué sur le grec *entoma*, coupé, du fait des étranglements dans la forme du corps des insectes.

■ L'Anglais de la rue ressemble maintenant au Français moyen, au Russe, à l'Espagnol. Il n'a plus ni forme ni couleur, il est devenu neutre, comme un insecte, infime parcelle de l'univers futur où n'habiteront plus que les légions d'insectes.

Paul MORAND, *Londres*, © Plon, 1933.

Et dans les dictionnaires anciens...

■ Vermine, petits animaux dont on ne connoist pas bien la formation, que les Anciens ont cru venir de génération équivoque, à cause de la merveilleuse quantité qui s'en forme quelquefois subitement, comme font les vers, les papillons, les chenilles, les fourmis, mouches, hannetons, cirons, poux, puces, punaises, etc.

Antoine FURETIÈRE, *Dictionnaire universel*, 1690.

▶ VOIR immensité.

insensibilité

Du bas latin *insensibilitas*, insensibilité ; a existé également *l'insensibleté*.

■ Il y a une profonde insensibilité aux vertus qui surprend et scandalise beaucoup plus que le vice. Ceux que la bassesse publique appelle grands seigneurs, ou grands, les hommes en place, paraissent, pour la plupart, doués de cette insensibilité odieuse.

Nicolas DE CHAMFORT, *Maximes et pensées, caractères et anecdotes*, 1795.

insignifiance

De *insignifiant*, *signifiant*, participe présent de *signifier*, issu du latin *significare*, indiquer par signe, vouloir dire.

■ L'homme donc s'aime d'autant plus qu'il le mérite moins et son opinion de lui-même grandit avec son insignifiance. Les plus bêtes et les plus égoïstes sont donc les plus chevillés à leur individualité, précisément parce qu'elle a le moins d'intérêt pour le monde.

Henri-Frédéric AMIEL, *Journal intime*, 1847-1883.

inspecteur

Du latin *inspector*, celui qui observe.

■ L'inspecteur, c'est le chef suprême devant lequel les adjointes, la directrice même, bégaient et tremblent.

Léon FRAPIÉ, *La Maternelle*, 1904.

■ Ils [des instituteurs] disent encore « Monsieur l'Inspecteur » comme ils diraient « Sire » ou « l'Empereur ».

Jules RENARD, *Journal*, posth. 1925.

inspiration

Du bas latin *inspiratio*, souffle, haleine. Le « mouvement de l'âme dû à une influence divine » date du XIIe s.

■ Inspiration poétique : Choses qui la provoquent : la vue de la mer, l'amour, les femmes, etc.

Gustave FLAUBERT, *Le Dictionnaire des idées reçues*, posth. 1913.

■ On sait assez ce qu'est l'inspiration. Il n'y a pas à s'y méprendre ; c'est elle qui a pourvu aux besoins suprêmes d'expression en tout temps et en tous lieux.

André BRETON, *Second Manifeste du Surréalisme*, © J.-J. Pauvert, 1930.

instant

De *instans*, temps présent, participe présent du verbe latin *instare*, se tenir au-dessus de.

■ Que l'infinité des siècles tant passés qu'à venir n'est à Dieu qu'un instant.

Michel DE MONTAIGNE, *Essais*, 1580-1595.

■ Un instant a souvent changé l'ordre des choses.

Jean DE ROTROU, *Antigone*, 1638.

Et les pensées de...

■ Il faut savoir se laisser prendre, posséder par l'instant. Si l'on cherche à composer, à « acter », c'est foutu. On dérange l'ordre naturel des choses, le cours du temps. Il faut avoir cette humilité nécessaire qui consiste à n'être qu'un élément du tableau, dissous dans le moment présent.

Gérard DEPARDIEU, *Lettres volées*, © Jean-Claude Lattès, 1988.

instinct

Du latin *instinctus*, impulsion, instigation.

■ Ce n'était que par instinct que j'agissais ainsi ; et l'instinct ne débrouille rien.

Pierre DE MARIVAUX, *Le Paysan parvenu*, 1734-1735.

■ C'est à un instinct mécanique, qui est chez la plupart des hommes, que nous devons la plupart des arts, et nullement à la saine philosophie.

VOLTAIRE, *Dictionnaire philosophique*, 1764.

Et dans les dictionnaires anciens...

■ L'instinct des animaux vaut mieux que la raison de la plupart des hommes.

Pierre RICHELET, *Dictionnaire françois*, 1680.

instituteur, institutrice

Du latin *institutor*, celui qui forme, qui administre.

■ Comme avant d'élever un grand édifice l'architecte observe et sonde le sol pour voir s'il en peut soutenir le poids, le sage instituteur [législateur] ne commence pas par rédiger de bonnes lois en elles-mêmes, mais il examine auparavant que le peuple auquel il les destine est propre à les supporter.

Jean-Jacques ROUSSEAU, *Du contrat social*, 1762.

■ Il a paru naturel que l'instituteur, en même temps qu'il apprend aux enfants à lire et à écrire, leur enseigne aussi ces règles élémentaires de la vie morale, qui ne sont pas moins universellement acceptées que celles du langage et du calcul.

Jules FERRY, *Lettres aux instituteurs*, 17 novembre 1883.

■ Elle fut institutrice dans des maisons, où on la traitait presque en domestique ; elle devait escorter ses élèves en promenade, comme une bonne, trotter pendant des heures avec elles, dans les rues, sous prétexte de leur apprendre l'allemand.

Romain ROLLAND, *Jean-Christophe*, © Albin Michel, 1908.

▶ VOIR distraction, inspecteur, tour.

institution(s)

Du latin *institutio*, disposition, instruction.

■ Avant que les préjugés et les institutions humaines aient altéré nos penchants naturels, le bonheur des enfants ainsi que des hommes consiste dans l'usage de leur liberté.

Jean-Jacques ROUSSEAU, *Émile ou De l'éducation*, 1762.

Et les pensées de...

■ Pour préserver la liberté, des institutions sont nécessaires, qui arbitrent entre les intérêts et les passions. Les institutions ont, à leur tour, tendance à devenir étouffantes et peuvent devenir moyens d'oppression.

François MITTERRAND, *L'Express*, 14 juillet 1989.

instruction, instruire

Du latin *instructio*, action de disposer, d'adapter, d'instruire ; du latin *instruere*, assembler dans, outiller, puis instruire.

■ Mais, je tiens sans cesse / Qu'il nous faut en riant instruire la jeunesse.

MOLIÈRE, *L'École des maris*, 1661.

■ En tout ce qu'on fait connaître aux femmes, voit-on rien qui aille à les instruire solidement ? Il semble au contraire qu'on soit convenu de cette sorte d'éducation pour leur abaisser le courage, pour obscurcir leur esprit, et le remplir que de vanité et de sottises.

François POULLAIN DE LA BARRE, *De l'égalité des deux sexes*, 1676.

■ Mais malheur à l'auteur qui veut toujours instruire ! / Le secret d'ennuyer est de tout dire.

VOLTAIRE, *Sept Discours en vers sur l'Homme*, 1738.

■ Pour les uns, l'instruction consiste à savoir les noms du cheval d'Alexandre, du dogue Bérécillo, du seigneur Des Accords, et d'ignorer celui de l'homme auquel nous devons le flottage des bois ou la porcelaine. Pour les autres, être instruit, c'est savoir brûler un testament et vivre en honnêtes gens, aimés, considérés, au lieu de voler une montre en récidive...

Honoré DE BALZAC, *La Peau de chagrin*, 1831.

■ Instruction : Laisser croire qu'on en a reçu beaucoup. Le peuple n'en a pas besoin pour gagner sa vie.

Gustave FLAUBERT, *Le Dictionnaire des idées reçues* (1877), posth. 1913.

■ Il n'y a qu'une façon de faire un peuple, de créer des hommes, c'est de les instruire, c'est de développer par l'instruction cette force immense et perdue, qui croupit aujourd'hui dans l'ignorance et dans la paresse.

Émile ZOLA, *Rome*, 1896.

Et dans les dictionnaires anciens...

■ Quelques-uns en apprennent aux autres plus qu'ils n'en savent eux-mêmes. Peu sont capables d'instruire.

Gabriel GIRARD, *Synonymes françois*, 1756.

▶ VOIR curiosité, école, ignorance, opinion, proverbe, soutenir.

instrument (de musique)

Du latin *instrumentum*, mobilier, ce qui sert à équiper.

■ Il s'endort, il s'éveille au son des instruments, / Son cœur nage dans la mollesse.

Jean RACINE, *Esther*, 1689.

insupportable

Du bas latin *insupportabilis*, insupportable ; attesté dès le XIIIe s.

■ Il y a beaucoup de personnes insupportables, parce qu'il y en a beaucoup de mal instruites.

Jacquette GUILLAUME, *Les Dames illustres*, 1665.

■ Il y a deux choses auxquelles il faut se faire sous peine de trouver la vie insupportable : ce sont les injures du temps et les injustices des hommes.

Nicolas DE CHAMFORT, *Maximes et pensées, caractères et anecdotes*, 1795.

intellectuel

Du bas latin *intellectualis*, relatif à l'intelligence.

■ Dans les métiers manuels, le travail se compte à l'heure et à la toise, mais dans les professions intellectuelles tout dépend de l'esprit et du nombre de ses vibrations. L'intensité concentrée est tout, et la longueur du temps n'est rien.

Henri-Frédéric AMIEL, *Journal intime*, 1847-1883.

■ Les intellectuels – je parle de ceux qui pensent, et non des amuseurs et des charlatans, parasites et profiteurs de l'esprit – sont les traducteurs de l'idée dans le chaos de la vie.

Henri BARBUSSE, *Le Couteau entre les dents*, « Aux intellectuels », 1922.

Et les pensées de...

■ Un intellectuel assis va moins loin qu'un con qui marche.

Michel AUDIARD, *Un taxi pour Tobrouk* (dialogue du film de D. de La Patellière), 1961.

■ Un intellectuel est un type qui est rassuré quand il n'est pas compris.

Pierre PERRET, *Les Pensées*, © Le Cherche midi, 1979.

■ Intellectuel : Libre observateur des folies du monde, soucieux de comprendre plus que de convaincre, de séduire plus que de dominer. Évadé des conformismes, vigile, bouc émissaire des certitudes aveugles.

Jacques ATTALI, *Dictionnaire du XXIe siècle*, © Fayard, 1998.

intelligence

Du latin *intelligentia*, faculté de comprendre, construit à partir de *inter*, entre, et *legere*, choisir.

■ Chaque jour j'attache moins de prix à l'intelligence. Chaque jour je me rends mieux compte que ce n'est qu'en dehors d'elle que l'écrivain peut ressaisir quelque chose de nos impressions passées, c'est-à-dire atteindre quelque chose de lui-même et la seule manière de l'art.

Marcel PROUST, *Contre Sainte-Beuve*, 1909.

■ Poètes futuristes ! Je vous ai enseigné à haïr les bibliothèques et les musées. C'était pour vous préparer à haïr l'intelligence, en éveillant en vous la divine intuition, don caractéristique des races latines.

Filippo Tommaso MARINETTI, *Manifeste du futurisme*, © Séguier, 1912.

■ L'intelligence est la faculté à l'aide de laquelle nous comprenons finalement que tout est incompréhensible.

Maurice MAETERLINCK, *La Vie des termites*, 1926.

■ Nous n'avons pas besoin d'imaginatifs dans notre usine. C'est de chimpanzés dont nous avons besoin... Un conseil encore. Ne nous parlez plus jamais de votre intelligence ! On pensera pour vous, mon ami ! Tenez-vous-le pour dit.

Louis-Ferdinand CÉLINE, *Voyage au bout de la nuit*, © Gallimard, 1932.

■ L'intelligence ? Une question de chimie organique, rien de plus. On n'est pas plus responsable d'être intelligent que d'être bête.

Paul LÉAUTAUD, *Théâtre de Maurice Boissard*, © Gallimard, 1958.

Et dans les dictionnaires anciens...

■ L'intelligence est habile et pénétrante ; elle saisit les choses abstraites et difficiles ; rend les hommes propres aux divers emplois de la société civile ; fait qu'on s'énonce en termes corrects, et qu'on exécute régulièrement.

Gabriel GIRARD, *Synonymes françois*, 1736.

Et les pensées de...

■ L'intelligence ? C'est la chose du monde la mieux partagée. La volonté, ça c'est plus rare.

François MITTERRAND, cité par Jacques ATTALI, *Verbatim II, (1986-1988)*, © Fayard, 1993-1995.

■ L'intelligence, c'est pas sorcier, il suffit de penser à une connerie et de dire l'inverse.

COLUCHE, *Ça roule, ma poule*, © Le Cherche midi, 2002.

intérêt

Forme adaptée de *interest*, troisième personne du singulier du verbe latin *interesse* au présent de l'indicatif.

■ L'intérêt parle toutes sortes de langues, et joue toutes sortes de personnages, même celui de désintéressé.

François DE LA ROCHEFOUCAULD, *Réflexions ou Sentences et Maximes morales*, 1664.

■ Nous n'avons peut-être pas beaucoup de raisons de nous aimer mais nos sentiments ne comptent plus quand il s'agit de l'intérêt national.

Jean-Paul SARTRE, *Les Mains sales*, © Gallimard, 1948.

■ Faut-il que le monde soit méchant pour qu'on ne puisse dire un peu de bien de quelqu'un ou de quelque chose sans être aussitôt soupçonné d'un intérêt quelconque.

Paul LÉAUTAUD, *Théâtre de Maurice Boissard*, © Gallimard, 1958.

Et dans les dictionnaires anciens...

■ Ce n'est pas toujours la libéralité qui fait donner, l'intérêt y a quelquefois beaucoup de part.

Gabriel GIRARD, *Synonymes français*, 1736.

▶ VOIR vertu.

interprète, interpréter

Du latin *interpres*, *-etis*, intermédiaire, traducteur. Du latin *interpretari*, traduire, expliquer.

■ Ce sont les seuls interprètes / Des vrais dieux que les poètes.

Pierre DE RONSARD, *Bocage*, 1554.

■ L'art, des transports de l'âme est un faible interprète : / L'art ne fait que des vers ; le cœur seul est poète.

André CHÉNIER, *Élégies*, posth. 1819.

■ Et d'abord je sais bien qu'un interprète doit croire. Croire tout bonnement en ce qu'il dit.

Jean VILAR, *Théâtre, service public*, © Gallimard, 1942.

Et dans les dictionnaires anciens...

■ Les Commentateurs sont les Interprètes des Auteurs obscurs, soit qu'ils aient voulu cacher leurs pensées, soit qu'ils n'aient pas eu l'adresse de s'expliquer, soit que l'éloignement des lieux ou des temps y ait apporté de l'obscurité.

Antoine FURETIÈRE, *Dictionnaire universel*, 1690.

interrogation

Du latin *interrogatio*, question.

■ Bien souvent une interrogation ou une narration nous ouvrent la porte pour entrer en libre remontrance.

Jacques AMYOT, *Comment discerner le flatteur*, traduction de Plutarque, 1572.

Et dans les dictionnaires anciens...

■ Il y a des impertinents qui fatiguent par le nombre d'interrogations qu'ils font à ceux qui veulent bien les écouter.

Antoine FURETIÈRE, *Dictionnaire universel*, 1690.

intimité

De *intime*, issu du latin *intimus*, très intérieur.

■ Hélas ! qui a mordu à l'intimité ne peut plus guère supporter la solitude. L'amputation du cœur ne se cicatrise jamais.

Henri-Frédéric AMIEL,
Journal intime, 1847-1883.

intolérance

Construit à partir de *tolérance*, sur le modèle du latin classique *intolerantia*, le fait d'être insupportable.

■ Si je faisais une religion, je mettrais l'intolérance au rang des sept péchés mortels.

VOLTAIRE, *Lettre à Schomberg*, 4 août 1769.

■ Je goûte assez l'intolérance des jeunes. C'est bon signe qu'un adolescent soit en révolte, par nature, contre tout.

Roger MARTIN DU GARD,
Les Thibaut, © Gallimard, 1938.

Et dans les dictionnaires anciens...

■ L'intolérance est fille des faux dieux.

Maurice LACHÂTRE,
Dictionnaire français illustré, 1856.

intrigue

De l'italien *intrigo*, issu du verbe *intrigare*, embrouiller.

■ Un homme me disait autrefois que nos chagrins venaient des intrigues où nous nous engagions, encore plus que de nos fautes.

MADAME DE MAINTENON,
Lettre à Madame de la Viefville,
10 juin 1708.

■ Intrigue : Mène à tout.

Gustave FLAUBERT,
Le Dictionnaire des idées reçues, posth. 1913.

introduction

Du latin *introductio*, introduire, insérer quelque chose dans un ensemble.

■ Introduction : Mot obscène.

Gustave FLAUBERT,
Le Dictionnaire des idées reçues, posth. 1913.

inventer

Construit à partir d'*inventeur*, au XVIe s.

■ L'histoire de l'art est celle des formes inventées contre les formes héritées.

André MALRAUX,
Les Voix du silence, © Gallimard, 1951.

Et les pensées de...

■ Inventer quelque chose ça consiste à ramasser les idées des autres et à en tirer des conclusions auxquelles ils n'avaient pas pensé eux-mêmes.

COLUCHE, *Et vous trouvez ça drôle ?*, © Le Cherche midi, 1998.

▶ VOIR Dieu.

invention, inventeur

Du latin *inventio*, faculté de trouver, d'inventer, Du latin *inventor*, celui qui trouve, qui invente.

■ La Poésie ne peut être plaisante, vive ni parfaite sans belles inventions, descriptions, comparaisons, qui sont les nerfs et la vie du livre, qui veut forcer les siècles pour demeurer de toute mémoire victorieux du temps.

Pierre DE RONSARD,
À propos de l'Art poétique, 1565.

■ Inventeurs : Meurent tous et un autre profite de leur découverte – ce n'est pas juste.

Gustave FLAUBERT,
Le Dictionnaire des idées reçues, posth. 1913.

■ Toutes les inventions de l'homme ont commencé par être des échecs de l'homme. Tant qu'un fléau n'a pas été vaincu, les hommes de peu de foi prétendent qu'il est invincible.

Jules ROMAINS, *Les Hommes de bonne volonté*,
« Les travaux et les joies »,
©Flammarion, 1933.

▶ VOIR arts (techniques).

invitation, inviter

Du latin *invitatio*, sollicitation pour faire quelque chose. Du latin *invitare*, inviter, en particulier à table.

■ L'homme vraiment libre est celui qui sait refuser une invitation à dîner, sans donner de prétexte.

Jules RENARD, *Journal*, posth. 1925.

Et les pensées de...

■ Pensez à inviter quelqu'un : il l'oubliera vite. Oubliez-le : il y pensera toute sa vie.

Pierre DANINOS, *Daninoscope*, © Presses de la cité, 1963.

invulnérable

Du latin *invulnerabilis*, de vulnus, plaie, et vulnerare, blesser.

■ Une grande âme est au-dessus de l'injure, de l'injustice, de la douleur, de la moquerie ; et elle serait invulnérable si elle ne souffrait pas la compassion.

Jean DE LA BRUYÈRE, *Les Caractères*, 1688-1696.

■ La pureté est absolument invulnérable en tant que pureté, en ce sens que nulle violence ne la rend moins pure. Mais elle est éminemment vulnérable en ce sens que toute atteinte du mal la fait souffrir [...].

Simone WEIL, *La Pesanteur et la Grâce*, © Plon, 1943.

ironie

Du latin *ironia*, du grec *eirôneia*, action d'interroger en feignant l'ignorance, méthode employée par Socrate pour « accoucher les esprits » (maïeutique).

■ L'Ironie et la Pitié sont deux bonnes conseillères ; l'une en souriant, nous rend la vie aimable ; l'autre, qui pleure, nous la rend sacrée.

Anatole FRANCE, *Les Jardins d'Épicure*, 1895.

Et dans les dictionnaires anciens...

■ Cette figure est l'expression favorite de l'enjouement, du mépris, de la colère ; elle est la dernière ressource de la fureur et du désespoir.

Maurice LACHÂTRE, *Dictionnaire français illustré*, 1856.

irrationnel

Du latin *irrationalis*, dépourvu de raison ; attesté en langue française au XIVe s.

■ Ce qui est absurde, c'est la confrontation de cet irrationnel et de ce désir éperdu de clarté dont l'appel résonne au plus profond de l'homme.

Albert CAMUS, *Le Mythe de Sisyphe*, © Gallimard, 1942.

Et les pensées de...

■ Plus l'homme se développe par la tête, plus il rêve le pôle contraire, c'est-à-dire l'irrationnel, le repos dans la complète ignorance.

Ernest RENAN, *Souvenir d'enfance*, 1883.

irrésolution

De *résolution*, issu du latin *resolutio*, action de dénouer, de décomposer.

■ Tu traînes ce boulet de l'irrésolution, qui te rend inerte et impuissant.

Henri-Frédéric AMIEL, *Journal intime*, 1847-1883.

irriter

Du latin *irritare*, provoquer, mettre en colère.

■ Par de nouveaux refus n'allez pas l'irriter.

RACINE, *Mithridate*, 1673.

▶ VOIR agacer, exaspérer.

issue

De l'ancien verbe (e)*issir*, du latin *exire*, sortir de.

■ Il n'y a chemin qui n'ait son issue.

Michel DE MONTAIGNE, *Essais*, 1580-1595.

■ L'issue en est douteuse et le péril certain.

Pierre CORNEILLE, *Cinna*, 1642.

ivre, ivresse

Du latin *ebrius*, de même sens ; le mot s'est érodé en perdant son début.

■ Aimer est le grand point, qu'importe la maîtresse ? / Qu'importe le flacon, pourvu qu'on ait l'ivresse !

Alfred DE MUSSET, *La Coupe et les Lèvres*, 1832.

■ Car la pensée a aussi ses ivresses, ses extases, ses voluptés célestes, dont une heure vaut tout une jeunesse, toute une vie.

George SAND, *Lélia*, 1833.

■ C'était partout formes de roses, seins d'albâtre, beautés sans nombre, ivresses infinies.

Gustave FLAUBERT, *Smarh*, 1839.

■ Elle mangea de l'ail et de l'échalote, et cacha avec leur empuantissement l'odeur de ses ivresses.

E. et J. DE GONCOURT, *Germinie Lacerteux*, 1865.

■ Il faut être ivre. Tout est là : c'est l'unique question. Pour ne pas sentir l'horrible fardeau du Temps qui brise vos épaules et vous penche vers la terre, il faut vous enivrer sans trêve.

Charles BAUDELAIRE, *Le Spleen de Paris*, 1869.

■ Elle se sentait prise d'un renoncement de pensée, d'une quiétude de ses membres, d'un abandonnement d'elle-même, comme envahie d'une ivresse multiple.

Guy DE MAUPASSANT, *Une partie de campagne*, 1881.

Et dans les dictionnaires anciens...

■ Les grammairiens prétendent que ce mot n'a pas de pluriel, cependant J.-B. Rousseau a dit : Le réveil suit de près vos trompeuses ivresses, / Et toutes vos richesses / S'écoulent de vos mains.

Maurice LACHÂTRE, *Dictionnaire français illustré*, 1856.

■ *Ivre* indique que l'esprit est troublé par les vapeurs de vin ; *soûl*, que l'on a bu jusqu'à satiété. L'homme ivre n'est pas toujours soûl ; l'homme soûl n'est par toujours ivre ; remarquez aussi que, quand *soûl* est complètement synonyme d'*ivre*, il est du bas langage.

Émile LITTRÉ, *Dictionnaire de la langue française*, 1863-1872.

Et les pensées de...

■ Si quelque chose devait me manquer, ce ne serait plus le vin, ce serait l'ivresse.

Michel AUDIARD, dialogue du film *Un singe en hiver* de Henri Verneuil, 1962.

▶ VOIR valse, angoisse.

ivrogne

De l'ancien français *ivroigne*, du latin populaire *ebrionia*.

■ Les quatre degrés que descend l'ivrogne : la première ivresse, celle qui égaye ; la deuxième, celle qui irrite la troisième, celle qui hébète ; la dernière enfin, celle qui abrutit.

Victor HUGO, *Les Misérables*, 1862.

Et dans les dictionnaires anciens...

■ *Ivrogne*. Sot, enflambé, rouge, sac-à-vin, mauvais, silénien, couperosé, rubicond, pustuleux, vieil, rustaud, donne bon temps, enluminé. L'ivrognerie est la cause et la source de la corruption du corps.

Maurice DE LA PORTE, *Épithètes*, 1571.

Et les pensées de...

■ L'ivrogne redoute de rencontrer, quand il est à jeun, les témoins même amicaux, surtout amicaux, de son intempérance, qui lui parleront avec jovialité de tout ce qu'il a dit ou fait la veille et dont il n'avait pas gardé, lui, le souvenir.

Bernard FRANK, *Portraits et Aphorismes*, © Le Cherche midi, 2001.

J j

jalousie, jaloux

Du latin populaire *zelosus*, affectueux, prévenant, du grec *zêlos*, ardeur, empressement, envie.

■ Mais je me sens jaloux de tout ce qui te touche, / De l'air qui si souvent entre et sort par ta bouche.

Théophile DE VIAU,
Les Amours tragiques de Pyrame et Thisbé, 1623.

■ Mais tout est excusable en un amant jaloux.

Pierre CORNEILLE,
Nicomède, 1651.

■ Partout la jalousie est un monstre odieux ; / Rien n'en peut adoucir les traits injurieux [blessants] ; / Et plus l'amour est cher qui lui donne naissance, / Plus on doit ressentir les coups de cette offense.

MOLIÈRE,
Dom Garcie de Navarre, 1661.

■ Il y a dans la jalousie plus d'amour-propre que d'amour.

François DE LA ROCHEFOUCAULD,
Réflexions ou Sentences et Maximes morales, 1664.

■ La sombre Jalousie, au teint pâle et livide, / Suit d'un pied chancelant le Soupçon qui la guide.

VOLTAIRE,
La Henriade, 1723.

■ Je la vis entourée ; je me rapprochai d'elle. J'entendis autour de moi des mots qui me brûlèrent ; j'étais jaloux. Être jaloux, on ne l'avoue guère ; ces sensations ne sont pas cependant de celles que je désavoue.

Eugène FROMENTIN, *Dominique*, 1862.

■ D'ailleurs, la jalousie est de ces maladies intermittentes dont la cause est capricieuse, impérative, toujours identique chez le même malade, parfois entièrement différente chez un autre.

Marcel PROUST,
La Prisonnière, 1923.

■ Comme jaloux, je souffre quatre fois : parce que je suis jaloux, parce que je me reproche de l'être, parce que je crains que ma jalousie ne blesse l'autre, parce que je me laisse assujettir à une banalité : je souffre d'être exclu, d'être agressif, d'être fou et d'être commun.

Roland BARTHES, *Fragments d'un discours amoureux*, © Le Seuil, 1977.

Et dans les dictionnaires anciens...

■ *Jalousie.* Soupçonneuse, bourrelle, pâle, morne, fâcheuse, poignante, misérable, chagrine, fausse, enragée, impatiente, malheureuse, vilaine, aveugle...

Maurice DE LA PORTE, *Épithètes*, 1571.

▶ VOIR aigu, apéritif, cabale, envie, frère.

jamais

Mot composé des anciens adverbes *jà*, du latin *jam*, déjà et *mais*, du latin *magis*, plus.

■ Pour jamais ! Ah ! Seigneur, songez-vous en vous-même / Combien ce mot cruel est affreux quand on aime ?

Jean RACINE, *Andromaque*, 1673.

■ Nous vous en prions à genoux, bon forestier, dites-nous-le ! À quoi reconnaît-on chez vous la fameuse grenouille bleue. [...] Ayant réfléchi très longtemps et reluquant un vague étang, le bonhomme nous dit : Eh mais, à ce qu'on ne la voit jamais.

Anna DE NOAILLES, *Ballades françaises*, 1896.

jardin

Du francique *gart*, *gardo*, clôture.

■ J'aime fort les jardins qui sentent le sauvage.

Pierre DE RONSARD, *Réponse aux injures et calomnies de je ne sais quels prédicantereaux et ministreaux de Genève*, 1563.

■ Pangloss disait quelquefois à Candide : « Tous les événements sont enchaînés dans le meilleur des mondes possibles... » [...] Cela est bien dit, répondit Candide, mais il faut cultiver notre jardin.

VOLTAIRE, *Candide*, 1759.

Et dans les dictionnaires anciens...

■ *Jardin.* se dit aussi d'un pays fertile, d'une terre agréable & bien cultivée. La Touraine est le jardin de la France.

Antoine FURETIÈRE, *Dictionnaire universel*, 1690.

jazz

Mot de l'anglais américain, d'origine controversée ; attesté dans la presse américaine dès 1918.

■ Le jazz c'est la mélodie nègre du Sud débarquant à la gare de Pennsylvanie, plaintive et languissante, soudain affolée par ce Manhattan adoré, où tout est bruit et lumière.

Paul MORAND, *New York*, © Gallimard, 1930.

je

Du pronom latin *ego*, moi, je.

■ Il m'est toujours plus pénible qu'à quiconque de m'exprimer autrement que par le pronom JE : non qu'il faille voir là quelque signe particulier de mon orgueil, mais parce que ce mot JE résume pour moi la structure du monde.

Michel LEIRIS, *Aurora*, © Gallimard, 1946.

je-ne-sais-quoi

De *ne sai quoi*, locution employée dès le XIIIe s.

■ Il est des nœuds secrets, il est des sympathies, / Dont par le doux rapport les âmes assorties / S'attachent l'une à l'autre, et se laissent piquer / Par ces je ne sais quoi qu'on ne peut expliquer.

Pierre CORNEILLE, *Rodogune*, 1647.

■ Le poète ajoute à la vie ordinaire un je ne sais quoi qui est le secret des poètes.

Maurice MAETERLINCK, *Le Trésor des humbles*, 1896.

■ Madame Arthur est une femme / Qui fit parler, parler, parler, parler d'elle longtemps / [...] Chacun la courtisait pourquoi ? / C'est que sans être vraiment belle / Elle avait un je-ne-sais-quoi.

Charles Paul DE KOCK, *Madame Arthur* (chanson par Yvette Guilbert), 1890.

▶ VOIR ajouter.

jésus

Du nom du prophète *Jésus-Christ*. Jhesus au XVIe s.

■ Ô sagesse ! esprit pur ! sérénité suprême ! Zeus ! Irmensul ! Wishnou ! Jupiter ! Jéhova ! Dieu que cherchait Socrate et que Jésus trouva !

Victor HUGO, *Les Rayons et les Ombres*, « Sagesse » 1840.

Et les pensées de...

■ Si Jésus revenait, il ne se passerait pas une semaine avant que se noue un complot international pour le faire mourir une seconde fois.

Jean AMADOU,
De quoi j'me mêle !, © Robert Laffont, 1998.

■ Y a-t-il une vie après la mort ? Le pape déclare : « Seul Jésus pourrait répondre à cette question. Malheureusement, il est mort. »

COLUCHE, *Ça roule, ma poule*,
© Le Cherche midi, 2002.

jeu

Du latin *jocus*, plaisanterie, jeu.

■ Le jeu rassemble tout ; il unit à la fois / Le turbulent marquis, le paisible bourgeois. / La femme du banquier, dorée triomphante, / Coupe orgueilleusement la duchesse indigente.

Jean-François REGNARD, *Le Joueur*, 1696.

Et les pensées de...

■ Le jeu compense tout, remplace tout, détourne de tout. Le jeu est tout, le temps qu'il dure.

Bernard FRANK, *Portraits et Aphorismes*, © Le Cherche midi, 2001.

▶ VOIR allusion, ballon, battre, bluff, briller, cadeau, conversation, dandysme, début, échecs (jeu), guerre, habitude, humour, mathématicien, mérite, mot, neige, opéra, pari, printemps, raillerie, sport.

jeune, jeunesse

Du bas latin *jovenis*, du latin classique *juvenis* ; en 1155, *juenvlesce* : période allant de l'enfance à l'âge mûr.

■ Je suis jeune, il est vrai ; mais aux âmes bien nées / La valeur n'attend point le nombre des années.

Pierre CORNEILLE, *Le Cid*, 1637.

■ La jeunesse est une ivresse continuelle : c'est la fièvre de la santé ; c'est la folie de la raison.

François DE LA ROCHEFOUCAULD,
Réflexions ou Sentences et Maximes morales, 1664.

■ La jeunesse toujours eut des droits sur les belles ; / L'amour est un enfant qui badine avec elles : / Et quand, à certain âge, on veut se faire aimer, / C'est soin indiscret qu'on devrait réprimer.

Jean-François REGNARD, *Le Joueur*, 1696.

■ Amis, qu'est-ce qu'une grande vie, sinon une pensée de la jeunesse exécutée par l'âge mûr ?

Alfred DE VIGNY, *Cinq-Mars*, 1826.

■ Poète, prends ton luth ; le vin de la jeunesse / Fermente cette nuit dans les veines de Dieu.

Alfred DE MUSSET, *La Nuit de mai*, 1835.

■ La jeunesse est semblable aux forêts verdoyantes tourmentées par les vents ; elle agite de tous côtés les riches présents de la vie, et toujours quelque profond murmure règne dans son feuillage.

Maurice DE GUÉRIN, *Le Centaure*, 1840.

■ Mettons à profit le peu d'instants qui me restent, hâtons-nous de peindre ma jeunesse, tandis que j'y touche encore : le navigateur, abandonnant pour jamais un rivage enchanté, écrit à son journal à la vue de la terre qui s'éloigne et qui va bientôt disparaître.

François René DE CHATEAUBRIAND,
Mémoires d'outre-tombe, posth. 1850.

■ Qu'as-tu fait, ô toi que voilà / Pleurant sans cesse, / Dis, qu'as-tu fait, toi que voilà / De ta jeunesse ?

Paul VERLAINE, *Sagesse*, 1881.

■ Moi, je fus jeune aussi. J'eus ma beauté du diable [...]. Un œil incendiaire, un cœur incendiable.

Edmond ROSTAND, *Chantecler*, 1910.

■ Être grave dans sa jeunesse, cela se paie, souvent, par une nouvelle jeunesse dans l'âge mûr.

Paul LÉAUTAUD, *Passe-Temps*,
© Mercure de France, 1987.

■ Elle faisait tourner toutes les têtes, et maintenant plus une tête ne se tourne quand elle passe. Elle est obligée de se montrer des photos de jeunesse pour se prouver.

Émile AJAR, *L'Angoisse du roi Salomon*, © Mercure de France, 1979.

Et dans les dictionnaires anciens...

■ Un chêne est encore jeune à 50 ou 60 ans, un homme jusqu'à 20 ou 25 ans, un cheval jusqu'à 6 ou 7 ans. On appelle un jeune enfant jusqu'à 7 ans. [...] Une femme n'est plus jeune passé 30, 35 ans.

Antoine FURETIÈRE, *Dictionnaire universel*, 1690.

■ Jeunesse ou jouvence. Folle, blonde, peu-caute, débauchée, indocile, adextre, éveillée, folâtre, belle, prompte, sotte, verte, robuste, indomptable, dorée, lascine, tendre, vigoureuse, inexperte, florissante, amoureuse...

Maurice DE LA PORTE, *Épithètes*, 1571.

▶ VOIR printemps.

Joconde

Du nom du tableau de Léonard de Vinci, portrait supposé de la femme de Francesco del Giocondo, dite la Gioconda.

■ Ah ! Madame, ce n'est vraiment pas bien, / Quand on n'est pas la Joconde, / D'en adopter le maintien, / Pour induire en spleens tout bleus le pauv'monde.

Jules LAFORGUE,
Imitation de Notre-Dame la Lune, 1886.

■ La Joconde ne vaut pas un million. Il n'y a aucun rapport entre une somme d'argent et une œuvre d'art ; l'œuvre n'est pas au-dessus, ni au-dessous : elle est en dehors.

Romain ROLLAND,
Jean-Christophe, © Albin Michel, 1904-1912.

Et les pensées de...

■ La Joconde produit à presque tous, les grands esprits aussi bien que la foule, une impression d'inconnu et de charme mystérieux et sardonique.

Gilles DE LA TOURETTE, *Léonard de Vinci*, 1932.

■ Avant ils avaient *La Joconde*, aujourd'hui on a *La Vache qui rit*.

COLUCHE, *Ça roule, ma poule*, © Le Cherche midi, 2002.

■ Qu'on le veuille ou non, la Joconde a un sourire de faux cul.

José ARTUR, cité dans *Le Meilleur du pire*, © Pascal Petiot éd., 2005.

joie

Du latin *gaudia*, contentement, aise, plaisir.

■ Les tourterelles se fuyaient : / Plus d'amour, partant plus de joie !

Jean DE LA FONTAINE, *Fables*,
« Les Animaux malades de la peste », 1668-1694.

■ La joie ne peut éclater que parmi des gens qui se sentent égaux.

Honoré DE BALZAC, *La Vendetta*, 1830.

Et dans les dictionnaires anciens...

■ La joie est dans le cœur, la gaieté est dans les manières. L'une consiste dans un doux sentiment de l'âme ; l'autre dans une agréable situation d'esprit.

Gabriel GIRARD, *Synonymes françois*, 1736.

joli

Probablement du scandinave *jôl*, fête païenne célébrée en hiver.

■ C'est joli, des plates-bandes de fleurs, mais un plan de salade qui vient bien, c'est utile, et l'utile, voyez-vous, on ne peut pas s'en dispenser.

Jules RENARD, *Journal*, posth. 1925.

Et les pensées de...

■ Ça doit être atavique, j'aime pas le joli.

Bertrand BLIER, *Pensées et Répliques*, © Le Cherche midi, 2001.

jouer, jouet

Du latin *jocari*, plaisanter, folâtrer, qui s'est substitué à *ludere*, s'amuser, jouer à un jeu.

■ Il y a beaucoup de choses qui méritent d'être moquées et jouées, de peur de leur donner du poids en les combattant sérieusement.

Blaise PASCAL, *Les Provinciales*, 1656-1657.

■ Nous parlons trop dans nos drames ; et, conséquemment, nos acteurs n'y jouent pas assez.

Denis DIDEROT,
Les Entretiens sur le Fils naturel, 1757.

■ L'un de mes jouets, du fait de ma maladresse – cause initiale de la chute se trouvait sous le coup d'avoir été cassé. L'un de mes jouets, c'est-à-dire un des éléments du monde auxquels, en ce temps-là, j'étais le plus étroitement attaché.

Michel LEIRIS,
La Règle du Jeu, © Gallimard, 1946.

Et dans les dictionnaires anciens...

■ En Poésie on dit, que les Amours jouent, folastrent sur le sein, dans les cheveux d'une belle ; que les Zephirs jouent sur les fleurs, sur les eaux.

Antoine FURETIÈRE,
Dictionnaire universel, 1690.

joueur

Dérivé de *jouer*; au XIIe s., existait la *joeresse*, danseuse et musicienne ambulante.

■ Il n'est point dans le monde un état plus aimable / Que celui d'un joueur : sa vie est agréable ; / Ses jours sont enchaînés par des plaisirs nouveaux ; / Comédie, opéra, bonne chère, cadeaux.

Jean-François RÉGNARD, *Le Joueur*, 1696.

■ Un joueur qui se croit la possibilité de se retirer quand il voudra, met une carte encore, puis encore une, et ne se lève que ruiné.

Benjamin CONSTANT, *Journaux intimes*, 1804.

joug

Du latin *jugum*, attelage et joug symbolique sous lequel défilaient les vaincus.

■ Au joug depuis longtemps ils [les Romains, le peuple] se sont façonnés. / Ils adorent la main qui les tient enchaînés. / Vous les verrez toujours ardents à vous complaire.

Jean RACINE, *Britannicus*, 1669.

jour

Du latin *diurnum*, de jour, et *dies*, jour, mesure de temps et contraire de la nuit.

■ Le même cours des planètes / Règle nos jours et nos nuits : / On m'a vu ce que vous êtes ; / Vous serez ce que je suis.

Pierre CORNEILLE, *Stances à Marquise*, 1660.

■ Quand l'hiver a glacé nos guérets, / Le printemps vient reprendre sa place, / Et ramène à nos champs leurs attraits ; / Mais, hélas, quand l'âge nous glace, / Nos beaux jours ne reviennent jamais.

MOLIÈRE, *La Pastorale comique*, 1667.

■ S'il est des jours amers, il en est de si doux ! / Hélas ! quel miel jamais n'a laissé de dégoûts ? / Quelle mer n'a point de tempête ?

André CHÉNIER, *Odes*, posth. 1819.

■ Le cœur de l'homme filtre les souvenirs et ne garde que ceux des beaux jours. La douleur, les haines, les regrets éternels, tout cela est trop lourd...

Roland DORGELÈS,
Les Croix de bois, © Albin Michel, 1919.

journal

Construit sur *jour*. Au XVIe s. apparut le *livre-journal*, d'une métairie par exemple, tout comme au XVIIe s. s'instaura le *Journal du Palais*, relevé de décisions. Le *Journal des savants* date de 1665. Le mot journal se substituera alors à la *gazette*, d'origine italienne (acheté avec de la *gazetta*, petite monnaie).

■ Un journal est une consommation de luxe ; on en use, on n'en use pas ; c'est un agrément, pas un besoin.

Louis REYBAUD,
Jérôme Paturot, 1842.

■ Tout homme qui n'aborde pas les journaux, se claquemure dans sa valeur personnelle et se voue à l'obscurité.

Jules BARBEY D'AUREVILLY,
Lettre à Trébutien, 19 avril 1853.

■ Journaux : Ne pouvoir s'en passer – mais tonner contre.

Gustave FLAUBERT,
Le Dictionnaire des idées reçues (1877), posth. 1913.

■ Le journal n'est pas une si mauvaise école de style qu'on veut bien dire. Je ne sache pas qu'un beau talent s'y soit jamais gâté, et je vois, au contraire, que certains esprits y ont acquis une souplesse et une vivacité qui manquaient à leurs premiers ouvrages.

Anatole FRANCE,
La Vie littéraire, 16 février 1890.

■ Ce qu'il faut pour réussir dans un concours c'est avoir l'esprit armé et être prêt à l'heure. C'est encore ce qu'il faut pour écrire dans un journal.

Anatole FRANCE,
L'Univers illustré, 1er août 1896.

■ Le journaliste professionnel est un homme qui déforme les faits, consciemment ou non. La « version maison » sort de lui comme un moule. Un journal, c'est un gaufrier.

François MAURIAC,
Le Bloc-Notes, © Flammarion, 1952-1970.

Et les pensées de...

■ Un journal ne vit que si l'esprit de démesure anime ceux qui le composent, c'est à cette condition qu'il touche ses lecteurs.

François BUSNEL,
« Trente ans déjà » (éditorial), *Lire, n° 340*, 2005.

▶ VOIR banal, jeune, journalisme, mer.

journal (intime)

■ Je me suis souvent demandé si tenir un journal n'était pas contraire à cet instinct qui veut que nous oublions, car oublier, c'est s'alléger d'un poids, et le souvenir nous tire en arrière, nous empêche d'avancer.

Julien GREEN,
Journal, © Gallimard, 1943-1946.

Et les pensées de...

■ Le journal intime est une assurance sur la mort que souscrivent certains écrivains. Une espèce de modestie. Si mes romans n'étaient pas bons ?

Charles DANTZIG, *Dictionnaire égoïste de la littérature française*, © Grasset, 2005.

journalisme, journaliste

Construit sur *journal* au début du XVIIIe s.

■ Il me semble qu'il faut du courage à l'écrivain presque autant qu'au guerrier ; l'un ne doit pas plus songer aux journalistes que l'autre à l'hôpital.

STENDHAL, *Racine et Shakespeare*, 1823.

■ — Tu changeras les beautés en défauts. — Je suis incapable d'un pareil tour de force. — Mon cher, un journaliste est un acrobate, il faut t'habituer aux inconvénients de l'état.

Honoré DE BALZAC, *Illusions perdues*, 1843.

■ Je suis un fainéant, bohème, journaliste / Qui dîne d'un bon mot étalé sur son pain.

Gérard DE NERVAL,
Correspondance, 1830-1855.

■ On est journaliste ; on l'est, fût-on romancier, car c'est en feuilletons que paraissent vos livres même, et l'on s'en aperçoit ; ils se ressentent des coupures, des attentes et des suspensions d'intérêt du feuilleton ; ils en portent la marque et le pli.

Charles SAINTE-BEUVE, *Premiers Lundis*, 1869.

■ Il y a des jours où je brûle d'être journaliste pour épancher ma bile.

Gustave FLAUBERT, *Correspondance*, 1873.

■ Un journaliste qui fait son métier n'écrit pas : « Ils étaient prêts à traiter avec les Soviets » ; mais bien : « Ils étaient prêts à ignorer tous les crimes du passé et du présent, à serrer les mains sanglantes des tortionnaires de Moscou dans une étreinte passionnée. »

André GIDE, *Journal*, © Gallimard, 1931.

■ Notre temps si totalement journaliste ignore le sentir comme le raisonner, et, en général, se passe de toute profondeur. Il fait semblant de tout.

Paul VALÉRY,
Lettres à quelques-uns, © Gallimard, 1945.

Et les pensées de...

■ Le journalisme connaît son public, et c'est ce qui corrompt sa qualité littéraire.

Charles DANTZIG, *Dictionnaire égoïste de la littérature française*, © Grasset, 2005.

■ Le journaliste moyen qui vous a posé une question n'écoute pas votre réponse : il écoute son préjugé. Il écrira nécessairement autre chose que ce que vous avez dit.

Charles DANTZIG, *Dictionnaire égoïste de la littérature française*, © Grasset, 2005.

▶ VOIR journal.

journée

Dérivé de *jour* et de l'ancien français *jorn*.

■ À Paris, [...] tout le monde voudrait trouver une vingt-cinquième heure à la journée.

Honoré DE BALZAC, *Le Cousin Pons*, 1847.

Et dans les dictionnaires anciens...

■ Journée est aussi un espace de chemin qu'on peut faire facilement en un jour.

Les journées sont réglées par la Justice à dix lieues.

Antoine FURETIÈRE, *Dictionnaire universel*, 1690.

judo

Du japonais *ju*, souplesse et *do*, voie.

■ C'est le genre de type, au début, tu regrettes de pas avoir fait psycho ; et puis après, tu te dis qu'il vaudrait mieux avoir fait judo.

Guy BEDOS, *Petites drôleries et autres méchancetés sans importance*, © Le Seuil, 1989.

juge

Du latin *judex*, arbitre, celui qui montre le droit par la parole.

■ Qu'un juge incorruptible est un homme étonnant !

Alexis PIRON, *La Métromanie*, 1739.

■ Un juge aux passions doit être inaccessible.

Marie-Joseph CHÉNIER, *Jean Calas*, 1793.

■ Qui dîne avec son juge a gagné son procès.

Casimir DELAVIGNE, *Les Comédiens*, 1820.

■ Tous les esprits noués se font examinateurs ou juges. Ils foncent, ils foudroient, telle est leur manière de penser.

ALAIN, *Saisons de l'esprit*, © Gallimard, 1930.

■ – Ne savez-vous pas que je suis juge, obligé de donner à tout litige qu'on lui adresse une solution ?

Paul CLAUDEL, *Le Soulier de satin*, © Gallimard, 1944.

■ Le Juge : [...] Je vais être juge de tes actes ! C'est de moi que dépendent la pesée, l'équilibre. Le monde est une pomme, je la coupe en deux : les bons, les mauvais. Et tu acceptes, merci, tu acceptes d'être la mauvaise.

Jean GENET, *Le Balcon*, © Gallimard, 1956.

Et dans les dictionnaires anciens...

■ Un juge *éclairé* connaît la justice d'une cause, il est instruit de la loi qui la favorise ou qui la condamne. Un juge *clairvoyant* pénètre les circonstances et la nature d'une cause, il est d'abord au fait, et voit de quoi il est question.

Gabriel GIRARD, *Synonymes françois*, 1756.

jugement

Dérivé de *juger*, attesté au XIe s. en tant que *sentence*.

■ Selon que vous serez puissant ou misérable, / Les jugements de cour vous rendront blanc ou noir.

Jean DE LA FONTAINE, *Fables*, « Les Animaux malades de la peste », 1668-1694.

■ Aussi bien, comme le remarque Cicéron, n'y a-t-il point d'apparence de faire cas d'un jugement rendu par une multitude de personnes, dont chacune prise à part est si peu capable de connaître la chose, que son sentiment n'est d'aucune considération.

Pierre BAYLE, *Pensée écrite à un docteur de Sorbonne à l'occasion de la comète qui parut au mois de décembre 1680*, 1681.

■ Notre goût juge de ce que nous aimons, et notre jugement décide de ce qui convient.

Joseph JOUBERT, *Pensées, essais, maximes et correspondances*, posth. 1838.

Et dans les dictionnaires anciens...

■ On peut dire du jugement qu'il est sage, qu'il rend la conduite prudente, et empêche qu'on ne s'égare en donnant dans le travers ou dans le ridicule.

Gabriel GIRARD, *Synonymes françois*, 1736.

juger

Du latin *judicare*, rendre un jugement, apprécier.

■ Insensiblement je juge et raisonne comme j'entends juger et raisonner tout le monde. Si quelquefois j'essaye de secouer les préjugés et de voir les choses comme elles sont, à l'instant je suis écrasé d'un certain verbiage qui ressemble beaucoup à du raisonnement.

Jean-Jacques ROUSSEAU, *Julie ou la Nouvelle Héloïse*, 1761.

■ Il faut se faire un lointain, se créer une perspective, se choisir un point de vue, quand on veut juger d'un ouvrage, même d'un ouvrage d'esprit, d'un mot, d'un livre, d'un discours.

Joseph JOUBERT, *Pensées, essais, maximes et correspondances*, posth. 1838.

▶ VOIR aigle, avocat, capacité, fourmi, goût, honneur(s), lecture, liberté, penser, raison, volume.

juif

De l'hébreu *Yéhudi*, *Yéhuda*, Juda.

■ C'était un dur obstacle que d'être né juif, mais c'était peut-être aussi une force.

André MAUROIS, *Disraëli*, © Gallimard, 1927.

■ [Les juifs] avaient beaucoup d'esprit, de cœur et étaient, à l'user, des gens qu'on pouvait profondément aimer.

Marcel PROUST, *Le Côté de Guermantes*, 1921.

jumeau, jumelle

Du latin *gemellus*, jumeau, qui est semblable ; attesté au XIIe s.

■ Une femme de Charleston, dans la Caroline méridionale, accoucha, en 1714, de deux jumeaux qui vinrent au monde tout de suite l'un après l'autre ; il se trouva que l'un était un enfant nègre et l'autre un enfant blanc ; ce qui surprit beaucoup les assistants.

Georges DE BUFFON, *Histoire naturelle*, « De l'homme », 1749-1789.

■ Les misères et les grandeurs sont sœurs jumelles, elles naissent ensemble ; mais quand les couches sont vigoureuses, les misères à une certaine époque meurent, les grandeurs seules vivent.

François René DE CHATEAUBRIAND, *Mémoires d'outre-tombe*, posth. 1850.

jurer

Du latin *jurare*, prêter serment, prendre à témoin.

■ Un honnête homme qui dit oui ou non mérite d'être cru ; son caractère jure pour lui, donne créance à ses paroles et lui attire toute sorte de confiance.

Jean DE LA BRUYÈRE, *Les Caractères*, 1688-1696.

juron

Dérivé de *jurer*, avec rétrécissement de sens.

■ Le juron de Henri IV met la sainteté entre la ripaille et l'ivresse. Ventre-saint-gris ! Je ne suis pas de la religion de ce juron-là.

Victor HUGO, *Les Misérables*, 1862.

Et dans les dictionnaires anciens...

■ Les jurons sont presque toujours du beau style ou du très familier, il y a peu d'occasions où ils puissent être placés avec grâce.

Gabriel GIRARD, *Synonymes françois*, 1736.

juste, justice

Du latin *justus* et *justicia*, conforme à la justice, dérivé de *jus*, *juris*, droit.

■ L'amour de la justice n'est, en la plupart des hommes, que la crainte de souffrir l'injustice.

François DE LA ROCHEFOUCAULD, *Réflexions ou Sentences et Maximes morales*, 1664.

■ Une extrême justice est souvent une injure.

Jean RACINE, *La Thébaïde*, 1664.

■ La justice sans la force est impuissante ; la force sans la justice est tyrannique.

Blaise PASCAL, *Pensées*, 1669.

■ Brahma, Jupiter ou Jésus, / Vérité, Justice éternelle, / Vers toi tous les bras sont tendus.

Alfred DE MUSSET, *Poésies nouvelles*, 1836-1852.

■ Mon Dieu, c'est bien facile d'être bon, le malaisé c'est d'être juste.

Victor HUGO, *Les Misérables*, 1862.

■ Justice : Ne jamais s'en inquiéter.

Gustave FLAUBERT, *Le Dictionnaire des idées reçues*, posth. 1913.

■ Les balances de la Justice trébuchent ; et pourtant l'on dit : Raide comme la justice. La justice serait-elle ivre ?

Alfred JARRY, *La Chandelle verte*, 1903.

■ L'idée de justice ? Un cancer. Je suis injuste envers le nègre du fond de l'Afrique en acceptant d'être propre, bien vêtu, bien nourri, instruit pendant qu'il est nu, pouilleux stupide et affamé. Je suis injuste envers le mouton dont je mange la côtelette [...].

Jules ROMAINS, *Les Hommes de bonne volonté*, © Flammarion, 1932-1947.

■ Les Grecs qui se sont interrogés pendant des siècles sur ce qui est juste ne pourraient rien comprendre à notre idée de la justice. L'équité pour eux, supposait une limite tandis que tout notre continent se convulse à la recherche d'une justice qu'il veut totale.

Albert CAMUS, *L'Été*, © Gallimard, 1948.

Et dans les dictionnaires anciens...

■ *Justice*. Fille de Dieu, reine des vertus, sainte acquittable, droite, balancière, maistresse, sévère, déesse...

Maurice DE LA PORTE, *Épithètes*, 1571.

■ Dans *juste* est l'idée de droit ; dans *équitable* est l'idée d'égalité qui est dans le latin *æquus*. De là la nuance fondamentale entre ces deux mots ; ce qui est juste est de rigueur ; ce qui est équitable est de conscience.

Émile LITTRÉ, *Dictionnaire de la langue française*, 1863-1872.

▶ VOIR acquitter, affection, ambitieux, amende, antisémite, aplomb, brûler, chaîne, charité, ciel, climat, coupable, curé, duel, enfer, esclave, féroce, indulgence, journée, juge, justifier, liberté, patrie, protecteur, surprendre, trembler, vérité.

justifier

Du latin chrétien *justificare*, traiter de façon juste.

■ Ne pouvant fortifier la justice, on a justifié la force, afin que le juste et le fort fussent ensemble, et que la paix fût, qui est le souverain bien.

Blaise PASCAL, *Pensées*, 1669.

kaléidoscope

De l'anglais *kaleidoscope*, forgé sur le grec *kalos*, beau, *eidos*, aspect et *scopein*, regarder.

■ Débutant inexpérimenté, il y avait tâté le monde et appris à connaître ce mobile kaléidoscope de vanités, d'intrigues, de galanteries, de riches ennuis et d'ambitions ennuyeuses.

Eugène DE VOGÜÉ, *Les Morts qui parlent*, 1899.

■ Pareille aux kaléidoscopes qui tournent de temps en temps, la société place successivement de façon différente des éléments qu'on avait cru immuables et compose une autre figure. [...] Qu'au lieu de l'affaire Dreyfus il fût survenu une guerre avec l'Allemagne, le tour du kaléidoscope se fût produit dans un autre sens.

Marcel PROUST,
À l'ombre des jeunes filles en fleurs, 1919.

■ C'était plutôt comme les images d'un kaléidoscope qui se remplacent l'une l'autre dans une succession incompréhensible, absurde.

DANIEL-ROPS,
Mort, où est ta victoire ?, © Plon, 1934.

kangourou

De l'anglais *kangaroo*, emprunté à une langue indigène d'Australie.

■ Le kangourou saute par bonds précis et élastiques tout le long de son allée et semble dire, ses deux pattes de devant sur la poitrine : « Je vous demande bien pardon, mais quand ça me prend, c'est plus fort que moi : je ne peux pas m'en empêcher. »

Jules RENARD, *Journal*, posth. 1925.

■ Kangourou premier, roi des kangourous, / Ayant accroché son grand sabre au clou / S'assoit dans un trône en feuilles de chou. / Sa femme arrivant, pleine de courroux, / Dans sa poche a mis ses fils et ses sous, / Ses gants, son mouchoir et ses roudoudous.

Robert DESNOS,
Chantefables et chantefleurs, « Le Kangourou »,
© Gallimard, 1946.

■ Oh ! Lièvres / Vous n'allez tout de même pas laisser pleurer un Professeur / Allons faites un petit effort / Lièvres souvenez-vous / Descendez-vous du singe / Ou bien du kangourou.

Jacques PRÉVERT,
Paroles, © Gallimard, 1946.

képi

De l'allemand *käppi*, diminutif de *kappe*, bonnet.

■ Mon père disait quelquefois qu'il suffisait de mettre un homme derrière une table avec un tampon sous la main et un képi sur la tête pour risquer de le transformer en goujat.

Julien GREEN,
Journal, © Gallimard, 1937.

Et dans les dictionnaires anciens...

■ *Képi.* [...] Coiffure de la plupart des jeunes garçons dans les lycées, collèges, pensions, etc.

Émile Littré,
Dictionnaire de la langue française, 1863-72.

▶ VOIR facteur.

kilo

Du grec *khilioi*, mille.

■ Vous devez prendre trois kilos pour être présentable. Vous avez la joue creuse et on voit vos côtes. Allez donc chercher des tartines.

F. Sagan, *Bonjour tristesse*, © Julliard, 1954.

Et les pensées de...

■ Un kilo de plomb est nettement plus lourd qu'un kilo de plumes. Si quelqu'un vous dit le contraire frappez-le alternativement, à poids égal, avec l'une ou l'autre de ces matières. Il ne devrait pas tarder à vous donner raison.

Pierre Dac,
Arrière-Pensées, © Le Cherche midi, 1998.

kiosque

De l'italien *chiosco*, emprunté au turc *kiösk*, pavillon de jardin.

■ Médine aux mille tours, d'aiguilles hérissées, / Avec ses flèches d'or, ses kiosques brillants.

Victor Hugo,
Odes et Ballades, 1822-1828.

■ Kiosque : Lieu de délices dans un jardin.

Gustave Flaubert,
Le Dictionnaire des idées reçues, posth. 1913.

L l

laboureur

De *labourer*, issu du latin *laborare*, travailler la terre.

■ Le grave laboureur fait ses sillons et règle / La page où s'écrira le poème des blés.

Victor HUGO, *Les Contemplations*, 1855.

Et dans les dictionnaires anciens...

■ Du latin *laborare*, travailler, et comme le travail du laboureur est, à raison de son objet le travail par excellence, on a nommé l'homme qui s'y consacre *laboureur*, c'est-à-dire *travailleur*. [...] Aux yeux de la raison, l'état du laboureur est le premier de tous.

M. LACHÂTRE, *Dictionnaire français illustré*, 1856.

lâche, lâcheté

Du latin populaire *lascus*, *lasca*, qui manque de courage, de fermeté.

■ Gémir, pleurer, prier, est également lâche. / Fais énergiquement ta longue et lourde tâche / Dans la voie où le sort a voulu t'appeler, / Puis, après, comme moi, souffre et meurs sans parler.

Alfred DE VIGNY,
Les Destinées, « La Mort du Loup », 1843.

■ J'ai toujours pensé que si l'homme qui espérait dans la condition humaine était un fou, celui qui désespérait des événements était un lâche.

Albert CAMUS, *Actuelles*, © Gallimard, 1950.

■ Les moindres lâchetés / Sont, pour un noble cœur, des crimes détestés.

Thomas CORNEILLE, *Ariane*, 1672.

■ Votre conscience et la voix du cœur vous diront la limite où commence la lâcheté des flatteries, où finit la grâce de la conversation.

Honoré DE BALZAC, *Le Lys dans la vallée*, 1836.

Et dans les dictionnaires anciens...

■ Le *lâche* recule ; le *poltron* n'ose avancer. Le premier ne se défend pas ; il manque de valeur. Le second n'attaque point ; il pêche par le courage.

Gabriel GIRARD, *Synonymes françois*, 1756.

▶ VOIR bassesse.

lâcher

Du latin populaire *lascus*, *lasca*, qui manque de courage, de fermeté.

■ Lâchez tout. / Lâchez Dada. Lâchez votre femme, lâchez votre maîtresse. / Lâchez vos espérances et vos craintes. / [...] Partez sur les routes.

André BRETON, *Littérature*, 1er avril 1922.

laconisme

Du grec *lakônismos*, du nom des habitants de la Laconie, connus pour la sobriété de leurs paroles.

■ Laconisme : Langue qu'on ne parle plus.

Gustave FLAUBERT,
Le Dictionnaire des idées reçues, posth., 1913.

Et les pensées de...

■ Le laconisme est toujours stimulant. Il oblige à ramasser la pensée, quitte à la charger d'énigmes qu'il est intéressant ensuite d'élucider.

Jacques RIGAUD,
Miroir des mots, © Robert Laffont, 1991.

laid, laideur

Du francique *laith*, issu du haut allemand *leid*, odieux, désagréable, pitoyable.

■ Guilleragues disait hier que Pellisson abusait de la permission qu'ont les hommes d'être laids.

MADAME DE SÉVIGNÉ,
Correspondance, « Lettre à Mme de Grignan », du 5 janv. 1674, 1726.

■ Les personnes d'esprit sont-elles jamais laides ?

Alexis PIRON, *La Métromanie*, 1738.

■ Il était si laid que, lorsqu'il faisait des grimaces, il l'était moins.

Jules RENARD, *Journal*, posth., 1925.

■ Il y a une laideur d'abjection et de dégradation, de bassesse de race, qui est le stigmate des millionnaires.

Jules et Edmond DE GONCOURT,
Journal, 1851-1896.

Et les pensées de...

■ Ma mère était belle, mon père aussi, je ne vois donc pas d'où peut venir ma laideur... Peut-être de mon chien...

Serge GAINSBOURG, *Pensées, provocs et autres volutes*, © Le Cherche midi, 2006.

lait

Du latin *lac*, *lactis*, de même sens, apparu au XIIe s.

■ Lait : Dissout les huîtres. Attire les serpents. Blanchit la peau. Des femmes à Paris prennent un bain de lait tous les matins.

Gustave FLAUBERT,
Le Dictionnaire des idées reçues, posth., 1913.

■ La Moune considère cela [ses chatons morts] sans s'émouvoir ; le lait n'est pas monté : c'est le secret de son indifférence. À la montée du lait commence l'amour maternel.

André GIDE, *Journal*, © Gallimard, 1912.

■ Mais le lait qu'au matin un cavalier tartare tire du flanc de sa bête, c'est à vos lèvres, ô mon amour, que j'en garde mémoire.

SAINT-JOHN PERSE,
Chanté par celle qui fut là, © Gallimard, 1968.

Et dans les dictionnaires anciens...

■ *Lait*. Doux, blanc, nutritif, caillé ou caillotté, épaissi, tiède, jonché, pur, mamelleux, liquide, figé, spongieux, pressé, suave, neigeux [...]. Le lait est une liqueur blanche qui s'engendre ès mamelles et tétins des animaux femelles, et ce du sang d'icelles qui est deux fois cuit. Le meilleur de tout est celui des femmes, et après celui de chèvres.

Maurice DE LA PORTE, *Épithètes*, 1571.

➤ VOIR whisky.

laitue

Du latin *lactuca*, forgé sur *lac*, la laitue produisant un suc laiteux.

■ La chicorée est pectorale ; le persil, échauffant ; et la laitue, rafraîchissante et laxative.

Henri BERNARDIN DE SAINT-PIERRE,
Harmonies de la nature, 1814.

■ Cette vie sans soleil le rendait aussi anémique qu'une laitue, et il est vraisemblable que le compte-globules du docteur Sarrasin, appliqué au sang du petit mineur, y aurait révélé une quantité tout à fait insuffisante de monnaie hématique.

Jules VERNE,
Les Cinq Cents Millions de la Bégum, 1879.

Et dans les dictionnaires anciens...

■ *Laitue*. Tendre, pommée, crêpe ou crêpelue, friande, verde, froide, cabusse, salladière, entassée, fraîche. De toutes les herbes des jardins la laitue est la plus connue, et la meilleure, parce qu'il n'y en a point, qui fasse meilleur sang : Elle est bonne à l'estomac, lâche le ventre, et fait venir le lait : Vrai est qu'étant cuite elle est plus nutritive.

Maurice DE LA PORTE, *Épithètes*, 1571.

lampe

Du latin vulgaire *lampa*, du grec *lampas*, torche, flambeau.

■ Et toi, lampe nocturne, astre cher à l'amour [...]

André CHÉNIER,
Élégies, « La Lampe », posth., 1819.

Et dans les dictionnaires anciens...

■ Appareil de formes diverses servant à l'éclairage, il contient ordinairement de l'huile [...] Il serait à désirer que chaque famille pût se servir d'une lampe le soir, à la veillée des longues soirées d'hiver.

Maurice LACHÂTRE,
Dictionnaire français illustré, 1856.

langage

Dérivé de *langue*, attesté au XIIe s.

■ Il faudrait inventer un nouveau langage, / Prendre un esprit nouveau, penser et dire mieux / Que n'ont jamais pensé les hommes et les dieux.

Théophile DE VIAU, *Œuvres du Sieur Théophile*,
« Élégie à une dame », 1621.

■ Je vis de bonne soupe, et non de beau langage.

MOLIÈRE, *Les Femmes savantes*, 1672.

■ Il est pour s'exprimer, plus d'un langage ; / Un regard, un soupir, au défaut de la voix, / Ont souvent, malgré nous, déclaré notre choix.

Christophe FAGAN, *Le Rendez-vous*, 1737.

■ Chez les anciens peuples, chaque canton, chaque cité, par la différence de son langage, étant isolé de tout autre, il en résultait un chaos favorable à l'ignorance et à l'anarchie.

Constantin DE VOLNEY, *Les Ruines*, 1791.

■ Pendant le temps que durèrent ses fonctions, il sut se composer un langage farci de lieux communs, semé d'axiomes et de calculs traduits en phrases arrondies qui doucement débitées sonnaient aux oreilles des gens superficiels comme de l'éloquence.

Honoré DE BALZAC, *César Birotteau*, 1837.

■ Alors, Rodolphe prenait en ses bras la tête souriante et animée de son amie, et pendant des heures entières il se laissait aller à lui parler cet admirable et absurde langage que la passion improvise à ses heures de délire.

Henri MURGER,
Scènes de la vie de Bohème, 1848.

■ J'ai reçu des lèvres de ma vieille servante le bon langage français.

Anatole FRANCE, « Propos de rentrée »,
La vie littéraire, 1918.

■ L'intellect volontiers exigerait du langage commun des perfections et des puretés qui ne sont pas en sa puissance.

Paul VALÉRY, *La Soirée avec Monsieur Teste*
(préface), © Gallimard, 1926.

■ – Vos parents vont bien ? – Oh oui très bien. Et les vôtres ? – Très bien aussi merci. Ils se regardent. Ils entrevoient très légèrement où peut vous mener la connerie du langage humain.

Raymond QUENEAU,
Loin de Rueil, © Gallimard, 1944.

■ Voici que j'ai dessein d'errer parmi les plus vieilles couches du langage, parmi les plus hautes tranches phonétiques : jusqu'à des langues très lointaines, jusqu'à des langues très entières et très parcimonieuses.

SAINT-JOHN PERSE, *Neiges*, © Gallimard, 1944.

■ Les erreurs de langage sont des crimes.

Marguerite DURAS, *Les Petits Chevaux*
de Tarquinia, © Gallimard, 1953.

■ Les Maîtres du langage n'aiment pas les hommes. Ils écrivent leurs mots, des mots grands comme des immeubles, leurs terribles silencieux mots qui écrasent le monde. [...] Libérez-vous des mots !

Jean-Marie G. LE CLÉZIO,
Les Géants, © Gallimard, 1973.

■ Si un jour il n'y avait plus de mots construits, que toutes les langues d'hommes pourrissent au fond des bouches, derrière des bâillons noirs d'oppression, il faudrait bien inventer des langages de peau, et des langages codés du regard.

Yves SIMON, *Respirer, chanter*, © RCA, 1974.

■ Petits problèmes et travaux pratiques. Le langage. 1. Prenez un mot usuel. Posez-le sur une table bien en évidence et décrivez-le : de face, de profil, de trois-quarts.

Jean TARDIEU, *Œuvres posthumes du Professeur Froeppel*, © Gallimard, 1978.

■ Le langage subit des modes saisonnières. Des expressions nées de la dernière pluie s'en iront avec la sécheresse suivante.

Maurice DRUON, *Préface de la 9è éd. du Dictionnaire de l'Académie française*, 1986.

Et les pensées de...

■ Dans la vie moderne, il y a tout un langage à inventer. Un langage autant musical que des mots. Tout un monde à créer, tout est à faire.

Serge GAINSBOURG, *Pensées, provocs et autres volutés*, © *Le Cherche de Midi*, 2006.

➤ VOIR accent, énarque, geste, halles, mot, musicien, parole, patois, poésie, poète, postillon, précis, séduire, soupe, T, théâtre.

langue

Du latin *lingua*, attesté à la fin du xe s.

■ Je prouverai à la barbe de je ne sais quels centonifiques botteleurs de matières cent et cent fois gabelées, rapetasseurs de vieilles ferrailles latines, revendeurs de vieux mots latins tous moisis et incertains ; que notre langue vulgaire n'est pas si vile, si inepte, si indigente...

François RABELAIS, *Pantagruel*, 1532.

■ Pourquoi paraît-il inconvenant que quelqu'un prononce l'Évangile dans cette langue, où il est né et qu'il comprend : Le Français en français, le Breton en breton, le Germain en germanique, l'Indien en indien ?

Henri ESTIENNE, *Précellence du langage français*, 1579.

■ Sans la langue, en un mot, l'auteur le plus divin / Est toujours, quoi qu'il fasse, un méchant écrivain.

Nicolas BOILEAU, *L'Art poétique*, 1674.

■ En amour, aussi bien qu'en affaire, / La langue fut toujours une arme nécessaire.

Louis Michel DE BOISSY, *Le Babillard*, 1725.

■ On peut assurer sans exagération qu'au moins six millions de Français, surtout dans les campagnes, ignorent la langue nationale : qu'un nombre égal est à peu près incapable de soutenir une conversation suivie ; qu'en dernier résultat, le nombre de ceux qui la parlent purement n'excède pas trois millions.

Jean-Baptiste GRÉGOIRE, *Rapport sur la nécessité et les moyens d'anéantir les patois et d'universaliser l'usage de la langue française*, 1794.

■ Le plus grand des crimes, c'est de tuer la langue d'une nation avec tout ce qu'elle renferme d'espérance et de génie.

Charles NODIER, *La Fée aux miettes*, 1832.

■ Le peuple fait bien les langues. Il les fait imagées et claires, vives et frappantes. Si les savants les faisaient, elles seraient sourdes et lourdes.

Anatole FRANCE, « Propos de rentrée », *La Vie littéraire*, 1888.

■ La langue, ce n'est pas seulement le langage, c'est la culture.

Jean SCHLUMBERGER, « Considérations », *La Nouvelle Revue française*, 1er février 1909.

■ J'ai reçu des lèvres de ma vieille servante le bon langage français.

Anatole FRANCE, « Propos de rentrée », *La vie littéraire*, 1918.

■ Ma vraie patrie, c'est ma langue, et ma langue, c'est le français.

Julien GREEN, *Les Années faciles, Journal*, © Gallimard, 8 juil. 1931.

■ Car l'arme défensive suprême d'un peuple n'est pas la bombe atomique, c'est sa langue. Défendez votre langue : vous gagnerez sans faire la guerre !

C. BOUBAL, *Le Dictionnaire intraduisible*, © Éd. Schena, 2006.

Et dans les dictionnaires anciens...

■ *Langue*. Fretillarde, moite, vague, blandissante, traîtresse, babillarde, menteresse, bien-disante, prompte, mielleuse, friande, bavarde, chanteresse, sucrée, hardie, bégayante, grasse, injurieuse, bequenaude...

Maurice DE LA PORTE, *Épithètes*, 1571.

■ Tous les peuples illustres ont cultivé leur langue. La Françoise est peut-être celle qui a le plus de disposition à la perfection ; son caractère consistant dans la clarté, sa pureté, la finesse, & la force.

Gabriel GIRARD, *Synonymes françois*, 1756.

Et les pensées de...

■ Cette langue française qui, sous ses formes successives, a tant fait parler d'elle, tant fait parler en elle, n'offre pas de mauvais gages à son avenir, elle qui possède un tel passé.

Claude HAGÈGE, *Le Français et les siècles*, © Odile Jacob, 1987.

■ La langue de l'autre ? Faut-il la vivre comme une barrière qui nous sépare à jamais ? Ou comme un voile derrière lequel se cache une autre vision de l'homme et de la vie ?

Henriette WALTER, *L'Aventure des langues en Occident* (préface d'André MARTINET), © Robert Laffont, 1994.

■ Tant qu'il y aura des langues, elles continueront à échanger leurs mots sans craindre de perdre leur âme, car une langue qui vit est une langue qui donne et qui reçoit.

Henriette WALTER, *L'Aventure des langues en occident*, © Robert Laffont, 1994.

■ Et il n'y a peut-être vraiment de langue que tant qu'il y a une invention dans la pensée. Puisqu'une langue est une histoire, elle en a l'infini.

Henri MESCHONNIC, *De la langue française*, © Hachette, 1997.

■ J'ai essayé de jeter un pont entre la langue de tous les jours et l'ancienne, libre et pleine de sève de nos aïeux – beaucoup moins « étrangère » que ne le laisse supposer son appellation d'ancien français.

Claude DUNETON, *La Puce à l'oreille* (1978), © Denoël, 2005.

▶ VOIR absence, argot, cœur, harmonie, intérêt, lèvre(s), lexicographe, mathématicien, menteur, mot, oreille, péjoratif, ponctuation, précieux, religion, silence, son, venimeux, whisky.

lapin

Autrefois désigné par *connil*, du latin *cuniculus*. *Lapin* vient peut-être du portugais *lapão*. *Poser un lapin*, désignait le fait de ne pas payer une fille de petite vertu.

■ Je vis fuir aussitôt toute la nation / Des lapins qui, sur la bruyère, / L'œil éveillé, l'oreille au guet, / S'égayaient et de thym parfumaient leur banquet.

Jean DE LA FONTAINE, *Fables*, « Discours à Monsieur le Duc de la Rochefoucauld », 1668-1694.

Et dans les dictionnaires anciens...

■ Les lapins de Garenne sont excellents à manger. Ceux de clapier qu'on nourrit dans les cours & dans les greniers ne valent rien.

Antoine FURETIÈRE, *Dictionnaire universel*, 1690.

Et les pensées de...

■ Avec tous les lapins que tu m'as posés, mignonne, on ferait un sacré civet.

Pierre PERRET, *Les Pensées*, © Le Cherche midi, 1979.

larme

Du latin *lacrima*. *Lacrima-christi*, littéralement *larme du Christ*, désigna au XVIe s. le vin déjà assimilé aux *larmes des anges*.

■ Si l'eau pouvait éteindre un brasier amoureux, / Ton amour qui me brûle est si fort douloureux, / Que j'eusse éteint son feu de la mer de mes larmes.

Pierre DE MARBEUF, *Recueil de vers*, 1628.

■ Un jour de larmes consume plus de force qu'un an de travail.

Alphonse DE LAMARTINE, *Graziella*, 1849.

■ Les larmes sont des ablutions saintes ; elles contiennent le sel qui empêche la corruption de l'homme.

Jacques PÉLADAN, *Le Vice suprême*, 1884.

Et dans les dictionnaires anciens...

■ *Larmes*. Tièdes, coulantes, pleureuses, argentines, crocodiles, feintes, humides, passionnées, douces, piéteuses ou piteuses, arrosantes, salées, épandues, oculaires ou œillardières...

Maurice DE LA PORTE, *Épithètes*, 1571.

▶ VOIR branche, coûter, fontaine, immensité, mansarde, masque, mort, ouvrir, papa, partisan, réjouir, rire, tombe.

lasser

Du latin *lassare*, fatiguer, faire éprouver de la fatigue physique.

■ Le ciel s'est donc lassé de m'être impitoyable.

Pierre CORNEILLE, *Sertorius*, 1662.

■ Néron de vos discours commence à se lasser.

Jean RACINE, *Britannicus*, 1669.

Et dans les dictionnaires anciens...

■ *Lasser*. Se fatiguer, s'ennuyer. Se lasser à polir une rime.

Pierre RICHELET, *Dictionnaire françois*, 1680.

▶ VOIR décor, enthousiasme, coucher (se), soif, veau.

latin

Du latin *latinus*, issu de Latium, nom de la région d'Italie dont Rome est le chef-lieu.

■ Suis-je pas une grosse bête / De travailler soir et matin / À faire de ma pauvre tête / Une boutique de latin ?

François MAYNARD, *Épigramme*, 1634.

■ Il y eut du pédantisme à parler latin, à se servir des mots de l'école, à n'être pas intelligible pour tout le monde.

Théodore JOUFFROY,
Nouveaux Mélanges philosophiques, 1842.

Et dans les dictionnaires anciens...

■ *Pays Latin*. Ces mots se disent en riant, & signifient l'Université, qui est l'endroit de Paris où sont les collèges et les régents. Il est au pays Latin. Galant comme un homme du pays Latin.

Pierre RICHELET, *Dictionnaire françois*, 1680.

▶ VOIR expliquer, fourmi, intelligence, juste, langue, ponctuation, zéphirs.

lécher, lécheur

Du francique *lekkôn*, passer la langue sur quelque chose.

■ Quand on n'est pas Tibère, on est Trimalcion. L'un rampe, lèche et rit pendant que l'autre opprime.

Victor HUGO, *La Légende des siècles*, 1883.

Et les pensées de...

■ Je suis un grand courtisan, et je me spécialise comme tous les courtisans, à lécher le cul de tous les êtres importants et de tous les rois, y compris Raphaël et Velasquez ! Je suis un lécheur de cul pour tous ceux que je trouve supérieurs à moi.

Salvador DALI, in *Le Meilleur du pire*,
© Pascal Petiot éd., 2005.

leçon

Du latin *lectio*, action de ramasser, de recueillir, puis lecture.

■ Tel a assez d'esprit pour exceller dans une certaine matière et en faire des leçons [...].

Jean DE LA BRUYÈRE,
Les Caractères, 1688-1696.

■ Je vois que tes leçons ont germé dans ton âme, / Et tu te montres digne enfin d'être ma femme.

MOLIÈRE, *L'École des maris*, 1661.

Et dans les dictionnaires anciens...

■ Les Régents fessent les escoliers qui ne savent pas leurs leçons.

Antoine FURETIÈRE, *Dictionnaire universel*, 1690.

lecture

Du latin médiéval *lectura*, étude, commentaire, lecture.

■ Car le goût passionné des mauvaises lectures engendre un besoin proportionnel du grand air et des rafraîchissants.

Charles BAUDELAIRE, *Petits Poèmes en prose*,
« Assommons les pauvres », 1867.

■ Quand une lecture vous élève l'esprit et qu'elle vous inspire des sentiments nobles et courageux, ne cherchez pas une autre règle pour juger de l'ouvrage : il est bon et fait de main d'ouvrier.

Jean DE LA BRUYÈRE,
Les Caractères, 1688-1696.

■ L'étude a été pour moi le souverain remède contre les dégoûts de la vie, n'ayant jamais eu de chagrin qu'une heure de lecture ne m'ait ôté.

Charles-Louis DE MONTESQUIEU,
Cahiers, « Sur lui-même », posth. 1799.

■ Il me semble que j'ai lu bien avant d'avoir appris à lire. C'est que la lecture n'a jamais été pour moi un exercice culturel mais une fonction naturelle, comme manger, boire, dormir, respirer.

Jérôme GARCIN,
Cavalier seul, © Gallimard, 2006.

VOIR agrandir, culture, livre, substantifique.

légal, légalité

Du latin *legalis, legalitas*, qui est relatif à la loi et aux droits associés à une fonction, à une propriété.

■ L'amour légal le prend toujours de haut avec son libre confrère.

Guy DE MAUPASSANT, *Boule de suif*, 1880.

■ Jaurès aurait dit : « Je n'ai pas la superstition de la légalité. Elle a eu tant d'échecs ! Mais je conseille toujours aux ouvriers de recourir aux moyens légaux... »

Georges SOREL, *Réflexions sur la violence*, 1908.

Et dans les dictionnaires anciens...

■ Ce qui est *légal* est conforme à la loi. Ce qui est *légitime* est conforme à l'équité. Un acte qui viole la loi ne peut jamais être légal ; mais il peut être légitime en raison des circonstances.

Émile LITTRÉ,
Dictionnaire de la langue française, 1863-1872.

légèreté

Dérivé de *léger*, issu du latin classique *levis*, de même sens.

■ Il résulte que cette légèreté particulière aux Français a, dans tous les temps, produit des catastrophes bien funestes.

VOLTAIRE, *Dictionnaire philosophique*,
« Supplices », 1764.

Légion d'honneur

Du latin *legio*, à l'origine, unité de base de la légion romaine. La Légion d'honneur créée par Bonaparte fut remise pour la première fois le 14 juillet 1804 aux officiers méritants.

■ Décoration de la Légion d'honneur : La blaguer, mais la convoiter. Quand on l'obtient, toujours dire qu'on ne l'a pas demandée.

Gustave FLAUBERT,
Le Dictionnaire des idées reçues, posth., 1913.

légitime

Du latin *legitimus*, conforme aux règles, établi par la loi.

■ Daignez m'ouvrir au trône un chemin légitime.

Jean RACINE, *Bajazet*, 1672.

■ La défensive peut n'être quelquefois qu'une adroite hypocrisie, et l'offensive devenir une précaution de défense légitime.

B. CONSTANT, *Principes de politiques*, 1815.

légume

Du latin *legumen*, désignant seulement les légumes à gousse et à cosse. Le terme est féminin jusqu'au XVIIIe s.

■ Le corps d'un homme réduit en poussière, répandu dans l'air et retombant sur la surface de la terre, devient légume ou froment.

VOLTAIRE, *Dictionnaire philosophique*,
« Résurrection », 1764.

Et dans les dictionnaires anciens...

■ *Légume*. Il se dit proprement & particulièrement de certains petits fruits verts qui viennent dans des gousses, comme pois, fèves, &c. Il n'y a guère de meilleur légume que les pois.

Dictionnaire de l'Académie française, 1694.

lendemain

Construit avec la préposition *en* et *demain* : *l'endemain*. L'agglutination se fait au XIVe s.

■ Le lendemain mêmes enchantements, / Mêmes festins, pareille sérénade ; / Et le plaisir fut un peu moins piquant : / le lendemain lui parut un peu fade ; / Le lendemain lui parut triste et fatigant ; / Le lendemain lui fut insupportable.

VOLTAIRE, *Contes de Guillaume Vadé*,
« La Bégueule », 1764.

Et dans les dictionnaires anciens...

■ Quand on boit trop le soir, on s'en sent le lendemain. Le mariage est une affaire dont on se repent quelquefois le lendemain.

Antoine FURETIÈRE, *Dictionnaire universel*, 1690.

lentement

Dérivé de *lent*, issu du latin *lentus*, visqueux, flexible, puis lent.

Les bœufs qui s'avancent, lentement, comme des juges, en mangeant l'herbe. Le matin, ils sont au bout du pré, et ce n'est que le soir qu'ils sont à l'autre bout.

Jules RENARD, *Journal*, posth. 1925.

J'aime mieux un ruisseau qui, sur la molle arène / Dans un pré plein de fleurs lentement se promène, / Qu'un torrent [...]

Nicolas BOILEAU, *L'Art Poétique*, 1674.

VOIR se hâter.

lettre

Du latin *littera*, lettre, signe graphique permettant la création d'un alphabet.

Je ne sais en quelle disposition vous serez en lisant cette lettre. Le hasard peut faire qu'elle viendra mal à propos, et qu'elle ne sera peut-être pas lue de la manière qu'elle est écrite.

MADAME DE SÉVIGNÉ, *Correspondance*, 24 mars 1671, 1726.

Une lettre, monsieur, remet bien une affaire, / Et trois ou quatre mots, en hâte barbouillés, / Font souvent embrasser des amants bien brouillés.

Jean-François RÉGNARD, *Le Distrait*, 1697.

Et les pensées de...

Un monde où l'on ne répond pas aux lettres est un monde barbare. On nie l'existence de l'autre.

Charles DANTZIG, *Dictionnaire égoïste de la littérature française*, © Grasset, 2005.

VOIR imprimerie, lire, maman, mer, poème, politique, s, sot, terme, verre(s).

lettres

Ensemble des écrits, culture, sens attesté au XVIe s.

Les gens de lettres sont rarement jaloux des réputations quelquefois exagérées qu'ont certains ouvrages de gens de la cour, ils regardent ces succès comme les honnêtes femmes regardent la fortune des filles.

Nicolas DE CHAMFORT, *Maximes et pensées, caractères et anecdotes*, 1795.

Il faut choisir dans les lettres entre deux mépris : celui que l'auteur a pour lui-même s'il écrit des vulgarités populaires et celui que le vulgaire a pour lui s'il enveloppe sa pensée d'une forme d'art qui la rend plus belle, plus abstraite et plus difficile à comprendre.

Alfred DE VIGNY, *Le Journal d'un poète*, 1851.

Le métier des Lettres est tout de même le seul où l'on puisse, sans ridicule, ne pas gagner d'argent.

Jules RENARD, *Journal*, posth. 1925.

Et dans les dictionnaires anciens...

Pour l'ordinaire il n'y a pas beaucoup d'argent chez les gens de Lettres. [...] Les Lettres ne sont guère cultivées au milieu des richesses, et elles le sont mal dans la pauvreté ; une fortune honnête est leur état convenable.

Gabriel GIRARD, *Synonymes françois*, 1736.

VOIR connaissance, coûter, dame, imprimerie, néologisme, orthographe, ouvrier, philosophie, sot, vigne.

lèvre(s)

Du latin *labra*, pluriel du neutre de *labrum*. La terminaison en *a* de *labra* est à l'origine de l'attribution du genre féminin à ce mot.

Sur les lèvres voluptueusement modelées, voltigeaient un mélancolique et mystérieux sourire plein de douceur, de tristesse et de charme.

Théophile GAUTIER, *Le Roman de la momie*, 1858.

– Tes lèvres sont des fleurs délicates où est tombé le sang d'une biche. – Mes lèvres sont les bords d'une blessure brûlante. – Ta langue est le poignard sanglant qui a fait la blessure de ta bouche. – Ma langue est incrustée de pierres précieuses. Elle est rouge de mirer mes lèvres.

Pierre LOUŸS, *Aphrodite*, 1896.

VOIR être.

lexicographe, lexicographie

Du grec *lexikographos*, composé de *lexikon*, livre de mots, et *graphein*, écrire, attesté en français vers la fin du XVIe s.

■ J'ai parcouru les dictionnaires au mot gourmandise, et je n'ai point été satisfait de ce que j'y ai trouvé. Ce n'est qu'une confusion perpétuelle de la gourmandise proprement dite avec la gloutonnerie et la voracité : d'où j'ai conclu que les *lexicographes*, quoique très estimables d'ailleurs, ne sont pas de ces savants aimables qui embouchent avec grâce une aile de perdrix au suprême pour l'arroser, le petit doigt en l'air, d'un verre de vin de Laffitte ou du clos Vougeot.

Anthelme BRILLAT-SAVARIN, *La Physiologie du goût*, 1825.

Et dans les dictionnaires anciens...

■ Toute langue vivante est assujettie à la grande loi de la transformation, caractère distinctif de tout ce qui vit [...] C'est au lexicographe à observer, à suivre attentivement cette transformation et à daguerréotyper [photographier], pour ainsi parler, cette physionomie au moment même où il écrit.

Pierre LAROUSSE, *Nouveau Dictionnaire de la langue française* (préface), 1856.

Et les pensées de...

■ Un caractère non négligeable des réalisations lexicographiques est la grande indépendance dont elles firent toujours preuve vis-à-vis de toute forme de théorie légiférante. En contrepartie s'inscrit sans doute le métier, talent ou technique (parfois l'un et l'autre), qui sut souvent prêter aux auteurs l'intelligence pragmatique de problèmes encore informulés.

Bernard QUEMADA, *Les Dictionnaires du français moderne 1539-1863*, © Didier, 1968.

lexique

Du grec *lexikon*, livre de mots.

■ Il savait tout et l'expliquait clairement. Il était notre vivant lexique.

Georges DUHAMEL, *Le Notaire du Havre*, © Mercure de France, 1933.

Et dans les dictionnaires anciens...

■ On se connaît de lexique à lexique. Il y a la confrérie des Bescherellisants [Dictionnaire de Bescherelle], des Boisteux [Dictionnaire de Boiste], des Poitevinards [Dictionnaire de Poitevin].

Jules VALLÈS, *Le Bachelier*, 1881.

liaison

Dérive de *lier*, issu du latin *ligare*, attacher.

■ Les liaisons commencent dans le champagne et finissent dans la camomille.

Valéry LARBAUD, *A. O. Barnabooth*, © Gallimard, 1913.

Et dans les dictionnaires anciens...

■ Il n'est point de liaisons durables entre les hommes, si elles ne sont fondées sur le mérite et sur la vertu.

Gabriel GIRARD, *Synonymes françois*, 1736.

libellule

Du latin savant *libellula*, lui-même dérivé de *libella*, niveau, par allusion au vol plané de l'insecte.

■ La frissonnante libellule / Mire les globes de ses yeux / Dans l'étang splendide, où pullule / Tout un monde mystérieux.

Victor HUGO, *Les Rayons et les Ombres*, 1840.

■ Et l'on serait triste à mourir / Si les libellules ne dansaient / À la gloire des mondes cassés / Le ballet des temps à venir.

André SALMON, *Vers et Prose*, « Les Libellules », 1906.

liberté

Du latin *libertas*, état d'une personne libre.

■ Quand une fois on a trouvé le moyen de prendre la multitude par l'appât de la liberté, elle suit en aveugle, pourvu qu'elle en entende seulement le nom.

Jacques-Bénigne BOSSUET, *Oraison funèbre d'Henriette-Marie de France*, 1669.

■ La liberté que tout le monde adore, / Donne à l'homme un courage, inspire une grandeur, / Qu'il n'eût jamais trouvé dans le fond de son cœur.

VOLTAIRE, *Brutus*, 1730.

■ Il n'y a point encore de liberté si la puissance de juger n'est pas séparée de la puissance législative et de l'exécutrice. Si elle était jointe à la puissance législative, le pouvoir sur la vie et la liberté des citoyens serait arbitraire : car le juge serait législateur.

Charles-Louis DE MONTESQUIEU,
De l'esprit des lois, 1748.

■ Renoncer à sa liberté, c'est renoncer à sa qualité d'homme, aux droits de l'humanité, même à ses devoirs.

Jean-Jacques ROUSSEAU, *Du contrat social*, 1762.

■ La liberté que j'aime est née avec notre âme, / Le jour où le plus juste a bravé le plus fort.

Alphonse DE LAMARTINE, *Réponse à Némésis*, 1831.

■ La liberté morale est la seule importante, la seule nécessaire.

Joseph JOUBERT, *Pensées, essais, maximes et correspondances*, posth. 1838.

■ Comme la violence, la liberté est un mot qu'on peut trop facilement accommoder à toutes les circonstances.

Romain ROLLAND, *Clarté*, 1er avril 1922.

■ Le seul mot de liberté est tout ce qui m'exalte encore. Je le crois propre à entretenir, indéfiniment, le vieux fanatisme humain.

André BRETON, *Premier Manifeste du surréalisme*, © J.-J. Pauvert, 1924.

■ Il n'y a qu'une liberté, que je te le dis moi, rien qu'une : c'est de voir clair d'abord et puis ensuite d'avoir du pognon plein les poches, le reste c'est du mou !

Louis-Ferdinand CÉLINE,
Voyage au bout de la nuit, © Gallimard, 1932.

■ Sur l'espoir sans souvenirs / J'écris ton nom / Et par le pouvoir d'un mot / Je recommence ma vie / Je suis né pour te connaître / Pour te nommer / Liberté.

Paul ÉLUARD,
Poésie et vérité, « Liberté », ©Minuit, 1942.

■ Il y a des mots qui font vivre / Et ce sont des mots innocents / [...] Amour justice et le mot liberté [...]

Paul ÉLUARD,
Au rendez-vous allemand, © Minuit, 1944.

■ On est toujours libre aux dépens de quelqu'un. C'est ennuyeux, mais c'est normal.

Albert CAMUS,
Caligula, © Gallimard, 1945.

■ La liberté de penser, et de mal penser et de penser peu, la liberté de choisir moi-même ma vie, de me choisir moi-même. Je ne peux dire « d'être moi-même » puisque je n'étais rien qu'une pâte modelable, mais celle de refuser les moules.

Françoise SAGAN,
Bonjour tristesse, © Julliard, 1954.

Et les pensées de...

■ La liberté de la presse présente des inconvénients. Mais moins que l'absence de liberté.

François MITTERRAND,
propos tenus à Sofia, le 19 janvier 1989.

■ La liberté, c'est un mot qui a fait le tour du monde, et qui n'en est pas revenu.

COLUCHE,
Pensées et anecdotes, © Le Cherche midi, 1995.

➤ VOIR blâme, création, doute, esclavage, impur, institution(s), loi, mariage, négatif, nom, pognon, république, ressentir, siffler, tyran.

libertin

Du latin *libertinus*, affranchi, au sens religieux du terme. Le sens moderne n'apparaît que vers la fin du XVIe s.

■ Venez, troupe libertine / De friponnes, de fripons, / À ma lyre qui badine / Inspirer de nouveaux sons.

Guillaume AMLRYE DE CHAULIEU,
Apologie de l'inconstance, 1700.

■ Dès que l'homme est policé [encadré], il a des goûts factices ; aussitôt qu'il est dans l'abondance, ses goûts s'exaltent et il devient ce que nous exprimons par le mot Libertin.

Nicolas RESTIF DE LA BRETONNE,
Monsieur Nicolas, 1797.

■ Le plus médiocre libertin a rêvé de sultanes, chaque notaire porte en soi les débris d'un poète.

Gustave FLAUBERT,
Madame Bovary, 1857.

libraire

Du latin *librarius*, relatif aux livres.

■ C'était un libraire à l'ancienne mode, c'est-à-dire un libraire grand liseur, qui aimait conseiller ses clients.

Pierre GAXOTTE,
Le Nouvel Ingénu, © Fayard, 1971.

Et dans les dictionnaires anciens...

■ *Librairesse.* Mot burlesque pour dire Femme de Libraire.

Pierre RICHELET,
Dictionnaire françois, 1680.

▶ VOIR écrivain, pensée, scandale.

libre

Du latin *liber*, socialement libre, par opposition à *sclavus*, esclave.

■ Rien n'est libre en ce monde et chaque homme dépend, / Comtes, Princes, Sultans, de quelque autre plus grand.

Mathurin RÉGNIER, *Satires*, 1608.

■ L'homme est né libre, et partout il est dans les fers.

Jean-Jacques ROUSSEAU, *Du contrat social*, 1762.

Et dans les dictionnaires anciens...

■ *Libre.* [...] Vivons libres ou mourons en combattant les tyrans. Celui-là est véritablement libre qui se commande à lui-même.

Maurice LACHÂTRE,
Dictionnaire français illustré, 1856.

lieu

Du latin *locus*, le c s'étant progressivement effacé.

■ Qu'en un lieu, qu'en un jour, un seul fait accompli / Tienne jusqu'à la fin le théâtre rempli.

Nicolas BOILEAU, *L'Art poétique*, 1674.

■ Il y a des lieux que l'on admire ; il y en a d'autres qui touchent, et où l'on aimerait à vivre. Il me semble que l'on dépend des lieux pour l'esprit, l'humeur, la passion, le goût et les sentiments.

Jean DE LA BRUYÈRE,
Les Caractères, 1688-1696.

■ Il est des lieux qui tirent l'âme de sa léthargie, des lieux enveloppés, baignés de mystère, élus de toute éternité pour être le siège de l'émotion religieuse.

Maurice BARRÈS,
La Colline inspirée, 1913.

limite

Du latin *limes*, sentier traversant deux terrains, frontière.

■ C'est une expérience éternelle, que tout homme qui a du pouvoir est porté à en abuser ; il va jusqu'à ce qu'il trouve des limites ; qui le dirait ? La vertu même a besoin de limites.

Charles-Louis DE MONTESQUIEU,
De l'esprit des lois, 1748.

linge

Du latin *lineus*, de lin, de toile. Employé comme adjectif en ancien français, *linge* s'est ensuite substantivé.

■ Linge : On n'en montre jamais trop assez.

Gustave FLAUBERT,
Le Dictionnaire des idées reçues, posth. 1913.

Et dans les dictionnaires anciens...

■ On dit qu'une personne est en *linge uni*, quand il n'y a point de dentelle ; qu'il a de *beau linge*, quand il est garni de dentelles & de riches points. On dit aussi qu'une personne est *belle sous le linge*, c'est-à-dire, depuis le sein jusqu'aux genoux.

Antoine FURETIÈRE, *Dictionnaire universel*, 1690.

lion

Du latin *leo, leonis*. Dans la mythologie grecque et romaine, le Lion de Némée était un animal gigantesque que combattit Hercule.

■ Lion : Est généreux. – Joue toujours avec une boule.

Gustave FLAUBERT,
Le Dictionnaire des idées reçues, posth. 1913.

lire

Du latin *legere*, ramasser, recueillir, puis lire.

■ On a eu toutes les peines du monde à lui apprendre à lire, et il avait neuf ans, qu'il ne connaissait pas encore ses lettres. « Bon, disais-je en moi-même, les arbres tardifs sont ceux qui portent les meilleurs fruits... »

MOLIÈRE, *Le Malade imaginaire*, 1673.

■ L'homme de goût ne lit que le bon, mais l'homme d'État permet le bon et le mauvais.

VOLTAIRE, *Lettre à un premier commis*, (20 juin 1733), 1746.

■ J'aime à lire comme une poule boit, en relevant fréquemment la tête pour faire couler.

Jules RENARD, *Journal*, posth. 1925.

■ Devant les bois, les blés, j'étais béat benêt : / Je lisais ce qui ne se lit pas : / Les nuages, les vents, les rochers, les ébats / De la lune dans les bois.

Armand ROBIN, *Ma vie sans moi*, © Gallimard, 1970.

Et dans les dictionnaires anciens...

■ Les paysans ne devraient savoir ni lire ni écrire, cela les rend chicaneurs.

Antoine FURETIÈRE, *Dictionnaire universel*, 1690.

Et les pensées de...

■ Et notez que je ne vous demande pas de me lire vraiment, mais de m'entretenir dans cette illusion que je suis lu : vous saisissez la nuance ?

Louis-René DES FORÊTS, *Le Bavard*, © Gallimard, 1946.

▶ VOIR badaud, boire, description, écrire, hésiter, instituteur, lecture, livre, noir, proscription, relire, savoir, scandale, signature, téléphone, théâtre, vipère, Voltaire.

lit

Du latin *lectus*, du grec *lekhos*, lit, en rapport avec *legein*, (se) coucher.

■ Une certaine mollesse lui restait, qui rendait le lit savoureux. Les draps entretenaient avec les courbes de son corps un contact amical, minutieux et discret, semblable à un repos entre ciel et terre, dans des nuées mythologiques, sur de l'air épaissi et portant.

Joseph MALÈGUE, *Augustin ou le Maître est là*, © L'Atelier, 1933.

■ Et moi j'ai dit : N'ouvre pas ton lit à la tristesse.

SAINT-JOHN PERSE, *Vents*, © Gallimard, 1945.

Et les pensées de...

■ Lit : table de multiplication.

Jacques MAILHOT, *La Politique d'en rire*, © Carrère-Lafon, 1986.

■ Je suis insomniaque. Le lit, c'est ce qu'il y a de plus dangereux. Plus dangereux que la voiture. Il suffit de penser au nombre de gens qui y meurent.

Jacques DUTRONC, *Pensées et répliques*, © Le Cherche midi, 2000.

▶ VOIR adultère, guerre, hamac, maîtresse, matin, muse, orner, pissenlit, repos, ruisseau.

litote

Du bas latin *litotes*, du grec *litotês*, simplicité.

■ Il allait, il roulait ses effluves sonores, / Jetant à pleines mains litotes, métaphores, / Synecdoques, antiptoses, euphémismes polis, / Dilemme au double dard, sorties aux longs replis, / Et tout ce qu'au rhéteur versent de leurs amphores / Le bon goût, la science et les maîtres vieillis.

Louis BOUILHET, *Melaenis, Conte romain*, 1857.

Et dans les dictionnaires anciens...

■ *Litote.* [...] Comme Chimène, dans le Cid, faisant l'aveu de son amour à Rodrigue, par ces mots : « Va, je ne te hais point. »

Adolphe HATZFELD, Antoine DARMESTETER, *Dictionnaire général de la langue française*, 1900.

littéraire

Du latin *litterarius*, relatif à la lecture, à l'écriture.

■ Ainsi va le monde littéraire. On n'y aime que ses inférieurs. Chacun est l'ennemi de quiconque tend à s'élever.

Honoré DE BALZAC, *Une fille d'Ève*, 1834.

■ La vie littéraire a ses coulisses. Les succès surpris ou mérités, voilà ce qu'applaudit le parterre ; les moyens toujours hideux, les comparses enluminés, les claqueurs et les garçons de service, voilà ce que recèlent les coulisses.

Honoré DE BALZAC,
Les Illusions perdues, 1843.

■ Rien n'a plus de prix pour moi que la netteté, la concision, et c'est si difficile de n'être pas littéraire, le premier mérite, à mes yeux. On a même beau faire, on l'est toujours un peu, de même qu'on écrit toujours plus de mots qu'il n'en faut.

Paul LÉAUTAUD,
« Le Stendhal-Club », *L'Ermitage*, mars 1905.

littérature

Du latin *litteratura*, ce qui est écrit, culture. Le sens général, moderne, de *littérature* (ensemble des œuvres écrites ou orales fondées sur la langue et à dimension esthétique) n'est attesté que dans la seconde moitié du XVIIIe s. *Littérature* ne désignait en effet que les œuvres aux critères formels stricts, tels que les essais ou les traités historiques, philosophiques.

■ La littérature est l'expression de la société, comme la parole est l'expression de l'homme.

Louis DE BONALD, *Pensées sur divers sujets*, 1817.

■ Mon petit, en littérature, chaque idée a son envers et son endroit ; personne ne peut prendre sur lui d'affirmer quel est l'envers.

Honoré DE BALZAC, *Illusions perdues*, 1843.

■ Littérature : Occupation des oisifs.

Gustave FLAUBERT,
Le Dictionnaire des idées reçues, posth. 1913.

■ Je sais que la littérature ne nourrit pas son homme. Par bonheur, je n'ai pas très faim.

Jules RENARD, *Journal*, posth. 1925.

■ Avant toute littérature il est un objet qui m'intéresse : moi-même. De cet objet, je cherche à m'approcher par les plus purs moyens qu'il me soit possible de trouver. La littérature, qui est le meilleur d'entre eux, ne nous séduit plus guère qu'en ses rapports avec nous-mêmes, et selon l'influence qu'elle peut avoir sur nous.

Marcel ARLAND, « Sur un nouveau mal du siècle », *La Nouvelle Revue française*, 1924.

■ La vraie vie, la vie enfin découverte et éclaircie, la seule vie par conséquent réellement vécue, c'est la littérature ; cette vie qui, en un sens, habite à chaque instant chez tous les hommes aussi bien que chez l'artiste. Mais ils ne la voient pas, parce que l'intelligence ne les a pas « développés ».

Marcel PROUST, *Le Temps retrouvé*, 1927.

Et les pensées de...

■ L'étude de la littérature ne saurait se passer aujourd'hui d'érudition : un certain nombre de connaissances exactes, positives sont nécessaires pour asseoir et guider nos jugements.

Gustave LANSON, *Histoire de la littérature française* (avant-propos), 1894.

■ La littérature joue d'étranges tours : plus le sujet est pauvre, plus l'écrivain est roi.

Bernard FRANK, *Portraits et Aphorismes*, © Le Cherche midi, 2001.

■ On pourrait dire que la littérature est une forme d'écrit sur laquelle s'applique un talent.

Charles DANTZIG, *Dictionnaire égoïste de la littérature française*, © Grasset, 2005.

■ Chaque période de l'histoire suscite un état du monde ou de la conscience, une qualité d'expérience ou une forme d'existence que les productions de la culture n'ont encore jamais traduits. [...] La littérature ne se donne certes pas pour tâche de répondre à ces questions, mais ne se résigne pas à les laisser silencieuses. Elle écrit là ou le savoir défaille, là où les formes manquent, là où il n'y a pas de mots – ou pas encore.

Dominique VIART, Bruno VERCIER,
La Littérature française au présent, © Bordas, 2005.

▶ VOIR auteur, cinéma, classicisme, classique, collaborateur, comédie, écrivain, naïf, nourrir, oreille, silence, tradition, vers.

livre

Du latin *liber*, *libri*, partie vivante de l'écorce. L'écorce constituait autrefois le support pour l'écriture.

■ L'habit ne fait point le moine... C'est pourquoi faut ouvrir le livre et soigneusement peser ce qui y est déduit [développé]. Lors connaîtrez que la drogue dedans contenue est bien d'autre valeur que ne promettait la boîte.

François RABELAIS, *Gargantua* (prologue), 1534.

■ Panurge ayant la gueule bée, Bacbuc prit le livre d'argent, et nous pensions que c'était véritablement un livre à cause de sa forme qui était celle d'un bréviaire ; mais ce bréviaire était un vrai et simple flacon, plein de vin de Falerne, qu'elle fit avaler à Panurge. Voici, dit Panurge, un remarquable chapitre et une glose tout à fait authentique.

François RABELAIS, *Cinquième livre*, 1564.

■ C'est ici un livre de bonne foi, lecteur. Il t'avertit dès l'entrée que je ne m'y suis proposé aucune fin, que domestique et privée.

Michel DE MONTAIGNE, *Essais*, 1580-1595.

■ Si l'on peut pardonner l'essor d'un mauvais livre, / Ce n'est qu'aux malheureux qui composent pour vivre.

MOLIÈRE, *Le Misanthrope*, 1666.

■ C'est un métier que de faire un livre, comme de faire un pendule : il faut plus que de l'esprit pour faire un auteur.

Jean DE LA BRUYÈRE,
Les Caractères, 1688-1696.

■ Un livre n'est excusable qu'autant qu'il apprend quelque chose.

VOLTAIRE, *Correspondance*, 1765.

■ Avec cela, ayez toujours un livre dans votre sac et sur votre toilette, soutenez que vous aimez la lecture avec passion, et vous passerez bientôt pour la personne la plus instruite.

MADAME DE GENLIS, *L'Enfant gâté*, 1779.

■ Non, imbéciles [les critiques qui prônent le livre utilitaire], non, crétins et goitreux que vous êtes, un livre ne fait pas de la soupe à la gélatine ; – un roman n'est pas une paire de bottes sans couture ; un sonnet, une seringue à jet continu ; un drame n'est pas un chemin de fer, toutes choses essentiellement civilisantes, et faisant marcher l'humanité dans la voie du progrès.

Théophile GAUTIER,
Préface à Mademoiselle de Maupin, 1836.

■ Les livres de moins en moins répondent à mes pensées. J'aime mieux feuilleter mon cœur, feuilleter mon grand livre d'amour, lire et relire sans cesse dans mon charmant jeune livre, inépuisable de grâce et de raison.

Jules MICHELET, *Journal*, 1850.

■ Livre : Quel qu'il soit, toujours trop long.

Gustave FLAUBERT,
Le Dictionnaire des idées reçues, posth. 1913.

■ Jette mon livre ; dis-toi bien que ce n'est là *qu'une* des mille postures possibles en face de la vie. Cherche la tienne. Ce qu'un autre aurait aussi bien dit que toi, ne le dis pas, aussi bien écrit que toi, ne l'écris pas.

André GIDE,
Les Nourritures terrestres, © Gallimard, 1897.

■ La chair est triste, hélas ! et j'ai lu tous les livres. / Fuir là-bas fuir ! je sens que des oiseaux sont ivres / D'être parmi l'écume inconnue et les cieux !

Stéphane MALLARMÉ,
Poésies, « Brise marine », 1898.

■ Le souvenir de la première fois où on a lu un livre aimé se mêle étrangement au souvenir du lieu et au souvenir de l'heure et de la lumière.

Marcel SCHWOB, *Vers et prose*,
« Il Libro Della Mia Memoria », 1905.

■ Les livres, comme les jets artésiens, ne s'élèvent jamais qu'à la hauteur d'où ils sont descendus.

Marcel PROUST, *Correspondance*, (à Louis de Robert), 1930-1936.

■ La force de persuasion et de dissuasion exercée par un livre dépend d'un but étroit, précis, que l'auteur s'est fixé dans la discrétion de sa conscience.

François NOURRISSIER,
Un petit bourgeois, © Grasset, 1963.

■ Qu'est-ce que le livre, sinon le peu de sable fin pris, un jour, au désert et restitué quelques pas plus loin ?

Edmond JABÈS, *Le Livre des ressemblances*,
« Le Soupçon. Le Désert », © Gallimard, 1978.

Et dans les dictionnaires anciens...

■ Les mauvais livres pullulent.

Petit Larousse illustré, article « Pulluler », 1905.

Et les pensées de...

■ Les livres sont d'implacables envahisseurs. Mine de rien, avec une patience infinie et toujours plus nombreux, ils se rendent maîtres des lieux. Ils ont tôt fait de déborder des bibliothèques où ils sont assignés à résidence. [...] Aucune pièce n'est interdite aux livres. Aucune ne leur répugne.

Bernard PIVOT,
Le Métier de lire, © Gallimard, 1990.

■ Un livre qui a été lu, ça se voit, tu trouves des mots abîmés.

Jean-Marie GOURIO, *L'Intégrale des brèves de comptoir*, © Robert Laffont, 1992-1993.

■ C'est un livre remarquable et qui est suggestivement intitulé : *De la fécondation artificielle du tiroir-caisse par osmose suggérée*.

Pierre DAC, *Y'a du mou dans la corde à nœuds !*, © Julliard, 1995.

■ Le livre, cet ultime asile, ce couvent désormais introuvable. Le livre où l'on se couche, se prélasse, sans demander l'avis de personne, le temps que l'on veut. Le livre où l'on parle et où l'on dort à volonté. Le livre nocif et pur.

Bernard FRANK,
Portraits et Aphorismes, © Le Cherche midi, 2001.

■ Ce n'est pas naïveté de le dire : oui, un livre peut changer le monde, bouleverser une existence, décider d'un destin, forcer le hasard et la fatalité.

François BUSNEL,
« Trente ans déjà », *Lire*, n°340, 2005.

▶ VOIR article, attaché de presse, auteur, aventure, bibliothèque, biographe, brasier, couverture, critique, enrichir, fesse, histoire, mémoire, monde, nager, page, paresse, peuple, relire, sentiment, substantifique, sujet, zappeur, zeste.

locomotive

Forme substantivée de l'adjectif *locomotif*, qui se déplace d'un lieu à un autre, composé du latin *loco*, ablatif de *locus*, lieu, et de *motivum*, neutre substantivé de *motivus*, mobile. On retrouve son usage adjectival dans l'expression *machine locomotive*.

■ Manifeste du futurisme. [...] 11. Nous chanterons [...] les locomotives au grand poitrail, qui piaffent sur les rails, tels d'énormes chevaux d'acier bridés de longs tuyaux.

Filippo Tommaso MARINETTI,
Manifeste du futurisme, © Séguier, 1912.

■ Dans les déchirures du ciel, les locomotives en furie / S'enfuient [...]

Blaise CENDRARS,
La Prose du transsibérien, © Denoël, 1913.

logement

Dérivé de *loger* et *loge*, probablement issu du haut allemand *loube*, vestibule, galerie ou du latin médiéval *laubia*, galerie, portique.

■ Des logements si petits qu'on n'y peut que s'embrasser ou se battre.

Jules RENARD, *Journal*, posth. 1925.

Et les pensées de...

■ Mes amis, au secours ! Une femme vient de mourir de froid sur le trottoir du boulevard Sébastopol. Elle serrait dans sa main le papier par lequel elle avait été expulsée de son logement. Cette nuit à Paris, ils sont plus de deux mille à geler dans les rues, sans toit, sans pain, mal vêtus et malades... Il faut que ce soir même, dans chaque quartier de Paris s'ouvrent des centres de dépannage !

L'Abbé PIERRE,
« Appel du 1er février 1954 ».

logique

Du latin *logica*, du grec *logikê*, science du raisonnement.

■ La logique a peut-être emprunté les règles de la géométrie sans en comprendre la force.

Blaise PASCAL, *De l'esprit géométrique*, 1656.

■ Monsieur Proudhon [...] ne semble pas avoir compris suffisamment que, dans les sciences de l'humanité, l'argumentation logique n'est rien, et que la finesse d'esprit est tout.

Ernest RENAN,
L'Avenir de la science, 1890.

Et dans les dictionnaires anciens...

■ *Logique*. Art de conduire la raison. La logique est nécessaire. Il la faut savoir en honnête homme & non pas en pédant.

Pierre RICHELET, *Dictionnaire françois*, 1680.

loi

Du latin *lex*, *legis*, motion faite devant le peuple. À l'instar du verbe *lire*, on trouve à l'origine *legere*, ramasser, recueillir, faire une déclaration.

■ Il n'est rien sujet à plus continuelle agitation que les lois.

Michel DE MONTAIGNE, *Essais*, 1580-1595.

■ Les lois, dans la signification la plus étendue, sont les rapports nécessaires qui dérivent de la nature des choses.

Charles-Louis DE MONTESQUIEU, *De l'esprit des lois*, 1748.

■ Les tyrans ont toujours quelque ombre de vertu. / Ils soutiennent les lois avant de les abattre.

VOLTAIRE, *Catilina*, 1752.

■ Quand on propose une loi dans l'assemblée du Peuple, ce qu'on leur demande n'est pas précisément s'ils approuvent la proposition ou s'ils la rejettent, mais si elle est conforme ou non à la volonté générale qui est la leur : chacun en donnant son suffrage dit son avis là-dessus, et du calcul des voix se tire la déclaration de la volonté générale.

Jean-Jacques ROUSSEAU, *Du contrat social*, 1762.

■ Et qu'est-ce donc enfin que les lois les plus belles, / Si le législateur se met au-dessus d'elles ?

Jean-François DE LA HARPE, *Virginie*, 1786.

■ Si les lois et les gouvernements, d'abord sages et justes, ensuite se dépravent, c'est que l'alternative du bien et du mal tient à la nature du cœur de l'homme.

Constantin DE VOLNEY, *Les Ruines*, 1791.

■ Vous m'appelez la Loi, je suis la Liberté.

Alfred DE VIGNY, *Les Destinées*, « La Sauvage », 1863.

■ Et je tremble, pardonnez-moi / D'aussi franchement vous le dire, / À penser qu'un mot, un sourire / De vous est désormais ma loi.

Paul VERLAINE, *La Bonne Chanson*, 1870.

loin

Du latin *longe*, (au) loin, à une grande distance dans l'espace.

■ Pourquoi tenter si loin des courses inutiles ?

Jean RACINE, *Mithridate*, 1673.

■ De loin, c'est quelque chose : et de près, ce n'est rien.

Jean DE LA FONTAINE, *Fables*, « Le Chameau et les bâtons flottants », 1668-1694.

loisir

Forme substantivée du verbe de l'ancien français *loisir*, issu du latin *licere*, être permis.

■ Je me tiendrai toujours plus obligé à ceux par la faveur desquels je jouirai sans empêchement de mon loisir, que je ne serais à ceux qui m'offriraient les plus honorables emplois de la terre.

René DESCARTES, *Discours de la méthode*, 1637.

Et dans les dictionnaires anciens...

■ *Loisir*. Manque d'emploi, d'affaires, le temps où on est oisif. Les jeunes gens de la Cour sont fort fainéants, sont de grand loisir.

Antoine FURETIÈRE, *Dictionnaire universel*, 1690.

longtemps

Agglutination de *long* et *temps*.

■ On ne meurt qu'une fois, et c'est pour si longtemps.

MOLIÈRE, *Le Dépit amoureux*, 1656.

■ Il y a longtemps – mais longtemps ce n'est pas assez pour vous donner l'idée. Pourtant comment dire mieux ? Il y a longtemps, longtemps, longtemps, mais longtemps, longtemps.

Charles CROS, *Autrefois*, 1878.

loterie

Du néerlandais *loterij*, de même sens. La toute première loterie a eu lieu en 1539, sous le règne de François Ier.

■ Ce monde-ci n'est qu'une loterie / De biens, de rangs, de dignités, de droits, / Brigués sans titre, et répandus sans choix.

VOLTAIRE, *Nanine*, 1749.

■ À cette loterie où la vie est l'enjeu / Mon cœur passionné mettrait trop ou trop peu.

Alphonse DE LAMARTINE, *Jocelyn*, 1836.

louange, louer

Dérivé de *louer*, attesté au XIIe s ; du latin *laudare*, approuver, vanter.

■ On n'aime point à louer, et on ne loue jamais personne sans intérêt. La louange est une flatterie habile, cachée et délicate [...].

François DE LA ROCHEFOUCAULD, *Réflexions ou Sentences et Maximes morales*, 1664.

■ Le refus des louanges est un désir d'être loué deux fois.

François DE LA ROCHEFOUCAULD, *Réflexions ou Sentences et Maximes morales*, 1664.

■ De louange et d'encens les hommes sont avares ; / Ils font rarement grâce aux vertus les plus rares ; / Au lieu qu'avec plaisir, d'une langue sans frein, / De leurs traits médisants ils chargent le prochain.

Jean-François REGNARD, *Le Distrait*, 1697.

■ Vous devez savoir que les lecteurs sont, en général, des juges sévères, plus disposés à blâmer les défauts d'un ouvrage, qu'à en louer les beautés.

Michel-Jean DE CRÈVECŒUR, *Voyage dans la Haute Pensylvanie*, 1801.

■ Celui qui dispose du blâme et de la louange aura toujours, ici bas, une grande part d'influence sur les esprits.

Louis REYBAUD, *Jérôme Paturot à la recherche d'une position sociale*, 1843.

Et dans les dictionnaires anciens...

■ *Louer*. [...] On n'aime point à louer, & on ne loue personne sans intérêt.

Pierre RICHELET, *Dictionnaire françois*, 1680.

■ Un bon orateur ne prodigue pas ses louanges. [...] Des Sophistes en ont fait à la louange de Néron, de la mouche, de la fièvre quarte.

Antoine FURETIÈRE, *Dictionnaire universel*, 1690.

▶ VOIR génie, éternellement, médiocrité.

loup, louve

Du latin *lupus*, *lupa* (féminin), du grec *lukos*. L'ancien français a supprimé le *p* de *loup*, rétabli par la suite comme marque étymologique, non prononcée.

■ Entre les loups cruels j'erre parmi la plaine ; / Je sens venir l'hiver, de qui la froide haleine / D'une tremblante horreur fait hérisser ma peau.

Joachim DU BELLAY, *Les Regrets*, 1558.

■ Une louve je vis sous l'antre d'un rocher / Allaitant deux bessons : je vis à sa mamelle / Mignardement jouer cette couple jumelle, / Et d'un col allongé la louve les lécher.

Joachim DU BELLAY, *Les Antiquités de Rome*, 1558.

■ Interroge l'agneau : il n'entendra pas non plus que le loup puisse le dévorer ; demande au loup à quoi sert l'agneau : à me nourrir, répondra-t-il. Des loups qui mangent des agneaux, des agneaux dévorés par les loups, le fort qui sacrifie le faible, le faible la victime du fort, voilà la nature, voilà ses plans.

Marquis DE SADE, *La Nouvelle Justine ou les Malheurs de la Vertu*, 1791.

■ Mais les enfants du Loup se jouaient en silence, / Sachant bien qu'à deux pas, ne dormant qu'à demi, / Se couche dans ses murs l'homme, leur ennemi.

Alfred DE VIGNY, *Les Destinées*, « La Mort du Loup », 1843.

■ Le loup aussi accuse l'agneau de lui avoir cherché querelle. Bref la force n'a jamais tort et les battus doivent payer l'amende.

Henri-Frédéric AMIEL, *Journal intime*, 1847-1883.

lucidité

Du bas latin *luciditas*, clarté, aspect brillant.

■ Je veux garder au milieu des passions la lucidité de mon regard, comprendre tout et tout aimer.

Romain ROLLAND,
Jean-Christophe, © Albin Michel, 1909.

■ La lucidité est la blessure la plus rapprochée du soleil.

René CHAR, *Feuillets d'Hypnos*,
© Gallimard, 1948.

Et les pensées de...

■ La lucidité n'est pas le doute de soi qui peut conduire à l'aveuglement. Elle est une vigilance et presque une ascèse.

Jacques RIGAUD,
Miroir des mots, © Robert Laffont, 1991.

■ La lucidité est indispensable dans l'art... Et la lucidité amène toujours soit la neurasthénie, soit la causticité.

Serge GAINSBOURG, *Pensées, provocs et autres volutes*, © Le Cherche midi, 2006.

▶ VOIR terre.

lumière

Du latin chrétien *luminaria*, issu du mot *lumen*, lumière.

■ Ô lumière ! où vas-tu ? Globe épuisé de flamme, nuages, aquilons, vagues, où courez-vous ?

Alphonse DE LAMARTINE,
Harmonies poétiques et religieuses, 1830.

Et dans les dictionnaires anciens...

■ Les fripons redoutent la lumière.

Petit Larousse illustré, article « Lumière », 1905.

Et les pensées de...

■ On ne sait plus ce que c'est que l'obscurité. À force de vouloir faire la lumière sur tout, on ne distingue plus rien !

Raymond DEVOS, *À plus d'un titre*,
« Les ombres d'antan », © Orban, 1989.

▶ VOIR diamant, éclairé, envoler, humain, imbécile, jazz, livre, lune, mot, noir, nuit, obscur, papillon, Paris, race, rayon, regard, Rome, science, squelette, structure, suffrage, tendre, tombe, trépas, vers, zinzoliner.

lune

Du latin *luna*, la brillante, astre à l'action dangereuse. La lune était crainte d'où des expressions telles que *être mal luné, lunatique, avoir ses lunes.*

■ Je gage que je vais vous réduire à avouer, contre toute raison, qu'il pourra y avoir un jour du commerce entre la terre et la lune.

FONTENELLE,
Entretiens sur la pluralité des mondes, 1686.

■ La lune brillait au milieu d'un azur sans tache, et sa lumière grise de perle descendait sur la cime indéterminée des forêts.

François-René DE CHATEAUBRIAND, *Atala*, 1801.

■ La lune était sereine et jouait sur les flots.

Victor HUGO,
Les Orientales, « Clair de lune », 1829.

■ Je viens voir à la brune, / Sur le clocher jauni, / La lune / Comme un point sur un i.

Alfred DE MUSSET,
Premières Poésies, « Ballade à la lune », 1835.

■ Oh ! qu'il est doux, quand l'heure tremble au clocher, la nuit de regarder la lune qui a le nez fait comme un carolus d'or.

Aloysius BERTRAND, *Gaspard de la nuit*, 1842.

■ La Lune, qui est le caprice même, regarda par la fenêtre, pendant que tu dormais dans ton berceau, et se dit : « Cette enfant me plaît. »

Charles BAUDELAIRE, *Le Spleen de Paris*,
« Les bienfaits de la Lune », 1869.

■ L'invisible Lune visible enfin ! Et tous trois à travers un effluve lumineux de quelques secondes entrevirent ce disque mystérieux que l'œil de l'homme apercevait pour la première fois.

Jules VERNE, *Autour de la Lune*, 1870.

■ Lune : Inspire la mélancolie. Est peut-être habitée.

Gustave FLAUBERT,
Le Dictionnaire des idées reçues, posth. 1913.

■ Au clair de la lune, / Mon ami Pierrot, / Filons, en costume, / Présider là-haut !

Jules LAFORGUE, *Poésies*, 1887.

■ [...] Je n'ai pu faire choix / De mon point d'arrivée, – et j'ignore où je chois ! / Est-ce dans une lune ou bien dans une terre, / Que vient de m'entraîner le poids de mon postère ?

Edmond ROSTAND,
Cyrano de Bergerac, 1898.

Et dans les dictionnaires anciens...

■ *Lune.* folie. Les femmes ont des lunes dans la tête.

Pierre RICHELET,
Dictionnaire françois, 1680.

■ La lune est appelée dans l'Écriture le *petit luminaire.*

Antoine FURETIÈRE,
Dictionnaire universel, 1690.

Et les pensées de...

■ Charles Trénet écrivait des chansons à une époque où la lune était dans les chansons d'amour et non pas dans le budget de la Défense.

COLUCHE,
Et vous trouvez ça drôle ?,
© Le Cherche midi, 1998.

▶ VOIR ballon, cimetière, horizon, lire, nuage, silence, sortir, souverain, toi, vin, vol, zéphir.

lunette

Diminutif de *lune*, employé au XIIIe s. pour désigner un ornement rond.

■ Ne vous offensez pas, ma belle, si je viens à vous avec des lunettes... c'est avec des lunettes qu'on observe les astres ; et je maintiens et garantis que vous êtes un astre.

MOLIÈRE, *L'Avare*, 1668.

lutte

Du verbe *lutter*, issu du latin *luctare, luctari*, lutter, combattre.

■ La lutte elle-même vers les sommets suffit à remplir un cœur d'homme. Il faut imaginer Sisyphe heureux.

Albert CAMUS,
Le Mythe de Sisyphe, © Gallimard, 1942.

■ La lutte. C'est-à-dire une épreuve de force. Dans laquelle j'espère être le plus fort. Au fond, tout revient à : « Vive moi ! ».

Jean GIONO,
Le Hussard sur le toit, © Gallimard, 1951.

luxe

Du latin *luxus*, excès, splendeur, faste. La racine indo-européenne *lug*, signifiant écart, on retrouve ce sens dans *luxation*.

■ Souvenez-vous, ô Télémaque, qu'il y a deux choses pernicieuses, dans le gouvernement des peuples, auxquelles on n'apporte presque jamais aucun remède : la première est une autorité injuste et trop violente dans les rois ; la seconde est le luxe qui corrompt les mœurs.

FÉNELON, *Les Aventures de Télémaque*, 1669.

Et dans les dictionnaires anciens...

■ *Luxe.* Mollesse qui se contracte dans l'abondance, dans la fainéantise, et dans un entier abandonnement aux plaisirs.

Antoine FURETIÈRE, *Dictionnaire universel*, 1690.

Et les pensées de...

■ Je trouve le luxe amusant. Pour moi, le luxe, c'est perdre la notion d'argent. J'y suis parvenu.

Serge GAINSBOURG, *Pensées, provocs et autres volutes*, © Le Cherche midi, 2006.

▶ VOIR plaisir.

machiavélisme

De *N. Machiavel*. Le terme, apparu au XVIIIe, découle d'une interprétation cynique de ses œuvres.

■ Machiavélisme : Mot qu'on ne doit prononcer qu'en frémissant.

Gustave FLAUBERT,
Le Dictionnaire des idées reçues, posth. 1913.

machine

Du latin *machina*, du grec *mèkhanè*, engin, invention, machine.

■ La machine n'est mauvaise que dans son mode d'emploi actuel. Il faut accepter ses bienfaits, même si l'on refuse ses ravages.

Albert CAMUS,
L'Homme révolté, © Gallimard, 1951.

madame

Mot composé de *ma* et *dame*, titre attribué dès le XIIe s. aux épouses ou aux filles de seigneurs importants.

■ Moi qui ne suis pas une chiffonnière mais bel et bien madame Dutour, madame pour toi, madame pour les autres, et madame tant que je serai au monde.

Pierre DE MARIVAUX, *La Vie de Marianne*, 1731.

Et dans les dictionnaires anciens...

■ Madame : [...] Quelques flatteurs du siècle donnent sottement cette qualité de Dame damée à quelques femmes de riches Commis, ou Partisans de nulle naissance, mais c'est un abus que le Roi Charles corrigera par un bel édit quand tel sera son bon plaisir.

Pierre RICHELET,
Dictionnaire françois, 1680.

madeleine

Du nom de *Marie-Madeleine*, célèbre pécheresse de l'Évangile. Le nom du gâteau pourrait venir d'une soubrette, Madeleine Paulmier, qui, en 1755, confectionna ces gâteaux à l'attention du duc Stanislas Leszczynski.

■ Et tout d'un coup le souvenir m'est apparu. Ce goût c'était celui du petit morceau de madeleine que le dimanche matin à Combray (parce que jour-là je ne sortais pas avant l'heure de la messe), quand j'allais lui dire bonjour dans sa chambre, ma tante Léonie m'offrait après l'avoir trempé dans son infusion de thé ou de tilleul.

Marcel PROUST, *Du côté de chez Swann*, 1913.

magasin

De l'italien *magazzino*, emprunté à l'arabe *makhâzin*, entrepôts, bureaux.

■ Moi, quand je suis là-dedans, j'achèterais le magasin.

Émile ZOLA, *Au Bonheur des dames*, 1883.

magie

Du latin *magia*, du grec *mageia*, religion des marges perses, sorcellerie.

■ Assez de gens ont toujours dans la tête, un faux merveilleux enveloppé d'une obscurité qu'ils respectent ; ils n'admirent la nature que parce qu'ils la croient une espèce de magie où l'on n'entend rien.

FONTENELLE,
Entretien sur la pluralité des mondes, 1686.

Et dans les dictionnaires anciens...

■ Il y a 4 sortes de *magies*, la divine, la blanche, la naturelle & la noire. [...] La magie noire est celle qu'on appelle occulte ou diabolique qui a recours à des sortilèges, & autres choses damnables.

Pierre RICHELET, *Dictionnaire françois*, 1680.

magistrat

Du latin *magistratus*, charge, fonction publique, citoyen élu à une fonction publique.

■ Plus le magistrat est nombreux, plus la volonté du corps se rapproche de l'intérêt général.

Jean-Jacques ROUSSEAU, *De contrat social*, 1762.

Et dans les dictionnaires anciens...

■ Les magistrats sont quelquefois obligés de tolérer certains maux, de crainte qu'il n'en arrive de plus grands.

Gabriel GIRARD, *Synonymes françois*, 1736.

▶ VOIR commerçant, grave, infamie, maître d'école, société.

magistrature

Dérivé de *magistrat*, attesté au XVe s.

■ Magistrature : Belle carrière pour un jeune homme. (Voy. Ingénieur).

Gustave FLAUBERT,
Le Dictionnaire des idées reçues, posth., 1913.

main

Du latin *manus*, de même sens, à l'origine de nombreux mots dérivés tels que *manuel*, *manœuvre*, etc.

■ Chacun baise en tremblant la main qui nous enchaîne.

VOLTAIRE, *La Mort de César*, 1735.

■ Elle était de ces femmes à qui c'est un si grand plaisir de serrer la main qu'on est reconnaissant à la civilisation d'avoir fait du shake-hand un acte permis entre jeunes gens et jeunes filles qui s'abordent.

Marcel PROUST,
À l'ombre des jeunes filles en fleurs, 1919.

■ Nous deux nous tenant par la main / Nous nous croyons partout chez nous.

Paul ÉLUARD, *Le Phénix*,
« Nous deux », © Seghers, 1951.

■ La main est l'un des animaux de l'homme ; souvent le dernier qui remue.

Francis PONGE, *Pièces*, © Gallimard, 1962.

Et les pensées de...

■ Main : être à part qui nous décrit à part entière.

Jacques DOR, *Le Dico de ma langue à moi*,
1er mille, © Soir ailleurs, 2000.

■ Quand un Français dit : « Je lui ai refusé la main ! » il a tout dit.

Pierre DANINOS, *Daninoscope*,
© Presses de la cité, 1963.

■ Le poing fermé, la main tendue, la main démonstrative, la main qui prête serment, la main qui écrit, qui caresse, qui apaise, qui soigne, qui gifle, qui griffe, qui tue.

Jean HAMBURGER,
Dictionnaire promenade, © Le Seuil, 1989.

▶ VOIR engager, gaucher, gouverner, hypocrisie, ignorance, indifférence, litote, logement, nager, parole, pied-de-nez, plomb, pont, promettre, sein(s), sens (dessus dessous), susceptible, télécommande, toucher, vendange.

maire

Du latin *major*, plus grand, substantivé vers la fin du Xe s. avec le sens de « juge local ».

■ Maire du village : Toujours ridicule.

Gustave FLAUBERT,
Le Dictionnaire des idées reçues, posth. 1913.

mais

Du latin *magis*, plus, sens longtemps conservé dans l'expression *n'en pouvoir mais*.

■ Souvent nous imputons nos fautes au malheur / Qui n'en peut mais.

Mathurin Régnier, *Satires*, 1608-1613.

Et dans les dictionnaires anciens...

■ Il y a toujours quelque *si*, ou quelque *mais* qui l'empêche de tenir sa promesse. On dit en vaudeville : Ne me parlez jamais, / D'un *si*, d'un *car*, ni d'un *mais*.

Antoine Furetière, *Dictionnaire universel*, 1690.

maison

Du latin *mansio*, lieu de séjour, issu du participe passé du verbe *manere*, demeurer, rester.

■ Sur le penchant de quelque agréable colline bien ombragée, j'aurais une petite maison rustique, une maison blanche avec des contrevents verts.

Jean-Jacques Rousseau, *Émile ou De l'éducation*, 1732.

Et dans les dictionnaires anciens...

■ Les bourgeois dans les provinces occupent des maisons entières ; à Paris ils n'ont pas toujours des appartements complets.

Gabriel Girard, *Synonymes françois*, 1736.

▸ VOIR étude, hôpital, journal, mot, orner, parasite, pays, pénétrer, profit, sapin, village, vin.

maître

Du latin *magister*, celui qui commande, qui enseigne.

■ Je suis maître de moi comme de l'univers ; / Je le suis, je veux l'être. Ô siècles, ô mémoire, / Conservez à jamais ma dernière victoire !

Pierre Corneille, *Cinna*, 1642.

■ Tu m'as vu ton ami : je le suis, je veux l'être ; / Mais jamais mon ami ne deviendra mon maître.

Voltaire, *Rome sauvée ou Catilina*, 1752.

■ On sert quelque fois des maîtres qu'on méprise.

Marie-Joseph Chénier, *Nathan le Sage*, posth., 1818.

■ On se traîne au cul des maîtres comme par le passé.

Gustave Flaubert, *Correspondance* (1852), posth. 1926-1930.

■ J'arrive à l'âge où je peux comprendre à quel point j'embêtais mes maîtres (Alphonse Daudet), quand j'allais les voir et que je ne leur parlais jamais d'eux.

Jules Renard, *Journal* (1906), posth. 1927.

maître (d'école)

Attesté au XIIIe s. En concurrence avec *magister*.

■ Un garçon boulanger à Paris gagne plus que deux douaniers, plus qu'un lieutenant d'infanterie, plus que tel magistrat, plus que la plupart des professeurs ; il gagne autant que six maîtres d'école ! Honte ! Infamie !

Jules Michelet, *Le Peuple*, 1846.

▸ VOIR abaisser, ambitieux, dieu, disciple, échapper, école, esclave, mélancolie.

maîtresse

Dérivé au XIIe s. de *maître*. Le sens correspondant à l'*adultère* est né au XVIIe s.

■ ... Je songe à ma maîtresse : / Ce penser m'adoucit : va, ma colère cesse, / Et ce petit archer qui dompte tous les Dieux / Vient de chasser la mort qui logeait dans mes yeux.

Pierre Corneille, *L'Illusion comique*, 1639.

■ En Allemagne, une chambre d'auberge à deux lits évoque tout de suite, à l'œil et à la pensée, l'idée de l'abri d'un mari et d'une femme, l'idée d'un ménage. [...] En France, c'est toujours un amour illégitime que ça représente. On voit aux murs, sur les meubles, l'ombre et la trace d'un enlèvement ou d'un monsieur avec sa maîtresse. D'où vient ce caractère ? Je ne sais.

Jules et Edmond de Goncourt, *Journal*, 1851-1896.

▸ VOIR acheter, bec, chef d'œuvre, cruauté, honneur, mie, truffe.

maîtriser

De *maîtrise*, lui-même dérivé de *maître*.

■ Celui qui vous maîtrise [le Tyran] tant, n'a que deux yeux, n'a que deux mains, n'a qu'un corps, et n'a autre chose que ce qu'a le moindre homme du grand nombre infini de vos villes ; sinon qu'il a plus que vous tous c'est l'avantage que vous lui faites, pour vous détruire.

Étienne DE LA BOÉTIE,
Discours de la servitude volontaire, 1576.

majesté

Du latin *majestas*, grandeur, dignité. Il désigne en bas latin un titre honorifique attribué à un empereur, au pape.

■ Commencez par réformer ce faste, cette vaine pompe qui n'ajoutent rien à la majesté du trône, à la dignité du monarque.

Jean-Paul MARAT,
Les Pamphlets de Marat, posth., 1911.

■ Le peuple sans frein, foulant aux pieds les lois, / Se plaît à mépriser la majesté des rois.

Benjamin CONSTANT, *Wallstein*, 1809.

▶ VOIR altesse.

majorité (être majeur)

Du latin médiéval *majoritas*, le plus grand nombre, construit sur *major*, le plus grand.

■ Personne n'ignore que la majorité des Rois de France fut fixée par lui [Charles VI] à l'âge de 14 ans commencés.

VOLTAIRE, *Essai sur les mœurs et l'esprit des nations*, 1756.

■ Commençons par les pauvres et les infortunés, puisqu'ils font la majorité sur terre.

François-René DE CHATEAUBRIAND,
Le Génie du christianisme, 1802.

Et dans les dictionnaires anciens...

■ Sous Louis-Philippe et sous le Second Empire, la majorité des souverains a été fixée à 18 ans.

Émile LITTRÉ,
Dictionnaire de la langue française, 1863-1872.

mal, maux

De l'adjectif latin *malus*, mauvais, méchant.

■ Il vaut encor mieux / Souffrir le mal que de le faire.

Jean-Pierre Claris DE FLORIAN, *Fables*,
« La Brebis et le Chien », 1792.

■ Toute alliance est impossible entre le mal et le bien : on ne se réunit pas à l'abyme ; on s'y engloutit.

François-René DE CHATEAUBRIAND,
Opinions sur le projet de loi relatif à la liberté de la presse, 1818.

■ Incapables de voir le mal, ils [les purs] ne le voient point. Ils vivent comme dans un nuage d'ignorance ; leur existence est pour ainsi dire latente.

George SAND, *Jeanne*, 1844.

■ J'appelle « mal » ce qui pousse au nivellement, à l'uniformisation, dans la nature et dans l'homme.

Raymond ABELLIO, *Dans une âme et un corps, (Journal 1971)*, © Gallimard, 1973.

Et les pensées de...

■ Le Mal ne s'incarne qu'exceptionnellement dans un homme, pas plus que le Bien d'ailleurs. Les monstres sont aussi rares que les saints.

François MITTERRAND,
Mémoire à deux voix, © Odile Jacob, 1995.

■ Le Mal pousse mieux dans les villes ou les lieux clos. Il a besoin de grilles, d'un ciel bas. Il lui faut de la brume, des rues étroites, des appartements bondés d'objets vieillots.

Bernard FRANK, *Portraits et aphorismes*,
© Le Cherche midi, 2001.

▶ VOIR accident, bien, dénuement, Dieu, dilater, douleur, éteindre.

malade

Du latin *male habitus*, qui se trouve en mauvais état.

■ Que faire donc quand on est malade ? – Rien, mon frère ; il ne faut que demeurer en repos : la nature d'elle-même, quand nous la laissons faire, se tire doucement du désordre où elle est tombée.

MOLIÈRE, *Le Malade imaginaire*, 1682.

■ Malade : Pour remonter le moral d'un malade, rire de son affection et nier ses souffrances.

Gustave FLAUBERT,
Le Dictionnaire des idées reçues, posth., 1913.

■ Comme les amants quand ils commencent à aimer, comme les poètes dans le temps où ils chantent, les malades se sentent plus près de leur âme.

Marcel PROUST, *Les Plaisirs et les Jours*, 1896.

Et dans les dictionnaires anciens...

■ *Malade*. [...] Il est malade du poumon, de la goutte, de la pierre. [...] Je crois de cette beauté que plus elle aura de santé plus elle fera de malades [...] c'est-à-dire plus elle fera d'amoureux.

Pierre RICHELET,
Dictionnaire françois, 1680.

➤ VOIR arche, drogue, hôpital, importun, jalousie, logement, médicament, mélancolie, ordonner, politique, réconciliation, rêver, santé, sinistre, tant pis, voiture.

maladie

Dérivé de *malade*, attesté au XIIe s.

■ Les maladies, une fois établies, se propagent, se croisent, s'amalgament par une affinité funeste, en sorte que nous pouvons porter aujourd'hui la peine physique d'un excès commis il y a plus d'un siècle.

Joseph DE MAISTRE,
Les Soirées de Saint-Pétersbourg, 1821.

■ Maladies : les essayages de la mort.

Jules RENARD, *Journal*, posth. 1927.

Et les pensées de...

■ Toutes les maladies sont en nous, elles attendent la première occasion pour nous faire notre fête. Elles sont à l'affût, les vicieuses.

Gérard DEPARDIEU, *Lettres volées*,
© Jean-Claude Lattès, 1988.

■ La maladie multiplie brusquement la solitude que tout homme porte en lui, une solitude habituellement invisible dans la sarabande des autres hommes et des occupations journalières, et cependant toujours tapie et prête à resurgir.

Jean HAMBURGER,
Dictionnaire promenade, © Le Seuil, 1989.

malédiction

Du latin chrétien *maledictio*, malédiction, exécration, médisance.

■ Tout ce que j'ai fait de bien a toujours été pour moi une source de malédictions.

VOLTAIRE, *Zadig*, 1748.

■ Malédiction : Toujours donnée par un père.

Gustave FLAUBERT,
Le Dictionnaire des idées reçues, posth. 1913.

malgré

Mot composé de *mal* et de *gré*, contre le gré de quelqu'un, écrit *maugré* au début du XVIIe s.

■ Madame... tourne les choses d'une manière si agréable qu'il faut être de son sentiment, malgré qu'on en ait.

MOLIÈRE,
La Critique de l'École des Femmes, 1663.

Et dans les dictionnaires anciens...

■ On dit proverbialement, je ferai cela malgré lui et malgré ses dents, pour dire, il ne pourra l'empêcher.

Antoine FURETIÈRE, *Dictionnaire universel*, 1690.

malheur, malheureux

Mot composé de *mal* et de *heur* (du latin *augurium*, augure), mauvais présage.

■ On n'est jamais si heureux ni si malheureux qu'on s'imagine.

François DE LA ROCHEFOUCAULD,
Réflexions ou Sentences et maximes morales, 1664.

■ Le bonheur naît souvent du malheur même. [...] Le malheur qui n'est plus n'a jamais existé.

Marie-Joseph CHÉNIER, *Fénelon,
ou Les Religieuses de Cambrai*, 1793.

■ Les malheureux sont les puissances de la terre ; ils ont le droit de parler en maîtres aux gouvernements qui les négligent.

Louis Antoine DE SAINT-JUST, *Rapport au nom des Comités de salut public et de sûreté générale, et décret de la Convention nationale, relatif aux personnes incarcérées*, (26 février 1794), s.d.

■ C'est une dure loi, mais une loi suprême, / Vieille comme le monde et la fatalité, / Qu'il nous faut du malheur recevoir le baptême, / Et qu'à ce triste prix tout doit être acheté.

Alfred DE MUSSET, *La Nuit d'octobre*, 1837.

■ On n'est guère malheureux que par réflexion.

Joseph JOUBERT, *Pensées, essais, maximes et correspondances*, (posth.) 1838.

■ Le grand coupable des malheurs de l'homme, ce n'est pas le monde autour, c'est l'homme lui-même.

André MAUROIS, *Alain*, © Gallimard, 1950.

Et dans les dictionnaires anciens...

■ Le *malheur* est l'apanage de l'humanité. Personne ne peut éviter ses atteintes, il est même plus sage de préparer son âme à les recevoir que de s'occuper à les prévenir. [...] Celui qui a été *malheureux* est ordinairement disposé à secourir les malheureux.

Maurice LACHÂTRE, *Dictionnaire français illustré*, 1856.

▶ VOIR abêtir, asseoir, confiance, défiance, étrange, gêner, grand, hasard, heureux, inimitié, livre, mais, mauvais, moral, moraliste, mot, ordre, partout, pitié, place, plaindre, pouvoir, prévoyance, reproche, rossignol, sommeil, sourd, suicide, superstition, système, tradition, tromper.

malice

Du latin *malitia*, méchanceté.

■ Un cœur noble ne peut soupçonner en autrui / La bassesse et la malice / Qu'il ne sent point en lui.

Jean RACINE, *Esther*, 1689.

Et dans les dictionnaires anciens...

■ *Malice*. caute ou cauteleuse, secrète, ardente, subtile, envieuse, pourpensée, tromperesse, féminine, méchante, haineuse...

Maurice DE LA PORTE, *Épithètes*, 1571.

maman

Du latin *mamma*, formation enfantine par redoublement syllabique.

■ Une dernière lettre restait. Elle était de moi et dictée de cinquante ans auparavant par mon professeur d'écriture. La voici. « Ma petite maman chérie, J'ai aujourd'hui sept ans. C'est l'âge de raison, j'en profite pour te remercier de m'avoir donné le jour. Ton petit garçon qui t'adore, Robert. »

Guy DE MAUPASSANT, *Les Sœurs Rondoli*, « Suicides », 1884.

■ C'était leur lien avec la vie, la mère, la maman, la chair créatrice, l'attache avec les aïeux qu'ils n'auraient plus.

Guy DE MAUPASSANT, *Gil Blas*, « La Veillée », 1882.

■ Sachez alors que toutes les mamans du monde, les mamans des enfants et les mamans des animaux pleurent de la même manière quand on leur a pris leur petit.

Léon FRAPIÉ, *La Maternelle*, 1904.

Et dans les dictionnaires anciens...

■ On devient patiente quand on devient maman.

Petit Larousse illustré, Article « Patient », 1905.

manger

Du latin *manducare*, mâcher, construit sur la racine *mag*, pétrir.

■ Quand il y a à manger pour huit, il y en a pour dix.

MOLIÈRE, *L'Avare*, 1669.

■ Les animaux se repaissent, l'homme mange ; l'homme d'esprit seul sait manger.

Anthelme BRILLAT-SAVARIN, *Physiologie du goût*, 1826.

Et les pensées de...

■ J'aime bien l'idée qu'on finit par ressembler à ce qu'on mange. Les paysans ont raison. Il n'y a qu'à regarder les charcutiers, ils ont presque tous des têtes de pâté.

Gérard DEPARDIEU, *Lettres volées*, © Jean-Claude Lattès, 1988.

manière

Du latin *manuarius*, que l'on a en main. *Manière* est la forme substantivée et féminine de l'ancien adjectif *manier*.

■ S'il n'a pas les grandes manières, il a au moins toutes les petites.

Jean DE LA BRUYÈRE, *Les Caractères*, « De la cour et des grands », 1694.

■ Quoique j'eusse l'esprit assez orné, n'ayant jamais vu le monde, je manquais totalement de manières.

Jean-Jacques ROUSSEAU, *Émile ou De l'éducation*, 1762.

Et dans les dictionnaires anciens...

■ Beaucoup d'hommes ont aujourd'hui, comme les femmes, de petites façons, pour se donner des grâces ; et quelques femmes ont pris les manières libres des hommes, pour se distinguer de leur sexe ; cet échange n'est pas à l'avantage des premiers.

Gabriel GIRARD, *Synonymes françois*, 1736.

manquer

De l'italien *mancare*, issu du latin *mancus*, mutilé, estropié, qui donnera le mot *manchot*.

■ Que me font ces vallons, ces palais, ces chaumières ? / Vains objets dont pour moi le charme est envolé ; / Fleuves, rochers, forêts, solitudes si chères, / Un seul être vous manque, et tout est dépeuplé !

Alphonse DE LAMARTINE, *Méditations poétiques*, 1820.

mansarde

Du nom de F. Mansart (1598-1666), précurseur de l'architecture baroque en France, d'où les *toits à la mansarde*.

■ Souvent il fait faim dans les mansardes ; on y chante peu, on y boit moins encore. Peut-être pourrait-on trouver à boire des larmes.

CHAMPFLEURY, *Chien-Caillou*, 1847.

marbre

Du latin *marmor*, roche calcaire dure, offrant un bon poli.

■ Un bloc de marbre était si beau / Qu'un statuaire en fit l'emplette. / Qu'en fera, dit-il, mon ciseau ? / Sera-t-il dieu, table ou cuvette ?

Jean DE LA FONTAINE, *Fables*, « Le Statuaire et la Statue de Jupiter », 1668-1694.

Et dans les dictionnaires anciens...

■ Le petit peuple de Paris dit *marbe*, mais toute la Cour & tous les gens qui parlent bien, disent & écrivent *marbre*.

Pierre RICHELET, *Dictionnaire françois*, 1680.

▸ VOIR arbre, œuvre, tombeau.

marchand

Du participe présent latin *mercatans*, de *mercatare*, acheter, faire le marchand.

■ La guerre avait ruiné la France, et les marchands la sauvèrent.

VOLTAIRE, *Le Siècle de Louis XIV*, 1751.

Et dans les dictionnaires anciens...

■ On dresse les enfants & les garçons de boutique à appeler, à faire venir, et attraire les marchands.

Antoine FURETIÈRE, *Dictionnaire universel*, 1690.

mari

Du latin classique *maritus*, époux, construit sur *mas*, *maris*, mâle.

■ Il faut à votre fille un mari qui lui soit propre, et il vaut mieux, pour elle, un honnête homme riche et bien fait qu'un gentilhomme gueux et mal bâti.

MOLIÈRE, *Le Bourgeois gentilhomme*, 1671.

■ Un mari porte un masque avec le monde, et une grimace avec sa femme.

Pierre DE MARIVAUX, *Le Jeu de l'amour et du hasard*, 1730.

■ L'état de mari a cela de fâcheux, que le mari qui a le plus d'esprit peut être de trop partout, même chez lui, ennuyeux sans ouvrir la bouche, et ridicule en disant la chose la plus simple.

Nicolas DE CHAMFORT, *Maximes et pensées*, 1794.

▶ VOIR hymen.

mariage

Dérivé de *marier*, issu du verbe latin *maritare*, donner en mariage, unir.

■ Mariage est un état de si longue durée qu'il ne doit être commencé légèrement, ni sans l'opinion de nos meilleurs amis et parents,

Marguerite DE NAVARRE, *Heptaméron*, 1559.

■ Il y a de bons mariages, mais il n'y en a point de délicieux.

François DE LA ROCHEFOUCAULD, *Réflexions ou Sentences et maximes morales*, 1664.

■ Qu'il est plaisant d'aimer ! et que le mariage / Est doux lorsque l'on sait en faire un bon usage.

Antoine Jacob DE MONTFLEURY, *La Femme juge et partie*, 1669.

■ Je ne suis point du tout né pour le mariage : / Des parents, des enfants, une femme de ménage, / Tout cela me fait peur. J'aime la liberté.

Jean-François RÉGNARD, *Le Joueur*, 1697.

■ Le mariage, dans son idéal, est ce qu'il y a de plus beau ; dans sa réalité, il est encore une source de biens, mais aussi d'une multitude d'amertumes subsidiaires et de chagrins accessoires, issus de la part de mauvaise foi, presque toujours introduite ou présente à son origine.

Henri-Frédéric AMIEL, *Journal intime*, 1847-1883.

■ La Gouvernante : ... Le mariage, c'est l'état, c'est le trône de la femme.

Jacques AUDIBERTI, *Le mal court, Théâtre I*, © Gallimard, 1948.

Et les pensées de...

■ Le mariage est comme une cité assiégée : ceux qui n'y sont pas veulent y entrer, ceux qui y sont veulent en sortir.

Extrait de La Vie privée de Don Juan, d'Alexander Korda, (scén. Henry Bataille, Frederick Lonsdale et Lajos Biró), 1934.

■ Le mariage est, soit une corne d'abondance, soit une abondance de cornes.

Frédéric DARD, *Les Pensées de San Antonio*, © Le Cherche midi, 1996.

■ Le jour de son mariage, tellement elle était belle, il croyait faire un hold-up.

Bertrand BLIER, *Pensées et répliques*, © Le Cherche midi, 2001.

■ J'ai été au mariage d'une copine hier soir. Une ex à moi. J'ai été éliminé en demi-finale.

COLUCHE, *Ça roule, ma poule*, © Le Cherche midi, 2002.

▶ VOIR accélérer, adultère, aggraver, arriver, chacun, création, familial, fidèle, inceste, hymen, lendemain, noces, procès.

marin

Du latin marinus, construit sur mar, mer.

■ Oh ! combien de marins, combien de capitaines, / Qui sont partis joyeux pour les courses lointaines, / Dans ce morne horizon se sont évanouis !

Victor HUGO, *Les Rayons et les Ombres*, 1840.

■ Parmi les marins, il y en a qui découvrent des mondes, qui ajoutent des terres à la terre et des étoiles aux étoiles. Ceux-là sont les maîtres, les grands, les éternellement beaux.

Gustave FLAUBERT, *Correspondance*, posth., 1926-1930.

Et dans les dictionnaires anciens...

■ *Marin*. [...] Se dit particulièrement d'un homme qui est tellement habité avec la mer et les vicissitudes de sa profession, qu'il s'est fait une patrie de l'Océan.

Maurice LACHÂTRE, *Dictionnaire français illustré*, 1856.

Marseillais

Du grec *Massalia* (fondée au VIe s. av. J.-C. par les Phocéens).

■ Marseillais : Tous gens d'esprit.

Gustave FLAUBERT, *Le Dictionnaire des idées reçues*, posth. 1913.

Et les pensées de...

■ Dans la bouche d'un Marseillais, une onomatopée devient un alexandrin.

Frédéric DARD, *Les Pensées de San Antonio*, © Le Cherche midi, 1996.

masque

De l'italien *maschera*, faux visage, de l'ancien provençal *masca*, sorcière.

■ Masque : Donne de l'esprit.

Gustave FLAUBERT, *Le Dictionnaire des idées reçues*, posth. 1913.

■ Masque qui pleure entre deux branches d'arbre / Un soir de carnaval éteint / des larmes coulaient de ses paupières fixes / larmes de rire et d'amertume et de regrets

Pierre REVERDY, *Main d'œuvre*, « Cale sèche », © Mercure de France, 1949.

■ Masques ! Ô Masques ! / Masque noir masque rouge, vous masques blanc-et-noir / Masques aux quatre points d'où souffle l'Esprit / Je vous salue, dans le silence !

Léopold SÉDAR SENGHOR, *Chants d'ombre*, © Le Seuil, 1945.

Et les pensées de...

■ Il ne s'agit pas d'organiser, de comprendre, mais de vivre. Il faut que tout le monde ait un visage et non un masque.

Denise MIÈGE, *Sous les pavés, la plage*, © Librairie Saint-Germain-des-Prés, 1969.

matelas

De l'italien *materasso*, issu de l'arabe *matrash*, chose jetée : on jetait le tapis là où on allait s'asseoir.

■ Matelas : Plus il est dur, plus il est hygiénique.

Gustave FLAUBERT, *Le Dictionnaire des idées reçues*, posth. 1913.

matelot

Du néerlandais *mattenoot*, compagnon de couche.

■ La Hollande envoie tous les ans aux Indes un grand nombre de matelots dont il ne revient que les deux tiers.

C.-L. DE MONTESQUIEU, *De l'esprit des lois*, 1748.

maternel

Du latin *maternus*, de la mère.

■ L'affection maternelle est un sentiment plus fort que celui de la crainte, et plus profond que celui de l'amour, puisque cette affection l'emporte sur les deux dans le cœur d'une mère.

BUFFON, *Histoire naturelle générale et particulière*, 1770-1783.

mathématicien, mathématique

Du latin *mathematica*, du grec *mathèmatikos*, qui concerne les sciences mathématiques, du verbe *manthanein*, apprendre. *Mathématicien* désigne aussi l'astronome jusqu'au XVIIIe s.

■ Ô mathématiques sévères, je ne vous ai pas oubliées, depuis que vos savantes leçons, plus douces que le miel, filtrèrent dans mon cœur, comme une onde rafraîchissante.

Comte DE LAUTRÉAMONT, *Les Chants de Maldoror*, 1869.

■ Ce n'était qu'un jeu pour lui de résoudre les problèmes les plus compliqués des sciences mathématiques. [...] Ah les coefficients, les exposants, les radicaux, les indices et autres dispositions adoptées dans cette langue ! Comme tous ces signes voltigeaient sous sa plume, ou plutôt sous le morceau de craie qui frétillait au bout de son crochet de fer, car il aimait à travailler au tableau noir.

Jules VERNE, *Sans dessus dessous*, 1889.

■ Mathématiques : Dessèchent le cœur.

Gustave FLAUBERT, *Le Dictionnaire des idées reçues*, posth., 1913.

■ Les mathématiciens ont le droit de dire que leurs rêves, leurs préoccupations dépassent souvent de cent coudées les imaginations rampantes des poètes.

Guillaume APOLLINAIRE, « L'Esprit nouveau et les poètes » (conférence du 26 nov. 1917), © Mercure de France, 1946.

Et dans les dictionnaires anciens...

■ Quelques-uns ont donné ce nom à la Magie, parce que par le moyen des Mathématiques on fait des choses si surprenantes, que le peuple croit qu'il y a de la magie.

Antoine FURETIÈRE, *Dictionnaire universel*, 1690.

matin, matinal

De *matutinum tempus*, temps matinal. *Matin* a remplacé *main*, du latin *mane*, qu'on retrouve dans *demain*.

■ Un rayon de soleil se glisse sur le lit, à travers les rideaux. Le petit monde familier aux regards de l'enfant, tout ce qu'il aperçoit de son lit, chaque matin, en s'éveillant, tout ce qu'il commence, au prix de tant d'efforts, à reconnaître et à nommer, afin de s'en faire le maître, – son royaume s'illumine.

Romain ROLLAND, *Jean-Christophe*, © Albin Michel, 1904.

■ Matinal : L'être – preuve de maturité.

Gustave FLAUBERT, *Le Dictionnaire des idées reçues*, posth., 1913.

Et les pensées de...

■ Tous les matins il arrive ici comme un cahier neuf, tous les soirs il repart plein de ratures.

Jean-Marie GOURIO, *L'Intégrale des brèves de comptoir*, © Robert Laffont, 1992-1993.

maturité

Du latin *maturitas*, désignant d'abord la maturité des fruits, des moissons, puis le développement.

▶ VOIR matinal.

mauvais

Du latin populaire *malifatius*, touché par le mauvais sort, construit avec *malum*, mal, et *fatum*, sort, par opposition à *bonifatius*.

■ Près des êtres hargneux qui de mordre ont coutume / Dis-toi : s'ils sont mauvais c'est qu'ils sont malheureux.

Henri-Frédéric AMIEL, *Journal intime*, 1847-1883.

maxime

Du latin médiéval *maxima (sentencia)*, (sentence) la plus grande.

■ Je hais les mauvaises maximes encore plus que les mauvaises actions.

Jean-Jacques ROUSSEAU, *Julie ou La Nouvelle Héloïse*, 1761.

Et les pensées de...

■ Les maximes plaisent car elles décrivent des défauts. Le moraliste accuse un homme abstrait avec lequel le lecteur ne s'identifie jamais ; et il se sent très vertueux.

Charles DANTZIG, *Dictionnaire égoïste de la littérature française*, © Grasset, 2005.

méchanceté, méchant

De l'ancien français *mescheant* malchanceux, malfaisant, du verbe *meschoir* (*mé-* et *cheoir*, choir), arriver malheur.

■ Le bonheur des méchants comme un torrent s écoule.

Jean RACINE, *Athalie*, 1691.

■ Malgré lui quelquefois un méchant fait du bien.

Marie-Joseph CHÉNIER, *Nathan le Sage*, posth., 1818.

■ ... Moi, je suis méchante : ça veut dire que j'ai besoin de la souffrance des autres pour exister. Une torche. Une torche dans les cœurs. Quand je suis toute seule, je m'éteins.

Jean-Paul SARTRE, *Huis clos*, © Gallimard, 1945.

Et dans les dictionnaires anciens...

■ Le méchant l'est par tempérament, il est dangereux ; quand il nuit il suit son inclination ; pour en être à couvert le meilleur est de le fuir.

Gabriel GIRARD, *Synonymes françois*, 1736.

Et les pensées de...

■ Pourquoi n'écrit-on jamais d'histoires où le méchant est vainqueur ? Aurait-on peur de donner à réfléchir ?

Pierre PERRET, *Les Pensées*, © Le Cherche midi, 1979.

■ La méchanceté, ça se construit et je suis trop paresseuse pour ça. La rosserie, c'est léger. La méchanceté, c'est solide, il faut bien monter son truc.

ARLETTY citée par Claudine BRÉCOURT-VILLARS, *Les Mots d'Arletty*, ©V&O éditions, 1991.

■ Avec la tronche que j'ai, je peux me permettre d'être très méchant sur scène. On pardonne tout à un bon petit gros.

COLUCHE, *Pensées et anecdotes*, © Le Cherche midi, 1995.

▶ VOIR autre, avouer, buveur, couteau, faible, indignation, indulgence, intérêt, langue, satan, seigneur, société, terre.

médaille

De l'italien *medaglia* monnaie en usage dans le nord de l'Italie au Moyen Âge.

■ Ne montrez pas le revers et l'exergue à ceux qui n'ont pas vu la médaille.

Joseph JOUBERT, *Pensées, essais, maximes et correspondances*, posth., 1838.

médecin, médecine

Du latin *medicus*, de même sens. *Medechin* jusqu'au début du XVe s. Il a éliminé l'ancien substantif *mire* et *me(i)ge*. *Médecine* vient du latin *medicina*, art de guérir, remède.

■ Tant que les hommes pourront mourir, et qu'ils aimeront à vivre, le médecin sera raillé, et bien payé.

Jean DE LA BRUYÈRE, *Les Caractères*, « De quelques usages », 1694.

■ Deux médecins n'ont pu lui donner le trépas ! Il ne mourra jamais.

Philippe DESTOUCHES, *Le Dissipateur*, 1753.

■ Mes amis, dit-elle, en tournant le dos au docteur, allez me chercher un prêtre : je vois que le médecin m'abandonne.

George SAND, *Lélia*, 1833.

■ Un médecin ne saurait se borner à prescrire sèchement à son malade ce que la science lui permet de faire. Il a en outre des devoirs d'humanité à remplir. [...] Le médecin doit accepter tout ce que le peuple dit, non pour le croire, mais pour le vérifier. [...] Il ne s'agit pas d'attendre. Il faut agir et il faut quelque chose de pratique, d'actuel. Le médecin est forcé d'agir.

Claude BERNARD, *Principes de médecine expérimentale*, 1858-1877.

■ Par bonheur, prisonnier de son existence active, il recouvrait, comme un talisman, chaque matin en traversant la cour de l'hôpital, la faculté d'accomplir sa journée de médecin ; devant ses malades, il ne pensait qu'à eux.

Roger MARTIN DU GARD, *Les Thibault*, © Gallimard, 1923.

Et dans les dictionnaires anciens...

■ Rien n'embarrasse plus les médecins que la complication des maux dont le remède de l'un est contraire à la guérison de l'autre.

Gabriel GIRARD, *Synonymes françois*, 1736.

■ Il a pris un médecin qui l'a envoyé *ad patres*.

Dictionnaire de l'Académie, article « Ad patres », 1835.

▶ VOIR agir, dupe, écriture, encrier, beauté, croix, écoles (grandes), gorge, médicament, mélancolie, ordonner, poète, solitaire, système, tant pis, tour d'esprit, tuberculose, tuer, vérité, vin.

médicament

Du latin *medicamentum*, drogue, remède. Écrit *megement* jusqu'au XIVe s, de *mege*, médecin.

■ Pour une affection que les médecins guérissent avec des médicaments (on assure, du moins que cela est arrivé quelquefois), ils en produisent dix chez les sujets bien portants, en leur inoculant cet agent pathogène, plus virulent mille fois que tous les microbes, l'idée qu'on est malade.

Marcel PROUST, *Le Côté de Guermantes*, 1921-1922.

médiocre, médiocrité

Du latin *mediocris*, de *medius*, moyen. Le sens actuel apparaît au XVIe s.

■ Médiocre et rampant, on arrive à tout.

Pierre-Augustin DE BEAUMARCHAIS, *Le Mariage de Figaro*, 1784.

■ Les esprits médiocres sont, en général, assez satisfaits de la vie commune ; ils arrondissent pour ainsi dire leur existence, et suppléent à ce qui peut leur manquer encore par les illusions de la vanité...

Germaine DE STAËL, *De l'Allermagne*, 1810.

■ On n'est pas trop fâché, à part soi, qu'un homme de mérite vienne à mourir : c'est un rival de moins ; son bruit importun empêchait d'entendre celui des sots et le concert croassant des médiocrités.

François-René DE CHATEAUBRIAND, *Essai sur la littérature anglaise*, 1836.

■ Ce qui compte, ce n'est pas d'écrire plus ou moins bien, de plaire ou de ne pas plaire, d'être bon ou méchant, d'être juste ou injuste, moral ou intéressant, [..]. Ce qui compte uniquement, c'est de n'être pas médiocre.

Paul LÉAUTAUD, *Journal littéraire*, © Mercure de France, 1986.

Et les pensées de...

■ Ce qui est bien, c'est que les gens se reconnaissent en moi. Les plus cons, les plus laids se disent : « Si un mec comme ça peut réussir, pourquoi pas moi ? » Je suis l'idéal des médiocres.

COLUCHE, *Ça roule, ma poule*, © Le Cherche midi, 2002.

médire

Construit à partir de *dire*, en ajoutant le préfixe *mes*, mal.

■ Ceux de qui la conduite offre le plus à rire, / Sont toujours, sur autrui, les premiers à médire.

MOLIÈRE, *Tartuffe*, 1664.

■ N'ayant jamais pu réussir dans le monde, il se vengeait pour en médire.

VOLTAIRE, *Zadig*, 1748.

Et dans les dictionnaires anciens...

■ Il y a des femmes qui ont la politique de rester les dernières aux cercles, pour dispenser les autres de médire d'elles.

Gabriel GIRARD, *Synonymes françois*, 1756.

méditer

Du latin *meditari*, préparer, s'exercer, puis réfléchir.

▶ VOIR oublier.

méfiant

Participe présent de *méfier*, attesté au XVIe s.

■ La méfiance est toujours pour moi une des formes de l'intelligence. La confiance une des formes de la bêtise.

Paul LÉAUTAUD, *Passe-Temps*, © Mercure de France, 1987.

Et les pensées de...

■ C'est parce qu'ils sont méfiants et difficiles à apprivoiser que les animaux sauvages ont un cerveau plus développé que les animaux domestiques.

Jean AMADOU, *De quoi j'me mêle !*, © Robert Laffont, 1998.

méfier

Construit au XVe s. avec le préfixe négatif *mé-*, et *(se) fier*, du latin *fidere*, avoir confiance.

■ Souviens-toi de te méfier.

Devise de Mérimée gravée dans le chaton de la bague qu'il portait constamment.

■ On peut se méfier d'un excès de clémence.

Marie-Joseph CHÉNIER, *Charles IX*, 1790.

meilleur

Du latin *melior*, *meliorem*, comparatif de supériorité de *bonus*, bon. *Meillor* au Xe s.

■ Tout ce qui vous convient est toujours le meilleur.

Jean-François RÉGNARD, *Ménechmes*, 1705.

Et les pensées de...

■ Je me souviens d'une rue de Paris où il y avait trois boulangers en concurrence. Le premier avait inscrit sur sa vitrine : « le meilleur croissant de France », le second : « le meilleur croissant d'Europe », le dernier : « le meilleur croissant du monde ». J'ai un pote qui s'est installé boulanger lui aussi dans la rue, il a ramassé le pactole. Sur sa vitrine il a écrit : « le meilleur croissant de la rue ».

Jean YANNE, *Pensées, répliques, textes et anecdotes*, © Le Cherche midi, 1999.

mélancolie

Du grec *melagkholia* (*melas*, noir et *kholè*, humeur) d'où bile noire, supposée la plus dangereuse des humeurs pour les Anciens, les trois autres étant la bile jaune, la pituite et le sang.

■ Ho ! laissons toute mélancolie ; apporte du meilleur, rince les verres, boute la nappe, chasse ces chiens, souffle ce feu, allume la chandelle, ferme cette porte...

François RABELAIS, *Pantagruel*, 1532.

■ Le Médecin (à son confrère) : Je dis donc, Monsieur, avec votre permission, que notre malade ici présent est malheureusement attaqué, affecté, possédé, travaillé de cette sorte de folie que nous nommons fort bien mélancolie hypocondriaque, espèce de folie très fâcheuse...

MOLIÈRE, *Monsieur de Pourceaugnac*, 1670.

■ Non loin de ma retraite [...] / Règnent de longs débris d'un antique Palais. / Là souvent entraîné par la mélancolie, / Je pleure vainement sur l'humaine folie.

Aimé FEUTRY, *Les Ruines*, 1767.

■ D'où vient à l'homme la plus durable des jouissances de son cœur, cette volupté de la mélancolie, ce charme plein de secrets, qui le fait vivre de ses douleurs et s'aimer encore dans le sentiment de sa ruine ?

Étienne PIVERT DE SENANCOUR, *Oberman*, 1804.

■ Il n'y a point de maître d'armes mélancoliques.

Alfred DE MUSSET, *Fantasio*, 1834.

■ La mélancolie / Berce de doux chants / Mon cœur qui s'oublie / Aux soleils couchants.

Paul VERLAINE, *Poèmes saturniens*, 1866.

Et dans les dictionnaires anciens...

■ *Mélancolie.* Espèce de délire sans fièvre, accompagné de crainte & de chagrins sans raison apparente à cause que l'imagination & le jugement sont blessés par l'abondance d'une bile noire et brûlée.

Pierre RICHELET, *Dictionnaire françois*, 1680.

▶ VOIR bile, lune, moderne, Paris, poème, soleil, ténébreux, tristesse.

mélodie

Du bas latin *melodia*, air musical, harmonie, du grec *melôdia*, chant, poésie lyrique.

■ C'est à l'Harmonie seulement qu'il appartient de remuer les passions, la Mélodie ne tire sa force que cette source.

Jean-Philippe RAMEAU, *Observations sur notre instinct pour la musique et sur son principe*, 1754.

mélodrame

Mot composé de l'élément formant *mélo-*, du grec *melos*, chant et de *drame*, du grec *drama*, action.

■ Mélodrames : Moins immoraux que les drames.

Gustave FLAUBERT, *Le Dictionnaire des idées reçues*, posth., 1913.

melon

Du bas latin *melonem*, du grec *melopepôn*, fruit cuit par le soleil. Le sens d'imbécile apparaît au XIXe s. Le sens péjoratif *arabe* correspondrait à la coiffure des personnes originaires du Maghreb.

■ Choléra : Le melon donne le choléra. Melon : Joli sujet de conversation à table. « Est-ce un légume ? Est-ce un fruit ? » Les Anglais le mangent au dessert, ce qui étonne.

Gustave FLAUBERT, *Le Dictionnaire des idées reçues*, posth., 1913.

■ Les melons, du soleil en pilule.

Maurice BARRÈS, *Mes cahiers*, 1929-1956.

mémoire

Du latin *memoria*, aptitude à se souvenir, ensemble des souvenirs, du verbe *meminisse*, avoir à l'esprit.

■ Il faut une bonne mémoire après qu'on a menti.

Pierre CORNEILLE, *Le Menteur*, 1643.

■ Tout le monde se plaint de sa mémoire, et personne ne se plaint de son jugement.

François DE LA ROCHEFOUCAULD, *Réflexions ou Sentences et Maximes morales*, 1664.

■ La mémoire est le miroir où nous regardons les absents.

Joseph JOUBERT, *Pensées, essais, maximes et correspondances*, posth., 1838.

■ Sans la mémoire, que serions-nous ? Nous oublierions nos amitiés, nos amours, nos plaisirs, nos affaires.

François-René DE CHATEAUBRIAND, *Mémoires d'outre-tombe*, posth., 1850.

■ Un mot encore sur un détail : dans ma solitude, je n'ai plus de livres, et ma mémoire est toute ma bibliothèque.

Victor HUGO, *Correspondance 1836-1882*, posth., 1898.

■ Mémoire : Se plaindre de la sienne – même se vanter de n'en pas avoir. Mais rugir si on vous dit que vous n'avez pas de jugement.

Gustave FLAUBERT, *Le Dictionnaire des idées reçues*, posth., 1913.

■ Peut-être que les gens de beaucoup de mémoire n'ont pas d'idées générales.

Jules RENARD, *Journal*, posth., 1927.

■ Mon beau navire ô ma mémoire / Avons-nous assez navigué / Dans une onde mauvaise à boire / Avons-nous assez divagué / De la belle aube au triste soir

Guillaume APOLLINAIRE, *Alcools*, « La Chanson du mal-aimé », © Gallimard, 1913.

■ [...] Car nous trouvons de tout dans notre mémoire : elle est une espèce de pharmacie, de laboratoire de chimie, où on met au hasard la main tantôt sur une drogue calmante, tantôt sur un poison dangereux.

Marcel PROUST, *La Prisonnière*, posth. 1923.

■ La mémoire volontaire, qui est surtout une mémoire de l'intelligence et des yeux, ne nous donne du passé que des faces sans vérité ; mais qu'une odeur, une saveur retrouvée dans des circonstances toutes différentes réveillent en nous, malgré nous, le passé, nous sentons combien ce passé était différent de ce que nous croyions nous rappeler...

Marcel PROUST, *Correspondance générale*, « Lettre à Antoine Bibesco (1912) », 1930-1936.

■ Et l'on tissait dans sa mémoire / Une tapisserie sans fin / Qui figurait son histoire.

Guillaume APOLLINAIRE, *Alcools*, « L'Émigrant de Landor Road », © Gallimard, 1913.

■ Il a quatre-vingt-un ans et d'intraitables souvenirs qu'il va chercher dans la nuit de sa mémoire comme au fond d'une grande caverne pleine de ténèbres ; il revient toujours avec quelque chose, un nom, une date, une anecdote sur la guerre de Sécession.

Julien GREEN, *Les Années faciles, Journal I (1928-1934)*, © Gallimard, 1938.

■ Ayant perdu toute mémoire / Un myosotis s'ennuyait / Voulait-il conter une histoire ? / Dès le début, il l'oubliait / Pas de passé, pas d'avenir, / Myosotis sans souvenir

Robert DESNOS, *Chantefables et Chantefleurs*, © Gallimard, posth.1955.

Et dans les dictionnaires anciens...

■ *Mémoire*. [...] On se gratte la tête pour rappeler sa mémoire, pour se remettre en mémoire [...]. On met une épingle sur sa manche pour avoir mémoire de quelque chose...

Antoine FURETIÈRE, *Dictionnaire universel*, 1690.

► VOIR aversion, charmer, cueillir, gloire, grandeur, imprimerie, invention, lait, maître, mourir, proverbe, savant, sensibilité, volage, voyager, yeux.

menace

Du latin populaire *minacia*, dérivé du substantif pluriel du latin classique *minæ*, de même sens.

■ Qui ne craint point la mort ne craint point les menaces.

Pierre CORNEILLE, *Le Cid*, 1637.

■ Les menaces ne m'ont jamais fait mal ; et ce sont des nuées qui passent bien loin sur nos têtes.

MOLIÈRE, *Les Fourberies de Scapin*, 1671.

ménage

Dérivé au XIIe s de *manoir*, demeurer, d'où le *maisnage*, demeure, séjour, puis famille, couple, au XIIe s.

■ Ils ne se trouvaient heureux que dans leur petit ménage. Partout ailleurs ils étouffaient de mélancoliques bâillements, et ils m'ont légué cette secrète sauvagerie qui m'a rendu toujours le monde insupportable et le home nécessaire.

George SAND, *Histoire de ma vie*, 1854-1855.

■ — Il y a cependant de bons ménages. — Chez les gens mariés, c'est bien rare !

Jules RENARD, *La Bigote*, 1910.

ménager

Dérivé de *ménage*, le sens de « ménager quelqu'un » n'apparaît qu'au XVIIe.

■ On ne ménage pas ceux qui vous aiment : ils se croient aussitôt mis sur la touche.

Hervé BAZIN, *Cri de la chouette*, © Grasset, 1972.

mensonge

Du latin classique *mentio*, mention. Au féminin jusqu'au début du XVIIe s.

■ Il savait taire un secret sans dire aucun mensonge.

FÉNELON, *Les Aventures de Télémaque*, 1699.

■ Le mensonge est essentiel à l'humanité. Il y joue peut-être un aussi grand rôle que la recherche du plaisir, et d'ailleurs est commandé par cette recherche.

Marcel PROUST, *Albertine disparue*, posth. 1925.

■ J'aime la vérité. Je crois que l'humanité en a besoin ; mais elle a bien plus grand besoin encore du mensonge qui la flatte, la console, lui donne des espérances infinies. Sans le mensonge, elle périrait de désespoir et d'ennui.

Anatole FRANCE, *La Vie en fleur*, 1922.

■ N'importe qui sait proférer des paroles menteuses ; les mensonges du corps exigent une autre science. Mimer le désir, la joie, la fatigue bienheureuse, cela n'est pas donné à tous.

François MAURIAC, *Thérèse Desqueyroux*, © Grasset, 1927.

Et dans les dictionnaires anciens...

■ La royauté et la théocratie ne se soutiennent que par le mensonge [...].

Maurice LACHÂTRE, *Dictionnaire français illustré*, 1856.

Et les pensées de...

■ Mensonge : petite marchandise facile à produire et encore plus à écouler.

Jacques DOR, *Le Dico de ma langue à moi, 1er mille*, © Soir ailleurs, 2005.

menteur, mentir

Du latin *mentiri*, ne pas dire la vérité, se tromper, décevoir.

■ — Je disais vérité. — Quand un menteur la dit, / En passant par sa bouche elle perd son crédit.

Pierre CORNEILLE, *Le Menteur*, 1643.

■ Sans doute, il nous faut souvent jouer un rôle, souvent mentir ; vous voyez que je suis franche ; mais êtes-vous sûr que tout mente dans une femme, lorsque sa langue ment ?

Alfred DE MUSSET, *On ne badine pas avec l'amour*, 1834.

■ Dis quelquefois la vérité, afin qu'on te croie quand tu mentiras.

Jules RENARD, *Journal*, posth. 1927.

Et les pensées de...

■ C'est un art subtil ; comme le prétend un vieil axiome, un homme politique qui mentirait tout le temps ne tiendrait pas six mois... mais s'il ne disait que la vérité, il ne tiendrait pas huit jours...

Jean AMADOU, *Vous n'êtes pas obligés de me croire*, © Robert Laffont, 1999.

menu

Du latin *minutus*, petit menu, participe passé de *minuere*, diminuer.

■ Le menu a intérêt à ne pas l'être trop ; ou alors il sera vraiment critiqué par le menu.

Maurice TOUDOIRE, *Impertinences, lexique fantaisiste*, © Pierre Téqui, 1992.

mépris

Du verbe *mépriser* (*mé-* et *priser*, du latin *pretiare*, estimer). *Mépris* signifiait d'abord « prix inférieur à la valeur réelle ».

■ Je sais braver la mort et non pas le mépris.
Lucien-Émile ARNAULT, *Pierre de Portugal*, 1823.

■ Cela m'a fait penser au mot célèbre : on avale le mépris, mais on ne le mâche pas.
STENDHAL, *Lucien Leuwen*, posth. 1894 et 1926.

Et les pensées de...

■ Ne cherche pas toujours à comprendre : fais confiance à ton mépris.
Frédéric DARD, *Les Pensées de San Antonio*, © Le Cherche midi, 1996.

▶ VOIR dépiter, gloire, guide, ironie, lettres, maître, majesté, métier, modération, musicien, pardon, parleur, public, péril, proverbe, public, roi, secret, semblable, théâtre, vanité, yankee.

mer

Du latin *mare*, de même sens, peut-être dérivé de l'hébreu *mer*, amer, salé. Le mot apparaît dans la langue au début du Xᵉ s.

■ Ceux qui ont voulu nous représenter l'amour et ses caprices l'ont comparé en tant de sortes à la mer, qu'il est malaisé de rien ajouter à ce qu'ils en ont dit : ils nous ont fait voir que l'un et l'autre ont une inconstance et une infidélité égales, que leurs biens et leurs maux sont sans nombre...
François DE LA ROCHEFOUCAULD, *Réflexions ou Sentences et Maximes morales*, 1664.

■ Le spectacle de la mer fait toujours une impression profonde ; elle est l'image de cet infini qui attire sans cesse la pensée, et dans lequel sans cesse elle va se perdre.
Germaine DE STAËL, *Corinne ou l'Italie*, 1807.

■ Homme libre, toujours tu chériras la mer ! / La mer est ton miroir ; tu contemples ton âme dans le déroulement infini de sa lame, / Et ton esprit n'est pas un gouffre moins amer.
Charles BAUDELAIRE, *Les Fleurs du mal*, « L'Homme et la Mer », 1857.

■ Ainsi la mer s'abaisse et les flots amoureux / Frémissent, quand de loin, sur un blanc coquillage, / Le front ceint de corail et de mousse sauvage, / Thétis vogue en silence entre l'onde et les cieux !
Louis BOUILHET, *Melaenis, conte romain*, 1857.

■ Le matin arriva, où je devais me lancer sur la mer du monde.
Charles BAUDELAIRE, *Les Paradis artificiels*, 1860.

■ Mer : N'a pas de fond. Image de l'infini. Donne de grandes pensées.
Gustave FLAUBERT, *Le Dictionnaire des idées reçues*, posth. 1913.

■ Je ne sais pourquoi / Mon esprit amer / D'une aile inquiète et folle vole sur la mer.
Paul VERLAINE, *Sagesse*, 1881.

■ Ô Mer, ancienne et jeune, gracieuse et farouche, reine des pavois de fête, souveraine des tempêtes, ô Mer, accorde ta miséricorde à ces pêcheurs venus pour déposer la caresse ingénue de leurs yeux sur la risée de ta joue bleue !
SAINT-POL-ROUX, *Camaret-sur-Mer*, © Rougerie, 1899.

■ Comme c'est tranquille ! La mer est comme un journal qu'on a étalé avec des lignes et des lettres.
Paul CLAUDEL, *L'Échange*, © Gallimard, 1901.

■ De l'utilité des marées. La mer va d'un rivage à l'autre pour boucher les trous de sable que font les enfants sur la plage.
Jules RENARD, *Journal, (1893)*, posth. 1927.

■ Il y a un bruit près de chez moi / [...] Homère en parle avec génie / Il ne ressemble à rien d'ici / C'est un bruit féroce et têtu / Parfois plaintif comme une femme / Parfois meurtrier, je le nomme / Celui du flux et du reflux / Que fait la mer en mon oreille
Georges PERROS, *Poèmes bleus*, © Gallimard, 1962.

■ Et n'oublie pas de parler de départ ivre vers la mer, elles adorent ça. Départ ivre vers la mer, retiens bien ces cinq mots. Leur effet est miraculeux.

Albert COHEN,
Belle du seigneur, © Gallimard, 1968.

Et dans les dictionnaires anciens...

■ *Mer*. Salée, inhumaine, escumeuse, ondoiante, profonde, fluctueuse, plaine, azurée, gemmeuse, fière, bouillonnante, venteuse, humide, âpre, [...] douteuse, infidèle, grommelante, tromperesse...

Maurice DE LA PORTE, *Épithètes*, 1571.

▶ VOIR amer, boussole, bruissement, corail, explorateur, galet, grain, humain, jour, larme, marin, mort, mouton, œuvre, orage, passer, perle, séparer, sûr, yacht.

merci

Du latin *mercedem*, salaire, récompense, puis prix, faveur, construit sur *mercere*, mériter un salaire. Le sens moderne n'apparaît qu'au XIIe, dans l'interjection *granz merciz !*

■ Ma nef est portée / À la triste merci de la vague indomptée.

Mathurin RÉGNIER, *Satires*, 1608-1613.

merde, merdre

Du latin *mierda*, excrément. L'emploi figuratif est attesté au XIIe s. *Merdre* est inventé par Alfred Jarry dans *Ubu-roi*, pour exprimer sa révolte contre la « marchandisation du monde ».

■ Mère Ubu, seule : Vrout, merdre, il a été dur à la détente, mais vrout, merdre, je crois pourtant l'avoir ébranlé.

Alfred JARRY, *Ubu roi*, 1896.

Et dans les dictionnaires anciens...

■ *Merde*. [...] On évite l'usage de ce mot, aussi bien que des obscènes, parce qu'il donne quelque idée de puanteur qui blesse les imaginations délicates.

Antoine FURETIÈRE,
Dictionnaire universel, 1690.

mère

Du latin *mater*, de même sens. *Mater* était le nom donné aux déesses et aux femmes âgées.

■ C'est au cœur d'une mère une idée importune, / Que de voir un enfant s'éloigner de ses bras.

Jean-François DE LA HARPE, *Virginie*, 1793.

■ Oh ! l'amour d'une mère ! amour que nul n'oublie ! / Pain merveilleux qu'un dieu partage et multiplie !

Victor HUGO,
Les Feuilles d'Automne, 1832.

■ La mère fait du tricot / Le fils fait la guerre / Elle trouve ça tout naturel la mère / Et le père qu'est-ce qu'il fait le père ? / Il fait des affaires

Jacques PRÉVERT, *Paroles*, © Gallimard, 1946.

▶ VOIR fils.

méridional

Du bas latin *méridionalis*, dérivé de *meridies*, midi.

■ Méridionaux (Les) : Tous poètes.

Gustave FLAUBERT,
Le Dictionnaire des idées reçues, posth. 1913.

mérite

Du latin *meritum*, prix, salaire, puis attitude méritante. Au féminin en ancien français.

■ En France, le mérite et la réputation ne donnent pas plus de droit aux places que le chapeau de rosière ne donne à une villageoise le droit d'être présentée à la cour.

Nicolas DE CHAMFORT, *Maximes et pensées, caractères et anecdotes*, 1794.

Et dans les dictionnaires anciens...

■ Savoir couper à table et servir ses convives avec dextérité ; mener une intrigue avec adresse ; avoir quelque habileté dans les jeux de commerce [de société] et dans la musique : voilà aujourd'hui le mérite de nos aimables gens.

Gabriel GIRARD, *Synonymes françois*, 1756.

▶ VOIR brûler, célébrité, dédain, écrire, effort, bonheur, écrivain, espérer, insignifiance, jurer, liaison, médiocre, outrager, pénible, postérité, public, règle, trouble, vigne, vulgaire.

merveille

Du latin *mirabilia*, pluriel neutre de *mirabilis*, admirable, étonnant, employé au sens de « miracle » par l'Église.

■ De la moindre vétille il fait une merveille.

MOLIÈRE,
Le Misanthrope, 1667.

■ La plus rare merveille, / Quand l'esprit la connaît, ne surprend plus l'oreille.

Jean DE ROTROU,
Le Véritable Saint Genest, 1648.

mésalliance

Dérivé de *mésallier* (*mé-* et *allier*, du latin *alligare*, attacher, unir).

■ La pire de toutes les mésalliances est celle du cœur.

Nicolas DE CHAMFORT, *Maximes et pensées, caractères et anecdotes*, 1795.

métallo

Dérivé de *métallurgie* (du grec *metallon*, mine, et *ergon*, travail). *Métallo* est attesté au XVIIIe s.

■ C'est un beau mot. J'aime ! Pour moi, métallo, rime avec aristo.

ARLETTY, citée par Claudine BRÉCOURT-VILLARS,
Les Mots d'Arletty, © V&O éditions, 1991.

métaphore

Du latin *metaphora*, du grec *metaphora*, transport, changement.

■ Métaphores : Il y en a toujours trop dans le style !

Gustave FLAUBERT,
Le Dictionnaire des idées reçues, posth. 1913.

■ Pour des raisons qui seraient trop longues à développer ici, je crois que la métaphore seule peut donner une sorte d'éternité au style.

Marcel PROUST, « À propos du "style" de Flaubert » *La Nouvelle Revue française*, 1920.

➤ VOIR douane, litote.

méthode

Du bas latin *methodus*, du grec *methodos*, poursuite, cheminement, recherche.

■ Il n'y aura donc pas de méthode s'il n'y a d'abord une idée.

B. SPINOZA, *Traité de la réforme de l'entendement*, posth. 1677 (en latin).

■ Méthode : Ne sert à rien.

Gustave FLAUBERT,
Le Dictionnaire des idées reçues, posth. 1913.

Et dans les dictionnaires anciens...

■ *Méthode.* [...] La Méthode de Descartes est un ouvrage merveilleux. [...] On dispute au Collège, si la Logique est un Art, une Science, ou une Méthode.

Antoine FURETIÈRE,
Dictionnaire universel, 1690.

métier

Du latin *ministerium*, serviteur, office divin. *Métier* viendrait aussi du latin vulgaire *misterium*, rapproché de *mysterium*, mystère, célébration religieuse. *Mysterium* signifiera également table, comme dans *métier à tisser*.

■ Chacun son métier, / Les vaches seront bien gardées.

FLORIAN, *Fables*, « Le Vacher et le Garde-chasse », 1792.

■ Tous les métiers plaisent autant que l'on y gouverne, et déplaisent autant que l'on y obéit.

ALAIN, *Propos sur le bonheur*,
© Gallimard, 1922.

■ Un métier qui n'est pas rebutant n'est pas encore un métier ; l'homme n'y est qu'amateur, selon un admirable mot, et qui enferme un juste mépris. L'amateur s'amuse ; le point où cesse l'amusement, il ne le passe jamais.

ALAIN,
Propos sur l'éducation, © PUF, 1932.

Et les pensées de...

■ La plupart des métiers du prochain siècle n'existent pas encore aujourd'hui.

Jacques ATTALI,
Dictionnaire du XXIe siècle, © Fayard, 1998.

mets

Du latin *missum*, action de mettre sur la table. Du verbe *mittere*, mettre.

■ La vie est un mets qui n'agrée que par la sauce.

Victor HUGO, *Le Rhin*, 1842.

Et dans les dictionnaires anciens...

■ Plus un mets est excellent, plus il est quelquefois dangereux d'en trop manger.

Gabriel GIRARD, *Synonymes françois*, 1736.

metteur en scène

Dérivé de *mettre*, le métier de metteur en scène date du début du XXe s. André Antoine est considéré comme le premier metteur en scène français.

■ Quels que soient le talent, l'imagination et la science technique d'un metteur en scène, il n'est digne de sa fonction que s'il pratique la plus grande, la plus simple et la plus difficile des vertus. Je veux dire la sincérité. Une sincérité faite d'intelligence et de modestie.

Jacques COPEAU, *Registres 1 : Appels*, © Gallimard, posth. 1974.

■ Le metteur en scène invente et fait régner entre les personnages ce lien secret et visible, cette sensibilité réciproque, cette mystérieuse correspondance des rapports, faute de quoi le drame, même interprété par d'excellents acteurs, perd la meilleure part de son expression.

Jacques COPEAU, *Le Théâtre du Vieux-Colombier un essai de rénovation dramatique*, © Gallimard, 1913.

midi

De l'ancien français *mi*, du latin *medius*, au milieu de, et *dies*, jour.

■ Midi, Roi des étés, épandu sur la plaine, / Tombe en nappes d'argent des hauteurs du ciel bleu. / Tout se tait. L'air flamboie et brûle sans haleine ; / La Terre est assoupie en sa robe de feu.

Leconte DE LISLE, *Poèmes antiques*, « Midi », 1852.

■ Midi brûle aux carreaux d'argent / La place du monde flambe comme une forge / L'angoisse me fait de l'ombre

Anne HÉBERT, *Poèmes*, © Le Seuil, 1953.

mie

Forme coupée de *m'amie*, *mon amie*, attestée au XIIIe s.

■ Si le roi m'avait donné / Paris, sa grand'ville, / Et qu'il ne me fallût quitter / L'amour de ma mie, / Je dirais au roi Henri : / Reprenez votre Paris ; / J'aime mieux ma mie, au gué ! / J'aime mieux ma mie.

MOLIÈRE, *Le Misanthrope*, 1667.

Et dans les dictionnaires anciens...

■ *Mie*. Est aussi un vieux mot qui signifiait autrefois Maîtresse bien aimée. [...] Les enfants appellent encore leur Gouvernante, leur Mie.

Antoine FURETIÈRE, *Dictionnaire universel*, 1690.

miel

Du latin *mel*, de même sens.

■ Sais-tu, les yeux vers le ciel, / Ce que dit la pauvre veuve ? / – Un ange au fiel qui m'abreuve / Est venu mêler son miel.

Victor HUGO, *Les Chants du crépuscule*, 1835.

■ On ne sait pas encore par quelle alchimie le miel se transforme en cire dans le corps plein d'énigmes de nos mouches suspendues.

Maurice MAETERLINCK, *La Vie des abeilles*, 1901.

▶ VOIR abeille, abreuver, bouche, jour, mathématique, Paris, vipère, ventre.

mieux

Du latin *melius*, de même sens, comparatif de *bene*, bien.

■ Je sais que vous parlez, monsieur, le mieux du monde.

MOLIÈRE, *Le Misanthrope*, 1667.

Et les pensées de...

■ Quand il y a du mieux dans le moins mal et du moins mal dans l'un peu mieux, c'est que ça va moins mal. Dans ce mieux moins mal et ce mal mieux, l'mieux va moins mal et l'mal va mieux. En somme, dans l'attente d'être heureux, on se prépare à aller mieux.

Pierre DAC, *Arrière-Pensées*,
© Le Cherche midi, 1998.

mignonne

Probablement issu du radical *min*, exprimant la grâce, avec le suffixe *-on*, supplantant le *-ot* de *mignot*.

■ Mignonne, allons voir si la rose / Qui ce matin avait déclose / Sa robe de pourpre au soleil, / A point perdu cette vesprée / Les plis de sa robe pourprée / Et son teint au vôtre pareil.

Pierre DE RONSARD, *Odes*,
« Ode à Cassandre », 1550.

milieu

Mot composé de *mi*, du latin *medius*, qui est au milieu de, et de *lieu*.

■ Les hommes s'accommodent mieux des milieux que des extrémités.

Charles Louis DE MONTESQUIEU,
De l'esprit des lois, 1748.

militaire

Du latin *militaris*, qui est en rapport avec la guerre.

■ Le militaire et le bourreau occupent en effet les deux extrémités de l'échelle sociale ; mais c'est dans le sens inverse de cette belle théorie. Il n'y a rien de si noble que le premier, rien de si abject que le second.

Joseph DE MAISTRE,
Les Soirées de Saint-Pétersbourg, 1821.

millionnaire

Dérivé de *milliard*, attesté au XIXe s.

■ Tel, ce millionnaire, répliquant à un naïf, qui lui demandait son secours pour un artiste dans la misère : — Mais, monsieur, Mozart est mort de misère.

Romain ROLLAND, *Jean-Christophe*,
© Albin Michel, 1904-1912.

■ Hier soir, un millionnaire crétin, qui ne secourut jamais personne, a perdu mille louis au cercle, au moment même où quarante pauvres filles que cet argent eut sauvées tombaient de faim dans l'irrémédiable vortex du putanat.

Léon BLOY, *Le Désespéré*, 1886.

▶ VOIR infâmie.

ministre

Du latin *minister*, serviteur, par opposition à *magister*, maître.

■ Comme il est de la prudence du ministre d'État de parler peu, il en est aussi d'écouter beaucoup. On tire profit de toutes sortes d'avis : les bons sont utiles par eux-mêmes, et les mauvais confirment les bons.

RICHELIEU,
Testament politique, posth. 1688.

■ Un ministre honnête homme et qui fait son devoir / Est lui-même accablé sous un si grand pouvoir : / Quoique avant le soleil tous les jours, il se lève, / Jusqu'à ce qu'il se couche il n'a ni paix ni trêve ; / Et durant la nuit même attentif prévoir, / Le repos de l'État l'empêche d'en avoir.

Edme BOURSAULT, *Ésope à la cour*, posth. 1702.

■ Le devoir d'un ministre est dans sa résistance.

Lucien-Émile ARNAULT, *Pierre de Portugal*, 1823.

■ Ministre : Dernier terme de la gloire humaine.

Gustave FLAUBERT,
Le Dictionnaire des idées reçues, posth., 1913.

Et dans les dictionnaires anciens...

■ Un sage ministre a de l'*attention* à ne former ou à n'adopter que des projets avantageux à l'État, de l'*exactitude* pour en prévenir tous les inconvénients, et de la *vigilance* pour en procurer le succès.

Gabriel GIRARD, *Synonymes françois*, 1736.

minorité

Du latin médiéval *minoritas*. Personne mineure au XIIIe s. puis partie la moins nombreuse (XVIIe).

■ Une minorité ruine presque toujours les conquérants,

VOLTAIRE, *Essai sur les mœurs et l'esprit des nations*, 1756.

minuit

Construit avec *mi*, au milieu de, et *nuit*. Au féminin, jusqu'au XVe s.

■ Minuit : Limite du labeur et des plaisirs honnêtes. Tout ce qu'on fait au-delà est immoral.

Gustave FLAUBERT, *Le Dictionnaire des idées reçues*, posth. 1913.

■ Minuit / tout est repeint / Un nouveau jour commence

Pierre REVERDY, *Main d'œuvre*, « Cale sèche », © Mercure de France, 1949.

minute (de silence)

Du latin médiéval *minuta*, de *minutus*, petit, menu.

■ Minute de silence : la seule punition que l'on puisse infliger à un homme politique.

Jacques MAILHOT, *La Politique d'en rire*, © Carrère-Lafon, 1986.

minutieux

Du latin *minutia*, petite parcelle. *Minitieux* est attesté au XVIIIe, un siècle après *minutie*.

■ L'esprit supérieur mène à la réussite : / Mais les minutieux ont aussi leur mérite.

Philippe FABRE D'ÉGLANTINE, *Les Précepteurs*, posth., 1799.

▶ VOIR chirurgien, lit.

miroir

Dérivé de *mirer*, issu du latin *mirari*, s'étonner, regarder avec surprise, admirer.

■ Ah ! le peuple ! océan ! onde sans cesse émue ! [...] Miroir, où rarement un roi ne se voit en beau !

Victor HUGO, *Hernani*, 1830.

■ A-t-elle subi la torture, l'abominable torture du miroir, du petit miroir à poignée d'argent qu'on ne peut se décider à reposer sur la table, puis qu'on rejette avec rage et qu'on reprend aussitôt, pour revoir, de tout près, de plus près, l'odieux et tranquille ravage de la vieillesse qui s'approche ?

Guy DE MAUPASSANT, *Gil Blas*, « Madame Hermet », 1887.

Et dans les dictionnaires anciens...

■ Le plus grand miroir ardent qui ait été fait est celui du Sr [sieur] Villette de Lyon [...]. Il a percé une pièce de quinze sous en 24 secondes, & un morceau de fer-blanc en six secondes...

Antoine FURETIÈRE, *Dictionnaire universel*, 1690.

misanthrope

Du grec *misanthrôpos*, qui hait le genre humain, de *misein*, haïr et *anthrôpos*, homme.

■ [...] ce qui dans le caractère d'Alceste [personnage misanthrope de Molière], a toujours été dissimulé : un homme faible et vaincu d'avance en dépit de ses grands éclats.

François MAURIAC, *Journal*, tome II © Flammarion, 1937.

Et les pensées de...

■ J'étais déjà misogyne, je deviens misanthrope, alors vous voyez il reste pas grand-chose.

Serge GAINSBOURG, *Pensées, provocs et autres volutes*, © Le Cherche midi, 2006.

misérable, misérabilisme

Du latin *miserari*, éprouver de la compassion, de la pitié. *Misérabilisme* est apparu dans la première moitié du XXe s.

■ Selon que vous serez puissant ou misérable, / Les jugements de cour vous rendront blanc ou noir.

Jean DE LA FONTAINE, *Fables*, « Les Animaux malades de la peste », 1668-1694.

■ Il va de soi que le misérabilisme, dont l'apparition peut être tenue pour un des phénomènes spécifiques de ces dernières années, le misérabilisme, ce fléau contre lequel le moment est venu de prendre des mesures énergiques, admet en art autant de variétés qu'il peut y avoir de catégories de la misère.

André BRETON, *Le Surréalisme et la Peinture*, © Jean-Jacques Pauvert, 1928.

▶ VOIR abondance, hôpital.

misère(s)

Du latin *miseria*, malheur, souci, peine, dérivé de *miser*, malheureux.

■ Chacun est prosterné / Devant les gens heureux. Sont-ils dans la misère ? / On les plaint tout au plus, et l'on croit beaucoup faire.

Philippe DESTOUCHES, *Le Dissipateur*, 1753.

■ Il [l'homme] apprit à distinguer les plantes utiles des nuisibles, à combattre les éléments, à saisir une proie, à défendre sa vie ; et il allégea sa misère.

Constantin-François DE VOLNEY, *Les Ruines*, 1791.

■ La misère m'empêcha de croire que tout est bien sous le soleil et dans l'histoire ; le soleil m'apprit que l'histoire n'est pas tout.

Albert CAMUS, *L'Envers et l'Endroit*, © Gallimard, 1937.

▶ VOIR argot, divertissement, homme, orgueil, parler, prostituée, société, souffrance.

misogyne

Du grec *misogunês*, celui qui hait les femmes, de *misein*, haïr et de *gyné*, femme.

▶ VOIR misanthrope.

missionnaire

Dérivé de *mission*, issu du latin *missio*, action d'envoyer.

■ Missionnaires : Sont tous mangés ou crucifiés.

Gustave FLAUBERT, *Le Dictionnaire des idées reçues*, posth. 1913.

moche

Du verbe *amocher*, dérivé de *moche*, écheveau de fil. Probablement aussi du francique *mokka*, masse informe.

■ Tout allait au plus mal dans le plus moche des mondes.

Blaise CENDRARS, *La Main coupée*, © Gallimard, 1946.

Et les pensées de...

■ Thérèse n'est pas moche, elle n'a pas un physique facile, c'est différent.

Extrait de *Le Père Noël est une ordure* de Jean-Marie POIRÉ (scén. la troupe du Splendid) 1982.

mode

Du latin *modus*, mesure, étendue, manière. Le sens de « façon de s'habiller » est apparu vers la fin du XVe s.

■ Il y a autant de faiblesse à fuir la mode qu'à l'affecter.

Jean DE LA BRUYÈRE, *Les Caractères*, « De la mode », 1694.

■ Un sage suit la mode, et tout bas il s'en moque.

Philippe DESTOUCHES, *L'Homme singulier*, 1765.

■ Je trouve les caprices de la mode, chez les Français, étonnants. Ils ont oublié comment ils étaient habillés cet été ; ils ignorent encore plus comment ils le seront cet hiver.

Charles Louis DE MONTESQUIEU, *Lettres persanes*, 1721.

■ Même ce qui est ancien est exposé aux variations de la mode.

Joseph JOUBERT, *Pensées, essais, maximes et correspondances*, posth. 1838.

Et dans les dictionnaires anciens...

■ Les François changent tous les jours de mode. Les estrangers suivent la mode des François, à la réserve des Espagnols, qui ne changent jamais de mode.

Antoine FURETIÈRE, *Dictionnaire universel*, 1690.

Et les pensées de...

■ On croit que la mode c'est les fringues, le parfum, les accessoires, mais quand tu vois une photo d'un nu de la Belle Époque ou des années trente ou de maintenant, les corps ne sont pas pareils.

Michel FIELD, *Petits dialogues entre amis*, © M. Field, 1997.

modèle

De l'italien *modello*, de même sens, attesté au XVIe s., du latin populaire *modellus*.

■ Étudiez la cour et connaissez la ville : / L'une et l'autre est toujours en modèles fertile.

Nicolas BOILEAU, *Épître VII*, 1677.

modération

Du latin *moderatio*, action de modérer, de tempérer, de mesurer.

■ La modération est une crainte de tomber dans l'envie et dans le mépris que méritent ceux qui s'enivrent de leur bonheur.

François DE LA ROCHEFOUCAULD, *Réflexions ou Sentences et maximes morales*, 1664.

modérément

Dérivé de *modéré*, du latin *moderari*, régler, conduire, limiter.

▶ VOIR médiocrité.

moderne

Du bas latin *modernus*, récent, dérivé de *modos*, récemment. Sont qualifiées de « modernes » la période postérieure à l'Antiquité et celle allant de la Renaissance à la Révolution française. L'emploi du substantif apparaît au XVIIe s. à travers la querelle opposant Modernes et Anciens.

■ Je veux faire le poème de l'activité moderne. Donc, changement complet de philosophie : plus de pessimisme d'abord, ne pas conclure à la bêtise et à la mélancolie de la vie, conclure au contraire à son continuel labeur, à la puissance et à la gaieté de son enfantement.

Émile ZOLA, *Au Bonheur des dames*, (ébauche), 1883.

modeste, modestie

Du latin *modestus* et attesté au XIVe s. Modestie, du latin *modestia*, de même sens et attesté au XVIIe s.

■ De toutes les vertus, celle qui, dans le monde, m'a toujours paru réussir le moins à celui qui la pratique, c'est la modestie.

CRÉBILLON, *Les Égarements du cœur et de l'esprit*, 1735-1738.

■ L'homme le plus modeste, en vivant dans le monde, doit, s'il est pauvre, avoir un maintien très assuré et une certaine aisance, qui empêchent qu'on ne prenne quelque avantage sur lui. Il faut, dans ce cas, parer sa modestie de sa fierté.

Nicolas DE CHAMFORT, *Maximes et pensées, caractères et anecdotes*, 1795.

■ Donnez-moi, dit la fleur modeste, / Un peu d'herbe pour me cacher !

Louis RATISBONNE, *La Comédie enfantine*, « Le Souhait de la violette », 1860.

■ Sois modeste ! C'est le genre d'orgueil qui déplaît le moins.

Jules RENARD, *Journal*, posth. 1927.

■ Modestie n'est pas humilité. Il y a dans l'humilité un agenouillement désiré. On peut être humble et debout.

Salah STÉTIÉ, *Carnets du méditant*, © Albin Michel, 2003.

Et dans les dictionnaires anciens...

■ *Modestie*. Pudeur, retenue. La modestie sied bien sur le visage d'une fille.

Antoine FURETIÈRE, *Dictionnaire universel*, 1690.

▶ VOIR femme, honte, journal, metteur en scène, œuvre, orgueil, présomption, rime.

modifier

Du latin *modificare*, régler, ordonner.

■ L'homme est aux prises avec la nature ; sans cesse il la modifie, et sans cesse il est modifié.

Guillaume-Thomas RAYNAL, *Histoire philosophique et politique des établissements et du commerce des Européens dans les deux Indes*, 1770.

mœurs

Du latin *mores*, pluriel de *mos*, *moris*, volonté, désir, coutume.

■ Mon Dieu, des mœurs du temps mettons-nous moins en peine, / Et faisons un peu grâce à la nature humaine.

MOLIÈRE, *Le Misanthrope*, 1667.

moi, moi-même

Du latin *me*, de même sens.

■ Nérine. — Dans un si grand revers que vous reste-t-il ? / Médée. — Moi. Moi, dis-je, et c'est assez.

Pierre CORNEILLE, *Médée*, 1639.

■ Quel est ce moi dont je m'occupe : un assemblage informe de parties inconnues, puis un chétif être imbécile, un petit animal folâtre, un jeune homme ardent au plaisir, ayant tous les goûts pour jouir, faisant tous les métiers pour vivre.

Pierre DE BEAUMARCHAIS, *Le Mariage de Figaro*, 1784.

■ Quoi que je dise ou fasse, toujours une partie de moi reste en arrière, qui regarde l'autre se compromette, qui l'observe, qui se fiche d'elle et la siffle, ou qui l'applaudit.

André GIDE, *Les Faux-Monnayeurs*, © Gallimard, 1925.

■ Entre Moi clair et Moi trouble ; entre Moi juste et Moi coupable, il y a de vieilles haines et de vieux arrangements, de vieux renoncements et de vieilles supplications.

Paul VALÉRY, *Cahiers*, « Extraits du log-book de Monsieur Teste », © Gallimard, 1926.

■ Je te cherche par-delà l'attente / Par-delà moi-même / Et je ne sais plus tant je t'aime / Lequel de nous deux est absent.

Paul ÉLUARD, *L'Amour la poésie*, © Gallimard, 1929.

■ Je voudrais plus ne m'occuper que de moi-même, à si peu de jours de me montrer devant Dieu ; cesser de mentir aux autres et de me mentir, et mériter enfin le respect que l'on me donne, après l'avoir si longtemps usurpé.

Henry DE MONTHERLANT, *La Reine morte*, 1942.

Et les pensées de...

■ Ce qui justifie le moi, c'est le talent. Là, c'est le moi qui devient supplétif, accessoire, moyen : une honnêteté esthétique.

Charles DANTZIG, *Dictionnaire égoïste de la littérature française*, © Grasset, 2005.

▶ VOIR aimé, bavard, beaucoup, confiance, gouverner, honneur, lutte, maître, médiocre, oser, pensée, planer, prise de position, repos, sensible, société, souvenir, trace, vengeance, vous.

moitié

Du latin *medietas, -atis*, milieu, centre, puis *moitié* au IIe s.

■ Bien que la pert' de ma moitié / Fut pour mon âme un coup bien rude, / Quéqu'temps après j'me suis r'marié, / Histoir' d'en pas perdr' l'habitude...

Paul VERLAINE, *Élégies*, « Faut hurler avec les loups », 1896.

Et les pensées de...

■ La femme d'Einstein n'était pas la moitié d'un imbécile.

Yvan AUDOUARD, *Pensées provisoirement définitives*, © Le Cherche midi, 2002.

môme

Probablement du radical *mom-*, premiers cris d'enfant. Attesté au début du XIXe s.

■ Ce que ça vieillit vite un môme !

Louis-Ferdinand CÉLINE, *Mort à crédit*, © Gallimard, 1936.

moment

Du latin *momentum*, mouvement, puis durée d'un mouvement.

■ Un moment quelquefois renverse un grand courage.

VOLTAIRE, *Brutus*, 1730.

■ Âme royale, livrée, dans un moment d'oubli au crabe de la débauche, au poulpe de la faiblesse de caractère, au requin de l'abjection individuelle, au boa de la morale absente, au colimaçon monstrueux de l'idiotisme.

Comte DE LAUTRÉAMONT, *Les Chants de Maldoror*, 1869.

Et les pensées de...

■ Le lieu qu'occupe un corps ne peut jamais être occupé en même temps par un autre. À moins que le premier ne cède la place. Les moments dans le temps sont aussi imperméables que les corps dans l'espace.

Michel FIELD, *Petits dialogues entre amis*, © M. Field, 1997.

▶ VOIR souvenir.

monarchie, monarchisme, monarque

Du grec *monarkhia* (*mono*, seul et *arkhein*, pouvoir). *Monarchisme* n'apparaît qu'au XVIIIe s.

■ Quelque puissant que soit un monarque, il manque quelque chose à sa gloire, s'il n'a la prééminence de l'esprit.

Blaise PASCAL, *Lettre à la Sérénissime Reine de Suède*, juin 1652.

■ Le monarchisme, tel qu'il existait en Espagne et tel qu'il existe au Tibet, est pour la civilisation une sorte de phtisie. Il arrête net la vie. Il dépeuple, tout simplement. Claustration, castration. Il a été le fléau en Europe.

Victor HUGO, *Les Misérables*, 1862.

Et dans les dictionnaires anciens...

■ *Monarque*. Souverain, puissant, impérieux, sceptré, grand, indomptable, conquéreur, généreux, illustre, martial...

Maurice DE LA PORTE, *Épithètes*, 1571.

■ Les Princes s'*agrandissent* en reculant les bornes de leurs États, et croient par-là augmenter leur puissance : mais ils se trompent quelquefois en cela ; car cet *agrandissement* ne produit qu'une *augmentation* de soins, et souvent même est la première cause de la décadence d'une monarchie.

Gabriel GIRARD, *Synonymes françois*, 1756.

▶ VOIR chanson, déclin, despotisme, Europe, république.

monde

Du latin *mundus*, net, propre, puis monde. La locution *Nouveau Monde* apparaît au XVIe s. par opposition à l'*Ancien Monde* (Europe, Afrique, Asie).

■ Aller en l'autre monde est très grande sottise, / Tant que dans celui-ci l'on peut être de mise.

MOLIÈRE, *Sganarelle*, 1660.

■ Qu'il est vieux ce monde ! Je marche entre deux éternités. De quelque part que je jette les yeux, les objets qui m'entourent m'annoncent une fin et me résignent à celle qui m'attend.

Denis DIDEROT, *Salon de 1767*, posth. 1798.

■ Le monde est un livre dont chaque pas nous ouvre une page.

Alphonse DE LAMARTINE, *Voyage en Orient*, 1835.

■ Je comprends l'harmonie du monde : quand en surprendrai-je la mélodie ?

Paul CLAUDEL, *Connaissance de l'Est*, © Gallimard, 1900.

■ À la fin tu es las de ce monde ancien

Guillaume APOLLINAIRE, *Alcools*, « Zone », © Gallimard, 1913.

■ Grâce à l'art, au lieu de voir un seul monde, le nôtre, nous le voyons se multiplier, et, autant qu'il y a d'artistes originaux, autant nous avons de mondes à notre disposition, plus différents les uns des autres que ceux qui roulent dans l'infini et qui, bien des siècles après qu'est éteint le foyer dont il émanait, qu'il s'appelât Rembrandt ou Vermeer, nous envoient encore leur rayon spécial.

Marcel PROUST, *Le Temps retrouvé*, posth. 1927.

■ Le monde est clair, plus clair que vous croyez. Retenons-nous de le troubler de soupçons et de racontars. Ne soyons pas indiscrets.

Jacques AUDIBERTI, *Le mal court*, (1947), © Gallimard, 1948.

■ Pour en revenir au monde géographique, celui de l'homme est tout petit. Dans ce monde-là, j'avais des soucis à ma mesure. [...] Maintenant, il suffit que je me mette à table pour que cinq ou six Premiers ministres d'Europe, d'Asie, d'Afrique, d'Amérique se mettent à papoter. J'ai d'extraordinaires soucis...

Jean GIONO, *Propos et anecdotes.*

■ Le monde, il m'emmerde, il n'est pas au point. Et la vérité, c'est que, tel que je suis, je ne suis pas synchrone.

François BILLETDOUX, *Comment va le monde, môssieur ? Il tourne, môssieur,* © La Table Ronde, 1964.

Et les pensées de...

■ Tel est le monde : une magnifique salle de bal où d'élégants danseurs se retrouvent autour d'un orchestre entraînant et d'un buffet somptueux. Seuls quelques invités devinent que la salle peut exploser d'un instant à l'autre ou qu'une féroce dispute va se déclencher.

Jacques ATTALI, *Dictionnaire du XXIe siècle,* © Fayard, 1998.

▶ VOIR admirer, conquérir, sagesse, sauver, séduire, sens, sexe, signification, spectacle, tableau, taire, télévision, troubler, ubiquité.

montagne

Du latin classique *montanus*, relatif à la montagne.

■ Saint-Maurice, 3 septembre, première année. Je vis que, malgré la lenteur des mouvements apparents, c'est dans les montagnes, sur leurs cimes paisibles, que la pensée, moins pressée, est plus véritablement active.

SENANCOUR, *Oberman*, 1804.

■ Il est sur ma montagne une épaisse bruyère / Où les pas du chasseur ont peine à se plonger, / Qui plus haut que nos fronts lève sa tête altière, / Et garde dans la nuit le pâtre et l'étranger.

Alfred DE VIGNY, *Les Destinées,* « La Maison du Berger », posth., 1864.

▶ VOIR souris.

monter

Du latin *montare*, issu de *mons, montis*, mont.

■ Pour tomber de plus haut, où voulez-vous monter ?

VOLTAIRE, *Rome sauvée ou Catilina*, 1752.

■ Ne pas monter bien haut, peut-être, mais tout seul !

Edmond ROSTAND, *Cyrano de Bergerac*, 1910.

montrer (se)

Du latin *monstrare*, de même sens. *Montrer* s'écrivait *mostrer* en ancien français.

■ Que les gens sont rares dont on peut inférer ce qu'ils sont d'après ce qu'ils se montrent ! Peut-être même personne !

Paul LÉAUTAUD, *Journal littéraire*, posth. © Mercure de France, 1986.

monument, monumental

Du latin *monumentem*, ce qui remémore, issu de *monere*, faire penser, avertir.

■ Les grands monuments font une partie essentielle de la gloire de toute société humaine.

François-René DE CHATEAUBRIAND, *Itinéraire de Paris à Jérusalem*, 1811.

■ Quant à moi, je deviens colossal, monumental ; je suis bœuf, sphinx, butor, éléphant, baleine, tout ce qu'il y a de plus énorme, de plus empâté et de plus lourd, au moral comme au physique.

Gustave FLAUBERT, *Correspondance,* posth. 1926-1930.

■ La solidité et on dirait presque la sincérité des monuments éclate encore mieux par leur grandeur et par leur masse ; c'est pourquoi on peut aller jusqu'à dire que la beauté architecturale dépend beaucoup de la masse dressée. C'est presque la seule beauté des pyramides, et l'on dit que ce n'est pas peu.

ALAIN, *Système des Beaux-Arts,* © Gallimard, 1920.

▶ VOIR superflu.

moquer (se), moquerie

Mot d'origine obscure, probablement formé à partir du radical francique *mokk-*, signifiant le mépris.

■ La moquerie est souvent indigence d'esprit.

Jean DE LA BRUYÈRE, *Les Caractères,* « De la société et de la conversation », 1694.

■ Le Maître. — ... Dis-moi ce que tu as essayé. / Jacques. — De me moquer de tout. Ah ! si j'avais pu y réussir. / Le Maître. — À quoi cela t'aurait-il servi ? / Jacques. — À me délivrer de souci, à n'avoir plus besoin de rien, à me rendre parfaitement maître de moi, à me trouver aussi bien la tête contre une borne, au coin de la rue, que sur un bon oreiller.

Denis DIDEROT, *Jacques le Fataliste et son maître*, posth. 1796.

Et dans les dictionnaires anciens...

■ Un libertin se moque de toutes les remontrances. Un débauché se moque de la fortune [destinée].

Maurice LACHÂTRE, *Dictionnaire français illustré*, 1856.

moral, morale

Du latin *moralis*, relatif aux mœurs. *Morale*, de l'adjectif *moral*, attestée au XVIIe s.

■ Une morale nue apporte de l'ennui ; / Le conte fait passer le précepte avec lui.

Jean DE LA FONTAINE, *Fables, VI*, « Le Pâtre et le Lion », 1668.

■ Quels ennemis de l'humanité, dira-t-on, s'opposent encore aux progrès de la morale ? Ce ne sont plus les rois, mais deux autres espèces d'hommes puissants. Les premiers sont les fanatiques, et je ne les confonds point avec les hommes vraiment pieux. [...] La seconde espèce d'hommes puissants qui s'opposent aux progrès de la morale, sont les demi-politiques

Claude Adrien HELVÉTIUS, *De l'esprit*, 1758.

■ Chaque époque a sa morale dominante, qui ne résulte ni de la religion ni de la philosophie, mais de l'habitude, seule force capable de réunir les hommes dans un même sentiment, car tout ce qui est sujet au raisonnement les divise ; et l'humanité ne subsiste qu'à la condition de ne point réfléchir sur ce qui est essentiel à son existence.

Anatole FRANCE, *Le Mannequin d'osier*, 1897.

■ On devient moral dès qu'on est malheureux.

Marcel PROUST, *À l'ombre des jeunes filles en fleurs*, 1919.

➤ VOIR agacer, éducation, humour, idée, inégalité, instituteur, liberté, moment, politique, propos, proverbe, religion, ressemblence, sensibilité, sport, veillée.

moraliste

Dérivé de *morale*, apparu au XVIIe s.

■ On dirait que les moralistes ont envie que les gens soient malheureux, afin de donner rétrospectivement raison à leurs sentences.

Charles DANTZIG, *Dictionnaire égoïste de la littérature française*, © Grasset, 2005.

mordre

Du latin *mordere*, entamer avec les dents, puis tourmenter, blesser (en parlant de paroles).

■ Ceci s'adresse à vous, esprits du dernier ordre, / Qui n'étant bons à rien, cherchez sur tout à mordre. / Vous vous tourmentez vainement. / Croyez-vous que vos dents impriment leurs outrages / Sur tant de beaux ouvrages ? / Ils sont pour vous d'airain, d'acier, de diamant.

Jean DE LA FONTAINE, *Fables*, « Le Serpent et la Lime », 1668-1694.

Et dans les dictionnaires anciens...

■ Quand on est mordu par une bête enragée, il faut aller à la mer.

Antoine FURETIÈRE, *Dictionnaire universel*, 1690.

mort

Du latin classique *mors, mortis*, qui a cessé de vivre, attesté en français dès le début du XIe s.

■ Le but de notre carrière [parcours], c'est la mort, c'est l'objet nécessaire à notre visée ; si elle nous effraie, comment est-il possible d'aller un pas en avant sans fièvre ? Le remède du vulgaire, c'est de n'y penser pas.

Michel DE MONTAIGNE, *Essais*, 1580-1592.

■ La mort n'a rien d'affreux pour une âme bien née.

Pierre CORNEILLE, *Héraclius*, 1657.

■ La mort est un remède à trouver quand on veut, / Et l'on doit s'en servir le plus tard que l'on peut.

MOLIÈRE, *Le Dépit amoureux*, 1663.

■ La Mort ne surprend point le sage ; / Il est toujours prêt à partir, / S'étant su lui-même avertir / Du temps où l'on se doit résoudre à ce passage.

Jean DE LA FONTAINE, *Fables*, « La Mort et le Mourant », 1668-1694.

■ La mort est-elle un mal ? la vie est-elle un bien ?

CRÉBILLON, *Idoménée*, 1706.

■ L'idée de la mort, qui décourage les esprits vulgaires, rend le génie plus audacieux, et le mélange des beautés de la nature et des terreurs de la destruction excite je ne sais quel délire de bonheur et d'effroi, sans lequel l'on ne peut ni comprendre ni décrire le spectacle de ce monde.

Germaine DE STAËL, *De l'Allemagne*, 1810.

■ La mort, mystère inexplicable, dont une expérience journalière paraît n'avoir pas encore convaincu les hommes ; terme assuré qui ne nous console ni ne nous apaise, objet d'une insouciance habituelle et d'un effroi passager.

Benjamin CONSTANT, *Adolphe*, 1816.

■ Ô mort ! tu peux attendre ; éloigne, éloigne-toi ; / Va consoler les cœurs que la honte, l'effroi, / Le pâle désespoir dévorent.

André CHÉNIER, *La Jeune Captive*, 1794.

■ Je te salue, ô Mort ! Libérateur céleste, / Tu ne m'apparais point sous cet aspect funeste / Que t'a prêté longtemps l'épouvante ou l'erreur.

Alphonse DE LAMARTINE, *Méditations poétiques*, 1820.

■ Il est un petit nombre d'êtres forts et privilégiés auxquels il est permis de contempler la mort face à face, d'avoir avec elle un long duel, et d'y déployer un courage, une habileté qui frappent d'admiration.

Honoré DE BALZAC, *Le Curé de village*, 1839.

■ Dès qu'il s'agit des morts, du grand siècle surtout, / Les pédants encroûtés, soi-disant gens de goût, / Dans les livres de rien découvrent du génie / Et lâchent toute bride à l'admiromanie.

Amédée POMMIER, *Crâneries et dettes de cœur*, 1842.

■ La Mort : — C'est moi qui te rends sérieuse ; enlaçons-nous ! / *La Mort ricane, la Luxure rugit. Elles se prennent par la taille et chantent ensemble :* / — Je hâte la dissolution de la matière ! / —Je facilite l'éparpillement des germes ! / — Tu détruis, pour mes renouvellements ! / — Tu engendres, pour mes destructions ! / — Active ma puissance ! / — Féconde ma pourriture !

Gustave FLAUBERT, *La Tentation de saint Antoine*, 1849.

■ Les morts, ce sont les cœurs qui t'aimaient autrefois ! / C'est ton ange expiré ! C'est ton père et ta mère ! / Ne les attristons point par l'ironie amère / Comme à travers un rêve, ils entendent nos voix.

Victor HUGO, *Les Contemplations*, 1856.

■ Ô Mort, vieux capitaine, il est temps ! levons l'ancre ! / Ce pays nous ennuie, ô Mort ! Appareillons ! / Si le ciel et la mer sont noirs comme de l'encre, / Nos cœurs que tu connais sont remplis de rayons !

Charles BAUDELAIRE, *Les Fleurs du mal*, « Le Voyage », 1857.

■ Une pas assez constante pensée de la mort n'a donné pas assez de prix au plus petit instant de ta vie.

André GIDE, *Les Nourritures terrestres*, © Gallimard, 1897.

■ Je viens encore de voir la mort de près. Signe que l'on vieillit, quand le nombre de nos morts s'augmente.

Paul LÉAUTAUD, *In memoriam*, © Mercure de France, 1905.

■ Ne point craindre la mort cela veut dire : en épargner la crainte aux autres.

André SUARÈS, *Sur la vie*, © Gallimard, 1910.

■ Chaque créature est seule pour mener son combat, comme elle sera seule au jour fixé, pour mourir sa mort.

Roger Martin DU GARD, *L'Été 1914. Les Thibault*, © Gallimard, 1936.

■ Les morts... Une rude débandade, si on y pense. Vous laissant des chagrins qui n'en finissent pas de s'accumuler. Tant et tant de chagrins, qu'on se retrouve avec tellement pas assez de larmes qu'on finit par laisser courir.

Remo FORLANI, *La Déglingue*, © Denoël, 1995.

Et dans les dictionnaires anciens...

■ Mort / Entière extinction de la chaleur naturelle. [...] La mort n'est pas un mal que le prudent évite.

Pierre RICHELET, *Dictionnaire françois*, 1680.

■ Exprimer ce que l'on ressent pour les morts est une satisfaction ; c'est, ce semble, leur serrer la main une fois de plus.

Émile LITTRÉ, *Dictionnaire de la langue française* (préface du tome III), 1874.

Et les pensées de...

■ Je suis une bête, ça m'est égal, la mort connais pas. Je suis la vie, la vie jusqu'à sa monstruosité. Il ne faut jamais faire dans la culpabilité, se dire qu'on aurait dû, qu'on aurait pu. [...] J'ai toujours dit que je ne me laisserai pas emmerder par la mort. La mienne et celle des autres.

Gérard DEPARDIEU, *Lettres volées*, © Jean-Claude Lattès, 1988.

■ Le sage, dit-on, ne craint pas la mort. Mais, de la sagesse, on se garde bien de donner la recette.

Jean HAMBURGER, *Dictionnaire promenade*, © Le Seuil, 1989.

■ Ma mère m'a donné la vie et la mort.

Frédéric DARD, *Les Pensées de San Antonio*, © Le Cherche midi, 1996.

■ Beaucoup meurent à trente ans. Et sont enterrés quarante ans plus tard.

Jacques DUTRONC, *Pensées et répliques*, © Le Cherche midi, 2000.

▶ VOIR arriver, assurance, bambin, cimetière, départ, détruire, énerver, épitaphe, érotisme, guerre, iceberg, immortalité, Jésus, journal, maîtresse, mépris, opprobre, oublier, pierre, rossignol, ruine, soleil, souvenir, squelette, tard, tourner, trépas, valoir, victime, vieillir, waterloo.

mortification

Du latin chrétien *mortificatio*, mise à mort, mort. Le sens d'« humiliation » n'apparaît qu'au XVIe s.

■ Les véritables mortifications sont celles qui ne sont point connues ; la vanité rend les autres faciles.

François DE LA ROCHEFOUCAULD, *Réflexions ou Sentences et Maximes morales*, 1664.

mot

Du bas latin *mottu(m)*, issu du participe passé passif *muttum*, son émis, mot, du verbe *muttire*, émettre le son *mu*.

■ À moi, comte, deux mots.

Pierre CORNEILLE, *Le Cid*, 1637.

■ Par une antipathie ou juste, ou naturelle, / Nous avons pris chacune une haine mortelle / Pour un nombre de mots, soit ou verbes ou noms, / Que mutuellement nous nous abandonnons ; / Contre eux nous préparons de mortelles sentences.

MOLIÈRE, *Les Femmes savantes*, 1673.

■ Bannissez des mots toute indétermination, et faites-en des chiffres invariables ; il n'y aura plus de jeu dans la parole, et dès lors plus d'éloquence et de poésie.

Joseph JOUBERT, *Pensées, essais, maximes et correspondances*, posth. 1838.

■ Car le mot, qu'on le sache, est un être vivant. [...] Les mots sont les passants mystérieux de l'âme.

Victor HUGO, *Les Contemplations*, 1856.

■ En France particulièrement, les mots ont plus d'empire que les idées.

George SAND, *Indiana*, 1832.

■ Les hommes le plus souvent se querellent pour des mots. C'est pour des mots qu'ils tuent et se font tuer le plus volontiers.

Anatole FRANCE, *Le Mannequin d'osier*, 1897.

■ Le mot bavarde. Le mot est littéraire. Le mot est une fuite. Le mot empêche le silence de parler. Le mot assourdit.

Eugène IONESCO, *Journal en miettes*, © Mercure de France, 1967.

■ Assez de mots, assez de phrases ! ô vie réelle, / Sans art et sans métaphores, sois à moi.

Valéry LARBAUD, *A. O. Barnabooth*, © Gallimard, 1913.

■ Je vous en avertis : si je dirige une revue, ce sera pour y crever des outres, pour y démonétiser tous les beaux sentiments, et ces billets à ordre : les mots.

André GIDE, *Les Faux-Monnayeurs*, © Gallimard, 1925.

■ Avec les mots on ne se méfie jamais suffisamment, ils ont l'air de rien les mots, pas l'air de dangers bien sûr, [...] On ne se méfie pas d'eux les mots et le malheur arrive.

Louis-Ferdinand CÉLINE, *Voyage au bout de la nuit*, © Gallimard, 1932.

■ C'est une des plus incompréhensibles disgrâces de l'homme, qu'il doive confier ce qu'il a de plus précieux à quelque chose d'aussi instable, d'aussi plastique, hélas que le mot.

Georges BERNANOS, *Journal d'un curé de campagne*, © Gallimard, 1936.

■ Pauvreté du langage humain. Comment dire tout ce qu'on veut dire avec des mots.

Julien GREEN, *Le Revenant, Journal V (1946-1950)*, © Gallimard, 1951.

■ Les mots – je l'imagine souvent – sont des petites maisons, avec cave et grenier. Le sens commun séjourne au rez-de-chaussée, toujours prêt au « commerce extérieur », de plain-pied avec autrui, ce passant qui n'est jamais un rêveur. Monter l'escalier du mot c'est, de degré en degré, abstraire. Descendre à la cave, c'est rêver, c'est se perdre dans les lointains couloirs d'une étymologie incertaine, c'est chercher dans les mots des trésors introuvables. Monter et descendre, c'est la vie du poète.

Georges BACHELARD, *La Poétique de l'espace*, © PUF, 1957.

■ Les mots vous lâchent, il est des moments où même eux vous lâchent.

Samuel BECKETT, *Oh les beaux jours*, © Minuit, 1963.

■ Je dis des mots pour m'égarer.

Louis ARAGON, *La Mise à mort*, © Gallimard, 1965.

■ Les mots sont pareils à des animaux féroces, ils cherchent à tuer. Les mots ont des gueules dévorantes. Les mots vont d'un bout à l'autre de la terre, en répétant leurs cris. Les mots guettent dans l'ombre, ils remplacent la lumière, la vie, l'amour.

Jean-Marie G. LE CLÉZIO, *Les Géants*, © Gallimard, 1973.

■ Trier, caresser, marier les mots : parfois les dépiauter, les tordre, les casser. Ni coquetterie ni dérision, mais façon, – il va sans dire, illusoire – d'amadouer, tourner ou briser une fatalité.

Michel LEIRIS, *Frêle Bruit, La Règle du jeu IV*, © Gallimard, 1976.

■ Un ami lui avait dit : « Méfie-toi des mots ! » Mais les mots, c'était sa vie. Séduit par eux, il s'en servait à profusion pour séduire les autres.

Tahar BEN JELLOUN, *Le premier amour est toujours le dernier*, © Le Seuil, 1995.

Et dans les dictionnaires anciens...

■ Le *mot* est de la langue, l'usage en décide. Le *terme* est du sujet, la convenance en fait la bonté. L'*expression* est de la pensée, le tour en fait le mérite. La pureté du langage dépend des *mots* ; sa précision dépend des *termes*, et son brillant dépend des *expressions*.

Gabriel GIRARD, *Synonymes françois*, 1736.

■ Dans celui [le vocabulaire] des pays froids, tous les mots sont rudes et consonants ; leurs sons retentissants et heurtés rappellent la rumeur des torrents, le cri des sapins que l'orage courbe, et le fracas des rocs qui s'écroulent.

Charles NODIER, *Dictionnaire des onomatopées*, (préface), 1808.

Et les pensées de...

■ Les mots en « isme » ne résolvent aucun problème.

François MITTERRAND, propos publié dans *Éphémère*, 1er août 1941.

■ Les idées, ça va et ça vient sans aucune importance. Ce sont les mots qui sont difficiles...

Jacques DUTRONC, *Pensées et répliques*, © Le Cherche midi, 2000.

■ Les mots n'ont pas de valeur en soi. Ils sont un sens, ou plusieurs, et c'est encore une fois l'écrivain qui leur donne une valeur. Les mots sont faits pour cacher la pensée.

Charles DANTZIG, *Dictionnaire égoïste de la littérature française*, © Grasset, 2005.

■ De vieux mots sont au grenier qui nous rendraient service. « Souloir » par exemple, qui voulait dire « avoir l'habitude de » : un mot au lieu de quatre.

Charles DANTZIG, *Dictionnaire égoïste de la littérature française*, © Grasset, 2005.

■ Mes chers compatriotes, Il n'y a pas lieu de s'en réjouir : les mots se bousculent à la porte de notre Centre de Sauvetage des Mots en Voie de Disparition. Il n'y a pas de place pour tout le monde, tant sévit la misère lexicologique, et certains mots en perdition, finissent par baisser les bras, faute de soins. « Immarcescible » est au nombre de ces infortunés.

François ROLLIN, *Les Grands Mots du professeur Rollin*, © Plon, 2006.

■ Ils méritent d'être célébrés [...] les mots, les expressions, locutions, interjections, tous ces français parlés en francophonie, qui font sans doute plus pour notre sentiment d'appartenance à la communauté nationale que tous les Hauts machins de la République.

Patrick FANDIO, *En français dans le monde*, © Jean-Claude Lattès, 2007.

➤ VOIR colère, concevoir, concilier, confiance, croire, culture, dictionnaire, économiser, écrivain, expirer, exprimer, hasard, introduction, jamais, je, journaliste, langage, lexicographie, liberté, mourir, nuit, parole, personnage, poète, réjouir, romantique, sot.

mot (bon mot, beaux mots)

■ On voit qu'il se travaille à dire de bons mots.

MOLIÈRE, *Le Misanthrope*, 1667.

■ Et, dès qu'un mot plaisant vient luire à mon esprit, / Je n'ai point de repos qu'il ne soit en écrit. / Je ne résiste point au torrent qui m'entraîne.

Nicolas BOILEAU, *Satire VII*, 1666.

■ Un bon mot n'est un bon mot qu'en ce qu'il dit une chose que chacun pensait, et qu'il la dit d'une manière vive, fine et nouvelle.

Nicolas BOILEAU, *L'Art poétique*, (préface), 1701.

■ La plupart des bons mots sont des redites.

VOLTAIRE, *Essai sur les mœurs et l'esprit des nations*, 1756.

■ Et ce ne sera pas ces diseurs de bons mots / Qui nous remplaceront une illustre parole.

Charles PÉGUY, *Ève*, © Gallimard, 1913.

Et les pensées de...

■ Les bons mots sont des enfants naturels, vite reconnus par plusieurs pères.

Maurice TOUDOIRE, *Impertinences, lexique fantaisiste*, © Pierre Téqui, 1992.

➤ VOIR capacité, citation, mépris, souvent.

mots (gros)

■ — Vous savez qu'il existe aux États-Unis une machine à filtrer les gros mots à la télévision ? / — J'imagine ça en France. Ça donnerait des trucs comme « vous êtes un ...valescent ...vulsif » C'est ... comme histoire.

Jean YANNE, *Pensées, répliques, textes et anecdotes*, © Le Cherche midi, 1999.

■ Il est osé de qualifier de « gros » certains mots d'une seule syllabe.

Maurice TOUDOIRE, *Impertinences, lexique fantaisiste*, © Pierre Téqui, 1992.

mou

Du latin *mollis*, souple, mou.

■ Je suis un bien bon homme. Doux, doux, flasque. Mou comme une purée de citrouilles.

Paul CLAUDEL, *Le Pain dur*, © Gallimard, 1918.

■ Inès. — C'est quand le fruit est un peu mol, qu'il reçoit bien jusqu'à son cœur tous les rayons de la Création. / L'infante. — Je vous en prie, ne me faites pas l'éloge de la mollesse : vous me blessez personnellement.

Henry DE MONTHERLANT,
La Reine morte, © Gallimard, 1942.

Et les pensées de...

■ Les temps sont durs vive le M.O.U. [...] À l'opposé de ce qu'en pourront penser les éternels sceptiques, le M.O.U. [Mouvement Ondulatoire Unifié] n'est nullement synonyme de veulerie, de mollesse, d'abandon, de résignation et de prêt à subir.

Pierre DAC, *L'Os à moelle*, © Julliard, 1965.

mouchard

Dérivé de *mouche*, attesté dès le XVIe s. avec le sens de « espion de police ».

■ Mouchard : Tous de la police.

Gustave FLAUBERT,
Le Dictionnaire des idées reçues, posth., 1913.

mouche

Du latin *musca*, du grec *muïskè*, diminutif de *muia*, mouche, abeille, du sanskrit *makshas*.

■ Ne vous étonnez pas s'il ne raisonne pas bien à présent ; une mouche bourdonne à ses oreilles ; c'en est assez pour le rendre incapable de bon conseil. [...] La puissance des mouches : elles gagnent des batailles, empêchent notre âme d'agir, mangent notre corps.

Blaise PASCAL, *Pensées*, 1670.

■ En close bouche, n'entre point mouche.

Prosper MÉRIMÉE, *Carmen*, 1845.

■ Chaque fleur attire sa mouche. Seules, les fumées savent qu'il y a du vent.

Jules RENARD, *Journal*, posth., 1927.

Et les pensées de...

■ Avant, des mouches, il y en avait à foison. Elles pullulaient. Cela bourdonnait dans tous les coins. Tandis qu'aujourd'hui... Tenez ! Écoutez autour de vous... On entendrait passer un ange... Comment en est-on arrivé là ?

Raymond DEVOS, *Un jour sans moi*,
« La Mouche », © Plon, 1996.

▶ VOIR assassin.

moucheron

Dérivé de *mouche*, apparu au début du XIVe s.

■ « Va-t'en, chétif insecte, excrément de la terre ! » / C'est en ces mots que le Lion / Parlait un jour au Moucheron, / L'autre lui déclara la guerre.

Jean DE LA FONTAINE, *Fables*,
« Le Lion et le Moucheron », 1668.

■ La construction d'une mousse est plus étonnante que celle du cèdre, et celle du moucheron plus que celle de l'éléphant.

Henri BERNARDIN DE SAINT-PIERRE,
Harmonies de la nature, 1814.

moulin

Du bas latin *molinum*, de même sens.

■ Moulin : Fait bien dans un paysage.

Gustave FLAUBERT,
Le Dictionnaire des idées reçues, posth. 1913.

Et dans les dictionnaires anciens...

■ *Moulin*. Tournoyant, ailé, banier [appartenant au ban du seigneur], venteux ou éventé, instable, pirouetteux, tournemeule, champêtre, aquatique.

Maurice DE LA PORTE, *Épithètes françoises*, 1571.

mourant

Participe présent de *mourir*, attesté à la fin du XIVe s.

■ Aux regards d'un mourant le soleil est si beau !

Alphonse DE LAMARTINE,
Nouvelles méditations poétiques, 1823.

mourir

Du latin classique *mori*, puis du bas latin *morire*, de même sens.

■ Ils ne mouraient pas tous, mais tous étaient frappés.

Jean DE LA FONTAINE, *Fables*,
« Les animaux malades de la peste », 1668 1694.

■ Le plus semblable aux morts meurt le plus à regret.

Jean DE LA FONTAINE, *Fables*,
« La Mort et le Mourant », 1668.

■ Madame se meurt ! Madame est morte ! [...] Quoi donc ! elle devait périr si tôt [26 ans] ! Dans la plupart des hommes les changements se font peu à peu, et la mort les prépare ordinairement à son dernier coup.

Jacques-Bénigne BOSSUET, *Oraison funèbre de Henriette-Anne d'Angleterre, duchesse d'Orléans*, 1670.

■ ... Si on m'avait demandé mon avis, j'aurais bien aimé à mourir entre les bras de ma nourrice : cela m'aurait ôté bien des ennuis, et m'aurait donné le Ciel bien sûrement et bien aisément.

MME DE SÉVIGNÉ, *Lettres à Mme la comtesse de Grignan, sa fille, (16 mars 1672)*, 1726.

■ Mourir, c'est éteindre le monde.

Jules RENARD, *Journal, (1906)*, posth. 1927.

■ Je sais que je mourrai, que rien ne peut rester / De ce qui fut si vif sur le monde enchanté, / Que tout va se brisant de mémoire en mémoire.

Anna DE NOAILLES, *Les Éblouissements*, « La Prière devant le soleil », 1907.

■ Mourir, oui, mourir. / Se disperser, se disloquer, et, comme cet iceberg spongieux, s'anéantir soudainement par déliquescence. / S'évanouir.

Blaise CENDRARS, *Les Confessions de Dan Yack*, © Gallimard, 1929.

■ Garcin : Je suis mort trop tôt. On ne m'a pas laissé le temps de faire mes actes. Inès : On meurt toujours trop tôt – ou trop tard. Et cependant la vie est là, terminée ; le trait est tiré, il faut faire la somme. Tu n'es rien d'autre que ta vie.

Jean-Paul SARTRE, *Huis clos*, © Gallimard, 1945.

■ Mourir, ce n'est rien. Commence donc par vivre, c'est moins drôle et plus long.

Jean ANOUILH, *Roméo et Jeannette*, © La Table Ronde, 1946.

Et les pensées de...

■ Mourir : se cacher dans le noir un peu trop longtemps. ... Détester le mot mais finir par lui obéir quand même.

Jacques DOR, *Le Dico de ma langue à moi*, *1er mille*, © Soir ailleurs, 2005.

▶ VOIR bientôt, conspirer, coquetterie, coucher, gîte, idée, Jésus, libellule, logement, médiocre, mort, partir, patrie, poète, renard, rire, vie.

mousse (un)

De l'espagnol *mozo* ou de l'italien *mozzo*.

▶ VOIR férocité.

moustique

De l'espagnol *mosquito*, diminutif de *mosca*. *Mousquite* en français est devenu *moustique* probablement sous l'influence de *tique*, parasite.

■ Moustique : Plus dangereux que n'importe quelle bête féroce.

Gustave FLAUBERT, *Le Dictionnaire des idées reçues*, posth. 1913.

mouton

Du gaulois *multo*, mâle châtré. Le mouton désignait le bélier jusqu'à la première moitié du XIIe s.

■ Retournons à nos moutons.

François RABELAIS, *Pantagruel*, 1532.

■ Panurge, sans autre chose dire, jette en pleine mer son mouton criant et bêlant. Tous les autres moutons, criants et bêlants en pareille intonation commencèrent soi jeter et sauter en mer après, à la file, [...] comme vous savez être du mouton le naturel, toujours suivre le premier, quelque part qu'il aille.

François RABELAIS, *Le Quart Livre*, 1552.

Et dans les dictionnaires anciens...

■ Quand le petit de la brebis n'a pas un an achevé on l'appelle agneau, quand il en a deux les laboureurs le nomment antenet, & quand il en a trois et qu'il est châtré, mouton.

Pierre RICHELET, *Dictionnaire françois*, 1680.

Et les pensées de...

■ [...] j'avais toujours un pied de trop. Eh bien, je m'en suis sorti... j'ai écrit : Le mouton à cinq pattes. Le mouton à cinq pattes / Accidentellement / S'étant cassé une patte / Put marcher normalement...

Raymond DEVOS, *Matière à rire*, « Les chansons que je ne chante pas », © Orban, 1991.

▶ VOIR dessiner, justice, prolétaire.

mouvement

Dérivé de *mouvoir*, du latin *movere*, les deux termes étant attestés au XIIe s.

■ Notre nature est dans le mouvement, le repos entier est la mort.

Blaise PASCAL, *Pensées*, 1669.

▶ VOIR chemin de fer, mou, nuit, prononciation, réaliste, relatif, style.

Mozart

■ Je me disais : ces gens ne souffrent guère de leur sort. Et ce n'est point la charité ici qui me tourmente. [...] Ce qui me tourmente, ce ne sont ni ces creux, ni ces bosses, ni cette laideur. C'est un peu, dans chacun de ces hommes, Mozart assassiné.

Antoine DE SAINT-EXUPÉRY, *Terre des hommes*, © Gallimard, 1939.

muet

Du latin *mutus*, construit sur l'ancien français *mu*.

■ Pour eux [les poètes] rien n'est muet, rien n'est froid, rien n'est mort.

Victor HUGO, *Les Voix intérieures*, 1837.

Et dans les dictionnaires anciens...

■ *Muette*. Celle qui ne peut parler. Une charmante muette.

Pierre RICHELET, *Dictionnaire françois*, 1680.

multitude

Du latin *multitudo*, grand nombre. *Multitude* s'écrivait *multitudine* jusqu'au milieu du XIIe s.

■ Telle Est la multitude : et sans frein et sans lois, / Injuste sans pudeur, et sans remords ingrate, / Elle hait qui la sert, et chérit qui la flatte.

Jean-François DE LA HARPE, *Coriolan*, 1784.

■ Un petit nombre de brigands dévore la multitude ; et la multitude se laisse dévorer.

Constantin-François DE VOLNEY, *Les Ruines*, 1791.

mur

Du latin *murus*, de même sens.

■ Tout homme a vu le mur qui borne son esprit.

Alfred DE VIGNY, *La Flûte*, posth. 1864.

■ Petits problèmes et travaux pratiques. L'espace. 1. Étant donné un mur, que se passe-t-il derrière ?

Jean TARDIEU, *Le Professeur Froeppel*, © Gallimard, 1978.

Et les pensées de...

■ Je hais les haies / qu'elles soient de mûres / qu'elles soient de houx !
Je hais les murs / qu'ils soient en dur
qu'ils soient en mou ! Je hais les haies / qui nous emmurent. / Je hais les murs qui sont en nous !

Raymond DEVOS, *Matière à rire*, « Je hais les haies », © Orban, 1991.

▶ VOIR Construire, dormir, maîtresse, nuit, parti, proverbe.

mûrir

Du latin *maturare*, faire mûrir, arriver à maturation.

■ J'avance cette opinion ; mais, parce qu'elle est nouvelle, je la laisse mûrir au temps.

Blaise PASCAL, *Les Provinciales*, 1656-1657.

■ Il faut du temps pour que les réputations mûrissent.

VOLTAIRE, *Le Siècle de Louis XIV*, 1751.

▶ VOIR .

murmurer

Du latin *murmurare*, chuchoter, puis, au Moyen Âge, se plaindre sourdement

■ Je ne sais quoi, pourtant, dans mon cœur en murmure.

Pierre CORNEILLE, *Héraclius*, 1657.

Et dans les dictionnaires anciens...

■ Malherbe a dit une épigramme : Apprenez, âmes vulgaires, / À souffrir sans murmurer.

Antoine FURETIÈRE, *Dictionnaire universel*, 1690.

muse

Du latin *Musa*, des neuf Muses, filles de Zeus et de Mnémosyne, gardiennes des arts.

■ Après je sors du lit, et, quand je suis vêtu, / Je me range à l'étude et apprends la vertu, / Composant et lisant, suivant ma destinée, / Qui s'est dès mon enfance aux Muses inclinée.

Pierre DE RONSARD, *Réponse aux injures et calomnies de je ne sais quels prédicantereaux et ministreaux de Genève*, 1563.

▶ VOIR beaucoup, danse, enrichir, gain, imprimerie, orateur, redouter.

musée

Du latin *museum*, du grec *mouseion*, temple des Muses.

■ Musée : – de Versailles. Belle idée du roi Louis-Philippe. – du Louvre : À éviter pour les jeunes filles. – Dupuytren. [musée d'anatomie] Très utile à montrer aux jeunes gens.

Gustave FLAUBERT, *Le Dictionnaire des idées reçues*, posth. 1913.

■ En vérité, la fréquentation quotidienne des musées, des bibliothèques et des académies (ces cimetières d'efforts perdus, ces calvaires de rêves crucifiés, ces registres d'élans brisés !...) est pour les artistes ce qu'est la tutelle prolongée des parents pour de jeunes gens intelligents, ivres de leur talent et de leur volonté ambitieuse.

Filippo Tommaso MARINETTI, *Manifeste du futurisme*, © Séguier, 1909.

■ Dans un musée je m'assomme dès que la vie se fige. Ce qui me touche le plus ce sont les grandes portes du Palais-Royal, où, vers le bas, les reliefs sont effacés par le frottement du passage des ânes. J'imagine immédiatement la rue et les figures. Le décor joue.

Jean COCTEAU, *Maalesh*, © Gallimard, 1949.

musique, musicien

Du latin *musica*, du grec *mousikè tekhnè*, art des Muses [relatif aux arts des Lettres, des sciences, à la culture]. Le sens s'est réduit par la suite à « art de combiner les sons de façon agréable ».

■ De la musique, ni pour la voix que j'y ai très inepte, ni pour les instruments, on ne m'y a jamais su rien apprendre.

Michel DE MONTAIGNE, *Essais*, 1580-1595.

■ Pour jouir pleinement des effets de la musique, il faut être dans un pur abandon de soi-même.

Jean-Philippe RAMEAU, *Observations sur notre instinct pour la musique, et sur son principe*, (préface), 1754.

■ La bonne musique ne se trompe pas, et va droit au fond de l'âme chercher le chagrin qui nous dévore.

STENDHAL, *Vies de Haydn, Mozart et Métastase*, 1817.

■ De la musique avant toute chose, / Et pour cela préfère l'Impair, / Plus vague et plus soluble dans l'air, / Sans rien en lui qui pèse ou qui pose.

Paul VERLAINE, *Jadis et Naguère*, « Art poétique », 1884.

■ Musicien : Le propos du véritable musicien c'est de ne composer aucune musique, de ne jouer d'aucun instrument et de mépriser les virtuoses.
Musique : Adoucit les mœurs. Ex. La Marseillaise.

Gustave FLAUBERT, *Le Dictionnaire des idées reçues*, posth. 1913.

■ La musique est peut-être l'exemple unique de ce qu'aurait pu être – s'il n'y avait pas eu l'invention du langage, la formation des mots, l'analyse des idées – la communication des âmes.

Marcel PROUST, *La Prisonnière*, posth. 1923.

■ On dirait que les hommes ont inventé la musique pour faire danser les chevaux et sont devenus cavaliers pour donner du rythme à la musique.

Jérôme GARCIN, *Cavalier seul*, © Gallimard, 2006.

Et dans les dictionnaires anciens...

■ *Musique.* Mélodieuse, angélique, douce, molle, divine, mesurée, harmonieuse, céleste, joyeuse, organisée, délectrable, lascive, efféminée, chatouilleuse, gaie, ôte-souci [...], reveill'-esprit, bris'-ennui.

Maurice DE LA PORTE,
Épithètes, 1571.

Et les pensées de...

■ La musique aussi a des pouvoirs de sorcellerie. Elle est, comme la poésie, entreprise de déconnexion.

Jean HAMBURGER,
Dictionnaire promenade, © Le Seuil, 1989.

▶ VOIR bonsoir, chanson, danse, encore, guerre, mérite, poncif, rossignol, tramway, wagon.

mystère

Du latin, *mysterium*, issu du grec *mustês*, initié.

■ Imparfait ou déchu, l'homme est le grand mystère.

Alphonse DE LAMARTINE,
Méditations poétiques, 1820.

■ On est quelquefois intrigué et, oui, presque irrité par le mystère des êtres que l'on côtoie ainsi dans la vie sans jamais pouvoir les connaître.

Julien GREEN, *Derniers beaux jours, Journal II (1935-1939),* © Gallimard, 1939.

Et dans les dictionnaires anciens...

■ Les novices et les sottes en amour ignorent les avantages du mystère, et font voir ce qu'elles ont intérêt de cacher.

Gabriel GIRARD, *Synonymes françois,* 1736.

▶ VOIR bas, cynique, dieu, équilibre, lieu, mort, peindre, pierre, problème, sacré, serment, suggérer, tête, truffe.

mystique

Du latin *mysticus*, relatif aux mystères religieux, du grec *mustikos*, qui concerne les mystères.

■ Qu'est-ce que l'état mystique ? Les poètes le savent comme les mystiques classés, et je crois que les savants aussi le savent, et encore les amoureux. Le parallélisme entre l'inspiration des poètes et des mystiques est constant. Il n'est pas prouvé qu'il y ait une très grande différence entre l'expérience mystique un peu complète et l'expérience amoureuse proprement dite.

Maurice BARRÈS,
Mes cahiers (1922-1923), 1929-1956.

nager

Du latin *navigare*, naviguer, construit sur *navis*, navire. *Nager* se disait autrefois *nouer*, du verbe *natare*.

■ [Il] nageait en profonde eau, à l'endroit, à l'envers, de côté, de tout le corps, des seuls pieds, une main en l'air, en laquelle tenant un livre transpassait [traversait] toute la rivière de Seine sans icelui [celui-ci] mouiller, et tirant par les dents son manteau comme faisait Jules César.

François RABELAIS, *Gargantua*, 1534.

■ La vie coulait à pleins bords ; il y nageait avec volupté, et, entraîné par elle, il se croyait pleinement libre.

Romain ROLLAND, *Jean-Christophe*, 1904-1912.

naïf

Du latin *nativus*, né, naturel, construit sur *natus*, du verbe *nasci*, naître. Le sens actuel apparaît au XIIe s.

■ Tout ce qui est vrai n'est pas naïf : mais tout ce qui est naïf est vrai, d'une vérité piquante, originale et rare.

Denis DIDEROT, *Essai sur la peinture*, « Pensées détachées sur la peinture », 1795.

Et dans les dictionnaires anciens...

■ Le naturel est opposé au recherché et au forcé ; le naïf est opposé au réfléchi, et appartient au sentiment. En littérature, le naïf est le naturel dans les petites choses.

Émile LITTRÉ, *Dictionnaire de la langue française*, 1863-1872.

▶ VOIR fervent, millionnaire, parler (le), vainqueur.

naissance

Dérivé de *naître*, d'après le latin *nascentia*.

■ Il faut pleurer les hommes à leur naissance, et non pas à leur mort.

Charles-Louis DE MONTESQUIEU, *Lettres persanes*, 1721.

■ La plus haute naissance / Ne doit pas faire un grain de plus dans la balance.

Pierre-Claude NIVELLE DE LA CHAUSSÉE, *La Gouvernante*, 1747.

Et dans les dictionnaires anciens...

■ Il ne convient point de se glorifier ni d'avoir honte de sa naissance, ce sont des traits d'orgueil ; mais il convient également au noble et au roturier d'avoir honte de leurs fautes.

Gabriel GIRARD, *Synonymes françois*, 1756.

Et les pensées de...

■ Il paraît qu'il y a sur terre une femme qui donne naissance à un enfant toutes les deux secondes. Il faut absolument la trouver pour l'empêcher de continuer !

COLUCHE,
Ça roule, ma poule, © Le Cherche midi, 2002.

VOIR départ, hardi, nausée, société, univers, yankee.

naître

Du latin *nasci*, *nascere*, venir au monde.

Je ne veux rien devoir à ceux qui m'ont fait naître, / Et suis assez connu sans les faire connaître.

Pierre CORNEILLE, *Don Sanche d'Aragon*, 1650.

Noblesse, fortune, un rang, des places : tout cela rend si fier ! Qu'avez-vous fait pour tant de biens ! Vous vous êtes donné la peine de naître, et rien de plus.

Pierre-Augustin DE BEAUMARCHAIS,
Le Mariage de Figaro, 1784.

On ne naît pas comme on veut, on ne choisit pas son moment pour éclore.

SAINTE-BEUVE, *Causeries du Lundi*
(12 avril 1858), 1851-1862.

Suis-je né trop tôt ou trop tard ? / Qu'est-ce que je fais en ce monde ? / Ô vous tous, ma peine est profonde : / Priez pour le pauvre Gaspard.

Paul VERLAINE, *Sagesse*, 1880.

Il y a une espèce de grand hasard bête qui nous fait naître, qui nous fait mourir, il y a le noir avant, il y a le noir après [...].

Maurice DRUON, *Les Grandes familles*,
© Plon, 1948.

Et les pensées de...

S'il n'est pas permis de vivre très vieux, qu'on nous laisse au moins naître plus tôt.

Pierre DAC, *Arrière-pensées*,
© Le Cherche midi, 1998.

Que vaut-il mieux ? Être ou ne pas naître ?

Serge GAINSBOURG, *Pensées, provocs et autres volutes*, © Le Cherche midi, 2006.

Napoléon

Ce siècle avait deux ans ! Rome remplaçait Sparte, / Déjà Napoléon perçait sous Bonaparte, / Et du premier consul déjà, par maint endroit, / Le front de l'empereur brisait le masque étroit.

Victor HUGO, *Les Feuilles d'automne*, 1831.

Napoléon mon cul, réplique Zazie. Il m'intéresse pas du tout, cet enflé, avec son chapeau à la con.

Raymond QUENEAU,
Zazie dans le métro, © Gallimard, 1959.

Et les pensées de...

On a eu deux Napoléons : Napoléon Ier, et le second en pire.

COLUCHE, *Ça roule, ma poule*,
© Le Cherche midi, 2002.

VOIR autel, Bonaparte, conquérir, divorce, percer, siècle.

narration

Du latin *narratio*, action de raconter, récit.

Pour moi, j'aime les narrations où l'on ne dit que ce qui est nécessaire, où l'on ne s'écarte point ni à droite, ni à gauche, où l'on ne reprend point les choses de si loin ; enfin je crois que c'est ici, sans vanité, le modèle des narrations agréables.

MADAME DE SÉVIGNÉ,
Correspondance (22 juillet 1671), 1726.

natif

Du latin *nativus*, né, inné, naturel. *Natif* désignait au XVIIIe s. celui qui n'est pas européen, peu civilisé (sens emprunté à l'anglais *native*).

Un homme, à l'état pur, à l'état natif [...] ça ne se rencontre pas tous les jours !

Paul CLAUDEL, *L'Échange*, © Gallimard, 1901.

Avec l'ami Bidasse / On n'se quitt'jamais, / Attendu qu'on est / Tous deux natifs d'Arras-se / Chef-lieu du Pas'd'Calais.

Louis BOUSQUET, Chanson *Avec Bidasse*, 1914.

nation

Du latin *natio*, fait de naître, naissance, dérivé de *nasci*, naître. *Nation* s'écrivait *nascion* au début du Moyen Âge, avec le sens actuel.

La jeunesse n'est pas l'enfance. Il est pour les Nations comme pour les hommes, un temps de jeunesse ou, si l'on veut, de maturité qu'il faut attendre avant de les soumettre à des lois.

Jean-Jacques ROUSSEAU, *Du contrat social*, 1762.

Et dans les dictionnaires anciens...

■ La différence des modes et du langage distingue plus les Nations que celle des mœurs.

Gabriel GIRARD, *Synonymes françois*, 1856.

▶ VOIR accent, armée, belette, esclavage, Europe, noble, patois, plume, propagande, réconciliation, réprimer, ridicule, ruine, sexe, uniforme, vérité, vocable, vocabulaire.

nationalisme

Dérivé de *national*, *nationalisme* désigne un courant de pensée apparu à la fin du XVIIIe s. et visant à exalter le sentiment national.

■ Tout retour d'un nationalisme étroit a toujours pour conséquence un développement de l'esprit protectionniste, c'est-à-dire une tendance des peuples à s'isoler économiquement et moralement, les uns des autres.

Émile DURKHEIM, *De la division du travail social*, 1893.

■ C'est que le nationalisme manque d'infini.

Maurice BARRÈS, *Mes Cahiers*, © Plon, 1929-1957.

nature

Du latin *natura*, issu du verbe *nasci*, naître. D'où la force agissante de la vie, de l'univers.

■ Et quant à la connaissance des faits de nature, je veux que tu t'y adonnes curieusement [avec curiosité], qu'il n'y ait mer, rivière ni fontaine dont tu ne connaisses les poissons ; tous les oiseaux de l'air, tous les arbres, arbustes et fructices [arbrisseaux] des forêts, toutes les herbes de la terre, tous les métaux cachés au ventre des abîmes, les pierreries de tout Orient et Midi, rien ne te soit inconnu.

François RABELAIS, *Pantagruel*, 1532.

■ Nature est un doux guide, mais non pas plus doux que prudent et juste.

Michel DE MONTAIGNE, *Essais*, 1580-1595.

■ La nature est inimitable, / Et dans sa beauté véritable / Elle éclate si vivement / Que l'art gâte tous ses ouvrages / Et lui fait plutôt mille outrages / Qu'il ne lui donne un ornement.

Théophile DE VIAU, *Œuvres du sieur Théophile*, « Ode », 1623.

■ Que serait l'homme dans l'état qu'on nomme de pure nature ? Un animal fort au-dessous des premiers Iroquois qu'on trouva dans le nord de l'Amérique. Il serait très inférieur à ces Iroquois, puisque ceux-ci savaient allumer du fer et se faire des flèches. Il fallut des siècles pour parvenir à ces deux arts.

VOLTAIRE, *Dictionnaire philosophique*, « Homme », 1764.

■ De l'oubli de ses droits la nature se venge.

Nicolas-François DE NEUFCHÂTEAU, *Paméla*, 1795.

■ La cruauté est dans la nature ; nous naissons tous avec une dose de cruauté que la seule éducation modifie ; mais l'éducation n'est pas dans la nature, elle nuit autant aux effets sacrés de la nature que la culture nuit aux arbres.

SADE, *La Philosophie dans le boudoir*, 1795.

■ Je ne crois point que la pure nature soit la plus belle chose du monde. Je l'ai toujours trouvé fort laide, partout où j'ai eu l'occasion de la voir. [...] Peignons la nature, mais la belle nature : l'art ne doit pas s'occuper de l'imitation des monstres.

François-René DE CHATEAUBRIAND, *Atala* (préface), 1801.

■ Écoute, cependant ! Il est dans la nature / Je ne sais quelle voix sourde, profonde, obscure, / Et qui révèle à tous ce que nul n'a conçu.

Alphonse DE LAMARTINE, *Recueillements poétiques*, « Utopie », 1839.

■ La nature est la grande lyre, / le poète est l'archet divin.

Victor HUGO, *Les Rayons et les Ombres*, 1840.

■ Sur mon cœur déchiré viens poser ta main pure, / Ne me laisse jamais seul avec la Nature, / Car je la connais trop pour n'en pas avoir peur.

Alfred DE VIGNY, *Les Destinées*, « La Maison du Berger », 1844.

■ Quatre végétaux marquent la limite de quatre natures et de quatre climats : le bouleau, la vigne, l'olivier et le palmier, toujours en marchant vers le soleil.

François-René DE CHATEAUBRIAND, *Mémoires d'outre-tombe*, posth. 1850.

■ La Nature se rit des souffrances humaines ; / Ne contemplant jamais que sa propre grandeur, / Elle dispense à tous ses forces souveraines / Et garde pour sa part le calme et la splendeur.

LECONTE DE LISLE, *Poèmes barbares*, « La Fontaine aux Lianes », 1862.

Et les pensées de...

■ Dieu n'a pas mal réussi la nature, mais il a raté l'homme.

Jules RENARD, *Journal*, posth. 1925.

▶ VOIR accroître, animal, comique, cruauté, découverte, défaut, génie, horizon, imiter, individu, loup, magie, modifier, note, regret, roseau, sauvage, science, tombe, un, vanité.

nature (humaine)

Attesté au XIIIe s.

■ Jamais de la nature [du naturel] il ne faut s'écarter.

Nicolas BOILEAU, *L'Art poétique*, 1674.

■ L'homme, cet être flexible, se pliant, dans la société, aux pensées et aux impressions des autres, est également capable de connaître sa propre nature lorsqu'on la lui montre, et d'en perdre jusqu'au sentiment lorsqu'on la lui dérobe.

Charles-Louis DE MONTESQUIEU, *De l'esprit des lois*, 1748.

▶ VOIR parents, père, philosophe, remède, renoncer, ruines, vérité.

nature (morte)

Mot composé de *nature* et de *morte*, apparu au milieu du XVIIIe s. pour désigner en peinture des objets inanimés.

■ La moindre nature morte est un paysage métaphysique.

Francis PONGE, *De la nature morte de Chardin*, (1963), © Gallimard, 1977.

naturel

Du latin *naturalis*, de naissance, naturel.

■ Quand on voit le style naturel, on est tout étonné et ravi, car on s'attendait de voir un auteur, et on trouve un homme.

Blaise PASCAL, *Pensées*, 1669.

■ Combien de siècles se sont écoulés avant que les hommes, dans les sciences et dans les arts, aient pu revenir au goût des anciens et reprendre enfin le simple et le naturel.

Jean DE LA BRUYÈRE, *Les Caractères*, 1688-1696.

Et les pensées de...

■ Le naturel existe. Il consiste à trouver la façon la plus souple de parler ou d'écrire relativement à sa personnalité. Il faut beaucoup d'art pour être naturel.

Charles DANTZIG, *Dictionnaire égoïste de la littérature française*, © Grasset, 2005.

▶ VOIR art, crédulité, génie, géographie, histoire, inégalité, institution, mort, mouton, naïf, pataphysique, peinture, poésie, pureté, style, tyran, vin, volonté.

naufrage

Du latin *naufragium*, de même sens, construit à partir de *navis*, bateau et *frangere*, briser.

■ Le nocher, dans son art, s'instruit pendant l'orage ; / Il n'y devient expert qu'après plus d'un naufrage.

Alexis PIRON, *La Métromanie*, 1738.

nausée

Du latin *nausea*, mal de mer.

■ Tout est gratuit, ce jardin, cette ville et moi-même. Quand il arrive qu'on s'en rende compte, ça vous tourne le cœur et tout se met à flotter... : voilà la Nausée.

Jean-Paul SARTRE, *La Nausée*, © Gallimard, 1938.

Et les pensées de...

■ Moi, ma mère, les nausées, elle les a eues après ma naissance.

COLUCHE, *Ça roule, ma poule*, © Le Cherche midi, 2002.

naviguer

Du latin classique *navigare*, voyager sur mer.

■ Le vrai pilote est le marin qui navigue sur le fond plus encore que sur la surface. [...] Il semblait [...] qu'il eût sous la voûte du crâne une carte du fond de la mer.

Victor HUGO, *Les Travailleurs de la mer*, 1866.

néant

Mot d'origine incertaine, probablement du haut allemand *niwiht*, composé de *ni*, marquant la négation et *wiht*, être, démon.

■ Je sais seulement qu'en sortant dans ce monde je tombe pour jamais ou dans le néant, ou dans les mains d'un Dieu irrité.

Blaise PASCAL, *Pensées*, 1669.

nécessaire

Du latin *necessarius*, inévitable, urgent, indispensable.

■ Il faut le dire crûment : tout homme qui possède plus qu'il n'est nécessaire à sa vie, à la vie des siens, et au développement normal de son intelligence, est un voleur.

Romain ROLLAND, *Jean-Christophe*, © Albin Michel, 1904-1912.

▶ VOIR courtoisie, guerre, institution, langue, liberté, littérature, logique, mort, nécessaire, obsession, paysan, père, présomption, relâchement, sueur.

négatif, négative

Du latin *negativus*, négatif. Le substantif féminin apparaît au XIIIe s. pour désigner une proposition qui nie.

■ Toute liberté implique une dépendance et a ses conditions. C'est ce qu'oublient les esprits frondeurs, critiques, négatifs.

Henri-Frédéric AMIEL, *Journal intime*, 1847-1883.

■ Des *pas* mis avec *rien*, tu fais la récidive ; / Et c'est, comme on t'a dit, trop d'une négative.

MOLIÈRE, *Les Femmes savantes*, 1672.

▶ VOIR affirmation, doute, oui, repos.

négritude

Dérivé de *nègre*, du latin *niger*, noir, d'après l'œuvre de Léopold Sédar Senghor (1906-2001), *Négritude et humanisme* (1977).

■ Ma négritude n'est ni une tour ni une cathédrale / elle plonge dans la chair rouge du sol / elle plonge dans la chair ardente du ciel / elle troue l'accablement opaque de sa droite patience.

Aimé CÉSAIRE, *Cahier d'un retour au pays natal*, © Présence africaine, 1956.

neige

Du bas latin *nivicare*, construit sur *nix*, *nivis*, neige.

■ Mais où sont les neiges d'antan ?

François VILLON, *Le Grand Testament et le Petit*, 1489.

■ Anne, par jeu, me jeta de la neige, Que je cuidais (croyais) froide certainement ; / Mais c'était feu ; l'expérience en ai-je, / Car embrasé je fus soudainement.

Clément MAROT, *Le Dizain de neige*, 1526.

Et dans les dictionnaires anciens...

■ Pour marquer le peu de cas qu'on fait d'une chose, on dit, que l'on s'en soucie aussi peu que des neiges d'antan.

Dictionnaire de l'Académie française, 1694.

néologisme

Construit avec le grec *néo-*, *neos*, nouveau et *-logie*, *logos*, discours, science. *Néologisme* est attesté en 1734, pour désigner le fait d'utiliser des mots nouveaux.

■ Le néologisme et l'archaïsme, les alliances bizarres de mots, les tournures forcées et affectées, naissent de la recherche d'une énergie d'expression que la langue, à son état de pureté, semble avoir perdu par un trop long usage.

Antoine-Augustin COURNOT, *Essai sur les fondements de nos connaissances*, 1851.

■ ... Il y a quatre ou cinq livres du dernier siècle où sont imprimés en italique les néologismes qui crispaient les classiques du temps ; eh bien, c'est en se servant de ces néologismes passés dans la langue que les classiques vous attaquent aujourd'hui [...].

Edmond et Jules DE GONCOURT, *Charles Demailly*, 1868.

■ — Ce sont des mots que j'ai inventés pour désigner des choses que je vois dans mes rêves. / — Vous pratiquez donc le néologisme, messire ? / — Ne néologise pas toi-même : c'est là privilège de duc.

Raymond QUENEAU, *Les Fleurs bleues*, © Gallimard, 1965.

Et dans les dictionnaires anciens...

■ ... Si la manie du néologisme est extrêmement déplorable pour les lettres et tend insensiblement à dénaturer les idiomes dans lesquels elle se glisse, il n'en serait pas moins injuste de repousser sous ce prétexte, un grand nombre de ces expressions vives, caractéristiques, indispensables, dont le génie fait de temps en temps présent aux langues.

Charles NODIER, *Dictionnaire des onomatopées* (préface), 2e *éd.*, 1828.

Et les pensées de...

■ Le néologisme, c'est la langue qui fait ses besoins.

Frédéric DARD, *Les Pensées de San Antonio*, © Le Cherche midi, 1996.

■ Le destin des mots est de disparaître : les langues changent leurs draps. [...] Ne disons pas de mal des néologismes.

Charles DANTZIG, *Dictionnaire égoïste de la littérature française*, © Grasset, 2005.

nerveux

Du latin *nervosus*, musculeux, fibreux. Le sens de « personne excitée » apparaît au XVIIIe s.

■ Nerveux : Se dit chaque fois qu'on ne comprend rien à une maladie – et cette explication satisfait l'auditeur.

Gustave FLAUBERT, *Le Dictionnaire des idées reçues*, posth. 1913.

neutre

Du latin *neuter*, ni l'un ni l'autre.

■ Mais perceptions, sensations, ne tombent jamais dans un terrain neutre ; elles engendrent immédiatement une réaction affective.

René HUYGHE, *Dialogue avec le visible*, © Flammarion, 1955.

nez

Du latin *nasus*, de même sens.

■ Le nez de Cléopâtre : s'il eût été plus court, toute la face de la terre aurait changé.

Blaise PASCAL, *Pensées*, 1669.

Et dans les dictionnaires anciens...

■ En Tartarie les plus grandes beautés sont celles qui ont le moins de nez. Rubruquis a écrit que la femme du Cingis Cham n'avoit que deux trous au lieu de nez.

Antoine FURETIÈRE, *Dictionnaire universel*, 1690.

nid

Du latin *nidus*, nid d'oiseau, nichée.

■ L'oiseau cache son nid, nous cachons nos amours.

Victor HUGO, *Les Contemplations*, 1856.

Et dans les dictionnaires anciens...

■ Il y a aux Indes des oiseaux qui font leurs nids sur des rochers d'une certaine écume visqueuse, qui étant séchés deviennent transparents, & détrempés dans l'eau font d'excellents assaisonnements pour les viandes.

Antoine FURETIÈRE, *Dictionnaire universel*, 1690.

nier

Du latin *negare*, de même sens. *Nier* s'écrivait *noier* en ancien français.

■ Tout croire est d'un imbécile, / Tout nier est d'un sot.

Charles NODIER, *Inès de Las Sierras*, 1837.

noble, noblesse

Du latin *nobilis*, connu, puis noble, issu du verbe *noscere*, connaître.

■ Mais quand l'univers l'écraserait, l'homme serait encore plus noble que ce qui le tue, parce qu'il sait qu'il meurt, et l'avantage que l'univers a sur lui, l'univers n'en sait rien.

Blaise PASCAL, *Pensées*, 1669.

■ Le titre le plus respectable de la noblesse française, c'est de descendre immédiatement de quelques-uns de ces trente mille hommes casqués, cuirassés, brassardés, cuissardés, qui, sur de grands chevaux bardés de fer, foulaient aux pieds huit ou neuf millions d'hommes nus, qui sont les ancêtres de la nation actuelle.

Nicolas DE CHAMFORT,
Maximes et pensées, caractères et anecdotes, 1795.

■ La noblesse n'est plus cette phalange impénétrable qui souleva contre elle tant d'inimitiés acharnées.

Jules SANDEAU, *Sacs*, 1851.

Et dans les dictionnaires anciens...

■ Il y a aujourd'hui plus de vraie noblesse dans un roturier suisse qui est citoyen d'une patrie, que dans un bacha [pacha] turc qui est esclave d'un maître.

Gabriel GIRARD, *Synonymes françois*, 1756.

▶ VOIR naître.

noces

Du pluriel latin *nuptiae*, mariage spirituel.

■ Le soleil fécondant d'avril se levait dans un ciel immense, d'une pureté sans tache, et la terre, soulevée par le frisson des germes chantait gaîment les noces.

Émile ZOLA, *Le Docteur Pascal*, 1893.

Et dans les dictionnaires anciens...

■ *Noce*. Mariage. La noce m'a donné la plus impudique des garces. Isaac de Bensérade.

Pierre RICHELET, *Dictionnaire françois*, 1680.

noir

Du latin *niger*, de même sens.

■ Qu'est-ce donc que vous espériez, quand vous ôtiez le bâillon qui fermait ces bouches noires ? Qu'elles allaient entonner vos louanges ? Ces têtes que nos pères avaient courbées jusqu'à terre par la force, pensiez-vous, quand elles se relèveraient, lire l'adoration dans leurs yeux ?

Jean-Paul SARTRE, *Situations III*,
« Orphée noire », © Gallimard, 1948.

■ La couleur noire renferme l'impossible vivant. Son champ mental est le siège de tous les inattendus, de tous les paroxysmes. Son prestige escorte les poètes et prépare les hommes d'action.

René CHAR, *Fureur et mystère*, © Gallimard, 1948.

Et les pensées de...

■ Elle a peur du noir ? Attends qu'elle me voie à poil, après elle aura peur de la lumière !

COLUCHE,
Ça roule, ma poule, © Le Cherche midi, 2002.

■ Par son opposition à la lumière, à la clarté, le noir est trouble, flou, imprécision, obscurité. C'est l'état extrême de l'ivresse dans laquelle on n'est plus très clair sous l'effet de la boisson, état où l'on est plus que gris, noircicaud, goudronné, cirage, débarbouillé avec du cassis.

Annie MOLLARD-DESFOUR,
Le Dictionnaire des mots et expressions de couleur,
« Le Noir », © CNRS éd., 2005.

▶ VOIR femme, habit, hôpital, hussard, idée, magie, masque, misère, mathématique, mort, mourir, nuit, partisan, pluie, regarder, souci, ténébreux, tunnel, voyelle, whisky.

nom

Du latin *nomen*, de même sens, apparu dans la langue au Xᵉ s.

■ Se pare qui voudra du nom de ses aïeux ; Moi, je ne veux porter que moi-même en tous lieux.

Pierre CORNEILLE, *Don Sanche d'Aragon*, 1650.

■ Il n'est pas si aisé de se faire un nom par un ouvrage parfait que d'en faire valoir un médiocre par le nom qu'on s'est déjà acquis.

Jean DE LA BRUYÈRE,
Les Caractères, 1688-1696.

■ C'est un poids bien pesant qu'un nom trop tôt fameux.

VOLTAIRE, *La Henriade*, 1723.

■ L'ouvrage est peu de chose, et le seul nom fait tout.

Alexis PIRON, *La Métromanie*, 1738.

■ Quand on est misérable, / C'est un fardeau de plus qu'un nom considérable.

Pierre-Claude NIVELLE DE LA CHAUSSÉE, *La Gouvernante*, 1747.

■ Sur mes cahiers d'écolier / Sur mon pupitre et les arbres / Sur le sable sur la neige / J'écris ton nom. [le nom Liberté]

Paul ÉLUARD, *Poésie et Vérité*, « Liberté », © Minuit, 1942.

nommer

Du latin *nominare*, de même sens, construit sur *nomen*. *Nomner* en ancien français.

■ Je ne puis rien nommer, si ce n'est par son nom, / J'appelle un chat un chat, et Rolet un fripon.

Nicolas BOILEAU, *Satires*, 1666.

non

Du latin *non*, composé de la particule de négation *ne* et *oinum*, pas un seul.

■ En somme, aucune voie n'est ouverte pour la pensée par une philosophie qui fait tout aboutir au monosyllabe : non. À non, il n'y a qu'une réponse : oui. Le nihilisme est sans portée. Il n'y a pas de néant. Zéro n'existe pas.

Victor HUGO, *Les Misérables*, 1862.

▶ VOIR affirmation.

normal

Du latin *normalis*, fait à l'équerre, puis conforme à ce qui est prescrit.

■ On appelle « gens normaux » les gens qu'on ne connaît pas encore complètement.

Michel GALABRU, *Pensées, répliques et anecdotes*, © Le Cherche midi, 2006.

note

Du latin *nota*, marque, signe puis acte. Le sens musical apparaît en premier au début du XIIe siècle.

■ D'après l'athée, la nature est un livre où la vérité se trouve toujours dans la note et jamais dans le texte.

François-René DE CHATEAUBRIAND, *Le Génie du christianisme*, 1802.

notion

Du latin *notio*, du verbe *noscere*, connaître.

■ Quelle notion précise peut-on avoir du bien et du mal, du beau et du laid, du bon et du mauvais, du vrai et du faux, sans une notion préliminaire de l'homme ?

Denis DIDEROT, *Les Salons*, « Salon de 1767 », 1759-1781.

nourrice

Du latin *nutricia*, qui nourrit, élève.

■ Le bercement des nourrices, les câlineries maternelles, les chatteries des sœurs, surtout des sœurs aînées, espèce de mères diminutives, transforment, pour ainsi dire, en la pétrissant, la pâte masculine.

Charles BAUDELAIRE, *Les Paradis artificiels*, 1860.

Et dans les dictionnaires anciens...

■ Ne dites pas Cet enfant a fait quatre nourrices. Dites Cet enfant a tété de quatre laits.

Amédée POMMIER, *Locutions vicieuses de la Haute Loire*, 1835.

▶ VOIR mourir.

nourrir, nourriture

Du latin classique *nutrire*, de même sens, et de *nutritura*, action de nourrir. La *Nourriture* représente l'action d'instruire au début du XIIe s. Le sens actuel n'apparaît qu'à la fin du XIVe.

■ J'ai fait le calcul : la littérature peut nourrir un pinson, un moineau.

Jules RENARD, *Journal*, posth. 1925.

■ De simples bourgeois, seulement à cause qu'ils étaient riches, ont eu l'audace d'avaler en un seul morceau la nourriture de cent familles.

Jean DE LA BRUYÈRE, *Les Caractères*, 1688-1696.

Et dans les dictionnaires anciens...

■ C'est assez d'une heure à table pour prendre suffisamment de nourriture ; mais ce n'est pas assez pour ceux qui en font leurs délices.

Gabriel GIRARD, *Synonymes françois*, 1756.

■ La société doit à tous une nourriture saine et abondante.

Maurice LACHÂTRE, *Dictionnaire français illustré*, 1856.

nous

Du latin *nos*, de même sens, attesté dans la langue à la fin du IXe s.

■ Quelque bien qu'on nous dise de nous, on ne nous apprend rien de nouveau.

François DE LA ROCHEFOUCAULD, *Réflexions ou sentences et maximes morales*, 1664.

■ Il me suffit d'entendre quelqu'un parler sincèrement d'idéal, d'avenir, de philosophie, de l'entendre dire « nous » avec une inflexion d'assurance, d'invoquer les « autres », et s'en estimer l'interprète, – pour que je le considère mon ennemi.

Emil CIORAN, *Précis de décomposition*, © Gallimard, 1949.

nouveau, nouvel(le), nouveauté

Du latin *novellus*, jeune, récent. *Nouveau* s'écrivait *novel* en ancien français.

■ En toute opinion je fuis la nouveauté. / Aussi doit-on plutôt imiter nos vieux pères / Que suivre des nouveaux les nouvelles chimères.

Mathurin RÉGNIER, *Satires*, « À Monsieur Rapin », 1608.

■ Qu'on ne me dise pas que je n'ai rien dit de nouveau : la disposition des matières est nouvelle ; quand on joue à la paume [équivalent du tennis], c'est une même balle dont joue l'un et l'autre, mais l'un la place mieux.

Blaise PASCAL, *Pensées*, 1669.

■ Il nous faut du nouveau, n'en fût-il point au monde.

Jean DE LA FONTAINE, *Clymène*, 1671.

■ Voici que je m'en vais en des pas nouveaux : / Je ferai la bataille et passerai les fleuves ; / Je m'en vais m'essayer à de nouveaux travaux, / Je m'en vais commencer là-bas les tâches neuves.

Charles PÉGUY, *Jeanne d'Arc*, © Gallimard, 1897.

■ Il faut rendre hommage à ceux qui n'accusent qu'eux de ne pas aimer une chose nouvelle qu'ils ne comprennent pas.

Pierre REVERDY, revue *Nord-Sud*, n° 14, avril 1918.

■ Ce sont là de terribles époques de culture, celles où le nouveau ne s'est pas encore annoncé et où l'ancien, ne signifiant plus rien, resplendit dans les lointains.

Jean-Edern HALLIER, *Fin de siècle*, © Albin Michel, 1980.

▶ VOIR agrément, basse-cour, chat, défaite, fondement, ouvrage, refus, joueur, langage, libertin, minuit, nous, ouvrage, passion, pensée, poncif, syntaxe, terme, vote.

nu

Du latin *nudus*, de même sens.

■ Du nu des bras, du nu des nuques, du nu des épaules, du nu des seins jaillissant des corsages, du nu des dos qui faisaient deviner les reins, de tout ce nu s'irradiaient des rayons de chair blanche, de chair rosée, de chair rousse, de chair brune, et de toute cette peau à l'air, une buée parfumée s'élevait.

Joséphin PÉLADAN, *Le Vice suprême*, 1884.

nuage

Dérivé de *nue*, du bas latin *nuba*. *Nuage* a remplacé *nue* de même sens à partir du XVIe s.

■ Voilà le nuage crevé. / Oh comme à grands flots il dévale ! / Déjà tout en est abreuvé.

SAINT-AMANT, *Poésies*, « La solitude », 1629-1658.

■ Les nuages couraient sur la lune enflammée / Comme sur l'incendie on voit fuir la fumée, / Et les bois étaient noirs jusques à l'horizon.

Alfred DE VIGNY, *Les Destinées*, 1843.

■ Pour que Waterloo fût la fin d'Austerlitz, la providence n'a eu besoin que d'un peu de pluie, et un nuage traversant le ciel à contresens de la saison a suffi pour l'écroulement d'un monde.

Victor HUGO, *Les Misérables*, 1862.

Et dans les dictionnaires anciens...

■ Le nuage le plus difficile à dissiper, c'est la préoccupation.

Maurice LACHÂTRE, *Dictionnaire français illustré*, 1856.

nuance

Dérivé de *nuer*, issu de l'adjectif *nué*, probablement de *nue*.

■ Car nous voulons la Nuance encor, / Pas la Couleur, rien que la nuance ! / Oh ! la nuance seule fiance / Le rêve au rêve et la flûte au cor !

Paul VERLAINE,
Jadis et naguère, « Art poétique », 1885.

nuit

Du latin *nox, noctis*, de même sens. *Noit* jusqu'au XIe s.

■ Et songe qu'au printemps l'hiver sert de passage, / Qu'un profond calme suit l'orage, / Et que la nuit fait place au jour.

Pierre CORNEILLE, *L'Imitation de Jésus-Christ*, 1656.

■ C'était pendant l'horreur d'une profonde nuit.

Jean RACINE, *Athalie*, 1691.

■ Ô nuit désastreuse ! ô nuit effroyable où retentit tout à coup comme un éclat de tonnerre cette étonnante nouvelle : Madame [Henriette d'Angleterre] se meurt ! Madame est morte !

Jacques-Bénigne BOSSUET,
Oraisons funèbres, 1656-1691.

■ Plus nous ouvrons les yeux, plus la nuit est profonde ; / Dieu n'est qu'un mot rêvé pour expliquer le monde.

Alphonse DE LAMARTINE,
Nouvelles Harmonies poétiques et religieuses,
« Le Tombeau d'une mère », 1823.

■ Et comme un long linceul traînant à l'Orient, / Entends, ma chère, entends la douce Nuit qui marche.

Charles BAUDELAIRE,
Les Fleurs du mal, « Recueillement », 1861.

■ C'est la nuit qu'il est beau de croire à la lumière.

Edmond ROSTAND, *Chantecler*, 1910.

■ Les heures de la nuit ont un aspect romanesque. Deux heures de l'après-midi est prosaïque, presque vulgaire ; mais deux heures du matin est un aventurier qui s'enfonce dans l'inconnu.

Valéry LARBAUD,
Fermina Marquez, © Gallimard, 1911.

■ Vienne la nuit sonne l'heure / Les jours s'en vont je demeure

Guillaume APOLLINAIRE, *Alcools*,
« Le pont Mirabeau », © Gallimard, 1913.

■ Dans la nuit il y a les étoiles et le mouvement ténébreux de la mer, des fleuves, des forêts, des villes, des herbes, des poumons de millions et millions d'êtres.

Robert DESNOS, *Corps et biens*,
« À la Mystérieuse », © Gallimard, 1926.

■ Parmi les forces naturelles, il en est une, de laquelle le pouvoir reconnu de tout temps reste en tout temps mystérieux, et tout mêlé à l'homme : c'est la nuit.

Louis ARAGON,
Le Paysan de Paris, © Gallimard, 1926.

■ Dans la nuit où nous sommes tous, le savant se cogne au mur, tandis que l'ignorant reste tranquillement au milieu de la chambre.

Anatole FRANCE, *Le Jardin d'Épicure*, 1927.

■ Dans la nuit / Dans la nuit / Je me suis uni à la nuit / À la nuit sans limites / À la nuit.

Henri MICHAUX, *Lointain intérieur*,
« Dans la nuit », © Gallimard, 1938.

Et les pensées de...

■ Souvent il me semble que la nuit est bien plus vivante et richement colorée que le jour.

Vincent VAN GOGH, *Lettres à Théo*, 1888.

■ J'aime la nuit, j'ai les idées plus claires dans le noir.

Serge GAINSBOURG, *Pensées, provocs*
et autres volutes, © Le Cherche midi, 2006.

▶ VOIR ajouter, cancer, devoir, jour, logement, lune, montagne, parfum, planète, plomb, poète, poésie, pont, partisan, songe, tristesse, ver de terre, vipère, vœu, voyager.

nul

Du latin *nullus*, aucun, sans valeur, construit à partir de la particule négative *ne* et *ullus*, pas un.

■ Mais la défiance, l'ajournement, la timidité, l'indolence, m'ont fait prendre une mauvaise voie, puis une mauvaise pente, et l'habitude aidant, je suis devenu simplement passif, et de plus oublieux. De là infécond et même incapable ; médiocre ou plutôt nul.

Henri-Frédéric AMIEL, *Journal intime*, 1847-1883.

nymphe

Du latin *nympha*, déesse des bois, de la mer, des fontaines, des montagnes, issu du grec *nymphè*, jeune fille, celle qui est voilée. Dans la mythologie grecque, les nymphes fertilisent la nature et sont associées aux satyres, d'où la *nymphomanie*.

■ Les Nymphes que la chasse attire / À l'ombrage de ces forêts, / Cherchent des cabinets secrets / Loin de l'embûche du Satyre.

Théophile DE VIAU, *Œuvres poétiques*, 1621.

■ Là j'épie à loisir la nymphe blanche et nue, / Sur un banc de gazon mollement étendue.

André CHÉNIER, *Les Bucoliques*, 1794.

■ Les satyres ont poursuivi dans les bois / Les pieds légers des oréades. / Ils ont chassé les nymphes sur les montagnes, / Effarouché leurs sombres yeux, / Saisi leurs chevelures comme des ailes.

Pierre LOUŸS, *Aphrodite*, 1896.

▶ VOIR Bûcheron.

oasis

Du grec *oasis*, probablement de l'égyptien *ouahe*, lieu d'habitation, oasis.

■ Oasis : Auberge dans le désert.

Gustave FLAUBERT,
Le Dictionnaire des idées reçues, posth. 1913.

obéir, obéissance

Du latin *obœdire*, prêter l'oreille à quelqu'un, se soumettre, construit à partir du préfixe *ob-*, vers et du verbe *audire*, entendre. L'*obéissance* a d'abord le sens de *juridiction* avant de prendre son sens actuel au XIVe s.

■ La bouche obéit mal lorsque le cœur murmure.

VOLTAIRE, *Tancrède*, 1760.

■ Mon Dieu ! Mademoiselle, les rois n'aiment rien tant qu'une prompte obéissance, et ne se plaisent point du tout à trouver des obstacles. Les choses ne sont bonnes que dans le temps qu'ils les souhaitent.

MOLIÈRE,
L'Impromptu de Versailles, 1663.

■ L'extrême obéissance suppose de l'ignorance dans celui qui obéit ; elle en suppose même dans celui qui commande ; il n'a point à délibérer, à douter, ni à raisonner, il n'a qu'à vouloir.

Charles-Louis DE MONTESQUIEU,
De l'esprit des lois, 1748.

■ Obéir, non à ton goût, mais à la pure notion du bien, est une forme d'héroïsme encore à ton usage.

Henri-Frédéric AMIEL, *Journal intime*, 1847-1883.

Et dans les dictionnaires anciens...

■ Il est bien doux d'obéir à la beauté qu'on aime.

Antoine FURETIÈRE, *Dictionnaire universel*, 1690.

▶ VOIR conscience.

objectif

Du latin médiéval *objectivus*, centré sur l'objet de la pensée, par opposition à *subjectivus*, relatif au sujet.

■ La principale force de notre raison consiste [...] à subordonner assez le subjectif à l'objectif, pour que nos opérations intérieures puissent représenter le monde extérieur, [...] avec son immuable prépondérance.

Auguste COMTE, *Le Catéchisme positiviste*, 1852.

objet

Du latin médiéval *objectum*, jeté devant (soi), construit avec le préfixe *ob-*, vers (l'avant), et le nom *jectus*, jet.

■ Objets inanimés, avez-vous donc une âme / Qui s'attache à notre âme et la force d'aimer ?

Alphonse DE LAMARTINE,
Harmonies poétiques et religieuses, 1830.

Et les pensées de...

■ La pensée se perd quand les objets l'envahissent.

ARLETTY citée par Claudine BRÉCOURS-VILLARS, *Les Mots d'Arletty*, © V & O éditions, 1991.

obligation

Du latin *obligatio*, gage d'un bien. Le sens de « lien moral » apparaît à la fin du XIVe s.

■ Il a fait semblant de m'avoir l'obligation de l'avoir éclairé.

FÉNELON, *Les Aventures de Télémaque*, 1669.

obscur

Du latin *obscurus*, sombre, difficile à comprendre, caché. L'emploi substantif apparaît au XVIe s.

■ Que le poète se ménage avec soin des passages du clair à l'obscur, du gracieux au terrible ; mais que cette variété soit harmonieuse.

Jean-François MARMONTEL, *Éléments de littérature*, 1787.

■ L'abîme obscur, hagard, funèbre, illimité, / Semblait plein de terreur devant cette lumière.

Victor HUGO, *La Légende des siècles*, 1883.

▶ VOIR clarté.

observer

Du latin *observare*, porter son attention sur, surveiller, se conformer à (la loi chrétienne).

■ Le philosophe consume sa vie à observer les hommes.

Jean DE LA BRUYÈRE, *Les Caractères*, 1688-1696.

obsession

Du latin *obsessio*, action d'assiéger, blocus. Le sens de « pensée obsédante » apparaît à la fin du XVIIIe s.

■ L'obsession est nécessaire : un écrivain est un homme qui a un certain sentiment de la vie, clou où il suspend son tableau (et où il s'écorche).

Charles DANTZIG, *Dictionnaire égoïste de la littérature française*, © Grasset, 2005.

obstacle

Du latin *obstaculum*, dérivé de *obstare*, se tenir devant, construit à partir du préfixe *ob-*, devant, et du verbe *stare*, être debout.

■ La valeur de leur chef ne trouvait point d'obstacle.

Pierre CORNEILLE, *Pompée*, 1643.

Et dans les dictionnaires anciens...

■ Le mot de *difficulté* me paraît exprimer quelque chose qui naît de la nature et des propres circonstances de ce dont il s'agit. Celui d'*obstacle* semble dire quelque chose qui vient d'une cause étrangère.

Gabriel GIRARD, *Synonymes françois*, 1856.

obstiner (s')

Du latin *obstinare*, vouloir obstinément quelque chose.

■ Ne vous obstinez point en cette humeur étrange.

Pierre CORNEILLE, *Le Cid*, 1637.

occasion

Du latin *occasio*, moment favorable.

■ L'occasion qui plaît semble toujours propice.

Pierre CORNEILLE, *Sophonisbe*, 1633.

Et dans les dictionnaires anciens...

■ *Proverbialement*. Il faut prendre l'occasion aux cheveux, l'occasion est chauve par derrière, pour dire, qu'une occasion perdue ne se recouvre jamais.

Antoine FURETIÈRE, *Dictionnaire universel*, 1690.

océan

Du latin *Oceanus*, du grec *Ôkeanos*, dieu de la mer dans la mythologie grecque, aîné des six Titans.

■ Vieil Océan, dans tes rivages / Flotte comme un ciel écumant, / Plus orageux que les nuages, / Plus lumineux qu'un firmament !

Alphonse DE LAMARTINE, *Harmonies poétiques et religieuses*, 1830.

■ Vieil océan, aux vagues de cristal, tu ressembles proportionnellement à ces marques azurées que l'on voit sur le dos meurtri des mousses : tu es un immense bleu appliqué sur le corps de la terre : j'aime cette comparaison [...].

LAUTRÉAMONT, *Les Chants de Maldoror*, 1869.

■ Au moins tu sais, toi, océan / Qu'il est inutile / De rêver ta fin [...]

Eugène GUILLEVIC, *Carnac*, © Gallimard, 1961.

Et dans les dictionnaires anciens...

■ *Océan*. Père, Dieu de la mer, impétueux, profond, humide, large, nourricier, sinueux, reflotant, vaste, roi des ondes, fluctueux, vagabond, chenu, monstrueux, grand, vieillard, murmurant, écumeux...

Maurice DE LA PORTE, *Épithètes*, 1571.

▶ VOIR ancre, blé, brouillard, cœur, cultivateur, explorateur.

odeur

Du latin *odor*, senteur, exhalaison.

■ Odeur (des pieds) : Signe de santé.

Gustave FLAUBERT, *Le Dictionnaire des idées reçues*, posth. 1913.

▶ VOIR bicyclette.

odieux

Du latin *odiosus*, désagréable, importun.

■ L'odieux est la porte de sortie du ridicule.

Victor HUGO, *Histoire d'un crime*, 1877.

œil, yeux

Du latin *oculus*. *Œil* s'écrivait *oil*, *ueil* en ancien français. La graphie *œil* apparaît au XIIe s.

■ Ceux qui de la Cour ont un plus long usage / Sur les yeux de César composent leur visage.

Jean RACINE, *Britannicus*, 1669.

■ En vain contre le Cid un ministre se ligue : / Tout Paris pour Chimène a les yeux de Rodrigue.

Nicolas BOILEAU, *Satires*, 1660-1711.

■ Je voudrais donc lui mettre dans un billet : *Belle marquise, vos beaux yeux me font mourir d'amour* ; mais je voudrais que cela fût mis d'une manière galante : que cela fût tourné gentiment.

MOLIÈRE, *Le Bourgeois gentilhomme*, 1670.

■ C'est un grand reproche à faire à Dieu, qu'il nous ait fait, en tout, les yeux plus grands que le ventre, le désir supérieur à la capacité de jouissance.

J. et E. DE GONCOURT, *Journal*, 1851-1896.

■ L'œil était dans la tombe et regardait Caïn.

Victor HUGO, *La Légende des siècles*, 1883.

Et dans les dictionnaires anciens...

■ Les beaux yeux sont fendus, ouverts & fleur de tête, vides, pleins de feu, riants, doux, étincelants, tendres, mourants, languissants.

Antoine FURETIÈRE, *Dictionnaire universel*, 1690.

Et les pensées de...

■ Baisse un peu l'abat-jour, veux-tu ? / Nous serons mieux. / C'est dans l'ombre que les cœurs causent, / Et l'on voit beaucoup mieux les yeux [...].

Paul Géraldy, *Toi et moi*, © Stock, 1913.

▶ VOIR yeux.

œuvre(s)

Du latin *opera*, travail, activité construit sur *opus*.

■ À l'œuvre on connaît l'artisan.

Jean DE LA FONTAINE, *Fables*, « Le lion et le moucheron », 1668-1694.

■ Peu d'œuvres donne beaucoup d'amour-propre, beaucoup de travail donne infiniment de modestie.

Honoré DE BALZAC, *La Comédie humaine* (avant-propos), 1830-1848.

■ Oui, l'œuvre sort plus belle / d'une forme au travail / Rebelle, / Vers, marbre, onyx, émail.

T. GAUTIER, *Émaux et Camées*, « L'Art », 1852.

■ Une œuvre d'art est un coin de la création vu à travers un tempérament.

Émile ZOLA, *Mes haines*, 1866.

■ Une œuvre n'a de valeur que dans son encadrement, et l'encadrement de toute œuvre, c'est son époque.

Ernest RENAN, *L'Avenir de la science*, (1848), 1890.

■ L'œuvre d'art, c'est une idée qu'on exagère.

André GIDE, *Journal*, © Gallimard, 1939.

■ L'œuvre d'art est toujours le résultat d'une persévérance inquiète.

André GIDE, *Journal*, © Gallimard, 1939.

■ Nous implorons qu'en vue de mer il nous soit fait promesse d'œuvres nouvelles : d'œuvres vivaces et très belles, qui ne soient qu'œuvre vive et ne soient qu'œuvre belle.

SAINT-JOHN PERSE, *Amers*, © Gallimard, 1953.

■ L'œuvre surgit dans son temps et de son temps, mais elle devient œuvre d'art par ce qui lui échappe.

André MALRAUX, *La Métamorphose des dieux*, © Gallimard, 1957.

■ J'ai pensé pendant des années que mon œuvre était devant moi, et voilà qu'elle est derrière : à aucun moment elle n'a eu lieu.

Simone DE BEAUVOIR, *La Force des choses*, © Gallimard, 1963.

Et dans les dictionnaires anciens...

■ *Œuvre* dit précisément une chose faite, mais *ouvrage* dit une chose travaillée et faite avec art. [...] Le mot d'*œuvre* convient mieux à l'égard de ce que le cœur et les passions engagent à faire. Le mot d'*ouvrage* est plus propre à l'égard de ce qui dépend de l'esprit ou de la science.

Gabriel GIRARD, *Synonymes françois*, 1756.

Et les pensées de...

■ Le duc. — Qu'as-tu déniché là ? Le nain. — Les œuvres complètes d'Érasme, Monseigneur ! Le duc. — Tu prétends nous endormir avec la prose de cet hérétique ? Le nain. — Non, c'est pour m'asseoir dessus !

Extrait du film *La Kermesse héroïque*, de Jacques FEYDER, (dialogues : B. ZIMMER), 1935.

▶ VOIR accueil, dictionnaire, Joconde, psychanalyser, théâtre.

offenser

Dérivé de *offense*, issu du latin *offensa*, fait d'être choqué.

■ Si, dans le nombre infini de choses qui sont dans ce livre, il y en avait quelqu'une qui, contre mon attente, pût offenser, il n'y en a pas du moins qui ait été mise avec mauvaise intention.

Charles-Louis DE MONTESQUIEU, *De l'esprit des lois*, 1748.

offrir

Du latin classique *offere*, porter devant, construit à partir du préfixe *ob-*, devant, et du verbe *ferre*, porter.

■ Je vous offre mon bras : puis-je espérer encore / Que vous accepterez un cœur qui vous adore ?

Jean RACINE, *Andromaque*, 1667.

oiseau

Du latin *avicellus*, *aucellus*, diminutif de *avis*, oiseau, que l'on retrouve dans *aviculture*.

■ Oiseau : Désirer en être un, et dire en soupirant « des ailes, des ailes » marque une âme poétique.

Gustave FLAUBERT, *Le Dictionnaire des idées reçues*, posth. 1913.

■ L'oiseau de tous nos consanguins le plus ardent à vivre / mène aux confins du jour un singulier destin.

SAINT-JOHN PERSE, *Chant pour un équinoxe*, 1976.

Et dans les dictionnaires anciens...

■ *Oiseau*. Animal qui s'élève en l'air, qui le traverse, qui s'y tient suspendu par le secours de ses plumes, & de ses ailes. Le phœnix, s'il y en a, passe pour le Roy des oiseaux.

Antoine FURETIÈRE, *Dictionnaire universel*, 1690.

▶ VOIR aérien, cage, confiance, délibérer, hirondelle.

oisif, oisiveté

De l'ancien français *wisif*, *oisdif*, issu du latin *otiosus*, vain, inutile.

■ Il te convient chasser oisiveté, / Qui nous engendre amour, et pauvreté.

Maurice SCÈVE, *Églogue de la vie solitaire*, « La Saulsaye », 1547.

■ « Il a passé sa vie en oisiveté », disons-nous : « Je n'ai rien fait d'aujourd'hui. »

Quoi ! [n'] avez-vous pas vécu ? C'est non seulement la plus fondamentale, mais la plus illustre de vos occupations.

Michel DE MONTAIGNE, *Essais*, 1580-1595.

■ Riche ou pauvre, puissant ou faible, tout citoyen oisif est un fripon.

Jean-Jacques ROUSSEAU, *Émile ou De l'éducation*, 1762.

■ Les journées sont longues et les années sont courtes pour l'homme oisif.

Denis DIDEROT, *Essai sur les règnes de Claude et de Néron*, 1782.

ombre

Du latin *umbra*, poisson de teinte sombre, puis ombre, employé au masculin jusqu'au XVIe s.

■ Ton ombre suit ton corps de trop près, ce me semble, / Car nous deux seulement devons aller ensemble.

Théophile DE VIAUX, *Les Amours tragiques de Pyrame et Thisbé*, 1623.

omnibus

Mot latin signifiant « pour tous », pluriel datif de l'adjectif *omnis*, tous.

■ Omnibus : On n'y trouve jamais de place. Ont été inventés par Louis XIV. – Moi, Monsieur, j'ai connu les tricycles qui n'avaient que trois roues.

Gustave FLAUBERT, *Le Dictionnaire des idées reçues*, posth. 1913.

on

Du latin *homo*, homme. *On* s'écrivait *om* en ancien français.

■ Le « on » est une puissance cachée au service du locuteur, et d'autant plus à son service que, souvent, il invente ce que cet *on* dit. [...] Le petit « je » prend ses responsabilités, au moins.

Charles DANTZIG, *Dictionnaire égoïste de la littérature française*, © Grasset, 2005.

ongle

Du latin *ungula*, griffe, serre, ongle (XIe), employé au féminin jusqu'au XVIe s.

■ Il y a plusieurs endroits de la terre où l'on se laisse croître les ongles, pour marquer que l'on ne travaille point.

Charles-Louis DE MONTESQUIEU, *De l'esprit des lois*, 1748.

onomatopée

Du grec *onomatopeia* (*onoma*-, nom et *poein*, fabriquer), création de mots.

■ Il lui disait de ces folles et vagues paroles, jolies onomatopées que savent créer les mères et les nourrices.

Honoré DE BALZAC, *La Confidence des Ruggieri*, 1837.

Et dans les dictionnaires anciens...

■ L'onomatopée est d'un grand secours aux poètes, puisqu'elle est comme l'âme de l'harmonie pittoresque et de la poésie imitative.

Charles NODIER, *Dictionnaire des onomatopées*, (préface), 2e éd., 1828.

opéra

Mot italien signifiant œuvre (voir ce mot).

■ Il ne fallait aux Romains que *panem* [du pain] et *circenses* [jeux du cirque] ; nous avons retranché *panem*, il nous suffit du *circenses*, c'est-à-dire de l'opéra comique.

VOLTAIRE, *Lettre à Damilaville*, 4 avril 1762.

Et dans les dictionnaires anciens...

■ *Opéra*. Spectacle public, représentation magnifique sur la scène, de quelque ouvrage dramatique, dont les vers se chantent, et sont accompagnés d'une grande symphonie, de danses, de ballets, avec des habits et des décorations superbes, & des machines surprenantes.

Antoine FURETIÈRE, *Dictionnaire universel*, 1690.

opinion

Du latin *opinio*, croyance, conjoncture, issu du verbe *opinor*, être d'avis que.

■ Chose étrange de voir comme avec passion / Un chacun est chaussé de son opinion.

MOLIÈRE, *L'École des Femmes*, 1662.

■ L'opinion, ce mobile dont vous connaissez toute la force pour le bien et pour le mal, n'est, à son origine, que l'effet d'un petit nombre d'hommes qui parlent après avoir pensé, et qui forment sans cesse, en différents points de la société, des centres d'instruction d'où les erreurs et les vérités raisonnées gagnent de proche en proche, jusqu'aux derniers confins de la société où elles s'établissent comme des articles de foi.

Denis DIDEROT,
Lettre à Necker, 12 juin 1775.

■ L'expérience de beaucoup d'opinions donne à l'esprit beaucoup de flexibilité.

Joseph JOUBERT, *Pensées, essais, maximes et correspondances*, posth. 1838.

■ Au bout de tous les actes les plus innocents de la vie, il y a toujours la balise de l'opinion de la société que l'on ne franchit pas en province, fond de mœurs d'une hypocrisie dont on est puni par un ennui affreux.

Jules-Amédée BARBEY D'AUREVILLY,
Premier Memoranda, 1836.

■ Pourquoi faire part de nos opinions ? Demain, nous en aurons changé.

Paul LÉAUTAUD,
Journal littéraire, © Mercure de France, 1986.

Et dans les dictionnaires anciens...

■ Les opinions doivent beaucoup à la prévention ; il est ordinaire aux écoliers de tenir celles de leurs Maîtres.

Gabriel GIRARD, *Synonymes françois*, 1756.

opposition

Du latin *oppositio*, objection, antithèse. Le sens politique, attesté au XVIIIe, vient du mot anglais *opposition*.

■ Éviter les situations qui mettent nos devoirs en opposition avec nos intérêts.

Jean-Jacques ROUSSEAU,
Les Confessions, 1782-1789.

■ Il faut de l'harmonie dans les sentiments et de l'opposition dans les caractères pour que l'amour naisse tout à la fois de la sympathie et de la diversité.

Germaine DE STAËL, *Corinne*, 1807.

oppression

Du latin *oppressio*, action de presser, de détruire, d'étouffer.

■ Quand il n'est pas de choix que d'être complice ou victime de l'oppression, que reste-t-il à l'homme vertueux, que de joindre sa cendre à celle des tombeaux !

Constantin DE VOLNEY, *Les Ruines*, 1791.

Et dans les dictionnaires anciens...

■ *Oppression*. Action d'opprimer, d'accabler par la force, par la violence. L'oppression donne du ressort à l'âme.

M. LACHÂTRE, *Dictionnaire français illustré*, 1856.

opprobre

Du latin *opprobrium*, honte, déshonneur.

■ Quant on a tout perdu, quand on n'a plus d'espoir, / La vie est un opprobre et la mort un devoir.

VOLTAIRE, *Mérope*, 1743.

■ L'opprobre de la misère est absolument indicible, parce qu'elle est, au fond, l'unique souillure et le seul péché. C'est une coupe si démesurée que le Seigneur Dieu l'a choisie pour sienne, quand il s'est fait homme pour l'assumer.

Léon BLOY, *Le Désespéré*, 1886.

▶ VOIR ambition.

optimisme, optimiste

Dérivé de l'adjectif latin *optimus*, le meilleur. Le sens philosophique apparaît au XVIIIe s. avec Leibniz (1646-1716).

■ Qu'est-ce qu'optimisme ? disait Cacambo. – Hélas ! dit Candide, c'est la rage de soutenir que tout est bien quand on est mal.

VOLTAIRE, *Candide*, 1759.

■ Optimiste : [...] Équivalent d'imbécile.

Gustave FLAUBERT,
Le Dictionnaire des idées reçues, posth. 1913.

▶ VOIR abomination.

or

Du latin *aurum* L'or servit à la première monnaie frappée au VIe s. av. J.-C. sous l'empire de Cyrus II.

■ L'or, même à la laideur, donne un teint de beauté.

Nicolas BOILEAU, *Satires*, 1660-1711.

■ L'or est d'un grand secours pour acheter un cœur ; / Ce métal, en amour, est un grand séducteur.

Jean-François REGNARD, *Le Joueur*, 1696.

Et dans les dictionnaires anciens...

■ *Or.* Reluisant, jaune, corrompeur, donne-vie, précieux, ôte-soin, blondissant, chasse-peine, riche, incorruptible, splendissant, monnayé ou monnayeur, radieux, affiné, tout-puissant...

Maurice DE LA PORTE, *Épithètes*, 1571.

▶ VOIR avare, banque.

orage

Du latin *aura*, brise, puis du bas latin *auraticum*.

■ « Levez-vous vite, orages désirés, qui devez emporter René dans les espaces d'une autre vie ! » Ainsi disant, je marchais à grands pas, le visage enflammé, le vent sifflant dans ma chevelure, ne sentant ni pluie, ni frimas, enchanté, tourmenté, et comme possédé par le démon de mon cœur.

François-René DE CHATEAUBRIAND, *René*, 1805.

Et dans les dictionnaires anciens...

■ La Mer Baltique, la Mer Égée sont sujettes à de furieux orages. Les galères vont terre à terre, parce qu'elles ne peuvent pas résister à l'orage, elles ne s'éloignent pas des ports où elles puissent se mettre couvertes de l'orage.

Antoine FURETIÈRE, *Dictionnaire universel*, 1690.

orateur

Du latin *orator*, *-oris*, celui qui parle.

■ L'orateur est occupé de son sujet, et le déclamateur de son rôle ; l'un agit, l'autre feint ; le premier est une personne exposant de grandes idées, et le second un personnage débitant de grands mots.

Joseph JOUBERT, *Pensées, essais, maximes et correspondances*, posth. 1838.

■ Pour faire un bon orateur, il faudrait l'assistance des trois Muses : Mélite (l'Invention), Mnemé (la Mémoire), et Avidé (le Chant).

Maurice BARRÈS, *Mes cahiers*, 1929-1956.

orchestre

Du grec *orkhêstra*, danser, partie du théâtre circulaire où évoluait le chœur. Le sens moderne apparaît vers la fin du XVIIe s.

■ Orchestre : Image de la société. Chacun fait sa partie et il y a un chef.

Gustave FLAUBERT, *Le Dictionnaire des idées reçues*, posth. 1913.

ordinaire

Du latin impérial *ordinarius*, rangé par ordre, conforme à l'usage.

■ Ne vous regardez plus comme un homme ordinaire.

VOLTAIRE, *Sémiramis*, 1748.

■ Ce que peut la vertu d'un homme ne se doit pas mesurer par ses efforts, mais par son ordinaire.

Blaise PASCAL, *Pensées*, 1669.

ordinateur

Du latin impérial *ordinator*, celui qui range, qui règle. Le terme a été proposé par le professeur latiniste Jacques Perret en 1954.

■ C'est très bizarre d'écrire sur un ordinateur, c'est comme sculpter de l'eau.

Jean ECHENOZ, Extrait d'une interview sur France Inter

Et les pensées de...

■ Les ordinateurs, plus on s'en sert moins, moins cela a de la chance de mal marcher.

Jacques ROUXEL, *Les Shadoks et le désordinateur*, éd. Circonflexe, 2000.

ordonner

Du latin classique *ordinare*, ranger, mettre en ordre. Le sens de donner un ordre apparaît au XVIe s.

■ Le temps de chaque chose ordonne et fait le prix.

Pierre CORNEILLE, *Pompée*, 1643.

Et dans les dictionnaires anciens...

■ Étymologiquement, ordonner, c'est mettre par arrangement ; commander, c'est transmettre un mandement. Mais l'usage les a singulièrement rapprochés. [...] Toutefois [...] : le médecin ordonne les remèdes, il ne les commande pas au malade.

Émile LITTRÉ,
Dictionnaire de la langue française, 1863-72.

ordre

Du latin *ordo, ordinem*, de même sens.

■ Le troisième [précepte, était], de conduire par ordre mes pensées, en commençant par les objets les plus simples et les plus aisés à connaître, pour monter peu à peu comme par degrés jusques à la connaissance des plus composés, et supposant même de l'ordre entre ceux qui ne se précèdent point naturellement les uns des autres.

René DESCARTES,
Le Discours de la méthode, 1637.

■ L'ordre est désarmé. Et ce malheur se joint à tous ceux d'une situation extrêmement difficile. Quatre cents voyous peuvent faire chavirer notre barque.

Henri-Frédéric AMIEL,
Journal intime, 1847-1883.

■ La vie crée l'ordre, mais l'ordre ne crée pas la vie.

Antoine DE SAINT-EXUPÉRY,
Lettre à un otage, © Gallimard, 1943.

■ Madame, finissant de donner des ordres à la cantonade : – Alors, Irma, c'est bien tondu, n'est-ce-pas ? Deux petits dolmens au linon, des sweaters très glabres, avec du flou, une touque de ramiers sur le pacha et des petites pelotes de sparadrap loti au frein [...]

Jean TARDIEU,
Un mot pour un autre, © Gallimard, 1951.

Et dans les dictionnaires anciens...

■ On observe l'ordre, on suit la règle. Le premier est un effet de la seconde.

Gabriel GIRARD, *Synonymes françois*, 1756.

▶ VOIR travers.

oreille, oreiller

Du latin *auricula*, issu de *auris*, de même sens.

■ Passez donc de l'autre côté ; car cette oreille-ci est destinée pour les langues scientifiques et étrangères, et l'autre est pour la vulgaire, la maternelle.

MOLIÈRE, *Le Mariage forcé*, 1664.

■ On ferme l'oreille aux avis qu'on ne se sent pas la force de suivre ; ils importunent parce qu'ils humilient.

Denis DIDEROT,
Essai sur les règnes de Claude et de Néron, 1782.

■ Oreiller : Ne jamais s'en servir, ça rend bossu.

Gustave FLAUBERT,
Le Dictionnaire des idées reçues, posth. 1913.

Et dans les dictionnaires anciens...

■ Un chien hargneux a toujours les oreilles déchirées. Signifie, que les gens querelleux sont sujets à être battus.

Philibert Joseph LE ROUX,
Dictionnaire comique, satyrique, critique, 1718.

Et les pensées de...

■ Il y a des phrases comme ça... Par exemple, j'ai ouï dire qu'il y a des choses qui entrent par une oreille et qui sortent par l'autre. Je n'ai jamais rien vu entrer par une oreille et encore moins en sortir ! Il n'y a qu'en littérature qu'on voit ça.

Raymond DEVOS, *Matière à rire*,
« Prêter l'Oreille », © Plon, 1993.

orfèvre

Mot composé de *or* (voir ce mot) et de l'ancien français *fèvre*, du latin *faber*, ouvrier, artisan.

■ Vous êtes orfèvre, monsieur Josse, et votre conseil sent son homme qui a envie de se défaire de sa marchandise [l'orfèvre, ayant suggéré que Sganarelle achète des bijoux à sa fille].

MOLIÈRE, *L'Amour médecin*, 1665.

orfraie

Du latin *ossifraga*, casseur d'os.

■ L'orfraie, avec ses cris funèbres, / Mortels augures des destins, / Fait rire et danser les lutins / Dans ces lieux remplis de ténèbres.

SAINT-AMANT, *Poésies*, « La solitude », 1629-1658.

organe

Du latin *organum*, du grec *organon*, organe, instrument.

■ Homme, songe que c'est à la faiblesse de tes organes que tu dois la qualité qui te distingue des animaux.

Denis DIDEROT, *Essai sur les règnes de Claude et de Néron*, 1782.

Et dans les dictionnaires anciens…

■ Les esprits sont plus ou moins subtils, suivant la disposition des organes.

Antoine FURETIÈRE, *Dictionnaire universel*, 1690.

organiser

Dérivé de *organe* (voir ce mot), le sens musical étant issu du latin chrétien *organizo*, jouer d'un instrument.

■ Tout se meut, s'organise et sent son existence.

Jean-François DE SAINT-LAMBERT, *Les Saisons*, « Été », 1764.

orgueil, orgueilleux

Du francique *urgôli*, fierté, de l'ancien haut allemand *urguol*.

■ Si nous n'avions pas d'orgueil, nous ne nous plaindrions pas de celui des autres.

François DE LA ROCHEFOUCAULD, *Réflexions ou sentences et maximes morales*, 1664.

■ Plus on étudie l'homme, plus on connaît que l'orgueil est sa passion dominante, et qu'il affecte la grandeur jusque dans la plus triste misère.

Pierre BAYLE, *Pensées diverses sur la comète*, 1692.

■ De tous les hommes les plus sots, peut-être les plus misérables, ce sont les hommes orgueilleux ; mais l'homme qui pousse l'orgueil jusqu'à vouloir contrefaire le modeste pour mériter l'estime qu'on donne à la modestie, cet homme-là est un petit monstre.

Pierre DE MARIVAUX, *Le Spectateur français*, 1728.

■ L'homme né pour l'erreur comme pour l'ignorance, / N'est jamais, pour bien voir, à la juste distance ; / Trop près de lui, trop loin de la chaîne du tout, / Son orgueil cependant croit en tenir un bout.

Antoine-Marin LEMIERRE, *Les Fastes*, 1779.

■ Je me répète cette maxime qui est de moi : « Les honneurs déshonorent, le titre dégrade, la fonction abrutit. » Commentaire : impossible de pousser plus loin l'orgueil.

Gustave FLAUBERT, *Correspondance*, 1880.

■ Qui n'a vu un soldat, roi des chevaux, acculer un animal fou dans l'angle de deux murs, et lui passer la bride ? L'animal est de beaucoup le plus fort, mais il fléchit devant l'orgueil, le courage et la certitude. Ce dompteur de chevaux risquait sa vie, mais il ne pensait point à cela ; il ne visait au contraire qu'à étendre sa propre vie.

ALAIN, *Esquisses de l'homme*, © Gallimard, 1927.

■ L'orgueil a de telles racines, qu'au moment du plus fervent repentir, c'était avec une prodigieuse jouissance d'orgueil qu'il savourait son humilité.

Jules ROMAINS, *Les Hommes de bonne volonté*, © Flammarion, 1937.

Et dans les dictionnaires anciens…

■ L'homme sage et simple ne s'abaisse point, ni ne se soucie d'abaisser l'orgueil d'autrui. […] Notre orgueil *croît* à mesure que nous nous élevons ; et il *augmente* quelquefois jusqu'à nous rendre haïssables à tout le monde.

Gabriel GIRARD, *Synonymes français*, 1756.

▶ VOIR amour-propre.

orientation

Dérivé de *orienter*, lui-même issu de *orient*, du participe présent latin *oriens*, correspondant au point cardinal *est*.

■ Cette habitude de contredire masquait habilement son absence d'orientation personnelle.

Roger MARTIN DU GARD, *Devenir*, © Gallimard, 1909.

original

Du latin impérial *originalis*, primitif, à l'origine.

■ Il y a peu d'hommes vraiment originaux ; presque tous se gouvernent, pensent et sentent par l'influence de la coutume et de l'éducation.

VOLTAIRE, *Remarques sur les « Pensées » de Pascal*, 1734.

■ Original : Rire de tout ce qui est original, le haïr, le bafouer, et l'exterminer, si l'on peut.

Gustave FLAUBERT, *Le Dictionnaire des idées reçues*, posth. 1913.

orner

Du latin *ornare*, équiper, préparer.

■ Si vous ne voulez pas qu'un riche orne sa maison, vous ruinez cent artistes.

VOLTAIRE, *Idées républicaines*, « Politiques et législations », 1762.

Et dans les dictionnaires anciens...

■ Les femmes sont curieuses d'orner leurs maisons, de riches meubles, de lits, de tapisseries, vases, etc., d'orner leurs habits de dentelles. [...] Une belle perruque, de belles plumes ornent bien un Gentilhomme.

Antoine FURETIÈRE, *Dictionnaire universel*, 1690.

orphelin

Du latin ecclésiastique *orphanus*, du grec *orphanos*, de même sens. *Orphelin* s'est écrit *orfanin* en ancien français.

■ La veuve et l'orphelin, comme on dit, je ne sais pourquoi, car enfin il y a des veuves abusives et des orphelins féroces.

Albert CAMUS, *La Chute*, © Gallimard, 1956.

orthographe

Du latin et du grec *orthographia*, écriture correcte, élévation, composé de *ortho-*, droit et *-graphia*, écriture.

■ Les petits billets de ces dames du grand siècle et du siècle dernier trouvaient moyen d'être à la fois sans beaucoup d'orthographe et du français le plus excellent.

SAINTE-BEUVE, *Chateaubriand et son groupe littéraire sous l'Empire*, 1860.

■ Orthographe : Y croire comme à la géométrie.

Gustave FLAUBERT, *Le Dictionnaire des idées reçues* (1877), posth. 1913.

■ L'histoire de l'orthographe sera instructive, non seulement sur l'origine des mots, mais sur la manière dont le génie de chaque langue tend à les modifier par l'usage.

Antoine-Louis-Claude DESTUTT DE TRACY, *Éléments d'idéologie*, 1903.

■ J'en vins à représenter à ses yeux la brute, l'anti-intellectuel, le fils de famille gâté par l'oisiveté et les orgies. Il finit par m'accuser de ne pas savoir l'orthographe.

Valéry LARBAUD, *A. O. Barnabooth*, © Gallimard, 1913.

Et dans les dictionnaires anciens...

■ *Ortographe*. J'étais autrefois pour la nouvelle ortographe et je suis présentement pour celle qui n'est ni vieille, ni tout à fait moderne, par ce que c'est la plus raisonnable et la plus suivie. J'écrirais donc *Abbé, Abbaïe, abbaisser, appeler, teste, feste*. En vérité, l'esprit de l'homme est bien changeant.

Pierre RICHELET, *Dictionnaire françois*, 1680.

■ L'Académie s'est attachée à l'ancienne Orthographe receuë parmi tous les gens de lettres, parce qu'elle ayde à faire connoistre l'Origine des mots.

Préface du Dictionnaire de l'Académie française, 1694.

Et les pensées de...

■ La faute d'orthographe sur un mot, c'est comme quand nous on a un bras plus long que l'autre, ou un bouton sur le nez, on vit comme ça, faut pas jeter le mot pour autant, il a le droit de vivre même mal formé, le mot...

Jean-Marie Gourio, *L'Intégrale des brèves de comptoir*, © Robert Laffont, 1992-1993.

ortie

Du latin *urtica*, qui donnera *urticaire*. *Ortie* s'écrivait *orttrie* en ancien français.

■ J'aime l'araignée et j'aime l'ortie, / Parce qu'on les hait ; / Et que rien n'exauce et que tout châtie / Leur morne souhait.

Victor Hugo, *Les Contemplations*, 1856.

os

Du latin populaire *os*, *ossum*, issu du latin classique *articulum*.

■ Depuis plus d'une semaine / Je n'ai trouvé personne à qui rompre les os.

Molière, *Amphitryon*, 1668.

Et dans les dictionnaires anciens...

■ Les os se divisent en très durs, comme ceux qu'on appelle pierreux qui sont les os des tempes, & les dents ; & en mols, qui ont bien moins de dureté en comparaison, comme l'etmoïde & les Epiphyses.

Antoine Furetière, *Dictionnaire universel*, 1690.

oser

Du bas latin *ausare*, issu de *ausus*, participe passé de *audare*, avoir l'audace de.

■ Oser ! ce mot renferme toute la politique de votre révolution.

Saint-Just, *Rapport présenté à la Convention au nom des Comités de Salut public et de Sûreté générale*, 26 février 1794.

■ Oser, le progrès est à ce prix. Toutes les conquêtes sublimes sont plus ou moins des prix de hardiesse.

Victor Hugo, *Les Misérables*, 1862.

■ Il m'en coûte d'oser, d'espérer, de vouloir, de m'engager. J'aime à faire abstraction de moi et à m'annuler, pour annuler ma responsabilité et ma faculté de souffrance.

Henri-Frédéric Amiel, *Journal intime*, 1847-1883.

■ La vie aime la conscience que l'on a d'elle. Osons.

Denise Miège, *Poésie féminine d'aujourd'hui*, « Sous les pavés, la plage », © Librairie Saint-Germain-des-Prés, 1970.

Et dans les dictionnaires anciens...

■ *Oser.* Entreprendre résolument. [...] J'oserai toujours résister à la tyrannie.

Maurice Lachâtre, *Dictionnaire français illustré*, 1856.

▶ VOIR fat.

ôter

Du latin *obstare* (voir *obstacle*), faire obstacle, puis enlever.

■ Qui m'ose ôter l'honneur craint de m'ôter la vie.

Pierre Corneille, *Le Cid*, 1637.

Et dans les dictionnaires anciens...

■ *Ôter.* Priver de. En opprimant un peuple, on lui ôte toute énergie.

Maurice Lachâtre, *Dictionnaire français illustré*, 1856.

oubli, oublier

Du latin populaire *oblitare*, issu de *oblitus*, participe passé de *oblivisci*, ne plus penser à, perdre de vue.

■ Ô fortuné séjour ! ô champs aimés des cieux ! / Que pour jamais, foulant vos prés délicieux, / Ne puis-je ici fixer ma course vagabonde, / Et, connu de vous seuls, oublier tout le monde !

Nicolas Boileau, *Épitres*, 1669-1695.

■ Je ne médite, je ne rêve jamais plus délicieusement que quand je m'oublie moi-même.

Jean-Jacques Rousseau, *Les Rêveries du promeneur solitaire*, 1782.

■ Une femme de 90 ans disait à M. de Fontenelle, âgé de 95 ans : « – La mort nous a oubliés. – Chut », lui répondit M. de Fontenelle, en mettant le doigt sur la bouche.

Nicolas de Chamfort, *Maximes et pensées, caractères et anecdotes*, 1795.

■ Il y a moins d'indifférence à médire qu'à oublier. L'oubli ! Comment ce mot est-il si doux ! Il faut compenser l'absence par le souvenir.

Joseph JOUBERT, *Pensées, essais, maximes et correspondances*, posth. 1838.

■ À défaut du pardon, laisse venir l'oubli. / Les morts dorment en paix dans le sein de la terre ; / Ainsi doivent dormir nos sentiments éteints.

Alfred DE MUSSET, *La Nuit d'octobre*, 1837.

■ Se réconcilier, pardonner ! quels mots hypocrites. On oublie c'est tout. Oublier les morts, ce n'était pas encore assez. Maintenant, nous oublions les meurtres, nous oublions les meurtriers.

Simone DE BEAUVOIR, *Les Mandarins*, © Gallimard, 1954.

■ Même quand tout semble oublié, rien ne s'oublie tout à fait.

Maurice JOUHANDEAU, *L'Éternel Procès*, © Gallimard, 1959.

▶ VOIR aboyer, boire, demain, enivrer.

oui

Du bas latin *hoc ille fecit*, « c'est bien lui qui a fait cela ». *Fecit* a ensuite disparu puis *(h)oc il(le)*, a donné *oïl*, employé pour dire *oui* dans les régions du Nord de la France. D'où l'origine de *langue d'oïl*.

■ Eh ! Nous ne différons que du oui et du non, ce n'est qu'une bagatelle.

Pierre DE MARIVAUX, *La Double Inconstance*, 1723.

■ Quelques esprits, en ce siècle, font tapage par la négation : c'est aux grandes âmes qu'est réservée l'affirmation. Vous avez le droit au oui. Usez-en. Usez-en pour vous et pour tous.

Victor HUGO, *Correspondance*, 1865.

▶ VOIR moment, cadavre.

ouïr

Du latin *audire*, entendre, écouter. *Ouïr* s'écrivait *audir* puis *oïr* en ancien français.

■ A-t-on jamais ouï parler d'aventures si merveilleuses ?

FÉNELON, *Les Aventures de Télémaque*, 1669.

Et les pensées de...

■ Le verbe ouïr, au présent, ça fait : J'ois... j'ois... Si au lieu de dire « j'entends », je dis « j'ois », les gens vont penser que ce que j'entends est joyeux alors que ce que j'entends peut être particulièrement triste. Il faudrait préciser : « Dieu, que ce que j'ois est triste ! »

Raymond DEVOS, *À plus d'un titre*, « Ouï dire », © Orban, 1989.

ours

Du latin *ursus*.

■ Il m'a dit qu'il ne faut jamais / Vendre la peau de l'ours qu'on ne l'ait mis par terre.

Jean DE LA FONTAINE, *Fables*, « L'Ours et les deux Compagnons », 1668-1694.

■ Ours : S'appelle généralement Martin. Citer l'anecdote de l'invalide qui croyant voir une montre tombée dans sa fosse, y est descendu – et a été dévoré.

Gustave FLAUBERT, *Le Dictionnaire des idées reçues*, posth. 1913.

outrager

Dérivé de *outrage*, lui-même issu de *outre*, du latin *ultra*, au-delà.

■ Mais, qui pis est, les outragèrent grandement, les appelant trop d'iteux, brèchesdents, plaisants rousseaux, galliers, averlans, limes sourdes, fainéants, friandeaux, bustarins, talvassiers, rien-ne-vaut, rustres, chalands, happe-lopins, traîne-gaines, gentils floquets, copieux, landores, malotrus,...

François RABELAIS, *Gargantua*, 1534.

■ Qui se laisse outrager mérite qu'on l'outrage, / Et l'audace impunie enfle trop un courage

Pierre CORNEILLE, *Héralcius*, 1646.

■ Un généreux courage / Pardonne à qui le hait, mais point à qui l'outrage.

CRÉBILLON, *Catilina*, 1748.

ouvrage

Dérivé de *œuvre* (voir ce mot). *Ouvrage* s'écrivait *ovraigne* au XIIe s.

■ Hâtez-vous lentement ; et sans perdre courage, / Vingt fois sur le métier remettez votre ouvrage : / Polissez-le sans cesse et le repolissez ; / Ajoutez quelquefois, et souvent effacez.

Nicolas BOILEAU, *L'Art poétique*, 1674.

■ Un ouvrage n'a une véritable unité que quand on ne peut en rien ôter sans couper dans le vif.

FÉNELON, *Lettre à l'Académie*, 1714.

■ J'ai fait un peu de bien ; c'est mon meilleur ouvrage.

VOLTAIRE, *Épîtres*, « À Horace », 1772.

■ Quand on a fait un ouvrage, il reste une chose bien difficile à faire encore, c'est de mettre à la surface un vernis de facilité, un air de plaisir qui cachent et épargnent au lecteur toute la peine que l'auteur a prise. Quand un ouvrage sent la lime, c'est qu'il n'est pas assez poli ; s'il sent l'huile, c'est ce qu'on a trop peu veillé.

Joseph JOUBERT, *Pensées, essais, maximes et correspondances*, posth. 1838.

Et dans les dictionnaires anciens...

■ En fait d'ouvrages d'esprit, il faut, pour qu'ils soient beaux, qu'il y ait du vrai dans le sujet, de l'élévation dans les pensées, de la justesse dans les termes, de la noblesse dans l'expression, de la nouveauté dans le tour, et de la régularité dans la conduite. Mais le vraisemblable, la vivacité, la singularité, et le brillant suffisent pour les rendre jolis.

Gabriel GIRARD, *Synonymes françois*, 1756.

▶ VOIR superflu.

ouvrir

Du latin populaire *operire*, issu du latin classique *aperire*, (déc)ouvrir, dévoiler.

■ M. est un homme mobile, dont l'âme est ouverte à toutes les impressions, dépendant de ce qu'il voit, de ce qu'il entend, ayant une larme prête pour la belle action qu'on lui raconte, et un sourire pour le ridicule qu'un sot essaie de jeter sur elle.

Nicolas DE CHAMFORT, *Maximes et pensées, caractères et anecdotes*, 1795.

■ Mais c'est quelquefois au moment où tout nous semble perdu que l'avertissement arrive qui peut nous sauver ; on a frappé à toutes les portes qui ne donnent sur rien, et la seule par où on peut entrer et qu'on aurait cherchée en vain pendant cent ans, on y heurte sans le savoir, et elle s'ouvre.

Marcel PROUST, *Le Temps retrouvé*, 1927.

ouvrier

Du latin *operarius*, construit sur *opera* (voir ce mot). *Ouvrier* s'écrivait *ovrer* au XIIe s.

■ Ouvrier : Toujours honnête quand il ne fait pas d'émeutes.

Gustave FLAUBERT, *Le Dictionnaire des idées reçues*, posth. 1913.

■ Savez-vous pourquoi la dernière tournée n'a pas fait d'argent ? Parce que c'étaient tous des rôles d'ouvriers. Ici, on ne se dérange pas pour voir des ouvriers. – Et pourquoi donc qu'on se dérangerait ? Il y en plein les usines des ouvriers !

Henri-René LENORMAND, *Les Ratés*, 1918.

■ Et ceux qui représentent l'ouvrier sont tous des doctrinaires aux mains blanches.

ALAIN, *Propos d'économique*, © Gallimard, 1934.

■ On a pu constater en effet que l'action révolutionnaire ou syndicale la plus efficace a toujours été le fait d'élites ouvrières que la faim ne stérilisait pas.

Albert CAMUS, *L'Homme révolté*, © Gallimard, 1951.

Et dans les dictionnaires anciens...

■ On peut dire d'une manière générale que le savant, l'artiste et l'homme de lettres sont des ouvriers intellectuels.

Maurice LACHÂTRE, *Dictionnaire français illustré*, 1856.

▶ VOIR cité, endurer.

P

pacifique

Probablement du latin *pacificus*, qui établit la paix ou du provençal *pacific*, dans une acception juridique.

■ Ils paissaient leurs troupeaux, pacifique richesse, / Sans que les flots profonds ou les sombres hauteurs / Eussent tenté jamais leurs pas explorateurs.

Charles Marie LECONTE DE LISLE, *Poèmes antiques et modernes*, 1852.

Et dans les dictionnaires anciens...

■ Le *pacifique* est celui qui porte la paix, le *paisible* est celui qui reste en paix.

Émile LITTRÉ, *Dictionnaire de la langue française*, 1863-1872.

page

Du latin *pagina*, feuillet.

■ Deux ou trois pages auraient suffi pour la vérité, les passions firent des livres.

FONTENELLE, *Éloges des Académiciens*, « Éloge de Guglielmini », 1715.

■ Les cieux pour les mortels sont un livre entr'ouvert [...] / Chaque siècle avec peine en déchiffre une page.

Alphonse DE LAMARTINE, *Harmonies poétiques et religieuses*, 1830.

Et les pensées de...

■ Il n'y a rien d'angoissant dans une page blanche ! C'est la page écrite, moi, qui aurait tendance à me faire peur, tous ces feuillets noircis, c'est impressionnant. C'est exactement cela : j'ai l'angoisse devant la page noire.

Gérard DEPARDIEU, *Lettres volées*, © Jean-Claude Lattès, 1988.

pain

Du latin *panis*, *panem*, qui a donné *pan* en ancien français.

■ Pain : On ne sait pas toutes les saletés qu'il y a dans le pain.

Gustave FLAUBERT, *Le Dictionnaire des idées reçues, posth.*, 1913.

▶ VOIR faim, journalisme, logement, mère, peuple, quotidien, sain.

paix

Du latin *pax*, *pacis*, repos d'après guerre.

■ C'est en la paix que toutes choses / Succèdent selon nos désirs ; / Comme au printemps naissent les roses, / En la paix naissent les plaisirs.

François MALHERBE, *Ode à la Reine mère du Roi sur les heureux succès de sa régence*, 1610.

■ Une honorable paix vaut mieux que la victoire.

Jean-François DE LA HARPE, *Coriolan*, 1784.

■ L'épuisement seul semble forcer les princes à la paix ; ils s'aperçoivent toujours trop tard que le sang du citoyen s'est mêlé à celui de l'ennemi.

DIDEROT et D'ALEMBERT, *L'Encyclopédie*, article « Paix », 1751-1772.

■ On ne fait point la paix un poignard à la main, / Et l'intérêt d'un homme est toujours d'être humain.

Marie-Joseph CHÉNIER, *Charles IX*, 1789.

Et dans les dictionnaires anciens...

■ *Paix*. Tranquillité publique. Ce mot n'a point de pluriel.

Pierre RICHELET, *Dictionnaire françois*, 1680.

▶ VOIR acier, dispute, guerre, innocence, justifier, ministre, oubli, pacifique, police, poursuivre, professeur, quotidien, républicain, simple, soldat, sommeil.

palais (de justice)

Du latin *palatium*, du nom du mont Palatin, une des sept collines de Rome où l'empereur Auguste construisit sa demeure. Par extension, *palais* désigna toutes les demeures impériales.

■ Des sottises d'autrui nous vivons au Palais.

Nicolas BOILEAU, *Épîtres*, « À M. l'abbé des Roches », 1669.

pâlir

Dérivé de *pâle*, issu du latin *pallidus*, de couleur jaune pâle, puis blême, blanc. On rencontre l'orthographe *pasle* au XVIIe siècle.

■ Je le vis, je rougis, je palis à sa vue.

Jean RACINE, *Phèdre*, 1677.

palmier

Dérivé de *palme*, issu du latin *palma*, paume, creux de la main, puis feuille de palmier, palmier.

■ Palmier : Donne de la couleur locale.

Gustave FLAUBERT, *Le Dictionnaire des idées reçues*, posth., 1913.

panache

De l'italien *pennachio*, bouquet de plumes sur un casque, du latin *pinnaculum*, pinacle, faîte, dérivé de *pinna*, plume.

■ Quelquefois, quand le rideau tombe, nous avons tout perdu et il ne nous reste plus que le panache... mais Dieu, que nous y tenons.

Jean AMADOU, *Vous n'êtes pas obligés de me croire*, © Robert Laffont, 1999.

papa

Du latin *pappa*, mot enfantin présent dans de nombreuses langues.

■ Une petite larme ou deux, des bras jetés au cou, un mon petit papa mignon prononcé tendrement, sera assez pour vous toucher [...].

MOLIÈRE, *Le Malade imaginaire*, 1673.

■ Le marchand de jouets [...] entonnait à pleine voix, partisan attardé de la pure mélodie : Allons les papas, allons les mamans, contentez vos petits enfants.

Marcel PROUST, *La Prisonnière*, 1922.

paparazzi

Mot italien, pluriel de *paparazzo*, reporter photographe, attesté vers 1960.

■ Corneille était-il déjà persécuté par les paparazzis quand il écrivit : « Nous partîmes 500, mais par un prompt renfort, nous nous vîmes 3000 en arrivant au port ».

Laurent RUQUIER, in *Le Meilleur du pire*, © éd. Pascal Petiot, 2005.

papier

Du latin *papyrus*, du grec *papuros*, roseau d'Égypte.

■ Il est plus aisé d'arranger tout sur papier que d'exécuter.

MADAME DE MAINTENON, *Lettre au Cardinal de Noailles*, 6 octobre 1699, posth. 1752.

papillon

Du latin *papilio*, *papilionis*, *papilionem*, de même sens.

■ J'admire les papillons frêles / Dans les ronces du vieux castel ; / Je ne touche point à leurs ailes. / Un papillon est un pastel.

Victor HUGO, *Chansons des rues et des bois*, 1859.

■ Vers la gaze de feu que trament les rayons, / Vole le frêle essaim de riches papillons / Qu'enivrent la lumière et le parfum des sèves.

José-Maria DE HEREDIA, *Trophées*, 1893.

■ Le papillon. Ce billet doux plié en deux cherche une adresse de fleur.

Jules RENARD, *Histoires naturelles*, 1896.

Et dans les dictionnaires anciens...

■ *Papillon*. Volant, gai, léger, tremblotant, grivelé, mignard, allègre, voletant, diapré, sot.

Maurice DE LA PORTE, *Épithètes*, 1571.

paradis

Du latin ecclésiastique *paradisus*, du grec *paradeisos*, parc, tiré du mot iranien *paradaiza*, enclos.

■ Le paradis de ce monde s'est refermé sur les pas de nos premiers parents : voilà quarante-cinq mille ans qu'on se contente ici-bas de demi-perfection, de demi-bonheurs et de demi-moyens.

Émile FROMENTIN, *Dominique*, 1863.

■ Car les vrais paradis sont les paradis qu'on a perdus.

Marcel PROUST, *Le Temps retrouvé*, 1927.

Et dans les dictionnaires anciens...

■ On tient que le Paradis terrestre étoit à l'orient d'Eden en Mésopotamie. D'autres ont cru qu'il étoit par toute la terre, dont la face fut changée après le péché d'Adam. Guillaume Postel l'a placé sous le Pôle Arctique.

Antoine FURETIÈRE, *Dictionnaire universel*, 1690.

paradoxe

Du latin *paradoxon*, du grec *paradoxos*, contraire à l'opinion, composé de *para*, à côté de, et *doxa*, opinion.

■ Paradoxe : Se dit toujours, sur le boulevard des Italiens, entre deux bouffées de cigarette.

Gustave FLAUBERT, *Le Dictionnaire des idées reçues*, posth. 1913.

Et les pensées de...

■ Nos amis appellent paradoxe celles de nos pensées qui leur déplaisent, par une espèce de gentillesse.

Charles DANTZIG, *Dictionnaire égoïste de la littérature française*, © Grasset, 2005.

▶ VOIR banal, paresseux.

paraître

Du bas latin *parescere*, issu du latin classique *parere*.

■ Nous gagnerions plus de nous laisser voir tels que nous sommes, que d'essayer de paraître ce que nous ne sommes pas.

François DE LA ROCHEFOUCAULD, *Réflexions ou Sentences et maximes morales*, 1664.

paralysie

Du latin *paralysis*, du grec *paralusis*, relâchement.

■ Tant de richesses tombent pour ainsi dire en paralysie ; plus de circulation.

Charles-Louis DE MONTESQUIEU, *Lettres persanes*, 1721.

paraphe

Du latin médiéval *paraphus*, *paraffus*, par altération ou contraction de *paragraphus*, paragraphe.

■ Paraphe : Plus il est compliqué plus il est beau.

Gustave FLAUBERT, *Le Dictionnaire des idées reçues*, posth. 1913

parasite

Du latin *parasitus*, invité, puis pique-assiette, du grec *parasitos*, composé de *para*, à côté de, et *sitos*, qui se nourrit.

■ Ce n'est pas assez de nous être affranchis des parasites et des tyrans ; il faut empêcher qu'il n'en renaisse.

Constantin-François DE VOLNEY, *Les Ruines*, 1791.

Et dans les dictionnaires anciens...

■ *Parasite*. Écornifleur. Celui qui vit aux dépens d'autrui. Il n'y a presque point de maison à Paris un peu honnête & un peu élevée au-dessus du bourgeois qui n'ait son parasite & son flatteur.

Pierre RICHELET, *Dictionnaire françois*, 1680.

pardon, pardonner

Du latin *perdonare*, de même sens, apparu à la fin du Xe s. Le sens sans connotation religieuse apparaît au XVIIe.

■ Qui pardonne aisément invite à l'offenser.

Pierre CORNEILLE, *Cinna*, 1642.

■ D'ordinaire ceux qui gouvernent les enfants ne leur pardonnent rien, et se pardonnent tout à eux-mêmes.

FÉNELON, *Traité de l'éducation des filles*, 1689.

■ Il est donc des forfaits / Que le courroux des dieux ne pardonne jamais.

VOLTAIRE, *Sémiramis*, 1748.

■ Punir est un tourment, pardonner un plaisir / C'est de la royauté le droit le plus auguste, / Un devoir aussi saint que celui d'être juste.

Marie-Joseph CHÉNIER, *Henri VIII*, 1791.

■ Il vient un âge où les honnêtes gens se pardonnent leurs torts, leurs anciennes faiblesses ; font succéder un doux attachement aux passions orageuses qui les avaient trop désunis.

Pierre-Augustin DE BEAUMARCHAIS, *La Mère coupable ou l'Autre Tartuffe*, 1782.

■ Trop souvent pardonner encourage au forfait.

Alexandre GUIRAUD, *Les Macchabées*, 1822.

■ La haine se pardonne plus encore que le mépris.

Charles LIOULT DE CHÊNEDOLLÉ, *Journal*, 1833.

■ Mère Ubu. Il faut pardonner à la mère Ubu d'avoir détourné un peu d'argent.
Père Ubu. Eh bien voilà ! Je lui pardonnerai quand elle m'aura rendu tout, qu'elle aura été bien rossée [...].

Alfred JARRY, *Ubu Roi*, 1895.

■ Je pardonne parce que je m'en fous.

Henry DE MONTHERLANT, *Les Garçons*, © Gallimard, 1973.

▶ VOIR livre, réconciliation, rime, sans, outrager, vice.

parents

Du latin *parens, parentem*, désignant aussi bien le père que la mère, issu du verbe *parere*, engendrer.

■ Parents : Toujours désagréables. Cacher ceux qui ne sont pas riches.

Gustave FLAUBERT, *Le Dictionnaire des idées reçues*, posth. 1913.

Et dans les dictionnaires anciens...

■ Les parents que la tendresse empêche de châtier leurs enfants sont souvent punis de leur folle amitié, par l'ingratitude et le mauvais naturel de ces mêmes enfants.

Gabriel GIRARD, *Synonymes françois*, 1736.

parer

Du latin *parare*, préparer, apprêter puis, plus spécifiquement, préparer une défense.

■ Monsieur Jourdain. Avant que de vous rendre une réponse, Monsieur, je vous prie de me dire si vous êtes gentilhomme.
Cléonte. [...] Il y a de la lâcheté à déguiser ce que le Ciel nous a fait naître, à se parer aux yeux du monde d'un titre dérobé, à se vouloir donner pour ce qu'on n'est pas.

MOLIÈRE, *Le Bourgeois gentilhomme*, 1670.

paresse, paresseux

Du latin *pigritia*, issu de l'adjectif *piger*, indolent, paresseux. *Paresse* s'écrivait *perece* en ancien français.

■ Il n'y en a point qui pressent tant les autres que les paresseux.

François DE LA ROCHEFOUCAULD, *Réflexions ou Sentences et Maximes morales*, 1664.

■ La paresse est une béatitude de l'âme qui la console de toutes ses pertes et la fait renoncer à toutes ses prétentions.

François DE LA ROCHEFOUCAULD, *Réflexions ou Sentences et Maximes morales*, 1664.

■ Si j'avais été moins paresseux, et que je me fusse moins abandonné à toutes les impressions qui m'agitaient, j'aurais peut-être achevé en deux ans un très mauvais livre, qui m'aurait fait une petite réputation éphémère dont j'eusse été bien satisfait. Une fois engagé par amour-propre, je n'aurais pu changer d'opinion : et le premier paradoxe ainsi adopté m'aurait enchaîné pour toute ma vie. Si la paresse a des inconvénients, elle a bien aussi des avantages.

Benjamin CONSTANT, *Le Cahier rouge*, 1830.

■ Ô Paresse, prends pitié de notre longue misère ! Ô Paresse, prends pitié de notre longue misère ! Ô Paresse, mère des arts et des nobles vertus, sois le baume des angoisses humaines !

Paul LAFARGUE, *Le Droit à la paresse*, 1880.

■ Paresse : habitude prise de se reposer avant la fatigue.

Jules RENARD, *Journal*, posth. 1925.

■ Si la jeunesse est niaise, c'est faute d'avoir été paresseuse. Ce qui infirme nos systèmes d'éducation, c'est qu'ils s'adressent aux médiocres, à cause du nombre. Pour un esprit en marche, la paresse n'existe pas.

Raymond RADIGUET, *Le Diable au corps*, 1923.

Et dans les dictionnaires anciens...

■ La *paresse* est un moindre vice que la *fainéantise*. Celle-là semble avoir sa source dans le tempérament, et celle-ci dans le caractère de l'âme. [...] Le *paresseux* craint la peine et la fatigue, il est lent dans ses opérations, et fait traîner l'ouvrage. Le *fainéant* aime à être désœuvré, il hait l'occupation, et fuit le travail.

Gabriel GIRARD, *Synonymes françois*, 1756.

Et les pensées de...

■ Donner de l'argent à un paresseux, c'est donner de l'absinthe à un alcoolique.

Extrait de *La Vie d'un honnête homme*, film de Sacha GUITRY, 1952.

▶ VOIR actif, admirateur, écrire, besogne, instruire, méchanceté, pas.

parfait

Du latin *perfectus*, de même sens, attesté sous la forme *parfit* au XIIe s.

■ Les grands croient être seuls parfaits [...].

Jean DE LA BRUYÈRE, *Les Caractères*, 1688-1696.

parfum, parfumer

Mot construit à partir du latin *per*, à travers et *fumare*, fumer, probablement du catalan *perfumar*.

■ Un frais parfum sortait des touffes d'asphodèles ; / Les souffles de la nuit flottaient sur Galgala.

Victor HUGO, *La Légende des siècles*, « Booz endormi », 1883.

■ La fleur tombe en livrant ses parfums au zéphire, / À la vie, au soleil, ce sont là ses adieux.

Alphonse DE LAMARTINE, *Premières Méditations poétiques*, « L'Automne », 1820.

■ Il est des parfums frais comme des chairs d'enfants, / Doux comme les hautbois, verts comme les prairies, / – Et d'autres, corrompus, riches et triomphants [...]

Charles BAUDELAIRE, *Les Fleurs du mal*, « Correspondances », 1857.

■ Les parfums, les couleurs et les sons se répondent.

Charles BAUDELAIRE, *Les Fleurs du mal*, « Correspondances », 1857.

■ Sa chevelure clairsemée sentait bon la pommade, et de la brillantine parfumait sa barbe rare.

Paul VERLAINE, *Œuvres posthumes*, 1896.

■ Avant, à huit heures du matin elle était ronde et se parfumait à l'eau-de-vie. Maintenant qu'elle se parfume à l'héliotrope, elle ne sent pas plus mauvais.

Alfred JARRY, *Ubu Roi*, 1895.

pari, parier

Du verbe *parier*, de l'ancien français *pairier*, accoupler, probablement dérivé de l'adjectif *per*, *pair* (voir ce mot).

■ Examinons ce point, et disons : « Dieu est ou il n'est pas. » Mais de quel côté pencherons-nous ? La raison ne peut rien déterminer : il y a un chaos infini qui nous sépare. [...] il faut parier. [...] si vous gagnez, vous gagnez tout ; si vous perdez, vous ne perdez rien. Gagez donc qu'il est sans hésiter.

Blaise PASCAL, *Pensées*, 1669.

■ Un anglais ne plaisante jamais quand il s'agit d'une chose aussi importante qu'un pari.

Jules VERNE, *Le Tour du Monde en quatre-vingts jours*, 1873.

■ Cette autre vie n'est qu'une hypothèse. Y adhérer, c'est risquer le pari de Pascal. Choisir, comme lui, c'est déjà croire.

Paul BOURGET, *Nos actes nous suivent*, 1926.

Et dans les dictionnaires anciens...

■ Il y avait un pari de cent pistoles à ce jeu de paume.

Antoine FURETIÈRE, *Dictionnaire universel*, 1690.

Et les pensées de...

■ Blaise Pascal est le seul Auvergnat de ma connaissance qui ait tout misé sur un pari.

Yvan AUDOUARD, in *Le Meilleur du pire*, © éd. Pascal Petiot, 2005.

Paris

De *Parisii*, nom d'un peuple gaulois. *Paris* est issu de la transformation du latin *Civitas Parisiorum* (la Cité des Parisii), qui a supplanté le nom *Lutetia* (Lutèce) au IVe s.

■ Prince, aux dames parisiennes / De bien parler donnez le prix ; / Quoi qu'on di[s]e d'italiennes, / Il n'est bon bec que de Paris.

François VILLON, *Le Grand Testament*, 1489.

■ Dedans Paris, ville jolie / Un jour passant mélancolie, / Je pris alliance nouvelle / À la plus gaie demoiselle / Qui soit d'ici en Italie. / Je ne vous la nommerai mie, / Sinon qu'elle est ma grande amie.

Clément MAROT, *Rondeau pour Anne d'Alençon*, 1526.

■ Paris vaut bien une messe.

Propos attribué à HENRI IV, cité par le comte DE BRIENNE, *Mémoires*, 1719.

■ Puissè-je ne me servir que des mots qui servent aux halles à Paris.

Michel DE MONTAIGNE, *Essais*, 1580-1595.

■ [À propos de Paris] Je l'aime tendrement jusqu'à ses verrues et à ses taches ; je ne suis Français que par cette grande cité, grande en peuples, grande en félicité de son assiette [son emplacement] ; mais surtout grande et incomparable en variété et diversité de commodité ; la gloire de la France et l'un des plus nobles ornements du monde.

Michel DE MONTAIGNE, *Essais*, 1580-1595.

■ Il est riche, et de plus, il demeure à Paris, / Où des dames, dit-on, est le vrai paradis.

Pierre CORNEILLE, *La Suite du menteur*, 1644.

■ Hors de Paris, il n'y a pas de salut pour les honnêtes gens.

MOLIÈRE, *Les Précieuses ridicules*, 1649.

■ Une femme qui quitte Paris pour aller passer six mois à la campagne en revient aussi antique que si elle s'y était oubliée trente ans.

Charles-Louis DE MONTESQUIEU, *Lettres persanes*, 1721.

■ À Paris, ma chère enfant, les cœurs, on ne se les donne pas, on se les prête, on ne fait que des essais.

Pierre DE MARIVAUX, *Le Petit Maître corrigé*, 1734.

■ Paris est le centre de la filouterie, de l'escroquerie, du vol, de tous les vices, de tous les crimes qui y ont rapport. Le sexe y doit avoir moins de pudeur et moins de vertu ; parce que le frein très puissant de l'opinion publique y est presque nul.

Nicolas RESTIF DE LA BRETONNE, *Le Paysan perverti ou Les Dangers de la ville*, 1775.

■ Nos pères avaient un Paris de pierre, nos fils auront un Paris de plâtre.

Victor HUGO, *Notre-Dame de Paris*, 1832.

■ Rastignac, resté seul, fit quelques pas vers le haut du cimetière et vit Paris tortueusement couché le long des deux rives de la Seine, où commençaient à briller les lumières. [...] Il lança sur cette ruche bourdonnante un regard qui semblait par avance en pomper le miel, et dit ces mots grandioses : « À nous deux maintenant. »

Honoré DE BALZAC, *Le Père Goriot*, 1834.

■ À Paris, il y a des impôts sur tout, on y vend tout, on y fabrique tout, même le succès !

Honoré DE BALZAC, *Les Illusions perdues*, 1837.

■ Paris change ! mais rien dans ma mélancolie / N'a bougé ! palais neufs, échafaudages, blocs, / Vieux faubourgs, tout pour moi devient allégorie, / Et mes chers souvenirs sont plus lourds que des rocs.

Charles BAUDELAIRE, *Les Fleurs du mal*, « Le cygne », 1857.

■ C'est vrai, j'aime Paris d'une amitié malsaine ; / J'ai partout le regret des vieux bords de la Seine.

François COPPÉE, *Promenades et intérieurs*, 1872.

■ On doit croire embrasser la France sur la bouche / Lorsqu'on est aimé par Paris ! Paris ! j'entends déjà tes cloches !

Edmond Rostand, *L'Aiglon*, 1900.

■ Quand Paris se sent morveux, c'est la France entière qui se mouche.

Marcel Aymé, *Silhouette du scandale*, © Grasset, 1938.

■ Marie m'a dit qu'elle aimerait connaître Paris. Je lui ai appris que j'y avais vécu dans un autre temps et elle m'a demandé comment c'était. Je lui ai dit : « C'est sale. Il y a des pigeons et des cours noires. Les gens ont la peau blanche. »

Albert Camus, *L'Étranger*, © Gallimard, 1943.

■ Rien n'a l'éclat de Paris dans la poudre / Rien n'est si pur que son front d'insurgé / Rien n'est si fort ni le feu ni la poudre / Que mon Paris défiant les dangers

Louis Aragon, *La Diane française*, « Paris », © Seghers, 1946.

■ — Pourquoi n'allez-vous pas à Paris ? / — Mais l'odeur des lys ! Mais l'odeur des lys ! / — Les rives de la Seine ont aussi leurs fleuristes. / — Mais pas assez tristes oh ! pas assez tristes !

René Guy Cadou, *Hélène ou le Règne végétal*, © Seghers, 1952.

Et les pensées de...

■ — Pourquoi avez-vous quitté Paris ?
— Marre de voir le dos des gens.

Jacques Dutronc, *Pensées et répliques*, © Le Cherche midi, 2000.

▶ VOIR altesse, appeler, axe, bibliothèque, boue, bouquet, bourgeois, cave, cercueil, dégringoler, embarras, explorateur, mie, pavé, plaisanterie, province, quai, sabot, téléphone, zone.

parisien(ne)

Dérivé de *Paris*, du nom de la capitale de la France. *Parisien* s'écrivait *parisin* au début du XIIIe s.

■ La Parisienne, dont toute la beauté gît dans une grâce indescriptible, vaine de sa toilette et de son esprit, [...] qui sait artificieusement créer les trésors de la passion et contrefaire les accents du cœur, ne manquait pas à cette périlleuse assemblée.

Honoré de Balzac, *La Peau de chagrin*, 1831.

■ Un des spectacles où se rencontre le plus d'épouvantement est certes l'aspect général de la population parisienne, peuple horrible à voir, hâve, jaune, tanné.

Honoré de Balzac, *La Fille aux yeux d'or*, 1835.

■ Quelques années encore, et la Parisienne disparaîtra de la capitale et de la légende, comme jadis plésiosaures [...] pour céder la place aux femmes de Paris, ce qui n'est pas tout à fait la même chose.

Léon-Paul Fargue, *Le Piéton de Paris*, © Gallimard, 1939.

Et dans les dictionnaires anciens...

■ Quand, dans les ateliers, un provincial [...] fait le crâne et dit : nous autres Parisiens, parce qu'il habite la capitale depuis six mois, on lui répond : – Tu n'es qu'un Parisien à gros bec.

Virmaitre, *Dictionnaire de l'argot fin de siècle*, 1894.

parler (*verbe*)

Du latin chrétien *parabolare*, de parabole, parole du Christ, du grec *parabolè*, comparaison.

■ Il est bon de parler et meilleur de se taire ; / Mais tous deux sont mauvais alors qu'ils sont outrés.

Jean de La Fontaine, *Fables*, « L'Ours et l'amateur des jardins », 1668-1694.

■ Personne ne parle de nous en notre présence comme il en parle en notre absence.

Blaise Pascal, *Pensées*, 1669.

■ Il y a des gens qui parlent un moment avant que d'avoir pensé.

Jean de La Bruyère, *Les Caractères*, « De la société et de la conversation », 1688-1696.

■ C'est une grande misère que de n'avoir pas assez d'esprit pour bien parler, ni assez de jugement pour se taire.

Jean de La Bruyère, *Les Caractères*, « De la société et de la conversation », 1688-1696.

■ Quand on se fait entendre, on parle toujours bien.

MOLIÈRE, *Les Femmes savantes*, 1762.

■ Quand un homme parle, c'est pour ainsi dire son habit et non pas lui qui a un sentiment ; et il en changera sans façon tout aussi souvent que d'état. Donnez-lui tour à tour une longue perruque, un habit d'ordonnance et une croix pectorale, vous l'entendrez successivement prêcher avec le même zèle les lois, le despotisme et l'inquisition.

Nicolas RESTIF DE LA BRETONNE, *Le Paysan perverti ou Les Dangers de la ville*, 1775.

■ C'est une chose étonnante, mon cher ami, quand je ne parle pas, je ne pense pas... Nous sommes tous ainsi dans mon pays... Obligés de lancer des mots devant nous, en rabatteurs, pour faire lever les idées.

Alphonse DAUDET, *Numa Roumestan*, 1887.

■ Agir ensemble, c'est toujours bon ; parler ensemble pour parler, pour geindre, pour récriminer, c'est un des grands fléaux de ce monde.

ALAIN, *Propos*, © Gallimard, 1910.

Et les pensées de...

■ Avec l'échographie tu peux savoir si c'est une fille ou un garçon, mais pour savoir si c'est un Français ou un Anglais, faut attendre que le gosse commence à parler...

Jean-Marie GOURIO, *L'Intégrale des brèves de comptoir*, © Robert-Laffont, 1992-1993.

▶ VOIR abord, bavarder, censeur, galanterie, je-ne-sais-quoi, lâcheté, langage, langue, ministre, mot, nous, Paris, résolution, rhétorique, soi, taire, trottoir, trouble, usage, vanité, vivacité.

parler (le)

Du verbe *parler*, voir *parler*.

■ Le parler que j'aime, c'est un parler simple et naïf, tel sur le papier qu'à la bouche ; un parler succulent et nerveux, court et serré, non tant délicat et peigné comme [que] véhément et brusque.

Michel DE MONTAIGNE, *Essais*, 1580-1595.

parleur

De parler, voir parler.

■ Rien n'est plus méprisable qu'un parleur de métier, qui ne se sert de la parole que pour la pensée et de la pensée que pour la vérité et la vertu.

FÉNELON, *Lettre sur les occupations de l'Académie*, 1714.

parole

Du latin *parabola*, devenu *paraula*, comparaison, similitude.

■ Alors, il nous jeta sur le tillac de pleines paroles gelées ressemblant à des dragées perlées de diverses couleurs. Nous y vîmes des mots de gueule, des mots de sinople, des mots d'azur, des mots de sable, des mots dorés. Après avoir été échauffés entre nos mains, ils fondaient comme neige, et nous les entendions réellement, mais nous ne les comprenions pas car c'était un langage barbare.

François RABELAIS, *Le Quart Livre*, 1552.

■ L'homme digne d'être écouté est celui qui ne se sert de la parole que pour la pensée et de la pensée que pour la vérité et la vertu.

FÉNELON, *Les Aventures de Télémaque*, 1669.

■ Il faut être ignorant comme un maître d'école / Pour se flatter de dire une seule parole / Que personne ici-bas n'ait pu dire avant vous.

Alfred DE MUSSET, *Premières Poésies*, 1835.

■ La parole est un laminoir qui allonge toujours les sentiments.

Gustave FLAUBERT, *Madame Bovary*, 1857.

■ La parole humaine est comme un chaudron fêlé où nous battons des mélodies à faire danser les ours, quand on voudrait attendrir les étoiles.

Gustave FLAUBERT, *Madame Bovary*, 1857.

■ Ô hommes ! Informes mollusques, foule qui sort dans les rues, millions de fourmis que les pieds du Temps écrasent ! Vous n'avez pour demeure que la vapeur commune de votre véritable sang : les paroles.

Francis PONGE, *Proêmes*, © Gallimard, 1948.

Et dans les dictionnaires anciens...

■ Si la société se forme par la communication des idées et des sentiments, la parole en doit être le lien le plus essentiel et le plus gracieux ; étant tout à la fois le pinceau de l'esprit, l'image de ses opérations, et l'interprète du cœur. [...] La *parole* exprime la pensée. Le *mot* représente l'idée qui sert à former la pensée. C'est pour faire usage de la *parole* que le *mot* est établi. [...] On a le don de la parole et la science des mots.

Gabriel GIRARD, *Synonymes françois*, 1736.

▶ VOIR abondance, bouche, grand, humeur, jurer, littérature, mensonge, mot, onomatopée, parleur, peuple, piège, plaire, prononciation, refrain, répartie, rythme, société, solitaire, son.

partager

De l'ancien français *partir*, partager. Du latin *pars*, partie.

■ Ainsi que mes grandeurs, partage mes souffrances.

Charles BRIFFAUT, *Ninus II*, 1813.

■ Mais qui sait si depuis / Je n'ai pas en secret partagé vos ennuis ?

Jean RACINE, *Andromaque*, 1667.

parti

Participe passé de *partir*, au sens de divisé, partagé.

■ Domitius. Les murs sont couverts d'inscriptions : « César vaincra. » / Pompée. Les partis qui tracent des inscriptions sur les murs sont des partis vaincus.

Henry DE MONTHERLANT, *La Guerre civile*, © Gallimard, 1965.

participer

Du latin *participare*, partager, faire partager.

■ Participe à ma gloire au lieu de la souiller.

Pierre CORNEILLE, *Horace*, 1640.

■ J'aime à participer aux souffrances ressenties par un homme de courage, car je les ressens, vrai !

Honoré DE BALZAC, *La Duchesse de Langeais*, 1834.

partir

Du latin classique *partiri*, partager. D'où l'idée de séparer.

■ Mon âme, il faut partir. Ma vigueur est passée, / Mon dernier jour est dessus l'horizon.

François MAYNARD, *Sonnets*, 1646.

■ Partir, c'est mourir un peu / C'est mourir à ce qu'on aime / On laisse un peu de soi-même / En toute heure et dans tout lieu.

Edmond HARAUCOURT, *Rondel de l'Adieu*, 1891.

■ Partir est le maître mot, partir est leur vice. Dès que tu lui parles de départ, elle ferme les yeux et ouvre la bouche. Elle est cuite et tu peux la manger à la sauce tristesse.

Albert COHEN, *Belle du seigneur*, © Gallimard, 1968.

partisan

Du latin *partigiano*, qui prend parti pour.

■ Ami, entends-tu le vol noir des corbeaux sur nos plaines ? / Ami, entends-tu les cris sourds du pays qu'on enchaîne ? / Ohé, partisans, ouvriers et paysans, c'est l'alarme. / Ce soir l'ennemi connaîtra le prix du sang et les larmes.

Maurice DRUON et Joseph KESSEL, « Le Chant des partisans », *Cahiers de Libération*, © éd. Raoul Breton, 1943.

Et dans les dictionnaires anciens...

■ *Partisan*. Celui, celle qui est attaché à un parti, [...]. Je suis partisan d'une juste répartition des richesses sociales.

Maurice LACHÂTRE, *Dictionnaire français illustré*, 1856.

partout

Composé de *par* et *tout*, voir *tout*. Attesté au XIIe s.

■ Je fais peu d'amitiés et bien des connaissances, / Et me trouvant partout je ne suis nulle part.

Vauquelin DES YVETAUX, *Recueil de vers*, 1606.

■ Aimez-vous la muscade ? On en a mis partout.

Nicolas BOILEAU, *Satires, V*, 1660-1711.

■ Partout où j'ai voulu dormir, / Partout où j'ai voulu mourir, / Partout où j'ai touché la terre, / Sur ma route est venu s'asseoir / Un malheureux vêtu de noir, / Qui me ressemblait comme un frère.

Alfred DE MUSSET, *Nuit de décembre*, 1835.

pas

Du latin *passus*, action de marcher et donc *pas*.

■ La gravité, l'orgueil et la paresse marchent du même pas.

Charles-Louis DE MONTESQUIEU, *De l'esprit des lois*, 1748.

Et dans les dictionnaires anciens...

■ *Pas*. C'est une sorte de mesure de Géographie, de Fortification, &c. Le pas commun est de deux pieds, & le pas géométrique de cinq pieds de Roi.

Pierre RICHELET, *Dictionnaire françois*, 1680.

passant

D'abord « qui passe », puis adjectif au XIIe s. et substantif au XIIIe s.

■ Un homme qui se met à la fenêtre pour voir les passants, si je passe par là, puis-je dire qu'il s'est mis là pour me voir ?

Blaise PASCAL, *Pensées*, 1669.

passé

Participe passé de *passer* devenu nom. Attesté au XVIe s.

■ Dans le vieux parc solitaire et glacé, / Deux spectres ont évoqué le passé. / – Te souvient-il de notre extase ancienne ? / – Pourquoi voulez-vous donc qu'il m'en souvienne ? / – Ton cœur bat-il toujours à mon seul nom ? / Toujours vois-tu mon âme en rêve ? / – Non.

Paul VERLAINE, *Les Fêtes galantes*, « Colloque sentimental », 1869.

■ Obstinez-vous à conserver au milieu de vous, comme s'il était vivant, le passé qui est mort, vous produisez je ne sais quel choléra moral.

Victor HUGO, *Napoléon le Petit*, 1852.

■ Quand nous nous remémorons le passé, c'est-à-dire une série de faits accomplis, nous l'abrégeons toujours, sans altérer cependant la nature de l'événement qui nous intéresse.

Henri BERGSON, *Essai sur les données immédiates de la conscience*, 1889.

■ Laissons le passé : on est libre de le bénir ou de le détester : on ne le changera pas : il est.

É. ESTAUNIÉ, *L'Ascension de M. Baslèvre*, 1921.

▶ VOIR biographe, espérer, foutu, histoire, instant, langue, maître, mémoire, néologisme, partir, présent, prompt, roman, si, souvenir, ténèbres, tourner, trottoir, vieillir.

passer

Du latin *passare*, traverser, de *passus*, pas.

■ Tout passe, tout finit dans ce monde. Où sont allés les génies divins qui élevèrent le temple sur les débris duquel j'étais assis ?

François-René DE CHATEAUBRIAND, *Itinéraire de Paris à Jérusalem*, 1811.

■ Ainsi tout change, ainsi tout passe ; / Ainsi nous-mêmes nous passons, / Hélas ! sans laisser plus de trace / Que cette barque où nous glissons / Sur cette mer où tout s'efface.

Alphonse DE LAMARTINE, *Méditations poétiques*, « Le Golfe de Baya », 1820.

passion

Du latin *passio*, attachée , *-onis*, souffrance, de *pati*, souffrir.

■ Les belles passions cherchent les belles âmes.

Thomas CORNEILLE, *Darius*, 659.

■ La voix, le ton, le geste, l'action, voilà ce qui appartient à l'acteur ; et c'est ce qui nous frappe, surtout dans le spectacle des grandes passions.

Denis DIDEROT, *Les Entretiens sur le Fils naturel*, 1757.

■ Croyez-moi, Madame, la froide tranquillité, le sommeil de l'âme, image de la mort, ne mènent point au bonheur ; les passions actives peuvent seules y conduire.

Pierre Choderlos DE LACLOS, *Les Liaisons dangereuses*, 1782.

■ Toutes les passions sont exagératrices, et elles ne sont des passions que parce qu'elles exagèrent.

Nicolas DE CHAMFORT, *Maximes et pensées, caractères et anecdotes*, 1795.

■ Toutes les passions cherchent ce qui les nourrit : la peur aime l'idée du danger.

Joseph JOUBERT, *Pensées, essais, maximes et correspondances*, posth. 1838.

■ Le charme de la nouveauté, peu à peu tombant comme un vêtement, laissait voir à nu l'éternelle monotonie de la passion qui a toujours les mêmes formes et le même langage.

Gustave FLAUBERT, *Madame Bovary*, 1857.

■ Qui garde son orgueil et sa pensée, a de la passion non de l'amour.

Jacques PÉLADAN, *Le Vice suprême*, 1884.

Et dans les dictionnaires anciens...

■ Toutes les passions naissent et croissent avec l'homme : mais il y en a quelques-unes qui n'ont qu'un temps, et qui, après avoir augmenté jusqu'à certain âge, diminuent ensuite et disparaissent avec les forces de la nature, il y en d'autres qui durent toute la vie, et qui, augmentant toujours, sont encore plus fortes dans la vieillesse que dans la jeunesse.

Gabriel GIRARD, *Synonymes françois*, 1736.

Et les pensées de...

■ J'ai cherché à exprimer avec le rouge et le vert les terribles passions humaines.

Vincent VAN GOGH, *Lettres à Théo*, 1888.

➤ VOIR agrandir, aimable, empoisonner, espérance, esprit, galanterie, humain, indifférence, indolent, institution, juge, opinion, orgueil, page, parisien(ne), politesse, retraite, savant, scène, sentir, solitaire, son, terre, timide, vérité.

pataphysicien, pataphysique

C'est à Alfred Jarry que revient en 1893 le mot plaisant *pataphysique*, science des solutions imaginaires...

■ Définition. La pataphysique est la science des solutions imaginaires.

Alfred JARRY, *Gestes et opinions du docteur Faustroll pataphysicien*, posth. 1911.

■ Le pataphysicien cultive amoureusement notre tendance à ce qu'on peut appeler l'aberration sans donner au mot de valeur péjorative : il en fait l'essence même de notre nature et la retrouve dans toutes nos actions.

Jean BORZIC, *Raymond Queneau*, « Le Pataphysicien », © éd. de l'Herne, 1975.

paternel

Du latin *paternus*, de pater, père.

■ Tu ne sais ce que c'est que l'âme paternelle. / Dès qu'un enfant revient se ranger sous notre aile, / On n'examine plus s'il est coupable ou non, / Et l'aveu de l'erreur est l'instant du pardon [...].

Nicolas DE CHAMFORT, *La Jeune Indienne*, 1764.

Et dans les dictionnaires anciens...

■ *Paternel*. Qui est de père, qui regarde le père. Soin paternel. L'amour paternel est plus sage que l'amour maternel.

Pierre RICHELET, *Dictionnaire françois*, 1680.

patience

Du latin *patientia*, de *pati*, souffrir.

■ Patience et longueur de temps / Font plus que force ni que rage.

Jean DE LA FONTAINE, *Fables*, « Le Lion et le Rat », 1668-1694.

■ Patience, patience, / Patience dans l'azur ! / Chaque atome de silence / Est la chance d'un fruit mûr !

Paul VALÉRY, *Charmes*, « Palme », © Gallimard, 1922.

Et les pensées de...

■ Patience : Matelas utile autour de mots et des poings les plus aptes à l'emballement.

Jacques DOR, *Le Dico de ma langue à moi*, 1er mille, © Soir ailleurs, 2000.

patois

Peut-être construit à partir de l'ancien français *patoier*, agiter les mains, gesticuler ; peut-être construit sur *patt-*, exprimant la grossièreté.

■ Avec trente patois différents, nous sommes encore, pour le langage, à la tour de Babel, tandis que pour la liberté nous formons l'avant-garde des nations.

Jean-Baptiste GRÉGOIRE, *Rapport sur la nécessité et les moyens d'anéantir les patois et d'universaliser l'usage de la langue française*, 1794.

■ Quant à Pindare, il est pour moi non advenu / Comme s'il me parlait un patois inconnu.

Amédée POMMIER, *Crâneries et dettes de cœur*, 1842.

patrie

Du latin *patria*, pays du père ; sol natal.

■ Si je savais quelque chose utile à ma famille, et qui ne le fût pas à ma patrie, je chercherais à l'oublier.

Charles-Louis DE MONTESQUIEU, *Cahiers*, posth. 1899.

■ Ils sont tous morts pour vous défendre. / Malheur à vous si vos yeux inhumains / N'ont point de pleurs pour la patrie !

Casimir DELAVIGNE, *Les Messéniennes*, « La bataille de Waterloo », 1824.

■ Ceux qui pieusement sont morts pour la Patrie / On droit qu'à leur cercueil la foule vienne et prie.

Victor HUGO, *Les Chants du crépuscule*, 1835.

■ C'est une grande gloire pour nos vieilles communes de France, d'avoir trouvé les premières le vrai nom de la patrie. Dans leur simplicité pleine de sens et de profondeur, elles l'appelaient l'amitié. La patrie c'est bien en effet la grande amitié qui contient toutes les autres.

Jules MICHELET, *Le Peuple*, 1846.

■ Le mot patrie chez les anciens signifiait la terre des pères, *terra patria, gé patris*. La patrie de chaque homme était la part de sol que sa religion domestique ou nationale avait sanctifiée, la terre où étaient déposés les ossements de ses ancêtres et que leurs âmes occupaient. La petite patrie était l'enclos de la famille, avec son tombeau et son foyer. La grande patrie était la cité, avec son prytanée et ses hércs [...].

Numa Denis FUSTEL DE COULANGES, *La Cité antique*, 1864.

■ D'ailleurs mourir pour la patrie, c'est fort bien ; encore faut-il ne pas mourir tous – car où sera la patrie ?

Boris VIAN, *Textes et chansons*, « Lettre ouverte à M. Paul Faber, conseiller municipal », © Julliard, 1966.

Et dans les dictionnaires anciens...

■ Un philosophe est partout en sa patrie. La patrie est le lieu où on est bien.

Antoine FURETIÈRE, *Dictionnaire universel*, 1690.

Et les pensées de...

■ Pour le patriotisme, il faut une patrie. Et il n'y a point de patrie sans justice. Il n'y a pas de patrie sans droit.

Georges CLEMENCEAU, *L'Iniquité*, 1899.

▶ VOIR art, artiste, bandit, berceau, Europe, français, histoire, langue, marin, noblesse, soldat, vie.

pauvre, pauvreté

Du latin *pauper, pauperis*, nécessiteux . Du latin *paupertas, -atis*, indigence.

■ Je ne sais pas où je commence / Tant ai de matière abondance / Pour parler de ma pauvreté.

RUTEBEUF, *Pauvreté Rutebeuf* (vers 1248-72), 1477.

■ La maladie altère un beau visage ; / La pauvreté change encore davantage.

VOLTAIRE, *L'Enfant prodigue*, 1738.

■ Je lui criai : « Venez vous réchauffer un peu. / Comment vous nommez-vous ? » Il me dit : « Je me nomme / Le pauvre. » Je lui pris la main : « Entrez, brave homme. » / Et je lui fis donner une jatte de lait.

Victor HUGO, *Les Contemplations*, 1854.

■ C'est toujours chose intéressante que ce reflet de la joie du riche au fond de l'œil du pauvre.

Charles BAUDELAIRE, *Petits poèmes en prose*, 1867.

■ Pauvres : S'en occuper tient lieu de toutes les vertus.

Gustave FLAUBERT,
Le Dictionnaire des idées reçues, posth. 1913.

■ Quand on n'a pas d'argent à offrir aux pauvres, il vaut mieux se taire. Quand on leur parle d'autre chose que d'argent, on les trompe, on ment, presque toujours.

Louis-Ferdinand CÉLINE,
Voyage au bout de la nuit, © Gallimard, 1932.

■ C'est dans cette vie de pauvreté, parmi ces gens humbles ou vaniteux, que j'ai le plus sûrement touché ce qui me paraît le sens vrai de la vie. Les œuvres d'art n'y suffiront jamais.

Albert Camus, *Carnets*, © Gallimard, 1962.

Et dans les dictionnaires anciens...

■ Dans une société bien organisée, il ne doit y avoir ni riches, ni pauvres, tous doivent jouir d'un bien-être égal et relatif aux ressources de la communauté.

Maurice LACHÂTRE,
Dictionnaire français illustré, 1856.

▶ VOIR abbé, artichaut, bénir, boue, fortune, haut, influence, lettres, modeste, oisiveté, révolution, riche, siffler, tombe, tolérance.

pavé

Construit à partir de *paver*, du latin populaire *pavare*, de l'ancien provençal *pava*, carreler.

■ Ce m'était déjà un sensible plaisir que d'aller le nez au vent par ces rues de Paris dont j'aime avec piété tous les pavés et toutes les pierres.

Anatole FRANCE,
Le Crime de Sylvestre Bonnard, 1881.

Et dans les dictionnaires anciens...

■ Le pavé de bois se généralise.

Petit Larousse illustré, article « Pavé », 1905.

payer

Du latin *pacare*, faire la paix ; apaiser, satisfaire, de *pax*, *pacis*, paix.

■ Que quelques citoyens ne payent pas assez, le mal n'est pas grand, leur aisance revient toujours au public ; que quelques particuliers paient trop, leur ruine se tourne contre le public.

Charles-Louis DE MONTESQUIEU,
De l'esprit des lois, 1748.

■ Vous payez bien, je le sais, et avec de l'argent l'on fait tout chez moi.

Marquis DE SADE, *Histoire de Juliette*, 1797.

Et dans les dictionnaires anciens...

■ *Païer*. Donner ce qu'on doit. La plupart des gens de qualité ne paient pas trop bien leurs dettes ; Quand ses valets lui parlent de les payer, il menace de coups de bâton.

Pierre RICHELET,
Dictionnaire françois, 1680.

pays

Du bas latin *pagensis*, habitant d'un pays, de *pagus*, bourg, puis le bourg lui-même.

■ Je veux, pour mon pays, des succès légitimes : / Il lui faut des rivaux et non pas des victimes.

Claude-Joseph DORAT, *Régulus*, 1773.

■ Je reconnais tous les pays les yeux fermés à leur odeur / Et je reconnais tous les trains au bruit qu'ils font.

Blaise CENDRARS,
La Prose du transsibérien, © Denoël, 1913.

■ Où planter ma maison dans cette infinitude et ces grands vents ? De quel côté placer le potager ? [...] Il y a des pays pour les enfants, d'autres pour les hommes, quelques-uns pour les géants.

Jean-Guy PILON,
Recours au pays, © L'Hexagone, 1961.

Et dans les dictionnaires anciens...

■ *Païs*. Prononcez péis. [...] On dit de l'Italie que c'est un bon païs, mais que les gens qui l'habitent ne valent guerre.

Pierre RICHELET, *Dictionnaire françois*, 1680.

paysage

Dérivé de *pays*. Attesté au XVIe s., dans le vocabulaire de la peinture.

■ Paysages de peintre : Toujours « des plats d'épinards ».

Gustave FLAUBERT,
Le Dictionnaire des idées reçues, posth. 1913.

paysan

Dérivé de *pagensis*. Sans doute recomposé en païsenc, avec le suffixe germanique *-enc*. Voir *pays*.

■ Ce ne sont pas les grands, mais les simples paysans, / Que la terre connaît pour enfants complaisants.

Agrippa D'AUBIGNÉ, *Les Tragiques*, 1616.

■ J'aime les paysans, ils ne sont pas assez savants pour raisonner de travers.

Charles-Louis DE MONTESQUIEU, *Mes pensées*, 1899.

■ Romancer le *paysan*, c'est presque faire une insulte à sa misère.

Jules RENARD, *Journal*, posth. 1925.

■ Les paysans peuvent arrêter toutes les guerres. [...]. La paysanne doit refuser d'être la remplaçante. Dès le début de la guerre, elle doit détruire ses stocks de blé et ne garder strictement que ce qui est nécessaire à sa vie à elle et à la vie des enfants qui sont avec elle.

Jean GIONO, *Lettre aux paysans*, © Grasset, 1938.

Et dans les dictionnaires anciens...

■ *Paysan.* Homme, femme de village de campagne, [...]. Le paysan est mal nourri, mal vêtu. La classe des paysans, qui est la plus nombreuse, constitue la plus large base de l'État à qui elle fournit la majeure partie des soldats et une portion considérable des revenus.

Maurice LACHÂTRE, *Dictionnaire français illustré*, 1856.

▶ VOIR acharner.

peau

Du latin *pellis*, peau d'animal.

■ Il importe que la peau s'endurcisse aux impressions de l'air et puisse braver ses altérations ; car c'est elle qui défend tout le reste.

Jean-Jacques ROUSSEAU, *Émile ou De l'éducation*, 1762.

■ Ce drôle est toujours le même, et, à moins qu'on ne l'écorche vif, je prédis qu'il mourra dans la peau du fier insolent.

Pierre-Augustin DE BEAUMARCHAIS, *Le Mariage de Figaro*, 1784.

peccadille

De l'espagnol *peccadillo*, petit péché, de *peccado*, péché issu du latin *peccatum*.

■ Sa peccadille fut jugée un cas pendable. / Manger de l'herbe d'autrui ! quel crime abominable ! Rien que la mort n'était capable / D'expier son forfait : on le lui fit bien voir.

Jean DE LA FONTAINE, *Fables*, « Les animaux malades de la Peste », 1668-1694.

péché, pécher

Du latin *peccare*, faire un faux pas, commettre une faute contre la loi divine.

■ Elle pensait que l'occasion faisait le péché, et ne savait pas que le péché forge l'occasion.

Marguerite DE NAVARRE, *Heptaméron*, 1559.

■ Le scandale du monde est ce qui fait l'offense. / Et ce n'est pas pécher que pécher en silence.

MOLIÈRE, *Le Tartuffe*, 1669.

■ – Qu'attendez-vous ? Qu'avez-vous à cacher, mon garçon ?
– J'ai certainement fait des péchés... mais... je ne m'en rappelle plus...

Hervé BAZIN, *Vipère au poing*, © Grasset, 1948.

pédaler

Dérivé de pédale, de l'italien *pedale*, pédale d'orgue, du latin *ped, pedis*, pied.

■ Plus on pédale moins fort, moins on avance plus vite.

COLUCHE, *Ça roule, ma poule*, © Le Cherche midi, 2002.

pédant, pédantisme

De l'italien *pedante*, professeur, du grec *paideuein*, éduquer, enseigner.

■ Pédantisme : Doit être bafoué si ce n'est quand il s'applique à des choses légères.

Gustave FLAUBERT, *Le Dictionnaire des idées reçues*, posth. 1913.

■ Un pédant est un homme qui digère mal intellectuellement.

Jules RENARD, *Journal*, posth. 1925.

▶ VOIR mort.

pédérastie

Du grec *paiderasteia*, de pais, *paido*, enfant, jeune garçon, et *erân*, aimer.

■ Pédérastie : Maladie dont tous les hommes sont affectés à un certain âge.

Gustave FLAUBERT,
Le Dictionnaire des idées reçues, posth. 1913.

peigne-cul

De *peigner*, du latin *pecten*, *-inis*, peigne à coiffer, et *cul*, voir *cul*. Ce mot imagé date de la fin du XVIIIe s.

▶ VOIR simple.

peindre, peintre

Du latin populaire *pinctor*, du classique *pictor*, de *pingere*, peindre.

■ Pour tout peindre, il faut tout sentir.

Alphonse DE LAMARTINE,
Méditations poétiques, 1820.

■ Aucun homme n'a jamais osé se peindre tel qu'il est.

Albert CAMUS, *L'Été*, © Gallimard, 1950.

■ Si le peintre n'avait qu'à reproduire l'aspect des choses, il y a beau temps que le photographe (en couleurs) l'aurait renvoyé chez lui. Mais il faut bien supposer que la peinture ajoute à la photographie quelque risque et quelque mystère.

Jean PAULHAN,
Braque le patron, © Gallimard, 1952.

▶ VOIR bataille.

peine

Du latin *poena* vengeance, punition ; souffrance morale, du grec juridique *poinê*, compensation pour un crime, amende.

■ Suis-je né trop tôt ou trop tard ? / Qu'est-ce que je fais en ce monde ? / Ô vous tous, ma peine est profonde : / Priez pour le pauvre Gaspard !

Paul VERLAINE,
Sagesse, « Gaspard Hauser chante », 1880.

Et dans les dictionnaires anciens...

■ L'homme est né pour la peine ; il n'a pas fini une affaire qu'il lui en survient une autre ; il a beau chercher le repos et la tranquillité, la Providence ne lui permet pas en cette vie de cesser de travailler.

Gabriel GIRARD, *Synonymes françois*, 1756.

peinture

Du latin *pinctura*, du latin classique *pictura*, art de peindre.

■ La peinture n'a jamais pu tout à fait se priver d'imitation. C'est un de ses moyens naturels. C'est aussi l'un de ses dangers. Elle n'arrête pas d'être menacée par l'imitation (comme le roman par le réalisme).

Jean PAULHAN,
Braque le patron, © Gallimard, 1952.

péjoratif

Du latin *pejorare*, rendre pire.

■ Les langues ne peuvent se déformer, si on donne à ce mot un sens péjoratif. Elles se transforment, ce qui est bien différent.

Rémy DE GOURMONT,
Esthétique de la langue française, 1899.

pelotonner

Dérivé de *peloton*, dérivé de *pelote*, du latin populaire *pilotta*, diminutif de *pila*, balle.

■ Tout pelotonné sur le toit / Que l'atmosphère mouille et plombe, / Le pigeon transi par le froid / Grelotte auprès de sa colombe.

Maurice ROLLINAT, *Les Névroses*, 1883.

penchant

Dérivé de *pencher*, du latin populaire *pendicare*, du classique *pendere*, pendre.

■ Prince, on suit à votre âge un penchant généreux, / Sans daigner en prévoir les écueils dangereux.

Jean-François MARMONTEL, *Les Héraclides*, 1752.

■ On se livre avidement à ses penchants ; on les désire, et on s'y abandonne. La pente est inévitable. La cause profonde de cela est que notre vie est une continuelle aspiration, et que nous ne pouvons par conséquent résister, sans point d'appui, à la force qui nous entraîne.

Pierre LEROUX, *De l'humanité*, 1840.

▶ VOIR soir.

pénétrer

Du latin *penetrare*, faire entrer. Dérivé de *penus*, à l'origine, intérieur de la maison.

■ Vous savez mon secret, j'ai pénétré le vôtre.

Jean RACINE, *Mithridate*, 1673.

■ On est prompt à connaître ses plus petits avantages, et lent à pénétrer ses défauts.

Jean DE LA BRUYÈRE, *Les Caractères*, 1688-1696.

pénible

Dérivé de *peine*, avec d'abord l'idée de donner de la fatigue au XIIe s. puis d'affecter l'âme, au XVIe s.

■ Je n'aime point ceux qui se font un mérite d'avoir péniblement œuvré. Car si c'était pénible, ils auraient mieux fait de faire autre chose.

André GIDE, *Les Nourritures terrestres*, © Gallimard, 1897.

pensée

Dérivé de *penser*, ce qu'on pense. Attesté au XIIe s.

■ Qu'est-ce qu'une pensée neuve, brillante, extraordinaire ? Ce n'est point, comme se le persuadent les ignorants, une pensée que personne n'a jamais eue, ni dû avoir. C'est au contraire une pensée qui a dû venir à tout le monde, et que quelqu'un s'avise d'exprimer.

Nicolas BOILEAU, *L'Art poétique* (préface), 1674.

■ Les pensées des hommes sont devenues un objet important de commerce. Les libraires hollandais gagnent un million par an, parce que les Français ont eu de l'esprit.

VOLTAIRE, *Lettre à un premier commis*, 20 juin 1733, 1746.

■ Il y a, pour le connaisseur, des pensées remarquables partout, même dans la conversation des sots et dans les écrits les plus médiocres.

Joseph JOUBERT, *Pensées, essais, maximes et correspondances*, posth. 1838.

■ Il y a quelque chose de pire que d'avoir une mauvaise pensée. C'est d'avoir une pensée toute faite.

Charles PÉGUY, *Note conjointe*, 1914.

■ La pensée n'est jamais prisonnière : la pensée n'est jamais sous clef.

ALAIN, *Esquisses de l'homme*, © Gallimard, 1927.

■ Ma pensée, c'est moi : voilà pourquoi je ne peux pas m'arrêter. J'existe par ce que je pense... et je ne peux pas m'empêcher de penser.

Jean-Paul SARTRE, *La Nausée*, © Gallimard, 1938.

■ Depuis qu'il avait renoncé à confier de vive voix sa pensée ou à la consigner par écrit sur l'étal des libraires, ce sevrage l'avait induit à descendre plus profondément que jamais à la recherche de purs concepts.

Marguerite YOURCENAR, *L'Œuvre au noir*, © Gallimard, 1968.

Et dans les dictionnaires anciens...

■ Les pensées tiennent assez de l'imagination ; on en a souvent de chimériques.

Gabriel GIRARD, *Synonymes françois*, 1736.

▶ VOIR abondance, accident, calvitie, concret, connaisseur, conversation, découverte, dignité, encens, homme, ivre, jeunesse, livre, montagne, objet, paradoxe, parleur, parole, passion, plaire, poison, ponctuation, réalité, revanche, sein, sexe, songe, style, triste, truffe, yeux.

penser, penseur

Du bas latin *pensare*, issu du latin classique *pendere*, d'abord peser au sens propre, puis apprécier, réfléchir.

■ Les hommes n'ayant pu guérir la mort, la misère, l'ignorance, ils se sont avisés, pour se rendre heureux, de n'y point penser.

Blaise PASCAL, *Pensées*, 1669.

■ Avant donc que d'écrire, apprenez à penser.

Nicolas BOILEAU, *L'Art poétique*, 1674.

■ Il y a des gens qui parlent un moment avant que d'avoir pensé.

Jean DE LA BRUYÈRE, *Les Caractères*, « De la société et de la conversation », 1688-1696.

■ Il y a ainsi un petit nombre d'hommes et de femmes qui pensent pour tous les autres, et pour lesquels tous les autres parlent et agissent.

Jean-Jacques ROUSSEAU, *Julie ou La Nouvelle Héloïse*, 1775.

■ Sur des pensers nouveaux faisons des vers antiques.

André CHÉNIER, *L'Invention*, 1787.

■ Car penser, c'est sentir, donner son attention, comparer, juger, réfléchir, imaginer, raisonner, désirer, avoir des passions, espérer, craindre.

Étienne BONNOT DE CONDILLAC, *La Logique ou les premiers développements de l'art de penser*, 1789.

■ Le penseur aujourd'hui a un grand devoir, ausculter la civilisation.

Victor HUGO, *Les Misérables*, 1862.

■ Penser est dangereux : raisonner, inutile ; Croire, c'est ce qu'il faut ; croire est bien plus facile.

Marie-Joseph CHÉNIER, *Nathan le Sage*, 1844.

■ Penser : Pénible. Les choses qui vous y forcent généralement sont délaissées.

Gustave FLAUBERT, *Le Dictionnaire des idées reçues*, posth. 1913.

■ Penser ne suffit pas : il faut penser à quelque chose.

Jules RENARD, *Journal*, posth. 1925.

Et les pensées de...

■ Si on ne dit pas ce qu'on pense au moment où on le pense, on ne pensera plus ce qu'on dit au moment où on le dira.

Frédéric DARD, *Les Pensées de San Antonio*, © Le Cherche midi, 1996.

■ Je penserai des choses quand les opinions redeviendront à la mode !

Jean-Marie GOURIO, *L'Intégrale des brèves de comptoir*, © Robert Laffont, 1992-1993.

▶ VOIR authentique, cour, étrange, sentir, esprit, guerre, imaginer, intelligence, juge, langage, liberté, maîtresse, mort, président, tzigane, vérité, ville.

pente

Du latin populaire *pendita*, de *pendere*, pendre.

■ – Et, si je vis mal, en attendant d'avoir décidé comment vivre ?
– Ceci même vous instruira. Il est bon de suivre sa pente, pourvu que ce soit en montant.

André GIDE, *Les Faux-Monnayeurs*, © Gallimard, 1925.

percer

Du latin vulgaire *pertusiare*, de *pertundere*, trouer.

■ Ce siècle avait deux ans, Rome remplaçait Sparte, / Déjà Napoléon perçait sous Bonaparte.

Victor HUGO, *Les Feuilles d'automne*, 1831.

percepteur

Du latin *perceptus*, de *percipere*, recueillir.

■ Envoûté par mon percepteur ! Depuis quelque temps, déjà, je le voyais qui rôdait autour de ma maison. Il allait et venait... Il semblait dessiner tout en marchant des figures géométriques. En fait, il prenait des mesures fiscales.

Raymond DEVOS, *Matière à rire*, « Le Possédé du percepteur », © Plon, 1993.

perdre

Du latin *perdere*, composé de *per*, complètement, et de *dare*, donner.

■ Qui n'a plus rien à perdre a-t-il encore à craindre ?

Jean-François DE LA HARPE, *Mélaenie*, 1770.

■ On perd tout quand on perd un ami bien fidèle.

Pierre CORNEILLE, *Les Horaces*, 1640.

■ Ce qui perd le lièvre, ce sont ses ruses. S'il ne faisait que courir droit devant lui, il serait immortel.

Jules RENARD, *Journal*, posth. 1925.

Et dans les dictionnaires anciens...

■ Perdre, si on ne meurt pas, ceux avec qui on a commencé la vie, c'est le destin de l'homme ; mais c'est ce que ce destin a de plus dur.

Émile LITTRÉ, *Dictionnaire de la langue française,* (À propos de Louis Hachette, préface t. 3), 1874.

père

Du latin pater, *patris*, père.

■ Il pense à ses trois enfants qui jouent à c't'heure au coin du feu. / Pourvu seulement qu'ils soient heureux. / N'est-ce pas tout ce qu'un père demande.

Charles PÉGUY, *Le Porche du mystère de la deuxième Vertu,* 1911.

■ Et le père qu'est-ce qu'il fait le père ? / Il fait des affaires / Sa femme fait du tricot / Son fils fait de la guerre / Lui des affaires / Il trouve ça tout naturel le père

Jacques PRÉVERT, *Paroles,* © Gallimard, 1945.

Et les pensées de...

■ Si la nature fait les mères, la société fait les pères. Et de plus en plus les défait. Quand les familles se rompent, c'est le père qui, le plus souvent, cesse d'exercer ses responsabilités. Pourtant, la présence d'un père est absolument nécessaire à la formation de l'enfant.

Jacques ATTALI, *Dictionnaire du XXIe siècle,* © Fayard, 1998.

▶ VOIR abbé, avare, familial, fils, guerre, hasard, hussard, infamie, képi, laid, malédiction, mère, mort, nouveau, Paris, paternel, patrie, républicain, soutenir, vengeance, télévision.

perfection

Du latin *perfectio*, *-onis*, complet achèvement, de *perficere*, faire complètement.

■ Il est dur de sentir la perfection, et de n'y pouvoir atteindre.

VOLTAIRE, *Lettre d'Argental,* 25 février 763.

Et les pensées de...

■ Contrairement à l'opinion répandue, la perfection est bien de ce monde ; elle est seulement cantonnée dans les salons commerciaux. C'est là qu'on trouve à profusion tout ce qui est « vraiment » parfait.

Maurice TOUDOIRE, *Impertinences, lexique fantaisiste* © Pierre Téqui, 1992.

péril

Du latin *periculum*, danger.

■ Je ne méprise pas moins celui qui cherche un péril inutile, que celui qui fuit un péril qu'il doit affronter.

Jean-Jacques ROUSSEAU, *Julie ou La Nouvelle Héloïse,* 1761.

Et dans les dictionnaires anciens...

■ *Péril.* Hasardeux, nuisible, mortel, triste, douteux, inévitable, téméraire, dangeureux, infortuné, malencontreux, dommageable, marin, naufrageux.

Maurice DE LA PORTE, *épithètes,* 1571.

■ *Péril.* Danger. Quand on voyage on court bien des périls.

Antoine FURETIÈRE, *Dictionnaire universel,* 1690.

périr

Du latin *perire*, disparaître.

■ C'est après l'hiver et au commencement de la nouvelle saison que les hommes, comme les plantes, périssent en plus grand nombre.

BUFFON, *Œuvres, Problème de la vie,* 1749-1789.

Et dans les dictionnaires anciens...

■ Le monde périra un jour par le feu.

Antoine FURETIÈRE, *Dictionnaire universel,* 1690.

perle

Du latin populaire *pernula*, de *perna* coquillage.

■ Chaque vague de la mer ajoute un voile blanchâtre aux beautés d'une perle, chaque flot travaille lentement à la rendre plus parfaite.

Alfred DE VIGNY, *Servitudes et grandeurs militaires,* 1835.

Et dans les dictionnaires anciens...

■ C'est une vision de croire que les perles naissent de la rosée, & qu'elles sont molles dans la mer ; qu'elles s'amaigrissent, & qu'elles avortent, quand il tonne, comme disent Pline, Solin [...].

Antoine FURETIÈRE, *Dictionnaire universel,* 1690.

▶ VOIR discernement, lune, pluie, richesse.

persan

Dérivé de *Perse*.

■ Ah ! Ah ! Monsieur est Persan ? C'est une chose bien extraordinaire ! Comment peut-on être Persan ?

Charles-Louis de Montesquieu, *Lettres persanes*, 1721.

personnage

Dérivé de *personne*. Attesté au XIIIe s. en tant que dignitaire de l'Église.

■ Pour moi, je vous déclare que je ne me souviens pas d'un mot de mon personnage.

Molière, *L'Impromptu*, 663.

Et les pensées de...

■ La réalité se compose de la réalité matérielle et de la réalité littéraire, qui ont des populations différentes : dans la réalité matérielle, les gens s'appellent des personnes ; dans la réalité littéraire, des personnages. [...] Les personnages aident à comprendre les personnes.

Charles Dantzig, *Dictionnaire égoïste de la littérature française*, © Grasset, 2005.

personnalité

Du latin *personnalitas*, de *personalis*, personnel. Attesté à la fin du XVIe s.

■ Ce qui nous rapproche ou nous éloigne d'un écrivain ne sont pas ses idées, mais sa personnalité.

Charles Dantzig, *Dictionnaire égoïste de la littérature française*, © Grasset, 2005.

personne

Du latin *persona*, masque d'acteur ; rôle ; individu.

■ Nous sommes personnes à traiter les choses dans la douceur.

Molière, *Le Mariage forcé*, 1664.

■ Le pouvoir que l'homme a de s'emparer de ses capacités naturelles et de les diriger fait de lui une personne.

Théodore Jouffroy, *Nouveaux Mélanges philosophiques*, 1842.

perspective

Du latin médiéval *perspectiva*, perspective géométrique. Le sens figuré date du XVIIe s.

■ Les vérités que contient le cœur sont du nombre de celles qui demandent le demi-jour et la perspective.

François-René de Chateaubriand, *Le Génie du christianisme*, 1802.

persuader

Du latin *persuadere*, décider, convaincre.

■ Les persuadés persuadent comme les indulgents désarment.

Joseph Joubert, *Pensées, essais, maximes et correspondances*, posth. 1838.

pessimiste

Du latin *pessimus*, le pire, superlatif de *malus*, mauvais. Pessimiste ; de *pessimisme*, sur le modèle d'optimiste.

■ Sceptique, pessimiste, nihiliste, on l'est quand on y pense : le reste du temps (et ce reste est presque toute la vie), eh bien ! on vit, on va, on vient.

Jules Lemaître, *Les Contemporains*, 1885.

Et les pensées de...

■ Il est quelquefois bon d'être pessimiste, cela évite un sommeil prolongé.

François Mitterrand, propos tenus à une Conférence de presse, Paris, 21 novembre 1990.

■ Il ne faut pas confondre les pessimistes et les déçus. Les déçus, eux, ont des preuves.

Jacques Dutronc, *Pensées et répliques*, © Le Cherche midi, 2000.

pet, péter

Du latin *peditum*, construit à partir de *pedere*, péter. Mot affecté par les satiristes.

■ Soudain Epistémon commença respirer, puis ouvrir les yeux, puis bayer, puis éternuer, puis fait un gros pet de ménage.

François Rabelais, *Pantagruel*, 1532-1564.

■ La mère, chaque fois qu'elle soulève une fesse pour se défatiguer de la station assise, en profite pour péter.

Henry de Montherlant, *La Petite Infante de Castille*, © Gallimard, 1929.

Et les pensées de...

■ Le pétomane est mort. Pet à son âme.

Frédéric DARD, *Les Pensées de San Antonio*, © Le Cherche midi, 1996.

petit

Du gallo-roman *pettitus*, du latin populaire *pititus* et du bas latin *pitinnus*, désignant le petit garçon.

■ Les plus à craindre sont souvent les plus petits.

Jean DE LA FONTAINE, *Fables*, « Le Lion et le Moucheron », 1668-1694.

■ Hélas ! on voit que de tout temps / Les petits ont pâti des sottises des grands.

Jean DE LA FONTAINE, *Fables*, « Les Deux taureaux et la Grenouille », 1668-1694.

Et les pensées de...

■ J'aime pas ce qui est petit, je préfère rien !

Bertrand BLIER, *Pensées et répliques*, © Le Cherche midi, 2001.

pétrin

Du latin *pistrinum*, moulin à blé, de *pistor*, boulanger.

■ Quand on est trop bonne pâte, on risque de finir dans le pétrin.

Pierre DAC, *Arrière-pensées*, © Le Cherche midi , 1998.

peu

Du latin populaire *paucum*, du classique *paucus*, peu nombreux.

■ Tous les êtres viennent de peu, et peu s'en faut qu'ils ne viennent de rien.

Joseph JOUBERT, *Pensées, essais, maximes et correspondances*, posth. 1838.

peuple

Du latin *populus*, ensemble des habitants d'une ville, d'un État.

■ Tout peuple peut avoir du goût et du bon sens, / Ils sont de tout pays, du fond de l'Amérique ; / Qu'on y mène un rhéteur habile et bon critique, / Il fera des savants.

Jean DE LA FONTAINE, *Épître à Huet*, 1687.

■ Le peuple n'a guère d'esprit, et les grands n'ont point d'âme : celui-là a un bon fond et n'a point de dehors, ceux-ci n'ont que des dehors et qu'une simple superficie. Faut-il opter ? Je ne balance pas : je veux être peuple.

Jean DE LA BRUYÈRE, *Les Caractères*, « Des Grands », 1688-1696.

■ Le peuple qui a la souveraine puissance doit faire par lui-même tout ce qu'il peut bien faire ; et ce qu'il ne peut pas bien faire, il faut qu'il le fasse par ses ministres.

Charles-Louis DE MONTESQUIEU, *De l'esprit des lois*, 1748.

■ De lui-même, le peuple veut toujours le bien, mais de lui-même il ne le voit pas toujours.

Jean-Jacques ROUSSEAU, *Du contrat social*, 1762.

■ Peuple trop crédule ! Jusqu'à quand confieras-tu tes destinées suprêmes, la défense de tes foyers et de ta liberté aux satellites du despotisme, à des individus couverts de la tête jusqu'aux pieds de la lèpre aristocratique, à des royalistes qui ont la gangrène dans l'esprit et dans les cœurs ?

Jacques ROUX, *Le Publiciste de la République française*, 27 juillet 1793.

■ Il est temps que le peuple, foulé et assassiné, manifeste, d'une manière plus grande, plus solennelle, plus générale qu'il n'a jamais été fait, sa volonté, pour que non seulement les signes, les accessoires de la misère, mais la réalité, la misère elle-même soient anéanties. [...] Peuple, réveille-toi à l'espérance, cesse de rester engourdi et plongé dans le découragement.

Gracchus BABEUF, *Le Tribun du Peuple*, 1795.

■ J'ai fait parler dans ce livre ceux qui n'en seront pas même à savoir s'ils ont un droit au monde. Tous ceux-là qui gémissent ou souffrent en silence, tout ce qui aspire et monte à la vie, c'est mon peuple... C'est le Peuple. – Qu'ils viennent avec moi.

Jules MICHELET, *Le Peuple*, 1846.

■ Ô peuple de travailleurs – peuple déshérité, vexé, proscrit ! Peuple qu'on emprisonne, qu'on juge et qu'on tue ! Peuple bafoué, peuple flétri ! Ne sais-tu pas qu'il est un terme, même à la patience, même au dévouement ?

Pierre Joseph PROUDHON, *Philosophie de la misère*, 1846.

■ Assez de peuples à genoux !

Louis BOUILHET, *Dernières chansons*, 1869.

■ Le peuple ? Il cultive son jardin. Il ne s'inquiète pas de nous. Chaque groupe de l'élite essaie de l'accaparer.

Romain ROLLAND, *Jean-Christophe*, © Albin Michel, 1909.

■ Le bourgeois feint de traiter le peuple comme l'ensemble de ses enfants ; il le reprend, l'avertit, le secourt car il est assez clair que ce peuple ne saurait prendre lui-même en main ses destinées. Quand il punit le peuple, il le punit comme son propre enfant, pour son bien.

Paul NIZAN, *Les Chiens de garde*, © Agone, 1932.

■ Égisthe. Sais-tu même ce qu'est un peuple, Électre ?
Électre. Quand vous voyez un immense visage emplir l'horizon et vous regarder bien en face, d'yeux intrépides et purs, c'est cela un peuple.
Égisthe. Tu parles en jeune fille, non en roi. C'est un immense corps à nourrir.

Jean GIRAUDOUX, *Électre*, © Grasset, 1937.

■ Mon peuple / quand / hors des jours étrangers / germeras-tu une tête bien tienne sur les épaules renouées / et ta parole / le congé dépêché aux traîtres / aux maîtres / le pain restitué la terre lavée / la terre donnée / quand / quand donc cesseras-tu l'être le jouet sombre / au carnaval des autres / ou dans les champs d'autrui / l'épouvantail désuet.

Aimé CÉSAIRE, *Ferrements*, © Le Seuil, 1959.

Et dans les dictionnaires anciens...

■ La différence des intérêts divise les princes, celle des opinions partage les peuples.

Gabriel GIRARD, *Synonymes françois*, 1736.

Et les pensées de...

■ Je suis convaincu qu'après beaucoup d'expériences, de propagande, de prétentions, au fond, les peuples, dans leur profondeur, de part et d'autre, s'aperçoivent qu'ils se ressemblent, que les régimes n'y font rien.

Charles DE GAULLE, Discours prononcé à Bourges, le 7 mai 1959.

➤ VOIR aide, architecte, armée, barbare, barricade, bourgeois, chaud, contrainte, courtisan, coutume, crier, disciplinable, élite, exemple, gouvernement, guerre, haut, impôts, incroyable, instituteur, instruire, langage, majesté, miroir, nationalisme, ôter, Paris, Parisien, populiste, préjugé, prince, province, puissant, raison, religion, responsable, rhétorique, royaume, ruine, soldat, spectacle, superflu, trône, vaincu, vulgaire.

peur

Du latin *pavor*, effroi, épouvante.

■ Pour ce qui est de la peur ou de l'épouvante, je ne vois point qu'elle puisse jamais être louable ni utile, aussi n'est-ce pas une passion particulière, c'est seulement un excès de lâcheté, d'étonnement et de crainte, lequel est toujours vicieux.

René DESCARTES, *Les Passions de l'âme*, 1644.

■ N'abdiquez pas. Soyez maîtres des désirs et de la colère aussi bien que de la peur.

ALAIN, *Propos*, © Gallimard, 1910.

Et les pensées de...

■ La peur, c'est un muscle : suffit de bien l'échauffer pour que ça devienne du courage.

Bertrand BLIER, *Pensées et répliques*, © Le Cherche midi, 2001.

pharmacien

Dérivé de *pharmacie*, du bas latin *pharmacia*, ensemble des médicaments, du grec *pharmakon*, poison, remède.

■ Je me suis rendu compte que j'avais pris de l'âge le jour où je me suis aperçu que je passais plus de temps à bavarder avec les pharmaciens qu'avec les garçons de café.

Jean GABIN in *Le meilleur du pire*, © éd. Pascal Petiot, 2005.

philosophe, philosopher

Du latin *philosophus*, du grec *philosophos*, ami de la sagesse. Du latin *philosophari*, réfléchir à la philosophie.

■ Se moquer de la philosophie, c'est vraiment philosopher.

Blaise PASCAL, *Pensées*, 1669.

■ Les autres hommes sont déterminés à agir sans sentir ni connaître les causes qui les font mouvoir, sans même songer qu'il y en ait. Le philosophe, au contraire, démêle les causes autant qu'il est en lui, et souvent même les prévient [...].

Denis DIDEROT et Jean LE ROND D'ALEMBERT, *L'Encyclopédie*, 1751-1772.

■ Qu'est-ce qu'un philosophe ? C'est un homme qui oppose la nature à la loi, la raison à l'usage, sa conscience à l'opinion, et son jugement à l'erreur.

Nicolas DE CHAMFORT, *Maximes et pensées, caractères et anecdotes*, 1795.

■ Pour fuir la cour du roi Pétaud, / Ou les croquants de mince étoffe, / On emportait dans son château / Son singe – avec son philosophe.

Louis BOUILHET, *Dernières chansons*, 1869.

■ Les rêves des philosophes ont de tout temps suscité les hommes d'action qui se sont mis à l'œuvre pour les réaliser. Notre pensée crée l'avenir.

Anatole FRANCE, *M. Bergeret à Paris*, 1901.

■ On ne pense que par image. Si tu veux être philosophe, écris des romans.

Albert CAMUS, *Carnets*, © Gallimard, posth. 1962-1964.

Et dans les dictionnaires anciens...

■ Le philosophe curieux, au défaut du vrai où il ne peut pénétrer, se forme dans l'idée un système du moins vraisemblable sur la nature, l'économie et la durée de l'Univers.

Gabriel GIRARD, *Synonymes françois*, 1736.

▶ VOIR catégorie, clarté, définir, effrayer, instinct, moderne, morale, nom, nous, plaindre, poème, populaire, préjugé, prose, réjouir, rentrée, retraite, savoir, souverain, système, vertu.

philosophie

Du latin *philosophia*, du grec *philosophia*, amour du savoir, étude d'un art.

■ La philosophie doit être une énergie ; elle doit avoir pour effort et pour effet d'améliorer l'homme.

Victor HUGO, *Les Misérables*, 1862.

■ Savez-vous ce qui fait de la poésie aujourd'hui et de la philosophie surtout, lettres mortes ? C'est qu'elles se sont séparées de la vie. La Grèce, elle, idéalisait même la vie.

André GIDE, *L'Immoraliste*, © Mercure de France, 1902.

■ Philosophie : On doit toujours en ricaner.

Gustave FLAUBERT, *Le Dictionnaire des idées reçues*, posth. 1913.

Et les pensées de...

■ Sous certaines conditions, la philosophie file au sofa, ce qui est la meilleure façon connue d'allonger la discussion.

Maurice TOUDOIRE, *Impertinences, lexique fantaisiste* © Pierre Téqui, 1992.

photographe, photographie

Construit à partir du grec *photo*, lumière et *graphie*, écriture. Attesté en 1834, dans les carnets de H. Florence et popularisé par Daguerre.

■ Le photographe de génie – il peut s'en présenter un – se proposera de célébrer de façon indiscutable le prestige de l'instant.

André LHOTE, *Peinture d'abord*, © Denoël, 1942.

■ La meilleure des photographies trahit déjà le réel, elle naît d'un choix et donne une limite à ce qui n'en a pas.

Albert CAMUS, *L'Homme révolté*, © Gallimard, 1951.

phrase

Du latin *phrasis*, diction, élocution, du grec *phrasis*, élocution, discours.

■ Où sont-ils ceux qui trouvent du plaisir à déguster une belle phrase ? Cette volupté d'aristocrate est de l'archéologie.

Gustave FLAUBERT, *Correspondance*, 1878.

▶ VOIR aboutir, commencer, langage, mot, oreille, style, tête, trottoir, verre, whisky.

physionomie

Du grec *physiognomia*, dérivé de *phusiognômôn*, qui conjecture sur la nature d'une chose ou d'une personne.

■ On croit que la physionomie n'est qu'un simple développement de traits déjà marqués par la nature ; pour moi, je penserais qu'outre ce développement, les traits du visage d'un homme viennent insensiblement à se former et à prendre de la physionomie par l'impression fréquente et habituelle de certaines affections de l'âme.

Jean-Jacques ROUSSEAU, *Émile ou De l'éduction*, 1762.

physique

Du latin *physicus*, naturel.

■ Si le physique va trop bien, le moral se corrompt.

Jean-Jacques ROUSSEAU, *Émile ou De l'éduction*, 1762.

■ Pour m'imposer dans ce milieu il aurait fallu commencer par avoir un physique que je n'avais pas.

Elsa TRIOLET, *Le Premier accroc coûte deux cents francs*, © Denoël, 1945.

pied

Du latin *pes, pedis*, pied.

■ Lorsqu'on voit le pied la jambe se devine.

Alfred DE MUSSET, *Premières poésies*, 1835.

▶ VOIR odeur.

pied-de-nez

Ce geste consistant à donner l'impression d'allonger le nez avec ses mains, le pied désignant ici une mesure, est apparue au XVIIe s. d'abord pour montrer du dépit (le nez qui s'allonge) et ensuite pour se moquer.

■ Le pied-de-nez se fait avec la main : il est donc à la portée du seul animal sachant faire simultanément des pieds et des mains.

Maurice TOUDOIRE, *Impertinences, lexique fantaisiste* © Pierre Téqui, 1992.

piège

Du latin *pedica*, lien aux pieds.

■ On l'adoucit par des paroles flatteuses, on lui donna des espérances ; ce sont les deux pièges où les hommes des deux hémisphères se prennent.

VOLTAIRE, *L'Ingénu*, 1767.

pierre

Du latin *petra*, rocher, roc.

■ Je parle des pierres qui n'ont même pas attendu la mort et qui n'ont rien à faire que laisser glisser sur leur surface le sable, l'averse ou le ressac, la tempête, le temps [...], je parle des pierres nues, fascination et gloire, où se dissimule et en même temps se livre un mystère plus lent, plus vaste et plus grave que le destin d'une espèce passagère.

Roger CAILLOIS, *Pierres*, « Dédicace », © Gallimard, 1966.

Et dans les dictionnaires anciens...

■ *Pierre*. Dure, pesante, maçonnière, raboteurs, marbrine, forte, cailleboteuse, ou cailloueuse, rude, froide, moillonneuse, sourde, fille de la terre...

Maurice DE LA PORTE, *Épithètes*, 1571.

▶ VOIR cathédrale.

pieuvre

Du latin *polypus*, d'un dérivé grec de *pous, podos*, pied.

■ Si l'épouvante est un but, la pieuvre est un chef-d'œuvre. La baleine a l'énormité, la pieuvre est petite ; l'hippopotame a une cuirasse, la pieuvre est nue ; la jararaca a un sifflement, la pieuvre est muette ; le rhinocéros a une corne, la pieuvre n'a pas de corne [...].

Victor HUGO, *Les Travailleurs de la mer*, 1866.

pigeon

Du bas latin *pipio, -onis*, pigeonneau. Mot construit sur une onomatopée imitant le cri de l'oiseau.

■ Deux Pigeons s'aimaient d'amour tendre : / L'un d'eux, s'ennuyant au logis, /

Fut assez fou pour entreprendre / Un voyage en lointain pays.

Jean DE LA FONTAINE,
Fables, « Les deux pigeons », 1668-1694.

Et dans les dictionnaires anciens...

■ Le sang du pigeon est souverain pour les yeux.

Pierre RICHELET, *Dictionnaire françois*, 1680.

▶ VOIR pelotonner.

pignouf

Des dialectes de l'Ouest *pigner*, geindre, crier.

■ Quoi qu'il advienne, tout ce que nous avons aimé est fini ! Nous pouvons devenir vertueux, mais nous serons bien bêtes ! Dans quel monde de pignoufs on va entrer !

Gustave FLAUBERT, *Correspondance*, 1870.

pin

Du latin *pinus*, pin.

■ Sur le sable éclatant, plus jaune que l'orange, / Les grands pins balançant leur large parasol / Avec l'ombre agitaient leur silhouette étrange.

Théophile GAUTIER,
Poésies, « Pétrarque », 1872.

piquette

Dérivé de *piquer*, du latin populaire *pikkare*, piquer avec une pointe.

■ Cette dispute m'a enroué. À manger, criait-il, la piquette m'enroue !

Louis BOUILHET,
Melaenis, conte romain, 1857.

pire

Du latin *pejor*, de même sens, comparatif de *malus*.

■ Souvent la peur d'un mal nous conduit dans un pire.

Nicolas BOILEAU, *L'Art poétique*, 1674.

pissenlit

Construit avec *pisse*, de *pisser*, du latin populaire *pissiare*, uriner, et *lit*, voir *lit*.

■ Soudain, / une petite fille brune, / à contre-vent, / sur un muret, / Souffle graines de pissenlit. / Dans ma tête / alors / fleurit / un dictionnaire de contraires. / Le poème est témoin.

Mohammed EL AMRAOUI,
De ce côté-ci et alentour, © L'Idée bleue, 2006.

Et dans les dictionnaires anciens...

■ *Pissenlit.* Petit garçon qui pisse au lit lorsqu'il dort et qu'il est couché. Un petit pissenlit.

Pierre RICHELET,
Dictionnaire de la langue française, 1680.

■ *Pissenlit.* On l'appelle aussi dent de lion, ou dent de chien, teste de Moine, ou grouin de porc.

Antoine FURETIÈRE,
Dictionnaire universel, 1690.

■ *Pissenlit.* Le pissenlit est peut-être la plante la plus généralement répandue sur le globe. On la trouve abondamment sur les cinq parties du monde ; elle croît également dans les plaines et sur les montagnes, au milieu des marais et sur les rochers les plus arides. [...] Tout le monde la connaît et il n'est personne qui, dans son enfance, ne se soit amusé à livrer au vent ses semences en forme de volant.

Pierre LAROUSSE, *Le Grand Dictionnaire universel du XIXᵉ siècle*, 1864-1876.

pitié

Du latin *pietas, -atis*, de *pius*, pieux.

■ Ayez pitié, ayez pitié de moi, / À tout le moins, s'il vous plaît mes amis ! / En fosse gis (non pas sous houx ni mai) / En cet exil auquel je suis transmis / [...] Le laisserez là, le pauvre Villon ?

François VILLON, *Épître à mes amis*, 1641.

■ La pitié est souvent un sentiment de nos propres maux dans les maux d'autrui ; c'est une habile prévoyance des malheurs où nous pouvons tomber.

François DE LA ROCHEFOUCAULD,
Réflexions ou Sentences et Maximes morales, 1664.

■ Pitié : Toujours s'en garder.

Gustave FLAUBERT,
Le Dictionnaire des idées reçues, posth. 1913.

place

Du latin populaire *plattea*, de *platea*, rue large, espace ouvert, influencé par *platus*, plat.

■ Le désespoir m'allait saisir ; on pense à moi pour une place, mais par malheur j'y étais propre : il fallait un calculateur, ce fut un danseur qui l'obtint.

Pierre-Augustin DE BEAUMARCHAIS, *Le Mariage de Figaro*, 1784.

■ Mesure ton droit et ton devoir, et maintiens les autres à leur place en affirmant nettement la tienne.

Henri-Frédéric AMIEL, *Journal intime*, 1847-1883.

■ Place : Toujours en demander une.

Gustave FLAUBERT, *Le Dictionnaire des idées reçues*, posth. 1913.

Et dans les dictionnaires anciens...

■ Les premières places ne sont pas toujours les plus commodes.

Gabriel GIRARD, *Synonymes françois*, 1736.

plafond

Composé de *plat*, du latin *platus*, plat, et de *fond*, du latin *fundus*, fond.

■ Dans un stupide moment de distraction, Plume marcha les pieds au plafond, au lieu de les garder à terre. Hélas, quand il s'en aperçut, il était trop tard.

Henri MICHAUX, *Plume*, © Gallimard, 1938.

plage

Du latin *plaga*, zone étendue.

■ Sous les pavés la plage... Le rêve est vrai. Tous les rêves sont vrais.

Denise MIÈGE, *Sous les pavés, la plage*, © Librairie Saint-Germain-des-Prés, 1971.

plaider, plaideur

De *plaid*, du latin *placitum*, participe passé de *placere*, plaire.

■ Aussitôt qu'à portée il vit les contestants, / Grippeminaud, le bon apôtre, / Jetant des deux côtés la griffe en même temps, / Mit les plaideurs d'accord en croquant l'un et l'autre.

Jean de LA FONTAINE, *Fables*, « Le chat, la belette et le petit lapin », 1668-1694.

■ Mais vivre sans plaider, est-ce contentement ?

Jean RACINE, *Les Plaideurs*, 1668.

■ C'est être damné dès ce monde que d'avoir à plaider.

MOLIÈRE, *Les Fourberies de Scapin*, 1671.

Et dans les dictionnaires anciens...

■ Ne plaidons point, les procès coûtent trop.

Dictionnaire de l'Académie française, article « Coûter », 1835.

plaie

Du latin *plaga*, coup, blessure.

■ Les grandes plaies du corps et de l'âme ne saignent pas à l'instant qu'elles sont faites ; elles n'impriment pas sitôt leur plus vives douleurs ; la nature se recueille pour en soutenir toute la violence.

Jean-Jacques ROUSSEAU, *Émile ou De l'éducation*, 1762.

plaindre

Du latin *plangere*, frapper ; se frapper la poitrine, les cuisses ; présenter de la compassion.

■ Quiconque se plaint cherche à se consoler.

Pierre CORNEILLE, *Pompée*, 1643.

■ Ah ! permettez du moins la plainte aux malheureux.

Marie-Joseph CHÉNIER, *Henri VIII*, 1791.

Et dans les dictionnaires anciens...

■ Il est bien difficile, quelque philosophie qu'on ait, de souffrir longtemps sans se plaindre. [...] La bonne maxime serait, à mon avis, de plaindre les autres lorsqu'ils souffrent sans l'avoir mérité ; de ne se plaindre que quand on peut par-là se procurer du soulagement, de ne plaindre ses peines que lorsque la sagesse n'a pas dicté de se les donner.

Gabriel GIRARD, *Synonymes françois*, 1756.

plaire

Du latin *placere*, plaire.

■ Mon cœur n'est pas à un, et se promet à tous : Ainsi tous à l'envi s'efforcent de me plaire.

Pierre CORNEILLE, *La Place royale*, 1633-1634.

■ Je voudrais bien savoir si la grande règle de toutes les règles n'est pas de plaire, et si une pièce de théâtre qui a attrapé son but n'a pas suivi un bon chemin.

MOLIÈRE, *La Critique de l'École des Femmes*, 1663.

■ La principale règle est de plaire et de toucher ; toutes les autres ne sont faites que pour parvenir à cette première.

Jean RACINE, *Bérénice* (préface), 1670.

■ Quel tourment de cesser de plaire, / Lorsqu'on a fait l'essai du plaisir d'être aimé !

Philippe QUINAULT, *Isis*, 1677.

■ « Avoir la bouche toujours pleine de sucre pour confire les paroles, car les ennemis mêmes y prennent goût », tel est l'ABC d'un art de plaire qui exalte le goût des hommes en avivant le ragoût des choses.

Vladimir JANKÉLÉVITCH, *Le Je-ne-sais-quoi et le Presque-rien*, © Gallimard, 1957.

Et dans les dictionnaires anciens...

■ On est sûr de plaire dans la conversation quand on a des idées justes, des pensées fines, et des imaginations brillantes.

Gabriel GIRARD, *Synonymes françois*, 1736.

plaisanterie

Dérivé de *plaisant*, dérivé de *plaire*, voir *plaire*.

■ Il me semble que l'on fait plus de plaisanteries à Paris pendant une seule soirée que dans toute l'Allemagne en un mois.

STENDHAL, *Racine et Shakespeare*, 1823-1825.

plaisir

Infinitif de l'ancien verbe *plaisir*, plaire, de *placere*, plaire.

■ Que le plaisir se goûte au sortir des supplices ! / Et qu'après avoir tant duré, / La peine qui n'est plus augmente nos délices !

Pierre CORNEILLE, *La Veuve*, 1634.

■ Laissons-nous aller de bonne foi aux choses qui nous prennent par les entrailles, et ne cherchons point de raisonnements pour nous empêcher d'avoir du plaisir.

MOLIÈRE, *La Critique de l'École des Femmes*, 1663.

■ L'homme est né pour le plaisir : il le sent, il n'en faut point d'autre preuve.

Blaise PASCAL, *Discours sur les passions de l'amour*, 1653.

■ Le plaisir le plus délicat est de faire celui d'autrui.

Jean DE LA BRUYÈRE, *Les Caractères*, « De la société et de la conversation », 1688.

■ Jamais, dit-on, l'humanité n'a été plus assoiffée de plaisir, de luxe et de richesse. Une force irrésistible semble la pousser de plus en plus violemment à la satisfaction de ses désirs les plus grossiers.

Henri BERGSON, *Les Deux sources de la morale et de la religion*, © PUF, 1932.

Et dans les dictionnaires anciens...

■ Le plaisir regarde principalement le goût ; c'est une sensation gracieuse dont les suites peuvent quelquefois être désagréables. [...] Il est rare de goûter un plaisir pour qui ne soit mêlé d'aucune amertume.

Gabriel GIRARD, *Synonymes françois*, 1736.

➤ VOIR amant, bien, cadeau, cœur, danger, dévouement, doute, foule, généreux, gens, grands, homme, honneur, hystérie.

planer

Du latin *planus*, plain, plan.

■ Mon âme erre et plane dans l'univers sur les ailes de l'imagination.

Jean-Jacques ROUSSEAU, *Les Rêveries du promeneur solitaire*, 1782.

Et les pensées de...

■ – Monsieur, vous ne doutez de rien ? / Il me dit : – Si, monsieur ! Et quand je doute je plane... / Je lui dis : – Mais alors... lorsque je vois planer un doute... ? / Il me dit : – C'est moi !

Raymond DEVOS, *Matière à rire*, « Le Parapsychologue et l'artiste », © Plon, 1993.

planète

Du latin *planeta*, astre mobile.

■ Le grand Dieu fait les planètes, et nous faisons les plats nets.

François RABELAIS, *Gargantua*, 1532-1564.

■ Le même cours des planètes / Règle nos jours et nos nuits.

Pierre CORNEILLE, *Stances à une marquise*, 1658.

Et dans les dictionnaires anciens...

■ *Planète*. Claire, étoilée, belle, luisante, pure, lumineuse, ardente, nette, radieuse, étincelante, vagabonde, lueuse, resplandissante.

Maurice DE LA PORTE, *Épithètes*, 1571.

planter

Du latin *plantare*, enfoncer dans la terre.

■ Un Octogénaire plantait. / « Passe encore de bâtir ; mais planter à cet âge ! » / Disaient trois Jouvenceaux, enfants du voisinage.

Jean DE LA FONTAINE, *Fables*, « Le Vieillard et les trois jeunes hommes », 1668-1694.

■ Ma belle-mère, elle, a la manie des noyaux de pêches. Quand elle en a mangé une belle, elle va tout de suite planter le noyau. Il y a des pêchers partout.

Jules RENARD, *Journal*, posth. 1925.

plat

▶ VOIR planète.

pleur, pleurer

Du latin *plorare*, crier, pousser des cris de douleur, déplorer, pleurer.

■ Ce disant, [Gargantua] pleurait comme une vache ; mais tout soudain riait comme un veau.

RABELAIS, *Gargantua*, 1532-1564.

■ Il me faut essayer la force de mes pleurs.

Pierre CORNEILLE, *Polyeucte*, 1643.

■ Pour vivre et pour sentir, l'homme a besoin de pleurs ; / La joie a pour symbole une plante brisée, / Humide encor de pluie et couverte de fleurs.

Alfred DE MUSSET, *La Nuit d'octobre*, 1837.

■ Il pleure dans mon cœur / Comme il pleut sur la ville, / Quelle est cette langueur / Qui pénètre mon cœur ?

Paul VERLAINE, *Romances sans paroles*, 1874.

■ Elle aimait à regarder la campagne à travers des yeux qui pleurent doucement.

Jules RENARD, *Journal*, posth. 1925.

▶ VOIR rosée, empereur.

plier

Du latin *plicare*, rabattre sur lui-même, plier.

■ Je plie et ne romps pas.

Jean DE LA FONTAINE, *Fables*, « Le Chêne et le Roseau », 1668-1694.

plomb

Du latin *plumbum*, plomb.

■ Sur ma tête inclinée, / Écoute, cette nuit il est venu s'asseoir [un cauchemar], / Posant sa main de plomb sur mon âme enchaînée.

Victor HUGO, *Odes et ballades*, 1822-1828.

Et les pensées de...

■ Cent kilos de muscles ne résistent pas à dix grammes de plomb.

Maurice TOUDOIRE, *Impertinences, lexique fantaisiste* © Pierre Téqui, 1992.

pluie

Du latin populaire *ploia*, du classique *pluvia*, pluie.

■ Je vois de loin venir la pluie, / Le ciel est noir de bout en bout, / Et ses influences bénignes / Vont tant verser d'eau sur les vignes / Que nous n'en boirons point du tout.

SAINT-AMANT, *Poésies*, « La Pluie », 1629-1658.

■ Il y a, pendant la pluie, une certaine obscurité qui allonge tous les objets. / La pluie étalant ses immenses traînées / D'une vaste prison imite les barreaux [...]

Charles BAUDELAIRE, *Les Fleurs du Mal*, 1857.

■ C'est la pluie allègre d'avril, / Elle est mince, dansante et lâche / Comme des perles sur un fil.

Anna DE NOAILLES, *Forces éternelles*, 1920.

plume

Du latin *pluma*, duvet.

■ J'écris en vers et en prose ; je suis au poil et à la plume.

Alain-René LESAGE, *L'Histoire de Gil Blas de Santillane*, 1715-1735.

■ Notre nation regardée comme si légère par des étrangers qui ne jugent de nous que par nos petits-maîtres, est de toutes les nations la plus sage, la plume à la main.

VOLTAIRE, *Essai sur la poésie épique*, 1728.

Et les pensées de...

■ On n'écrit pas l'amour avec un stylo à bille. On écrit l'amour avec une plume Sergent-Major.

Serge GAINSBOURG, *Pensées, provocs et autres volutes*, © Le Cherche midi, 2006.

▶ VOIR cadeau, duel, écrire, guerre, mathématicien, oiseau, orner, panache, scandale, style, vers.

pluriel

De l'ancien français *plurier*, qui indique la pluralité, du latin *pluralis*.

■ – Qu'est-ce que tu pratiques comme sports ? demanda Bourrelier en pensant le pluriel d'un qu'il ne prononçait pas.

Raymond QUENEAU, *Le Dimanche de la vie*, © Gallimard, 1952.

poème

Du latin *poema*, ouvrage en vers, issu du grec *poiema*, ce que l'on fait, ce que l'on crée.

■ Un poème jamais ne valut un dîner.

Joseph BERCHOUX, *La Gastronomie*, 1801.

■ Je veux faire le poème de l'activité moderne. Donc, changement complet de philosophie d'abord, ne pas conclure à la bêtise et à la mélancolie de la vie, conclure au contraire à son continuel labeur, à la puissance et à la gaieté de son enfantement.

Émile ZOLA, *Au Bonheur des Dames* (ébauche), 1883.

■ Un poème est un raccourci prodigieux pour arriver à mettre en trois pages ou quatre ce qui demande un volume à d'autres.

Alphonse DE MALLARMÉ, *Correspondance*, 1896.

■ Ô mon âme ! Le poème n'est point fait de ces lettres que je plante comme des clous, mais du blanc, qui reste sur le papier.

Charles PÉGUY, *Cinq Grandes odes*, 1904-1908.

■ Les poèmes sont des bouts d'existence incorruptible que nous lançons à la gueule répugnante de la mort, mais assez haut pour que, ricochant sur elle, ils tombent dans le monde nominateur de l'unité.

René CHAR, *Poèmes et proses choisis*, © Gallimard, 1963.

poésie

Du latin *poesis*, genre poétique, du grec *poiêsis*, création.

■ La Poésie est plus sérieuse et plus utile que le vulgaire ne le croit. La Religion a consacré la Poésie à son usage dès l'origine du genre humain.

FÉNELON, *Lettre à l'Académie, projet de Poétique*, 1714.

■ La poésie est le langage naturel à tous les cultes. La Bible est pleine de poésie ; Homère est plein de religion.

Germaine DE STAËL, *De l'Allemagne*, 1814.

■ La poésie est une maladie du cerveau.

Alfred DE VIGNY, *Chatterton*, 1835.

■ La vraie poésie n'exprime qu'une chose, les tourments de l'âme humaine devant la question de sa destinée. C'est là, messieurs, de quoi parle la véritable lyre, la lyre des grands poètes.

Théodore JOUFFROY, *Nouveaux Mélanges philosophiques*, 1842.

■ Ma poésie ne consistera qu'à attaquer, par tous les moyens, l'homme, cette bête fauve, et le Créateur, qui n'aurait pas dû engendrer une pareille vermine.

Comte DE LAUTRÉAMONT,
Les Chants de Maldoror, 1869.

■ La poésie personnelle a fait son temps de jongleries relatives et de contorsions contingentes. Reprenons le fil indestructible de la poésie impersonnelle.

Comte DE LAUTRÉAMONT, *Poésies*, 1870.

■ Poésie : Est tout à fait inutile. Passée de mode.

Gustave FLAUBERT,
Le Dictionnaire des idées reçues, posth. 1913.

■ Manifeste du futurisme. [...] 7. Il n'y a plus de beauté que dans la lutte. Pas de chef-d'œuvre sans un caractère agressif. La poésie doit être un assaut violent contre les forces inconnues, pour les sommer de se coucher devant l'homme.

Filippo Tommaso MARINETTI,
Manifeste du futurisme, © Séguier, 1912.

■ Peut-on forcer la poésie à se cantonner hors de ce qui l'entoure, à méconnaître la magnifique exubérance de vie que les hommes par leur activité ajoutent à la nature et qui permet de machiner le monde de la façon la plus incroyable ?

Guillaume APOLLINAIRE,
L'Esprit nouveau et les Poètes, © Gallimard, 1918.

■ C'est à la poésie que tend l'homme. Il n'y a de connaissance que du particulier. Il n'y a de poésie que du concret.

Louis ARAGON,
Le Paysan de Paris, © Gallimard, 1926.

■ La poésie est un véhicule intérieur de l'amour.

Pierre Jean JOUVE,
Sueur de sang (préface), © Gallimard, 1933.

■ Dans la profondeur d'un bois, comme dans la chambre où les deux amants se dénudent, le rire et la poésie se libèrent.

Georges BATAILLE,
Le Coupable, © Gallimard, 1944.

■ L'objet de la poésie, ce n'est donc pas, comme on le dit souvent, les rêves, les illusions ou les idées. C'est la sainte réalité, donnée une fois pour toutes, au centre de laquelle nous sommes placés. C'est l'univers des choses invisibles.

Paul CLAUDEL, *Accompagnements*, 1949.

■ « Je ne sais pas... c'est autre chose ». J'ai fini par comprendre que cet autre chose était, somme toute, la meilleure définition de la poésie.

Jean COCTEAU,
Poésie critique, © Gallimard, 1959.

■ La poésie cherche la neige perdue dans la nuit.

Giovanni DOTOLI, *Plis et replis de mémoire poétique*, « Entretien avec Rome Deguergue », © Schena Editore, 2004.

Et dans les dictionnaires anciens...

■ La poésie vit de *mensonges*.

Petit Larousse illustré,
exemple de l'article « Mensonge », 1905.

Et les pensées de...

■ En gros, la poésie, tu fais rimer bouchon avec cochon et pastis avec... euh... un autre apéro tu t'en fous... enfin pour dire que c'est pas trop sorcier la poésie [...].

Jean-Marie GOURIO, *L'Intégrale des brèves de comptoir*, © Robert Laffont, 1992-1993.

■ Ce n'est pas la station debout permanente qui a séparé l'homme du singe, c'est la poésie. [...] La poésie n'existe pas à l'état naturel. Loin d'être un fait qui préexisterait à l'homme et que celui-ci découvrirait, elle est sa création et son triomphe [...]
La poésie est un accordéon. Le premier terme de la comparaison est caché entre les plis. Ne pas déplier.

Charles DANTZIG, *Dictionnaire égoïste de la littérature française*, © Grasset, 2005.

■ Bon, dit le gardien, accommodant. La poésie, ça sert surtout à compliquer les choses, non ? Mais peut-être qu'en les compliquant, on les comprend mieux. Et en les comprenant, on les simplifie. Au bout du compte.

Fred VARGAS,
Dans les bois éternels, © Viviane Hamy, 2006.

▶ VOIR aboutir, beauté, symboliste, invention, jouer, mot, musicien, onomatopée, philosophie, poète, ramper, religion, sacré, théâtre, vrai.

poète, poétique

Du latin *poeta*, du grec *poiêtês*, de *poiein*, créateur. Du latin *poeticus*, du grec *poiêtikos*, qui a la vertu de créer.

■ J'aime l'allure poétique, à sauts et à gambades.

Michel DE MONTAIGNE, *Essais*, 1580-1595.

■ Aussi lorsque l'on voit un homme dans la rue, / Dont le rabat est sale et la chausse rompue, / [...] / Qui soit de pauvre mine et qui soit mal en point, / Sans demander son nom on le peut reconnaître : / Car, si ce n'est un poète, au moins il veut l'être.

Mathurin RÉGNIER, *Satire II*, « Les premières œuvres de M. Régnier », 1608.

■ S'il trousse l'épigramme ou la stance bien faite, / Le voilà découvert, c'est fait, c'est un poète ; / S'il dit un mot salé, il est bouffon, badin.

Agrippa D'AUBIGNÉ, *Les Tragiques, II*, 1616.

■ L'art ne fait que des vers, le cœur seul est poète.

André CHÉNIER, *Élégies*, 1794.

■ Ah ! vous êtes poète aussi ? – Je puis me vanter d'avoir un assortiment complet de chansons de fêtes, de compliments de bonne année, d'acrostiches simples et doubles, d'épithalames et d'épitaphes, le tout arrangé avec des variations applicables aux circonstances.

Victor DE JOUY, *L'Hermite de la Chaussée d'Antin*, 1813.

■ Le poète ne fait, pour ainsi dire, que dégager le sentiment prisonnier au fond de l'âme [...].

Germaine DE STAËL, *De l'Allemagne*, 1814.

■ Lorsqu'on est bien persuadé qu'on ne peut être ni médecin, ni avocat, ni banquier, ni évêque, ni courtier-marron, ni ministre, enfin lorsqu'on a l'intime conviction qu'on n'est bon à rien, on peut se faire poète, mais, pour l'amour de Dieu, pas autre chose.

Alfred DE MUSSET, *Le Temps*, 1831.

■ Poète, prends ton luth, et me donne un baiser ; / La fleur de l'églantier sent ses bourgeons éclore.

Alfred DE MUSSET, *Premières poésies*, « La Nuit de mai », 1835.

■ Vous avez l'étoffe de trois poètes ; mais, avant d'avoir percé, vous avez six fois le temps de mourir de faim, si vous comptez sur les produits de votre poésie pour vivre.

Honoré DE BALZAC, *Illusions perdues*, 1843.

■ Le poète est semblable au prince des nuées / Qui hante la tempête et se rit de l'archer ; / Exilé sur le sol au milieu des huées, / Ses ailes de géant l'empêchent de marcher.

Charles BAUDELAIRE, *Les Fleurs du mal*, « L'albatros », 1857.

■ De l'éternel azur la sereine ironie / Accable, belle indolemment comme les fleurs / Le poète impuissant qui maudit son génie / À travers un désert stérile de Douleurs.

Stéphane MALLARMÉ, *L'Azur*, 1864.

■ Un poète est un monde enfermé dans un homme.

Victor HUGO, *La Légende des siècles*, 1883.

■ Le Poète se fait voyant par un long, immense et raisonné dérèglement de tous les sens. Toutes les formes d'amour, de souffrance, de folie : il cherche en lui-même, il épuise en lui tous les poisons, pour n'en garder que les quintessences.

Arthur RIMBAUD, *Lettre à Paul Demeny*, 15 mai 1871, posth. 1912.

■ Poète : Synonyme de rêveur et nigaud.

Gustave FLAUBERT, *Le Dictionnaire des idées reçues*, posth. 1913.

■ On peut être poète dans tous les domaines : il suffit que l'on soit aventureux et que l'on aille à la découverte.

Guillaume APOLLINAIRE, *L'Esprit nouveau et les poètes*, © Gallimard, 1918.

■ Le poète est un four à brûler le réel.

Pierre REVERDY, *Le Gant de crin*, © Gallimard, 1927.

■ Il faudrait faire voir que le langage contient des ressources émotives mêlées à des propriétés pratiques et directement significatives. Le devoir, le travail, la fonction du poète sont de mettre en évidence et en action ces puissances de mouvement, d'enchantement, ces excitants de la vie affective et de la sensibilité intellectuelle, qui sont confondus dans le langage usuel avec les signes et les moyens de communication de la vie ordinaire et superficielle. Le poète se consacre et se consume donc à définir et à construire un langage dans le langage [...].

Paul VALÉRY,
Variétés II, © Gallimard, 1929.

■ L'activité propre du poète n'est pas de faire naître en lui des fantômes pour les enfermer dans les mots, mais de faire éclater les fantômes que le mot tient en lui enfermés.

Thierry MAULNIER,
Introduction à la poésie française, 1939.

■ La vitalité du poète n'est pas une vitalité de l'au-delà mais un point diamanté actuel de présences transcendantes et d'orages pèlerins.

René CHAR, *Fureurs et mystères*,
« Seuls demeurent », © Gallimard, 1948.

■ Douanier et passeur : ambigu le poète, à cette frontière que sans cesse. il garde et viole.

Salah STÉTIÉ,
Carnets du méditant, © Albin Michel, 2003.

Et dans les dictionnaires anciens...

■ Les poètes dans leur enthousiasme sont agités d'un Démon, qui les fait souvent sortir des règles du bon sens, et prendre le phébus [style guindé] pour le sublime du style poétique.

Gabriel GIRARD, *Synonymes françois*, 1736.

➤ VOIR aiguillon, ajouter, destin, destinée, gueux, idéal, immortalité, injustice, intelligence, interprète, je-ne-sais-quoi, jeune, libertin, malade, mathématicien, rayon, méridional, mot, muet, mystique, nature, noir, obscur, onomatopée, poésie, réaliste, responsable, rossignol, talent, vestige, vrai.

pognon

Du verbe populaire *poigner*, empoigner, de *poing*, du latin *pugnus*, main fermée.

■ Il n'y a qu'une liberté, que je te dis moi, rien qu'une : c'est de voir clair d'abord, et puis ensuite d'avoir du pognon plein les poches, le reste, c'est du mou !

Louis-Ferdinand CÉLINE,
Voyage au bout de la nuit, © Gallimard, 1932.

Et les pensées de...

■ – Quand on parle pognon, à partir d'un certain chiffre, tout le monde écoute.

Extrait du film *Le Pacha*, de Georges LAUTNER
(dial. Marcel AUDIARD), 1969.

poids

Du latin *pensum*, ce qu'une chose pèse, à l'origine du mot *pensée*.

■ Parmi ces distributeurs de réputation, les uns faisaient meilleur poids que les autres.

Charles-Louis DE MONTESQUIEU,
Lettres persanes, 1721.

Et dans les dictionnaires anciens...

■ Le plus petit poids de la Médecine est un grain : ce qui s'entend d'un grain d'orge bien nourri, médiocrement gros et qui n'est pas trop sec. Dix de ces grains font une obole, ou demi-scrupule. Le scrupule est composé de deux oboles, ou 20 grains.

Antoine FURETIÈRE,
Dictionnaire universel, 1690.

poil

Du latin *pilus*, poil.

■ J'ose dire qu'il n'est point de barbier en Espagne qui sache mieux que moi raser à poil et à contre-poil, et mettre une moustache en papillotes.

Alain-René LESAGE,
L'Histoire de Gil Blas de Santillane, 1715-1735.

Et dans les dictionnaires anciens...

■ Petite partie menue, longue, flexible et sèche qui sort de la peau. [...] Il a l'estomac [la poitrine] plein de poils.

Pierre RICHELET, *Dictionnaire françois*, 1680.

point

Du latin *punctum*, point, piqûre, de *pungere*, poindre.

■ Vous serez convaincu d'abord d'une certaine vérité, et c'est leur premier point ; d'une autre vérité, et c'est leur second point ; et puis d'une troisième vérité, c'est leur troisième point.

Jean DE LA BRUYÈRE, *Les Caractères*, 1688-1696.

■ Il y a de ces instants-là qui n'ont qu'un point qu'il faut saisir, et ce point nous l'avions manqué.

Pierre DE MARIVAUX, *La Vie de Marianne*, 1731-1742.

Et les pensées de...

■ Ah ! si les points suspendus pouvaient parler, que ne nous diraient-ils pas.

Pierre DAC, *Y'a du mou dans la corde à nœuds*, © Julliard, 1995.

poison

Du latin *potionem*, de *potio*, boisson, philtre.

■ D'un regard enchanteur connaît-il le poison ?

Jean RACINE, *Britannicus*, 1669.

■ La pensée est le labeur de l'intelligence, la rêverie en est la volupté. Remplacer la pensée par la rêverie, c'est confondre un poison avec une nourriture.

Victor HUGO, *Les Misérables*, 1862.

poisson

Dérivé de l'ancien peis, poi, du latin *piscis*, poisson.

■ Petit poisson deviendra grand / Pourvu que Dieu lui prête vie.

Jean DE LA FONTAINE, *Fables*, « Le petit poisson et le pêcheur », 1668.

Et les pensées de...

■ À l'école, quand on demande aux enfants de dessiner un poisson, près d'un petit Français sur deux dessine un rectangle !

Jean-Pierre COFFE, *Le Bon vivre*, © Le Pré aux clercs, 1989.

polar

Construit avec *(roman) policier* et le suffixe argotique *-ar*.

■ Y a pas : faut que je m'arrache. Surtout à un début de polar. C'est vital. J'en sais qui partent déjà. Qui disent « Oh, bon, s'il débloque d'emblée, qu'est-ce que ça va être par la suite, quand il vadrouillera dans le gras. »

Frédéric DARD (SAN ANTONIO), *Maman, les petits bateaux*, © Fleuve Noir, 1975.

polémique

Du grec *polemikos*, relatif à la guerre.

■ La polémique, mon cher, est le piédestal des célébrités.

Honoré DE BALZAC, *Les Illusions perdues*, 1843.

■ Il n'y a pas de vie sans dialogue. Et sur la plus grande partie du monde, le dialogue est remplacé aujourd'hui par la polémique. Le XXe siècle est le siècle de la polémique et de l'insulte.

Albert CAMUS, *Actuelles I*, © Gallimard, 1948.

poli, politesse

Participe passé de *polir*, du latin *polire*, aplanir. De l'italien *politezza*, propreté, raffinement, du latin *politus*, lisse, brillant.

■ L'on peut définir l'esprit de politesse, l'on ne peut en fixer la pratique : elle suit l'usage et les coutumes reçues ; elle est attachée aux temps, aux lieux, aux personnes, et n'est point la même dans les deux sexes, ni dans les différentes conditions.

Jean DE LA BRUYÈRE, *Les Caractères*, « De la société et de la conversation », 1688.

■ Avec la politesse, un homme de fortune / Est mille fois plus grand qu'un grand toujours gourmé, / D'un limon précieux se présumant formé.

Philippe DESTOUCHES, *Le Glorieux*, 1732.

■ C'est par orgueil que nous sommes polis, nous nous sentons flattés d'avoir des manières qui prouvent que nous ne sommes pas dans la bassesse, et que nous n'avons pas vécu avec cette sorte de gens que l'on a abandonnés dans tous les âges.

Charles-Louis DE MONTESQUIEU, *De l'esprit des lois*, 1748.

■ La véritable politesse prend sa source dans les qualités les plus estimables du cœur : elle nous apprend à contenir les passions haineuses ; elle donne l'habitude de s'occuper des autres ; elle exclut tout ce qui peut blesser ; elle apprend à nous oublier nous-mêmes [...].

Charles-Victor DE BONSTETTEN, *L'Homme du midi et l'Homme du nord*, 1824.

■ La politesse est une sorte d'émoussoir qui enveloppe les aspérités de notre caractère, et empêche que les autres n'en soient blessés. Il n'est jamais permis de s'en dépouiller, même pour lutter contre les gens grossiers. Il y a de la bonne grâce et une sorte d'urbanité à commencer avec les hommes par l'estime et la confiance.

Joseph JOUBERT, *Pensées, essais, maximes et correspondances*, posth. 1838.

■ Au fond de la vraie politesse, vous trouverez un sentiment, qui est l'amour de l'égalité.

Henri BERGSON, *Discours*, 30 juillet 1892.

■ L'homme poli est celui qui sent la gêne avant que le mal soit sans remède, et qui change de route élégamment.

ALAIN, *Propos*, © Gallimard, 1911.

■ Plume, sans lever la tête, mangeait patiemment. Un serpent tombé d'un régime de bananes rampa vers lui ; il l'avala par politesse, puis il se replongea dans son assiette.

Henri MICHAUX, *Plume*, © Gallimard, 1930.

■ La politesse, c'est l'indifférence organisée.

Paul VALÉRY, *Tel quel II*, 1943.

Et dans les dictionnaires anciens...

■ La vraie politesse ne se trouve guère que chez les courtisans et les principaux bourgeois des villes capitales. [...] La politesse fait supporter, dans la société, une infinité de choses qui déplaisent.

Gabriel GIRARD, *Synonymes françois*, 1736.

police

Du latin *politia*, organisation politique, du grec *politeia*, de polis, cité.

■ Police : A toujours tort.

Gustave FLAUBERT, *Le Dictionnaire des idées reçues*, posth. 1913.

Et dans les dictionnaires anciens...

■ *Police*. Mot qui vient du Grec et qui veux dire règlement de la ville. La police consiste à faire divers règlements pour la commodité d'une ville. [...] La police de Paris est fort bonne.

Pierre RICHELET, *Dictionnaire françois*, 1680.

Et les pensées de...

■ En accédant aux pleins pouvoirs de la police au cours du XXe siècle, les femmes se trouvent ainsi pour la première fois, officiellement, légalement, et en temps de paix, autorisées à être gardiennes de la cité.

Geneviève PRUVOST, *Profession : policier. Sexe : féminin*, © La Maison des sciences de l'homme, 2007.

politique

Du latin *politicus*, relatif au gouvernement, du grec *polis*, cité.

■ Ne songer qu'à soi et au présent, source d'erreur dans la politique.

Jean DE LA BRUYÈRE, *Les Caractères*, « Des jugements », 1688-1696.

■ Dites-moi votre cœur et votre tête, et je vous dirai vos opinions politiques.

George SAND, *Indiana*, 1832.

■ On a porté dans la politique, et jusque dans la morale, les procédés et presque le langage de l'algèbre ; on se sert de mots abstraits au lieu de lettres ; on les combine, et l'on croit s'entendre et s'éclairer, parce qu'on a remué des ombres.

Joseph JOUBERT, *Pensées, essais, maximes et correspondances*, posth. 1838.

■ Je suis peu curieux des nouvelles ; la politique m'assomme ; le feuilleton m'empeste ; tout cela m'abrutit ou m'irrite.

Gustave FLAUBERT, *Correspondance*, 1846.

■ Quel que soit son argument ou sa thèse, la politique est avant tout une excellente accoucheuse de vocations fortes, une révélatrice de destins. De là vient sans doute qu'elle rassemble de véritables élites dans le domaine qui est le sien, celui de l'affirmation de soi par le risque.

René ABELLIO, *Heureux les pacifiques*, © Flammarion, 1946.

Et dans les dictionnaires anciens...

■ La politique fait endurer le joug qu'on n'est pas en état de secouer.

Gabriel GIRARD, *Synonymes françois*, 1756.

■ La vraie politique est honnête.

Petit Larousse illustré, article « Politique », 1905.

Et les pensées de...

■ Dans la vie politique, il faut être offensif. Si on se défend, on a déjà perdu.

François MITTERRAND, propos publié dans *Libération*, 24 mars 1988.

■ Les mecs qui font de la politique ne font pas ce qu'ils veulent, ils font ce qu'ils peuvent ! Ils ne tirent pas les ficelles, ils sont tirés par les ficelles.

COLUCHE, *Pensées et anecdotes*, © Le Cherche midi, 1995.

■ On a coutume de dire : tout est politique. Non. Tout est théâtre, surtout la politique.

Michel GALABRU, *Pensées, répliques et anecdotes*, © Le Cherche midi, 2006.

▶ VOIR camarade, conversation, doctrine, éducation, fable, horizon, inégalité, médire, menteur, minute, morale, oser, prince, suffrage, système, zut.

politique (homme)

Du latin *politicus*, relatif au gouvernement, du grec *polis*, cité.

■ Le vrai politique est celui qui joue bien et qui gagne à la longue ; le mauvais politique est celui qui ne sait que filer la carte, qui tôt ou tard est reconnu.

VOLTAIRE, *L'ABC, 12e entretien*, 1770.

Et dans les dictionnaires anciens...

■ Le politique ambitieux, incapable de goûter le repos, ne cesse d'avoir dans la tête des projets d'agrandissement et d'élévation. [...] Les politiques ne montrent jamais l'intérieur de leur âme ; ils retiennent au-dedans d'eux-mêmes tous les mouvements de leurs passions.

Gabriel GIRARD, *Synonymes françois*, 1736.

Et les pensées de...

■ Les politiques sont malades de la télé et des micros.

Bernard TAPIE, propos publié dans *L'Événement du jeudi*, 4 juillet 1994.

■ Qui sait si l'homme politique idéal n'est pas celui qui, quoi qu'il fasse, ne se fait pas prendre ?... Parce que malhonnête, passe encore... mais malhonnête et stupide, c'est beaucoup pour un seul homme.

Jean AMADOU, *De quoi j'me mêle !*, © Robert Laffont, 1998.

pomme

Du bas latin *poma*, de *pomum*, fruit.

■ Il avait, disait-on, goûté successivement toutes les pommes de l'arbre de l'intelligence, et, faim ou dégoût, il avait fini par mordre au fruit défendu.

Victor HUGO, *Notre-Dame de Paris*, 1832.

Et les pensées de...

■ Dieu a enlevé une côte à Adam pour créer Ève et Ève a fait manger de la pomme à Adam, c'est fou ça, on ne donne pas à manger à quelqu'un qui vient d'être opéré.

Jean YANNE, *Pensées, répliques, textes et anecdotes*, © Le Cherche midi, 1999.

poncif

Dérivé de *poncer*, dérivé de *ponce*, de *pomex*, *-icis*, du classique *pumex*, pierre ponce. Attesté au XVIe s.

■ Il est bien connu qu'au théâtre comme dans le roman, ce qui plaît c'est ce qui est édulcoré, fade, ébranché et conçu selon un poncif déjà éprouvé.

Léon DAUDET, *Idées esthétiques*, 1939.

■ D'ailleurs toute nouveauté ayant pour condition l'élimination préalable du poncif auquel nous étions habitués et qui nous semblait la réalité même, toute conversation neuve, aussi bien que toute peinture, toute musique originales, paraîtra toujours alambiquée et fatigante.

Marcel PROUST, *À l'ombre des jeunes filles en fleurs*, 1919.

▶ VOIR bateau.

ponctuation

Dérivé de *ponctuer*, du latin médiéval *punctuare*, de punctum, point.

■ La ponctuation, pas plus que le style dont elle est une composante, n'est un ajout. Elle donne le rythme, cette cadence de la pensée en marche. [...] La ponctuation est un raffinement récent. Sortie du latin qui ne ponctuait pas, la langue française ne l'a perfectionnée que lentement.

Charles DANTZIG, *Dictionnaire égoïste de la littérature française*, © Grasset, 2005.

pont

Du latin *pons, pontis*, pont.

■ Sous le pont Mirabeau coule la Seine / Et nos amours / Faut-il qu'il m'en souvienne / La joie venait toujours après la peine / Vienne la nuit sonne l'heure / Les jours s'en vont je demeure

Guillaume APOLLINAIRE, *Alcools*, « Le pont Mirabeau » © Gallimard, 1913.

■ Les mains dans les mains restons face à face / Tandis que sous / Le pont de nos bras passe / Des éternels regards l'onde si lasse

Guillaume APOLLINAIRE, *Alcools*, « Le pont Mirabeau » © Gallimard, 1913.

Et les pensées de...

■ C'est toujours quand y'a pas de pont qu'on veut aller de l'autre côté. Toujours [...].

Jean-Marie GOURIO, *L'Intégrale des brèves de comptoir*, © Robert Laffont, 1992-1993.

populaire

Du latin *popularis*, du peuple. Avec d'abord le sens de *constitué du peuple*.

■ Il est dangereux en philosophie de s'écarter du sens usuel et populaire des mots.

Denis DIDEROT, *Essai sur les règnes de Claude et de Néron*, 1782.

Et dans les dictionnaires anciens...

■ On appelle aussi erreurs populaires une infinité d'opinions mauvaises qui sont glissées parmi le peuple. [...] La plupart des opinions communes, quand elles sont bien examinées, sont des erreurs populaires.

Antoine FURETIÈRE, *Dictionnaire universel*, 1690.

populiste

Dérivé de *populisme*, du latin *populus*, peuple.

■ Nous nous sommes dits populistes, parce que nous croyons que le peuple offre une matière romanesque très riche et à peu près neuve. Ce fut l'erreur des naturalistes de le prendre pour un troupeau bestial en proie à ses instincts et à ses appétits.

Camille LEMONNIER, *Manifeste du roman populiste*, 1929.

port

Du latin *portus*, passage ; port.

■ Un port est un séjour charmant pour une âme fatiguée des luttes de la vie.

Charles BAUDELAIRE, *Le Spleen de Paris*, 1869.

porte

Du latin *porta*, passage, porte.

■ C'est quelquefois au moment où tout nous semble perdu que l'avertissement arrive qui peut nous sauver ; on a frappé à toutes les portes qui ne donnent sur rien et la seule par où on peut entrer et qu'on aurait cherchée en vain pendant cent ans, on s'y heurte sans le savoir, et elle s'ouvre.

Marcel PROUST, *Le Temps retrouvé*, © Gallimard, 1927.

■ Madame de Perleminouze. Adalgonse, quoi, quoi, vous ici ? Comment êtes-vous bardé ?
Monsieur de Perleminouze, désignant la porte : – Mais par la douille !

Jean TARDIEU, *Un mot pour un autre*, © Gallimard, 1978.

portefeuille

Composé de *porter*, du latin *portare*, porter, et feuille, du latin *folium*, feuille d'arbre, puis feuille de papier.

■ Portefeuille : En avoir un sous le bras donne l'air d'un ministre.

Gustave FLAUBERT, *Le Dictionnaire des idées reçues*, posth. 1913.

portrait

Participe passé de *portraire*, dessiner, composé de *pour* et de *traire*, tirer, tracer.

■ Nul portrait si exact, si conforme au modèle, que l'artiste n'y mette un peu de lui.

Jules MICHELET, *Histoire de France*, (préface), 1869.

■ Portrait : Le difficile est de rendre le sourire.

Gustave FLAUBERT, *Le Dictionnaire des idées reçues*, posth. 1913.

positif, positivisme

Du latin *positivus*, qui repose sur quelque chose, de *ponere*, placer, poser. *Positivisme* : de *positif*.

■ Cette loi consiste en ce que chacune de nos conceptions principales, chaque branche de nos connaissances, passe successivement par trois états théoriques différents : l'état théologique, ou fictif, l'état métaphysique ou abstrait, l'état scientifique, ou positif.

Auguste COMTE, *Cours de philosophie positive*, 1830-1842.

posséder

Du latin *possidere*, de même sens.

■ En toute espèce de biens, posséder est peu de chose ; c'est jouir qui rend heureux.

Pierre-Augustin DE BEAUMARCHAIS, *Le Barbier de Séville*, 1775.

possible

De *impossibilis*, qui ne peut être, issu de *posse*, pouvoir.

■ Tout le possible lui vint dans l'esprit, et ce qui arrive toujours en cette rencontre, tout l'impossible succéda dans son imagination à tout le possible.

Cardinal DE RETZ, *Mémoires*, posth. 1717.

postérité

Du latin *posteritas*, temps qui vient après.

■ Il n'y a en effet que l'approbation de la postérité qui puisse établir le vrai mérite des ouvrages.

Nicolas BOILEAU, *Réflexions critiques sur quelques passages du Rhéteur Longin*, 1694.

postillon

De l'italien *postiglione*, de *posta*, poste. Le postillon, conducteur de poste, est attesté dès le XVIe s. Le sens physiologique est apparu au XIXe s. peut-être par allusion à ce qui est porté en avant

■ Postillons : intempéries du langage.

Jules RENARD, *Journal*, posth. 1925.

potage

Dérivé de *pot*, du latin *potus*, action de boire ; récipient. D'où son contenu.

■ Devant moi justement on plante un grand potage / D'où les mouches à jeun se sauvaient à la nage.

Mathurin RÉGNIER, *Les satires du Sieur Régnier, revues et augmentées*, 1609.

▶ VOIR soupe.

poudre

Du latin *pulvis, pulveris*, poussière.

■ Tu sais que, depuis l'invention de la poudre, il n'y a plus de place imprenable : c'est-à-dire, Usbek, qu'il n'y a plus d'asile sur la Terre contre l'injustice et la violence.

Charles-Louis DE MONTESQUIEU, *Lettres persanes*, 1721.

poule

Du latin *pulla*, poulette, de *pullus*, désignant le petit de tout animal (d'où le *poulain*).

■ Les poules gloussaient se cachant la tête sous l'aile ; sur le fumier, un coq chantait.

Gustave FLAUBERT, *La Première Éducation sentimentale*, 1845.

■ Les poules font cotcodac / Et pondent dans mon bissac.

Jean RICHEPIN, *La Chanson des gueux*, 1881.

Et dans les dictionnaires anciens...

■ Les poules mangent des scorpions et les araignées, et cependant leur chair ne fait point de mal, si ce n'est à la longue.

Antoine FURETIÈRE, *Dictionnaire universel*, 1690.

■ La poule ne doit pas chanter avant le coq.

Petit Larousse illustré, article « Poule », 1905.

▶ VOIR chapon, coq, lire.

poulpe

Du latin *polypus*, d'un dérivé grec de *pous*, *podos*, pied. (Voir le mot pieuvre, anglo-normand, mis à la mode par Victor Hugo avec *Les Travailleurs de la mer*.)

■ Le poulpe / Jetant son encre vers les cieux, / Suçant le sang de ce qu'il aime / Et le trouvant délicieux / Ce monstre inhumain, c'est moi-même.

Guillaume APOLLINAIRE, *Le Bestiaire*, 1909.

poupée

Du latin populaire *puppa*, petite fille, figurine humaine servant de jouet d'enfant.

■ Elle n'est rien encore, elle est toute dans sa poupée, elle y met toute sa coquetterie, elle ne l'y laissera pas toujours ; elle attend le moment d'être sa poupée elle-même.

Jean-Jacques ROUSSEAU, *Émile ou De l'éducation*, 1762.

Et dans les dictionnaires anciens...

■ C'est une figure de petite fille qui est faite de gros drapeaux & de blanc d'Espagne & qui est habillée. [...] Achille beau comme le jour / Pleura neuf mois pour son amour / Comme un enfant pour sa poupée. Scar. [Scaron]

Pierre RICHELET, *Dictionnaire françois*, 1680.

pourpre

Du latin *purpura*, un coquillage, et la teinture qui en est tirée, du grec *porphura*.

■ Qui naquit dans la pourpre en est rarement digne.

VOLTAIRE, *Brutus*, 1730.

■ Sur la pourpre est souvent assise la douleur.

Népomucène LEMERCIER, *Charlemagne*, 1816.

poursuivre

Du latin médiéval *prosequi*, de *sequi*, suivre.

■ Picrocholle de jour en jour poursuit sa furieuse entreprise [la guerre].

François RABELAIS, *Gargantua*, 1532-1564.

■ Je ne sais de tout temps quelle injuste puissance / Laisse le crime en paix et poursuit l'innocence.

Jean RACINE, *Andromaque*, 1667.

pouvoir

Du latin populaire *potere*, refait sur le latin classique *posse*, être capable de.

■ L'homme n'a pas même pouvoir sur sa propre vie.

Blaise PASCAL, *Pensées*, 1669.

■ C'est une expérience éternelle que tout homme qui a du pouvoir est porté à en abuser.

Charles-Louis DE MONSTESQUIEU, *De L'esprit des lois*, 1748.

■ Nous vous élevons aujourd'hui au-dessus de nous, [...] souvenez-vous [...] que le pouvoir que nous vous conférons est à nous ; que nous vous le donnons en dépôt, non en propriété ni en héritage ; que les lois que vous ferez, vous y serez les premiers soumis.

Constantin-François DE VOLNEY, *Les Ruines*, 1791.

■ Malheur à qui peut tout ! il peut vouloir un crime.

Marie-Joseph CHÉNIER, *Henri VIII*, 1791.

■ Pour un homme qui aime le pouvoir, la rivalité des dieux a quelque chose d'agaçant. J'ai supprimé cela. J'ai prouvé à ces dieux illusoires qu'un homme, s'il en a la volonté, peut exercer, sans apprentissage, leur métier ridicule.

Albert CAMUS, *Caligula*, © Gallimard, 1945.

Et les pensées de...

■ L'homme de pouvoir se complaît souvent dans le spectacle de sa puissance, qui compense le sentiment qu'il a de sa précarité.

Jacques RIGAUD, *Miroir des mots*, © Robert Laffont, 1991.

▶ VOIR abaissement, liberté, limite, ministre, musique, nuit, personne, police, réputation, rhétorique, souffrance.

pratique

Du latin *practice*, vie active, du grec *praktikos*, efficace, habitué à agir.

■ Pratique : Supérieure à la théorie.

Gustave FLAUBERT, *Le Dictionnaire des idées reçues*, posth. 1913.

précieux

Du latin *pretiosus*, de *pretium*, prix.

■ Il n'y a pas de langue littéraire qui ne soit précieuse, dans le sens où elle fait attention aux mots. Tout bon écrivain est un précieux, mais cela ne se voit pas.

Charles DANTZIG, *Dictionnaire égoïste de la littérature française*, © Grasset, 2005.

précipitation

Du latin *præcipitatio*, précipitation. De *præ*, devant, et *ceps*, *caput*, tête.

■ Les hommes font beaucoup d'injustices sans méchanceté, par légèreté, précipitation, sottise, témérité, imprudence.

Charles DUCLOS, *Considérations sur les mœurs de ce siècle*, 1751.

précis

Du latin *præcisus*, de *præcidere*, couper ras, tailler.

■ Il n'y a rien de précis en nature.

Denis DIDEROT, *Le Rêve de D'Alembert*, 1769.

Et dans les dictionnaires anciens...

■ Les idées précises embellissent le langage ordinaire, et en sont selon moi le sublime.

Gabriel GIRARD, *Synonymes françois*, 1736.

prédire

Du latin *prædicere*, dire à l'avance.

■ Ce succès triomphal me gêne presque, tant je m'étais accoutumé à prédire le non-succès.

André GIDE, *Journal*, © Gallimard, 1914.

Et dans les dictionnaires anciens...

■ *Prédire*. C'est dire ce qui doit arriver. [...] On lui a prédit que s'il se mariait avec la jeune Climène il auroit un panache de cerf [des cornes].

Pierre RICHELET, *Dictionnaire françois*, 1680.

préface

Du latin *præfatio*, de *præfari*, dire d'avance.

■ Un auteur à genoux, dans une humble préface, / Au lecteur qu'il ennuie a beau demander grâce.

Nicolas BOILEAU, *Satires*, 1660-1711.

Et les pensées de...

■ Les préfaces servent aux critiques à écrire de brillants articles sans mentionner le nom du préfacier.

Charles DANTZIG, *Dictionnaire égoïste de la littérature française*, © Grasset, 2005.

préférence

Dérivé de préférer, du latin *præferre*, porter en avant.

■ Et donnez-moi la préférence, / Quand il faudra vous ennuyer.

VOLTAIRE, *Épîtres*, 1769.

préjugé

Nom issu du participe passé de *préjuger*, du latin *præjudicare*, juger préalablement.

■ Je me croirais le plus heureux des mortels, si je pouvais faire que les hommes pussent se guérir de leurs préjugés. J'appelle ici préjugés, non pas ce qui fait qu'on ignore de certaines choses, mais ce qui fait qu'on s'ignore soi-même.

Charles-Louis DE MONTESQUIEU, *De l'esprit des lois*, 1748.

■ À mesure que la philosophie fait des progrès, la sottise redouble ses efforts pour établir l'empire des préjugés.

Nicolas DE CHAMFORT, *Maximes et pensées, caractères et anecdotes*, 1795.

■ Quand il se présente à la culture scientifique, l'esprit n'est jamais jeune. Il est même très vieux, car il a l'âge de ses préjugés.

Gaston BACHELARD, *La Formation de l'esprit scientifique*, © José Corti, 1938.

Et dans les dictionnaires anciens...

■ La méthode de Descartes recommande surtout de guérir des préjugés. [...] Les coutumes de notre pays nous font faire des préjugés qui traitent les autres peuples de barbares.

Antoine FURETIÈRE, *Dictionnaire universel*, 1680.

Et les pensées de...

■ Pour ne pas aborder les États-Unis avec du préjugé, j'y suis arrivé en sous-marin ; ainsi je n'ai pas vu la statue de la Liberté.

Boris VIAN, « Chroniques du menteur », *Les Temps modernes*, 10 juin 1946.

premier

Du latin *primarius*, qui vient avant, qui est au premier rang, de *primus*, premier.

■ La dernière chose qu'on trouve en faisant un ouvrage, est de savoir celle qu'il faut mettre la première.

Blaise PASCAL, *Pensées*, 1669.

■ Le premier moment de la vie / Est le premier pas vers la mort.

Jean-Baptiste ROUSSEAU, *Odes et poésies diverses*, 1712-1723.

▶ VOIR bonheur.

prendre garde

Du latin *prendere*, de *prehendere*, prendre, se saisir de.

■ Prenez tout s'il se peut ; ne soyez jamais prise.

Mathurin RÉGNIER, *Satires*, 1608.

■ Elle ne pensait jamais à donner de l'amour, mais elle était sujette à en prendre.

Pierre DE MARIVAUX, *Le Paysan parvenu*, 1734-1735.

■ Chaque année, le gouvernement devrait faire mettre sur les murs de grandes affiches avec ces mots : « Retour du printemps. Citoyens français, prenez garde à l'amour », de même qu'on écrit sur les portes des maisons : « Prenez garde à la peinture ! »

Guy DE MAUPASSANT, *Contes et nouvelles*, 1881.

préparer

Du latin *praeparare*, de *prae*, avant, et *parare*, apprêter : apprêter d'avance.

■ J'ai su lui préparer des craintes et des veilles.

Jean RACINE, *Bajazet*, 1672.

près

De l'adverbe *presse*, d'une manière serrée. Attesté au XIe s.

■ À une grande vanité près, les héros sont faits comme les autres hommes.

François DE LA ROCHEFOUCAULD, *Réflexions ou sentences et maximes morales*, 1664.

■ Le loin et le près sont aussi très particuliers. Un membre éloigné semble obéir sans intermédiaire, et être par là, plus proche qu'un lieu non éloigné non docile ou non mobile.

Paul VALÉRY, *Tel quel II*, © Gallimard, 1943.

Et dans les dictionnaires anciens...

■ *Près*. Préposition qui marque la proximité du temps, ou du lieu. Les Grands ont près d'eux des flatteurs, des bouffons.

Antoine FURETIÈRE, *Dictionnaire universel*, 1690.

▶ VOIR loin.

présent

Du latin *præsens*, de *præsse*, être en avant. Attesté à la fin du XIe s.

■ Les idées de passé et d'avenir ne sont que des idées relatives à l'idée de présent. C'est donc le présent qu'il faut d'abord déterminer.

Antoine-Louis-Claude DESTUTT DE TRACY, *Éléments d'idéologie*, 1803.

■ Quand le présent finit, ménageons l'avenir : / Du roi qu'on a vu prince on peut tout obtenir.

Casimir DELAVIGNE, *Louis XI*, 1832.

■ Rien n'est moins que le moment présent, si vous entendez par là cette limite indivisible qui sépare le passé de l'avenir. Lorsque nous pensons ce présent comme devant être, il n'est pas encore ; et quand nous le pensons comme existant, il est déjà passé.

Henri BERGSON,
Matière et mémoire, © PUF, 1897.

■ La vraie générosité de l'avenir consiste à tout donner au présent.

Albert CAMUS, *L'Homme révolté*,
© Gallimard, 1951.

■ J'ai vécu tendue vers l'avenir et, maintenant, je me récapitule, au passé : on dirait que le présent a été escamoté.

Simone DE BEAUVOIR,
La Force des choses, © Gallimard, 1963.

Et les pensées de...

■ Le présent, ça brûle, ça grille, c'est un feu gigantesque. Il nous empêche de nous arrêter. Aimer le passé, c'est douteux. Je n'aime pas ressembler à mes souvenirs.

Gérard DEPARDIEU,
Lettres volées, © Jean-Claude Lattès, 1988.

■ Vis ton présent et laisse ton passé pour l'avenir.

Frédéric DARD, *Les Pensées de San Antonio*, © Le Cherche midi, 1996.

▶ VOIR avenir, biographie, espérer, gros-sir, histoire, instant, jeune, journalisme, privilège, politique, roman, si, victoire, vieillard.

présent (cadeau)

Construit à partir de *présenter*, du latin *præsentare*, rendre présent, offrir.

■ J'aime en lui sa beauté, sa grâce tant vantée, / Présents dont la nature a voulu l'honorer.

Jean RACINE, *Phèdre*, 1677.

■ Répare-t-on le crime, hélas ! par des présents ?

VOLTAIRE, *Sémiramis*, 1748.

président

Du latin impérial *præsidens*, de *præsidere*, être assis devant.

■ Qu'est-ce autre chose d'être surintendant, chancelier, premier président, sinon d'être en une condition où l'on a dès le matin un grand nombre de gens qui viennent de toux côtés pour ne leur laisser pas une heure en la journée où ils puissent penser à eux-mêmes ?

Blaise PASCAL, *Pensées*, 1669.

Et dans les dictionnaires anciens...

■ *Président*. Pourpré, grave, mémoratif, sage, ornement du sénat, honoré ou honorable, Dieu de la cour, redouté, vieil, docte.

Maurice DE LA PORTE, *Épithètes*, 1571.

présomption, présomptueux

Du bas latin *præsumptiosus*, qui a une grande confiance en soi.

■ La présomption est un des grands vices qu'un homme puisse avoir dans les charges publiques, et, si l'humilité n'est requise en ceux qui sont destinés à la conduite des États, la modestie leur est tout à fait nécessaire.

RICHELIEU, *Testament politique*, 1641.

■ Nous sommes si présomptueux, que nous voudrions être connus de toute la terre et même des gens qui viendront quand nous ne serons plus.

Blaise PASCAL, *Pensées*, 1669.

Et dans les dictionnaires anciens...

■ Le présomptueux porte son espérance audacieuse jusqu'à la chimère ; hardi à entreprendre, il s'imagine pouvoir venir à bout de tout. [...] Pour confondre le présomptueux, il n'y a qu'à le présenter à l'exécution.

Gabriel GIRARD, *Synonymes françois*, 1736.

presse

Construit à partir de *presser*, du latin *pressare*, de *premere*, presser, exercer une pression.

■ La presse, l'intelligence étaient donc le moyen de la société présente.

Honoré DE BALZAC, *Les Illusions perdues*, 1839.

■ La presse ne donne du style à personne, seulement, elle est l'épreuve du feu pour ceux qui apportent un style.

Nous y avons tous passé, et tous nous y avons gagné quelque chose.

Émile Zola, *Documents littéraires, études et portraits*, « Étude sur le journalisme », 1881.

▶ VOIR rapprocher.

presser

De l'intensif *pressare*, de *premere*, presser, harceler.

■ Prendre le vrai et le bien sur la première apparence, sans les presser, parce qu'ils sont si peu solides, que, quelque peu qu'on serre les mains, ils s'échappent entre les doigts et les laissent vides.

Blaise Pascal, *Entretien avec M. de Sacy*, 1655.

prétention

Du latin *prætentus*, désignant d'abord le droit que l'on pense avoir sur quelque chose ou quelqu'un.

■ On est plus humilié d'être au-dessous de ses prétentions que de ses devoirs.

Charles Duclos, *Considérations sur les mœurs de ce siècle*, 1751.

prêteur, prêteuse

Dérivé de *prêter*, du latin *præstare*, mettre à la disposition.

■ La Fourmi n'est pas prêteuse : / C'est là son moindre défaut.

Jean de La Fontaine, *Fables*, « La cigale et la fourmi », 1668-1694.

prêtre

Du grec *presbuteros*, ancien.

■ Les prêtres sont dans un État à peu près ce que sont les précepteurs dans les maisons des citoyens, faits pour enseigner, prier, donner l'exemple.

Voltaire, *Dictionnaire philosophique*, « Prêtre », 1764.

■ Prêtres : Couchent avec leur bonne, et en ont des enfants qu'ils appellent leurs « neveux ». – « C'est égal, il y en a de bons, tout de même ! »

Gustave Flaubert, *Le Dictionnaire des idées reçues*, posth. 1913.

▶ VOIR autrui, confesser, duel, médecin.

preuve

▶ VOIR prouver.

prévoir

Du latin *prævidere*, composé de *præ*, avant, et de *videre*, voir.

■ Dès que j'ai su l'affront, j'ai prévu la vengeance.

Pierre Corneille, *Le Cid*, 1637.

▶ VOIR autruche.

prévoyance, prévoyant

Dérivé de *prévoir*, voir *prévoir*.

■ Un peu de prévoyance éloigne le malheur, / Écarte la tempête, et dissipe l'orage.

Pierre-Claude Nivelle de La Chaussée, *Maximien*, 1738.

■ Le rôle de l'homme prévoyant est assez triste : il afflige ses amis, en leur annonçant les malheurs auxquels les expose leur imprudence.

Nicolas de Chamfort, *Maximes et pensées, caractères et anecdotes*, 1795.

Et dans les dictionnaires anciens...

■ *Prévoiant.* [...] Les femmes sont en de certaines choses plus prévoiantes que les hommes.

Pierre Richelet, *Dictionnaire françois*, 1680.

prière

Du latin tardif *percaria*, supplique, de *precarius*, obtenu par prière.

■ Un rien presque suffit pour le scandaliser, / Jusque-là qu'il se vint l'autre jour accuser / D'avoir pris une puce en faisant sa prière, / Et de l'avoir tuée avec trop de colère.

Molière, *Le Tartuffe*, 1664.

Et dans les dictionnaires anciens...

■ *Prières.* Filles de Jupiter, humbles, dévotes, larmeuses, invoquantes, exhaucées, douces, funèbres, humaines, importunes, simples, piteuses ou piéteuses...

Maurice de La Porte, *Épithètes*, 1571.

prince

Du latin *princeps, -ipis*, premier ; chef.

■ La clémence des princes n'est souvent qu'une politique pour gagner l'affection des peuples.

François DE LA ROCHEFOUCAULD, *Réflexions ou Sentences et Maximes morales*, 1675.

■ Le désavantage d'être au-dessous des princes est richement compensé par l'avantage d'en être loin.

Nicolas DE CHAMFORT, *Maximes et pensées, caractères et anecdotes*, 1795.

Et dans les dictionnaires anciens...

■ Il est difficile de plaire aux Princes sans un entier dévouement à toutes leurs volontés.
[...] Le courroux marque beaucoup de hauteur et de fierté ; celui du Prince est le plus à craindre.

Gabriel GIRARD, *Synonymes françois*, 1756.

▶ VOIR cri, féminisme, gouvernement, gouverner, grave, libre, monarchie, paix, Paris, penchant, peuple, poète, présent, situation, soldat, ténébreux, tyran, univers.

principe

Du latin *principium*, commencement, origine, de princeps, premier.

■ Or, l'omission d'un principe mène à l'erreur ; ainsi, il faut avoir la vue bien nette pour voir tous les principes, et ensuite l'esprit juste pour ne pas raisonner faussement sur des principes connus.

Blaise PASCAL, *Pensées*, 1669.

■ Principes : Toujours indiscutables. On ne peut en dire ni la nature, ni le nombre. N'importe sont sacrés.

Gustave FLAUBERT, *Le Dictionnaire des idées reçues*, posth. 1913.

printemps

Du latin *primus tempus*, premier temps.

■ Sur le printemps de ma jeunesse folle, / Je ressemblais à l'arondelle [hirondelle] qui vole.

Clément MAROT, *Églogue au Roi*, 1539.

■ Naguère, vert, sain et puissant, / Comme un aubépin florissant, / Mon printemps était délectable. / Les plaisirs logeaient en mon sein ; / Et lors était tout mon dessein / Du jeu d'amour et de la table.

Mathurin RÉGNIER, *Stances*, 1652.

■ Le printemps maladif a chassé tristement / L'hiver, saison de l'art serein, l'hiver lucide, / Et, dans mon être à qui le sang morne préside / L'impuissance s'étire en un long bâillement.

Stéphane MALLARMÉ, *Renouveau*, 1862.

▶ VOIR jour.

prise de position

Prise : de *prendre*, voir *prendre*. Position : du latin *positio*, de *ponere*, placer, poser.

■ L'indifférence aussi est une prise de position, dit-il sèchement ; [...] si on n'est pas entièrement avec moi on est très loin de moi.

Simone DE BEAUVOIR, *Les Mandarins*, © Gallimard, 1954.

Et les pensées de...

■ Des prises de position, je n'en ai pas vraiment. Ma position est souvent couchée.

Jacques DUTRONC, *Pensées et répliques*, © Le Cherche midi, 2000.

prison

Du latin populaire *prehensio, -onis*, action de prendre, de *prehendere*, prendre.

■ Les étages de ces prisons, en s'enfonçant dans le sol, allaient se rétrécissant et s'assombrissant. [...] Ces entonnoirs de cachots aboutissaient d'ordinaire à un cul de basse-fosse à fond de cuve où Dante a mis Satan, où la société mettait le condamné à mort.

Victor HUGO, *Notre-Dame de Paris*, 1832.

■ Au détenu la prison offre le même sentiment de sécurité qu'un palais royal à l'invité d'un roi. Ce sont les deux bâtiments construits avec le plus de foi, ceux qui donnent la plus grande certitude d'être ce qu'ils sont – qui sont ce qu'ils voulurent être, et le demeurent.

Jean GENET, *Journal d'un voleur*, © Gallimard, 1949.

Et les pensées de...

■ La télé dans les prisons : ils avaient déjà les barreaux, maintenant ils ont les chaînes.

COLUCHE, *Ça roule, ma poule*, © Le Cherche midi, 2002.

privilège

Du latin juridique *privilegium*, loi concernant un particulier, avantage.

■ Dans un pays, les chefs égaux en forces, se redoutant mutuellement, firent des pactes impies, des associations scélérates ; et se partageant les pouvoirs, les rangs, les honneurs, ils s'attribuèrent des privilèges, des immunités.

Constantin-François DE VOLNEY, *Les Ruines*, 1791.

■ Détruisez, renversez ces abus sacrilèges, / tous ces vols décorés du nom de privilèges.

André CHÉNIER, *Caius Gracchus*, 1792.

Et dans les dictionnaires anciens...

■ La raison est un beau privilège qu'ont les hommes au-dessus des bêtes. La beauté est un privilège de la nature fort passage & de peu de durée.

Antoine FURETIÈRE, *Dictionnaire universel*, 1690.

▶ VOIR abus, néologisme, sport.

prix

Du latin *pretium*, valeur, récompense.

■ Ce n'est qu'à prix d'argent qu'on dort en cette ville [Paris].

Nicolas BOILEAU, *Satires*, 1660-1611.

■ Ces poèmes sans prix / Rendront de leurs beautés votre oreille idolâtre.

Jean DE ROTROU, *Comédien païen, Saint Genes*, 1648.

probité

Du latin *probitas*, intégrité.

■ Cet homme marchait pur loin des sentiers obliques / Vêtu de probité candide et de lin blanc.

Victor HUGO, *La Légende des siècles*, « Booz endormi », 1859-1863.

■ Il sentait trop fort que ce que c'est que la probité. La probité exacte, souveraine, nette comme l'or. Ne jamais prendre plus que son dû et n'avoir jamais fait tort d'un liard à quiconque.

Henri POURRAT, *Gaspard*, © Albin Michel, 1930.

Et dans les dictionnaires anciens...

■ Il y a dans le monde beaucoup de gens d'esprit & de valeur, mais il y en a peu qui aient de la probité.

Antoine FURETIÈRE, *Dictionnaire universel*, 1690.

problème

Du grec *problema*, obstacle, ce qui est devant soi.

■ L'homme est dans ses écarts un étrange problème.

François ANDRIEUX, *Le Meunier de Sans-souci*, 1798.

■ Mon sort est un problème, et ma fin un mystère.

Alphonse DE LAMARTINE, *Méditations poétiques*, 1820.

procès

Du latin *processus*, de *procedere*, aller en avant.

■ J'ai déjà querelle, amour et mariage... / Vienne encore un procès, et je suis achevé.

Pierre CORNEILLE, *Le Menteur*, 1644.

■ Mais vivre sans procès, est-ce contentement ?

Jean RACINE, *Les Plaideurs*, 1668.

■ Tout procès peut se perdre ou se gagner, et il n'y a pas plus à parier pour que contre.

Nicolas DE CHAMFORT, *Maximes et pensées, caractères et anecdotes*, 1795.

Et dans les dictionnaires anciens...

■ *Procès*. Querelleux, embrouillé, blémissant, renoué ou renouvelé, litigieux, verbal, importun, difficile, ennuyeux, consulté, poursuivi, recommencé, misérable, immortel, monstre hideux...

Maurice DE LA PORTE, *Épithètes*, 1571.

professeur, prof

Du latin *professor*, expert dans un art, de *profiteri*, enseigner.

■ On est, en général, peu porté à l'action dans le monde des professeurs. On y a besoin de calme et de paix, pour la bonne gymnastique de l'esprit et pourvu que les puissances de la terre ne viennent pas troubler la méditation de façon trop violente – ainsi qu'il arriva pour Archimède – on se dit communément satisfait à bon compte.

Georges CLEMENCEAU, *Vers la réparation*, 1899.

■ Il dit non avec la tête / mais il dit oui avec le cœur / il dit oui à ce qu'il aime / il dit non au professeur

Jacques PRÉVERT, *Paroles*, « Le cancre », © Gallimard, 1946.

Et les pensées de...

■ Seuls les bons professeurs forment les bons autodidactes.

Jean-François REVEL, *Mémoires*, © Plon, 1997.

▶ VOIR danse, hussard, kangourou, maître d'école, maman, ordinateur.

profession

Du latin *professio*, déclaration publique, condition, métier.

■ Toute profession s'estime dans son cœur, / Traite les autres d'ignorantes, / Les qualifie d'impertinentes.

Jean DE LA FONTAINE, *Fables*, *« Le Lion, le Singe et les deux Ânes »*, 1668-1694.

■ Je suis terriblement esclave de ma profession, voilà la vérité, songeait-il. Je n'ai jamais le temps de réfléchir.

Roger MARTIN DU GARD, *Les Thibault*, © Gallimard, 1936.

profit

Du latin *profectus*, progrès. De *proficere*, avancer. D'où la notion d'avantage, puis d'avantage financier.

■ Ne sois point dans ma maison, planté tout droit comme un piquet, à observer ce qui se passe, et faire ton profit de tout.

MOLIÈRE, *L'Avare*, 1668.

profond

Du latin *profundus*, profond, épais.

■ Il me semble que la retraite rend les passions plus vives et plus profondes.

VOLTAIRE, *Lettre à Mme du Deffand*, 31 décembre, 1774.

■ Quand l'amante adore l'amant, / Quand, vaincus, ils n'ont plus dans l'âme / Qu'un muet éblouissement, / Ce profond bonheur solitaire, / C'est le ciel que nous essayons.

Victor HUGO, *Chansons des rues et des bois*, « Trop heureux », 1865.

progrès

Du latin *progressus*, action d'avancer, de *progressum*, aller an avant.

■ Il est encore une erreur fort à la mode, de laquelle je veux me garder comme de l'enfer. – Je veux parler du progrès.

Charles BAUDELAIRE, *Exposition universelle de 1855*.

■ Progrès : Toujours mal entendu et trop hâtif.

Gustave FLAUBERT, *Le Dictionnaire des idées reçues*, posth. 1913.

Et dans les dictionnaires anciens...

■ La fortune de cet homme ne fait pas de grands progrès à la Cour. Dans ce dernier siècle on a fait de grands progrès dans la physique.

Antoine FURETIÈRE, *Dictionnaire universel*, 1690.

▶ VOIR encyclopédiste.

proie

Du latin *præda*, butin, prise de chasse.

■ C'est Vénus tout entière à sa proie attachée.

Jean RACINE, *Phèdre*, 1677.

projet

Entré au XVIe s. en français, issu du verbe projeter.

■ On n'exécute pas tout ce qui se propose ; / Et le chemin est long du projet à la chose.

MOLIÈRE, *Le Tartuffe*, 1664.

■ Le sot projet qu'il a de se peindre ! [Montaigne]

Blaise PASCAL, *Pensées*, 1669.

Et dans les dictionnaires anciens...

■ *Projet*. Dessein, entreprise qu'on médite. Les hommes ont toujours l'esprit plein de vains projets.

Antoine FURETIÈRE, *Dictionnaire universel*, 1690.

prolétaire

Du latin *proletarius*, citoyen de la dernière classe de la société, de *proles*, lignée.

■ Prolétaire ? Mouton, oui, mouton comme les autres. On vous tond, vous tendez le dos, et vous dites merci.

Louis ARAGON,
Beaux quartiers, © Gallimard, 1936.

Et dans les dictionnaires anciens...

■ Les prolétaires de nos jours sont, comme les prolétaires de l'ancienne Rome, les misérables, les exploités, les esclaves, les las-de-vivre, les meurt-de-faim, les damnés d'ici-bas.

Maurice LACHÂTRE,
Dictionnaire français illustré, 1856.

promener, promenade

Dérivé de *promener* du latin *minare*. *Pourmener* est apparu aux XIIIe-XIVe s. : « mener dans une direction déterminée ».

■ Car, si l'après-dînée est plaisante et sereine, / Je m'en vais promener, tantôt parmi la plaine, / Tantôt en un village, et tantôt en un bois, / Et tantôt par les lieux solitaires et cois.

Pierre DE RONSARD, *Réponse aux injures et calomnies de je ne sais quels prédicantereaux et ministreaux de Genève*, 1563.

■ La promenade est une invention de l'ennui ; on promène l'ennui.

ALAIN, *Propos sur l'éducation*, © PUF, 1932.

promettre

Du latin *promittere*, faire aller en avant, garantir.

■ On promet beaucoup pour se dispenser de donner peu.

VAUVENARGUES, *Réflexions et maximes*, 1746.

■ L'avenir, fantôme aux mains vides, / Qui promet tout et qui n'a rien !

Victor HUGO, *Les Voix intérieures*, 1837.

Et les pensées de...

■ Nous ne promettons rien, mais nous le tiendrons jusqu'à ce que vous l'ayez obtenu. Nul ne vous a jamais tenu pareil langage ; nous, nous l'osons, et c'est ce qui fait la force du M.O.U. [Mouvement Ondulatoire Unifié].

Pierre DAC, *Y'a du mou dans la corde à nœuds*, « L'os à moelle », © Julliard, 1995.

prompt

Du latin *promtus*, prompt.

■ Je l'avoue entre nous, quand je lui fis l'affront, / J'eus le sang un peu chaud et le bras un peu prompt.

Pierre CORNEILLE, *Le Cid*, 1637.

■ Mais plus prompt que l'éclair, le passé nous échappe.

Jean RACINE, *Esther*, 1689.

Et dans les dictionnaires anciens...

■ L'homme *diligent* n'a pas de peine à se mettre au travail ; l'homme *expéditif* ne le quitte point ; l'homme *prompt* en vient bientôt à bout.

Gabriel GIRARD, *Synonymes françois*, 1856.

prononciation

Du latin *pronuntiatio*, déclaration.

■ La plus grande qualité de Madame Carvalho est peut-être la prononciation. Si vaste que soit la salle où elle chante, on ne perd jamais un mot. C'est plus que de la prononciation, c'est de la diction.

Camille SAINT-SAËNS,
Harmonie et mélodie, 1885.

Et dans les dictionnaires anciens...

■ L'écriture ne représente pas toujours parfaitement la prononciation ; car comme la peinture qui représente les corps, ne peut pas peindre le mouvement des corps, de même l'écriture qui peint à sa manière le corps de la parole, ne saurait peindre entièrement la prononciation qui est le mouvement de la parole.

Dictionnaire de l'Académie française (préface), 1694.

propagande

Mot issu de l'ellipse de la *Congregatio de propaganda fide*, la Congrégation pour propager la foi.

■ Il y a dans la puissance des Français, il y a dans leur caractère, il y a dans leur langue surtout une certaine force prosélytique qui passe l'imagination ; la nation entière n'est qu'une vaste propagande.

Joseph DE MAISTRE, *Correspondance*, 13 décembre 1815.

propos

Construit à partir de *proposer*, du latin *proponere*, poser devant, présenter.

■ Pourquoi, puisque tout est régulier de nos jours, ne pas mettre en regard de la carte des choses à manger celle des propos à tenir. De cette sorte on saurait d'avance la couleur morale du repas. Essayons : Potage queues de mots. Entrées. Poissons et venaisons. Scholl normandes. Abattage d'oies lyriques.

Auguste VILLIERS DE L'ISLE-ADAM, *Correspondance générale*, 1886.

■ – Si vous pensez, monsieur, que vous parviendrez à vos fins trombinatoires et lubriques en me dégoisant de galants propos pour m'attirer dans votre pervers antre, moi, pauvre oiselle, pauvre iroquoiselle, même, ce que vous vous gourez, monsieur ! ce que vous vous gourez !

Raymond QUENEAU, *Les Fleurs bleues*, © Gallimard, 1965.

propriétaire

Du latin juridique *proprietarius*, ce qui appartient à quelqu'un.

■ Il est propriétaire ; aussi n'a-t-il voté / Qu'avec un saint amour de la propriété.

Casimir DELAVIGNE, *La Popularité*, 1838.

proscription

Du latin *proscriptio*, *-onis*, affichage (pour une vente).

■ Mais je vois que la proscription, plus elle est sévère, plus elle hausse le prix du livre, plus elle excite la curiosité de le lire ; plus il est acheté, plus il est lu. Et combien la condamnation n'en a-t-elle pas fait connaître que leur médiocrité condamnait à l'oubli.

Denis DIDEROT, *Mémoire sur la liberté de la presse*, 1769.

prose

Du latin *prosa*, de *prosa oratio*, discours droit.

■ Il se tue à rimer : que n'écrit-il en prose ?

Nicolas BOILEAU, *Satire*, 1668.

■ M. Jourdain. — Quoi ? quand je dis : « Nicole, apportez-moi mes pantoufles, et me donnez mon bonnet de nuit, c'est de la prose ? / Le maître de philosophie. — Oui, monsieur. [...] Tout ce qui n'est point prose est vers ; et tout ce qui n'est point vers est prose.

MOLIÈRE, *Le Bourgeois gentilhomme*, 1670.

■ L'attention est soutenue, dans les vers, par l'amusement de l'oreille. La prose n'a pas ce secours [...].

Joseph JOUBERT, *Pensées, essais, maximes et correspondances*, posth. 1838.

■ Pourquoi toujours des vers ? écrivez donc en prose, / Me disent souvent ceux avec qui je cause. / Ne vous aheurtez pas à tenir ce pari.

Amédée POMMIER, *Crâneries et dettes de cœur*, 1842.

■ Prose : Plus facile à faire que les vers.

Gustave FLAUBERT, *Le Dictionnaire des idées reçues*, posth. 1913.

▶ VOIR plume.

prospérité

Du latin *prosperitas*, de *prosperus*, qui est propice à.

■ C'est un faible roseau que la prospérité.

Jean DE SCHÉLANDRE, *Tyr et Sidon*, 1608.

prostituée

Construit à partir de *prostituer*, du latin *prostituere*, exposer en public.

■ Elles sont polluées par la misère des hommes. / Des chiens leur ont rongé les os, et dans le rhum / Elles cachent leur vice endurci qui s'écaille. / Seigneur, quand une de ces femmes me parle, je défaille. / Je voudrais être Vous pour aimer les prostituées. / Seigneur, ayez pitié des prostituées.

Blaise CENDRARS,
Pâques à New York, © Denoël, 1912.

Et dans les dictionnaires anciens...

■ *Prostituée.* [...] La misère fait les prostituées ; le bien-être matériel résultant d'une meilleure organisation sociale mettrait fin à la prostitution.

Maurice LACHÂTRE,
Dictionnaire français illustré, 1856.

protecteur, protéger

Du latin *protegere*, couvrir (*tegere*) en avant (*pro*). C'est au XVIIe s. qu'il se répand pour la protection d'une personne.

■ La justice est l'égide de tous et de chacun ; mais en sa qualité de justice cependant c'est le grand nombre qu'elle doit protéger.

Germaine DE STAËL,
Considérations sur la Révolution française, 1817.

■ Le dédain protège et écrase. C'est une cuirasse et une massue.

Victor HUGO, *Choses vues*, 1885.

■ Et que faudrait-il faire ? / Chercher un protecteur puissant, prendre un patron, / Et comme un lierre obscur qui circonvient un tronc / Et s'en fait un tuteur en lui léchant l'écorce, / Grimper par ruse au lieu de s'élever par force ? / Non, merci.

Edmond ROSTAND, *Cyrano de Bergerac*, 1897.

prouver

Du latin *probare*, mettre à l'épreuve.

■ Voyons donc comment vous prouvez ce que vous dites, et vous verrez ensuite comment je prouve ce que je dis.

Blaise PASCAL, *Les Provinciales*, 1656-1657.

proverbes

Du latin *proverbium*, dicton, adage. L'expression *in proverbium venire*, passer à l'état de proverbe, d'adage, a popularisé le mot *proverbe*.

■ Je voudrais monnayer la sagesse, c'est-à-dire la frapper en maximes, en proverbes, en sentences faciles à retenir et à transmettre. [...] Il y a uniformité dans les mœurs, quand les proverbes sont cités, avec la même révérence, par les prudents de toutes les classes de la société.

Joseph JOUBERT, *Pensées, essais, maximes et correspondances*, posth. 1838.

■ Sais-tu ce que je dirais à mes élèves. [...] « Mes enfants, les proverbes que vous voyez au mur de cette classe correspondaient peut-être jadis à une réalité disparue. Aujourd'hui on dirait qu'ils ne servent qu'à lancer les foules sur une fausse piste, pendant que les malins se partagent la proie ; si bien qu'à notre époque, le mépris des proverbes c'est le commencement de la fortune [...] ».

Marcel PAGNOL, *Topaze*,
© De Fallois, 1928. marcel-pagnol.com.

■ Le proverbe est une sorte de court poème, souvent rimé, toujours rythmé d'une certaine manière, de façon que la mémoire machinale ne le déforme pas aisément. Ainsi se fait notre importun compagnon. L'agitation même de notre esprit fait surnager le proverbe ; nos folles pensées ne peuvent l'entamer.

ALAIN, *Propos*, © Gallimard, 1933.

Et dans les dictionnaires anciens...

■ Les proverbes ont été regardés dans toutes les langues comme des maximes de morale qui renferment ordinairement quelque instruction.

Dictionnaire de l'Académie française
(préface de la première édition), 1694.

■ Les proverbes sont les échos de l'expérience.

Petit Larousse illustré, article « Proverbe », 1905.

Et les pensées de...

■ Les proverbes sont, par leurs contradictions, une bonne illustration de la sagesse humaine.

Maurice TOUDOIRE, *Impertinences, lexique fantaisiste*, © Pierre Téqui, 1992.

providence

Du latin *providentia*, prévision, de *providere*, pourvoir.

■ La Providence est grande ; et j'admire en effet / Combien le bien succède à tout le mal qu'on fait.

FABRE D'ÉGLANTINE, *L'Intrigue Épistolaire*, 1732.

■ C'est une pensée à quoi l'homme s'abandonne volontiers, qu'une Providence aurait spécialement veillé sur lui, bâti sur lui de grands projets.

Maxence VAN DER MEERSCH, *Invasion 14*, © Albin Michel, 1935.

Et dans les dictionnaires anciens...

■ L'Évangile conseille de se reposer sur la Providence, de n'avoir point souci du lendemain. Il ne tombe pas un cheveu de notre tête que par un ordre de la Providence.

Antoine FURETIÈRE, *Dictionnaire universel*, 1690.

province

Du latin *provincia*, province.

■ Au premier coup d'œil que l'on jette sur le peuple de Paris, il paraît tout le contraire de nos citadins de province : chez nous, c'est l'apathie, la nonchalance, le goût de la tranquillité : ici, l'on voit une activité, un air d'affaires ; on ne marche pas, on court, on vole ; nulle attention les uns pour les autres.

Nicolas RESTIF DE LA BRETONNE, *Le Paysan perverti*, 1775.

Et dans les dictionnaires anciens...

■ Ce n'est pas seulement à Paris qu'il y a de la politesse, on en trouve aussi dans la province.

Gabriel GIRARD, *Synonymes françois*, 1856.

■ La province envahit Paris.

Petit Larousse illustré, article « Province », 1905.

▶ VOIR cliché, direction, empire, habit, maison, opinion, village.

provisoire

Du latin *provisus*, de *providere*, pourvoir. Du vocabulaire juridique où l'on pourvoyait avant la décision définitive.

■ Langlumé fut donc un adjoint provisoire ; mais, en France, le provisoire est éternel, quoique le Français soit soupçonné d'aimer le changement.

Honoré DE BALZAC, *Les Paysans*, 1844.

provocation, provoquer

Du latin *provocare*, construit sur *vocare*, appeler. Il s'agit d'*appeler dehors* et donc de défier.

■ Il est intéressant de noter pourtant qu'on me fit moins grief de mes excès nocturnes que de mes provocations de langage.

Albert CAMUS, *La Chute*, © Gallimard, 1956.

Et les pensées de...

■ La provocation est ma manière à moi de faire un travelling avant. Un seul arrêt image et je me flingue. Fondu en noir. [...]
Quand on a comme moi l'âme pliée en fœtus, on a besoin de provoquer pour la dégourdir.

Serge GAINSBOURG, *Pensées, provocs et autres volutes*, © Le Cherche midi, 2006.

prudence

Du latin *prudentia*, de *prudens*, qui prévoit, réfléchi.

■ J'estime d'un guerrier la noble impatience, / Qui sait, quand il le faut, céder à la prudence.

Jean-François DE LA HARPE, *Coriolan*, 1784.

■ Un homme sage en même temps qu'honnête se doit à lui-même de joindre à la pureté, qui satisfait sa conscience, la prudence, qui devine et prévient la calomnie.

Nicolas DE CHAMFORT, *Maximes et pensées, caractères et anecdotes*, 1795.

■ Une partie de la prudence est de croire que les gens ne valent pas toujours ce qu'on les prise.

Joseph JOUBERT, *Pensées, essais, maximes et correspondances*, posth. 1838.

■ La prudence n'est qu'une qualité : il ne faut pas en faire une vertu.

Jules RENARD, *Journal*, posth. 1925.

Et dans les dictionnaires anciens...

■ *Prudence.* C'est la première des vertus cardinales, qui enseine à bien conduire sa vie & ses mœurs, ses discours & ses actions suivant la droite raison.

Antoine FURETIÈRE, *Dictionnaire universel*, 1690.

▶ VOIR éducation, fatalisme, ministre, témérité, tempérer, vertu.

prunelle

De *prune*, du latin *pruna*, *prunum*, fruit du prunier.

■ Pas de bête qui n'ait un reflet d'infini ; / Pas de prunelle abjecte et vile qui ne touche / L'éclair d'en haut, parfois tendre et parfois farouche.

Victor HUGO, *La Légende des siècles*, 1859.

▶ VOIR yeux.

puanteur

De *puant*, participe présent de *puer*, du latin *putire*, du classique *putere*, être gâté, sentir mauvais.

■ Le bouc dans la Bible, pour des raisons nombreuses et manifestes, puanteur, lubricité, [...] est le symbole de la nature pécheresse.

Paul CLAUDEL,
Un poète regarde la croix, © Gallimard, 1938.

■ Et le ciel regardait la carcasse superbe [d'une charogne] / Comme une fleur s'épanouir. / La puanteur était si forte, que sur l'herbe / Vous crûtes vous évanouir.

Charles BAUDELAIRE,
Les Fleurs du Mal, « Une charogne », 1861.

Et dans les dictionnaires anciens...

■ *Escafignon.* s. m. Puanteur qui vient du pié de certaines gens lors qu'ils ont trop marché l'été.

Pierre RICHELET, *Dictionnaire françois*, 1680.

psychanalyser

De psychanalyse, composé de *psycho-*, du grec *psukhê*, souffle, âme, et d'*analyse*, voir *analyse*.

■ – Vous n'avez jamais été psychanalysé ? – Je n'y tiens pas du tout. [...] Aucun artiste n'en a besoin : a priori, c'est dans leur œuvre qu'ils projettent leurs malformations.

Serge GAINSBOURG, *Pensées, provocs et autres volutes*, © Le Cherche midi, 2006.

public

Du latin *publicus*, qui concerne le peuple.

■ Le public léger, qu'un changement réveille, / Brise en riant l'autel qu'il encensait la veille.

Claude Joseph DORAT,
La Feinte par Amour, 1773.

■ Je rends au public ce qu'il m'a prêté ; j'ai emprunté de lui la matière de cet ouvrage : il est juste que, l'ayant achevé avec toute l'attention pour la vérité dont je suis capable, et qu'il mérite de moi, je lui en fasse la restitution.

Jean DE LA BRUYÈRE, *Les Caractères* (préface), 1688.

■ Le public [le peuple] ne croit point à la pureté de certaines vertus et de certains sentiments ; et, en général, le public ne peut guère s'élever qu'à des idées basses.

Nicolas DE CHAMFORT,
Maximes et pensées, caractères et anecdotes, 1795.

■ Il faut mépriser le public, le violer, le scandaliser, quand en cela, on suit sa sensation et qu'on obéit à sa nature. Le public, c'est de la boue qu'on pétrit et dont on se fait des lecteurs.

Jules et Edmond DE GONCOURT,
Journal, 1851-1896.

publicité

Dérivé de *public*, voir *public*.

■ Pourquoi une agence de publicité n'exploiterait-elle pas les tombes, comme on exploite les parois des urinoirs ou les plafonds des omnibus ? On lirait ainsi l'annonce d'un chocolat nouveau ou d'un dentifrice américain sur les dalles tumulaires.

Léon BLOY, *Journal*, 1894.

Et les pensées de...

■ Si t'écoutes la publicité, avec un yaourt t'as des sensations, avec la soupe t'as des émotions, et avec le saucisson, t'as des évasions !

Jean-Marie GOURIO, *L'Intégrale des brèves de comptoir*, © Robert Laffont, 1992-1993.

pucelle

Du latin populaire *pulicella*, diminutif de *puella*, jeune fille, ou diminutif de *pullus*, petit d'un animal.

■ Pucelle : Ne s'emploie que pour Jeanne d'Arc, et avec Orléans.

Gustave FLAUBERT, *Le Dictionnaire des idées reçues*, posth. 1913.

pudeur

Du latin *pudor*, honte, retenue, de *pudere*, avoir honte.

■ Les mots hardis, les gauloiseries, les allusions graveleuses le faisaient rougir si vite que le Dr Barbesol l'avait surnommé le thermomètre de la pudeur.

Guy DE MAUPASSANT, *Contes en nouvelles*, « Le rosier de Madame Husson », 1887.

puéril

Du latin *puerilis*, enfantin, de *puer*, enfant.

■ Parmi les vices puérils, il n'y a personne qui ne voie que le plus puéril de tous, c'est l'honneur que nous mettons dans les choses vaines.

Jacques-Bénigne BOSSUET, *Sermons*, « Sermon sur l'honneur », 1643-1702.

Et dans les dictionnaires anciens...

■ Une conduite puérile est une conduite sans goût, qui fait qu'on donne dans le petit, faute d'avoir des sentiments.

Gabriel GIRARD, *Synonymes françois*, 1736.

puissance, puissant

Dérivé de *puissant* et ancien participe présent de *pouvoir*, voir *pouvoir*. Attesté au XIe siècle.

■ La puissance qui s'acquiert par la violence n'est qu'une usurpation et ne dure qu'autant que la force de celui qui commande l'emporte sur celle de ceux qui obéissent.

Denis DIDEROT et Jean LE ROND D'ALEMBERT, *L'Encyclopédie*, 1751.

■ Enfin, parmi ces rivaux, un individu plus habile ou plus heureux, prenant l'ascendant, concentra en lui toute la puissance : par un phénomène bizarre, un seul homme maîtrisa des millions de ses semblables contre leur gré ou sans leur aveu.

Constantin-François DE VOLNEY, *Les Ruines*, 1791.

■ Autrefois, les puissants avaient la puissance et de plus le respect ; voyez M. de Choiseul. Maintenant ils n'auront plus que la puissance.

STENDHAL, *Correspondance*, 1818.

Et dans les dictionnaires anciens...

■ La puissance vient du consentement des peuples, ou de la force des armes, et elle est ou légitime ou tyrannique.

Gabriel GIRARD, *Synonymes françois*, 1736.

▶ VOIR barbe, misérable, gouvernement, humeur, innocence, langage, liberté, malheur, moderne, monarchie, mort, mouche, on, peuple, poème, poète, poursuivre, pouvoir, professeur, propagande, table, théâtre, tonnerre, tyran, vivre.

puits

Du latin *puetus*, trou.

■ Du fond d'un puits ou d'une cave profonde on peut voir les étoiles en plein midi ; ce qui était connu des anciens.

Georges DE BUFFON, *Histoire naturelle*, 1749-1789.

■ La vérité toute nue / Sortit un jour de son puits.

Jean-Pierre CLARIS DE FLORIAN, *Fables*, 1792.

Et dans les dictionnaires anciens...

■ *Puits*. Creux, béant, ouvert, profond, aquatique, sourdoyant.

Maurice DE LA PORTE, *Épithètes*, 1571.

punir

Du latin *punire*, châtier.

■ Punir ses tyrans, c'est remplir un devoir.

Marie-Joseph CHÉNIER, *Charles IX*, 1789.

pur, pureté

Du latin *purus*, sans souillure, sans mélange.

■ Le jour n'est pas plus pur que le fond de mon cœur.

Jean RACINE, *Phèdre*, 1677.

■ Dans les choses, tout est affaires mêlées, dans les hommes, tout est pièces de rapport. Au moral et au physique, tout est mixte : rien n'est un, rien n'est pur.

Nicolas DE CHAMFORT, *Maximes et pensées, caractères et anecdotes*, 1795.

■ Le dernier mot de la Renaissance avait été dit sous Louis XV, et une réaction s'était faite. On avait poussé le noble jusqu'au fade et la pureté jusqu'à l'ennui. [à propos d'architecture].

Victor HUGO, *Quatre-vingt-treize*, 1863.

Et les pensées de...

■ Vous êtes purs parce que vous n'avez pas eu l'occasion de ne pas l'être.

François MITTERRAND, propos tenu à la Convention nationale du mouvement de la jeunesse socialiste, 13 décembre, 1975.

■ Et pourtant, rien n'est moins naturel que la pureté. On ne la trouve dans aucun matériau de la terre ou du ciel. La chimie doit user d'artifices pour raffiner un métal à partir de son minerai. L'eau de source contient toujours des traces de minéraux multiples.

Jean HAMBURGER, *Dictionnaire promenade*, © Le Seuil, 1989.

quadrature

Du bas latin *quadratura*, terme de géométrie, dérivé de *quadratus*, carré. La quadrature du cercle, problème impossible à résoudre en géométrie, a désigné dès le XVe s. toute difficulté insoluble.

■ Quadrature du cercle : On ne sait pas ce que c'est, mais il faut lever les épaules, quand on en parle.

Gustave FLAUBERT,
Le Dictionnaire des idées reçues, posth. 1913.

quai

Du gaulois *caio*, haie, maison. D'où la levée de terre faite le long d'une rivière en Picardie, puis le long de la mer.

■ Chef-d'œuvre poétique de Paris, les quais ont enchanté la plupart des poètes, touristes, photographes et flâneurs du monde. C'est un pays unique, tout en longueur, sorte de ruban courbe...

Léon-Paul FARGUE, *Le Piéton de Paris*,
« Sur les quais ! », © Gallimard, 1939.

qualité

Du latin *qualitas, -atis*, caractéristique, attribut de quelqu'un.

■ L'art de savoir bien mettre en œuvre de médiocres qualités, donne souvent plus de réputation que le véritable mérite.

François DE LA ROCHEFOUCAULD,
Réflexions ou Sentences et Maximes morales, 1664.

■ Une grande qualité naturelle prend le nom d'un grand vice ou d'une grande vertu, selon le bon ou mauvais usage qu'on en fait.

Denis DIDEROT, *Opinion des anciens philophes*,
« Éclectisme », 1770.

Et dans les dictionnaires anciens...

■ Les *qualités* du cœur sont les plus essentielles : celles de l'esprit sont les plus brillantes. Les *talents* qui servent aux besoins sont plus nécessaires, ceux qui servent aux plaisirs sont les mieux récompensés. On se fait aimer ou haïr par ses *qualités*. On se fait rechercher par ses *talents*. Des *qualités* excellentes jointes à de rares *talents* sont le parfait mérite.

Gabriel GIRARD, *Synonymes françois*, 1756.

Et les pensées de...

■ Combien de qualités ne sont que le bon côté de nos défauts !

Maurice TOUDOIRE, *Impertinences lexique fantaisiste*, © Pierre Téqui, 1992.

▶ VOIR catégorie, défaut, distinguer, inégalité, inimitié, journalisme, liberté, littérature, madame, organe, payer, poli, prononciation, protecteur, prudence, sourire, substantifique, système, tendre, titre, travail, vice, vrai.

quelque chose

Quelque : forme soudée de quel que ; *chose* : du latin *causa*, cause ; a empiété sur le sens de *res*, chose.

■ Pour être quelque chose il faut renoncer à être tout. Celui qui ne sait renoncer à rien, restera dans la simple impossibilité.

Henri-Frédéric AMIEL, *Journal intime*, 1847-83.

querelle

Du latin *querela*, plainte, réclamation. Attesté au XIIe s., en tant que plainte en justice.

■ Les querelles ne dureraient pas longtemps, si le tort n'était que d'un côté.

François DE LA ROCHEFOUCAULD, *Réflexions ou Sentences et Maximes morales*, 1664.

■ Tu n'as dans leur querelle aucun sujet de craindre ; / Un moment l'a fait naître un moment peut l'éteindre.

Pierre CORNEILLE, *Le Cid*, 1637.

Et dans les dictionnaires anciens...

■ Il y a dans la plupart des querelles plus d'humeur que de haine.

Gabriel GIRARD, *Synonymes français*, 1736.

▶ VOIR entrevue, gladiateur, loup, mot, oreille, procès, vivre.

question

Du latin *quaestio*, recherche, de *quaerere*, quérir. Avec le sens d'interrogatoire au Moyen Âge, d'où la torture.

■ Très loin, dans le dedans de mon écorce chaude, / dans le noir embrouillé des veines et du sang, / le poseur de questions tourne en rond, tourne et rôde / il veut savoir pourquoi tous ces gens ces passants ?

Claude ROY, *Poésies*, © Gallimard, 1940-1950.

■ Je hais les questions, parce qu'elles sont en retard de plusieurs siècles. Elles sont lentes, elles veulent tracer sans cesse de nouvelles figures définitives. Je hais les questions qui sont les vautours de la sagesse, toujours cherchant à encercler de nouvelles charognes.

Jean-Marie G. LE CLÉZIO, « Le Sismographe », *La Nouvelle revue française, n° 214*, © J.-M. Le Clézio, octobre 1970.

Et les pensées de...

■ Si j'aime ceux qui se posent des questions, je me méfie de ceux qui trouvent.

François MITTERRAND, *L'Abeille et l'Architecte*, © Fayard, 1978.

■ On ne peut pas *poser* une question, car il est dans la nature de celle-ci d'être volatile et volubile et dans son rôle de frapper et de rebondir.

Bernard PIVOT, *Le Métier de lire*, © Gallimard, 1990.

▶ VOIR gêner, gentilhomme, ignorance, intelligence, ivre, Jésus, journalisme, juge, littérature, poésie, répondre, secret, sentiment, solution, style, taire (se), témoin, vieillard.

quitter

Du latin médiéval juridique *quittare*, altération du bas latin *quietare*, donner le repos à.

■ Tu sanglotes. Je suis triste. / Le train siffle. Ah ! mon Dieu, mon Dieu ! / Je ne veux plus que tu me quittes, / Maintenant que c'est sérieux.

Georges FOUREST, *Vers retrouvés*, 1910.

■ Quand tu aimes il faut partir / Quitte ta femme quitte ton enfant / Quitte ton ami quitte ton amie / Quitte ton amante quitte ton amant / Quand tu aimes il faut partir.

Blaise CENDRARS, *Du Monde entier*, « Le Formose », © Gallimard, 1934.

quotidien

Du latin *quotidianus* et *quotidie*, chaque jour, composé de *quot*, combien, et de *dies*, jour.

■ Ah ! que la Vie est quotidienne... / Et du plus vrai qu'on se souvienne / Comme on fut piètre et sans génie.

Jules LAFORGUE, *Les Complaintes*, 1883.

■ Partout des hommes se sont assemblés autour des soupières fumantes, ils rompent le pain, ils versent du vin dans les verres, ils essuient leur couteau et leurs gestes quotidiens font la paix.

Jean-Paul SARTRE, *Sursis*, © Gallimard, 1945.

race, racisme

De l'italien *razza*, espèce de gens ou du provençal *rassa*, bande de gens se concertant.

■ Ce que l'on appelle race ce sont des dispositions innées et héréditaires que l'homme apporte avec lui à la lumière et qui, ordinairement, sont jointes à des différences marquées dans le tempérament et dans la structure du corps.

Hippolyte TAINE, *Introduction de l'Histoire de la littérature anglaise*, 1864-1872.

■ Deux bêtes, deux chiens, deux loups, deux renards, rôdent par les bois et se rencontrent. L'un est mâle, l'autre femelle. Ils s'accouplent. Ils s'accouplent par un intérêt bestial qui les force à continuer la race, leur race, celle dont ils ont la forme, le poil, la taille, les mouvements et les habitudes.

Guy DE MAUPASSANT, *L'Inutile beauté*, « Un cas de divorce », 1890.

■ ... Mon cher, il y a deux races d'êtres. Une race nombreuse, féconde, heureuse, une grosse pâte à pétrir, qui mange son saucisson, fait ses enfants, pousse ses outils, compte ses sous. [...] Et puis il y a les autres, les nobles, les héros. Ceux qu'on imagine très bien étendus, pâles, un trou rouge dans la tête.

Jean ANOUILH, *Eurydice*, © La Table Ronde, 1942.

■ Il s'agit de détecter les signes d'un racisme qui déshonore tant de pays déjà et dont il faudrait au moins préserver le nôtre.

Albert CAMUS, *Actuelles I*, © Gallimard, 1950.

Et les pensées de...

■ Il en va de même des autres formes de racisme, que ce soit l'antisémitisme ou l'anti-africain... avec des nuances d'ailleurs : à l'égard de l'Africain, on est « paternel » ; à l'égard du juif, on est haineux ; à l'égard de l'Arabe – c'est peut-être la forme la plus dramatique –, on est méprisant.

René MEYER, *L'Affaire Dreyfus ou l'Intolérable vérité*, film de J. Chérasse, 1975.

▶ VOIR France.

raconter

Dérivé de *conter*.

■ Mais nous avons toutes nos petites histoires qui n'intéressent personne, dit Dubreuilh ; c'est pour ça qu'on se retrouve dans celles du voisin et s'il sait les raconter, finalement il intéresse tout le monde.

Simone DE BEAUVOIR, *Les Mandarins*, © Gallimard, 1954.

radio

Abréviation de *radiophonie*, construit sur *radius*, rayon, et *phonie*, son. Terme proposé par G. Bell en 1881.

■ Il y aurait bien eu le cinéma pour passer la soirée du samedi ou du dimanche, mais les cinémas n'étaient pas chauffés, et puis cela faisait rater la radio de neuf heures et quart.

Elsa TRIOLET, *Le premier accroc coûte deux cents francs*, © Gallimard, 1945.

rage

Du latin vulgaire *rabia*, de même sens.

■ La rage d'imprimer ses vers est une étrange chose ; mais ce n'est pas à moi de la condamner.

VOLTAIRE, *Correspondance, Lettre à Mme du Deffand*, 19 avril 1775.

Et dans les dictionnaires anciens...

■ *Rage*. Maladie qui ôte la raison, qui transporte de fureur. On n'a point connu d'autre remède à la rage que de plonger les gens dans la mer.

Antoine FURETIÈRE, *Dictionnaire universel*, 1690.

raillerie

De l'ancien provençal *ralhar*, du latin populaire *ragulare*, du bas latin *ragere*, braire.

■ La raillerie est un air de gaieté qui remplit l'imagination et qui lui fait voir en ridicule les objets qui se présentent ; l'humeur y mêle plus ou moins de douceur ou d'âpreté.

François DE LA ROCHEFOUCAULT, *Réflexions ou Sentences et Maximes morales*, 1664.

■ Ce qui n'était que jeu doit-il faire un divorce ? / Et d'une raillerie a-t-on lieu de s'aigrir ?

MOLIÈRE, *Amphitryon*, 1668.

▶ VOIR aiguillon.

raison, raisonnable

Du latin *ratio, -onis*, calcul, intelligence.

■ La raison du plus fort est toujours la meilleure.

Jean DE LA FONTAINE, *Fables*, « Le Loup et l'Agneau », 1668-1694.

■ J'entends corner sans cesse à mes oreilles : l'homme est un animal raisonnable. Qui vous a passé cette définition ? Sont-ce les loups, les singes et les lions, ou si [est-ce que] vous vous l'êtes accordée à vous-mêmes ?

Jean DE LA BRUYÈRE, *Les Caractères*, 1688-1696.

■ Aimez donc la raison ; que toujours vos écrits / Empruntent d'elle seule et leur lustre et leur prix.

Nicolas BOILEAU, *L'Art poétique*, 1674.

■ Le cœur a ses raisons que la raison ne connaît point : on le sait à mille choses.

Blaise PASCAL, *Pensées*, 1669.

■ La loi, en général, est la raison humaine en tant qu'elle gouverne tous les peuples de la terre.

C. Louis DE MONTESQUIEU, *L'Esprit des lois*, 1748.

■ Si c'est la raison qui fait l'homme, c'est le sentiment qui le conduit.

Jean-Jacques ROUSSEAU, *Julie ou La Nouvelle Héloïse*, 1761.

■ La raison est toujours mesquine auprès du sentiment ; l'une est naturellement bornée, comme tout ce qui est positif, et l'autre est infini.

Honoré DE BALZAC, *La Femme de trente ans*, 1831.

■ Que de gens sont condamnés pour avoir eu raison !

Marie-Joseph CHÉNIER, *Nathan le Sage*, 1844.

■ En mon âme se livre un combat sans vainqueur, / Entre la foi sans preuve et la raison sans charme.

René-François SULLY PRUDHOMME, *La Justice*, « Première veillée », 1878.

■ C'est fatalement que l'humanité cultivée a brisé le joug des anciennes croyances ; elle a été amenée à les trouver inacceptables ; est-ce sa faute ? Peut-on croire ce que l'on veut ? Il n'y a rien de plus fatal que la raison.

Ernest RENAN, *L'Avenir des sciences*, 1890.

Et dans les dictionnaires anciens...

■ La raison est sage et modérée, elle ne s'accommode d'aucune extravagance ; tout ce qu'elle fait ne sort point de la règle ; ses discours sont convenables au sujet qu'elle traite, et ses actions ont toute la décence qu'exigent les circonstances.

Gabriel GIRARD, *Synonymes françois*, 1736.

▶ VOIR accord, caprice, déception, excès, fer, guide, inhumain, instinct, kilo, logique, lune, moraliste, pari de Pascal, philosophe, privilège, prudence, rage, résolution, rêver, sage, satisfaction, sens (bon), sensibilité, sentiment, succès, tempérament, ville, voie, voyage.

raisonnement, raisonner

Dérivé de *raison*. Du latin *rationare*, dérivé de *ratio,-onis*, calcul, intelligence.

■ Raisonner est l'emploi de toute ma maison, / Et le raisonnement en bannit la raison.

MOLIÈRE, *Les Femmes savantes*, 1672.

■ Je sais que vous parlez, monsieur, le mieux du monde. / En beaux raisonnements vous abondez toujours.

MOLIÈRE, *Le Misanthrope*, 1667.

■ Il est trop facile de raisonner bien quand on n'a rien à gagner ni à perdre.

ALAIN, *Propos*, © Gallimard, 1926.

Et dans les dictionnaires anciens...

■ La justesse du raisonnement consiste à ne poser que des principes certains, pour n'en tirer ensuite que des conclusions nécessaires.

Gabriel GIRARD, *Synonymes françois*, 1736.

► VOIR crime, alambic, émotion, génération, gouverner, hypothèse, journalisme, juger, moral, mouche, obéir, opinion, paysan, penser, plaisir, poète, principe, trouver.

raison d'État

Du latin *ratio*, *-onis*, calcul, intelligence.

■ La raison d'État, c'est des tas de raisons.

COLUCHE, *Pensées et anecdotes*, © Le Cherche midi, 1995.

raison (avoir raison)

Du latin *ratio*, *-onis*, calcul, intelligence. *Avoir* : du latin *habere*, avoir.

■ Prouver que j'ai raison serait accorder que je puis avoir tort.

Pierre-Augustin DE BEAUMARCHAIS, *Le Mariage de Figaro*, 1785.

■ Il avait raison [Sénèque] contre le monde entier, ce qui équivaut à peu près à avoir tort.

Camille FLAMMARION, *Astronomie populaire*, 1879.

Et dans les dictionnaires anciens...

■ Souvent la raison du philosophe, à force de chercher de l'évidence en tout, ne fait que se creuser un abîme de ténèbres.

Gabriel GIRARD, *Synonymes françois*, 1736.

Et les pensées de...

■ On ne sait jamais qui a raison ou qui a tort. C'est difficile de juger. Moi, j'ai longtemps donné raison à tout le monde. Jusqu'au jour où je me suis aperçu que la plupart des gens à qui je donnais raison avaient tort ! Donc, j'avais raison ! Par conséquent, j'avais tort ! Tort de donner raison à des gens qui avaient le tort de croire qu'ils avaient raison.

Raymond DEVOS, *Matière à rire*, « À tort ou à raison », © Plon, 1993.

ramper

Du francique *(h)rampon*, grimper.

■ Malheur à qui rampa sous un maître cruel !

Marie-Joseph CHÉNIER, *Tibère*, posth. 1844.

■ Heureusement que j'avais deux parts dans mon âme : je n'ai plongé qu'à demi dans le mal. Tandis qu'une moitié de moi-même rampait à terre, l'autre, inaccessible à toute souillure, haute et sereine, amassait goutte à goutte cette poésie qui jaillira, si Dieu me laisse le temps.

Maurice DE GUÉRIN, *Journal et lettres, (1834)*, 1865.

► VOIR médiocre.

rancune

De l'ancien français *rancure*, du latin populaire *rancura*, de *rancor*, rancœur.

■ Il y a des gens qui appellent rancune l'impression indélébile que fait sur une âme fière un procédé d'indélicatesse et d'improbité. Je nomme ainsi la calomnie.

SAINTE-BEUVE, *Pensées et maximes*, 1869.

■ Et dans cette insomnie et cet énervement / Qui me chargeaient le cœur d'une sourde rancune, / J'ai goûté l'amertume et l'assouvissement / De scruter ma misère et ma vie importune.

Henri DE RÉGNIER, *Sites*, 1887.

Et dans les dictionnaires anciens...

■ La rancune fait toujours embrasser avec plaisir l'occasion de se venger ; mais elle fait se couvrir de l'extérieur de l'amitié jusqu'au moment qu'elle trouve à se satisfaire.

Gabriel GIRARD, *Synonymes françois*, 1736.

rang

Du francique *hring*, anneau, assemblée militaire disposée en cercle.

■ Mettons nos noms obscurs au rang des plus grands noms.

VOLTAIRE, *L'Orphelin de la Chine*, 1755.

■ Et nous prenons nos rangs dans un morne silence.

Casimir DELAVIGNE, *Le Paria*, 1821.

Et les pensées de...

■ Partout, le dernier rang attire mon regard. C'est là qu'on se sent bien. Moi le premier. On a l'impression de s'éloigner du travail tout en étant spectateur de la vie.

Michel GALABRU, *Pensées, répliques et anecdotes*, © Le Cherche midi, 2006.

rapprocher

Attesté au XIVe s., construit avec *approcher*, du latin *appropiare*, de *prope*, près, auprès de.

■ C'est à l'amour à rapprocher / Ce que sépare la fortune.

Jean-Baptiste ROUSSEAU, *Cantates*, 1703.

Et dans les dictionnaires anciens...

■ La presse rapproche tous les peuples.

Maurice LACHÂTRE, *Dictionnaire français illustré*, 1856.

rassurer

Vient de *re-aseurer*, à partir de *assecurare*, de *securus*, sûr.

■ Je vois que chacun se rassure sur son voisin.

Jean-Baptiste MASSILLON, *Petit Carême*, 1718.

■ Mon cœur tant soit peu se rassure, / Et je pense que ce n'est rien.

MOLIÈRE, *Amphitryon*, 1668.

rat

Origine obscure. Peut-être, de l'allemand *ratt*, par analogie avec un bruit de grignotement.

■ Le matin du 16 avril, le docteur Bernard Rieux sortit de son cabinet et buta sur un rat mort, au milieu du palier.

Albert CAMUS, *La Peste*, © Gallimard, 1947.

Et dans les dictionnaires anciens...

■ Elle a eu un rat. C'est-à-dire, qu'on lui a posé sur le dos la figure d'un rat pour se moquer ensuite d'elle, et c'est ce que font à Paris les enfants aux jours gras.

Pierre RICHELET, *Dictionnaire françois*, 1680.

➤ VOIR belette, bibliothèque, carrière, souris, système.

rater

Dérivé de *rat*, sans doute à partir de l'expression ancienne *prendre un rat*, s'enrayer en parlant d'une arme.

■ L'homme est mauvais, l'homme est difforme ; le papillon est réussi, l'homme est raté. Dieu a manqué cet animal-là.

Victor HUGO, *Les Misérables*, 1954.

Et les pensées de...

■ Je rate mieux qu'avant ! Avant, je ratais une fois sur deux ! Maintenant, je rate à tout coup !

Raymond DEVOS, *À plus d'un titre*, « Je me suis fait tout seul », © Orban, 1989.

rayon

Diminutif de *rai*, du latin *radius*, rayon de lumière. Attesté au XVIe s.

■ Ô toi, soleil !... / À de si noirs forfaits prêtes-tu tes rayons ?

Jean RACINE, *La Thébaïde*, 1664.

■ Le moindre rayon de vérité qui s'échappe au travers de la nue éclaire suffisamment les grands esprits, tandis que la vérité entièrement dévoilée ne frappe pas les autres.

FONTENELLE, *Éloge de Jacques Bernouilli*, 27 juillet 1767.

Et dans les dictionnaires anciens...

■ *Rayon*. Ligne de lumière composée de petits globes de feu qui s'écoulent d'un corps lumineux.

Antoine FURETIÈRE, *Dictionnaire universel*, 1690.

réaliste, réalité

De réel, du latin *realis*, effectif. Du bas latin *realitas*, bien, caractère réel de quelque chose.

■ Les réalistes sont les éternels provinciaux de l'esprit humain. Ils ont raison comme le fossoyeur a raison. Ils ont beau fouetter leurs rosses noires, ils n'arriveront jamais qu'au cimetière.

Auguste de VILLIERS DE L'ISLE-ADAM, *Reliques*, posth. 1956.

■ Le mouvement de l'époque est certainement réaliste, ou plutôt positiviste. Je suis donc forcé d'admirer les hommes qui paraissent avoir quelque parenté avec eux, la parente de l'heure à laquelle ils vivent.

Émile ZOLA, *Mon Salon*, 1866.

■ Je retrouvais dans un souvenir involontaire et complet la réalité vivante. Cette réalité n'existe pas pour nous tant qu'elle n'a pas été recréée par notre pensée [...]

Marcel PROUST, *Sodome et Gomorrhe*, 1922.

Et les pensées de...

■ À certains égards, nous ne découvrons pas la réalité, nous ne cessons de la créer.

Jean HAMBURGER, *Dictionnaire promenade*, © Le Seuil, 1989.

recevoir

Du latin *recipere*, retirer, ramener, retirer de l'argent.

■ Figaro. — J'étais né pour être courtisan. / Suzanne. — On dit que c'est un métier si difficile ! / Figaro. — Recevoir, prendre et demander, voilà le secret en trois mots.

Pierre-Augustin DE BEAUMARCHAIS, *Le Mariage de Figaro*, 1784.

Et dans les dictionnaires anciens...

■ Nous *recevons* ce qu'on nous donne, ou ce qu'on nous envoie. Nous *acceptons* ce qu'on nous offre. [...] Il faut toujours être reconnaissant des bienfaits qu'on a reçus. Il ne faut jamais rejeter ce qu'on a accepté.

Gabriel GIRARD, *Synonymes français*, 1756.

recherche

De *rechercher*, composé de *re-* et de *chercher*, du bas latin *circare*, aller autour.

■ En se mettant au courant des recherches, on se sent gonflé de faits, mais affamé d'idées.

Henri-Frédéric AMIEL, *Journal intime*, 1847-1885.

Et les pensées de...

■ Une patience impatiente : tel est le ressort de la recherche scientifique.

Jean HAMBURGER, *Dictionnaire promenade*, © Le Seuil, 1989.

récit

Dérivé, au XVIe s, de *réciter*, du latin *recitare*, dire à haute voix.

■ Il y a autant de différences entre un récit que l'on fait sur des mémoires quoique bons, et une narration de faits que l'on a vus soi-même qu'il y en a entre un portrait auquel on ne travaille que sur des ouï-dire, et une copie que l'on tire sur les originaux.

CARDINAL DE RETZ, *Mémoires*, posth. 1717.

■ À table, il ne faut que des mots et point de récits.

Pierre DE MARIVAUX, *Le Paysan parvenu*, 1735-1736.

▶ VOIR farce, science, vrai.

réclame

Construit à partir de *réclamer*, du latin *reclamare*, clamer.

■ Les noms sortent en capitales / Sur les maisons des capitales / Et s'y collent c'est la réclame.

Max JACOB, *Le Laboratoire central*, © Gallimard, 1921.

récompense

Dérivé au XVIe s. de récompenser, du latin *recompensare*, donner en compensation.

■ Une couronne de chêne ou de laurier, une statue, un éloge étaient une récompense immense pour une bataille gagnée ou une ville prise.

Charles-Louis DE MONTESQUIEU, *Lettres persanes*, 1721.

■ Superstitieux comme la plupart des hommes dont le chemin est à faire et qui sont plus ou moins fatalistes, il voulut voir dans son bonheur une récompense du ciel pour sa persévérance à rester dans le bon chemin.

Honoré DE BALZAC, *Le Père Goriot*, 1835.

réconciliation

Du latin *reconciliato*, de *reconciliare*, réconcilier.

■ Les haines sont si longues et si opiniâtres, que le plus grand signe de mort dans un homme malade, c'est la réconciliation.

Jean DE LA BRUYÈRE, *Les Caractères*, 1688.

Et dans les dictionnaires anciens...

■ Les réconciliations parfaites sont rares ; il reste souvent bien de la rancune après celles qui paraissent être le plus sincères ; et la façon de pardonner qu'on attribue aux Italiens est assez celle de toutes les nations.

Gabriel GIRARD, *Synonymes françois*, 1736.

reconnaissance

Dérivé de reconnaître, du latin *recognescere*, de *cognescere*, connaître.

■ La reconnaissance de la plupart des hommes n'est qu'une secrète envie de recevoir de plus grands bienfaits.

François DE LA ROCHEFOUCAULD, *Réflexions ou Sentences et Maximes morales*, 1664.

■ Le plaisir des bons cœurs, c'est la reconnaissance.

Jean-François DE LA HARPE, *Philoctète*, 1783.

■ Reconnaissance : N'a pas besoin d'être exprimée.

Gustave FLAUBERT, *Le Dictionnaire des idées reçues*, posth. 1913.

recul

Dérivé au XVIe s. de *reculer*, construit à partir du latin *culus*, derrière.

■ Les vents du large. D'où viennent-ils ? De l'incommensurable. Il faut à leurs envergures le diamètre du gouffre. Leurs ailes démesurées ont besoin du recul indéfini des solitudes.

Victor HUGO, *Les Travailleurs de la mer*, 1866.

■ L'homme de génie pour s'épargner les méconnaissances de la foule se dit peut-être que, les contemporains manquant du recul nécessaire, les œuvres écrites pour la postérité ne devraient être lues que par elle.

Marcel PROUST, *À l'ombre des Jeunes Filles en fleurs*, 1918.

redouter

Attesté au XIe s, construit avec *douter*, du latin *dubitare*, craindre, hésiter.

■ J'aime les Muses pour elles-mêmes, comme Fénelon voulait qu'on aimât Dieu ; mais je redoute le public.

VOLTAIRE, *Correspondance*, « Lettre à Mme du Bocage », 3 septembre 1758.

Et dans les dictionnaires anciens...

■ Le Roi [Louis XIV] s'est fait redouter par toute l'Europe.

Antoine FURETIÈRE, *Dictionnaire universel*, 1690.

réel

Du latin médiéval *realis*, existant, réel, à partir du latin *res*, chose, réalité.

■ Le précis, l'absolu, l'abstrait, qui se présentent si souvent à notre esprit, ne peuvent se trouver dans le réel, parce que tout y est relatif.

BUFFON, *Histoire naturelle*, « Quadrupède », 1749-89.

Et dans les dictionnaires anciens...

■ On appelle un homme réel, celui qui est exact, ponctuel, vrai ami, qui ne manque point au besoin.

Antoine FURETIÈRE, *Dictionnaire universel*, 1690.

réfléchir, réflexion

Du bas latin *reflexio*, action de tourner en arrière.

■ J'ose presque dire que l'état de réflexion est un état contre nature et que l'homme qui médite est un animal dépravé.

Jean-Jacques ROUSSEAU, *Discours sur l'origine de l'inégalité parmi les hommes*, 1754.

■ Réfléchir n'est qu'une certaine manière de sentir, c'est la sensation transformée.

Étienne BONNOT DE CONDILLAC, *Cours d'Études*, « Art de raisonner », 1775.

■ Si la réflexion veut se justifier comme réflexion, c'est-à-dire comme progrès vers la vérité, elle ne doit pas se borner à remplacer une vue du monde par une autre, elle doit nous montrer comment la vue naïve du monde est comprise.

Maurice MERLEAU-PONTY, *Phénoménologie de la perception*, © Gallimard, 1945.

Et dans les dictionnaires anciens...

■ L'étude du cabinet rend *savant*, et la réflexion rend *sage* ; mais l'une et l'autre émoussent quelquefois la vivacité de l'esprit, et le font paraître pesant dans la conversation, quoiqu'il pense finement.

Gabriel GIRARD, *Synonymes françois*, 1736.

▶ VOIR fourmi, grossir, idée(s), malheur, refus, suffire.

reflet

De l'italien *riflesso*, du bas latin *reflexus*, retour en arrière, de *reflectere*, réfléchir.

■ Le reflet est pour les couleurs ce que l'écho est pour les sons.

Joseph JOUBERT, *Pensées, essais, maximes et correspondances*, posth. 1838.

réforme

Dérivé de *réformer*, du latin *reformare*, rendre à sa première forme, améliorer.

■ Tout abus doit être réformé, à moins que la réforme ne soit plus dangereuse que l'abus même.

VOLTAIRE, *Dictionnaire philosophique*, 1764.

refrain

Réfection de *refrait*, mélodie, d'après *refraindre*, briser, contenir.

■ Ayons toujours ce refrain de la souvenance de notre condition.

Michel DE MONTAIGNE, *Essais*, 1580-1595.

■ C'était un air étrusque aux paroles hardies, / Un refrain de taverne aimé des carrefours

Louis BOUILHET, *Melaenis, conte romain*, 1857.

refus

Construit à partir de *refuser*, du latin populaire *refusare*, repousser, croisement, de *recusare*, récuser, et *refutare*, réfuter.

■ La chose la plus prompte et qui se présente d'abord, c'est le refus, et l'on n'accorde [ne s'accorde] que par réflexion.

Jean DE LA BRUYÈRE, *Les Caractères*, 1688.

Et les pensées de...

■ Les Français ont le culte du refus. Pas une manifestation sans qu'une banderole étale un « Non » sans appel à une quelconque réforme ou initiative. [...] Ce phénomène du refus systématique m'est apparu tout au long des vingt et un Tours de France que j'ai suivis. [...] En ai-je vu, des « Non à l'autoroute » s'étaler à l'entrée des villages !

Jean AMADOU, *De quoi j'me mêle !*, © Robert Laffont, 1998.

regard, regarder

Composé de *re-* et *garder*, avoir l'œil sur.

■ Ce mot, et ce regard, désarme ma colère, / Et produit un retour de tendresse de cœur / Qui de son action m'efface la noirceur.

MOLIÈRE, *L'École des femmes*, 1663.

■ C'est à elle que son amant disait un soir qu'elle regardait une étoile. Ne la regardez pas tant, ma chère, je ne puis pas vous la donner.

Jean-François MARMONTEL, *Mémoires*, posth. 1804.

■ On comprendra le regard que les deux amants échangèrent, ce fut de la flamme, car les amoureux vertueux n'ont pas la moindre hypocrisie.

Honoré DE BALZAC, *La Cousine Bette*, 1847.

■ Je crois qu'un regard clair nettoie la conscience comme un rayon de lumière purifie une eau infectée.

André GIDE, *Les Faux-Monnayeurs*, © Gallimard, 1925.

Et dans les dictionnaires anciens...

■ Les barbares ont des regards farouches, terribles, affreux. Les amoureux ont des regards doux, tendres & passionnés.

Antoine FURETIÈRE, *Dictionnaire universel*, 1690.

▶ VOIR billet, fille, condamnation, glace, immensité, indolent, langage, lucidité, matin, mourant, Paris, poison, pont, rang, rose (adj.), semblable (un), solennel, soupir, sourire, ténèbres, tourner, vache, vers, vieux, voix.

régime

Du latin *regimen*, direction, action de régir. Au XVe s. *régisme* a le sens de royaume.

■ C'est une ennuyeuse maladie que de conserver sa santé par un trop grand régime.

François DE LA ROCHEFOUCAULD, *Réflexions ou Sentences et maximes morales*, 1664.

Et les pensées de...

■ Je fais deux régimes en même temps, parce qu'avec un seul, j'avais pas assez à manger.

COLUCHE, *Ça roule, ma poule*, © Le Cherche midi, 2002.

règle

Du latin *regula*, instrument permettant de juger, de corriger.

■ Toute leur vie était employée, non par lois, statuts ou règles, mais selon leur vouloir et franc arbitre.

François RABELAIS, *Gargantua*, 1534.

■ Je n'ai jamais lu Aristote, et ne sais point les règles du théâtre, mais je règle le mérite des pièces selon le plaisir que j'y reçois.

Charles SOREL, *Le Jugement du Cid*, 1637.

■ Toute règle bien faite est souple et droite ; les esprits durs la font de fer.

Joseph JOUBERT, *Pensées, essais, maximes et correspondances*, posth. 1838.

■ Quand la règle est franchie, il n'est plus de limite, / Et la première faute aux fautes nous invite.

François PONSARD, *Lucrèce*, 1843.

■ Les gens qui veulent suivre des règles m'amusent, car il n'y a dans la vie que de l'exceptionnel.

Jules RENARD, *Journal*, posth. 1925.

■ J'aime la règle qui corrige l'émotion. J'aime l'émotion qui corrige la règle.

Georges BRAQUE, *Carnets*, 1903-1950.

Et dans les dictionnaires anciens...

■ Ceux qui ont la connaissance des arts en savent et suivent les règles, mais ceux qui les possèdent font et donnent des règles à suivre.

Gabriel GIRARD, *Synonymes françois*, 1736.

régner

Du latin *regnare*, de *regnum*, autorité royale.

■ On veut toujours régner quand on règne une fois.

Jean RACINE, *La Thébaïde*, 1664.

Et dans les dictionnaires anciens...

■ Les dévots & les gens de bien règnent maintenant. Les filous & les bretteurs ne règnent plus au Marais. Il y a déjà longtemps que la mode des justaucorps & des cravates règne.

Antoine FURETIÈRE, *Dictionnaire universel*, 1690.

regret, regretter

Peut-être de l'ancien scandinave *grata*, pleurer, et dérivé de regret, regretter, attesté au XIIe s.

■ Parmi ces tristes lieux traînant mes longs regrets, / Je me promène seul dans l'horreur des forêts, / Où le [la] funeste orfraie et le hibou se perchent.

Théophile DE VIAU, *Œuvres poétiques*, 1621.

■ Regrettera qui veut le bon vieux temps, / Et l'âge d'or et le règne d'Astrée, Et les beaux jours de Saturne et de Rhée, / Moi, je rends grâce à la

Nature sage, / Qui, pour mon bien, m'a fait naître en cet âge.

VOLTAIRE, *Le Mondain*, 1736.

■ Les regrets, ce n'est que de la rature : on n'efface pas. L'homme est, sans un seul moment de repos, créateur de choses définitives.

Armand SALACROU, *L'Inconnue d'Arras*, © Gallimard, 1936.

Et dans les dictionnaires anciens...

■ *Regret.* Dépalisant, larmeux ou lamentable, douloureux, mortel, dur, ennuyeux, triste, moleste, soucieux, passionné, importun, long, piteux...

Maurice DE LA PORTE, *Épithètes*, 1571.

▶ VOIR désastre, déshonneur, jour, masque, mourir, Paris, serpent, théâtre, tombe.

reine

Du latin *regina*, de même sens.

■ Vous pouvez vous confier, madame, / À mon bras comme reine, à mon cœur comme femme !

Victor HUGO, *Ruy Blas*, 1838.

Et dans les dictionnaires anciens...

■ *Reine.* [...] Se dit de l'empire que les femmes exercent sur nous. Dans les pays civilisés, les femmes sont reines.

M. LACHÂTRE, *Dictionnaire français illustré*, 1856.

réjouir

Dérivé au XVIe s. de *esjouir*, du latin vulgaire *gaudire*, se réjouir, aimer.

■ Les discours de la philosophie ont accoutumé d'égayer et réjouir ceux qui les traitent.

Michel DE MONTAIGNE, *Essais*, 1580-1595.

■ Et tel mot pour avoir réjoui le lecteur, / A coûté bien souvent des larmes à l'auteur.

Nicolas BOILEAU, *Satires*, 1660-1711.

relâchement

Construit à partir de *relâcher*, du latin *relaxare*, relâcher.

■ Un travail matériel qui n'est pas sujet à ces perturbations d'idées, [...] qui cependant occupe assez notre activité pour nous faire sentir le besoin et le plaisir du relâchement et des distractions, [...] voilà une condition nécessaire de la vie heureuse.

MAINE DE BIRAN, *Journal*, 1820.

Et dans les dictionnaires anciens...

■ Il y a du relaschement dans la chaleur, dans le froid, il n'est plus si rude qu'il estoit.

Antoine FURETIÈRE, *Dictionnaire universel*, 1690.

■ Le relâchement est une cessation d'austérité ou de zèle, on y tombe quand la ferveur diminue ; il peut mener au dérèglement, ou à une inattention coupable.

Gabriel GIRARD, *Synonymes françois*, 1736.

relatif

Atteste au XIIIe s., du latin *relativus*, qui en rapport avec.

■ Le mouvement et le temps sont relatifs l'un à l'autre.

Blaise PASCAL, *De l'esprit géométrique*, 1657.

■ L'homme, par suite de sa place dans l'univers, être relatif et fini par essence.

Roger MARTIN DU GARD, *Jean Barois*, 1913.

religion

Du latin *religio*, vénération, d'étymologie incertaine

■ Croire que la religion dans laquelle on a été élevé est fort bonne et pratiquer tous les vices qu'elle défend sont des choses extrêmement compatibles, aussi bien dans le grand monde que par le peuple.

Pierre BAYLE, *Pensées sur la comète*, 1682.

■ La religion est la poésie du cœur ; elle a des enchantements utiles à nos mœurs ; elle nous donne et le bonheur et la vertu.

Joseph JOUBERT, *Pensées, essais, maximes et correspondances*, posth. 1838.

■ La religion est un feu que l'exemple entretient, et qui s'éteint, s'il n'est communiqué.

Joseph JOUBERT, *Pensées, essais, maximes et correspondances*, posth. 1838.

Et dans les dictionnaires anciens...

■ La religion des personnes éclairées consiste dans une foi vive, dans une morale pure, et dans une conduite simple, guidées par l'autorité divine, et soutenues par la raison. Pour celle du peuple, elle consiste dans une crédulité aveugle, et dans les pratiques extérieures, autorisées par l'éducation, et affermies par la force de l'habitude.

Gabriel GIRARD,
Synonymes françois, 1736.

Et les pensées de...

■ En somme, on a la religion du pays (plus exactement : du groupe social) dans lequel le hasard vous a fait naître. Comme pour la langue. De même qu'on parle sa langue maternelle, on pratique sa religion maternelle. On adore, si j'ose me permettre, son dieu maternel.

CAVANNA, *Lettre ouverte aux culs-bénits*,
© Albin Michel, 1994.

▶ VOIR conversation, doctrine, familial, fanatique, foi, genre (humain), guerre, intolérance, juron, moral, patrie, poésie, sacré, séduire, souverain, union, victime.

relire

Composé de *re-* et *lire*. Attesté au XIIe s.

■ C'est lui [Royer-Collard] qui, à un célèbre candidat [Vigny] pour l'Académie, qui s'étonnait d'apprendre de sa bouche qu'il n'eût pas lu ses ouvrages, fit cette réponse qui a cours et qui court encore : « Je ne lis pas, monsieur, je relis ».

Charles DE SAINTE-BEUVE,
Les Nouveaux lundis, 1863-1870.

■ Relire *À rebours* ; c'est ma bible et mon livre de chevet.

Paul VALÉRY,
Lettres à quelques-uns, © Gallimard, 1952.

Et les pensées de...

■ Relire, c'est bien, car on peut laisser l'histoire, qui est principalement là pour le public inattentif, et profiter du sens, qui se trouve dans les détails.

Charles DANTZIG, *Dictionnaire égoïste de la littérature française*, © Grasset, 2005.

remarque

Dérivé au XVIe s. de *remarquer*, de l'anglo-normand, *merki*, marqué.

■ Chez moi – c'est un trait singulier de mon individu – les remarques objectives précèdent facilement les autres.

Paul VALÉRY, *Correspondance avec Gide*,
© Gallimard, 1917.

Et dans les dictionnaires anciens...

■ Il ne paraît guère de livres qui aient la vogue, qu'on ne fasse aussitôt des remarques contre.

Antoine FURETIÈRE,
Dictionnaire universel, 1690.

remède, remédier

Du latin *remedium*, médicament, solution.

■ En attrapant du temps, à tout on remédie.

MOLIÈRE, *Le Tartuffe*, 1664.

■ Les remèdes sont eux-mêmes de véritables maux qui usent la nature, et dont il ne faut se servir que dans les pressants besoins.

FÉNELON, *Les Aventures de Télémaque*, 1669.

Et dans les dictionnaires anciens...

■ Le remède comprend tout ce qui est employé pour la cure d'une maladie ; le médicament est toujours une matière simple ou composée que l'on administre soit à l'intérieur soit à l'extérieur. L'exercice peut être un *remède*, mais n'est jamais un *médicament*.

Émile LITTRÉ,
Dictionnaire de la langue française, 1863-1872.

remercier

Dérivé au XIVe de mercier, construit sur merci, du latin *merces*, salaire, récompense, puis faveur.

■ Le courtisan à qui l'on demandait comment il était parvenu à une si longue vieillesse, et qui répondit : En recevant des outrages, et en en remerciant.

Denis DIDEROT,
Essai sur les règnes de Claude et de Néron, 1782.

remords

Construit à partir de *remordre*, de *re-* et *mordre*.

■ Même avant le forfait on connaît le remords !

Marie-Joseph CHÉNIER, *Charles IX*, 1788.

■ Le remords est une impuissance, il recommencera sa faute. Le repentir seul est une force, il termine tout.

Honoré DE BALZAC, *Séraphîta*, 1835.

renard

Du nom donné au goupil, *Renart*, dans le *Roman de Renart*. Le nom propre s'est substitué au nom commun.

■ On ne connaît que les choses que l'on apprivoise, dit le renard. [...] Si tu veux un ami, apprivoise-moi !

Antoine DE SAINT-EXUPÉRY, *Le Petit Prince*, © Gallimard, 1943.

Et dans les dictionnaires anciens...

■ *Renard.* Animal sauvage qui est fort connu [...]. Il est ami des serpents & vit avec eux, mais il hait les oiseaux, les bêtes à quatre pieds et certaine plantes comme la ruë. [...] Il fait mourir le hérisson en pissant dessus.

Pierre RICHELET, *Dictionnaire françois*, 1680.

rencontrer (se)

De *re-* et de l'ancien français *encontrer*, venir en face, trouver sur son chemin.

■ Les âmes fortes se rencontrent beaucoup plus que les beaux esprits.

VOLTAIRE, *Commentaire sur Corneille*, 1764.

▶ VOIR affoler, accrocher, ivrogne.

rendez-vous

■ L'heure d'un rendez-vous d'ordinaire s'étend, / Et n'est pas resserrée aux bornes d'un instant.

MOLIÈRE, *Les Fâcheux*, 1661.

rendre

Du latin vulgaire *rendere*, donner en retour.

■ Je n'ai guère vu dans les enfants que ces deux espèces de générosité : donner ce qui ne leur est bon à rien, ou donner ce qu'ils sont sûrs qu'on va leur rendre.

J.-J. ROUSSEAU, *Émile ou De l'éducation*, 1762.

■ La plupart des femmes se rendent plutôt par faiblesse que par passion.

François DE LA ROCHEFOUCAULD, *Réflexions ou Sentences et Maximes morales*, 1664.

rengaine

À partir de *rengainer*, de *re-* et *engainer*, de *en-* et *gaine*, du latin *vagina*, fourreau.

■ Je parie que dans cinquante ans seulement, les mots : « Problème social, moralisation des masses, progrès et démocraties » seront passés à l'état de « rengaine ».

Gustave FLAUBERT, *Correspondance*, 1857.

Et les pensées de...

■ Une rengaine, c'est un air qui commence par vous entrer par une oreille et qui finit par vous sortir par les yeux !

Raymond DEVOS, *Matière à rire*, « Prêter l'Oreille », © Plon, 1993.

renoncer, renoncement

Du latin juridique *renuntiare*, renvoyer, abandonner l'usage de quelque chose.

■ Il n'y a nul dédommagement possible pour qui renonce à tout. Une telle renonciation est incompatible avec la nature de l'homme.

J.-J. ROUSSEAU, *Du contrat social*, 1762.

■ En renonçant au monde et à la fortune, j'ai trouvé le bonheur, le calme, la santé, même la richesse ; et, en dépit du proverbe, je m'aperçois que qui quitte la partie la gagne.

Nicolas DE CHAMFORT, *Maximes et pensées, caractères et anecdotes*, posth. 1795.

■ Le premier des renoncements à obtenir de soi, c'est celui d'étonner ses contemporains.

André GIDE, *Incidences*, © Gallimard, 1924.

rentrer

De *re-* et *entrer*.

■ Je voudrais leur faire rentrer leur philosophie dans la gargoine [le gosier].

Victor HUGO, *Les Misérables*, 1862.

réparer

Entré en français au XIIe s., du latin *reparare*, préparer à nouveau.

■ Conserver et réparer est presque aussi beau que faire.

VOLTAIRE, *Dictionnaire philosophique*, 1764.

Et dans les dictionnaires anciens...

■ Réparer l'honneur, pour dire Épouser une fille qu'on a engrossée, faire des satisfactions à ceux qu'on a injuriés ou offensés.

Antoine FURETIÈRE, *Dictionnaire universel*, 1690.

répartie

De *repartir*, de *re-* et *partir*, du latin populaire *partire*, de *pars*, part.

■ La crainte d'une répartie spirituelle et piquante est, dans le monde, le frein le plus sûr de l'impertinence et de la méchanceté.

MADAME DE GENLIS, *Mademoiselle de Lafayette*, 1825.

Et dans les dictionnaires anciens...

■ On ne se défend jamais contre des paroles piquantes, que par des réparties fines et honnêtes.

Gabriel GIRARD, *Synonymes françois*, 1736.

repas

De l'ancien français *past*, pâtée, de *pascere*, paître.

■ N'avez-vous jamais réfléchi à l'importance que les hommes ont toujours attachée aux repas pris en commun ? La table, dit un ancien proverbe grec, est l'entremetteuse de l'amitié. Point de traités, point d'accord, point de fêtes, point de cérémonies d'aucune espèce, même lugubres, sans repas.

Joseph DE MAISTRE, *Les Soirées de Saint-Pétersbourg*, 1821.

■ J'ai fait de grands repas et des fêtes splendides, / Où, couronnés de fleurs et la coupe à la main, / Cent convives joyeux mangeaient jusqu'au matin !

Louis BOUILHET, *Melaenis, conte romain*, 1857.

Et dans les dictionnaires anciens...

■ *Repas de la cigogne*. Repas dont les mets sont préparés de telle sorte que l'amphitryon seul puisse en manger.

Maurice LACHÂTRE, *Dictionnaire françois illustré*, 1690.

▶ VOIR propos.

répéter

Du latin *repetere*, recommencer, qui a pris le sens de *redire* en ancien français.

■ Quand on répète ce qu'on a déjà dit, c'est un preuve qu'on n'a rien à dire.

VOLTAIRE, *Commentaire sur Corneille*, 1764.

répondre

Du latin *respondere*, répondre à un engagement, de *spondere*, promettre.

■ Le juste opposera le dédain à l'absence, / Et ne répondra plus que par un froid silence / Au silence éternel de la Divinité.

Alfred DE VIGNY, *Les Destinées*, « La mort du loup », posth. 1864.

■ Je ne veux pas répondre. J'ai peur des questions, parce qu'elles ferment les portes du labyrinthe. Je veux affirmer, puis détruire, sans arrêt, à travers l'avenir opaque.

Jean-Marie LE CLÉZIO, « Le Sismographe », *La Nouvelle Revue française, n° 214*, © J.-M.-G Le Clézio, octobre 1970.

▶ VOIR atchoum, Jésus, littérature, question.

répondeur

Construit sur *répondre*. Sens moderne attesté en 1963.

■ Le message de votre répondeur ? Une sonnerie inoccupée. Ou : « Le numéro que vous avez demandé n'est plus attribué. Veuillez le refaire ». Il y en a qui le refont.

Jacques DUTRONC, *Pensées et répliques*, © Le Cherche midi, 2000.

réponse

Du latin *responsum*, fait de répondre.

■ On ne mérite les réponses de la vérité que lorsque c'est le désir de la connaître qui l'interroge.

Jean-Baptiste MASSILLON, *Petit Carême*, 1718.

Et les pensées de...

■ L'homme a reçu assez d'intelligence pour s'interroger sur sa condition, et pas assez pour avoir la réponse.

Jean HAMBURGER, *Dictionnaire promenade*, © Le Seuil, 1989.

▶ VOIR demande, gentilhomme, journalisme, non, parer, question, relire, tolérance.

repos, reposer

Du bas latin *repausare*, poser, calmer.

■ Tout aussitôt que je commence à prendre / Dans le mol lit le repos désiré, / Mon triste esprit hors de moi retiré / S'en va vers toi incontinent se rendre.

Louise LABÉ, *Sonnets*, 1556.

■ Mais c'est un insensé qu'un voyageur bien las, / Qui peut se reposer, et qui ne le fait pas.

Edme BOURSAULT, *Ésope à la cour*, 1701.

■ Les uns ne peuvent trouver d'activité que dans le repos, et les autres de repos que dans le mouvement.

Joseph JOUBERT, *Pensées, essais, maximes et correspondances*, posth. 1838.

■ Le repos *amollit.*

Ernest RENAN, *L'Avenir de la science*, 1890.

Et dans les dictionnaires anciens...

■ Le repos prolongé est la négation de la vie.

Maurice LACHÂTRE, *Dictionnaire français illustré*, 1856.

représenter

Du latin *repraesentere*, rendre présent.

■ Il est des esprits semblables à ces miroirs convexes ou concaves, qui représentent les objets tels qu'ils les reçoivent, mais qui ne les reçoivent jamais tels qu'ils sont.

Joseph JOUBERT, *Pensées, essais, maximes et correspondances*, posth. 1838.

réprimer

Du latin *reprimere*, faire reculer.

■ Il réprime des mots l'ambitieuse emphase.

Nicolas BOILEAU, *L'Art poétique*, 1674.

■ Ce serait ne rien faire que de se borner à dénoncer les mandataires infidèles, les malversateurs, les prévaricateurs, si la nation ne se ménage pas un moyen également prompt et infaillible de les réprimer et de les punir.

MARAT, *Pamphlets*, « Appel à la Nation », 1790.

reproche

Construit à partir de *reprocher*, du latin populaire *repropriare*, mettre devant les yeux.

■ Quand j'ai le ton des héros, on me le reproche. Quand j'ai le ton humain, on me le reproche. Pourquoi ne me plaindrais-je pas une fois ? J'en ai assez d'être toujours de fer.

Henry DE MONTHERLANT, *Malatestat*, © Gallimard, 1946.

■ Le reproche est barbare à l'instant du malheur.

Marie-Joseph CHÉNIER, *Caius Gracchus*, 1792.

Et dans les dictionnaires anciens...

■ Reproche a été féminin. « On ne se pique point d'une reproche qu'on peut faire à tout le monde. » Malherbe, trad. *Des bienfaits* de Sénèque.

Émile LITTRÉ, *Dictionnaire de la langue française*, 1863-1872.

république, républicain

Du latin *res publica*, chose publique.

■ Un vrai républicain n'a pour père et pour fils, / Que la vertu, les dieux, les lois de son pays.

VOLTAIRE, *Mort de César*, 1735.

■ Je vois avec plaisir qu'il se forme dans l'Europe une république immense d'esprits cultivés.

VOLTAIRE, *Correspondance*, « Lettre à Gallitzin », 14 août 1767.

■ Que demande un Républicain ? / La liberté du genre humain, / Le pic dans les

cachots, / La torche dans les châteaux, / Et la paix aux chaumières !
Chant révolutionnaire « La Carmagnole », 1792.

■ Pour les républicains l'âge n'a point de glace.
Marie-Joseph CHÉNIER, *Le Chant du départ*, « Timoléon », 1794.

■ O République universelle, / Tu n'es encor que l'étincelle, / Demain tu seras le soleil.
Victor HUGO, *Les Châtiments*, « Lux », 1853.

■ Une monarchie à esclaves est logique. Une république à esclaves est cynique.
Victor HUGO, *Actes et paroles*, 1875.

■ Républicain : Les Républicains ne sont pas tous des voleurs, mais les voleurs sont tous des républicains.
Gustave FLAUBERT, *Le Dictionnaire des idées reçues*, posth. 1913.

▶ VOIR citoyen, fourmi, gouvernement, soutien-gorge.

réputation

Du latin *réputatio*, considération, évaluation. Attesté au XIVe.

■ Quelque honte que nous ayons méritée, il est presque toujours en notre pouvoir de rétablir notre réputation.
François DE LA ROCHEFOUCAULD, *Réflexions ou Sentences et Maximes*, 1664.

■ Tout le monde s'élève contre un homme qui entre en réputation.
Jean DE LA BRUYÈRE, *Les Caractères*, 1688.

Et dans les dictionnaires anciens...

■ Les vins de Champagne, les melons de Langeais, les jambons de Mayence se sont mis en grande réputation, on en a grand débit. Il ne faut qu'une victoire pour mettre un Capitaine en réputation, une déroute pour le ruiner de réputation.
Antoine FURETIÈRE, *Dictionnaire universel*, 1690.

résignation

De résigner, du latin *résignare*, rompre le sceau, annuler.

■ La résignation, c'est le terrier creusé sous les racines d'un vieux chêne ou dans le défaut de quelque roche, qui met à l'abri la proie fuyante et longtemps poursuivie. Elle enfile rapidement son ouverture étroite et ténébreuse, se tapit au fin fond, et là, tout accroupie et ramassée sur elle-même, le cœur lui battant à coups redoublés, elle écoute les aboiements lointains de la meute et les cris des chasseurs.
Maurice DE GUÉRIN, *Journal et lettres*, 1865.

résister, résistance

Du latin *resistere*, de sister, s'arrêter à. Du latin *resistentia*.

■ Enfin il n'est rien de si doux que de triompher de la résistance d'une belle personne, et j'ai sur ce sujet l'ambition des conquérants, qui volent perpétuellement de victoire en victoire, et ne peuvent se résoudre à borner leurs souhaits.
MOLIÈRE, *Don Juan ou le Festin de Pierre*, 1665.

■ Il est plus difficile que vous ne pensez, madame, de résister à ce qui nous plaît et à ce qui nous aime.
MADAME DE LA FAYETTE, *La Princesse de Clèves*, 1678.

Et dans les dictionnaires anciens...

■ Ceux qui travaillent à la mine n'y résistent pas longtemps, n'y peuvent pas durer beaucoup.
Antoine FURETIÈRE, *Dictionnaire universel*, 1690.

résistance (1939-1945)

Du latin *resistentia*, de *resistere*, résister

■ Avant de me coucher, j'ai demandé à Pap[a] pourquoi il faisait pas de la résistance. Il a fini de coller un de ces timbres et il a dit :
– Parce que j'ai la trouille.
J'ai trouvé que c'était un truc courageux à dire.
Patrick CAUVIN, *Povchéri*, © Albin Michel, 1986.

résolution

Du latin *resolutio*, action de dénouer, de *resolvere*, résoudre.

■ Je fais toujours la résolution de me taire et je ne cesse de parler.

MADAME DE SÉVIGNÉ, *Correspondance*, « Lettre du 4 août 1680 ».

■ Que le passage est difficile de la résolution à l'exécution et qu'il est d'ordinaire d'y échouer.

Louis BOURDALOUE, *Sermons*, 1670-1682.

Et dans les dictionnaires anciens...

■ En vain les hommes prennent des résolutions, le goût et l'habitude triomphent toujours de leur raison.

Gabriel GIRARD, *Synonymes françois*, 1756.

respect, respecter

Du latin *respectus*, regard en arrière, d'où le recours, l'égard. Du latin *respectare*, regarder en arrière, d'où prendre en considération.

■ On n'y respecte rien, chacun y parle haut, / Et c'est tout justement la cour du roi Pétaud.

MOLIÈRE, *Le Tartuffe*, 1664.

■ Guillou. — ... C'est une grand artiste ! / Georges. — Une grande artiste ? Toujours ton respect ! Ton respect à tort et à travers. Ah ! si tu pouvais être un peu rebelle. Une grande artiste ? Tu l'as vu jouer ? / Guillou. — Non, mais c'est marqué sur le journal.

Henry DE MONTHERLANT, *Fils de personne*, © Gallimard, 1943.

respirer

Du latin *respirare*, renvoyer en soufflant, exhaler, composé de *re-* et *spirare*, souffler.

■ Je vous reproche de ne pas respirer à la hauteur où je respire.

Henry DE MONTHERLANT, *La Reine morte*, © Gallimard, 1942.

responsable

De *responsum*, du latin *respondere*, se porter garant.

■ Il se sait responsable, et il ne veut pas que cette foule puisse lui demander compte un jour de ce qu'il lui aura enseigné. Le poète aussi a charge d'âmes.

Victor HUGO, *Lucrèce Borgia*, 1833.

Et dans les dictionnaires anciens...

■ Les rois sont responsables des iniquités de leurs ministres et des souffrances des peuples.

Maurice LACHÂTRE, *Dictionnaire français illustré*, 1856.

ressemblance, ressembler

Composé de *re-* et *sembler*, du bas latin *similare*, de *similis*, semblable.

■ Quand sur une personne on prétend se régler, / C'est par les beaux côtés qu'il lui faut ressembler.

MOLIÈRE, *Les Femmes savantes*, 1672.

■ Peut-être que tous les types, départis chacun spécialement à chaque race d'animaux, se retrouvent dans l'homme. Les physionomistes ont constaté des ressemblances physiques ; qui peut nier les ressemblances morales ?

George SAND, *Histoire de ma vie*, 1855.

■ Femme tu mets au monde un corps toujours pareil / Le tien / Tu es la ressemblance

Paul ÉLUARD, *Facile*, © Gallimard, 1935.

Et les pensées de...

■ Plus un homme ressemble aux autres, plus il met un point d'honneur à se considérer comme différent.

Pierre DANINOS, *Daninoscope*, © Presses de la cité, 1963.

ressentir

Construit au XIIIe avec *sentir*, du latin *sentire*, percevoir par les sens, juger.

■ Plus l'offenseur m'est cher, plus je ressens l'injure.

Jean RACINE, *La Thébaïde*, 1664.

■ Dans une république tout se ressent de la liberté publique.

Charle-Louis DE MONTESQUIEU, *De l'esprit des lois*, 1734.

ressource

Construit à partir de *resourdre*, rejaillir. Du latin *surgere*, se lever, jaillir en ancien français.

■ La vieillesse n'a plus rien de souple [...], elle n'a plus de ressource contre ses défauts.

FÉNELON, *Les Aventures de Télémaque*, 1669.

restaurer

Du latin *restaurare*, rebâtir, réparer.

■ Restaurer un édifice, ce n'est pas l'entretenir, le réparer ou le refaire, c'est le rétablir dans un état complet qui peut n'avoir jamais existé à un moment donné.

Eugène Emmanuel VIOLLET-LE-DUC, *Dictionnaire raisonné de l'architecture française du XIe au XVIe siècle*, 1854.

rester, reste(s)

Du latin *restare*, s'arrêter, de *stare*, se tenir debout.

■ Messieurs, ils meurent de faim dans vos terres, dans vos châteaux, dans les villes, dans les campagnes, à la porte et aux environs de vos hôtels ; nul ne court à leur aide ; hélas ; ils ne vous demandent que le superflu, quelques miettes de votre table, quelques restes de votre grande chère.

Jacques-Bénigne BOSSUET, *Sermon sur le Mauvais riche*, 1662.

■ Jupin pour chaque état mit deux tables au monde : / L'adroit, le vigilant et le fort sont assis / À la première ; et les petits / Mangent leur reste à la seconde.

Jean DE LA FONTAINE, *Fables*, *Livre X*, 1668-1694.

■ J'ai beau avoir la vue délicate, les bronches irritables, quelques dents menacées et la chevelure appauvrie, je sens plus encore ce qui me reste que ce qui me quitte, et je me trouve du nombre des heureux.

Henri-Frédéric AMIEL, *Journal intime*, 1847-1885.

résultat

Du latin scolastique *resultatum*, résultat. Attesté au XVIe.

■ Mon âme est le résultat de tous mes sens ; c'est une affaire difficile à concevoir et par conséquent à expliquer.

VOLTAIRE, *Lettres de Memmius à Cicéron*, 1771-1772.

■ De même que la création de tout instrument de production est le résultat d'une force collective, de même aussi le talent et la science dans un homme sont le produit de l'intelligence universelle et d'une science générale lentement accumulée par une multitude de maîtres...

Joseph PROUDHON, *Qu'est-ce que la propriété* (préface), 1840.

■ Léon était las d'aimer sans résultat.

Gustave FLAUBERT, *Madame Bovary*, 1857.

résumer

Du latin *resumere*, prendre de nouveau.

■ Résumer, c'est dénaturer, c'est trahir.

Julien GREEN, *Journal*, © Gallimard, 1949.

retard

Construit sur *retarder*, a remplacé progressivement *retardement*.

■ Ce méthodique itinéraire tenait ainsi compte de tout, et M. Fogg savait toujours s'il était en avance ou en retard.

Jules VERNE, *Le Tour du monde en quatre-vingts jours*, 1873.

■ Le bon saint Benoît ayant prévu quelque retard, déclare, dans sa règle, que l'on doit réciter un peu longuement, afin d'accorder aux traînards le temps d'arriver.

Joris-Karl HUYSMANS, *L'Oblat*, 1903.

▶ VOIR écrire, question.

retenir

Du latin *retinere*, composé de *re-* et *tenere*, arrêter.

■ Quiconque a beaucoup vu / Peut avoir beaucoup retenu.

Jean DE LA FONTAINE, *Fables*, « L'hirondelle et les petits oiseaux », 1668-1694.

Et dans les dictionnaires anciens...

■ On a beau se transplanter, on retient toujours l'accent du pays, & souvent les mœurs.

Antoine FURETIÈRE, *Dictionnaire universel*, 1690.

retiré, retirer, retirer (se)

Composé de *re-* et *tirer*, d'origine incertaine.

■ Crois-moi, retirons-nous hors de la multitude, / Et vivons désormais loin de la servitude / De ces palais dorés où tout le monde accourt.

RACAN, *Stances sur la retraite*, 1618.

■ Qu'heureux est le mortel qui, du monde ignoré / Vit content de soi-même en un coin retiré.

Nicolas BOILEAU, *Épîtres, VI*, 1677.

■ Simplifier sa vie jusqu'à la mutilation, jusqu'à la pétrification n'est pas le devoir. N'aspirer qu'à l'anéantissement, n'est pas de la sagesse. Se retirer du monde est un suicide inutile et peut-être coupable.

Henri-Frédéric AMIEL, *Journal intime*, 1847-1885.

■ Il y a des gens qui retirent volontiers ce qu'ils ont dit, comme on retire une épée du ventre de son adversaire.

Jules RENARD, *Journal*, posth. 1925.

retraite

De l'ancien français *retraire*, se retirer, du latin *trahere*, traire.

■ Tircis, il faut penser à faire la retraite ; / La course de nos jours est plus qu'à demi faite, / L'âge insensiblement nous conduit à la mort.

RACAN, *Stances sur la retraite*, 1618.

■ Une retraite honnête et tranquille à l'abri des passions des hommes et des siennes propres est le seul état qui convienne à un vrai philosophe.

FÉNELON, *Dialogue des morts*, 1692.

réunion

Construit à partir d'*union*, au XVe avec le sens de réconciliation.

■ Pascal a été géomètre et éloquent ; la réunion de ces deux grands mérites était alors bien rare.

VOLTAIRE, *Lettres philosophiques*, « Remarques sur les *Pensées* de Pascal », 1734.

Et dans les dictionnaires anciens...

■ Il faut travailler à la réunion des esprits, avant que de les vouloir faire transiger sur les différends.

Antoine FURETIÈRE, *Dictionnaire universel*, 1690.

réussir, réussite

De l'italien *riuscire*, ressortir, composé de *ri-* et *uscire*, sortir, en somme *s'en sortir*. De l'italien *riuscita*, issue.

■ Vous réussirez toujours quand vous aurez des louanges à donner.

MADAME DE MAINTENON, *Lettre au cardinal de Noailles*, 19 juillet 1698.

■ L'air de la réussite, quand il est porté d'une certaine manière, rendrait un âne enragé.

Albert CAMUS, *La Chute*, © Gallimard, 1956.

revanche

Avec le sens de *vengeance* jusqu'au XVIe. Dérivé de *vengier*, du latin *vindicare*, réclamer en justice.

■ Songe à ces petits Français, nés dans des maisons en deuil, à l'ombre de la défaite, nourris de ces pensées découragées, élevés pour une revanche sanglante, fatale, et peut-être inutile.

Romain ROLLAND, *Jean-Christophe*, © Albin Michel, 1909.

Et dans les dictionnaires anciens...

■ Jouer à couppe-cul, c'est jouer sans donner de revanche.

Antoine FURETIÈRE, *Dictionnaire universel*, 1690.

révéler

Du latin *revelare*, dévoiler, découvrir.

■ Il n'est point de secret que le temps ne révèle.

Jean RACINE, *Britannicus*, 1669.

rêver, rêve

D'origine incertaine, peut-être du gallo-roman *esvo*, vagabond.

■ Tels sont mes rêves. C'est toujours la raison humaine se débattant contre la douleur et l'impuissance. Un semblable sommeil abrège la vie au lieu de la prolonger.

George SAND, *Lélia*, 1833.

■ La vie est un sommeil, l'amour en est le rêve, / Et vous aurez vécu si vous avez aimé.

Alfred DE MUSSET, *À quoi rêvent les jeunes filles*, 1833.

■ Je fais souvent ce rêve étrange et pénétrant / D'une femme inconnue, et que j'aime et qui m'aime, / Et qui n'est, chaque fois, ni tout à fait la même / Ni tout à fait une autre, / et m'aime et me comprend.

Paul VERLAINE, *Poèmes saturniens*, 1866.

■ Goûtez tous les plaisirs et souffrez tous les maux ; / Et dites : c'est beaucoup et c'est l'ombre d'un rêve.

Jules LAFORGUE, *Stances*, 1901.

■ Lamartine rêve cinq minutes et il écrit une heure.

Jules RENARD, *Journal*, posth. 1925.

■ Les rêves sont la fiente / Du sommeil.

Jean COCTEAU, *Opéra*, 1925-1927.

■ J'ai tant rêvé de toi que mes bras habitués, en étreignant ton ombre, à se croiser sur ma poitrine ne se plieraient pas au contour de ton corps, peut-être.

Robert DESNOS, *À la mystérieuse*, © Gallimard, 1926.

■ J'aurai rêvé ma vie à l'instar des rivières / Vivant en même temps la source et l'océan / Sans pouvoir me fixer même un mince moment / Entre le mont, la plaine et les plages dernières.

Jules SUPERVIELLE, *Oublieuse mémoire*, © Gallimard, 1949.

■ J'ai rêvé, l'autre soir, d'îles plus vertes que le songe...

SAINT-JOHN-PERSE, *Amers*, © Gallimard, 1957.

Et dans les dictionnaires anciens...

■ *Resver*. Faire des songes extravagants, & particulièrement quand on est malade, ou en délire. On craint dans la fièvre le transport au cerveau, quand le malade commence à resver. [...] L'esprit de ce vieillard est usé, est affoibli, il ne fait plus que resver & que radoter.

Antoine FURETIÈRE, *Dictionnaire universel*, 1690.

Et les pensées de...

■ Dans ce rêve où je rêvais que je rêvais, je me voyais rêvant d'un autre rêve... Et dans cet autre rêve, un rêve en engendrait un autre, cet état de rêve faisait que chaque rêve en reflétait un autre à l'infini.

Pierre DAC, *Y'a du mou dans la corde à nœud*, © Le Cherche midi, 1995.

■ Rêve : naïf chaos de la raison abolie.

Jacques DOR, *Le Dico de ma langue à moi*, 1er mille, © Soir ailleurs, 2000.

▶ VOIR détruire, drogue, familial, haut, mot, océan, poison, voyage.

révolte

Construit à partir de *révolter*, de l'italien *rivoltare*, retourner, de *rivolgere*, retourner.

■ Ce qui dans un temps est une entreprise de héros, devient dans d'autres une révolte de séditieux.

VOLTAIRE, *Essai sur les mœurs et l'esprit des nations*, 1756.

■ Je suis le choix de la révolte. Je suis celui qui vit de tout ce qui les empêche de vivre.

Hervé BAZIN, *Vipère au poing*, © Grasset, 1954.

Et dans les dictionnaires anciens...

■ *Révolte* ou *Revoltement*. Séditieuse, traîtresse, méchante, apostatique, dangereuse, secrète, abandonnée.

Maurice DE LA PORTE, *Épithètes*, 1571.

révolution

Du latin *revolutio*, retour, déroulement, cycle.

■ Ce qu'il y a de plus frappant dans la Révolution française, c'est cette force entraînante qui courbe tous les obstacles. Son tourbillon emporte comme une paille légère tout ce que la force humaine a su lui opposer : personne n'a contrarié sa marche impunément.

Joseph DE MAISTRE, *Considérations sur la France*, 1796.

■ Par devant l'Europe, la France, sachez-le, n'aura jamais qu'un seul nom inexpiable, qui est son vrai nom éternel : LA RÉVOLUTION.

Jules MICHELET, *Le Peuple*, 1846.

■ Pour que la révolution soit, il ne suffit pas que Montesquieu la pressente, que Diderot la prêche, que Beaumarchais l'annonce, que Condorcet la calcule, qu'Arouet la prépare, que Rousseau la prémédite ; il faut que Danton l'ose.

Victor HUGO, *Les Misérables*, 1862.

■ C'est une idée assez commune que révolution et guerre sont filles de pauvreté.

ALAIN, *Propos*, © Gallimard, 1926.

■ La révolution comme l'acte religieux a besoin d'amour.

Pierre Jean JOUVE, *Sueur de sang* (préface), © Mercure de France, 1933.

■ Le mot de « Révolution » n'est pas pour nous, Français, un mot vague. Nous savons que la Révolution est une rupture, la Révolution est un absolu.

Georges BERNANOS, *La France contre les robots*, © Gallimard, 1953.

Et les pensées de...

■ La révolution, c'est comme un bicyclette : quand elle n'avance plus, elle tombe.

Extrait de Les Aventures de Rabbi Jacob, film de Gérard OURY, 1973.

▶ VOIR foule, boucher, faubourg, femme, moderne, oser, ouvrier, sorcière, vocable.

rhéteur

Du latin *rhetor*, orateur, du grec *rhêtôr*, orateur.

■ Ce fut pour le laniste [vendeur de gladiateurs] une bonne fortune, Quand il vit le rhéteur si robuste et si fort. / À porter la cuirasse on l'exerça d'abord, Puis on le mit bientôt à la règle commune, / Et Paulus, pour l'arène oubliant la tribune, / À son nouvel état se pliait sans effort.

Louis BOUILHET, *Melaenis, conte romain*, 1857.

rhétorique

Du latin *rhetorica*, du grec *rhêthorikê*, art de l'éloquence.

■ Que serait-ce si le peuple savait parler ? J'entends si la rhétorique, habile à plaider, ne se trouvait pas toujours au service des pouvcirs.

ALAIN, *Propos*, 1927.

▶ VOIR litote.

rhinocéros

Du grec *rhinokerôs*, composé de *rhinos*, nez, et de *keras*, corne d'un animal.

■ Jean. — Vous voyez le mal partout. Puisque ça lui fait plaisir de devenir rhinocéros, puisque ça lui fait plaisir ! Il n'y a rien d'extraordinaire à cela. / Bérenger. — Évidemment, il n'y a rien d'extraordinaire à cela. Pourtant, je doute que ça lui fasse tellement plaisir.

Eugène IONESCO, *Rhinocéros*, © Gallimard, 1958.

Et dans les dictionnaires anciens...

■ *Rhinocéros*. Cornu, ennemi de l'éléphant, indien, grand fauve, puissant, âne de l'Inde. [...] Cette grande beste [...] hait naturellement l'éléphant, contre lequel se préparant au combat, elle aiguise sa corne dure comme fer contre un roc, laquelle portant au mufle, tâche toujours de prendre l'éléphant par le ventre...

Maurice DE LA PORTE, *Épithètes*, 1571.

ricanement

De ricaner, de la forme normando-picarde *recaner*, braire, du francique *kinni*, mâchoire.

■ Ce qui enveloppa le monde pour finir, ce fut un grand ricanement. Ricanement d'une résonance profonde. On sentait que ça venait de loin et que ça irait partout. Mais savoir qui ricanait : le créateur, le destructeur ?

Géo NORGE, *Les oignons sont en fleur*, © Jacques Antoine, 1971.

riche, richesse(s)

Du francique *riki*, puissant.

■ Riches, portez le fardeau du pauvre, soulagez sa nécessité, aidez-le à soutenir les afflictions sous le poids desquelles il gémit ; mais sachez qu'en le déchargeant, vous travaillez à votre décharge.

Jacques-Bénigne BOSSUET, *Sermons*, 1643-1709.

■ La possession des richesses a des filets invisibles où le cœur se prend insensiblement.

Jacques-Bénigne BOSSUET, *Sermon sur la providence*, 1662.

■ Moins on a de richesses, et moins on a de peine. / C'est posséder les biens que savoir s'en passer.

Jean-François RÉGNARD, *Le Joueur*, 1696.

■ On est toujours riche, quand on a tout payé.

Louis-Sébastien MERCIER, *La Brouette du vinaigrier*, 1775.

■ Des riches en tous lieux le pauvre est dépendant.

André CHÉNIER, *Caïus Gracchus*, 1792.

■ Richesse : Tient lieu de tout, et même de considération.

Gustave FLAUBERT, *Le Dictionnaire des idées reçues*, posth. 1913.

Et dans les dictionnaires anciens...

■ Richesse est appelée fille de soin et de tristesse, mère des flatteurs, nourrice de tous maux, la corne d'Amalthée, le joyau d'honneur, la perle de prix, le souverain bonheur, et l'aiguillon des convoitises.

Maurice DE LA PORTE, *Épithètes*, 1571.

Et les pensées de...

■ Alors, le chemin de la richesse, c'est pas dur, je vais vous dire comment faut faire pour y aller : tu prends à droite, puis après tu prends à gauche, puis après tu prends en face, puis après tu prends derrière et quand t'auras pris partout tu seras bourré de pognon.

COLUCHE, *Et vous trouvez ça drôle ?*, © Le Cherche midi, 1998.

▶ VOIR embonpoint, environnement, fourmi, fourrure, honneurs, ivre, lettres, pacifique, paralysie, partisan, plaisir, renoncer, royaume, tard, velours, voyage.

ride

Construit à partir de *rider*, de l'ancien allemand *rîdan*, tordre.

■ Ses rides sur son front ont gravé son exploit.

CORNEILLE, *Le Cid*, 1636.

Et dans les dictionnaires anciens...

■ *Ride*. Vieille, renfrognée, vilaine, froncée, bossue, laide, repliée, sévère, plissée, frontale, enlaidie ou enlaidissante, fraisée.

Maurice DE LA PORTE, *Épithètes*, 1571.

ridicule

Du latin *ridiculus*, de *ridere*, rire.

■ Car enfin, je trouve qu'il est bien plus aisé de se guinder sur de grands sentiments, de braver en vers la Fortune, accuser les Destins, et dire des injustices aux Dieux, que d'entrer comme il faut dans le ridicule des hommes, et de rendre agréablement sur le théâtre les défauts de tout le monde.

MOLIÈRE, *La Critique de l'École des Femmes*, 1663.

■ Lorsqu'on arrive aux ridicules de l'amour-propre, ils se varient à l'infini, selon les habitudes et les goûts de chaque nation.

Germaine DE STAËL, *De l'Allemagne*, 1810.

▶ VOIR amoureux, constance, Europe, indulgence, jugement, lettres, maire, mari, odieux, ouvrir, pouvoir, raillerie, sens (bon), souris, usage, visage.

rien

Du latin *rem*, accusatif de *res*, chose.

■ Le rien veut être quelque chose et le quelque chose veut être tout.

Henri-Frédéric AMIEL, *Journal intime*, 1847-1885.

rigoureux, rigueur

Du latin *rigor*, dureté, rigidité.

■ L'arbitre choisi est un médiateur aimable et non un juge de rigueur [devant se prononcer selon la rigueur de la loi].

FÉNELON, *Les Aventures de Télémaque*, 1669.

■ Être doux pour tout autre et rigoureux pour soi.

Nicolas BOILEAU, *Satires*, 1660-1711.

■ La rigueur a produit la désobéissance.

Marie-Joseph CHÉNIER, *Philippe II*, 1844.

rime, rimer, rimeur

Du francique *riman*, de *rim*, série, nombre. Rimeur attesté au XVIe.

■ En m'ébattant je fais rondeaux en rimes : / Et en rimant bien souvent je m'enrime ; / Bref, c'est pitié d'entre nous rimailleurs, / Car vous trouvez assez de rime ailleurs, / Et quand vous plaît mieux que moi rimassez, / Des biens avez et de la rime assez.

Clément MAROT, *L'Adolescence clémentine*, « Petite Épître au Roi », 1532.

■ Mais moi, qu'un vain caprice, une bizarre humeur, / Pour mes péchés, je crois, fit devenir rimeur, / Dans ce rude métier où mon esprit se tue, / En vain, pour la trouver, je travaille et je sue.

Nicolas BOILEAU, *Satires, II*, 1663.

■ La rime est une esclave et ne doit qu'obéir.

Nicolas BOILEAU, *L'Art poétique*, 1674.

■ Rime : Ne s'accorde pas avec la raison...

Gustave FLAUBERT, *Le Dictionnaire des idées reçues*, posth. 1913.

■ Ô qui dira les torts de la Rime ! / Quel enfant sourd ou quel nègre fou / Nous a forgé ce bijou d'un sou / Qui sonne creux et faux sous la lime ?

Paul VERLAINE, *Jadis et Naguère*, « Art poétique », 1884.

Et les pensées de...

■ La rime est une modestie du génie. Il met au bout des vers ces lampions enfantins pour faire pardonner tout l'art qu'il a mis à l'intérieur.

Charles DANTZIG, *Dictionnaire égoïste de la littérature française*, © Grasset, 2005.

▶ VOIR ballade, dictionnaire, lasser, métallo, poésie, prose.

rire

Du latin populaire *ridere*, rire.

■ Mieux est de ris que de larmes écrire / Pour ce que rire est le propre de l'homme.

François RABELAIS, *Gargantua*, « Aux lecteurs », 1534.

■ Je veux rire sans repos, / De peur que la maladie / Un de ces jours ne me die [dise], / Me happant à l'impourvu : / « Meurs, galant : c'est trop vécu ! »

Pierre RONSARD, *Quatre Premiers Livres des Odes, II*, 1550.

■ Rira bien qui rira le dernier.

FLORIAN, *Fables, Livre IV*, « Les deux paysans et le nuage », 1792.

■ C'est une étrange entreprise que celle de faire rire les honnêtes gens.

MOLIÈRE, *La Critique de l'École des femmes*, 1663.

■ Ceux de qui la conduite offre le plus à rire / Sont toujours sur autrui les premiers à médire.

MOLIÈRE, *Le Tartuffe*, 1669.

■ Il faut rire avant que d'être heureux, de peur de mourir sans avoir ri.

Jean DE LA BRUYÈRE, *Les Caractères*, 1688.

■ J'ai ri, me voilà désarmé.

Alexis PIRON, *La Métromanie*, 1739.

■ La moitié des humains rit aux dépens de l'autre.

Philippe DESTOUCHES, *L'homme Singulier*, posth. 1764.

■ Je me presse de rire de tout, de peur d'être obligé d'en pleurer.

Pierre DE BEAUMARCHAIS, *Le Barbier de Séville*, 1777.

■ Il y a une belle vengeance dans le rire, contre le respect qui n'était pas dû.

ALAIN, *Système des Beaux-Arts*, © Gallimard, 1920.

■ Rire à chaudes larmes, pleurer à se tordre.

Jules RENARD, *Journal*, posth. 1925.

Et dans les dictionnaires anciens...

■ Ris [rire]. Amoureux, mignard, attrayant, doux, ou doucet, folâtre, plaisant, sucré, blandissant, sardonien, gracieux, démesuré, charmeur, friand, adouci, joyeux, beau, nectarien...

Maurice DE LA PORTE, *Épithètes*, 1571.

Et les pensées de...

■ On peut rire en A, en E, en O, en I ou en U. La tradition veut que le tempérament de ceux qui rient en A soit franc et ouvert, en E mélancolique, en O généreux et hardi, en I naïf et enfantin, en U hypocrite et misanthrope – mais cette tradition prête à rire.

Jean HAMBURGER,
Dictionnaire promenade, © Le Seuil, 1989.

▶ VOIR beau, boire, clown, comète, innocence, malade, masque, médire, orfraie, original, poésie, sourire, thème, fort en thème, triste, verre(s).

risque

Emprunté à l'italien *risco*, risque, sans doute du latin *resecum*, ce qui coupe, et qui est donc dangereux.

■ L'homme accepte toujours le risque ; il va moins au-devant de la mort à coup sûr.

Ernest RENAN, *L'Avenir des sciences*, 1890.

■ Peut-être chaque soir acceptons-nous le risque de vivre, en dormant, des souffrances que nous considérons comme nulles et non avenues parce qu'elles seront ressenties au cours d'un sommeil que nous croyons sans conscience.

Marcel PROUST, *Sodome et Gomorrhe*, 1922.

Et dans les dictionnaires anciens...

■ Le XVIe siècle le faisait féminin ; et, jusqu'en 1762, l'Académie, tout en faisant risque masculin, conservait le féminin dans la locution *à toute risque*.

Émile LITTRÉ, *Dictionnaire de la langue française*, 1863-1872.

rival

Du latin *rivalis*, de *rivus*, ruisseau et *rivales*, riverains qui tirent leur eau du même cours d'eau.

■ J'embrasse mon rival, mais c'est pour l'étouffer.

Jean RACINE, *Britannicus*, 1669.

■ Phèdre. — Œnone, qui l'eût cru ? J'avais une rivale. / Œnone. — Comment ? / Phèdre. — Hippolyte aime, et je n'en puis douter.

Jean RACINE, *Phèdre*, 1677.

rivière

Du bas latin *riparia*, de *ripa*, rive.

■ Les rivières sont des chemins qui marchent et qui portent où l'on veut aller.

Blaise PASCAL, *Pensées*, 1669.

robe

Du germanique *rauba*, butin, vêtement pris en butin.

■ Que tu me plais dans cette robe / Qui te déshabille si bien, / Faisant jaillir ta gorge en globe, / Montrant tout nu ton bras païen !

Théophile GAUTIER,
« À une robe rose », *L'Artiste*, 1850.

roi

Du latin *rex*, *regis*, roi.

■ C'est là qu'est assis le roi qui gouverne la douce France. Il a la barbe blanche, la tête toute fleurie, la taille noble, l'attitude majestueuse.

La Chanson de Roland, XIe s.

■ En vain, pour satisfaire à nos lâches envies, / Nous passons près des rois tout le temps de nos vies, / À souffrir des mépris, et ployer les genoux ; / Ce qu'ils peuvent n'est rien ; ils sont comme nous sommes, / Véritablement hommes / Et meurent comme nous.

MALHERBE, *Paraphrase du psaume CXLV*, 1627.

■ Pour grands que soient les rois, ils sont ce que nous sommes ; / Ils peuvent se tromper comme les autres hommes.

Pierre CORNEILLE, *Le Cid*, 1636.

■ De recourir aux rois vous seriez de grands fous. / Il ne les faut jamais engager dans vos guerres / Ni les faire entrer sur vos terres.

Jean DE LA FONTAINE, *Fables, Livre IV*,
« Le Jardinier et son Seigneur », 1668.

Et dans les dictionnaires anciens...

■ Un roi, qui s'occupe plus à augmenter son autorité qu'à faire un bon usage de ce que les lois lui ont donné, est un maître fâcheux pour ses sujets.

Gabriel GIRARD, *Synonymes françois*, 1736.

Et les pensées de...

■ Il était un roi d'Yvetot / Peu connu dans l'histoire ; / Se levant tard, se couchant tôt, / Dormant fort bien sans gloire, / Et couronné par Jeanneton / D'un simple bonnet de coton.

Pierre-Jean DE BÉRANGER,
Le Roi d'Yvetot, 1813.

▶ VOIR échecs (jeu), fer, flatter, flatteur, gueux, imprudence, littérature, luxe, majesté, majorité, midi, mie, océan, présent, respect, souvent, sujet (du roi), tragédie, vertu, vigne.

rôle

Du latin médiéval *rollus*, parchemin roulé, d'où au XVIe s. la partie d'un texte que doit dire un auteur.

■ – Vous jouez chez vous la comédie ?
– Témoin ce rôle encor qu'il faut que j'étudie.

Alexis PIRON, *La Métromanie*, 1739.

■ Mademoiselle Mars donne au rôle un développement immense. Elle y parcourt en quelques instants toute la gamme de son talent, du gracieux au sublime, du sublime au pathétique le plus déchirant.

Victor HUGO, *Hernani* (préface), 1830.

roman, romancier

Du latin médiéval *romanice*, en langue populaire, de *romanus*, romain, et dérivé de *romanz*, forme ancienne de roman.

■ Un roman est un miroir qui se promène sur une grande route. Tantôt il reflète à vos yeux l'azur des cieux, tantôt la fange des bourbiers.

STENDHAL, *Le Rouge et le Noir*, 1830.

■ J'aimais les romans à vingt ans, / Aujourd'hui, je n'ai plus le temps.

Alfred DE MUSSET, *Simone*, 1838.

■ L'histoire est un roman qui a été, le roman est de l'histoire qui aurait pu être.

Edmond et Jules GONCOURT,
Idées et sensations, 1866.

■ Romans : Pervertissent les masses. Sont moins immoraux en feuilletons qu'en volume. Seuls les romans historiques peuvent être tolérés parce qu'ils enseignent l'Histoire. Il y a des romans écrits avec la pointe d'un scalpel – d'autres qui roulent sur la pointe d'une aiguille.

Gustave FLAUBERT,
Le Dictionnaire des idées reçues, posth. 1913.

■ Les historiens sont des raconteurs du passé, les romanciers des raconteurs du présent.

Jules et Edmond DE GONCOURT,
Journal, 1851-1896.

■ Le roman n'a d'autre but que de créer de la vie avec des mots, comme la peinture avec des couleurs.

Camille LEMONNIER,
Manifeste du Roman populiste, 1929.

■ L'extraordinaire du roman, c'est que pour comprendre le réel objectif, il invente d'inventer. Ce qui est menti dans le roman libère l'écrivain, lui permet de montrer le réel dans sa nudité.

Louis ARAGON, *Les Cloches de Bâle* (préface),
© Gallimard, 1934.

■ Il n'y a que dans les romans qu'on change d'état ou qu'on devient meilleur.

Albert CAMUS,
Le Mythe de Sisyphe, © Gallimard, 1943.

■ Un roman, c'est un miroir : tout le monde le dit. Mais qu'est-ce qu'un roman ? Je crois que c'est sauter dans le miroir.

Jean-Paul SARTRE, *Situations I*,
© Gallimard, 1947.

Et dans les dictionnaires anciens...

■ Les romans gâtent le goût des jeunes personnes ; elles en préfèrent le merveilleux outré au naturel simple de la vérité.

Gabriel GIRARD, *Synonymes françois*, 1736.

Et les pensées de...

■ Un des plaisirs du roman consiste à inventer des personnages passionnés par des choses dont le romancier se fout.

Charles DANTZIG, *Dictionnaire égoïste
de la littérature française*, © Grasset, 2005.

▶ VOIR adulte, bravoure, héros, histoire, journal (intime), journalisme, livre, paysan, peinture, philosophe, poncif, populiste, rat, sujet (de discussion), vérité.

romantique

De l'anglais *romantic*, ce qui caractérise le roman et qui parle à l'imagination.

■ Le romantique a la nostalgie, comme Hamlet ; il cherche ce qu'il n'a pas, et jusque par-delà les nuages ; il rêve, il vit dans les songes.

SAINTE-BEUVE, *Causeries du Lundi*, 12 avril 1858.

■ Le romantique, par le faste qu'il apporte dans l'expression, tend toujours à paraître plus ému qu'il ne l'est en réalité, de sorte que chez nos auteurs romantiques sans cesse le mot précède et déborde l'émotion et la pensée.

André GIDE, *Incidences*, © Gallimard, 1924.

▶ VOIR classique, romanticisme, classicisme.

Rome, romain

■ Rome, l'unique objet de mon ressentiment ! / Rome, à qui vient ton bras d'immoler mon amant / Rome, qui t'a vu naître, et que ton cœur adore ! Rome enfin, que je hais parce qu'elle t'honore !

Pierre CORNEILLE, *Horace*, 1640.

■ Vous avez sans doute admiré dans les paysages de Claude Lorrain cette lumière qui semble idéale eh plus belle que nature ? et bien, c'est la lumière de Rome.

François-René DE CHATEAUBRIAND, *Lettre sur la campagne romaine*, 1803.

■ Honte à qui peut chanter pendant que Rome brûle, / S'il n'a l'âme et la lyre et les yeux de Néron.

Alphonse DE LAMARTINE, *Poésies diverses*, « À Némésis », 1831.

Et dans les dictionnaires anciens...

■ *Rome*. Capitale du monde, orgueilleuse, triomphante, ancienne, glorieuse, romuléanne, noble, puissante, fameuse, superbe, magnifique, ornement du monde, papale. [...]
Romains. Belliqueux, superbes, albaniens, graves, ambitieux, martiaux, indomptables, dominateurs du monde, ausoniens, redoutés, invincibles.

Maurice DE LA PORTE, *Épithètes*, 1571.

rompre

Du latin *rumpere*, briser avec force.

■ Je plie, et ne romps pas.

Jean DE LA FONTAINE, *Fables*, « Le Chêne et le Roseau », 1668.

■ On a bien de la peine à rompre quand on ne s'aime plus.

François DE LA ROCHEFOUCAULD, *Réflexions ou Sentences et maximes morales*, 1664.

rond

Du latin vulgaire *retundus*, de *rota*, roue.

■ Il y avait un homme [Pascal] qui, à douze ans, avec des barres et des ronds avait créé les mathématiques.

François-René DE CHATEAUBRIAND, *Le Génie du christianisme*, 1802.

■ Nous vîmes à la porte d'un beau château des paysans de l'un et l'autre sexe qui dansaient en rond et se réjouissaient.

Alain René LESAGE, *L'Histoire de Gil Blas de Santillane*, 1715-173.

Et dans les dictionnaires anciens...

■ Tout l'Univers est appelé poétiquement, la machine ronde.

Antoine FURETIÈRE, *Dictionnaire universel*, 1690.

rose (fleur)

Du latin *rosa*, rose.

■ Prends cette rose aimable comme toi, / Qui sert de rose aux roses les plus belles, / Qui sert de fleur aux fleurs les plus nouvelles, / Dont la senteur me ravit tout de moi.

Pierre DE RONSARD, *Amours de Cassandre*, 1578.

■ Mais elle était du monde, où les plus belles choses / Ont le pire destin : / Et rose elle a vécu ce que vivent les roses, / L'espace d'un matin.

François DE MALHERBE, *Consolation à Monsieur du Périer... sur la mort de sa fille*, 1598.

■ Aujourd'hui, l'horticulture cherche la rose alanguie, aux feuilles floches et tombantes. Dans ce genre est exposée une merveille : la rose appelée Madame Cornelissen, une rose à l'enroulement lâche, au tuyautage desserré, au contournement mourant, une rose où il y a dans le dessin comme l'évanouissement d'une syncope, une rose névrosée, la rose décadente des vieux siècles.

Jules et Edmond DE GONCOURT, *Journal*, 1851-1896.

■ Ce n'est point parce qu'il y a une rose sur le rosier que l'oiseau s'y pose : c'est parce qu'il y a des pucerons.

Jules RENARD, *Journal*, posth. 1925.

Et dans les dictionnaires anciens...

■ On dit aussi d'une fille qui a perdu sa fleur de virginité, qu'elle a perdu la plus belle rose de son chapeau.

Antoine FURETIÈRE, *Dictionnaire universel*, 1690.

▶ VOIR mignonne.

rose

De la *rose*, du latin *rosa*.

■ Césarine, fraîche et rose comme une jeune fille est rose et fraîche à dix-huit ans, blonde et mince, les yeux bleus, offrait au regard de l'artiste cette élasticité, si rare à Paris, qui fait rebondir les chairs les plus délicates, et nuance d'une couleur adorée par les peintres le bleu des veines dont le réseau palpite dans les clairs du teint.

Honoré DE BALZAC, *César Birotteau*, 1837.

■ Seule la rose est assez fragile pour exprimer l'éternité, un certain rose qui est moins une couleur qu'une respiration...

Paul CLAUDEL, *Poésies diverses*, « Cent phrases pour éventails », 1952.

Et les pensées de...

■ Le rose est une des couleurs les plus controversées, provoquant des rapports subjectivement passionnels, de la fascination et l'amour inconditionnel, à la répulsion la plus totale.

Annie MOLLARD-DESFOUR, *Le Dictionnaire des mots et expressions de couleur du XXe siècle*, « Le Rose », © CNRS éd., 2002.

roseau

De l'ancien français *raus* ou *ros*, du germanique *raus*, jonc.

■ L'homme n'est qu'un roseau, le plus faible de la nature ; mais c'est un roseau pensant. Il ne faut pas que l'univers entier s'arme pour l'écraser : une vapeur, une goutte d'eau, suffit pour le tuer.

Blaise PASCAL, *Pensées*, 1669.

■ Un petit roseau m'a suffi / À faire chanter la forêt...

Henri DE RÉGNIER, *Les Jeux rustiques et divins*, 1897.

rosée

Du latin populaire *rosata*, de *ros*, *roris*, rosée.

■ Les moissons pour mûrir ont besoin de rosée ; / Pour vivre et pour sentir, l'homme a besoin des pleurs...

Alfred DE MUSSET, *La Nuit d'octobre*, 1837.

Et dans les dictionnaires anciens...

■ De la rosée putréfiée au Soleil il se forme plusieurs insectes, qui se changent d'une espèce en une autre.

Antoine FURETIÈRE, *Dictionnaire universel*, 1690.

rossignol

De l'ancien provençal *rossinhol*, du latin populaire *lusciniolus*, rossignol.

■ Rossignol mon mignon, qui par cette saulaie / Vas seul de branche en branche à ton gré voletant, / Et chantes à l'envi de moi qui vais chantant / Celle qu'il faut toujours que dans la bouche j'ai, / Nous soupirons tous deux.

Pierre DE RONSARD, *Pièces retranchées des Amours de Marie*, 1556.

■ En effet, si vous ne le savez pas, je vous apprends qu'il y autant de différence de rossignol à rossignol que de poète à poète.

Jean-Louis GUEZ DE BALZAC, *Lettres*, 1624.

■ Ce rossignol mélancolique / Du souvenir de son malheur, / Tâche de charmer sa douleur, / Mettant son histoire en musique.

Tristan L'HERMITE, *Amours*, « Le Promenoir des deux amants », 1648.

■ Un rossignol ! C'est-à-dire l'invisible témoin des rendez-vous d'amour qu'invoquait Juliette sur son balcon ; cette musique du ciel accordée aux baisers des hommes...

Guy DE MAUPASSANT, *Contes et nouvelles*, 1881.

■ Isolés dans l'amour ainsi qu'en un bois noir, / Nos deux cœurs, exhalant leur tendresse paisible, / Seront deux rossignols qui chantent dans le soir. / Arbres mes beaux enfants séparés dans la mort / La saison est au rossignol

Salah STÉTIÉ, *Inversion de l'arbre et du silence*, © Gallimard, 1980.

roue

En ancien français, *rode*, puis *roe*, du latin *rota*.

■ D'un carrosse, en tournant, il accroche une roue, / Et du choc le renverse en un grand tas de boue.

Nicolas BOILEAU, *Satires*, 1660-1711.

Et dans les dictionnaires anciens...

■ *Roue*. Tournante ou tournoyante, mobile, radieuse, ferrée, instable, précipiteuse, légère, criquante, agile, oblique.

Maurice DE LA PORTE, *Épithètes*, 1571.

rouge, rougir

Du latin *rubeus*, roux, de *rubere*, être rouge. Rougir, attesté au XIIe, construit sur *rouge*.

■ Au visage, sur l'heure un rouge m'est monté.

MOLIÈRE, *Les Fâcheux*, 1661.

■ Celui qui sait rougir aime encor la vertu.

Marie-Joseph CHÉNIER, *Le Chant du départ*, « Timoléon », 1794.

■ Pareil au foyer que l'huile exaspère, / Son courroux croissait, rouge, et l'on aurait dit d'une lionne à l'âpre forêt / Communiquant sa terrible colère.

Paul VERLAINE, *Poèmes saturniens*, 1866.

■ Il y a beau jour que j'ai renoncé à rougir de ma vanité, et même à m'en corriger. De tous mes défauts, c'est celui qui m'amuse le plus.

Jules RENARD, *Journal*, posth. 1925.

Et les pensées de...

■ Le rouge du XXe siècle est resté une couleur ambiguë, non consensuelle, rassemblant en elle le meilleur comme le pire... Mais de quels rouges sera fait le XXIe siècle ?

Annie MOLLARD-DESFOUR, *Le Dictionnaire des mots et expressions de couleurs*, « Le Rouge », © CNRS éd., 2000.

■ Rouge : couleur de la doublure à l'intérieur de l'homme. L'homme doit prendre garde à ne pas la déchirer.

Jacques DOR, *Le Dico de ma langue à moi*, 2e mille, © Soir ailleurs, 2005.

rouler (se faire)

De l'ancien français *rouelle*, petite roue, ou de *rôle*, tous deux du latin *rota*, roue.

■ Cependant qu'il me roulait dans la farine grise de ses protestations et de ses mensonges, je l'imaginais dans le rôle de Tartuffe.

Léon DAUDET, *Au temps de Judas*, 1920.

Et les pensées de...

■ Je me suis tout le temps fait rouler quand j'étais gosse. On m'disait par exemple : « Mets pas tes doigts dans ton nez ! », puis finalement mes doigts ont grandi en même temps que mon nez, ça s'est très bien passé.

COLUCHE, *Ça roule, ma poule*, © Le Cherche midi, 2002.

route, routier

Du latin populaire *rupta*, de *via rupta*, voie ouverte. *Routier* vient de la *route*, désignant aussi la bande de soldats au Moyen Âge.

■ C'était un vieux routier, il savait plus d'un tour.

Jean DE LA FONTAINE, *Fables*, *Livre III*, « Le Chat et un vieux Rat », 1668-1694.

■ Nous faisons ici-bas des routes incertaines.

Jean-François RÉGNARD, *Le Joueur*, 1696.

■ Ne porte point envie à ceux qu'un autre vent / Sur les routes du monde a conduits plus avant.

Alphonse DE LAMARTINE, *Les Harmonies poétiques et religieuses*, 1830.

■ Et remarquez-le bien, là où un nigaud discute, souvent un vieux routier change la conversation.

ALAIN, *Propos*, © Gallimard, 1913.

▶ VOIR chemin, fil, hallucination, lâcher, partout, poli, roman, seul, tendre, voie.

royaume

De l'ancien français *reiame*, État gouverné par un roi, du latin *regimen, -inis*, direction, action de régir.

■ C'est le nombre du peuple et l'abondance des aliments qui font la vraie force et la vraie richesse d'un royaume.

FÉNELON,
Les Aventures de Télémaque, 1669.

▶ VOIR empire.

rue

Du latin *ruga*, ride, qui par métaphore a désigné le chemin.

■ Pour dormir dans la rue on n'offense personne.

Jean RACINE, *Les Plaideurs*, 1668.

■ On rencontrait [au XVIIe siècle] un enfant dans la rue, pourvu qu'il eût quinze ans et qu'il ne sût où coucher, on l'envoyait aux galères.

Victor HUGO,
Les Misérables, 1862.

Et les pensées de...

■ Comme je ne connais personne, j'essaye d'attirer l'attention dans la rue, car il n'y a que là qu'on puisse me remarquer.

Emmanuel BOVE,
Mes amis, © Flammarion, 1931.

▶ VOIR accordéon, insecte, instituteur, logement, mal, meilleur, moquer (se), musée, parole, pavé, poète, unanime, voyage.

ruine, ruiner

Du latin *ruina*, chute, écroulement. De *ruere*, tomber, s'écrouler.

■ Science sans conscience n'est que ruine de l'âme.

François RABELAIS,
Pantagruel, 1542.

■ Mais souvent un instant ruine une entreprise.

Jean DE ROTROU, *Bélisaire*, 1642.

■ Les idées que les ruines réveillent en moi sont grandes. Tout s'anéantit, tout périt, tout passe. Il n'y a que le monde qui reste. Il n'y a que le temps qui dure.

Denis DIDEROT, *Salon*, 1707.

■ Tous les hommes ont un secret attrait pour les ruines. Ce sentiment tient à la fragilité de notre nature, à une conformité secrète entre ces monuments détruits et la rapidité de notre existence.

François-René DE CHATEAUBRIAND,
Le Génie du christianisme, 1802.

■ La mort est inscrite dans les hommes, la ruine est inscrite dans les choses.

Jean-Paul SARTRE,
Sursis, © Gallimard, 1945.

Et dans les dictionnaires anciens...

■ *Ruine-peuple*. Se dit des choses qui ruinent une nation, et des gens qui s'enrichissent à ses dépens.

Maurice LACHÂTRE,
Dictionnaire français illustré, 1856.

▶ VOIR château, aller.

ruisseau

Du latin populaire *rivuscellus*, diminutif, de *rivus*, petit cours d'eau.

■ Je suis comme les petits ruisseaux ; ils sont transparents parce qu'ils sont peu profonds...

VOLTAIRE, *Correspondance*,
« Lettre à M. Pitot », 20 juin 1737.

■ Les ruisseaux n'ont jamais que des bruits susurreurs / Dans leur tout petit lit qui serpente et qui vague, / Et l'on n'entend sortir qu'un murmure très vague / Des étangs recueillis sous les saules pleureurs.

Maurice ROLLINAT, *Les Névroses*, 1883.

■ Le vent rafraîchissant, c'est-à-dire une brise fraîche, agitait les feuilles des arbres avec un bruissement à peu près semblable à celui que faisait le bruit des eaux argentées du ruisseau qui coulait à mes pieds. Les fougères courbaient leur front vert devant le vent. Je m'endormis, non sans m'être abreuvé de l'eau du ruisseau.

Arthur RIMBAUD,
Premières proses, (1871), *Poésies*, 1895.

▶ VOIR futile.

ruse

De *ruser*, reculer, repousser, du latin *recusare*, refuser.

■ Ce n'est plus que la ruse aujourd'hui qui l'emporte.

MOLIÈRE, *Le Misanthrope*, 1667.

■ À la ruse on peut bien se prêter décemment, / Lorsque l'hymen en doit être le dénouement.

Philippe DESTOUCHES, *L'Homme singulier*, posth. 1764.

Et dans les dictionnaires anciens...

■ Les gens d'honneur n'usent point de ruse, ni de supercherie.

Antoine FURETIÈRE,
Dictionnaire universel, 1690.

rythme

Réfection de *rime*, du latin *rhythmus*, mouvement régulier, cadence.

■ Je vise comme style à l'idéal de la conversation naturelle, ce qui n'est pas très commode quand on veut donner au langage de la fermeté et du rythme.

Gustave FLAUBERT, *Correspondance*, 1873.

■ Seul le rythme provoque le court-circuit poétique et transmue le cuivre en or, la parole en verbe.

Léopold Sédar SENGHOR,
Éthiopiques (préface), © Le Seuil, 1956.

■ Qu'est-ce que le *rythme* ? C'est l'architecture de l'être, le dynamisme interne qui lui donne forme, le système d'ondes qu'il émet à l'adresse des *autres*, l'expression de la Force Vitale. Le rythme, c'est le choc vibratoire, la force qui, à travers les sens, nous saisit à la racine de l'*être*.

Léopold Sédar SENGHOR,
Ce que l'homme noir apporte (1939),
in *Liberté I*, © Le Seuil, 1964.

s

■ Il prononçait les *s* comme des *f*, à la façon d'un écolier perdu dans un de ces livres anciens où les deux lettres se ressemblent. Il disait : « L'inftitut nafional. »

Georges DUHAMEL, *Le Notaire du Havre*, © Mercure de France, 1933.

Et dans les dictionnaires anciens...

■ L'S [...] est une des lettres qui varie le plus dans la prononciation lorsqu'elle précède une autre consonne, parce que tantost elle se prononce fortement, comme dans les mots peste, veste, funeste ; tantost elle ne sert qu'à allonger la prononciation de la syllabe, comme dans ces mots teste, tempeste ; Quelquefois elle ne produit aucun effet dans la prononciation, comme en ces mots, espée, esternuer.

Dictionnaire de l'Académie française, Préface de la première édition, 1694.

sable

Du latin sabulum, gros sable, gravier.

■ On entre dans une espèce de désert de sable rouge, accumulé en vagues énormes et mobiles comme celles de l'océan.

Alphonse DE LAMARTINE, *Voyage en Orient*, 1835.

Et dans les dictionnaires anciens...

■ Sable ou Sablon, Aréneux, blanc, infertile doré, humide, poudreux, délié, blond ou blondissant, menu, jaune, stérile, pesant, graveleux, sec, maigre, rivager...

Maurice DE LA PORTE, *Épithètes*, 1571.

sabot

D'origine incertaine. D'abord *çabot*, toupie. Probablement croisement avec *savate* du poitevin *bot*, chaussure de bois.

■ Sabots : Un homme riche qui a eu des commencements difficiles est toujours venu à Paris, en sabots.

Gustave FLAUBERT, *Le Dictionnaire des idées reçues*, posth. 1913.

sacerdoce

Issu du latin *sacerdotium*, de *sacerdos*, prêtre.

■ Sacerdoce : L'art est un sacerdoce. La médecine aussi. Le journalisme. Le notariat – et généralement toutes les professions.

Gustave FLAUBERT, *Le Dictionnaire des idées reçues*, posth. 1913.

sacré

De *sacrum*, sacré, par opposition à *profanum*, profane.

■ Toute chose sacrée et qui veut demeurer sacrée s'enveloppe de mystère. Les religions se retranchent à l'abri d'arcanes dévoilés au seul prédestiné : l'art a les siens... J'ai souvent demandé pourquoi ce caractère nécessaire a été refusé à un seul art, au plus grand. Je parle de la poésie...

Stéphane MALLARMÉ, *L'Artiste*, 1862.

sacrifice

Du latin *sacrificium*, terme religieux signifiant offrande à la divinité. D'abord, *sacrefise*, puis *sacrifise*.

■ Il est doux pour un véritable amant de faire des sacrifices qui lui sont tous comptés.

Jean-Jacques ROUSSEAU, *Julie ou La Nouvelle Héloïse*, 1761.

sage, sagesse

Altération du latin classique *sapidus*, qui a du goût, dérivé de *sapere*, savoir.

■ À force de sagesse, on peut être blâmable ; / La parfaite raison fuit toute extrémité, / Et veut que l'on soit sage avec sobriété.

MOLIÈRE, *Le Misanthrope*, 1666.

■ On n'est jamais trop vieux pour devenir plus sage.

Philippe DESTOUCHES, *Le Dissipateur*, 1753.

■ Il y a plus de fous que de sages, et dans le sage même il y a plus de folie que de sagesse.

Nicolas DE CHAMFORT, *Maximes et pensées, caractères et anecdotes*, 1795.

■ À force de broncher [faire des faux pas] on marche en sûreté : / Il faut enfin pour être vraiment sage / Ne l'avoir pas toujours été.

Barthélémy IMBERT, *Le Jaloux sans amour*, 1819.

■ Un sage avec lenteur doit tout approfondir.

Marie-Joseph CHÉNIER, *Nathan le Sage*, 1844.

■ On fait fi de la vie jusqu'au moment où elle décline, et c'est sa défaillance qui nous apprend sa valeur. J'ai trop raillé le bon sens. Si jeunesse savait, si vieillesse pouvait ! – la compensation du déclin, c'est la sagesse.

Henri-Frédéric AMIEL, *Journal intime*, 1847-1883.

Et dans les dictionnaires anciens...

■ L'homme sage est *attentif* à sa conduite, *exact* à ses devoirs, et *vigilant* sur ses intérêts.

Gabriel GIRARD, *Synonymes françois*, 1756.

Et les pensées de...

■ Hélas, à ceux qui mènent le monde, la science ne peut fournir les clés de la sagesse.

Jean HAMBURGER, *Dictionnaire promenade*, © Le Seuil, 1989.

▶ VOIR changement, démontrer, dent, douleur, folie, fou, ignorance, indifférence, instituteur, ministre, mode, mort, plume, prudence, question, raison, sérieux, sobriété, substantifique, taire (se), tout, trésor, usage, volage, vulgaire, zèle.

sahara

De l'arabe *sahrā*, le désert.

■ Ainsi : le Sahara est une impasse ! Et quand le vent tombe. Brusquement. Brutalement même. Le Sahara, alors, est le concept même de l'immobilité. Une foudroyante immobilité.

Rachid BOUDJEDRA, *Cinq fragments du désert*, © L'Aube, 2001.

Et les pensées de...

■ Les technocrates si on leur donnerait le Sahara, dans cinq ans il faudrait qu'ils achètent du sable ailleurs.

COLUCHE, *Pensées et anecdotes*, © Le Cherche midi, 1995.

sain

Du latin *sanus*, bien portant, aussi bien physiquement que moralement.

■ Nulle créature n'est heureuse si elle n'est saine ; et c'est la même chose à l'égard de l'âme [...].

Jacques-Bénigne BOSSUET, *Sermons*, « Sur la Providence », 1643-1702.

■ Le pain de la charité est plus sain que celui de la prostitution.

François-René DE CHATEAUBRIAND, *Le Génie du christianisme*, 1802.

saison

Construit à partir de *satio*, semailles, du verbe *serere*, semer.

■ Ô saisons, ô châteaux ! / Quelle âme est sans défauts ? / J'ai fait la magique étude / Du bonheur, qu'aucun n'élude.

Arthur RIMBAUD, *Une saison en enfer*, 1873.

▶ VOIR cieux.

salaire

Du latin *salarium*, dérivé de *sal*, qui désignait d'abord la ration de sel donnée aux soldats, puis la somme qui leur était allouée pour l'acheter.

■ Un radin d'ailleurs, ce compère, qui m'agréa pour un tout petit salaire, mais avec un contrat et des clauses longues comme ça, toutes à son avantage évidemment. Un patron en somme.

Louis-Ferdinand CÉLINE, *Voyage au bout de la nuit*, 1932.

salaud(e), salop(e)

Salop, construit à partir de *salope*, femme sale, probablement de *sale* et *hoppe*, la huppe connue pour sa saleté. *Salaud, salaude* sont construits sur *sale*.

■ Comment voulez-vous que ça marche, quand il y a tant de salopes et tant de coquins sur la terre ?

Émile ZOLA, *La Terre*, 1887.

■ Comme je lui disais : « Vous êtes un beau salaud », il me répondit en riant : « Eh bien ! ça me fait une personnalité. »

Henry DE MONTHERLANT, *Le Démon du bien*, © Gallimard, 1937.

sale

Issu du francique *salo*, trouble, terne.

■ Il y a des âmes sales, pétries de boue et d'ordure, éprises du gain et de l'intérêt, comme les belles âmes le sont de la gloire et de la vertu.

Jean DE LA BRUYÈRE, *Les Caractères*, « Des biens de fortune », 1688.

Et dans les dictionnaires anciens...

■ Les chambres des Collèges sont sales & malpropres. Les Bouchers, les Épiciers ont des habits sales, gras & crasseux.

Antoine FURETIÈRE, *Dictionnaire universel*, 1690.

sandwich

Inventé par le cuisinier du comte anglais de Sandwich, pour lui éviter de quitter sa table de jeux.

■ Je retrouve au salon de vieilles Anglaises du corps diplomatique, de mûres et fades créatures, à exclamations bêtes, à monosyllabes inintelligentes à travers le lapement d'une tasse de thé et la déglutition d'un sandwich.

Jules et Edmond DE GONCOURT, *Journal*, 1851-1896.

Et les pensées de...

■ Pendant dix ans avant d'être connu j'étais comédien, je mangeais des sandwichs, parce que j'avais pas de ronds. Puis après j'ai mangé des sandwichs parce que je n'avais plus le temps de becter, ce qui fait que en fait j'ai été nourri entièrement au sandwich.

COLUCHE, *Et vous trouvez ça drôle ?*, © Le Cherche midi, 1998.

sang

Issu du latin classique *sanguen*, de *sanguis, sanguinis*, sang qui coule par opposition à *cruor*, sang coagulé.

■ Les coupables mortels, / Se baignent dans le sang, et tremblent aux autels.

VOLTAIRE, *Oreste*, 1750.

■ Le sorbier rouge qu'assiège / Plus d'un loriot en passant, / Fait pleuvoir ses grains sur la neige ; / On dirait des gouttes de sang.

Louis BOUILHET, *Dernières chansons*, 1869.

■ La terre tourne / La terre n'arrête pas de tourner / Le sang n'arrête pas de couler / Où s'en va-t-il tout ce sang répandu ?

Jacques PRÉVERT, *Paroles*, © Gallimard, 1946.

▶ VOIR dormir, fièvre, gouverner, halles, horizon, lait, laitue, lèvres, paix, parole, partisan, pigeon, poulpe, plein temps, prompt, question, revanche, soldat, sottise, tragédie, tyran, vide.

sanglier

Du latin *singularis porcus*, porc qui vit seul, devenu, *sangler* jusqu'au milieu du XVIe s.

■ D'où vient le mot de sanglier ? De *singularis*. *Singularis porcus*. Le porc qui préfère être seul. / Qui ne veut pas être rose. / Le porc qui déteste le *happy end*. / Qui préfère au *happy end* le fond de la forêt. Qui entend rester seul au fond du fond du monde. Le solitaire loin des marcassins, des périphériques, des laies.

Pascal QUIGNARD, *Vie secrète*, © Gallimard, 1998.

sanglot

Construit à partir de *gluttire*, avaler, du latin classique *singultus*, hoquet.

■ Les sanglots longs / Des violons / De l'automne / Blessent mon cœur / D'une langueur / Monotone.

Paul VERLAINE, *Poèmes saturniens*, « Chanson d'automne », 1866.

Et dans les dictionnaires anciens...

■ *Sanglots*. Tristes, profonds, arrachés, entre-suivis, amers, douloureux, haut-bruyants, âpres, soupirés...

Maurice DE LA PORTE, *Épithètes*, 1571.

▶ VOIR désespéré.

sans

Du latin *sine*, sans, auquel s'ajoute un -s adverbial. Au XIe s. : *sens* ou *seinz*.

■ Je n'ai vu dans le monde, disait M., que des dîners sans digestion, des soupers sans plaisir, des conversations sans confiance, des liaisons sans amitié et des coucheries sans amour.

Nicolas DE CHAMFORT, *Maximes et pensées, caractères et anecdotes*, 1795.

■ La grâce sans la loi, le pardon sans la colère, le paradis sans l'enfer sont démoralisants et même affadissants.

Henri-Frédéric AMIEL, *Journal intime*, 1847-1883.

santé

Du latin *sanitas*, santé du corps ou de l'esprit. Attesté en français au XIe siècle.

■ Le salut de l'homme est un trop grand mot pour moi. Je ne vais pas si loin. C'est sa santé qui m'intéresse, sa santé d'abord.

Albert CAMUS, *La Peste*, © Gallimard, 1947.

Et les pensées de...

■ Pourquoi se refaire une santé pendant l'été, si c'est pour reprendre le boulot à la rentrée ?

Pierre PERRET, *Les Pensées*, © Le Cherche midi, 1979.

■ L'homme de bonne santé oublie, heure après heure, sa condition singulière. Mais le voilà malade et tout est changé.

Jean HAMBURGER, *Dictionnaire promenade*, © Le Seuil, 1989.

▶ VOIR bonheur, écrit, guérison, hasard, inégalité, jeune, malade, odeur, régime, renoncer, sûr, vieillard, volonté.

sapin

Construit à partir du latin *sappinus*, arbre résineux, croisement probable du gaulois *sappus* et du latin classique *pinus*, pin.

■ Il était quelque part, un parc chargé de sapins noirs et de tilleuls, et une vieille maison que j'aimais.

Antoine DE SAINT-EXUPÉRY, *Terre des hommes*, © Gallimard, 1939.

Et dans les dictionnaires anciens...

■ Sapin. Haut, léger, ombreux, chevelu, droit, larmeux, odoreux, montueux, perruqué, audacieux, crépelu, résineux. [...] On l'estime grandement, étant propre à faire maisons, et antennes des navires, à cause de sa légèreté.

Maurice DE LA PORTE, *Épithètes*, 1571.

Satan

Emprunté au bas latin ecclésiastique *Satan* ou *Satanas*, du grec *Satan*, lui-même emprunté à l'hébreu *satan*, adversaire.

■ Et je ne pense pas que Satan en personne / Puisse être si méchant qu'une telle friponne.

MOLIÈRE, *L'École des maris*, 1661.

■ Il y a dans tout homme, à toute heure, deux postulations simultanées, l'une vers Dieu, l'autre vers Satan.

Charles BAUDELAIRE, *Mon cœur mis à nu*, 1862-1864.

■ Deux superbes satans et une diablesse non moins extraordinaire, ont, la nuit dernière, monté l'escalier mystérieux par où l'Enfer donne assaut à la faiblesse de l'homme qui dort.

Charles BAUDELAIRE, *Petits poèmes en prose*, 1867.

satisfaction

Du latin *satisfactio*, excuse, justification puis réparation.

■ Il y a des personnes si peu raisonnables, qu'on n'en peut avoir de satisfaction de quelque manière qu'on agisse avec eux.

Blaise PASCAL, *Les Provinciales*, 1656-1657.

saule

Issu du francique *salha*, à l'origine de la graphie *saule* qui s'est substituée à l'ancien français *saus*, du latin *salix*. Attesté au XIIIe s.

■ Mes chers amis, quand je mourrai, / Plantez un saule au cimetière, / J'aime son feuillage éploré, / La pâleur m'en est douce et chère, / Et son ombre sera légère / À la terre où je dormirai.

Alfred DE MUSSET, *Lucie*, 1835.

■ La connais-tu, Dafné, cette ancienne romance, / Au pied du sycomore, ou sous les lauriers blancs, / Sous l'olivier, le myrte, ou les saules tremblants, / Cette chanson d'amour qui toujours recommence.

Gérard DE NERVAL, *Chimères*, 1854.

▶ VOIR ruisseau, fleur.

sauvage

Salvage au XIIe s. Dérivé de *silva*, bois, forêt.

■ J'allais alors d'un pas plus tranquille chercher quelque lieu sauvage dans la forêt, quelque lieu désert où rien ne montrant la main des hommes m'annonçât la servitude et la domination, quelque asile où je pusse croire avoir pénétré le premier et où nul tiers importun ne vînt s'interposer entre la nature et moi.

Jean-Jacques ROUSSEAU, *Lettre à M. de Malesherbe*, 12 janvier 1762.

sauver

Du bas latin *salvare*, guérir, délivrer, dérivé de *salvus* bien portant, sauf.

■ Le plus grand effort de l'art consiste souvent à sauver [pallier] la difficulté.

Denis DIDEROT, *Les Salons*, « Salon de 1767 », 1759-1781.

■ Ce monde est un vaste naufrage : sauve qui peut ; mais je suis bien loin du rivage.

VOLTAIRE, *Lettre à Cideville*, 28 janvier 1754.

savant

Ancien participe présent de *savoir* (remplacé aujourd'hui par *sachant*).

■ Je consens qu'une femme ait des clartés de tout, / Mais je ne lui veux point la passion choquante / De se rendre savante afin d'être savante.

MOLIÈRE, *Les Femmes savantes*, 1663.

■ Que de savants forgent les sciences, cyclopes laborieux, ardents, infatigables, mais qui n'ont qu'un œil !

Joseph JOUBERT, *Pensées, essais, maximes et correspondances*, posth. 1838.

■ Le savant ne doit pas s'arrêter en chemin ; il doit toujours s'élever plus haut et tendre à la perfection ; il doit toujours chercher tant qu'il voit quelque chose à trouver. [...] Le savant n'a rien de mieux à faire que de marcher sans cesse, parce qu'il avance toujours.

Claude BERNARD,
Introduction à la médecine expérimentale, 1865.

■ Savants : Les blaguer. Pour être savant, il ne faut que de la mémoire et du travail.

Gustave FLAUBERT,
Le Dictionnaire des idées reçues, posth. 1913.

Et dans les dictionnaires anciens...

■ Les plus savants ne sont pas ceux qui ont le plus étudié, mais ceux qui ont le plus appris.

Gabriel GIRARD, *Synonymes françois*, 1756.

▶ VOIR langue, lexicographe, mathématicien, mystique, nuit, ouvrier, paysan, peuple, réfléchir, sot, soupe, synonyme.

savoir

Issu du latin *sapere*, avoir du goût, puis connaître, comprendre.

■ Savoir par cœur n'est pas savoir.

Michel DE MONTAIGNE, *Essais*, 1580-1595.

■ Sais-tu, pour savoir bien, ce qu'il nous faut savoir ? / C'est s'affiner le goût de connaître et de voir, / Apprendre dans le monde et lire dans la vie, / D'autres secrets plus fin que de philosophie, / Et qu'avec la science il faut un bon esprit.

Mathurin RÉGNIER, *Les Premières Œuvres de M. Régnier*, « Satire III », 1608.

■ Il est bien plus beau de savoir quelque chose de tout que de savoir tout d'une chose.

Blaise PASCAL, *Pensées*, 1669.

■ Peu d'esprits sont spacieux ; peu même ont une place vide et offrent quelque point vacant. Presque tous ont des capacités étroites et occupées par quelque savoir qui les bouche.

Joseph JOUBERT, *Pensées, essais, maximes et correspondances*, posth. 1838.

■ Il faut vraiment ne pas savoir ce qu'est la rate, le foie, pour presser carrément contre soi une créature humaine.

Jean GIRAUDOUX, *Bella*, © Grasset, 1926.

▶ VOIR découverte, gagner, génie, gens, habile, idée, ignorance, imaginer, instruction, lire, orthographe, premier, qualité, question, secret, sortir, Styx, tâter, vanter.

scandale

Emprunté au bas latin *scandalum*, obstacle, pierre d'achoppement, du grec *skandalon*, piège.

■ Il se trouve des misérables qui, parce qu'ils savent lire et écrire, croient se faire un état dans le monde en vendant des scandales à des libraires.

VOLTAIRE,
Fragments sur l'histoire, 1750.

■ Veillez un peu aux scandales qui se trouvent au fond de votre encrier, si vous savez quelque malignité qu'il ne soit pas bon d'imprimer, n'en dites rien à votre plume.

Jules et Edmond DE GONCOURT,
Journal, 1851-1896.

scène

En latin *scaena*, du grec *skênê*, tente, que l'on édifiait sur la scène des théâtres.

■ Que le trouble, toujours croissant de scène en scène, / À son comble arrivé se débrouille [démêle] sans peine.

Nicolas BOILEAU, *L'Art Poétique*, 1674.

■ La scène, en général, est un tableau des passions humaines dont l'original est dans tous les cœurs.

Jean-Jacques ROUSSEAU, *Lettre à d'Alembert*, 1758.

sceptique

Du grec *skeptikos*, qui observe, réfléchit. Les philosophes sceptiques observaient sans rien affirmer.

■ Il n'y a qu'un sceptique pour être toujours moral et bon citoyen. Un sceptique ne se révolte jamais contre les lois, car il n'a pas espéré qu'on pût en faire de bonnes.

Anatole FRANCE, *La Vie littéraire*, t. 1, 1888.

sceptre

Du latin *sceptrum*, sceptre, trône, repris du grec *skeptron*, bâton de commandement.

■ Sur les tombeaux de mes ancêtres / Les âmes desquels Dieu embrasse ! / On n'y voit couronnes ni sceptres.

François VILLON,
Le Grand Testament et le petit, 1489.

■ À l'épreuve d'un sceptre il n'est point d'amitié.

Pierre CORNEILLE, *Héraclius*, 1646.

▶ VOIR empire.

science

Du latin *scientia*, connaissance (scientifique).

■ Parce que selon le sage Salomon, sapience n'entre point en âme malivole, et science sans conscience n'est que ruine de l'âme [...].

François RABELAIS, *Pantagruel*, 1532-1564.

■ Je ne suis pas de ceux qui font grand état des connaissances humaines ; et je confesse néanmoins que je ne puis contempler sans admiration ces merveilleuses découvertes qu'a faites la science pour pénétrer la nature, ni tant de belles inventions que l'art a trouvées pour l'accommoder à notre usage.

Jacques-Bénigne BOSSUET, *Sermon sur la Mort*, 1662.

■ La vraie science ne supprime rien, mais elle cherche toujours et regarde en face et sans se troubler les choses qu'elle ne comprend pas encore. Nier ces choses ne serait pas les supprimer ; ce serait fermer les yeux et croire que la lumière n'existe pas.

Claude BERNARD, *Introduction à la médecine expérimentale*, 1865.

■ Le vent est à la science ; nous sommes poussés malgré nous vers l'étude exacte des faits et des choses.

Émile ZOLA, *Mon Salon*, « Les Réalistes du Salon », 1866.

■ De tout petits faits bien choisis, importants, significatifs, simplement circonstanciés et minutieusement notés, voilà aujourd'hui la matière de toute science.

Hippolyte TAINE, *L'Intelligence*, 1870.

■ L'enfant n'est plus exalté par des récits de bataille, mais n'est remué que par des livres de science.

Jules et Edmond DE GONCOURT, *Journal*, 1851-1896.

■ La science constate, mais n'explique pas : c'est la fille aînée des chimères.

Auguste VILLIERS DE L'ISLE-ADAM, *Axël*, 1890.

Et dans les dictionnaires anciens...

■ En fait de sciences et de talents, il suffit pour les *avoir* d'y être médiocrement habile ; pour les *posséder* il y faut exceller.

Gabriel GIRARD, *Synonymes françois*, 1756.

▶ VOIR classifier, curieux, diplôme, expérience, habit, ingénieur, logique, mathématicien, médecin, méthode, pataphysicien, résultat, ruine, sage, savant, secret, statistique, suffrage, volume, zèle.

scrupule

De *scrupus*, pierre pointue.

■ Le propre du scrupule est d'affoler les gens, de leur faire perdre aussitôt la tramontane.

Joris-Karl HUYSMANS, *En route*, 1895.

sculpture

Issu du latin *sculptura*, gravure sur pierre.

■ Et comme la sculpture est pour un long temps, elle est plus propre à exprimer le durable que l'instant.

ALAIN, *Système des Beaux-Arts*, © Gallimard, 1920.

■ La plus belle sculpture est le pavé de grès.

Denise MIÈGE, *Sous les pavés, la plage*, © Librairie Saint-Germain-des-Prés, 1971.

secourir

Du latin *succurrere*, de *sub* et *currere*, courir sous.

■ Il y a des bienfaits qui doivent être secrets, ce sont ceux qui secourent ; il y en a qui doivent être publics, ce sont ceux qui honorent.

Denis DIDEROT, *Essai sur les règnes de Claude et de Néron*, 1782.

secret

Issu du latin *secretum*, lieu, pensée ou fait qui doit être isolé, caché.

■ Rien ne pèse tant qu'un secret ; / Le porter loin est difficile aux dames, / Et je sais même sur ce fait / Bon nombre d'hommes qui sont femmes.

Jean DE LA FONTAINE, *Fables*, « Les Femmes et le Secret », 1668-1694.

■ Voilà donc les secrets du destin de l'empire / Ces grands secrets d'État que l'ignorance admire ! / Ils étonnent de loin les vulgaires esprits, / Ils inspirent de près l'horreur et le mépris.

VOLTAIRE, *Le Triumvirat*, 1764.

■ Inutile d'aller au loin interroger le Sphinx pour lui demander son secret. En nous, ce secret se trouve bien plus vivant que dans le Sphinx, tout aussi grand, aussi inaccessible.

Maurice MAETERLINCK, *Le Sablier*, © Grasset, 1936.

■ On distingue aisément trois types de secrets. Le secret sociopolitique, bien analysé partout : le savoir est aux mains d'une classe donnée ; ceux qui sont extérieurs à la classe n'y ont pas accès. Le secret intérieur à la science même dans son fonctionnement sectoriel, moins souvent mis en lumière : de cellule à cellule, de discipline à discipline, la communication n'a pas cours. [...] Enfin, l'ensemble des secrets institutionnalisés par les militaires et les industriels. [...] L'appropriation du savoir est fonction de la rigueur des secrets.

Michel SERRES, « La Thanatocratie », *Critique*, n° 298, mars 1972.

■ Or l'amour, c'est cela : la vie secrète, la vie séparée et sacrée, la vie à l'écart de la société. La vie à l'écart de la famille et de la société parce qu'elle rappelle la vie avant la famille et avant la société, avant le jour, avant le langage.

Pascal QUIGNARD, *Vie secrète*, © Gallimard, 1998.

Et dans les dictionnaires anciens...

■ L'art de garder le secret demande de l'habilité à éluder les questions curieuses.

Gabriel GIRARD, *Synonymes françois*, 1756.

▶ VOIR entendre, grimace, instruction, je-ne-sais-quoi, lait, mélancolie, mensonge, metteur en scène, nymphe, partager, pénétrer, recevoir, révéler, ruine, savoir, secourir, si, vieillard, zèle.

sécurité

Du latin *securitas*, tranquillité, de *securus*, sûr, sans souci. Doublet savant de *sûreté*.

■ Je suis toujours prêt à aller chercher ailleurs non pas le repos, mais la sécurité.

VOLTAIRE, *Lettre à D'Argentat*, 1er avril 1767.

■ Le brouillard devenait un de ces dangers contre lesquels on lutte, de sorte que nous eûmes, à trouver notre chemin et à arriver à bon port, les difficultés, l'inquiétude et enfin la joie que donne la sécurité.

Marcel PROUST, *Du côté de Guermantes*, 1921.

séduire

Issu du latin *seducere*, séparer, au sens religieux, détourner du droit chemin. Composé de *se*, qui marque la privation et de *ducere*, tirer à soi.

■ Alors qu'on veut séduire, on farde son langage.

Marie-Joseph CHÉNIER, *Timoléon*, 1794.

■ *Seducere* est un ancien verbe romain qui veut dire conduire à l'écart. Tirer à soi hors du monde. C'est être *dux* à part. Royaume de l'ailleurs. / Séduire est le contraire d'épouser.

Pascal QUIGNARD, *Vie secrète*, © Gallimard, 1998.

Et dans les dictionnaires anciens...

■ *Séduire* : C'est tromper une personne dans les choses qui concernent la Religion ou les mœurs. [...] Pauvre petite fille séduite par un coquin.

Pierre RICHELET, *Dictionnaire françois*, 1680.

seigneur

Du latin *senior*, terme de respect pour les anciens.

■ Un grand seigneur méchant homme est une terrible chose.

MOLIÈRE, *Dom Juan*, (joué en 1665), 1682.

■ Parce que vous êtes un grand seigneur, vous vous croyez un grand génie ! [...] Qu'avez-vous fait pour tant de biens !

vous vous êtes donné la peine de naître, et rien de plus.

Pierre-Augustin DE BEAUMARCHAIS, *Le Mariage de Figaro*, 1784.

▶ VOIR ancêtre, bourgeois, insensibilité, instruction, jamais, moulin, opprobre, prostituée.

sein(s)

Du latin *sinus*, courbure, pli, celui que formait la toge relevée sur l'épaule, dans lequel notamment les femmes portaient leur enfant.

■ Couvrez ce sein que je ne saurais voir : / Par de pareils objets les âmes sont blessées, / Et cela fait venir de coupables pensées.

MOLIÈRE, *Le Tartuffe*, 1669.

■ L'un des seins est voilé, l'autre découvert. Quel téton ! Nom de Dieu, Quel téton ! Il est rond-pomme, plein, abondant, détaché de l'autre et pesant dans la main. Il y a là des maternités fécondes et des douceurs d'amour à faire mourir.

Gustave FLAUBERT, *Correspondance*, 1851.

■ Sur le banc de vente, à côté, une vieille marchande, une ivrognesse affreuse, n'étalait que des pommes ridées, des poires pendantes comme des seins vides, des abricots cadavéreux, d'un jaune infâme de sorcière.

Émile ZOLA, *Le Ventre de Paris*, 1873.

▶ VOIR ivresse.

sel

Issu du latin *sal*, qui signifie aussi esprit piquant.

■ Le sel est une manne dont Dieu a gratifié le genre humain, sur lequel par conséquent, il semble qu'on n'aurait pas dû mettre d'impôt.

Sébastien DE VAUBAN, *La Dixme royale*, 1707.

■ La vérité demande un peu de sel, / Et l'enjouement est son air naturel.

Jean-Baptiste ROUSSEAU, *Odes et poésies diverses*, 1712-1723.

semblable (un)

Du latin *similis*, pareil, ressemblant.

■ L'homme pour son semblable est un vrai basilic [Dans la mythologie, un reptile tuant d'un seul regard] ; / Animal venimeux, son regard empoisonne ; / Toujours taupe à l'égard de sa propre personne, / Méprisant tout le monde et n'admirant que lui, / Il a des yeux perçants sur les défauts d'autrui.

Philippe DESTOUCHES, *L'Homme singulier*, 1764.

semer

Du latin *seminare*, semer, aussi produire, procréer et propager, répandre.

■ Et comme il n'a semé qu'épouvante et qu'horreur, / Il n'en recueille enfin que trouble et terreur.

Pierre CORNEILLE, *Héraclius*, 1646.

■ Ah ! qui voudra semer s'il ne doit recueillir ?

Marie-Joseph CHÉNIER, *Caïus Gracchus*, 1792.

sens (dessus dessous)

Au XVIe s. altération de « ce en (cen) dessus dessous ».

■ Le puzzle de l'amour avec tous ses morceaux / Tous ses morceaux choisis par Picasso / Un amant et sa maîtresse et ses jambes à son cou / Et les yeux sur les fesses les mains un peu partout / Les pieds levés au ciel et leur seins sens dessus dessous.

Jacques PRÉVERT, *Paroles*, © Gallimard, 1946.

Et les pensées de...

■ Actuellement mon immeuble est sens dessus dessous. Tous les locataires du dessous voudraient habiter au-dessus ! Tout cela parce que le locataire qui est au-dessus est allé raconter par en dessous que l'air que l'on respirait à l'étage au-dessus était meilleur que celui que l'on respirait à l'étage en dessous.

Raymond DEVOS, *Matière à rire*, « Sens dessus dessous », © Plon, 1993.

sens (les), sensuel

Du latin *sensus*, perception, faculté de penser, d'éprouver des sensations. Voir *sentir*. La notion des *cinq sens* est apparue au XIIe s. ; on les appelait aussi *sens du corps*. Emprunté au latin *sensualis*, relatif aux sens, sensible.

■ Cultiver le plaisir des sens fut toujours ma principale affaire : je n'en eus jamais de plus importante.

Giacomo CASANOVA, *Mémoires, Histoire de ma vie* (préface), *1787*, publié en 1826.

Et dans les dictionnaires anciens...

■ *Sensuel, sensuelle.* Ce mot se dit des personnes & veut dire qui aime le plaisir des sens. Il est sensuel. Les femmes sont fort sensuelles.

Pierre RICHELET, *Dictionnaire françois*, 1680.

sens

Du latin *sensus*, perception. Attesté en tant que *sagesse* au XIe s.

■ Je continue à croire que ce monde n'a pas de sens supérieur. Mais je sais que quelque chose en lui a du sens et c'est l'homme, parce qu'il est le seul être à exiger d'en avoir.

Albert CAMUS, *Lettre à un ami allemand*, © Gallimard, 1945.

sens (bon)

Attesté au XIIe s. avec pour synonyme bon sens naturel, au XVe s.

■ Le bon sens est la chose du monde la mieux partagée : car chacun pense en être si bien pourvu, que ceux même qui sont les plus difficiles à contenter en toute autre chose n'ont point coutume d'en désirer plus qu'ils en ont.

René DESCARTES, *Le Discours de la méthode*, 1637.

■ Il avait du bon sens ; le reste vient ensuite.

Jean DE LA FONTAINE, *Fables*, « Le berger et le roi », 1668-1694.

■ Nous ne trouvons guère de gens de bon sens que ceux qui sont de notre avis.

François DE LA ROCHEFOUCAULD, *Réflexions ou sentences et maximes morales*, 1664.

■ (Le) Bon sens du maraud quelquefois m'épouvante. Molière, avec raison, consultait sa servante.

Alexis PIRON, *La Métromanie*, 1739.

■ — [...] Quelle belle chose, le bon sens. Comme il est dit quelque part, c'est la chose du monde la mieux partagée. / — Oui, c'est-à-dire qu'il y a de gros et de petits morceaux.

Raymond QUENEAU, *Le Vol d'Icare*, © Gallimard, 1968.

Et dans les dictionnaires anciens...

■ Le bon sens est droit et sûr ; son objet ne va pas au-delà des choses communes ; il empêche d'être la dupe des charlatans et des fripons ; il ne donne ni dans le ridicule du langage affecté, ni dans le travers de la conduite capricieuse.

Gabriel GIRARD, *Synonymes françois*, 1756.

sensation

Issu du bas latin *sensatio*, compréhension.

■ Je demande à mon esprit un effort de plus, de ramener encore une fois la sensation qui s'enfuit. Et, pour que rien ne brise l'élan dont il va tâcher de la ressaisir, j'écarte tout obstacle, toute idée étrangère, j'abrite mes oreilles et mon attention contre les bruits de la chambre voisine. Mais sentant mon esprit qui se fatigue sans réussir, je le force au contraire à prendre cette distraction que je lui refusais, à penser à autre chose, à se refaire avant une tentative suprême.

Marcel PROUST, *Du côté de chez Swann*, 1913.

sensé

Attesté à la fin du XVIe s., construit à partir du mot *sens*. Voir *sens*.

■ Le crédule se perd dans un dédale d'inconséquences ; l'homme sensé examine, discute, afin d'être d'accord dans ses opinions ; et l'homme de bonne foi supporte la contradiction, parce qu'elle seule fait naître l'évidence.

Constantin-François DE VOLNEY, *Les Ruines*, 1791.

Et dans les dictionnaires anciens...

■ Il y a de l'imbécillité à se laisser mener dans toutes ses actions par la volonté d'un autre ; les personnes sensées se contentent de consulter dans le doute, et prennent leur résolution par elles-mêmes.

Gabriel GIRARD, *Synonymes françois*, 1736.

sensibilité

Dérivé du bas latin *sensibilitas*, sens, signification, sentiment.

■ Nous sommes des instruments doués de sensibilité et de mémoire. Nos sens sont autant de touches qui sont pincées par la nature qui nous environne, et qui se pincent souvent elles-mêmes.

Denis DIDEROT, *Entretien entre d'Alembert et Diderot*, 1760, posth. 1830.

■ Si la sensibilité est une sorte de guitare que nous avons en nous-mêmes et que les objets extérieurs font vibrer, on a tant raclé sur cette pauvre mienne guimbarde que quantités de cordes en sont cassées depuis longtemps.

Gustave FLAUBERT, *Correspondance*, 1853.

■ Ce n'est pas la raison qui nous fournit une direction morale, c'est la sensibilité.

Maurice BARRÈS, *La Grande Pitié des églises de France*, 1914.

sentiment, sentimental

En ancien français, au XIIe s., *sentement*, dérivé de *sentir*. Mot emprunté à l'anglais, à partir de *The Sentimental Journey* de Sterne en 1769.

■ Ma raison, il est vrai, dompte mes sentiments, / Mais quelque autorité que sur eux elle ait prise, / Elle n'y règne pas, elle les tyrannise.

Pierre CORNEILLE, *Polyeucte*, 1643.

■ Il est même de très graves matières et des questions fort importantes où les idées décisives doivent venir des sentiments ; si elles viennent d'ailleurs, tout se perdra.

Joseph JOUBERT, *Pensées, essais, maximes et correspondances*, posth. 1838.

■ Combien de gens s'enferment pour se faire plus tristes, vont pleurer au bord du ruisseau, prennent de propos délibéré un livre sentimental.

Gustave FLAUBERT, *Souvenirs*, 1841.

▶ VOIR désir, gourmet, grâce, habitude, homme (être humain), imaginaire, lecture, maternel, mot, opposition, oubli, parole, pitié, poète, poli, puéril, raison, ruine.

sentir

Issu du latin *sentire*, percevoir par les sens ou l'intelligence, être d'un certain avis.

■ Rien n'est si insupportable à l'homme que d'être dans un plein repos, sans passion... il sent alors son néant, son abandon, son insuffisance, sa dépendance, son impuissance, son vide.

Blaise PASCAL, *Pensées*, 1669.

■ Hippolyte est sensible et ne sent rien pour moi !

Jean RACINE, *Phèdre*, 1677.

Et les pensées de...

■ Comment expliquez-vous qu'on puisse avoir dans le nez des gens qu'on ne peut pas sentir ?

Pierre DAC, *Arrière-pensées*, © Le Cherche midi, 1998.

▶ VOIR délicat, écrire, exprimer, gourmet, herbe, homme (être humain), ivre, journalisme, peindre, penser, perfection, philosophe, pleur, réfléchir, relâchement, rosée, substantifique, trottoir, vers.

séparer

Du latin *separare*, mettre à part.

■ Mais la vie sépare ceux qui s'aiment / tout doucement / sans faire de bruit / et la mer efface sur le sable / les pas des amants désunis.

Jacques PRÉVERT, *Paroles*, « Les Feuilles mortes », © Gallimard, 1945.

sérail

Emprunté à l'italien *serraglio*, lui-même emprunté, par le turc, du persan *sarāy*, palais du sultan.

■ Nourri dans le sérail, j'en connais les détours.

Jean RACINE, *Bérénice*, 1670.

sérieux

Dérivé du latin classique *serius*, en parlant d'abord d'une chose, d'une « situation sérieuse ».

■ La jeunesse ressent un plaisir incroyable, lorsqu'on commence à se fier à elle, et à la faire entrer dans quelque affaire sérieuse.

FÉNELON,
Traité de l'éducation des filles, 1689.

■ Le sérieux n'est jamais gracieux ; il n'attire point ; il approche trop du sévère qui rebute.

VOLTAIRE,
Dictionnaire philosophique, « Grâce », 1764.

Et dans les dictionnaires anciens...

■ On est *grave* par sagesse et par maturité d'esprit. On est *sérieux* par humeur et par tempérament.

Gabriel GIRARD,
Synonymes françois, 1736.

serment

D'abord *sagrament* (*Serments de Strasbourg*), puis *serement*, issu du latin *sacramentum*, dépôt d'un plaideur fait aux prêtres.

■ – Et vos serments ? me répondit-elle en se levant. / – J'étais un mortel quand je les fis, vous m'avez fait un dieu : vous adorer, voilà mon seul serment. / – Venez, me dit-elle, l'ombre du mystère doit cacher ma faiblesse, venez...

Vivant DENON,
Point de lendemain, 1777.

serpent

Dérivé de *serpere*, se glisser, ramper.

■ Pour qui sont ces serpents qui sifflent sur vos têtes ?

Jean RACINE,
Andromaque, 1667.

■ Le serpent. / Tu t'acharnes sur la beauté. / Et quelles femmes ont été / Victimes de ta cruauté ! Ève, Eurydice, Cléopâtre ; / J'en connais encore trois ou quatre.

Guillaume APOLLINAIRE,
Le Bestiaire, 1909.

Et dans les dictionnaires anciens...

■ *Serpent*. Mortel, vénéneux ou venimeux, noir, rampant, froid, tortu ou tortueux, effroyable, sifflant [...]. On dit qu'ayant mordu une personne il meurt de regret et ne rentre jamais en terre comme indigne d'y être reçu.

Maurice DE LA PORTE,
Épithètes, 1571.

■ Le serpent est un animal rond & long, qui a son venin au bout de la queue.

Pierre RICHELET, *Dictionnaire françois*, 1680.

▶ VOIR gare, homme (être humain), lait, poli, renard, vipère, vitesse, whisky.

seul

Issu du latin *solus*, unique, désert, solitaire.

■ Bref, dédaignant d'être le lierre parasite, / Lors même qu'on n'est pas le chêne ou le tilleul, / Ne pas monter bien haut, peut-être, mais tout seul !

Edmond ROSTAND,
Cyrano de Bergerac, 1897.

■ Honneur à celui qui fut seul contre beaucoup.

ALAIN, *Propos*, © Gallimard, 1929.

■ L'homme seul est toujours en mauvaise compagnie

Paul VALÉRY, *L'Idée fixe ou Deux hommes à la mer*, © Gallimard, 1932.

■ Me voici seul avec ma voix / j'entends le dernier pas qui balaye la route / et le silence tombe enfin comme l'ombre d'une feuille.

Alain BORNE, « Contre-feu »,
Cahiers du Rhône, 1942.

Et les pensées de...

■ [...] l'homme est ainsi fait : il ne se comporte pas de la même façon dans un ascenseur, suivant qu'il est seul ou avec quelqu'un.

Pierre DANINOS, *Daninoscope*,
© Presses de la cité, 1963.

■ Mesdames et Messieurs, je dois vous dire tout d'abord que je me suis fait tout seul et... que je me suis raté.

Raymond DEVOS, *À plus d'un titre*,
« Je me suis fait tout seul », Orban, 1989.

■ Je suis seul, comme tous les gens entourés.

Johnny HALLYDAY,
Le Meilleur du pire, © éd. Pascal Petiot, 2005.

sévérité

Du latin *severitas*, sérieux, gravité, dureté.

■ La sévérité des femmes est un ajustement et un fard qu'elles ajoutent à leur beauté.

François DE LA ROCHEFOUCAULD, *Réflexions ou Sentences et maximes morales*, 1664.

■ Trop de sévérité tient de la tyrannie.

VOLTAIRE, *Rome sauvée ou Catilina*, 1752.

sexe

Emprunté au latin *sexus*, organes sexuels, en matière de plantes également.

■ – Si les personnes du deuxième sexe pouvaient se retirer un instant. – Comment donc, dit Zazie en ricanant.

Raymond QUENEAU, *Zazie*, © Gallimard, 1959.

Et les pensées de...

■ Le sexe condamne souvent les relations entre hommes et femmes à des trognons d'histoire. La sexualité est l'anecdote du désir.

Gérard DEPARDIEU, *Lettres volées*, Jean-Claude Lattès, 1988.

■ Le sexe masculin est ce qu'il y a de plus léger au monde, une simple pensée le soulève.

Frédéric DARD, *Les Pensées de San Antonio*, © Le Cherche midi, 1996.

■ Je vais organiser une conférence sur l'égalité des sexes. Il y a en effet des grands, des petits, des longs, des larges, des maigres et c'est dégueulasse : il faut que ça cesse !

COLUCHE, *Ça roule, ma poule*, © Le Cherche midi, 2002.

▶ VOIR femme, galant, gendarme, hardi, manière, Paris, poli, rond, style, vanité, visage.

sexe (beau)

■ Me sentant né pour le beau sexe, je l'ai toujours aimé et m'en suis fait aimer tant que j'ai pu.

Giacomo CASANOVA, *Mémoires, Histoire de ma vie* (préface), 1787, publié en 1826.

■ En montant sur le trône, à vingt-un ans, François Ier s'occupa d'attirer le beau sexe à sa cour, et de l'y retenir par les charmes d'une galanterie chevaleresque, que la nation entière s'empressa d'imiter.

Victor-Joseph ÉTIENNE DE JOUY, *L'Hermite de la Chaussée d'Antin*, 1813.

siècle

Emprunté au latin *saeculum*, d'abord durée d'une génération humaine (environ 33 ans) puis époque et espace de cent ans. Au XIIe s., le *siècle* désigne la vie terrestre au sens chrétien du terme, l'*autre siècle* désignant la vie future.

■ Connais ton siècle ; ou plutôt connais tous les temps ! Les passions et leurs écarts furent toujours les mêmes, elles eurent toujours les mêmes effets.

Nicolas RESTIF DE LA BRETONNE, *Monsieur Nicolas*, 1794-1797.

■ Ce siècle avait deux ans. Rome remplaçait Sparte. / Déjà Napoléon perçait sous Bonaparte.

Victor HUGO, *Les Feuilles d'automne*, 1831.

▶ VOIR altesse, découvert, drame, édifice, histoire, iceberg, injustice, instant, invention, juste, madame, maître, maladie, métier, monde, mort, Napoléon, nature, naturel, néologisme, orthographe, oui, page, percer, polémique, stade, témoin, tendre, Voltaire.

si

Issu du latin *si*, toutes les fois, au cas où.

■ « Si Grouchy fut arrivé à temps sur le terrain de Waterloo ? – Si Napoléon avait eu la Marine de Louis XVI et quelques Suffren... » Si... toujours *si*. Cette conjonction *si* est pleine de sens. En elle réside peut-être le secret de la plus intime liaison de notre vie avec l'histoire. Elle communique à l'étude du passé l'anxiété et les ressorts d'attente qui nous définissent le présent.

Paul VALÉRY, *Variété IV*, © Gallimard, 1938.

siffler

Du bas latin *sifilare*, dérivé du latin classique *sibilare* et de *sibilus*, sifflets, huées.

■ J'écoute le berger qui siffle dans le vallon. C'est l'expression la plus gaie qui puisse passer sur les lèvres de l'homme. Ce sifflement marque un sans-souci, un bien-être, un je suis content qui fait plaisir. Ces pauvres gens, il leur faut bien quelque chose, ils ont la gaieté.

Eugénie DE GUÉRIN, *Journal*, 1835.

■ Sifflez compagnons... / Dans la nuit la liberté / Nous écoute [...]

Maurice DRUON et Joseph KESSEL, « Les Partisans, Chant de la Libération », *Cahiers de Libération*, © Raoul Breton, 1943.

▶ VOIR serpent.

signature

Issu du latin juridique *signatura*, dérivé du latin classique *signator*, signataire.

■ Un homme simple, un homme ayant le courage d'avoir une signature lisible.

Jules RENARD, *Journal*, posth. 1925.

Et les pensées de...

■ Mitterrand : c'est un nom très commode pour les signatures, car il est long à tracer, ce qui me laisse le temps de lire les documents qu'on me soumet.

François MITTERRAND cité par Roger GOUZE, *Mitterrand par Mitterrand*, © Le Cherche midi, 1994.

signification

Du latin *significatio*, action d'indiquer, sens d'un mot.

■ De même que la rose n'est belle que si elle a un admirateur, de même le monde ne peut prétendre à la signification si nul n'est là pour en forger une. Que l'homme disparaisse, la rose cesse d'être belle et le monde n'a plus de sens.

Jean HAMBURGER, *Dictionnaire promenade*, © Le Seuil, 1989.

silence

Du latin classique *silentium*, absence de bruit, dérivé de *silere*, se taire.

■ J'imite de Conrart [Académicien, dont le grand-père protestant avait été exécuté] le silence prudent.

Nicolas BOILEAU, *Épîtres au roi*, 1669.

■ Je voudrais bien savoir à quoi sert le silence ; / Il ne guérit de rien ; au contraire, il aigrit / [...] Le babil est le charme et l'âme de la vie.

Pierre-Claude NIVELLE DE LA CHAUSSÉE, *La Gouvernante*, 1747.

■ Seul le silence est grand, tout le reste est faiblesse.

Alfred DE VIGNY, *Les Destinées*, « La Mort du loup », 1863.

■ La littérature est cet engagement de plus en plus profond, depuis sa source jusqu'à sa fin, dans le silence. L'invention de l'écriture est la *mise au silence du langage*. C'est une seule et même aventure dont on ignore l'issue. Ce que le langage oral ne peut dire, tel est le sujet de la littérature. Et quel est ce silence ? Le langage en écho, l'ombre de la langue naturelle.

Pascal QUIGNARD, *Vie secrète*, © Gallimard, 1998.

Et les pensées de...

■ Quand on demande aux gens d'observer le silence... au lieu de l'observer, comme on observe une éclipse de lune, ils l'écoutent... et tête baissée, encore ! Ils ne risquent pas de le voir, le silence... ! Parce que les gens redoutent le silence.

Raymond DEVOS, *À plus d'un titre*, « Un ange passe », © Orban, 1989.

■ Les autres font ce qu'ils veulent de tes mots, tandis que tes silences les affolent. Tiens ta langue et ils se mettront en huit pour essayer de piger ce que tu ne dis pas.

Frédéric DARD, *Les Pensées de San Antonio*, © Le Cherche midi, 1996.

■ Silence : possibilité offerte pour accroître les rapprochements avec soi-même.

Jacques DOR, *Le Dico de ma langue à moi, 2e mille*, © Soir ailleurs, 2005.

▶ VOIR brouillard, bruissement, cadran, clameur, écouter, écrivaint, simple, iceberg, loup, masque, mer, minute (de silence), mot, patience, péché, peuple, rang, répondre, seul, solitaire, vent.

simple

Attesté au XIIe s. et emprunté au latin *simplex*, qui n'est pas composé de plus d'un élément.

■ Vivons en paix loin du monde imbécile : / La vie est là, simple et tranquille.

Paul VERLAINE, *Dans les Limbes*, 1894.

■ C'est le langage qui a besoin d'être simple, et les opinions un peu compliquées.

Jean PAULHAN, *De la paille et du grain*, © Gallimard, 1938.

▶ VOIR concret, début, hallucination, histoire, livre, mari, metteur en scène, naturel, nourrir, ordre, orgueil, parler (le), paysan, peuple, physionomie, poète, prière, quelque chose, religion, remède, roi, roman, sexe, signature, société, son, vrai.

sincère, sincérité

Du latin *sincerus*, pur, intègre. *Sinceritas*, pureté, intégrité.

■ La sincérité est une ouverture de cœur. On la trouve en fort peu de gens, et celle que l'on voit d'ordinaire n'est qu'une fine dissimulation, pour attirer la confiance des autres.

François DE LA ROCHEFOUCAULD, *Réflexions ou sentences et maximes morales*, 1664.

■ Une grande sottise des modernes : vouloir qu'on soit sincère. Chacun veut se faire croire qu'il est sincère. Qu'est-ce que cela signifie ?

Jules ROMAINS, *Les Hommes de bonne volonté*, © Flammarion, 1937.

■ La sincérité, c'est bon à l'égard de soi-même. À l'égard d'autrui, c'est sans intérêt, et le plus souvent bête et maladroit.

Paul LÉAUTAUD, *Journal littéraire*, © Mercure de France, 1986.

Et dans les dictionnaires anciens...

■ Ce n'est pas assez pour la société d'être d'un abord gracieux et d'un commerce agréable ; il faut encore avoir le cœur droit et la bouche sincère.

Gabriel GIRARD, *Synonymes françois*, 1736.

▶ VOIR bluff, dignité, équivoque metteur en scène, monument.

singe

Du latin *simius*, singe, avec au figuré le sens péjoratif d'imitateur.

■ Il faut, disait M., flatter l'intérêt ou effrayer l'amour-propre des hommes : ce sont ces singes qui ne sautent que pour des noix, ou bien dans la crainte du coup de fouet.

Nicolas DE CHAMFORT, *Maximes et pensées, caractères et anecdotes*, 1795.

■ Les colons s'approchèrent alors du singe [...]. C'était un orang, et qui, comme tel, n'avait ni la férocité du babouin, ni l'irréflexion du macaque, ni la malpropreté du sagouin, ni les impatiences du magot, ni les mauvais instincts du cynocéphale. C'est à cette famille des anthropomorphes que se rapportent tant de traits qui indiquent chez ces animaux une intelligence quasi humaine.

Jules VERNE, *L'Île mystérieuse*, 1874.

Et dans les dictionnaires anciens...

■ *Singe* Difforme, [...] libyen, ingénieux, sautelant, flatteur, laid, souple, malicieux, pelu... [...] Toute la race des Singes retire entièrement à l'homme, tant au trait du visage, qu'au nez, oreilles et paupières. [...] Les Guenons et Marmost sont les plus amiables de tous. Au reste la Singesse aime tant ses petits qu'elle les tue.

Maurice DE LA PORTE, *Épithètes*, 1571.

singulier

Du latin classique *singularis*, seul, isolé, mais aussi exceptionnel, unique en son genre, rare.

■ Le singulier me touche et l'étrange me charme ; / J'excuse le bizarre et me sens fort épris / Du rare.

Robert DE MONTESQUIOU-FÉZENSAC, *Les Hortensias bleus*, 1896.

sinistre

Issu du latin *sinister*, du côté gauche, d'où venaient sous l'Antiquité, les présages de mauvais augure.

■ Toutes actions hors les bornes ordinaires sont subjectes à sinistre interprétation.

Michel DE MONTAIGNE, *Essais*, 1580-1595.

■ On dit que je suis fort malade, / Ami ; j'ai déjà l'œil terni ; / Je sens la sinistre accolade / Du squelette de l'infini.

Victor HUGO, *Les Chansons des rues et des bois*, « Nivôse », 1865.

sirène

Dans la mythologie grecque, *seirên* désignait les divinités de la mer qui attiraient par leur chant les navigateurs vers la mort.

■ Le crocodile ainsi tue en versant des pleurs, / La sirène en chantant, et l'aspic sous les fleurs.

Jean DE ROTROU, *Bélisaire*, 1644.

■ Avec tant de charmes trompeurs, elle avait, comme les sirènes, un cœur cruel et plein de malignité.

FÉNELON, *Les Aventures de Télémaque*, 1669.

Et dans les dictionnaires anciens...

■ Aux Moluques il y a un poisson qui a le visage & le sein d'une femme, & qui lui ressemble encore dans la manière dont il s'accouple avec le mâle. Il est de la grandeur du veau, & sa chair a le goût de celle de vache.

Antoine FURETIÈRE, *Dictionnaire universel*, 1690.

situation

Au XIVe s., reprend le sens du latin *situatio*, le fait d'être situé dans un lieu, et plus particulièrement la position des étoiles.

■ Quand je pense à la situation des princes, toujours entourés d'hommes avides et insatiables, je ne puis que les plaindre.

Charles Louis DE MONTESQUIEU, *Lettres persanes*, 1721.

■ On n'obtient ni grand pathétique, ni profonde moralité, ni bon et vrai comique au théâtre, sans des situations fortes.

Pierre-Augustin DE BEAUMARCHAIS, *Le Mariage de Figaro* (préface), 1784.

snob

Le mot anglais signifie d'abord cordonnier, puis à Cambridge, quelqu'un qui ne fait pas partie de l'université, donc commun. En français, *snob* désignera d'abord quelqu'un de vulgaire et de prétentieux, puis ce dernier sens l'emportera.

■ Il aimait beaucoup les gens des châteaux et se trouvait pris devant eux d'une si grande peur de leur déplaire qu'il n'osait pas leur laisser voir qu'il avait pour amis des bourgeois, des fils de notaires ou d'agents de change, préférant, si la vérité devait se découvrir, que ce fût en son absence, loin de lui et « par défaut » ; il était snob.

Marcel PROUST, *Du côté de chez Swann*, 1913.

■ J'suis snob... j'suis snob / C'est vraiment le seul défaut que j'gobe / Ça demande des mois d'turbin / C'est une vie de galérien / Mais quand j'sors avec Hildegarde / C'est toujours moi qu'on r'garde / J'suis snob... j'suis snob.

Boris VIAN, *Textes et chansons*, « J'suis snob », © Julliard, 1966.

sobriété

Du latin *sobrietas*, modération dans l'usage du vin.

■ La parfaite raison fuit toute extrémité, / Et veut que l'on soit sage avec sobriété.

MOLIÈRE, *Le Misanthrope*, 1666.

■ Sans bon ordre et sans sobriété, point de sagesse, sans sagesse, point de grandeur.

Joseph JOUBERT, *Pensées, essais, maximes et correspondance*, posth. 1838.

sociable

Du latin *sociabilis*, uni, lié.

■ L'on est plus sociable et d'un meilleur commerce par le cœur que par l'esprit.

Jean DE LA BRUYÈRE, *Les Caractères*, « Du cœur », 1688.

socialiste

Apparu au XVIIIe s. De social, qui tire son origine de *socius*, compagnon, allié. Le sens politique date de la Révolution.

■ Un socialiste indépendant jusqu'à ne pas craindre le luxe.

Jules RENARD, *Journal*, posth. 1925.

Et les pensées de...

■ Le parti socialiste est un peu un jardin à l'anglaise. Pas toujours très ordonné, mais cela a son bon côté. Les idées y poussent.

François MITTERRAND, Propos tenu sur RMC, 6 février 1975.

société

Emprunté au latin classique *societas*, association, réunion, en particulier compagnie commerciale ou industrielle.

■ Le premier qui, ayant enclos un terrain, s'avisa de dire : « Ceci est à moi » et trouva assez de gens assez simples pour le croire, fut le vrai fondateur de la société civile. Que de crimes, de guerres, de meurtres, que de misères et d'horreurs n'eût point épargné au genre humain celui qui, arrachant les pieux et comblant le fossé, eût crié à ses semblables : « Gardez-vous d'écouter cet imposteur. »

Jean-Jacques ROUSSEAU, *Discours sur l'origine et les fondements de l'inégalité parmi les hommes*, 1754.

■ Vous, renoncer à la société, j'en appelle à votre cœur : interrogez-le ; et il vous dira que l'homme de bien est dans la société et qu'il n'y a que le méchant qui soit seul.

Denis DIDEROT, *Le Père de famille*, 1758.

■ Les magistrats chargés de veiller sur l'ordre public [...] finissent presque toujours par avoir une opinion horrible de la société. Ils croient connaître les hommes et n'en connaissent que le rebut. On ne juge pas d'une ville par ses égouts et d'une maison par ses latrines.

Nicolas DE CHAMFORT, *Maximes et pensées, caractères et anecdotes*, 1795.

■ La société existe du jour où les individus, communiquant par le travail et la parole, ont consenti des obligations réciproques et donné naissance à des lois et à des coutumes.

Pierre-Joseph PROUDHON, *Système des contradictions économiques*, 1846.

■ Pour que la société ne croule pas, il lui faut un principe de cohésion, par conséquent une croyance commune, des principes admis et indiscutés, un série d'axiomes pratiques et d'institutions que ne bouleverse pas chaque caprice de l'opinion du jour.

Henri-Frédéric AMIEL, *Journal intime*, 1847-1883.

Et les pensées de...

■ Une société bien faite est une société qui donne l'illusion à chacun de l'emporter sur son voisin sans que personne ne soit conscient de cet état.

Bernard FRANK, *Portraits et aphorismes*, © Le Cherche midi, 2001.

▶ VOIR élite, intelligence, littérature, mérite, monument, nature, nourrir, opinion, orchestre, parole, pauvre, père, poli, presse, prison, proverbe, secret, sincère, solidarité, sourd, sport.

sœur

Du latin *soror, sororis*, de même sens. C'est au XIIIe s. qu'il est employé pour désigner des religieuses.

■ Ariane, ma sœur, de quel amour blessée / Vous mourûtes aux bords où vous fûtes laissée !

Jean RACINE, *Phèdre*, 1677.

■ Mon enfant, ma sœur, / Songe à la douceur / D'aller là-bas vivre ensemble ! / Aimer à loisir, / Aimer et mourir / Au pays qui te ressemble.

Charles BAUDELAIRE, *Les Fleurs du mal*, 1857.

▶ VOIR nourrice.

soi

Du latin, *se*. Apparu au XIIe s.

■ On aime mieux dire du mal de soi-même que de n'en point parler.

François DE LA ROCHEFOUCAULD, *Réflexions ou sentences et maximes morales*, 1664.

■ Tout ce qui occupe des autres, égaie ; tout ce qui n'occupe que de soi, attriste.

Joseph JOUBERT, *Pensées, essais, maximes et correspondances*, posth. 1838.

■ Il est évidemment fou d'entreprendre si l'on ne se fie d'abord à soi.

ALAIN, *Propos*, © Gallimard, 1921.

■ Le difficile est de bien trouver sa place et de retrouver la communication avec soi. Le tout est dans une certaine floculation des choses, dans le rassemblement de toute cette pierrerie mentale autour d'un point qui est justement à trouver.

Antonin ARTAUD, *Le Pèse-Nerfs*, © Gallimard, 1925.

▶ VOIR autocritique, exemple, homme (être humain), humain, imaginaire, musicien, partir, préjugé, retiré, silence, sincère, timide, vive.

soif

Du latin *sitis*, soif.

■ Boire sans soif et faire l'amour en tout temps [...]

Pierre-Augustin DE BEAUMARCHAIS, *Le Mariage de Figaro*, 1784.

■ Nous, les forçats du sol, les captifs de la glèbe, / Nous qui, de lassitude expirant, n'avons droit / Qu'à la faim, à la soif, à l'indigence, au froid.

Victor HUGO, *La Légende des siècles*, 1859-1863.

■ L'incommodité de la soif est incroyable, et inconcevable à qui ne l'a pas éprouvée.

Cardinal DE RETZ, *Mémoires*, posth. 1717.

Et dans les dictionnaires anciens...

■ *Soif.* Ardente, implacable, tatalide ou tantlienne, âpre, fâcheuse, enragée, véhémente, aride ou avide, insatiable, fervente, altérée, inextinguible, [...] hydropique, estivale, triste, haletante...

Maurice DE LA PORTE, *Épithètes*, 1571.

soir

De l'adverbe latin classique *sero*, tard, issu de l'adjectif *serus*, tardif.

■ Le soir tombait, un soir si penchant et si triste, / C'était comme la fin de tout ce qui existe.

Anna DE NOAILLES, *L'Ombres des jours*, 1902.

sol

Du latin classique *solum*, base, surface de la terre.

■ La pierre est dans la terre ; âpre et froide, elle ignore ; [...] / Mais que Ctésiphon passe, ou Dédale, ou Chrespide, / Qu'il fixe ses yeux pleins d'un divin flamboiement / Sur le sol où les rocs dorment profondément / Tout s'éveille ; un frisson fait remuer la pierre.

Victor HUGO, *La Légende des siècles*, 1859-1863.

soldat

Au XVe s. emprunté à l'italien *soldato*, homme de guerre à qui l'on paye une solde.

■ J'estime plus un vertueux soldat, / Qui de son sang sert son prince et l'État, / Qu'un importun que sa lâche industrie / Engraisse en paix du sang de la patrie.

VOLTAIRE, *Nanine*, 1749.

■ L'existence du Soldat est (après la peine de mort) la trace la plus douloureuse de barbarie qui subsiste parmi les hommes.

Alfred DE VIGNY, *Servitude et grandeur militaire*, 1835.

■ Dans cette campagne, le but du soldat français, fils de la démocratie, était la conquête d'un joug pour autrui. Contresens hideux. La France est faite pour réveiller l'âme des peuples, non pour l'étouffer.

Victor HUGO, *Les Misérables*, 1862.

■ Soldat libre, au léger bagage, / J'ai mis ma pipe à mon chapeau, / Car la malice où je m'engage / N'a ni cocarde ni drapeau.

Louis BOUILHET, *Dernières chansons*, « Soldat libre », 1869.

Et dans les dictionnaires anciens...

■ Le soldat qui a l'honneur en recommandation ne craint point le *danger*, s'expose au *péril*, et court tranquillement tous les *risques* du métier.

Gabriel GIRARD, *Synonymes françois*, 1756.

▶ VOIR catégorie, cloche, gamin, guerre, orgueil, paysan.

soleil

Du latin vulgaire *soliculus*, du latin classique *sol*, *solis*, astre et divinité.

■ L'air est plein d'une haleine de roses, / Tous les vents tiennent leurs bouches closes, / Et le Soleil semble sortir de l'onde / Pour quelque amour plus que pour luire au monde.

François DE MALHERBE, *Recueil*, 1627.

■ Le soleil ni la mort ne se peuvent regarder fixement.

F. DE LA ROCHEFOUCAULD, *Réflexions ou sentences et maximes morales*, 1664.

■ Une aube affaiblie / Verse par les champs / La mélancolie / Des soleils couchants.

Paul VERLAINE, *Poèmes saturniens*, 1866.

■ Je me souviens des heures d'argent et de soleil vers les fleuves, la main de la campagne sur mon épaule, et de nos caresses debout dans les plaines poivrées.

Arthur RIMBAUD, *Les Illuminations*, « Vies », I, 1874.

■ Je t'adore, Soleil ! Tu mets dans l'air des roses, / Des flammes dans la source, un dieu dans le buisson ! / Tu prends un arbre obscur et tu l'apothéoses !

Edmond ROSTAND, *Chantecler*, 1910.

■ Il y a des jours où le soleil vraiment a l'air de caresser la terre. Si je pouvais me quitter un peu, sûrement, je ferais des vers.

André GIDE, *Les Faux-Monnayeurs*, © Gallimard, 1925.

■ Il n'y a pas de soleil sans ombre, et il faut connaître la nuit.

Albert CAMUS, *Le Mythe de Sisyphe*, © Gallimard, 1942.

Et les pensées de...

■ Il n'y a rien de plus vulgaire que ce soleil de carte postale. Je ne suis à mon aise que sur les plages du Nord, là où les soleils sont froids, presque recouverts d'une légère couche de givre.

Gérard DEPARDIEU, *Lettres volées*, © Jean-Claude Lattès, 1988.

▶ VOIR aurore, guerre, horizon, laitue, lucidité, mat, mélancolie, melon, mignonne, ministre, misère(s), mourant, nature, noces, parfum, quitter, rayon, république, rosée, soutien-gorge, souvenir, tombe, vent, vertige, vin, yeux, zéphyr.

solennel

Emprunté à l'adjectif latin *sollemnis*, « qui revient tous les ans », appliqué à des cérémonies religieuses, des rites réguliers.

■ Tous deux restèrent sans paroles, parce qu'ils étaient dans un des ces moments solennels [...] où l'âme semble éprouver quelque chose de la félicité des cieux.

Victor HUGO, *Han d'Islande*, 1823.

■ Ce fut la première fois qu'il sentit courir sur sa nuque le frisson que cause, aux instants solennels, la convergence des regards d'une assistance.

Maurice DRUON, *Les Grandes Familles*, © Plon, 1928.

solidarité

Attesté au XVIIIe s. Construit sur *solidaire* à partir du latin juridique *in solido*, « pour le tout », désignant la situation de créanciers solidaires.

■ Partout où il y a des sociétés, il y a de l'altruisme, parce qu'il y a de la solidarité.

Émile DURKHEIM, *De la division du travail social*, 1893.

solide

De *solidus*, massif, compact, complet.

■ Vous vous croyez fort et fin, parce que vous prenez le vent et le courant. Mais celui-là seul est solide qui s'appuie sur les choses permanentes.

Paul CLAUDEL, *L'Otage*, © Gallimard, 1910.

solitaire, solitude

Emprunté au latin *solitarius*, isolé, de *solus*, seul. Du latin *solitudo*, lieu désert, isolement.

■ Oh ! que j'aime la solitude ! / Que ces lieux sacrés à la nuit, / Éloignés du monde et du bruit, / Plaisent à mon inquiétude !

SAINT-AMANT, *Poésies*, « La solitude », 1629-1658.

■ Les sons que rendent les passions dans le vide d'un cœur solitaire ressemblent au murmure que les vents et les eaux font entendre dans le silence d'un désert ; on en jouit, mais on ne peut les peindre.

Fançois-René DE CHATEAUBRIAND, *René*, 1805.

■ Nul ne connaît la solitude véritable, s'il n'a entendu un jour le médecin prononcer certaines paroles.

François MAURIAC, *Journal*, © Grasset, 1937.

Et les pensées de...

■ Solitude : petite fissure dans le flot continu des choses où l'on peut reposer sa tête.

Jacques DOR, *Le Dico de ma langue à moi, 1er mille,* © Soir ailleurs, 2000.

▶ VOIR abri, autre, chardon, crise, décider, fête, intimité, maladie, manquer, mémoire, recul, sanglier, sûr.

solution

Issu du latin *solutio*, dissolution, désagrégation, mais aussi acquittement, explication.

■ La solution d'une question difficile dépend quelquefois de la manière de la poser.

Jean-Jacques ROUSSEAU, *Émile ou De l'éducation,* 1762.

sommeil

Du bas latin *somniculus*, sommeil léger, diminutif de *somnus*, sommeil.

■ Le sommeil, ce seul bien qui reste aux malheureux.

Marie-Joseph CHÉNIER, *Charles IX,* 1789.

■ Mais la pitié des dieux, parmi tant de fléaux, / Nous donna le sommeil pour soulager nos maux.

Marie-Joseph CHÉNIER, *Caïus Gracchus,* 1792.

■ Funeste et trop doux sommeil, qui abolit en moins d'une heure le souvenir de moi-même !

COLETTE, *La Vagabonde,* © Flammarion, 1910.

■ C'était un de ces sommeils qui semblent durer des années, – accablé, accablant comme du plomb au fond d'un lac.

Romain ROLLAND, *Jean-Christophe,* © Albin Michel, 1911.

■ Le sommeil est une fontaine / Pétrifiante. Le dormeur, / Couché sur sa main lointaine, / Est une pierre en couleurs.

Jean COCTEAU, *Opéra,* © Stock, 1925.

Et les pensées de...

■ Sommeil : moment du monde qui nous fout la paix.

Jacques DOR, *Le Dico de ma langue à moi, 1er mille,* © Soir ailleurs, 2000.

▶ VOIR beauté.

sommet

Diminutif de l'ancien français *som*, emprunté au latin *summum*, point le plus élevé.

■ La lutte elle-même vers les sommets suffit à remplir un cœur d'homme. Il faut imaginer Sisyphe heureux.

Albert CAMUS, *Le Mythe de Sisyphe,* © Gallimard, 1942.

son

Emprunté au latin *sonus*, sonorité, bruit.

■ Il existe dans la parole de nombreuses Lois, inconnues jusqu'aujourd'hui, dont la plus importante est qu'un son ou une suite de sons identiques, intelligibles et clairs peuvent exprimer des choses différentes par une modification dans la manière d'écrire ou de comprendre ces noms ou ces mots. [...] Les dents, la bouche / Les dents la bouchent / L'aidant la bouche. / L'aide en la bouche / Laides en la bouche. / Laide dans la bouche. / Laid dans la bouche. / Lait dans la bouche...

Jean-Pierre BRISSET, *La Science de Dieu,* 1900.

Et dans les dictionnaires anciens...

■ Le désir, la haine, l'épouvante, le plaisir, toutes les passions que peut éprouver l'homme si voisin de son berceau, ne se manifestent d'abord que par une émission de sons simples, de cris ou de vagissements. C'est sa langue vocale.

Charles NODIER, *Dictionnaire des onomatopées* (préface), 2e *éd.*, 1828.

sondage

A remplacé *sondement* en 1769. Le *sondage* en tant qu'enquête date du XIXe s.

■ Supposez un sondage sur Munich en 1938, sur l'armistice en 1940, sur Pétain en novembre 1942, et supputez le résultat probable !

François MITTERRAND,
Ici et maintenant, © Fayard, 1980.

songe

Du latin *somnium*, rêve, chimère, dérivé de *somnus*, sommeil.

■ Un songe (me devrais-je inquiéter d'un songe !) /Entretient dans mon cœur un chagrin qui le ronge : / Je l'évite partout, partout il me poursuit. / C'était pendant l'horreur d'une profonde nuit.

Jean RACINE, *Athalie*, 1691.

Et dans les dictionnaires anciens...

■ *Songe* : Pensées confuses qui viennent par l'action de l'imagination. Les songes de la nuit sont les pensées du jour. Il n'y que les esprits faibles qui aient peur de songes.

Antoine FURETIÈRE, *Dictionnaire universel*, 1690.

sonnet

Emprunté à l'italien *sonnetto*, poème de quatorze vers ; lui-même emprunté à l'ancien français *sonet*, chansonnette.

■ Un sonnet sans défaut vaut seul un long poème.

Nicolas BOILEAU, *L'Art poétique*, 1674.

sorcière

Issu du latin populaire *sortiarius*, diseur de sorts. En ancien français on trouve également *sorceresse* et *sorcelière*.

■ Mais la grande révolution que font les sorcières, le plus grand pas à rebours contre l'esprit du Moyen Âge, c'est ce qu'on pourrait appeler la réhabilitation du ventre et des fonctions digestives. Elles professèrent hardiment : « Rien d'impur et rien d'immonde. » L'étude de la matière fut dès lors illimitée, affranchie. La médecine fut possible.

Jules MICHELET, *La Sorcière*, 1822.

Et dans les dictionnaires anciens...

■ *Sorcière*. Vieille, [...] infernale, grommelante, vindicative, despite ou despiteuse, méchante, horrible, enchanteresse, maligne, échevelée, furieuse, marmonnante, hérissée, importune, tromperesse, diabolique, magicienne, impudente...

Maurice DE LA PORTE, *Épithètes*, 1571.

sort

Du latin *sors*, sortis, sort, tirage au sort, et par extension, destin, lot.

■ Déchirements, sanglots, affres, angoisses, transes. Le sort se rit de tout...

Amédée POMMIER, *Océanides et fantaisies*, 1839.

sortir

Du latin *sortiri*, tirer au sort. Le sens courant vient sans doute du fait qu'en étant tiré au sort, on échappe à quelque chose.

■ Par l'art seulement nous pouvons sortir de nous, savoir ce que voit un autre de cet univers qui n'est pas le même que le nôtre, et dont les paysages nous seraient restés aussi inconnus que ceux qu'il peut y avoir dans la lune.

Marcel PROUST, *Le Temps retrouvé*, 1927.

sot

Attesté au XIIᵉ s., d'origine inconnue.

■ Vous êtes un sot en trois lettres, mon fils.

MOLIÈRE, *Le Tartuffe*, 1664.

■ Et je vous suis garant / Qu'un sot savant est sot plus qu'un sot ignorant.

MOLIÈRE, *Les Femmes savantes*, 1672.

■ Voilà ce qu'à peu près, mon cher, vous m'auriez dit, / Si vous aviez un peu de lettres et d'esprit : / Mais d'esprit, ô le plus lamentable des êtres, / Vous n'en eûtes jamais un atome, et de lettres, / Vous n'avez que les trois qui forment le mot : sot !

Edmond ROSTAND, *Cyrano de Bergerac*, 1898.

■ Que ne puis-je seulement connaître le mécanisme d'un sot !

Paul VALÉRY, *Cahiers*, « extraits du log-book de Monsieur Teste », © Gallimard, 1896-1925.

▶ VOIR amoureux, compliment, connaisseur, grâce, grands (les), grenier, hardi, importun, ivrogne, jeune, médiocre, mystère, nier, orgueil, ouvrir, papillon, pensée, projet, soupe, Zoïle.

sottise

De *sot*. *Sotise* au XIIIe s. Jusqu'au XVIIIe s., on employait plutôt *sotie* ou *sottie*.

■ Il n'y a rien qui rafraîchisse le sang comme d'avoir su éviter de faire une sottise.

Jean DE LA BRUYÈRE, *Les Caractères*, « De l'homme », 1688.

souci

Dérivé du verbe *soucier*, du latin *sollicitare*, remuer fortement, tourmenter, inquiéter.

■ Que mes jeunes pensées cèdent aux vieux soucis.

Mathurin RÉGNIER, *Satires*, 1608.

■ Il [Pygmalion] est pâle, défait, et les noirs soucis sont peints sur son visage toujours ridé.

FÉNELON, *Les Aventures de Télémaque*, 1669.

Et dans les dictionnaires anciens...

■ Ne prendre nul souci. Oui, n'être point aimée, & n'aimer point aussi / Des soucis de la vie est le plus grand souci. Segrais, églogue.

Pierre RICHELET, *Dictionnaire françois*, 1680.

soufflet

Dérivé du verbe *souffler*, du latin *suflare*. C'est au XIVe s. qu'il désigne le coup sur la joue à cause du bruit produit.

■ Mercure : Tu montres de l'esprit, et je te vois en train / De trancher avec moi de l'homme d'importance. / Il me prend un désir, pour faire connaissance, / De te donner un soufflet de ma main.

MOLIÈRE, *Amphytrion*, 1668.

souffrance, souffrir

Issu du latin *sufferentia*, résignation, tolérance. Du latin classique *sufferre*, supporter, endurer.

■ Le trépas vient tout guérir ; / Mais ne bougeons d'où nous sommes : / Plutôt souffrir que mourir, / C'est la devise des hommes.

Jean DE LA FONTAINE, *Fables*, « La mort et le bûcheron », 1668-1694.

■ La souffrance, la misère sont des forces vives qui ont leurs abus, comme le pouvoir a les siens.

Honoré DE BALZAC, *Le Médecin de campagne*, 1833.

Et les pensées de...

■ La souffrance [...] n'a pas assez d'intelligence pour ne faire souffrir qu'en cas d'utilité. Elle sonne le tocsin sans savoir si quelqu'un peut venir à la rescousse.

Jean HAMBURGER, *Dictionnaire promenade*, © Le Seuil, 1989.

souhaiter

Construit à partir et du francique *haitan*, ordonner, promettre et du latin classique *subtus*, sous : il s'agit de promettre, sous réserve, sans trop s'engager.

■ Les choses les plus souhaitées n'arrivent point ; ou si elles arrivent, ce n'est ni dans le temps ni dans les circonstances où elles auraient fait un extrême plaisir.

Jean DE LA BRUYÈRE, *Les Caractères*, « Du cœur », 1688.

soulager

Du latin classique *sublevare*, composé de *sub-*, marquant la position inférieure, et de *levare*, alléger.

■ À raconter ses maux, souvent on les soulage.

Pierre CORNEILLE, *Polyeucte*, 1643.

soulier

Souler au XIIe s. Du latin populaire *subtelare*, chaussure, issu lui-même du bas latin *subtel*, dessous du pied, composé de *sub-* marquant la position inférieure et *talus*, talon, cheville.

■ Cela c'est proprement tailler et coudre un soulier, pour qu'un autre le chausse.

Michel DE MONTAIGNE, *Essais*, 1580-1595.

■ Où, rimant au milieu des ombres fantastiques, / Comme des lyres, je tirais les élastiques / Des mes souliers blessés, un pied près de mon cœur !

Arthur RIMBAUD, *Poésies*, « Ma Bohème », 1871.

Et dans les dictionnaires anciens...

■ On a de gros souliers de vache pour la fatigue, des souliers plats à trois semelles, des souliers de paysans.

Pierre RICHELET, *Dictionnaire françois*, 1680.

soumettre

Du latin classique *submittere*, mettre dessous, en ancien français mettre dans un état de dépendance.

■ Dépendre du caprice de quelqu'un m'a toujours paru une servitude insupportable ; et j'aime cent fois mieux renoncer aux choses que de me soumettre aux démarches incertaines et prolongées qu'elles pourraient bien coûter.

Henri-Frédéric AMIEL, *Journal intime*, 1847-1883.

soupçon

Du latin *suspectio*, *suspicio*, suspicion, à partir du verbe *suspicere*, regarder de bas en haut.

■ Quiconque est soupçonneux invite à le trahir.

VOLTAIRE, *Zaïre*, 1738.

■ On ne guérit jamais d'un violent soupçon, / L'erreur qui le fit naître en nourrit le poison.

CRÉBILLON, *Catilina*, 1748.

soupe

Issu du bas latin *suppa*, probablement d'origine germanique, tranche de pain trempé dans du bouillon.

■ Je vis de bonne soupe, et non de beau langage. / Vaugelas n'apprend point à bien faire un potage ; / Et Malherbe et Balzac, si savants en beaux mots, / En cuisine peut-être auraient été des sots.

MOLIÈRE, *Les Femmes savantes*, 1672.

soupir

Dérivé de *soupirer*, du latin *suspirare*, respirer, soupirer, avec d'abord le sens, au XIIe s., de pousser des soupirs amoureux.

■ Écoute seulement ce soupir amoureux ; / Vois ce regard mourant, contemple ma personne, / Et quitte ce morveux et l'amour qu'il te donne.

MOLIÈRE, *L'École des femmes*, 1663.

souplesse

De *souple*. Issu du latin *supplex*, *supplicis*, qui plie les genoux. A d'abord désigné une acrobatie.

■ Dans les temps orageux il faut de la souplesse.

Marie-Joseph CHÉNIER, *Brutus et Cassius*, 1844.

source

Féminin de *sors*, *sours*, ancien participe passé de *sourdre*, surgir.

■ La source est à chercher plutôt que les ruisseaux [...]

Tristan L'HERMITE, *La Mort de Chrispe*, 1645.

■ Examinons ce bruit remontant à sa source.

Jean RACINE, *Phèdre*, 1677.

■ De la source, sa cuvette, / La fleur, faisant son miroir, / Dit : « Bonjour », à la fauvette.

Victor HUGO, *Les Contemplations*, 1856.

► VOIR curiosité, fontaine, géographie, ivrogne, malédiction, mariage, mélodie, paresse, poli, politique, pur, rêver, soleil.

sourd

Du latin *surdus*, qui n'entend pas, mais aussi insensible, assourdi.

■ On croit un sourd malheureux dans la société. N'est-ce pas un jugement prononcé par l'amour-propre de la société, qui dit : « Cet homme n'est-il pas trop à plaindre de n'entendre pas ce que nous disons ? »

Nicolas DE CHAMFORT, *Maximes et pensées, caractères et anecdotes*, 1795.

sourire

Du latin vulgaire, *subridere*, rire pardessous.

■ Souriant toujours et ne riant jamais, il disait du ton le plus élégant les choses les plus grossières, et les faisait passer.

J.-J. ROUSSEAU, *Les Confessions*, 1782-1789.

Et les pensées de...

■ Le sourire n'aurait-il plus cours chez nous ou bien le considérerait-on comme la manifestation d'une joie de qualité inférieure – un sous-rire en quelque sorte ? Ce serait dommage, car rien n'est plus subtil que ce courant complice, tout de nuance, qui s'établit entre deux êtres, éclairant les visages et faisant pétiller les regards.

Claude GAGNIÈRE, *Tout sur tout*, © France Loisirs, 1986.

souris

Du latin *sorex*, *soricis*, peut-être d'origine onomatopéique.

■ Une montagne en mal d'enfant / Jetait une clameur si haute / Que chacun, au bruit accourant, / Crut qu'elle accoucherait sans faute / D'une cité plus grosse que Paris : / Elle accoucha d'une souris.

Jean DE LA FONTAINE, *Fables*, « La montagne qui accouche », 1668-1694.

■ Le bon Dieu, ayant fait la souris, a dit : Tiens j'ai fait une bêtise. Et il a fait le chat. Le chat c'est l'erratum de la souris.

Victor HUGO, *Les Misérables*, 1862.

Et dans les dictionnaires anciens...

■ *Souris*. Rongearde, petite, noirâtre, ridicule, larronnelle, viste, féconde, nuisible, avide.

Maurice DE LA PORTE, *Épithètes*, 1571.

■ Petit rat ou animal qui est dommageable aux grains & aux meubles. [...] Celles d'Égypte ont le poil dur & picquant comme les hérissons.

Antoine FURETIÈRE, *Dictionnaire universel*, 1690.

▶ VOIR alerte, chat, éveiller, inimitié.

soutenir

Du latin *sustinere*, tenir par-dessous et au figuré entretenir, supporter.

■ Partout où la leçon n'est pas soutenue par l'autorité, et le précepte par l'exemple, l'instruction demeure sans fruit.

Jean-Jacques ROUSSEAU, *Discours du l'économie politique*, 1755.

■ Soutenons à l'envi les grands noms de nos pères.

VOLTAIRE, *Le Triumvirat*, 1764.

soutien-gorge

Né en 1904. La gorge a désigné la poitrine et vient du bas latin *gurga*, gosier, lui-même du latin classique *gurges*, gouffre. A succédé à *maintien-gorge*.

■ Elle ne portait pas de soutien-gorge et couchée sur le dos elle offrait au soleil la nudité de ses seins légers.

Simone DE BEAUVOIR, *Les Mandarins*, © Gallimard, 1954.

Et les pensées de...

■ Le soutien-gorge est un véritable et indispensable outil républicain : ça soutient la gauche, ça soutient la droite, et ça évite le ballottage.

COLUCHE, *Ça roule, ma poule*, © Le Cherche midi, 2002.

souvenir, souvenir (se)

Du latin *subvenire*, venir en aide et, au figuré, se présenter à l'esprit. Employé d'abord sous la forme impersonnelle (il me souvient) puis sous la forme personnelle (se rappeler).

■ J'ai plus de souvenirs que si j'avais mille ans.

Charles BAUDELAIRE, *Les Fleurs du mal*, « Spleen », 1857.

■ Arrivera-t-il jusqu'à la surface de ma claire conscience, ce souvenir, l'instant ancien que l'attraction d'un instant identique est venue de si loin solliciter, émouvoir, soulever tout au fond de moi ? Je ne sais.

Marcel PROUST, *Du côté de chez Swann*, 1913.

■ Mais quand d'un passé ancien rien ne subsiste, après la mort des êtres, après la destruction des choses, seuls, plus frêles mais plus vivaces, plus immatérielles, plus persistantes, plus fidèles, l'odeur et la saveur restent encore longtemps, comme des âmes, à se rappeler, à attendre, à espérer, sur la ruine de tout le reste, à porter sans fléchir, sur leur gouttelette presque impalpable, l'édifice immense du souvenir.

Marcel PROUST, *Du côté de chez Swann*, 1913.

■ À quoi bon avoir vécu, si je ne me souviens pas ? C'est comme si je n'avais pas vécu. Pourquoi me mirer dans mon passé, si je n'y vois rien ?

Henry DE MONTHERLANT,
Don Juan, © Gallimard, 1958.

■ On prononce derrière son dos des mots terribles : il paraît qu'elle était jolie, il paraît qu'elle était connue, il paraît qu'elle était quelqu'un. Alors apporte-lui des fleurs parfois, pour qu'elle se souvienne.

Émile AJAR, *L'Angoisse du roi Salomon,*
© Mercure de France, 1979.

■ Oh ! je voudrais tant que tu te souviennes des jours heureux où nous étions amis, / En ce temps-là, la vie était plus belle et le soleil plus brûlant qu'aujourd'hui, / Les feuilles mortes se ramassent à la pelle.

Jacques PRÉVERT, *Paroles,*
« Les feuilles mortes », © Gallimard, 1945.

■ Que me font à moi une fortune et des honneurs dont le plus grand prix eût été de les partager avec cette femme adorée ensevelie dans le néant depuis si longtemps et dont le souvenir après vingt ans me déchire le cœur.

Claude SIMON, *Les Géorgiques,* © Minuit, 1981.

Et les pensées de...

■ Souvenirs : bestioles qui vous démangent n'importe où, qu'on refile à des inconnus en buvant un coup.

Jacques Dor, *Le Dico de ma langue à moi, 1er mille,* © Soir ailleurs, 2000.

▶ VOIR bijou, bonheur, cloche, cueillir, ivrogne, jour, journal (intime), livre, madeleine, mémoire, oubli, Paris, prise, réaliste, rossignol, soleil, sommeil, théâtre, vieillard, ville, zézayer.

souvent

Emprunté au latin impérial *subinde*, immédiatement après, de temps en temps.

■ Souvent la peur d'un mal nous conduit dans un pire.

Nicolas BOILEAU, *L'Art Poétique,* 1674.

■ Le cœur de la femme est une énigme dont le roi François Ier a écrit le mot sur les vitraux de Chambord : Souvent femme varie, bien fol est qui s'y fie.

Victor HUGO, *Marie Tudor,* 1833.

souverain

Construit à partir du latin médiéval *superanus*, du latin classique *super*, au-dessus, supérieur.

■ Les belles soirées et le clair de lune me donnaient un souverain plaisir.

MADAME DE SÉVIGNÉ, *Correspondance,*
« Lettre du 14 août 1676 », posth. 1726.

■ La sagesse est une communion sacrée. C'est à cette condition qu'elle cesse d'être un stérile amour de la science pour devenir le mode un et souverain du ralliement humain, et que de philosophie elle est promue religion.

Victor HUGO, *Les Misérables,* 1862.

Et dans les dictionnaires anciens...

■ *Souverain* : Celui, celle en qui réside l'autorité suprême. La tyrannie des souverains est la principale source des maux qui attaquent l'espèce humaine. (Aszaïs).

Maurice LACHÂTRE,
Dictionnaire françois illustré, 1856.

spécialiste

Attesté en 1832, de *spécial*. Du latin impérial *specialis*, relatif à l'espèce, propre à.

■ Un spécialiste est une personne qui sait un maximum de choses sur un minimum de surface.

Jacques MAILHOT,
La Politique d'en rire, © Carrère-Lafon, 1986.

spectacle, spectateur

Du latin *spectaculum*, la vue, l'aspect, dérivé de *spectare*, regarder.

■ Que tu sais bien, Racine, à l'aide d'un acteur, / Émouvoir, étonner, ravir un spectateur !

Nicolas BOILEAU, *Épîtres, VII,* 1677.

■ Un grand spectacle, on le sait dès qu'on a quitté la salle, c'est celui qui nous donne l'impression, à la fois magique et cruelle, d'être désormais en exil dans le monde réel.

J. GARCIN, *Bartabas Roman,* © Gallimard, 2004.

Et dans les dictionnaires anciens...

■ Les spectacles instruisent délicatement le peuple de plusieurs choses utiles. Il faut donner des spectacles afin d'occuper adroitement l'esprit des personnes oisives, & les détourner de la débauche.

Pierre RICHELET, *Dictionnaire françois*, 1680.

▶ VOIR énigme, mer, mort, opéra, parisien, passion, pouvoir.

spéculation

Du bas latin *speculatio*, espionnage, mais aussi contemplation en terme religieux. Il prend son sens d'« enrichissement par des opérations commerciales » au XVIIIe s.

■ Toute spéculation mercantile que je fais aux dépens de la vie de mon semblable n'est point un trafic, c'est un brigandage et un fratricide.

Maximilien ROBESPIERRE, *Discours*, 1789-1793.

spirituel

Du latin ecclésiastique *spiritualis*, concernant l'âme, dérivé du latin classique *spiritis*, esprit.

■ Le matériel est esclave du spirituel.

Roger MARTIN DU GARD, *Les Thibault*, © Gallimard, 1922.

spontané

Issu du bas latin *spontaneus*, de sa propre volonté.

■ Le spontané est le fruit d'une conquête. Il n'appartient qu'à ceux qui ont acquis la certitude de pouvoir conduire un travail à l'extrême de l'exécution, d'en conserver l'unité de l'ensemble en réalisant les parties et sans perdre en chemin l'esprit ni la nature.

Paul VALÉRY, *Pièces sur l'art*, © Gallimard, 1936.

sport, sportif (ive)

Emprunté en 1828 à l'anglais *sport*, passe-temps, divertissement.

■ Il était fort, alerte et gai, donnant tous ses jours au sport et toutes ses nuits aux fêtes.

Guy DE MAUPASSANT, *La Main gauche*, « Duchoux », 1889.

■ Combien elle l'aimait, cette intelligence des sports, cette allégresse de l'intelligence qui se mêle à l'allégresse du corps pour un composé sans pareil !

Henry DE MONTHERLANT, *Le Songe*, © Gallimard, 1922.

■ Les Anglais répondent que seuls ils ont conservé le véritable esprit sportif pour qui le sport est un exercice, un jeu, un entraînement aux vertus morales, et non un massacre de records [...].

Paul MORAND, *Londres*, © Gallimard, 1933.

■ Ses cheveux courts, son chemisier bien coupé, sa large jupe à plis creux, son allure sportive, sa voix hardie dénotaient qu'elle avait grandi très loin de Saint-Thomas d'Aquin.

Simone DE BEAUVOIR, *Mémoires d'une jeune fille rangée*, © Gallimard, 1958.

■ Le sport multiforme, aux innombrables tentacules, c'est la grande chance de la société bourgeoise. Aucune Bastille n'eût été prise si la boxe et si le catch, si le ballon rond ou ovale, si la bicyclette avaient existé. Les jeux de ce temps-là étaient aussi des privilèges.

François MAURIAC, *Le Nouveau Bloc-notes*, © Flammarion, 1961.

Et les pensées de...

■ Rien n'est moins moral qu'une épreuve sportive. Le vainqueur n'est pas toujours le concurrent le plus loyal et le plus énergique. Le tacticien l'emporte souvent, autrement dit le plus rusé, quand ce n'est pas le plus vicieux.

Pierre NAUDIN, *La Foire aux muscles*, © Éditeurs Français Réunis, 1961.

▶ VOIR amour, pluriel, verre.

squelette

Du grec *skelétos*, corps desséché, momie.

■ Je n'ai plus que les os, un squelette je semble, / Décharné, dénervé, démusclé, dépulpé, / Que le trait de la Mort sans pardon a frappé : Je n'ose voir mes bras que de peur je ne tremble.

Pierre DE RONSARD, *Sonnets pour Hélène*, 1578.

■ Le squelette de la Mort laisse passer les rayons livides de la lumière infernale entre les creux de ses ossements.

François-René DE CHATEAUBRIAND, *Les Martyrs*, 1809.

stade

Du latin *stadium*, dérivé du grec *stadion*, mesure de longueur de la piste, puis la piste elle-même et l'enceinte, où se déroulaient les courses en Grèce.

■ J'ai rencontré dans les stades féminins quelques jeunes filles, extrêmes fleurs de ces familles de noblesse bretonne où se perpétue depuis des siècles un esprit d'indépendance et de fronde.

Henry DE MONTHERLANT, *Les Olympiques*, © Gallimard, 1924.

star

Mot anglais signifiant *étoile*, d'abord introduit au théâtre en 1844 puis généralisé au monde du spectacle en 1919.

■ Le mot « stars » me semble totalement inadéquat : les étoiles sont immobiles, quasiment muettes et brillent juste assez pour qu'on puisse les retrouver [...]. Pour les artistes de cinéma, « comètes » serait bien meilleur, en raison de tout le clinquant que les stars traînent dans leur sillage fugueur et fugace.

Maurice TOUDOIRE, *Impertinences, lexique fantaisiste*, © Pierre Téqui, 1992.

statistique

De l'allemand *Statistik* forgé par l'économiste G. Achenwall, mais aussi de l'italien *statista*, homme d'État, celui-ci ayant besoin de données quantitatives pour gouverner.

■ La statistique, c'est la première des sciences inexactes !

Edmond et Jules DE GONCOURT, *Renée Mauperin*, 1864.

Et les pensées de...

■ Selon une statistique évoquée par Adler, 70 % des peintres souffriraient d'un défaut de la vue.

Emmanuel MOUNIER, *Traité du caractère*, © Le Seuil, 1946.

structure

Du latin *structura*, construction, bâtiment, dérivé de *struere*, disposer en couches, construire.

■ Les éléphants ne nous paraissent d'une structure si étrange que parce que nous les voyons séparés des végétaux.

François-René DE CHATEAUBRIAND, *Le Génie du christianisme*, 1802.

■ Le corps touche et fait tout ; commence et achève tout. De lui émanent nos vraies lumières, et même les seules, qui sont nos besoins et nos appétits, par lesquels nous avons une sorte de perception « à distance » et superficielle de l'état de notre intime structure.

Paul VALÉRY, *Suite*, © Gallimard, 1934.

style

Emprunté au latin classique *stilus*, instrument à tige pointue servant à écrire. Le *y* est dû au rapprochement erroné du mot grec *stulos*, colonne, poinçon.

■ Quand on voit le style naturel, on est tout étonné et ravi, car on s'attendait de voir un auteur, et on trouve un homme.

Blaise PASCAL, *Pensées*, 1669.

■ Le style n'est que l'ordre et le mouvement qu'on met dans ses pensées.

BUFFON, *Discours sur le style*, 25 août 1753.

■ Marivaux disait que le style a un sexe et qu'on reconnaissait les femmes à une phrase.

Nicolas DE CHAMFORT, *Maximes et pensées, caractères et anecdotes*, 1795.

■ Le style est comme le cristal, sa pureté fait son éclat.

Victor HUGO, *Odes et Ballades* (préface), 1822-1828.

■ Car le style pour l'écrivain, aussi bien que la couleur pour le peintre, est une question non de technique mais de vision.

Marcel PROUST, *Le Temps retrouvé*, 1927.

Et dans les dictionnaires anciens...

■ *Style*. Poinçon qui servoit de plume aux anciens pour escrire sur des tablettes. C'est l'origine des autres significations.

[...] Il y a le style relevé ou sublime, dont on use dans les actions publiques ; le style médiocre ou familier, dont on se sert en conversations ; le style bas ou populaire, dont on use dans le comique, ou le burlesque.

Antoine FURETIÈRE, *Dictionnaire universel*, 1690.

▶ VOIR aboutir, accessoire, badin, brut, écrivain, épistolaire, gendarme, hiérarchie, journal, juron, métaphore, naturel, ponctuation, presse, rythme, trouver, vitesse.

Styx

L'un des cinq fleuves des Enfers, le plus grand, dont les eaux rendaient invulnérable.

■ Sur les crédences, au salon vide : nul ptyx, / Aboli bibelot d'inanité sonore, / Car le Maître est allé puiser des pleurs au Styx / Avec ce seul objet dont le Néant s'honore.

Stéphane MALLARMÉ, *Poésies*, « Sonnet en yx », 1898.

■ [...] Ami du Gai Savoir, ami du doux plaisir / Un chat va sans un bruit dans un coin tout obscur / Oh Styx, tu l'aurais pris pour ton poulain futur / Si tu avais, Pluton, aux Sclavons pu l'offrir ! [...]

Georges PEREC, *Oulipo, la littérature potentielle*, « Nos chats », © Gallimard, 1973.

Et dans les dictionnaires anciens...

■ *Styx*. Profond, infernal, ombreux, noir, horrible, fangeux, pâle, triste [...]. De ce nom les poètes appellent l'un des cinq fleuves de l'enfer.

Maurice DE LA PORTE, *Épithètes*, 1571.

sublime

Du latin *sublimis*, haut, suspendu dans les airs. D'abord terme d'alchimie vers 1400.

■ Tout mortel n'est pas fait pour aller au sublime.

Charles PALISSOT, *Les Philosophes*, 1760.

substantifique

Construit à partir de *substantia*. En 1534, Rabelais immortalise sa célèbre « substantifique moelle ».

■ À l'exemple d'icelui [celui-ci] vous convient être sages, pour fleurer [flairer], sentir et estimer ces beaux livres de haute graisse [comme une viande de grande qualité], légers au pourchas [à suivre] et hardis à la rencontre. Puis, par curieuse leçon [lecture] et méditation fréquente, rompre l'os et sucer la substantifique moelle [...]

François RABELAIS, *Gargantua* (prologue), 1534.

succès

Issu du latin *successus*, désigne d'abord la succession dans le temps de ce qui arrive à l'issue d'un acte, bon ou mauvais, puis de façon restrictive, la seule réussite de l'acte.

■ Les succès suffisent pour la réputation, mais non pas pour la gloire.

VOLTAIRE, *Dictionnaire philosophique*, « Gloire », 1764.

■ Mon peu de succès auprès des femmes est toujours venu de les trop aimer.

Jean-Jacques ROUSSEAU, *Les Confessions*, 1782-1789.

Et les pensées de...

■ On croit toujours connaître les raisons des échecs, on ne découvre jamais les causes des succès.

Charles DANTZIG, *Dictionnaire égoïste de la littérature française*, © Grasset, 2005.

sueur

Du latin *sudor*, *sudare*, suer. Attesté sous la forme *suor* au XIVe s.

■ Ma marchandise et mes écus ramassés à la sueur de mon front servent à donner vos bals.

Honoré DE BALZAC, *César Birotteau*, 1837.

■ Écrire, est pour l'écrivain une fonction saine et nécessaire dont l'accomplissement rend heureux, comme pour les hommes physiques, l'exercice, la sueur, le bain.

Marcel PROUST, *Le Temps retrouvé*, 1922.

Et dans les dictionnaires anciens...

■ *Sueur*. Lente, salée, estivale, amère, sanglante, poureuse, azurée, ruisselante, immonde, froide, laborieuse...

Maurice DE LA PORTE, *Épithètes*, 1571.

suffire

Emprunté au latin *sufficere*, mettre sous, composé du préfixe *sub-*, marquant la position inférieure et *facere*, faire. Être suffisant.

■ Il vient un âge dans la vie, où un beau site, l'air tiède, une promenade à pas lents sous l'ombrage, un entretien amical ou la réflexion indifféremment suffisent.

SAINTE-BEUVE, *Volupté*, 1834.

suffrage

Issu du latin classique *suffragium*, vote, voix. A le sens de soutien en latin médiéval.

■ C'est qu'il n'y a personne sur la terre qui puisse déterminer au juste combien un suffrage vaut plus que l'autre, qui ait ni la juridiction ni les lumières nécessaires pour réduire les opinions des membres d'une compagnie, chacune à son juste prix, de sorte qu'il faut nécessairement tolérer que l'une vaille autant que l'autre dans certains cas.

Pierre BAYLE, *Pensées sur la comète*, 1682.

■ Suffrage universel : Dernier terme de la Science politique.

Gustave FLAUBERT, *Le Dictionnaire des idées reçues*, posth. 1913.

suggérer

Du latin *suggerere*, mettre sous, fournir, construit à partir de *sub-*, et de *gerere*, porter. A pris le sens d'inspirer au XIVe s.

■ *Nommer* un objet, c'est supprimer les trois quarts de la jouissance du poème qui est faite de deviner peu à peu : le *suggérer* voilà le rêve. C'est le parfait usage de ce mystère qui constitue le symbole : évoquer petit à petit un objet pour montrer un état d'âme, ou, inversement, choisir un objet et en dégager un état d'âme, par une série de déchiffrements.

Stéphane MALLARMÉ, *Sur l'évolution littéraire, Réponse à une enquête*, 1891.

suicide

Mot savant attesté en 1734, construit à partir du latin *sui*, de soi et *-cide* d'après régicide, homicide.

■ Que de gens ont voulu se suicider, et se sont contentés de déchirer leur photographie.

Jules RENARD, *Journal*, 1925.

■ On peut croire que le suicide suit la révolte. Mais à tort. Car il ne figure pas son aboutissement logique. Il est exactement son contraire, par le consentement qu'il suppose.

Albert CAMUS, *Le Mythe de Sisyphe*, © Gallimard, 1942.

Et dans les dictionnaires anciens...

■ Il ne sera jamais à craindre que cette folie de se tuer devienne une maladie épidémique ; la nature y a trop pourvu : l'espérance, la crainte sont les ressorts puissants dont elle se sert pour arrêter la main du malheureux prêt à se frapper.

Maurice LACHATRE, *Dictionnaire français contemporain*, 1856.

suite

Du latin populaire *sequita*, poursuite.

■ Toute la suite des hommes, pendant le cours de tant de siècles, doit être considérée comme un même homme qui subsiste toujours et qui apprend continuel-lement.

Blaise PASCAL, *Fragment d'un traité du vide*, 1651.

■ Comme notre esprit est une suite d'idées, notre cœur est une suite de désirs.

Charles Louis DE MONTESQUIEU, *Arsace et Isménie*, 1783.

sujet (du roi)

Du latin *subjectus*, soumis, de *subjicere*, placer dessous.

■ C'est aux sujets à attendre, et c'est aux rois à agir ; eux-mêmes ne peuvent pas tout ce qu'ils veulent, mais ils rendront compte à Dieu de ce qu'ils peuvent.

Jacques-Bénigne BOSSUET, *Sermons*, « Sur le mauvais riche », 1643-1702.

sujet (de discussion)

Du latin *subjectum*, sujet s'opposant à *objectum*, objet.

■ Le sujet n'est jamais assez tôt expliqué.

Nicolas BOILEAU, *L'Art poétique*, 1677.

Et les pensées de...

■ Ce n'est pas le sujet d'un livre qui prime, mais la façon de le raconter. Il existe quantité de mauvais livres à bon sujet, et quantité de bons romans à sujet faible.

Charles DANTZIG, *Dictionnaire égoïste de la littérature française*, © Grasset, 2005.

superflu

Du bas latin *superfluus*, dérivé de *superfluere*, déborder, construit à partir de *super*, au-dessus, et de *fluere*, s'écouler.

■ Et les peuples, devenus riches, appliquèrent le superflu de leurs moyens à des travaux d'utilité commune et publique ; et ce fut là, dans chaque État, l'époque de ces ouvrages dont la magnificence étonne l'esprit.

Constantin-François DE VOLNEY, *Les Ruines*, 1791.

Et dans les dictionnaires anciens...

■ Les Grands ne sont riches que de choses superflues. C'est notre vanité qui nous fait désirer tant de meubles, de bâtiments, de mets & de valets superflus.

Antoine FURETIÈRE, *Dictionnaire universel*, 1690.

supérieur

Issu du latin *superior*, plus haut, comparatif de *superus*, qui est en haut.

■ Les aigrefins peuvent avoir cent fois le dessus, ils n'en sont pas pour cela supérieurs.

Henri-Frédéric AMIEL, *Journal intime*, 1847-1883.

■ Il est, avec les supérieurs, d'une platitude écœurante. Sa manière de saluer le directeur, de saluer à cul ouvert, me fait rougir de honte.

Georges DUHAMEL, *Journal de Salavin*, © Mercure de France, 1927.

superstition

Du latin *superstitio*, croyance religieuse, sans doute à partir du verbe *superstare*, se tenir dessus, avec l'idée de prière pour la survivance de sa descendance.

■ Soutenir la piété jusqu'à la superstition, c'est la détruire.

Blaise PASCAL, *Pensées*, 1669.

■ Ô superstition ! tes rigueurs inflexibles / Privent d'humanité les cœurs les plus sensibles.

VOLTAIRE, *Mahomet*, 1741.

■ La superstition consiste toujours, sans doute, à expliquer des effets véritables par des causes surnaturelles.

ALAIN, *Propos*, © Gallimard, 1936.

Et dans les dictionnaires anciens...

■ C'étoit une grande superstition d'observer le vol des oiseaux, les entrailles des victimes, & maintenant, de craindre qu'un verre qui se casse, ou une salière qui se renverse, ne soient causes de quelque malheur.

Antoine FURETIÈRE, *Dictionnaire universel*, 1690.

supplice

Emprunté au latin *supplicium*, supplication aux dieux, offrande, et aussi punition, châtiment ; mot dérivé de *supplex*, qui plie les genoux.

■ Après ne pas vivre avec ceux qu'on aime, le plus grand supplice est de vivre avec ceux qu'on n'aime pas.

Gustave FLAUBERT, *Correspondance*, 1847.

■ Vous ne pouvez imaginer ce supplice : ne rien avoir eu de la vie et ne rien attendre de la mort.

François MAURIAC, *Le Nœud de vipères*, © Gallimard, 1932.

Et dans les dictionnaires anciens...

■ Le mal de dent est un supplice.

Petit Larousse illustré, article « Supplice », 1905.

▶ VOIR choisir, endurer, plaisir, têtu.

supposition

Dérivé du latin classique *supponere*, mettre dessous, substituer.

■ Un historien est fait pour décrire, et non pour inventer ; il ne doit se permettre aucune supposition.

BUFFON, *Histoire naturelle*, 1749-1789.

■ C'est ainsi en général que les découvertes se sont faites : il a fallu faire des suppositions, il en a fallu faire de fausses ; et ces sortes d'erreur étaient utiles.

Étienne BONNOT DE CONDILLAC, *Cours d'études*, « Art de raisonner », 1775.

suprême

Du latin *supremus*, le plus au-dessus, superlatif de *superus*, supérieur.

■ Article premier. — Le peuple français reconnaît l'existence de l'être suprême et l'immortalité de l'âme.
Article 2. — Il reconnaît le culte digne de l'être suprême et la pratique des devoirs de l'homme.

La Fête de l'être suprême, 1794.

sûr

Segur, *seür*, au XIe s., du latin *securus*, libre de souci, formé de *se-* privatif et *cura*, souci.

■ La mer la plus terrible et la plus orageuse / Est plus sûre pour nous que cette cour trompeuse.

RACINE, *Esther*, 1689.

■ Je vais chercher la solitude et la santé, bien plus sûr de l'une que de l'autre, mais plus sûr encore de votre amitié.

VOLTAIRE, *Lettre d'Argentas*, 9 décembre 1754.

surmonter

Formé du préfixe *sur-* et de *monter*, vaincre, surpasser. Au XIIe s. l'on disait *surmunter*.

■ On ne surmonte le vice qu'en le fuyant.

FÉNELON, *Les Aventures de Télémaque*, 1669.

Et dans les dictionnaires anciens...

■ Les Européens ont toujours surmonté les Asiatiques.

Antoine FURETIÈRE, *Dictionnaire universel*, 1690.

surnaturel

Formé du préfixe *sur-* et de *naturel*. S'est substitué à *supernaturel* en 1552.

■ Nous disons facilement qu'un homme fait le singe, ou qu'il se bat comme un lion, comme un aigle, etc. ; le surnaturel commence à partir du moment où l'on glisse des mots aux choses que ces mots sont censés désigner.

Tzvetan TODOROV, *Introduction à la littérature fantastique*, © Le Seuil, 1970.

surprendre

Dérivé de *prendre*, d'abord au sens de prendre sur le fait puis au sens d'étonner.

■ Je veux bien vous l'apprendre, / Et vous en donne avis pour ne vous pas surprendre.

Pierre CORNEILLE, *Nicomède*, 1651.

■ On peut des plus grands rois surprendre la justice.

Jean RACINE, *Esther*, 1689.

susceptible

Du latin *susceptibilis*, capable de recevoir. On ne trouve le sens d'« ombrageux, se froissant aisément », qu'à partir du XVIIIe s.

■ Très susceptible pour les sensations d'odeur, je passais ma vie à me laver les mains quand j'avais lu un bouquin, et la mauvaise odeur m'avait donné un préjugé contre le Dante.

STENDHAL, *La Vie de Henri Brulard*, 1836.

suspect

Du latin *suspectus*, qui éveille des soupçons, dérivé de *suspicere*, regarder de bas en haut.

■ Si vous n'êtes pas véritables en un article, vous êtes suspects en tous.

Blaise PASCAL, *Les Provinciales*, 1656-57.

■ Tout m'est suspect ; je crains que tout ne soit séduit [détourné, induit en erreur].

Jean RACINE, *Britannicus*, 1669.

syllabe

Du latin *syllaba*, du grec *sullabé*, assemblage de lettres formant un son.

■ Un dessein plein de gloire, et qui sera vanté / Chez tous les beaux esprits de la postérité, / C'est le retranchement de ces syllabes sales, / Qui dans les plus beaux mots produisent des scandales.

MOLIÈRE, *Les Femmes savantes*, 1672.

symbole

Du latin *symbolus*, du grec *sumbolon*, signe de reconnaissance.

■ Chaque flot du temps superpose son alluvion, chaque race dépose sa couche sur le monument, chaque individu apporte sa pierre. Ainsi font les castors, ainsi font les abeilles, ainsi font les hommes. Le grand symbole de l'architecture, Babel, est une ruche.

Victor HUGO, *Notre-Dame de Paris*, 1832.

sympathie

Issu du latin *sympathia*, accord, du grec *sumpatheia*, qui prend part aux souffrances d'autrui.

■ Nous nous sommes trouvés en sympathie avec la comtesse, voilà tout. — En sympathie de cœur ?... — Non d'esprit, voilà tout.

André DUMAS, *Le Comte de Monte-Cristo*, 1846.

▶ VOIR je ne sais quoi.

synonyme

Du latin *synonymus*, du grec *sunônumos*, de même nom ; formé de *sun-*, avec, et de *onoma*, nom.

■ Chez plusieurs, savants et pédants sont synonymes.

Jean DE LA BRUYÈRE, *Les Caractères*, 1688-96.

Et dans les dictionnaires anciens...

■ [...] la différence délicate des synonymes ; c'est-à-dire le caractère singulier de ces mots, qui, se ressemblant comme frères par une idée commune, sont néanmoins distingués l'un de l'autre par quelque idée accessoire & particulière à chacun d'eux.

Gabriel GIRARD, *Synonymes françois*, 1756.

syntaxe

Du bas latin *syntaxis*, ordre, arrangement des mots, repris sur grec *suntaxis*, construit à partir de *syn*, avec, et *taxis*, ordre.

■ Pour un art nouveau une syntaxe nouvelle était à prévoir ; elle devait fatalement venir mettre dans le nouvel ordre les mots dont nous devions nous servir. Les mots eux-mêmes devaient être différents.

Pierre REVERDY, *Nord-Sud*, n° 14, avril 1918.

Et dans les dictionnaires anciens...

■ Les règles de la syntaxe se rapportent à deux points : la concordance et la dépendance.

M. LACHÂTRE, *Dictionnaire français illustré*, 1856.

système

Du grec *sustêma*, assemblage, composition.

■ Les systèmes sont comme les rats, qui peuvent passer par vingt petits trous, et qui en trouvent enfin deux ou trois qui ne peuvent les admettre.

VOLTAIRE, *Dictionnaire philosophique*, 1764.

■ Les systèmes sont plus dangereux en politique qu'en philosophie ; l'imagination qui égare le philosophe ne lui fait faire que des erreurs ; l'imagination qui égare l'homme d'État lui fait faire des fautes et le malheur des hommes.

D. DIDEROT, *L'Encyclopédie*, article « *Génie* », 1751.

■ Un système est une doctrine absolument personnelle à celui qui l'invente. Si elle contredit toutes les autres, le système est mauvais ; si elle les illumine, il est bon, au moins comme système.

Joseph JOUBERT, *Pensées, essais, maximes et correspondances*, posth. 1838.

■ N'oublions pas que le propre des créateurs de systèmes est d'ignorer les faits. C'est à cette condition qu'ils les défigurent.

Théodore JOUFFROY, *Nouveaux Mélanges philosophiques*, 1842.

Et dans les dictionnaires anciens...

■ Entre les Médecins il y en qui suivent le sistème des saveurs ; d'autres qui suivent le sistème des quatre qualités ; d'autres le sistème des acides & des alkalis. [...] Les Théologiens ont fait aussi divers sistèmes de la Grâce.

Antoine FURETIÈRE, *Dictionnaire universel*, 1690.

▶ VOIR bureau, paresse, philosophe.

t

■ Bien qu'il ne soit pas illettré, son orthographe est aussi capricieuse que son langage, ce qui le maintient dans les emplois subalternes. Il ne sait même pas au juste si son nom se termine par un *d* ou par un *t*.

Georges DUHAMEL, *Vie et aventures de Salavin*, © Gallimard, 1920-32.

Et les pensées de...

■ T : Commencement et fin de *tout*, c'est l'évidence même.

Maurice TOUDOIRE, *Impertinences, lexique fantaisiste*, © Pierre Téqui, 1992.

tabac

De l'espagnol *tabaco*, transformation de *tsibatl*, langue d'Haïti, tuyau de roseau servant à inhaler la fumée.

■ Quoi qu'en dise Aristote et sa docte cabale, / Le tabac est divin, il n'est rien qui l'égale !

Thomas CORNEILLE, *Le Festin de Pierre*, 1673.

Et les pensées de...

■ Il arrive hélas, qu'on casse sa pipe après avoir été passé à tabac.

Pierre DAC, *Arrière-pensées*, © Le Cherche midi, 1998.

table

Du latin *tabula*, planche.

■ L'État / N'a pas dans ses bureaux de puissance intraitable / Pour l'heureux candidat qui la courtise à table.

Casimir DELAVIGNE, *L'École des Vieillards*, 1823.

■ Assez abandonné des Dieux / Pour se montrer incurieux / Des plaisirs de la table.

Raoul PONCHON, *La Muse du cabaret*, 1920.

Et dans les dictionnaires anciens...

■ Le plaisir de la table n'admet que gens de bonne humeur, et ne soufre pas qu'on soit plus de huit personnes.

Gabriel GIRARD, *Synonymes françois*, 1736.

▶ VOIR repas.

tableau

Diminutif de *table*, panneau de bois.

■ Ce qui entend le plus de bêtises dans le monde est peut-être un tableau de musée.

Edmond et Jules DE GONCOURT, *Idées et sensations*, 1866.

Et dans les dictionnaires anciens...

■ Le connaisseur regarde les beautés d'un tableau qu'il voit : celui qui ne l'est pas regarde le tableau sans en voir les beautés.

Gabriel GIRARD, *Synonymes françois*, 1736.

▶ VOIR amateur, éloquence inimitié, instant, mathématicien, obsession, scène.

tâche

Du latin médiéval *taxa*, prestation due par le paysan, de *taxare*, taxer.

■ Le philosophe qui donne le précepte sans l'exemple ne remplit que la moitié de sa tâche.

Denis DIDEROT, *Essai sur les règnes de Claude et de Néron*, 1782.

Et dans les dictionnaires anciens...

■ *Tasche*. Ce qu'un Ouvrier peut faire en un jour en ne chômant point.

Antoine FURETIÈRE, *Dictionnaire universel*, 1690.

▶ VOIR abréger, dire, lâche, littérature, nouveau, rhinocéros, rossignol, terre, trêve, urgent, ver de terre, voisins.

taciturne

Du latin *taciturnus*, silencieux, de *tacere*, taire.

■ Nous marchons ainsi, ne te laissant que notre ombre / Sur cette terre ingrate où les morts ont passé, [...] / Pleurant, comme Diane au bord de ses fontaines, / Ton amour taciturne et toujours menacé.

Alfred DE VIGNY, *Les Destinées*, « La Maison du Berger », posth. 1864.

tact

Du latin *tactus*, action de toucher, de *tangere*, toucher.

■ On a très bien nommé tact cette exploration de la surface des signes.

ALAIN, *Propos*, © Gallimard, 1930.

■ Les femmes ont un tact exquis pour deviner jusqu'où peuvent aller le zèle et l'abnégation de l'homme.

Pierre-Alexis Ponson DU TERRAIL, « Les Drames de Paris », *Rocambole*, 1857-1859.

taire (se)

Du latin *tacere*, taire.

■ La sagesse humaine apprend beaucoup, si elle apprend à se taire.

Jacques-Bénigne BOSSUET, *Élévations sur les Mystères*, 1727.

■ C'est une grande misère que de n'avoir pas assez d'esprit pour bien parler, ni assez de jugement pour se taire. Voilà le principe de toute impertinence.

Jean DE LA BRUYÈRE, *Les Caractères*, 1688-1696.

■ ... Se taire ce n'est pas être muet, c'est refuser de parler, donc parler encore. Si donc un écrivain a choisi de se taire sur un aspect quelconque du monde, [...] on est en droit de lui poser une troisième question : pourquoi as-tu parlé de ceci plutôt que de cela [...] ?

Jean-Paul SARTRE, *Qu'est-ce que la littérature ?*, © Gallimard, 1948.

▶ VOIR canon, douleur, gémir, mensonge, parler, pauvre, terreur.

talent

Du latin *talentum*, du grec *talanton*, plateau de balance. Les sens figurés viennent de la parabole évangélique où le talent, la pièce, est à faire fructifier.

■ Le talent d'un poète / Avorte dans le monde, et croît dans la retraite.

Casimir DELAVIGNE, *Les Comédiens*, 1820.

■ Quand on me dit que j'ai du talent, on n'a pas besoin de me le répéter : je comprends du premier coup.

Jules RENARD, *Journal*, posth. 1925.

■ J'ai de l'esprit tous les jours et du talent littéraire huit jours par mois.

Paul LÉAUTAUD, *Propos d'un jour*, © Mercure de France, 1947.

Et dans les dictionnaires anciens...

■ ... Le génie paraît être plus intérieur, et tenir un peu de l'esprit inventif ; le talent semble plus extérieur, et tenir davantage d'une exécution brillante. [...] Tel a du génie pour composer, n'a point de talent pour débiter.

Gabriel GIRARD, *Synonymes françois*, 1756.

▶ VOIR amour, célébrité, connu, dramatique, génie, inculte, journal, lexicographe, littérature, metteur en scène, moi, musée, qualité, résultat, rôle, science.

tango

De l'espagnol d'Argentine *tango*, nom d'une danse.

■ En 1914, bien des grincheux virent dans le tango une manœuvre du Satan allemand pour faisander notre race.

Jean COCTEAU,
Poésie critique, I, © Gallimard, 1959.

tant pis, tant mieux

Du latin *tantum*, relativement à cette quantité.

■ On reprochait à M. de ... d'être le médecin Tant-Pis. « Cela vient, répondit-il, de ce que j'ai vu enterrer tous les malades du médecin Tant-Mieux. »

Nicolas DE CHAMFORT, *Maximes et pensées, caractères et anecdotes*, posth. 1795.

tard

Du latin *tarde*, lentement.

■ Tout est dit, et l'on vient trop tard depuis plus de sept mille ans qu'il y a des hommes, et qui pensent.

Jean DE LA BRUYÈRE, *Les Caractères*, 1688-96.

■ Si je refuse obstinément tous les « plus tard » du monde, c'est qu'il s'agit aussi bien de ne pas renoncer à ma richesse présente. Il ne me plaît pas de croire que la mort ouvre sur une autre vie.

Albert CAMUS,
Noces, © Gallimard, 1938.

▶ VOIR naître.

tâter

Du latin *taxare*, toucher fortement.

■ Tâtez-la par divers endroits pour découvrir par où les grandes vérités peuvent mieux entrer dans sa tête.

FÉNELON, *Traité de l'éducation des filles*, 1689.

■ Il faut se tâter, se manier, se sonder, pour savoir qu'on est vain.

Nicolas DE MALEBRANCHE,
De la recherche de la vérité, 1674.

technique

Du latin *technicus*, spécialiste, maître en un art, du grec *tekhnê*, art.

■ Il s'est étonné de voir un intellectuel abstrait et léger comme moi s'intéresser aux précisions viriles de la technique.

Paul NIZAN, *La Conspiration*, © Gallimard, 1938.

Et les pensées de...

■ Si la technique peut soulever une montagne, faudrait pas que la technique nous la laisse retomber sur le pied, pas vrai ?

Jean-Marie GOURIO, *L'Intégrale des brèves de comptoir*, © Robert Laffont, 1992-1993.

technique (littéraire)

Du latin *technicus*, spécialiste, maître en un art, du grec *tekhnê*, art.

■ Oui, il y a le chiasme et la parataxe, mais ce sont des noms qu'on donne après coup à des inventions de la sensibilité. Il n'y a pas de technique, il n'y a que du cœur.

Charles DANTZIG, *Dictionnaire égoïste de la littérature française*, © Grasset, 2005.

teint

Du latin *tinctus*, couleur, teinture.

■ L'or même à la laideur donne un teint de beauté.

Nicolas BOILEAU, *Satires*, 1660-1711.

Et dans les dictionnaires anciens...

■ Teint d'homme ou de femme, Damoiseau, ou damoiselet, frais, vermeil, beau, pâle, divers, plombé, jaunissant, brun, hallé, dameret, coloré, enduit, fardé...

Maurice DE LA PORTE, *Épithètes*, 1571.

télécommande

Du grec *têle*, loin, et de *commande*, du latin *commendare*, donner un ordre.

■ Or je tiens l'appareil à zapper, la télécommande, pour l'une de ces inventions qui ont modifié, non seulement notre comportement devant et avec la télévision, mais aussi, assez profondément, nos manières, notre psyché. [...] Vieux rêve de l'homme, la conquête de l'ubiquité repose dans un boîtier à portée de la main.

Bernard PIVOT,
Le Métier de lire, © Gallimard, 1990.

télégramme

Composé du grec *têle*, loin, et *-gramme*, message télégraphique.

■ Et comme en fait, les formules qu'on peut utiliser dans un télégramme sont vite épuisées, de longues vies communes ou des passions douloureuses se résumèrent rapidement dans un échange périodique de formules toutes faites comme : « Vais bien. Pense à toi. Tendresse. »

Albert CAMUS, *La Peste*, © Gallimard, 1947.

téléphone

Composé du grec *têle*, loin, et du grec *phônê*, son, voix.

■ Maintenant, il faut lire entre les lignes du téléphone.

Jules RENARD, *Journal*, posth. 1925.

■ En ce Paris d'août, vide était la maison, silencieux le téléphone, apaisés les concierges.

François MAURIAC,
Fleuve de feu, © Flammarion, 1923.

Et dans les dictionnaires anciens...

■ Les usages du téléphone se multiplient chaque jour, en même temps que les progrès dans la construction des appareils permettent d'augmenter la distance des stations extrêmes ; on peut téléphoner actuellement de Paris à Rome.

Petit Larousse illustré, 1905.

Et les pensées de...

■ ... Le téléphone qui devait, expliquait-on, servir surtout aux patrons à donner des ordres aux ouvriers sans se montrer !

Jacques ATTALI, *Dictionnaire du XXIe siècle*
(introduction), © Fayard, 1998.

■ Un téléphone portable sur dix est volé dans l'année : les agresseurs sont généralement sans mobile.

Laurent RUQUIER,
Je ne vais pas me gêner, © Plon, 2000.

■ « Bonjour vous êtes chez Jean Amadou, si vous êtes un homme tapez le 1, si vous êtes une dame tapez le 2. Si c'est pour me demander de l'argent tapez le 1, si c'est pour m'en proposez tapez le 2. [...] » Bien rodé, je devrais pouvoir tenir, moi aussi, mon correspondant pendant quatre minutes et demander une ristourne à France-Télécom...

Jean AMADOU,
De quoi j'me mêle !, © Robert Laffont, 1998.

télévision, télé, tévé

Composé du grec *têle*, loin, de *vision*, du latin *visio*, action de voir.

■ — La tévé, c'est de l'actualité qui se congèle en histoire. Aussitôt fait, aussitôt dit. / — Et quand il y avait pas la tévé, dit Sigismonde, alors y avait pas d'histoire ?

Raymond QUENEAU,
Les Fleurs bleues, © Gallimard, 1965.

■ En ce qui concerne notre vision du monde, il est bien vrai que la télévision permet un contact plus large avec le réel. Mais à vrai dire, ce qu'elle offre, c'est plutôt une interprétation de l'événement.

Jean CAZENEUVE,
La Société de l'ubiquité, © Denoël, 1972.

Et les pensées de...

■ Je regarde la télé, évidemment. Des heures, mais éteinte.

Jacques DUTRONC,
Pensées et répliques, © Le Cherche midi, 2000.

■ La télé dans les prisons : ils avaient déjà les barreaux, maintenant ils ont les chaînes.

COLUCHE, *Ça roule,
ma poule*, © Le Cherche midi, 2002.

témérité

Du latin *temeritas, -atis*, hasard aveugle, acte irréfléchi.

■ Une prudence exagérée touche de près à la lâcheté ; une témérité excessive n'est souvent que de la vanité ou de la démence.

Jules SIMON, *Le Devoir*, 1854.

■ Les témérités éblouissent l'histoire et sont une des grandes clartés de l'homme. L'aurore ose quand elle se lève.

Victor HUGO, *Les Misérables*, 1862.

témoin

Du latin *testimonium*, preuve, témoignage.

■ J'entreprends de conter l'année épouvantable, / Et voilà que j'hésite, accoudé sur ma table. / [...] / N'importe. Poursuivons. L'histoire en a besoin. / Ce siècle est à la barre et je suis son témoin.

Victor HUGO, *L'Année terrible*, 1872.

Et les pensées de...

■ Le témoin est de bonne foi, il donne sa vérité, reste la question de savoir si sa vérité est la vérité de l'événement.

Jean HAMBURGER, *Dictionnaire promenade*, © Le Seuil, 1989.

▶ VOIR valeur.

tempérament

Du latin *temperatum*, combinaison proportionnée des éléments.

■ La vanité, la honte et surtout le tempérament font souvent la valeur des hommes et la vertu des femmes.

François DE LA ROCHEFOUCAULD, *Réflexions ou Sentences et Maximes morales*, 1664.

■ Quoi que l'art humain puisse faire, le tempérament précède toujours la raison.

Jean-Jacques ROUSSEAU, *Émile ou De l'éducation*, 1762.

▶ VOIR œuvre.

tempérer

Du latin *temperare*, disposer convenablement, être mesuré.

■ Les vices entrent dans la composition des vertus, comme les poisons entrent dans la composition des remèdes : la prudence les assemble et les tempère.

François DE LA ROCHEFOUCAULD, *Réflexions ou Sentences et Maximes morales*, 1664.

Et dans les dictionnaires anciens...

■ L'âge tempère les bouillons de la jeunesse.

Antoine FURETIÈRE, *Dictionnaire universel*, 1690.

temps (qui s'écoule)

Du latin *tempus, -oris*, temps, durée.

■ Le temps s'en va, le temps s'en va, ma dame ; / Las ! le temps, non, mais nous nous en allons, / Et tôt serons étendus sous la lame [la pierre du tombeau].

Pierre DE RONSARD, *Pièces retranchées des Amours de Marie*, 1556.

■ Le Temps qui, sans repos, va d'un pas si léger / Emporte avec que lui toutes les belles choses : / C'est pour nous avertir de le bien ménager, / Et faire des bouquets dans la saison des roses.

Tristan L'HERMITE, *Amours*, 1648.

■ Le temps aux plus belles choses / Se plaît à faire un affront, / Et saura faner vos roses / Comme il a ridé mon front.

Pierre CORNEILLE, *Stances à Marquise*, 1660.

■ Si je jette la vue devant moi, quel espace infini où je ne suis pas ! Si je la retourne, quelle suite effroyable où je ne suis plus, et que j'occupe peu de place dans cet abîme immense du temps !

Jacques Bénigne BOSSUET, *Sermons*, « Sermon sur la mort », 1643-1709.

■ Sur les ailes du Temps la tristesse s'envole ; / Le Temps ramène les plaisirs.

Jean DE LA FONTAINE, *Fables*, « La jeune veuve », 1668-1694.

■ Ceux qui emploient mal leur temps sont les premiers à se plaindre de sa brièveté.

Jean DE LA BRUYÈRE, *Les Caractères*, 1688-96.

■ Ô temps suspends ton vol ! et vous, heures propices, / Suspendez votre cours ! / Laissez-nous savourer les rapides délices / Des plus beaux de nos jours !

Alphonse DE LAMARTINE, « Le lac » *Méditations poétiques*, 1820.

■ Imitez le temps, il détruit tout avec lenteur, il mine, il use, il déracine, il détache et n'arrache pas.

Joseph JOUBERT, *Pensées, essais, maximes et correspondances*, posth. 1838.

■ Que peu de temps suffit pour changer toutes choses ! / Nature au front serein, comme vous oubliez !

Victor HUGO, *Les Rayons et les Ombres*, 1840.

■ Temps : Éternel sujet de conversation. Toujours s'en plaindre.

Gustave FLAUBERT, *Le Dictionnaire des idées reçues*, posth. 1913.

■ Le temps est femme IL a / Besoin qu'on le courtise et qu'on s'asseye / À ses pieds le temps comme une robe à défaire.

Louis ARAGON, *Elsa*, © Gallimard, 1959.

Et les pensées de...

■ « Mais pourquoi courent-ils si vite ? » Il me dit : « Pour gagner du temps ! Comme le temps, c'est de l'argent... plus ils courent vite, plus ils en gagnent ! » Je lui dis : « Mais où courent-ils ? » Il me dit : « À la banque ! Le temps de déposer l'argent qu'ils ont gagné sur un compte courant... »

Raymond DEVOS, *À plus d'un titre*, « Où courent-ils ? », © Orban, 1989.

▶ VOIR âge, amour, arrêter, con, espace, habile, insupportable, intellectuel, invention, ivre, moment, mort, patience, régime, relatif, révéler, ruine, siècle, travail, vieux, vol.

temps (qu'il fait)

Du latin *tempus*, *-oris*, temps, durée.

■ Le temps gris et triste rend le corps mou. [...] L'héroïsme est moins facile avec cette fadeur d'atmosphère, qui soustrait aux nerfs leur ton et leur électricité.

Henri-Frédéric AMIEL, *Journal intime*, 1847-1883.

▶ VOIR pierre.

tendre, tendresse

Du latin *tener*, tendre. Dérivé de *tendre*.

■ Après cela, Madame, il faut, s'il vous plaît, retourner à *Nouvelle Amitié* pour voir par quelle route on va de là à *Tendre-sur-Reconnaissance*. Voyez donc, je vous en prie, comment il faut aller d'abord de *Nouvelle Amitié* à *Complaisance* ; ensuite à ce petit village qui se nomme *Soumission*, et qui en touche un autre fort agréable, qui s'appelle *Petits Soins*.

Madeleine DE SCUDÉRY, *Clélie, histoire romaine* « La carte du tendre », 1654-1661.

■ L'enfant qui appréhende l'instant où la lumière va s'éteindre persuade à sa mère que c'est par tendresse qu'il attend un baiser...

Maurice DRUON, *Les Grandes Familles*, © Gallimard, 1948.

Et dans les dictionnaires anciens...

■ *Tendresse*. Sensibilité du cœur & de l'âme. La délicatesse du siècle a renfermé ce mot dans l'amour & l'amitié. [...] À l'égard des viandes, du bois, des pierres, & autres corps qui ne sont pas durs, il n'y a point de mot en la langue pour exprimer cette qualité. Il faut essayer de mettre *tendreur* ou *tendreté* en usage.

Antoine FURETIÈRE, *Dictionnaire universel*, 1690.

ténèbres

Du latin *tenebræ*, obscurité.

■ Tout cela m'apparaissait comme perdu dans les ténèbres d'un très ancien passé sur lequel, déjà, l'oubli jetait ses voiles.

Georges DUHAMEL, *Chronique des Pasquier*, © Mercure de France, 1941.

■ Je passe mon temps à ranimer le passé. Quant à l'avenir, ce sont des ténèbres épouvantables. Quoi qu'il advienne, tout ce que nous avons aimé est fini !

Gustave FLAUBERT, *Correspondance*, 1887-93.

■ Et je sais des ténèbres si absolues que toute forme y promène une lueur et y devient le pressentiment, peut-être l'aurore d'un regard. Ces ténèbres sont en nous.

Joë BOUSQUET, *L'Esprit de la Parole*, © Gallimard.

ténébreux

Du latin *tenebrosus*, où il fait obscur. Au XVIIe s., *beau ténébreux* désigne un beau garçon mélancolique.

■ Je suis le ténébreux, – le veuf, – l'inconsolé, / Le prince d'Aquitaine à la tour abolie : / Ma seule *étoile* est morte, –

et mon luth constellé / Porte le *soleil* noir de la *Mélancolie*.

Gérard DE NERVAL,
Les Chimères, « El Desdichado » 1854.

tenir

Du latin *tenere*, tendre.

■ Je me trouve assez de bien pour tenir dans le monde un rang assez passable.

MOLIÈRE, *Le Bourgeois gentilhomme*, 1670.

■ Tout est occasion de chute à qui ne tient plus à rien.

Jean-Jacques ROUSSEAU,
Julie ou La Nouvelle Héloïse, 1761.

tentation

Du latin *temptatio*, l'attaque d'une maladie, d'où en religion, le mouvement portant au mal.

■ Tout est tentation à qui la craint.

Jean DE LA BRUYÈRE, *Les Caractères*, 1688-96.

■ L'homme est plus libre d'éviter les tentations que de les vaincre.

Jean-Jacques ROUSSEAU,
Julie ou La Nouvelle Héloïse, 1761.

Et dans les dictionnaires anciens...

■ Les beaux objets donnent de douces tentations.

Antoine FURETIÈRE, *Dictionnaire universel*, 1690.

terme

Du latin *terminus*, borne.

■ Leibniz avait raison : les mots sont les lettres de change de l'entendement ; si donc il [le peuple] acquiert de nouvelles idées, il lui faut des termes nouveaux ; sans quoi l'équilibre serait rompu.

Jean-Baptiste GRÉGOIRE, *Rapport sur la nécessité et les moyens d'anéantir les patois et d'universaliser l'usage de la langue française*, 1794.

▶ VOIR galant.

terre

Du latin *terra*, élément.

■ Ô terre, dont la brume efface les sommets, / Suis-je le spectre, et toi la tombe ?

Victor HUGO, *Les Contemplations*, 1854.

■ Ô terre natale ! à votre nom que j'aime, / Mon âme s'en va toute hors d'elle-même : / Mon âme se prend à chanter sans effort, / À pleurer aussi, tant mon amour est fort !

Marceline DESBORDES-VALMORE,
Poésies inédites, 1860.

■ Ah ! cette terre, comme il avait fini par l'aimer ! et d'une passion où il n'entrait pas que l'âpre avarice du paysan, d'une passion sentimentale, intellectuelle presque, car il la sentait la mère commune, qui lui avait donné sa vie, sa substance, et où il retournerait.

Émile ZOLA, *La Terre*, 1887.

■ Un bien qu'on a conquis les armes à la main et qu'on défend à coups de fusil ! Une putain de terre qui vous fout la fièvre et dont vous êtes déterminé à faire ce qu'elle ne veut pas !

Paul CLAUDEL, *Le Pain dur*, © Gallimard, 1914.

■ La terre est bleue comme une orange / Jamais une erreur les mots ne mentent pas.

Paul ÉLUARD, *L'Amour la poésie*, 1929.

■ ... Vous, terre maternelle, vous nous conservez l'initiative, l'émulation au travail, la satisfaction mentale [...]. La variété de la tâche maintient la lucidité de l'intelligence, comme les changements d'attitude et d'outil la souplesse des membres. Rien ne s'ankylose aux champs, ni l'esprit, ni le muscle.

Joseph DE PESQUIDOUX, *Le Livre de raison*, 1938.

Et les pensées de...

■ Je suis trop enraciné dans la terre pour comprendre la ville. La ville est comme une pièce fermée et humide. Elle me rend claustrophobe, méchant.

Gérard DEPARDIEU,
Lettres volées, © Jean-Claude Lattès, 1988.

■ Terre : Hôtesse de la vie, menacée par son invitée.

Jacques ATTALI,
Dictionnaire du XXIe siècle, © Fayard, 1998.

■ L'orateur à la tribune dit : « D'après mes calculs, la Terre disparaîtra dans quatorze milliards d'années... » Un spectateur l'interpelle : « Combien vous dites ? – Quatorze milliards d'années ! –

Ah, vous me rassurez, j'avais entendu quatorze millions... »

Jean AMADOU,
De quoi j'me mêle !, © Robert Laffont, 1998.

▶ VOIR acharner, banlieue, gorge, lune, marin, midi, océan, partout, plafond, quitter, salaud, sang, saule, tombe, voyage.

terreur

Du latin *terror*, du verbe *terrere*, effrayer.

■ La terreur, comprimant l'honnête homme abattu, / Sèche l'humanité, fait taire la vertu.

Marie-Joseph CHÉNIER,
Le Chant du départ, « Timoléon », 1794.

■ Un calme affreux suit toujours nos tempêtes, et nous sommes aussi toujours plus indulgent après qu'avant la Terreur.

SAINT-JUST, *Rapport présenté à la Convention au nom des Comités de Salut public et de Sûreté générale*, 26 février 1794.

testament

Du latin *testamentum*, de *testari*, tester, faire son testament.

■ Les mourants sont si bizarres. La seule vue d'un testament peut les effaroucher. Il faut un doigté spécial. Ne rien brusquer.

Jules ROMAINS, Stefan ZWEIG d'après BEN JOHNSON, *Volpone*, © Gallimard, 1946.

tête

Du latin *testa*, pot en terre cuite, repris par métaphore pour désigner le crâne.

■ C'est de la tête aux pieds un homme tout mystère.

MOLIÈRE, *Le Misanthrope*, 1666.

■ Le dérangement de la tête influe sur le cœur, et le dérangement du cœur sur la tête.

Denis DIDEROT,
Lettres à Sophie Voland, 1er juin 1759.

Et les pensées de...

■ Il y a des matins où je donnerais n'importe quoi pour ne pas recommencer la journée de la veille, refaire les mêmes gestes, entendre les mêmes phrases, respirer les mêmes odeurs, et surtout, surtout, revoir les mêmes têtes.

Pierre DANINOS,
Daninoscope, © Presses de la cité, 1963.

■ Vaste est mon crâne et j'ai toutes / Mes dents qui sont solides et fort / Saines. Ce me fera sans doute / Une splendide tête de mort.

Léo CAMPION, cité par Pascal CORTES
in *Le Meilleur du pire*, © Pascal Petiot, 2005.

tête (couronnée)

▶ VOIR vilain.

têtu

Dérivé de *tête*, attesté au XIIIe s.

■ On eut beau lui remontrer que les usages avaient changé ; l'Ingénu était têtu car il était Breton et Huron.

VOLTAIRE, *L'Ingénu*, 1767.

■ L'âne est lent, indocile et têtu.

BUFFON, *Histoire naturelle générale et particulière*, 1749-89.

Et dans les dictionnaires anciens...

■ *Testu*. Opiniâtre, qui s'arrête fortement à exécuter ses résolutions, qui n'en démord point. Le plus grand supplice d'un mari, c'est d'avoir épousé une femme testue.

Antoine FURETIÈRE, *Dictionnaire universel*, 1690.

texte

Du latin *textus*, tissu. Les lignes d'un texte le font en effet ressembler à un tissu.

■ Toujours donc revenir aux grands textes ; n'en point vouloir d'extraits ; les extraits ne peuvent servir qu'à nous renvoyer à l'œuvre.

ALAIN, *Propos*, © Gallimard, 1921.

▶ VOIR expression, note.

théâtre

Du latin *theatrum*, lieu de représentation, du grec *theatron*, de *thea*, spectacle.

■ Qu'en un lieu, qu'en un jour, un seul fait accompli / Tienne jusqu'à la fin le théâtre rempli.

Nicolas BOILEAU, *L'Art poétique*, 1674.

■ J'étais seul, l'autre soir, au Théâtre Français, / Ou presque seul ; l'auteur n'avait pas grand succès. / Ce n'était que Molière...

Alfred DE MUSSET, *Une soirée perdue*, 1840.

■ Je ne méprise pas encore assez le théâtre pour y réussir.

Jules RENARD, *Journal*, posth. 1925.

■ Ce qui distingue les forfaits de la vie de ceux du théâtre, c'est que dans la vie on fait plus et on dit moins, et qu'au théâtre on parle beaucoup pour faire une toute petite chose. Eh bien moi, je rétablirai l'équilibre, et je le rétablirai au détriment de la vie.

Antonin ARTAUD, *Les Cenci*, © Gallimard, 1935.

■ Une vraie pièce de théâtre bouscule le repos des sens, libère l'inconscient comprimé, pousse à une sorte de révolte virtuelle et qui d'ailleurs ne peut avoir tout son prix que si elle demeure virtuelle, impose aux collectivités, rassemblées, une attitude héroïque et difficile.

Antonin ARTAUD, *Le Théâtre et son double*, © Gallimard, 1938.

■ Le grand théâtre, c'est d'abord un beau langage.

Louis JOUVET, Théâtre et langage, © *La Table ronde*, 1945.

■ Le Théâtre, comme la Vie, est complexe et varié : toutes les formules sont bonnes, à condition qu'elles partent d'une sensation authentique et que, par-dessus la tête et les sens, elles atteignent le cœur.

Jean-Louis BARRAULT, *Je suis un homme de théâtre*, © Gallimard, 1955.

■ Je rêve d'un théâtre où humour et poésie, panique et amour ne feraient qu'un. Le rite théâtral se changerait alors en un « opera mundi » comme les fantasmes de Don Quichotte, les cauchemars d'Alice, le délire de K [le héros du *Procès* de Kafka].

Fernando ARRABAL, *Théâtre panique. Commentaire au Théâtre*, © Christian Bourgois, 1969.

■ Au théâtre, la puissance d'une œuvre condamnée à disparaître se mesure au souvenir qu'on en garde, à la faculté qu'elle a de grandir en nous, de résister au temps et de s'accepter en douceur dans le regret.

Jérôme GARCIN, *Bartabas Roman*, © Gallimard, 2004.

Et les pensées de...

■ Au reste, qu'est-ce que le théâtre sinon le descendant laïcisé de cérémonies sacrées ?

Jean HAMBURGER, *Dictionnaire promenade*, © Le Seuil, 1989.

■ Faire un malheur au théâtre c'est faire plein de petits bonheurs.

COLUCHE, *Et vous trouvez ça drôle ?*, © Le Cherche midi, 1998.

■ Lire du théâtre nous fait sortir de nous-mêmes et entrer dans les personnages et dans un théâtre : nous les imaginons sur la scène. On ne connaîtrait pas complètement le théâtre, si on ne faisait qu'aller le voir.

Charles DANTZIG, *Dictionnaire égoïste de la littérature française*, © Grasset, 2005.

▶ VOIR décor, idiot, lieu, plaire, poncif, ridicule, unanime, vers.

thème

Du grec *thema*, de *tithenai*, poser.

■ Thème : Au collège prouve l'application – comme la version prouve l'intelligence, mais dans le monde il faut rire des forts en thèmes.

Gustave FLAUBERT, *Le Dictionnaire des idées reçues*, posth. 1913.

théorie

Du bas latin *theoria*, action d'observer, spéculation, issu du grec *theôrein*, observer.

■ Mettons le marteau dans les théories, les poétiques et les systèmes. Jetons bas ce vieux plâtrage qui masque la façade de l'art ! Il n'y a ni règles ni modèles.

Victor HUGO, Préface de *Cromwell*, 1827.

■ Les théories ne sont que des idées provisoires que nous nous faisons des choses dans un état donné de nos connaissances.

Claude BERNARD, *Principes de médecine expérimentale*, 1878.

■ Une œuvre où il y a des théories est comme un objet sur lequel on laisse la marque du prix.

Marcel PROUST, *Le Temps retrouvé*, 1927.

timide, timidité

Du latin *timidus*, qui craint, de *timere*, craindre. Timidité vient du latin *timiditas*.

■ La timidité nous concentre en nous-mêmes, et ressemble quelquefois à la fierté et au dédain : elle nous aliène ceux devant qui nous tremblons précisément parce que nous ambitionnons trop leurs suffrages.

Pierre MAINE DE BIRAN, *Journal*, 1817.

■ Les passionnés sont maladroits, et, par de cuisantes expériences, ils deviennent timides.

ALAIN, *Propos*, © Gallimard, 1928.

Et dans les dictionnaires anciens…

■ Les hommes perdent souvent leur fortune [chance] par timidité, faute de se produire, de demander. La timidité est opposée à la valeur. […] La timidité sied bien aux filles & aux femmes.

Antoine FURETIÈRE, *Dictionnaire universel*, 1690.

Et les pensées de…

■ Quand on s'est connus, ma femme et moi… on était tellement timides tous les deux… qu'on n'osait pas se regarder ! Maintenant on ne peut plus se voir !

Raymond DEVOS, *Matière à rire*, « Ma femme », © Plon, 1993.

■ C'est un réflexe de timidité pour moi de faire le clown.

COLUCHE, *Pensées et anecdotes*, © Le Cherche midi, 1995.

■ La timidité ? Le stade suprême veut que l'on soit timide avec soi-même, et que l'on n'ose pas s'approcher.

Serge GAINSBOURG, *Pensées, provocs et autres volutes*, © Le Cherche Midi, 2006.

▶ VOIR bouder, chaud, délibérer, escroc, hardi, vieillard.

titre

■ C'est-à-dire que les matières ici traitées ne sont pas tant folâtres comme le titre au-dessus prétendait.

François RABELAIS, *Gargantua*, 1534.

Et les pensées de…

■ Il existe de plus ou moins bons titres : *À la recherche du temps perdu* est assez banal […]. Un vêtement ne prend toutes ses qualités que porté.

Charles DANTZIG, *Dictionnaire égoïste de la littérature française*, © Grasset, 2005.

toi

Du latin *te*, *tu*.

■ Ne t'attends qu'à toi seul ; c'est un commun proverbe.

Jean DE LA FONTAINE, *Fables*, « L'Alouette et ses petits avec le maître d'un champ », 1668-1694.

■ Ne t'attache en toi qu'à ce que tu sens qui n'est nulle part ailleurs qu'en toi-même, et crée de toi, impatiemment, ou patiemment, ah ! le plus irremplaçable des êtres.

André GIDE, *Les Nourritures terrestres*, © Gallimard, 1897.

■ Ce que le public te reproche, cultive-le, c'est toi.

Jean COCTEAU, *Le Potomak*, © Comité Jean COCTEAU, 1919.

■ Pour toi j'élèverai le feu sans lieu ni heure, / Un vent cherchant le feu, les cimes du bois mort, / L'horizon d'une voix où les étoiles tombent / Et la lune mêlée au désordre des morts.

Yves BONNEFOY, *Hier régnant désert*, © Gallimard, 1959.

■ Que serais-je sans toi qui vins à ma rencontre / Que serais-je sans toi qu'un cœur au bois dormant / Que cette heure arrêtée au cadran de la montre / Que serais-je sans toi que ce balbutiement.

Louis ARAGON, *Le Roman inachevé*, © Gallimard, 1956.

▶ VOIR repos.

toilette

Diminutif de *toile*, du latin *tela*, toile d'araignée.

■ Toilette des dames : Trouble l'imagination.

Gustave FLAUBERT, *Le Dictionnaire des idées reçues*, posth. 1913.

toit

Du latin *tectum*, toit.

■ Le ciel est, par-dessus le toit, / Si bleu, si calme ! / Un arbre, par-dessus le toit, / Berce sa palme.

Paul VERLAINE, *Sagesse*, 1880.

tolérance

Dérivé de *tolérer*, du latin *tolerare*, supporter un poids.

■ À la diversité des hommes, il n'est de réponse acceptable que la tolérance.

Jean HAMBURGER, *Dictionnaire promenade*, © Le Seuil, 1989.

tombe, tombeau

Du latin *tumba*, du grec *tumbos*, tumulus ; dérivé de *tombe*.

■ Je défends qu'on ne rompe / Le marbre pour la pompe / De vouloir mon tombeau / Bâtir plus beau.

Pierre DE RONSARD, *Quatre Premiers Livres des Odes*, 1550.

■ Terre, soleil, vallons, belle et douce nature, / Je vous dois une larme aux bords de mon tombeau ; / L'air est si parfumé ! la lumière est si pure.

Alphonse DE LAMARTINE, *Nouvelles méditations*, 1823.

■ J'ai vu en hiver [au cimetière des chiens], sur quelques-unes de ces tombes d'animaux, des gerbes de fleurs dont le prix aurait rassasié cinquante pauvres tout un jour ! Et ces regrets éternels, ces attendrissements lyriques des salauds et des salaudes qui ne donneraient pas un centime à un de leurs frères mourant de faim.

Léon BLOY, *Le Sang du pauvre*, 1909.

Et dans les dictionnaires anciens...

■ *Tombe ou tomberau*. Poudreux, muet, reclus, oblivieux, élabouré, profond, vuide, obscur, pesant, commun, repos animé, crux, boissé, couvert, sépulcral...

Maurice DE LA PORTE, *Épithètes*, 1571.

▶ VOIR an, cyprès, oppression, patrie, sceptre, temps (qui s'écoule).

tomber

Du latin populaire *tumbare*, sur le radical *tumb-*, onomatopée imitant le bruit d'une chute.

■ [Gavroche] éleva ses deux bras en l'air, regarda du côté d'où était venu le coup, et se mit à chanter : « Je suis tombé par terre, / C'est la faute à Voltaire, / Le nez dans le ruisseau, / C'est la faute à... »

Victor HUGO, *Les Misérables*, 1862.

tome

Du grec *tomos*, portion.

■ Vous me ferez à loisir un second tome de vos aventures.

MADAME DE SÉVIGNÉ, *Correspondance*, 25 sept. 1689.

Et dans les dictionnaires anciens...

■ *Tomes*. Enflés, convoiteux de gloire, sourcilleux, gros, empoulés, vanteurs, arrogants, masqués, ambiteux, pesants, laborieux, imparfaits.

Maurice DE LA PORTE, *Épithètes*, 1571.

■ Il y a beaucoup d'ouvrages en plusieurs tomes, qui seraient meilleurs s'ils étaient réduits en un seul.

Gabriel GIRARD, *Synonymes françois*, 1736.

tonnerre

Du latin *tonitrus*, tonitruant.

■ Une puissance occulte envahissait son âme, / Des tonnerres lointains roulaient au fond des cieux.

Louis BOUILHET, *Melaenis, conte romain*, 1857.

Et dans les dictionnaires anciens...

■ *Tonnerre*. Air qui étant enfermé et pressé entre deux nues [nuages] en sort avec effort & avec bruit par un passage étroit & irrégulier.

Pierre RICHELET, *Dictionnaire françois*, 1690.

torrent

Du latin *torrens, torrentis*, cours d'eau se desséchant, impétueux dans sa descente, de *torrere*, dessécher.

■ Que je trouve doux le ravage / De ces fiers torrents vagabonds,Qui se précipitent par bonds / Dans ce vallon vert et sauvage !

SAINT-AMANT, *Poésies*, « La solitude », 1629-1658.

■ Un torrent n'a jamais causé plus de ravage, / Que lorsqu'à son courant on ferme le passage.

CRÉBILLON, *Triumvirat*, 1754.

■ Mettez des digues à ces torrents [les génies], celui qui doit devenir un fleuve fameux saura bien les renverser.

STENDHAL, *Vie de Haydn, Mozart et Métastase*, 1815.

tort

Du latin populaire *tortus*, tordu.

■ Il n'y a point de gens qui aient plus souvent tort, que ceux qui ne peuvent souffrir d'en avoir.

François DE LA ROCHEFOUCAULD, *Réflexions ou Sentences et Maximes morales*, 1664.

■ Il y a l'émeute, et il y a l'insurrection ; ce sont deux colères ; l'une a tort, l'autre a droit.

Victor HUGO, *Les Misérables*, 1862.

torture

Du latin tardif *tortura*, fait de tordre, et souffrance physique ou morale, torture.

■ La propagande, la torture sont des moyens directs de désintégration.

Albert CAMUS, *L'Homme révolté*, © Gallimard, 1951.

Et les pensées de...

■ Bien plus que le costume trois-pièces ou la pince à vélo, c'est la pratique de la torture qui permet de distinguer à coup sûr l'homme de la bête.

Pierre DESPROGES, *Dictionnaire superflu*, © Le Seuil, 1985.

▶ VOIR féroce, gêner, miroir, question, travailler.

toucher

Du latin onomatopéique *toccare*, faire toc.

■ Et s'il voulait, tant soit peu, me toucher, / Lui jetterais pour le moins ma main pleine / De la pure eau de la claire fontaine, / Lui jetant droit aux yeux ou à la face.

Pernette DU GUILLET, *Rymes*, 1545.

▶ VOIR envoi.

toujours

De *tous les jours*. *Tuzjurs* au XIe s.

■ Le cœur loge cette antinomie étrange : soif du toujours, aversion du toujours. Il hait et il adore l'inconstance ; il maudit et il implore le changement. Il veut et il ne veut pas. Monstre incompréhensible ! disait Pascal.

Henri-Frédéric AMIEL, *Journal intime*, 1847-1883.

■ Bartholo. Sachez que, quand je dispute avec un fat, je ne lui cède jamais. Figaro lui tourne le dos. Nous différons en cela, monsieur ; moi je lui cède toujours.

Pierre-Augustin DE BEAUMARCHAIS, *Le Barbier de Séville*, 1775.

tour (d'esprit)

Construit à partir de *tourner*, voir *tourner*.

■ L'industriel, le commerçant, l'ouvrier, le fonctionnaire, l'agent de maîtrise, le médecin, l'instituteur tiennent plusieurs tours d'esprit et manières d'être de leurs fonctions mêmes.

Emmanuel MOUNIER, *Traité du caractère*, © Le Seuil, 1947.

tour (une)

Du latin *turris*, tour, maison élevée.

■ Tour : Indispensable à avoir dans un grenier, à la Campagne, pour les jours de pluie.

Gustave FLAUBERT, *Le Dictionnaire des idées reçues*, posth. 1913.

touriste

De l'anglais *tourist*, dérivé de l'anglais *tour*, voyage, emprunté au français *tour*.

■ À l'auberge du Cœur volant, / Les amoureux et les touristes / Vont passer un mois en artistes, / Monde aventureux et galant.

Gustave NADAUD, *Recueil de chansons*, 1870.

Et dans les dictionnaires anciens...

■ *Touriste.* Se dit des voyageurs qui ne parcourent des pays étrangers que par curiosité et désœuvrement.

Émile LITTRÉ, *Dictionnaire de la langue française*, 1873.

▶ VOIR cupidité.

tourner

Du latin *tornare*, façonner au tour.

■ Je crois que je serais mort de douleur, si elle n'avait tourné sur moi quelques regards.

Charles-Louis DE MONTESQUIEU, *Temple de Gnide*, 1725.

■ Je ne tourne point sans répugnance les yeux sur le passé ; il m'humilie jusqu'au découragement.

Jean-Jacques ROUSSEAU, *Julie ou La Nouvelle Héloïse*, 1761.

tout

Du latin *tottus*, du classique *totus*, tout entier, dans son intégralité.

■ Moi, je veux tout, tout de suite, – et que ce soit entier – ou alors je refuse ! Je ne veux pas être modeste, moi, et me contenter d'un petit morceau si j'ai été bien sage.

Jean ANOUILH, *Antigone*, © La Table Ronde, 1944.

trace

Construit à partir de *tracer*, du latin *tractus*, trait, de *trahere*, tirer.

■ Jadis en moi se trouvaient réunis / Les doux attraits, la jeunesse, les grâces / et de Narcisse et de votre Adonis ; / Aussi les cœurs volaient tous sur mes traces.

Jacques MALFILÂTRE, *Narcisse dans l'Île de Vénus*, posth. 1769.

tradition

Du latin *traditio*, de *tradere*, remettre, transmettre, construit avec *trans*, au-delà, et *dare*, donner.

■ La tradition est par essence une matière molle et extensible.

Ernest RENAN, *Évangiles*, 1877.

■ La tradition orale doit constituer encore le principal mode de transmission universelle.

Auguste COMTE, *Philosophie positive*, 1894.

■ Il y a dans les traditions littéraires un double fleuve. Le premier coule à découvert ; le second, occulte, fut jusqu'en ces dernières années insoupçonné. Ces deux littératures roulent sur le même fond de sable : l'homme et ses vieux malheurs.

Rémy DE GOURMONT, *Esthétique de la langue française*, 1899.

traduction

Du latin *traductio*, action de faire passer d'un point à un autre. En latin chrétien, action d'exposer au mépris, blâmer.

■ Il y a vingt ans que je m'occupe à faire des traductions. – Quoi ! monsieur, dit le géomètre, il y a vingt ans que vous ne pensez pas !

Charles-Louis DE MONTESQUIEU, *Lettres persanes*, 1721.

■ On a justement comparé le commun des traductions à un revers de tapisserie, qui tout au plus retient les linéaments grossiers des figures finies que le beau côté représente.

Charles ROLLIN, *Traité des Études*, 1726-1728.

■ [D'Ablancourt] Traducteur élégant et dont on appela chaque traduction la belle infidèle.

VOLTAIRE, *Le Siècle de Louis XIV*, 1739-1768.

Et dans les dictionnaires anciens...

■ ... D'habitude, la traduction est en langue moderne, et la version en langue ancienne.

Émile LITTRÉ, *Dictionnaire de la langue française*, 1863-1872.

trafic

De l'italien *traffico*, construit à partir de *trafficare*, d'origine obscure.

■ L'amitié la plus désintéressée n'est qu'un trafic où notre amour-propre se propose toujours quelque chose à gagner.

François DE LA ROCHEFOUCAULD, *Réflexions ou Sentences et Maximes morales*, 1664.

tragédie

Du latin *tragœdia*, du grec *tragôdia*, dérivé de *tragôdos*, acteur de tragédie.

■ La comédie diffère en cela de la tragédie, que celle-ci veut pour son sujet une action illustre, extraordinaire, sérieuse : celle-là s'arrête à une action commune et enjouée ; celle-ci demande de grands périls pour ses héros : celle-là se contente de l'inquiétude et des déplaisirs de ceux à qui elle donne le premier rang parmi ses acteurs.

Pierre CORNEILLE, *Discours de l'utilité et des parties du poème dramatique*, 1660.

■ Ce n'est point une nécessité qu'il y ait du sang et des morts dans une tragédie ; il suffit que l'action en soit grande, que les acteurs en soient héroïques, que les passions y soient excitées, et que tout s'y ressente de cette tristesse majestueuse qui fait tout le plaisir de la tragédie.

Jean RACINE, *Phèdre* (préface), 1677.

■ Je regarde la tragédie et la comédie comme des leçons de vertu, de raison, et de bienséance. Corneille, ancien Romain parmi les Français, a établi une école de grandeur d'âme ; et Molière a fondé celle de la vie civile.

VOLTAIRE, *Lettre à un premier commis*, 20 juin 1733.

Et les pensées de...

■ La tragédie est une façon excusable de s'intéresser aux rois et aux reines.

Charles DANTZIG, *Dictionnaire égoïste de la littérature française*, © Grasset, 2005.

▶ VOIR applaudir, comédie.

trahison

Dérivé de *trahir*, du latin *tradere*, composé de *trans*, au-delà, et de *dare*, donner ; transmettre.

■ L'on fait plus souvent des trahisons par faiblesse que par un dessein formé de trahir.

François DE LA ROCHEFOUCAULD, *Réflexions ou Sentences et Maximes morales*, 1664.

■ Assez de canailleries, assez de mensonges assermentés, assez de faux, assez de trahisons ! Toute la vérité connue.

Georges CLEMENCEAU, *Vers la réparation*, 1899.

▶ VOIR feu, résumer, soupçon, traître.

train

Construit à partir de *traîner*, du latin populaire *traginare*, de *tragere*, altération de *trahere*, tirer.

■ Le train fait un saut périlleux et retombe sur toutes ses roues / Le train retombe sur ses roues / Le train retombe toujours sur toutes ses roues.

Blaise CENDRARS, *La Prose du transsibérien*, ©Denoël, 1913.

trait d'union

Du latin *tractus*, action de tirer, trait. Attesté dans l'*Encyclopédie*, en 1754.

■ Il ne s'agissait plus que de trouver un trait d'union convenable pour aboucher ces deux fantaisies qui venaient de s'éveiller si vivaces. Tout en marchant, Musette regardait Marcel, et Marcel regardait Musette.

Henri MURGER, *Scènes de la vie de bohème*, 1851.

traître

Du latin *traditor*, celui qui transmet.

■ Le Comte. — Quant à moi, j'aime la politesse.
Lisimon. — Moi je ne l'aime point, car c'est une traîtresse / Qui fait dire souvent ce qu'on ne pense pas.

Philippe DESTOUCHES, *Le Glorieux*, 1732.

Et dans les dictionnaires anciens...

■ Les amants appellent aussi des œillades traîtresses, celles qui ravissent leurs cœurs en trahison, & lorsqu'ils ne songent point à aimer, quand l'amour est entré en traître dans leurs âmes.

Antoine FURETIÈRE, *Dictionnaire universel*, 1690.

tramway

Mot anglais composé de *tram*, rail plat, et de *way*, chemin.

■ Les tramways feux verts sur l'échine / Musiquent au long des portées / de rails leur folie de machines [...]

Guillaume APOLLINAIRE, *Alcools*, © Gallimard, 1913.

tranquillité

Du latin *tranquillitas*, calme.

■ Vous vous moquez ; la tranquillité en amour est un calme désagréable.

MOLIÈRE, *Les Fourberies de Scapin*, 1671.

■ Adieu, mais souviens-toi que c'est sur ta promesse / Que mon esprit reprend quelque tranquillité.

Pierre CORNEILLE, *Rodogune*, 1647.

travail, travailler, travailleur

Travailler vient du latin *trepalium*, « trois pieux », instrument de torture, d'où la souffrance.

■ Un homme de bon sens travaille en sa jeunesse / Pour passer en repos une heureuse vieillesse.

Edme BOURSAULT, *Ésope à la Cour*, 1701.

■ Le travail éloigne de nous trois grands maux : l'ennui, le vice et le besoin.

VOLTAIRE, *Candide*, 1759.

■ Il faut travailler sinon par goût, au moins par désespoir, puisque, tout bien vérifié, travailler est moins ennuyeux que s'amuser.

Charles BAUDELAIRE, *Mon cœur mis à nu*, 1887.

■ Un travailleur, quelque opinion qu'il professe, reconnaît dans son métier l'homme de valeur. Il sent tangiblement la supériorité du savoir et ne s'y dérobe pas.

Maurice BARRÈS, *Les Diverses Familles spirituelles de la France*, 1917.

■ Au travail, le difficile, c'est d'allumer la petite lampe du cerveau. Après, ça brûle tout seul.

Jules RENARD, *Journal*, posth. 1925.

■ ... On leur a dit : « Le travail, c'est sacré, c'est bien, c'est beau, c'est ce qui compte avant tout, et seuls les travailleurs ont droit à tout. » Seulement, on s'arrange pour les faire travailler tout le temps et alors ils ne peuvent pas en profiter.

Boris VIAN, *L'Écume des jours*, (1947) © Christian Bourgois, 1963.

Et dans les dictionnaires anciens...

■ Les gens de travail sont gens qui sont nés pour porter ou remuer des fardeaux, labourer la terre, &c.

Antoine FURETIÈRE, *Dictionnaire universel*, 1690.

■ Buffon, dit-on, ne travaillait qu'en *manchettes*.

Petit Larousse illustré, 1905.

Et les pensées de...

■ Il y a une angoisse ouvrière propre à la recherche du travail, la même que celle des chemineaux à la recherche d'un abri quand le soir tombe, ou des paysans quand la sécheresse, un printemps, se prolonge.

Georges NAVEL, *Travaux*, © Stock, 1945.

■ La noblesse du travailleur ne réside pas dans la nature de son travail, mais dans le sentiment et les qualités qu'il apporte dans son travail.

Louis LANOIZELÉE, *Lucien Jean*, © Plaisir du bibliophile, 1952.

■ Je ne me suis jamais senti en train de travailler. Je n'ai pas de carnet, je ne note pas. J'ai un emploi du temps du cœur. [...] Je me suis depuis toujours arrangé pour être désirable. J'ai toujours rêvé d'être le désir, c'est le contraire du travail.

Gérard DEPARDIEU, *Lettres volées*, © Jean-Claude Lattès, 1988.

■ Le travail, c'est bien une maladie, puisqu'il y a une médecine du travail.

COLUCHE, *Et vous trouvez ça drôle ?*, © Le Cherche midi, 1998.

■ Travailler, d'accord, encore faut-il avoir le temps...

Jacques DUTRONC, *Pensées et répliques*, © Le Cherche midi, 2000.

▶ VOIR argent, blouse, concurrence, débordé, gros, habile, inégalité, intellectuel, laboureur, larme, ongle, paresse, peine, perle, peuple, prompt, rang, société.

trembler

Du latin populaire *tremulare*, de *tremere*, trembler.

■ La douleur s'enorgueillit à nous voir trembler sous elle.

Michel DE MONTAIGNE, *Essais*, 1580-1595.

■ J'avoue, lui dis-je, que, quand on a une fois fait trembler quelqu'un, on conserve presque toujours quelque chose de l'avantage qu'on a pris.

Charles-Louis DE MONTESQUIEU, *Dialogue de Sylla et Eucrate*, 1722.

trépas

Construit à partir de *trépasser*, composé de *tres*, du latin *trans*, au-delà, et de *passer*.

■ Certain est le trépas, incertaine est son heure. / À Dieu, le cœur me faut [fait défaut], amis, plaisirs, honneurs, / Adieu, douce lumière, hélas ! adieu, je meurs.

Jean DE SCHÉLANDRE, *Tyr et Sidon*, 1608.

■ Être actif jusque dans le trépas, faire de chaque acte une mort et de la mort même l'acte par excellence, c'est ce triomphe de la volonté qui déconcerte encore la nature et qui, en effet, engendre dans l'homme une vie nouvelle et plus qu'humaine.

Maurice BLONDEL, *L'Action*, 1893.

Et dans les dictionnaires anciens...

■ Un trépas glorieux est préférable à une vie honteuse.

Gabriel GIRARD, *Synonymes françois*, 1756.

▶ VOIR patrie.

trésor

Du latin *thesaurus*, du grec *thêsauros*, lieu où l'on conserve des objets précieux.

■ Ces trésors dont le ciel voulut vous embellir, / Les avez-vous reçus pour les ensevelir ?

Jean RACINE, *Britannicus*, 1669.

■ La modération est le trésor du sage.

VOLTAIRE, *Discours envers sur l'homme*, 1745.

trêve

Du francique *treuwa*, sécurité.

■ Filles de l'Achéron, pestes, larves, Furies..., / Pour mieux agir pour moi, faites trêve aux enfers.

Pierre CORNEILLE, *Médée*, 1635.

■ Recommencez toujours ! / Ni trêve, ni remords. / Allez, recommencez, veillez et sans relâche / Roulez votre rocher, refaites votre tâche.

Victor HUGO, *Feuilles d'automne*, 1831.

triangle

Du latin *triangulum*, de *tres*, trois, et *angulum*, angles.

■ De deux lignes premier en trois isopleurant / Le trilatère égal. Triangle au demeurant...

Maurice SCÈVE, *Microcosme*, 1562.

■ On a dit fort bien que si les triangles faisaient un dieu, ils lui donneraient trois côtés.

Charles-Louis DE MONTESQUIEU, *Lettres persanes*, 1721.

tricher

Du latin populaire *tricare*, de *tricari*, chicaner.

■ Si on ne peut plus tricher avec ses amis, ce n'est plus la peine de jouer aux cartes.

Marcel PAGNOL, *Marius*, © De Fallois, 1931. marcel-pagnol.com

triompher

Du latin *triumphare*, obtenir les honneurs du triomphe, l'entrée victorieuse d'un gradé à Rome, sa victoire elle-même.

■ Gagnez à la loterie, vous voilà un habile homme. Qui triomphe est vénéré.

Victor HUGO, *Les Misérables*, 1862.

triste, tristesse

Du latin *tristis*, affligé, sombre, abattu, chagriné. Dérivé de *triste*. Attesté au XIIe s.

■ Toute joie exaltée est nécessairement peu durable. [...] Une tristesse accablante suivra la joie immodérée ; l'action est convulsive, le repos sera léthargique.

Étienne SENANCOUR, *Rêveries*, 1799.

■ Ma mélancolie devint donc de la tristesse, et ma tristesse de la douleur. De là au dégoût de la vie et au désir de la mort il n'y a qu'un pas.

George SAND, *Histoire de ma vie*, 1855.

■ Il y a des pensées si tristes qu'elles attendent la nuit pour se rassembler et assaillir l'esprit. Quel essaim s'est abattu sur moi !

Maurice DE GUÉRIN, *Journal et lettres*, 1865.

■ Rien à faire à cela : si je suis triste, je me trouve grotesque et ça me fait rire ; quand je suis gai, je fais des plaisanteries tellement stupides que ça me donne envie de pleurer.

André GIDE,
Les Faux-Monnayeurs, © Gallimard, 1925.

Et dans les dictionnaires anciens...

■ *Tristesse*. Rongearde, pensive, cruelle, épineuse, dure, mordante, sombre, piteuse, moleste, languide ou languissante...

Maurice DE LA PORTE, *Épithètes*, 1571.

Et les pensées de...

■ La tristesse est une bonne chose. C'est comme si elle prenait en charge vos soucis.

Bernard FRANK,
Portraits et aphorismes, © Le Cherche midi, 2001.

▶ VOIR chagrin, dissimulation, lèvres, lit, partir, riche, temps (qui s'écoule), tragédie.

tromper, tromper (se)

De l'ancien verbe *tromper*, sonner de la trompe, pour annoncer une défaite. Au Moyen Âge : *se trouver trompé*, être joué, *se tromper de quelqu'un* : se jouer de lui.

■ Il suit de là, que depuis quelques temps je t'ai trompée ; mais aussi, ton impitoyable tendresse m'y forçait en quelque sorte ! Ce n'est pas ma faute.

Pierre CHODERLOS DE LACLOS,
Les Liaisons dangereuses, 1782.

■ Tromper un malheureux est un double attentat.

Jean-François DE LA HARPE, *Philoctète*, 1783.

■ Constater qu'on ne peut mener les hommes qu'en les trompant, c'est de l'ordre des vérités physiques. Le marin à voile trompe le vent quand il navigue vent debout. Je trompe mon organisme quand je me fais vacciner.

Jules ROMAINS, *Les Hommes de bonne volonté*,
© Flammarion, 1937.

Et les pensées de...

■ Se tromper n'est rien, mais se tromper en fanfare, en faisant son glorieux, voilà ce qui m'inquiète et que l'on voit tous les jours.

Bernard FRANK,
Portraits et aphorismes, © Le Cherche midi, 2001.

▶ VOIR amadouer, astrologie, avis, bois, dieu, humain, imprudence, malice, menteur, mer, séduire, sorcière, vocabulaire, voie.

trône

Du latin *thronus*, du grec *thronos*, siège élevé.

■ Le trône fut toujours un dangereux abîme. / La foudre l'environne aussi bien que le crime.

Jean RACINE, *La Thébaïde*, 1664.

■ Pour monter sur un trône, il n'est rien qu'on ne quitte.

Edme BOURSAULT, *Ésope à la Cour*, 1701.

■ ... Le trône et l'autel sont des alliés naturels, indispensables pour enchaîner le peuple et l'abrutir.

Emmanuel DE LAS CASES,
Le Mémorial de Saint-Hélène, 1823.

■ Eh ! Mon dieu, que nous font la France, le trône, la légitimité, le monde entier ? Ce sont des billevesées auprès de mon bonheur.

Honoré DE BALZAC,
La Duchesse de Langeais, 1834.

➤ VOIR autel, légitime, majesté, mariage, sexe (beau), vie.

trop

Du francique *thorp*, amas, mais aussi village. D'où le latin médiéval *troppus*, troupeau, et l'idée de quantité.

■ Tout ce qu'on dit de trop est fade et rebutant ; / L'esprit rassasié le rejette à l'instant.

Nicolas BOILEAU, *L'Art poétique*, 1674.

■ La vieillesse aime le peu, et la jeunesse aime le trop.

Joseph JOUBERT, *Pensées, essais, maximes et correspondances*, posth. 1838.

trottoir

Dérivé de *trotter*, du francique *trotton*, courir. L'endroit où on pouvait *trotter*, en ville.

■ Enfant, il a grandi sur le trottoir des villes / En un faubourg lépreux, livide et convulsé, / Où des hommes rageaient de se sentir serviles / Et prisonniers, depuis mille ans, des vieux passés.

Émile VERHAEREN, *Les Forces tumultueuses*, « Le Tribun », 1902.

Et dans les dictionnaires anciens...

■ *Trottoir*. Terme populaire, qui se dit en cette phrase. Cette affaire est sur le trottoir, c'est-à-dire, on en parle, on en va parler, on la va mettre sur le bureau.

Antoine FURETIÈRE, *Dictionnaire universel*, 1690.

trou

Du latin *traucum*, ouverture.

■ Vos affaires, avec votre permission, étaient délabrées et mon argent a servi à reboucher d'assez bons trous.

MOLIÈRE, *Georges Dandin*, 1668.

trouble, troubler

Construit à partir de *troubler* ; du latin *turbulare*, de *turbulus*, trouble ; devenir brouillé.

■ Il faut que ce matin, à force de trop boire, / Il se soit troublé le cerveau.

MOLIÈRE, *Amphitryon*, 1668.

■ Pourquoi venir troubler une innocente vie ?

Jean DE LA FONTAINE, *Fables*, « Le paysan du Danube », 1668-1694.

■ Je le vis, je rougis, je pâlis à sa vue ; / Un trouble s'éleva dans mon âme éperdue ; / Mes yeux ne voyaient plus, je ne pouvais parler ; / Je sentis tout mon corps et transir et brûler.

Jean RACINE, *Phèdre*, 1677.

■ Quoi ! ne puis-je donc espérer que vous partagerez quelque jour le trouble que j'éprouve en ce moment ? J'ose croire cependant que, si vous le connaissiez bien, vous n'y seriez pas entièrement insensible.

Pierre CHODERLOS DE LACLOS, *Les Liaisons dangereuses*, 1782.

■ Ce qui vient au monde pour ne rien troubler ne mérite ni égard ni patience.

René CHAR, *Fureur et Mystère*, © Gallimard, 1948.

trouver

Du latin populaire *tropare*, de *tropus*, figure de rhétorique.

■ Trouve-moi un faiseur de fagots, qui sache, comme moi raisonner des choses.

MOLIÈRE, *Le Médecin malgré lui*, 1666.

■ Quand on voit le style naturel, on est tout étonné et ravi ; car on s'attendait de voir un auteur, et on trouve un homme.

Blaise PASCAL, *Pensées*, 1669.

truffe

De l'ancien provençal *trufa*, du latin *tufer*, du classique *tuber*, excroissance, grosseur.

■ Un sauté de truffes est un plat dont la maîtresse de la maison se réserve de faire les honneurs ; bref, la truffe est le diamant de la cuisine.

Anthelme BRILLAT-SAVARIN, *Physiologie du goût*, 1825.

■ Admirable fumet de truffes, troublant la raison et détournant la pensée.

Alfred DE MUSSET, « Revues fantastiques », *Le Temps*, 1831.

Et les pensées de...

■ Lorsqu'on pourra cultiver la truffe comme un vulgaire champignon de couche, on s'en passera. Comme pour les vraies femmes, c'est sa rareté qui fait tout son prix, tout son mystère. On ne comprend rien à la truffe, comme aux femmes.

Jean-Pierre COFFE, *Le Bon Vivre*, © Le Pré aux clercs, 1989.

tuberculose

Formé à partir de *tubercule*, petite saillie, grosseur.

■ Le médecin me donne un remède dont on use dans la tuberculose... c'est consolant.

Georges BERNANOS, *Lettres inédites*, « Lettres à l'abbé Lagrange », 1906.

Et dans les dictionnaires anciens...

■ La tuberculose n'est pas toujours incurable.

Petit Larousse illustré, 1905.

tuer

De l'anglais *tunnel*, emprunté au français *tonnelle*, tuyau.

■ Au fait, je connais deux moyens de tuer quelqu'un : ou bien l'empêcher de vivre ou bien le faire mourir.

Boris VIAN, « Chronique du menteur », *Les Temps modernes*, n° 10, © Pauvert, 1946.

Et dans les dictionnaires anciens...

■ Les médecins tuent impunément leurs malades.

Antoine FURETIÈRE, *Dictionnaire universel*, 1690.

▶ VOIR bal, confiance, langue, mot, roseau, suicide, tradition, utile, vendre.

tunnel

De l'anglais *tunnel*, emprunté au français *tonnelle*, tuyau.

■ Rares sont ceux qui dans le réel, ont vu le bout d'un tunnel ! D'ailleurs, dans un tunnel, il n'y a que le bout d'intéressant ! Le reste, c'est noir...

Raymond DEVOS, *À plus d'un titre*, « Le bout du tunnel », © Orban, 1989.

turbin

Construit à partir du mot familier *turbiner*, peut-être issu de *tourpiner*, tournoyer, tourner.

■ J'ai plus de cent vers à vous donner déjà, et quand le traité sera signé des deux parts, je me mettrai dare dare « au turbin ».

Paul VERLAINE, *Les Confessions*, 1895.

tutoyer

Dérivé de *tu*, du latin *tu*. *Tutayer*, du XIVe au XVIIe s.

■ C'est une erreur commune de prendre pour des amis deux personnes qui se tutoient.

Jules RENARD, *Journal*, posth. 1925.

type

Du latin *typus*, image, du grec *tupos*, empreinte.

■ Je me mêle à mes semblables, en pauvre type, comme les autres, comme tout le monde !

Blaise CENDRARS, *Bourlinguer*, © Gallimard, 1948.

Et les pensées de...

■ – Tu sais, quand les types de 130 kilos disent certaines choses, ceux de 60 kilos les écoutent.

Extrait du film *Cent mille dollars au soleil*, Henri VERNEUIL (dial. Michel AUDIARD), 1964.

tyran

Du latin *tyrannus*, souverain absolu, despote, du grec *turannos*, maître absolu.

■ Tel est du tyran le naturel infâme : / Sa douceur n'a jamais qu'un mouvement contraint ; / S'il ne craint il opprime, et s'il n'opprime il craint.

Pierre CORNEILLE, *Héraclius*, 1646.

■ Sous les lois des tyrans, tout gémit, tout s'attriste.

VOLTAIRE, *Oreste*, 1750.

■ Oui, vous-mêmes causez les maux dont vous vous plaignez ; c'est vous qui encouragez les tyrans par une lâche adulation de leur puissance, par un engouement imprudent de leurs fausses bontés, par l'avilissement dans l'obéissance, par la licence dans la liberté, par l'accueil crédule de toute imposture.

Constantin DE VOLNEY, *Les Ruines*, 1791.

■ Puisse, puisse à jamais la liberté renaître / Sur les sanglants débris des tyrans abattus.

Marie-Joseph CHÉNIER, *Tibère*, posth. 1844.

■ Les tyrans sont des bègues d'idées, qui éclatent et tonnent sur toute idée ; ils butent et ils ont décrété qu'on ne s'apercevrait pas qu'ils butent.

ALAIN, *Propos*, © Gallimard 1930.

Et dans les dictionnaires anciens...

■ *Tyran*. Prince qui gouverne avec cruauté, avec injustice, sans respect pour les lois et n'ayant d'autre règle que son caprice. Ce nom, justement odieux, flétrit non seulement les usurpateurs, mais encore les monarques qui se disent légitimes...

Maurice LACHÂTRE, *Dictionnaire français illustrés*, 1856.

▶ VOIR amour-propre, chef, détester, doute, justice, libre, loi, mépriser, oser, parasite, puissant, punir, sentiment, sévérité, souverain.

tzigane

Mot hongrois *Czigany*. Peut-être de grec *athinganos*, qui ne touche pas, secte de Phrygie.

■ On sait très bien que l'on se damne / Mais l'espoir d'aimer en chemin / Nous fait penser main dans la main / À ce qu'a prédit la tzigane

Guillaume APOLLINAIRE, *Alcools*, © Gallimard, 1913.

U

ubiquité

Attesté au XVIe s. Du latin classique *ubique*, partout.

■ Il y avait à Montmartre, dans la rue de l'Abreuvoir, une jeune femme prénommée Sabine, qui possédait le don d'ubiquité. [...] Comme elle était mariée et qu'un don si rare n'eût pas manqué d'inquiéter son mari, elle s'était gardée de lui en faire la révélation et ne l'utilisait guère que de son appartement, aux heures où elle y était seule.

Marcel AYMÉ,
Le Passe-muraille, © Gallimard, 1943.

■ Le zapping – pitonnage, en québécois – c'est d'abord, qui ne l'a constaté ?, le don d'ubiquité. [...] L'omniprésence du zappeur se paie d'une culture émiettée, parcellaire, au hasard du pouce. Le monde ne se révèle plus à lui qu'en pointillés. Il fabrique chaque soir des puzzles dont il ne pourra jamais ordonner les pièces.

Bernard PIVOT,
Le Métier de lire, © Gallimard, 1990.

▶ VOIR télécommande.

un

Du latin *unus*, un.

■ Si l'on n'est plus que mille, eh bien, j'en suis ! Si même / Ils ne sont plus que cent, je brave encore Sylla ; / S'il en demeure dix, je serais le dixième ; / Et s'il n'en reste qu'un, je serai celui-là !

Victor HUGO,
Les Châtiments, « Ultima Verba », 1853.

■ Platon ne voit que la nature et Dieu, le divers et le un, le périssable et l'immortel, le fini et l'infini.

Pierre LEROUX,
De l'Humanité, 1840.

▶ VOIR joueur.

unanime

Du latin *unanimus*, composé de *unus*, un, et de *animus*, âme.

■ Une salle de théâtre pleine de spectateurs, une rue bondée de peuple ne sont pas seulement un assemblage matériel de parties que l'espace rapproche [...]. Les êtres qui constituent ces agglomérations plus ou moins durables ne voisinent pas fortuitement. [...] Les émotions unanimes n'ont été chantées par personne. Pourtant elles méritent, au même titre que les autres, l'effort passionné des écrivains.

Jules ROMAINS, *Le Penseur*, avril 1905.

uniforme

Du latin *uniformis*, de forme unique, composé de *unus*, un, et de *forma*, forme.

■ À peine eurent-ils endossé l'habit national, qu'ils s'admirèrent dans ce nouvel accoutrement ; le plus mince artisan affublé d'un uniforme regardait avec dédain son confrère en habit bourgeois.

MARAT, *Les Pamphlets*, « Appel à la Nation », 1790.

union, unité

Dérivés du latin *unus*, un.

■ Toutes les unions sont fondées sur des besoins mutuels.

Charles-Louis DE MONTESQUIEU, *De l'esprit des lois*, 1748.

■ C'est une belle union que celle de l'innocence et de la valeur.

Germaine DE STAËL, *Corinne ou l'Italie*, 1807.

■ Un ouvrage n'a une véritable unité, que quand on ne peut en rien ôter sans couper dans le vif.

FÉNELON, *Lettre à l'Académie, Projet de rhétorique*, 1713-1714.

Et dans les dictionnaires anciens...

■ L'unité est le but que nous devons tous chercher à atteindre, c'est la mission providentielle de tous et de chacun, c'est le progrès, c'est la perfection, c'est le terme suprême de l'humanité. Unité de langage ; Unité de religion ; Unité de philosophie ; Unité de gouvernement ; Unité de législation ; Unité des poids et mesures ; Unité de monnaie ; Unité d'éducation ; [...] Unité en tout.

Maurice LACHÂTRE, *Lettre de l'Auteur aux abonnés du Dictionnaire français illustré*, 1856.

▶ VOIR trait d'union, vie.

unique

Du latin *unicus*, seul, dérivé de *unus*, un. Attesté au XVe s.

■ La vie de chacun d'entre nous n'est pas une tentative d'aimer. Elle est l'unique essai.

Pascal QUIGNARD, *Vie secrète*, © Gallimard, 1998.

univers

Du latin *universus*, intégral, totalité, composé de *unus*, un, et de *versus*, de *vertere*, tourner.

■ Si nous avions une juste idée de l'univers, nous comprendrions bientôt que la mort ou la naissance d'un prince est une si petite affaire, eu égard à toute la nature des choses, que ce n'est pas la peine qu'on s'en remue tant dans le Ciel.

Pierre BAYLE, *Pensées diverses sur la Comète*, 1682.

■ L'Univers m'embarrasse, et je ne puis songer / Que cette horloge existe et n'ait pas d'horloger.

VOLTAIRE, *Satires*, « Les Cabales », 1772.

Et dans les dictionnaires anciens...

■ Tout l'univers est appelé poétiquement, la machine ronde.

Antoine FURETIÈRE, *Dictionnaire universel*, 1690.

▶ VOIR créateur, roseau, sortir, suffrage, un, usine, vent, volage.

université

Du latin *universitas, -atis*, totalité, dérivé de *universus*, tout entier, général.

■ Université : « Alma Mater »

Gustave FLAUBERT, *Le Dictionnaire des idées reçues*, posth. 1913.

Et dans les dictionnaires anciens...

■ *Université*. Lettrée, studieuse, docte, parisienne, fréquente, noble, disciplinaire, [...] rectorale, populeuse, célèbre. [...] Étant ainsi dite, ou parce qu'il y a gens doctes aux disciplines universelles, ou pour autant que de toutes parts on y abonde.

Maurice DE LA PORTE, *Épithètes*, 1571.

▶ VOIR collège.

urgent

Du latin *urgens*, pressant, de *urgere*, presser.

■ Je sais que c'est blasphémer contre la sacro-sainte école de ce que ces messieurs appellent l'art pour l'art, mais à notre époque il y a des tâches plus urgentes que d'agencer des mots d'une façon harmonieuse.

Marcel PROUST, *À l'ombre des jeunes filles en fleurs*, 1918.

usage

Dérivé de *us*, du latin *usus*, usage, emploi.

■ Voilà comment on définit le bon usage : c'est la façon de parler de la plus saine partie de la Cour, conformément à la façon d'écrire de la plus saine partie des auteurs du temps.

VAUGELAS, *Remarques sur la langue française* (préface), 1647.

■ ... Tout homme bien sage / Doit faire des habits ainsi que du langage / N'y rien trop affecter, et sans empressement / Suivre ce que l'usage y fait de changement.

MOLIÈRE, *L'École des maris*, 1661.

■ Les coutumes les plus absurdes, les étiquettes les plus ridicules, sont en France et ailleurs sous la protection de ce mot : « C'est l'usage. » C'est précisément ce même mot que répondent les Hottentots, quand les Européens leur demandent pourquoi ils mangent des sauterelles.

Nicolas DE CHAMFORT, *Maximes et pensées, caractères et anecdotes*, posth. 1795.

► VOIR académie, dictionnaire, institution, mariage, mot, néologisme, obéir, œil, ordonner, orthographe, parole, philosophie, poésie, politesse, qualité, roi, science, suggérer, téléphone, têtu, voyage.

usine

D'un mot du nord, *ouchine*, *wisine*, désignant un atelier, du latin *officina*, de même sens.

■ Manifeste du futurisme. [...] 11. Nous chanterons [...] les usines suspendues aux nuages par les ficelles de leur fumée.

Filippo Tommaso MARINETTI, *Manifeste du futurisme*, © Séguier, 1912.

■ L'usine, la grande usine de l'univers, celle qui respire pour vous. Il n'y a pas d'autre air que ce qu'elle pompe, rejette. On est dedans.

Leslie KAPLAN, *L'Excès l'usine*, © éd. P.O.L, 1982.

utile

Du latin *utilis*, qui sert, de *uti*, utiliser, avoir la jouissance de.

■ C'est proprement ne valoir rien que de n'être utile à personne.

René DESCARTES, *Le Discours de la méthode*, 1637.

Et les pensées de...

■ Utile : sans hésitation, le plus beau mot de la langue française. Le seul que j'imagine pouvoir se substituer au si bour-sou-flan verbe aimer. Je te suis utile, paraît tellement plus agissant...

Jacques DOR, *Le Dico de ma langue à moi*, 1er mille, © Soir ailleurs, 2000.

V

vacances

Dérivé de *vacant*, du latin *vacans*, vide, de *vaccare*, être vide.

■ Je n'aime pas les vacances. Il faut dire que ne faisant rien de mes mains, je n'en ressens pas le besoin. Je ne sais même pas ce que c'est. Il paraît que c'est du repos, un changement de rythme et d'habitude. Je n'en ai pas envie.

Tahar BEN JELLOUN, *Le premier amour est toujours le dernier*, © Le Seuil, 1995.

▶ VOIR fonctionnaire.

vache

Du latin *vacca*, femelle du taureau.

■ La vache mugit sur votre pente douce, / Tant elle a d'herbage et d'odorante mousse, / Et comme au repos appelant le passant, / Le suit d'un regard humide et caressant.

Marceline DESBORDES-VALMORE, *Poésies posthumes*, 1860.

Et dans les dictionnaires anciens...

■ Vache se dit figurément d'une personne lâche, fainéante, poltronne, tant de l'homme, que de la femme. On dit aussi d'une Nourrice qui a bien du lait, que c'est une vraye vache. [...] En termes de danse on appelle rut de vache, un pas où on jette le pied à côté.

Antoine FURETIÈRE, *Dictionnaire universel*, 1690.

vain

Du latin *vanus*, vide ; creux ; vaniteux.

■ Ainsi l'homme [...] est si vain, qu'étant plein de mille causes essentielles d'ennui [de souffrance], la moindre chose, comme un billard et une balle qu'il pousse, suffisent pour le divertir [...].

Blaise PASCAL, *Pensées*, 1869.

vaincre, vaincu

Du latin *vincere*, remporter un combat.

■ À vaincre sans péril, on triomphe sans gloire.

Pierre CORNEILLE, *Le Cid*, 1637.

■ Les peuples vaincus peuvent conserver quelque liberté, lorsque, par la force de leur situation, ils sont en état de faire des traités après leur défaite.

Charles-Louis DE MONTESQUIEU, *De l'esprit des lois*, 1748.

▶ VOIR concurrence, indolent, tentation.

vainqueur

Dérivé de *vaincre*. Attesté au XIIe s.

■ Tout vainqueur insolent à sa perte travaille. / Défions-nous du sort, et prenons garde à nous / Après le gain d'une bataille.

Jean DE LA FONTAINE, *Fables*, « Les deux coqs », 1678.

■ Pitié pour nos vainqueurs omniscients et naïfs !

Aimé CÉSAIRE, *Cahier d'un retour au pays natal*, © Présence africaine, 1939.

valet

Du latin populaire *vassellittus*, diminutif de *vassallus*, du gaulois *vasso*, serviteur.

■ Votre Excellence connaît-elle beaucoup de maîtres qui fussent dignes d'être valets ?

Pierre-Augustin DE BEAUMARCHAIS, *Le Barbier de Séville*, 1775.

▶ VOIR échapper, éloge, fils, payer, superflu.

valeur

Du latin *valor*, de *valere*, valoir.

■ La parfaite valeur est de faire sans témoins ce qu'on serait capable de faire devant tout le monde.

François DE LA ROCHEFOUCAULD, *Réflexions ou Sentences et Maximes morales*, 1664.

■ Les valeurs qu'il me faudrait aujourd'hui défendre et illustrer sont des valeurs moyennes. Il y faut un talent si dépouillé que je doute de l'avoir.

Albert CAMUS, *Carnets*, © Gallimard, 1942-1951.

▶ VOIR année, civilisation, courage, généreux, jeunesse, journal, lâche, livre, mot, obstacle, œuvre, pataphysicien, probité, sage, tempérament, timide, travail, union.

valoir

Du latin *valere*, être fort, efficace, être en vigueur.

■ Un lion mort ne vaut pas / Un moucheron qui respire.

VOLTAIRE, *Précis de l'ecclésiaste*, 1759.

valse

De l'allemand *Walzer*, valse, construit sur *walzen*, danser en tournant, et mis à la mode en 1800.

■ Une valse rapide, dans un salon éclairé de mille bougies, jette dans les jeunes cœurs une ivresse qui éclipse la timidité, augmente la conscience des forces et leur donne enfin l'audace d'aimer.

STENDHAL, *De l'amour*, 1822.

vanité

Du latin *vanitas*, vaine apparence, frivolité, de *vanus*, vain.

■ La vertu n'irait pas loin si la vanité ne lui tenait compagnie. [...] On parle peu, quand la vanité ne fait pas parler.

François DE LA ROCHEFOUCAULD, *Réflexions ou Sentences et Maximes morales*, 1664.

■ Il semble que la nature, en donnant aux hommes un goût pour les femmes, entièrement indestructible, ait deviné que, sans cette précaution, le mépris qu'inspirent les vices de leur sexe, principalement la vanité, serait un grand obstacle au maintien et à la propagation de l'espèce humaine.

Nicolas DE CHAMFORT, *Maximes et pensées, caractères et réflexions*, 1795.

■ Notre vanité ne vieillit pas : un compliment, c'est toujours une primeur.

Jules RENARD, *Journal*, posth. 1925.

Et dans les dictionnaires anciens...

■ L'orgueil fait que nous nous estimons. La vanité fait que nous voulons être estimés.

Gabriel GIRARD, *Synonymes français*, 1756.

▶ VOIR flatter, homme, instruction, kaléidoscope, médiocre, mortification, narration, près, rouge, superflu, témérité, tempérament, virilité, visage.

vanter

Du latin populaire *vanitare*, être vain, dérivé de *vanitas*, vaine apparence, frivolité, de *vanus*, vain.

■ Plutarque aime mieux que nous le vantions de son jugement que de son savoir.

Michel DE MONTAIGNE, *Essais*, 1580-1595.

■ C'est le défaut de tous les héros de Corneille de se vanter toujours.

VOLTAIRE, *Commentaires sur Corneille*, 1764.

▶ VOIR abaissement, mémoire, poète.

veau

Du latin *vitellus*, de *vitulus*, veau.

■ C'est une tête de veau sur un corps de porc.

Honoré DE BALZAC, *Le Père Goriot*, 1835.

■ Dieu que je suis veau ! Je te laisse le titre de vache, que tu t'attribues dans tes jours de lassitude.

Georges SAND, *Correspondance*, « Lettre à Flaubert », 1867.

■ Mère Ubu. Ces gens vont nous embarquer comme des bestiaux. Père Ubu ! Père Ubu. Tant mieux, je vais faire le veau en les regardant ramer.

Alfred JARRY, *Ubu enchaîné*, 1900.

vedette

De l'italien *vedetta*, observatoire, de *veletta*, diminutif de *vela*, voile en haut du grand mât, altération de *vedere*, voir.

■ Des punaises fixaient partout des pages de magazines, de journaux, de programmes, qui représentaient des vedettes de films, des boxeurs, des assassins.

Jean COCTEAU, *Les Enfants terribles*, 1929.

Et les pensées de...

■ Ce n'est pas difficile, d'être une vedette. Ce qui est difficile, c'est d'être un débutant.

COLUCHE, *Pensées et anecdotes*, © Le Cherche midi, 1995.

veillée

Dérivé de *veille*, du latin *vigilia*, veille, insomnie.

■ Veillée : Celles de la Campagne sont morales.

Gustave FLAUBERT, *Le Dictionnaire des idées reçues*, posth. 1913.

vélo

Abréviation de *vélocipède*, composé de *velos*, de *velox*, rapide, et de *-pède*, du latin *pes, pedis*, pied.

■ Ils enfourchèrent leurs vélos ; c'était de vieilles machines fatiguées par la guerre et qui ne payaient pas de mine ; la peinture était écaillée, les garde-boue meurtris et les pneus gonflés d'étranges hernies.

Simone DE BEAUVOIR, *Les Mandarins*, © Gallimard, 1954.

■ Dans un Ruisdael sombre aux rouges falots / Portent de la vielle au loin par les sables / Le pédalement de mille vélos.

ARAGON, *Le Roman inachevé*, © Gallimard, 1956.

Et les pensées de...

■ Une erreur courante consiste à penser que le vélo est le mari de la bicyclette. C'est faux. C'est son amant.

Pierre DESPROGES, *Dictionnaire superflu*, © Le Seuil, 1985.

velours

De l'ancien provençal *velos*, du latin *villosus*, velu.

■ Velours : Sur les habits – distinction et richesse.

Gustave FLAUBERT, *Le Dictionnaire des idées reçues*, posth. 1913.

vendange

Du latin *vindemia*, raisins récoltés, de *vinum*, vin, et *demere*, récolter.

■ Messire Jean, c'était certain curé / Qui préchait peu, sinon sur la vendange.

Jean DE LA FONTAINE, *Fables*, « La Jument du compère Pierre », 1668-1694.

Et dans les dictionnaires anciens...

■ Beuvez, voilà trop presché sur la vendange, c'est-à-dire, sur le vin qu'on tient en main.

Antoine FURETIÈRE, *Dictionnaire universel*, 1690.

vendre, vente

Du latin *vendere*, mettre en vente, composé de *venum*, vénal, vente, et *dare*, donner.

■ Deux compagnons pressés d'argent / À leur voisin fourreur vendirent / La peau d'un ours encore vivant, / Mais qu'ils tueraient bientôt, du moins à ce qu'ils dirent.

Jean DE LA FONTAINE, *Fables*, « L'Ours et les deux compagnons », 1668-1694.

■ Qu'on vend cher maintenant l'argent à la jeunesse !

Jean-François REGNARD, *Le Joueur*, 1697.

■ Vente : Vendre et acheter, but de la vie.

Gustave FLAUBERT, *Le Dictionnaire des idées reçues*, posth. 1913.

Et les pensées de...

■ Une fois (je l'avoue à ma grande honte), je me suis vendu pour pas cher, et quand j'ai voulu me racheter, je me suis payé un prix fou !

Raymond DEVOS, *À plus d'un titre*, « Les neuf veaux », © Orban, 1989.

■ Quand on pense qu'il suffirait que les gens n'achètent plus de saloperies pour que ça ne se vende pas !

COLUCHE, *Pensées et anecdotes*, © Le Cherche midi, 1995.

▶ VOIR cher, ours, seins.

vengeance, venger

Du latin *vindicare*, réclamer en justice, châtier son offenseur.

■ À qui venge son père il n'est rien impossible.

Pierre CORNEILLE, *Le Cid*, 1637.

■ Ma vengeance est perdue / S'il ignore en mourant que c'est moi qui le tue.

Jean RACINE, *Andromaque*, 1673.

■ La plus juste vengeance est toujours un excès.

Pierre-Claude NIVELLE DE LA CHAUSSÉE, *Maximien*, 1738.

■ Des Dieux quelquefois la longue patience / Fait sur nous à pas lents descendre la vengeance.

VOLTAIRE, *Mérope*, 1743.

■ Souvent, on paya cher le plaisir des vengeances.

Jean-François DE LA HARPE, *Coriolan*, 1784.

■ Tu croyais que la vengeance est douce ; / Elle est amère. Hélas ! le crime est châtiment.

Victor HUGO, *La Fin de Satan*, 1885.

■ Malatesta. Tu es donc mon pire ennemi, que tu veux m'enlever ma vengeance ?
Isotta. Une vengeance trop prompte n'est plus une vengeance ; ce n'est qu'une riposte. Une vengeance digne de vous doit être longue et infinie.

Henry DE MONTHERLANT, *Malatesta*, © Gallimard, 1946.

▶ VOIR avouer, ennui, graffiti, rire.

venimeux

De l'ancien français *venim*, venin, du latin populaire *venimen*, de *venenum*, décoction de plantes, charme, poison.

■ La langue de vipère n'est jamais plus venimeuse que lorsqu'elle est enduite de miel.

Victor HUGO, *Han d'Islande*, 1823.

Et dans les dictionnaires anciens...

■ *Venimeux*. [...] On le dit aussi Des choses qui sont infectées du venin de quelque animal. Les herbes sur lesquelles le crapaud & la chenille ont passé sont venimeuses.

Dictionnaire de l'Académie française, 1694.

venir

Du latin *venire*, aller en un lieu, arriver, venir.

■ Jean s'en alla comme il était venu, / Mangeant le fonds avec le revenu.

Jean DE LA FONTAINE, *Son épitaphe faite par lui-même*, 1671.

■ Ton illustre audace / Fait bien revivre en toi les héros de ma race ; / C'est d'eux que tu descends, c'est de moi que tu viens.

Pierre CORNEILLE, *Le Cid*, 1637.

■ Et s'il fallait encor que l'on en vint aux coups, / Je combattrais.

Pierre CORNEILLE, *Horace*, 1640.

vent

Du latin *ventus*, vent, air qui se déplace.

■ Inconstant, insouciant comme le vent. La vie et l'univers sont ouverts devant moi, et j'y veux marcher libre comme le vent.

Alphonse KARR, *Sous les tilleuls*, 1832.

■ Vent des monts aux bruyantes ailes, / Voisin des astres radieux, / Pousse, au fond des noires chapelles, / Ton air libre où meurent les dieux !

Louis BOUILHET, *Dernières chansons*, 1869.

■ – Le vent, le vent pendant les nuits d'hiver lucides / Pâlit les cieux et les lointains comme un acide. / – Voici qu'il vient du pôle où de hauts glaciers blancs / Alignent leurs palais de gel et de silence.

Émile VERHAEREN, *La Multiple splendeur*, 1906.

■ Je suis le vent joyeux, le rapide fantôme / Au visage de sable, au manteau de soleil.

Paul VALÉRY,
Les Éléments, © Gallimard, 1911.

Et dans les dictionnaires anciens...

■ *Vent*. Orageux, sifflant, aigu, roide, félon, impétueux [...] secoueux, bouffi, ravisseur, fâcheux, boute-feu, enragé, soufleteur, foudroyant, rompt-forest. [...] Le Vent n'est autre chose que l'air ému, laquelle émotion advient en plusieurs sortes.

Maurice DE LA PORTE, *Épithètes*, 1571.

▶ VOIR embrasser, herbe, hymen, orage, pavé, route, Sahara, sage, solide, toi, tromper, vers, voix, zéphyr.

ventre

Du latin *venter*, estomac.

■ Plus, dudit jour, un bon clystère détersif, composé avec catholicon double, rhubarbe, miel rosat et autres, suivant l'ordonnance, pour balayer, laver et nettoyer le bas ventre de monsieur.

MOLIÈRE, *Le Malade imaginaire*, 1673.

■ Il [l'homme] a toujours travaillé pour son ventre plus que pour son cœur et son esprit.

George SAND,
La Revue des Deux-Mondes, 1er juin 1868.

Vénus

Déesse latine de la beauté et de l'amour. Probablement d'un mot indo-européen exprimant le désir.

■ Ce n'est plus une ardeur dans mes veines cachée : / C'est Vénus tout entière à sa proie attachée.

Jean RACINE, *Phèdre*, 1677.

■ Ils buvaient le nectar et mangeaient l'ambroisie. / Vénus était devant et Jupiter au fond.

Victor HUGO,
La Légende des siècles, « Le Satyre », 1859.

ver de terre

Du latin *vermis*, ver. Voir *terre*.

■ Madame, sous vos pieds dans l'ombre, un homme est là / Qui vous aime, perdu dans la nuit qui le voile, / Qui souffre, ver de terre amoureux d'une étoile.

Victor HUGO, *Ruy Blas*, 1838.

■ Le ver de terre lui-même fait quelque chose ; il remplit une tâche ; il coopère à un but ; il appartient enfin à la milice sacrée des créatures utiles.

Henri-Dominique LACORDAIRE,
Conférences de Notre-Dame, 1844-1851.

■ Saint Diodor, archevêque de Capadoce, voulut qu'on écrivît sur sa sépulture ce seul mot : acarus, qui signifie ver de terre.

Victor HUGO, *Les Misérables*, 1862.

▶ VOIR faute, âme.

verbe

Du latin *verbum*, mot, expression ; *verba facere*, parler.

■ Il faut voir dans les grammaires les définitions qu'on donne du verbe ! Cela me rappelle la définition de la ligne droite.

Paul VALÉRY, *Correspondance*,
« Lettre à André Gide », 1900.

vérité

Du latin *veritas*, la vérité, de *verus*, vrai.

■ Plaisante justice qu'une rivière borne ! Vérité au deçà des Pyrénées, erreur audelà.

Blaise PASCAL, *Pensées*, 1669.

■ Dire la vérité est utile à celui à qui on la dit, mais désavantageux à ceux qui la disent, parce qu'ils se font haïr.

Blaise PASCAL, *Pensées*, 1669.

■ Malheur au souverain que la vérité blesse !

Marie-Joseph CHÉNIER, *Henri VIII*, 1791.

■ Le plaisir peut s'appuyer sur l'illusion, mais le bonheur repose sur la vérité. Il n'y a qu'elle qui puisse nous donner celui dont la nature humaine est susceptible.

Nicolas DE CHAMFORT,
Maximes et pensées, caractères et anecdotes, 1795.

■ Il est des vérités que l'on doit s'interdire.

Louis-Benoît PICARD,
Médiocre et rampant, 1797.

■ La vérité n'appartient à personne ; elle est universelle, absolue ; les hommes ont besoin de la chercher, de la professer en commun.

François GUIZOT,
Histoire générale de la civilisation en Europe, 1828.

■ La vérité prend le caractère des âmes où elle entre. Rigoureuse et rude dans les âmes arides, elle se tempère et s'adoucit dans les âmes aimantes.

Joseph JOUBERT, *Pensées, essais, maximes et correspondances*, posth. 1838.

■ Je le répète avec une certitude plus véhémente : la vérité est en marche et rien ne l'arrêtera. [...] Quand on enferme la vérité sous terre, elle s'y amasse, elle y prend une force telle d'explosion, que, le jour où elle éclate, elle fait tout sauter avec elle.

Émile ZOLA,
« J'accuse !... », *L'Aurore*, 13 janvier 1898.

■ Vérité. Quelques romanciers la font bien sortir du puits, mais tout de suite ils l'enveloppent dans un tas de couverture.

Jules RENARD, *Journal*, posth. 1925.

■ La vérité, c'est de penser vrai ; c'est ne pas être dupe.

Jules ROMAINS, *Les Hommes de bonne volonté*,
© Flammarion, 1937.

■ Il ne cherchait pas la vérité, mais seulement la confirmation de ses songeries et qu'il allait faire en sorte de trouver cette confirmation, coûte que coûte.

Georges DUHAMEL, *Chronique des Pasquier*,
© Mercure de France, 1937.

■ On ne dit la vérité, paraît-il, qu'au médecin et à l'avocat. La sagesse des nations aurait pu ajouter : et à l'hôtelier.

Léon-Paul FARGUE,
Le Piéton de Paris, © Gallimard, 1939.

■ L'homme craint la vérité encore plus qu'il ne l'aime.

ALAIN, *Vigiles de l'esprit*, © Gallimard, 1942.

■ Car les vérités sont des fraudes et les passions des odeurs ; et en fin de compte on n'a d'autre choix qu'entre ce qui ment et ce qui pue.

Emil CIORAN,
Précis de décomposition, © Gallimard, 1949.

■ Nous n'avons le choix qu'entre des vérités irrespirables et des supercheries salutaires.

Emil CIORAN, *Écartèlement*, © Gallimard, 1979.

Et les pensées de...

■ La vérité est que la pensée n'est pas un territoire pur et homogène. Elle est mélange de démarches directes, carrefour d'itinéraires différents.

Jean HAMBURGER,
Dictionnaire promenade, © Le Seuil, 1989.

■ La vérité sort de la bouche des enfants, mais par où elle entre, ça...

Jean-Marie GOURIO, *L'Intégrale des brèves de comptoir*, © Robert Laffont, 1992-1993.

▶ VOIR abord, âge, biographe, commerçant, compliment, concilier, découverte, emphase, erreur, fable, faux, mémoire, naïf, note, parleur, parole, public, puits, rayon, réponse, sel, snob, témoin, trahison.

verre(s)

Du latin *vitrum*, verre.

■ Mon verre s'est brisé comme un éclat de rire

G. APOLLINAIRE, *Alcools*, « Rhénanes », 1913.

■ Le mot VERRE D'EAU serait en quelque façon adéquate à l'objet qu'il désigne... Commençant par un V, finissant par un U, les deux seules lettres en forme de vase ou de verre.

Francis PONGE,
Le Grand Recueil, © Gallimard, 1961.

Et les pensées de...

■ Quand il y avait du sport à la télé, mon père y criait toujours : « Allez les verres ! », puis il s'en servait un autre.

COLUCHE, *Ça roule, ma poule*, © Le Cherche midi, 2002.

vers

Du latin *versus*, action de tourner la charrue au bout du sillon, d'où l'image de la ligne d'écriture, puis du vers poétique.

■ Heureux qui, dans ses vers, sait d'une voix légère / Passer du grave au doux, du plaisant au sévère !

Nicolas BOILEAU, *L'Art poétique*, 1674.

■ Enfin Malherbe vint, et, le premier en France, / Fit sentir dans les vers une juste cadence.

Nicolas BOILEAU, *L'Art poétique*, 1674.

■ Les vers sont enfants de la lyre. / Il faut les chanter, non les dire ; / À peine aujourd'hui les lit-on.

Antoine DE LA MOTTE-HOUDAR, *Odes*, « L'aveuglement », 1754.

■ Sur des pensers nouveaux faisons des vers antiques.

André CHÉNIER, *Idylles*, in *Œuvres complètes*, posth. 1819.

■ Mes premiers vers sont d'un enfant, / Les seconds d'un adolescent, / Les derniers à peine d'un homme.

Alfred DE MUSSET, *Premières Poésies*, 1835.

■ Les dieux eux-mêmes meurent ; / Mais les vers souverains / Demeurent / Plus forts que les airains.

Théophile GAUTIER, *Émaux et camées*, 1852.

■ Que ton vers soit la bonne aventure / Éparse au vent crispé du matin / Qui va fleurant la menthe et le thym... / Et tout le reste est littérature.

Paul VERLAINE, *Jadis et Naguère*, « Art poétique », 1885.

■ Pierre. Aucune mauvaise pensée ne résiste à un beau vers. / Marthe. Vous n'êtes pas difficile à soigner.

Jules RENARD, *Le Pain de ménage*, 1897.

■ Une phrase de théâtre ou un vers, c'est, avant tout, un état à atteindre, un point culminant, auquel il faut que le comédien arrive, par une sensibilité telle qu'elle lui fasse dire ce vers dans la plénitude où il a été écrit [...]

Louis JOUVET, « Théâtre et Langage », © *La Table Ronde*, 1945.

■ D'une pierre cachée dans les profondeurs de la terre depuis des millénaires, naissent le cri et la surprise d'un mot, dès qu'elle revient à la lumière, tout à fait par hasard. On la frotte, on la taille, on la dénude, on la polit, et la splendeur d'un vers éclate devant notre regard étonné.

Giovanni DOTOLI, *Plis et replis de mémoire poétique*, « Entretien avec Rome Deguergue », 2004.

➤ VOIR aboutir, alexandrin, bavard, bois, calme, encore, hardiesse, interprète, opéra, penser, plume, prose, rage, ridicule, rime, turbin, volage, vrai.

vertige

Du latin *vertigo*, mouvement circulaire, rotation, étourdissement, de *vertere*, tourner, verser.

■ Creuse ! Creusez ! dit-il aux terrassiers, piochant / De l'aube jusqu'à l'heure où le soleil se couche, / Je veux faire à ma tour un fossé si farouche / Qu'un homme ait le vertige en regardant au fond.

Victor HUGO, *La Légende des siècles*, 1859-1863.

■ Cependant l'homme capable du vertige de l'immense, se ferme au vertige du minuscule.

Jean COCTEAU, *La Fin du Potomak*, © Comité Jean COCTEAU, 1940.

vertu

Du latin *virtus*, qualité morale de l'homme.

■ Sire, ce n'est pas tout que d'être Roi de France, / Il faut que la vertu honore votre enfance : / Un Roi sans la vertu porte le sceptre en vain.

Pierre DE RONSARD, *Institution pour l'adolescence du Roi*, 1562.

■ Une vertu parfaite a besoin de prudence, / Et doit considérer pour son propre intérêt, / Et les temps où l'on vit, et les lieux où l'on est.

Pierre CORNEILLE, *Nicomède*, 1651.

■ Nos vertus ne sont, le plus souvent, que des vices déguisés. [...] On ne blâme le vice et on ne loue la vertu que par intérêt.

François DE LA ROCHEFOUCAULD, *Réflexions ou Sentences et Maximes morales*, 1664.

■ Mais la vertu, la philosophie sont-elles faites pour tout le monde ? En a qui peut. En conserve qui peut.

Denis DIDEROT, *Le Neveu de Rameau*, 1761-1776.

■ L'homme peut aspirer à la vertu ; il ne peut raisonnablement prétendre trouver la vérité.

Nicolas DE CHAMFORT,
Maximes et pensées, caractères et anecdotes, 1795.

▶ VOIR accompagner, campagne, capable, éducation, escroc, éviter, gouvernement, limite, ordinaire, tempérament, vertu, vice.

vestige

Du latin *vestigium*, semelle, trace du pied, trace.

■ Ne me laisse point en un désert où il n'y a aucun vestige d'hommes.

FÉNELON, *Les Aventures de Télémaque*, 1669.

■ Salut au poète qu'aucune contradiction n'étonne, à celui qui chantera, vieux barde, les réprouvés de la civilisation, et qui viendra méditer un jour sur leurs vestiges !

Joseph PROUDHON,
Système contradictoire économique, 1846.

vêtement

Du latin classique *vestimentum*, vêtement, de vêtir, du latin *vestire*, vêtir, recouvrir.

■ On pourrait convenir d'appeler, chaque fois que ce sera nécessaire, *vêtement*, la forme structurale, institutionnelle du costume (ce qui correspond à la langue) et *habillement*, cette même forme actualisée, individualisée, portée (ce qui correspond à la parole).

Roland BARTHES,
Le Système de la mode, © Le Seuil, 1967.

Et dans les dictionnaires anciens...

■ *Vestement*. [...] Ce qu'on met sur le corps pour se défendre des injures de l'air, le pourpoint, le haut de chausse, le manteau, sont des vestements d'homme. Les corps, les robbes, les juppes, les cottes, sont des vestements de femmes.

Antoine FURETIÈRE, *Dictionnaire universel*, 1690.

veuf(ve), veuvage

Du latin *vidua*, veuve, nom tiré de l'adjectif *viduus*, vide, privé de.

■ Un homme était en deuil de la tête aux pieds : grandes pleureuses, perruque noire, figure allongée. Un de ses amis l'aborde tristement : « Eh ! Bon Dieu ! Qui est-ce donc que vous avez perdu ? – Moi, dit-il, je n'ai rien perdu : c'est que je suis veuf. »

Nicolas DE CHAMFORT,
Maximes et pensées, caractères et anecdotes, 1795.

■ Pour une femme aimable, au printemps de son âge, / C'est un bail assez long que deux ans de veuvage.

François ANDRIEUX, *La Suite du Menteur*, 1808.

▶ VOIR miel.

vexer

Du latin *vexare*, tourmenter, attaquer.

■ Les vilains caractères aiment à déprimer le prochain et s'en font un devoir, presque une vocation. Vexer, agacer, est leur joie. Impatienter, courroucer, serait leur triomphe. Cette race m'est antipathique.

Henri-Frédéric AMIEL, *Journal intime*, 1847-1880.

■ Et lui dire ainsi pour la « vexer » des choses désagréables, c'est ce qu'il appelait « lui jeter un pépin, lui lancer une apostrophe, lui envoyer un calembour ».

Marcel PROUST, *Le Temps retrouvé*, 1922.

viande

Du latin *vivanda*, ce qui sert à la vie, provisions, de *vivere*, vivre.

■ Toujours manger et boire ! / Dans la profusion le goût se ralentit, / Il n'est, mes chers amis, viande que d'appétit.

Marc-Antoine LEGRAND, *Roi de Cocagne*, 1719.

Et dans les dictionnaires anciens...

■ Se dit burlesquement de la chair de l'homme. On dit, Cachez votre viande, à ceux qui montrent quelques parties qui sont ordinairement couvertes.

Antoine FURETIÈRE, *Dictionnaire universel*, 1690.

vice, vicieux

Du latin *vitium*, défaut physique, puis faute et vice.

■ Ce qui nous empêche souvent de nous abandonner à un seul vice est que nous en avons plusieurs.

François DE LA ROCHEFOUCAULD, *Réflexions ou Sentences et Maximes morales*, 1664.

■ J'aime mieux un vice commode / Qu'une fatigante vertu [...].

MOLIÈRE, *Amphitryon*, 1666.

■ On disait au satirique anglais Donne : « Tonnez sur les vices, mais ménagez les vicieux. – Comment, dit-il, condamner les cartes, et pardonner aux escrocs ? »

Nicolas DE CHAMFORT, *Maximes et pensées, caractères et anecdotes*, 1795.

■ Tout vice vient d'oisiveté, tout désordre public vient du manque de travail.

Paul-Louis COURIER, *Pamphlets politiques*, 1819-1820.

■ Le vice, c'est le mal qu'on fait sans plaisir.

COLETTE, *Claudine en ménage*, © Mercure de France, 1902.

■ L'homme naît aves ses vices ; il acquiert ses vertus.

Jules RENARD, *Journal*, posth. 1925.

■ Les qualités sont du domaine de tout le monde. Les vices seuls marquent la personnalité.

Paul LÉAUTAUD, *Passe-temps*, © Mercure de France, 1987.

■ Prenez un cercle, caressez-le, il deviendra vicieux.

Eugène IONESCO, *La Cantatrice chauve*, © Gallimard, 1952.

Et dans les dictionnaires anciens...

■ Un gouvernement monarchique est essentiellement vicieux.

Maurice LACHÂTRE, *Dictionnaire français illustré*, 1690.

▶ VOIR appui, capable, cruauté, éducation, empoisonner, estime, hypocrisie, incompréhensible, inimitié, insensibilité, paresse, Paris, partir, présomption, prostituée, religion, surmonter, tempérer, travail, vanité, vertu.

victime

Du latin *victima*, être vivant offert en sacrifice.

■ Nous sommes des victimes condamnées toutes à la mort ; nous ressemblons aux moutons qui bêlent, qui jouent, qui bondissent, en attendant qu'on les égorge.

VOLTAIRE, *Lettre à Madame du Deffand*, 7 août 1769.

Et dans les dictionnaires anciens...

■ Une fille qu'on met par force en Religion, est une innocente victime qu'on sacrifie à l'ambition de la famille.

Antoine FURETIÈRE, *Dictionnaire universel*, 1690.

victoire

Du latin *victoria*, victoire, réussite, dérivé de *victor*, vainqueur. Voir vainqueur.

■ Qu'est-ce en effet qu'une victoire humaine, sinon de l'avenir ramené au présent, sinon une colonisation partielle de l'Inconnu ?

SAINT-POL ROUX, *Les Féeries intérieures*, © Rougerie, 1907.

vide

Du latin populaire *vocitus*, de *vocuus*, variante de *vacuus*, vacant, vide.

■ L'un meurt vide de sang, l'autre plein de séné [une plante purgative].

Nicolas BOILEAU, *L'Art poétique*, 1674.

vie

Du latin *vita*, vie, de *vivere*, vivre.

■ Je vis, je meurs : je me brûle et me noie, / J'ai chaud extrême en endurant froidure : / La vie m'est et trop molle et trop dure / J'ai grands ennuis entremêlés de joie.

Louise LABÉ, *Sonnets*, 1555.

■ J'ai mis tous mes efforts à former ma vie, voilà mon métier et mon ouvrage.

Michel DE MONTAIGNE, *Essais*, 1580-1595.

■ Un trône est plus pénible à quitter que la vie.

Jean RACINE, *La Thébaïde*, 1664.

■ Je suis embarquée dans la vie sans mon consentement ; il faut que j'en sorte, cela m'assomme ; et comment en sortirai-je ? Par où ? Par quelle porte ? Quand sera-ce ? En quelle disposition ? Souffrirai-je mille et mille douleurs, qui me feront mourir désespérée ?

MADAME DE SÉVIGNÉ, *Lettre*, mercredi 16 mars 1672.

■ Il ne suffit pas de suivre le grand chemin de la vie humaine, de naître, de se marier et de mourir.

Joseph JOUBERT, *Pensées, essais, maximes et correspondances*, posth. 1838.

■ Nul de vous n'a l'honneur d'avoir une vie qui soit à lui. Ma vie est la vôtre, votre vie est la mienne, vous vivez ce que je vis ; la destinée est une.

Victor HUGO, *Les Contemplations* (préface), 1856.

■ S'il fallait définir la vie d'un seul mot, qui, en exprimant bien ma pensée, mît en relief le seul caractère qui, suivant moi, distingue nettement la science biologique, je dirais : la vie, c'est la création.

Claude BERNARD, *Introduction à la médecine expérimentale*, 1865.

■ La vie n'est qu'un chassé-croisé de malentendus et un colin-maillard de sottises.

Henri-Frédéric AMIEL, *Journal intime*, 1847-1880.

■ Je m'appuierai si bien et si fort à la vie, / D'une si rude étreinte et d'un tel serrement / Qu'avant que la douceur du jour me soit ravie / Elle s'échauffera de mon enlacement.

Anna DE NOAILLES, *Le Cœur innombrable*, 1901.

■ La vie est une pourriture sacrée. Nous ne pouvons vivre sans faire alliance avec les forces souveraines de la putréfaction. Seulement, nous disons fermentation, par décence, peut-être par peur. Moi, je n'ai pas peur. J'aime la vie, donc j'aime la pourriture sacrée.

Georges DUHAMEL, *Cécile parmi nous*, © Mercure de France, 1938.

■ La première patrie, quand on est ici-bas, c'est la vie.

Paul LÉAUTAUD, *Marly-le-Roy et ses environs*, © éd. du Bélier, 1945.

■ Ce qu'est un homme dans la vie / m'importe peu. C'est son envie / d'être autre chose qui m'excite

Georges PERROS, *Une vie ordinaire*, © Gallimard, 1967.

Et dans les dictionnaires anciens...

■ *Vie*. [...] C'est l'union de l'âme avec le corps.

Pierre RICHELET, *Dictionnaire françois*, 1680.

■ Celui qui veut faire un emploi sérieux de la vie doit toujours agir comme s'il avait à vivre longuement, et se régler comme s'il lui fallait mourir prochainement.

Émile LITTRÉ, *Dictionnaire de la langue française* (préface t.3), 1862-1873.

Et les pensées de...

■ Je suis pour l'augmentation du goût de la vie.

Jacques DUTRONC, *Pensées et répliques*, © Le Cherche midi, 2000.

➤ VOIR achever, alcool, amer, comprendre, hiver, Jésus, liberté, littérature, mort, mot, mourir, nécessaire, observer, oisiveté, orage, ordre, oser, pauvreté, premier, retirer (se), rêver, roman, sagesse, séparer, simple, snob, supplice, théâtre, tristesse, vent, violence, vivant, vivre.

vieillard, vieillesse, vieillir

Dérivé de *vieil*, voir *vieux*.

■ Mes os, mes nerfs et mes veines, / Témoins secrets de mes peines, / Et mille soucis cuisants, / Avancent de ma vieillesse / Le triste hiver, qui me blesse / Devant l'été de mes ans.

Joachim DU BELLAY, *Inventions*, 1552.

■ Ô rage ! ô désespoir ! ô vieillesse ennemie ! / N'ai-je donc tant vécu que pour cette infamie ?

Pierre CORNEILLE, *Le Cid*, 1637.

■ La vieillesse chagrine incessamment amasse ; / Garde, non pas pour soi, les trésors qu'elle entasse, / Marche en tous ses desseins d'un pas lent et glacé ; / Toujours plaint le présent et vante le passé ; / Inhabile aux plaisirs dont la jeunesse abuse, / Blâme en eux les douceurs que l'âge lui refuse.

Nicolas BOILEAU, *L'Art poétique*, 1674.

■ La vieillesse est amie de l'ordre, par cela même qu'elle est amie du repos. Elle aime l'arrangement autour d'elle, comme un moyen de commodité, comme épargnant la peine, et facilitant les souvenirs.

Joseph JOUBERT, *Pensées, essais, maximes et correspondances*, posth. 1838.

■ La vieillesse, c'est quand on commence à dire : « Jamais je ne me suis senti aussi jeune. »

Jules RENARD, *Journal*, posth. 1925.

■ Rien ne nous vieillit comme la mort de ceux que nous avons connus depuis notre enfance.

Julien GREEN, *Journal*, © Gallimard, 1944.

■ L'esprit des vieillards, voyez-vous, se concentre sur ce qui a été l'occupation majeure de leur vie. [...] C'est ainsi que vous verrez un mathématicien complètement gâteux vous calculer des intégrales.

Maurice DRUON, *Les Grandes Familles*, © Plon, 1948.

■ La vieillesse : de loin on la prend pour une institution ; mais ce sont des gens jeunes qui soudain se trouvent être vieux.

Simone DE BEAUVOIR, *La Force des choses*, © Gallimard, 1963.

■ Et nous avons vieilli un peu. Et le bonheur / A mûri ses fruits clairs en d'absentes ramures.

Yves BONNEFOY, *Pierre écrite*, © Mercure de France, 1965.

■ Pour oublier qu'on vieillit et rattraper l'enfance qu'on a perdu, il faut monter à cheval. De préférence seul, et dans des forêts profondes.

Jérôme GARCIN, *Théâtre intime*, © Gallimard, 2003.

Et dans les dictionnaires anciens...

■ *Vieillard*. Qui a beaucoup d'âge, et qui est dans la vieillesse. On appelle vieillard un homme depuis quarante ans jusqu'à soixante et dix. Les vieillards sont d'ordinaire soupçonneux, jaloux, avares, timides, chagrins, causeurs, se plaignant toujours.

Pierre RICHELET, *Dictionnaire françois*, 1680.

Et les pensées de...

■ La vieillesse n'est pas une question de mort, c'est une question de santé puisque la mort est certaine.

François MITTERRAND, *Pensées, répliques et anecdotes*, © Le Cherche midi, 1997.

▶ VOIR affaiblir, augmenter, babil, bâtir, caricature, clairvoyant, courage, évolution, faner, hiver, miroir, passion, remercier, ressource, rêver, sage, travailler, trop, vieillesse, vieux.

vierge

Du latin *virgo, -inis*, jeune fille vierge, qui n'a pas eu de relations sexuelles.

■ Au culte des autels nos vierges destinées / Gardent fidèlement le dépôt précieux / Du feu toujours ardent qui brûle pour nos dieux.

Jean RACINE, *Britannicus*, 1669.

Et dans les dictionnaires anciens...

■ *Vierge*. Fille pucelle. Elle est encore vierge, mais elle a tout l'air de ne l'estre pas encore longtemps.

Pierre RICHELET, *Dictionnaire françois*, 1680.

vieux, vieille

Du latin *vetulus*, diminutif de *vetus, veteris*, vieux, ancien.

■ Quand vous serez bien vieille, le soir, à la chandelle, / Assise auprès du feu, dévidant et filant, / Direz, chantant mes vers, en vous émerveillant : / « Ronsard me célébrait du temps que j'étais belle ! ».

Pierre DE RONSARD, *Sonnets pour Hélène*, 1578.

■ Peu de gens savent être vieux.

François DE LA ROCHEFOUCAULD, *Réflexions ou Sentences et Maximes morales*, 1664.

Et les pensées de...

■ Et pourtant, il ne serait pas déplaisant d'être vieux s'il n'y avait ce désaccord entre un vieux corps et une âme qui n'a pas docilement suivi le cours des années.

Jean HAMBURGER, *Dictionnaire promenade*, © Le Seuil, 1989.

■ Vieux : maladie qu'on attrape essentiellement dans le regard des autres.

Jacques DOR, *Le Dico de ma langue à moi*, 2e mille, © Soir ailleurs, 2005.

▶ VOIR femme, gloire, hiver, inimitié, monde, naître, nouveau, papillon, préjugé, routier, sage, souci, télécommande, trottoir, vestige, vieillesse, visage.

vigilance

Du latin *vigilantia*, fait de veiller, surveillance, de *vigilare*, veiller.

■ L'attention fait que rien n'échappe. L'exactitude empêche qu'on n'omette la moindre chose. La vigilance fait n'on ne néglige rien.

Gabriel GIRARD, *Synonymes françois*, 1756.

▶ VOIR lucidité, ministre.

vigne, vigneron

Du latin *vinea*, vigne, cep, de *vinum*, vin.

■ Le roi. Où suis-je ? / Zaconin. Par ma foi, vous êtes dans les vignes. / Le roi. D'où peut venir cela ? / Zaconin. C'est que vous avez bu.

Marc-Antoine LEGRAND, *Roi de Cocagne*, 1719.

■ C'est la terre froide et triste, c'est le sillon entre les vignes, c'est la vigne et son vigneron infatigable, ôtant l'échalas à l'automne, pour le remettre au printemps. Grand travail, profit incertain. Rien n'est plus aléatoire que cette culture. Et pourtant, elle va toujours gagnant.

Jules MICHELET, *Journal*, mars 1839.

Et dans les dictionnaires anciens...

■ *Vigne*. Torse ou tortice, fécoude, utile, despendeuse ou despendresse, sociable, fourchue, noueuse, couchée, entrose, recourbée, l'honneur de l'ormeau, hérissée, feuilleue, complanteuse...

Maurice DE LA PORTE, *Épithètes*, 1571.

Et les pensées de...

■ On n'imagine pas le travail d'un vigneron, la difficulté de son art. Il faudrait lui donner le mérite des arts et des lettres à cet homme-là.

Gérard DEPARDIEU, *Lettres volées*, © Jean-Claude Lattès, 1988.

vignette

Dérivé de *vigne*, motif décoratif reproduisant d'abord des feuilles de vigne. D'où aussi le petit carré de papier.

■ Je vous assure que, si ça continue comme ça, un jour les pissotières seront en zone bleue et que les bonnes gens se mettront un disque dans la raie des fesses pour que les contractuels vérifient si on ne met pas trop de temps à pisser.

Jean YANNE, *Pensées, répliques, textes et anecdotes*, © Le Cherche midi, 1999.

vigoureux

De *vigorous*, dérivé de vigueur, du latin classique *vigor*, force, énergie.

■ J'aime les gens vigoureux qui savent se rendre maîtres des autres.

FÉNELON, *Les Aventures de Télémaque*, 1669.

■ Corneille est un génie vigoureux et fier, Racine élégiaque et tendre, Molière inimitable.

Honoré DE BALZAC, *Louis Lambert*, 1832.

Et dans les dictionnaires anciens...

■ Le *vigoureux* semble plus agile, et doit beaucoup au courage. Le *fort* paraît être plus ferme, et doit beaucoup à la construction des muscles. Le *robuste* est moins sujet aux infirmités et doit beaucoup à la nature du tempérament.

Gabriel GIRARD, *Synonymes françois*, 1756.

vilain

Du bas latin *villanus*, habitant de la campagne, de *villa*, ferme.

■ Oignez [caressez, flattez] vilain, il vous poindra [piquera]. Poignez vilain, il vous oindra.

François RABELAIS, *Gargantua*, 1534.

■ Bourgeois et bourgeoises, vilains et vilaines se flairent, se choisissent à loisir. Il en va tout autrement pour les têtes couronnées.

Jacques AUDIBERTI, *Le Mal court*, © Gallimard, 1947.

village

Dérivé de *villa*, ferme, groupe de maisons, ville.

■ Quand reverrai-je, hélas, de mon petit village / Fumer la cheminée : et en quelle saison / Reverrai-je le clos de ma pauvre maison, / Qui m'est une province, et beaucoup davantage ?

Joachim DU BELLAY, *Les Regrets*, 1558.

■ Un homme voyage, s'étonne, se diversifie, devient un inconnu pour ses parents et même pour ses amis ; mais au cœur il garde un noyau dur : son appartenance certaine à quelque village anonyme.

Albert MEMMI, *La Statue de sel*, © Gallimard, 1952.

ville

Du latin *villa*, ferme, groupe de maisons, ville.

■ Pars courageusement, laisse toutes les villes ; / Ne ternis plus tes pieds aux poudres du chemin ; / Du haut de nos pensers vois les cités serviles / Comme les rocs fatals de l'esclavage humain.

Alphonse DE LAMARTINE,
Les Destinées, « La Maison du Berger », 1844.

■ Bâtissons une ville avec sa citadelle, / Bâtissons une ville, et nous la fermerons. / Alors Tubalcaïn, père des forgerons, / Construisit une ville énorme et surhumaine.

Victor HUGO,
La Légende des siècles, « La Conscience », 1859.

■ Je suis venu, calme orphelin, / Riche de mes seuls yeux tranquilles, / Vers les hommes des grandes villes : / Ils ne m'ont pas trouvé malin.

Paul VERLAINE,
Sagesse, « Gaspard Hauser chante », 1880.

■ C'est la ville tentaculaire / La pieuvre ardente et l'ossuaire / Et la carcasse solennelle. / Et les chemins d'ici s'en vont à l'infini. / Vers elle.

Émile VERHAEREN,
Les Campagnes hallucinées, 1893.

■ Des villes, et encore des villes ; / J'ai des souvenirs de villes comme on a des souvenirs d'amour ; / À quoi bon en parler ?

Valéry LARBAUD, *Les Poésies de A. O. Barnabooth*,
© Gallimard, 1913.

■ Et, comme une mère, une ville natale ne se remplace pas.

Albert MEMMI,
La Statue de sel, © Gallimard, 1952.

Et les pensées de...

■ Je viens de traverser une ville où tout le monde courait... Je ne peux pas vous dire laquelle... je l'ai traversée en courant. Lorsque j'y suis entré, je marchais normalement. Mais quand j'ai vu que tout le monde courait... je me suis mis à courir comme tout le monde, sans raison !

Raymond DEVOS, *À plus d'un titre*,
« Où courent-ils », © Orban, 1989.

▶ VOIR campagne, hôpital, maîtriser, mal, mie, modèle, nausée, nuit, Paris, pleurer, politesse, police, prix, récompense, rester, société, terre, trottoir.

vin

Du latin *vinum*, raisin, boisson tirée du raisin.

■ Un sauvage boit du vin, il fait la grimace.

Jean-Jacques ROUSSEAU,
Émile ou De l'éducation, 1762.

■ Un homme buvait à table d'excellent vin, sans le louer. Le maître de la maison lui en fit servir de très médiocre : « Voilà du bon vin, dit le buveur silencieux. – C'est du vin à dix sous, dit le maître, et l'autre est un vin des dieux. – Je le sais, reprit le convive, aussi ne l'ai-pas loué : c'est celui-ci qui a besoin de recommandation. »

Nicolas DE CHAMFORT, *Maximes et pensées, caractères et anecdotes*, 1795.

■ Dieu n'avait fait que l'eau, mais l'homme a fait le vin !

Victor HUGO, *Les Contemplations*, 1856.

■ Un soir, l'âme du vin chantait dans les bouteilles.

Charles BAUDELAIRE,
Les Fleurs du mal, « L'Âme du vin », 1857.

■ Vins : Sujet de conversation entre hommes. Le meilleur est le Bordeaux, puisque les médecins l'ordonnent. – Plus il est mauvais, plus il est naturel.

Gustave FLAUBERT,
Le Dictionnaire des idées reçues, posth. 1913.

Et dans les dictionnaires anciens...

■ Nous voilà arrivés à un point tellement important de la gastronomie et surtout de la gastronomie moderne que nous nous croyons dans la nécessité d'ouvrir une parenthèse. Il s'agit du vin, c'est-à-dire de la partie intellectuelle du repas : les viandes n'en sont que la partie matérielle.

Alexandre DUMAS,
Le Grand Dictionnaire de cuisine, 1871.

Et les pensées de...

■ Reste que, quand on parle du vin, on est intarissable. La région, le cépage, l'altitude, la pluie, l'orage, le soleil et la lune, tout est important.

Jean-Pierre COFFE, *Le Bon Vivre*, © Le Pré aux Clercs, 1989.

▶ VOIR boire, bouteille, buffet, cabaret, casque, gourmet, ivre, jeunesse, lexicographe, livre, quotidien, réputation, vendange.

violence

Du latin *violentia* de même sens.

■ Plus fait douceur que violence.

Jean DE LA FONTAINE, *Fables*, « Phébus et Borée », 1668-1694.

■ La violence est l'argument du mensonge.

Constantin-François DE VOLNEY, *Les Ruines*, 1791.

■ La vie n'est que la fleur d'un jour, un songe fugitif ; et comme si l'intempérie du climat n'était pas suffisante pour l'abréger, la violence des passions en accélère encore plus promptement la ruine et la destruction.

Jean DE CRÈVECŒUR, *Voyage dans la Haute Pennsylvanie et dans l'État de New-York*, 1801.

violent

Du latin *violentus*, emporté, véhément.

■ Suivant le principe des philosophes que tout ce qui est violent ne peut durer.

Pierre DE BOISGUILBERT, *Factum de la France*, 1705.

■ On supporte un état violent, quand il passe ; six mois, un an ne sont rien, on envisage un terme et l'on prend courage ; mais quand cet état doit durer toujours, qui est-ce qui le supporte ?

Jean-Jacques ROUSSEAU, *Julie ou La Nouvelle Héloïse*, 1761.

Et dans les dictionnaires anciens...

■ Un homme *violent* est prompt à lever la main, il frappe aussitôt qu'il menace. Un homme *emporté* est prompt à dire des injustices, il se fâche aisément. Les *emportés* n'ont quelquefois que premier feu de mauvais : les *violents* sont plus dangereux.

Gabriel GIRARD, *Synonymes françois*, 1756.

▶ VOIR astucieux, luxe, poésie, professeur, soupçon.

violon

De l'italien *violone*, grosse viole, contrebasse, violon venant du diminutif *violino*.

■ Le violon frémit comme un cœur qu'on afflige, / Un cœur tendre, qui hait le néant vaste et noir !

Charles BAUDELAIRE, *Les Fleurs du mal*, « Harmonie du soir », 1857.

Et les pensées de...

■ J'aime jouer du violon avec des gants de boxe. Parce que quand on les enlève, c'est plus facile [...].

COLUCHE, *Pensées et anecdotes*, © Le Cherche midi, 1995.

vipère

Du latin *vipera*, vipère.

■ Madame de la Fayette prend des bouillons de vipères qui lui redonnent une âme et lui donne des forces à vue d'œil.

MADAME DE SÉVIGNÉ, *Lettre du 20 octobre*, 1679.

■ Arrachant de leurs trous la haine, / L'orgueil, la fraude qui se traîne, / L'âpre envie, aspic du chemin, / Les vers de terre et les vipères, / Que la nuit cache dans les pierres / Et le mal dans le cœur humain !

Victor HUGO, *Les Contemplations*, 1856.

Et les pensées de...

■ La vipère a un V sur la tête, si tu sais pas lire t'es mort.

Jean-Marie GOURIO, *L'Intégrale des brèves de comptoir*, © Robert Laffont, 1992-1993.

virgule

Du latin *virgula*, petite branche, petit trait, diminutif de *virga*, baguette.

■ J'ai tout pesé, jusqu'à la dernière virgule, je n'ai pas un zeste à changer.

Auguste de VILLIERS DE L'ISLE-ADAM, *Contes cruels*, « la machine à gloire », 1889.

Et les pensées de...

■ Demain dictée, sans faute. Ou bien : Demain, dictée sans faute. Ah ! Cette virgule...

Maurice TOUDOIRE, *Impertinences*, © Pierre Téqui, 1992.

viril, virilité

Du latin *virilis*, masculin, de *vir*, homme.

■ Toutes les opérations viriles et féminines sont respectivement des dépendances de la charrue ou du pot-au-feu.

Joseph PROUDHON, *Pornocratie*, 1865.

■ Il y a la virilité et il y a l'infection virile, avec ses millénaires de possession, de vanité et de peur de perdre.

Romain GARY, *Au-delà de cette limite votre ticket n'est plus valable*, © Gallimard, 1975.

visage

De l'ancien français *vis*, visage, du latin *visus*, vue, apparence, de *videre*, voir.

■ Les visages souvent sont de doux imposteurs. / Que de défauts d'esprit se couvrent de leurs grâces !

Pierre CORNEILLE, *Le Menteur*, 1644.

■ Marquise, si mon visage / A quelques traits un peu vieux, / Souvenez-vous qu'à mon âge / Vous ne vaudrez guère mieux.

Pierre CORNEILLE, *Stances à Marquise*, 1660.

■ Les femmes d'un certain état s'imaginent en avoir plus de dignité quand elles ont un joli visage ; elles regardent cet avantage-là comme un rang. La vanité s'aide de tout, et remplace ce qui lui manque avec ce qu'elle peut.

Pierre DE MARIVAUX, *La Vie de Mariane*, 1741.

■ Ce n'est guère que par le visage qu'on est soi. Le corps montre le sexe plus que la personne. [...] Il y a, dans le visage, quelque chose de lumineux, qui ne se trouve pas dans les autres parties du corps.

Joseph JOUBERT, *Pensées, essais, maximes et correspondances*, posth. 1838.

■ Je ne me dédis pas : c'est bien par le visage que commence l'amour.

Paul LÉAUTAUD, *Journal littéraire*, © Mercure de France, 1986.

Et dans les dictionnaires anciens...

■ *Visage*. Coloré, laid ou beau, riant, poli, barbu, miroir de l'âme, étoilé, apert, suppliant, fardé, bénin, [...] trongneux, ridicule, attentif, figuré, appelant...

Maurice DE LA PORTE, *Épithètes*, 1571.

■ Certains mouvements du cœur répandent un coloris charmant sur le visage des dames, et même de celles qui sont le moins bien partagées en couleur.

Gabriel GIRARD, *Synonymes françois*, 1756.

Et les pensées de...

■ Les mots d'un homme effacent son visage.

Bernard FRANK, *Portraits et aphorismes*, © Le Cherche midi, 2001.

▶ VOIR barbe, démontrer, honte, masque, modestie, œil, orage, pauvreté, peuple, physionomie, rouge, singe, sirène, souci, sourire, vent, zinzoliner.

visiteur

Dérivé de *visiter*, du latin *visitare*, voir souvent, de *visere*, voir.

■ Maudissant mille fois ces éternels visiteurs, et ne pouvant concevoir ce qu'ils avaient tant à dire, parce que j'avais à dire encore plus.

Jean-Jacques ROUSSEAU, *Les Confessions*, 1782-1789.

vitesse

Dérivé de *vite*, d'origine incertaine. Attesté au XVIe s.

■ Et ne vous piquez point d'une folle vitesse : / Un style si rapide, et qui court en rimant, / Marque moins trop d'esprit que peu de jugement.

Nicolas BOILEAU, *L'Art poétique*, 1674.

■ Nous déclarons que la splendeur du monde s'est enrichie d'une beauté nouvelle : la beauté de la vitesse. Une automobile de course avec son coffre orné de gros tuyaux tels des serpents à l'haleine explosive... une automobile rugissante, qui a l'air de courir sur de la mitraille, est plus belle que la *Victoire de Samothrace*.

Filippo Tommaso MARINETTI, *Manifeste du futurisme*, © Séguier, 1912.

vivacité

Du latin *vivacitas*, énergie vitale, vivacité d'esprit.

■ Elles prennent la facilité de parler et la vivacité d'imagination pour l'esprit.

FÉNELON, *Traité de l'éducation des filles*, 1689.

■ La jeunesse est dans le jaillissement des idées et des images, dans la vivacité de l'observation, dans l'aptitude à grouper les faits.

Georges DUHAMEL,
Le Notaire du Havre, © Mercure de France, 1933.

vivant

Dérivé de *vivre*. Attesté au XVIe s. Voir *vivre*.

■ Rends-moi mon Curiace, ou laisse agir ma flamme : / Ma joie et mes douleurs dépendaient de son sort ; / Je l'adorais vivant, et je le pleure mort.

Pierre CORNEILLE, *Horace*, 1640.

■ On doit des égards aux vivants ; on ne doit aux morts que la vérité.

VOLTAIRE, *Lettres écrites sur Œdipe*, 1719.

■ Les morts gouvernent les vivants.

Auguste COMTE, *Catéchisme positiviste*, 1852.

■ Tout vivant croit que la vie triomphera, sans cela il mourrait tout de suite.

ALAIN, *Propos*, © Gallimard, 1909.

Et dans les dictionnaires anciens...

■ On dit en Médecine, que le cœur est le premier vivant, & le dernier mourant.

Antoine FURETIÈRE, *Dictionnaire universel*, 1690.

▶ VOIR mort, cadavre.

vivre

Du latin *vivere*, être vivant, vivre, subsister, manière de vivre.

■ Vivez, si m'en croyez, n'attendez à demain : / Cueillez dès aujourd'hui les roses de la vie.

Pierre DE RONSARD, *Sonnets pour Hélène*, 1578.

■ Par vivre, je n'entends pas se trouver ensemble, sans se battre ; j'entends se plaire ensemble, s'aimer, commercer avec plaisir.

Nicolas DE CHAMFORT, *Maximes et pensées, caractères et anecdotes*, 1795.

■ La vie est si courte qu'il ne faut pas l'abréger encore par des querelles stériles et des poursuites vaines. Laissons les morts ensevelir leurs morts, et tâchons plutôt de vivre.

Henri-Frédéric AMIEL, *Journal intime*, 1847-1880.

■ Vivre toute sa vie. Développer toutes les puissances que l'on sent en soi-même. Beau programme. Difficile programme.

ALAIN, *Propos*, © Gallimard, 1920.

■ Il faut que nous décidions de vivre pour ce que nous avons reconnu de plus haut et de mieux réussi en nous, ne rien céder à l'actualité, à la mode, à l'opinion.

Maurice BARRÈS, *Mes Cahiers*, 1929-1956.

■ Il n'y a pas d'amour de vivre sans désespoir de vivre.

Albert CAMUS,
L'Envers et l'Endroit, © Gallimard, 1937.

Et dans les dictionnaires anciens...

■ Les bestes vivent d'une vie animale & sensitive. Les hommes vivent par le moyen d'une âme raisonnable. [...] Les Patriarches avant le Déluge vivaient 8 à 900 ans. Il y a peu d'hommes maintenant qui en vivent 100. Vivre l'âge d'homme, c'est atteindre l'âge de 50 ou 60 ans.

Antoine FURETIÈRE, *Dictionnaire universel*, 1690.

▶ VOIR champ, créer, grave, histoire, instruire, langue, mot, lieu, livre, masque, mélancolie, moi, mourir, naître, oiseau, orthographe, pente, plaider, pleurer, poète, procès, prolétaire, révolte, risque, rosée, sœur, supplice, tuer, vie, voyager, vulgaire.

vocable, vocabulaire

Du latin *vocabulum*, mot, terme. Du latin *vocabularium*, ensemble de mots, lexique, vocabulaire.

■ Tu sauras dextrement choisir et approprier à ton œuvre les vocables plus significatifs des dialectes de notre France, quand ceux de ta nation ne seront assez propres ni signifiants, et ne se faut soucier s'ils sont Gascons, Poitevins, Normands, Manceaux, Lyonnais ou d'autres pays pourvu qu'il soient bons.

Pierre DE RONSARD,
À propos de l'art poétique, 1565.

■ La révolution achevée, passée l'ivresse, les vocabulaires morts, un instant submergés de folie, reprennent le dessus.

Marcel MOREAU,
L'Ivre livre, © Christian Bourgeois, 1973.

Et dans les dictionnaires anciens...

■ Dans le vocabulaire des pays chauds, tous les mots sont vocaux et fluides. Le grec a une emphase majestueuse, comme le bruit des flots du Pénée. L'italien roule dans ses syllabes sonores, le murmure des cascatelles et le frémissement des oliviers.

Charles NODIER, *Dictionnaire des onomatopées* (préface), 2e édition, 1828.

Et les pensées de...

■ On ne peut pas se tromper ! Il n'y a qu'à longer les murs et marcher à tâtons. Comme il a un vocabulaire retreint, il dit : « Zut ! J'ai oublié d'emporter mes tâtons ! Avec quoi vais-je marcher ? »

Raymond DEVOS, *À plus d'un titre*, « Le Bout Du Tunnel », © Orban, 1989.

■ Les biographes tentent de découvrir le caractère d'un écrivain à partir de sa vie : il suffirait peut-être d'en observer le vocabulaire.

Charles DANTZIG, *Dictionnaire égoïste de la littérature française*, © Grasset, 2005.

▶ VOIR conduire.

vœu

Du latin classique *votum*, offrande faite aux dieux en échange d'une faveur, de *vovere*, vouer, souhaiter.

■ Je fis vœu cette nuit de me coucher point.

Mathurin RÉGNIER, *Satires*, 1608.

■ Je suis si accoutumé de voir tous mes vœux éconduits en toute chose, que j'ai tout à fait cessé d'en faire.

Jean-Jacques ROUSSEAU, *Lettre à du Peyron*, 15 novembre 1769.

voie

Du latin *via*, voie, route.

■ La raison pour marcher n'a souvent qu'une voie.

Nicolas BOILEAU, *L'Art poétique*, 1674.

■ Détester toute voie de tromperie.

Michel DE MONTAIGNE, *Essais*, 1580-1595.

Et dans les dictionnaires anciens...

■ Dans le sens figuré, la bonne *route* conduit sûrement au but, la bonne *voie* y mène avec honneur, le bon *chemin* y mène facilement.

Gabriel GIRARD, *Synonymes françois*, 1756.

voir

Du latin *videre*, avoir la faculté de voir, percevoir, regarder, être témoin de.

■ Auras-tu donc toujours des yeux pour ne point voir, Peuple ingrat ?

Jean RACINE, *Phèdre*, 1677.

■ S'il y a peu d'hommes qui sachent voir un fait avec toutes ses circonstances, il y en a moins encore qui sachent voir les opinions telles qu'elles sont.

Étienne DE CONDILLAC, *Cours d'étude pour l'instruction du prince de Parme*, 1775.

voisins

Du latin populaire *vecinus*, du classique *vicinus*, qui est à côté de, qui est proche de.

■ Voisins : Tâcher de se faire rendre par eux des services, sans qu'il en coûte rien.

Gustave FLAUBERT, *Le Dictionnaire des idées reçues*, posth. 1913.

voiture

Du latin *vectura*, fait de transporter, dérivé de *vehere*, porter.

■ Voitures [à cheval] : Plus commode d'en louer que d'en posséder – de cette manière on n'a pas le tracas des domestiques ni des chevaux qui sont toujours malades.

Gustave FLAUBERT, *Le Dictionnaire des idées reçues*, posth. 1913.

■ Avant dix kilomètres d'ici elle aura déjà tamponné trois voitures, grippé son débrayage, crevé ses pneus.

Antoine DE SAINT-EXUPÉRY, *Pilote de guerre*, © Gallimard, 1942.

voix

Du latin *vox*, *vocis*, son, voix.

■ La voix est un son humain que rien d'inanimé ne saurait parfaitement contrefaire. Elle a une autorité et une propriété d'insinuation qui manquent à l'écriture.

Joseph JOUBERT, *Pensées, essais, maximes et correspondances*, posth. 1838.

■ Son regard est pareil au regard des statues, / Et pour sa voix, lointaine, et calme, et grave, elle a / L'inflexion des voix chères que se sont tues.

Paul VERLAINE, *Poèmes Saturniens*, « Mon rêve familier », 1866.

■ Jamais rien n'atteindra, pour émouvoir notre âme, / Le charme surhumain de la voix d'une femme / Qui, sur l'ivoire pâle où flotte son bras nu, / Raconte au vent nocturne un amour inconnu.

Albert SAMAIN, *Le Chariot d'or*, « Les roses dans la coupe », posth. 1901.

Et dans les dictionnaires anciens...

■ *Voix*. Douce, résonante, harmonieuse, accentuée, continuelle, aboyant, trompeteuse, aiguë, chantée ou déchantée, soupirante, hautaine, furieuse, langarde...

Maurice DE LA PORTE, *Épithètes*, 1571.

▶ VOIR compter, lâcheté, langage, loi, mort, musée, musique, nature, papa, passion, pensée, seul, toi, vers, vote, zone.

voix (électorale)

Du latin *vox*, *vocis*, son, voix. Plus spécifiquement, avis, suffrage.

■ J'en reviens toujours là, qu'il ne faut pas compter les voix, qu'il faut les peser, et que la méthode de décider une controverse à la pluralité des voix, est sujette à tant d'injustices qu'il n'y a que l'impossibilité de faire autrement qui la rende légitime en certains cas.

Pierre BAYLE, *Pensées sur la comète*, 1682.

vol, voler (s'envoler)

Du latin classique *volare*, s'élever, se mouvoir dans les airs. Le sens de *dérober* est venu de la chasse avec les oiseaux de proie : l'aigle *vole* la perdrix.

■ L'art de voler ne fait encore que de naître ; il se perfectionnera, et quelque jour on ira jusqu'à la lune.

FONTENELLE, *Entretiens sur la pluralité des mondes*, 1686.

■ Ô temps, suspends ton vol, respecte ma jeunesse.

Antoine Léonard THOMAS, *Ode sur le temps*, 1762.

■ Ô temps, suspends ton vol ; et vous, heures propices, / Suspendez votre cours.

Alphonse DE LAMARTINE, *Méditations poétiques*, « Le lac », 1820.

Et les pensées de...

■ La pomme se décroche, elle croit qu'elle vole, et elle tombe dans la bouse !

Jean-Marie GOURIO, *L'Intégrale des brèves de comptoir*, © Robert Laffont, 1992-1993.

■ – Nous espérons que vous avez été heureuse de ce vol.
– J'avais bien dit que c'était du vol !

COLUCHE, *Pensées et anecdotes*, © Le Cherche midi, 1995.

volage

Du latin *volaticus*, qui a des ailes, qui se déplace, inconstant.

■ Je suis chose légère et vole à tout sujet ; / Je vais de fleur en fleur, et d'objet en objet ; / À beaucoup de plaisirs je mêle un peu de gloire. / J'irais plus haut peut-être au temple de Mémoire / Si dans un genre seul j'avais usé mes jours ; / Mais quoi ! je suis volage en vers comme en amours.

Jean DE LA FONTAINE, *Discours à Madame de La Sablière*, 1685.

■ Si nature, mère sage / De tous ces êtres divers, / Dans ses goûts n'était volage, / Que deviendrait l'univers ?

Amfrye DE CHAULIEU, *Apologie de l'inconstance*, 1700.

volcan

De l'italien *vulcano*, du latin *Vulcanus*, Vulcain, dieu du feu.

■ Nous dansons sur un volcan.

Henri SALVANDY, propos tenu avant la Révolution de juillet 1830.

■ On a dit que nous dansions sur un volcan ; la comparaison est emphatique !

Pas du tout ! Nous trépignons sur la planche pourrie d'une vaste latrine.

Gustave FLAUBERT, *Correspondance*, 1859.

voleur

Dérivé de *voler*, d'une métaphore concernant la chasse à l'oiseau de proie, attraper au vol.

■ Monsieur le consul, répondit dogmatiquement l'inspecteur de police, les grands voleurs ressemblent toujours à d'honnêtes gens. Vous comprenez bien que ceux qui ont des figures de coquins n'ont qu'un parti à prendre, c'est de rester probes, sans cela ils se feraient arrêter.

Jules VERNE, *Le Tour du Monde en quatre-vingts jours*, 1873.

▶ VOIR bourse, croix, gendarme, nécessaire, républicain, trépas.

volonté

Du latin *voluntas*, bonne volonté, désir, vœu.

■ Nous avons plus de force que de volonté, et c'est souvent pour nous excuser à nous-mêmes que nous nous imaginons que les choses sont impossibles.

François DE LA ROCHEFOUCAULD, *Réflexions ou Sentences et Maximes morales*, 1664.

■ Celui qui ne sait ajouter sa volonté à sa force n'a point de force.

Nicolas DE CHAMFORT, *Maximes et pensées, caractères et anecdotes*, 1795.

■ Le désir est passif et impersonnel, la volonté est le type même de l'activité et de la personnalité, le caractère le plus éminent de l'homme.

Victor COUSIN, *Histoire philosophique moderne*, 1846.

■ Ce qui est naturel, c'est le microbe. Le reste, la santé, l'intégrité, la pureté, si vous voulez c'est un effet de la volonté et d'une volonté qui ne doit jamais s'arrêter.

Albert CAMUS, *La Peste*, © Gallimard, 1947.

▶ VOIR attentif, chaîne, gouvernement, hasard, intelligence, loi, magistrat, musée, peuple, pouvoir, prince, sensé.

Voltaire

■ Dors-tu content, Voltaire, et ton hideux sourire / Voltige-t-il encor sur tes os décharnés ? / Ton siècle était, dit-on, trop jeune pour te lire ; / Le nôtre doit te plaire, et tes hommes sont nés [...].

Alfred DE MUSSET, *Rolla*, 1833.

■ Voltaire ! Quel que soit le nom dont on le nomme, / C'est un cycle vivant, c'est un siècle fait homme.

Alphonse DE LAMARTINE, *Méditations poétiques*, 1820.

■ Voltaire alors régnait, ce singe de génie / Chez l'homme en mission par le diable envoyé.

Victor HUGO, *Les Rayons et les Ombres*, 1840.

■ Voltaire : Science superficielle. Célèbre par son « rictus » épouvantable.

Gustave FLAUBERT, *Le Dictionnaire des idées reçues*, posth. 1913.

▶ VOIR encyclopédiste.

volume

Du latin *volumen*, feuilles d'un manuscrit enroulées, de *volvere*, rouler, tourner.

■ J'amasse de tes faits le pénible volume.

Nicolas BOILEAU, *Épitres*, 1669-1695.

Et dans les dictionnaires anciens...

■ Il ne faut pas toujours juger de la science de l'auteur par la grosseur du volume.

Gabriel GIRARD, *Synonymes françois*, 1756.

vote

Emprunté au début du XVIIIe s. à l'anglais *vote*, du latin *votum*, vœu.

■ Le vote de chaque individu n'est pas le vote de tous. La véritable adhésion des masses n'existe qu'à la condition du contact des hommes réunis en assemblée, s'éprouvant, s'interrogeant, se livrant les uns aux autres, s'engageant par la publicité des débats et pouvant échapper par là aux influences étroites de la famille et aux suggestions passagères de l'intérêt personnel.

George SAND, *Histoire de ma vie*, 1855.

Et les pensées de...

■ Peut-être le lecteur sera-t-il également intéressé à savoir que les mots, définitions et sens nouveaux, lorsqu'ils provoquent débat, sont acceptés ou refusés par vote, comme s'il s'agissait de lois ou de personnes. Certains vocables, battus aux voix, n'ont été admis qu'après plusieurs présentations.

Maurice DRUON, *Préface du Dictionnaire de l'Académie française*, 1986.

vouloir

Du latin populaire *volere*, du classique *velle*, désirer. Attesté au XIIe s.

■ En leur règle n'était que cette clause : Fais ce que voudras.

François RABELAIS, *Gargantua*, « Devise de l'Abbaye de Thélème », 1534.

■ Quand je veux j'épouvante, et quand je veux je charme ; / Et selon qu'il me plaît, je remplis tour à tour / Les hommes de terreur et les femmes d'amour.

Pierre CORNEILLE, *L'Illusion comique*, 1636.

▶ VOIR doute, gagner, lumière, obéir, orgueil, oser, parler, pissenlit, pouvoir, règle, réunion, sincère, texte, tombeau.

vous

Du latin *vos*, vous.

■ Mais si l'on veut les séparer / Le coudrier meurt promptement, / Le chèvrefeuille mêmement. / Belle amie, ainsi est de nous : / Ni vous sans moi ni moi sans vous.

Marie DE FRANCE, *Lais*, « Lai du chèvrefeuille », 1160-1180.

■ Hélas ! quand je vous parle de moi, je vous parle de vous. Comment ne le sentez-vous pas ? Ah ! insensé, qui crois que je ne suis pas toi !

Victor HUGO, *Les Contemplations* (préface), 1856.

voyage(r), voyageurs

Du latin *viaticum*, provision de route, utile pour la route, dérivé de *via*, route.

■ Heureux qui comme Ulysse, a fait un beau voyage, / Ou comme cestuy là qui conquit la toison, / Et puis est retourné, plein d'usage et raison, / Vivre entre ses parents le reste de son âge !

Joachim DU BELLAY, *Les Regrets*, 1558.

■ Voyager à pied, c'est voyager comme Thalès, Platon, et Pythagore. J'ai peine à comprendre comment un philosophe peut se résoudre à voyager autrement et s'arracher à l'examen des richesses qu'il foule au pied et que la terre prodigue à sa vue.

Jean-Jacques ROUSSEAU, *Émile ou De l'éducation*, 1762.

■ Il me faudrait le repos pour me rafraîchir le crâne, et pour avoir du repos, il faut voyager, et, pour voyager il faut de l'argent et, pour avoir de l'argent il faut travailler, créer, etc. : je suis dans un cercle vicieux d'où il m'est impossible de sortir.

Honoré DE BALZAC, *Lettres à l'Étrangère*, 1850.

■ Mais les vrais voyageurs sont ceux-là seuls qui partent / Pour partir ; cœurs légers, semblables aux ballons, / De leur fatalité jamais ils ne s'écartent, / Et sans savoir pourquoi, disent toujours : Allons ! [...] / Étonnants voyageurs ! Quelles nobles histoires / Nous lisons dans vos yeux profonds comme les mers ! / Montrez-nous les écrins de vos riches mémoires, / Ces bijoux merveilleux, faits d'astres et d'éthers.

Charles BAUDELAIRE, *Les Fleurs du mal*, « Le Voyage », 1857.

■ Voyage : Doit être fait rapidement.

Gustave FLAUBERT, *Le Dictionnaire des idées reçues*, posth. 1913.

■ Il m'arrive parfois, / La nuit, de rêver que je suis là, ou bien là. / Et au matin je m'éveille avec un désir de voyage.

Valéry LARBAUD, *Les Poésies d'A. O. Barnabooth*, © Gallimard, 1913.

Et dans les dictionnaires anciens...

■ Il y a des gens qui sont nés pour voyager, qui ont la manie de voyager, qui voyagent toute leur vie.

Antoine FURETIÈRE, *Dictionnaire universel*, 1690.

Et les pensées de...

■ Dans la rue ou la jungle, c'est la même chose, c'est avec celui qui vous rentre d'abord dedans, celui à qui votre tête ne revient pas, que le voyage est possible.

Gérard DEPARDIEU,
Lettres volées, © Jean-Claude Lattès, 1988.

■ Je rêve de voyages où les hommes se rencontreraient, en quête d'une chaleur qui ne soit pas seulement solaire.

Jean HAMBURGER,
Dictionnaire promenade, © Le Seuil, 1989.

▶ VOIR cheval, péril, pigeon, reposer, touriste, village.

voyelle

Du latin *vocalis*, voyelle.

■ La voyelle *a* est la voyelle de l'immensité. [...] Dans le mot vaste, la voyelle *a* conserve toutes ses vertus de vocalité agrandissante.

Gaston BACHELARD,
Poétique de l'espace, © José Corti, 1957.

■ J'inventerai la couleur des voyelles ! – A noir, E blanc, I rouge, O bleu, U vert.

Arthur RIMBAUD, *Une Saison en enfer*, 1873.

Et les pensées de...

■ Que voulez-vous que ces six malheureuses voyelles fassent devant dix-neuf consonnes solidement accrochées ?

Pierre DAC,
Y'a du mou dans la corde à nœuds !,
« Poèmes en prose », © Julliard, 1995.

vrai

Du latin populaire *veracus*, vrai, du latin *verus*, vrai, réel.

■ Le premier [précepte] était de ne recevoir jamais aucune chose pour vraie que je ne la connusse évidemment être telle ; c'est-à-dire d'éviter soigneusement la précipitation et la prévention [...].

René DESCARTES,
Le Discours de la méthode, 1637.

■ Rien n'est beau que le vrai : le vrai seul est aimable.

Nicolas BOILEAU, *Épîtres*, 1669.

■ Le vrai peut quelquefois n'être pas vraisemblable.

Nicolas BOILEAU, *L'Art poétique*, 1674.

■ C'est pour nous la montrer [la beauté] qu'est faite la clarté. / Rien n'est beau que le vrai, dit un vers respecté ; / Et moi, je lui réponds, sans crainte d'un blasphème : / Rien n'est vrai que le beau, rien n'est vrai sans beauté.

Alfred DE MUSSET, *Poésies nouvelles*,
« Après une lecture », 1842.

■ Le vrai est trop simple, il faut y arriver toujours par le compliqué.

George SAND, *Correspondance*,
« Lettre à Armand Barbès », 1867.

■ Faire vrai consiste donc à donner l'illusion complète du vrai, suivant la logique ordinaire des faits, et non à les transcrire servilement dans le pêle-mêle de leur succession.

Guy DE MAUPASSANT,
Pierre et Jean (préface), 1887.

■ Le beau est le juge du vrai.

ALAIN, *Système des Beaux-Arts*,
© Gallimard, 1920.

■ Dans un monde où chacun triche, c'est l'homme vrai qui fait figure de charlatan.

André GIDE,
Les Faux-Monnayeurs, © Gallimard, 1925.

Et dans les dictionnaires anciens...

■ On dit aussi un vray Poète, non seulement pour marquer un homme qui a du génie à la poésie, mais aussi ironiquement pour dire qu'il a toutes les qualités d'un mauvais Poète, qu'il est crotté, malpropre, qu'il est distrait, qu'il importune du récit de ses vers.

Antoine FURETIÈRE, *Dictionnaire universel*, 1690.

▶ VOIR faux, gros, illusion, incroyable, littérature, naïf, ouvrage, Paris, paradis, patrie, pauvreté, philosophie, poésie, politesse, politique, postérité, présent, presser, quotidien, républicain, retraite, révolution, sage, science, théâtre, vérité, voyageur.

vulgaire, vulgarité

Du latin *vulgaris*, général, ordinaire, de *vulgus*, le commun des hommes.

■ À tous événements le sage est préparé ; / Guéri par la raison des faiblesses vulgaires, / Il se met au-dessus de ces sortes d'affaires.

MOLIÈRE, *Les Femmes savantes*, 1672.

■ Je vous tiendrai point de ces discours vulgaires / Que dicte la mollesse aux amants ordinaires.

VOLTAIRE, *Œdipe*, 1718.

■ La vulgarité irrémédiable se reconnaît particulièrement dans les rapports avec les femmes et dans le sans-gêne de l'intimité. Les gens de cet acabit ont beau avoir du mérite et de la capacité, ils ne se doutent pas de ce qui les rend impossibles parmi les personnes [...] de vrai savoir-vivre.

Henri-Frédéric AMIEL, *Journal intime*, 1847-1880.

Et dans les dictionnaires anciens...

■ *Vulgaire*. Peuple. [...] Ce n'est pas pour toi que j'écris Indocte & stupide vulgaire, J'écris pour les nobles esprits [...] Des Marais, *Visionnaires*.

Pierre RICHELET, *Dictionnaire françois*, 1680.

vulnérable

Du latin *vulnerabilis*, qui peut être atteint, de *vulnerare*, blesser.

■ J'ai mis toute mon énergie à renoncer aux choses, à extirper en moi les prétentions, à me réduire à rien, pour être moins vulnérable. – Depuis, les cicatrices de tous ces désirs amputés saignent parfois dans mon cœur, mais il ne s'ensuit que de la souffrance.

Henri-Frédéric AMIEL, *Journal intime*, 1847-1880.

wagon

De l'anglais *wagon*, chariot sur rails, emprunté au néerlandais *waghen*.

■ C'est la houille qui fait bouillonner les chaudières, / Rugir les hauts fourneaux tout chargés de matières, / Et rouler sur le fer l'impétueux wagon.

Auguste BARBIER, *Iambes et poèmes*, 1840.

■ Cependant, le bercement monotone des roues et des ressauts du wagon l'apaisait peu à peu, maîtrisait son esprit, comme les flots soulevés d'une musique, qu'un puissant rythme endigue.

Romain ROLLAND, *Jean-Christophe*, © Albin Michel, 1909.

water-closet, W.C.

Emprunté à l'anglais *water*, eau et *closet*, cabinet. Dans l'usage courant, on emploie l'abréviation W.C.

■ Ce qu'on appelle en Angleterre un lavabo est en France, par une anglomanie mal informée, des water-closets.

Marcel PROUST, *À l'ombre des Jeunes filles en fleurs*, 1918.

■ Les passagers croupissaient, répartis dans l'ombre des entreponts, dans les W.C., au fumoir, par petits groupes soupçonneux et nasillards.

Louis-Ferdinand CÉLINE, *Voyage au bout de la nuit*, © Gallimard, 1939.

Waterloo

■ Waterloo ! Waterloo ! Waterloo ! morne plaine ! / Comme une onde qui bout dans une urne trop pleine, / Dans ton cirque de bois, de coteaux, de vallons, / La pâle mort mêlait les sombres bataillons.

Victor HUGO, *Les Châtiments*, 1853.

■ Le mot de Waterloo : « La garde meurt et ne se rend pas », n'est que l'héroïque traduction du mot de Pavie : « Tout est perdu fors l'honneur ».

Victor HUGO, *Le Rhin*, 1842.

■ À côté de Waterloo, nom flamand, le Mont Saint-Jean, nom français. C'est là, au point de section des deux langues que s'est combattue la bataille des races celtique et germanique : le lion belge et le lion britannique, contre l'aigle.

Jules MICHELET, *Les Chemins de l'Europe*, 1874.

▶ VOIR nuage, si.

week-end

Mot anglais composé de *week*, semaine et de *end*, fin, attesté en français au début du XXe s.

■ Chaque week-end, l'homme unidimensionnel se métamorphose, dans sa résidence secondaire, en homme multidimensionnel, partagé entre le monde abstrait de la marchandise et le monde concret des animaux et des plantes.

Emmanuel BERL, *À contretemps*, © Gallimard, 1969.

■ Les week-ends, les arbres à came enfoncés dans les platanes, la place du mort et le mort à sa place…

Geneviève DORMANN, *Je t'apporterai des orages*, ©Albin Michel, 1980.

whisky

Mot anglais, du gaélique *uisge beatha*, eau-de-vie. Attesté en français au XVIIIe s.

■ Le gin et le whisky emportent le palais avec leurs stridents éclats de pistons et de trombones.

Joris-Karl HUYSMANS, *À rebours*, 1884.

■ Buvez du whisky, qui est un remède contre la morsure du serpent. C'est la consolation de ceux qui sont seuls et dont personne n'a souci. Buvez le lait noir !

Paul CLAUDEL, *L'Échange*, © Gallimard, 1894.

■ Des gens soûls, debout. / Dont les larges langues lapent, sans phrases, / Les Ales d'or et le whisky, couleur topaze.

Émile VERHAEREN, *Les Villes tentaculaires*, 1895.

■ Le whisky donne aux baisers un goût de lait nouveau.

Valery LARBAUD, *A. O. Barnabooth*, © Mercure de France, 1913.

Et dans les dictionnaires anciens…

■ *Whiskey*. Il y a en Écosse une espèce particulière de whiskey qu'on appelle rosée de montagne : mountain dew.

William DUCKETT, *Dictionnaire de la conversation*, 1862.

X

xénophobie

De *xénophobe*, construit avec *xenos*, étranger et *phobos*, effroi.

■ Un autre trait du caractère que prend le patriotisme chez le clerc moderne : la xénophobie. La haine de l'homme pour l'« homme du dehors ».

Julien BENDA,
La Trahison des clercs, © Grasset, 1927.

Et les pensées de...

■ J'ai un ami qui est xénophobe. C'est-à-dire qu'il ne peut pas supporter les étrangers ! Il déteste les étrangers ! Il déteste à tel point les étrangers que lorsqu'il va dans leur pays, il ne peut pas se supporter !

Raymond DEVOS, *Matière à rire*,
« Xénophobie », © Plon, 1993.

Y y

y

■ Nous nous sommes battus trois fois, parce qu'il soutenait avoir vu des X sur les boutons d'un habit, où je crois qu'il y avait des Y.

Alexandre DUMAS,
Henri III, 1829.

yacht

Sans doute issu du néerlandais *jaght*, bateau destiné à la chasse. Se prononce à l'anglaise.

■ Le plus grand charme d'un yacht, de l'ameublement d'un yacht, des toilettes de yachting, est leur simplicité de choses de la mer, et j'aime tant la mer !

Marcel PROUST,
À l'ombre des jeunes filles en fleurs, 1918.

yankee

Peut-être issu du néerlandais *Janke*, diminutif de *Jan*, Jean, et en tout cas sobriquet donné d'abord aux Américains du Nord, puis à tous les Américains.

■ Les Yankees, ces premiers mécaniciens du monde, sont ingénieurs, comme les Italiens sont musiciens et les Allemands métaphysiciens, – de naissance.

Jules VERNE,
De la Terre à la Lune, 1865.

■ Le mépris si profond que le Grec avait pour le Barbare, le Yankee l'a pour le travailleur étranger qui ne fait point d'effort pour devenir vraiment américain.

Georges SOREL,
Réflexions sur la violence, 1908.

■ L'optimisme des Yankees : ils ne croient pas au définitif.

Paul MORAND,
L'Eau sous ponts, © Grasset, 1954.

Et les pensées de...

■ Il est certain que le type caractéristique du Yankee, au long et maigre cou, à la chevelure plate et lisse, offre des traits étrangers à la Métropole, peut-être en rapport avec des différences d'état hydrométrique.

Paul VIDAL DE LA BLACHE,
Principes de géographie humaine, 1921.

yeux

Du latin *oculos*, accusatif pluriel de *oculus*, œil.

■ Ouvre tes yeux, je te supplie, Mille amours logent là dedans, / Et de leurs petits traits ardents / Ta prunelle est toute remplie.

Théophile DE VIAU,
Œuvres poétiques, 1624.

■ C'est de tes jeunes yeux que mon ardeur est née, / C'est de leurs premiers traits que je fus abattu.

François MAINARD, *Œuvres complètes*, 1644.

■ L'amour a d'autres yeux que le commun des hommes.

Jean RACINE, *La Thébaïde*, 1664.

■ Viens, mon beau chat, sur mon cœur amoureux ; / Retiens les griffes de ta patte, / Et laisse-moi plonger dans tes beaux yeux, / Mêlés de métal et d'agate.

Charles BAUDELAIRE,
Les Fleurs du mal, « Le chat », 1840-1857.

■ Je découpais tranquillement mon pain, quand un bruit très léger me fit lever les yeux. Devant moi se tenait un petit être déguenillé, noir, ébouriffé, dont les yeux creux, farouches et comme suppliants, dévoraient le morceau de pain.

Charles BAUDELAIRE,
Petits poèmes en prose, « Le gâteau », 1867.

■ La courbe de tes yeux fait le tour de mon coeur, / Un rond de danse et de douceur, / Auréole du temps, berceau nocturne et sûr, / Et si je ne sais plus tout ce que j'ai vécu / C'est que tes yeux ne m'ont pas toujours vu.

Paul ELUARD,
Capitale de la douleur, © Gallimard, 1926.

■ Les yeux nus livrent nos pensées ; du moins nous le croyons et l'autre aussi le croit, guettant toujours cette pointe lumineuse de l'œil, comme sait faire l'escrimeur.

ALAIN, *Propos*, © Gallimard, 1923.

■ Tes yeux sont si profonds qu'en me penchant pour boire / J'ai vu tous les soleils y venir se mirer / S'y jeter à mourir tous les désespérés / Tes yeux sont si profonds que j'y perds la mémoire.

Louis ARAGON, *Les Yeux d'Elsa*, © Seghers, 1942.

➤ VOIR œil.

Z

zappeur, zapping

Du verbe français *zapper*, 1986, construit à partir de l'américain *to zap*, bouger vite. Mots inventés par les Français à partir du verbe anglais *to zap*.

■ Malheureusement, à vouloir être partout le zappeur n'est plus nulle part. [...] À la durée il préfère le va-et-vient ; à la fidélité le vagabondage ; à la connaissance les flashes. Ne voulant rien rater, il est de toutes les histoires et de tous les discours, mais sans y entrer vraiment, de sorte qu'il manque l'essentiel.

Bernard PIVOT,
Le Métier de lire, © Gallimard, 1990.

■ Le zapping a ceci de très commode qu'il permet de sauter ce qui déplaît. En livres, cela se dit : parcourir.

Charles DANTZIG, *Dictionnaire égoïste de la littérature française*, © Grasset, 2005.

▶ VOIR télécommande, ubiquité.

zèbre

De l'espagnol *cebra* et du portugais *zebra*.

■ Le zèbre est peut-être de tous les animaux quadrupèdes le mieux fait et le plus élégamment vêtu.

BUFFON, *Histoire naturelle générale et particulière*, 1749-1789.

zèle

Issu du bas latin *zelus*, jalousie, du grec *zêlos*, émulation, ardeur, d'abord utilisé au sens religieux.

■ Mais surtout ne va point par un zèle indiscret, / Découvrir à ses yeux mon funeste secret.

Jean RACINE, *Iphigénie*, 1674.

■ Quatre sortes de personnes : zèle sans science ; science sans zèle ; ni science ni zèle ; zèle et science.

Blaise PASCAL, *Pensées*, 1669.

■ Il est sage de ne pas impatienter ceux qui nous aiment et de ne pas leur prêcher l'adage de Talleyrand : surtout pas de zèle !

Henri-Frédéric AMIEL, *Journal intime*, 1847-83.

Et dans les dictionnaires anciens...

■ Le zèle imprudent d'un ami fait quelquefois plus de tort que la colère d'un ennemi.

Gabriel GIRARD, *Synonymes françois*, 1756.

▶ VOIR guerre, parler, relâchement, tact.

zéphyr

Issu du latin *zephyrus*, du grec *zéphuros*, vent d'ouest, doux et tiède.

■ Les Zéphyrs se donnent aux flots, / Les flots se donnent à la lune, / Les navires aux matelots, / Les matelots à la fortune.

Théophile DE VIAU, *Œuvres poétiques*, 1621.

■ Si vous étiez enfant du Nord, vous vous ririez de nos frimas, et tout vous semblerait zéphyr en Italie.

Paul-Louis COURIER, *Lettres de France et d'Italie*, posth. 1828.

■ Dans les herbes onduleuses / Le zéphyr plus fraîchement / Rit sous les feuilles frileuses.

Maurice ROLLINAT, *Les Névroses*, 1883.

Et dans les dictionnaires anciens...

■ *Zephyre*. Gracieux, doux-soufflant, printanier, doucereux, réfrigeratif, mol... Ce vent des Latins nommé Favonie, et des mariniers Ouest ou Ponent, vient du côté où le Soleil se couche quand les nuits et les jours sont égaux. Il est fort apte à la génération à cause qu'il est chaud et humide.

Maurice DE LA PORTE, *Épithètes*, 1571.

▶ VOIR cheveux.

zéro

De l'arabe *sifr*, vide, en passant par l'italien *zefiro*, contracté en *zero*.

■ Les Élèves, en chœur : / Un zéro grand comme ton cul / Pauvre cloche pauvre cloche / Un zéro grand comme ton cul / Pauvre cloche où en es-tu ?

Marcel AYMÉ, *Les Oiseaux de lune*, © Gallimard, 1955.

zeste

Probablement une onomatopée, *zek-*, illustrant un bruit sec et, au figuré, une chose insignifiante.

■ On dit qu'un Allemand a fait un livre sur un zeste de citron ; j'en aurais fait un sur chaque gramme des prés, sur chaque mousse des bois, sur chaque lichen qui tapisse les rochers.

Jean-Jacques ROUSSEAU, *Les Rêveries du promeneur solitaire*, 1782.

zézayer

Onomatopée formée du redoublement du *z*. *Zézayer* : prononcer un *z* comme un *j* ou un *s* comme un *ch*.

■ Nous avons tous un peu de ce désarroi quand nous courons à la recherche de nos souvenirs d'enfance. L'enfant qui boude l'école pour les jupons de sa mère ou s'obstine à zézayer...

Emmanuel MOUNIER, *Traité du caractère*, 1946.

▶ VOIR agitation.

zigzag

Mot expressif désignant d'abord au XVIIe s. un assemblage en losange pouvant se plier ou se déplier rapidement.

■ [...] dans le monde, où l'on ne marche qu'en zigzag.

Jean-Jacques ROUSSEAU, *Dialogues*, 1782.

■ Je tendais des ficelles en l'air, d'une branchette à l'autre, en ligne droite, en diagonale, en zigzag, en rond...

Blaise CENDRARS, *Bourlinguer*, 1948.

zinzoliner

Néologisme créé à partir du *zinzolin*, de l'italien *zuzzulino*, lui-même de l'arabe *djoudjolân*, semence de sésame, qui donnait une couleur d'un violet rougeâtre.

■ Nous n'avions pas longtemps vogué, / Que l'aurore au visage gai, / D'une lumière zinzoline / Enzinzolina la marine.

Paul SCARRON, *Le Virgile travesti*, 1648-1653.

zoïle

Du latin *Zoilus*, du grec *Zôilos*, nom d'un grammairien d'Alexandrie du IVe s. av. J.-C., célèbre pour son traité dénonçant les contradictions d'Homère. D'où sa réputation posthume de détracteur.

■ Comment avez-vous pu imaginer, mon cher et illustre maître, que j'aie eu l'intention de vous comparer à Zoïle ? Je ne suis ni injuste ni sot à ce point-là.

Jean D'ALEMBERT, *Lettre à Voltaire*, 31 juillet 1712.

Et dans les dictionnaires anciens...

■ *Zoïle*. Envieux, médisant, calomniateur ou calomnieux, effronteux, mal-parlant. [...] De la dent venimeuse desquels je prie à Dieu n'être jamais atteint, et qu'à toi,

Lecteur, soit agréable ma bonne affection, laquelle volontiers me ferait voler plus haut, si les ailes de savoir étoient jointes à mon esprit, que tu connoistras néanmoins s'être en ce labeur laborieux laborieusement employé.

Maurice De La Porte, *Épithètes*, 1571.

zon

Interjection née au XVIe s. à partir d'une onomatopée exprimant un bruit de coup ou un bourdonnement.

■ J'entends chanter : Et flon flon flon et zon zon zon... C'est la grosse voix de mon cousin Léonidas, qui chante du Béranger.

Jules et Edmond de Goncourt, *Journal*, 1851-1896.

Et dans les dictionnaires anciens...

■ *Zon.* Sorte d'interjection. [...] Il faut dire, il lui a donné un grand coup de bâton sur les épaules, Zon, et non pas Zon il lui a donné un grand coup de bâton.

Pierre Richelet, *Dictionnaire françois*, 1680.

zone

Du latin *zona*, ceinture, issu du grec *zônnunai*, ceindre.

■ Une étude attentive des diverses zones affectives de l'espèce humaine révélerait partout non pas l'identité des éléments, mais la composition analogue, le même plan.

Ernest Renan, *L'Avenir des sciences*, 1890.

Et dans les dictionnaires anciens...

■ Le Pont-Neuf de Paris est une zone torride, où il n'y a point d'ombre, ni d'abri.

Antoine Furetière, *Dictionnaire universel*, 1690.

zut

Apparu au XIXe s. dans le langage poissard, sous la forme *z'ut*. Onomatopée probable faisant écho à *flûte*.

■ La Politique, ah, j'en fis ! Mon avis ? Zut et bran !

Paul Verlaine, *Œuvres posthumes*, 1896.

■ J'ai dit zut à Fine qui ne voulait pas me donner une seconde tartine.

Hervé Bazin, *Vipère au poing*, 1948.

Et dans les dictionnaires anciens...

■ *Zut.* Interjection très familière par laquelle on exprime que les efforts faits pour atteindre un but sont vains et surtout qu'on s'en moque.

Émile Littré, *Dictionnaire de la langue française*, 1863-1872.

BIBLIOGRAPHIE

Conçu dans un souci d'exactitude, cet ouvrage fait partie des dictionnaires de citations indiquant précisément les sources de chacune d'entre elles, afin de permettre au lecteur de se reporter aux œuvres originales.
En outre, il offre de nombreuses citations puisées dans des dictionnaires anciens, aujourd'hui difficilement accessibles. Ces derniers sont classés dans l'ordre chronologique de publication, avec leurs références plus détaillées, ainsi qu'une présentation de leur histoire et de leur contenu.

• Dictionnaires des XVIe- XVIIe siècles :

DE LA PORTE Maurice, *Épithètes*, 1571.

Ce dictionnaire a été écrit sous la Renaissance, au moment où les poètes avaient besoin d'enrichir la langue française. M. De La Porte leur propose alors des listes d'adjectifs épithètes pouvant être accolés aux noms et il y ajoute parfois un commentaire encyclopédique.

RICHELET Pierre, *Dictionnaire françois contenant les mots et les choses*, 2 tomes, 1680.

Précédé en 1549 par le *Dictionnaire françois latin* de Robert Estienne et, en 1606, par le *Thrésor* de Jean Nicot, qui en constitue le prolongement bilingue, le *Dictionnaire françois* est le premier dictionnaire français totalement monolingue, offrant donc les mots et leurs définitions, suivis d'exemples et de citations en français, sans aucune référence au latin.

FURETIÈRE Antoine, *Dictionnaire universel contenant généralement tous les mots françois tant vieux que modernes, & les termes de toutes les Sciences et des arts*, 3 tomes, 1690.

Il s'agit, pour Furetière, d'offrir en priorité des informations sur cette « infinité de choses » que désignent les mots. Son dictionnaire correspond ainsi à notre tout premier dictionnaire encyclopédique, illustrant pleinement les conceptions propres au XVIIe siècle.

Dictionnaire de l'Académie française, 1694.

L'Académie française a été créée par Richelieu en 1635, avec notamment pour mission l'élaboration d'un dictionnaire fixant l'usage. C'est sous Louis XIV que la première édition en sera achevée : les académiciens y présentent alors la langue courante en donnant des définitions de grande qualité, sans décrire les jargons. Les étrangers soucieux de bien parler le français comprirent d'emblée l'intérêt d'un dictionnaire conçu avec des exemples forgés par les académiciens pour illustrer les mots dans leur usage le plus représentatif. Huit éditions se sont succédé depuis 1694 (1718, 1740, 1763, 1798, 1835, 1878, 1932-35, 1994-XXIe s.). La dernière est la 9e édition, en cours d'achèvement. Conçues selon les mêmes principes, ces éditions successives constituent de précieux témoignages pour suivre l'évolution de la langue française.

• Dictionnaires du XVIIIe siècle :

GIRARD Gabriel, *Synonymes françois*, 1736.
En 1718, Gabriel Girard, secrétaire interprète du roi, publiait un ouvrage intitulé *Différentes significations des mots qui passent pour être synonymes* qui connut un succès immédiat puis une seconde édition, en 1736, tant on avait besoin de bien délimiter les différentes nuances permettant de distinguer les synonymes.

PRÉVOST (Abbé), *Manuel lexique, Dictionnaire portatif*, 1750.
En s'inspirant d'une tradition anglaise, l'Abbé Prévost présente, dès 1750, un *Manuel lexique, Dictionnaire portatif des mots français dont la signification n'est pas familière à tout le monde*. Il s'agit de l'un de nos premiers dictionnaires de mots difficiles.

FÉRAUD Jean-François, *Dictionnaire critique de la langue française*, 3 vol., 1787.
Jean-François Féraud destinait ce dictionnaire à l'enseignement. L'orthographe de celui-ci était résolument engagée dans la perspective d'une simplification ; son contenu « critique », en reflétant différents points de vue grammaticaux, constitue un témoignage précis de la langue du XVIIIe siècle.

• Dictionnaires des XIXe-début XXe siècles :

NODIER Charles, *Dictionnaire raisonné des onomatopées françoises*, 2e édition, 1828.
Académicien et bibliothécaire du roi à l'Arsenal, C. Nodier était convaincu du rôle créateur des onomatopées dans l'histoire du français. D'où un premier dictionnaire en 1806, suivi d'une seconde édition très enrichie et témoignant de cette conviction.

BESCHERELLE Louis-Nicolas, *Dictionnaire national*, 2 vol., 1843.
Ce dictionnaire constitue une référence importante au cœur du XIXe siècle, en raison du grand nombre de mots qui y sont présentés.

LACHÂTRE Maurice, *Dictionnaire français illustré, Panthéon scientifique, littéraire, biographique*, 1856.
Maurice Lachâtre, saint-simonien, puis communiste avec Karl Marx dont il publiera en fascicules le *Capital*, rédige des dictionnaires très engagés politiquement, au point que certains seront interdits. À sa manière, il éclaire toute une époque marquée par des révolutions et par l'avènement de la République.

LAROUSSE Pierre, *Nouveau Dictionnaire de la langue française*, 1856.

Ce lointain ancêtre du *Petit Larousse illustré* est le premier dictionnaire de Pierre Larousse. Destiné entre autres aux écoles en plein développement, à la suite de la loi Guizot, il est riche d'exemples et de notes encyclopédiques souvent savoureuses.

LITTRÉ Émile, *Dictionnaire de la langue française*, 4 vol., 1862-1873.

Au cours de sa formation de médecin, Littré s'est passionné pour les langues anciennes et pour l'œuvre d'Hippocrate qu'il traduit. Sollicité par son camarade de classe, Hachette, son intérêt pour l'histoire de la langue française le pousse à élaborer un dictionnaire historique de la langue française, nourri de 250 000 citations, dans lequel il décrit de manière privilégiée la langue du XVIIe et du XVIIIe siècle.

LAROUSSE Pierre, *Grand Dictionnaire universel du XIXe siècle*, 1865-1876.

Né en Bourgogne d'un père forgeron et d'une mère aubergiste, Pierre Larousse fut l'un des premiers instituteurs formés par les Écoles normales. Désireux d'instruire chacun et stimulé par le succès de *La lexicologie des écoles* et du *Nouveau Dictionnaire de la langue française*, il entreprend ce dictionnaire monumental de 15 volumes suivis de deux suppléments (1878 ; 1890), totalisant 24 000 pages représentant une mine d'informations et d'anecdotes.

Petit Larousse illustré, sous la direction de Claude AUGÉ, 1905.

Publié en juillet 1905, le premier *Petit Larousse illustré 1906* connaît un succès magistral qui fait de ce petit dictionnaire très répandu tout au long du XXe siècle une sorte de témoignage annuel sur l'évolution de la langue et de ses référents, sans oublier les illustrations qui en sont l'une des caractéristiques.